U0861428

常德市交通志

（1988—2010）

常德市地方志编纂委员会
常 德 市 交 通 运 输 局 编

方志出版社
Publishing House of Local Records

图书在版编目（CIP）数据

常德市交通志：1988-2010 / 常德市地方志编纂委员会，常德市交通运输局编. -- 北京：方志出版社，2019.12
ISBN 978-7-5144-3485-9

Ⅰ. ①常… Ⅱ. ①常… ②常… Ⅲ. ①交通运输业—概况—常德—1988-2010 Ⅳ. ①F512.764.3

中国版本图书馆CIP数据核字(2019)第259310号

常德市交通志（1988—2010）

编　　者：常德市地方志编纂委员会　常德市交通运输局
责任编辑：罗　滔
出 版 者：方志出版社
地址　北京市朝阳区潘家园东里9号（国家方志馆 4层）
邮编　100021
网址　http://www.fzph.org
发　　行：方志出版社图书经销中心
电话（010）67110500
经　　销：各地新华书店
印　　刷：常德市湘北彩印厂　0736-7187272
开　　本：787×1092　1/16
印　　张：51
字　　数：1182千字
版　　次：2019年12月第1版　2019年12月第1次印刷
印　　数：0001～1000册

ISBN 978-7-5144-3485-9　**定价**：300.00元

· 版权所有　翻印必究 ·

常德市地方志编纂委员会

顾　　问　周德睿　朱水平　李爱国　沈习淼

主　　任　曹立军

副 主 任　陈恢清　罗先东　涂碧波　吉荣华

委　　员　李正才　胡祖国　娄远军　向才焰　张运华　王兴钊
鲁晓凤　朱　明　任克勤　马吉云　刘凡荣　唐汇诰
杨　帆　马　慧　周功表　李百艳　胡　文　龚美爱
曾　勇　杨天生　马业文　吴德新　陈建国　呙滨辰
黄金陵　向美华　胡世满　关建锋　涂贤春　王　鳌
李长春　张克武　陈爱喜　刘兴华　杨　俊　曾　莉
李红兵　郑家火　马麦秋　覃志云　袁天鹏　向勇志
刘李波　周　波

《常德市交通志》编纂委员会

主　　任　向美华

副 主 任　姜湘霞

成　　员　高金平　李　颖　殷依峰　刘湘山　杜自力
罗艳华　唐扬斌　任　志　张　新

《常德市交通志》编辑部

主　　编　邹镇华

编　　辑　邹辉瑾

目录英文翻译　向思婷

《常德市交通志》审查验收人员

周　波　孟　韵　王　静　高　节　齐绍正
丁兴宇　向满华　张家界　钟惠深　童英俊

序

交通运输是人类文明进步的重要标志，是物质文明、精神文明的重要组成部分。它连接四面八方、千家万户，是国民经济和社会发展的基础性、先导性产业和服务性行业。

常德交通运输的发展进程是中国由积弱积贫走向国强民富的真实写照。解放前之常德，山塞水阻，民生维艰。解放后特别是改革开放以来的40年里，具有光荣传统的常德人民在党和政府的正确领导下，克服万难，团结奉献，深化改革，创新机制，不断构建一张以常德市区为中心，辐射全市各县（区、市）及周边地区的湘西北大交通现代化交通网络。回首常德交通的发展历程，无处不铭刻着交通人艰苦奋斗、负重奋进的深沉足迹；无处不燃烧着交通人奉献国家、造福常德的满怀激情；无处不展现着交通人求真务实、开拓创新的动人华章。时代在前进，社会在发展，创建常德现代交通仍任重而道远，交通人更应奋力为之。

盛世修志。地方志是历史智慧的结晶，是维系中华民族血脉亲情的纽带。编修地方志是中华民族的优秀文化传统。在当代其存史、育人、资治的功能日益彰显。《常德市交通志（1988—2010）》坚持用辩证唯物主义和历史唯物主义的观点，为求翔实完备的史料，严谨规范的体例结构，简洁平实的文字记述，不避讳、不掩饰、不浮夸、得失俱呈。客观、全面、系统地展示了23年常德交通运输的发展状况。是可信之志，可用之书。值得全市交通运输系统干部职工、特别是领导干部学习、掌握、运用。也冀望社会各界借此更多了解常德交通、共襄交通发展盛举。

《常德市交通志(1988—2010)》编修历时4年,凝聚了各级交通运输主管部门、全体编修人员、众多专家学者和有识之士的心血汗水。我谨代表常德市交通运输局向所有指导、支持、参与编修的同志们表示衷心感谢!

今将付梓,可喜可贺,欣然为序。

常德市交通运输局局长　向美华

2018年5月

凡　例

一、本志以马克思列宁主义、毛泽东思想、邓小平理论、“三个代表”重要思想、科学发展观、习近平新时代中国特色社会主义思想为指导，坚持辩证唯物主义和历史唯物主义的立场、观点和方法。突出行业特色、时代特色和地方特色，旨在服务社会，垂鉴后世。

二、本志为上届所修《常德地区志·交通志》的续篇，断限一般上起1988年，下迄2010年。为反映事物发展的全貌，有的事项作必要的上溯与下延。

三、本志系常德市交通部门志，根据专业分工原则，铁路、航空、管道、邮政电信未入本志。

四、本志人物传主要记述常德市交通运输系统的省部级以上劳动模范及对常德交通有突出贡献的人物。

五、本志体例、行文，均按中国地方志指导小组制定的《地方志书质量规定》《〈湖南省志〉编写行文通则》和《常德市志书编纂工作细则》执行。

六、本志计量单位，采用国务院1984年颁发的法定计量单位；有关交通专业术语采用国家技术经济辞典。

常德市交通示意图

2010年

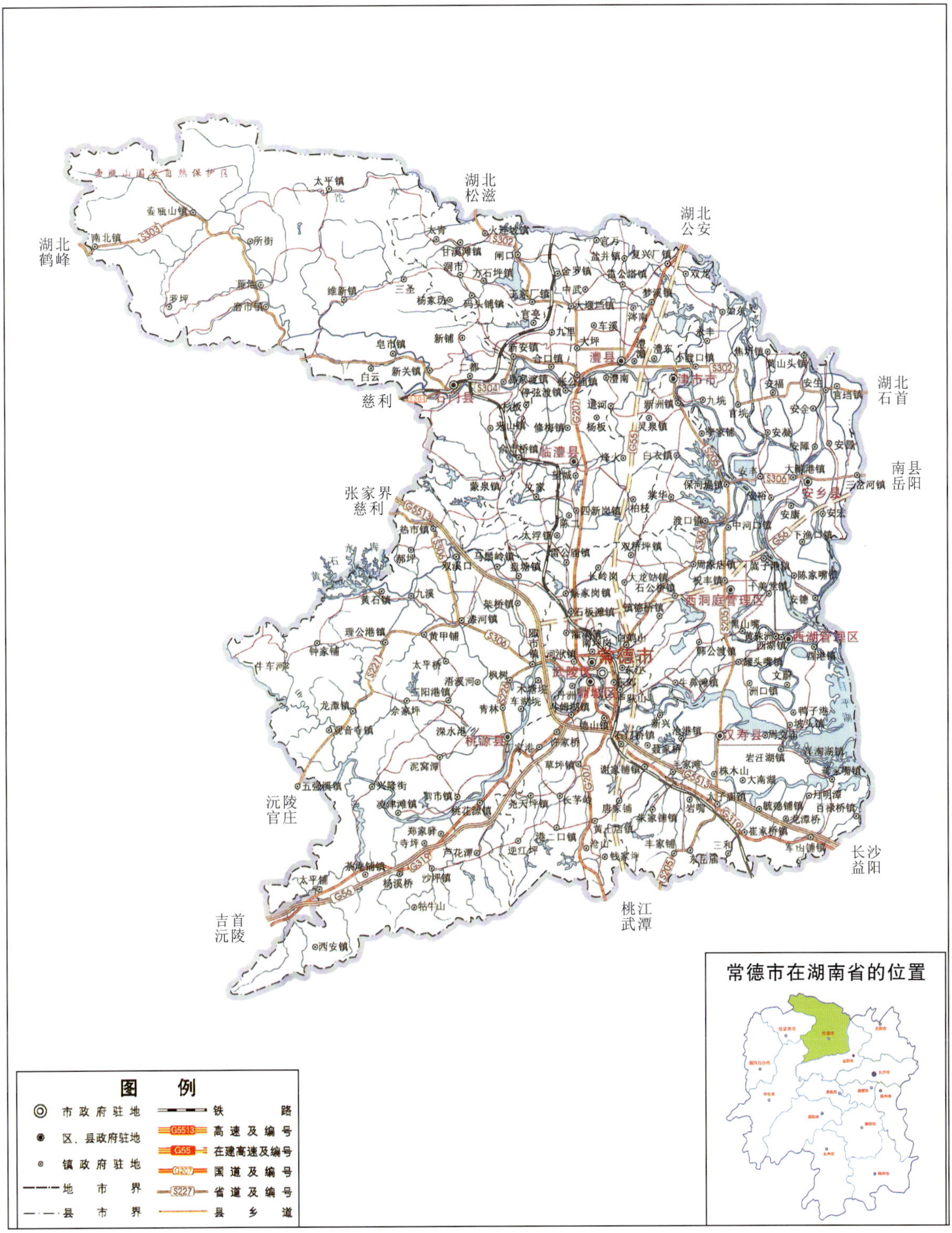

常德市交通运输局

常长高速

常张高速

常吉高速

临岗一级公路

国道207线澧县至东岳庙路段

国道319线文明样板路——桃花源路段

省道304线新安至张公庙路段

省道306线周家店至常德路段

省道303线石门泉坡路段

2003年6月6日，常德市县到乡镇公路建设动员大会召开，从此拉开了大规模村道建设高潮

2006年6月26日，市内首条投入运营的桃源县黄花井至鹅公井农村公交客运线路举行通车庆典

鼎城蔡家岗至双桥坪通乡公路

石门县磨市镇通村公路

贺家山原种场通村公路

省道306线鼎城
周家店道班

国道319线桃源
郑家驿道班

国道207线
新裕收费站

市交通建设质量安全监督管理处书记、高级工程师谢大明（左二）带领监督人员检查临澧合口大桥箱梁施工情况

市交通质安处工作人员检查大鲸港大桥维修工程

桃源陬市超限超载检测站

桃源沅水大桥

汉寿沅水大桥

常德沅水大桥

毛家岔大桥

夹夹大桥

木塘垸沅水大桥

柳叶湖大桥

汉寿坡头汽车渡口

沙河口汽车渡口

桃源孔家河汽车渡口

太阳山隧道

月亮湾隧道

常德快速公交

德山公交总站

常德汽车总站

桃源黄花井汽车站

2000年春运期间
常德市运管处执法人
员在车站内检查车辆

沅水航道常德航段

澧水航道津市航段

松虎航道安乡航段

1990年，荣获交通部授予“全国文明客运”称号的常德轮船运输总公司客运站

1998年，荣获交通部授予“全国文明客船”称号的安乡拾比佰公司长安2号客轮

马家吉船闸

唐家嘴船闸

常德集装箱码头

津市皇姑山盐矿码头

PE材料单航标

钢质单船标

21世纪初航标艇

常德主流运输船舶——钢质机动自卸驳

1990年8月，常德船舶厂建造的省内第一艘1500吨钢质甲板船下水

常德市地方海事局工作人员在沅水进行安全督查

20世纪90年代，常德船舶厂制造的尖头双尾160卧位豪华客轮

21世纪初，桃源德威船厂制造的3000吨级机动驳

1998年3月，常德达门船舶公司制造的“常德1号”挖泥船试挖成功

常德达门船舶公司出口澳大利亚的ASD3111全回转拖轮

常德市交通运输局

1988—2010年获得的省部级荣誉证书、奖牌

目　录

第三篇 港 站

第四篇 运 输

第五篇 工业科技

第六篇 交通管理

人 物

附 录

Contents

3. Ports and stations

4. Transportation

5. Industry Technology

6. Transport management

Person

Appendix

概　述

在世纪交替的23年里，常德交通在改革中发展，在开放中攀登，在竞争中崛起。

1987年，常德地区公路通车里程6272.809公里，无高级路面，无二级以上公路，等外公路占公路总里程的73.73%。经过20世纪80年代的公路改造加宽；90年代初开始实施“改建主干线，发展高级路，拓宽出城口，打通断头路，连接旅游点，衔接铁空水，配套场站港，改渡建桥梁”的公路网规划（1991—2020）；1993年至1996年，全市连续开展三次公路大会战；2006年开始贯彻落实国务院关于“要进一步加强农村公路建设”的指示，至2010年，全市共修建县乡道657公里、村道1155公里。21世纪初，常德公路日新月异。

首先是高速公路实现零的突破，高速公路建设正步入快车道。高速公路是公路先进生产力的代表，具备“畅、洁、绿、美”的行车环境，拥有通过能力大、行车速度快、运输效益高、交通事故少等特征；能够带动区域经济发展，促进沿线经济腾飞，在社会经济和交通运输体系中占有越来越重要的地位。1999年12月11日建成通车的常（德）益（阳）高速公路，标志着常德高速公路实现零的突破，把常德和外地的时空大大拉近。随后，常（德）张（家界）、常（德）吉（首）、东（岳庙）常（德）、常（德）岳（阳）、常（德）安（化）高速公路相继建成通车。还有规划建设的安（乡）慈（利）、西（洞庭）军（山铺）、宜（昌）张（家界）高速公路，标志着常德高速公路建设正步入快车道。

二是等级公路比重大幅增加。2010年，常德市公路通车里程17344.696公里，其中等级公路17116.046公里，等级公路比重由1987年的26.27%增长到98.68%，公路网的技术等级结构日趋合理。1997年至2000年，中共中央实施积极财政政策，扩大内需，加快包括公路在内的基础设施建设，给常德公路带来了前所未有的发展机遇。短短4年间，全市二级以上公路里程增加372.081公里。至2010年，常德城区至各县均由二级以上公路构成，县至乡基本由等级公路构成，人民群众的出行快捷程度和商品流通速度大大提高，对促进常德经济发展起到举足轻重的作用。

三是路面等级全面提升。2010年，常德市公路全部为有路面公路，有路面公路里程比1987年增加11861.02公里。有路面公路占公路总里程的比重由1987年的86.91%提高到100%。在有路面公路中，全市铺装高级、次高级路面里程11177.718公里，比1987年增加1301.8公里，高级、次高级路面的比重由1987年的9.7%提高到64.56%。有路面里程，特别是高级、次高级路面里程的迅速增加，意味着人民群众的出行舒适度不断得到提高。随着国家实施县通乡公路的新改建，在公路建设中推行路面黑色化、砼化，高级、次高级路面的里程继续保持快速增长。

四是公路密度和通达深度稳步提高。2010 年，常德市公路通车里程比 1987 年增加 11071.887 公里。随着公路通车里程的迅速增长,公路密度和通达深度也不断提高。2010 年,全市公路密度达到每百平方公里 95.17 公里和每万人 28.10 公里，比 1987 年增加每百平方公里 66.47 公里与每万人 17.89 公里。1969 年,境内实现县县通公路。1987 年,境内实现乡(镇)全部通公路。2010 年,全市 4203 个行政村有 3791 个行政村公路已通畅,410 个行政村公路已通达,只有 2 个行政村公路未通达(不宜通)。常德市 100%的乡镇与 87%的行政村通客班车。人民群众乘车出行、货物流通越来越方便。

五是桥梁建设硕果累累。2010 年,常德市有公路桥梁 1792 座,68420.64 延米。其中:永久性桥梁 1785 座,68229.64 延米，占桥梁总量的 99.61%与 99.72%；半永久性桥梁仅 7 座,191 延米;临时性桥梁已不存在。2010 年境内有 7 座特大型桥梁,其中 6 座是 1987 年后兴建的。座座桥梁像道道彩虹,美化常德大地,缩短运输距离,提高畅通程度,极大地促进公路运输和社会经济的发展。以常德沅水大桥、常德沅水公铁两用桥、桃源木塘垸沅水大桥、桃源沅水大桥、汉寿沅水大桥、安乡夹夹大桥、澧县张公庙大桥、津市澧水大桥、安乡大鲸港大桥等为代表的一批深水基础、大跨径、施工难度大、科技含量高的特大桥、大桥相继建成投入使用,标志着常德公路桥梁建设已迈上一个新台阶。

常德公路经过 23 年的调整路网格局,加大网络密度,提高干线技术等级,对国民经济的发展起着显著的促进作用。但仍有不足之处,主要表现在公路总量不足。2010 年,常德公路通车里程比怀化、湘西土家族苗族自治州少,公路网密度比湘潭、长沙小,与它们的差距较大,与东部沿海地区相较则差距更大;公路整体水平仍有颇大的发展空间。2010 年,市境仍有等外公路 228.65 公里，占总里程的 1.32%；有低级路面 5218.852 公里，占总里程的 30.09%。等外公路和低级路面的存在,影响了市域经济的进一步发展,路网结构调整的任务依然很重;公路通畅深度有待进一步提高。2010 年,常德市还有 410 个行政村公路未通畅,这对进一步缩小城乡差别,服务“三农”(农业、农村、农民),改善农村生活条件和增加农民收入带来不利影响。今后,须在进一步增加公路总量、提高公路覆盖率的同时,加快对原有公路的改造升级工作,尽快使县通乡公路路面黑色化、砼化。尽快实现村村公路通畅。

随着公路建设的迅速发展，常德公路运输取得很大突破。主要是运输工具的改进和增加、客货运量的增多、运输辐射面的扩展。20 世纪 50 年代以来,运力严重不足和人民群众反映强烈的“乘车难”问题,自 1984 年后随着运输市场的开放迎刃而解。车辆普遍进行更新换代,客车由过去的大、中、普通型,发展为大、中、小并举,高、中、普匹配,能适应各种线路和满足不同层次旅客的需求;货车由过去的一般普通型,发展为自动卸货、半挂、大、中型平板、集装箱、厢式、冷藏、小货的等多型号车辆,适应和满足各类货物运输的需求,为公路客、货运输量的逐年提高奠定基础。20 世纪 50 年代至 70 年代的“老爷车”“组装车”“老解放”相继退役,被国产“东风 140”“解放 141”“黄河”等新车型取代。同时相继引进日本、美国、德国、瑞典、韩国的“三菱”“丰田”“福特”“奔驰”“凯斯鲍尔”“沃尔沃”“大宇”等新车型。1987 年，常德地区有货车 10402 辆，客车 3570 辆。2010 年，全市有货车 30407 辆，客车 101009 辆。客运车辆既有国产的普通型中巴、小巴，又有国外进口的豪华型大巴和快巴；既有长途卧铺客车，又有短途旅游客车。1987 年，常德地区有客运线路 321 条，其中跨省线路 11 条。2010 年，常德市有客运线路 1058 条，其中跨省线路有 187 条。客班东抵上海、南京、温州、厦门；西达昆明、贵阳、成都、重庆；南通深圳、珠海、广州、海口；北至沈阳、北京、西安、乌鲁木齐等地。1999 年常德至澧县直达快巴开通，境内始有快巴客运。2001 年常德至安乡直达快巴开通后，常德城区至市内各县（区、市）均增添了直达快巴。2010 年，全市公路客运量 12621 万人次，旅客周转量 595335 万人公里，比 1987 年分别增长 2.14 倍、2.89 倍；货运量 7475 万吨，货物周转量 697069 万吨公里，比 1987 年分别增长 4.55 倍、8.32 倍。2010 年，境内有汽车客运站 282 个，其中一级站 5 个、二级站 7 个、三级站 7 个、四级站 7 个、五级站 72 个、简易站及招呼站 184 个，全部对外开放。有客运站务人员 958 人，年均日发客班 8669 次，年均日发送旅客 101420 人次。道路运输站场布局日趋合理，适应性增强，公路运输的作用和地位显著提高，在综合交通运输网中扮演着“毛细血管”和“大动脉”的双重角色，基本达到人便于行、货畅其流、迅速便捷、安全舒适的目的。2001 年建成运营的境内第一个一级汽车客运站——常德汽车总站，站房设计独特新颖，现代气息浓烈，布局科学，美观实用，集候车、休闲、环保于一体。候车采用茶桌服务方式，危险品实行 X 线控测，办公、售票均实施计算机管理。2010 年，年均日发客班 426 次，日旅客发送量 10028 人次，是境内最大的汽车客运站，亦为省内现代化汽车站之一。

常德境内河湖密布，港汊纵横，沅澧二水流贯全境，汇入洞庭，水运历史悠久。1987 年，境内有航道总里程 2036.26 公里，年吞吐量万吨以上港口 36 个，水路客运量 142.8 万人次，旅客周转量 7096.4 万人公里；货运量 491.1 万吨，货物周转量 120546.9 万吨公里。1993 年至 1999 年，沅、澧航道及洞庭湖区航道相继整治。1999 年 4 月，常德盐关铁水联运港开工建设，一期工程 2001 年 9 月竣工，二期工程 2014 年 11 月竣工。2001 年 12 月 28 日，常（德）鲇（鱼口）三级航道建设工程正式开工，2005 年 12 月 30 日竣工。2010 年境内有航道总里程 1789.33 公里。比 1987 年减少 246.93 公里。港口 8 个，港区 29 个。港口货物吞吐量 1302.76 万吨，旅客吞吐量 18.84 万人次。港口装卸实现半机械化和机械化，吞吐能力显著提高。

1984 年后，水运市场全面开放，水运企业摆脱粗放经营模式，推行经济承包责任制，开拓生产门路。1987 年，湖南省航运公司常德、津市两家分公司下放常德地区独立经营，个体与联户发展如雨后春笋，运输船舶进入长江。境内高速船、豪华型旅游船、水上“的士”、油船、化学品专用船等客货运输船舶日趋先进。2010 年，常德市水路客运量 14 万人次，旅客周转量 281 万人公里；货运量 1975 万吨，货物周转量 744436 万吨公里。发展速度虽不及公路、铁路、民航，然在社会经济生活中仍举足轻重，特别是在防洪抢险中，其主导作用尤为显著。

水运不占地，污染小，运量大，运价低廉。然而这 23 年来常德由于围垸造田，筑坝蓄水，拦鱼设障，碍航、限航物多，不少航道存在一处枢纽、一座碍航建筑物或一座桥梁限制整条航道发展的现象。加之上游植被破坏,重陆轻水,对航道建设投入太少,航道失养失修,自然淤塞严重,致使航道等级偏低,整体技术水平不高,通航里程逐渐减少,水运萧条,常德市80%的航道上只见水而不见船,到处是"静静的顿河",造成水运资源的浪费。今后随着国家长江经济带和洞庭湖经济圈建设,大力加强对水资源、森林资源、国土资源和自然生态的保护,退田还湖、封山育林、渠化干流、疏治支流等一系列兴利除弊的举措次第实施及常德盐关铁水联运港和常鲇航道的竣工,复兴水运,再造辉煌将期于新世纪。

常德交通工业从无到有,从小到大,从手工操作到半机械化和机械化作业,从小而全转向专业化,从国内市场走向国际市场。1987年,常德汽车维修厂家大多只能进行维护保养,真正能大修的只有10户。2010年,常德市有汽车维修业户539户,其中一类机动车维修36户。年维修量85.58万辆次,其中整车大修4371辆次,总成大修11376辆次。境内生产的汽车车桥、钢板弹簧、连杆、汽缸套、气门等配件均为国内名牌,其产品不仅畅销国内,而且还远销美国、新加坡、巴基斯坦等国家。产品的科技含量高,生产专业化,数量大,成系列,质优价廉,具有较强的市场竞争力。船舶修造由20世纪50年代至70年代修造木质船,发展到80年代至90年代修造水泥船和钢质船。20世纪80年代起境内船厂除生产钢质驳船外,还能自行设计、制造工作艇、公务船、顶推轮、渡口拖轮、长短途客轮等40多种船舶。1990年,常德船舶厂建造的1500吨钢质甲板驳下水,为省内船厂建造的第一艘千吨级钢质驳。1998年常德达门船舶有限公司制造出国内第一艘CZ500S高效绞吸式挖泥船,2002年研制出国内第一艘WSD400M刀轮式挖泥船,2003年又试制出全回转拖轮,其制造技术在国内处于领先地位,标志着常德的船舶工业发展到一个新水平。

23年来,常德交通虽然得到长足发展,但基础设施仍相对薄弱,交通事故频繁,运力大于运量,水运优势未能充分发挥,企业经济效益不够理想,运输市场整顿与宏观调控有待加强,交通体制改革有待深化,职工队伍素质有待提高。

23年的风雨,23年的追求,23年的开拓,23年的辉煌。常德交通人素具艰苦创业、奋力拼搏、无私奉献、争创一流的传统。在新的世纪不忘初心,继续前进,将以新的姿态,朝着理想目标一步一个脚印,一步一个台阶,续写常德交通的新篇章。

大　事　记

1988 年

1 月　常德船舶厂承建交通部确定的“分节驳顶推船队运输成套技术工业性试验”项目中的 400 千瓦大径深比顶推轮，经部鉴定，该轮技术性能和质量均达到国内同类船舶的领先水平。

5 月　津市轮船运输公司船长曾国清获首届全国内河安全明星船长“金帆奖”。

6 月　马家吉船闸竣工，12 月 1 日正式通航。

7 月 26 日　随着地改市，常德地区交通局更名为常德市交通局。

7 月　常德公路总段机械厂自行设计并成功制造 LB–15 卧式沥青拌和机。

10 月 19 日　常德市交通运输管理处成立。

11 月 9 日　常德汽车运输公司石门分公司 07042 号客车，在石门县九道拐地段翻入坎下，造成死 13 人的特大事故。

12 月 25 日　武陵区德山乡和平村王某生用无证农划船违章载客横渡沅江，因超载翻沉，造成 9 人落水、死 4 人的重大事故。

是年　常德地区公路管理处、常德地区航道管理处更名为常德市公路管理处与常德市航道管理处。

是年　常德、津市两港组建长江运输船队，开始长江运输。

1989 年

1 月　常德公路总段研究的“水泥石灰综合稳定土做路面基层”，获市科技进步二等奖。

3 月　常德船舶厂试制的 100HL 采金船“沅金壹号”竣工，该船是全国第一艘自带电源进入江河航道工作的采金船，能同时采掘黄金和金刚石，属全国首创。

3 月　常德市港务管理处成立。

4 月　湖南常德航道区、湖南津市航道区更名为湖南省常德航道分局与湖南省津市航道分局。

5 月 29 日　汉寿县周文庙乡一艘废弃的机动船，装载 132 名民工去洪道扫障，因严重超载翻沉，造成人员全部落水、死 55 人的特大事故。

7月2日 石门皂市大桥建成通车。

9月 常德轮船运输公司最后9艘木质驳船报废。从此,常德市专业运输无木质船舶。

11月14日 常德市公路管理处和常德公路总段机械厂共同研制的“汽车渡船自动挂脱钩装置”,获湖南省交通厅科技进步二等奖。

12月1日 张公庙渡口被撤销。

12月15日 津市澧水大桥建成通车。

是年 常德公路总段澧县金山工班刘树生、汉寿县航运公司郑玉政、安乡县汽车配件厂陈焰升、石门县运输公司鲁炳云获湖南省劳动模范称号;常德汽车北站张红专获交通部劳动模范称号。

是年 常德公路总段完成国道319线汉寿牛鼻铺至常德南站70.71公里的沥青摊铺路面,结束了常德境内没有高等级路面的历史。

是年 湖南省最大的船用道(4000千牛船台道)由常德船舶厂兴建完成。

1990年

1月1日 临澧大桥拓宽工程竣工通车。

1月 《常德市交通发展规划》获常德市科技进步二等奖。

2月 常德市港务管理处更名为常德市港航管理处。

4月 津市渡口所被撤销。

7月26日 常德汽车运输公司安乡分公司一客车在汉寿县毛家滩乡枫树村翻入沧水河中,造成死32人、轻伤17人的特大事故。

8月 常德船舶厂为长航局建造的1500吨钢质甲板驳下水,为湖南省内船厂建造的第一艘千吨级钢质驳。同时,常德船舶厂拿到湖南省第一张2000吨级钢质驳船建造许可证。

9月20日 常德市航道普查工作开始,1991年1月15日结束。

9月 常德船舶厂建造的“400千瓦大径深比顶推轮”和“800吨新型单舷低双底半分节驳”在交通部第二次全国内河运输船型评比中被评为优秀船型。

9月 常德轮船运输公司客运站被交通部授予“全国水路客运文明客运站”称号。

10月24日 张公庙大桥正式通车。

是年 交通部授予安乡县安造交管站何祖雨为全国交通系统先进工作者。

1991 年

1 月 为扭转运价乱象，常德市交通局、物价局率先成立湖南省第一个“交通价格监督检查总站”。

4 月 常德市鼎城区樟木桥道班被全国总工会评为先进集体，获全国“五一”劳动奖状。

4 月 津市轮船运输公司 8301 轮船长刘世林获全国“五一”劳动奖章、湖南省劳动模范称号、湖南省总工会记特等功一次。

7 月 6 日 常德汽车运输公司常北分公司一客车在张公庙至合口河滩路段涉水行驶，途中河水陡涨，客车翻入水中，造成死 21 人，直接经济损失 15 万元的特大自然灾害事故。

9 月 10 日 常德汽车修造厂与香港嘉信行合资成立“嘉信汽车配件制造有限公司”生产无石棉盘式刹车片，成为湖南省交通系统第一家引进外资合营的企业。

10 月 18 日 马林航线复航工程第二期工程——唐家嘴船闸竣工通航。

10 月 桃花源至张家界的旅游线路开通。

11 月 1 日 常德至广州客班车开通。

11 月 澧资航线津市至濠河口 209 公里（其中境内津市至窑湾 83 公里）5 级航道整治工程竣工，验收合格，常年可通行 300 吨级船舶。

是年 张公庙至津市公路路基拓宽到 22.5 米。

1992 年

1 月 7 日 《常德地区志·交通志》获常德市方志成果一等奖。

2 月 8 日 临澧县柏枝乡紫岭渡口，一艘限载 4 人的小木划搭乘 15 人过渡，因严重超载沉没，造成死 8 人的重大事故。

4 月 津市轮船运输公司船长周怀山获全国“五一”劳动奖章、湖南省劳动模范称号。

5 月 常德市公路道桥建设公司成立。

8 月 常德船舶厂研制的 597 千瓦近海拖轮，获 1995 年常德市科技进步三等奖。

11 月 5 日 国道 207 线改建工程开工。临澧县政府筹资 1317 万元将国道 207 线张公庙至矮架山按一级公路标准建设，40 天完成 22 公里的路基工程。15 日至 16 日，湖南省高等级公路建设现场会在临澧县召开，副省长汪啸风、交通厅厅长李顺高度赞扬临澧人民在全省率先义务投劳修国道。

12 月 交通部授予常德市交通局“水上交通安全先进”称号。

1993 年

1 月 1 日 湖南省水运市场价格全面放开,实行市场调节价。

5 月 4 日 常德汽车北站被交通部授予“文明车站”称号。

6 月 21 日 湘北干线工程开工建设。

6 月 常德船舶厂为香港客户制造的 597 千瓦近海拖轮 2 艘出厂，为湖南省船舶产品首次出口。

7 月 3 日 常德船舶厂与荷兰达门船舶集团有限公司合资成立“常德——达门船舶有限公司”。

11 月 常德市第一次公路大会战全面展开。

12 月 15 日 常德市交通规费征稽处成立。

12 月 常德汽车修造厂引进外资开发新产品“高附加值变截面汽车钢板弹簧”。

是年 常德市第二汽车修配厂被交通部授予“用户信得过汽车维修业户”称号。

是年 国家投资 1768 万元，对茅草街至凌津滩 202 公里航道进行整治，至 1999 年结束。整治后该航道可常年通行 500 吨级船舶。

是年 常德水运系统引进外资,注册成立 4 家外商投资企业:常德轮船运输公司与香港辉望投资有限公司合资成立“湖南俊鸣船务有限公司”;常德船舶厂与荷兰王国达门船舶集团合资成立“常德达门船舶有限公司”;安乡航运公司与香港拾比佰集团合资成立“湖南拾比佰航运有限公司”;津市轮船运输公司与长平(香港)投资有限公司合资成立“湖南长利化工有限公司”。

1994 年

2 月 23 日 湘常安 0205 客渡船与湘常安 0210 客渡船,在安乡石灰山码头约 350 米水域发生碰擦,造成湘常安 0205 翻沉,死 3 人的重大事故。

3 月 29 日 常德汽车修造厂与港商合资兴办的“湖南嘉达汽车配件制造有限公司”挂牌开业。

6 月 5 日 临澧县航运公司 4 艘钢质货船和 2 艘个体木质货船在艳洲大坝泄洪闸翻沉,造成 4 人落水、死 1 人,直接经济损失 51.95 万元的重大事故。

7 月 澧水艳洲水电站船闸竣工通航。

8 月 澧县汽车站竣工。

9 月 18 日 安乡渡口被撤销。

9 月 28 日 常德市政府出台《关于加强公路建设的若干意见》。

10 月 16 日 石门澧水大桥建成通车。

10 月 22 日 石门渡口被撤销。

10 月 常德市政府召开全市第二次公路大会战动员大会。

12 月 28 日 安乡大鲸港大桥正式通车。

1995 年

1 月 30 日 汉寿县洋淘湖农场吕某辉驾驶限载 1 吨的农用木划子（无证无照），载 20 人过河，到对岸猪头山祭坟。船行至离岸 30 米处翻沉，造成死 8 人的重大事故。

2 月 23 日 益阳轮船运输公司 6207 轮在汉寿大洲尾航段与一客渡船追尾，造成客渡船沉没，死 6 人，直接经济损失 11.13 万元的重大事故。

5 月 常德港航监督所更名为常德港航监督处，常德船舶检验所更名为常德船舶检验处。

6 月 4 日 湖南省津市轮船总公司 8201 轮顶推 4 艘分节驳由津市发往岳阳。11 时 30 分通过石龟山大桥时，将正在建的 35 号桥墩平台撞塌，造成直接经济损失 50 多万元。

12 月 1 日 常德市政府召开全市第三次公路大会战动员大会。

12 月 29 日 《常德市公路网规划（1991—2020）》通过评审，1996 年获湖南省交通厅一等奖，1997 年获常德市科技进步三等奖。

12 月 《常德地区志·交通志》被湖南省新编地方志优秀成果评奖委员会评为壹等奖。

是年 常德汽车运输总公司曾友贵、桃源县运输公司文会烈、常德市公共交通总公司黄冬枝获湖南省劳动模范称号。

1996 年

1 月 12 日 常德汽车运输总公司常北汽车站、津市公司九车队分别被交通部授予 1993—1995 年度“文明客运汽车站”与“文明客运汽车队”称号。

2 月 21 日 常德轮船运输总公司与黑龙江航道局联合引进俄罗斯产铝镁合金高速水翼船“湘龙号”，为湖南省首艘高速客船。

4 月 7 日 国务院副总理邹家华到常德达门船舶有限公司考察，并题词“开发先进疏浚技术，治理江河造福人民”。同年，该厂被国家定为高效挖泥船定点生产厂家。

4 月 常德汽车运输总公司桃源分公司湘 J-08029 号客车（驾驶员肖礼军）、澧县分公司湘 J-08159 号客车（驾驶员肖传玖）被交通部授予“全国红旗车”称号。

5 月 16 日 津市船舶厂依法破产。

8 月 16 日 常德市路桥建设开发公司与香港祥富国际投资有限公司合作成立“常德市

昌祥路桥开发有限公司”。

9月 常德市公路总段更名为常德市公路管理局。

10月29日 湖南省交通建设质量监督站常德市分站成立。

1997年

1月17日 益常高速公路汉寿聂家桥段正式开工建设。

1月 常德市公路管理处更名为常德市县乡公路管理处。

4月9日 常德达门船舶有限公司船体车间焊工班班长丁时满获1996年度省级“青年岗位能手”称号。

4月14日 湘、鄂、豫、皖4省公路运输企业协作协调会在常德市召开。

5月23日 由无证人员驾驶无证无照的西湖水利会10号80吨级钢质船,行驶至汉寿县大洲尾渡口下游100米时翻沉,造成死3人,直接经济损失10万元的重大事故。

6月8日 汉寿县航运公司湘常汉47号、52号机动驳在凌津滩大坝泄洪闸翻沉，造成死8人,直接经济损失60万元的重大事故。

7月19日 常德轮船运输公司“江海四号”机动驳从常德装卵石运往安乡,行驶至安乡马泗航段时,因严重超载、操作不当造成船舶翻沉,大副刘某金夫妇2人死亡的重大事故。

9月3日 常德市农用运输车拖拉机摩托车养路费征稽所成立。

9月 常德市第二次港口普查工作全面展开,11月结束。

10月6日 常德汽车运输总公司08256号客车(驾驶员黄光华)、08507号客车(驾驶员汪雪萍)、08219号客车(驾驶员卓尚雄)、08311号客车(驾驶员郑小清)被湖南省交通工会、公安厅交通管理局、省公路运输管理局授予“湖南省红旗车”称号。

12月12日 常德市交通局从青年南路搬迁至洞庭大道西段74号。

12月 桃源县单跨60米的黄花井斜拱桥建成通车,为当时国内最大跨径的公路斜拱桥。

1998年

1月23日 安乡县下渔口镇康乐村六组一渡工驾驶“湘安渡124号”载客10人(核定载客7人),由武圣宫渔业码头开出。5时,行至安乡六角尾高汉河水域,因艉舱满水翻沉,造成死7人的重大事故。

2月 湖南省交通厅授予安乡拾比佰航运有限公司“长安2号”客轮“全省交通系统文明服务示范窗口”称号。

3月29日 常德达门船舶有限公司制造的国内第一艘CZ500S高效挖泥船“常德1号”试挖成功,成为全国第一家生产进口替代型高效挖泥船的厂家。

4 月 20 日 常德沅水大桥征稽站正式启用 TP1000 型自动征费系统征收车辆通行费。

4 月 安乡拾比佰航运有限公司“长安 2 号”客轮被交通部授予“全国水路客运文明客船”称号。

4 月 临澧县新安道班班长苏前礼获全国“五一”劳动奖章、湖南省劳动模范称号。

5 月 常德市航道部门历时一年半，完成《常德市内河航道技术等级评定》，认定全市通航里程 1756 公里。

5 月 人事部、交通部授予桃源县公路管理站莫金秀为全国交通系统先进工作者。

6 月 石龟山大桥建成，10 月 18 日正式通车。

8 月 18 日 湖南常德欣运集团股份有限公司成立，为全省交通系统第一家集团股份有限公司。

10 月 湖南省常德航道分局、湖南省津市航道分局更名为湖南省常德航道管理局与湖南省津市航道管理局。

11 月 17 日 常德市农用运输车拖拉机摩托车养路费征稽所更名为常德市车辆通行费征收管理办公室。

11 月 28 日 湖南高速运输股份有限公司（湘高速）的高档豪华客车开通常德至长沙、常德至株洲班线。

12 月 国道 207 线临澧至张公庙一级公路改建工程竣工通车。

是年 常德汽车运输总公司澧县汽车站被交通部授予“1996—1997 年文明客运汽车站”称号；常北货运站被交通部授予“1996—1997 年文明货运汽车站”称号。

1999 年

3 月 1 日 常德欣运集团正式开通常德至澧县直达快巴，常德始有快巴客运。至 2001 年 9 月开通常德至安乡直达快巴，常德城区至市内各县（区、市）均有直达快巴。

3 月 4 日 桃源县理公港镇一货车违章载人，在丁家坊路段发生车祸，造成死 25 人、轻重伤 29 人的特大事故。

4 月 9 日 桃源沅水大桥建成通车。

4 月 尧河渡口被撤销。

6 月 14 日 常德市汽车维修协会成立。

10 月 常德机场公路改建工程竣工通车。

12 月 11 日 益常高速公路建成通车，常德实现高速公路零的突破。

是年 湖南万昌交通实业有限公司被中国道路运输协会评为“出租汽车客运经营管理优胜企业”。

2000 年

3 月 16 日 “湘常 2040 号”120 吨的个体机动驳,装载 300 吨工业盐,在澧水津市航段翻沉,造成死 4 人,直接经济损失 22.8 万元的重大事故。

4 月 29 日 湖南常德汽车修造厂依法破产。

7 月 6 日 湖南省津市轮船总公司依法破产。

7 月 汉寿公路管理局机械化养护站站长李爱国被交通部、共青团中央授予“全国青年岗位能手”称号。

8 月 30 日 常德城区至桃花源、花岩溪、夹山寺的 3 条旅游线路开通。

10 月 常德船舶厂研制的 200 千瓦全液压多用途工作船,获 2002 年市科技进步二等奖。

11 月 1 日 常德沅水公铁两用桥建成通车。

11 月 11 日 岗市至德山桃林路(绕城线)20 公里一级公路建成通车。

12 月 13 日 常德欣运集团旅游出租分公司、澧县湘北公铁水货运配载中心、临澧县交通运输管理所分获 1998—1999 年度全国道路运输系统“客运文明企业”“货运文明单位”“道路运政管理文明单位”称号。

12 月 28 日 凌津滩水电站船闸竣工通航。

是年 桃源公路管理局陈碧云、常德达门船舶有限公司丁时满获湖南省劳动模范称号。

2001 年

3 月 桃源公路管理局红卫道班班长陈碧云被全国妇联授予“全国三八红旗手”称号。

4 月 9 日 常德造船厂依法破产。

5 月 3 日 常德市第二次全国公路普查工作正式开始,2002 年 9 月 16 日结束。

6 月 5 日 湖南省客货站场研讨会在常德市召开,《常德市道路运输站场“十五”发展计划和 2015 年远景规划》通过评审,2003 年 5 月付印。

6 月 29 日 全面反映常德交通事业取得巨大成就的报告文学集《大道无尽》举行首发式。

6 月 湖南省农村公路发展规划会议在常德市召开。常德市交通局开始编制《常德市农村公路发展规划(2001—2020)》,2002 年 5 月 14 日通过评审,2003 年 12 月付印。

9 月 15 日 常德汽车总站正式运营。

9 月 常德盐关铁水联运港第一期工程竣工。

10 月 8 日 人事部、交通部授予常德市交通局局长马承斌为全国交通系统先进工作者。

10 月 全国政协副主席毛致用在常德市政协副主席蒯定勋、市交通局副局长陈柏枝陪同下，考察常德汽车总站。

12月6日 常德市交通局建设工程造价管理站成立。

12月19日 常德轮船运输总公司依法破产。

12月28日 常鲇航运建设工程正式开工。

12月 刘家河渡口被撤销。

是年 湖南省常德航道管理局率先在全省完成一类航标灯器的更新换代，视距由0.5公里提高到2公里。

是年 湖南万昌交通实业有限公司被交通部评为2000—2001年“出租汽车客运文明企业”。

2002年

1月14日 常德船舶厂依法破产。

7月22日 常德达门船舶公司全资收购常德船舶厂，由中外合资企业变为外商独资企业。

9月18日 常德达门船舶公司研制出国内第一艘WSD400M刀轮式挖泥船，解决了常鲇航道疏浚难题，该产品获2003年常德市科技进步二等奖。

2003年

5月 安乡大湖口大桥建成通车。

5月 大湖口渡口被撤销。

6月6日 常德市县到乡镇公路建设动员大会召开，从此拉开了全市通乡公路大规模建设的序幕。

8月 常德市航道部门完成第二次全国内河航道普查，查定境内航道1753.33公里。

10月 常德达门船舶公司研制出ASD2411全回转拖轮，主要出口欧洲，制造技术和质量迈入世界先进水平。

12月28日 省道306线周家店至常德段改建工程竣工通车。

12月28日 常德柳叶湖大桥正式通车。

是年 常德市2家国有水运企业和8家县市集体水运企业及3家国有船舶制造企业“两个置换”全部完成。国有、集体所有制专业水运企业和船舶制造企业全部退出市场。

2004年

1月1日 《中华人民共和国港口法》在常德市施行。

1月6日 国道207线东岳庙至澧县一级公路建成通车。

9 月 15 日 省道 304 线张公庙至新安二级公路交工验收会在临澧召开，湖南省交通厅、省公路局等单位的领导和有关专家及参建各方代表出席会议,一致评定该工程为优良工程。

9 月 26 日 临(澧)岗(市)一级公路建成通车。

12 月 毛家岔大桥建成通车。

12 月 毛家岔渡口被撤销。

2005 年

4 月 常德盐关铁水联运港第二期工程竣工,完成千吨级泊位 2 个。

6 月 常德市城区公共客运管理处成立。

12 月 26 日 桃源木塘垸沅水大桥建成通车。

12 月 26 日 常德至张家界高速公路建成通车。

12 月 30 日 常鲇航运工程竣工,是年被交通部评为“全国交通建设十佳优质管理项目”。

是年 常德市公路管理局史美华获湖南省先进生产者称号。

2006 年

6 月 26 日 常德市首条农村公交客运线路桃源县黄花井至鹅公井正式开通。

6 月 27 日 湖南省航务局、常鲇航道建设公司将常德盐关铁水联运港千吨级码头交付常德市管理使用。

7 月 根据常德市编委〔2006〕18 号文,组建“湖南省常德市地方海事局”“湖南省常德市船舶检验局”,一门两牌,为副处级事业单位。

8 月 31 日 根据常政通告〔2006〕3 号文件精神,常德沅水一、二桥收费站撤除。

10 月 省道 302 线津市至小渡口公路(含涔水大桥)工程开工建设,涔水大桥于 2007 年 11 月停工,2011 年 8 月复工,2015 年 12 月竣工通车。

11 月 15 日 澧县如东乡船主张某驾驶“三无”船舶在该乡屯旗山渡口违法渡运一辆农用汽车过河。靠岸时,因船舶操作不当导致农用车坠入河中,造成死 2 人的重大事故。

12 月 历时两年多的国道 319 线常德段文明样板路建设竣工,使其达到了“畅、安、舒、美”的标准。经交通部验收,确认国道 319 线车溪冲至太平铺 64.358 公里为文明样板路。

2007 年

1 月 28 日 常德汽车总站获“和谐中国——2006 年度荣誉示范单位”称号;该站经理赵爱国获“和谐中国——2006 年度十大创新人物”称号。

3 月 22 日 湖南省交通厅厅长欧阳斌与河南高速公路发展有限责任公司董事长王金山签署岳阳至常德高速公路项目投资协议。

8 月 经常德市国资委批准，市交通局对盐关铁水联运港实施合资经营方案。通过拍卖，对民营企业出让部分国有资产，将国有独资的常德鸿运港务有限公司重组为国有控股公司，实行国有民营。

9 月 14 日 南县机 0216 号船在牛鼻滩航段主航道与汉寿县新兴乡邱某、樊某的“三无”水泥吸砂船相撞，造成吸砂船沉没，死 2 人的重大事故。

11 月 22 日 沿市渡口被撤销。

12 月 23 日 常德汽车南站从金麟车站搬迁至武陵镇金霞大道 768 号，更名为常南汽车总站。

是年 包家渡渡口被撤销。

2008 年

1 月 25 日 安乡夹夹大桥建成通车。

2 月 交通部授予常德市地方海事局局长曾珊山“全国交通行业文明职工标兵”称号。

3 月 夹夹渡口被撤销。

5 月 常德市开始进行第三次全国港口普查工作，2009 年 5 月完成。

7 月 8 日 常(德)张(家界)高速公路获环保部“国家环境友好工程”奖。

8 月 6 日 常德市交通局从洞庭大道西段 74 号搬迁至柳叶大道 2999 号。

9 月 13 日 国务院副总理回良玉在考察长常高速公路时称赞：太子庙服务区管理好，卫生干净整洁，公厕设计合理，美观大方，有档次。

12 月 18 日 常(德)吉(首)高速公路建成通车。

12 月 26 日 汉寿仓儿总沅水大桥建成通车，桥长 7265 延米，是当时湖南省最长的一座公路桥梁。

12 月 仓儿总渡口被撤销。

2009 年

4 月 10 日 临澧合口澧水大桥开工，2011 年 10 月 10 日建成通车。

4 月 29 日 湖南省人民政府召开新闻发布会，决定从 5 月 1 日零时起，一次性取消省域内所有政府还贷二级公路收费，常德市 12 个政府还贷二级公路收费站一次性全部被撤销。

7 月 G55 二连浩特至广州高速公路澧县至常德段开工建设，长 133 公里，概算投资

83.3617 亿元,2013 年 12 月完工并试通车。

8 月 湖南省常德航道局与湖南省津市航道局合并,组建成新的"湖南省常德航道管理局",为副处级事业单位,下辖 18 个航道管理站(队)。

8 月 哑河大桥开工,2010 年 12 月竣工,2011 年 9 月通车。

9 月 20 日 丹阳路社会客运站从丹阳路金桥市场旁搬迁至常德市柳叶湖度假区七里桥社区紫缘路,更名为柳叶湖汽车站。

11 月 省道 303 线石门县城至南北镇公路改建工程开工,石门县城至皂市段按二级公路标准;皂市至南北镇按三级公路标准建设,全线为水泥混凝土路面,2012 年完工,2014 年 9 月竣工验收。

11 月 常德市地方海事局、常德市港航管理处、常德市航道管理处合并,组建成"湖南省常德市地方海事局"(湖南省常德市航务管理局、湖南省常德市船舶检验局),一门三牌,合署办公,为副处级事业单位。

12 月 31 日 常德市交通局信息中心、常德市交通局应急管理中心成立。

12 月 31 日 撤销常德市交通规费征稽处、常德市交通建设质量监督站,成立常德市交通建设质量安全监督管理处。

12 月 G56 杭州至瑞丽高速公路岳阳至常德段开工建设,境内长 59.8 公里,概算投资 44.36 亿元,2013 年 12 月 28 日完工并试通车。

是年 常德市武陵公路管理局高子华获"全国五一劳动奖章",同时被湖南省人民政府授予劳动模范称号。

2010 年

3 月 4 日 常德市交通局更名为常德市交通运输局。

6 月 28 日 省道 306 线桃源境内 40.373 公里沥青表处路面改建成水泥混凝土路面,12 月底竣工。

7 月 1 日 G55 二连浩特至广州高速公路常德至梅城段开工建设,境内长 35.952 公里,概算投资 17 亿元,2016 年 12 月 31 日建成通车。

8 月 20 日 省道 205 线汉(寿)太(子庙)一级公路开工建设,2014 年 9 月 25 日交工验收,2016 年 12 月 1 日竣工验收。

8 月 临(澧)岗(市)一级公路破损板的维修与改造项目开工,2012 年 4 月完工。

是年 省道 304 线石门保尔至三江口桥段水泥混凝土路面改建工程开工,2012 年完工,2015 年 1 月竣工验收。

是年 省道 302 线紫金渡至小渡口段水泥混凝土路面改造工程于年底竣工。

是年 常德市公路管理局马明浩获湖南省先进生产者称号。

第一篇《

公 路

第一篇　公　路

第一章　线　路

境内最早的公路是常(德)桃(源)公路,该路于民国16年(1927)5月开工,次年7月建成通车。民国18年至38年,先后有长(沙)常(德)、常(德)澧(县)、澧(县)津(市)、常(德)沅(陵)、澧(县)东(岳庙)5条公路相继建成,长458.336公里,其中通车里程仅347.336公里。常(德)永(顺)线陬市至灵官庙54.7公里建成土路基。

中华人民共和国成立后,境内公路迅速发展。1987年,公路已遍布全区城乡,四通八达,实现县县有油路,乡乡通客车,公路通车里程6272.809公里。

1993年,常德市有公路5611.97公里。按行政等级分有:国道315.25公里,省道444.27公里,县道2110.59公里,乡道2691.36公里,专用公路50.5公里;按技术等级分有:二级公路26.4公里,三级公路313.43公里,四级公路1317.28公里,等外公路3954.86公里;按路面类型分有:高级路面179.15公里,次高级路面826.41公里,中级路面3060.43公里,低级路面1270.88公里,无路面275.1公里。

1993年至1996年,常德市连续开展三次公路大会战,其后公路建设超常规发展。

1999年12月11日,益(阳)常(德)高速公路建成通车,常德高速公路实现"零"的突破。

2002年,常德市已有92.8%的行政村通公路,公路通车里程7402.443公里。按行政等级分有:国道327.36公里,省道721.744公里,县道2196.03公里,乡道4153.432公里,专用公路3.877公里;按技术等级分有:高速公路54.703公里,一级公路106.911公里,二级公路442.249公里,三级公路477.142公里,四级公路1659.693公里,等外公路4661.745公里。

"十五"期间(2001—2005),国家实施加大农村公路建设投入的政策,2005年常德市农村公路通达率为99.5%,基本实现村村通公路。

2006年至2011年,常德市共建成农村公路通畅工程10285公里,通达工程1155公里,县到乡公路657公里,完成农村公路总投资31亿多元。全市100%的乡镇和87%的行政村通水泥路;100%的乡镇和87%的行政村通客车。

2010年,常德市公路通车里程17344.696公里。按行政等级分有:国道527.375公里(省高管局管养的国家高速201.18公里,省公路局管养326.195公里),省道668.632公里,县道2295.29公里,乡道4258.003公里,村道9595.396公里。按技术等级分有:高速公路201.18

公里，一级公路 188.976 公里，二级公路 552.001 公里，三级公路452.793 公里，四级公路 15721.096 公里,等外公路 228.65 公里。按路面类型分有:水泥混凝土 11451.307 公里,沥青混凝土 296.619 公里,沥青表处 377.918 公里,砂石路 5054.935 公里,无路面 163.917 公里(见表 1-1-0)。

2010 年,常德市每百平方公里有公路 95.17 公里,每万人有公路 28.1 公里。

第一节　高速公路

高速公路是社会经济发展到一定历史阶段的必然产物,它是公路先进生产力的代表。具有通过能力大、行车速度快、运输效益高、交通事故少等特征。能加快交通运输业的发展,带动区域经济发展,促进沿线经济腾飞,在社会经济和交通运输体系中占有越来越重要的地位。

常德市境内高速公路虽起步较晚,然发展较快。1999 年 12 月 11 日,益常高速公路建成通车,市境始有高速公路 54.702 公里;其后,常张(家界)、常吉(首)、岳(阳)常、东(岳庙)常、常安(化)高速公路次第开工。2010 年,市境有高速公路 3 条,长 201.18 公里。2016 年,市境共建成高速公路 6 条,长 426.682 公里。21 世纪初辖境高速公路东成西就,南北通达的格局已经实现。

一、益常高速公路

益阳至常德高速公路是长(沙)常(德)高速公路的二期工程、湖南省“九五”期间重点建设项目之一、湖南省公路网规划“二纵四横”主骨架的重要组成部分。对发展湖南西北部地区经济,开发旅游资源,提高洞庭湖区防洪救灾能力具有重要意义。

长(沙)常(德)高速公路谢家铺立交

益常高速公路起自益阳资江二桥北岸引道直线端,终至常德市檀树坪，主线全长 73.083 公里。常德段自益阳与汉寿交界处的金鸡塘起,经祝家城、油榨湾于军山铺跨军蒋(家嘴)公路处设军山铺互通;接着经红花坳、丁家湾于黄滕碑跨汉(寿)太(子庙)公路处设太子庙互通；然后经毛家滩、堤北村于谢家铺设谢家铺

2010年常德市公路里程表

表1-1-0

单位:公里

路线名称	里程	技术等级						路面类型				
		高速	一级	二级	三级	四级	等外	水泥砼	沥青砼	沥青表处	砂石路	无路面
高速	201.180	201.180						54.700	146.480			
国道	527.375		139.596	142.288	12.018	32.293		232.892	52.140	41.163		
省道	668.632		41.183	306.307	90.434	219.469	11.239	490.734	36.685	135.529	5.684	
县道	2295.290		8.197	88.808	277.519	1815.253	105.513	1829.111	61.314	183.512	221.353	
乡道	4258.003			6.715	62.827	4187.621	0.84	2907.159		8.024	1342.82	
村道	9595.396			7.883	9.995	9466.46	111.058	5936.711		9.69	3485.078	163.917
合计	17344.696	201.180	188.976	552.001	452.793	15721.096	228.65	11451.307	296.619	377.918	5054.935	163.917

互通;再经黄泥岗、飞机坪进入德山开发区,终点于檀树坪设T型交叉与国道319线相连接,全长54.702公里(K97+770~K152+472)。2001年,第二次全国公路普查时改称长(沙)常(德)高速公路,定为省道,编号S999。2010年改编号为G5513。

常德至长沙的319国道是民国19年(1930)竣工通车的,初为砂石路,1967年开始改为油路。因标准不高,每当雨季,油路泡汤,坑坑洼洼,俗谚"汽车跳,常德到"。319国道沿途小集镇像佛珠一样串在公路线上,以路为市,车到集镇就"肠梗阻";十来米宽的国道,让客车、货车、单车、板车、牛车、马车、三轮车、鸡公车和行人挤得水泄不通,像战时躲"警报"一样;不仅如此,公路两旁的马、牛、羊、鸡、犬、豕都可以上公路"玩耍",常常造成交通事故。常德至长沙186公里的319国道实在太难走了!道路顺畅时汽车要跑六七个小时,不顺畅要跑十多个小时,人们望路生畏,说:"常德是想起来可爱,跑起来可怕。"常德人迫切要求修建益常高速公路,实现常德高速公路零的突破。

组织机构 1996年年底,在长(沙)益(阳)高速公路建设的同时,并为益常高速公路作开工准备,长益高速公路建设开发公司抽调部分人员成立益常高速公路临时指挥部,筹备工程的前期准备工作,组织进行征地拆迁和工程招投标工作。为加快工程进度,湖南省政府于1996年11月1日召开省直有关部门和工程沿线市、县(区)领导人参加的动员大会,为确保工程建设有组织、有领导、有计划、有步骤地进行,在组织机构上采用如下模式:

省、市、县(区)、乡(镇)成立指挥部,省指挥部由省政府、省计委、省建委、省交通厅、省国土局领导参加,下设办公室;沿线市、县(区)、乡(镇)分别由各级政府领导挂帅和有关部门负责人参加组成。常德市成立"长常高速公路常德段建设指挥部",由市长程海波任指挥长,副市长李会刚、市人大常委会原副主任何星浦任副指挥长,下设办公室,其主要职责是负责建设范围内的征地拆迁和地方协调工作。

1997年7月开工后,长益高速公路建设开发公司与益常高速公路临时指挥部改称为长常高速公路建设开发有限公司,同时对长益高速公路和益常高速公路实行项目法人管理。公司设总经理室、总工程师室、综合办公室、工程部、财务部、合约部、协调部、中心试验室。其主要职能是全方位组织工程实施,管理工程质量、施工进度、工程计价、工程技术及审批变更设计和监督管理工作。根据里程和行政管辖区的划分,分别设立监理三处、监理四处和房建监理五处。监理处的主要职责是对工程实行全过程、全方位的现场监督管理,具体落实工程质量、工程进度和审核计量支付。

建设标准 益常高速公路主线按平原微丘区一级汽车专用公路标准立项、设计、实施。常德市檀树坪至沅水公铁两用桥南接线5.197公里为联络线,按平原微丘区一级汽车专用公路与城市干道标准相接合建设。主线主要技术指标如下:

计算行车速度:每小时100公里

路基宽27米;路面为双向四车道,其中行车道2×7.5米

平曲线最小半径:900 米

竖曲线最小半径:凸形 8000 米,凹形 7104 米

最大纵坡;3.94%

设计荷载:汽超 -20 级、挂 -120

路面:底基层厚 15 厘米,二灰(石灰、粉煤灰)结构基层厚 18 厘米,水泥混凝土面层厚 25 厘米

特大桥设计洪水频率:1/300,其余桥涵设计洪水频率:1/100

工程投资　1996 年 11 月，湖南省建设委员会批准益常高速公路概算经费为 118075 万元，后增加常德市檀树坪至沅水公铁两用桥南接线 5.197 公里联络线经费 3500 万元;贷款利息净增 9800 万元;项目增设电脑监控系统经费 3400 万元以及其他项目增加的经费,调整概算为 142455 万元。资金来源:交通部拨款 33900 万元,省重点建设基金 23550 万元,财政专项贷款 10000 万元,企业债券 5000 万元,贷款 65643.5 万元。

征地拆迁　依靠各级政府,发动沿线群众,共同完成征地拆迁工作。一是将征地拆迁费按每公里包干给沿线市、县(区)政府,发挥地方政府熟民情、物情的优势,使征地拆迁问题得到妥善、及时的处理,保证承包单位人员、设备的顺利进场和如期开工。二是依靠当地政府调处纠纷、排除干扰,打击无理取闹和肆意破坏的不法分子,确保征地拆迁工作顺利进行。三是主动协调,狠抓桥涵、通道、水系及其接线工程等与群众生产、生活密切相关的问题,并造田返耕,将沿线的临时用地、取土场和弃土场及时整理,能复垦的坚决复垦,不能复垦的要因地制宜,将其改成水塘、山地等,累计复耕达 106.67 万平方米。1997 年 6 月中旬,时任湖南省委书记的王茂林和副省长庞道沐考察益常高速公路建设情况，发现汉寿县株木山乡因修路征地 36.67 万平方米,随即新开出一大片丘岗坡地,种上了香柚、板栗、脐橙,并间种黄豆、花生、西瓜,十分高兴。称赞“这里修路不但没有减少耕地,还为农民新开出大片土地,为子孙造福,是一个好典型”。

全线共征用永久性用地 470.12 万平方米,临时用地 206.28 万平方米。共拆迁房屋 872 栋,17.17 万平方米。常德境内征用永久性用地 345.52 万平方米,其中水田 191.25 万平方米、旱地 28.36 万平方米、自留地 5.05 万平方米、园地 9.25 万平方米、鱼塘 2.98 万平方米、经济林 68.07 万平方米、林地 19.75 万平方米、荒地 9700 平方米、水塘 6.46 万平方米、宅基地 10.27 万平方米、其他 3.11 万平方米。临时用地 133.25 万平方米。共拆迁房屋 565 栋,11.15 万平方米。转移电力杆 509 根,通讯杆 107 根。迁坟墓 4851座。

人声鼎沸,机器轰鸣,使沿线的老百姓兴奋起来,也把一部分人给搅晕了。公路沿线农民不富裕,高速公路修到家门口,以为发财的机会来了。他们不愿拆房搬迁,有的购置车辆要求参工参运;有的堵关设卡,向施工车辆收费;有的强行揽工包料,不让中标单位施工。对此,市、县(区)召开一系列会议,进行广泛深入的宣传教育。首先是市、县(区)、乡镇党政一把手

亲自作报告,讲原则,讲政策,讲纪律,各级干部分头包干做工作;其次是落实兑现补偿政策。房屋拆迁前,对各类房屋、篱笆、水泥坪、锅台、坟墓等一概进行丈量、清点。补偿款项实行"三公开":房屋面积丈量公开,房屋等级评议公开,补偿金额公开。拆迁户中党员干部走在群众前头。汉寿县水利局一名党员的楼房两年前修时花了8万元,这次按规定只能补4万元,做工作后,他立即带头迁走了。然后是做好特殊户的工作。有的因为房屋位置好,结构好,所以对拆迁十分反感。汉寿毛家滩镇一居民的房屋,设计美观,建筑坚固,装饰豪华,屋外树木葱茏,室内富丽堂皇。开始说什么也不肯拆迁,并扬言要与房屋共存亡。一个隆冬飞雪的日子,常德市市长来到他家,问长问短。对他说:"老马,你是个优秀农民,要支持国家修路,修好了高速公路,大家致富就有门路,对己对人对国家都有好处。"农历正月初一(春节)上午,市长和一位市委副书记踏着泥水到他家,说:"老马,给您拜年来了!"老马一时感动得说不出话来,表示一定带头响应政府的号召,顾全大局,和群众一道支持高速公路建设。

湖南省政府要求益常高速公路常德段3个月完成征地拆迁任务,实际提前1个月25天,于1996年12月5日全部完成征地拆迁任务。速度之快,工作之顺利,在全省是领先的。

工程招标 益常高速公路的招标工作分为三个部分,第一部分是路基及构造物主体工程;第二部分是路面;第三部分是交通工程和房建工程等。

1996年3月益常高速公路建设领导小组成立,9月编定招标文件。益常高速公路路基工程采取省内邀请招标方式进行,共有38家单位获准参与投标,投标40个,其中一个单位投两个标的有湖南省路桥公司、铁五局,一个单位投三个标的有中建五局。省招标领导小组由省交通厅、省建委、省监察厅、省政府重点办及省高速公路建设开发总公司、交通厅质监站、造价站等负责人组成。1997年3月12日,在宁乡华龙宾馆召开开标会议,在公证员的监督下,对39封标书唱标。益常高速公路14个标段,联络线为第15标段,除3个标段(4标、12标、13标)由省政府奖励给在长益高速公路建设中表现非常出色的省路桥道路五公司、环达路桥公司、邵阳路桥公司外,其余11个标段通过公开、公正、公平的原则,由招标领导小组确定11家中标单位,在合同谈判过程中,经省政府协调,其中8个标段划出一部分指定分包单位,并报省招标领导小组审查批准。

路面工程由于受水泥砼滑模摊铺机的局限,而采取与省内有大型滑模摊铺机的省路桥公司和环达路桥公司公开议标,确定这两家单位分3个标段施工。

交通工程、房建设计、房建工程的招标,由省交通厅、省建委组成的招标委员会和交通厅监察室、质监站、造价站、计划基建处、省政府重点办、省高速公路建设开发总公司负责人参加的评标工作小组组织进行。交通工程资格预审合格参与投标的有47家,分14个标段,于1998年11月9日在公证员的监督下对32封标书唱标,经评标组初审,报省交通厅招标领导小组批准,由四川京川交通工程公司、湖南综恒等14家公司中标。房建工程分6个标段,参与投标的有24家,经评标组推荐,招标委员会批准长沙捷通、益阳住宅公司、常德建筑工程公司等6家中标。

从工程实施过程来看,各施工单位都能履行合同,保质按期完成各项工程。

主要工程量 路基土石方1301万立方米,排水工程10.09万立方米,路基防护工程18.45万立方米,路面底基层223.3万平方米,路面基层209.5万平方米,大桥3座616.16延米,中桥10座435.37延米,小桥10座237.21延米,人行天桥13座732.74米,渡槽7座163.1米(见表1-1-1-1)。

常德市境内有军山铺、太子庙、谢家铺、德山4处收费站房,建有常德管理所、太子庙服务区各一处。

参建单位 建设单位:长常高速公路建设开发有限公司。

设计单位:路基、路面、桥涵等主体工程及交通工程、绿化工程由湖南省交通规划勘察设计院设计。收费站、服务区等房屋建筑由湖南省建筑设计院和湖南洛沙工程建设有限公司共同完成。交通工程深化设计由四川京川交通咨询有限公司完成。环保绿化工程深化设计由湖南省森林植物园育种研究室完成。

监理单位:湖南省交通建设工程监理公司、育才-布朗公司和湘江监理公司。

益常高速公路常德市境内路基、路面工程,施工、监理单位见表1-1-1-2、表1-1-1-3。

工程进度 益常高速公路于1996年12月17日举行开工典礼。1997年7月1日全线正式开工,1998年12月路基土石方、防护、桥涵工程基本完成。1999年9月底路面工程基本完成。1999年11月交通工程、房建工程(包括服务区、管理区、收费站)完成。1999年12月6日至7日交工验收。1999年12月11日正式通车。计划工期36个月,实际施工期30个月,提前半年建成通车。

科技创新 科学技术是第一生产力。益常高速公路的工程质量要过硬,离不开先进科技的运用。在工程建设过程中,公司特别注重加大科技投入,加强信息基础管理,采用新设备、新材料、新技术,从根本上保证益常高速公路的工程质量。

益常高速公路经资、沅二水尾闾与西洞庭湖,建桥较多,路桥相连。公路桥头填土以及特殊路段填土处路基下沉导致砼路面板断裂、错台而引起跳车的病害一直是公路建设的质量通病之一。在建设益常高速公路的过程中,公司为解决这一问题,在进行长期的研究和探索后,发现即使台背回填土的质量达到规范要求,但因桥台是砼刚性体,而台背填土属柔性体,刚性体与柔性体受力状态不一样,相接处必然有不均匀沉降差和刚度差,仍然会引起桥头跳车。公司工程技术人员根据"刚柔过渡"的处治原理,采用半刚性振动挤密桩新技术,对台背填土进行处治,避免桥头跳车。经湖南大学土木工程检测中心检测实验证明,挤密桩与填筑土体形成复合地基,既对台背填土进一步挤密,又提高路基的整体强度,大大降低路基后期沉降度。在很大程度上防止桥头跳车这一质量通病的产生。

在避免砼板产生唧泥和错台病害问题上,公司工程技术人员经过分析研究,提出中央分

益常高速公路主要工程数量表

表 1-1-1-1

项	目	单位	工程数量
路基土石方		立方米	13015147.6
排水工程		立方米	100906.18
路基防护		立方米	184458.323
路面	底基层	平方千米	2233
	基层	平方千米	2095
	面层	平方千米	1817
桥梁	大桥	延米/座	616.16/3
	中桥	延米/座	435.37/10
	小桥	延米/座	237.21/10
涵洞	圆管涵	米/座	12387.72/432
	盖板涵	米/座	2999.91/85
	倒虹吸	米/座	880.97/23
立体交叉	通道	米/处	6219.77/188
	分离式立交	米/座	1889.89/50
	人行天桥	米/座	732.74/13
	渡槽	米/座	163.10/7
	平交道口	处	2
	互通交叉	处	5
交通工程	轮廓标与路钮	块	40450
	中央分隔带活动护栏	处	40
	通信管道	米	36000
	波形梁护栏	米	313830
	隔离栅	米	139358
	隔离墙	米	12000
	标线	平方米	76400
	交通标志	个	679
	防眩板	块	4277
绿化		公里	73.083
收费站		座	8
房建工程		平方米	21160

益常高速公路路基、桥涵工程标段表（常德市境内）

表 1–1–1–2

标段	桩　　号	里程（公里）	施工单位	监理单位
5A	K97+770～K100+250	2.480	铁十五工程局	育才-布朗公司
5B	K100+250～K102+400	2.150	铁十七工程局	育才-布朗公司
6A	K102+400～K104+400	2.000	益阳路桥公司	育才-布朗公司
6B	K104+400～K107+150	2.750	湘中路桥公司	育才-布朗公司
7A	K107+150～K110+020	2.870	岳阳通衢公司	育才-布朗公司
7B	K110+020～K112+520	2.500	衡阳路桥公司	育才-布朗公司
8A	K112+520～K116+162	3.642	中建五局	省交通科研所监理公司
8B	K116+162～K117+360	1.198	省机械化施工公司	省交通科研所监理公司
9A	K117+360～K119+860	2.500	湘潭路桥公司	省交通科研所监理公司
9B	K119+860～K122+400	2.540	郴州路桥公司	省交通科研所监理公司
10	K122+400～K126+550	4.150	怀化路桥公司	省交通科研所监理公司
11	K126+550～K133+850	7.300	湖南省路桥公司	省交通科研所监理公司
12	K133+850～K141+505	7.655	湖南省路桥公司	省交通科研所监理公司
13	K141+505～K147+020	5.515	环达路桥公司	省交通科研所监理公司
14A	K147+020～K149+217	2.197	永州路桥公司	省交通科研所监理公司
14B	K149+217～K152+472	3.255	常德路桥公司	省交通科研所监理公司
15A	K0+000～K1+666	1.666	湖南省路桥公司	省交通科研所监理公司
15B	K1+666～K3+333	1.667	怀化路桥公司	省交通科研所监理公司
15C	K3+333～K5+197	1.864	常德路桥公司	省交通科研所监理公司

说明：15 标修建连接线，工程内容含路面

益常高速公路路面工程标段表（常德市境内）

表 1–1–1–3

标段	桩　　号	里程（公里）	项目	施工单位	监理单位
G2	K91+560～K112+520	20.96	基层	湖南省路桥公司	育才-布朗公司
G3	K112+520～K133+246	20.726	基层	湖南省路桥公司	省交通科研所监理公司
G4	K133+246～K152+472	19.226	基层	环达路桥公司	省交通科研所监理公司
M4	K79+389～K102+400	23.011	面层	湖南省路桥公司	育才-布朗公司
M5	K102+400～K126+550	24.150	面层	湖南省路桥公司	省交通科研所监理公司
M6	K126+550～K152+472	25.922	面层	环达路桥公司	省交通科研所监理公司

隔带和路肩的排水系统方案。此方案使得面层缝隙下渗水沿着基层封层油表面由路拱横坡向路肩处渗流,并由路肩排水系统排出。超高段路面排水则由中央分隔带排水系统排出,始终保持路面处于干燥状态,避免下渗到基层表面的水由于行车挤压形成高压水流对基层造成破坏。

南方山丘地区的高速公路具有填切交界众多的特点,填切交界处容易出现由于不均匀沉降而产生的断板、跳车等病害。公司根据填切交界处病害的成因和国外使用土工格栅的施工经验,采用双层土工格栅处治填切交界处病害的措施,并在相应位置砼路面中采用钢筋网补强,有效地防止路基通车以后的不均匀沉陷。

湖南是水泥生产大省。省政府要求在公路建设中多采用水泥路面,尤其是在高速公路上多采用。但采用滑模摊铺施工混凝土路面仍有一些技术问题急需解决。如砼路面缩缝处增设传力杆的施工问题,如果按照国外砼路面施工方法,一般要有侧向布料机或传力杆自动打入装置(DBI)。而购置上述机具,每一台(套)需 30 多万美元。益常高速公路有 3 台路面摊铺机,就要配置 3 台(套),需投资近 100 万美元。为解决在没有布料机的情况下增设缩缝传力杆这一难题,公司组织工程技术骨干成立砼路面滑模摊铺新技术应用研究小组,在课题组成员和施工单位的通力合作下,经过七八次反复试验,摸索出一套缩缝增设传力杆的施工新工艺。这套工艺增强砼板和砼板间的联结,改善路面板的受力性能,有效地控制路面板块之间的错台,延长路面的使用寿命,并节约设备投资 100 万美元。2000 年 5 月,在常德市召开的湖南省公路学会路面施工技术研讨会上,长常高速公路建设开发有限公司所采用的缩缝处增设传力杆等新工艺受到与会公路专家们的好评。出席会议的交通部《混凝土滑模摊铺施工技术规程》(以下简称《规程》)起草小组负责人、公路工程博士傅智,经过实地考察研究后,对这些工艺给予肯定,并拟将编入《规程》中。

益常公司根据工程需要,自行组织开发出《高速公路工程建设计算机管理系统》软件,并在项目建设期间全面投入运行。该系统涵括公路工程建设管理中合同、变更、计量、支付、质量、文档、进度及地理信息系统等方面的内容;通过对分项工程的量化,提供面向单个实体工程量的控制,实现合同分量控制与总量控制;该系统的网络化较好地实现业主、监理处、承包商三方数据交流及信息处理,极大地提高工作效率。1999 年 9 月 15 日在长沙召开的高速公路工程建设计算机管理系统成果鉴定会上,该软件得到与会专家的一致肯定,认为在国内同类软件系统中,该成果整体上处于国内领先水平。

益常公司对砼路面胀缝的研究,经过模拟受力分析、现场实测及实践检验,提出砼路面胀缝施工采用预留板块、气温 20 摄氏度 ~ 30 摄氏度合拢、两侧加钢筋、传力杆工厂化制作、整体安装等措施,并编写成施工控制手册。投产后一年多的实践表明,胀缝破损率为零。

益常公司发现在土基回弹模量设计值确定方面,现行规范提供的回弹模量和弯沉相关公式与实测值相差较大,在土基参数方面存在着不足,用此公式作为弯沉验收标准将可能导致不安全。为此,公司和湖南省交通科研所联合立项进行研究,通过施工现场355组试验,提出土基E0-L0的统计相关公式直接应用于工程,证明该公式适用于湖南的土质路基。

益常高速公路建设中,新设备、新材料,新技术的应用颇多。如为更好地控制砼按设计配合比施工,公司购进德国西门子公司用于拌和机的专用打印设备,它能详细记录每一拌砼的水泥、碎石、砂、粉煤灰、水、外掺剂的重量。公司规定每个工作日拌和机操作人员须详细填写《拌和机工作情况记录表》,与打印资料相配套,防止偷工减料,确保砼严格按照施工配合比配料;复又购进英国科力士公司的检测仪器,用于检测混凝土保护层厚度及钢筋位置,用于检测缩缝传力杆及钢筋网的安装情况;并购入一台车载式颠簸累积仪,在用3米直尺检测平整度的基础上更完善地检测路面的平整度。

为保证砼路面的平整度，公司要求各路面承包施工单位购进与砼摊铺机配套的超级磨平器。通过采用新设备,益常高速公路的砼路面的平整度3毫米合格率达95%,5毫米合格率为100%;经颠簸累积仪检测的标准差为0.8~1.1,全线平均值为0.95,小于交通部验收标准1.5;IRI为1.6,远小于交通部的标准2.5。

公司采用雷达探测系统检测砼路面厚度和路面下的CT管道安装情况;配备用于检测砼保护层及钢筋安装情况的钢筋检测仪。

采用国产毛勒伸缩缝,较好地解决了以往桥梁伸缩容易损坏和跳车的问题。

采用在桥头搭板末端的钢筋混凝土枕梁下设置半刚性挤密桩的方法减轻或消除搭板沉陷与桥头跳车现象。

采用中南工业大学高密度集中电流法勘探路基下淤泥质软卧层的分布范围，以及地质雷达系统和高分辨雷达信息处理软件勘探路基下矿洞位置，并采用振动挤密桩处治软卧层产生的路基不均匀沉降和路基下的空洞所产生的隐患。

采用粉喷桩加固处治K81+100~K81+180段路基下局部较深的淤泥层，并在路基中加铺土工格网防止路基失稳。

基层采用二灰(石灰、粉煤灰)稳定半刚性基层,全部用ABG摊铺机进行摊铺,有效地提高基层强度和设计厚度。

益常高速公路建设过程中,也存在一些值得注意的问题。

初期抓监理工作的力度不够,没有把监理力量充分调动起来。在某些方面对质量有影响;

标段划分过小,合同单位多,既增加业主和监理的管理难度,承包单位也不便于投入人力、设备等资源;

益常高速公路路基、路面、排水、防护、绿化等设计系统化、系列化有待进一步加强,应该有足够的设计周期;

个别工程设计现场复核审查深度不够，造成个别构造物的位置不恰当和实施后工程不够完善。

益常高速公路通车后,养护、管理、收费工作,都由长常高速公路管理处负责。2003年,益常高速公路的收费权由湖南省交通厅转让给"中国瑞联公司"。2010年1月,"中国瑞联公司"又将益常高速公路的收费权转让给中国平安集团"平安信托投资有限公司",受让期至2033年止。益常高速公路管理机构名称是:湖南益常高速公路开发公司,负责全长73.083公里高速公路的养护、收费工作。

益常高速公路建成通车后至2010年,益常高速公路车流量直线上升,交通事故明显下降,到常德来经商、探亲、旅游的人显著增多,常德与外地的社会经济文化交往大量增加。正因为有发达的交通,社会才会变得这般美好,这般进步。是的,交通的日趋发展,大大缩短了时空距离,使地球仿佛也变小了。有人说,益常高速公路的建成通车,像一幅画,让人赏心悦目;像一首歌,让人高声传唱。从常德走出去的作家水运宪,他在散文《梦圆故乡》中写道:"十年前我开始自己驾车。在我的出车纪录里,跑得最多的就是回常德,有时候因公出差,有时候是探亲访友,还有一次是为养育我成长的大哥奔丧。无论哪次回来,我的心情都是那么急切。我时常一边开车一边在心里抱怨,总是嫌脚下那条被称为'国道'的路太长太长。我早已准确无误地记住沿路各个乡、村的地名,而且记得哪个集镇几号几号赶场,每个集镇各自买卖些什么不同的东西。好多次我的车被堵塞在不同的地方,即使不堵塞也常常只是在那条路上蠕行,我便在内心默诵下一个以及下下个地名来打发那一段臃肿的时间,如果把我多年在这条路上消磨的时间作一个累计,那必定是相当可观的一大把宝贵光阴。人类最大的奢侈莫过于对时间的浪费,似乎这又是十分的无奈。""如今,我有幸在这条高速公路正式通车的前几天上去跑了两个来回。第一次坐的车是一辆吉普车,我嫌不过瘾,于是亲自驾驶一辆性能优良的小轿车又去飚了个痛快。反复刷过几次之后,我终于在那幅铺陈于地面的五彩长卷上圆了几十年的梦。"

二、常张高速公路

原省道常(德)永(顺)线常德至张家界段公路,将近200公里的路程坡陡弯急,一路颠簸摇晃,平时一般得花6~7小时,若遇上塞车补路则时间更长。常张高速公路的建成,将使张家界景区与长沙、南岳、韶山、岳阳楼、桃花源联成一体,成为全省承东启西的黄金通道,促进湖南乃至湘、鄂、渝、黔边区旅游事业的发展。

常张高速公路东起常德檀树坪与长常高速公路的终点相接,经斗姆湖、机场北、过善卷垸、木塘垸跨沅水至河洑后,经盘塘、热市,于慈利县城附近跨澧水,经岩泊渡、甘堰、阳和,西止于张家界城南田家台,再用连接线跨澧水与张家界市永定大道相接。主线全长160.78公里,连接线长8.96公里。其中常德段主线长75.23公里,连接线长7.8公里。常张高速公路编号为G5513。

主要批文　2002年1月25日,国家计委以计基字〔2002〕96号文批复可行性研究报

常张高速路段与斗姆湖互通

告。2002 年 5 月 17 日，交通部以交公路发〔2002〕202 号文批准初步设计。2002 年 7 月 29 日，交通部以交公路发〔2002〕343 号文批准调整概算，概算金额 687368 万元。2002 年 9 月 25 日，湖南省交通厅以湘交计基字 552 号文批复施工图设计。2003 年 1 月 16 日，湖南省交通厅批准开工。2003 年 2 月 6 日，常张高速公路总监办下达开工令。

资金来源　常张高速公路批准概算金额为 687368 万元(其中常德市境 284000 万元)。经费来源：开行贷款 476000 万元，交通部资金 71000 万元，湖南省重点建设资金 140368 万元。工程竣工决算经费 662988 万元，其中建筑安装工程费 543909 万元（含预备费开支 18242 万元)、设备及工具器具购置费 7566 万元、其他基本建设费 111513 万元(含建设期贷款利息 33382 万元)。工程决算较概算节省投资 24380 万元。

组织机构　2002 年4 月 11 日，湖南省交通厅批准成立湖南省常张高速公路建设开发有限公司和湖南省常张高速公路总监办公室。湖南省常张高速公路建设开发有限公司设总工程师室、办公室、中心试验室、合约部、工程部、协调部、财务部、政治部等 8 个职能部门。为加强施工现场管理，沿线设置常德、桃源、慈利、张家界 4 个工作站。常张公司、总监办主要职能是全方位组织工程实施，管理工程质量、施工进度、工程计价、工程技术及审批变更设计和监督管理工作。

建设标准　常张高速公路途经常德市德山经济开发区、鼎城区、武陵区、桃源县及张家界市慈利县、永定区 6 区、县。主线采用四车道高速公路技术标准，设计行车速度按路段分别采用每小时 120 公里、每小时 100 公里、每小时 80 公里。路面结构主线采用沥青混凝土，连接线采用水泥混凝土。主线沥青混凝土路面：18 厘米水泥稳定碎石底基层、36(32)厘米水泥稳定碎石基层、18(15)厘米沥青混凝土面层。连接线水泥混凝土路面：15 厘米水泥稳定碎石底基层、17(15)厘米水泥稳定碎石基层、25(24)厘米水泥混凝土面层。另按一级公路标准修建常德连接线 7.8 公里，按二级公路标准修建至张家界市区连接线 2.145 公里（至 S306 线)。全线设斗姆湖、河洑、架桥、热市(以上在常德市境)、慈利东、慈利西、岩泊渡、阳和 8 个互通；设河洑、慈利、阳和、张家界 4 个养护工区；设热市服务区 1 处；设岩泊渡停车场 1 处；设收费站 10 处，其中张家界主收费站 1 处，匝道收费站 9 处。

工程数量　路基挖方 4632.65 万立方米（其中主线 4487.54 万立方米），路基填方

3401.68 万立方米(其中主线 3285.24 万立方米),路基防护 61.79 万立方米(其中主线 59.88 万立方米),路基排水 14.55 万立方米(其中主线 14.29 万立方米)。特大桥 12 座 13691 延米,大桥 46 座 9474 延米,中桥 28 座 2005 延米,小桥 1 座 12.8 延米,人行天桥 26 座 1373 米,渡槽 10 座 571 米,隧道 3 处 1839 延米。

在常德市境内有特大高架桥善卷垸桥,长 1500 延米;木塘垸沅水特大桥长 2849.2 延米。共有大、中桥 14 座,总长 2426.02 延米。有关口垭隧道 1 处,总长 1610 延米,其中左线长 895 延米,右线长 715 延米。

参建单位 项目管理单位:常张高速公路建设开发有限公司、常张高速公路总监办公室。

设计单位:湖南省交通规划勘察设计院、长沙铁道学院勘察设计研究院、湖南大学设计研究院、湖南国际工程咨询设计公司、湖南路桥高格景观艺术有限公司。

监督单位:湖南省交通建设质量监督站。

常张高速公路常德市境内路基、路面工程,施工、监理单位见表 1-1-1-4、表 1-1-1-5。

常德高速公路管理处

工程招标 常张高速公路严格按照《中华人民共和国招标投标法》及交通运输部、湖南省有关招投标工作各项规定,在省纪委、省监察厅、省高速公路管理局监察人员的全程监督下,按照"公开、公平、公正、择优"的原则进行公开招标。招标分施工招标和监理招标两个部分。施工招标分:土建、铁路分离式立交桥工程、通信监控、收费系统、供货与安装工程、绿化及环境保护工程 7 个部分。监理招标分土建工程与房建工程 2 个部分。

征地拆迁 2002 年 4 月 7 日,湖南省人民政府召开常张高速公路征地拆迁动员大会,要求 5 月 10 日前全部完成征地拆迁。时间紧,任务重,市政府随即组建了常德市常张高速公路建设协调指挥部,先期对常张高速公路常德段再一次进行实地调查。4 月 16 日,常德市召开征地拆迁动员大会,要求沿线各县(区)、各有关部门必须按时按量完成拆迁任务。

"五一"黄金周,淅淅沥沥的雨一直下个不停。沿线村民深明大义,冒雨拆迁。鼎城区斗姆湖镇临沅村老支书陈某舫,带头冒雨支起塑料棚,亲手将自己居住了几十年的老屋拆掉;桃源县木塘垸乡樟树村村民罗某武在外打工,听到要拆迁修路的消息后,立即回家,在补偿费暂未到位的情况下,向人借钱拆掉自家的楼房;鼎城区斗姆湖镇花园村人均不足 3 分地,此次征地又占全村总面积的近60%。为支持重点工程建设，一百多拆迁户在一周内全部完成拆迁任务。

群众深明大义，政府也积极为百姓排忧解难。常张高速公路建设协调指挥部抽调专人，夜以继日用最快的速度测算出各县(区)每公里征地拆迁的补偿基数；桃源县木塘垸乡政府在补偿费暂未到位的情况下，决定由农村信用社给每个拆迁户贷款3000元；鼎城区派工作人员冒雨向拆迁户送去慰问信、慰问金、红匾，以示慰问和谢意。

政府各有关部门主动配合，协同作战。市长途线路管理局、广电、电力等部门不讲价钱，按时完成2258根电力杆、电信杆、广播杆线的转移工作。

在集中拆迁不到一个月的日日夜夜里，雨天却占85%，拆迁任务在规定时间内全部完成。全市共完成征地601万平方米，其中耕地315.2万平方米、水田22.8万平方米、园地49.93万平方米、林地138.47万平方米、其他74.6万平方米。共拆迁房屋1030栋(户)，20.3万平方米。迁坟4163座，全面按时完成征地拆迁任务。

质量监督　湖南省交通质量监督站代表交通行政主管部门，对常张高速公路项目建设实施全过程、全方位监督，着重与常张公司、总监办共同把好"三关"，即参与投标的监理单位和承包商的资质关、施工中的质量监督关和竣工验收关。项目开工后省交通建设质量监督站专门委派经验丰富的监督工程师驻守工地，认真扎实地履行政府监督职能。

交竣工验收　2002年12月1日，常张高速公路举行开工典礼。2005年12月18日至20日，湖南省高速公路管理开发总公司按照交通部《公路工程竣工验收办法》的规定，对常张高速公路主线及连接线土建、路面、交通工程、绿化工程进行交工验收，工程合格率为100%。2005年12月26日试通车后，即成立了常张高速公路管理处，负责公路的管养和收费工作。2009年1月4日，交通运输部组织成立湖南省常德至张家界高速公路竣工验收委员会，对该项目进行竣工验收。竣工验收委员会认真听取了建设、设计、施工、监理、质量监督等单位的工作情况汇报，查阅了工程建设有关文件和资料，对全线工程进行实地查看，经评议认为：常张高速公路路线平纵组合合理，线型顺畅，经过三年试通车运营，路基稳定，路面平整密实，沿线桥涵构造物使用状况良好，防护工程稳固，交通安全设施齐全，服务设施功能完善，绿化景观优美，与自然环境协调，档案资料完整、规范，交工报告中提出的问题已得到处理和落实。竣工验收工程质量评分值为96.1分，工程质量等级评分为优良。

常张高速公路路面工程标段表(常德市境内)

表1-1-1-4

标段	桩　　号	里程(公里)	经费(万元)	施工单位	监理单位
29	K0+000～K24+288.5	24.289	13515	湖南路桥公司	湖南交通建设监理公司
30	K24+288.5～K48+000	25.227	11433	四川川交路桥公司	湖南金衢交通咨询公司
31	K48+000～K72+924.991	24.925	10741	岳阳市路桥公司	育才-布朗公司
32	K72+924.991～K99+000	18.398	7217	湖南路桥公司	广东虎门技术咨询公司

常张高速公路路基、桥涵工程标段表(常德市境内)

表 1-1-1-5

标段	桩　号	里程（公里）	经费（万元）	施工单位	监理单位
1	K0+000~K7+585	7.585	7054	湖南路桥道路九公司	湖南交通建设监理公司
2	K7+585~K9+495	1.910	10810	湖南路桥桥梁五、九公司	湖南交通建设监理公司
3	K9+495~K12+500	3.005	19065	怀化路桥总公司	湖南交通建设监理公司
4	K12+500~K19+700	7.200	9910	路桥集团一局厦门处	湖南交通建设监理公司
5	K19+700~K24+289	4.589	13151	湖南路桥道路一公司	湖南交通建设监理公司
6	K24+289~K27+144	2.855	24174	湖南路桥长江综恒公司	湖南金衢交通咨询监理公司
7	K25+628~K43+000	17.372	16585	湖南军信路桥公司	湖南金衢交通咨询监理公司
8	K43+000~K58+900	15.900	11112	湖南路桥通泰公司	育才-布朗公司
9	K58+900~K72+925	14.025	17472	北京公路桥梁公司	育才-布朗公司
10	K72+925~K78+500	5.575	17671	湖南路桥隧道公司	广东虎门技术咨询公司
23	LK10+000~LK6+280	5.914	5438	常德路桥公司	湖南三湘交通监理事务所
24	LK13+677~LK4+043	0.366	2238	益阳路桥公司	湖南三湘交通监理事务所
25	LK16+610~LK7+847	1.237	2125	永州路桥公司	湖南三湘交通监理事务所

三、常吉高速公路

常德至吉首高速公路是国家重点规划建设的西部大开发 8 条公路通道之一——杭(州)瑞(丽)高速公路的一段,是国家“十五”公路建设的重点工程,也是湖南省和常德市高速公路主骨架的重要组成部分。它与长常、常张、常岳、常安、东常高速公路连为一体,形成常德市的高速公路网及市城区外围绕城高速环线。对促进常德交通通过能力和通达深度,改善投资环境,促进旅游开发,加速经济发展,全面建设小康社会具有十分重要的意义。常吉高速公路编号为 G56。

主要批文　常吉高速公路是湖南省当时建设里程最长、投资规模最大、工程最复杂、施工条件最艰巨的高速公路项目。2003 年 7 月 18 日，国家发展和改革委员会以发改交运〔2003〕548 号文报国务院,请求审批常德至吉首高速公路可行性研究报告。国务院批准后,国家发展和改革委员会又以发改交运〔2003〕760 号文通知湖南省发改委。2003 年 10 月 21 日,交通部以交公路发〔2003〕439 号文批复常德至吉首公路初步设计。2003 年 12 月 31 日,湖南省交通厅以湘交基建字〔2003〕887 号文批复常吉高速公路施工图设计和预算。

常吉高速公路起于常德市鼎城区斗姆湖,接常德至张家界高速公路斗姆湖互通,经桃花源、郑家驿、茶庵铺、官庄、沅陵、泸溪,止于吉首,与吉(首)茶(洞)高速公路相连。常吉高速公路全长 223.7 公里，其中常德市境主线长 71.25 公里（鼎城区 17.02 公里、桃源县 54.23 公里），设桃源尧河、郑家驿、茶庵铺三处互通。另建连接线长 13.7 公里，常德市境连接线长 7.3 公里，其中尧河连接线 4.3 公里、茶庵铺连接线 3 公里。该项目 2004 年 3 月 25 日在吉首举行开工典礼，2004 年 5 月正式开工，2008 年 12 月 18 日完工并试通车。

组织机构　项目管理机构（业主）是常吉高速公路建设开发有限公司和常吉高速公路总监办公室。常吉高速公路建设开发有限公司下设总工程师室、监理部、办公室、政治部、合约部、工程部、财务部、环保办、协调安全部、信息技术部、中心试验室等职能部门。为加强施工现场管理，沿线设桃源、官庄、沅陵、吉首四个工作组。常吉高速公路 2008 年 12 月 18 日试运营通车后，成立了常吉高速公路管理处，负责全线的养护、收费和管理。

常吉高速公路

设计单位：湖南省交通规划勘察设计院。施工过程中派设计代表常驻现场。

监督单位：湖南省交通建设质量监督站。施工过程中派驻地监督工程师。

常吉高速公路常德市境内路基、路面工程，施工、监理单位见表 1-1-1-6、表 1-1-1-7。

建设标准　全线按四车道高速公路标准建设，其中起点至茶庵铺长 61.55 公里路段，设计行车速度每小时 100 公里，路基宽 26 米；茶庵铺至终点长 161.76 公里，设计行车速度采用每小时 80 公里，路基宽 24.5 米。桥涵与各区段路基同宽。

桃源尧河、茶庵铺连接线按二级公路标准建设，计算行车速度每小时 80 公里，路基宽 12 米。

全线桥涵设计车辆荷载采用汽－超 20 级、挂 －120。

路面标准轴载采用双轮组单轴 100 千牛。

路面结构：K4+117.919（斗姆湖）~K66+240 一般路段结构形式采用 4 厘米 AK-13 改性沥青抗滑表面层 +6 厘米 AC-20（Ⅰ）型中粒式沥青砼中面层 +8 厘米 AC-25（Ⅰ）型粗粒式沥青砼下面层 +0.6 厘米乳化沥青稀浆封层＋透层 +34 厘米 5%水泥稳定碎石基层 +18 厘米 4%水泥稳定碎石底基层。K4+117.919~K66+240 路段石质路堑地段采用 4 厘米 AK-13 改性沥青抗滑表面层 +6 厘米 AC-20（Ⅰ）型中粒式沥青砼中面层 +8 厘米 AC-25（Ⅰ）型粗粒式沥青砼下面层 +0.6 厘米乳化沥青稀浆封层＋透层 +20 厘米 5%水泥稳定碎石基层 +15 厘米级配碎石调平层。

K66+240~K224+353.695 一般路段结构形式采用 4 厘米 AK-13 改性沥青抗滑表面层 +6

厘米 AC-20(Ⅰ)型中粒式沥青砼中面层 +7 厘米 AC-25(Ⅰ)型粗粒式沥青砼下面层 +0.6 厘米乳化沥青稀浆封层 + 透层 +34 厘米 5%水泥稳定碎石基层 +18 厘米 4%水泥稳定碎石底基层;K66+240~K224+353.695 路段石质路堑地段采用 4 厘米 AK-13 改性沥青抗滑表面层 +6 厘米 AC-20(Ⅰ)型中粒式沥青砼中面层 +7 厘米 AC-25(Ⅰ)型粗粒式沥青砼下面层 +0.6 厘米乳化沥青稀浆封层 + 透层 +20 厘米 5%水泥稳定碎石基层 +15 厘米级配碎石调平层。

设计洪水频率:特大桥 1/300,其他桥涵构造物 1/100。

资金来源 在国家发改委〔2003〕760 号批复文件中,确认项目总投资为 103.40 亿元(静态投资 95.8 亿元),其中国家专项基金 11.45 亿元,湖南省重点公路建设资金安排 28.86 亿元作为项目资本金,共计 40.31 亿元,占总投资的 39%。国家发改委安排利用亚洲开发银行贷款 3 亿美元(折合人民币约 24.9 亿元),亚行贷款本息付费由湖南省负责偿还。利用国家开发银行贷款38.19 亿元。在国家发改委的批文中,该项目属免征关税和进口环节增值税项目。

常吉高速公路管理处

交通部交公路发〔2003〕439 号文件核定初步设计总概算为 106.49 亿元(含建设期贷款利息 6.46 亿元),其中建筑安装工程费 82.15 亿元,占概算的 77.14%;其他费用 24.34 亿元,占概算的 22.86%。该项目建设过程中,由于物价大幅上涨、设计方案变更、自然灾害影响、地质情况变化、部分工程建设标准或规模(防护、安全、环保、质量)提高导致工程量和费用增加,以及亚行美元贷款利率变化等因素,导致实际总投资超出批复概算。2011 年湖南省交通运输厅审定概算调整金额为 116.78 亿元。交通运输部最后审定调整概算金额为 116.65 亿元。

征地拆迁 2003 年 10 月 9 日,市政府召开常吉高速公路常德段建设征地拆迁动员大会,随即成立常吉高速公路常德段建设协调指挥部。鼎城区、桃源县也相继成立分指挥部,市县两级落实领导班子和办事人员,征地拆迁工作随即开始。

修建常吉高速公路是利国利民的大好事。为大局,为长远,为重点工程,沿线农民必须舍弃自己祖祖辈辈赖以生存的土地,老百姓表现出来的品格却是那样令人感动。

已过花甲之年的罗某灿,是桃源县桃花源镇茶庄村党支部书记,当他得知常吉高速公路要通过茶庄村时,便主动请缨,全身心投入这一重点工程建设之中。常吉高速公路茶庄段全长 3000 多米,涉及 51 个拆迁户,其中 15 户已外出打工。为使拆迁户按时拆迁,老罗特地购买一双黄胶鞋和一个工作记录本,挨家挨户了解情况,督促外出打工人员尽快赶回家。就在征拆的关键时刻，他那年逾八旬的老母亲突然生病卧床，需要照料。可罗支书却离不开征拆现场，只能请人伺候老母亲。在征地拆迁工作中，他跑肿了腿，说干了嘴，密密麻麻写完一个笔记本。由于他勤奋工作，茶庄村的征地拆迁如期完成。鼎城区丁家港牌楼村九组村民杨某海夫妇长期在深圳打工，只留下 8 岁的儿子住在外婆家，几年都难回家一次。当他们接到拆迁通知后，马不停蹄往回赶，在协议未签、补偿资金未到位的情况下，率先拆掉自己的房屋，随后又急忙赶回深圳。五泉村二组村民熊某忠的父亲已患晚期肺癌，为保证征拆任务的完成，他征得指挥部同意，仅留下一间偏房以便安葬父亲，其余的全部按期拆迁。

征地拆迁，政策性强，是一个涉及交通、国土、林业、水利、金融、建设、电力、电信等诸多部门的合力工程。同时，为确保工程的如期完成，纪检、公安、税务、环保、文物等部门也都参与其中。市县两级协调指挥部从这些职能部门中抽调精兵强将，为高速公路的征地拆迁打开通道。

征地拆迁工作一启动，首先涉及的就是被征土地的调查摸底工作。鼎城、桃源两区县的指挥部召集相关职能部门按照施工设计红线图，认真核实和调查掌握征地拆迁的实物量。在那些调查摸底的日日夜夜里，他们逐村逐户对建设用地进行现场放样，挖好界沟，开展房屋丈量和土地附着物、房屋、隐蔽工程的逐项登记。为摸清被征土地的状况，他们对稻田、旱地、林地分别登记造册，制定出合理的补偿标准，还为拆迁户落实新的宅基地，办理新房的报建手续，制订田地调整方案。深入细致的前期工作，使被征拆的农户解除了后顾之忧，为顺利完成征拆任务奠定基础。为确保征地补偿迅速直接地发放到农民手中，金融部门加班加点，他们对拆迁户登记造册，或打卡，或发放现金，让农民免受补偿金被截留、挪用之苦。为使征拆补偿做到公开、公平、公正，纪检、监察部门主动参与到评审监督之中，他们严格按照集体评审、张榜公布程序，确保征地拆迁工作的政策统一、标准统一、一视同仁。各职能部门不讲价钱，协同作战，为征地拆迁打开通道。为完成“三杆”（电力杆、电信杆、广播线杆）的转移，电力、电信、广电部门不仅很快摸清了红线内杆线的数量，而且为搞好杆线转移贴钱贴力。常吉高速公路鼎城段需移动 178 根电线杆，预算费用为 210 多万元。各有关部门考虑到征拆工作的困难和资金紧张，仅仅只要 90 万元的材料费。他们说：“常吉高速公路是造福子孙后代的重点工程，牺牲局部利益为全局，牺牲眼前利益为长远，值得！”

2003 年 10 月 22 日，鼎城区召开征地拆迁动员会后，斗姆湖地段仅用 6 天时间就率先完成征拆任务。可在重建新房的过程中，有 7 户农民不愿按镇村两级指定的位置重建，而要建在离自己承包地段较近的位置，这不仅需要增加重建成本，同时还将影响防洪大堤的安全。为解决这一矛盾，鼎城区协调指挥部一班人深入到 7 个重建户家中，和他们吃在一起、睡在一起、交谈在一起，通过深入细致的思想工作，重建户终于全部搬到指定位置。

经过 9 个月的努力，沿线经过的一区一县 11 个乡镇、39 个村的征地拆迁任务于 2004 年 6 月完成。常吉高速公路常德段共征用土地 484 万平方米，其中水田 174.47 万平方米、旱地 33.87 万平方米、山地 260.13 万平方米、其他 15.53 万平方米。共拆迁房屋 423 栋，99307 平方米。搬迁各类杆线 2565 根。

常吉高速公路路基、桥涵工程标段表(常德市境内)

表 1-1-1-6

标段	起止桩号	里程（公里）	经费（万元）	施工单位	监理单位
1	K4+117.9～K19+000	14.882	20111	湖南路桥通和公司	湖北省中交公路桥梁监理公司
2	K19+000～K31+400	12.400	14991	怀化路桥公司	湖北省中交公路桥梁监理公司
3	K31+400～K46+000	14.600	19967	天津五市政工程公司	厦门路桥监理公司
4	K46+000～K56+000	9.983	18267	湖南路桥通泰公司	厦门路桥监理公司
5	K56+000～K65+100	9.100	17049	岳阳路桥公司	厦门路桥监理公司
6	K65+100～K75+385.6	10.286	22356	湖南路桥公司	湖南大学建设监理中心

常吉高速公路路面工程标段表(常德市境内)

表 1-1-1-7

标段	起止桩号	里程（公里）	经费（万元）	施工单位	监理单位
P1	K4+117.9～K31+400	27.282	21274	湖南路桥通盛公司	湖北中交公路桥梁监理公司
P2	K31+400～K65+100	33.683	19031	湖南路桥通泰公司	厦门路桥监理公司
P3	K65+100～K90+300	25.200	15337	湖南路桥通泰公司	湖南大学建设监理中心

四、岳常高速公路

岳阳至常德高速公路是国家杭(州)瑞(丽)高速公路的一段,起于岳阳市君山区建新农场,止于肖伍铺,接已建成的澧县东岳庙至常德高速公路,全长 140.86 公里(常德市境内 59.8 公里)。全线在许市、华容东、华容西、南县、安乡、西洞庭、石公桥、肖伍铺 8 处设置互通式立交,另建互通立交连接线 4.951 公里。岳常高速公路编号为 G56。

2008 年 12 月 9 日,交通运输部以交公路发〔2008〕499 号文批复岳阳至常德高速公路初步设计文件,核定初步设计总概算为 104.5252 亿元,常德市境内投资额为 44.36 亿元。

岳常高速公路全线采用四车道高速公路标准建设,设计行车速度每小时 100 公里,路基宽 26 米,桥涵设计荷载等级采用公路－I 级。互通立交连接线采用二级公路标准建设。为保证工程安全,满足防洪需要,全线通过蓄洪垸路段采用全桥方案。该项目处于洞庭湖区,全线软土路段长达 70 多公里,软基处理是项目实施的关键。项目软基厚度大于 10 米的路段,原则上采用复合地基处治方案;软基厚度大于 15 米的路段,原则上采用预应力管桩处治方案。路面采用沥青混凝土,结构组合设计方案是:4 厘米 SMA-13 型改性沥青混凝土上面层、6 厘米AC-20C 型沥青混凝土中面层、8 厘米 AC-25 型沥青混凝土下面层,面层总厚度 18 厘米。

常德市境内设路基标段 11 个：

TJ-17(跨益阳、常德两市),K82+865~K84+533,常德市境内长 1.668 公里,路基工程施工单位是中交一公局海威工程建设有限公司。

TJ-18,K84+533~K90+200,长 5.667 公里,施工单位是中交一公局桥隧工程有限公司。

TJ-19,K90+200~K91+851,全长 1.651 公里,施工单位是河南省大河筑路有限公司。

TJ-20,K91+851~K96+265,长 4.414 公里,施工单位是河南路桥建设集团有限公司。

TJ-21,K96+265~K105+218,长 8.953 公里,施工单位是开封市通达公路工程有限公司。

TJ-22,K105+218~K107+930,长 2.712 公里,施工单位是河南路桥建设集团有限公司。

TJ-23,K107+930~K115+145,长 7.215 公里,施工单位是中城建第二工程局集团有限公司。

TJ-24,K115+145~K121+343,长 6.198 公里,施工单位是中铁十五局集团第一工程有限公司。

TJ-25,K121+343~K128+888,长 7.545 公里,施工单位是中铁十五局集团有限公司。

TJ-26,K128+888~K136+340,长 7.452 公里,施工单位是中交一公局第六工程有限公司。

TJ-27,K136+340~K142+665,长 6.325 公里,施工单位是中交一公局第二工程有限公司。

常德市境内路基工程监理单位 2 个：

TJ-18 至 TJ-21 路基工程的监理单位是 JL-3,河南省豫通公路工程监理事务所。

TJ-22 至 TJ-27 路基工程的监理单位是 JL-4,黑龙江省公路工程监理咨询公司。

常德市境内路面工程分 2 个标段：

LM-3,K82+865~K105+218,长 22.353 公里,施工单位是河南省公路工程局集团有限公司,JM-3 监理单位是河南省豫通公路工程监理事务所；

LM-4,K105+218~K142+748,长 37.53 公里,施工单位是河南省公路工程局集团有限公司,JM-4 监理单位是黑龙江省公路工程监理咨询公司。

岳常高速公路常德市境内共拆迁房屋 382 栋,55564 平方米。砍伐树木 27115 棵,迁坟 837 座。占用土地 308.75 万平方米,其中农用地 289.14 万平方米、建设用地 15.85 万平方米、未利用地3.77 万平方米。

岳常高速公路于 2009 年 12 月开工,2013 年 12 月 28 日完工并试通车。

五、东常高速公路

东常高速公路是国家公路网中第六条纵线二连浩特至广州高速公路的一段，北接荆(门)东(岳庙)高速公路,南接常(德)安(化梅城)高速公路。它起自东岳庙(鄂湘界),经复兴厂、梦溪、涔南、澧东、从澧县与津市两城之间的澧澹通过,经灵泉、烽火、双桥坪在肖伍铺与岳常高速公路相交,再经柳叶湖以东、芦荻山、止于石门桥,与常(德)安(化梅城)高速公路相连,与长(沙)常(德)高速公路相接。东常高速公路与国道 207 线、319 线及省道 205 线、302 线、306 线相连,共同构成了区域干线公路网。东常高速公路编号为 G55。

主要批文 2008年8月19日,国家发展和改革委员会以发改运〔2008〕2188号文对湖南省澧县(东岳庙)至常德公路可行性研究报告进行批复,为完善国家和湖南省高速公路网,适应促进中部地区崛起战略实施的需要,改善区域交通条件,促进沿线地区资源开发和经济社会协调发展,同意建设澧县(东岳庙)至常德高速公路。该项目包括东岳庙至常德主线和常德北绕城线(起于肖伍铺,经石板滩,止于张家店,接常张高速公路)。

2008年10月24日,交通运输部以交公路发〔2008〕400号文批复东常高速公路初步设计,核定概算总额为83.3617亿元(包括建设期贷款利息4.7819亿元)。

2009年3月17日,湖南省交通运输厅以湘交基建〔2009〕93号文对澧县(东岳庙)至常德公路施工图设计进行批复。

建设标准 东常高速公路主线长111.84公里,按双向四车道高速公路标准设计,起点东岳庙(鄂湘界)至肖伍铺(K0+000~K82+150)设计速度为每小时100公里,路基宽26米;肖伍铺至终点段(K82+150~K111+840)设计速度每小时120公里,路基宽28米。常德北绕城线(17.912公里)设计速度每小时100公里,路基宽26米;白鹤山连接线(3.86公里),设计速度每小时80公里,路基宽24.5米;津市连接线(4.8公里)设计速度每小时60公里,路基宽12米;临澧连接线(10.397公里)设计速度每小时60公里,路基宽12米。

设计荷载:公路-I级。

设计洪水频率:特大桥1/300;大中桥1/100;小桥、涵洞1/100。

地震烈度:7度。

其余技术标准按部颁《公路工程技术标准》(JTGB01-2003)执行。

路基路幅形式 主线路基横断面采用的设计速度:起点至肖伍铺路基宽26米,其中中央分隔带2米,左路缘带2×0.75米,行车道2×2×3.75米,硬路肩2×3米,土路肩2×0.75米;肖伍铺至终点段路基宽28米,其中中央分隔带3米,左路缘带2×0.75米,行车道2×2×3.75米,硬路肩2×3.5米,土路肩2×0.75米。

路面结构形式 **主要路面结构:**4厘米细粒式沥青马蹄脂(SMA-13)上面层+6厘米中粒式沥青砼(AC-20C)中面层+8厘米粗粒式沥青砼(AC-25)下面层+1厘米改性沥青同步碎石封层+透层+40厘米5%水泥稳定碎石基层+20厘米4%水泥稳定碎石底基层。

隧道主洞路面结构:4厘米细粒式沥青马蹄脂(SMA-13)上面层+6厘米中粒式沥青砼(AC-20C)中面层+24厘米C40砼下面层+15厘米C20砼基层。

匝道、收费站广场、服务区路面结构:28厘米水泥砼路面面层+1厘米改性沥青同步碎石封层+20厘米5%水泥稳定碎石底基层+20厘米4%水泥稳定碎石底基层。

桥面铺装路面结构:4厘米细粒式沥青马蹄脂(SMA-13)上面层+6厘米中粒式沥青砼(AC-20C)下面层。

连接线路面结构:24厘米水泥砼面板面层+17厘米5%水泥稳定碎石底基层+15厘米4%水泥稳定碎石底基层。

桥涵工程 东常高速公路项目共设特大桥5座22282.76延米，大桥23座4524.2延米，中桥39座2300延米，小桥6座139.54延米。涵洞392道。

隧道工程 全线共设隧道2处。月亮湾隧道左洞321延米，右洞319延米；太阳山隧道左洞363延米，右洞380延米。

路线交叉 东常高速公路项目主线设置复兴、津澧、津市南、临澧、双桥坪、肖伍铺、白鹤山、卢荻山、石门桥共9处互通，预留梦溪1处互通。常德北连接线设灌溪、张家店2处互通。

交通工程及沿线设施 全线设1处管理分中心，2处养护工区，3处服务区，1处停车场，8处匝道收费站，1处主线收费站。

该项目业主单位：湖南省东常高速公路建设开发公司。

设计单位是：(一)公路工程路线、路基、路面、桥涵、隧道、绿化部分由三个单位设计。

1.K0～K58+720(含津市、临澧连接线)，由湖南省交通规划勘察设计院勘察设计。

2.K58+720～K86+986(含常德北连接线)，由华杰工程咨询有限公司勘察设计。

3.K86+986～K113+782(含白鹤山连接线)，由北京建达道桥咨询有限公司勘察设计。

(二)交通工程(含收费、通信、监控)及沿线设施。

1.K0～K58+720(含津市、临澧连接线)由中交公路规划设计院有限公司勘察设计。

2.K58+720～K113+782(含常德北绕城线、白鹤山连接线)，由中交第一公路勘察设计研究院勘察设计。

东常高速公路路面、路基工程，施工、监理单位见表1-1-1-8、表1-1-1-9。

东常高速公路共拆迁房屋1298栋，25.65万平方米。迁坟9251座。占用水塘60.13万平方米。占用土地共896.78万平方米，包括农用地835.21万平方米，其中水田386.97万平方米、旱地126.95万平方米、菜地11.19万平方米、园地21.65万平方米、林地226.29万平方米、农田水利用地1.91万平方米、养殖水面56.69万平方米、其他农用地3.55万平方米。建设用地56.11万平方米，其中城镇房屋用地53.78万平方米、公路、铁路用地2.33万平方米。未利用地5.46万平方米。

东常高速公路于2009年7月开工，2013年12月完工并试通车。

东常高速公路路面工程标段表

表1-1-1-8

施工单位		起止桩号	建设里程（公里）	监理单位	
路面标段	单位名称			标段	单位名称
路面一标	新疆交通建设集团有限责任公司	K0+000～K56+380	56.38	J4监理处	中国公路工程咨询集团有限公司
路面二标	湖南常德路桥建设有限公司	K56+380～K111+673.159	55.293	J4监理处	湖南省交通建设工程监理有限公司
路面三标	湖南尚上公路桥梁建设有限公司	LK2+840～LK20+711.9	17.871	J6监理处	重庆育才工程咨询监理有限公司

东常高速公路路基工程标段表

表 1-1-1-9

<table>
<tr><th rowspan="2">标段</th><th rowspan="2">单位名称</th><th rowspan="2">起止桩号</th><th rowspan="2">建设里程（公里）</th><th colspan="2">监理单位</th></tr>
<tr><th>标段</th><th>单位名称</th></tr>
<tr><td>1</td><td>中城建第二工程局有限公司</td><td>K0+000～K12+180</td><td>12.18</td><td rowspan="4">第1监理合同段</td><td rowspan="4">中国公路工程咨询集团</td></tr>
<tr><td>2</td><td>广东航盛建设集团有限公司</td><td>K12+180～K16+420</td><td>4.24</td></tr>
<tr><td>3</td><td>路桥华祥国际工程有限公司</td><td>K16+420～K25+060</td><td>8.64</td></tr>
<tr><td>4</td><td>湖南常德路桥建设有限公司</td><td>K25+060～K28+540</td><td>3.84</td></tr>
<tr><td>5</td><td>中铁大桥局股份有限公司</td><td>K28+540～K31+000</td><td>2.46</td><td rowspan="4">第2监理合同段</td><td rowspan="4">湖南和天工程项目管理有限公司</td></tr>
<tr><td>6</td><td>湖南省建筑工程集团总公司</td><td>K31+000～K38+000</td><td>7.00</td></tr>
<tr><td>7</td><td>中交第一公路工程局有限公司</td><td>K38+000～K48+000</td><td>10.00</td></tr>
<tr><td>8</td><td>江苏省交通工程集团有限公司</td><td>K48+000～K56+380</td><td>8.38</td></tr>
<tr><td>9</td><td>湖南省建筑工程集团总公司</td><td>K56+380～K66+600</td><td>10.22</td><td rowspan="3">第3监理合同段</td><td rowspan="3">河北华达公路工程咨询监理有限公司</td></tr>
<tr><td>10</td><td>湖南省公路机械工程有限公司</td><td>K66+600～K77+645</td><td>11.045</td></tr>
<tr><td>11</td><td>湖南省金沙路桥建设有限公司</td><td>K77+645～K84+848</td><td>7.203</td></tr>
<tr><td>12</td><td>湖南省常德路桥建设有限公司</td><td>K84+848～K89+310</td><td>4.462</td><td rowspan="5">第4监理合同段</td><td rowspan="5">湖南省交通建设工程监理有限公司</td></tr>
<tr><td>13</td><td>中铁十八局集团有限公司</td><td>K89+310～K93+010</td><td>3.7</td></tr>
<tr><td>14</td><td>湖南湘潭公路桥梁建设有限责任公司</td><td>K93+010～K96+525</td><td>3.515</td></tr>
<tr><td>15</td><td>中铁二十局集团第四工程有限公司</td><td>K96+525～K99+732</td><td>3.207</td></tr>
<tr><td>16</td><td>中铁二十四局集团有限公司</td><td>K99+732～K102+477</td><td>2.745</td></tr>
<tr><td>17</td><td>中交第二航务工程局有限公司</td><td>K102+477～K105+220</td><td>2.743</td><td rowspan="2">第4监理合同段</td><td rowspan="2">湖南省交通建设工程监理有限公司</td></tr>
<tr><td>18</td><td>邵阳公路桥梁建设有限责任公司</td><td>K105+220～K111+673</td><td>6.453</td></tr>
<tr><td>19</td><td>湖南省公路机械工程有限公司</td><td>LK2+840～LK11+522</td><td>8.682</td><td rowspan="3">第5监理合同段</td><td rowspan="3">重庆育才工程咨询监理有限公司</td></tr>
<tr><td>20</td><td>湖南金沙路桥建设有限公司</td><td>LK11+522～LK16+440
（不含跨石长铁路桥）</td><td>4.662</td></tr>
<tr><td>21</td><td>衡阳公路桥梁建设有限公司</td><td>LK16+440～LK20+711</td><td>4.271</td></tr>
<tr><td>22</td><td>中国对外建设总公司</td><td></td><td>12.1</td><td>第2监理合同段</td><td>湖南和天工程项目管理有限公司</td></tr>
<tr><td>23</td><td>湖南省公路机械工程有限公司</td><td>QK1+940～QK5+800
白鹤山连接线</td><td>3.86</td><td rowspan="2">第5监理合同段</td><td rowspan="2">重庆育才工程咨询监理有限公司</td></tr>
<tr><td>24</td><td>中铁大桥局集团第三工程有限公司</td><td>LK14+571～LK14+827</td><td>0.256</td></tr>
</table>

六、常安高速公路

常德至安化（梅城）高速公路是国家二连浩特至广州高速公路的一段，它起于常德市石门桥，与长沙至张家界高速公路和澧县东岳庙至常德高速公路相接，经黄土店、马迹塘、仙溪，止于安化县梅城，接安化（梅城）至邵阳高速公路，全长 95.305 公里。常德市境内长 35.952 公里（K0+998~K36+950）。常安高速公路编号为 G55。

2008 年，国家发展和改革委员会以发改基础〔2008〕2855 号文对常德至安化（梅城）公路项目进行批复，批复总投资约 53 亿元（静态投资约 47.2 亿元），其中资本金为 18.6 亿元（约占总投资的 35%），由常安高速公路建设开发有限公司的独资股东浙江友诚控股集团有限公司，以自有资金和部分资金投入，其余 34.4 亿元利用国内银行贷款解决。该项目由湖南常安高速公路建设开发有限公司作为项目法人投资、建设、经营和养护管理。项目法人以收取车辆通行费作为投资回报，经营期满后，项目法人须将常德至安化（梅城）高速公路及相关配套设施无偿移交给湖南省交通管理部门。由于该项目不使用国有资金，也不属省重点项目，根据《中华人民共和国招标投标法》等相关规定，项目法人对该项目实行邀请招标。2008 年 12 月 1 日，交通运输部以交路发〔2008〕483 号文批复常德至安化（梅城）高速公路的初步设计，总概算核定为 583458 万元（含建设期贷款利息 57548 万元、征地社保金 13741 万元）。

全线在石门桥、花岩溪（黄土店）、武潭、马迹塘、长塘、仙溪、梅城 7 处设置互通式立交。另建桃江至马迹塘连接线 40.3 公里（利用现有省道 308 线修建）。石门桥枢纽式立交采用 1/2 半苜蓿叶加两条定向匝道方案，其他互通立交采用单喇叭方案。

常安高速公路全线采用四车道高速公路标准建设，设计速度每小时 100 公里，路基宽 26 米，桥涵设计汽车荷载等级采用公路 –I 级，桃江至马迹塘连接线采用二级公路标准建设。路面采用沥青砼，结构组合设计方案是：4 厘米 SMA–13 型改性沥青砼上面层、6 厘米 AC–20 型沥青砼中面层、8 厘米 AC–25 型沥青砼下面层。

常安高速公路全长 95.305 公里，其中整体式路基长 82.405 公里、分离式路基长 12.90 公里。全线共设置主线桥梁（含互通、分离立交）64 座 13288.4 延米，其中特大桥 2 座 3612.43 延米、大桥 35 座 8475.89 延米、中桥 12 座 794.58 延米、小桥 15 座 405.5 延米；涵洞 212 道；隧道 8 处 3532.1 延米。桥隧长度占线路总长的 18.1%。全线设管理养护中心 2 处（常德、马迹塘），隧道管理站 1 处（长塘），停车区 2 处（武潭、仙溪）。

在常德市境内共设 2 个标段：

IJA 标段长 2.005 公里（K1+995~K4+000），修建跨石长铁路桥。

IJB 标段分 6 个工区，长 32.95 公里（K4+000~K36+950）。

常安高速公路常德市境内征地拆迁工作,由常德市常安高速公路协调指挥部负责。共征地215.54万平方米,其中耕地73.30万平方米、林地120.56万平方米、园地1.75万平方米、其他农用地7.81万平方米、建设用地8.84万平方米、未利用地3.28万平方米。拆迁房屋160栋,2.47万平方米。

常安高速公路于2010年7月1日开工建设,2013年年底,因原投资方建设资金出现问题全线停工。2015年9月24日,经湖南省政府批复同意,收回常安高速公路建设项目特许经营权, 由省高速公路建设开发总公司接管后续建。2015年11月1日该项目全面复工建设,2016年12月31日建成通车。

常安高速公路的建成通车,标志着二广高速湖南段584.6公里全线贯通,湖南新增了一条与京港澳高速公路平行、纵贯中国南北的交通大动脉。同时,二广高速将横向的长张、杭瑞、沪昆等多条高速公路连接起来,使常德高速公路路网结构更趋优化,进一步拉近与珠三角地区的时空距离,激活常德经济具有重要意义。

第二节　国　道

1987年,常德地区有国道2条,长321.722公里。

1993年,常德市有国道2条,长315.25公里。按技术等级分有:二级公路10.1公里,三级公路103.1公里,四级公路181.05公里,等外公路21公里;按路面类型分有:高级路面82.41公里,次高级路面203.37公里,中级路面29.47公里。

2001年,常德市有国道2条,长327.35公里。按技术等级分有:一级公路62.66公里,二级公路99.09公里,三级公路103.22公里,四级公路41.38公里,等外公路21公里;按路面类型分有:高级路面247.1公里,次高级路面80.25公里。

2010年,常德市有国道2条,一条是自东向西的厦门成都线(简称厦成线),编号G319;另一条是自北向南的锡林浩特海安线(简称锡海线),编号G207。两条国道总长326.195公里。按技术等级分有:一级公路139.596公里,二级公路142.288公里,三级公路12.018公里,四级公路32.293公里;按路面类型分有:水泥混凝土232.892公里,沥青混凝土52.14公里,沥青表处41.163公里(见表1-1-2-1)。

一、锡海线(G207)

锡林浩特海安线(G207)自内蒙古自治区锡林浩特起,经河北、山西、河南、湖北、湖南、广西至广东省湛江市的海安止,全程3405公里,是自北向南的一条纵向国道线。经过常德市的路段,自湖北公安与澧县交界的卷桥起,经澧县、张公庙、临澧、武陵区、樟木桥、沧浪坪至鼎城、桃江两县(区)交界处的界牌止,常德市境内长171.64公里,其中短链0.714公里,实际长度 170.926 公里。

卷桥至岗市段，长 102.51 公里。民国 21 年(1932)12 月，湖南省公路局成立常澧公路工程处，开始兴修此路。常德至澧县 82.5 公里于 1934 年 10 月 20 日竣工。澧县至卷桥 33.96 公里于 1935 年 3 月 4 日竣工。该路段沿线地势平坦，仅复兴厂至雷公塔之间稍有起伏。路基宽 6 米～7.5 米，路面宽 5 米。1939 年 11 月，因日本侵略军迫近，该线遭到彻底破坏，每隔 30 米挖一条 5 米宽、1 米深的沟。抗战胜利后，无力及时修复，延至 1948 年 11 月底，始由湖南省公路局勉强修复常德至澧县一段。澧县至卷桥则于次年由第二区公路局澧东总段草率修复，曾家河渡口因无渡运设备，一直未通车。

1952 年，荆江分洪工程全面开工。4 月 3 日，湖南省公路局根据上级“要抢修通车”的指示，迅速组成抢修澧东公路工程队，采取先桥后路、先通后畅的方针抢修。分洪指挥部派工兵予以协助，于 4 月 14 日抢修通车。并从常德调去双车板划 1 艘，到曾家河渡口渡运汽车。该段公路因未能从根本上加以改善，1954 年后便停止通车。1958 年 3 月，澧县交通科利用曾家河残存的台墩修复木面桥，整修路面，加固沿线木桥，恢复通车。1975 年 8 月至 1983 年 5 月，卷桥至澧县城关公路曾 3 次改线，里程从 33.96 公里缩短到 29.3 公里，路基宽度达到 8.5 米。路面改造工程由澧县油路修建指挥部分 3 次完成。1978 年 8 月至 11 月铺装长 10 公里、宽 7 米的双层表处渣油沥青路面。1983 年 3 月至 9 月铺装长 8 公里、宽 6 米的双层表处渣油沥青路面。1984 年铺装长 11.3 公里、宽 6 米的双层表处渣油沥青路面。至此，卷桥至澧县城关 29.3 公里全部铺装成油路，该段有四级公路 8.3 公里，等外公路 21 公里。

国道 207 线常德北段，北通湖北宜(昌)黄(石)高速公路，南接湖南长(沙)常(德)高速公路，构成湘北鄂南高等级公路网络，是常德市的“黄金走廊”，是湖南通往三峡的最佳运输线，也是鄂、豫、晋、陕等省南下广东沿海的重要通道。由于原公路技术等级低，路面坑坑洼洼，车辆堵塞严重，事故时有发生，已成为制约经济发展的“瓶颈”。改建好国道 207 线与新建成的湘北干线构成洞庭湖区等级较高的公路网络，既可为湖区近千万人口的防洪保安和人员、物资的集散提供较好的交通条件，又有利于旅游事业的发展。

东岳庙至澧县段改建工程于 1997 年经湖南省发改委批准立项，1997 年 12 月省交通厅批准进行初步设计。由澧县委托湖南省交通规划勘察设计院承担该项目的初步设计任务。工程分别由常德路桥公司、岳阳路桥公司、邵阳路桥公司、长沙路桥公司等 13 个单位承建。由育才－布朗交通咨询监理公司进行工程监理，由省交通厅质监站常德市分站进行质量监督。改建线起于湘鄂两省交界处的东岳庙，经赵家岭水库、跨涔水河、梦溪、文家、东田、十里至澧阳闸接城关澧州大道，长 27.35 公里。按平原微丘区一级公路标准建设，路基宽 24.5 米，路面宽2×8.5 米，其中行车道宽 2×7.5 米，水泥混凝土路面板厚 24 厘米；计算行车速度每小时 100 公里；桥梁设计荷载：汽－20 级、挂－100。1999 年 4 月开工，2004 年 1 月 6 日建成通车。概算投资 22084 万元，其中交通部补助 800 万元、省交通厅补助 3522 万元、市交通局补助 1500 万元、建设期雷公塔收费站通行费返回 1522 万元、建设银行贷款 8000 万元、澧县县政府自筹6740万元。2004年1月6日,该段改建工程经省公路局、市交通局、省质监站常德市分站有关领导及专家进行交工验收,工程评定质量等级为合格。

澧县城关至张公庙,长11.7公里。1973年8月至1974年11月,由澧县油路修建指挥部铺装成7米宽的双层表处渣油沥青路面。1985年12月至1986年12月,澧县结合城市建设,将经过城关的2.3公里路面加宽到32米。1995年,该段建成常德境内第一条路基宽24.5米的一级公路。

国道207线张公庙至澧县段和省道302线澧县津市段,是二(连浩特)广(州)国家高速公路澧津互通的连接线。为改善湘北地区交通条件,增强洞庭湖区防汛救灾能力,促进澧县、津市区域经济和社会发展,2007年8月6日,省发改委以湘发改交能〔2007〕586号文件批复同意改建澧县至张公庙公路。2008年1月2日,省交通厅以湘交规划〔2008〕9号文对澧县张公庙至津市一级公路改建工程一阶段施工图设计进行批复:设计速度采用每小时80公里,路基宽22.5米,路面标准轴载采用双轮组单轴100千牛,其余技术指标维持现状不变。路面结构:城区路段为5厘米AC-13细粒式沥青砼上面层+7厘米AC-20中粒式沥青砼下面层+3厘米沥青混合料调平层;城外路段为26厘米水泥砼面层+0.6厘米稀浆封层+18厘米5%水泥稳定碎石基层+17厘米4%水泥稳定砂砾底基层。该项目预算总额为10711万元(张公庙至津市段),其中国省定额投入6812万元,常德市和澧县自筹3899万元。项目建设主体是常德市人民政府。该项目2008年6月1日开工,2009年4月1日竣工。

张公庙至弯刀铺,长38.342公里。1974年至1975年,临澧县油路修建指挥部分期将该段铺装成6米宽的双层表处渣油沥青路面。1976年春至1977年春,该段路基从7.5米加宽至12米,个别地段进行裁弯降坡处理。1978年,又将路面从6米扩宽为9米。1992年10月,临澧县政府组成207国道公路建设工程指挥部,动员全县8万农民拓宽改造张公庙至矮架山22公里一级公路。农民开着拖拉机,推着鸡公车,拿着锄头扁担,卷着铺盖行李到达施工工地,克服重重困难,奋战40天,完成路基改造工程。后经施工专业队连续6年的配套建设,于1998年冬完成22公里的路面水泥硬化工程。临澧人民开全省农民投劳修建高等级公路之先河,集资投劳修国道的事迹,受到省、市各级领导的赞扬和肯定,湖南省首次高等级公路建设现场会因之在临澧召开。湖南省人民政府副省长汪啸风、省交通厅厅

G207线临澧白虎山路段

长李顺等省市领导参加现场会。《中国交通报》《湖南日报》《常德日报》等新闻媒体给予大篇幅宣传报道。

1992 年至 1998 年总投资 11484 万元，将张公庙至矮架山 22 公里按平原微丘区一级公路标准建设，建成路基宽 24 米，路面宽 17 米，板厚 24 厘米的水泥混凝土路面。2000 年，投资 289.2 万元将张公庙至临澧水泥混凝土路面进行病害处治，使路面保持良好状态。

国道 207 线张公庙至临澧段长 20.338 公里，起于张公庙澧水大桥南岸，往南经停弦渡镇、白虎山、修梅镇、临澧县城，止于国道 207 线与县道 022 线交会处。张公庙至临澧段 15.57 公里维持既有一级公路技术标准，设计速度采用每小时 80 公里（局部路段采用每小时 60 公里），路基宽 21.5 米，车道宽 2 × 7.5 米；临澧城区段 4.768 公里按城市主干道 – Ⅱ级标准改建，设计速度采用每小时 40 公里，路基宽 16 米 ~ 18 米，车道宽 2 × 7.5 米。其余技术指标按《公路工程技术标准》（JTGB01–2003）或《城市道路设计规划》（GJJ37–90）执行。路面结构：城外路段为 26 厘米水泥砼面层 +0.6 厘米下封层及透层 +16 厘米 5%水泥稳定碎石基层 +16 厘米 4%水泥稳定碎石底基层（可利用路段采取换板或灌浆处理）。该项目预算总额为 10187 万元，其中国省定额投入 6101 万元，常德市和临澧县自筹 4086 万元。项目建设主体是常德市人民政府。该项目 2010 年 4 月 23 日开工，2011 年 4 月竣工。

弯刀铺至常德市洞庭大道，长 28.8 公里。1976 年春至 1977 年春，由常德县将路基由 7.5 米扩宽至 12 米，部分地段改线。1972 年常德县油路修建指挥部将岩泽桥至三岔路 22.4 公里铺装成 6 米宽的双层表处渣油沥青路面。1973 年，将解家桥至岩泽桥 2 公里铺装成 6 米宽的双层表处渣油沥青路面。1974 年，将弯刀铺至解家桥 5.18 公里铺装成 6 米宽的双层表处渣油沥青路面。1978 年，仍由常德县油路修建指挥部将弯刀铺至三岔路 29.58 公里的路面扩宽为 9 米。

临澧至常德由于原有公路技术等级低，穿过乡镇较多，致使交通经常阻塞，事故频发，严重制约常德经济的发展。随着国民经济和交通运输的发展，2003 年，该段车流量达每日 6700 辆，原有公路已不适应经济发展和对外开放的需要。临澧至常德沿线资源丰富，风光秀丽，经济发展潜力很大。改革开放以来，这一区域和周边省区社会经济发展很快，各种运输需求迅猛增长，而交通基础设施的建设却相对滞后，不能为经济发展提供良好的运输条件。省、市、县三级已形成共识，必须尽快修建临澧至常德一级公路，缓解交通运输压力，拉动国民经济增长。临澧至岗市一级公路，改建线起于临澧县城北，经佛安陶瓷厂、望城中学、同欢水库、小石堰水库、杨家湾、蔡家岗、石板滩、穿石长铁路过灌溪镇、农机化学校至终点鼎城区岗市汤家坪村，接新建的常德市绕城公路，长 45.157 公里。征地拆迁工作于 2000 年 11 月完成，征地 255.4 万平方米，拆迁房屋 278 栋，5.65 万平方米。临岗公路由湖南省交通规划勘察设计院设计；湖南省交通建设工程监理有限公司、湖南省公路工程咨询监理公司监理；中铁四局、湖南环路公司、湖南省路桥公司、湖南省公路机械公司、北京市政总公司、湖南省环达路桥公司、湖南省军信公司、中铁二十局一处、常德市路桥总公司共 9 个单位承建。2001 年 3 月起各承建单位陆续进场,7 月 1 日举行开工典礼，项目概算投资 58769 万元。按平原微丘区一级公路标准建设,建成路基宽 25.5 米,行车道宽 2×8.5 米,板厚 25 厘米的水泥混凝土路面,双向四车道,中间分隔带宽 2 米,计算行车速度每小时 100 公里。2004 年 8 月 9 日至 10 日通过交工验收,9 月 26 日正式通车。

2010 年 8 月,临岗一级公路破损板的维修与改造项目正式开工。工程数量:水泥混凝土面板断板处理 6.52 万平方米，清灌缝处理 44.76 公里，标线工程 3.22 万平方米。总投资 4015.5 万元(一期投资 3806 万元、二期投资 51.5 万元、三期投资 158 万元)。2012 年 4 月完工。

岗市至樟木桥段,自岗市汤家坪起,经常德火车站、常德沅水公铁两用桥、德山至樟木桥,长 25.16 公里。岗市至德山桃林路长 20.335 公里,由常德市路桥建设开发公司与香港祥富国际投资有限公司合作开发建设,总投资 22908 万元,是迄今为止常德市最大的公路招商引资项目。1997 年 8 月开工,按平原微丘区一级公路标准建设,建成路基宽 24.5 米,面宽 15 米，板厚 25 厘米的水泥混凝土路面,双向四车道,中间分隔带宽 2 米,计算行车速度每小时 100 公里,2000 年 11 月 11 日建成通车。沅水公铁两用桥至桃林路口,长 1.864 公里,按平原微丘区一级公路标准建设,投资 1132 万元。德山桃林路至樟木桥,长 3.747 公里,按平原微丘区一级公路标准建设，建成路基宽 24 米～33 米,路面宽 15 米～27 米的沥青混凝土公路,投资 2523.48 万元。

G207 线常德大道

樟木桥至界牌段,长 43.97 公里。樟木桥至沧浪坪,长 34.95 公里。1956 年由湖南省交通厅第五技术队测设,常德县组织施工。樟木桥至黄土店,地形稍有起伏,过黄土店后起伏较大,由沧山进入猴栗坡山岭区,最大纵坡 9%,最小平曲线半径 22 米,路基宽 5 米～6.5 米,路面宽 3 米,有桥梁 9 座,1956 年 11 月开工,1957 年 8 月竣工。1985 年,为解决柘溪水电站 300 吨重型机械的运输,该段改造成路基宽 7.5 米,路面宽 5 米。沧浪坪至界牌,长 9.016 公里,1958 年 7 月开工,1959 年 12 月竣工，路基宽 5 米～6 米，路面未正式铺装。1962 年至 1963 年,曾由县、社组织群众整修加宽一次,路基宽达 6.5 米～7.5 米,路面宽 3.5 米,但未分层铺压,1963 年交县养护队作支线养护。1979 年常德县油路修建指挥部将樟木桥至省柴油机厂 2 公里,铺装成 7 米宽的双层表处渣油沥青路面,同时将路基加宽到 12 米。1984 年冬至 1985 年春,常德县公路加宽改造指挥部将全段 43.97 公里的路基加宽到 12 米,黄土店、沧浪坪两集镇地段路基宽度分别为 18 米与 15 米。此次加宽工程共投资 195.6816 万元,其中省公路局投资 62.76 万元。该路段经过 1985 年加宽改造后，线路标准提高到四级至三级，路面宽为 6 米～8 米。1996 年投资 161 万元,将草坪、沧浪坪两段 6.7 公里,由砂石路面铺装成双层表处沥青路面。草坪、黄土店两集镇地段 2.75 公里改建成水泥混凝土路面。至 2002 年，樟木桥至界牌段，经多次分段改造成双层表处沥青路面。

G207 南线黄土店路段

国道 207 线樟木桥至界牌段已纳入国家路网改造计划，2007 年 10 月 29 日，湖南省交通厅根据湖南省发改委（湘发改交能〔2007〕643 号）《关于国道 207 樟木桥至界牌公路工程可行性研究的批复》，下发了《关于国道 207 樟木桥至界牌公路改建工程一阶段施工图（代初步设计）的批复》（湘交规划字〔2007〕517 号）。文件确定该路线起于常德市德山开发区樟木桥 207 国道与 319 国道平交处，沿 207 国道往南，经草坪、黄土店、沧山、沧浪坪、黄土坡，止于鼎城区与桃江县交界处的界牌，全长 43.709 公里。全线按二级公路标准建设。设计速度采用每小时 60 公里，路基宽 12 米，路面宽 10.5 米。全线桥涵设计汽车荷载等级采用公路－Ⅱ，设计洪水频率：大中桥 1/100，小桥和路基 1/50。路面结构为：24 厘米水泥混凝土面层 +1 厘米单层沥青表处下封层 + 透层 +18 厘米 5%水泥稳定砂砾基层 +20 厘米水泥石灰综合稳定砂砾底基层。该项目预算总额为 17586 万元，其中国省定额投入 13113 万元、常德市和鼎城区自筹 4473 万元。项目建设主体是常德市人民政府。施工中路面结构有所变更，24 厘米厚水泥砼面层改为 30 厘米厚，取消了透层。路面宽度由 10.5 米改为 9 米。该段于 2009 年 4 月开工，2011 年 6 月竣工。路段内属于德山开发区范围的 5.7 公里，由于建设规划的原因暂未施工。

2010 年，国道 207 线常德段 170.926 公里按技术等级分有：一级公路 126.956 公里，三级公路 12.018 公里，四级公路 31.952 公里；按路面类型分有：水泥混凝土 116.982 公里，沥青混凝土 13.122 公里，沥青表处 40.822 公里。

二、厦成线（G319）

厦门成都线（G319）起自福建厦门，经江西、湖南、重庆至四川成都止，全程 2453 公里，是一条由东海之滨到“天府之国”的内陆与海隅相通的横向国道线。经过常德市的一段，起自益阳、汉寿两县交界处的牛鼻铺,经太子庙、樟木桥、德山、武陵镇、八字路、郑家驿至桃源、沅陵两县交界处的太平铺止，长 155.269 公里（不含与 G207 线重复 3.19 公里，重复路段是 G207 线 K2310+539~K2313+729)。

牛鼻铺至德山大桥段，长 61.911 公里（不含樟木桥至德山与 G207 线重复路段 3.19 公里)。民国 17 年(1928)9 月,该段由湖南省第二汽车路局开始测量,同年 11 月开工,民国 19 年 11 月建成通车。线路地势平坦,最大纵坡 5%,最小平曲线半径 91 米，路基宽 7.5 米,路面宽 4.5 米，有桥梁 44 座。1967 年开始改砂石路面为油路面。1971 年该段全部改为 6 米宽的双层表处煤焦油和渣油沥青路面。1977 年 10 月至 1978 年 3 月,汉寿、常德县(市)将该段路基由 7.5 米加宽至 12 米，并在个别地段进行改线。1978 年至 1983 年，由汉寿、常德县、常德市逐年完成该段宽 9 米的双层表处渣油沥青路面,每公里造价 4.5 万元。1996 年至 1997 年,投资 1172.9 万元,按二级公路标准建设,经多次分段改造,建成路基宽 12 米,路面宽 11 米的水泥混凝土路面。

G319 线汉寿路段

1998 年,K1348~K1356(汉寿境)8 公里改建成水泥混凝土路面,投资 731.7 万元。同年 K1394~K1396、K1396+500~K1399+500（鼎城境)5 公里改建成水泥混凝土路面，其中 K1394~K1396 投资 60 万元。1999 年,K1336~K1341(汉寿境)5 公里,改建成水泥混凝土路面,投资 528.16 万元。同年,K1399+500~K1402+500(鼎城境)3 公里改建成水泥混凝土路面,投资 375.6 万元。K1410+050~K1413+370(鼎城境)3.32 公里,改建水泥成混凝土路面,投资 360.8 万元。以上各段改建水泥混凝土路面宽 2×4 米,路肩水泥混凝土硬化 2×1.5 米,路面厚度 22 厘米 ~24 厘米,水泥混凝土强度为 C35。

2000 年 K1414+350~K1415+850、K1425+700~K1427+930(鼎城境)3.73 公里改建成水泥混凝土路面,面宽 2×4.5 米,投资 334.28 万元。

2004 年 1 月,开工改建 K1395+090~K1429+358(鼎城境)34.268 公里沥青混凝土路面,油面宽 8.5 米，路面结构是 1 厘米厚乳化沥青透层加 5 厘米厚沥青混凝土,2006 年 9 月完工,投资 2478.7 万元。2010 年又投入 1724 万元,对这段路面进行中修。

德山大桥至太平铺段,长 93.358 公里。民国 21 年(1932)12 月,由湖南公路局组设的桃(源)里(耶)工程处负责施工,1935 年 9 月 25 日建成通车。该段地形在常德县境内为平原微丘区,在桃源县境内大部分为丘陵区和少量山区。路基宽7.5米，路面宽4.5米。沿线河流溪沟密布，有桥梁25座。1934年1月，于德山设立港口汽车渡口。同年10月，建成常德汽车南站至下南门的汽车渡运码头，减省了长常线德山老码头至常德市大西门间的长距离渡运。抗日战争时期，长沙至常德、常德至郑家驿两段，分别于1939年、1940年彻底破坏。郑家驿至茶庵铺在1943年常德会战前续有破坏。抗日战争胜利后，1946年4月长常和常沅两路段修复通车。

1971年，常德县油路修建指挥部铺装德山大桥至南站6米宽的双层表处渣油沥青路面。1983年9月至1984年4月，常德沅水大桥工程指挥部常德县分指挥部将德山大桥至天井硚长1.05公里的路基由7.5米加宽到12米，路面由6米加宽到9米，天井硚至南站转盘长4.95公里的路基加宽到16米，路面加宽到10.5米，每公里造价12.4万元。1972年常德县油路修建指挥部将南站转盘至车溪冲26.52公里砂石路面改建成6米宽的双层表处渣油沥青路面。1984年冬至1985年春，由常德县将窄湖桥至车溪冲25.52公里路基由7.5米加宽到12米。1985年6月至10月，结合常德沅水大桥南岸接线工程的修建，常德公路总段将南站转盘至窄湖桥1公里，铺装成10.5米宽的油路，造价12.4万元。1972年至1974年，桃源县油路修建指挥部铺装车溪冲至太平铺64.41公里、宽6米的双层表处渣油沥青路面。1976年11月至1978年4月，车溪冲至水溪段路基加宽到12米，路面加宽到7米～9米。1979年全国第一次公路普查时，该段定为三级公路、次高级路面。1984年冬至1985年春，水溪至太平铺段路基加宽到10米～12米。

1996年，投资150万元将武陵镇、丁家港两地段10.5公里改建成水泥混凝土路面，路面加宽到7米～9米。1996年至1997年，投资1340万元将甘潭至水溪段10.094公里改建成水泥混凝土路面。1997年，投资424.2万元将该线的斗姆湖、许家桥、丁家港3个乡镇所在地共修建长4公里、宽8米的水泥混凝土路面。1997年，投资664.7万元将斗姆湖至许家桥5公里，改建成宽8米的水泥混凝土路面。1998年，投资3700.8万元将德山至太平铺几段长41.5公里改建成水泥混凝土路面。

GBM工程是公路绿化、美化、路肩和水沟硬化的文明路工程建设。1986年，常德公路系统在长(沙)常(德)公路汉寿牛鼻铺至常德南站转盘77公里路段进行试验性、示范性的文明路建设。按照湖南省公路管理局〔1986〕湘路科学第159号文件精神，按国家标准全部更换了标志牌，路面划定标线、路肩硬化处理，桥梁

G319线文明样板路——桃花源路段

安设防护桩。1987 年经湖南省公路管理局验收认定为文明路。

1999 年 4 月 29 日,开工修建金霞大道(新桩号 K1340+234~K1342+584)水泥混凝土路面,路基宽 18 米,面宽 16 米,面厚 24 厘米,当年竣工,湖南省公路局投资 459.6 万元。建成后国道 319 线不再经过武陵镇城区,既缩短了里程,又提高了公路的通过能力。

1999 年,投资 2300 万元将武陵镇商贸城地段 4.06 公里改建成一级水泥混凝土路面。1999 年,投资 678 万元将太平铺段 5.55 公里改建成沥青混凝土路面。2001 年,投资 393.7 万元将桃源太平铺地段 11.9 公里改线与大修,由沥青表处路面改建成宽 8 米的沥青混凝土路面。2001 年至 2002 年,投资 1401 万元将桃花源至郑家驿段 16.371 公里改建成水泥混凝土路面。至 2002 年,德山至羯羊铺有 59.69 公里已改造成水泥混凝土路面,8.27 公里为沥青表处路面,羯羊铺至太平铺 25.849 公里已改造成沥青混凝土路面。

2004 年 8 月 4 日,常德公路系统根据交通部、湖南省交通厅、湖南省公路管理局的统一规划和部署,将国道 319 线常德段全长 155.269 公里按文明样板路建设,工程总投资 7762.9661 万元,历时两年零四个月。完成的主体工程有:桥梁改造 12 座,其中改线地段新建 6 座;2 处水泥混凝土路面大修 5.6 公里,沥青混凝土路面摊铺 34.414 公里;改线 3 处 2.6 公里,沿线修建挡墙、圆管涵及水沟设施、绿化、道班房建设一并进行。对主线 207 处地段进行整治,安装标志牌 342 块,视线诱导标志 580 块,示警桩 377 根,轮廓标 10534 根,防撞墩 176 个,钢护栏 6870 米,防撞栏杆 342 米,反光镜 3 个。2006 年 12 月,境内国道 319 线文明样板路建设全面竣工并经交通部验收,确认国道 319 线车溪冲至太平铺(桃源县)64.358 公里(K1365 ~ K1429.358)为文明样板路。

2010 年,国道 319 线常德段 155.269 公里按技术等级分有:一级公路 12.64 公里,二级公路 142.288 公里,四级公路 0.341 公里;按路面类型分有:水泥混凝土 115.91 公里,沥青混凝土 39.018 公里,沥青表处 0.341 公里。

2010 年常德市国道公路里程表

表 1-1-2-1　　单位:公里

路线编码	路线名称	起讫地点	里程	技术等级				路面类型		
				一级	二级	三级	四级	水泥砼	沥青砼	沥青表处
G207	锡海线	卷桥·界牌	170.926	126.956		12.018	31.952	116.982	13.122	40.822
G319	厦成线	牛鼻铺·太平铺	155.269	12.64	142.288		0.341	115.910	39.018	0.341
	合　计		326.195	139.596	142.288	12.018	32.293	232.892	52.14	41.163

第三节 省 道

1987年,常德地区有省道8条,长581.407公里。

1993年,常德市有省道8条,长444.27公里。按技术等级分有:二级公路16.3公里,三级公路86.04公里,四级公路301.63公里,等外公路40.3公里;按路面类型分有:高级路面5.27公里,次高级路面345.58公里,中级路面93.42公里。

2001年,常德市有省道8条(含常长高速公路S999),长721.74公里。按技术等级分有:高速公路54.7公里,一级公路23.02公里,二级公路228.44公里,三级公路136.34公里,四级公路227.91公里,等外公路51.33公里;按路面类型分有:高级路面349.4公里,次高级路面321.49公里,中级路面50.85公里。

2010年,常德市有省道7条,长668.632公里。按技术等级分有:一级公路41.183公里,二级公路306.307公里,三级公路90.434公里,四级公路219.469公里,等外公路11.239公里;按路面类型分有:水泥混凝土490.734公里,沥青混凝土36.685公里,沥青表处135.529公里,砂石路5.684公里(见表1-1-3-1)。

一、津武线(S205)

津市武潭线(S205)自津市澧水大桥桥北起,经保河堤、新湖桥、中河口、西洞庭、永丰、汉寿、太子庙、东岳庙、丰家铺至益阳市桃江县武潭镇止,全程143.497公里(含重复里程及断头路5.76公里)。常德段自津市起,至汉寿、桃江两县交界处的良荆界止,长127.86公里。

2010年,省道205线常德境内有断头路4.7公里(中河口至柴码)、重复线路1.06公里(汉寿太子庙路段省道205线K104+135~K105+195与国道319线K1300+670~K1301+730重合),实际管养里程122.1公里。

津武线常德段贯通津市市、鼎城区、西洞庭管理区、汉寿县。1993年至1996年常德市开展公路建设大会战时,完成原省道汉寿太子庙线(1851)南北延伸线63.9公里路基,是常德市公路网规划(1991—2020)中重要的公路建设项目之一。该线北端与省道紫边线302相连,中间与省道南永线306、国道319线相交,南端与国道207线在桃江县武潭镇相接,是一条贯穿常德市南北且与省道302线、306线、国道319线、207线相连的重要纵向公路。它的建成对打通常德市南北出口,防汛抢险,形成公路主骨架,优化公路网络具有十分重要的作用。同时,它使津市、澧县、安乡、鼎城、汉寿县和西洞庭、西湖农场通往长沙方向的运输里程缩短30公里~50公里,既可减轻常德市城区交通量过大的负担,又有利于防汛抢险、提高车辆运输效益。

基于上述原因,常德市交通局1992年开始编制《常德市公路网规划(1991—2020)》时,湖南

2010年常德市省道公路里程表

表 1-1-3-1　　单位:公里

路线编码	路线名称	起讫地点	里程	技术等级					路面类型			
				一级	二级	三级	四级	等外	水泥砼	沥青砼	沥青表处	砂石路
S205	津武线	津市·良荆界	122.1		92.306	8.17	21.624		113.211	3.205		5.684
S226	陬桃线	陬市·桃源	25.64	24.3		1.34			25.64			
S227	漆官线	漆河·马宗岭	57.27				57.27		57.27			
S302	紫边线	紫金渡·边山河	129.043	13.883	54.27	0.6	60.29		71.823	2.92	54.3	
S303	石南线	石门·南镇	131.941			40.417	80.285	11.239	52.769		79.172	
S304	张慈线	张公庙·界溪桥	46.815	3	33.527	10.288			37.068	9.747		
S306	南永线	南安桥·灵官庙	155.823		126.204	29.619			132.953	20.813	2.057	
	合计		668.632	41.183	306.307	90.434	219.469	11.239	490.734	36.685	135.529	5.684

省交通厅规划办和常德市人民政府即将津武线的新改建任务列为前十年(即2000年前)的重点工程之一。在各级政府和有关部门的高度重视下,津武线常德段经过20年时间的新改建,2010年各段情况如下:

津市至汉寿段,长87.87公里(含断头路4.7公里)。1992年至1994年建成津市大桥至石龟山湘北干线联络线二级路,长29.8公里,路基宽12米,路面宽9米的三层表处渣油沥青路面。1999年至2003年津市至石龟山又改建成路基宽12米,路面宽9米,厚24厘米的水泥混凝土路面。新湖桥至柴码,长4.7公里,属未建成通车的断头路,其间还需新建1座公路桥梁。中河口至西洞庭13.162公里,为原县道东(北湾)麻(河口)线四级路的一段,路基宽7.5米,路面宽4.5米。1996年改建成三级路,路基宽8米,路面宽5米的双层表处渣油沥青路面。1999年9月至2000年8月投资550万元,将中河口至西洞庭10公里改建成路基宽8米,路面宽6米的水泥混凝土路面。1996年投资24万元,将西洞庭至牛屎湖4公里修筑为过渡路面。1997年投资105万元,将西洞庭境内6公里的砂石路面改建成双层表处渣油沥青路面。1996年投资150万元,修筑汉寿境内过渡路面16公里。1996年投资63万元,修筑鼎城境内3.037公里路基及过渡路面。1997年投资404万元,完成汉寿境内16.5公里过渡路面及桥梁建设。1998年完成汉寿至西洞庭、中河口接省道南永线(S306)共61公里砂石路面。2000年投资934.5万元,将永丰至龙打吉12.5公里,建成路基宽12米,路面宽8米,板厚22厘米的二级水泥混凝土公路。2000年投资615万元,将仓儿总至花木兰8.17公里,建成路基宽12米,路面宽8.5米,板厚22厘米的三级水泥混凝土公路。2000年,汉寿县交通局在该线跨越沅水洪道的仓儿总设置汽车渡口,渡口宽2344米,有拖轮2艘,6车渡轮2艘,日渡运量100辆。1993年至2002年,津市至汉寿段总投资27445.09万元。

S205线西洞庭路段

要确保省道205线全线畅通,就必须修建仓儿总沅水大桥。2002年8月,湖南省发展和改革委员会同意汉寿沅水大桥建设项目立项。2004年1月7日,湖南省发展和改革委员会批复同意建设该项目。2005年湖南省交通厅批复初步设计,2005年5月完成施工图设计审定,2007年5月17日省交通厅批复该项目的施工图。汉寿沅水大桥2005年11月开工,2008年12月27日通过交工验收,交付使用。

汉寿至太子庙段，长 16.265 公里，即原省道汉太线（1851），是现省道津武线（S205）最早的一段。该段于民国 27 年（1938）由省公路局测量修建，沿线为平丘区地形。当时仅完成路基、桥梁，路面未动工，抗日战争中遭受严重破坏。1958 年 8 月成立汉太公路修建指挥部，11 月 27 日竣工，1959 年元旦正式通车。1971 年 8 月至 12 月，汉寿县油路修建指挥部将该线铺装成 5.5 米宽的单层表处煤焦油路面。1978 年，太子庙至株木山 6 公里的路基扩宽到 8 米～9 米。1982 年 12 月至 1983 年 4 月，五里桥至西竺山新车站 2.6 公里路基扩宽为 24 米，1986 年铺装成 9 米宽的双层表处渣油沥青路面，1994 年至 1995 年，改建成 24 米宽的水泥混凝土路面。1984 年 10 月至 1986 年 1 月中旬，汉寿县公路加宽改造指挥部将全线路基加宽到 12 米～15 米，弯道由 64 个减少到 17 个，最小平曲线半径由 29 米增大到 250 米，最大纵坡由 9%降低到 4.9%，基本上达到线路平直顺畅的要求。1987 年，汉寿县公路段将太子庙至清水坝 4 公里，铺装成 9 米宽的双层表处渣油沥青路面。1999 年，投资 977 万元将长 10.5 公里的油路改建成路面宽 11 米，板厚 22 厘米的水泥混凝土公路。由长常高速公路建设开发有限公司补助 450 万元，市公路局出资 322.4185 万元，汉寿县自筹 204.75 万元。2000 年 K1+700~K3+100 长 1.4 公里，改建为路面宽 8 米的水泥混凝土路面，由长常高速公路公司出资 100 万元。

太子庙至良荆界段，自太子庙起，经东岳庙、丰家铺至良荆界止，长 23.725 公里（含重复里程 1.06 公里）。东岳庙、丰家铺属丘陵区，位于汉寿县南端，与益阳市桃江县的乌旗山、三堂街、罗家坪接壤，山水相连，但无公路相通。经两地毗邻乡政府多次协商，齐心合力，于 1971 年 9 月，修通太子庙至良荆界周边公路。1995 年前为等外公路，路基宽 7 米，路面宽 5 米。1995 年开始改建为二级公路，路基宽 12 米，投资 2100 万元。2000 年，常德市交通局发出常交字〔2000〕39 号文《关于 1851 线南延伸线路面改造工程设计文件的批复》，太子庙至良荆界长 22.7 公里，全部修建成油面宽 7 米的三层表处沥青路面，油面厚 3 厘米，水泥稳定类基层，投资 701 万元，市交通局按每平方米补助 18 元，共计 287 万元，不足部分汉寿县自筹。并在该线路经过的东岳庙、丰家铺 2 个乡镇所在地，修筑 1.2 公里的水泥混凝土路面。

2008 年，省道 205 线路网改造升级启动。3 月 7 日，湖南省交通厅下达湘交计统字〔2008〕108 号文《关于 S205 线津市渡口至汉寿良荆界公路改建工程一阶段施工图设计（代初步设计）的批复》，确定省道 205 线津市渡口至汉寿良荆界分南北两段组成，北段起于津市渡口镇省道 205 与省道 306 平交处，经中河口镇、祝丰镇、黑山嘴乡、韩公渡乡、罐头嘴乡，止于汉寿县仓儿总，顺接汉寿沅水大桥北连接线，长 37.077 公里（含利用过祝丰镇 4.263 公里）；南线起于汉寿县太子庙镇省道 205 与国道 319 平交处，经东岳庙、丰家铺，止于与桃江县交界处的良荆界，长 22.696 公里。该项目长 59.773 公里，实际建设里程为 55.51 公里。全线按二级公路标准建设，除北线起点段 9.676 公里设计速度采用每小时 60 公里，路基宽 8.5 米外，其余路段均采用每小时 80 公里，路基宽 10.5 米。全线桥涵荷载等级采用公路－Ⅱ级，设计洪水频率：大中桥 1/100、小桥涵和路基 1/50。项目区域地震动峰值加速度系数为 0.10g，地震动反应谱特征周期为 0.35s，路面标准轴载采用双轮组单轴 100 千牛。

路面结构组合：

（一）路面新建地段是 24 厘米水泥砼面层 +1 厘米单层沥青表处下封层及透层 +18 厘米 5%水泥稳定碎石基层 +20 厘米石灰水泥综合稳定砂砾底基层。

（二）沥青砼作为底基层利用路段是 24 厘米水泥砼面层 +1 厘米单层沥青表处下封层及透层+18 厘米 5%水泥稳定砂砾基层 +0~10 厘米 5%水泥稳定砂砾调平层。

（三）既有公路作为底基层路段侧加宽是 24 厘米水泥砼面层 +1 厘米单层沥青表处下封层及透层 +18 厘米 5%水泥稳定砂砾基层 +0~10 厘米 5%水泥稳定砂砾调平层 +20 厘米石灰水泥综合稳定砂砾底基层。

（四）既有公路作为基层段路侧加宽是 24 厘米水泥砼面层 +1 厘米单层沥青表处下封层及透层 +22 厘米水泥砼基层 +20 厘米石灰水泥综合稳定砂砾底基层。

（五）既有水泥砼路完全利用路侧加宽是 24 厘米水泥砼面层 +1 厘米单层沥青表处下封层及透层 +15 厘米 5%水泥稳定砂砾基层 +15~25 厘米天然砂砾垫层。

新建哑河大桥一座，长 625.54 延米，桥面净宽 11.5 米。

该项目（线路和桥梁）预算总额为 27089 万元，其中国省定额投入 17858 万元、常德市和沿线市县自筹 9231 万元。2013 年 12 月 17 日竣工验收。

2010 年，津武线（S205）常德段 122.1 公里按技术等级分有：二级公路 92.306 公里，三级公路 8.17 公里，四级公路 21.624 公里；按路面类型分有：水泥混凝土 113.211 公里，沥青混凝土 3.205 公里，砂石路 5.684 公里。

二、陬桃线（S226）

陬市桃源线（S226）自桃源县陬市镇起，经枫树、白洋河、茅草街、漳江镇、桃源沅水大桥至八字路接国道 319 线，全程 25.64 公里。

民国 16 年（1927）5 月，陬市至桃源段由湘西汽车路局筹划修筑，民国 17 年（1928）7 月建成，为湘西最早的公路。该路段长 20 公里，路基宽 6.1 米，路面宽 4.57 米。1975 年至 1976 年，桃源县油路修建指挥部将该段路基扩宽至 9 米，并整修加高，铺装成 7 米宽的双层表处渣油沥青路面。1985 年 1 月至 1986 年 12 月，桃源县扩宽公路指挥部对此线进行扩宽改造，路基从 9 米扩宽到 12 米。重点改造有 3 处：一是经过陬市桥港地段移至街后；二是茅草街一边街道后移，扩宽至 18 米 ~ 20 米；三是县城至尧河段，原线傍河堤走向易遭水淹，改建在堤内，与县城漳江大道主街直接。1987 年上半年投资 24 万元，在县城临街一段建成 0.9 公里水泥路。同年 6 月 4 日，桃源公路段与西寺坪村签订协议，从漳江路往南再加修 2 公里油路，公路段投资 18 万元，城建筹款 7.8 万元，由西寺坪村承建，1988 年底竣工，改建后的陬尧线由原来 25.83 公里缩短为 25.64 公里。

陬市镇位于常(德)陬(市)、陬(市)张(家界)、石(门)陬(市)、陬(市)桃(源)4条线路的交会点上,地理位置十分重要。原有公路通行能力小,已不适应交通量日益增长的需要,尽早对陬市四周路段实施新改建,充分发挥其在干线公路网络中的辐射作用具有十分重要的意义。2001年投资1755.7万元,在陬市镇郊陬桃线与省道南永线(S306)交叉处设置环岛,长4.657公里,路基宽34米,路面宽32米,其中主车道宽4×4米,路面建造总面积12.67万平方米。同时,设置与各向衔接的过渡路段,砼路面长度为50米~80米,以组织各线车流。改建的水泥混凝土路面,按平原微丘区一级公路标准建造。

陬市至青林(茅草街),长18.78公里。由于白洋河路段地势低洼,每遇汛期,渍水毁路,交通中断。为防洪保安,2000年投资201万元对该线白洋河路段1.4公里进行改线新建。2001年投资2890万元将陬市至青林段改建成水泥混凝土路面。同年,投资1375万元将青林段1.83公里改线,建成路基宽24米,行车道宽18米,中间分隔带宽2米,两边各为2米宽土路肩的平原微丘区一级公路。

1996年10月至1998年5月,将原通过桃源县城的省道陬尧线(1848)向西移至城外,改为环城路,南端经桃源沅水大桥在八字路与国道319线相接。整个工程用工40万个,完成土石110万立方米。至2001年,完成投资4324.93万元,其中县财政投入2300万元。2001年,全国第二次公路普查时定为一级公路。2002年,又投资1208万元将桃源绕城线至桃源沅水大桥路段,改建成水泥混凝土路面,路面宽33米(行车道16米,非机动车道2×6米,植花带2×2.5米)。桃源沅水大桥长1200延米,宽16米,1995年10月开工,1999年4月正式通车,投资8560万元。大桥东与国道319线在桃源八字路相连,西与桃源绕城线相接。桃源沅水大桥的配套工程,从城北圆盘路至大桥西,长7.157公里,路基宽45米,路面宽33米的水泥混凝土公路,其中行车道16米,非机动车道2×6米,植花带2×2.5米(其中黄花井大桥至红岩村1.6公里以防洪堤为路基,宽24米)。

2010年,陬桃线(S226)25.64公里按技术等级分有:一级公路24.3公里,三级公路1.34公里;全线均为水泥混凝土路面。

三、漆官线(S227)

漆河官庄线(S227)自桃源县漆河镇起,经黄甲铺、理公港、龙潭、观音寺、五强溪、柳林汊、黄壤坪至沅陵县官庄镇止,全程125.331公里。常德段自漆河镇起,至桃源、沅陵两县交界处的马宗岭止,长57.27公里。漆官线是2001年全国第二次公路普查后划定的一条省道,

漆河至理公港段,长19.684公里,是原漆(河)牛(车河)公路的一段。1957年10月,中共桃源县委组建漆牛公路工程指挥部,发动沿线各乡群众,兴建县内第一条县道公路——漆牛简易公路。工程分3期完成,全线用工69.5万个,完成土石88万立方米,投资73.6万元,其中省、地补助18万元。漆河至理公港属于此线的一段,为等外公路,路基宽5.5米~6.8米,

路面宽 3.2 米 ~ 4.5 米，1959 年竣工通车。20 世纪 60 年代后期至 70 年代末对线路、桥梁进行改建，改建后路基宽 7 米，路面宽 5 米，1979 年全国第一次公路普查时定为四级公路。

理公港至千工坝段，长 14.351 公里。原为社队简易公路，分 4 小段建成：1960 年至 1961 年，理公港公社建成理公港至小河口 2.15 公里社队公路；小河口至养珠湖 5.551 公里路段，1975 年至 1976 年由理公港公社组织专业队建成；养珠湖至丁家坊 4.37 公里简易公路，1974 年至 1975 年由丁家坊公社建成； 丁家坊至千工坝 2.28 公里，1969 年至 1970 年由丁家坊公社为接通桃（源）龙（潭）线组织专业队建成。20 世纪 70 年代后期对该段线路进行改建，改建后路基宽 7 米，路面宽 5 米，1979 年普查时定为四级公路。

千工坝至龙潭段，长 5 公里，是原桃（源）龙（潭）线的一段，1959 年 11 月开始修建，因山高坡陡，工程艰巨，直到 1961 年 5 月才竣工通车。1964 年至 1968 年，结合治水改土，对线路、桥梁进行改建。改建后路基宽 6 米，路面宽 4.5 米，1979 年普查时定为四级公路。

龙潭至马宗岭段，长 18.235 公里。分 3 小段建成：龙潭至观音寺 7.54 公里，1960 年 2 月由龙潭区组织沿线群众修建，1963 年建成通车；观音寺至燕家溪 8.295 公里，1968 年至 1969 年由观音寺、燕家坪两公社组织民工修通；燕家溪至马宗岭 2.4 公里，1976 年由燕家坪公社修建。1982 年为接通五强溪水电站公路，延伸 0.3 公里，全线接通。龙潭至马宗岭段用工 61 万个，完成土石 58 万立方米，投资 70.68 万元。

1978 年，漆河至五强溪被定为五强溪电站进场公路后，五强溪水电工程建设公司投资 533.67 万元，对该线进行改造。由湖南省交通设计院按三级公路标准测设，五强溪电站公路桃源县修建指挥部组织施工。1980 年 10 月开工，桃源县先后组织 3 个区、14 个公社 2.7 万人施工。用工 189.2 万个，水泥 4090 吨，钢材 66.68 吨，木材 295.7 立方米，完成土石方 81.1 万立方米，1982 年 5 月竣工。1987 年 6 月 19 日，五强溪水电工程建设公司复投资430 万元，由湖南省林业机械施工公司修建，将漆河至五强溪电站改建成路基宽 8 米，路面宽 6 米的双层表处渣油沥青路面，1988 年竣工。1991 年，五强溪水电工程建设公司按每公里投资 40 万元，将漆河至五强溪全部改建成水泥混凝土路面。工程分三段进行，第一段由常德市公路总段道桥工程处、汉寿公路段施工，将漆河至理公港 22 公里（K0+000 ~ K22+000）改建成路基宽 8 米，路面宽 6.5 米，板厚 22 厘米的水泥混凝土路面。1991 年 10 月 19 日开工，1992 年 5 月 4 日竣工。第二段由中建五局、鼎城公路段、桃源公路段施工，将理公港至龙潭 20.555 公里（K22+000 ~ K42+555）改建成路基宽 8 米，路面宽 6.5 米，板厚 22 厘米的水泥混凝土路面。1991 年 7 月 25 日开工，1992 年 4 月 21 日竣工。第三段由中建五局、鼎城公路段、桃源公路段施工，将龙潭至五强溪电站 19.572 公里（K42+555 ~ K62+127）改建成路基宽 8 米，路面宽 6.5 米，板厚 22 厘米的水泥混凝土路面。1991 年 7 月 20 日开工，1992 年 4 月 15 日竣工。

2010 年，漆官线（S227）常德段 57.27 公里全线为四级公路，路面全部为水泥混凝土路面。

四、紫边线(S302)

紫金渡边山河线(S302)自安乡与湖北石首交界处的紫金渡起,经红卫闸、理兴垱、大湖口、夹夹、毛家岔、小渡口、津市、澧县、黄桥、大堰垱、王家厂、闸口、火连坡至湘、鄂两省交界处的边山河松澧大桥止,全程131.02公里(含重复里程1.977公里)。紫边线是2001年全国第二次公路普查后划定的一条省道,

紫金渡至津市小渡口段,长52.35公里,该段原有公路渡口5处,平均每10公里就有1处。加之全段路面坑槽累累,车辆行驶颠簸摇晃,一般需3~4小时,交通极为不便。当地政府和群众迫切要求改渡为桥,提高公路技术等级,以适应抗洪抢险、发展湖区经济的需要。因此,各级政府高度重视,花大力气,用巨额投资,改建紫金渡至小渡口这段贯通常德市北面第二条东西向干线公路。1987年,省政府在安乡县召开“湖南省湖区防汛工作现场办公会议”。为加强蓄洪区的安全建设和交通建设,提出在松滋河的东、中、西3条支流新建3座公路大桥以确保分洪蓄洪区的防洪安全,并加速湘北干线公路建设(此方案是由常德经津市至黄山头达荆江分洪南线大堤)。随后,由省计委向省交通规划勘察设计院下达松滋河3座大桥的可行性研究任务。2000年,位于官垸河的澧县毛家岔大桥(K41+770)开工修建,全长540.76延米,投资2818万元,2004年竣工通车。2000年,位于松滋东河的大湖口桥(K22+147)开工修建,全长644.5延米,投资4100万元,2003年竣工通车。2005年9月12日,位于松滋西河的夹夹大桥(K28+592)开工修建,全长1730.94延米,投资12142万元,2007年12月25日竣工通车。

S302线安乡路段

该段由原县道红(卫闸)紫(金渡)线和津(市)安(乡)线组成。紫金渡至红卫闸10.11公里,1984年9月开工修建,1985年12月建成通车,路基宽7米,路面宽4米,为四级砂石公路。理兴垱至夹夹12.9公里,1968年开工修建,1973年建成通车,路基宽8米,路面宽6米,为四级砂石公路。夹夹至官垸3.8公里路段,1974年挖渠筑路,1980年扩为路基宽7.5米,路面宽4米的四级砂石公路。1979年5月,官垸至小渡口19.8公里路段建成通车。1980年8月,余家台溃垸,公路冲断近100米,省、地交通部门拨款3.77万元,于1982年春修复通车。

1984 年,地区交通局投资 8 万元,铺装砂石,改造涵洞,6 月竣工。至此,夹夹至小渡口段通车。该段为四级砂石公路,路基宽 7 米,路面宽 4 米。1994 年紫金渡至红卫闸 10.11 公里改建成三级公路。1996 年投资 170 万元,将官垸至毛家岔 8.9 公里的砂石路面铺装成双层表处渣油沥青路面。1998 年将胡家村至官垱渡口 2.6 公里改建成水泥混凝土路面。2001 年至 2002 年投资 618 万元,将官东至毛家岔 10.116 公里改建成路基宽 7.5 米,路面宽 6 米,板厚 22 厘米的水泥混凝土路面。2008 年 8 月,省道 302 线路网改造工程紫金渡至小渡口段水泥混凝土路面改造工程动工,按平原微丘区二级公路标准改建,路基宽 10 米,路面宽 8.5 米,混凝土板厚 24 厘米。为提高公路路基,部分路段在公路两侧修建了高 1 米左右的钢筋混凝土挡土墙近 5 公里。2008 年湖南省交通厅下达湘交计统字〔2008〕153 号文件,批准安乡紫金渡至津市小渡口按二级公路标准改建水泥混凝土路 40 公里,投资 15546 万元,其中省拨 10008 万元、市县自筹 5538 万元。该工程于 2010 年年底完工。

津市小渡口至澧县段,长 16.15 公里,原为省道澧县津市线(1852 线),自澧县城东起,经多安桥、夹堤、澧澹至津市。民国 21 年(1932)12 月由湖南省公路局常澧工程处兴建,1934 年 10 月竣工。1939 年,日军入侵湖南,该线遭到彻底破坏,直到 1948 年 8 月,才由省公路局勉强修复通车。1973 年至 1974 年,澧县油路修建指挥部将该线铺装成 6 米宽的双层表处渣油沥青路面。1979 年,澧县水利部门在该线两侧开挖渠道,路基加宽到 8.5 米 ~ 9.5 米。1983 年,澧县结合城市街道的扩建,将城关 1.5 公里路基扩宽到 27 米 ~ 36 米。1986 年,又将澧县城关1.5 公里铺装成 24 米宽的水泥混凝土路面。1992 年至 1997 年,投资 5544 万元新建津市经澧澹、三合至澧县县城的一级水泥混凝土公路,长 12.73 公里,路基宽 25 米,路面宽 2 × 7.5 米,中间隔离带宽 2 米。2002 年,投资 2500 万元将紫边线小渡口至津市市区过境公路 4.3 公里改建成 23 米宽的水泥混凝土路面。

2006 年 3 月 7 日,湖南省交通厅以湘交计统字〔2006〕101 号文批复,同意省道 302 线津市市过境路 3.916 公里,按二级公路标准建设水泥混凝土路,其中 2.1 公里路基宽 17 米,路面宽 15.5 米;1.816 公里路基宽 12 米,路面宽 10.5 米。路面结构:水泥混凝土板厚 24 厘米,封层 0.6 厘米沥青表处,17 厘米 5%水泥稳定砂砾基层,15 厘米级配砂砾底基层。核准预算总额5293.9 万元(含涔水桥建设经费 2083 万元),其中省交通厅拨款 1266 万元、津市市政府自筹2503.64 万元、澧县县政府自筹 1524.26 万元。

2007 年 8 月 6 日,湖南省发改委以湘发改交能〔2007〕586 号文件批复,同意改建津市至张公庙公路。2008 年 1 月 2 日,湖南省交通厅以湘交规划〔2008〕9 号文,对澧县至津市一级公路改建工程一阶段施工图设计进行批复。批复同意津市至张公庙公路全线维持一级公路技术标准,由津市经澧县县城至张公庙全长 22.708 公里。核准预算总额为 10711 万元,其中国省定额投入 6812 万元、常德市和澧县自筹 3899 万元。该项目于 2008 年 6 月 1 日开工,2009 年 4 月 1 日竣工。

澧县至边山河段,长 60.3 公里,其中黄桥至大堰垱 20.21 公里为四级公路,大堰垱至边山河40.09公里为等外公路。该段原有线路自曹家滩起,到王家厂止,长34公里。曹家滩至蔡家祠7公里利用原驿道草率修建。民国24年(1935),蔡家祠至大堰垱8公里系国民党陆军第44旅修筑,大堰垱至王家厂12公里系国民党陆军第27师修筑,均系征用民工配合施工,仅完成土路和临时桥涵,路基宽4.5米~5.5米,未铺路面,该段最大纵坡30%,急弯亦多,行车危险。1956年,澧县交通科重新勘测,在原有线路基础上,按简易公路标准加以改善,同年12月建成通车。1975年冬至1976年春,该线改从国道207线的黄桥为起点,经大坪至大堰垱镇,长20.21公里,线形平直,路基宽8.5米,路面宽6米。1977年至1984年,澧县油路修建指挥部将黄桥至大堰垱铺装成6米~7米宽的双层表处渣油沥青路面。王家厂至闸口双土地段,1956年由澧县交通科测量,1957年建成通车,长14.93公里。该段地形起伏很大,部分地段接近山脊,坡陡弯急,线形很差,纵坡13.2%以上的有37处,最小平曲线半径13米的有36处。双土地至火连坡段,1958年11月由澧县交通科按简易公路标准进行测设,1959年3月建成通车,长7.6公里,该段路基狭窄,坡陡弯急,线路不顺。1975年,常德地区公路总段投资3.29万元,裁弯降坡,拓宽路基路面。火连坡至边山河段6.4公里原由森工部门修有简易公路,宽3米~4米,未铺路面。1966年12月由湖南省交通设计院按六级公路标准测设,省公路局工程九队施工,1967年5月建成通车。该段路基宽7.5米,路面宽5.5米,最大纵坡8%,最小平曲线半径30米,沿线地形属丘陵区,大部分地段为傍山线或山脊线,线路布局较为隐蔽,有利于国防运输。经过多年的改建,到2002年,大堰垱至边山河已全部改建成双层表处渣油沥青路面,并在该线路经过的大堰垱、王家厂、闸口、火连坡4个乡镇所在地共修筑6公里的水泥混凝土路面。

2009年11月27日,湖南省交通运输厅以湘交计统〔2009〕526号文件批复省道302线澧县大堰垱至边山河公路改建工程一阶段施工图设计(代初步设计)。改建路段起于澧县大堰垱县道008线与省道302线平交处,经王家厂、闸口、火连坡,止于湘鄂两省交界处的边山河,全长41.018公里。全线按二级公路标准建设,设计速度采用每小时60公里,路基宽10米,路面宽8.5米,车道宽2×3.5米。设计洪水频率:大中桥1/100,小桥涵及路基为1/50。路面结构为:25厘米水泥砼面层+1厘米沥青表处封层+18厘米5%水泥稳定碎石基层+16厘米级配碎石底基层。该项目预算总额为16752万元,其中国省定额投入10255万元、常德市和澧县自筹6497万元。在施工中根据湖南省公路局的要求,水泥混凝土路面厚度由25厘米改为27厘米,基层厚度由18厘米改为20厘米,底基层厚度由16厘米改为20厘米。常德市公路局投资40万元对公路沿线进行绿化。该工程于2009年12月开工,2011年年底完工。

2010年,紫边线(S302)131.02公里按技术等级分有:一级公路15.86公里,二级公路54.27公里,三级公路0.6公里,四级公路60.29公里;按路面类型分有:沥青表处54.3公里,沥青混凝土2.92公里,水泥混凝土73.8公里。

五、石南线(S303)

石门南镇线(S303)自石门县新关镇丁家坪起,经新关、白云、磺厂、国太桥、水南渡、壶瓶山、白垭至湘、鄂两省交界处的南北镇止,全程141.524公里(包括属张家界市慈利县境的国太桥路段9.583公里),市境长131.941公里。石南线是由原省道石清线与县道白(垭)南(北镇)线组成。

石南线原为石门清官渡线(1829)。1958年4月,该线由湖南省交通厅按六级公路标准测设,1958年5月开工,1959年12月竣工,路基宽7.5米,路面宽5.5米~6.5米,最大纵坡12%,最小平曲线半径10米。沿线除丁家坪至磺厂40.417公里为丘陵区外,其余均为大山区。壶瓶山附近的黄虎港,两岸峭壁,高百余米,中隔深沟,工程艰险,路基深切达43米。公路修建前,民间流传着:"人到黄虎港,爹娘都不想"。公路通车后,群众齐赞誉:"车进黄虎港,搭帮共产党"。磺厂至水南渡,长55公里,多为风化页岩地段,坡陡弯急,有的地段沿渫水河岸修建,公路横切峭壁,路基边坡不稳,交通时有中断。壶瓶山至南北镇(原为至清官渡长27公里,2001年第二次全国公路普查时省交通厅调整至南北镇),长34公里。该段山坡陡峭,并有锥坡碎落等不良地质地段。暴雨时石块随水流倾泻而下,冲毁阻塞桥涵。每逢雨季,塌方、水毁路基、路面的情况经常发生。这些山区地段,经过公路部门的多年养护,渐趋稳定。1976年至1986年,石门县油路修建指挥部将石门至磺厂的路基扩宽到9米~12米,分三次将该段铺装成宽5.5米~7米的双层表处渣油沥青路面。并对狮子垴绕山线的弯道半径加大,内弯加宽。

该线是通往壶瓶山的必经之路。神奇美丽的壶瓶山位于武陵山脉北端,它北望长江,南携武陵源,二百奇峰卓立,七湾流水绕山而出,跌宕绵延。千岩万壑之中奇花异草遍布,飞禽走兽出没,鬼斧神工,惊世骇俗,令人流连忘返。

1992年,壶瓶山被定为省级自然保护区。1994年,壶瓶山被定为国家级自然保护区。壶瓶山,"一壶绿水悬长江,半屏青山左洞庭"。翡翠碧玉般的河水游鱼可数,险滩激流处则惊心动魄,充满野趣与惊险。看千仞峭壁,古木参天,景色奇异变幻;听水声轰鸣,两岸山歌隐约,使人心旷神怡,疑似梦中。置身江河,尘埃已远,喧嚣匿迹,纵情青山碧水,白云蓝天,此乐何极!这块拥有湖南最原始的森林,最幽长的大峡谷、最大的野生动植物园的神奇土地,正吸引着一批又一批游客来撩开它的神秘"面纱"。

壶瓶山成为国家级自然保护区后,石南线既是一条旅游线路,又是一条为当地农民创造条件、脱贫致富的扶贫公路。石门县西北部属少数民族居住的贫困山区,由于自然条件差,产品流通困难,制约着当地经济的发展。"要想富、修好路"。根据群众的迫切愿望和旅游事业发展的需要,当地政府决定对原有公路进行改造,通过裁弯取直、降坡、拓宽路基、改造路面等措施,建成黑色路面达到通行顺畅的标准。1998年至2002年对磺厂至南北镇路段逐年进行油路改造建设，1998 年完成砂改油 15 公里，1999 年完成砂改油 23 公里，2000 年完成砂改油20 公里，2001 年完成砂改油 11 公里，2002 年完成砂改油 23 公里。5 年时间总投资 2400 万元，将磺厂至南北镇段 92 公里改建成路基宽 7 米，路面宽 5 米～6 米的双层表处渣油沥青路面。

2009 年 11 月 5 日，湖南省交通运输厅以湘交计统字〔2009〕465 号文，即《关于石门县城至南北镇公路改建工程一阶段施工图设计(代初步设计)的批复》，下达了省道 303 线的路网改造计划，改建段全长 136.934 公里。

其中利用皂市水利枢纽重建公路 51.492 公里，重建公路(北线)从皂市镇起，经维新镇至磨市镇，按三级公路标准建设，设计时速采用每小时 30 公里(局部困难路段采用每小时 20 公里)，路基宽 7.5 米，路面宽 6.5 米，分为三、四、五、六共 4 个标段施工。北线总投资 6772万元，其中三标造价 1458.62 万元、四标造价 1556.62 万元、五标造价 1701.6 万元、六标造价 2055.16 万元。

石门至皂市段长 16.319 公里按二级公路标准建设，设计速度每小时 60 公里，路基宽 10.5 米，设计洪水频率：大中桥 1/100，小桥涵及路基为 1/50；皂市至南北镇段长 120.615 公里按三级公路标准建设，设计速度采用每小时 30 公里(局部困难路段采用每小时 20 公里)，路基宽 7.5 米，路面宽 6.5 米，设计洪水频率：大中桥为 1/50，小桥涵及路基为 1/25。全线桥涵设计汽车荷载等级采用公路－Ⅱ级，其余技术指标按部颁《公路工程技术标准》执行。为保护黄虎港路段 1.11 公里生态环境，确保路基稳定，路基宽度可采用 6.5 米。全线采用水泥混凝土路面，路面结构为：25 厘米水泥砼面层 +1 厘米沥青表处封层 +18 厘米水泥稳定碎石基层+15 厘米级配碎石底基层。该项目预算总额为 44877 万元，其中国省定额投入 29835 万元、常德市和石门县自筹 15042 万元。该线改建工程于 2009 年 12 月 21 日开工，2012 年 5 月，省道 303 线石门县城至南北镇水泥混凝土路面全线贯通，2012 年 9 月 23 日竣工。

2010 年，石南线(S303)境内 131.941 公里按技术等级分有：三级公路 40.417 公里，四级公路 80.285 公里，等外公路 11.239 公里；按路面类型分有：沥青表处 79.172 公里，水泥混凝土52.769 公里。

六、张慈线(S304)

张公庙慈利线(S304)自澧县张公庙起，经合口、新安、石门、三江口、界溪桥、苗市至慈利县城止，全程 78.4 公里。常德市境内张公庙至石门、慈利两县交界处的界溪桥，长 46.815 公里。

张公庙至石门段，长 33.88 公里。该段于民国 23 年(1934)5 月由湖南省公路局组织测量修建，1936 年 6 月竣工，路面施工简陋，宽仅 2 米～3 米。抗日战争时期彻底破坏。抗日战争胜利后，1948 年 12 月修复成简易公路通车，路基宽 5 米～7 米，路面宽 2.5 米。通车后，路面坑槽累累，行车十分困难。1975 年至 1979 年，澧县、临澧、石门 3 县油路修建指挥部将张公庙至石门 33.88 公里，路基由 6 米扩宽到 9 米，将砂石路面铺装成 7 米宽的双层表处渣油沥青路面。1984 年冬至 1985 年年底，除澧县段 6.2 公里尚未加宽改建外，其余地段路基均加宽到 12 米。其中新安镇、合口镇两段 5.3 公里加宽到 16 米，石门县城 4.34 公里加宽到 24 米。

张慈线东接国道 207 线，西连省道南永（S306）线，是一条重要的东西向干线公路，是连接常德至张家界高速公路和国道 207 线及规划中的太原至澳门国家重点干线公路的重要联络线，是湖北荆州等地通往国际风景名胜区张家界的必经通道。20 世纪 80 年代以来，由于沿线经济快速发展，而原有公路技术等级低、路面窄、线形差，街道、半街道化现象严重，部分路段处于澧水洪道内，车辆通行能力低，不能满足交通量迅速增长的需求。该段的建设是交通量日益增长的需要，是湖南省省级贫困县石门县脱贫致富的需要，同时也是开发国家级自然保护区壶瓶山旅游资源的需要。建设好张慈公路，对湘北地区的经济发展及防洪保安，完善交通网络布局，加强战备等具有重要作用。从 1994 年开始，由石门县政府筹划，从与临澧接界的蔡家溪开始，沿澧水而上，经易家渡，至石门东城到狮子垴，新建一条全长 16.9 公里的平原微丘区二级公路。该工程由石门县交通局组织实施，工程经费亦由县交通局贷款解决。1994 年 5 月开工，1998 年 10 月建成通车。全线路基宽 20 米，路面宽 16 米，全部为水泥混凝土路面，该工程共投入资金 6654 万元，其中湖南省交通厅 1998 年 11 月下达补助经费 1047 万元。

S304 线 K7+10 路段

2002 年 6 月 27 日，湖南省交通厅以湘交基建字〔2002〕269 号文批复省道 1836 线张公庙至新安二级公路（平原微丘）施工图设计。张新公路起于张公庙大桥桥头转盘，往北沿张（公庙）大（坪）公路在水古庙交于二支，经合口医院、油榨坟、文昌阁、新安镇、南撇河、杨树跨蔡家溪后进入石门县境，全长 20.097 公里。全线按平原微丘区二级公路标准设计，计算行车速度每小时 80 公里，路基宽 17 米（建成后实际宽为 20 米），路面宽 17 米，设计车辆荷载为汽 -20 级、挂 -100，设计洪水频率为大中桥 1/100；小桥、涵洞 1/50。路面结构为 24 厘米厚水泥砼；下设 1 厘米厚沥青封层；18 厘米厚 6%水泥稳定砂砾基层；15 厘米厚 4%水泥稳定砂砾底基层。核定预算经费为 12738 万元。2002 年 9 月 8 日，常德市交通局在合口镇举行张新公路奠基开工典礼，全线由中铁十八局集团第五工程公司、湖南公路桥梁建设总公司、湖南常德公路工程总公司、常德路桥建设有限公司4个单位承建。湖南省交通建设工程监理有限公司监理。2004年9月15日进行交工验收。该段改建工程经省交通厅、省公路局、省交通厅质监站常德市分站有关领导及专家评定,工程质量等级为优良。

石门至界溪桥段,长13.647公里。民国25年(1936)2月,湖南省公路局成立石慈段测量队,测量完毕即组织施工,1938年4月修成路基后停工,石门至界溪桥段未通车。1949年10月后,石门县政府发动群众采备砂石,抢铺路面。1950年8月筹建石门渡口,10月1日正式渡运汽车。从此,石门至慈利公路开通。1974年,石门三江口公铁两用桥(中间为铁道,两侧各为5米宽的公路)建成后,车辆为避免过石门渡口,改从三江口桥通过。1978年1月,石门县在大桥施工的便道上,测设以大桥桥头为基点的公路路线,修建东风至保尔长14.2公里,1979年4月竣工。1984年冬至1985年年底,石门县公路加宽改造指挥部将该段路基扩宽到9米~12米,并改建成7米~10米宽的双层表处渣油沥青路面。1986年正式通车。

S304线文明样板路——石门路段

2008年常德市公路局投资580万元,将省道304线K38+800(三江口桥)至K46+815(界溪桥)8.015公里改建成水泥混凝土路,路面宽2×3.5米,板厚24厘米。2010年市公路局投资159万元,将省道304线K35+600(保尔)至K38+800(三江口桥)3.2公里改建成水泥混凝土路,路面宽2×3.5米,板厚26厘米。

2010年,张慈线(S304)常德段46.815公里按技术等级分有:一级公路3公里,二级公路33.527公里,三级公路10.288公里;按路面类型分有:沥青混凝土9.747公里,水泥混凝土37.068公里。

七、南永线(S306)

南江桥永顺线(S306)自岳阳市平江县的南江桥起,经岳阳、华容、南县、安乡、常德、漆河、慈利、张家界至永顺止,全程579.198公里(含重复里程及断头路26.952公里)。常德市境内自南县与安乡交界处的南安桥起,至桃源、慈利两县交界处的灵官庙止,长155.823公里。

20世纪80年代至90年代,常德市最大的市情是水情,最大的忧患是水患。南安桥至常德城区段的新改建工程，首先是适应防洪抢险的需要。它经过湖区堤垸，处在长江“三口”（松滋、太平、藕池）水系与澧水洪道包围之中，河湖穿插汇集。各水系无论南向、北向、西向涨水，均需防汛。各方洪峰时间不同，洪峰不仅受长江洪水的直接影响，如若沅水及整个洞庭湖的水位抬高，并和长江、澧水洪峰相遇，即使是小流量也会出现居高不下的高水位，酿成水灾。

为保证对洪水泛滥的有效控制，使水患损失降到最低程度，湖区已规划出一定数量的蓄洪区。即当洪水猛涨，泄洪有限时，则采取毁堤弃垸，把洪水引向蓄洪区。在这危急时刻，蓄洪垸内人员、财产的转移急需快速通道予以保证。湖区诸多堤垸，需年年加高、补强，汛期的防洪抢险物资和人员的转移，也迫切需要修建等级较高的公路。

该路段新改建前，即原省道岳阳常德线（1804）常德段的公路技术等级低、线形差、路面窄、渡口多。防汛抢险所需增调人员和大批抢险物资从陆路运输，均需从常德经津市至黄山头或经安乡至黄山头，并过2～3处汽车渡口方能到达荆江南线大堤。由于防洪抢险多为水急、风大、浪高的时节，险堤承御能力小，故渡运难以保障畅通，也不能满足抢险时的运输需要，必然贻误时机。鉴于上述原因，1987年省政府在安乡县召开“湖南省湖区防汛工作现场办公会议”，要求加强蓄洪区的安全建设和加速湘北干线公路建设，确保分洪蓄洪区的防洪保安。1990年年初，省计委组织工作组，对几个拟建大桥桥位进行实地查勘论证，一致确定把桥建在大鲸港与石龟山较为优越，旋即呈报省政府批准。同时，提出将防洪抢险的道路要求予以延伸，畅通湘北干线，即原省道1804线常德段和津市至石龟山联络线。

该路段濒临湖北省的监利、石首、公安等县市，历来为沟通湘北岳阳、益阳、常德3市经济及湘、鄂两省边际经济的主动脉。航运只有南北水系，不能保证常年通航，因而弃水走陆的客货流量日趋增大。原省道1804线常德段，由于渡口多，过渡又受自然条件制约，停渡时有发生，行车甚为不便。岳阳市至常德市走1804线为208.5公里，行车一般约需8～9小时，而岳阳市至常德市绕道走长沙，经国道107线与国道319线，全长343.5公里，比原1804线多135公里，而行车时间一般仅为7～8小时，且不受气候等因素影响。故从岳阳走原1804线直达常德的极少，绝大部分为县乡的短途运输车辆。

该路段的建设，对于落实湖南省政府的民本理念和1987年在安乡县召开的“湖南省湖区防汛工作现场办公会议”精神，增强防洪抢险的交通输送能力和人民群众在险期的安全感具有重要作用；同时，对促进湘北地区的经济发展，改变水运单一的格局，增强交通网络的总体功能，亦具有一定的积极作用。由于沿线人民群众要求提高该路段等级的呼声很高，当地政府迫切要求改建，交通部门十分重视，故将其纳入国家“八五”“九五”期建设计划，总投资概算24495万元。考虑到建设投资额较大，一次性投资的资金来源有困难，故分3期投资修建：

第一期工程：新改建安乡大鲸港经石龟山至周家店二级公路，长36.965公里，同时新建大鲸港大桥。

第二期工程：新改建保和堤至津市大桥联络线二级公路，长29.8公里，同时新建石龟山大桥。

第三期工程:新改建周家店至常德市城区二级公路,长 30.653 公里。

经过对省道 306 线常德段的新改建,2010 年各段情况如下:

南安桥至安乡城关段,长 16.34 公里。1969 年 8 月测设,1969 年 12 月建成,路基宽 5 米,路面宽 3.5 米。由于虎渡、藕池两河阻隔,通车不便,1976 年,湖南省公路局投资 138 万元,修建陆家渡、丁家渡桥。1979 年该段路基加宽到 7.5 米。1981 年冬,陆家渡桥加长 50 米。1982 年 8 月 1 日建成通车。1984 年冬至 1985 年年底,该段路基扩宽到 12 米,书垸洲至安犹段改走城郊,长 2.75 公里。1993 年至 1994 年,该段按每公里 20 万元投资,铺装成 7 米宽的双层表处渣油沥青路面。2000 年至 2001 年安乡城关至三岔河 10.19 公里(城区部分已建成水泥混凝土路面),按平原微丘区二级公路标准修建水泥混凝土路面,路基宽 12 米,面宽 9 米,板厚 24 厘米。总投资 1461.55 万元,其中湖南省公路局补助 183.4 万元,其余 1278.2 万元由常德市公路局贷款,并由安乡大桥收费站收费还贷。

安乡大鲸港至周家店段,长 36.965 公里。该路段原走沙河口汽车渡口、蒿子港到周家店,后因跨越澧水洪道的大桥建在石龟山而改线。大鲸港大桥 1994 年 12 月建成通车,石龟山大桥 1998 年 7 月通车。大鲸港至石龟山 15.94 公里,1995 年投资 431 万元改建成路基宽 12 米,路面宽 7 米的双层表处渣油沥青路面。1999 年至 2000 年,投资 1772 万元将油路改建成9 米宽的水泥混凝土路面。石龟山至周家店 21.025 公里(与省道津武线在保河堤至新湖桥重复 5.37 公里),1995 年改造加宽,投资 1909 万元将该路段铺装成路基宽 12 米,路面宽 9 米的双层表处渣油沥青路面。

1999 年,石龟山至保和堤 1.518 公里改建成水泥混凝土路面。2008 年,保和堤至新湖桥 5.37 公里改建成水泥混凝土路面,路面宽 2×4.5 米,土路肩 2×1.5 米,板厚 24 厘米,投资 603.29 万元。2010 年,新湖桥至八宝湖 7.5 公里改建成水泥混凝土路面,面宽 2×4.5 米,板厚 26 厘米,投资 902.44 万元。2008 年,八宝湖(K249)至周家店(K254+400)5.4 公里改建成水泥混凝土路面,面宽 11 米,投资 864.01 万元。

周家店至常德段,长 30.653 公里。1958 年由常德县交通科按简易公路标准设计,1959 年 10 月开工,1967 年 5 月建成通车。路基宽 6 米～7.5 米,路面宽 3.5 米。1977 年,常德县油路修建指挥部将刘家桥至南坪岗 16.5 公里的路基扩宽到 9 米,南坪岗至常胜桥长 1.5 公里的路基扩宽到 12 米,并对局部地段作线形改善。1984 年至 1985 年,常德县公路加宽改造指挥部将周家店至南坪岗的路基扩宽到 12 米,在加宽工程中,局部地段改线。1987 年,常德县油路修建指挥部将周家店至常胜桥铺装成 7 米～9 米宽的双层表处渣油沥青路面。1996 年,常德市公路管理局将该段王家桥至刘家桥 6.967 公里改建成路基、路面宽 11 米,板厚 24 厘米的水泥混凝土路面。1999 年 8 月,湘北干线工程项目部开始将周家店至王家桥、刘家桥至五岔两段 23.3 公里改建成路基宽 12 米,面宽 11 米,板厚 24 厘米的水泥混凝土路面。由于 1995 年批准的初步设计方案已不能完全适应发展的需要,经过 4 次组织专家组评审和请示

S306线王家桥路段

省交通厅同意，工程开工以后，主要进行3项重大设计变更，即：路面工程由原9米宽的沥青三层表处变更为宽11米，板厚24厘米的水泥混凝土路面；周家店镇贯穿线变更为绕镇线；柳叶湖大桥由全长68米，宽12米的4跨16米普通钢筋混凝土板桥，变更为全长187.5米，宽17米的预应力钢筋混凝土下承式系杆拱连续结构大桥。2001年12月该段路面工程建成通车，2003年12月28日该段全部工程开放通车，概算总投资12174万元。2004年5月18日，该段改建工程经省公路局、省交通厅质监站、市交通局有关领导及专家进行交工验收，工程质量等级评为优良。

常德至陬市段，长17.201公里。为原省道常德永顺线（1801）的起始段，该路段是民国16年（1927）5月，湘西汽车路局筹划兴修的常（德）桃（源）公路的一段。自常德市大西门外莫公桥起，沿常桃驿道经南湖坪、河洑至陬市长13.8公里。1928年7月竣工通车，是常德境内最早建成的一段公路。抗日战争时期，该段公路遭到严重破坏，至1946年年底才勉强修复。1975年常德县油路修建指挥部将三岔路至河洑8.4公里铺装成7米宽的双层表处渣油沥青路面，1977年又将路面扩宽到9米。1977年至1985年春，常德县（市）、桃源县油路修建指挥部将三岔路至陬市建成路基宽10米～12米，路面宽8米～9米的沥青混凝土公路。2001年第二次全国公路普查后，将起点从三岔路调整到五岔。

陬市至灵官庙段，长54.664公里。民国23年（1934）1月，湖南省公路局组织测量队测量常德至慈利公路。1949年4月，草率修成泥土路通车。1951年，省公路局重新勘测，当时按五等路标准设计。工程于1953年8月竣工。该段路基宽7.5米，路面宽4.5米，最大纵坡9%，最小平曲线半径12米。1975年至1976年，桃源县油路修建指挥部将河洑至灵官庙56.75公里的路基扩宽到9米，铺装成7米宽的双层表处渣油沥青路面。1984年至1985年，桃源县公路加宽改造指挥部又将该段路基扩宽到12米，漆河镇地段1.37公里加宽到33米。陬市镇地段从镇内穿过改为从镇郊通过，长2.2公里。1998年至2000年，在陬市镇、漆河镇、热市镇及菖蒲等集镇路段改建成7米～9米宽的水泥混凝土路面共5.69公里。2000年至2001年，在黄花桥、马路、黄婆店、马家堰、永丰、明月、太平等路段改建成7米～9米宽的沥青混凝土路面共21.992公里。

2010年，省道306线桃源境内40.373公里沥青表处路面改建成水泥混凝土路面。总投资5009.86万元(含同步进行的水沟、GBM及安保工程的经费)。分两个合同段施工,第一合同段K306+682~K324+429长14.747公里,预算经费2143.38万元。第二合同段K324+429~K324+570、K325+750~K347+379、K348+144~K349,长22.626公里,预算经费2866.48万元。混凝土路面标号C35,设计基准期15年,混凝土弯拉强度5兆帕,基层宽9.4米,面层宽9米,路面横坡度1.5%。补强层为20厘米厚5%水泥稳定级配碎石,水泥混凝土面层厚26厘米。该项目于2010年6月28日开工,12月底竣工。

南永线(S306)常德段经多次改造加宽,已成为贯通常德市北面的第一条东西向公路。该段绿树成荫,线形顺直,路面平整,成为常德境内的一条重要省道,亦是滨湖地区的一条主要防汛通道。

2010年,南永线(S306)常德段155.823公里按技术等级分有:二级公路126.204公里,三级公路29.619公里;按路面类型分有:沥青表处2.057公里,沥青混凝土20.813公里,水泥混凝土132.953公里。

第四节 县 道

1987年,常德地区有县道82条,长2380.37公里。

1993年,常德市有县道60条,长2110.59公里。按技术等级分有:三级公路118.85公里,四级公路580.34公里,等外公路1411.4公里;按路面类型分有:高级路面76.62公里,次高级路面253.96公里,中级路面1764.01公里,低级路面16公里。

2001年,常德市有县道64条,长2196.03公里。按技术等级分有:一级公路5.58公里,二级公路84.83公里,三级公路223.88公里,四级公路963.71公里,等外公路918.03公里;按路面类型分有:高级路面216.41公里,次高级路面550.58公里,中级路面1426.26公里,低级路面20.08公里,无路面2.7公里。

2010年,常德市有县道67条,长2295.29公里。按技术等级分有:一级公路8.197公里,二级公路88.808公里,三级公路277.519公里,四级公路1815.253公里,等外公路105.513公里;按路面类型分有:水泥混凝土1829.111公里,沥青混凝土61.314公里,沥青表处183.512公里,砂石路221.353公里(见表1-1-4-1)。

壶瓶山大金竹线(X001) 壶大线自石南线(S303线)壶瓶山起,沿渫水盘山而上,以四道回头曲线,抵达大金竹,全长27.981公里。技术等级:壶瓶山至木杉溪1.501公里为四级公路,木杉溪至大金竹26.48公里为等外公路。路面类型:壶瓶山至江坪大桥13.553公里为沥青表处,江坪大桥至大金竹14.428公里为砂石路。

1971年为开发石门县大金竹煤矿,并解决江坪、钟岭两个山区公社的交通运输问题,常德地委、行署决定修建泥市(现名壶瓶山)至大金竹的公路,当年1月由地区交通局组织石门县交通部门人员进行测量,从石清公路K111处接线,沿渫水上行,经龙池跨渫水盘山而上,以四道回头曲线，抵达大金竹。1971 年 3 月，常德地区成立泥大公路修建指挥部，计划投资 55 万元，由石门县各公社以民兵营为单位，分段施工。至当年 8 月因经费用完，仅修建泥市进口2 公里路基及龙池河口 200 米桥头接线的破岩工程和部分涵洞后停工。1972 年 6 月常德地区再次成立指挥部续建，并重新测量改线，经小河口、百页岩、老山岩至龙池河口，不跨渫水，而经下江坪至江坪跨渫水后盘山而上，又经岩门寺（三峰）、关口、赵家垭到达大金竹，全程28.56 公里，按山岭重丘区三级公路标准设计。由常德地区所辖八县各组民工团分段施工，1972 年 8 月 1 日开工，1973 年 1 月 1 日建成通车。该线路基宽 7 米 ~ 7.5 米，路面宽 4.5 米 ~ 5.5 米，修建永久式桥梁 9 座，长 264.1 延米，涵洞 110 道，长 1086 延米。其中江坪渫水大桥为 1 孔跨径 60 米，长 82.25 延米的石台双曲拱桥。该线位于山岭区，最大纵坡 10.67%，最小平曲线半径 15 米。

2000 年，常德市公路局和石门县政府共同投资 174 万元，将 K0 ~ K13+553 改建成双层表处沥青路面，面宽 3.5 米。

壶大线由石门公路局管养。

火连坡罗坪线（X002） 火罗线自澧县火连坡镇起，经甘溪、太青、子良、太平、穿山河、水南渡至石门县罗坪，全长 146.577 公里。技术等级全线为四级公路。路面类型：水泥混凝土 69.702 公里（其中澧县境全部为水泥混凝土路面），沥青混凝土 3.42 公里，砂石路 73.455 公里。

火罗线澧县境（火连坡至划墙岭）长 26.205 公里。1974 年 1 月建成通车，属等外公路，路基宽 7.5 米 ~ 8.5 米，路面宽 4.5 米 ~ 8 米，设计荷载为汽 -10 级。1982 年，常德地区交通局投资 4.4 万元对甘溪滩至划墙岭段的花竹、长湾两座危桥进行改造，并兴建田冲石拱桥。1991 年，火连坡至甘溪滩 6.81 公里砂路改建成油路。2000 年至 2002 年，甘溪镇、太青乡采取“民办公助”方式，投资 200 万元建成水泥混凝土路面 2.434 公里。2008 年，火连坡至甘溪滩 6.5 公里建成水泥混凝土路。其余路段于 2005 年至 2012 年 10 月，逐年分段建成水泥混凝土路，面宽 6 米，板厚 22 厘米。

2004 年，火罗线石门县境建成水泥混凝土路 25.459 公里，面宽 5 米，板厚 22 厘米。

2008 年至 2010 年，火罗线石门县境投资 1073.8 万元，建成水泥混凝土路 18.038 公里，面宽 5 米，板厚 22 厘米。

火罗线 K0 ~ K7+500 长 7.5 公里由澧县公路局管养，K7+500 ~ K26+205 米长 18.705 公里由澧县公路处管养，K26+205 ~ K146+577 长 120.372 公里由石门县公路处管养。

梨儿垭鼓罗坪线（X003） 梨鼓线是石门县内的一条县道，始建于 1982 年，起于梨儿垭，止于鼓罗坪，全长 14.451 公里。技术等级全线为四级公路。路面类型：K0 ~ K7+006 长 7.006 公里为水泥混凝土路，K7+006 ~ K14+451 长 7.445 公里为砂石路。

2005 年在通乡公路建设中，梨儿垭经东山峰农场场部至长湖、岩塔分界处 7.006 公里改建成水泥混凝土路面。

梨鼓线位于山岭区,路基宽 6.5 米,路面宽 4.5 米。

梨鼓线由石门县公路处管养。

磺厂太平线(X004) 磺太线自原石清公路磺厂(K40)起,经沿市(袁公渡乡)、维新、大同山林场、丰禾(九渡河乡)至太平,全长 51.576 公里。技术等级:磺厂至维新 18.497 公里为四级公路,维新至太平 33.079 公里为等外公路。路面类型:高家塔至太平 32.437 公里为水泥混凝土,磺厂至高家塔 19.139 公里为砂石路。

石门磺厂至沿市公路 1951 年建成,长 7 公里,宽 4.5 米~6 米。1954 年,磺厂组织人力、物力对该路进行裁弯降坡处理,同时将沿线木桥涵改为永久性桥涵。

1973 年,石门县交通局对沿市至太平段进行测量,选定渡口码头,经两河口、维新、大同山林场、丰禾、联合、北庄、三峰寨到太平,全长 45 公里。1973 年下半年开工至 1974 年年底,修建至大同山林场,长 28 公里。1975 年从大同山林场继续施工,到 1976 年 8 月底修建至太平竣工通车,长 17 公里。其中 K46 处被三峰寨高峰阻挡,如绕道而行,里程增加 5 公里。因此,县交通局与区、社商定修建隧道通过,由县交通局设计,丰禾公社组织 180 人的民工专业队伍,1975 年 6 月动工,1976 年 6 月 26 日完工,9 月 20 日通车。隧道全长 305 米,净宽4.5 米,高 5 米,由于隧道当时没有整洞衬砌,洞身又系风化石易剥落,因不安全而停止通车。1977 年 9 月,湖南省交通厅召开公社公路经验交流会,参观磺太线时对三峰寨隧道存在的问题提出改进意见,并补助经费 5 万元,太平区自筹 4 万元,将隧道洞衬砌,于 1977 年 12 月底恢复通车。

磺太线全长 51.576 公里,路基宽 6.5 米~7 米,面宽 3.5 米~5.5 米,共有 5 米以上跨径的桥梁 12 座,隧道 1 处,最大纵坡 14%,最小平曲线半径 23 米。

2005 年,投资 780 万元将维新至丰禾(K37+139~K51+576)长 14.437 公里改建成水泥混凝土路,面宽 5 米,板厚 22 厘米。

2006 年,投资 648 万元将九渡河至维新(K19+139~K37+139)长 18 公里改建成水泥混凝土路,面宽 5 米,板厚 22 厘米。

磺太线由石门公路局管养。

九渡河罗坪线(X005) 九罗线自石门县九渡河起,经白泥界、雁池至罗坪,全长 66.002 公里。技术等级全线为四级公路。路面类型:水泥混凝土 65.547 公里,沥青表处 0.455 公里(K28+510~K28+965)。

九罗线九渡河至白泥界长 25.506 公里,1982 年建成。白泥界至雁池大桥长 3.021 公里,1978 年建成。雁池大桥至罗坪长 37.475 公里,1989 年建成。2003 年至 2005 年在通乡公路建设中,全线(除 K28+510~K28+965 外)改建成水泥混凝土路,面宽 4 米~4.5 米,板厚 22 厘米。

九罗线位于山岭区,由石门县公路处管养。

官庄桥石门垭线(X006) 官石线自石门县官庄桥起,与省道 303 线相连,经王官桥、商溪、岩塌桥至与张家界市相邻的石门垭，全长 22.067 公里。技术等级全线为四级公路。路面类型：官庄桥至凤凰界长 10.802 公里为水泥混凝土路，凤凰界至石门垭长 11.265 公里为砂石路。

官庄桥至王官桥长 3.7 公里，1987 年建成。王官桥至岩塌桥 7.603 公里，1978 年建成。岩塌桥至石门垭长 10.764 公里，1984 年建成。

官庄桥至凤凰界路段“十一五”期间（2006—2010）改建成水泥混凝土路，路基宽 6 米，面宽 4 米，板厚 22 厘米。

官石线由石门县公路处管养。

新安甘溪线（X007） 新甘线自临澧县新安镇起，经金坑、街墩子、新堰口、马头铺、洞市、昌家峪至甘溪，全长 33.973 公里。其中临澧县境 9 公里，石门县境 4 公里，澧县县境 20.973 公里。技术等级全线为四级公路。路面类型全部为水泥混凝土。

为解决澧县昌家峪煤矿的原煤运输，1959 年 1 月，开始修建新安至昌家峪公路。同年 2 月，临澧县将新安至金坑 6 公里在农村大道的基础上改建成简易公路。新修金坑至街墩子 3 公里公路，路基宽 6 米，并铺 3 米宽的砂石路面，有木面桥梁 1 座，地形属丘陵区，最大纵坡 7%，最小平曲线半径 25 米。街墩子至新堰口公路长 4 公里，1959 年由石门县交通科测设，新铺公社施工，1960 年冬季完工，路基宽 5 米～6 米，砂石路面宽 3 米，有桥梁 1 座，地形属山岭重丘区，最大纵坡 14%，最小平曲线半径 8 米。该路段街墩子下坡回头线坡陡弯急，行车不顺。新堰口至昌家峪段长 17.2 公里，1958 年由澧县交通科测设，同年 9 月开工。1959 年 1 月建成路基和桥涵，1960 年整修路基，铺砂石路面，路基宽 6 米，面宽 3 米，由澧县马头铺、杨家坊、方石坪、洞市 4 个公社施工，地形属重丘区，最大纵坡 15%，最小平曲线半径 15 米。

新昌公路通车后，由于技术标准低，少数地段坡陡弯急，行车困难，急待改善路况。1960 年 10 月，常德地区成立新昌公路指挥所，临澧、石门、澧县三县人员参加，湖南省交通部门投资 3.5 万元，常德地区粮食局拿出大米 9500 公斤，投入该段整修，整个工程到1962 年 5 月完工。1963 年该段公路交各县养护队接管，设立专职道班养护。

昌家峪至甘溪段长 3.8 公里，1969 年由澧县交通科测量，同年 6 月开工，12 月竣工通车，路基宽 7.5 米，砂石路面宽 4.5 米，修建桥梁 2 座。地形属山岭重丘区，最大纵坡 8%，最小平曲线半径 20 米。澧县县政府投资 12 万元。

1992 年至 1993 年，由新安镇镇政府组织，将新甘线临澧境内 9 公里改建成沥青双层表处路，公路部门补助经费 19.8 万元。

1995 年，新甘线 K11～K34+400 长 23.4 公里改建成沥青双层表处路，面宽 6 米。

2001 年，投资 30 万元将 K19～K21 长 2 公里改建成水泥混凝土路。投资 589.5 万元将 K21～K33＋973 长 12.973 公里改建成水泥混凝土路。

2005 年，临澧县境 K0～K6 长 6 公里改建成水泥混凝土路，投资 328.26 万元，其中常德市通乡公路补助经费 222 万元、县配套经费 106.26 万元。

2006 年,将 K11 ~ K19 长 8 公里改建成水泥混凝土路,面宽 6 米。

2008 年,投资 300 万元将 K6 ~ K11 长 5 公里改建成水泥混凝土路,面宽 5 米。

新甘线 K0 ~ K11+001 长 11.001 公里由临澧公路局管养, K11+001 ~ K33+973 长22.972 公里由澧县公路局管养。

曾家河孙家坡线(X008) 曾孙线自澧县曾家河起,经干河、大堰垱(熊家湾)、草堰、金罗至闸口孙家坡,全长 33.349 公里,其中 K11+400 ~ K12+859 长 1.459 公里与省道 302 线 K89+790 ~ K91+249 重复,实际管养里程 31.89 公里。技术等级全线为四级公路。路面类型:水泥混凝土 23.67 公里,沥青双层表处 0.67 公里,砂石路 7.55 公里。

曾孙线由原县道曾(家河)大(堰垱)线、大(堰垱)金(罗)线及原乡道金(罗)孙(家坡)线组成,为澧松线至金罗火车站唯一的运输线。

原曾大线 1977 年 9 月至 1978 年 3 月从曾家河起,经干河至垱市长 11.1 公里,在大搞农田基本建设时,由澧阳平原农田基本建设指挥部负责施工,路基宽 8 米 ~ 8.5 米,砂石路面宽 5.5 米,线形平直,无桥梁。垱市至金罗段长 11.1 公里,1964 年至 1970 年由界岭公社修建路基,1971 年修建枝柳铁路时, 利用该线作为施工便道通车。1971 年澧县交通局投资 8 万元,将路基拓宽到 8.5 米,路面扩宽到 7 米,4 座桥梁改造为永久式桥。该路段属丘陵区,最大纵坡11%,最小平曲线半径 20 米。金罗至孙家坡(K23+799 ~ K33+349)长 9.55 公里,1975 年 4 月建成。

1984 年湖南省公路局投资 27.25 万元, 地方政府自筹 109 万元, 在垱市至金罗段建成 10.9 公里沥青双层表处路,1985 年竣工。1993 年,金罗镇政府动员民工建勤,自筹资金 14 万元,改线 2.6 公里。

1996 年常德市公路管理局投资 57.5 万元,地方政府自筹 100 万元,在曾家河至垱市段修建沥青双层表处路 9.5 公里。

2000 年常德市公路局补助 30 万元,地方政府自筹 42 万元,在金罗镇建成水泥混凝土路 1 公里。

2005 年 4 月至 11 月,投资 558 万元建成垱市至金罗 9.3 公里水泥混凝土路,路基宽 8.5 米,面宽 7 米。

2006 年 7 月至 11 月,投资 73.48 万元对文革桥进行改造加固。

2007 年 3 月至 11 月,投资 746.2 万元建成曾家河至垱市(K0 ~ K11+480)11.48 公里水泥混凝土路。

2007 年 10 月至 12 月,分别投资 23 万元和 28 万元将曾孙线上的青龙桥与幸福桥改造加固。

2008 年,投资 120 万元改建金罗镇 K23+800 ~ K25+800 长 2 公里、宽 6 米(街道部分宽 8 米)、板厚 22 厘米的水泥混凝土路,2011 年竣工。

曾孙线 K0 ~ K23+799 长 22.34 公里 (扣除重复里程 1.459 公里) 由澧县公路局管养,

K23+799 ~ K33+349 长 9.55 公里由澧县公路处管养。

雷公塔中武线(X009) 雷中线自澧县雷公塔起,经戈头峪、亘山、中武至玉圃,全长 19.317 公里。技术等级全线为四级公路,路面类型全部为水泥混凝土。

1958 年 11 月,盐井公社修建樟树堰至戈头峪 6 公里路段,同时修建木架木面桥 2 座,次年 4 月竣工。同期宜万公社修建玉圃至亘山 7 公里路段,1959 年 7 月竣工。1968 年宜万和彭家厂公社改建牛头、沙河、高荷堰 3 座桥,并修建戈头峪至亘山 3.8 公里路段。1974 年羊耳山煤矿投资加宽中武至玉圃 4.4 公里路基。1979 年 12 月,雷中线由常德地区公路总段接管,交澧县公路段按支线养护,当时该线属等外路,路基宽 6 米 ~ 7.5 米,路面宽 4.5 米 ~ 5 米,最大纵坡 9%,最小平曲线半径 13 米。1996 年,常德市公路局补助 50 万元,中武乡政府自筹 50 万元,将 6.8 公里砂石路面改建成沥青路面。

2004 年 8 月至 12 月在通乡公路建设中,投资 247.5 万元将雷中线 K0 ~ K4+500 长 4.5 公里改建成水泥混凝土路。

2005 年 5 月至 12 月,投资 236.5 万元将 K15 ~ K19+317 长 4.317 公里(中武至玉圃)改建成水泥混凝土路。2005 年 10 月至 12 月,投资 45 万元对人民桥、民主桥、万福桥 3 座危桥进行改造。

2006 年将 K8+900 ~ K15 长 6.1 公里改建成水泥混凝土路。

2007 年 5 月至 12 月,投资 264 万元将 K4+500 ~ K8+900 长 4.4 公里改建成水泥混凝土路。

雷中线由澧县公路局管养。

戈头峪郑家线(X010) 戈郑线自澧县戈头峪起,经蔡家坡水库大坝、宜万、白莲至湘鄂两省交界处的郑家松南桥止,全长 11.34 公里。技术等级全线为四级公路。路面类型全部为水泥混凝土。

1958 年 10 月宜万公社开工修建戈头峪至蔡家坡 7 公里路段,次年 6 月完成路基工程,1967 年铺砂石路面。1974 年澧县涔水工程指挥部修建蔡家坡至郑家 3.4 公里路段。1978 年澧县水电局投资 2 万元,澧县交通局投资 1.1 万元,修建溢洪道桥,至此戈郑线全线通车。1994 年至 1995 年,宜万乡政府组织民工建勤拓宽改造线路 9.2 公里,县交通局补助 19 万元,地方政府自筹 124 万元,改建成水泥混凝土路 1.293 公里,沥青表处路 5.24 公里。

2006 年至 2008 年,投资 607.76 万元将戈郑线改建成水泥混凝土路,路基宽 7 米,面宽 6 米,板厚 22 厘米。

戈郑线由澧县公路处管养。

彭家厂官桥线(X011) 彭官线自澧县彭家厂起,经盐井、伍家岗至湘鄂两省交界处的官桥村,全长 15.973 公里。技术等级全线为四级公路。路面类型全部为水泥混凝土。

彭官线为原县道雷(公塔)台(山坪)线的一段,1972 年建成。1979 年澧县财政局投资 4.5 万元,对该线全面整修后通车。1995 年 7 月,连接湘鄂两省公路的官桥友谊桥被洪水冲毁,交通中断,后双方共同投资60万元,重建友谊桥,由澧县交通局设计、施工,1996年竣工通车。1996年常德市公路局投资25万元,盐井镇政府自筹75万元,将彭家厂至盐井中学长5公里改建成双层表处沥青路面。

2005年在通乡公路建设中,将K0～K7+200长7.2公里改建成水泥混凝土路。2008年将K7+200～K15+973长8.773公里改建成水泥混凝土路,路基宽7米,面宽6米(盐井镇街道宽8米),板厚22厘米。彭官线改建总投资888.38万元。

彭官线由澧县公路处管养。

复兴厂柳耳坝线(X012) 复柳线自澧县复兴厂起,经双龙、如东、永丰、小渡口至柳耳坝,全长35.56公里。技术等级全线为四级公路。路面类型全部为水泥混凝土。

1969年10月,双龙公社开工修建复兴厂至顺林桥5.6公里路段。1972年将线路从顺林桥修建至金荷,长6.5公里。1973年如东公社从金荷接修至如东铺,长8.7公里。如东铺至柳耳坝14.3公里路段,由如东、永丰、大围3个公社修建。1976年全线竣工通车。复柳线修建时,湖南省、常德地区交通部门投资11万元,澧县交通局投资3000元,投工38.3万个,完成土方27.6万立方米,砂石3.2万立方米。该路段路基宽7.5米,路面宽4.5米,最大纵坡10.5%,最小平曲线半径10米,有小桥6座,长86.5延米,设计荷载等级为汽–10级。

1993年,双龙乡组织民工建勤,拓宽境内近7公里路段。1994年至1996年,复兴厂镇、双龙乡、如东乡、永丰乡、小渡口镇共自筹资金280万元,澧县交通局补助62万元,分3年建成双层表处沥青路面20.56公里。

在通乡公路建设中,复柳线分期改建成水泥混凝土路。

2005年建成K20～K35+560长15.56公里,面宽5米,板厚22厘米的水泥混凝土路。

2006年建成K0～K5长5公里,面宽6米,板厚22厘米的水泥混凝土路。

2007年建成K5～K10+700长5.7公里,面宽6米,板厚22厘米的水泥混凝土路。

2008年建成K10+700～K20长9.3公里,面宽6米,板厚22厘米的水泥混凝土路。

2005年至2008年,复柳线改建总投资1918.4万元。

复柳线由澧县公路处管养。

石门新开寺线(X013) 石新线自石门县城红土坡起,经新铺、新堰口、燕子山至新开寺,全长58.518公里。技术等级全线为四级公路。路面类型全部为水泥混凝土。

石新线红土坡至新铺长12.504公里,1984年建成;新铺至新堰口长10.885公里,1978年建成;新堰口至新开寺长35.129公里,1982年建成。

“十一五”期间(2006—2010),石新线全线改建成水泥混凝土路,面宽5米,板厚22厘米。

石新线由石门县公路处管养。

石门跳土坡线(X014) 石跳线自石门电厂起,经新街口、花山、车湾至跳土坡接慈利县界,长12.512公里。技术等级:K0～K4+599长4.599公里为四级公路,余下7.913公里为等外公路。路面类型:沥青表处9.045公里,砂石路3.467公里。

石跳线由原新(街口)高(桥)线石门电厂至新街口段、张(公庙)慈(利)线新街口至车湾段、临(澧)石(门)线车湾至跳土坡3段路组成。张慈线1950年建成,临车线1959年建成,石门电厂至新街口段1986年建成。2001年,常德市公路局将新街口至跳土坡9.045公里的砂石路改建成沥青表处路。

石跳线石门电厂至新街口段3.467公里由石门县公路处管养,新街口至跳土坡9.045公里由石门公路局管养。

窑坡渡骆家峪线(X015)　窑骆线自津市窑坡渡起,经灵泉、汉泗铺、烽火、清水、临澧、佘市、白洋河至骆家峪,全长67.932公里。技术等级:二级公路4.9公里,三级公路28.303公里,四级公路26.504公里,等外公路8.225公里。路面类型:水泥混凝土36.694公里,沥青表处31.238公里。

津市境新洲至汉泗铺段始建于1978年。1999年K0～K7建成双层表处沥青路7公里,油面宽7米,政府按每公里20万元出资。2000年K7～K8(灵泉镇街道)修建水泥混凝土路1公里,同年K8～K13建成双层表处沥青路5公里。2008年,投资287.28万元将K8～K13改建成水泥混凝土路5公里,面宽6米,板厚24厘米。2009年,投资306.21万元将K2+200～K7改建成水泥混凝土路4.8公里,面宽7米,板厚24厘米。K0～K2+200由津市开发区改线,路面为水泥混凝土。

汉泗铺至临澧段长17.5公里,始建于1965年。1970年、1978年分两次改建成路面宽4米～6米,路基宽7米～10米的四级公路。1996年临澧县政府成立临津公路改建指挥部,按平原微丘区二级公路标准设计,路基宽12米,路面宽9米。该工程决算造价为533.82万元,除国家补助340万元外,余下部分由县自筹。1998年全路段建成双层表处沥青路。2008年改建成水泥混凝土路。

临澧至龙口桥段长14.2公里,1957年修建,1963年由临澧县地方养护队接养。1986年至1987年临澧县政府成立油路修建指挥部,由城关镇、望城乡、佘市镇以民工建勤的方式,由当地政府提供人工、砂石材料,建成双层表处沥青路。2001年,佘市镇过境路建成水泥混凝土路1公里。2002年,投资49.9万元将全长22米的东风桥(K41+216)进行加固改造。2005年,投资104.9万元将全长98.5米的佘市桥(K42+641)进行加固改造。

龙口桥至骆家峪段长23.228公里,1956年3月由石门县交通科主持,湖南省交通厅第五技术队参加,组成测量队测设。同年10月施工,修建龙口桥至白洋湖一段4公里的路基。1958年冬,续修白洋湖至骆家峪一段路基,并修建3米以上跨径桥梁12座。1959年上半年铺砂石路面,路基宽6米～7米,路面宽3米。1973年蒙泉桥因公路改线而移桥位,老桥为石拱桥,跨道水,改线时将路线向下游移动,重建3孔净跨15米的石拱桥。改线路段长1公里。1978年石门县白洋湖、蒙泉两公社结合农田基本建设,将K17～K18和K26～K29长4公里改线,改线后路基宽9.5米～10米,砂石路面宽5米。1986年,常德市公路总段投资336万元将白洋湖乡至蒙泉(K45～K57)长12公里改建成三层表处沥青路,油面宽7米。1992年,投资72.5万元将K57～K59+900长2.9公里改建成三层表处沥青路,油面宽6米。2001年,投资40万元将K48～K49长1公里油路改建成水泥混凝土路，面宽7米，板厚22厘米。2007年,投资327.7万元将K59+710～K67+932长8.222公里改建成水泥混凝土路,面宽5米,板厚22厘米。

窑骆线窑坡渡至汉泗铺（K0～K13）长13公里由津市公路局管养，汉泗铺至白洋河(K13～K44+704)长31.704公里由临澧公路局管养,白洋河至骆家峪(K44+704～K67+932)长23.228公里由石门公路局管养。

赵家坪三星寺线(X016) 赵三线自石门县官渡赵家坪起,经青龙、官渡桥、青峰至三星寺接县道015线,全长11.35公里。技术等级全线为等外公路。路面类型全部为水泥混凝土。

1961年,赵三线由官渡公社修建赵家坪至官渡的4.6公里与临(澧)石(门)线衔接,1966年由青峰煤矿补助部分经费,由煤矿、公社分段施工,将公路修至三星寺,仍与临石线衔接,长6.4公里,并将前段4.6公里加以扩建整修,铺装砂石路面,修建桥梁2座,路基达到6米～7米,路面宽3.5米～4.5米,由煤矿、公社分段养护。1979年赵三线交常德公路总段按支线接管,由石门县公路段养护。赵三线地形属微丘区,最大纵坡12%,最小平曲线半径10米。

2007年12月至2008年6月，投资248.3万元将赵三线青玄至青峰（K0～K5+900)长5.9公里改建成水泥混凝土路,面宽5米,板厚22厘米。

2009年,投资207万元将青峰至三星寺(K5+900～K11+350)长5.45公里改建成水泥混凝土路,面宽5米,板厚22厘米。

赵三线由石门公路局管养。

五里堆合口线(X017) 五合线自临澧县五里堆起,经九里至合口镇,全长15.236公里。技术等级全线为四级公路。路面类型全部为水泥混凝土。

五合线1972年建成,1979年临澧县地方公路养护队接养。1992年由合口镇和九里乡出工、出材料将合口至九里8公里改建成双层表处沥青路。

2004年在通乡公路建设中,投资521万元将K7+554～K15+236长7.682公里改建成水泥混凝土路,面宽5米,板厚22厘米。2006年,投资389.7万元将K0～K7+554长7.554公里改建成水泥混凝土路,面宽5米,板厚22厘米。

五合线K0～K7+554长7.554公里由临澧县公路处管养,K7+554～K15+236长7.682公里由临澧公路局管养。

高兴九里线(X018) 高九线自临澧县高兴起,至九里泉水村,全长12.29公里。技术等级全线为四级公路。路面类型全部为水泥混凝土。

高九线始建于1972年,为砂石路面。2004年至2006年投资428万元,分期建成水泥混凝土路。其中K0～K6+201水泥混凝土路面宽8米、K6+201～K12+290水泥混凝土路面宽6米。K0～K4水泥混凝土板厚24厘米、K4～K12+290水泥混凝土板厚22厘米。

高九线属微丘区，由临澧县公路处管养。

王家厂维新线（X019） 王维线自澧县王家厂长乐桥起，经枞阳、方石坪、洞市、歇风垭、三圣至维新，全长55.71公里（含与新甘线重复0.8公里）。技术等级全线为四级公路。路面类型全部为水泥混凝土。

王维线澧县境长30.566公里（扣除重复里程0.8公里），1958年开工修建，分三期施工，1988年通车。该段路基宽7米，路面宽4米，属等外公路。1994年码头铺区组织劳力3万多人，投工35万多个，完成方石坪路段10公里路基拓宽改造工程。1995年至1996年，王家厂和方石坪镇政府自筹资金240万元，常德市交通部门补助45万元，建成沥青双层表处路15公里。1996年至1998年，洞市乡投劳，澧县交通局补助资金20万元，将洞市至歇风垭8.139公里等外公路，拓宽改造成四级公路。2005年至2008年，投资1633.96万元将王维线澧县境30.566公里分期建成水泥混凝土路。K0～K23面宽6米，板厚22厘米；K23～K30+566面宽5米，板厚22厘米。

王维线石门县境长24.344公里，1980年建成砂石路面。2004年至2006年在通乡公路建设中，石门县交通局建成歇风垭至维新水泥混凝土路24.344公里，路基宽5.5米，面宽4.5米，板厚22厘米。

王维线澧县境30.566公里由澧县公路处管养，石门县境24.344公里由石门县公路处管养。

白虎村珠日线（X020） 白珠线自国道207线上的临澧县白虎村起，经停弦渡、青山、杉板、观山、佘市、文家、陈二、四新岗至珠日。全长67.534公里，其中与窑骆线重复0.85公里（X020线K36+501～K37+351与X015线K41+957～K42+807重复），实际养护66.684公里。技术等级全线为四级公路。路面类型全部为水泥混凝土。

白珠线佘市至观山段1954年修建大车道。为开发观山煤矿，1956年临澧县交通科按简易公路标准测量，佘市、观山两乡修建。1958年临澧县指挥部组织对佘市至观山8公里路段进行整修，并延伸至吴家场，路基宽6.5米，路面宽3.5米，桥梁3座。1964年临澧县公路养护队接收养护。观山至杉板6公里，1958年修成路基，后吴家场铁厂下马，路基随之被毁。1963年至1964年，杉板公社重新整修加铺砂石，1965年再次整修与改造木桥、涵洞后通车，桥涵改成永久式，路基宽6.5米，路面宽4米。1966年临澧县公路养护队接收养护。杉板至青山公路长8公里，1966年由青山水电工程指挥部测量修建，路基宽7米，路面宽4米。佘市至青山段公路长22公里，属丘陵区，最大纵坡11%，最小平曲线半径14米，全线桥涵为永久式，20世纪70年代建成佘市至珠日长32.2公里，路基宽4米，路面宽3米的等外公路。

2003年在通乡公路建设中，投资530.23万元将K23～K35长12公里改建成水泥混凝土路，面宽5米，板厚22厘米，市交通局按每公里37万元补助，余下86.23万元由临澧县政府自筹。

2004年，投资36.4万元将K35～K35+700长0.7公里改建成水泥混凝土路，面宽5米，板厚22厘米。

2007 年,投资 300 万元将 K16+240 ~ K21+800 长 5.56 公里改建成水泥混凝土路,面宽 5 米,板厚 22 厘米。由临澧公路局养护的 22.979 公里中,有 4.719 公里已先期分段改建成水泥混凝土路。

临澧县公路处养护的 44.555 公里,分期逐段全部改建成水泥混凝土路。

2005 年修建 K56+312 ~ K60+212。

2007 年修建 K0 ~ K14+372、K50+581 ~ K50+911、K63+314 ~ K67+534。

2008 年修建 K37+367 ~ K50+581、K50+911 ~ K56+312、K60+212 ~ K63+314。水泥混凝土路面宽度除 K0 ~ K14+372 为 6 米外,其余均为 5 米,板厚 22 厘米。总投资 1675.6 万元。

白珠线 K14+372 ~ K37+351(青山至荷花堰)长 22.129 公里(已扣除重复里程 0.85 公里)由临澧公路局管养,其余 44.555 公里由临澧县公路处管养。

石门陬市线(X021) 石陬线自石门县澧水大桥圆盘南端起,经宝峰、夹山、杨坪、秀坪、白洋、雅林桥、盘塘、架桥、畲田、指防口至桃源县陬市,全长 78.127 公里,其中石门县境 48.408 公里、临澧县境 4.1 公里、桃源县境 25.619 公里。按技术等级分有:二级公路 49.606 公里,四级公路 28.521 公里。按路面类型分有:水泥混凝土 33.735 公里,沥青表处 44.392 公里。

石陬线石门段(石门城关至牌楼岗),长 52.508 公里(包括临澧县境 2 段计 4.1 公里)。1963 年开工修建,1965 年建成路基宽 5 米 ~ 7 米,路面宽 4 米 ~ 6 米的等外公路。

石陬线桃源段(牌楼岗至陬市),长 25.619 公里。牌楼岗至盘塘 7.1 公里,1969 年开工修建,1970 年建成通车。盘塘至土地岗 19.5 公里,1958 年建成简易公路。1976 年,桃源县油路修建指挥部将架桥至土地岗 14.5 公里路基扩宽到 8.5 米, 铺装成 6 米宽的双层表处渣油沥青路面。桃源段 1979 年普查时定为四级公路,路基宽 7.5 米 ~ 9 米,路面宽 4 米 ~ 6 米。1986 年,桃源县在扩宽国、省道的同时,加宽改造该线 24.6 公里,除土地岗至指防口 2 公里外,其余路基均加宽到 10 米,盘塘、架桥两集镇加宽到 15 米 ~ 18 米。

石陬线原是石门至桃源的一条重要煤运线路,比绕道常德城区缩短路程 45 公里。该线在石门与省道张(公庙)慈(利)、石(门)南(镇)线相连,在陬市与省道南(江桥)永(顺)线、陬(市)桃(源)线相接,是一条把张家界、壶瓶山、夹山寺、桃花源、花岩溪几个旅游景点串在一起的黄金旅游线路。鉴于上述原因,1993 年,常德市开展第一次公路大会战时即把该线列为三年大会战的重点工程之一。1994 年 10 月,时任中共常德市委书记的庞道沐在桃源县与临澧县交界处的青草岗召开石门、临澧、桃源三县主要负责人参加的专题会议,就石陬公路建设问题进行具体部署。为改善常德旅游环境,责成三县"各扫门前雪"。1993 年至 2001 年,省、市、县共投资 9260 万元,将石陬线石门段改建成二级公路,路基宽 10 米 ~ 25 米、路面宽 6 米 ~ 16 米的双层表处渣油沥青路;石陬线桃源段改建成四级公路,路基宽 12 米、路面宽 7 米的双层表处渣油沥青路。终点由土地岗改在陬市镇,并在指防口下游 200 多米处重建指防口大桥。全线平坦顺直,很少与老路重合,比原线缩短 3 公里。

2001 年,投资 60 万元将指防口至陬市 2.518 公里等外公路改建成四级油路。

2002 年，由石门县政府和夹山寺管理区共同投资 550 万元，建成石门至夹山寺 8 公里的水泥混凝土路。

2002 年，石陬线按技术等线分有：二级公路 52.65 公里，四级公路 25.6 公里；按路面类型分有：水泥混凝土路面 11.4 公里，沥青表处路面 66.85 公里。

2008 年，常德市公路局投资 1120 万元，修建分头坑（K60+808）至陬市（K78+127）长 17.319 公里水泥混凝土路，面宽 6.5 米，板厚 24 厘米，抗折强度 4.5 兆帕。

2008 年，石门至盘塘公路纳入全省路网改造计划。2008 年 4 月 2 日，湖南省交通厅以湘交计统字〔2008〕163 号文：《关于石门至盘塘公路夹山至盘塘段改建一阶段施工图设计（代初步设计）的批复》，决定这段路进行路网改造。该路段自石门县夹山镇荷岗村起，经三板桥、秀坪园艺场、白洋湖、雅林桥至桃源县盘塘，与常张高速公路盘塘互通相接，全长 43.147 公里。全线按二级公路标准建设，设计速度每小时 60 公里，路基宽 12 米，路面宽 10.5 米，桥涵设计荷载等级采用公路－Ⅱ级，设计洪水频率为大中桥 1/100，小桥涵和路基 1/50。路面为水泥混凝土，路面结构：24 厘米水泥砼面层 +1 厘米沥青表处封层 + 透层 +18 厘米 5%水泥砼稳定碎石基层 +18 厘米 4%水泥碎石底基层。预算总额为 18523 万元，其中国省定额投入 14382 万元、常德市和石门、临澧、桃源三县自筹 4141 万元。该项目于 2010 年竣工。

石陬线石门至牌楼岗 52.508 公里由石门公路局管养，牌楼岗至陬市 25.619 公里由桃源公路局管养。

段家嘴五同庵线（X022）　段五线自临澧县城关段家嘴起，经柏枝、鳌山至鼎城区的五同庵，全长 26.506 公里。技术等级全线为四级公路。路面类型全部为水泥混凝土。

段五线 1956 年开工修建，1959 年建成，路基宽 7 米，面宽 5 米，1963 年临澧县公路养护队接收养护。1996 年投资 276.62 万元（其中常德市交通局投资 71 万元，其余部分县乡自筹）将段五线 K0+800～K15 长 14.2 公里改建成沥青双层表处路，面宽 6 米。2005 年在通乡公路建设中，市交通局投资 507 万元分年建成水泥混凝土路。其中 K15+430～K26+010 长10.58 公里，面宽 5 米，板厚 22 厘米，基层为 5%水泥稳定碎石。

段五线 K0～K15+430 长 15.43 公里由临澧公路局管养，K15+430～K26+010 长 10.58 公里由临澧县公路处管养，K26+010～K26+506 长 0.496 公里由鼎城区公路处管养。

斋阳桥牌楼岗线（X023）　斋牌线自临澧县斋阳桥起，经衔嗣庵至牌楼岗，全长 15.766 公里。技术等级全线为等外公路。路面类型全部为水泥混凝土。

斋牌线 1965 年建成，K0～K4 路基宽 7 米，面宽 5 米；K4～K15+766 路基宽 6 米，面宽 5 米。

2005 年，将 K0～K4 长 4 公里改建成水泥混凝土路，面宽 6 米，板厚 22 厘米。

2008 年，将 K4～K15+766 长 11.766 公里改建成水泥混凝土路，面宽 5 米，板厚 22 厘米。全线修建水泥混凝土路面总投资 871 万元。

斋牌线由临澧县公路处管养。

菖蒲雅林桥线（X024）　菖雅线自桃源县热市镇菖蒲起，经上午通、石门花薮至雅林桥,全长20.449公里。技术等级全线为四级公路。路面类型全部为水泥混凝土。

莒雅线桃源县境于1958年开工修建,1959年建成砂石路,路基宽4.5米,面宽3米。石门县境雅林桥至花薮段,原为白(洋湖)花(薮)线的一段,1959年白花线由石门县交通科测量,沿线社队组织施工,同年12月完成路基和砂石路面,路基宽6.5米,面宽3.5米。该线属微丘区,最大纵坡6%,最小平曲线半径20米。

1993年常德市公路局投资15万元,修建K6+800~K7+800长1公里沥青路。

2005年,莒雅线石门县境改建成水泥混凝土路,路基宽6.5米,面宽5米。

2007年,莒雅线桃源县境改建成水泥混凝土路,路基宽6.5米,面宽5米。

莒雅线K0~K7+832长7.832公里由桃源县公路处管养,K7+832~K12+673长4.841公里由石门县公路处管养,K12+673~K20+449长7.776公里由石门公路局管养。

荆江南堤八百弓线(X025) 荆八线自安乡县荆江南堤起,经安生、安昌至安宏乡的八百弓,全长44.287公里。按技术等级分有:二级公路0.901公里,三级公路28.598公里,四级公路14.788公里。路面类型全部为水泥混凝土。

荆八线是安乡县境自北向南的一条县道,北邻湖北省公安县,南接益阳市的南县,为安乡县沟通邻省、邻市的一条重要交通线。其中荆江南堤至陆家渡长28.598公里,是1998年安乡特大洪水后,县内改造的第一条长距离县道,按三级公路标准建设,路基宽8.5米,面宽6米,水泥混凝土路面。陆家渡至三仙嘴长7.4公里,1997年由安昌乡政府改建。1999年至2001年,安乡县交通局改建荆江南堤至三仙嘴21.98公里,湖南省公路局投资1508万元(路面工程经费1395万元、两座中桥经费113万元)。

2005年,常德市交通局投资建成陆家渡至安宏太平10.8公里水泥混凝土路,路基宽6米,面宽5米。

2008年,安乡县交通局将安宏太平至八百弓5.2公里改建成水泥混凝土路,路基宽7米,面宽5米。

荆八线由安乡县公路处管养。

理兴垱七家线(X026) 理七线自安乡县理兴垱起,经黄山头、马波湖渡口、焦圻、夹夹、张九台渡口、出口洲至安裕乡的七家,全长60.328公里。按技术等级分有:二级公路0.43公里,三级公路10.85公里,四级公路49.048公里。路面类型全部为水泥混凝土。

理七线理兴垱至黄山头段长7.4公里,是原县道安(乡)黄(山头)线的一段。1969年8月,安乡县革委会设立安黄公路修建指挥部,组织沿线公社分段施工,1973年6月竣工,路基宽8米,砂石路面宽5.5米。修建安黄线时湖南省公路局投资10万元,常德地区交通局投资3万元,县投资43万元,公社自筹10万元,共计66万元。1978年常德公路总段投资2万元,修建黄山头工班。

2003年至2008年在通乡公路建设中,全线改建成水泥混凝土路。

理七线由安乡县公路处管养。

军山铺红卫闸线(X027) 军红线自国道 319 线上的汉寿县军山铺起,经阳南塘、洋淘湖、岩汪湖、坡头(渡口)、洲口、罐头嘴、西湖镇、黄珠洲、十美堂、沙河口(渡口)、北河口、大鲸港、黄山岗、董家垱至安乡县安生乡的红卫闸,全长 140.04 公里,其中与省道 306 线 K216+580 ~ K219+059 重复里程 2.479 公里,实际管养 137.561 公里。按技术等级分有:二级公路 17.499 公里,三级公路 65.314 公里,四级公路 52.048 公里。按路面类型分有:沥青表处 19.555 公里,水泥混凝土 115.306 公里。沙河口渡口高水位时水面宽度 2700 米,坡头渡口高水位时水面宽度 2400 米。

军山铺至阳南塘段(K0 ~ K17+499)是原县道军(山铺)蒋(家嘴)线,它贯穿于军山铺、阳南塘乡和蒋家嘴镇,向东联通百禄桥乡,是汉寿县重要的粮运线,也是蒋家嘴镇糖、纸、氮肥、棉纺等工厂的主要陆路运输线。1969 年 1 月,汉寿县交通局与阳南塘公社协商决定,在原有乡村大道的基础上,按简易公路标准进行测量设计,同年 3 月开工,1972 年 5 月 1 日竣工通车。路基宽 6.5 米 ~ 7.5 米,砂石路面宽 3.5 米 ~ 4.5 米,地形属丘陵区,最大纵坡 10.2%,最小平曲线半径 40 米。当年 7 月汉寿县委发动群众修建沥青路面,8 月动工铺 5.2 米宽基层。1973 年春节后继续施工、备料,9 月铺装完宽 5 米的煤焦油路面。用工 10.91 万个,投资 13.39 万元,其中湖南省公路局补助 5 万元。1999 年,由长常高速公路开发公司投资,将该线 K0 ~ K0+500 改建成水泥混凝土路。2003 年 6 月至 11 月投资 473.29 万元,其中常德市公路局拨款313.29 万元,汉寿县政府筹资 160 万元,将军红线 K4 ~ K11、K13 ~ K16 计 10 公里改建成水泥混凝土路,面宽 6 米。同年 K12 ~ K13、K16 ~ K17+499 计 2.499 公里也改建成水泥混凝土路。至此军红线军阳段路面类型为:水泥混凝土 12.999 公里、沥青表处 4.5 公里。

阳南塘至和平桥段(K17+499 ~ K70+229)长 52.73 公里,在 K33+111 处经过坡头渡口。该路段始建于 1970 年。技术等级:三级公路 15.612 公里(阳南塘至坡头渡口南岸)、四级公路 37.118 公里。其中 K17+499 ~ K62+953 长 45.454 公里路基宽 8 米,面宽 6 米;K62+953 ~ K70+229 长 7.276 公里路基宽 8.5 米,面宽 7 米。全段路面类型全部为水泥混凝土,

2013 年 10 月,湖南省交通厅批复军山铺至岩汪湖公路改建工程,全线按二级公路标准建设,路基宽 12 米,面宽 10.5 米,设计时速每小时 60 公里,全长 33.179 公里,预算总额 21790.94 万元,其中国省补助资金 8487 万元,余下资金由常德市和汉寿县自筹。

该项目采用沥青混凝土路面及其结构组合设计方案。新建路面结构:4 厘米 AC-13 细粒式沥青混凝土上面层 +5 厘米 AC-20 中粒式沥青混凝土下面层 +1 厘米沥青封层、透层 +18 厘米 5%水泥稳定碎石上基层 +18 厘米 5%水泥稳定碎石下基层 +18 厘米 4%水泥稳定碎石底基层 +15 厘米天然砂砾垫层;老路利用路面结构:4 厘米 AC-13 细粒式沥青混凝土上面层 +5 厘米 AC-20 中粒式沥青混凝土下面层 +1 厘米沥青封层、透层 +18 厘米 5%水泥稳定碎石上基层 +18 厘米 5%水泥稳定碎石下基层 +5 厘米内水泥稳定碎石调平层(原老路打裂压稳)。

该工程于 2014 年开工,2015 年竣工。

和平桥至虾子村段,长 7.598 公里(K70+229 ~ K77+827),由西湖管理处管养。技术等级全段为三级公路,路面类型全部为水泥混凝土,路基宽 7 米 ~ 8 米,面宽 6 米。

军红线鼎城区境 14.93 公里(K77+827 ~ K92+757)是原县道沙(河口)西(湖)线。1968 年 12 月,为解决西湖农场驻军的物资供应,常德地区交通局派员勘测设计,自沙河口起,经东风桥、虾子湖、长湖、黄珠洲至西湖农场。1969 年 1 月,蒿子港区成立筑路指挥部,按六甲公路标准,交该区 7 个公社分段包干施工,省、地交通部门共投资 30 万元。由于虾子湖、长湖两地段路基翻浆软弹、沉陷较大,西湖驻军动用汽车从常德花山拖运块片石三万多立方米,填筑基层,分层碾压,铺成宽 6 米的砂石路,并修建永久式桥梁 3 座,该路段于 1970 年 1 月通车。1996 年至 1997 年,常德市公路总段投资建成双层表处沥青路,油面宽 6 米。2013 年 9 月至 2015 年 2 月,投资 16632 万元(含白沙线周家店至沙河口 21.2 公里)将西湖至沙河口 14.93 公里改建成水泥混凝土路,路基宽 10 米,面宽 8.5 米,板厚 30 厘米。

X027 线鼎城十美堂路段

沙河口至大鲸港段,长 25.083 公里(K92+757 ~ K117+840),其中沙河口渡口水面宽 2.7 公里。这一路段是原省道 1804 线的一段,也是安乡县境修建最早的一条公路。1967 年 1 月沙河口至大鲸港公路动工,经过安成、安武、安康、安裕 4 个公社,全长 21.85 公里。1969 年 1 月 15 日竣工通车。该路段路基宽 7.5 米,泥结碎石路面宽 3.5 米,最大纵坡 5%,最小平曲线半径 25 米,设计荷载汽 -10 级,达到国家四级公路标准,投资 32.5 万元。1984 年冬,安乡县政府对这一路段按二级公路标准进行加宽改造。1986 年建成大鲸港镇长 3.1 公里沥青路。1987 年,常德市公路总段投资 180.7 万元建成安乡县第一条沥青路——大鲸港至沙河口 18.7 公里,同年 9 月竣工。2008 年,沙河口至大鲸港段改建成水泥混凝土路,路基宽 8 米,面宽 6 米,板厚 22 厘米。

安乡县城至红卫闸段,长 20 公里,是原安(乡)黄(山头)线的一段。1969 年 8 月,安乡县革委会组建安黄公路修建指挥部进行测设,起点为书院洲与常(德)岳(阳)公路相接,经安障、安全、安造至黄山头,全长 33 公里。1973 年 6 月竣工。该段路基宽 8 米,砂石路面宽 5.5 米。1974 年 1 月交常德地区公路总段按支线接管,由安乡公路段养护。该线属平丘区,最大纵坡8.8%,最小平曲线半径 30 米。1988 年至 1993 年,投资 504 万元将原安黄线分 3 次建成沥青双层表处路,长 30.6 公里。2002 年,投资 368.2 万元将军红线 K122+270 ~ K123+370、

K133+270～K134+840、K136+050～K140+160 共长 6.77 公里建成水泥混凝土路，其中 1.1 公里面宽 7 米，其余 5.67 公里面宽 5.5 米。2009 年，投资 830 万元（湖南省公路局补助171.75 万元、常德市交通局补助 85.875 万元、市公路局补助 85.875 万元、安乡县政府配套资金 486.5 万元）将军红线 K123+370～K133+400、K134+850～K136+100 两段长 11.45 公里改建成水泥混凝土路。其中 K134+850～K136+100 长 1.25 公里，面宽 10 米，其余路段面宽 6.5 米。

军红线 K0～K17+499 长 17.499 公里由汉寿公路局管养，K17+499～K70+299 长 52.73 公里由汉寿县公路处管养，K70+299～K77+827 长 7.598 公里由西湖管理区管养，K77+827～K92+757 长 14.93 公里由鼎城公路局管养，K92+757～K140.04 长 44.804 公里（已扣除重复里程 2.479 公里，含沙河口渡口水面宽度 2.7 公里）由安乡公路局管养。

新洲东山线（X028） 新东线自津市市新洲起，经黄土坡、白衣、石板滩、棠华、岳山寺、双桥坪、大龙站、肖伍铺至东山与省道 306 线相接，全长 58.365 公里，其中重复里程 0.276 公里（K1+850～K2+141 与 S205 线 K10+970～K11+246 重复），实际管养 58.089 公里。按技术等级分有：三级公路 22.432 公里，四级公路 35.657 公里。按路面类型分有：水泥混凝土51.432 公里，砂石路 6.657 公里。

新洲至岳山寺长 32 公里。1966 年 7 月由澧县交通科测量，白衣区组织沿线 7 个公社分段施工，历经 3 个冬春，1970 年 12 月底竣工通车，路基宽 7.5 米，砂石路面宽 5 米，有 4 米以上跨径桥梁 13 座，涵洞 134 道，桥涵全为永久式。常德地区交通局投资 17 万元，澧县自筹资金 2.1 万元。沿线地形为丘陵区，最小平曲线半径 15 米，最大纵坡 13.1%。1996 年新洲至白衣 8.4 公里改建成双层表处沥青路。1997 年白衣至棠华改建成双层表处沥青路。此前新洲 1.85 公里、石板滩 1 公里、白衣 2 公里三段通过集镇的过境路，已先期修成沥青路。2006 年 9 月，开工修建棠华至岳山寺 9 公里水泥混凝土路，面宽 5 米，板厚 22 厘米，2007 年1 月竣工，投资 322 万元。2008 年 5 月，开工修建新洲至棠华 18 公里水泥混凝土路，面宽 5 米，板厚 22 厘米，当年 12 月竣工，投资 940.29 万元。

岳山寺至东山长 26.365 公里。1966 年由常德县交通科测量，大龙站区组织肖伍铺、大龙站、双桥坪 3 个公社，采取民工建勤的方式，联合修建，分段施工，建成路基宽 7.5 米、面宽 5.5 米的砂石路，桥梁 1 座，涵洞 41 道，1970 年 3 月竣工通车。沿线地形为丘陵区，最大纵坡 12.5%，最小平曲线半径 8 米。建路时常德地区交通局投资 3 万元。1972 年该线路交常德地区公路总段作支线管养。从 2000 年起岳山寺至东山段，逐年由砂石路改建成水泥混凝土路。2000 年修建 K56+800～K58+365 长 2.565 公里。2005 年修建 K45+385～K48+975 长 3.59 公里。2009 年修建 K38～K41、K54+200～K56+800 共长 5.6 公里。2010 年修建 K41～K45+383、K50～K54+200 共长 8.583 公里。2011 年修建 K32～K38、K48+975～K50 共长 7.025 公里。水泥混凝土路面宽均为 6 米，板厚 22 厘米。

新东线新洲至岳山寺长 32 公里，由津市公路局管养，岳山寺至东山长 26.365 公里，由鼎城公路局管养。

渡口棠华线(X029) 渡棠线起于津市市渡口,止于棠华,全长10.481公里。技术等级全线为四级公路。路面类型全部为水泥混凝土。

渡棠线是原新(洲)棠(华)线的最后一段,1958年开工修建,1973年建成。1996年改建成水泥混凝土路,路基宽7米,面宽6米,板厚22厘米。

渡棠线由津市市公路管理处管养。

民安杨腊溪线(X030) 民杨线位于西洞庭管理区境内,起于民安,止于杨腊溪,全长7.487公里。技术等级全线为四级公路。路面类型全部为水泥混凝土。

民杨线始建于1966年7月,当年12月建成土路基。1978年铺装成砂石路。2002年3月改建成水泥混凝土路,路基宽7米~8米,面宽5米,板厚22厘米。

民杨线地处平原区,由西洞庭管理区公路局管养。

教育南湖线(X031) 教南线位于西洞庭管理区境内,起于教育,止于南湖,全长9.184公里。技术等级全线为四级公路。路面类型全部为水泥混凝土。

教南线1969年6月至10月建成土路基。1978年10月铺装成砂石路。2003年5月改建成水泥混凝土路,路基宽7米~8米,面宽5米,板厚22厘米。

教南线地处平原区,由西洞庭管理区公路局管养。

白芷湖牛屎湖线(X032) 白牛线位于西洞庭管理区境内,起于白芷湖,止于牛屎湖,全长9.677公里。技术等级全线为四级公路。路面类型全部为水泥混凝土。

1964年5月至9月白牛线建成土路基。1979年6月铺装成砂石路。2004年改建成水泥混凝土路,路基宽7米~8米,面宽5米,板厚22厘米。

白牛线地处平原区,由西洞庭管理区公路局管养。

乔家河新洲线(X033) 乔新线自澧县澧南乡乔家河起,经兴隆、大堰、道河、灵泉至新洲镇,全长28.609公里。技术等级全线为四级公路。按路面类型分有:水泥混凝土23.373公里,砂石路5.236公里。

乔新线澧县境长15.424公里(K0~K15+424),由新修的乔家河至澧南大堰线和原澧(县)灵(泉)线大堰至鹿山段组成。1974年澧县城关、澧南、道河公社修建这一路段,澧县财政局投资37万元,澧县交通局投资5000元。全线属等外公路,路基宽7.5米,面宽4.5米,最大纵坡10.5%,最小平曲线半径30米。该线有中桥2座,长190.6延米,设计荷载等级为汽-13级。同时还建成刘家河汽车渡口一处,1976年通车。1998年7月下旬,澧南垸溃垸,垸内公路被毁。1999年在移民建镇中,建成乔家河至大堰6公里水泥混凝土路,路基宽8.5米,面宽7米,由澧县灾后重建指挥部组织施工,2000年竣工通车。2009年,乔新线澧县境15.424公里全部建成水泥混凝土路,面宽6米,板厚22厘米。

乔新线津市境长13.185公里(K15+424~K28+609),1978年建成时为砂石路,路基宽7米,面宽4.5米。2008年在通乡公路建设中,投资360万元将K20+660~K28+609长7.949公里改建成水泥混凝土路,面宽5米,板厚22厘米。

乔新线 K0～K15+424 长 15.424 公里由澧县公路处管养，K15+424～K28+609 长 13.185 公里由津市公路处管养。

西湖坡头线(X034)　西坡线自西湖管理区起，经柳林嘴、西港至汉寿县坡头，全长 38.456 公里。按技术等级分有：三级公路 14.753 公里(K0～K9+708、K33+411～K38+456)，四级公路 23.703 公里。路面类型全部为水泥混凝土。

西坡线始建于 1970 年，地处平原区。

2000 年至 2001 年，将 K0～K9+708 长 9.708 公里改建成水泥混凝土路，由西湖管理区管养。

2004 年至 2005 年，将 K9+708～K38+456 长 28.74 公里改建成水泥混凝土路，由汉寿县公路处管养。

汉寿岩汪湖线(X035)　汉岩线起于汉寿县城郊农科村，止于岩汪湖，与县道军红线(X027)相接，全长 14.417 公里。技术等级全线为三级公路。路面类型全部为水泥混凝土路。

汉岩线 1982 年建成，1998 年改建成水泥混凝土路，路基宽 7 米，面宽 6 米。

汉岩线地处平原区，由汉寿县公路处管养。

汉寿发梅桥线(X036)　汉发线自汉寿县城关花木兰村起，经沧港、毛家滩、朱家铺至发梅桥，全长 37.412 公里。其中 K18+283～K18+769 与国道 319 线 K1301+244～K1301+730 重复0.486 公里，实际管养 36.926 公里。按技术等级分有：二级公路 0.479 公里，四级公路 36.447 公里。路面类型全部为水泥混凝土。

花木兰村至马井长 10.963 (K0～K10+963) 公里，1975 年建成。马井至牛路滩(K10+963～K18+283)长 7.32 公里，1980 年建成。牛路滩至朱家铺长 8.2 公里，1982 年，当地公社发动群众修建成 4 米～5 米宽的乡村大道，未铺路面。1959 年，朱家铺公社(包括现在的朱家铺、丰家铺、东岳庙三个乡)成立公路修建指挥所，组织筑路队伍二千多人于同年 10 月开工，分路基与桥涵两组施工，到 11 月底，全面完成 6 米～7 米宽的路基，铺 3 米～4 米宽砂石路面，厚 15 厘米。建木桥 2 座，木涵 5 道。用工 1.3 万个，完成土方 9 万多立方米。当时路基土方未夯实，路面没分层碾压，由于修建质量较差，只能晴通雨阻。1961 年 8 月，该路段交常德公路总段汉寿养路工区接管，安排 4 人经常养护。1963 年 1 月，常德地区成立公路航道管理处，汉寿县成立养护队，该路段即交养护队管养，设置朱家铺养路工

X036 线朱家铺路段

班,配专职养路工 9 名,进行经常性养护,路况不断提高,成为晴雨通车路段。1965 年 5 月,改造了三阳树木面桥,建 1 孔净跨12 米的 T 型梁桥。1966 年至 1967 年原有涵洞一律改为永久式涵管,路基扩宽到 7 米~7.5 米,路面加宽到 5 米。1976 年,将牛路滩至朱家铺道班房 9.5 公里建成宽 6 米的双层表处沥青路面,湖南省公路局按每公里补助 8 千元,交汉寿县包干使用。朱家铺至丰家铺长 14.8 公里,1959 年 1 月开工,1960 年 3 月完成宽 6 米~7 米路基及桥涵工程,未铺路面,行车困难。1965 年由汉寿县养路队管养,设置丰家铺道班,开展民工建勤,采取道群共养,路况逐年提高。1966 年 5 月至 1968 年 6 月,新建顺里桥,改造杨家桥,全线涵管改为永久式,并逐段铺装 3.5 米宽的泥结砾石路面,厚 15 厘米,达到晴雨通车。牛路滩至发梅桥段属丘陵区,最大纵坡 13.5%,最小平曲线半径 15 米。

在通乡公路建设中,汉发线改建成水泥混凝土路,面宽 5 米,板厚 22 厘米,基层为水泥稳定砂砾。

汉发线 K0~K18+283 长 18.283 公里由汉寿县公路处管养,K18+283~K37+412 长 18.643 公里由汉寿公路局管养(已扣重复里程 0.486 公里)。

红土墙阳南塘线(X037) 红阳线自国道 319 线上的汉寿县红土墙村起,经龙潭桥、月明潭至阳南塘,全长 17.577 公里。技术等级全线为四级公路。路面类型全部为水泥混凝土。

红土墙村至石板滩村长 11.672 公里,1980 年建成。石板滩村至阳南塘长 5.905 公里,1978 年建成砂石路。在通乡公路建设中,全线改建成水泥混凝土路,路基宽 6.5 米~8 米,K0~K12+583 (红土墙至三叶坳) 长 12.583 公里, 面宽 6 米, 板厚 22 厘米;K12+583~K17+577(三叶坳至阳南塘)长 4.994 公里,面宽 5 米,板厚 22 厘米。

红阳线地处微丘区,由汉寿县公路处管养。

罐头嘴六总宫线(X038) 罐六线自汉寿县罐头嘴起,经苏家吉、牛鼻滩至六总宫,与县道断新线(X044)相接,全长 20.902 公里。按技术等级分有:三级公路 1 公里(K0~K1),四级公路 19.902 公里。路面类型全部为水泥混凝土。

罐头嘴至乐兴大桥长 7.202 公里,1978 年建成,始为砂石路。在通乡公路建设中,全部改建成水泥混凝土路,路面宽度除 K0~K1(袁家坪)1 公里为 8 米外,其余面宽 5 米,板厚 22 厘米。

乐兴大桥至水月村(K7+202~K18+096)长 10.984 公里,1975 年建成路基宽 8 米,路面宽 5.5 米的四级砂石路。2004 年,投资 1064 万元(交通部门投资 532 万元,贺家山原种场出资 532 万元) 改建成水泥混凝土路,K12+900~K14 长 1.1 公里面宽 10 米, 其余路段面宽 6 米,板厚 22 厘米。

水月村至六总宫长 2.806 公里(K18+096~K20+902),1975 年建成。2005 年改建成水泥混凝土路,面宽 6 米,板厚 22 厘米。

罐六线地处平原区。罐头嘴至乐兴大桥 7.202 公里由汉寿县公路处管养,乐兴大桥至水月村 10.984 公里由贺家山原种场管养,水月村至六总宫 2.806 公里由鼎城公路局管养。

崔家桥栗山桥线(X039) 崔栗线自国道319线上的汉寿崔家桥起,经三和至与桃江县交界处的栗山桥,全长6.511公里。技术等级全线为二级公路。路面类型全部为水泥混凝土。

崔栗线1978年建成。2003年改建成水泥混凝土路,路基宽8米,面宽6米,板厚22厘米。

崔栗线地处微丘区,由汉寿县公路处管养。

沙河口安德线(X040) 沙安线自安乡县沙河口起,经陈家嘴至安德乡,全长14.92公里。技术等级全线为四级公路。路面类型:沙河口至陈家嘴(K0~K7+060)长7.06公里为沥青双层表处,陈家嘴至安德(K7+060~K14+920)长7.86公里为水泥混凝土路。

1971年,安乡县政府投资6.1万元,公社自筹3万元建成沙安线,在沙河口接原省道常(德)岳(阳)线。路基宽6.5米~7米,砂石路面宽3.5米。该路段地处洞庭平原,有梯状起伏,线路最大纵坡8%,最小平曲线半径25米。

2004年,安乡县交通局将陈家嘴至安德长7.86公里改建成水泥混凝土路,面宽5米,板厚22厘米。

2005年5月,开工修建沙河口至陈家嘴7.06公里沥青路,油面宽6米,当年10月竣工。投资284.9万元,其中上级交通部门按每公里补助37万元,不足部分由安乡县政府自筹。

沙安线地处平原区。沙河口至陈家嘴7.06公里由安乡公路局管养,陈家嘴至安德7.86公里由安乡县公路处管养。

黄岭岗东岳庙线(X041) 黄东线自国道319线上的汉寿黄岭岗起,经岩嘴、软桥至东岳庙,全长13.586公里。技术等级全线为四级公路。路面类型全部为水泥混凝土。

1959年,由汉寿县黄岭岗公社组织民工建勤,修建黄岭岗至岩嘴3公里砂石路,路基宽5米,面宽3米。1960年冬继续施工,修建岩嘴至软桥5公里。1976年5月,黄岭岗公社将荷花至软桥1.1公里改线为荷花至龙虎长2.2公里,路基宽7.5米,面宽3.5米。同年6月至9月又将黄岭岗至荷花长6.9公里路基,扩宽到7.5米。重新修建软桥,建成1孔净跨20延米的双曲拱桥。1977年汉寿县油路指挥部修建黄岭岗至康家段长4.7公里双层表处沥青路,面宽6米。该路段属微丘区,最大纵坡9%,最小平曲线半径40米。

1998年,K0~K2+500长2.5公里改建成水泥混凝土路。2007年在通乡公路建设中,投资425.48万元将K2+500~K13+586长11.086公里改建成水泥混凝土路,面宽5米,板厚22厘米,基层结构为水泥稳定砾石。

黄东线K0~K9+160长9.16公里由汉寿公路局管养,K9+160~K13+586长4.426公里由汉寿县公路处管养。

白鹤山沙河口线(X042) 白沙线自柳叶湖旅游度假区的白鹤山起,经镇德桥、石公桥、周家店、蒿子港至沙河口渡口南岸码头,全长47.566公里。按技术等级分有:二级公路4.5公里(K31+746~K36+246),三级公路7.053公里(K40+513~K47+566),四级公路36.013公里。

按路面类型分有:水泥混凝土 34.147 公里,沥青表处 8.919 公里,沥青混凝土 4.5 公里。

白鹤山至镇德桥(K0～K8+400)长 8.4 公里,系原县道水(浪口)周(家店)线的一段。1979 年建成,2012 年改建成水泥混凝土路,面宽 5 米,板厚 22 厘米。

镇德桥至周家店(K8+400～K25+330)长 16.93 公里,1979 年建成。2011 年,鼎城区启动该路段水泥混凝土硬化改造工程,投资 1822 万元,其中国防建设资金投入 850 万元、区政府配套资金 972 万元。建成水泥混凝土路面宽 5 米,板厚 22 厘米,2011 年 6 月开工,当年 12 月竣工。该路段石公桥位于鼎城区石公桥镇,建于 20 世纪 70 年代,因年久失修,经专家检测鉴定为五类危桥。2010 年 9 月 12 日启动新建工程,拆除老桥在原址重建。石公桥新桥由益阳市交通规划勘测设计院设计,桥型为 4×20 米预应力钢筋砼空心板桥,全长 85 延米,设计荷载为公路－Ⅱ级,桥面净宽 6 米,两侧人行道各 0.5 米,桥台、桥墩均采用双柱式,基础采用桩基础。工程造价 363 万元。

X042 线

周家店至蒿子港是原省道 1804 线的一段。1958 年由常德县交通科组织测量,按简易公路标准设计,1959 年 10 月开工,1960 年 2 月完成大部分路基工程后,因压缩基建项目停工。1961 年至 1964 年省、地交通部门几次重新勘测,在已建路基的基础上,稍加改进,1965 年冬重新开工,1967 年 5 月竣工通车。蒿子港至沙河口长 3.7 公里,沿蒿子港大堤内坡脚线至沙河口渡口。当时按六级公路标准修建,常德地区投资 1.6 万元,蒿子港区负责施工,1968 年 10 月开工,12 月建成通车。

周家店至濠口桥（K25+330～K31+122)、西洞庭至沙河口南岸码头（K38+123～K47+566)共长 15.35 公里,1987 年改建成水泥混凝土路,面宽 6 米。西洞庭公路局管养的 7.001 公里（K31+122～K38+123),1987 年改建成双层表处沥青路。K31+122～K31+746 长 0.624 公里,1999 年改建成水泥混凝土路,面宽 6 米。K31+746～K36+246 长 4.5 公里,2008 年改建成沥青混凝土路。2013 年 9 月至 2015 年 2 月,投资 16632 万元(含军红线西湖至沙河口 14.93 公里)将周家店至沙河口(K25+330～K47+566)长 22.236 公里改建成水泥混凝土路,路基宽 10 米,面宽 8.5 米,板厚 30 厘米。

白沙线 K0～K8+400 长 8.4 公里由柳叶湖旅游度假区管养,K8+400～K25+330 长 16.93 公里由鼎城区公路处管养,K25+330～K31+122 及 K38+123～K47+566 长 15.235 公里由鼎

城公路局管养,K31+122～K38+123长7.001公里由西洞庭管理区公路局管养。

南坪罐溪线（X043）南罐线自武陵区南坪岗起，经花山至鼎城区灌溪镇接国道207线,全长16.682公里。按技术等级分有:三级公路7公里,四级公路9.682公里。路面类型全部为水泥混凝土。

南灌线南坪至花山长6.2公里,1978年建成路基宽6米，面宽4.5米的四级砂石路,修建永久式桥梁花山桥1座,1孔34米,全长52.5延米,桥梁全宽12米。2001年将火车站至三拱桥长2公里改建成水泥混凝土路,面宽5米,板厚22厘米。2003年,将三拱桥至花山改建成水泥混凝土路,面宽5米,板厚22厘米。

花山至灌溪段1978年建成。2006年,鼎城区境8.678公里改建成水泥混凝土路。路基宽8米,面宽7米的有3.702公里,面宽6米的有4.976公里。

南灌线K0～K6+200长6.2公里由武陵公路局管养,K6+200～K8+004长1.804公里由柳叶湖旅游度假区管养,K8+004～K16+682长8.678公里由鼎城区公路处管养。

断港头新坡桥线(X044)断新线自鼎城区断港头起,经韩公渡、六总宫至武陵区新坡桥,全长30.417公里。技术等级全线为四级公路。路面类型全部为水泥混凝土。

1971年,断新线由中共常德县牛鼻滩区委组织人员测量,按简易公路标准设计,当年12月动员全区2万多劳力,在大搞农田基本建设的同时,经过一个冬季的艰苦奋斗,完成土方28万余立方米,筑成宽7米～8.2米的路基。1972年春公路两旁植树绿化。1975年地、县交通局补助资金15万元,贺家山原种场集资10万元,牛鼻滩区政府自筹资金8万元,用于路面施工。1976年上半年区委组织公路修建机构,选调2000多名人员组成专业施工队伍,进行路面备料,分三层铺装:底层用花山块片石,厚15厘米;面层为砂砾石,厚6厘米;保护层为小砂砾,厚2厘米。铺装期间,区委参加了常德地区社办公路经验交流会,并在会上作了专题发言,介绍经验。该线路基宽8米,面宽5.5米,有永久式桥梁4座,总长163延米。1978年4月竣工通车。

1995年,断新线K14～K22长8公里改建成面宽6米的水泥混凝土路。2001年,常德市公路局拨款454.78万元建成（部分路段属于修复）水泥混凝土路9.2公里（含省道205线0.746公里的费用),面宽5米。其余路段在2010年前全部改建成水泥混凝土路。

断新线K0～K22长22公里由鼎城公路局管养,K22～K30+417长8.417公里由武陵公路局管养。

东风桥韩公渡线(X045)　东韩线自鼎城区十美堂乡东风桥起,经黑山嘴至韩公渡,全长25.484公里。技术等级全线为四级公路。按路面类型分有:水泥混凝土13.8公里,砂石路11.684公里。

1978年,东韩线建成路基宽7.5米,路面宽4.5米的四级砂石路。2009年在通乡公路建设中,东风桥至罗家铺13.8公里分段改建成水泥混凝土路。2010年后建成黑山嘴至永丰段长2.48公里水泥混凝土路,工程造价185.5万元,其中国家投入74.4万元、区级配套投入

X045 线

111.1 万元。永丰至韩公渡段长 8.3 公里水泥混凝土路,工程造价 553.9 万元,其中国家投入 132.8 万元、区级配套 421.1 万元。混凝土路面宽度:K0 ~ K2+598、K9+701 ~ K13+202 为 7 米;K17 ~ K24+650 为 5.5 米;其余路段面宽 6 米。

东韩线由鼎城区公路处管养。

丁家坝马家吉线(X046) 丁马线自鼎城区石公桥丁家坝起,经特种养殖场、韩公渡、芦山至武陵区的马家吉,全长 40.014 公里。技术等级全线为四级公路。路面类型全部为水泥混凝土。

1985 年,丁马线建成路基宽 6.5 米,路面宽 4 米的四级砂石路。丁家坝至石公桥(K0 ~ K3+900)长 3.9 公里,2002 年在建设龙子岗新农村时建成水泥混凝土路。

2004 年在通乡公路建设中,武陵区建成长 4.5 公里(K29+090 ~ K33+590)水泥混凝土路。

2005 年,武陵区建成长 6.424 公里(K33+590 ~ K40+014)水泥混凝土路。路基宽 6 米,面宽 5 米,板厚 22 厘米。每公里造价 50 万元。

2008 年,投资 1570.8 万元(国家投入 690 万元、鼎城区财政配套 880.8 万元)将 K3+900 ~ K29+090 长 25.19 公里建成水泥混凝土路。

2009 年,投资 210 万元(湖南省交通厅补助 78 万元、鼎城区财政配套 132 万元)对该段实施路面维修改造。

丁马线 K0 ~ K29+090 长 29.09 公里由鼎城区公路处管养,K29+090 ~ K40+014 长 10.924 公里由武陵区公路站管养。

康家吉兰溶线(X048) 康兰线自鼎城区石门桥的何家坪村起,经谢家铺至唐家铺兰溶村,全长 27.414 公里。按技术等级分有:二级公路 0.8 公里(K9+201 ~ K10+001),四级公路 26.614 公里。按路面类型分有:水泥混凝土 18.16 公里,砂石路 9.254 公里。

1979 年 12 月,康兰线建成路基宽 6.5 米,路面宽 4 米的等外公路。

2007 年,石门桥镇将 K0 ~ K9+160 长 9.16 公里建成水泥混凝土路。

2008 年,鼎城区交通局将 K9+160 ~ K17+160 长 8 公里建成水泥混凝土路。该项目由益阳市交通规划勘测设计院按四级公路标准设计,设计时速每小时 20 公里,设计年限 20 年。路基宽 6 米,面宽 5 米。基层为 20 厘米厚 6%水泥稳定砂砾,面层为厚 22 厘米水泥混凝土,弯拉强度 4.5 兆帕。两侧路肩宽各 0.5 米。工程造价 488.7 万元。

2010 年，投资 74.1 万元将 K26+414 ~ K27+414 长 1 公里改建成水泥混凝土路，路基宽 6.5 米，面宽 5 米。

康兰线由鼎城区公路处管养。

谢家铺杨家桥线（X049） 谢杨线自鼎城区谢家铺起，经唐家铺、黄土店、港二口、逆江坪、芦花潭、沙坪至杨家桥与国道 319 线相接，全长 66.815 公里。按技术等级分有：三级公路4.336 公里，四级公路 62.479 公里。按路面类型分有：水泥混凝土 34.513 公里，砂石路 32.302 公里。

谢家铺至黄土店段，1957 年 11 月经常德县交通科测量，由常德县黄土店、唐家铺两个乡联合修建双堰至黄土店 11.5 公里的路基，宽 6.5 米 ~ 7 米，铺砂石路面宽 3.5 米，1963 年交常德地方公路养护队管养。1963 年 9 月，谢家铺公社修建谢家铺至双堰 9 公里路基，宽 5 米 ~ 6 米。由于线形差，路面铺装草率，行车不畅。公社便逐年进行整修，改善线形，加铺砂石。这一路段整修后路基宽达到 6.5 米 ~ 7 米，路面宽 3.5 米，1972 年交常德县地方公路养护队管养。谢家铺至黄土店段 20.5 公里，有 5 米以上永久式桥梁 2 座，设计荷载汽 -13 级、拖 -60，最大纵坡 13.5%，最小平曲线半径 12 米。

X049 线通乡路段

黄土店至逆江坪段，1958 年冬经常德县交通科测量，由跃进人民公社（即现在的港二口乡和逆江坪乡）组织群众修建，当年完成 5.5 米 ~ 6.5 米宽的路基工程。1959 年春继续施工，采备路面砂石，开挖路槽分层铺装 4 米宽的砂石路面，修建 3 米以上跨径桥梁 6 座，1960 年 5 月竣工通车，1963 年交常德县地方公路养护队管养。1970 年木桥全部改造为永久式桥梁，设计荷载汽 -13 级、拖 -60。该路段属重丘区，最大纵坡 12.4%，最小平曲线半径 15 米。

鼎城区逆江坪至桃源县芦花潭段 10.7 公里断头路，由鼎城区、桃源县交通局测设，当地政府组织群众于 1990 年建成路基宽 5.5米 ~ 6.5 米，面宽 4 米的砂石公路。市交通局补助经费 40 万元。

1996 年，谢杨线 K20 ~ K36 长 16 公里由鼎城区交通局改建成水泥混凝土路，面宽 6 米，板厚 22 厘米。

2003 年，投资 430.965 万元将 K0 ~ K10 长 10 公里改建成水泥混凝土路，面宽 5 米，板厚 22 厘米。同年，投资 257.5851 万元将 K36 ~ K40+313 长 4.313 公里改建成水泥混凝土路，面宽 6 米,板厚 22 厘米。

2008 年,投资 205.7 万元将 K62+480 ~ K66+680 长 4.2 公里改建成水泥混凝土路,面宽6 米,板厚 22 厘米。

2011 年,投资 442 万元将 K10 ~ K20 长 10 公里改建成水泥混凝土路,面宽 5 米,板厚 22 厘米。

谢杨线 K0 ~ K40+313(逆江坪)长 40.313 公里由鼎城公路局管养,K40+313 ~ K43+880(清塘湖村)长 3.567 公里由鼎城区公路处管养,K43+880 ~ K51+059(合津坳)长 7.179 公里由桃源县公路处管养,K51+059 ~ K66+815(杨家桥)长 15.756 公里由桃源公路局管养。

鲤鱼嘴群力线(X050) 鲤群线自鼎城区黄土店的鲤鱼嘴起,经栗岗岭、钱家坪至群力,全长 13.75 公里。技术等级全线为四级公路。路面类型全部为水泥混凝土。

鲤鱼嘴至钱家坪段,1957 年由常德县交通科测量定线,由黄土店、钱家坪两乡以民工建勤的方式,修建宽 5.5 米 ~ 7 米的路基,铺 3.5 米宽的砂石,修建 3 米以上跨径的桥梁 3 座,1957 年 12 月竣工通车。1963 年交常德县地方公路养护队管养。1967 年木桥全部改造为永久式桥梁,设计荷载汽 –13 级、拖 –60。地形属微丘区,最大纵坡 12%,最小平曲线半径 12 米。钱家坪至群力段 1987 年建成路基宽 5.5 米 ~ 7 米,面宽 4 米的砂石公路。

2004 年至 2006 年在通乡公路建设中,鼎城公路局投资 458.8434 万元,将鲤鱼嘴至钱家坪9.25 公里建成水泥混凝土路,面宽 6 米,板厚 22 厘米。2010 年,鼎城区公路处投资 223.6 万元,将钱家坪至群力 4.5 公里建成水泥混凝土路,基层为 20 厘米 6%水泥稳定砂砾,面层为厚 22 厘米水泥混凝土,弯拉强度 4.5 兆帕。

鲤群线 K0 ~ K9+250 长 9.25 公里由鼎城公路局管养,K9+250 ~ K13+750 长 4.5 公里由鼎城区公路处管养。

沧浪坪猴栗坡线(X051) 沧猴线由鼎城区沧浪坪起,至与安化县交界处的猴栗坡,长 3.897 公里。技术等级为四级公路。路面类型为水泥混凝土。

沧猴线是原常(樟木桥)柘(溪)公路的一段,为修建柘溪水电站,该段于 1956 年 11 月开工,1957 年 8 月竣工。此段砂石路基宽 6.5 米,面宽 3.5 米。地形属山岭区。

2003 年,投资 40.26 万元将 K0 ~ K1+100 长 1.1 公里改建成水泥混凝土路,路基宽 7 米,面宽 6 米。2010 年沧猴线全部建成水泥混凝土路,路基宽 7 米,面宽 6 米,板厚 22 厘米。

沧猴线由鼎城公路局管养。

陬市鹤(鄂)子湾线(X052) 陬鹤线自桃源县陬市镇起,过沅水(孔家渡)后,经三汊港、斗姆湖、飞机场、草坪、长茅岭至港二口鹤子湾(注:地名录为鹤子湾,交通部门历来称鄂子湾),全长 49.466 公里。技术等级全线为四级公路。按路面类型分有:水泥混凝土 38.911 公里,砂石路 10.555 公里。

陬鹤线桃源县境长 12.609 公里,陬市至南阳村 1969 年建成。1995 年 6 月,由砂石路改建成水泥混凝土路,面宽 4.5 米。

斗姆湖至葛麻山段长 7.3 公里。1958 年 11 月，常德县金刚公社修建跃进干渠时，挖渠筑路，建成金刚桥至葛麻山长 3.6 公里的公路，路基宽 6 米 ~ 7.5 米。1959 年，建成斗姆湖至飞机场 3.7 公里路基，路基宽 5 米 ~ 6 米。1974 年，斗姆湖公社重新按简易公路标准整修，路基宽 6.5 米 ~ 7.5 米，砂石路面宽 4 米 ~ 5 米，同年 12 月竣工通车。该路段属微丘区，最大纵坡 5%，最小平曲线半径 9 米。1991 年，将斗姆湖（K19+918）至飞机场（K23+418）长 3.5 公里改建成沥青路。1994 年，投资 50 万元将飞机场至葛麻山 2.7 公里建成沥青路。1996 年，投资 10 万元将机场路段建成 0.4 公里沥青路。1999 年，将 K19+918 ~ K23+418 改建成水泥混凝土路。

1978 年陬鹤线 K12+609 ~ K19+918、K27+197 ~ K49+466 路段建成路基宽 6.5 米，路面宽 3.5 米的等外公路。

2009 年在通乡公路建设中，投资 1517.3 万元，其中国家投入 684 万元（每公里投资 30 万元）、鼎城区财政配套资金投入 833.3 万元，建成飞机场至鹤子湾水泥混凝土路，长 22.8 公里，面宽 5 米。该工程于 7 月开工，同年年底竣工。

陬鹤线地处平原微丘区。K0 ~ K12+609 长 12.609 公里由桃源县公路处管养，K12+609 ~ K19+918 及 K27+197 ~ K49+466 长 29.578 公里由鼎城区公路处管养，K19+918 ~ K27+197 长 7.279 公里由鼎城公路局管养。

牌楼南阳坡线（X053） 牌南线自国道 319 线上的鼎城区牌楼起，经双冲、花莲冲至南阳坡，长 9.567 公里。技术等级全线为四级公路。路面类型全部为水泥混凝土。

牌南线 1960 年 10 月建成，路基宽 6 米 ~ 6.5 米，砂石路面宽 3.7 米。该线属微丘区，最大纵坡为 11.4%，最小平曲线半径 16 米。

1992 年，常德市交通局将牌南线 K0 ~ K6+500 长 6.5 公里改建成双层表处沥青路，常德市公路总段出资 13 万元。

X053 线通乡路段

2005 年，常德市交通局将全线 9.567 公里改建成水泥混凝土路，路基宽 7 米，面宽 6 米，板厚 22 厘米。

牌南线由鼎城公路局管养。

甘潭伍福寺线（X054） 甘伍线自国道 319 线上的桃源县甘潭起，经白洋桥、伍福桥、尧天坪、南阳坡、长茅岭至伍福寺，全长 17.42 公里。按技术等级分有：三级公路 5.184 公里，四级公路 12.236 公里。按路面类型分有：水泥混凝土 12.435 公里，沥青表处 4.985 公里。

甘伍线1959年建成，路基宽6米~7米，砂石路面宽4米，修建3米以上木桥6座。1970年所有木桥都改建成永久式桥梁。该线属重丘区，最大纵坡11.4%，最小平曲线半径30米。

X054线

2000年，投资104.78万元完成（K0~K4+500）长4.5公里沥青双层表处油路改建工程，油面宽4.5米。

2005年在通乡公路建设中，将K8（伍福桥）~K15+220（伍福寺）长7.22公里改建成水泥混凝土路，面宽6米，板厚22厘米。

2008年，将K5~K8长3公里改建成水泥混凝土路，面宽7米，板厚22厘米。

2010年，投资127.7万元将K15+220~K17+420长2.2公里改建成水泥混凝土路，面宽5米，板厚22厘米。

甘伍线K0~K5+001长5.001公里由桃源公路局管养，K5+001~K15+220长10.219公里由鼎城公路局管养，K15+220~K17+420长2.2公里由鼎城区公路处管养。

刘家铺钟家铺线（X055） 刘钟线自鼎城区周家店镇的刘家铺起，经双桥坪、长岭岗、蔡家岗，黄叶岗、盘塘、马宗岭、涌泉、漆河、黄石、芭茅洲、杜坪至钟家铺，全长119.806公里。重复里程0.434公里（K70+048~K70+482与省道306线K325+316~K325+750），实际养护119.372公里。技术等级全线为四级公路。路面类型全部为水泥混凝土。

刘钟线鼎城区境36.764公里。1979年，建成路基宽6.5米，砂石路面宽3.5米的等外公路。2003年，鼎城区交通局将K11+100~K32+100长21公里改建成水泥混凝土路。2009年，投资729万元（国家投资333万元、区级配套396万元）将刘家铺至双桥坪段（K0~K11+100）长11.1公里改建成水泥混凝土路，面宽5米，板厚22厘米。2010年，鼎城区交通局对K32+100~K36+764路段进行水泥混凝土路改造。

盘塘至马宗岭段，1960年冬盘塘公社组织社员修建长7.5公里路基，宽6米。1963年春节前将路基整修，用工1.8万个，修建涵洞13道，完成土石方3.31万立方米。同年盘（塘）马（宗岭）线交桃源县地方公路养护队养护，其后经过多年养护，连年整修，路况有所提高，路基宽度达7.5米，路面宽度4.5米，桥涵全部改为永久式。该路段地形属丘陵区，最大纵坡12%，最小平曲线半径9米。

漆河至黄石段1958年建成，长24公里，路基宽4.5米~5.5米，路面仅铺2.5米~3米宽的砂石，急弯陡坡多，很少行车。1962年，漆河、九溪两公社对这一路段进行局部改造，裁弯降坡,加宽路基路面,路况有所提高。桃源县投资 4.4 万元,用工 4.3 万个,完成土方 3.9 万立方米,石方 1.1 万立方米,修 3 米以上桥梁 17 座,路基宽 6 米,路面宽 3.5 米。1968 年漆河至黄石线木桥全部改建为永久式桥梁。1974 年至 1975 年在进行黄石水库配套工程时,漆黄段公路由漆河、九溪两公社组织群众分段进行改造,以加宽、加砂为主,完成土方 2.6 万立方米,石方 0.8 万立方米,路基宽度达 6 米 ~ 8 米,路面宽度达 3.5 米 ~ 4.5 米。1979 年漆河、九溪两公社对该线再次整修后,交常德地区公路总段按支线公路接管,由桃源公路段养护。该路段属丘陵区,最大纵坡 9%,最小平曲线半径 13 米。1990 年九溪镇 1 公里过境路改建为沥青路。1997 年至 1998 年,常德公路总段投资 113.75 万元,建成漆河至黄石双层表处沥青路 22.5 公里,油面宽 6 米。1995 年,常德公路总段投资 12 万元加宽、加固麻溪桥(K71+676),该桥桥型为 6 孔不等跨,全长 48.7 延米。至 2010 年,刘钟线由桃源公路局管养的 27.818 公里(不含重复里程 0.434 公里),已分期全部改建成水泥混凝土路。

1987 年至 1994 年,常德市、桃源县交通局先后投资 50 万元修建芭茅洲(刘家山)至杜坪10.1 公里山区公路,按四级公路标准建成。1993 年至 1994 年在全市公路大会战中,刘钟线全面整修扩宽,其中重点完成马宗岭经涌泉至漆河 17.4 公里,由等外公路改建成四级公路,市交通局投资 50 万元。1995 年至 1998 年,以杜坪乡政府为主,市、县交通局补助 10 万元,新建杜坪至钟家铺 5.9 公里路段,按四级公路标准修建,1998 年 12 月通车。

2006 年在通乡公路建设中,桃源县交通局将 K38+450 ~ K46+900 长 8.45 公里改建成水泥混凝土路,面宽 5 米,板厚 22 厘米,市交通局每公里补助 30 万元。

2007 年将 K52+060 ~ K69+100 长 17.04 公里改建成水泥混凝土路, 面宽 5 米, 板厚 22 厘米。市交通局每公里补助 30 万元。

2008 年将 K36+750 ~ K38+450 长 1.7 公里改建成水泥混凝土路,面宽 5 米,板厚 22 厘米,每公里造价 50 万元。

刘钟线 K0 ~ K36+764 长 36.764 公里由鼎城区公路处管养,K36+764 ~ K47+360、K52+600 ~ K70+048、K93+060 ~ K119+806 共长 54.79 公里由桃源县公路处管养,K47+360 ~ K52+600、K70+048 ~ K93+060 长 27.818 公里由桃源公路局管养。

马家堰仙娘庙线(X056)　马仙线自桃源县马家堰起,经郝坪至与慈利县交界处的仙娘庙,全长 11.198 公里。技术等级全线为四级公路。路面类型全部为水泥混凝土。

马家堰至郝坪段 7.3 公里 1963 年建成。路基宽 4.5 米 ~ 5.5 米,砂石路面宽 3 米,厚 8 厘米。前后共用工 9 万个,完成土方 7.94 万立方米、石方 5.2 万立方米。1970 年,郝坪公社将公路延伸至仙娘庙,当年竣工,路基宽 5.5 米,路面宽 3 米。用工 4.2 万个,完成土石方 8.65 万立方米,建成桥梁 2 座。工程造价 19.73 万元。马仙线属重丘区,地势起伏大,最大纵坡 14%,最小平曲线半径 14 米。为适应客班车通行,1975 年郝坪公社组织群众对马仙公路全线进行改造,将路基宽度加宽到 6 米 ~ 7.5 米,路面宽 3.5 米 ~ 5 米,泥结混合砂砾路面厚 10 厘米 ~ 18 厘米。共用工 5.5 万个,完成土方 5.15 万立方米、石方 2.2 万立方米,造价 5.2 万元。

2001年马仙线全线改建成水泥混凝土路,面宽5米,板厚22厘米。

马仙线由桃源公路局管养。

水溪芦花线(X057) 水芦线自桃源县桃花源镇水溪村起,经株木潭、龙虎至芦花,全长15.095公里。技术等级全线为四级公路。路面类型全部为水泥混凝土。

水芦线1959年建成,路基宽3.5米~4米,砂石路面宽3米,共用工13.5万个,完成土方20.11万立方米、石方2.1万立方米,建桥梁4座。完工后因田与路没分家,路基低,部分地段田高于路,车辆通行困难。1964年,水溪、芦花两公社自筹资金,突击改造水芦线,路基加宽、加高,裁弯取直。改造后路基宽5米~7米,砂石路面宽3.5米~4.5米,用工4.95万个,完成土方6.345万立方米、石方0.41万立方米,改造木桥涵16处。改造后仍有田路不分家、田比路高的状况,雨天行车困难。1977年,桃花源公社结合水溪至株木潭改河,挖渠筑路堤1.1公里,路堤宽7米。1977年至1978年,龙虎公社群众奋战两个月,开河筑堤,公路沿堤面走,废弃绕山多弯的旧路,缩短里程2公里。

1992年至1993年水芦线改建成沥青路,油面宽6米。2009年水芦线改建成水泥混凝土路,和平拐至芦花0.365公里路基宽为5.5米,其余均为6米,路面宽5米。

水芦线由桃源公路局管养。

杨家台凌津滩线(X058) 杨凌线自桃源县城漳江镇杨家台起,经岩板滩、剪市、沙萝、旺家庄、马石、穿市至凌津滩电站大坝,全长36.527公里。技术等级全线为四级公路。路面类型全部为水泥混凝土。

杨凌线系原县道尧(河)马(石)线的延伸线,原长31.2公里。20世纪60年代至70年代分段建成砂石路,通行货车、拖拉机。1979年全国第一次公路普查时定为等外公路。80年代初经多次整修,路况有所提高。1987年,桃源县运输公司开通县城至马石客班车。

20世纪90年代初,国家投资建设凌津滩水电站,决定改(扩)建此线为电站工地左岸的运输通道。1994年10月,动工新建5.327公里延伸到大坝,当时按三级公路标准设计。由五凌建设公司投资,桃源县人民政府成立指挥部组织修建。同时扩宽老路路基,当年完成14公里。1995年8月全线路基改建工程竣工。1996年又进行路面油化、硬化工程施工。除通过剪市镇一段2.7公里和马石至大坝工地一段2.642公里建成水泥混凝土路外,其余31公里在1999年5月至12月间建成沥青路,前后共投资2000多万元。

2001年,全国第二次公路普查时杨凌线定为四级公路,最大纵坡7%,最小平曲线半径30米。

2008年在通乡公路建设中,投资850万元将杨凌线全部改建成水泥混凝土路,面宽5米,板厚22厘米。

杨凌线由桃源县公路处管养。

深水港剪市线(X059) 深剪线自桃源县深水港乡桐木港起,经金牛山、枫树坪、泥窝潭、岩板滩至剪市,全长20.316公里。技术等级全线为四级公路。按路面类型分有:水泥混凝土 14.1 公里,砂石路 6.216 公里(K14+100 ~ K20+316)。

深水港至泥窝潭长 9 公里 1962 年建成，并将原公路起点由深水港改至桐木港接桃龙公路,路基宽 5 米 ~ 6 米,铺 3 米宽砂石,修木桥 1 座、涵洞 18 道,共用工 6.5 万个,完成土方 10.6 万立方米,石方 1.2 万立方米。1975 年县投资 4.4 万元,修建桐木港桥(2 孔 20 延米双曲拱桥)、谢家桥(7 孔 4.3 延米钢筋砼板桥),经费由水利部门负责,桃源县交通局补助 0.7 万元。

泥窝潭至剪市长 12.2 公里 1958 年建成,路基宽 5 米 ~ 6 米,铺 3 米宽砂石。1960 年全线公路整修加铺砂石,修建划龙港桥 1 座,利用并加固董家老民间拱桥 1 座。

1964 年,桃源县委组织桐剪沿线各公社,发动群众对公路进行整修改造,主要是降坡、加宽,用工 5.4 万个,完成土石方 8.4 万立方米,县投资 1.3 万元,公社自筹经费 1.65 万元,路基加宽到 6.5 米,路面宽 3.5 米。1977 年桐剪线又进行一次整修加砂,路基宽 7.5 米,路面宽 4.5 米。用工 7.8 万个,完成土石方 10.6 万立方米,县投资 2 万元。该线属微丘区,最大纵坡 9%,最小平曲线半径 25 米。1979 年深剪线交常德地区公路总段接管,由桃源公路段按支线养护。

1990 年,通过泥窝潭集镇的 800 米砂路改建成沥青路,以乡集资为主,县公路段补助3 万元。

1994 年,剪市镇 1.21 公里地段改建成 6 米宽的水泥混凝土路,其中通过集镇的 350 米,路面宽为 13 米。

2001 年,全国第二次公路普查时,全线除剪市镇路段 1.21 公里定为四级公路外,其余 20.45 公里定为等外公路。最大纵坡 9.12%,最小平曲线半径 40 米。

2005 年,深剪线 K0(桐木港)~ K14+100(分水垅)段改建成水泥混凝土路。

深剪线由桃源公路局管养。

岗市商贸城线(X060) 岗商线是国道 207 线的辅线,自鼎城区岗市起,经三岔路至武陵镇商贸城,全长17.076 公里。与省道 306 线重复 2.697 公里(岗商线 K6+127 ~ K8+824 与省道 306 线 K287+503 ~ K290+198 重复),实际养护里程 14.379 公里。按技术等级分有:一级公路2.204 公里,三级公路 11.737 公里,四级公路 0.438 公里;按路面类型分有:水泥混凝土 2.642 公里,沥青混凝土 11.737 公里。

岗商线 K0 ~ K14+434 长 11.737 公里(已扣除重复里程 2.697 公里)由武陵公路局管养,K14+434 ~ K17+076 长 2.642 公里由鼎城公路局管养。

二里岗千工坝线(X061) 二千线自桃源县樟江镇的二里岗起,经深水港、三阳、佘家坪至千工坝,全长 37.718 公里。技术等级全线为四级公路。按路面类型分有:水泥混凝土 24.771 公里,沥青表处 12.947 公里。

二千线原为县道桃千线。1961 年 5 月,桃源县城至佘家坪段 29.7 公里建成通车。

1964 年至 1968 年全线木桥全部改造为永久式桥梁，但鸦鹊潭桥只改成钢筋混凝土矩形梁木面桥。1978 年三阳河段综合治理改河,将原线路段所建石拱桥炸毁。在新改河上重建 2 孔净跨 18 延米石拱桥,同时将三阳土黄坪以下路段改走河堤,路基宽 8.5 米,路面宽 6 米。1982 年中共桃源县委再次组织水利、交通部门将深水港至三阳 9 公里进行改造,其中深水港至红岩嘴改直河流,公路也取直。改造工程完成后,路基宽 9 米,路面宽 6 米。经过历年改造,线形标准有所提高,从桃源县城至三阳段里程缩短 1 公里,路基宽 9 米,路面宽 4.5 米 ~ 6.5 米,5 米以上跨径桥梁 14 座。地形属山岭重丘区,最大纵坡 9%,最小平曲线半径 20米。

1982 年 9 月,桃源县人民政府成立桃(源)三(阳)油路修建指挥部,将县城至三阳的18 公里砂路改建成油路。同时对通过丛桂山的路段进行降坡,重建鸦鹊潭桥,通过城关镇的路段修建了 500 米长的水泥混凝土路,投资 137.8 万元,其中省地交通部门投资 67.5 万元、其余由桃源县政府自筹。1992 年至 1993 年,通过佘家坪镇的 1.3 公里路段改建成沥青路,经费以乡自筹为主,交通部门补助 4.5 万元。

2001 年,全国第二次公路普查时将原土桥至环城路,划为城区街道,比原线路缩短 1.119 公里。全线有油路 16.381 公里,水泥混凝土路 0.5 公里,砂石路 20.789 公里。全线为等外公路,最大纵坡 13.23%,最小平曲线半径 30 米。

2008 年至 2010 年在通乡公路建设中,二千线 24.771 公里逐年改建成水泥混凝土路。

二千线由桃源公路局管养。

黄甲铺茶庵铺线(X062) 黄茶线自桃源县黄甲铺起,经太平桥、三阳、佘家坪、凌津滩、兴隆街至茶庵铺,全长 83.075 公里。重复里程 0.315 公里(与县道 061 线 K14+850 ~ K15+165 重复),实际养护 82.76 公里。技术等级全线为四级公路。路面类型全部为水泥混凝土。

黄茶线 1978 年建成,路基宽 5.5 米 ~ 7.5 米,砂石路面宽 3.5 米。1979 年全国第一次公路普查时定为等外公路。1993 年至 1996 年桃源县开展公路建设大会战时,对该线进行全面改扩建,其中主要路段有:1994 年太平桥乡将所属地段 3.544 公里等外公路改造成四级公路,市、县交通局投资 10 万元;1995 年完成竹园水库库区内 6 公里淹没路段的转移工程;1996 年由茶庵铺乡自筹资金为主,市、县交通局补助 10 万元,建成松阳坪至茶庵铺 1.7 公里,面宽 7 米的水泥混凝土路。1997 年至 1998 年,竹园电站投资 240 万元建成兴隆街至电站 7.306 公里,面宽 6 米的水泥混凝土路。竹园库区内皮匠沟原有 1 座石拱桥,1998 年被水冲毁,1999 年 2 月郴州工程机械厂到桃源开展扶贫活动,投资 30 万元,在此修建 1 座长 30.5 延米,宽 5 米,行车道宽 3.4 米的钢质桁架桥。

2001 年全国第二次公路普查时,黄茶线太平桥至鼓风垭 3.544 公里和松阳坪至茶庵铺 1.7 公里定为四级公路,其余 77.831 公里为等外公路。全线最大纵坡 11.55%,最小平曲线半径60 米。

2005 年,黄茶线的砂石路全部改建成水泥混凝土路,面宽 5 米,板厚 22 厘米。

黄茶线 K22+643(三阳港) ~ K32+513(龙潮寺)长 9.555 公里(已扣除重复里程 0.315 公

里)由桃源公路局管养,其余路段73.205公里由桃源县公路处管养。

泥窝潭夹岩口线(X063) 泥夹线自桃源县泥窝潭起,止于夹岩口,全长14.864公里。技术等级全线为四级公路。路面类型全部为水泥混凝土。

泥夹线1965年建成。2008年5月,由砂石路改建成水泥混凝土路,面宽5米,板厚22厘米。

泥夹线由桃源县公路处管养。

理公港栗子凼线(X064) 理栗线自桃源县理公港起,经千丈河、钟家铺、牛车河、瓦儿岗至栗子凼,全长53.35公里。它东连省道漆官线(S227),西与张家界市王家坪乡公路相接,是通往张家界旅游区的一条公路。技术等级全线为四级公路。路面类型全部为水泥混凝土。

理公港至牛车河27.421公里,1959年建成通车。牛车河至瓦儿岗15.2公里,1970年建成通车。瓦儿岗至栗子凼10.908公里是工程最艰巨的一段,线路跨越崇山峻岭,坡陡弯急。1987年省计委拨款30万元,要求修建瓦儿岗至王家坪(张家界市永定区境)的断头路。当时由湖南省公路技校组织师生测设,但未动工。同年11月18日,桃源县人民政府与常德地区交通局签订《关于修建瓦儿岗至岔口潭公路的协议》,经常德地区公路处与桃源县交通局联合组织勘测,按山区四级公路标准测设,终点至栗子凼,全长11.1公里,路基宽6.5米~7.5米,最大纵坡9%,最小平曲线半径15米,有桥梁3座106.47延米。1989年3月编制工程预算为281.8万元,省、市交通部门决定采取以工代赈形式,投资150万元,按沟通地市间县道规划,用民办公助形式修建。1989年5月开工,1993年1月建成通车。经省、市交通部门组织验收,评为优良工程,这是桃源县山区公路建设首次达标的优良工程。

2001年在全国第二次公路普查时认定,该线瓦儿岗至栗子凼10.908公里为四级公路,其余42.444公里为等外公路。最大纵坡14.48%,最小平曲线半径12米。

在通乡公路建设中,至2007年止理栗线已全部改建成水泥混凝土路,面宽5米,板厚22厘米。

理栗线地处山岭区,K0~K27+141(雷树垭)长27.141公里由桃源公路局管养,K27+141~K53+350长26.209公里,由桃源县公路处管养。

瓦儿岗谢家坪线(X065) 瓦谢线自桃源县瓦儿岗乡政府驻地起,至张家界市慈利县高桥乡的谢家坪,全长5.348公里,其中桃源县境2.253公里,是常德市境内县道中里程最短又与邻市相通的一条公路。技术等级全线为四级公路。路面类型全部为水泥混凝土。

瓦谢线桃源县境1993年由当地乡政府组织群众修建,路基宽5.5米,砂石路面宽4米,全线无桥,仅有2道涵洞。最大纵坡9.5%,最小平曲线半径14米。2001年全国第二次公路普查时定为等外公路。

2006年,瓦谢线桃源县境2.253公里建成水泥混凝土路,面宽5.5米,板厚22厘米。

瓦谢线地处山岭区,由桃源县公路处管养。

卷桥澧县线(X068) 卷澧线自澧县与湖北省公安县交界处的卷桥起,经复兴厂、雷公塔、曾家河至澧县城关,全长 27.264 公里。技术等级全线为四级公路。按路面类型分有:水泥混凝土2.8 公里,沥青混凝土 5.99 公里,沥青表处 18.474 公里。

卷澧线原是国道 207 线进入澧县后的第一段,2004 年澧东一级公路建成后,卷桥至城关公路降为县道。卷澧线始建于民国 23 年(1934),由湖南省公路局常德工程处负责修建,1935 年 3 月竣工,投资 14.421 万元。1939 年,卷澧线遭严重破坏。1947 年,县政府再次发动民众修复路基。次年 11 月底,由省公路局负责路面铺装。澧(县)东(岳庙)段由交通部第二区公路管理局澧东总段草率修复。曾家河渡口因无过渡设施,仍不能通车。1952 年 4 月为支援荆江分洪工程,湖南省公路局组织“抢修澧东公路工程队”,4 月 14 日修复通车。1975 年冬至 1976 年 4 月,结合农田基本建设,改建了澧县至曾家河 10.8 公里路段,投资 21.6 万元,用工 82 万多个。

1975 年 8 月至 1983 年 5 月,卷澧线曾三次改线,里程从 33.96 公里缩短到 29.3 公里。1978 年澧县成立油路修建指挥部,卷澧线修建沥青路,湖南省公路局每公里补助 2.5 万元。1983 年修建沥青路 6.15 公里。1984 年修建雷公塔至卷桥 11.35 公里沥青路,省公路局补助 60 万元。卷澧线双层表处沥青路面宽 6 米,厚 2 厘米。

2000 年, 卷澧线 K3+400 ~ K5 长 1.6 公里改建成水泥混凝土路。2001 年,K12+700 ~ K13+900 长 1.2 公里改建成水泥混凝土路。2011 年,K22+500 ~ K27 长 4.5 公里改建成水泥混凝土路。

卷澧线由澧县公路局管养。

临澧岗市线(X069) 临岗线自临澧县梅溪村起,通过县城,经矮架山、斋阳桥、弯刀铺、雷公庙、石板滩至岗市。全长 44.847 公里。按技术等级分有:一级公路 5.993 公里,二级公路2.182 公里,三级公路 36.672 公里;按路面类型分有:水泥混凝土 8.383 公里,沥青混凝土 35.667 公里,沥青表处 0.797 公里。

临岗线原属国道 207 线的一段,临岗一级公路建成后,2007 年降为县道。临岗线始建于民国 21 年(1932)12 月,由湖南省公路局常澧公路工程处修建,1934 年 10 月 20 日竣工。路基宽 6 米 ~ 7.5 米,砂石路面宽 5 米。1974 年至 1975 年临澧、常德两县人民政府分别成立油路修建指挥部,从临澧至岗市分期建成宽 6 米的双层表处渣油路,省公路局每公里补助经费 2.5 万元。1976 年冬至 1977 年两县人民政府发动公路沿线群众,将临岗线路基加宽至 8 米,省公路局补助部分经费。1995 年,K2264 ~ K2266(原国道 207 线桩号,下同),即斋阳桥至弯刀铺长 2 公里建成沥青混凝土路。1999 年,四新岗镇过境路(K2256 ~ K2258+900)长2.9 公里建成水泥混凝土路。

2000 年,K2250 ~ K2254 长 4 公里建成沥青混凝土路。

2001 年,K2254 ~ K2256 建成 2 公里沥青混凝土路。

2003 年,K2258 ~ K2264 建成 6 公里沥青混凝土路,常德市公路局投资 392.08 万元。

2004 年常德市公路局投资 84 万元,对蔡家岗过境路(K2275+900 ~ K2276+480)长 0.58

公里进行降坡并建成水泥混凝土路。

2008年，K2285～K2287+200长2.2公里建成沥青混凝土路。

临岗线地处微丘区，K0～K23+050（弯刀铺）长23.05公里由临澧公路局管养，K23+050～K44+847长21.797公里由鼎城公路局管养。

大坪新安线（X070） 大新线自澧县大坪起，经临澧县合口镇至新安镇，全长23.571公里。重复里程2.701公里（K3+900～K6+601与省道304线K2+242～K4+943重复），实际养护20.87公里。按技术等级分有：二级公路1公里，三级公路19.87公里；按路面类型分有：沥青表处11.422公里，水泥混凝土9.448公里。

大新线大部分路段属原省道1836线，民国23年（1934）由湖南省公路局组织测量队测量，由澧水北岸的张公庙起，经合口、新安两镇，直到石门县城，全段线路平坦，最大纵坡6%，最小平曲线半径30米。1935年10月，以兵工修筑张公庙至新安的土路，路面铺装另外拨款进行，于1936年6月竣工通车，路面施工简陋，宽仅2米～3米，厚约10厘米。抗日战争时期，日军入侵湖南，1939年张公庙至石门路段奉令彻底破坏。1947年第17绥靖公署成立"军路修筑委员会"，1948年12月将此路修复成简易公路通车，路基宽5米～7米，路面宽2.5米，厚9厘米，通车后路面坑槽累累，行车十分困难。1950年10月，临澧工务段（成立前为临澧分段）派员勘测慈张公路，并组织民工参加这条公路的整修改善工作。

1976年，大新线合口至新安段由临澧县油路修建指挥部建成双层表处渣油沥青路，油面宽7米，湖南省公路局每公里补助经费2.5万元。1977年，大新线澧县境由澧县油路修建指挥部建成双层表处渣油沥青路，油面宽6米，省公路局每公里补助2.2万元。

2004年，大新线临澧境黄陵（K18+843）至新安（K23+571）长4.728公里改建成水泥混凝土路。

2008年，澧县境张公庙圆盘（K6+601）至柳荫界（K8+152）长1.551公里改建成水泥混凝土路，面宽7米。

大新线大坪至合口长9.222公里由澧县公路局管养，合口至新安长11.648公里由临澧公路局管养。

2010年常德市县道公路里程表

表 1-1-4-1

单位:公里

路线编码	路线名称	起讫地点	里程	技术等级					路面类型			
				一级	二级	三级	四级	等外	水泥砼	沥青砼	沥青表处	砂石路
X001	壶大线	壶瓶山·大金竹	27.981				1.501	26.48			13.553	14.428
X002	火罗线	火连坡·罗坪	146.577				146.577		69.702	3.42		73.455
X003	梨鼓线	梨儿垭·鼓罗坪	14.451				14.451		7.006			7.445
X004	磺太线	磺厂·太平	51.576				18.497	33.079	32.437			19.139
X005	九罗线	九渡河·罗坪	66.002				66.002		65.547		0.455	
X006	官石线	官庄桥·石门垭	22.067				22.067		10.802			11.265
X007	新甘线	新安·甘溪	33.973				33.973		33.973			
X008	曾孙线	曾家河·孙家坡	31.89				31.890		23.670		0.67	7.55
X009	雷中线	雷公塔·中武	19.317				19.317		19.317			
X010	戈郑线	戈头峪·郑家	11.34				11.34		11.34			
X011	彭官线	彭家厂·官桥	15.973				15.973		15.973			
X012	复柳线	复兴厂·柳耳坝	35.56				35.56		35.56			
X013	石新线	石门·新开寺	58.518				58.518		58.518			
X014	石跳线	石门·跳土坡	12.512				4.599	7.913			9.045	3.467
X015	窑骆线	窑坡渡·骆家峪	67.932		4.9	28.303	26.504	8.225	36.694		31.238	
X016	赵三线	赵三坪·三星寺	11.35					11.35	11.35			
X017	五合线	五里堆·合口	15.236				15.236		15.236			

续表 1-1-4-1

路线编码	路线名称	起讫地点	里程	技术等级					路面类型			
				一级	二级	三级	四级	等外	水泥砼	沥青砼	沥青表处	砂石路
X018	高九线	高兴·九里	12.29				12.29		12.29			
X019	王维线	王家厂·维新	54.91				54.91		54.91			
X020	白珠线	白虎村·珠日	66.684				66.684		66.684			
X021	石陬线	石门·陬市	78.127		49.606		28.521		33.735		44.392	
X022	段五线	段家嘴·五同庵	26.506				26.506		26.506			
X023	斋牌线	斋阳桥·牌楼岗	15.766					15.766	15.766			
X024	莒雅线	莒蒲·雅林桥	20.449				20.449		20.449			
X025	荆八线	荆江南堤·八百弓	44.287		0.91	28.598	14.788		44.287			
X026	理七线	理兴垱·七家	60.328		0.43	10.85	49.048		60.328			
X027	军红线	军山铺·红卫闸	137.561		17.499	65.314	52.048	水面 2.7	115.306		19.555	水面 2.7
X028	新东线	新洲·东山	58.089			22.432	35.657		51.432			6.657
X029	渡棠线	渡口·棠华	10.481				10.481		10.481			
X030	民杨线	民安·杨腊溪	7.487				7.487		7.487			
X031	教南线	教育·南湖	9.184				9.184		9.184			
X032	白牛线	白芷湖·牛屎湖	9.677				9.677		9.677			
X033	乔新线	乔家河·新洲	28.609				28.609		23.373			5.236
X034	西坡线	西湖·坡头	38.456			14.753	23.703		38.456			
X035	汉岩线	汉寿·岩汪湖	14.417			14.417			14.417			
X036	汉发线	汉寿·发梅桥	36.926		0.479		36.447		36.926			
X037	红阳线	红土墙·阳南塘	17.577				17.577		17.577			

续表 1-1-4-1

路线编码	路线名称	起讫地点	里程	技术等级					路面类型			
				一级	二级	三级	四级	等外	水泥砼	沥青砼	沥青表处	砂石路
X038	罐六线	罐头嘴·六总宫	20.902			1	19.902		20.902			
X039	崔栗线	崔家桥·栗山桥	6.511		6.511				6.511			
X040	沙安线	沙河口·安德	14.92				14.92		7.86		7.06	
X041	黄东线	黄岭岗·东岳庙	13.586				13.586		13.586			
X042	白沙线	白鹤山·沙河口	47.566		4.5	7.053	36.013		34.147	4.5	8.919	
X043	南灌线	南坪·灌溪	16.682			7	9.682		16.682			
X044	断新线	断港头·新坡桥	30.417				30.417		30.417			
X045	东韩线	东风桥·韩公渡	25.484				25.484		13.8			11.684
X046	丁马线	丁家坝·马家吉	40.014				40.014		40.014			
X048	康兰线	康家吉·兰溶	27.414		0.8		26.614		18.16			9.254
X049	谢杨线	谢家铺·杨家桥	66.815			4.336	62.479		34.513			32.302
X050	鲤群线	鲤鱼嘴·群力	13.75				13.75		13.75			
X051	沧猴线	沧浪坪·猴栗坡	3.897				3.897		3.897			
X052	陬鹤线	陬市·鹤子湾	49.466				49.466		38.911			10.555
X053	牌南线	牌楼·南阳坡	9.567				9.567		9.567			
X054	甘伍线	甘潭·伍福寺	17.42			5.184	12.236		12.435		4.985	
X055	刘钟线	刘家铺·钟家铺	119.372				119.372		119.372			
X056	马仙线	马家堰·仙娘庙	11.198				11.198		11.198			
X057	水芦线	水溪·芦花	15.095				15.095		15.095			
X058	杨凌线	杨家台·凌津滩	36.527				36.527		36.527			

续表 1-1-4-1

路线编码	路线名称	起讫地点	里程	技术等级					路面类型			
				一级	二级	三级	四级	等外	水泥砼	沥青砼	沥青表处	砂石路
X059	深剪线	深水港·剪市	20.316				20.316		14.1			6.216
X060	岗商线	岗市·商贸城	14.379	2.204		11.737	0.438		2.642	11.737		
X061	二千线	二里岗·千工坝	37.718				37.718		24.771		12.947	
X062	黄茶线	黄甲铺·茶庵铺	82.76				82.76		82.76			
X063	泥夹线	泥窝潭·夹岩口	14.864				14.864		14.864			
X064	理栗线	理公港·栗子哑	53.35				53.35		53.35			
X065	瓦谢线	瓦儿岗·谢家坪	2.253				2.253		2.253			
X068	卷澧线	卷桥·澧县	27.264				27.264		2.8	5.99	18.474	
X069	临岗线	临澧·岗市	44.847	5.993	2.182	36.672			8.383	35.667	0.797	
X070	大新线	大坪·新安	20.87		1	19.87			9.448		11.422	
	合计		2295.290	8.197	88.808	277.519	1815.253	105.513	1829.111	61.314	183.512	221.353

说明：1. X008 线实际长 33.349 公里，表中已扣除与 S302 线重复里程 1.459 公里；
2. X019 线实际长 55.71 公里，表中已扣除与 X007 线重复里程 0.8 公里；
3. X020 线实际长 67.534 公里，表中已扣除与 X015 线重复里程 0.85 公里；
4. X027 线实际长 140.04 公里，表中已扣除与 S306 线重复里程 2.479 公里；
5. X027 线水面 2.7 公里，系沙河口渡口河面宽度；
6. X028 线实际长 58.365 公里，表中已扣除与 S306 线重复里程 0.276 公里；
7. X036 线实际长 37.412 公里，表中已扣除与 G319 线重复里程 0.486 公里；
8. X055 线实际长 119.806 公里，表中已扣除与 S306 线重复里程 0.434 公里；
9. X060 线实际长 17.076 公里，表中已扣除与 S306 线重复里程 2.697 公里；
10. X062 线实际长 83.075 公里，表中已扣除与 X061 线重复里程 0.351 公里；
11. X070 线实际长 23.571 公里，表中已扣除与 S304 线重复里程 2.701 公里

第五节 乡村道

常德市农村公路建设始于20世纪60年代,为适应拖拉机通行而修建的机耕道。20世纪80年代后,农村经济迅速发展,农村公路建设提速。21世纪初,为统筹城乡协调发展,拉动经济快速增长,国家加快了农村公路建设,完善公路网络结构。2003年,交通部提出"修好农村路,服务城镇化,让农民兄弟走上油路和水泥路"的目标,对农村公路通达工程进行重点扶持。

2003年6月6日,常德市县到乡镇公路建设动员大会召开,从此拉开了全市通乡公路大规模建设的序幕。2003年6月至2012年9月,新建农村公路1904.118公里,投资11.1772亿元;通达公路建从2004年开始至2010年,完成1867.282公里,投资2.4620亿元;路面改造63.502公里,投资2321.96万元。通畅公路建设从2006年开始至2012年9月,完成10127.53公里,投资25.3551亿元。从2003年至2012年的10年时间里,全市农村公路建设共投资39.2265亿元。

2010年,常德市乡村道总长13853.399公里,其中乡道4258.003公里、村道9595.396公里。

乡 道

1987年,常德地区有乡道698条,长2938.8公里。

1993年,常德市有乡道2691.36公里。按技术等级分有:三级公路5.44公里,四级公路203.76公里,等外公路2482.16公里;按路面类型分有:高级路面14.85公里,次高级路面23.5公里,中级路面1123.03公里,低级路面1254.88公里,无路面275.1公里。

2001年,常德市有乡道2634.54公里。按技术等级分有:二级公路4.42公里,三级公路49.7公里,四级公路425.62公里,等外公路2154.8公里;按路面类型分有:高级路面119.26公里,次高级路面78.97公里,中级路面1488.04公里,低级路面924.86公里,无路面23.41公里。

2010年,常德市有乡道506条,长4258.003公里。按技术等级分有:二级公路6.715公里,三级公路62.827公里,四级公路4187.621公里,等外公路0.84公里;按路面类型分有:水泥混凝土2907.159公里,沥青表处8.024公里,砂石路1342.82公里(见表1-1-5-1)。

兹摘要记述如下:

文穿公路 该路起于石门县所街乡的文化,止于太平镇的穿山,全长30.144公里。1990年9月开工兴建,按山岭重丘区四级公路标准设计,争取上级以工代赈投资310万元。动工时在中共石门县委、县政府的大力支持下,动员原泥沙区6个乡镇和穿山河乡共2万劳力会战,累计用工76.5万个,开挖土石69.4万立方米,浆砌挡墙28处3540立方米,干砌挡墙102处15660立方米,有桥梁4座,涵洞106道。1992年11月全线建成通车。2002年该路调整为县道002火(连坡)罗(坪)线的一段。

红蔡公路　该路起于石门县原木材公司,经狮子堖、东城区至蔡家溪。全长13.66公里,按平原微丘区二级公路标准设计,路基宽15米,路面宽11米,其中东城区3.15公里路面宽24米。该路于1994年5月开工兴建,1995年底完成东城区3.15公里的水泥混凝土路面铺设,1996年11月完成该线路基工程和砂石路面铺装。全线有桥梁5座161延米,涵洞12道。1998年完成二级公路11米宽的全部水泥混凝土路面铺设并正式通车。2002年,该路调整为省道304大(坪)慈(利)线的一段。

安寨公路　该路起于石门县安溪,经六房峪、焦山至寨子垭,和省道石南公路相连接,全长35.525公里。该路于1996年初被省交通厅列为省级交通扶贫工程项目,经省市两级考察研究,共计投入补助资金320万元。

安寨公路按山岭重丘区四级公路标准设计,1996年10月开工,1998年建成正式通车。由于山高坡陡,工程艰巨,安溪至焦山26.515公里建成四级公路,焦山至寨子垭9.01公里建成等外公路。有桥梁9座,涵洞74道。2002年,该路调整为县道002火(连坡)罗(坪)线的一段。

临新公路　该路起于临澧县城,经肖家河、烽火至津市新洲镇汉泗铺,全长17.509公里。该路始建于1965年,由于弯多坡陡,地势低洼,车辆和行人通行困难。后于1970年、1978年两次改建成路基宽7米~10米,路面宽4米~6米的四级公路。1995年2月,中共临澧县委、县政府着手该路段升级改造工作,分别向交通部、省交通厅申请工程建设立项和争取建设资金。1996年10月,县政府成立临津公路改建工程指挥部。县交通局、公路局委派工程技术人员进行公路勘测设计和施工监理。11月,常德市交通局批准该路按平原微丘区二级公路标准改建,即路基宽12米,行车道宽9米。11月18日,县城关镇至津市新洲汉泗铺二级公路拓改工程开工,实际改造里程12.203公里(城关镇黄家台至清水村4公里已达二级公路标准,烽火乡街道1公里路基未实施拓改)。该工程决算造价533.82万元,除交通部补助340万元外,其余资金均由县乡自筹。其中县筹149.82万元、城关镇集资8万元、杨板乡集资18万元、烽火乡集资18万元。1997年3月,土路基工程竣工。全线新征土地18.68万平方米,拆迁房屋6622平方米,建石拱桥3座,过水渡槽1座,倒虹吸管工程4处、长84米,平面交叉工程15处。1998年8月实施路面沥青硬化。2002年,该路调整为县道015窑(坡渡)骆(家峪)线的一段。

白青公路　该路起于临澧县白虎山,经停弦渡、红岩嘴至青山,全长14.1公里。该路于1978年10月建成通车,路基宽6.5米~8米,路面宽4米,属等外公路。由于弯多坡陡,部分路段因地势低洼经常渍水,车辆、人员通行不便,经常发生交通事故。临澧县人大代表、政协委员曾多次提出议案、提案,纷纷要求升级改造。县委、县政府决定从1998年5月开始,先对该路进行拓宽改造,尔后实施路面水泥硬化,用3年时间全部完成任务。1998年4月,县成立公路工程建设指挥部,县交通局公路站组织11人的勘测队伍,仅用11天时间完成该工程勘测设计。经过逐级报批,市计委批准列入1998年基建计划。5月,施工队伍进场并开始土路基工程施工。公路分4个标段,分别由县交通局路桥公司(7.58公里)、停弦镇政府(1.56公里)、常德市源安建设开发公司(4.16公里)、杉板乡政府(0.8公里)4个单位施工,年底完成土路基工程。1999年8月3日起,在停弦镇、杉板乡境内分段实施路面水泥混凝土工程(各3公里),当年12月底6公里工程竣工。2000年对未硬化的7.5公里路面实施水泥混凝土工程,年底竣工(白虎山至停弦街道段原已实施路面水泥硬化,此次未列入改造范围)。至此,白青线14.1公里全部为水泥路面,成为常德境内当时乡道水泥硬化连续里程最长的路段。该路由等外公路升为四级公路,路基宽9米~12米,路面宽9米,投资730万元。2002年,该路调整为县道020白(虎山)珠(日桥)线的一段。

杨龙线(Y327) 该线起于桃源县寺坪乡杨家桥,经寺坪、凌津滩电站至龙潭溪,全长25.676公里。1974年建成杨家桥至白石铺段。20世纪90年代初,国家兴建凌津滩电站,决定对杨家桥至凌津滩电站17.9公里按三级公路标准改建。由电站投资,县公路站组织施工。1994年2月,按三级公路标准建成砂石路。1995年5月开始砂改油,但油路铺到5公里时,为适应当时运输的需要,又决定改建成5米宽的水泥混凝土路。1996年12月,杨家桥至凌津滩电站17.9公里的水泥混凝土路改建工程竣工。2001年全国第二次公路普查时,认定该线全长25.065公里,其中三级公路17.9公里、等外公路7.165公里。2010年,该线全长25.676公里,其中三级公路18.8公里、四级公路6.876公里。路面全部为水泥混凝土。

延北线(Y301) 该线起于桃源县车湖垸乡延泉,经四坪、高湖、游家河至桃源汽车北站,全长10.799公里。为配合桃源县城城建规划,决定新建此线。资金以乡自筹为主,县交通部门先后补助200万元,1997年至1998年,建成路面宽6米的水泥混凝土公路9.972公里。2001年全国第二次公路普查时,认定该线全长10.972公里,其中延泉至砖厂8.872公里为四级公路、城北砖厂至北站1.1公里为二级公路、尚有1公里等外公路。2010年,该线全长10.799公里,其中二级公路1.105公里、四级公路9.694公里。路面全部为水泥混凝土。

2010年常德市乡道公路里程表

表 1-1-5-1　　　　单位：公里

路线编码	起讫地点	里程	技术等级				路面类型		
			二级	三级	四级	等外	水泥砼	沥青表处	砂石路
合 计		4258.003	6.715	62.827	4187.621	0.84	2907.159	8.024	1342.82
汉寿县		593.38	3.199	1.874	588.307		426.117		167.263
Y123430722	永丰·明星	8.887			8.887		8.887		
Y153430722	苗山·凤鸣	8.227			8.227		5.953		2.274
Y154430722	凤鸣·洲口	17.958			17.958		17.958		
Y155430722	阎金口·牛路滩	44.69			44.69		3.3		41.39
Y156430722	福和·洲口	11.771			11.771		11.2		0.571
Y157430722	偏坡·鸭子港	9.408			9.408		9.408		
Y158430722	群英·南堤	3.803			3.803				3.803
Y159430722	乔家巷·明星	7.26			7.26		5.78		1.48
Y162430722	周文庙·和平桥	3.185			3.185		3.185		
Y163430722	陈军堤·汉寿	6.728			6.728		6.728		
Y165430722	马家铺·汉寿	2.86			2.86		2.86		
Y166430722	金菱·捕捞	4.346			4.346		2.346		2
Y170430722	软纳桥·新兴	10.467			10.467		10.467		
Y172430722	毛家滩·聂家桥	5.042			5.042		5.042		
Y173430722	堵口·三合	3.883			3.883		3.883		
Y174430722	三合·谢家铺	12.032			12.032		12.032		
Y175430722	张家洲·南湖	2.685			2.685		2.685		
Y176430722	金盆岭·张家洲	6.598			6.598		6.598		
Y178430722	八角楼·赵家湖	4.28			4.28		3.35		0.93

续表 1-1-5-1

路线编码	起讫地点	里程	技术等级				路面类型		
			二级	三级	四级	等外	水泥砼	沥青表处	砂石路
Y179430722	高路收费站·谢家铺	0.865			0.865		0.865		
Y185430722	百禄桥居委会·七家坝	11.384			11.384		11.384		
Y187430722	阳南塘·百禄桥	9.23			9.23		9.23		
Y188430722	阳红谷口·赤村	6.998			6.998		6.098		0.9
Y189430722	龙潭桥·崔家桥	13.893			13.893		13.893		
Y190430722	清水坝·打靶场	2.818			2.818				2.818
Y192430722	三合·蒲田	4.304			4.304		2.171		2.133
Y194430722	永兴·黄福	8.016			8.016		4.724		3.292
Y196430722	关爷庙·李家冲水库	4.713			4.713		4.713		
Y197430722	排形·黄廖	16.538			16.538		16.538		
Y198430722	占板·粮站	2.693			2.693		2.693		
Y199430722	朱家铺·沧水河渡口	12.804			12.804		12.804		
Y201430722	汉林·鲢鱼坳	4.919			4.919		2.251		2.668
Y203430722	东岳庙·荆竹	6.88			6.88		6.88		
Y205430722	向形·林场	5.096			5.096		2.342		2.754
Y206430722	丰家铺·响滩	11.366		1.874	9.492		11.366		
Y207430722	太子庙·黄福	3.199	3.199				3.199		
Y357430722	岩汪湖·烂泥湖	9.335			9.335		9.335		
Y358430722	乾兴·新兴	9.042			9.042				9.042
Y359430722	仓港·张家湖	7.226			7.226		4.567		2.659
Y360430722	白毛湖·邹家坪	8.277			8.277		8.277		
Y361430722	南汉·合兴	22.9			22.9		22.9		
Y362430722	新建·战备垸	8.099			8.099				8.099
Y363430722	月明潭·彭家湖	3.879			3.879		0.9		2.979
Y364430722	才家塘·港口	5.377			5.377		4.88		0.497

续表 1-1-5-1

路线编码	起讫地点	里程	技术等级				路面类型		
			二级	三级	四级	等外	水泥砼	沥青表处	砂石路
Y365430722	周家嘴·乔家湾	4.555			4.555				4.555
Y366430722	腊树湾·文武桥	5.413			5.413		2.378		3.035
Y367430722	岩场·大新水库	3.79			3.79		3.575		0.215
Y368430722	大桥·K4+463	4.463			4.463		2.631		1.832
Y369430722	白金界·金牛山	4.198			4.198		1.7		2.498
Y370430722	德沛·关家冲	10.827			10.827		10.827		
Y371430722	苗山·南汉	14.247			14.247		14.247		
Y372430722	南赶·苏家	11.978			11.978		3.1		8.878
Y373430722	新建·永丰	5.019			5.019		3.3		1.719
Y374430722	茶亭·坡头	3.899			3.899				3.899
Y375430722	北拐·金龙	6.954			6.954		6.954		
Y376430722	菱东·万福	7.971			7.971		7.971		
Y377430722	马井·堤北	8.469			8.469		3.549		4.92
Y378430722	偏山·张家洲	7.918			7.918		6.649		1.269
Y379430722	冲天·东风	15.271			15.271		12.892		2.379
Y380430722	白毛湖·云台山	8.058			8.058		1.901		6.157
Y381430722	军山铺·杨林坳	5.599			5.599		5.599		
Y382430722	军山铺·罗家湾	3.422			3.422		1.7		1.722
Y383430722	马家段·白竹山	15.477			15.477		8.389		7.088
Y384430722	潘家桥·军山铺	7.276			7.276		4.826		2.45
Y385430722	杨家桥·邹家桥	5.467			5.467		4.717		0.75
Y386430722	金牛·金马	3.472			3.472		3.172		0.3
Y387430722	黄家湾·龙津	7.554			7.554		7.054		0.5
Y388430722	瓦窑冲·新堤	8.672			8.672		5.993		2.679
Y389430722	K0+000·南湖	8.937			8.937		2.136		6.801

续表 1-1-5-1

路线编码	起讫地点	里程	技术等级				路面类型		
			二级	三级	四级	等外	水泥砼	沥青表处	砂石路
Y390430722	燕子口·罗家坟	12.614			12.614		9.585		3.029
Y391430722	平瓦厂·白石碑	13.561			13.561		6.6		6.961
Y546430722	小河嘴·洲口计生办	4.338			4.338		1		3.338
武陵区		82.689		1.719	80.97		76.628	0.718	5.343
Y267430702	二十里铺·双桥	4.623			4.623		4.623		
Y268430702	黄土岗机埠·G207 线	4.914			4.914		4.914		
Y269430702	驮古堤·浮桥	7.317			7.317		7.317		
Y270430702	罗湾北·高坪头	2.801			2.801		2.531		0.27
Y271430702	新安·白龙	3.719		1.719	2		3.001	0.718	
Y272430702	三星·马洪堰	2.569			2.569		2.569		
Y273430702	苗儿港村 10 组·岩桅子	6.827			6.827		6.827		
Y274430702	金狮堤村 7 组·社木铺村 1 组	6.854			6.854		6.854		
Y275430702	芦山村 6 组·和平村大堤脚	1.367			1.367		1.367		
Y276430702	S306 线·桑场	8.269			8.269		8.269		
Y277430702	高泗·明月	6.41			6.41		5.44		0.97
Y278430702	楠木·西子口	4.939			4.939		4.939		
Y279430702	甘露寺·赵家硆	2.929			2.929		2.929		
Y280430702	七星庵·民建	3.132			3.132		3.132		
Y281430702	永丰·斗姆湖	3.341			3.341		3.341		
Y485430702	岩桥·农校	2.055			2.055		2.055		
Y486430702	夹街·丹砂	10.623			10.623		6.52		4.103
鼎城区		478.468			478.468		379.284		99.184
Y208430703	石板滩·罗湾	7.907			7.907		5.2		2.707
Y209430703	停车场·落路口	1.741			1.741				1.741
Y210430703	麻河口·柴码	7.721			7.721		7.721		

续表 1-1-5-1

路线编码	起讫地点	里程	技术等级				路面类型		
			二级	三级	四级	等外	水泥砼	沥青表处	砂石路
Y211430703	中河口·蒿子港	10.215			10.215		10.215		
Y212430703	蒿子港·十美堂	8.886			8.886		8.886		
Y213430703	周家店·白云山	10.689			10.689		9.488		1.201
Y214430703	娥公桥·大砖桥	8.234			8.234		6.499		1.735
Y215430703	周家店·瓦屋垱	7.25			7.25		4.299		2.951
Y216430703	瓦屋垱·三堰	4.575			4.575				4.575
Y217430703	濠口·马鞍山	14.163			14.163		11.002		3.161
Y218430703	王家桥·同心坝	9.035			9.035		4.802		4.233
Y219430703	介富村·牛望嘴	2.659			2.659		1.502		1.157
Y220430703	前进桥·黄珠洲	1.133			1.133		1.133		
Y221430703	秧田·七港	8.06			8.06		8.06		
Y222430703	朱木山·五甲	3.444			3.444		2.101		1.343
Y223430703	镇德桥·刘家桥	3.383			3.383		3.383		
Y224430703	韩公渡·牛皇庵	13.046			13.046		13.046		
Y225430703	城址·谈家河	7.101			7.101		0.397		6.704
Y226430703	六总宫·栏马口	7.147			7.147		7.147		
Y227430703	长岭岗·丁家井	14.195			14.195		9.794		4.401
Y228430703	长岭岗·解家桥	8.065			8.065		6.599		1.466
Y229430703	雷公庙·太浮	5.483			5.483		0.8		4.683
Y230430703	解家桥·沈家岗	7.326			7.326		1.618		5.708
Y231430703	何家台·芭蕉堰	8.406			8.406		6.8		1.606
Y232430703	胡巴嘴·朱家港	5.061			5.061		5.061		
Y233430703	长岭岗·石板滩	7.196			7.196		7.196		
Y234430703	红阳桥·太阳山	8.386			8.386		8.386		
Y235430703	罗湾·渣口坡	4.154			4.154				4.154

续表 1-1-5-1

路线编码	起讫地点	里程	技术等级				路面类型		
			二级	三级	四级	等外	水泥砼	沥青表处	砂石路
Y236430703	大溪冲·石板滩	4.95			4.95		3.3		1.65
Y237430703	莲花堰·雷家铺	6.492			6.492		5.3		1.192
Y238430703	郑家河·三拱桥	7.805			7.805		7.805		
Y239430703	浦沅·架桥	7.61			7.61		7.2		0.41
Y240430703	岗市·窑顶	5.809			5.809		5.809		
Y241430703	三滴水·郭家铺	3.506			3.506		1.5		2.006
Y242430703	新兴·苏家渡	5.305			5.305		5.305		
Y243430703	聂家桥·康家吉	4.393			4.393		4.393		
Y244430703	兴旺大坝·麻家巷	6.941			6.941		6.142		0.799
Y245430703	麻家巷·岩码头	7.593			7.593		7.593		
Y246430703	黄土坡·赵家桥	17.31			17.31		11.304		6.006
Y247430703	赵家桥·花叶港	10.522			10.522		7.04		3.482
Y248430703	枫林口·丁家港	10.716			10.716		10.716		
Y249430703	七斗冲·花园	7.759			7.759		6.259		1.5
Y250430703	花莲冲·尧天坪	6.169			6.169		6.169		
Y251430703	官仓·五福寺	6.564			6.564		6.564		
Y252430703	朱家铺·唐家铺	6.965			6.965		6.965		
Y253430703	唐家铺·东湖	6.434			6.434		6.434		
Y254430703	兰溶·河头	4.432			4.432		4.432		
Y255430703	杉木·青云	4.909			4.909		4.609		0.3
Y256430703	湖堤·回龙	7.316			7.316		6.317		0.999
Y257430703	青龙井·红岩嘴	7.382			7.382		5.199		2.183
Y258430703	长茅岭·桅子岗	7.1			7.1		5.599		1.501
Y259430703	尧天坪·花岩溪	15.674			15.674		15.674		
Y260430703	黄合桥·港二口	9.84			9.84		9.84		

续表 1-1-5-1

路线编码	起讫地点	里程	技术等级				路面类型		
			二级	三级	四级	等外	水泥砼	沥青表处	砂石路
Y261430703	八角楼·马鞍头	8.573			8.573		8.573		
Y262430703	海坪桥·九龙	10.147			10.147		10.147		
Y263430703	沧浪坪·桃花溪	3.482			3.482		3.482		
Y264430703	逆江坪·超美水库	5.789			5.789		1.901		3.888
Y265430703	逆江坪·高峰	15.56			15.56		15.56		
Y266430703	岩港口·安家港	11.985			11.985		10.785		1.2
Y348430703	法官镇·苏家吉5队	5.931			5.931		5.931		
Y349430703	苏家吉坝堤·新合6队	3.728			3.728		3.728		
Y350430703	乐兴渔场·乐兴坝堤	10.064			10.064				10.064
Y351430703	总场·大洲分场	1.726			1.726				1.726
Y352430703	安龙·苏家吉1队	4.345			4.345				4.345
Y353430703	马龙桥·法官桥头	2.981			2.981		0.574		2.407
桃源县		1322.136	1.105	33.005	1288.026		607.974	5.278	708.884
Y283430725	热市·九溪街油路	24.069			24.069		20.968		3.101
Y285430725	卓桥·两河猪儿湾	6.735			6.735		6.2		0.535
Y286430725	羊毛滩·一字山	6.28		2.65	3.63		6.28		
Y288430725	刘炎周家坳·双溪口	8.311			8.311		8.311		
Y290430725	漆河·谭家铺	12.652			12.652		11.406		1.246
Y291430725	架桥集镇·基隆山茶场	6.739			6.739		6.739		
Y292430725	肖家坪·马路村	19.18			19.18		11.773		7.407
Y296430725	六合垭·马宗岭	8.485			8.485		3.9		4.585
Y297430725	六田·黄花桥	7.728			7.728		5.128		2.6
Y298430725	漆河大桥·苏家堆	19.24			19.24		19.24		
Y299430725	田湖·白洋河大桥	6.413			6.413		6.413		
Y301430725	延泉村·北站	10.799	1.105		9.694		10.799		

续表 1-1-5-1

路线编码	起讫地点	里程	技术等级				路面类型		
			二级	三级	四级	等外	水泥砼	沥青表处	砂石路
Y302430725	株林港·九庄峪	15.452			15.452		15.452		
Y303430725	桃源·尧河	2.781		2.781			1.301	1.48	
Y304430725	桃源·八字路	5.001			5.001		1.203	3.798	
Y307430725	浯溪河·老官坪	4.692			4.692		4.692		
Y308430725	展旗段·佘家坪	28.134			28.134		27.4		0.734
Y309430725	猫儿垱·牌楼寺	8.05			8.05		1.947		6.103
Y310430725	汉宫庙·黄甲铺集镇	5.798			5.798		3.302		2.496
Y311430725	牛车河·洞溪河	6.415			6.415		1.502		4.913
Y313430725	龙潭·风断岬	21.868			21.868		12.701		9.167
Y314430725	观音寺·道山头	19.795			19.795		4.701		15.094
Y315430725	大洑溪·燕家溪	9.381			9.381		9.381		
Y316430725	佘家坪·鄢家溪	14.338			14.338		8.7		5.638
Y319430725	洪鸽峪·鄢家溪	11.746			11.746		3.213		8.533
Y320430725	向家桥·泥窝潭	8.11			8.11		5.807		2.303
Y321430725	官宦坪·马石	13.391			13.391		10.391		3
Y322430725	泥窝潭五马村·代家棚水库	6.397			6.397		5.397		1
Y323430725	游仙观·渔父	6.503			6.503		2.799		3.704
Y325430725	官庄·伏图山	6.984			6.984		6.984		
Y326430725	澄溪桥·芦花和平拐	7.627			7.627		2.567		5.06
Y327430725	杨家桥·龙潭溪	25.676		18.8	6.876		25.676		
Y328430725	沙坪·大约坪	14.201			14.201				14.201
Y329430725	杨溪桥·冷家溪	16.976			16.976		10.101		6.875
Y330430725	董家湾·苍湾村	30.935			30.935		2		28.935
Y331430725	三元潭水泥厂·梨树垭	10.173			10.173				10.173
Y332430725	苏坊溪·小桃源	16.213			16.213		7.714		8.499

续表 1-1-5-1

路线编码	起讫地点	里程	技术等级				路面类型		
			二级	三级	四级	等外	水泥砼	沥青表处	砂石路
Y333430725	沅陵三渡水·湖南坡	21.822			21.822		21.822		
Y334430725	太平铺·双岔溪	34.751			34.751		5.2		29.551
Y335430725	大水田·薛家冲	26.607			26.607				26.607
Y354430725	回龙庵·覃家溶	8.774		8.774			8.774		
Y392430725	食品站·三房湾	5.094			5.094		1.594		3.5
Y393430725	架桥·祠堂岗	8.999			8.999		8.999		
Y394430725	雷家铺达垭·架桥	8.107			8.107		6.507		1.6
Y395430725	陬市油脂厂·白洋河	3.999			3.999		1.9		2.099
Y396430725	集民·五保山水库	3.698			3.698		3.698		
Y397430725	罗家店·洞湾	2.959			2.959		1.459		1.5
Y398430725	桐岭·白洋河大桥	4.891			4.891		4.891		
Y399430725	大洋·茨树垭土地湾	8.044			8.044		6.491		1.553
Y400430725	万寿桥·大里坪	8.717			8.717		8.717		
Y401430725	福善岗·九溪	9.451			9.451		8.251		1.2
Y402430725	重阳·跑马岭	8.470			8.47		4.09		4.38
Y403430725	高碑·正龙	7.185			7.185		4.5		2.685
Y404430725	三阳二桥·金沙寺	3.033			3.033		0.8		2.233
Y405430725	三阳·青草坪	7.997			7.997		2.7		5.297
Y406430725	葛家垭·铜矿	7.496			7.496		4.7		2.796
Y407430725	禾生峪青草坪·土黄坪	8.64			8.64		8.64		
Y408430725	浯溪河·一板桥	13.248			13.248		6.148		7.1
Y409430725	九龙林场·龙潭桥	3.013			3.013		1.599		1.414
Y410430725	栗林坝·龙潭桥	3.825			3.825		2.725		1.1
Y411430725	深水港·高岩林场	7.471			7.471		6.71		0.761
Y412430725	张家湾·剪市	7.142			7.142		0.7		6.442

续表 1-1-5-1

路线编码	起讫地点	里程	技术等级				路面类型		
			二级	三级	四级	等外	水泥砼	沥青表处	砂石路
Y413430725	岩板滩渡槽·九龙水库	9.79			9.79		4.399		5.391
Y414430725	深水港·泥窝潭	10.803			10.803		10.803		
Y415430725	桃垭村7组·菖蒲明月1801线	8.164			8.164		6.335		1.829
Y417430725	上午通·热市集镇	5.728			5.728		4.528		1.2
Y418430725	九溪钱家组油路·牌楼寺	10.15			10.15		4.557		5.593
Y419430725	双溪大公村·九溪青华村	4.877			4.877		3.377		1.5
Y420430725	九溪村刀行·郝坪刘坪界	10.343			10.343		2.894		7.449
Y421430725	黄甲铺·龚家溪	4.607			4.607		0.401		4.206
Y422430725	铁甲村·兰家桥	8.452			8.452		3.5		4.952
Y423430725	黄甲铺集镇·兰溪	14.406			14.406		10.508		3.898
Y424430725	九溪·黄甲铺舒家村	8.402			8.402		3.397		5.005
Y425430725	前山桥·赫溪峪	3.781			3.781				3.781
Y426430725	雷峰山·三圣殿	5.793			5.793		0.6		5.193
Y427430725	芭茅洲·新铺	6.931			6.931		6.002		0.929
Y428430725	小河口·商家坪	11.524			11.524		1		10.524
Y429430725	小河口·养珠湖	8.775			8.775		7.601		1.174
Y430430725	丁家坊六合湾·千工坝	7.153			7.153		3.5		3.653
Y431430725	郭家界·梨树垭	4.571			4.571				4.571
Y432430725	株木山·丁家坊	5.432			5.432				5.432
Y433430725	白竹园·湖田界	12.716			12.716				12.716
Y434430725	上湾·郭家界	9.307			9.307				9.307
Y435430725	八斗坵·慈利保安	6.464			6.464		1.802		4.662
Y436430725	杜坪·千丈河	6.869			6.869		6.869		
Y437430725	麻潭河·北亭垭	9.97			9.97		7.518		9.97
Y438430725	牛车河·飞溪河	13.417			13.417				5.899

续表 1-1-5-1

路线编码	起讫地点	里程	技术等级				路面类型		
			二级	三级	四级	等外	水泥砼	沥青表处	砂石路
Y439430725	冉家塆·牛车河	5.765			5.765				5.765
Y440430725	观音寺·燕家坪	10.027			10.027				10.027
Y441430725	刘家坪·马宗岭	8.45			8.45		3		5.45
Y443430725	桃花源·茶庄	7.716			7.716		1.6		6.116
Y444430725	芦花·老屋棚	17.674			17.674		4		13.674
Y445430725	郑家驿·官坪	10.016			10.016		7.217		2.799
Y446430725	郑家驿·冷水圬	6.312			6.312				6.312
Y447430725	沙坪·黄泥田	6.89			6.89		2.8		4.09
Y448430725	沙坪·羯羊铺	4.276			4.276				4.276
Y449430725	小洋溪·游鹿溪	9.197			9.197		2.5		6.697
Y450430725	郑河·洞沟口	14.066			14.066		7.566		6.5
Y451430725	杨溪桥乡朝阳村·管水村	18.179			18.179		0.7		17.479
Y452430725	十八登村·冷家溪村	7.032			7.032				7.032
Y453430725	西坪村·冷家溪村	5.98			5.98		0.679		5.301
Y454430725	兴隆街纸厂·焦林村亚井	6.562			6.562		1		5.562
Y455430725	上高坪红岩嘴·西溪水库	4.429			4.429				4.429
Y456430725	太平铺·成功坪	5.334			5.334		4.001		1.333
Y457430725	磨子坪·小水田	7.484			7.484				7.484
Y458430725	九龙村·热市镇	7.644			7.644		4.799		2.845
Y459430725	一字山·杉树嘴	9.336			9.336				9.336
Y460430725	马宗岭·峰火桥头	9.373			9.373		9.373		
Y461430725	黄婆店·镇龙	5.575			5.575				5.575
Y462430725	架桥集镇·三口堰	11.734			11.734		3.634		8.1
Y463430725	铁炉岗地财坡·畲田	11.792			11.792		5.699		6.093
Y464430725	蔡家岗·盘塘	9.632			9.632		3.4		6.232

续表 1-1-5-1

路线编码	起讫地点	里程	技术等级				路面类型		
			二级	三级	四级	等外	水泥砼	沥青表处	砂石路
Y465430725	延泉村·白洋河	5.727			5.727		1.2		4.527
Y466430725	石象桥·泥窝潭五马村	15.019			15.019		3.201		11.818
Y467430725	白鸽嘴·裴家垭	13.67			13.67		1.134		12.536
Y468430725	佘家坪·溪木潭	7.527			7.527		5.1		2.427
Y469430725	向家桥·赫曦峪	9.034			9.034		5		4.034
Y470430725	老浯溪河·三阳	9.312			9.312		8.952		0.36
Y471430725	龙虎白栎·农协	6.725			6.725		6.325		0.4
Y522430725	沙湾·夷望溪	5.202			5.202		1.8		3.402
Y523430725	夷望溪·黄沙	4			4				4
Y524430725	夷望溪·简家溪	4.113			4.113				4.113
Y525430725	八斗垭·陈家滩	3.5			3.5				3.5
Y526430725	兰坪·后溪	6.999			6.999				6.999
Y527430725	红花·小溪	5.498			5.498				5.498
Y528430725	茅坪里·松山寺	8			8				8
Y529430725	刘家坪·桃花溪	5.003			5.003				5.003
Y530430725	两河口水库·左家溪	11.947			11.947				11.947
Y531430725	毛坪河坝·曾家河南	3.5			3.5				3.5
Y532430725	毛坪河坝·会人溪	5.17			5.17				5.17
Y533430725	会人溪·株木溪	7.806			7.806				7.806
Y534430725	剪家界·汤家界	8			8				8
Y535430725	苏坊溪·李龙	7.199			7.199				7.199
Y536430725	芦花·玉坪	8			8				8
Y537430725	向阳·黄石溪	7.2			7.2				7.2
Y539430725	太平铺·洞溪	5.084			5.084				5.084
Y540430725	西溪水库·西溪	7.5			7.5				7.5

续表 1-1-5-1

路线编码	起讫地点	里程	技术等级				路面类型		
			二级	三级	四级	等外	水泥砼	沥青表处	砂石路
Y541430725	姆塘坪·观音岩村	5			5				5
Y542430725	大屋·落家坪	4.4			4.4				4.4
Y544430725	花香坪·梨树垭	9.7			9.7				9.7
Y545430725	梨树垭·剪家界	6.7			6.7				6.7
临澧县		329.123			329.123		296.099		33.024
Y107430724	马路·农机站	7.949			7.949		7.949		
Y108430724	七重村·停弦村	25.308			25.308		25.308		
Y109430724	车堰·高桥	3.662			3.662		3.662		
Y110430724	火车站·新安	2.811			2.811		2.811		
Y111430724	永镇桥·七重堰	7.43			7.43		7.43		
Y112430724	杨板·肖家河	8.036			8.036		8.036		
Y113430724	胜利·太浮	7.142			7.142		7.142		
Y114430724	文家·雅林桥	9.788			9.788		9.788		
Y115430724	七倾·管渡	6.303			6.303		4.603		1.7
Y116430724	三合·大丰	5.033			5.033		5.033		
Y117430724	官亭水库·沙堤桥	4.292			4.292				4.292
Y118430724	漫水桥·青山	3.025			3.025		3.025		
Y119430724	碑垭·黄家棚	2.95			2.95		1.38		1.57
Y120430724	凤兴·新河	13.615			13.615		13.615		
Y121430724	新河·纸棚沟	13.809			13.809		13.809		
Y122430724	沙堤·新安闸	6.393			6.393		6.393		
Y124430724	俄井·天星	3.224			3.224		3.224		
Y125430724	九里岗·官亭大坝	9.008			9.008		9.008		
Y126430724	竹马水库·马路村	2.771			2.771		2.771		
Y127430724	柳三桥·凤兴村部	3.311			3.311		3.311		

续表 1-1-5-1

路线编码	起讫地点	里程	技术等级				路面类型		
			二级	三级	四级	等外	水泥砼	沥青表处	砂石路
Y128430724	大山·伏牛	4.149			4.149		4.149		
Y129430724	牛六·何岗	7.508			7.508		7.508		
Y130430724	彭家河村8组·青山村8组	4.275			4.275		1		3.275
Y131430724	小溪桥·重阳垭	7.502			7.502		3.545		3.957
Y132430724	向家冲·红旗水库	8.041			8.041		2.251		5.79
Y133430724	仙人桥·黄土坡	6.211			6.211		6.211		
Y134430724	招兵岭·永镇桥	4.599			4.599		4.599		
Y135430724	水阁村部·杨板桥	3.897			3.897		3.897		
Y136430724	荆坪红堰·江家坡	2.855			2.855		2.855		
Y137430724	向阳水库·蒋家河	3.47			3.47		3.47		
Y138430724	芭蕉岗·新岗	16.307			16.307		14.457		1.85
Y139430724	火车站·文家	9.156			9.156		9.156		
Y140430724	金宝滩·同一	4.033			4.033		4.033		
Y141430724	官亭峪·将军坝	5.51			5.51		5.51		
Y142430724	六方洲·兰田村	16.349			16.349		16.349		
Y143430724	分水·杨桥	4.911			4.911		2.919		1.992
Y144430724	高家·双九	9.781			9.781		8.8		0.981
Y145430724	烽火·柏枝	14.169			14.169		14.169		
Y146430724	柏枝·接龙	4.434			4.434		4.434		
Y147430724	岗上铺·斋阳桥	16.374			16.374		16.374		
Y148430724	九里·众丰	3.89			3.89		3.89		
Y149430724	楼房·观音	2.501			2.501				2.501
Y150430724	响水垱·段家桥	3.245			3.245		3.245		
Y151430724	两岔河·陈二铺	11.522			11.522		11.522		
Y355430724	九姊村·九根丛水库	8.574			8.574		3.458		5.116

续表 1-1-5-1

路线编码	起讫地点	里程	技术等级				路面类型		
			二级	三级	四级	等外	水泥砼	沥青表处	砂石路
石门县		604.745		5.203	599.542		459.792	2.028	142.925
Y001430726	白垭·清官渡	3.1			3.1		3.1		
Y002430726	油库·磨市	2.114			2.114				2.114
Y003430726	蔡家溪·双溪	7.89			7.89		3.99		3.9
Y004430726	车湾·苗市	2.028			2.028			2.028	
Y005430726	江坪·石碾子沟	12.693			12.693		12.693		
Y006430726	杨家坪·郑垭	23.941			23.941		23.441		0.5
Y007430726	狗头井·泥沙	41.691		5.203	36.488		36.488		5.203
Y008430726	栗垭嘴·狗头井	29.606			29.606		20		9.606
Y009430726	联谊桥·高家台	5.302			5.302				5.302
Y010430726	罗坪垭·王家湾	6.923			6.923		4.2		2.723
Y011430726	大坡·青山峡桥	14.273			14.273		9.243		5.03
Y012430726	所街·珠宝街	12.904			12.904		12.904		
Y013430726	迎家垭·龙潭峪	10.613			10.613		10.613		
Y014430726	麻纳口·麻纳峪	9.507			9.507		7.201		2.306
Y015430726	安溪·凤垭头	14.113			14.113		14.113		
Y016430726	马子溪·黄莲尖	11.53			11.53		11.53		
Y017430726	热水溪·磨市	11.468			11.468		5.385		6.083
Y018430726	两河口·白泥池	22.218			22.218		9.881		12.337
Y019430726	木瓜·鸡窝垱	21.018			21.018		15.4		5.618
Y020430726	湖坪·车坊	5.815			5.815		5.815		
Y021430726	磨市桥·大松垭	3.161			3.161		3.161		
Y022430726	太青山·河口	14.401			14.401		13.161		1.24
Y023430726	河口·曾家垭	15.251			15.251		12.962		2.289
Y024430726	演武岗·海洋	8.22			8.22		0.46		7.76

续表 1-1-5-1

路线编码	起讫地点	里程	技术等级				路面类型		
			二级	三级	四级	等外	水泥砼	沥青表处	砂石路
Y025430726	河口·三圣	12.002			12.002		9.183		2.819
Y026430726	分水岭·白云山林场	7.942			7.942		7.942		
Y027430726	美胜桥·雷公嘴	15.15			15.15		8.1		7.05
Y028430726	鸡鸣桥·干溪沟	9.56			9.56		6.66		2.9
Y029430726	羊子垭·王家机行	10.999			10.999		8.204		2.795
Y030430726	皂市大桥·青鱼垴	11.009			11.009		10.104		0.905
Y031430726	皂市镇·沿市渡口	22.819			22.819		7.403		15.416
Y032430726	江家墩·安乐桥	12.502			12.502		10.593		1.909
Y033430726	新桥·邓家铺	6.013			6.013		5.32		0.693
Y034430726	新关镇·三江口	5.319			5.319		5.319		
Y035430726	川店铺·易市	5.834			5.834		2.426		3.408
Y036430726	新街口·杨坪	13.343			13.343		11.643		1.7
Y037430726	高桥·大兴	4.384			4.384		4.384		
Y038430726	杨坪北·姚家坪	8.122			8.122		8.122		
Y039430726	分水岭·官渡桥	7.366			7.366		7.366		
Y040430726	肖家祠堂·官渡桥	8.614			8.614		8.614		
Y041430726	共青水库·狮子垴	6.293			6.293		2.9		3.393
Y042430726	两合水库·荷花	6.606			6.606		2.894		3.712
Y043430726	南门垱·荷花堰	9.859			9.859		9.23		0.629
Y044430726	王儿垭·松林岗	6.176			6.176		6.176		
Y045430726	夏家巷·上午通	8.438			8.438		8.438		
Y046430726	潘家铺·羊毛滩	8.196			8.196		8.196		
Y047430726	桥垱·杨家巷口	12.705			12.705		12.705		
Y048430726	小六合垭·潘家铺	7.872			7.872		7.872		
Y472430726	蜈蚣寨·东方桥市场	7.637			7.637		0.6		7.037

续表 1-1-5-1

路线编码	起讫地点	里程	技术等级				路面类型		
			二级	三级	四级	等外	水泥砼	沥青表处	砂石路
Y473430726	竹园·道渣台	6.474			6.474		1.501		4.973
Y474430726	黄溪峪·黄家凸	14.655			14.655		13.181		1.474
Y475430726	鹤山·棠梨垭	11.465			11.465		5.564		5.901
Y476430726	黄虎港·鱼儿岩	6.418			6.418		6.418		
Y477430726	大洞坪·南坪河	21.193			21.193		16.993		4.2
澧县		290.658		9.57	281.088		239.829		50.829
Y049430723	官垸·凤凰嘴	11.484			11.484		11.484		
Y050430723	杨家垱·如东	8.549			8.549		8.549		
Y051430723	挖断岗·如东	4.79			4.79		4.79		
Y052430723	新河·昔阳	6.335			6.335		6.335		
Y053430723	柳耳坝·甘家湾	9.801			9.801		9.801		
Y054430723	云爱·彭家港	12.402			12.402		12.402		
Y055430723	澧州·顺林桥	6.312			6.312		6.312		
Y056430723	杉林·中桥	11.328			11.328		11.328		
Y057430723	梦溪·雷公塔	6.21			6.21		6.21		
Y058430723	谭家·盐井	8.267			8.267		2.6		5.667
Y059430723	盐井·蔡家坡	9.361			9.361		0.7		8.661
Y060430723	蔡家坡·栗山坡	9.727			9.727		5.926		3.801
Y061430723	界岭·高家	6.754			6.754		4.153		2.601
Y062430723	淞澧桥·陈家岭	10.814			10.814		10.814		
Y063430723	黑马垱·向阳桥	8.27			8.27		8.27		
Y064430723	羊湖口·多安桥	9.662			9.662		9.662		
Y065430723	黄沙湾·群星	6.274			6.274		6.274		
Y066430723	六方台·五一	8.653			8.653		8.653		
Y067430723	车溪·连富	4.386			4.386		4.386		

续表 1-1-5-1

路线编码	起讫地点	里程	技术等级				路面类型		
			二级	三级	四级	等外	水泥砼	沥青表处	砂石路
Y068430723	干河·东岳	9.084			9.084		5.241		3.843
Y069430723	石塘·荣家河桥	3.963			3.963		3.963		
Y070430723	大河门·下马桥	7.836			7.836		7.836		
Y071430723	刘家河·大堰	5.101			5.101		2.101		3
Y072430723	张家滩·乔家河	9.57		9.57			9.57		
Y073430723	方石坪·码头铺	5.3			5.3		5.3		
Y074430723	黄金垭·方石坪	7.093			7.093		7.093		
Y075430723	廖家垭·火连坡	12.688			12.688		6.202		6.486
Y076430723	码头铺·燕子山	7.889			7.889		7.889		
Y077430723	中村河坝·马溪桥	9.351			9.351		9.351		
Y078430723	马溪桥·胡家棚	5.277			5.277		5.277		
Y079430723	余家铺·陆家	6.064			6.064		6.064		
Y080430723	探峪·长冲	10.626			10.626		10.626		
Y081430723	梭子坡·澧阳坡	7.239			7.239		7.239		
Y356430723	工业园公路·群星村部	7.428			7.428		7.428		
Y518430723	草堰·金星	2.577			2.577				2.577
Y519430723	四眼闸·永丰	3.576			3.576				3.576
Y520430723	雷公塔·岩头嘴	5.188			5.188				5.188
Y521430723	中武·同车	5.429			5.429				5.429
津市		84.738	2.411		82.327		68.039		16.699
Y095430781	襄阳街·果园	3.942			3.942				3.942
Y096430781	保和堤·襄阳街	1.697			1.697		1.697		
Y097430781	澧阳·襄阳街	1.925			1.925		1.925		
Y098430781	金鱼岭·电子管厂	2.411	2.411				2.411		
Y099430781	卢家·窑坡	2.204			2.204				2.204

续表 1-1-5-1

路线编码	起讫地点	里程	技术等级				路面类型		
			二级	三级	四级	等外	水泥砼	沥青表处	砂石路
Y100430781	豹鸣·白龙泉	1.253			1.253		1.253		
Y101430781	李家·白衣	9.268			9.268		9.268		
Y102430781	杨家·阳雀堰	4.849			4.849		3.001		1.848
Y103430781	万家·鲁家湾	4.186			4.186		4.186		
Y104430781	保和堤·石板滩	19.352			19.352		19.352		
Y105430781	狗儿垱·枫树	4.934			4.934		4.934		
Y478430781	渡口·下河口	4.839			4.839		4.839		
Y479430781	建国村·白衣	7.076			7.076		7.076		
Y480430781	保河堤·中心村	5.104			5.104		3.004		2.1
Y481430781	万家·李家铺	3.361			3.361		0.7		2.661
Y482430781	双坪·李家铺	3.002			3.002		1.852		1.15
Y483430781	李家铺·同乐	2.541			2.541		2.541		
Y484430781	城内村6组·天子岗	2.794			2.794				2.794
安乡县		368.345		11.167	357.178		280.475		87.87
Y082430721	同兴·沙堤	5.452			5.452		5.452		
Y083430721	董家垱·一农场	8.607			8.607		6.8		1.807
Y084430721	蹇家渡·桃花岭	12.924			12.924		12.924		
Y085430721	下渔口·同兴	8.981			8.981		8.981		
Y086430721	张家拐·焦圻	4.317			4.317				4.317
Y087430721	六角尾·沙河口	12.532			12.532		11.606		0.926
Y088430721	虢家洲·陈家嘴	11.884			11.884		8.233		3.651
Y089430721	大湾·羌口	10.409			10.409		10.409		
Y090430721	北河口·安民	16.697		3.901	12.796		10.304		6.393
Y091430721	偏湖洲·西南洲	6.16			6.16		6.16		
Y092430721	复兴·张九台	5.576			5.576		5.576		

续表 1-1-5-1

路线编码	起讫地点	里程	技术等级				路面类型		
			二级	三级	四级	等外	水泥砼	沥青表处	砂石路
Y093430721	五斗窖·三岔河	22.388		7.266	15.122		22.388		
Y094430721	大鲸港·渡口	1.326			1.326				1.326
Y487430721	青龙窖·新码头	5.465			5.465		5.465		
Y488430721	黄田湖一渔场·四岔桥	4.004			4.004		2		2.004
Y489430721	潭子口·中岭	4.713			4.713		4.713		
Y490430721	子龙庵间堤·新开口	8.987			8.987		4		4.987
Y491430721	子龙庵·新开口村部	9.404			9.404		5.105		4.299
Y492430721	会子庙·小望角	5.444			5.444		5.444		
Y493430721	新刭村 7 组·新刭村 9 组	5.1			5.1		5.1		
Y494430721	望槐·张九台	5.827			5.827		5.827		
Y495430721	北河口·泥刭口	6.758			6.758		4.758		2
Y496430721	三多·合家垸	5.367			5.367				5.367
Y497430721	槐西·一分局	8.456			8.456		2.315		6.141
Y498430721	大鲸港·新河口间堤	10.734			10.734		5.063		5.671
Y499430721	鄢家湖·新河口电排	10.125			10.125		5.137		4.988
Y500430721	中码头·舞阳	8.497			8.497				8.497
Y501430721	九姓垸·黄山岗	13.821			13.821		13.821		
Y502430721	至中·新茶窖	5.076			5.076		5.076		
Y503430721	枞杨树·宏湖	8.167			8.167		8.167		
Y504430721	河坝·马波渡口	8.489			8.489		4.902		3.587
Y505430721	长福·木刭大堤	5.532			5.532				5.532
Y506430721	南堤·心福	6.294			6.294				6.294
Y507430721	丁堤·黄土堤	5.194			5.194		5.194		
Y508430721	出口洲·大石线	21.926			21.926		21.926		
Y509430721	响水窖·安官渡	5.373			5.373		5.373		

续表 1-1-5-1

路线编码	起讫地点	里程	技术等级				路面类型		
			二级	三级	四级	等外	水泥砼	沥青表处	砂石路
Y510430721	陈家嘴·西巴坑	10.759			10.759		8.099		2.66
Y511430721	沉家沟·陈家嘴	7.22			7.22		7.22		
Y512430721	田家沟·陈家嘴	7.006			7.006		7.006		
Y513430721	和兴·联合	12.195			12.195		4.772		7.423
Y514430721	虢家洲·国兴	5.279			5.279		5.279		
Y515430721	六角尾·下渔口	8.681			8.681		8.681		
Y516430721	北堤村·三合	5.701			5.701		5.701		
Y517430721	焦圻镇·张家拐	5.498			5.498		5.498		
西洞庭管理区		57.87			57.03	0.84	40.334		17.536
Y336430704	清水塘·崇河	13.973			13.973		6.913		7.06
Y337430704	团结桥·港口	15			15		15		
Y338430704	东湖·龙洲	6.787			6.787		6.016		0.771
Y339430704	罗家湖·彭家洲	9.705			8.865	0.84			9.705
Y340430704	民安·十美堂	6.734			6.734		6.734		
Y341430704	牛屎湖·南湖	5.671			5.671		5.671		
西湖管理区		45.851		0.289	45.562		32.588		13.263
Y342430705	西湖镇·西洲	8.044			8.044		5.555		2.489
Y343430705	四门闸·浮桥	4.429			4.429		4.429		
Y344430705	西湖中学·下窖	10.601		0.289	10.312		10.601		
Y345430705	柳林嘴·西湖镇	10.167			10.167		6.369		3.798
Y346430705	新港桥·小桥	10.379			10.379		4.377		6.002
Y347430705	东洲·鼎港	2.231			2.231		1.257		0.974

村　道

湖南省交通厅编印的《湖南省交通统计资料汇编》显示,从2006年开始,村道列入交通统计资料范围。

2006年,常德市有村道9330公里。

2007年,常德市有村道9386.466公里。按技术等级分有:三级公路4.437公里,四级公路2652.836公里,等外公路6729.203公里;按路面类型分有:水泥混凝土3148.658公里,沥青混凝土0.931公里,简易铺装路8.8公里,未铺装路6228.077公里。

2009年,常德市有村道9543公里。按技术等级分有:二级公路5公里,三级公路10公里,四级公路5051公里,等外公路4477公里。

2010年,常德市有村道3830条,长9595.396公里。按技术等级分有:二级公路7.883公里,三级公路9.995公里,四级公路9466.46公里,等外公路111.058公里;按路面类型分有:水泥混凝土5936.711公里,沥青表处9.69公里,砂石路3485.078公里,无路面163.917公里(见表1-1-5-2)。

2010 年常德市村道公路里程表

表 1-1-5-2

单位：公里

路线编号	起讫地点	里程	技术等级				路面类型			
			二级	三级	四级	等外	水泥砼	沥青表处	砂石路	无路面
合计		9595.396	7.883	9.995	9466.46	111.058	5936.711	9.69	3485.078	163.917
汉寿县		1069.085			1060.538	8.547	616.621		443.917	8.547
C002430722	白鹭寺村部·白鹭寺	0.118			0.118		0.118			
C003430722	巷子口村部·白鹭寺	2.092			2.092		2.092			
C004430722	许家冲·白鹭寺	1.186			1.186				1.186	
C005430722	白鹭寺·王春生家	6.066			6.066				6.066	
C006430722	王塌坝·遥久馆	1.243			1.243				1.243	
C007430722	另家山·李成林家	4.372			4.372		3.172		1.2	
C008430722	井边湾·岩坝桥	3.933			3.933		3.933			
C009430722	宝塔铺·晒谷岩	0.854			0.854		0.854			
C010430722	昌林冲·三合桥	2.2			2.2		1.499		0.701	
C011430722	宝塔铺村部·杨新华家	0.3			0.3		0.3			
C012430722	集镇水泥路·灰库	0.606			0.606				0.606	
C013430722	西阳村部·中心校口	1.381			1.381		1.381			
C014430722	尹家桥·保安桥	2.413			2.413		1.861		0.552	
C015430722	学校叉路·肖家冲	1.031			1.031		0.2		0.831	
C016430722	跃进·高家湾	0.802			0.802				0.802	
C017430722	路进·大茅坪	2.83			2.83		1.226		1.604	
C018430722	保和界·雷家坳	1.487			1.487				1.487	
C019430722	粮站·铁路桥	4.103			4.103		4.103			
C020430722	代家湾·蔺家山	2.63			2.63		2.63			

续表 1-1-5-2

路线编号	起讫地点	里程	技术等级				路面类型			
			二级	三级	四级	等外	水泥砼	沥青表处	砂石路	无路面
C021430722	双眼塘·大桥冲	1.064			1.064				1.064	
C023430722	学校·大桥冲	0.17			0.17		0.17			
C024430722	东花村部·东花庵	1.776			1.776		1.776			
C025430722	康家浪·分社	3.056			3.056				3.056	
C026430722	石坑·贺国高家	3.235			3.235		2.266		0.969	
C027430722	九灵·赵家湾	4.722			4.722		3.094		1.628	
C028430722	崔家桥村部·派出所	0.154			0.154		0.154			
C029430722	学校·居家湾	0.2			0.2		0.2			
C030430722	分社·罗家洲	3.252			3.252		2.5		0.752	
C031430722	白羊村部·铁家桥集镇	4.624			4.624		4.624			
C032430722	彭家桥·青家冲	4.97			4.97				4.97	
C033430722	百家嘴村部·愈佳桥	1.999			1.999				1.999	
C034430722	王家湾·落金坝	4.598			4.598		3.509		1.089	
C035430722	肖家仑家·尧嘴村部	4.385			4.385		1.648		2.737	
C036430722	陈新铺家·粮站	1.724			1.724				1.724	
C037430722	莲荷塘村部·彭家桥	2.397			2.397				2.397	
C038430722	王家冲村部·中心小学	3.622			3.622		0.119		3.503	
C039430722	龙潭湾·小学	3.234			3.234				3.234	
C040430722	万福桥·左右冲水库	1.463			1.463				1.463	
C041430722	愈佳桥村部·柴火冲	0.499			0.499				0.499	
C042430722	如意塘·彭家桥	2.409			2.409		2.409			
C043430722	余家桥·董家冲村部	2.066			2.066				2.066	
C044430722	铁集镇·田家冲	2.936			2.936		2.445		0.491	

续表 1-1-5-2

路线编号	起讫地点	里程	技术等级				路面类型			
			二级	三级	四级	等外	水泥砼	沥青表处	砂石路	无路面
C045430722	新建·苏家冲	4.323			4.323				4.323	
C049430722	金线·茶亭	4.099			4.099		2.944		1.155	
C050430722	王朗清家·贺家冲	3.853			3.853		0.813		3.04	
C051430722	绍川湾村部·茶亭止	4.759			4.759		2.778		1.981	
C052430722	月光塘村部·龙集镇	2.053			2.053		2.053			
C053430722	另家冲·月光塘村部	3.713			3.713				3.713	
C054430722	洋淘冲·国宁塘	1.852			1.852		1.852			
C057430722	长茅岭村部·刘氏店前	0.229			0.229				0.229	
C058430722	圆珠坝·丰树界	0.978			0.978				0.978	
C059430722	黑塘铺·斯毛冲	1.149			1.149				1.149	
C060430722	杏花村部·大横冲	1.454			1.454		1.454			
C061430722	铜鼓山·林场	1.317			1.317		1.317			
C062430722	罗家湾·G319 线	14.083			14.083		8.928		5.155	
C063430722	双港口·七房塘	1.183			1.183		1.183			
C064430722	罗家湾·新屋	3.193			3.193		0.538		2.655	
C065430722	六家湾·童家冲	1.047			1.047				1.047	
C066430722	前进·松树	2.605			2.605		2.605			
C067430722	牛溪冲·伍家湾	2.364			2.364				2.364	
C068430722	新建·檀树湾	2.774			2.774		1.234		1.54	
C070430722	大山冲·义江湾	3.404			3.404		3.404			
C071430722	毛家巷·郭家坳	5.733			5.733		0.779		4.954	
C072430722	肖家仑家·颜家庙	2.344			2.344		2.344			
C073430722	水秀湾·百禄桥街道	2.34			2.34		2.34			

续表 1-1-5-2

路线编号	起讫地点	里程	技术等级				路面类型			
			二级	三级	四级	等外	水泥砼	沥青表处	砂石路	无路面
C074430722	白驼寺·荷叶塘	2.382			2.382				2.382	
C075430722	朱家村部·胜芝	0.186			0.186		0.186			
C076430722	八罗村部·鸭山岭	0.3			0.3		0.3			
C077430722	石桥·野鸡塘	5.578			5.578		2.631		2.947	
C078430722	老砖厂·新坝里	1.925			1.925				1.925	
C079430722	四路车站·茶亭	1.956			1.956		0.525		1.431	
C080430722	王财坝村部·花园	3.059			3.059				3.059	
C081430722	苏家冲·庙山嘴	3.894			3.894		2.819		1.075	
C082430722	小冲·上潘	0.802			0.802		0.802			
C084430722	花园·茶厂	2.96			2.96		2.96			
C086430722	烟墨冲·月塘	2.944			2.944				2.944	
C087430722	烟包山·马井	1.366			1.366				1.366	
C088430722	枇杷冲·园艺场	0.786			0.786				0.786	
C089430722	东仓铺村部·大桥	6.569			6.337	0.232	6.337			0.232
C090430722	李家冲村部·大桥	5.693			5.693		4.567		1.126	
C091430722	长巷村部·油闸	1.895			1.895				1.895	
C092430722	南阳嘴村部·长巷口	2.424			2.424		2.424			
C093430722	相公山村部·分社	2.922			2.617	0.305	1.132		1.485	0.305
C095430722	红永电排·双红桥	1.26			1.26		1.26			
C096430722	永固桥村部·新塘	3.288			3.288				3.288	
C097430722	泥湾村部·罗子贵家	2.329			2.329		2.329			
C098430722	新塘·施五妹家	0.403			0.403		0.403			
C099430722	花墙村部·易焕利家	3.754			3.754		3.754			

续表 1-1-5-2

路线编号	起讫地点	里程	技术等级				路面类型			
			二级	三级	四级	等外	水泥砼	沥青表处	砂石路	无路面
C100430722	荷花村部·清水塘	4.394			4.394		4.394			
C101430722	清水塘村部·丁符生家	3.093			3.093		3.093			
C102430722	冷铺山村部·低水闸	1.572			1.572				1.572	
C103430722	毛家冲村部·大冲	1.7			1.7		1.7			
C104430722	桂花树村部·夏丁电排	2.338			2.338		2.338			
C105430722	鹿尾塘村部·纸料洲小学	2.361			2.361		2.361			
C107430722	谷家冲村部·刘平银家	0.908			0.908		0.908			
C109430722	渡口·烂泥冲	4.029			3.776	0.253	3.776			0.253
C110430722	花莲寺村部·马安山	1.273			1.273		1.273			
C111430722	台子砖厂·王家障	2.021			2.021				2.021	
C112430722	汉文屋场·粮站	4.654			4.654		2.767		1.887	
C113430722	王家巷·十字路	1.317			1.317		1.317			
C114430722	浏家河村部·如意塘桥	1.462			1.462		1.462			
C115430722	叶家障村部·老瓷厂	1.576			1.576				1.576	
C116430722	上岩桥·新塘	5.688			5.688				5.688	
C118430722	杨树山·杉山湾	2.143			2.143		2.143			
C119430722	木鱼洲村部·潘家桥	1.322			1.322				1.322	
C120430722	胡家冲村部·红茶厂	1.111			1.111		1.111			
C121430722	黄福村部·黄福组	0.799			0.799		0.799			
C123430722	天星村部·金牛大道	1.313			1.313		1.313			
C124430722	桔园·防保室	7.739			7.739		5.111		2.628	
C125430722	五里冲村部·破山	0.824			0.824		0.824			
C126430722	吉庆村部·吉庆村村部口	0.144			0.144				0.144	

续表 1-1-5-2

路线编号	起讫地点	里程	技术等级				路面类型			
			二级	三级	四级	等外	水泥砼	沥青表处	砂石路	无路面
C128430722	黄家湾村部·石房湾	1.252			1.252		1.252			
C129430722	余家桥村部·王家冲	2.504			2.504		2.504			
C130430722	代道元家·李明勤家	3.514			3.514		1.773		1.741	
C131430722	倒流坪村部·麒麟铺	0.976			0.976		0.976			
C132430722	倒流坪·砖屋	2.056			2.056				2.056	
C133430722	康家洲·象山	3.585			3.585				3.585	
C134430722	新堤村部·中心校	4.526			4.526		4.526			
C135430722	东风·同兴分社	2.989			2.989				2.989	
C136430722	大窝·李家	5.677			5.677		2.374		3.303	
C137430722	西保桥·龙虎	2.304			2.304		1.599		0.705	
C138430722	松树村部·粮站	1.372			1.372		1.372			
C139430722	黄岭村部·李家塘	0.152			0.152				0.152	
C140430722	老屋·G319 线口	0.795			0.795				0.795	
C141430722	廖家汉村部·国道口	1.321			1.321		1.321			
C142430722	岩嘴村部·集镇	0.433			0.433		0.433			
C143430722	太安村部·岩嘴	5.669			5.669		5.669			
C144430722	白竹·软桥	4.69			4.69		4.69			
C145430722	软桥村部·邵民主家	0.488			0.488		0.488			
C146430722	陈家冲·雷家桥	3.788			3.788		1.324		2.464	
C147430722	断堤村部·教门	0.349			0.349				0.349	
C148430722	茶山·龙潭水库	11.846			11.846				11.846	
C149430722	刘家·久远桥	4.107			4.107		2.349		1.758	
C150430722	合理·周家	6.677			6.677		3.3		3.377	

续表 1-1-5-2

路线编号	起讫地点	里程	技术等级				路面类型			
			二级	三级	四级	等外	水泥砼	沥青表处	砂石路	无路面
C151430722	江东·新民	2.796			2.796				2.796	
C152430722	新堤界·茶山桥	2.245			2.245				2.245	
C153430722	铁关村部·汉发线	0.463			0.463		0.463			
C154430722	灰矿桥·向形	2.463			2.463		1.8		0.663	
C155430722	仙芝桥村部·久远坝	0.705			0.705		0.705			
C156430722	施家·马家出口	1.736			1.736				1.736	
C157430722	学校·高家	0.6			0.6		0.6			
C158430722	新民·李家	6.139			6.139				6.139	
C160430722	关星·新建	1.45			1.45				1.45	
C161430722	下山口·荷花桥	3.265			3.265		3.265			
C163430722	大桥·西田湾村部	4.786			4.786		2.174		2.612	
C164430722	老屋洲·林杨村村部	2.491			2.491				2.491	
C165430722	鹿溪村部·毛冲	0.935			0.935		0.935			
C166430722	关山村部·关山组	0.265			0.265				0.265	
C167430722	顺里·老屋	3.994			3.994		0.992		3.002	
C168430722	雷家湾·牛其村	1.181			1.181				1.181	
C169430722	白羊村部·金坪坝	6.193			6.193		2.278		3.915	
C170430722	观音桥·学校	1.509			1.509				1.509	
C171430722	林场·油闸湾	1.963			1.963				1.963	
C172430722	柳溪村部·罗家	0.372			0.372		0.372			
C173430722	石泉村部·丰家铺	1.63			1.63		1.63			
C174430722	铁甲村部·新屋嘴	2.901			2.901		2.901			
C175430722	洞庭村部·沙洲口	0.45			0.45				0.45	

续表 1-1-5-2

路线编号	起讫地点	里程	技术等级				路面类型			
			二级	三级	四级	等外	水泥砼	沥青表处	砂石路	无路面
C176430722	白牛庵村部·太平	1.1			1.1				1.1	
C177430722	安乐村部·唐家岭	0.879			0.879		0.879			
C178430722	金坪村部·金坪坝	0.36			0.36		0.36			
C179430722	角门·帅家	2.752			2.752		2.752			
C180430722	丰家铺村部·卫生院	0.35			0.35		0.35			
C181430722	顺里村部·丰树组	0.45			0.45				0.45	
C182430722	潘桥村部·王家	0.817			0.817		0.817			
C183430722	綦桥村部·钟家	0.707			0.707		0.707			
C184430722	白马庙·邱家	1.123			1.123		1.02		0.103	
C185430722	蔡巷村部·蔡巷村村部口	0.144			0.144		0.144			
C186430722	七里组·老屋组	1.706			1.706		1.706			
C187430722	横山村部·新巷	1.382			1.382		1.382			
C188430722	朝阳庵村部·和平	0.549			0.549		0.549			
C189430722	李家村部·巷口	0.751			0.751				0.751	
C190430722	金牛山村部·杉树	0.7			0.7		0.7			
C191430722	李稳清家·楼背村村部口	3.611			3.611		3.611			
C192430722	文家·幸福桥	2.015			2.015		2.015			
C193430722	杨梅村部·马家	1.94			1.94		1.94			
C194430722	燕窝村部·幸福	4.127			4.127		4.127			
C195430722	团坪村部·团坪村村部口	0.122			0.122		0.122			
C196430722	潘桥后湾·王家	2.516			2.516		0.178		2.338	
C197430722	笔架村部·蔡家组	1.901			1.901		1.901			
C198430722	左家冲·才港学校	0.628			0.628				0.628	

续表 1-1-5-2

路线编号	起讫地点	里程	技术等级				路面类型			
			二级	三级	四级	等外	水泥砼	沥青表处	砂石路	无路面
C199430722	杨柳村部·三江	0.423			0.423		0.423			
C200430722	龙形村部·龙形村村部口	0.656			0.656		0.656			
C201430722	包狮村部·三仙桥	2.021			2.021		2.021			
C202430722	东流冲村部·老屋嘴	0.348			0.348		0.348			
C203430722	邱家·丁家	1.289			1.289		1.289			
C204430722	烟家冲·白羊坳	4.676			4.676		2.945		1.731	
C205430722	陈家河村部·乐山街	6.076			6.076		6.076			
C206430722	李家嘴村部·岭背	0.619			0.619		0.619			
C207430722	袁家湾村部·白羊坳	0.94			0.94		0.94			
C208430722	沧塘铺·袁家湾	2.49			2.49				2.49	
C209430722	张家铺村部·三房湾村部	2.112			2.112				2.112	
C210430722	船形湾村部·夏家塘	2.889			2.889		2.889			
C211430722	三房湾村部·伍家冲村部	2.362			2.362				2.362	
C212430722	三房湾村部·虎形	1.163			1.163		1.163			
C213430722	二房湾村部·油闸	0.137			0.137				0.137	
C214430722	小河村部·新硞村部	4.934			4.338	0.596			4.338	0.596
C215430722	金架坝村部·金架坝	1.312			1.312		1.312			
C216430722	台子包·方塘	2.892			2.892		1.933		0.959	
C217430722	紫阳冲村部·彭家垅	0.636			0.636		0.636			
C218430722	阳南塘村部·瓦厂	0.701			0.701				0.701	
C219430722	庵坝·四房湾	1.575			1.575				1.575	
C220430722	仙峰山村部·岩土坝	2.303			2.303		2.303			
C221430722	彭枚坳·大唐坡	1.342			1.342				1.342	

续表 1-1-5-2

路线编号	起讫地点	里程	技术等级				路面类型			
			二级	三级	四级	等外	水泥砼	沥青表处	砂石路	无路面
C222430722	水竹塘·罗家湾	3.575			3.575		1.47		2.105	
C223430722	凤阳冲村部·集镇	4.566			3.062	1.504	1.517		1.545	1.504
C225430722	加油站·牛角塘	2.256			2.256		2.256			
C226430722	高德才家·四工区	1.152			1.152		0.198		0.954	
C227430722	分社·彭家湾	2.161			2.161				2.161	
C230430722	彭家湾·节制闸	0.401			0.401				0.401	
C232430722	茶家园村部·王家湾	5.218			5.218		5.218			
C233430722	永昌盛·S205 线 K100	2.276			2.106	0.17	0.608		1.498	0.17
C234430722	张宝台·涉外	0.594			0.594		0.594			
C235430722	大山岭·陈焕利家	1.623			1.623		0.746		0.877	
C236430722	中桥村部·四华商店	1.584			1.584		1.584			
C237430722	种子队·孙爱波家	1.665			1.665		1.665			
C238430722	小湖平·晶晶超市	2.135			2.135		1.405		0.73	
C239430722	鸭东电排·全赋电排	2.022			2.022				2.022	
C240430722	陈文阁家·完小组	0.645			0.645				0.645	
C241430722	泄洪闸·G319 线	4.86			4.86		4.86			
C242430722	韩家冲村部·岔路口	0.236			0.236		0.236			
C243430722	全赋村部·同德批发部	3.083			2.775	0.308	2.48		0.295	0.308
C244430722	云台村部·云台电排	0.927			0.78	0.147	0.78			0.147
C245430722	云台学校·粮种场	1.32			1.32		1.32			
C246430722	红旗·泄洪闸	6.476			6.476		3.865		2.611	
C247430722	向阳河大堤·笑藤港桥	2.73			2.567	0.163			2.567	0.163
C248430722	文步桥村部·左家庵村村部口	3.642			3.642		3.642			

续表 1-1-5-2

路线编号	起讫地点	里程	技术等级				路面类型			
			二级	三级	四级	等外	水泥砼	沥青表处	砂石路	无路面
C249430722	涉外·枫树组	3.976			3.976		3.976			
C250430722	株木村部·株木村村部出口	0.2			0.2		0.2			
C251430722	云台村部·云台山林场场部出口	0.119			0.119		0.119			
C252430722	团和·碏港	0.872			0.872		0.405		0.467	
C253430722	红菱湖5队·红菱湖1队	1.399			1.399				1.399	
C254430722	雷神庵桥·永兴电排	3.672			3.672		3.672			
C255430722	回龙潭村部·姜家湾	0.25			0.25		0.25			
C256430722	大西冲村部·缸口湾	0.16			0.16		0.16			
C257430722	雷神庵桥·变电站	2.931			2.931				2.931	
C258430722	红菱湖10队·红星	6.802			6.802		6.802			
C259430722	新堤拐组·种子队	6.779			6.182	0.597	3.145		3.037	0.597
C260430722	永安组·雷神庵桥	3.361			3.361				3.361	
C261430722	周文庙大龙·汉岩公路	3.835			3.835		3.835			
C262430722	中心桥·红窖	3.892			3.892				3.892	
C263430722	方嘴电排·方嘴桥	2.661			2.661		2.661			
C264430722	方嘴村部·排子窖村部	5.248			5.248		3.123		2.125	
C265430722	排子窖村部·五美合一	3.059			3.059		2.093		0.966	
C266430722	排子窖分社·方嘴桥	0.648			0.648				0.648	
C267430722	新民9队·高羊村10组	1.949			1.949				1.949	
C268430722	五美跑腿湾·定向分社	2.491			2.491				2.491	
C269430722	五美村部·合一	2.235			2.235		2.235			
C270430722	高羊村部·高羊村10组	1.28			1.28		1.28			
C274430722	洲头塞村部·红金	1.117			1.117		1.117			

续表 1-1-5-2

路线编号	起讫地点	里程	技术等级				路面类型			
			二级	三级	四级	等外	水泥砼	沥青表处	砂石路	无路面
C275430722	曹坪·王家湾	2.003			2.003				2.003	
C276430722	马井桥·鄢家桥	3.928			3.928		3.928			
C277430722	王家铺村部·陈军堤	1.25			1.25		0.965		0.285	
C279430722	寿南村部·彭家	1.282			1.282		1.282			
C280430722	万家湾·鄢家桥	1.609			1.609		1.609			
C281430722	陈军堤·周文庙街道	3.958			3.958		2.905		1.053	
C282430722	栗公堤·金盆岭	4.842			4.842		3.115		1.727	
C283430722	学校·陈军堤	3.464			2.419	1.045	2.419			1.045
C284430722	彭家湾·砖厂	1.674			1.674		1.674			
C285430722	聂家湾·团结	2.001			2.001				2.001	
C286430722	老竹山村部·张公坝	2.35			2.35		2.35			
C287430722	剪冲·大屋湾	0.729			0.729				0.729	
C288430722	苏家冲·万家坝	3.741			3.741		1.801		1.94	
C289430722	福星村部·彭家	0.451			0.451				0.451	
C290430722	回龙庵村部·东风组	0.64			0.64				0.64	
C291430722	笔架嘴村部·高卢家村部	3.62			3.62		3.62			
C292430722	张家磻村部·菱南大桥	5.075			5.075		5.075			
C293430722	赵家湖·谭坪湖小学	5.143			5.143		0.956		4.187	
C294430722	谭坪桥·凤港闸	1.128			1.128				1.128	
C295430722	谭坪湖村部·谭坪界	3.684			3.684		3.684			
C296430722	软纳桥村部·养路队	0.619			0.619		0.619			
C297430722	七星村部·冻库	1.368			1.368		1.368			
C298430722	军刘组·仓水堤	5.165			5.165		3.507		1.658	

续表 1-1-5-2

路线编号	起讫地点	里程	技术等级				路面类型			
			二级	三级	四级	等外	水泥砼	沥青表处	砂石路	无路面
C299430722	菱南大桥·供电所	0.298			0.298		0.298			
C300430722	五里桥·赵家湖	5.828			5.828		5.828			
C301430722	百引障闸·雅雀湖	2.989			2.989		2.989			
C302430722	将军潭村部·十字港闸	3.953			3.953		3.953			
C303430722	新建队·三公区桥	2.204			2.204		2.204			
C305430722	水果山村部·渔场电排	0.478			0.478		0.478			
C306430722	武竺山村部·大南湖街道	0.772			0.772		0.772			
C307430722	祝家岗村部·幸福	1.232			1.232		1.232			
C308430722	软纳桥·同兴	3.184			3.184		2.068		1.116	
C309430722	军刘村部·Y170 线	5.872			5.872		5.872			
C310430722	张家·铁路村部	2.411			2.411				2.411	
C311430722	报国村部·伍家坝堤	6.4			6.4		1.683		4.717	
C312430722	报国村部·团结	4.041			4.041		4.041			
C313430722	新兴村部·居委会	2.002			2.002		2.002			
C314430722	鲁家河村部·杨李 12 队	5.186			5.186		3.198		1.988	
C315430722	八鸽山村部·八鸽山村 8 组	0.547			0.547		0.547			
C316430722	太子庵村部·朱家	1.231			1.231		1.231			
C317430722	金鹅村部·王家	1.2			1.2		1.2			
C318430722	武峰村部·聂家桥	1.781			1.781		1.781			
C319430722	茶铺村部·陈口	6.753			6.753		6.753			
C320430722	雷家坡村 11 组·石门桥流岗	1.514			1.514				1.514	
C321430722	雷家坡村部·聂家桥中学	5.801			5.801		5.801			
C322430722	白马村部·三星村部	4.262			4.262		3.606		0.656	

续表 1-1-5-2

路线编号	起讫地点	里程	技术等级				路面类型			
			二级	三级	四级	等外	水泥砼	沥青表处	砂石路	无路面
C323430722	花园村部·花园2队	1.67			1.643	0.027	1.643			0.027
C324430722	西堖村部·西堖桥	0.726			0.726				0.726	
C325430722	何家·顶岗铺村部	7.759			7.759		7.759			
C326430722	朱家湾·新港桥	7.749			7.547	0.202	5.377		2.17	0.202
C327430722	桥边·犁头嘴	2.574			2.574				2.574	
C328430722	金星·学堂	5.637			5.637		2.144		3.493	
C329430722	史家桥村部·新港桥	1.66			1.66		1.66			
C330430722	朱家·彭家	4.248			4.248		2.536		1.712	
C331430722	焦家·油铺组	4.713			4.713		2.93		1.783	
C332430722	枫树·徐家山	4.683			4.683		4.683			
C333430722	中平·王家	1.603			1.603		1.603			
C334430722	牛路村部·同心	0.219			0.219				0.219	
C335430722	陈家·芮家	4.035			4.035				4.035	
C336430722	燕子口村部·樟树	1.099			1.099				1.099	
C337430722	东风·新堤	2.839			2.839		1.641		1.198	
C338430722	窑台村部·栗树	2.311			2.311		2.311			
C339430722	大同村部·乡政府	2.703			2.703		1.848		0.855	
C340430722	张家嘴·乡政府	3.913			3.913		3.913			
C341430722	胜利1队·五支渠	2.736			2.736				2.736	
C342430722	胜利5队·变电站	2.545			2.545		1.273		1.272	
C343430722	渔场村部·渔场公路桥	1.049			1.049		1.049			
C344430722	建设村部·建设4队	0.833			0.833		0.833			
C345430722	东风5队·常新村部	2.185			2.185		1.432		0.753	

续表 1-1-5-2

路线编号	起讫地点	里程	技术等级				路面类型			
			二级	三级	四级	等外	水泥砼	沥青表处	砂石路	无路面
C346430722	水产村部·厂部	0.651			0.651		0.651			
C347430722	蚕双站村部·冲天3队	0.425			0.425		0.425			
C348430722	双岭村部·挂铺口	3.235			3.235		3.235			
C349430722	柳林村部·联安9队	2.633			2.633		1.908		0.725	
C350430722	大洲村部·大码头	3.734			3.734		3.734			
C351430722	竹山坡村部·云长桥	4.62			4.62		4.62			
C352430722	联福·新正	8.429			8.429		3.556		4.873	
C353430722	赵家河·中闸	5.316			4.505	0.811	4.505			0.811
C354430722	辰护·偏坡桥	4.81			4.81		1.559		3.251	
C355430722	邱家嘴·辰护3队	3.849			3.849				3.849	
C356430722	大西村部·辰阳	6.421			6.421		3.177		3.244	
C357430722	永光村部·硚水闸	0.873			0.873		0.873			
C358430722	明光村部·明光村2组	0.347			0.347		0.347			
C359430722	饶家坝·杨家障	2.746			2.746		1.63		1.116	
C360430722	维新·曙光	0.963			0.963				0.963	
C361430722	文蔚村部·机埠	0.153			0.153		0.153			
C362430722	农科村部·变电站	0.127			0.127		0.127			
C363430722	猴王1队·北堤10队	2.69			1.675	1.015	0.977		0.698	1.015
C364430722	小港堤·护校6队	15.046			15.046		7.021		8.025	
C365430722	大陆村部·大陆1队	0.912			0.2	0.712			0.2	0.712
C366430722	三益硚村部·护校6队	3.683			3.223	0.46			3.223	0.46
C367430722	沙嘴村部·鸭舌桥	0.778			0.778		0.778			
C368430722	东风村部·小港西	13.772			13.772				13.772	

续表 1-1-5-2

路线编号	起讫地点	里程	技术等级				路面类型			
			二级	三级	四级	等外	水泥砼	沥青表处	砂石路	无路面
C393430722	席家嘴村部·席家嘴村部出口	0.599			0.599				0.599	
C394430722	明星村部·横港7队	4.689			4.689				4.689	
C395430722	横港村部·陈家湾8队	3.636			3.636				3.636	
C396430722	陈家湾村部·陈家湾村6组	0.541			0.541				0.541	
C397430722	牛广村部·牛广村5组	0.496			0.496				0.496	
C398430722	官护村部·竹山村4组	4.18			4.18		2.84		1.34	
C399430722	新旨村部·林家嘴	0.346			0.346				0.346	
C400430722	三星村部·镇中学	1.15			1.15		1.15			
C401430722	茶亭村部·堵口	1.573			1.573				1.573	
C402430722	群英村部·坡头村3组	1.322			1.322		1.322			
C403430722	丁家拐3队·连高桥	1.878			1.878				1.878	
C404430722	严家硚·丁家拐群英	6.785			6.785				6.785	
C405430722	车硚村部·肖家祠	6.679			6.679		3.852		2.827	
C406430722	全心村部·万坝桥	4.799			4.799		4.799			
C407430722	丰临村部·丰临7队	1.38			1.38				1.38	
C408430722	仓兴村部·仓兴5队	1.495			1.495				1.495	
C409430722	太丰村3组·莱因湖	3.3			3.3		3.3			
C410430722	余家嘴电排·新进	3.085			3.085				3.085	
C411430722	林场·新进村3组	2.84			2.84		0.919		1.921	
C412430722	福禄村2组·连宏村部	2.5			2.5				2.5	
C413430722	联兴村部·杨家湾	0.359			0.359				0.359	
C414430722	南堤村部·鸭子港街道	4.495			4.495				4.495	
C415430722	万坝村部·万坝车站	0.482			0.482		0.482			

续表 1-1-5-2

路线编号	起讫地点	里程	技术等级				路面类型			
			二级	三级	四级	等外	水泥砼	沥青表处	砂石路	无路面
C393430722	席家嘴村部·席家嘴村部出口	0.599			0.599				0.599	
C394430722	明星村部·横港7队	4.689			4.689				4.689	
C395430722	横港村部·陈家湾8队	3.636			3.636				3.636	
C396430722	陈家湾村部·陈家湾村6组	0.541			0.541				0.541	
C397430722	牛广村部·牛广村5组	0.496			0.496				0.496	
C398430722	官护村部·竹山村4组	4.18			4.18		2.84		1.34	
C399430722	新旨村部·林家嘴	0.346			0.346				0.346	
C400430722	三星村部·镇中学	1.15			1.15		1.15			
C401430722	茶亭村部·堵口	1.573			1.573				1.573	
C402430722	群英村部·坡头村3组	1.322			1.322		1.322			
C403430722	丁家拐3队·连高桥	1.878			1.878				1.878	
C404430722	严家硚·丁家拐群英	6.785			6.785				6.785	
C405430722	车硚村部·肖家祠	6.679			6.679		3.852		2.827	
C406430722	全心村部·万坝桥	4.799			4.799		4.799			
C407430722	丰临村部·丰临7队	1.38			1.38				1.38	
C408430722	仓兴村部·仓兴5队	1.495			1.495				1.495	
C409430722	太丰村3组·莱因湖	3.3			3.3		3.3			
C410430722	余家嘴电排·新进	3.085			3.085				3.085	
C411430722	林场·新进村3组	2.84			2.84		0.919		1.921	
C412430722	福禄村2组·连宏村部	2.5			2.5				2.5	
C413430722	联兴村部·杨家湾	0.359			0.359				0.359	
C414430722	南堤村部·鸭子港街道	4.495			4.495				4.495	
C415430722	万坝村部·万坝车站	0.482			0.482		0.482			

续表 1-1-5-2

路线编号	起讫地点	里程	技术等级				路面类型			
			二级	三级	四级	等外	水泥砼	沥青表处	砂石路	无路面
C416430722	牛角尖·丰临电排	5.754			5.754		2.573		3.181	
C417430722	全护村部·堵口	0.658			0.658		0.658			
C418430722	彭家滩村部·彭家滩村1组	3.1			3.1		1.326		1.774	
C419430722	福兴村部·洛水口3队	4.05			4.05		4.05			
C420430722	洛水口村部·复兴坝	1.138			1.138		1.138			
C421430722	太平桥村部·太平包	1.147			1.147		1.147			
C422430722	张家汊村部·袁家坪	3.006			3.006		3.006			
C423430722	盘古村部·盘古分社	1.36			1.36		1.36			
C424430722	永丰村部·永丰3队	2.435			2.435		2.435			
C425430722	红光十字路·袁家坪	4.589			4.589		3.834		0.755	
C426430722	丰收闸·罐头嘴	2.54			2.54		1.785		0.755	
C427430722	六官口村部·六官口1队	1.871			1.871		1.871			
C428430722	新建村部·新家组	2.174			2.174		1.09		1.084	
C430430722	太新村部·盘古分社	2.265			2.265		2.265			
C431430722	太新11队·聂家山10队	3.344			3.344				3.344	
C432430722	信用社·大兴渔场	3.439			3.439				3.439	
C433430722	周家湖村部·镇政府	2.152			2.152		2.152			
C434430722	保北村部·帅家硚	3.441			3.441		2.745		0.696	
C435430722	保南村部·帅家硚	1.851			1.851		1.851			
C436430722	和平·三队坝	3.116			3.116		3.116			
C626430722	G319线·烟家塘	1.988			1.988		1.988			
C645430722	S205线·猫儿冲	1.982			1.982		1.4		0.582	
C646430722	龙虎·曾家坪	3.576			3.576		3.576			

续表 1-1-5-2

路线编号	起讫地点	里程	技术等级				路面类型			
			二级	三级	四级	等外	水泥砼	沥青表处	砂石路	无路面
C725430722	猴王1队·猴王10队	1.5			1.5				1.5	
C727430722	坡头村部·坡头村村部口	0.65			0.65				0.65	
C729430722	岩汪湖中学·军红线	0.574			0.574		0.574			
CT02430722	张家洲·窑嘴	1.762			1.762				1.762	
武陵区		408.529		6.646	401.883		169.833	3.582	235.114	
C001430702	花山·竹根潭	3.279			3.279		3.279			
C002430702	花山村5组·肖伍铺	0.361			0.361				0.361	
C003430702	K0+000·K3+221	3.221			3.221		0.775		2.446	
C004430702	清水堰·双桥	3.272			3.272				3.272	
C005430702	岩子堰·黄国线	3.073			3.073				3.073	
C006430702	双桥·岩子堰	3.674			3.674		3.674			
C007430702	K0+000·岩子堰	2.253			2.253		2.253			
C008430702	东风村11组·金家坪	1.296			1.296				1.296	
C009430702	白马湖·金家坪	2.578			2.578		1.788		0.79	
C010430702	花竹线·竹根潭桥头	1.216			1.216				1.216	
C011430702	陶家坝·竹根潭	3.224			3.224		1.639		1.585	
C012430702	白马湖村1组·护城	1.064			1.064				1.064	
C013430702	白马湖村1组·魏家屋场	1.52			1.52				1.52	
C014430702	K0+000·K2+8	2.008			2.008		1.958		0.05	
C015430702	S306线·沾天湖	1.108			1.108		1.108			
C016430702	腰路铺学校·顾家山	1.266			1.266		1.266			
C017430702	腰路铺·五岔	1.947			1.947				1.947	
C018430702	赵家山·金家岗	1.897			1.897				1.897	

续表 1-1-5-2

路线编号	起讫地点	里程	技术等级				路面类型			
			二级	三级	四级	等外	水泥砼	沥青表处	砂石路	无路面
C019430702	驮古堤村4组·机埠	1.127			1.127		0.57		0.557	
C020430702	驮古堤村9组·驮古堤村6组	0.952			0.952				0.952	
C021430702	驮古堤村3组东·驮古堤村3组西	1.42			1.42				1.42	
C022430702	马家吉堤·驮古堤村3组	1.077			1.077				1.077	
C023430702	驮古堤·大堤	0.6			0.6				0.6	
C024430702	柳叶湖·马林河	3.066			3.066		3.066			
C025430702	靳家湾·渔场	2.08			2.08				2.08	
C026430702	C029线·东江	1.91			1.91		1.91			
C027430702	靳家湾村7组·东江村1组	1.549			1.549		1.01		0.539	
C028430702	柳叶湖·锅底坑	2.385			2.385				2.385	
C029430702	东江村4组·东江村10组	2.28			2.28		1		1.28	
C030430702	浮桥·猴子坡	2.362			2.362		2.194		0.168	
C031430702	浮桥·K1+996	1.995			1.995		1.995			
C032430702	柳叶湖·新安路口	1.01			1.01				1.01	
C033430702	K0+000·新安	4.037			4.037		4.037			
C034430702	新安村4组·新安村3组	1			1		1			
C035430702	浮桥渔场·马林河	2.977			2.977				2.977	
C036430702	关天坪·蔬菜基地	0.8			0.8				0.8	
C037430702	皮鞋厂·关天坪	1.713			1.713		1.713			
C038430702	G207线·新安	0.749			0.749				0.749	
C039430702	新坡·新白线	0.925			0.925				0.925	
C040430702	马洪堰村1组·马洪堰村3组	2.652			2.652				2.652	
C041430702	K0+000·K1+918	1.918			1.918		0.129		1.789	

续表 1-1-5-2

路线编号	起讫地点	里程	技术等级				路面类型			
			二级	三级	四级	等外	水泥砼	沥青表处	砂石路	无路面
C042430702	白鹤庵村2组·白鹤庵村10组	1.6			1.6				1.6	
C043430702	K0+000·K3+418	3.418			3.418		3.418			
C044430702	K0+000·三星	3.168			3.168		3.168			
C045430702	青林村10组·青林村部	1.157			1.157		1.157			
C046430702	K0+000·南湖	8.852			8.852		7.891		0.961	
C047430702	洪流村8组·洪流村9组	0.631			0.631				0.631	
C048430702	K0+000·洪流	3.789			3.789				3.789	
C049430702	全美·朱湖	1.493			1.493				1.493	
C050430702	朱湖村9组·S306线	2.084		0.288	1.796		2.084			
C051430702	岩桥村5组·朱湖	1.728			1.728				1.728	
C052430702	岩桥·农科所	2.573			2.573		2.573			
C053430702	合兴村1组·变电站	1.5			1.5				1.5	
C054430702	雷坛岗村3组·南湖村6组	1.715			1.715				1.715	
C055430702	南湖村6组·S306线	0.421			0.421				0.421	
C056430702	雷坛岗村3组·雷坛岗村8组	1			1				1	
C057430702	雷坛岗村7组·S306线	0.71			0.71				0.71	
C058430702	朱家湖·合兴	1.042			1.042				1.042	
C059430702	K0·三星	1.231			1.231				1.231	
C060430702	李白溪村9组·苗儿港	2.059			2.059		1.175		0.884	
C061430702	伍家坪·苗儿港村11组	2.152			2.152		1.571		0.581	
C062430702	伍家坪村10组北·伍家坪村10组南	0.773			0.773				0.773	
C063430702	K0+000·罗湾黄家	1.77			1.77		1.77			
C064430702	张家堰村10组·苗儿港	0.921			0.921				0.921	

续表 1-1-5-2

路线编号	起讫地点	里程	技术等级				路面类型			
			二级	三级	四级	等外	水泥砼	沥青表处	砂石路	无路面
C065430702	台家铺村4组·双往垱	3.977		2.041	1.936		1.936	2.041		
C066430702	台家铺·K4+11	4.011			4.011		3.159		0.852	
C067430702	台家铺村2组·K5+141	5.141			5.141		5.141			
C068430702	张家堰村10组·渔场	0.89			0.89				0.89	
C069430702	罗家岗2组·渔场	0.92			0.92				0.92	
C070430702	台家铺·小井港	2.582			2.582				2.582	
C071430702	芦山村·毛坪里	5.26			5.26		5.26			
C072430702	大关庙·双往垱村2组	3.533			3.533		3.533			
C073430702	K0+000·K3+743	3.744			3.744		3.744			
C074430702	百家湖·苗儿港村11组	1.54			1.54				1.54	
C075430702	双往垱村3组·双往垱村5组	1.496			1.496				1.496	
C076430702	观音寺村3组·玉带桥	2.743			2.743				2.743	
C077430702	K0+000·K4+813	4.813			4.813		2.315		2.498	
C078430702	双往垱村7组·双往垱村5组	2.008			2.008				2.008	
C079430702	玉带桥·大堤	2.116			2.116		2.116			
C080430702	大堤·社木铺渡口	1.96			1.96				1.96	
C081430702	玉带桥村部·断新线	1.526			1.526				1.526	
C082430702	小井港·丁马线	1.373			1.373				1.373	
C083430702	毛坪里村4组·大堤	1.219			1.219				1.219	
C084430702	毛坪里村4组·毛坪里村2组	0.939			0.939				0.939	
C085430702	毛坪里村9组·毛坪里村6组	0.735			0.735		0.735			
C086430702	K0+000·K4+49	4.049			4.049				4.049	
C087430702	岩桅子村12组·岩桅子村3组	2.987			2.987				2.987	

续表 1-1-5-2

路线编号	起讫地点	里程	技术等级				路面类型			
			二级	三级	四级	等外	水泥砼	沥青表处	砂石路	无路面
C088430702	K0+000·金狮堤村1组	1.834			1.834		1.834			
C089430702	岩桅子村10组·蓼子坪	1.668			1.668				1.668	
C090430702	K0+000·蓼子坪	1.57			1.57		1.31		0.26	
C091430702	K0+000·蓼子坪	0.953			0.953				0.953	
C092430702	新坡桥·金狮堤	0.52			0.52				0.52	
C094430702	岩大线·蓼子坪	1.567			1.567				1.567	
C095430702	岩桅子村3组·大堤	2.55			2.55				2.55	
C096430702	金狮堤·周家塘	1.549			1.549				1.549	
C097430702	K0+000·K2+912	2.912			2.912		2.13		0.782	
C098430702	芦山村11组·大堤	1.524			1.524				1.524	
C099430702	高泗大堤·石灰村	3.949			3.949		3.949			
C100430702	八一路·砖厂	1.341			1.341				1.341	
C101430702	南湖·王家铺	1.376			1.376				1.376	
C102430702	K0+000·明月	3.6			3.6				3.6	
C103430702	高石线·楠太线	2.565			2.565				2.565	
C104430702	K0+000·高泗村2组	1.883			1.883		0.674		1.209	
C105430702	K0+000·泽远村部	2.712			2.712				2.712	
C106430702	K0+000·三湖	5.946			5.946		4.669		1.277	
C107430702	K0+000·荷花村	2.689			2.689		2.689			
C108430702	荷花村·义渡村1组	5.267			5.267		5.267			
C109430702	明月村5组·明月村6组	0.613			0.613				0.613	
C110430702	荷花·明月	1.276			1.276				1.276	
C111430702	荷花村10组·荷花村8组	1.927			1.927				1.927	

续表 1-1-5-2

路线编号	起讫地点	里程	技术等级				路面类型			
			二级	三级	四级	等外	水泥砼	沥青表处	砂石路	无路面
C112430702	楠木村3组·义渡	6.638			6.638		3.533		3.105	
C113430702	垢湖村1组·太平	3.262			3.262		2.433		0.829	
C114430702	长湖村5组·大堤组	3.591			3.591				3.591	
C115430702	长湖村4组·长湖村2组	1.065			1.065				1.065	
C116430702	长湖村7组·义渡	1.269			1.269				1.269	
C117430702	太平·义渡	2.959			2.959		1.064		1.895	
C118430702	义渡村8组·义渡村5组	0.734			0.734				0.734	
C119430702	义渡村1组·义渡村13组	2.123			2.123		2.123			
C120430702	义渡村14组·西子口	1.658			1.658				1.658	
C121430702	沙湖村6组·沙湖村12组	1.317			1.317				1.317	
C122430702	阳湖村5组·太平	3.131			3.131				3.131	
C123430702	长湖村3组·泽三线	2.11			2.11				2.11	
C124430702	阳湖村3组·大堤	2.443			2.443				2.443	
C125430702	熊义线·沙湖	0.8			0.8				0.8	
C126430702	阳湖村3组·渔场	1.32			1.32				1.32	
C127430702	长湖村1组·长湖村2组	0.793			0.793				0.793	
C128430702	三湖·渔场	0.667			0.667				0.667	
C129430702	S306线·高泗村	1.738		1.439	0.299		1.738			
C130430702	高泗村4组·高泗村1组	0.829			0.829				0.829	
C131430702	高泗村2组·高泗村4组	0.925			0.925				0.925	
C132430702	高泗村2组·人造板厂	0.95			0.95				0.95	
C133430702	石灰·高泗村2组	0.628			0.628				0.628	
C134430702	高泗村4组·高荷线	1.191			1.191				1.191	

续表 1-1-5-2

路线编号	起讫地点	里程	技术等级				路面类型			
			二级	三级	四级	等外	水泥砼	沥青表处	砂石路	无路面
C135430702	荷花·大堤	1.291			1.291				1.291	
C136430702	夹街村 11 组·砖厂	0.87			0.87				0.87	
C137430702	夹街村 5 组·供销社	0.523			0.523		0.262		0.261	
C138430702	夹街·垢湖村 1 组	0.696			0.696				0.696	
C139430702	G207 线·洞庭大道	1.598			1.598				1.598	
C140430702	三间村 10 组·三间村 7 组	1.098			1.098				1.098	
C141430702	三间村 10 组·三间村 2 组	0.63			0.63				0.63	
C142430702	高坪头·青年东路	2.209			2.209		1.02		1.189	
C144430702	高坪头·甘露寺	1.315			1.315		1.315			
C145430702	唐家溶·K2+97	2.097			2.097		0.64		1.457	
C147430702	K0+000·K3+959	3.959			3.959		3.959			
C149430702	皇木关村 15 组·皇木关村 4 组	0.978			0.978		0.978			
C151430702	新坡·赵家 9 组	1.218			1.218		0.254		0.964	
C152430702	赵家村 1 组·赵家村 2 组	1.352			1.352				1.352	
C154430702	和平村 8 组·和平村 1 组	1.426			1.426		1.426			
C155430702	和平村 6 组·和平村 1 组	0.99			0.99		0.99			
C156430702	唐家溶·皇经阁	1.539			1.539				1.539	
C157430702	仙源学校·麦阴垱	1.266			1.266		1.266			
C158430702	河洑·护城	0.636			0.636				0.636	
C159430702	207 辅助线·河洑	0.915			0.915		0.915			
C161430702	207 辅助线·戒毒所	1.488			1.488		1.488			
C162430702	聚宝村 8 组·聚宝村 9 组	1.599			1.599		1.599			
C163430702	新河桥·岩坪	2.71			2.71		2.71			

续表 1-1-5-2

路线编号	起讫地点	里程	技术等级				路面类型			
			二级	三级	四级	等外	水泥砼	沥青表处	砂石路	无路面
C165430702	劳教所·郑家垱	1.758			1.758				1.758	
C166430702	莲池·永丰	2.351			2.351		2.351			
C167430702	棉纺厂后门·莲池路	1.04			1.04				1.04	
C168430702	桃林路·锦纶厂	1.138			1.138				1.138	
C169430702	大堤·G207 线	1.046			1.046		1.046			
C170430702	沅江大堤·五一村 2 组	0.563			0.563				0.563	
C171430702	大堤脚·国道	0.837			0.837				0.837	
C172430702	K0+000·K0+931	0.931			0.931				0.931	
C173430702	大堤禁脚·洞庭门口	0.561			0.561		0.561			
C174430702	G207 线·五一村 12 组	0.682			0.682				0.682	
C175430702	五一村 8 组·东沅路	0.314			0.314				0.314	
C176430702	民建机埠·燕子口机埠	4.098			4.098		3.05		1.048	
C177430702	七石线·黄石岗间堤	1.649			1.649				1.649	
C178430702	民建村 2 组·民建村 1 组	0.776			0.776				0.776	
C179430702	民建村 11 组·何家坪	0.532			0.532				0.532	
C180430702	七民线·K0+499	0.5			0.5				0.5	
C181430702	G319 线·七星庵村	5.612			5.612		2.273		3.339	
C182430702	七星庵村 7 组·康德路	0.586			0.586				0.586	
C183430702	七星庵·新堰岗交界处	1.825			1.825				1.825	
C184430702	七星庵村 4 组·七星庵村 8 组	1.1			1.1				1.1	
C185430702	K0+000·檀树坪村	4.036		2.239	1.797		4.036			
C186430702	枫树岗村 6 组·何家坪	1.08			1.08				1.08	
C187430702	乌塘岗·枫树岗老砖厂	1.194			1.194				1.194	

续表 1-1-5-2

路线编号	起讫地点	里程	技术等级				路面类型			
			二级	三级	四级	等外	水泥砼	沥青表处	砂石路	无路面
C188430702	枫树岗村13组·老砖厂	1.057			1.057				1.057	
C189430702	枫树岗村5组·学校	0.736			0.736				0.736	
C190430702	枫树岗村1组·枫树岗村2组	0.494			0.494				0.494	
C191430702	茶叶岗村18组·燕子口	1.25			1.25				1.25	
C192430702	茶叶岗村1组·茶叶岗村3组	0.847			0.847				0.847	
C193430702	茶叶岗村19组·茶叶岗村10组	0.505			0.505				0.505	
C194430702	茶叶岗村16组·七石线	1.539			1.539				1.539	
C195430702	樟木桥村1组·樟木桥村12组	0.746			0.746		0.746			
C196430702	G319线·八斗湾村起点	2.031			2.031		2.031			
C197430702	檀树坪村8组·檀树坪村3组	0.95			0.95				0.95	
C198430702	变电站·G207线	0.763			0.763		0.763			
C199430702	崇德路·永丰村10组	0.539			0.539				0.539	
C200430702	永丰·株山汉伯溶	1.349			1.349				1.349	
C201430702	K0+000·龙潭庵	3.867			3.867		2.407		1.46	
C202430702	南路·变电站	0.801			0.801				0.801	
C203430702	南路·龙梅小区	0.1			0.1				0.1	
C204430702	株木山上金阁·鄢家堰	1.629			1.629				1.629	
C205430702	红牌楼·黑家冲	2.002			2.002				2.002	
C206430702	永丰村10组·上田冲	0.9			0.9				0.9	
C207430702	株木山·段家溶	1.24			1.24		1.24			
C208430702	伍家堰·柳家窝	1.309			1.309				1.309	
C209430702	砖厂·粟山窝	1.023		0.098	0.925		0.098		0.925	
C210430702	高排河·粟山窝岔	0.606			0.606				0.606	

续表 1-1-5-2

路线编号	起讫地点	里程	技术等级				路面类型			
			二级	三级	四级	等外	水泥砼	沥青表处	砂石路	无路面
C211430702	棉科所·金刚闸	0.523			0.523				0.523	
C212430702	木马山·张家堆机埠	2.881			2.881				2.881	
C213430702	K0+000·K2+887	2.887			2.887		1.386		1.501	
C214430702	枉水河·益阳冲村 5 组	2.649			2.649		2.649			
C215430702	G207 线·益阳冲村 5 组	1.13			1.13				1.13	
C216430702	幺堰塘·何家屋场	0.647			0.647				0.647	
C217430702	桂花村·牛岭坡	0.665			0.665				0.665	
C218430702	七里香·李家窝	0.725			0.725				0.725	
C219430702	油炸房·垃圾场	0.795			0.795				0.795	
C220430702	G207 线·彭家窝	0.77			0.77				0.77	
C221430702	皮家冲村 1 组·常张高速	1.001			1.001		1.001			
C222430702	K0+000·K0+930	1			1			1（砼）		
C223430702	K0+000·七里桥	1.441			1.441		0.759		0.682	
C224430702	G207 线·七里桥	2.091			2.091		2.091			
C225430702	K0+000·老堤垱	4.3			4.3				4.3	
C226430702	寒溪·何家坪	1.262			1.262				1.262	
C227430702	靳家湾村 1 组·靳家湾村 2 组	4.063			4.063				4.063	
C228430702	浙河边·白合村	3.081			3.081				3.081	
CT02430702	毛坪里村·社木铺村	1.081			1.081				1.081	
CT08430702	新安村·新坡村	0.993			0.993				0.993	
CZ01430702	蓼子坪·金社线	1.411			1.411				1.411	
CZ02430702	X060 线·楠竹山村	0.56			0.56				0.56	
CZ03430702	C200 线·皮家冲村	0.541		0.541				0.541		

续表 1-1-5-2

路线编号	起讫地点	里程	技术等级				路面类型			
			二级	三级	四级	等外	水泥砼	沥青表处	砂石路	无路面
CZ04430702	X060 线·张家台村	0.515			0.515				0.515	
CZ05430702	S306 线·西郊村	0.5			0.5				0.5	
鼎城区		1400.502	0.628		1399.874		1028.417		372.085	
C001430703	鸿发棉业·林家村 15 组	6.693			6.693		5.801		0.892	
C002430703	麻河村 10 组·麻河村部	1.898			1.898		1.898			
C003430703	同德村部·太平村部	1.299			1.299		1.299			
C004430703	棉科村部·柴码村部	2.686			2.686		2.686			
C005430703	长坝村 1 组·南洲村部	4.501			4.501		4.501			
C006430703	西河村 3 组·复兴村 9 组	9.701			9.701		9.701			
C007430703	复兴村 10 组·复兴村 7 组	1.006			1.006		1.006			
C008430703	东北村 13 组·东北村 3 组	2			2		2			
C009430703	受福村 5 组·受福村部	1.069			1.069		1.069			
C010430703	东堤村部·东堤村 6 组	0.98			0.98		0.98			
C011430703	交管站·团洲村 10 组	3.272			3.272		3.272			
C012430703	鸿发棉业·澧水大堤	2.438			2.438		0.8		1.638	
C013430703	长安村 6 组·虹吸管	6.768			6.768		4.2		2.568	
C014430703	长安村 4 组·长安村 11 组	1.001			1.001		0.7		0.301	
C015430703	咸庆村 3 组·邱家村 2 组	6.583			6.583		3.501		3.082	
C016430703	庆丰村部·庆丰村 3 组	0.499			0.499		0.499			
C017430703	邱家村 10 组·邱家村部	0.5			0.5		0.5			
C018430703	福美村 5 组·福美村部	1			1		1			
C019430703	复宁村 8 组·西洞庭一分场	7.417			7.417		7.417			
C020430703	民康村 11 组·民康村部	0.5			0.5		0.5			

续表 1-1-5-2

路线编号	起讫地点	里程	技术等级				路面类型			
			二级	三级	四级	等外	水泥砼	沥青表处	砂石路	无路面
C021430703	镇渔场·幸福村部	1.899			1.899		1.899			
C022430703	同兴村3组·同兴村部	0.994			0.994		0.994			
C023430703	胜利村7组·胜利村部	1.001			1.001		1.001			
C024430703	虾子村7组·白泥村	1.998			1.998		1.998			
C025430703	南湾村部·高梁村5组	3			3		2		1	
C026430703	小茅村6组·教育村部	3.417			3.417		0.397		3.02	
C027430703	农科站·小茅村1组	4.585			4.585		3.5		1.085	
C028430703	同乐村部·同乐村10组	1			1		1			
C029430703	民东村2组·民东村部	1.7			1.7		1.7			
C030430703	紫流村2组·紫流村部	2.5			2.5		2.5			
C031430703	康乐村1组·三角堤	6.809			6.809		6.809			
C032430703	四百村8组·秧田村部	5.994			5.994		5.994			
C033430703	荷包村3组·长湖村3组	3.496			3.496		3.496			
C034430703	上河村8组·上河村部	1.994			1.994		1.994			
C035430703	四百村部·四百村9组	1.105			1.105		1.105			
C036430703	荷包村部·康乐村6组	3.538			3.538				3.538	
C037430703	上河村部·康乐村3组	7.136			7.136		7.136			
C038430703	杨家村部·杨家村6组	1			1		1			
C039430703	庆福村部·墟场	3.801			3.801		3.801			
C040430703	移堤村3组·墟场	4.599			4.599		4.599			
C041430703	白泥村9组·月亮村部	3.59			3.59		2.4		1.19	
C042430703	南泥村10组·大鼓村4组	2.5			2.5		1.5		1	
C043430703	一港村6组·庆福村10组	6.301			6.301		6.301			

续表 1-1-5-2

路线编号	起讫地点	里程	技术等级				路面类型			
			二级	三级	四级	等外	水泥砼	沥青表处	砂石路	无路面
C044430703	南泥村6组·一港村部	2.544			2.544		2.544			
C045430703	沙潮村部·沙潮村1组	2.759			2.759		2.759			
C046430703	天井村4组·梭子等机渠	2.275			2.275		2.275			
C047430703	S306线·冲柳大堤	4.045			4.045		4.045			
C048430703	竹山嘴村1组·东风机渠	9.501			9.501		6.601		2.9	
C049430703	樊溪桥·连进水闸	3.835			3.835		3.835			
C050430703	白鹤寺村部·竹叶王家	2.797			2.797				2.797	
C051430703	打砖桥村部·武岗寨村部	4.015			4.015		4.015			
C052430703	县六中·白鹤寺村部	6.071			6.071		4.6		1.471	
C053430703	团垱坪村13组·瓦屋垱村5组	4.395			4.395		4.395			
C054430703	老屋曾家·新时堰村部	4.946			4.946		1.501		3.445	
C055430703	瓦屋垱村19组·李家坪	3.372			3.372		1.3		2.072	
C056430703	瓦屋垱村部·三渡水	5.6			5.6		5.6			
C057430703	瓦屋垱粉厂·合子山村部	2.199			2.199		2.199			
C058430703	瓦屋垱村部·农夫堰	3.638			3.638		1.302		2.336	
C059430703	夹堤口林场·丁头	8.343			8.343				8.343	
C060430703	西洞庭园艺场·杨腊溪村8组	1.053			1.053				1.053	
C061430703	镇渔场·高堰岗村部	1.2			1.2		1.2			
C062430703	镇渔场·余家垱村8组	4.477			4.477		4.477			
C063430703	泥港口村3组·桃树嘴村1组	1.79			1.79		1.79			
C064430703	桃树村10组·冲天湖村5组	1.699			1.699		1.3		0.399	
C065430703	镇渔场·新竹湾村5组	4.505			4.505				4.505	
C066430703	新竹湾村1组·马鞍山大桥	5.705			5.705		2.505		3.2	

续表 1-1-5-2

路线编号	起讫地点	里程	技术等级				路面类型			
			二级	三级	四级	等外	水泥砼	沥青表处	砂石路	无路面
C067430703	新竹湾村部·白云村3组	2.899			2.899		2.899			
C068430703	杨腊溪村8组·赵家垱村2组	1.949			1.949		1.949			
C069430703	建新村部·马鞍山	4.291			4.291		1.3		2.991	
C070430703	丁家垸村部·丁家垸村13组	1.165			1.165		0.4		0.765	
C071430703	白云阁村3组·北极宫村4组	2.539			2.539				2.539	
C072430703	北极宫村4组·北极宫村8组	1.592			1.592		0.5		1.092	
C073430703	S306线·交管站	4.244			4.244		4.244			
C074430703	芦花坪村9组·芦花坪村15组	0.839			0.839		0.839			
C075430703	桥南·覃家岗村部	4.179			4.179		4.179			
C076430703	联五堰村10组·王家桥村6组	2.834			2.834		2.834			
C077430703	王家桥村1组·王家桥村8组	1.566			1.566		1.566			
C078430703	三堰口村4组·三堰口村14组	2.02			2.02				2.02	
C079430703	三堰口村4组·三堰口村17组	1.585			1.585		1.585			
C080430703	刘家铺村6组·镇渔场	3.433			3.433		3.433			
C081430703	八一水库·白云村6组	2.877			2.877				2.877	
C082430703	新庵村部·林场	1.509			1.509		1.509			
C083430703	桥南·覃家岗村18组	4.799			4.799		2.399		2.4	
C084430703	覃家岗村2组·文家村部	2.199			2.199		1.2		0.999	
C085430703	余家垱学校·桃树嘴	1.883			1.883				1.883	
C086430703	西洋陂水库·野鸡庙村部	3.952			3.952		3.952			
C087430703	小西堰村部·万福庵村9组	3.742			3.742		3.742			
C088430703	小西堰村1组·万福庵村8组	3.164			3.164				3.164	
C089430703	岩潭嘴村6组·岩潭嘴村1组	3.21			3.21				3.21	

续表 1-1-5-2

路线编号	起讫地点	里程	技术等级				路面类型			
			二级	三级	四级	等外	水泥砼	沥青表处	砂石路	无路面
C090430703	总场·小西堰村7组	2.563			2.563				2.563	
C091430703	李家桥村5组·雨亭岗	2.772			2.772		2.772			
C092430703	西洋陂·枫树口村3组	5.272			5.272		5.272			
C093430703	野鸡庙·文化村7组	1.3			1.3		0.5		0.8	
C094430703	同兴坝村12组·刘家桥村6组	6.079			6.079		2.601		3.478	
C095430703	战斗桥·寿福村6组	5.052			5.052		2.899		2.153	
C096430703	寿福村10组·龙潭港村14组	1.604			1.604				1.604	
C097430703	寿福村8组·寿福村12组	1.799			1.799		1.799			
C098430703	财神庙机埠·窑嘴头	3.199			3.199		3.199			
C099430703	枫树口村7组·三佰三	3.322			3.322		3.322			
C100430703	水虎庙机埠·良种场	1.501			1.501		1.501			
C101430703	周家岗村8组·周家岗村3组	1.3			1.3		1.3			
C102430703	枫树口村2组·乔家岗村10组	4.33			4.33		3.338		0.992	
C103430703	刘家桥村6组·乔家岗村2组	0.999			0.999		0.3		0.699	
C104430703	英雄桥·林场	2.695			2.695		0.2		2.495	
C106430703	卧龙岗村11组·卧龙岗村3组	2.701			2.701		2.701			
C107430703	桃树岗村10组·垃圾场	2.308			2.308		1.319		0.989	
C108430703	桃树岗村部·桃树岗村4组	2.1			2.1		2.1			
C109430703	落陂堰·工班房	5.015			5.015		5.015			
C110430703	赵公桥村12组·猴子巷	3.942			3.942		3.942			
C111430703	猴子巷·罗家湖村部	3.9			3.9		3.9			
C112430703	罗家湖村部·二号桥	3.594			3.594		3.594			
C113430703	新港村部·一号桥	1.887			1.887				1.887	

续表 1-1-5-2

路线编号	起讫地点	里程	技术等级				路面类型			
			二级	三级	四级	等外	水泥砼	沥青表处	砂石路	无路面
C114430703	四号桥·卸甲洲村14组	1.809			1.809		1		0.809	
C115430703	墟场·柳叶湖大堤	4.934			4.934		4.934			
C116430703	七号桥·吴家口村12组	1.862			1.862		1.3		0.562	
C117430703	九号桥·马巷子机埠	1.67			1.67		1.3		0.37	
C118430703	白鹤山村部·岩马山	1.7			1.7				1.7	
C119430703	陈家桥·长生桥村部	2.987			2.987		2.3		0.687	
C120430703	东山村部·东山村5组	1.014			1.014		1.014			
C121430703	长生桥村1组·长生桥	4.663			4.663		4.663			
C122430703	乡政府·仙人洞	2.075			2.075		2.075			
C123430703	郑家河村2组·白鹿坝	2.893			2.893		2.893			
C124430703	郑家河村2组·观音庵	1.294			1.294		1.294			
C125430703	太阳村4组·太阳村7组	2.302			2.302		2.302			
C126430703	月亮村2组·杨家冲	1.1			1.1		1.1			
C127430703	郑家河村2组·红阳桥	1.505			1.505		1.505			
C128430703	红旗水库·梁山村	3.708			3.708		3.708			
C129430703	红旗水库·白鹤山一砖厂	6.469			6.469		6.469			
C130430703	肖伍铺村13组·马垅桥村2组	2.8			2.8		2.1		0.7	
C131430703	机耕桥·大流陂学校	0.7			0.7		0.7			
C132430703	五甲村6组·五甲村部	1.001			1.001		1.001			
C133430703	东风桥·先锋村部	1.278			1.278		1.278			
C134430703	先锋村9组·福兴村1组	3.802			3.802		3.802			
C135430703	立新村部·立新电排	1.2			1.2		1.2			
C136430703	小湾村7组·小湾村1组	2			2		2			

续表 1-1-5-2

路线编号	起讫地点	里程	技术等级				路面类型			
			二级	三级	四级	等外	水泥砼	沥青表处	砂石路	无路面
C137430703	流花口村15组·流花口村1组	1.872			1.872		1.872			
C138430703	建丰村5组·罗家铺村1组	6.096			6.096		3.5		2.596	
C139430703	小山村12组·韩公渡大桥	2.202			2.202		2.202			
C140430703	小山村6组·大路陂村2组	7.546			7.546		7.546			
C141430703	大路陂村1组·牛古陂村部	3.9			3.9		3.9			
C142430703	公路桥·郑家湾村6组	2.444			2.444				2.444	
C143430703	金牛村2组·朱洛铺村9组	6.408			6.408		6.408			
C144430703	株木山村部·株木山村6组	4.931			4.931		4.931			
C145430703	株木山村部·株木山村3组	1.925			1.925		1.925			
C146430703	团洲湖村2组·团洲湖村8组	1.6			1.6				1.6	
C147430703	杨柳村部·黄腊溪村10组	3.601			3.601		3.601			
C148430703	黄家铺村部·黄腊溪村3组	2.104			2.104		2.104			
C149430703	永南岗村部·永南岗村7组	1.801			1.801		1.801			
C150430703	城址村3组·城址村9组	1.801			1.801		1.801			
C151430703	永寿村5组·湖口闸	4.459			4.459		4.459			
C152430703	观庄村6组·观庄村14组	1.5			1.5		1.5			
C153430703	芷湾村14组·芷湾村8组	2.218			2.218		2.218			
C154430703	芷湾村6组·百家湖村部	2.205			2.205		2.205			
C155430703	肖家湾村1组·史家坝	2.443			2.443				2.443	
C156430703	肖家湾村3组·肖家湾村6组	1.194			1.194		1.194			
C157430703	陈家铺村4组·水月村6组	4.376			4.376		4.376			
C158430703	小河口村6组·小河口村1组	1			1		1			
C159430703	上林村8组·上林村4组	1.999			1.999		1.999			

续表 1-1-5-2

路线编号	起讫地点	里程	技术等级				路面类型			
			二级	三级	四级	等外	水泥砼	沥青表处	砂石路	无路面
C160430703	上林村9组·同春村部	3.7			3.7		3.7			
C161430703	三星村3组·渔码头村部	1.065			1.065		1.065			
C162430703	濠洲村1组·工班房	1			1		1			
C163430703	武陵村1组·武陵村10组	4.001			4.001		4.001			
C164430703	陈家铺村2组·南港渔场	1			1		1			
C165430703	谈家河村部·兴丰村5组	3.701			3.701		3.701			
C166430703	兴丰村5组·兴丰村部	1.1			1.1		1.1			
C167430703	白洋湖砖厂·芦家河	1.001			1.001		1.001			
C168430703	白洋河村部·栏马口村11组	1			1		1			
C169430703	白洋河村部·黄溪堰村12组	4.027			4.027		4.027			
C170430703	栏马口村2组·黄溪堰村14组	1.5			1.5				1.5	
C171430703	涂家坪村1组·涂家坪村7组	2.077			2.077		2.077			
C172430703	金鸡堰村1组·杨被冲	4.401			4.401		4.401			
C173430703	五同庵村8组·五同庵村4组	2.081			2.081				2.081	
C174430703	双堰角村部·双堰角村8组	2.389			2.389		2.389			
C175430703	双堰角村部·合子山	3.735			3.735		3.735			
C176430703	农夫堰村部·农夫堰村4组	1.501			1.501				1.501	
C177430703	官堰坪村部·官堰坪村1组	2.501			2.501		2.501			
C178430703	部家港桥·西牛山水库	1.6			1.6				1.6	
C179430703	南洋坪村1组·南洋坪村6组	2.9			2.9				2.9	
C180430703	镇政府·王家冲	2.2			2.2		2.2			
C181430703	马鞍山村7组·马鞍山村11组	5.067			5.067				5.067	
C182430703	大桥村部·大桥村5组	2.307			2.307		2.307			

续表 1-1-5-2

路线编号	起讫地点	里程	技术等级				路面类型			
			二级	三级	四级	等外	水泥砼	沥青表处	砂石路	无路面
C183430703	江家垱村部·江家垱村6组	1.828			1.828		1.828			
C184430703	刘家湾村部·刘家湾村10组	1.178			1.178		1.178			
C185430703	镇政府·岩巷口	5.787			5.787		5.787			
C186430703	廖家湾·长岭岗村部	3.368			3.368		3.368			
C187430703	团堰·兴堰	2.61			2.61				2.61	
C188430703	坛坪村部·斗门垱	3.132			3.132				3.132	
C189430703	怀堰·屠夫湾	4.259			4.259		4.259			
C190430703	周家坪村部·彭家湾	1.469			1.469		1.469			
C191430703	黑耳垭·新屋	3.16			3.16				3.16	
C192430703	园艺场·三合组	7.006			7.006		7.006			
C193430703	上堰·灰山峪	4.136			4.136		4.136			
C194430703	周夹巷村部·大堰	3.15			3.15		3.15			
C195430703	岩桥·新堰	2.43			2.43		2.43			
C196430703	镇政府·祝丰水库	3.601			3.601		3.601			
C197430703	祝家垱村部·茶庵岗村6组	2.129			2.129				2.129	
C198430703	茶庵岗村部·茶庵岗村9组	1.759			1.759		1.759			
C199430703	镇政府·Y227线	1.174			1.174		0.8		0.374	
C200430703	翠镇庵村2组·翠镇庵村4组	3.2			3.2		3.2			
C201430703	Y277线·大龙站村1组	1.477			1.477				1.477	
C202430703	X028线·富贵村9组	6.302			6.302		1.3		5.002	
C203430703	大龙站村4组·龙山村部	0.626			0.626		0.626			
C204430703	龙山村部·龙山村5组	1.189			1.189				1.189	
C205430703	全家坪村1组·全家坪村6组	1.988			1.988		1.988			

续表 1-1-5-2

路线编号	起讫地点	里程	技术等级				路面类型			
			二级	三级	四级	等外	水泥砼	沥青表处	砂石路	无路面
C206430703	全家坪村部·全家坪村3组	2.205			2.205				2.205	
C207430703	X028线·全家坪村2组	1.499			1.499				1.499	
C208430703	X028线·板桥坪村2组	3.279			3.279		3.279			
C209430703	全家坪村1组·板桥坪村9组	1.4			1.4				1.4	
C210430703	兴国寺村1组·兴国寺村3组	2.153			2.153		2.153			
C211430703	陈背堰·草堰组	1.5			1.5		1.5			
C212430703	伍家坪·花红组	3.232			3.232		3.232			
C213430703	沈家岗村部·老堰湾	2.623			2.623		2.623			
C214430703	沈家岗村部·东风村	1.099			1.099				1.099	
C215430703	檀木·风火湾	3.072			3.072				3.072	
C216430703	毛湾组·花园水库	1.006			1.006				1.006	
C217430703	亚南峪·采茶村	2.539			2.539		2.539			
C218430703	泉垱·刘家嘴村	2.653			2.653		2.653			
C219430703	黄潭桥村部·临岗路	1.427			1.427		1.427			
C220430703	林园组·租谷堰	1.603			1.603				1.603	
C221430703	太会庵村部·黄家冲	1.4			1.4		1.4			
C222430703	新屋·龙门村部	4.981			4.981		4.981			
C223430703	仙桥组·落子山	1.499			1.499		1.499			
C224430703	石牛村·刘家湾	8.792			8.792		8.792			
C225430703	雷公庙镇政府·鄢家峪	2.671			2.671				2.671	
C226430703	东背组·鲍家庄	2.006			2.006				2.006	
C227430703	亚南峪·孟家山	0.991			0.991				0.991	
C228430703	张周家·刘家湾	2.2			2.2		2.2			

续表 1-1-5-2

路线编号	起讫地点	里程	技术等级				路面类型			
			二级	三级	四级	等外	水泥砼	沥青表处	砂石路	无路面
C229430703	张周家·毛花界	0.811			0.811		0.811			
C230430703	朱家嘴·花红	2.237			2.237		2.237			
C231430703	丁家堰·五房冲	1.665			1.665		1.665			
C232430703	上坪·周家湾	1.499			1.499		1.499			
C233430703	刘家湾组·周家巷	1.374			1.374		1.374			
C234430703	田家嘴组·高堰村	1.499			1.499		1.499			
C235430703	株树堰·陈家湾	2.502			2.502				2.502	
C236430703	蔡家岗村部·邬家塝	1.237			1.237		1.237			
C237430703	陆家殿村部·陆家殿村 2 组	2.118			2.118		2.118			
C238430703	尹家湾组·沈家岗	1.8			1.8		1.8			
C239430703	五里溪村部·小高冲	5.748			5.748		5.748			
C240430703	风火湾·别泥湖	1			1		1			
C241430703	杜埠·李湾	2.002			2.002		2.002			
C242430703	舒公殿村部·灰山谷	1.703			1.703		1.703			
C243430703	高桥·临岗路	1.495			1.495		1.495			
C244430703	向垱·浙河	2.899			2.899		2.899			
C246430703	X055 线·砖厂	5.624			5.624		5.624			
C247430703	大堰·黑儿湾	2.068			2.068		1.498		0.57	
C248430703	泉垱村部·龚垱	2.001			2.001		2.001			
C249430703	华湾·陈湾	1.999			1.999		1.999			
C250430703	高冲村部·岩巴垱村部	1.398			1.398		1.398			
C251430703	泉垱村部·文溶	1.645			1.645		1.645			
C252430703	何家铺·张家湾	1			1				1	

续表 1-1-5-2

路线编号	起讫地点	里程	技术等级				路面类型			
			二级	三级	四级	等外	水泥砼	沥青表处	砂石路	无路面
C253430703	尹家湾·老屋	1.8			1.8		1.8			
C254430703	陆家殿村4组·陆家殿村5组	1.203			1.203		1.203			
C255430703	夏家埠·杨嘴	0.998			0.998		0.998			
C256430703	周垱·余坪组	3.686			3.686		3.686			
C259430703	现阳堡村部·雷家铺村部	3.46			3.46		1.399		2.061	
C260430703	南家坪村部·李堰组	1.4			1.4		1.4			
C261430703	古堤坪村部·莫家铺村部	3.304			3.304		3.304			
C262430703	官石堰组·邓塝组	2.893			2.893		2.893			
C263430703	兴隆桥组·骑龙村部	1.801			1.801		1.801			
C264430703	石板滩粮店·毛栗岗村部	1.802			1.802		1.802			
C265430703	永新组·交凋站	2.889			2.889				2.889	
C266430703	兴隆桥组·岩桥组	1.999			1.999				1.999	
C267430703	铁山村8组·铁山村12组	2			2				2	
C268430703	G207线·汤家坪	12.828			12.828		12.828			
C269430703	铁山村6组·窑顶村5组	2.866			2.866				2.866	
C270430703	铁山村6组·铁山村2组	2.408			2.408				2.408	
C271430703	变电站·白马岗村7组	1.862			1.862				1.862	
C272430703	白马岗村9组·华南厂	2.001			2.001				2.001	
C273430703	常桃村2组·常桃村1组	1.373			1.373				1.373	
C274430703	白石村部·玉皇庵界	1.801			1.801		1.801			
C275430703	富贵坪村部·黄土山村2组	3.81			3.81		3.81			
C276430703	反修河·中心桥村3组	2.601			2.601		2.601			
C277430703	中心桥村7组·临岗路	2.596			2.596		1.496		1.1	

续表 1-1-5-2

路线编号	起讫地点	里程	技术等级				路面类型			
			二级	三级	四级	等外	水泥砼	沥青表处	砂石路	无路面
C278430703	岗市村7组·G207线	1.921			1.921		0.2		1.721	
C279430703	城堰机埠·黄土山村2组	2.843			2.843		2.843			
C280430703	岩子头·城堰机埠	2.401			2.401				2.401	
C281430703	大垱村部·飞龙砖厂	1			1		1			
C282430703	西站村2组·红云村1组	1.715			1.715				1.715	
C283430703	下李家湾·红云村9组	3.359			3.359		3.359			
C284430703	福广村12组·福广村13组	0.9			0.9		0.9			
C285430703	福广村7组·福广村14组	1.5			1.5		1.5			
C286430703	郭家铺村6组·孔家溶村5组	3.267			3.267		3.267			
C287430703	大禾场村2组·大禾场村9组	1.511			1.511		1.511			
C288430703	幺堤村7组·丫岔堤	5			5		3.8		1.2	
C289430703	停车场村8组·停车场村1组	1.718			1.718		1.718			
C290430703	停车场村9组·停车场村5组	0.59			0.59				0.59	
C291430703	王家铺村5组·王家铺村3组	0.901			0.901				0.901	
C292430703	报国村11组·报国村8组	1.911			1.911		1.911			
C293430703	卫生院·桥头村1组	1.498			1.498		1.498			
C294430703	港中村1组·港中村3组	1.196			1.196		1.196			
C295430703	港中村3组·向家巷村9组	1.542			1.542		1.542			
C296430703	向家巷村9组·向家巷村2组	2.402			2.402		2.402			
C297430703	向家巷村1组·向家巷村5组	2.401			2.401		2.401			
C298430703	鹿角坪村2组·鹿角坪村3组	1.941			1.941		1.941			
C299430703	泉塘湾村8组·泉塘湾村4组	1.599			1.599		1.599			
C300430703	下陈湾村3组·下陈湾村1组	3.001			3.001		3.001			

续表 1-1-5-2

路线编号	起讫地点	里程	技术等级				路面类型			
			二级	三级	四级	等外	水泥砼	沥青表处	砂石路	无路面
C301430703	下陈湾村2组·雷竹基地	1.1			1.1		1.1			
C302430703	下陈湾·下陈湾村6组	1.101			1.101		1.101			
C303430703	雨堂庵村5组·雨堂庵村4组	1.2			1.2		1.2			
C304430703	唐家坝村3组·唐家坝村4组	3.399			3.399		3.399			
C305430703	八方巷村4组·八方巷村6组	3.3			3.3		3.3			
C306430703	粟家庵村1组·粟家庵村3组	1.301			1.301				1.301	
C307430703	粟家庵村部·粟家庵村8组	3.805			3.805		3.805			
C308430703	黄马井村1组·黄马井村5组	2.495			2.495		2.495			
C309430703	边山铺村7组·边山铺村11组	1.299			1.299		1.299			
C310430703	唐家坝村4组·栗山村6组	3.766			3.766		3.766			
C311430703	栗山村1组·栗山村6组	1.295			1.295		1.295			
C312430703	王家湾村4组·王家湾村9组	2.738			2.738		2.738			
C313430703	唐家坝村3组·唐家坝村1组	1.401			1.401		1.401			
C314430703	牛路滩·官桥坪村部	2.635			2.635		1.038		1.597	
C315430703	施家山村3组·施家山村9组	2.413			2.413		2.413			
C316430703	桂花村1组·桂花村6组	3.798			3.798		3.798			
C317430703	丁家桥村部·丁家桥村6组	2.598			2.598		2.598			
C318430703	G319线·高岭村部	2.492			2.492		1.5		0.992	
C319430703	G319线·Y246线	6.165			6.165		6.165			
C320430703	李保冲交界·桂花交界	2.187			2.187		1.4		0.787	
C321430703	王家湾·向家港界	1.501			1.501		1.501			
C322430703	狮子山学校·桂花村	1.499			1.499		1.499			
C323430703	朱家湾·谢家湾	2.001			2.001		2.001			

续表 1-1-5-2

路线编号	起讫地点	里程	技术等级				路面类型			
			二级	三级	四级	等外	水泥砼	沥青表处	砂石路	无路面
C324430703	王家湾·谢家湾	1.853			1.853				1.853	
C325430703	大坪学校·叶家坪	1.5			1.5		1.5			
C326430703	张家溶·姚家冲	1.1			1.1				1.1	
C327430703	稠树冲村5组·罗汉山村1组	3.545			3.545		1.3		2.245	
C328430703	赵家桥生资·九龙庵村4组	3.499			3.499		0.998		2.501	
C329430703	工班·高岭交界	2.701			2.701		1		1.701	
C330430703	双堰村2组·双堰村6组	2.7			2.7		1.2		1.5	
C331430703	观音庵村6组·观音庵村5组	3.552			3.552		3.552			
C332430703	二牛岗村4组·二牛岗村1组	0.901			0.901		0.901			
C333430703	二牛岗村3组·乌塘岗村部	3.5			3.5		3.5			
C334430703	移民点·新堰岗村3组	1.899			1.899		1.899			
C335430703	渔场·伍家嘴村1组	2.499			2.499		2.499			
C336430703	二港桥村6组·湾堤村2组	4.3			4.3		4		0.3	
C337430703	墟场·观音庵村12组	1.195			1.195		1.195			
C338430703	桐林坪村7组·桐林坪村3组	1.71			1.71		1.71			
C339430703	青龙岗村15组·青龙岗村1组	2.706			2.706		2.706			
C340430703	桐林坪村2组·栗山口村1组	3.372			3.372		3.372			
C341430703	八斗湾村5组·清真寺	4.435			4.435		1.4		3.035	
C342430703	龙潭庵村3组·龙潭庵村3组	2.4			2.4				2.4	
C343430703	龙头湾·龙头湾村4组	1.463			1.463		1.463			
C344430703	氮肥厂·大杨岗	1.7			1.7		1.7			
C345430703	临沅村1组·南阳桥	3.014			3.014		2.013		1.001	
C346430703	石家岗·南垸村6组	2.55			2.55				2.55	

续表 1-1-5-2

路线编号	起讫地点	里程	技术等级				路面类型			
			二级	三级	四级	等外	水泥砼	沥青表处	砂石路	无路面
C347430703	税务所·南垸村2组	1.4			1.4		0.8		0.6	
C348430703	金刚桥·马桥村13组	2.999			2.999		1.8		1.199	
C349430703	新建村6组·新建村3组	1.933			1.933		1.933			
C350430703	老机场路·渡槽	5.666			5.666		5.666			
C351430703	十字路·火田坪村9组	4.632			4.632		4.632			
C352430703	火田坪村9组·红星村9组	5.116			5.116		5.116			
C353430703	镇建筑公司·花园村3组	0.6			0.6		0.6			
C354430703	广城山村1组·太平水库	4.94			4.94		3		1.94	
C355430703	麻家巷村7组·岩码头	8.319			8.319		7.001		1.318	
C356430703	金陵桥村7组·杉木水库	1.653			1.653		1.653			
C357430703	民族村5组·三德桥村4组	1.196			1.196		1.196			
C358430703	八叶桥村2组·八叶桥村5组	1.9			1.9		0.9		1	
C359430703	麻家巷村9组·八叶桥村1组	4.613			4.613		2.214		2.399	
C360430703	中堰村5组·双堰岗村7组	4.707			4.707		3.9		0.807	
C361430703	柳木岩·五泉村13组	2.1			2.1		2.1			
C362430703	跑马里·洞子	5.354			5.354		5.354			
C363430703	株树坪·高岭山村9组	4.606			4.606		4.606			
C364430703	四一三队·洞子	7.421			7.421		3.904		3.517	
C365430703	木马山·西陂堰村10组	2.1			2.1		2.1			
C366430703	牌楼村1组·花儿井	2.202			2.202		2.202			
C367430703	牌楼村1组·牌楼村10组	2.1			2.1				2.1	
C368430703	双冲村3组·双冲村7组	1.1			1.1		1.1			
C369430703	杜家冲村1组·杜家冲村9组	2.483			2.483		0.9		1.583	

续表 1-1-5-2

路线编号	起讫地点	里程	技术等级				路面类型			
			二级	三级	四级	等外	水泥砼	沥青表处	砂石路	无路面
C370430703	清凉村9组·五里水库	3.007			3.007		3.007			
C371430703	莲花庵村1组·渡槽	2.3			2.3		0.7		1.6	
C372430703	珊瑚岗村3组·珊瑚岗村12组	1.1			1.1				1.1	
C373430703	珊瑚岗桥·杨公庵村13组	1.6			1.6		1.6			
C374430703	陡山村4组·王家冲村9组	5.216			5.216		2.3		2.916	
C375430703	丁家坪村6组·兴隆街村1组	4.272			4.272		1.9		2.372	
C376430703	兴隆街村10组·易家冲水库	2.596			2.596		2.596			
C377430703	兴隆街·兴隆街村3组	2.5			2.5		2.5			
C378430703	陡山·陡山村16组	3.003			3.003		3.003			
C379430703	放羊坪村8组·三角村部	3.124			3.124		0.501		2.623	
C380430703	兴坑村1组·机埠	2.5			2.5		2.5			
C381430703	白云村1组·白云村9组	3.565			3.565		3.565			
C382430703	三角堆村2组·白云村5组	2.691			2.691		2.691			
C383430703	草坪墟场·草坪村部	3.725			3.725		3.725			
C384430703	草坪村2组·草坪村1组	2.301			2.301		2.301			
C385430703	叶家桥·伍家坪村7组	3.231			3.231		3.231			
C386430703	枫林口村部·枫林口村8组	1			1		1			
C387430703	花叶港村部·花叶港村5组	1.501			1.501		1.501			
C388430703	先锋村3组·先锋村11组	1.5			1.5		1.5			
C389430703	先锋村3组·先锋村13组	1.699			1.699		1.699			
C390430703	芙蓉窝·石家冲	3.001			3.001		1		2.001	
C391430703	枫林口村部·枫林口村9组	1.301			1.301		1.301			
C392430703	发旺桥·发旺桥村7组	1.101			1.101		1.101			

续表 1-1-5-2

路线编号	起讫地点	里程	技术等级				路面类型			
			二级	三级	四级	等外	水泥砼	沥青表处	砂石路	无路面
C393430703	大洋湖村部·大洋湖村3组	0.9			0.9		0.9			
C394430703	袁家桥·袁家桥村8组	1			1		1			
C395430703	东门冲村1组·东门冲村5组	3.299			3.299		3.299			
C396430703	墟场·金星水库	2.887			2.887		2.887			
C397430703	枫树坳·蜜蜂嘴	3.498			3.498		3.498			
C398430703	黄金·万寿山村6组	3.7			3.7		3.7			
C399430703	双冲水库·耙泥湾	3.787			3.787		2.8		0.987	
C400430703	长寿山村5组·枫梓洞	1.4			1.4		0.8		0.6	
C401430703	伍福桥村4组·伍福桥村7组	1.2			1.2		1.2			
C402430703	白杨坪村6组·黄家洲桥	10.605			10.605		10.605			
C403430703	马头山村4组·马头山村部	0.4			0.4		0.4			
C404430703	烟云山村9组·烟云山村1组	2.72			2.72		2.72			
C405430703	卫生院·洪福寺村部	2.001			2.001		2.001			
C406430703	工班·双合桥村12组	5.258			5.258		5.258			
C407430703	中太桥村7组·中太桥村5组	1.5			1.5		1.5			
C408430703	双狮·阴山	1.6			1.6		1.6			
C409430703	金家冲村6组·金家冲村1组	3.099			3.099		3.099			
C410430703	桂花村4组·桂花村5组	1			1		1			
C411430703	金峰桥·尧天桥	0.628	0.628						0.628	
C412430703	联兴堰村7组·联兴堰村1组	1.401			1.401		1.401			
C413430703	杨旗嘴村6组·赵家庵村5组	5.72			5.72		4.1		1.62	
C414430703	仙人塘村3组·东湖村部	4.672			4.672		2.674		1.998	
C415430703	金泉山·金泉山村5组	1.1			1.1		1.1			

续表 1-1-5-2

路线编号	起讫地点	里程	技术等级				路面类型			
			二级	三级	四级	等外	水泥砼	沥青表处	砂石路	无路面
C416430703	东湖村3组·河头冲村3组	2.198			2.198		2.198			
C417430703	青云·河头村4组	2.1			2.1		1.3		0.8	
C418430703	白岩冲村9组·株树岗村10组	6.892			6.892		2		4.892	
C419430703	白岩冲村9组·白岩冲村4组	2.5			2.5		0.2		2.3	
C420430703	株树岗村7组·株树岗村1组	1.399			1.399		1.399			
C421430703	红岩嘴·红岩嘴村10组	1.5			1.5		1.5			
C422430703	黄花堰村10组·王家冲村9组	0.719			0.719		0.719			
C423430703	青龙井村13组·青龙井村1组	3.399			3.399		3.399			
C424430703	金霞村6组·金霞村1组	4.365			4.365		1.6		2.765	
C425430703	七斗桥村9组·七斗桥村部	2.978			2.978		2.978			
C426430703	鹿角冲村12组·鹿角冲村11组	3.301			3.301		3.301			
C427430703	官仓村6组·官仓村10组	2.102			2.102		0.8		1.302	
C428430703	信用社·云安旅社	0.504			0.504				0.504	
C429430703	电影院·交管站	1.699			1.699				1.699	
C432430703	供水·回龙村9组	5.498			5.498		5.498			
C433430703	新田岗村8组·新田岗村部	0.6			0.6				0.6	
C434430703	青岗冲村12组·青岗冲村5组	5.352			5.352		1.9		3.452	
C435430703	老车站·廖家湾	0.701			0.701		0.5		0.201	
C436430703	千斤陂村7组·千斤陂村8组	0.601			0.601		0.601			
C437430703	打鼓洲村1组·枫树湾	2.2			2.2		2.2			
C438430703	黄壁坪村部·苏家桥村3组	4.002			4.002		2.701		1.301	
C439430703	汤家嘴·书房坝	1.736			1.736		1.736			
C440430703	铁山坪·铁山坪村1组	3.401			3.401		3.401			

续表 1-1-5-2

路线编号	起讫地点	里程	技术等级				路面类型			
			二级	三级	四级	等外	水泥砼	沥青表处	砂石路	无路面
C441430703	九陡坪·许家湾	2.416			2.416		2.416			
C442430703	吴家桥·鹤子湾村4组	1.601			1.601		1.601			
C443430703	吴家桥·穿天坳	3.497			3.497		2.3		1.197	
C444430703	高家庵·谭木岗	1.8			1.8		1.8			
C445430703	马家堰·油榨坳	1.258			1.258		1.258			
C446430703	五斗桥·栀子岗	6.765			6.765		2.899		3.866	
C447430703	花园组·张家湾组	5.2			5.2		5.2			
C448430703	书家冲·龚家洞	0.9			0.9				0.9	
C449430703	花溪宾馆·三岔路	5.699			5.699		5.699			
C450430703	仙池冲·孔家坳	1			1				1	
C451430703	花溪宾馆·五溪码头	2.812			2.812		1.9		0.912	
C452430703	娄家湾·三样树村部	3.7			3.7		3.7			
C453430703	陡水坡村3组·铁炉坪村4组	4.1			4.1		4.1			
C454430703	陡水坡村5组·肖家冲	1.004			1.004		1.004			
C455430703	栗岗岭村2组·枞山嘴村3组	3.583			3.583		1.7		1.883	
C456430703	鸡嘴山村4组·鸡嘴山村1组	1.4			1.4		1.4			
C457430703	鸡嘴山·八角楼村5组	1.982			1.982				1.982	
C458430703	鸡嘴山村7组·鸡嘴山村9组	1.5			1.5				1.5	
C459430703	墟场·中溪冲村6组	5.999			5.999		5.999			
C461430703	马安头村6组·马安头村4组	3.5			3.5		3.5			
C462430703	马安头村1组·马安头村3组	3			3				3	
C463430703	袁家湖村4组·黎家坪村1组	4.199			4.199		2.101		2.098	
C464430703	陆家坳·邓家湾桥	2.18			2.18		2.18			

续表 1-1-5-2

路线编号	起讫地点	里程	技术等级				路面类型			
			二级	三级	四级	等外	水泥砼	沥青表处	砂石路	无路面
C465430703	徐家嘴村1组·徐家嘴村7组	3.401			3.401		3.401			
C466430703	砂田溪村1组·砂田溪村10组	3.2			3.2		3.2			
C467430703	洞桃冲村10组·洞桃冲村2组	3.081			3.081		1.4		1.681	
C468430703	黄土坡村5组·黄土坡村8组	2.785			2.785		2.785			
C469430703	黄土坡村5组·黄土坡村3组	3.393			3.393		3.393			
C470430703	清水冲村6组·将军桥村2组	3.201			3.201		1.2		2.001	
C471430703	彭家桥村4组·彭家桥村6组	1.9			1.9		1.9			
C472430703	紫云山村4组·紫云山村1组	3.299			3.299		3.299			
C473430703	九龙山村部·九龙山村10组	2.528			2.528		2.528			
C474430703	东山坪村1组·东山坪村6组	0.8			0.8		0.8			
C475430703	桃花溪·桃花溪村9组	1.3			1.3		1.3			
C476430703	竹清潭村10组·竹清潭村部	1.604			1.604		1.604			
C477430703	新桥村1组·新桥村2组	1.101			1.101		1.101			
C478430703	新桥村8组·湖坪村3组	0.695			0.695		0.695			
C479430703	凉水井村6组·凉水井村4组	1.541			1.541		1.541			
C480430703	清凉村7组·杜家冲村2组	1.841			1.841		1.841			
C481430703	胡家桥·学校	1.201			1.201		1.201			
C482430703	花莲墟场·何家溶	2.699			2.699		2		0.699	
C483430703	土桥冲村3组·集云村6组	4.499			4.499		2.8		1.699	
C484430703	三板桥·廖花河村7组	3.799			3.799		3.799			
C485430703	湖江坪村7组·清塘湖村5组	1.8			1.8		1.001		0.799	
C486430703	湖江坪村2组·湖江坪村4组	1			1				1	
C487430703	黄家冲·花河村部	3.749			3.749		1.7		2.049	

续表 1-1-5-2

路线编号	起讫地点	里程	技术等级				路面类型			
			二级	三级	四级	等外	水泥砼	沥青表处	砂石路	无路面
C488430703	逆江坪中学·土木桥村部	5.434			5.434		5.434			
C489430703	土家坡·安家溪	2.8			2.8		2.8			
C490430703	泥塘·大冲	0.701			0.701				0.701	
C491430703	仙美·铁家岭	0.4			0.4				0.4	
C492430703	霞峰村4组·霞峰村9组	2			2		2			
C850430703	法官桥头·聂安东家	1.094			1.094				1.094	
C851430703	法官桥头·安龙	1.4			1.4		1.4			
C852430703	贾仁卫家·孟凡义家	2.3			2.3				2.3	
C855430703	中心田起点·姚昌友家	1.11			1.11				1.11	
C856430703	乐兴桥头·民安坝	1.238			1.238				1.238	
C859430703	乐兴分场·乐兴渔场	1.854			1.854				1.854	
C862430703	邓泰山家·邓丕忠家	1.556			1.556				1.556	
C863430703	中心渠·邓建桃家	0.726			0.726				0.726	
C864430703	场国土办·牛鼻滩上林	1.133			1.133		1.133			
C865430703	地磅房·牛鼻滩上林村	0.711			0.711				0.711	
C866430703	片佬仓库·黎水墙家	1.408			1.408				1.408	
C867430703	小佬商店·李跃进家	1.95			1.95				1.95	
C868430703	刘中秋商店·郑子前家	0.621			0.621				0.621	
C869430703	郑玉初家·中心渠	0.789			0.789				0.789	
CT01430703	幸福村部·民康村1组	2.021			2.021				2.021	
CT03430703	东北湾村3组·铁甲村部	1.102			1.102				1.102	
CT04430703	复兴村部·S205线	1.007			1.007				1.007	
CT05430703	北洲村部·西河	1.515			1.515				1.515	

续表 1-1-5-2

路线编号	起讫地点	里程	技术等级				路面类型			
			二级	三级	四级	等外	水泥砼	沥青表处	砂石路	无路面
CT06430703	同富村10组·西洞庭龙泉	1.54			1.54				1.54	
CT07430703	X045线·黑山中学	1.69			1.69				1.69	
CT08430703	一港村4组·南堤村1组	1.461			1.461				1.461	
CT09430703	芷湾村7组·观庄村16组	2.531			2.531				2.531	
CT10430703	三星村3组·上林村8组	0.842			0.842				0.842	
CT11430703	肖家湾村部·肖家湾村7组	1.362			1.362				1.362	
CT12430703	林场村1组·豪洲村9组	1.645			1.645				1.645	
CT13430703	同春村部·武陵村1组	1.614			1.614				1.614	
CT14430703	大路陂村1组·大路陂村2组	1.513			1.513				1.513	
CT16430703	流花口村部·乐兴大桥	0.577			0.577				0.577	
CT19430703	联合大桥·杨腊溪村部	2.206			2.206				2.206	
CT21430703	周夹巷村部·黄潭桥	1.693			1.693				1.693	
CT24430703	田家枰村部·小溪	1.168			1.168				1.168	
CT25430703	飞龙砖厂·反帝桥	3.011			3.011				3.011	
CT26430703	梅家岗·中心村12组	2.871			2.871				2.871	
CT28430703	响岩嘴·霞峰村9组	1.144			1.144				1.144	
CT30430703	七斗冲村部·草坪村9组	1.615			1.615				1.615	
CT31430703	桐林坪村11组·栗山	1.206			1.206				1.206	
CT32430703	陡惠渠村8组·草坪墟场	1.107			1.107				1.107	
CT34430703	湖堤村4组·白岩界	0.723			0.723				0.723	
CT35430703	回龙村部·龙虎口村部	2.158			2.158				2.158	
CT36430703	阳兰桥村部·火田村9组	0.615			0.615				0.615	
CT37430703	桃花溪村9组·安化金鸡高茅村	2.085			2.085				2.085	

续表 1-1-5-2

路线编号	起讫地点	里程	技术等级				路面类型			
			二级	三级	四级	等外	水泥砼	沥青表处	砂石路	无路面
CT38430703	三岔湖村部·报国村8组	1.563			1.563				1.563	
CT40430703	大溪冲村部·龙山组	2.879			2.879				2.879	
CT41430703	葛麻山渡槽·火田坪村部	1.315			1.315				1.315	
CT42430703	草坪墟场·官庄陂移民点	2.248			2.248				2.248	
CT44430703	木龙冲村部·廖花河村7组	1.854			1.854				1.854	
CZ01430703	Y210 线·乐安村	0.582			0.582				0.582	
CZ02430703	Y244 线·兴佛山村	0.502			0.502				0.502	
CZ03430703	C005 线·团洲村	0.572			0.572				0.572	
CZ04430703	C399 线·朱家冲村	0.665			0.665				0.665	
CZ05430703	C164 线·姚家垱村	0.54			0.54				0.54	
CZ06430703	C141 线·大路陂村	0.634			0.634				0.634	
CZ07430703	C314 线·官桥坪村	0.619			0.619				0.619	
桃源县		2158.154			2158.154		656.322		1501.832	
C001430725	长育·管湾电排	1.009			1.009		1.009			
C002430725	金鹤观·黄石电站	7.067			7.067		4.795		2.272	
C003430725	高家嘴·防洪堤	1.339			1.339		1.339			
C004430725	黄安桥·芦安组	1.774			1.774		1.774			
C006430725	杨柳·黄石	3.096			3.096		0.982		2.114	
C007430725	花园·大谷	10.558			10.558		5.166		5.392	
C008430725	新桥·九溪毕架	7.756			7.756		7.756			
C009430725	新湾·寨坡	3.758			3.758		2.116		1.642	
C010430725	大谷·观音洞	2.921			2.921		1.57		1.351	
C011430725	寨坡·陈棚	6.733			6.733		6.733			

续表 1-1-5-2

路线编号	起讫地点	里程	技术等级				路面类型			
			二级	三级	四级	等外	水泥砼	沥青表处	砂石路	无路面
C012430725	黄安桥头·黄安	1.042			1.042		1.042			
C013430725	杨柳·欧家垱	2.47			2.47		2.47			
C014430725	杨柳·枫树岭	1.859			1.859		1.859			
C015430725	黄管处·金洪	1.396			1.396		1.396			
C016430725	金洪·下湾	0.606			0.606		0.606			
C017430725	金洪·先音桥	2.13			2.13		2.13			
C018430725	新桥·付坝	2.257			2.257		2.014		0.243	
C019430725	大谷·莫家坡	3.469			3.469		3.469			
C020430725	观音洞·界址	4.937			4.937		1.557		3.38	
C027430725	漆河油站·桑园洲	1.993			1.993		1.993			
C028430725	勒马山·魏家坪	1.923			1.923		1.923			
C029430725	液化气站·红光	0.691			0.691		0.691			
C030430725	李家巷·红光	0.895			0.895		0.895			
C031430725	石板坪·漆河镇中	2.977			2.977		2.977			
C033430725	六角堰·垃圾站	1.689			1.689				1.689	
C034430725	石板坪·曙光	0.823			0.823		0.421		0.402	
C035430725	徐家溶·晓溪	4.412			4.412		4.412			
C036430725	聂桥头·新民	3.131			3.131		1.681		1.45	
C037430725	列家桥·建华	5.023			5.023		2.374		2.649	
C038430725	变电站·建华	3.192			3.192		2.496		0.696	
C039430725	S306 线·列家桥	2.278			2.278				2.278	
C040430725	建华·禁碑垭	2.719			2.719		0.659		2.06	
C041430725	葫芦嘴·庙儿岗	3.091			3.091		1.618		1.473	

续表 1-1-5-2

路线编号	起讫地点	里程	技术等级				路面类型			
			二级	三级	四级	等外	水泥砼	沥青表处	砂石路	无路面
C042430725	东山·施家	3.309			3.309		1.91		1.399	
C043430725	相思潭·列家岗	5.412			5.412		5.412			
C044430725	雷打岩·聂坪	1.028			1.028				1.028	
C045430725	聂家坪村7组·汉宫庙	2.369			2.369				2.369	
C046430725	麻溪桥·曙光	1.451			1.451		1.451			
C047430725	华岩河·丁家塝	2.499			2.499				2.499	
C048430725	善溪港·向家坪	2.525			2.525				2.525	
C049430725	善溪港·推磨洲	0.995			0.995		0.995			
C050430725	三屋堰·谢家垱	2.816			2.816		1.575		1.241	
C051430725	栗子垭·垱口堉	2.143			2.143		2.143			
C052430725	栗子垭·崇寿寺	1.739			1.739				1.739	
C053430725	刘家嘴·朱家湾	3.46			3.46		0.72		2.74	
C054430725	铁佛寺·铁甲	3.817			3.817		3.817			
C055430725	铁佛寺·小苏溪	0.9			0.9		0.9			
C056430725	刘家嘴·余家坪	1.999			1.999				1.999	
C057430725	黄婆店·方家桥	4.901			4.901				4.901	
C058430725	南门嘴·江家湾	1.657			1.657				1.657	
C059430725	七斗坡·三王堉	2.079			2.079				2.079	
C060430725	团结·龙昌寺	4.323			4.323		2.653		1.67	
C061430725	朱家洞·白家溶	1.371			1.371		1.371			
C062430725	月有口·江家堉	3.417			3.417		1.188		2.229	
C063430725	傅家堉·方家桥	2.561			2.561				2.561	
C064430725	方家桥·镇龙	1.9			1.9				1.9	

续表 1-1-5-2

路线编号	起讫地点	里程	技术等级				路面类型			
			二级	三级	四级	等外	水泥砼	沥青表处	砂石路	无路面
C065430725	谢家垭·龙昌寺	1.796			1.796				1.796	
C066430725	K6+736·龙昌寺	2.923			2.923		2.923			
C067430725	黄土堉·下湾	2.981			2.981				2.981	
C068430725	勒马山·魏家坪	2.573			2.573		2.573			
C069430725	凤凰坡·魏家坪	1.102			1.102		0.528		0.574	
C070430725	高碑·新民	1.52			1.52				1.52	
C071430725	荷花堰·郑坪	0.424			0.424		0.424			
C072430725	株湖·郑坪	2.983			2.983				2.983	
C073430725	罗湾·淹得浅	6.185			6.185		5.585		0.6	
C074430725	碌厂桥·丁家桥	2.355			2.355				2.355	
C075430725	埠记湾·封火溶	2.292			2.292				2.292	
C076430725	四方堉·郭家堉	2.318			2.318				2.318	
C077430725	大樟树·封火溶	2.258			2.258				2.258	
C078430725	封火溶·娘娘堉	1.314			1.314				1.314	
C079430725	马路坡·董家堉	2.899			2.899				2.899	
C080430725	罗汉山垭·八房坪	6.38			6.38		3.691		2.689	
C081430725	王家祠堂·落机洲	2.246			2.246				2.246	
C082430725	新民·八方坪	4.536			4.536		3.352		1.184	
C083430725	观堰湾·狮子	1.796			1.796		1.796			
C084430725	傅家堉村2组·关桥	5.077			5.077		5.077			
C085430725	双桂·关桥	2.262			2.262		2.262			
C086430725	傅家堉·涌泉	6.845			6.845		3.887		2.958	
C087430725	涌泉·吕家垱	4.197			4.197		3.232		0.965	

续表 1-1-5-2

路线编号	起讫地点	里程	技术等级				路面类型			
			二级	三级	四级	等外	水泥砼	沥青表处	砂石路	无路面
C088430725	吕家垱·麻路湾	2.284			2.284		2.284			
C089430725	马垅坑·涌泉	2.699			2.699		2.699			
C090430725	徐家溶·周家埫	1.642			1.642				1.642	
C091430725	金龙山垭·新民桥	3.094			3.094		0.686		2.408	
C092430725	小学桥·王家湾组	1.922			1.922				1.922	
C093430725	天保山·新民	2.265			2.265		1.153		1.112	
C094430725	双拱桥·天保山	2.558			2.558		1.416		1.142	
C095430725	方家溶·黄灵埫	1.713			1.713				1.713	
C096430725	双拱桥·白马坪	2.222			2.222		2.222			
C097430725	转运站·连珠桥	6.822			6.822		2.527		4.295	
C098430725	聚宝山·徐明中垭	2.799			2.799				2.799	
C099430725	聚宝学校·槐树湾	1.501			1.501				1.501	
C100430725	显化岗村7组·显化岗村4组	2.212			2.212				2.212	
C101430725	显化岗·尖峰坡	2.45			2.45		1.717		0.733	
C102430725	快活岭·连珠桥村	0.976			0.976				0.976	
C103430725	杨家坪·一字山村3组	1.773			1.773		1.773			
C104430725	双溪口街·金紫山	2.561			2.561		2.561			
C105430725	砖厂·郑家坪	2.738			2.738		1.863		0.875	
C106430725	Y286线二号桩·茶园	1.17			1.17				1.17	
C107430725	双溪口·彰善林场	4.22			4.22		1.554		2.666	
C108430725	龙凤村3组·九龙岗	4.065			4.065				4.065	
C109430725	跑马岔路·跑马	0.752			0.752				0.752	
C110430725	跑马·马鬃分界	1.063			1.063				1.063	

续表 1-1-5-2

路线编号	起讫地点	里程	技术等级				路面类型			
			二级	三级	四级	等外	水泥砼	沥青表处	砂石路	无路面
C111430725	阳雀村2组·Y460线	3.099			3.099		1.906		1.193	
C112430725	烽火岗·洞湾	2.521			2.521		2.521			
C113430725	张家湾·丁家峪	1.091			1.091		1.091			
C114430725	楠竹岗·福庆山	2.813			2.813				2.813	
C115430725	阳雀村2组·庄家铺	3.616			3.616				3.616	
C116430725	阳雀村4组·Y286线	1.213			1.213				1.213	
C117430725	岗陵村2组·傅家埫	1.83			1.83		1.155		0.675	
C118430725	岗陵村6组·庄家铺	3.81			3.81		1.493		2.317	
C120430725	傅家埫·李家湾	1.409			1.409				1.409	
C121430725	庄家铺·洞湾5组	2.639			2.639		2.639			
C123430725	傅家埫村6组·S306线	3.138			3.138		3.138			
C124430725	福善岗村11组·黄石灌渠	2.528			2.528		2.528			
C125430725	大公·长岭	3.251			3.251				3.251	
C126430725	大公·围坪村6组	2.425			2.425				2.425	
C127430725	田家湾·岩桥	1.41			1.41				1.41	
C128430725	岩桥村10组·S306线	2.823			2.823				2.823	
C129430725	岩桥·松树垭	3.175			3.175				3.175	
C132430725	木家桥渡槽·大松树垭	2.669			2.669		2.669			
C133430725	刘家湾·贺家台	1.979			1.979				1.979	
C134430725	河坝·金鸡垭	3.694			3.694				3.694	
C135430725	胡家潭·小苏溪	1.379			1.379		1.379			
C136430725	马毕溶口·杨家岬	2.85			2.85		1.521		1.329	
C137430725	孙家垭·小桥	5.994			5.994				5.994	

续表 1-1-5-2

路线编号	起讫地点	里程	技术等级				路面类型			
			二级	三级	四级	等外	水泥砼	沥青表处	砂石路	无路面
C138430725	三元桥·三元桥村8组	1.091			1.091				1.091	
C139430725	三元桥·三元桥村7组	1.544			1.544				1.544	
C140430725	土金湾·铁甲村	3.527			3.527		1.57		1.957	
C141430725	杨家庄·米糊塆	2.953			2.953				2.953	
C142430725	汪家山·竹园坪	4.241			4.241				4.241	
C143430725	丁拱桥·莫家坪	2.411			2.411				2.411	
C144430725	河代口·椰树坪	3.036			3.036				3.036	
C145430725	千坪塔·汤家溪	2.696			2.696				2.696	
C146430725	上平·姜家山	4.035			4.035				4.035	
C147430725	下河·龙凤山	5.319			5.319		5.319			
C148430725	飞旗河村部·上扶溪	4.577			4.577				4.577	
C149430725	江家山·马家河村部	6.5			6.5				6.5	
C150430725	张家湾·黄伞坪村部	4.999			4.999				4.999	
C151430725	汪家塆·大庄坪	1.65			1.65				1.65	
C152430725	冉家塆·水田坪	0.8			0.8				0.8	
C153430725	陈家湾·丁家坪	0.299			0.299				0.299	
C154430725	毛家河·万家栋组	4.054			4.054		1.885		2.169	
C155430725	雷树垭·兴山村	6.434			6.434		6.434			
C156430725	太平桥·青云山	3.259			3.259		1.334		1.925	
C157430725	龙家塆·金凤山	3.26			3.26		3.26			
C158430725	谭家嘴·太阳山	1.214			1.214				1.214	
C159430725	华桂·太阳山	0.776			0.776				0.776	
C160430725	新坪·跑马岭	4.759			4.759				4.759	

续表 1-1-5-2

路线编号	起讫地点	里程	技术等级				路面类型			
			二级	三级	四级	等外	水泥砼	沥青表处	砂石路	无路面
C161430725	谭家铺·九庄堉	2.32			2.32				2.32	
C162430725	九庄堉·袁家坪	4.707			4.707		1.308		3.399	
C163430725	两汉港·黑湾	3.797			3.797				3.797	
C164430725	两汉港·青云山	2.872			2.872				2.872	
C165430725	两汉港·聂树塔	2.794			2.794				2.794	
C166430725	漆苏线·快活岭	3.902			3.902		1.8		2.102	
C167430725	金鸡山·田河水库	7.661			7.661		1.719		5.942	
C168430725	仙坞·老井林场	3.348			3.348		3.348			
C169430725	黎家坡·老井	3.21			3.21		3.21			
C170430725	老井·崇庆	1.329			1.329				1.329	
C171430725	金鸡山·老井	3.433			3.433				3.433	
C172430725	金鸡山·分水岭	1.312			1.312				1.312	
C173430725	桐岭·漆苏线	3.109			3.109				3.109	
C174430725	桐岭·牛场	2.747			2.747				2.747	
C175430725	南岳·漆苏线	4.055			4.055		4.055			
C176430725	十字港·团结机埠	2.817			2.817		0.819		1.998	
C177430725	大家滩·苏家堆	1.003			1.003				1.003	
C178430725	大家滩·一号拦坝	1.636			1.636				1.636	
C179430725	牛场·黎家坡	4.375			4.375		3.42		0.955	
C180430725	仙坞·新堤村部	3.933			3.933		3.933			
C181430725	回维·黎家坡村 3 组	2.715			2.715		0.707		2.008	
C182430725	团结机埠·白果树	1.784			1.784				1.784	
C183430725	漆苏线·桂竹岗	0.459			0.459		0.459			

续表 1-1-5-2

路线编号	起讫地点	里程	技术等级				路面类型			
			二级	三级	四级	等外	水泥砼	沥青表处	砂石路	无路面
C184430725	乡政府·田湖	4.588			4.588		2.782		1.806	
C185430725	老硒·交界处	0.402			0.402				0.402	
C186430725	庄家桥·新河大堤	3.318			3.318		2.605		0.713	
C187430725	刘家湾·新屋岗	1.186			1.186		1.186			
C188430725	鸡婆山·田湖	2.846			2.846				2.846	
C189430725	龙潭小学·沉溪坪村部	1.691			1.691				1.691	
C190430725	杜家坊小学·两河口	1.017			1.017				1.017	
C191430725	千工坝·楠木湾村部	4.299			4.299				4.299	
C192430725	小桥·松山寺村部	4.347			4.347				4.347	
C194430725	水碓溶·水碓堉村部	1.401			1.401				1.401	
C195430725	两河口水库·王家溪	12.155			12.155				12.155	
C196430725	正洋桥坡顶·古洞岗	0.74			0.74				0.74	
C197430725	腊树埡·黄伞坡村部	3.741			3.741		3.741			
C198430725	茶溪堉·黄伞坡村部	4.592			4.592				4.592	
C199430725	同观山渡槽·白岩桥	2.547			2.547		1.412		1.135	
C200430725	谢家坪·同观山村部	6.233			6.233				6.233	
C201430725	南家·天叉埡	5.068			5.068				5.068	
C203430725	白竹园·湖田界村部	1.917			1.917				1.917	
C204430725	蜜儿湾·项爱台	3.527			3.527				3.527	
C205430725	红木岭·黄家坪	1.723			1.723				1.723	
C206430725	仙峰山村部·古来堉	3.09			3.09				3.09	
C207430725	刘家岭·田家拐	3.497			3.497				3.497	
C208430725	鄢家桥·鄢家溪村部	0.5			0.5				0.5	

续表 1-1-5-2

路线编号	起讫地点	里程	技术等级				路面类型			
			二级	三级	四级	等外	水泥砼	沥青表处	砂石路	无路面
C209430725	郭家桥村部·松山寺村部	4.92			4.92				4.92	
C210430725	松山寺村部·七岭坪村部	3.277			3.277				3.277	
C211430725	金盆山村部·向家堉岭	1.5			1.5				1.5	
C212430725	吴家坪·王林堉埡	6.499			6.499				6.499	
C213430725	马岩边·赤塘坪	3.615			3.615				3.615	
C214430725	仙峰山村部·木马口	6.936			6.936				6.936	
C215430725	仙峰山村部·株树垅	2.519			2.519				2.519	
C216430725	三叉路·长潭桥	7.903			7.903				7.903	
C218430725	三望坡·沙洲河	1.146			1.146				1.146	
C220430725	大塔·汤家界村部	5.215			5.215				5.215	
C221430725	会人溪·株木溪	7.806			7.806				7.806	
C222430725	石桥岗·小馆	1.416			1.416				1.416	
C223430725	道山头·蚕蛇	3.402			3.402				3.402	
C224430725	大埡·朱家山	1.584			1.584				1.584	
C225430725	梨儿埡·板溪	5.527			5.527				5.527	
C226430725	水电楼·李家坪	3.525			3.525				3.525	
C227430725	罗花堉·梁家界	3.738			3.738				3.738	
C228430725	风暴岭·金盆山	3.994			3.994				3.994	
C229430725	水电楼·付家埡	8.302			8.302				8.302	
C230430725	白岩山·腊洞溪	4.059			4.059				4.059	
C231430725	燕家坪·高都驿	3.624			3.624				3.624	
C232430725	杨家溪电站·竹林坡	4.795			4.795		4.795			
C233430725	甘家湾·棚家嘴	4.198			4.198				4.198	

续表 1-1-5-2

路线编号	起讫地点	里程	技术等级				路面类型			
			二级	三级	四级	等外	水泥砼	沥青表处	砂石路	无路面
C234430725	堰湾里·青山口	4.738			4.738		4.738			
C235430725	张家堉·岩壳湾	4.018			4.018				4.018	
C236430725	燕家坪·高益水库	3.751			3.751		2		1.751	
C237430725	羊坡溪·桃儿堉	1			1				1	
C238430725	熊家边山·龙家嘴	4.575			4.575		2.334		2.241	
C239430725	凤鸣·枣儿垭	1.343			1.343				1.343	
C240430725	桃子·栗坪	2.481			2.481		2.481			
C241430725	长堰·落马坡	1.402			1.402				1.402	
C242430725	栗坪·彰善	1.879			1.879				1.879	
C243430725	九龙岗·龙家嘴	2.628			2.628				2.628	
C244430725	九龙岗·长堰	1.633			1.633				1.633	
C245430725	龙家嘴·胜丰	5.252			5.252		3.878		1.374	
C246430725	枣儿垭·丫角山	1.636			1.636				1.636	
C247430725	边山·王家湾	2.499			2.499				2.499	
C248430725	松树·大田	4.654			4.654				4.654	
C249430725	郭家塄·金凤	2.375			2.375				2.375	
C250430725	磨家湾·傅家湾	0.748			0.748		0.748			
C251430725	东庄坪·金凤	2			2		2			
C252430725	桃子·太阳山	2.683			2.683				2.683	
C253430725	镭钵垱·香炉岗	2.034			2.034		2.034			
C255430725	老油厂·星德山	5.879			5.879				5.879	
C256430725	桥东·徐家溶	1			1				1	
C257430725	刘家坪·高家塄	2.501			2.501				2.501	

续表 1-1-5-2

路线编号	起讫地点	里程	技术等级				路面类型			
			二级	三级	四级	等外	水泥砼	沥青表处	砂石路	无路面
C258430725	徐家峰火·太平寺	1.5			1.5				1.5	
C259430725	玉儿桥·柏青拐	3.03			3.03		1.777		1.253	
C260430725	张家湾水库·姜家峪	2.12			2.12				2.12	
C262430725	马路湾·山河	2.863			2.863				2.863	
C263430725	山河·华林岗 10 队	2.071			2.071				2.071	
C264430725	松树·华林岗	3.07			3.07				3.07	
C265430725	堂梨岗·华林岗	2.63			2.63		2.63			
C266430725	堂梨岗·华林岗村 6 组	2.05			2.05				2.05	
C267430725	桃埡村部·得五岗	5.863			5.863		2.461		3.402	
C268430725	桃树湾·老棚	3.342			3.342		0.971		2.371	
C269430725	仙娘庙村部·沙溪村部	2.359			2.359		1.563		0.796	
C270430725	窝棚湾·猪娘泉	3.946			3.946				3.946	
C271430725	热九口·王尔	4.867			4.867		1.971		2.896	
C272430725	岩桥坪·沙溪村部	2.865			2.865				2.865	
C273430725	张伯川家·张以可家	2.3			2.3				2.3	
C274430725	傅家嘴·板桥村部	4.036			4.036				4.036	
C275430725	庆兰街头·金马	1.255			1.255		0.616		0.639	
C276430725	铜板秋·童心组	3.778			3.778		2.973		0.805	
C278430725	普家嘴·南昌堉	1.953			1.953		1		0.953	
C279430725	油库·东门桥桥部	0.217			0.217				0.217	
C280430725	跑马岗村部·六斗港村部	3.74			3.74		3.74			
C281430725	六斗港·白龙洞	3.267			3.267				3.267	
C282430725	木叉堰·黑堉	5.073			5.073		2.831		2.242	

续表 1-1-5-2

路线编号	起讫地点	里程	技术等级				路面类型			
			二级	三级	四级	等外	水泥砼	沥青表处	砂石路	无路面
C283430725	叶家坡村部·石坪村部	4.112			4.112				4.112	
C284430725	新桥·覃家溶村部	3.683			3.683		1.889		1.794	
C285430725	高家坪·宝洞湾	4.148			4.148				4.148	
C286430725	重阳岗·铁炉岗村部	0.5			0.5		0.5			
C287430725	土地坡·鹅公嘴	3.101			3.101		3.101			
C288430725	边三湾·上址岗	3.431			3.431				3.431	
C289430725	车堰村部·肖家溶组	2.001			2.001				2.001	
C290430725	新桥口·董家桥	4.082			4.082		4.082			
C291430725	翰林桥村部·毛家桥	1.873			1.873				1.873	
C292430725	白家堉·倪家溶	3.812			3.812				3.812	
C293430725	基隆市场·路口	1.75			1.75				1.75	
C294430725	荷家堰·祠堂岗村部	2.527			2.527				2.527	
C296430725	农团村部·罗湾	2.881			2.881				2.881	
C297430725	肖家堉·新桥坪村部	2.988			2.988		2.988			
C298430725	祠堂岗村部·娘子堉	2.423			2.423				2.423	
C299430725	古堰砖厂·天鹅堰村部	1.85			1.85				1.85	
C300430725	预制厂·朝阳山村部	1			1				1	
C301430725	古堰水库·南昌溶村部	1.199			1.199		1.199			
C302430725	土地坡村部·南昌溶	4.179			4.179				4.179	
C304430725	周家湾·周家湾	2.499			2.499				2.499	
C305430725	牛鼻子眼·兰田村部	1.747			1.747		1.747			
C306430725	周家湾·羊角	2.507			2.507				2.507	
C307430725	天口·暴家组	1.8			1.8				1.8	

续表 1-1-5-2

路线编号	起讫地点	里程	技术等级				路面类型			
			二级	三级	四级	等外	水泥砼	沥青表处	砂石路	无路面
C308430725	钱家组·回龙组	4.207			4.207		4.207			
C309430725	梓树组·卓家组	2.378			2.378				2.378	
C310430725	围坪村村部·刘家岗	1.27			1.27				1.27	
C311430725	土金村部·天星村部	4.55			4.55				4.55	
C312430725	土金村部·刘家嘴	3.105			3.105		1.529		1.576	
C313430725	邢桥·青华村部	1.283			1.283				1.283	
C314430725	童心组·铜板秋	3.986			3.986				3.986	
C316430725	彭家坪·官坪村部	2.383			2.383				2.383	
C317430725	孙家河·K3+463	6.932			6.932		3.252		3.68	
C318430725	笔架村部·井堰	1.323			1.323				1.323	
C319430725	红更潭村部·吴家湾水库	3.36			3.36				3.36	
C321430725	六一村部·李家组	4.357			4.357				4.357	
C322430725	供销社·青草岗	5.81			5.81		5.81			
C323430725	双燕堤·罗家湾	4.803			4.803				4.803	
C324430725	三合垭·平庵	3.406			3.406		3.262		0.144	
C325430725	建路湾·幸福桥	6.022			6.022		2.01		4.012	
C326430725	郭家堉·响水垱	1.485			1.485				1.485	
C327430725	响水垱·木竹界	1.816			1.816				1.816	
C328430725	刘炎村部·大路坪	2.698			2.698				2.698	
C329430725	老爷店·尖峰山	3.26			3.26				3.26	
C330430725	兴庵·白云湾	2.77			2.77				2.77	
C331430725	龚家堉·兴庵集镇	1.063			1.063				1.063	
C332430725	兴庵寺·兴庵集镇	0.658			0.658				0.658	

续表 1-1-5-2

路线编号	起讫地点	里程	技术等级				路面类型			
			二级	三级	四级	等外	水泥砼	沥青表处	砂石路	无路面
C333430725	集镇医院·理公港小学	0.699			0.699				0.699	
C335430725	千堰湾·白羊坡村部	3.336			3.336		0.6		2.736	
C336430725	楠木湾·观音桥村部	0.944			0.944		0.944			
C337430725	牌楼桥·牌楼寺村部	1.243			1.243				1.243	
C338430725	风家溪·狮子坪村部	2.742			2.742		2.742			
C339430725	杨家湾·马进洞村部	4			4		2.011		1.989	
C340430725	杨公桥·洗马池村部	1.994			1.994				1.994	
C341430725	铜钱垱·商家坪村部	3.084			3.084				3.084	
C342430725	钟家铺·黄家坪	6.417			6.417				6.417	
C343430725	农具厂·杨四垭	2.455			2.455				2.455	
C344430725	黄家坪·九二水库	1.505			1.505				1.505	
C345430725	李家台·艾家棚	1.575			1.575		1.575			
C346430725	水田冲·泉栗	3.27			3.27		3.27			
C347430725	洗马池·硫铁矿	4.524			4.524				4.524	
C348430725	伍家坪·千丈河	0.96			0.96				0.96	
C349430725	杜坪·郝家山	4.142			4.142				4.142	
C350430725	杜坪·陈家塔	2.586			2.586		1.535		1.051	
C351430725	萝卜岗·陈家界	1.499			1.499		1.499			
C352430725	萝卜岗·大田老	3.892			3.892		1.942		1.95	
C353430725	毛二垭·八斗丘	0.278			0.278		0.278			
C354430725	长田嘴·张家界	4.69			4.69				4.69	
C355430725	蚂蟥堉·张家山	1.546			1.546		1.546			
C356430725	大田垴·慈利宝安	1.361			1.361				1.361	

续表 1-1-5-2

路线编号	起讫地点	里程	技术等级				路面类型			
			二级	三级	四级	等外	水泥砼	沥青表处	砂石路	无路面
C358430725	告木岭·桃千线	2.686			2.686		2.686			
C359430725	茶厂·桥樟堉	0.501			0.501		0.501			
C360430725	古堰湾·桃千线	7.211			7.211		3.792		3.419	
C361430725	李家堉·猫儿岩	2.079			2.079				2.079	
C362430725	杨家岭·洪鸪堉	3.734			3.734		3		0.734	
C363430725	大枫树·黄龙界	4.904			4.904		2.025		2.879	
C364430725	大理山·桐家湾	5.121			5.121				5.121	
C365430725	彭家湾·铁匠湾	4.61			4.61		1.706		2.904	
C366430725	竹林寺·简家坝	3.39			3.39				3.39	
C367430725	老屋坪·毛叶寺	6.935			6.935				6.935	
C368430725	竹林寺·飞山湾	1			1				1	
C369430725	烂泥湖·郭家湾	1.132			1.132				1.132	
C370430725	楼屋组·铁匠湾	2.047			2.047				2.047	
C371430725	滚水坝·告木岭	2.507			2.507				2.507	
C372430725	前山桥·金子山	2.77			2.77				2.77	
C373430725	熊家湾口·天宝山	1.522			1.522		1.522			
C374430725	天宝山·十字路	4.755			4.755				4.755	
C376430725	赫曦堉·蒋家堉	5.001			5.001				5.001	
C377430725	石牛山村部·余家湾	3.343			3.343				3.343	
C378430725	青龙山·株木桥组	2.689			2.689				2.689	
C379430725	丛桂山村部·白栗坪村部	5.671			5.671		1.7		3.971	
C380430725	街道出口·袁家坪台沟	4.399			4.399		2.299		2.1	
C381430725	青草坪·株木堉村部	2.899			2.899				2.899	

续表 1-1-5-2

路线编号	起讫地点	里程	技术等级				路面类型			
			二级	三级	四级	等外	水泥砼	沥青表处	砂石路	无路面
C382430725	白栗坪村部·青家坪砖厂	5.427			5.427				5.427	
C383430725	茅叶寺组·茅叶寺村部	0.299			0.299		0.299			
C384430725	石家坪·红岩垱村部	0.157			0.157				0.157	
C385430725	X061 线入口·青家坪村部	1.486			1.486		1.486			
C386430725	王家堉·华阳村部	0.41			0.41		0.41			
C387430725	张家河·陈家塝	3.436			3.436		2.258		1.178	
C388430725	九龙山村部·古坟堉	1.5			1.5				1.5	
C389430725	飞龙山村部·官家堉	3.344			3.344				3.344	
C390430725	飞龙山村部·九龙林场	3.972			3.972				3.972	
C391430725	大塘坪村部·红旗	2.001			2.001				2.001	
C392430725	熊家湾·长堉水库	2.5			2.5				2.5	
C393430725	许家湾·茶禾冲	2.552			2.552				2.552	
C394430725	彭家坪村部·殿湾	0.231			0.231				0.231	
C395430725	严婆湾·西牛山	1.254			1.254				1.254	
C396430725	胡家台·木马坑	3.305			3.305		3.305			
C397430725	项家堰村部·杉园村部	4.013			4.013		1.382		2.631	
C398430725	玉皇庵·雪家垱	3.012			3.012		0.934		2.078	
C399430725	金牛场村部·挖断井	1.998			1.998				1.998	
C400430725	文家溶·肖家溶	2.009			2.009				2.009	
C401430725	火车站·麻路湾	1.196			1.196				1.196	
C402430725	盘塘·红岩山	4.942			4.942		1.672		3.27	
C403430725	寺湾·康王堉	1.284			1.284				1.284	
C404430725	车家坪·黄叶岗	5.152			5.152				5.152	

续表 1-1-5-2

路线编号	起讫地点	里程	技术等级				路面类型			
			二级	三级	四级	等外	水泥砼	沥青表处	砂石路	无路面
C405430725	车家坪·尹家堉	5.495			5.495		2.972		2.523	
C406430725	花树桥·朱家湾	6.269			6.269				6.269	
C407430725	花树桥·常青岩巴嘴	3.42			3.42				3.42	
C408430725	樟树湾·雷家坪	3.096			3.096		1.197		1.899	
C409430725	黄叶岗·黄叶岗市场	1.702			1.702				1.702	
C410430725	匡家湾·涉水庵	2.199			2.199				2.199	
C411430725	水库·挖断岗	3			3				3	
C412430725	岩巴嘴·下家湾	1.223			1.223				1.223	
C413430725	岩堰墩·王家溶	1.298			1.298				1.298	
C414430725	莫子湾·曹家坪	1.925			1.925		1.925			
C415430725	丁家嘴·昌湾	1.105			1.105				1.105	
C416430725	朱家港·张家大屋	4.078			4.078		1.671		2.407	
C417430725	张家嘴·红岩山	2.418			2.418		2.418			
C418430725	尹家堉·红岩山	2.074			2.074		2.074			
C419430725	王家垱·沈家嘴	2.714			2.714				2.714	
C420430725	王家垱·玛瑙堰	2.387			2.387				2.387	
C421430725	王家垱·石家湾	2.815			2.815				2.815	
C422430725	喻家湾·邢家湾	1.628			1.628				1.628	
C423430725	高家湾·红岩山	5.729			5.729		3.5		2.229	
C424430725	红岩山·银家坪	2.445			2.445				2.445	
C425430725	华林林场·牌楼岗	0.946			0.946				0.946	
C426430725	牌楼岗·鹤峰水库	2.613			2.613				2.613	
C427430725	青草岗·刘家堉	2.315			2.315				2.315	

续表 1-1-5-2

路线编号	起讫地点	里程	技术等级				路面类型			
			二级	三级	四级	等外	水泥砼	沥青表处	砂石路	无路面
C428430725	青白堉·毛延	3.559			3.559		3.559			
C429430725	铁家垱·荷花堰	2.409			2.409				2.409	
C430430725	天宇湾·楠竹铺	3.785			3.785				3.785	
C431430725	白家堉·楠竹铺	2.007			2.007				2.007	
C432430725	楠竹铺·马鬃界	2.593			2.593				2.593	
C433430725	楠竹铺·沈家港	1.194			1.194				1.194	
C434430725	杜家坪·天宇湾	1.65			1.65				1.65	
C435430725	董家坪·白家堉	1.649			1.649		1.649			
C436430725	张家桥桥头·上湾	1.914			1.914				1.914	
C437430725	崇庆·金鸡岩	1.082			1.082				1.082	
C438430725	孙家桥·麦坡垭	2.842			2.842		2.842			
C439430725	市场·酒铺岗村 5 组	1.63			1.63		1.63			
C440430725	酒铺岗·五桂	2.541			2.541		1.127		1.414	
C441430725	五桂村部·毛八墩	2.686			2.686				2.686	
C443430725	毛家桥入口·毛家桥	2.167			2.167		2.167			
C444430725	毛家桥村 1 组·指防口大桥	3.19			3.19		1.39		1.8	
C445430725	桥港·指防口大桥	4.422			4.422		1.138		3.284	
C446430725	水管厂·马井电排	3.113			3.113		2.059		1.054	
C447430725	土地岗·畲田村部	3.945			3.945				3.945	
C448430725	三中·朱家岗村部	2			2		2			
C449430725	长乐村部·李家祠堂	0.618			0.618				0.618	
C450430725	省道·戴家口村部	1.801			1.801				1.801	
C451430725	桂花路·戴家口村部	2.244			2.244				2.244	

续表 1-1-5-2

路线编号	起讫地点	里程	技术等级				路面类型			
			二级	三级	四级	等外	水泥砼	沥青表处	砂石路	无路面
C452430725	三里铺村3组·杨家港村部	2.07			2.07		2.07			
C453430725	省道·三里铺村部	0.631			0.631				0.631	
C454430725	竹林老堤·畹田村部	1.501			1.501		1.501			
C455430725	郊区村部·新堤村部	3.696			3.696		0.298		3.398	
C456430725	茶庵村部·覃家嘴渡口	1			1				1	
C457430725	枫树养鸡厂·薛家嘴	2.088			2.088				2.088	
C458430725	鸬鹚洲村4组建马口·鸬鹚洲村部	0.293			0.293		0.293			
C459430725	老四湾·大山林场	3.09			3.09		0.642		2.448	
C460430725	高湾村部·桃子湾	2.158			2.158				2.158	
C461430725	新桥坪·冯家垱村部	2.678			2.678				2.678	
C462430725	土地坡村部·冯家垱村部	2.281			2.281				2.281	
C463430725	孙家桥·洞湾	4.125			4.125				4.125	
C464430725	神仙桥村部·丰火关	2.388			2.388				2.388	
C465430725	花香坪村部·龙家湾水库	1.844			1.844				1.844	
C466430725	长岭岗村部·庙山嘴	2.673			2.673				2.673	
C467430725	张家坪·清凉水库	1.516			1.516				1.516	
C468430725	仓库组·黄花桥村部	0.5			0.5		0.5			
C469430725	仁丰村2组·X052线入口	7.273			7.273		2.262		5.011	
C470430725	仁丰·双港	1.677			1.677				1.677	
C471430725	马鞍·防洪大堤	5.024			5.024				5.024	
C472430725	双港·马鞍村部	1.508			1.508		1.508			
C473430725	双港村5组·马鞍界	1.647			1.647				1.647	
C474430725	桂洲·周湾村10组	1.847			1.847		1.847			

续表 1-1-5-2

路线编号	起讫地点	里程	技术等级				路面类型			
			二级	三级	四级	等外	水泥砼	沥青表处	砂石路	无路面
C475430725	周湾村部·防洪大堤	0.545			0.545				0.545	
C476430725	周湾村部·天郑线	2.506			2.506				2.506	
C477430725	仁丰村2组·长堤村部	5.241			5.241		2.934		2.307	
C478430725	三汉港村部·乡政府	1.233			1.233		1.233			
C479430725	贵阳村3组·周湾	1.229			1.229				1.229	
C481430725	桂洲村6组·文艺村部	1.642			1.642				1.642	
C482430725	文艺村部·彭家湖村1组	1.887			1.887		0.862		1.025	
C483430725	樟树村4组·西岗头	1.238			1.238		0.603		0.635	
C484430725	樟树村部·天郑线	0.614			0.614		0.614			
C485430725	樟树村部·大溪	1.909			1.909				1.909	
C486430725	长堤村部·彭家湖村部	1.258			1.258				1.258	
C487430725	长堤村1组·杪木塘墟场	6.042			6.042		1.593		4.449	
C488430725	长堤村部·龙虎村部	2.133			2.133		2.133			
C489430725	易家桥村6组·仁丰	2.507			2.507				2.507	
C490430725	王排洲村10组·王排洲村7组	1.217			1.217				1.217	
C491430725	王排洲村部·乡林场	2.001			2.001				2.001	
C492430725	集民·大堤	4.53			4.53		3.146		1.384	
C493430725	墟场·杪木塘村部	1.799			1.799				1.799	
C494430725	集民村部·水库	2.02			2.02				2.02	
C495430725	庆兰街头·政府大门	0.616			0.616		0.616			
C496430725	窑港·三元村部	0.482			0.482		0.482			
C497430725	三元村4组·三元村部	1.047			1.047				1.047	
C498430725	窑港砖厂·窑港桥	0.472			0.472				0.472	

续表 1-1-5-2

路线编号	起讫地点	里程	技术等级				路面类型			
			二级	三级	四级	等外	水泥砼	沥青表处	砂石路	无路面
C499430725	长堰·小河	0.25			0.25				0.25	
C500430725	胜利河·大堤	0.808			0.808		0.808			
C501430725	大堤·马路岗	2.111			2.111				2.111	
C502430725	大堤·车家滩村 8 组	0.804			0.804				0.804	
C503430725	六房湾·古市	1.424			1.424		1.244		0.18	
C504430725	六房湾·大堤	0.401			0.401		0.401			
C505430725	车家滩村 7 组·古市	0.982			0.982				0.982	
C506430725	高湖村 4 组·珠明桥	1.301			1.301				1.301	
C507430725	高湖 2 队·板桥	2.071			2.071				2.071	
C508430725	四坪·板桥	1.532			1.532				1.532	
C509430725	四坪·凤凰	1.918			1.918				1.918	
C510430725	延泉·延泉村部	0.513			0.513				0.513	
C511430725	巴溪·马湾	1.634			1.634		1.634			
C512430725	巴溪村 7 组·青林羊耳	1.086			1.086		1.086			
C513430725	海螺山村 5 组·茨树垭	8.575			8.575		4.994		3.581	
C514430725	古堤渠·寨子岗	8.997			8.997		4.425		4.572	
C515430725	观山岭村部·南岳庙	1.69			1.69				1.69	
C516430725	现代研究所·万山坡	1.856			1.856				1.856	
C517430725	S226 线·黄楚村部	2.735			2.735		1.973		0.762	
C518430725	古堤台沟·张家湾	3.125			3.125		3.125			
C519430725	马路岗·金鸡堰村部	1.728			1.728				1.728	
C520430725	青林村部入口·竹资酒厂	0.9			0.9				0.9	
C521430725	狮虎岗·乌龟嘴	5.782			5.782		3.104		2.678	

续表 1-1-5-2

路线编号	起讫地点	里程	技术等级				路面类型			
			二级	三级	四级	等外	水泥砼	沥青表处	砂石路	无路面
C522430725	雷家岗·黄楚村部	0.754			0.754				0.754	
C523430725	马湾口·马湾村部	0.243			0.243		0.243			
C524430725	安家冲村部·三板桥	2.914			2.914				2.914	
C525430725	大洋岗·围三渠	0.988			0.988				0.988	
C526430725	深水庙·子贤村6组	1.891			1.891		1.891			
C527430725	长湖村部·八斗村部	3.926			3.926		2.752		1.174	
C528430725	中心小学·八斗村部	2.677			2.677		0.469		2.208	
C529430725	发旺桥·白鹤山村部	2.805			2.805				2.805	
C530430725	雁落坪村部·鸦鹊潭村部	4.943			4.943				4.943	
C531430725	上一板桥·金岩村部	1.483			1.483		1.483			
C532430725	鸦鹊潭村部·白羊岗村8组	6.125			6.125		3.852		2.273	
C533430725	白羊岗村5组·白羊岗村部	0.837			0.837		0.837			
C534430725	高岩桥·青木岗	3.247			3.247		1.797		1.45	
C535430725	机埠·文昌西路	2.023			2.023		2.023			
C536430725	木鱼岗·麦子坡	2.196			2.196		2.196			
C537430725	狮子山·地震台	3.216			3.216				3.216	
C538430725	宝洞堉村2组渔场·延溪口	2.468			2.468				2.468	
C540430725	生资仓库·杨家台	0.904			0.904				0.904	
C541430725	五放肆·斗量冲部	4.801			4.801		0.687		4.114	
C542430725	樟木桥·张家湾	2.637			2.637				2.637	
C543430725	黄花井大桥·姚公潭大桥	1.054			1.054		1.054			
C545430725	姚公潭大桥·宝洞堉村5组	0.489			0.489				0.489	
C546430725	姚公潭村8组·海螺山村2组	2.499			2.499				2.499	

续表 1-1-5-2

路线编号	起讫地点	里程	技术等级				路面类型			
			二级	三级	四级	等外	水泥砼	沥青表处	砂石路	无路面
C547430725	宝洞堉村2组渔场·现代化基地	3.154			3.154		3.154			
C548430725	宝洞堉·姚公潭	2.585			2.585				2.585	
C549430725	海螺山·子贤	2.228			2.228				2.228	
C550430725	环城路·潘家嘴	1.199			1.199		1.199			
C551430725	太古山·杨家药铺	2.641			2.641				2.641	
C552430725	刘家冲·现代化基地	2.076			2.076				2.076	
C553430725	延溪·延溪闸口	1.993			1.993		1.993			
C554430725	延溪村1组·黄楚	2.307			2.307		1.86		0.447	
C555430725	城北村3组·姚家台	1.513			1.513				1.513	
C556430725	城北村8组·堆金村1组	0.778			0.7788				0.778	
C557430725	引桥·双洲村3组	0.601			0.601				0.601	
C558430725	担丘溶·印家港	1.5			1.5				1.5	
C559430725	马鞍山口·喜杨	3.5			3.5		1		2.5	
C560430725	姚家冲组·金刚岭	1.57			1.57				1.57	
C561430725	菉溪·姚家冲	3.018			3.018		0.419		2.599	
C562430725	渔父·回龙桥	1.674			1.674				1.674	
C564430725	贺家冲·海家溶组	2.592			2.592				2.592	
C565430725	大堰冲·民族组	1.943			1.943				1.943	
C566430725	麦子湾·拱桥坪	4.011			4.011		2		2.011	
C567430725	菉溪口·纹游小学	1.449			1.449				1.449	
C568430725	明水冲·袁家坳	1			1		0.5		0.5	
C569430725	奶及湾·烂泥冲	1.555			1.555				1.555	
C570430725	G319线·梅溪水库	2			2				2	

续表 1-1-5-2

路线编号	起讫地点	里程	技术等级				路面类型			
			二级	三级	四级	等外	水泥砼	沥青表处	砂石路	无路面
C571430725	氮肥厂·朱家冲	0.699			0.699		0.699			
C572430725	南站仓库·南站	2.122			2.122		2.122			
C573430725	朱家冲·雷家嘴	4.887			4.887				4.887	
C574430725	罗家湾·龙王冲	2.266			2.266				2.266	
C575430725	彭家河·井湾	1.489			1.489				1.489	
C576430725	罗家湾·王家坨	0.444			0.444				0.444	
C577430725	斗量冲·大里坪	1.271			1.271				1.271	
C578430725	大里坪村10组·大里坪村部	0.4			0.4		0.4			
C579430725	尧河·杉木岗	1.823			1.823		1.823			
C580430725	尧河渡口·石象桥	5.157			5.157		1.133		4.024	
C581430725	楠竹岗·黄简溶	3.627			3.627		2.062		1.565	
C582430725	洞潭·马家溶	5.35			5.35		4.705		0.645	
C583430725	黄简溶·李家冲	3.472			3.472		3.472			
C584430725	马家溶村6组·太平山	3.533			3.533				3.533	
C585430725	草堰角·风和殿小学	1.388			1.388				1.388	
C586430725	城北村4组·老巷口	0.836			0.836				0.836	
C587430725	沙湾·唐家坪	11.527			11.527				11.527	
C588430725	杜家冲·黄瓜溪	5.545			5.545		1.599		3.946	
C589430725	叶溪·何家嘴	3.836			3.836		3.836			
C590430725	铁匠垭·渣家冲	1.988			1.988				1.988	
C591430725	青铜溪·剪垭里	5.789			5.789				5.789	
C592430725	雕井垭·桃江	1.512			1.512				1.512	
C593430725	蕉林·长湾	2.927			2.927		1.158		1.769	

续表 1-1-5-2

路线编号	起讫地点	里程	技术等级				路面类型			
			二级	三级	四级	等外	水泥砼	沥青表处	砂石路	无路面
C594430725	竹园大桥·崩土湾	1.127			1.127				1.127	
C595430725	烂泥冲·株木冲	2.58			2.58				2.58	
C596430725	简家溪·蕉林	3.745			3.745				3.745	
C597430725	简家溪·沅陵界首	2.868			2.868				2.868	
C598430725	冲口·夷望村11组	1.904			1.904				1.904	
C599430725	羊角殿·黄沙	4.589			4.589				4.589	
C600430725	癞家垭·陈家滩	1.725			1.725				1.725	
C601430725	陈家滩·黄沙	3.454			3.454				3.454	
C602430725	莫家庙·马浅	3.105			3.105		3.105			
C603430725	马浅·野猫堉	2.758			2.758		2.758			
C604430725	枫树坪·湖堰	1.153			1.153				1.153	
C605430725	灵雨寺·黄龙坡	4.702			4.702		3.542		1.16	
C606430725	红岩坡·青龙山	2.373			2.373				2.373	
C607430725	响水垭·马湾水库	2.905			2.905				2.905	
C608430725	白竹山·汤家堰	6.94			6.94				6.94	
C609430725	咸泉寺·曾家湾	1.992			1.992				1.992	
C610430725	牛车登·座河堰	4.047			4.047		2.088		1.959	
C611430725	友谊·咸泉寺	1.712			1.712				1.712	
C612430725	牛车登·卫星组	1.56			1.56				1.56	
C613430725	燕岩庙·龟山水库	3.059			3.059		3.059			
C614430725	烈井堉·花岩山	2.425			2.425				2425	
C615430725	茶驿坪村部·傅家大湾	1.4			1.4				1.4	
C616430725	羊头堉·尖峰山	1.398			1.398				1.398	

续表 1-1-5-2

路线编号	起讫地点	里程	技术等级				路面类型			
			二级	三级	四级	等外	水泥砼	沥青表处	砂石路	无路面
C617430725	阙家坪·团结组	5.172			5.172		3.04		2.132	
C618430725	牛车登·丰登坳	4.197			4.197		4.197			
C619430725	清水堰·古岩堉	1.731			1.731				1.731	
C620430725	后坪·古岩堉	0.752			0.752				0.752	
C621430725	清水堰·分水垅	4.694			4.694				4.694	
C622430725	竹山塝·官宦坪	3.562			3.562				3.562	
C623430725	安溪桥·青龙村部	5			5		4		1	
C624430725	楼屋坪·纪公村部	0.423			0.423				0.423	
C625430725	凉水井·小桥	1.496			1.496		0.5		0.996	
C626430725	一甲村部·高峰村部	3.43			3.43				3.43	
C627430725	老乡政府·当头岩	8.306			8.306				8.306	
C628430725	小学·红鹤村部	1.699			1.699				1.699	
C629430725	黄龙村部·白竹园	1.178			1.178		1.178			
C630430725	对阳湾·长潭桥	4.324			4.324				4.324	
C631430725	对阳湾·琚家溶村部	0.885			0.885		0.885			
C632430725	狮宝村部·桂竹园	4.362			4.362				4.362	
C633430725	羊耳停靠点·羊耳村部	1.299			1.299		1.299			
C634430725	曾家老湾·牧马口村部	5.802			5.802		0.757		5.045	
C635430725	渡口·牧马口村部	3.77			3.77				3.77	
C636430725	剪市村 2 组·湖堤村 2 组	3.595			3.595				3.595	
C637430725	郭溶·喜雨桥	1.592			1.5920				1.592	
C638430725	喜雨村部·肖家水库	1.119			1.119		1.119			
C639430725	喜雨村部·塘河渡口	0.499			0.499				0.499	

续表 1-1-5-2

路线编号	起讫地点	里程	技术等级				路面类型			
			二级	三级	四级	等外	水泥砼	沥青表处	砂石路	无路面
C640430725	发韧拱桥·发韧村部	2.9			2.9		2.9			
C641430725	花栏·梅子冲村部	2.268			2.268		0.842		1.426	
C642430725	九龙湾·西溪桥	3.187			3.187		2.782		0.405	
C643430725	九龙湾·八公渠	0.977			0.977		0.977			
C644430725	熊家塝·八公桥信用社	3.61			3.61		2.494		1.116	
C645430725	板滩·小学	1.042			1.042		1.042			
C646430725	庙塝·农坪	3.869			3.869		0.609		3.26	
C647430725	南庄庙桥·黄石冲	2.47			2.47		0.999		1.471	
C648430725	栗树垭·走马坪村部	1.596			1.596		1.596			
C649430725	八公桥路口·玉皇殿村部	5.563			5.563		1.5		4.063	
C650430725	枫树桥·玉皇殿村部	4.084			4.084				4.084	
C651430725	夜来香·白马渡	2.699			2.699		2.699			
C652430725	水溪·澄溪	7.15			7.15				7.15	
C653430725	水溪村 2 组·高田	2.17			2.17		2.17			
C654430725	金井·双湖	2.306			2.306		1.562		0.744	
C655430725	黄土坡村 7 组·双湖	3.3			3.3		3.3			
C656430725	沙家桥·大堤	1.775			1.775				1.775	
C657430725	万栎山·株木滩	4.326			4.326		1.645		2.681	
C658430725	黄土坡·虎形村 3 组	6.759			6.759				6.759	
C659430725	万栎山·荷花坳	2.847			2.847				2.847	
C660430725	沙家桥·马家溶	1.628			1.628				1.628	
C661430725	金井·金桥	2.868			2.868		1.224		1.644	
C662430725	千朝山·联岩	6.411			6.411				6.411	

续表 1-1-5-2

路线编号	起讫地点	里程	技术等级				路面类型			
			二级	三级	四级	等外	水泥砼	沥青表处	砂石路	无路面
C665430725	井岗·井岗村3组	1.907			1.907		1.907			
C666430725	金畔桥·金畔	1.508			1.508		1.508			
C667430725	金畔村1组·伏图山	2.6			2.6		0.512		2.088	
C668430725	金畔村1组·金畔村12组	1.496			1.496				1.496	
C669430725	上庄·蟠龙林场	3.108			3.108				3.108	
C670430725	蟠龙村2组·兴隆	4.393			4.393				4.393	
C671430725	枫树潭·朝阳桥	3.078			3.078		3.078			
C672430725	农协·胡家坪	0.488			0.488				0.488	
C673430725	上庄村·农协	1.33			1.33		1.33			
C674430725	马家坪村8组·花河村5组	2.141			2.141		2.141			
C675430725	集民·木龙冲	1.414			1.414				1.414	
C676430725	官庄村1组·郑家冲	3.852			3.852		2.799		1.053	
C677430725	马家坪·朝阳村6组	1.882			1.882				1.882	
C678430725	郑家冲·太平桥	1.037			1.037				1.037	
C679430725	三庄村4组·三庄大桥	1.273			1.273		1.273			
C680430725	茶庄·喜杨	2.08			2.08				2.08	
C681430725	胡家坝·三合	1.568			1.568				1.568	
C682430725	汪家山·玉皇湾	2.781			2.781				2.781	
C683430725	王家嘴·青狮口村部	0.2			0.2		0.2			
C684430725	红土坳村部·青狮口村部	2.786			2.786				2.786	
C685430725	和平村部·何坪	0.167			0.167		0.167			
C686430725	六岭岗·芦花村部	1.727			1.727				1.727	
C687430725	红土坳村部·红芦岭	1.953			1.953				1.953	

续表 1-1-5-2

路线编号	起讫地点	里程	技术等级				路面类型			
			二级	三级	四级	等外	水泥砼	沥青表处	砂石路	无路面
C688430725	太平村8组·太平村部	1.288			1.288		1.288			
C689430725	杏花港·杏花村部	0.201			0.201				0.201	
C690430725	胡家湾·兴隆岗村部	0.607			0.607				0.607	
C691430725	姆塘坪·车坪	5			5		3.179		1.821	
C692430725	马王溪村部·马王溪桥	0.161			0.161				0.161	
C693430725	向阳村部·玉坪	4.506			4.506				4.506	
C695430725	郑家驿村部·乡政府	0.2			0.2				0.2	
C696430725	五里台·强家坳	1.625			1.625				1.625	
C697430725	红岩·长坪	2.659			2.659				2.659	
C698430725	沙萝砖厂·沙萝村8组	1.657			1.657				1.657	
C699430725	湖湘坪村部·四台村部	1.82			1.82				1.82	
C700430725	黑冲·三阳村部	3.577			3.577				3.577	
C701430725	三阳桥·板石村部	1.319			1.319				1.319	
C702430725	炮台·澄溪村部	1.567			1.567				1.567	
C703430725	澄溪桥·塘河村部	3.441			3.441		3.441			
C704430725	寺坪·腊树塝	1.6			1.6		1.6			
C705430725	腊树塝·龙家溶	2.811			2.811				2.811	
C706430725	腊树塝·G319线	2.856			2.856				2.856	
C707430725	万家塝·铁路冲	1.762			1.762				1.762	
C708430725	中寺·荷花堰	2.889			2.889		1.08		1.809	
C709430725	中寺·铁山溪	5.317			5.317		2.435		2.882 水	
C710430725	寺坪·关桥	1.8			1.8				1.8	
C712430725	枣儿垭·大杨溪	7.38			7.38				7.38	

续表 1-1-5-2

路线编号	起讫地点	里程	技术等级				路面类型			
			二级	三级	四级	等外	水泥砼	沥青表处	砂石路	无路面
C713430725	栗家桥组·梨子岗	3.859			3.859				3.859	
C715430725	白石铺·澄溪	9.914			9.914		4.923		4.991	
C716430725	张公溪·叶家冲	2.709			2.709				2.709	
C717430725	岩浯溪·下马湖组	3.035			3.035				3.035	
C718430725	稻锣坪·白石桥	2.913			2.913				2.913	
C719430725	羯羊铺·芥木湾	4.789			4.789		3.232		1.557	
C720430725	铁山溪·芦家坪	1.29			1.29				1.29	
C721430725	沙堤·检查站	5.671			5.671		2.5		3.171	
C722430725	江里溪·下南溪村部	6.273			6.273				6.273	
C723430725	居委会·集镇	0.766			0.766		0.766			
C724430725	派出所路口·沙坪村部	0.57			0.57				0.57	
C725430725	小学·油溪村部	0.197			0.197				0.197	
C726430725	民主组·陈家冲	1.359			1.359				1.359	
C727430725	民主组·凉水井	5.006			5.006		2.498		2.508	
C728430725	金明村部·红花大桥	2.043			2.043				2.043	
C729430725	西溪·小溪村部	10.018			10.018				10.018	
C731430725	七星洞·K5+87	3.71			3.71				3.71	
C732430725	马家坳·后溪村部	15.291			15.291		2.457		12.834	
C734430725	涂妈·白云寺	1.71			1.71				1.71	
C735430725	官店坪村部·小学	0.914			0.914				0.914	
C736430725	老水溪·张家塝	2.462			2.462				2.462	
C737430725	湖坪村部·大树	6.968			6.968				6.968	
C739430725	平溪·晚溪村部	5.6			5.6				5.6	

续表 1-1-5-2

路线编号	起讫地点	里程	技术等级				路面类型			
			二级	三级	四级	等外	水泥砼	沥青表处	砂石路	无路面
C740430725	平溪·岩门界村部	4.373			4.373				4.373	
C741430725	竹山村部·半山坡组	7.311			7.311				7.311	
C742430725	罗汉山·长溪沟	3.476			3.476				3.476	
C743430725	茶庵铺桥·居委会	0.179			0.179				0.179	
C744430725	农行路口·江岩村部	4.989			4.989		4.989			
C745430725	木洞口·茶庵铺桥	10.4			10.4		7.951		2.449	
C746430725	下高坪村部·三元潭桥头	1.044			1.044				1.044	
C747430725	新店驿村部·红岩嘴	3.52			3.52		3.52			
C748430725	大河冲口·毛家溪村部	1.41			1.41				1.41	
C749430725	林家塝·黄鹿坪村部	2.1			2.1				2.1	
C750430725	闸门·古溶溪村部	0.097			0.097				0.097	
C751430725	岩板桥·玉印山村部	0.268			0.268				0.268	
C752430725	青湾·长板铺村部	3.521			3.521				3.521	
C753430725	王家山·樟树	2.462			2.462				2.462	
C754430725	沙树垭·六房垭	4.953			4.953				4.953	
C755430725	水泥仓库·金普溪	6.058			6.058		3.639		2.419	
C756430725	大冲·卢家冲村部	1.572			1.572				1.572	
C757430725	八斗溪村部·八斗溪出口	1.75			1.75				1.75	
C758430725	长岗头村部·长岗桥头	2.412			2.412				2.412	
C759430725	大码溪·三元潭村部	0.827			0.827		0.827			
C760430725	河口·木石溪村部	2.244			2.244		2.244			
C761430725	密潭溪·向荣村部	2.494			2.494		1		1.494	
C762430725	会同垭·双岔溪村部	0.667			0.667				0.667	

续表 1-1-5-2

路线编号	起讫地点	里程	技术等级				路面类型			
			二级	三级	四级	等外	水泥砼	沥青表处	砂石路	无路面
C763430725	正溪村部·沙木垭	2.952			2.952				2.952	
C764430725	龙洞月·堰塘湾村部	1.171			1.171		1.171			
C765430725	大垭口·陶树坳	7.039			7.039				7.039	
C767430725	烂泥冲口·湖塘	3.192			3.192				3.192	
C768430725	成功坪·车管溪	1.568			1.568				1.568	
C770430725	李龙·蒿坪	6.331			6.331				6.331	
C771430725	岩拐·李家和平	1.694			1.694				1.694	
C772430725	樟木垭·小桃源	1.153			1.153				1.153	
C773430725	闵家坪·西安中学	0.573			0.573		0.573			
C774430725	桃安·下溪	2.573			2.573				2.573	
C775430725	电坝垭·桥塘	0.1			0.1				0.1	
C776430725	千斤园·云台山林场	6.198			6.198				6.198	
C777430725	西安·国营林场	5.354			5.354				5.354	
C778430725	明溪口·毛家界	7.103			7.103		1.139		5.964	
C779430725	板栗湾·沅陵抱木园	0.56			0.56				0.56	
C780430725	磨子坪·雷公洞	5.001			5.001				5.001	
C781430725	电坝上·金竹溪	4.527			4.527				4.527	
C782430725	响水垱·大枫树垭	2.223			2.223		0.987		1.236	
C783430725	白家堉·刘家湾	0.739			0.739				0.739	
C784430725	穿石村部·穿石渡口	1.441			1.441		1.441			
C785430725	神堂垭村部·寺坪组	1.066			1.066				1.066	
C786430725	万代岗村部·富家坡	2.076			2.076				2.076	
C787430725	大枫树边·白岩堉	1.5			1.5				1.5	

续表 1-1-5-2

路线编号	起讫地点	里程	技术等级				路面类型			
			二级	三级	四级	等外	水泥砼	沥青表处	砂石路	无路面
C789430725	灰屋厂·白洋小学	0.474			0.474				0.474	
C790430725	干肠湾·胡家溶	1.5			1.5				1.5	
C791430725	风断坰·鲜花组	1.283			1.283				1.283	
C792430725	小学·刘炎村部	3.347			3.347		1.509		1.838	
C793430725	周二湾·枇杷壋	1.528			1.528				1.528	
C794430725	赤日湾·长岭岗	3.417			3.417				3.417	
C795430725	西溪水库·西溪	8.001			8.001		8.001			
C796430725	罗湾·禁碑垭	1.577			1.577				1.577	
C797430725	青云山·金凤山	2.894			2.894				2.894	
C798430725	出路口·茅草铺村部	0.966			0.966		0.966			
C799430725	彭家岭·金鸡岩	4.381			4.381				4.381	
C802430725	穿石村部·火码溪	12.092			12.092		9.591		2.501	
CT05430725	高岩坪·走马坪	0.843			0.843				0.843	
CT06430725	大理坪·走马坪	2.236			2.236				2.236	
CZ01430725	X055 线·学堂堉村	1.415			1.415				1.415	
CZ02430725	Y427 线·包公潭村	1.637			1.637				1.637	
CZ03430725	C493 线·小洲村	0.987			0.987				0.987	
CZ04430725	Y320 线·集财坡村	0.545			0.545				0.545	
CZ05430725	C048 线·竹岩村	3.296			3.296		0.7		2.596	
CZ06430725	Y526 线·后溪村	0.586			0.586				0.586	
CZ07430725	Y412 线·白鳞洲村	0.748			0.748				0.748	
CZ08430725	Y301 线·艟船洲村	0.788			0.788				0.788	

续表 1-1-5-2

路线编号	起讫地点	里程	技术等级				路面类型			
			二级	三级	四级	等外	水泥砼	沥青表处	砂石路	无路面
临澧县		718.995			686.163	32.832	478.474		207.384	33.137
C002430724	窑骆线·狮子口	2.499			2.499		2.499			
C003430724	九姊·九姊	6.2			6.2		6.2			
C005430724	窑骆线·郭家组	1.001			1.001		1.001			
C006430724	寒溪·寒溪	2.879			2.879				2.879	
C007430724	窑骆线·梅溪村部	0.799			0.799		0.799			
C008430724	梅溪村部·三中	1.3			1.3		1.3			
C009430724	文塘·望城村部	1.2			1.2		1.2			
C011430724	总庙·火车站	2.387			2.387		2.387			
C012430724	G207 线·罗丰组	2.5			1.7	0.8	1.3		0.4	0.8
C013430724	太平·太平	4.4			4.4		4.4			
C014430724	陈二供销社·G207 线	4.125			4.125		2.4		1.725	
C015430724	陈二村部·汪家村部	3.102			3.102		2.401		0.701	
C016430724	祝家嘴·兴安岩场	1.4			1.4		1.4			
C019430724	两陈线·南垱村部	1.6			1.6		1.6			
C021430724	G207 线·响水村部	0.459			0.459				0.459	
C022430724	响段线·粟家村部	1.001			1.001		1.001			
C023430724	粟家·粟家	1.863			1.863		1.863			
C024430724	G207 线·大塘学校	0.5			0.5		0.5			
C025430724	大塘·大江村部	2.3			2.3		2.3			
C026430724	G207 线·两陈线	2.602			2.602		1.202		1.4	
C028430724	火文线·两汉村部	0.587			0.587		0.587			
C030430724	两陈线·朱伦村部	0.4			0.4		0.4			

续表 1-1-5-2

路线编号	起讫地点	里程	技术等级				路面类型			
			二级	三级	四级	等外	水泥砼	沥青表处	砂石路	无路面
C031430724	段家桥·长冲	2.299				2.299				2.299
C032430724	两陈线·金家村部	0.9			0.9		0.9			
C033430724	金家·月亮岗	5.699			5.699		2.499		3.2	
C034430724	长冲·岩溪	1.7			1.7				1.7	
C035430724	长冲·长冲	1.3			1.3				1.3	
C036430724	白珠线·月亮岗村部	2.7			2.7		2.7			
C038430724	文家湾·万福村部	1.4			1.4		1.4			
C039430724	万福村·龙口桥	1.6				1.6				1.6
C040430724	白珠线·三板村	1.93			1.93		1.93			
C041430724	白珠线·田家组	1.698			1.698		1.698			
C043430724	白珠线·星日村部	0.091			0.091		0.091			
C047430724	斋牌线·采茶村部	0.4			0.4		0.4			
C049430724	斋牌线·四方村部	0.6			0.6		0.6			
C051430724	斋牌线·周家冲	3.301			2.301	1	2.301			1
C052430724	斋牌线·周家冲	4.001			4.001		4.001			
C054430724	斋牌线·兴隆村部	1.599			1.599		1.599			
C056430724	胜太线·南阳村部	0.601			0.601		0.601			
C057430724	南阳·民福村部	3.2			3.2		3.2			
C058430724	胜太线·烧箕堰	1.983			1.983		1.983			
C059430724	斋牌线·岩二湾	1.89			1.89		1.89			
C061430724	斋牌线·雷水岗村部	2.374			2.374		2.374			
C063430724	胜太线·王化村部	0.2			0.2		0.2			
C064430724	胜太线·双福村部	1.9			1.9		1.9			

续表 1-1-5-2

路线编号	起讫地点	里程	技术等级				路面类型			
			二级	三级	四级	等外	水泥砼	沥青表处	砂石路	无路面
C066430724	斋牌线·谭家山边	2.201			2.201		2.201			
C068430724	斋牌线·古池村部	1.799				1.799				1.799
C070430724	斋牌线·永祥村部	1.401				1.401				1.401
C073430724	石陬线·六合村部	0.699			0.699		0.699			
C074430724	斋牌线·衍嗣庵居委会	0.301			0.301		0.301			
C076430724	火文线·芭蕉居委会	1.001			1.001		1.001			
C079430724	金同线·徐家坪村部	1.601			1.601		1.601			
C081430724	G207 线·石柏村部	2.694			2.694		2.694			
C083430724	石柏·石柏	0.5			0.5		0.5			
C084430724	段伍线·永安村部	4.002			4.002		4.002			
C085430724	段伍线·杨岗白堤	0.7			0.7		0.7			
C087430724	段伍线·大兴村部	1.3			1.3		1.3			
C089430724	段伍线·桂花村部	3			3		3			
C091430724	段伍线·楚城村部	1.899			1.899		1.899			
C092430724	宋玉·宋玉	1.6			1.6		1.6			
C095430724	段伍线·临安村部	2.113			2.113		2.113			
C098430724	段伍线·临安	3.801			3.801		3.801			
C101430724	青林工班·丰台村部	1.3			1.3		1.3			
C103430724	临岗公路·马家村部	3.399			3.399		3.399			
C105430724	G207 线·田家	3.398			3.398		3.398			
C108430724	金星·百草村部	4.2			3.499	0.701	1.1		2.399	0.701
C109430724	马家·马家	1.457			1.457		1.457			
C110430724	岗斋线·孔家	2.099				2.099				2.099

续表 1-1-5-2

路线编号	起讫地点	里程	技术等级				路面类型			
			二级	三级	四级	等外	水泥砼	沥青表处	砂石路	无路面
C112430724	岗斋线·杨柳村部	2.5			2.1	0.4			2.1	0.4
C114430724	百草村部·岗斋线	0.401			0.401		0.401			
C115430724	珠日·斋阳桥	5			5				5	
C117430724	白珠线·学校	0.3			0.3		0.3			
C118430724	白珠线·老屋村部	6.979			5.079	1.9	2.78		2.299	1.9
C119430724	烽火·老屋	3.299			1.3	1.999			1.3	1.999
C121430724	高双线·七张村部	2.401			2.401				2.401	
C124430724	高双线·楠竹湾	1.2			1.2				1.2	
C126430724	高双线·神堰村部	2.3				2.3				2.3
C128430724	高双线·永安	5.682			5.682		3.6		2.082	
C130430724	G207 线·雨台学校	2.191			2.191		2.191			
C131430724	荷叶凸·楼房桥	5.026			5.026		1.4		3.626	
C133430724	临岗公路·高双线	4.35			3.95	0.4	3.95			0.4
C137430724	白珠线·牯牛村部	2.399			2.399		2.399			
C140430724	文雅线·文家村部	0.201			0.201		0.201			
C142430724	菖雅线·潘家铺村部	0.56				0.56				0.56
C143430724	石陬线·青龙寺村部	3			3		3			
C144430724	雅林桥·青龙寺	3.735			3.735				3.735	
C145430724	文雅线·雅林村部	0.101			0.101		0.101			
C147430724	文雅线·五道村部	1.399			1.399		1.399			
C149430724	文雅线·甘溪峪	1.301			1.301		1.301			
C150430724	火文线·丰登村部	6.699			6.699		6.699			
C151430724	余家·新屋公路	5.002			5.002				5.002	

续表 1-1-5-2

路线编号	起讫地点	里程	技术等级				路面类型			
			二级	三级	四级	等外	水泥砼	沥青表处	砂石路	无路面
C152430724	白珠线·古堰村部	4.2			4.2		4.2			
C156430724	白珠线·高茂	5.065			5.065		5.065			
C158430724	新屋·三公村部	1.658			1.658		1.658			
C160430724	周家组·朱家坪	1.2			1.2		1.2			
C161430724	段伍线·五房	5.201			5.201		1.001		4.2	
C163430724	段伍线·双龙村部	1.601			1.601		1.601			
C165430724	段伍线·紫陵村部	1			1		1			
C167430724	段伍线·岗上铺村部	0.3			0.3		0.3			
C169430724	岗斋线·王家嘴	3.659			3.659		3.659			
C170430724	九里村部·曾家冲	1			1		1			
C171430724	岗斋线·邵家组	3.756			1.6	2.156			1.6	2.156
C172430724	加工厂·众胜	2.7			1.301	1.399			1.301	1.399
C176430724	段伍线·七姑村部	2.302			2.302		2.302			
C177430724	七姑村部·王家嘴	1			1		1			
C178430724	段伍线·何家嘴	2			2		2			
C179430724	水库堤·雷家湾	1.306			1.306		1.306			
C181430724	段伍线·会仙桥	3.457			3.457		2.4		1.057	
C182430724	永乐·接龙	4.897			4.101	0.796	3.101		1	0.796
C183430724	老屋坪·段伍线	4.701			2.7	2.001	1.9		0.8	2.001
C184430724	陈家嘴·王上湾	2.499			2.499		2.499			
C185430724	立山·老屋	0.6			0.6		0.6			
C187430724	段伍线·石墨村部	2.398			2.398		2.398			
C189430724	窑骆线·薛家组	1.001			1.001		1.001			

续表 1-1-5-2

路线编号	起讫地点	里程	技术等级				路面类型			
			二级	三级	四级	等外	水泥砼	沥青表处	砂石路	无路面
C190430724	窑骆线·贞观庙村部	2.575			2.575		2.575			
C192430724	刘家湾·花果村部	1.101			1.101		1.101			
C194430724	窑骆线·六兰线	2.854			2.854		2.854			
C195430724	六方洲·哔溪桥	6			6				6	
C196430724	六兰线·六方洲	2.6			2.6		2.6			
C198430724	窑骆线·藕池村部	0.7			0.7		0.7			
C200430724	窑骆线·柏木桥	2.99			2.99		2.99			
C201430724	六兰线·龙菱村部	2.1			2.1		2.1			
C203430724	六兰线·新化	1.3			1.3		1.3			
C204430724	六兰线·李家坪村部	0.2			0.2		0.2			
C205430724	六兰线·白龙井村部	0.901			0.901				0.901	
C207430724	烽柏线·龙凤山村部	1.8			1.8		1.8			
C208430724	六兰线·李家坪	2.5			2.5		2.5			
C209430724	龙凤山村部·红旗水库	1.9			1.9		1.9			
C210430724	烽柏线·三门湾村部	2.399			2.399		2.399			
C212430724	窑骆线·长湖村部	0.3			0.3		0.3			
C214430724	白珠线·桃花村部	3			3		3			
C215430724	白珠线·高家冲	2			2		2			
C217430724	佘市桥政府·高桥村部	1.599			1.599		1.599			
C218430724	东风·佘市村部	1			1		1			
C220430724	窑骆线·中心村部	1.8			1.8		1.3		0.5	
C222430724	马家嘴·刘家岗	1.9			1.9				1.9	
C224430724	新村石膏粉厂·龙阳村	1			1		1			

续表 1-1-5-2

路线编号	起讫地点	里程	技术等级				路面类型			
			二级	三级	四级	等外	水泥砼	沥青表处	砂石路	无路面
C226430724	北郊·北郊	0.5			0.5		0.5			
C227430724	高家·湖堰村部	1.298			1.298		1.298			
C228430724	向蒋线·道源村部	0.3			0.3		0.3			
C230430724	火文线·村小学	0.4			0.4				0.4	
C232430724	窑骆线·罗家村部	0.7			0.7		0.7			
C233430724	罗家村部·黄家	0.3			0.3		0.3			
C234430724	芭新线·马鞍村部	0.8			0.8		0.8			
C235430724	芭新线·高丰村部	0.3			0.3				0.3	
C236430724	新冯·金坑村部	6.144			6.144		6.144			
C237430724	梁冯砖厂·栗岗村 8 组	1.772			1.772		1.772			
C238430724	白岩·冷水峪村 3 组	1.2			1.2				1.2	
C239430724	铁路涵·白岩村部	1.65			1.65		1.65			
C241430724	梁冯砖厂·梁冯村部	0.5			0.5		0.5			
C244430724	火新线·兰田寺村部	0.25			0.25		0.25			
C245430724	S304 线·九节垱	2.415			2.415		1.415		1	
C246430724	拦河坝·六支	4.92			4.92		4.92			
C247430724	高九线·栗龙村部	0.999			0.999		0.999			
C249430724	沙堤小学·南撇河	1.013			1.013		0.55		0.463	
C251430724	沙堤村 2 组·李溶	2.801			2.801		2.301		0.5	
C252430724	龙凤文化宫·七支线	0.96			0.96		0.96			
C253430724	沙堤村 4 组·古城村部	1.18			1.18		1.18			
C254430724	郝家排·中干渠公路	2.384			2.384		2.384			
C255430724	新河村 7 组·龙岗村 7 组	4.423			4.423		3.85		0.573	

续表 1-1-5-2

路线编号	起讫地点	里程	技术等级				路面类型			
			二级	三级	四级	等外	水泥砼	沥青表处	砂石路	无路面
C256430724	新河·合口大厦水泥厂	0.238			0.238				0.238	
C257430724	李溶村部·九里岩桥	2.7			2.7				2.7	
C258430724	S304 线·潘台村 7 组	2.844			2.844		0.4		2.444	
C259430724	潘台·潘台	1.325			1.325				1.325	
C261430724	汽贸中心·S304 线	0.551			0.551		0.551			
C262430724	S304 线·高兴	1.161			1.161		1.161			
C263430724	上坪村 22 组·会合嘴	2.471			2.471		1.1		1.371	
C265430724	老 1836 线·南闸	0.978			0.978		0.778		0.2	
C268430724	火新线·新冯	1			1		1			
C269430724	新冯·新冯	0.4			0.4		0.4			
C270430724	邮电所·王家堰	0.9			0.9		0.9			
C271430724	电管所·青山南阳垭	6.401			6.401		6.401			
C273430724	土垭水库·曹家组	0.901			0.901				0.901	
C274430724	朱家嘴·川岗村部	1.1			1.1		1.1			
C277430724	关堰组·牛山村部	1.649			1.649		1.649			
C278430724	牛山·K3+100	3.1				3.1				3.1
C279430724	夏家坳·杨家垭	8.426			8.426		3.777		4.649	
C280430724	杉板粮站·夹山寺	3.574			3.574		3.574			
C283430724	氮肥厂·桃花水库	2.509			2.509		2.509			
C285430724	望夫村 3 组·青山管理局	3.465			3.465		0.8		2.665	
C286430724	望夫·K2+464	2.464			2.464				2.464	
C287430724	雷打岩·青山村 2 组	1.981			1.981		1.981			
C288430724	青山·青山	0.5			0.5				0.5	

续表 1-1-5-2

路线编号	起讫地点	里程	技术等级				路面类型			
			二级	三级	四级	等外	水泥砼	沥青表处	砂石路	无路面
C289430724	拱背桥·坪山村部	0.7			0.7		0.7			
C291430724	黄陵学校·大堰	0.719			0.719		0.719			
C292430724	S304 线·龙岗村部	3.68			3.68		3.68			
C293430724	新河桥·黄陵桥	2.157			2.157				2.157	
C294430724	黄陵·黄陵	1.495			1.495		1.495			
C295430724	富强村 10 组·富强渡口	1.424			1.424		1.119			0.305
C297430724	老 1836 线·芭茅村部	0.3			0.3		0.3			
C298430724	芭茅·芭茅	0.8			0.8		0.8			
C299430724	木材站·群丰村 10 组	1.35			1.35		1.35			
C301430724	S304 线·管渡村部	0.3			0.3		0.3			
C302430724	管渡·管渡	1.208			1.208				1.208	
C303430724	白鹤路·白鹤村部	0.201			0.201				0.201	
C304430724	白鹤·白鹤路	1.2			1.2		1.2			
C305430724	新河桥·兴隆村部	1.4			1.4		1.4			
C307430724	回龙·回龙	1.5			1.5				1.5	
C308430724	白鹤村 5 组·龙池村 2 组	1.1			1.1		0.85		0.25	
C309430724	S304 线·三大线	3.199			3.199		0.1		3.099	
C310430724	龙池·龙池	1			1				1	
C312430724	S304 线·双龙 3 队	1.67			1.67		1.67			
C313430724	金岗村部·三合村 11 组	2.286			2.286				2.286	
C314430724	金龙·金龙	1.035			1.035				1.035	
C315430724	五合线·金岗村部	0.1			0.1				0.1	
C316430724	金岗·金岗	0.4			0.4				0.4	

续表 1-1-5-2

路线编号	起讫地点	里程	技术等级				路面类型			
			二级	三级	四级	等外	水泥砼	沥青表处	砂石路	无路面
C317430724	三合村13组·三合村部	0.249			0.249		0.249			
C318430724	三合·三合	1.4			1.4		1.4			
C320430724	马农线·砚水堰村部	0.65			0.65		0.65			
C321430724	王家岗·龙岗村8组	0.834			0.834		0.834			
C323430724	楠桥村2组·坪水村部	0.55			0.55		0.55			
C324430724	楠桥村1组·伏牛村9组	2.299			2.299		0.65		1.649	
C326430724	坪水村5组·人参	0.85			0.85		0.85			
C328430724	新河村11组·人参村部	0.695			0.695		0.695			
C330430724	金岗村部·菖蒲村部	2			2		1.5		0.5	
C331430724	菖蒲村部·双堰村部	1.7			1.7		1.7			
C332430724	龙岗·龙岗	0.4			0.4		0.4			
C333430724	双堰·双堰	2.46			2.46		2.46			
C334430724	S304线·大堰村部	1			1		1			
C335430724	S304线·大堰	1.002			1.002		1.002			
C336430724	岩桥村1组·新安新河	2.167			2.167		2.167			
C337430724	彭市2队·彭市	2.824			2.824		2.824			
C338430724	凤兴村12组·李家台	1.497			1.497		1.497			
C339430724	周家垭·药店	1.377			1.377		1.377			
C341430724	洹津铺·天星村部	2.451			2.451		2.451			
C342430724	江家桥·樟树村	1.749			1.749		1.749			
C344430724	拱背桥·牛桥	1.153			1.153		0.65		0.503	
C345430724	青龙桥·青龙村部	0.4			0.4		0.4			
C347430724	谭家铺·岩龙村部	0.25			0.25		0.25			

续表 1-1-5-2

路线编号	起讫地点	里程	技术等级				路面类型			
			二级	三级	四级	等外	水泥砼	沥青表处	砂石路	无路面
C348430724	岩龙·岩龙	2.95			2.95				2.95	
C349430724	澧县黄木·澹津铺	6.152			6.152		2.75		3.402	
C350430724	竹龙学校·余家巷	2.294			2.294				2.294	
C351430724	团营村部·李家垭	5.012			5.012		3.601		1.411	
C352430724	大路湾岭·月池水库	4.178			4.178		1.099		3.079	
C353430724	彭家铺·三斗渠	5			5				5	
C354430724	斋公湾·澧县	0.966			0.966		0.966			
C355430724	长乐村10组野鸡垱·澧县	1.401			1.401				1.401	
C356430724	竹马水库·竹马村10组	2.547			2.547		1.4		1.147	
C357430724	官亭·竹马	6.293			6.293				6.293	
C358430724	青鹤茶厂·青鹤村部	1.6			1.6		1.6			
C359430724	青鹤·青鹤	3.75			3.75		3.75			
C360430724	枣木·枣木	0.5			0.5		0.5			
C361430724	泉水·岩桥村13组	3			3		1.3		1.7	
C363430724	邱桥村2组·万岗村部	2.633			2.633		2.633			
C364430724	万岗村5组·兴隆村7组	1.251			1.251		1.251			
C365430724	岩桥·岩桥	1.9			1.9				1.9	
C366430724	谭河村2组·谭河村1组	1.049			1.049				1.049	
C367430724	伏牛村9组·岩桥村部	0.901			0.901		0.901			
C368430724	伏牛村15组·同心村1组	2.712			2.712		2.712			
C369430724	同心·同心	2.6			2.6		2.6			
C370430724	谭河村部·九里岗村5组	2.502			2.502		1.6		0.902	
C372430724	太平·太平	0.701			0.701		0.5		0.201	

续表 1-1-5-2

路线编号	起讫地点	里程	技术等级				路面类型			
			二级	三级	四级	等外	水泥砼	沥青表处	砂石路	无路面
C373430724	铁路桥·和平村9组	1.771			1.771				1.771	
C374430724	邱桥·邱桥	1.5			1.5				1.5	
C375430724	同心村9组·大山村12组	2.5			2.5		2.5			
C376430724	五里村1组·打石村部	1.2			1.2		1.2			
C377430724	打石村部·打石村4组	1.18			1.18				1.18	
C378430724	万岗村9组·万岗石膏矿	0.499			0.499				0.499	
C379430724	九里茶厂部·双凤村部	0.649			0.649		0.649			
C381430724	九里岗村2组·九里岗村	0.22			0.22				0.22	
C383430724	加油站·关山村部	2			2		2			
C384430724	张家嘴·大溪村11组	0.721			0.721		0.721			
C385430724	覆船村3组·覆船村部	0.149			0.149		0.149			
C386430724	花木店·史家铺	8.783			8.783		3.281		5.502	
C387430724	牌楼·牌楼	1.012			1.012				1.012	
C388430724	毕儿湾·牌楼村部	1.114			1.114		1.114			
C389430724	花林坪·团鱼湾	3.225			3.225		0.851		2.374	
C390430724	重阳垭·新溪村部	1.648			1.648		0.748		0.9	
C391430724	玉皇凸·铁湾	2.088			2.088		1.547		0.541	
C392430724	重阳村5组·重阳村部	0.9			0.9		0.9			
C393430724	红土村5组·红土村部	0.3			0.3		0.3			
C394430724	野鸡岗·红岩村3组	6.232			6.232		6.232			
C395430724	西隐寺·龚家垭	2.258			2.258				2.258	
C397430724	童洲窑场·山洲村3组	2.75			2.75		1.7		1.05	
C398430724	西隐寺·山洲村部	1.2			1.2		1.2			

续表 1-1-5-2

路线编号	起讫地点	里程	技术等级				路面类型			
			二级	三级	四级	等外	水泥砼	沥青表处	砂石路	无路面
C400430724	栗山村5组·栗山村部	0.299			0.299		0.299			
C401430724	杨板·张吉垱	5.17			5.17		4.371		0.799	
C402430724	杨板·杨板	1.65			1.65				1.65	
C403430724	泗水组·仙女砖厂	3.502				3.502				3.502
C405430724	跑马岗·东坡堰	1.3			1.3		1.3			
C407430724	新建组·周家湾	0.9			0.9		0.9			
C408430724	肖家河·张家垱	2.731			2.731		1.8		0.931	
C409430724	熊家峪·楼房坡村部	6.201			6.201		6.201			
C410430724	楼房坡·九姊	1.451			1.451				1.451	
C412430724	占家垱·万福村部	1			1		1			
C413430724	万福·万福	2.5			2.5				2.5	
C414430724	赵家湾·金家庙	1.349			1.349		1.349			
C416430724	熊家峪·仙女庙	2.099			2.099		2.099			
C417430724	仙女·仙女	9.7			9.7				9.7	
C418430724	蒋家塝·蹲龙村部	2.15			2.15		2.15			
C420430724	太平水库·玉皇庙	3.675			3.675		3.675			
C422430724	水阁·水阁	0.901			0.901				0.901	
C423430724	李家湖·南岳庙	2.403			2.403		2.403			
C424430724	杨板桥·澧县道河	1			1		1			
C426430724	快乐桥·范家工班	2.801			2.801		2.801			
C427430724	范家工班·范家村7组	1.05			1.05		1.05			
C429430724	七重黄家组·顺水村部	0.7			0.7		0.7			
C430430724	范家嘴·凉水井村部	3.781			3.781		1.65		2.131	

续表 1-1-5-2

路线编号	起讫地点	里程	技术等级				路面类型			
			二级	三级	四级	等外	水泥砼	沥青表处	砂石路	无路面
C433430724	福兴村4组·福兴村部	2.101			2.101		2.101			
C434430724	福兴村10组·王家冲	3.856			3.856		2		1.856	
C435430724	石家老屋·黄土桥村部	0.701			0.701		0.701			
C436430724	林家垭·周家村部	1.1			1.1				1.1	
C437430724	杨家垭·林家垭	3.054			3.054				3.054	
C438430724	高桥叶家·白堰村部	3.85			3.85		3.85			
C439430724	白堰村2组·停弦新溪	1			1				1	
C441430724	石家桥·鸡山村部	3.099			3.099				3.099	
C443430724	肖家岗·观音洞村部	0.8			0.8				0.8	
C444430724	闸家桥·槐家瓦厂	1.149			1.149		1.149			
C446430724	荷花坡·溢洪道	2.4			2.4		1.601		0.799	
C448430724	罗仙粮站·沃沙村部	1.3			1.3		1.3			
C449430724	石家老屋·楠竹湾	3.497			3.497				3.497	
C451430724	土里垭·白土村部	2.649			2.649		2.649			
C452430724	修梅水电站·美丰村1组	4.511			4.511		4.511			
C453430724	G207线·叶庙村部	3.221			3.221		3.221			
C454430724	合丰·陈鼓垱	1.6			1.6		1.6			
C455430724	G207线·马安组	2.93			2.93		2.93			
C456430724	总庙·总庙	0.7			0.7		0.7			
C457430724	车堰·火电厂	2.101			2.101		2.101			
C458430724	白珠线·楼脚组	1.1			1.1		1.1			
C459430724	段伍线·陈家组	0.901			0.901		0.901			
C460430724	白珠线·樊家组	1.098			1.098		1.098			

续表 1-1-5-2

路线编号	起讫地点	里程	技术等级				路面类型			
			二级	三级	四级	等外	水泥砼	沥青表处	砂石路	无路面
C461430724	三高·许家湾	2.461			2.461		2.461			
C462430724	白珠线·五星水库	1.201			1.201		1.201			
C463430724	何家堰·张家坪	1.1			1.1		1.1			
C464430724	朱耳垱·栗山	0.7			0.7		0.7			
C465430724	烽柏线·张家湾	0.999			0.999		0.999			
C466430724	大葱湾·毛林垭	1.266			1.266		1.266			
C467430724	窑骆线·老泉塝	1.367			1.367		1.367			
C468430724	立新·楠竹湾	0.699			0.699		0.699			
C469430724	灯笼组·黄家	1.201			1.201		1.201			
C470430724	曲家·张家	1			1				1	
C471430724	丹树嘴·肖家组	0.4			0.4		0.4			
C472430724	芭新线·沃沙水库	1.7			1.7				1.7	
C473430724	白珠线·山脚组	2.5			2.5		2.5			
C474430724	樟木预制厂·樟木村4组	1.1			1.1		1.1			
C475430724	沙堤村14组·龙凤村10组	1.849			1.849		1.849			
C476430724	三义桥村4组·索水河	0.899			0.899		0.899			
C477430724	赵家桥·毕家组	1.15			1.15		1.15			
C478430724	双桥·新堰	0.7			0.7		0.7			
C479430724	卜家石膏粉厂·大丰湾	0.471			0.471		0.471			
C480430724	卫生院·彭市村8组	1.042			1.042		1.042			
C481430724	砖厂·黄木	1.564			1.564		1.564			
C482430724	卫生院·大路湾	1.701			1.701		1.701			
C483430724	花林坪·大木	1.502			1.502		1.502			

续表 1-1-5-2

路线编号	起讫地点	里程	技术等级				路面类型			
			二级	三级	四级	等外	水泥砼	沥青表处	砂石路	无路面
C484430724	李家嘴·停弦村9组	0.701			0.701		0.701			
C485430724	三合组·何家	0.899			0.899		0.899			
C487430724	下李阳·罗家冲	1.301			1.301		1.301			
C488430724	水阁·潘家坡	1.501			1.501		1.501			
C489430724	陈家塝·张家堰	0.8			0.8		0.8			
C491430724	罗仙红星组·太平桥	2.8			2.8		2.8			
C492430724	澧阳·兴隆	2.001			2.001		2.001			
C493430724	大云村3组·大云村5组	1.301			1.301				1.301	
C494430724	楠桥·楠桥村4组	1.401			1.401		1.401			
C495430724	坪水10队·马农线	1.636			1.636		1.636			
CT01430724	杨板乡免事·烽火乡贞观庙	2.748			2.748				2.748	
CT02430724	烽火乡六方洲·澧县道河乡毛坪	1.174			1.174				1.174	
CT03430724	双凤·高九线	2.185			2.185				2.185	
CT04430724	望城乡永安·桂花	2.328			2.328				2.328	
CT08430724	太平·叶庙	0.507			0.507				0.507	
CT11430724	荷花堰·古堰	1.978			1.978				1.978	
CT12430724	汪家·八仙村	1.711			1.711				1.711	
CZ01430724	C423线·南岳村	0.62				0.62				0.62
石门县		1734.521	1.151	0.11	1733.26		1325.507	2.9	283.881	122.233
C001430726	观音垭·南岔村部	5.133			5.133		4.002		1.131	
C002430726	枫树垭·大城村部	5.935			5.935		5.935			
C003430726	南镇烟草站·红耀村部	19.575			19.575		19.575			
C004430726	猪头凸·三台村部	1.001			1.001		1.001			

续表 1-1-5-2

路线编号	起讫地点	里程	技术等级				路面类型			
			二级	三级	四级	等外	水泥砼	沥青表处	砂石路	无路面
C005430726	滚水坝·英雄	4			4		4			
C006430726	南镇粮站·康家垭	3.8			3.8		2.503		1.297	
C007430726	石清线尽头·南北镇派出所	8.309			8.309		6.123			2.186
C008430726	唐家桥·雅吉村部	1			1		1			
C009430726	清官渡·安家村部	3.8			3.8		3.8			
C010430726	清官渡·草坪	3.501			3.501		3.501			
C011430726	上坪·潘坪村部	0.999			0.999		0.999			
C012430726	鼓锣坪·小河口村部	0.991			0.991		0.991			
C013430726	岩塔·岩塔村部	2.502			2.502		2.502			
C014430726	农场场部·长湾	5.902			5.902		5.902			
C016430726	石南线·凉伞寨	3.232			3.232		3.232			
C017430726	三叉路口·草头坡	5.003			5.003		5.003			
C018430726	湖坪·梨鼓线 K7+300	2.577			2.577		2.577			
C021430726	黄家塔村部·草头坡村部	2.543			2.543		2.543			
C022430726	茶厂·陈家堰村部	2.8			2.8		2.8			
C023430726	石南线 K112+900·杨柳村部	2.499			2.499		2.499			
C024430726	梓木垭·板桥村部	3.001			3.001		3.001			
C025430726	梨儿垭·三岔溪村部	4			4		4			
C026430726	梨儿垭·巫山溪村部	8.859			8.859		8.859			
C027430726	金龙桥·官茶村部	0.8			0.8		0.6		0.2	
C028430726	骑马岭·水田村部	2.891			2.891		2.891			
C029430726	药场·衙基村部	1.601			1.601		1.601			
C030430726	鼓锣村门·天坪村部	7.434			7.434		4.247			3.187

续表 1-1-5-2

路线编号	起讫地点	里程	技术等级				路面类型			
			二级	三级	四级	等外	水泥砼	沥青表处	砂石路	无路面
C031430726	苏家垭·官茶	3.121			3.121				1.772	1.349
C032430726	水井垭·梅家园	3.855			3.855		2.289			1.566
C033430726	钒场·狮燕村部	1.1			1.1		1.1			
C034430726	两河口·黄连棚村部	12.051			12.051		7.319		4.732	
C035430726	林家分岔路·李坪小学	2.002			2.002		2.002			
C036430726	神景寨·象鼻子沟	3.699			3.699		3.699			
C037430726	石碑溪·椿树坪	2.436			2.436					2.436
C038430726	石碑溪·梨子垭	1.401			1.401					1.401
C039430726	泥沙加油站·泥沙完小	0.7			0.7		0.7			
C040430726	关口·磺厂	2.799			2.799					2.799
C041430726	江坪·田心垭	5.343			5.343		2.084		3.259	
C042430726	龙江一桥·源头河村部	11.809			11.809		11.809			
C044430726	花台村·花台村部	7.077			7.077		7.077			
C045430726	三叉路·寨垭	4.162			4.162		4.162			
C046430726	泥沙大桥·堰塘湾	3.116			3.116		3.116			
C047430726	茶园苞·红苋坪	5.1			5.1		5.1			
C048430726	栗树垭·上磨山村部	2.099			2.099		2.099			
C049430726	栗树垭·下磨山村部	3.1			3.1		3.1			
C050430726	狗泥线 K7+650·平东桥	3.423			3.423		3.423			
C051430726	狗泥线 K7+100·小学	0.3			0.3		0.3			
C052430726	狗泥线 K7+200·杨树村部	12.109			12.109		12.109			
C053430726	唐植瑞家·咸泥村部	1.001			1.001		1.001			
C055430726	三叉路口·夹马村部	3.643			3.643		3.643			

续表 1-1-5-2

路线编号	起讫地点	里程	技术等级				路面类型			
			二级	三级	四级	等外	水泥砼	沥青表处	砂石路	无路面
C056430726	三夹线 K3+100·宋坪	4.499			4.499		0.501			3.998
C057430726	青山村部·邱家湾	1			1					1
C058430726	望月湖·耍武村部	13.262			13.262		13.262			
C059430726	猪槽口·黄家垭	2.907			2.907		2.907			
C060430726	两河口·青丝岩	4.596			4.596		4.596			
C061430726	三岔路口·青林村部	13.88			13.88		3.504			10.376
C062430726	马井坎·村煤矿	1			1					1
C063430726	冷家湾·红鱼溪村部	0.3			0.3		0.3			
C064430726	中坪·栗子坪	1.1			1.1		1.1			
C065430726	安风线 K7.1·镰刀湾	7.795			7.795		7.795			
C066430726	中坪·栀桐垭	8.054			8.054		8.054			
C067430726	风洞·海螺村部	0.5			0.5		0.5			
C068430726	安溪·安溪村部	1.501			1.501		1.501			
C069430726	六房峪 村部·陈家湾	1.003			1.003				1.003	
C070430726	叉路口·朱家峪村部	1.401			1.401		1.401			
C071430726	火罗线 K141+800·柏枝峪村部	0.5			0.5		0.5			
C072430726	口上·董家峪村部	0.6			0.6		0.6			
C073430726	魏家台·何家峪村部	0.3			0.3		0.3			
C074430726	王家·高枧峪村部	0.901			0.901		0.901			
C075430726	电站·大龙坪村部	1.499			1.499		1.499			
C076430726	火罗线 K147+500·湾塘村部	5.502			5.502		5.502			
C077430726	火罗线 K147+550·重庆峪界	4.869			4.869		4.869			
C078430726	罗坪·望岩尖村部	1.8			1.8		1.8			

续表 1-1-5-2

路线编号	起讫地点	里程	技术等级				路面类型			
			二级	三级	四级	等外	水泥砼	沥青表处	砂石路	无路面
C079430726	河堤·兰公田村部	1.9			1.9		1.9			
C080430726	沟中岛·夹堤沟村部	0.499			0.499		0.499			
C081430726	郑西坪·千斤庄村部	4.123			4.123		4.123			
C082430726	马嘶坪·洋鱼洞	0.662			0.662		0.662			
C083430726	西洋·罗田峪	0.8			0.8		0.8			
C084430726	叉路口·黄虎村部	1.1			1.1		1.1			
C085430726	丰家塌·三洋塔村部	0.6			0.6		0.6			
C086430726	石南线 K95+800·寨子垭	3.721			3.721		1.048		2.673	
C087430726	大株树·三门峪村部	0.801			0.801				0.801	
C089430726	南家湾·佘坪村部	2.097			2.097				2.097	
C090430726	大湾·寨子垭村部	1			1		1			
C091430726	火罗线 K98+900·柳仕坡村部	1.096			1.096				1.096	
C092430726	石南线 K98+400·南河村部	1.899			1.899				1.899	
C093430726	文家嘴·文家村部	0.5			0.5				0.5	
C094430726	唐家山·渔洋庙村部	2.498			2.498		1.999		0.499	
C095430726	火罗线 K89+700·佘坪	1.913			1.913				1.913	
C096430726	骏马桥·骏马村部	1.895			1.895				1.895	
C097430726	文化垭·水南渡村部	1.2			1.2		1.2			
C099430726	老车站·南坪渡村部	0.3			0.3		0.3			
C101430726	双岭凸·双岭凸村部	0.501			0.501		0.501			
C102430726	岩板滩·覃家塔村部	0.8			0.8		0.8			
C103430726	郭家洞·沙湾	2.2			2.2		2.2			
C104430726	乌龟凸·S303 线 K82+900	2.439			2.439		2.439			

续表 1-1-5-2

路线编号	起讫地点	里程	技术等级				路面类型			
			二级	三级	四级	等外	水泥砼	沥青表处	砂石路	无路面
C105430726	所珠线K0+500·车埫庙	5.599			5.599		5.599			
C106430726	埚丘·柳家台村部	3.948			3.948		3.948			
C107430726	李家祠堂·寨坪村部	0.999			0.999		0.999			
C108430726	大栗桥·大峪村部	3			3		3			
C109430726	两分口·小峪村部	2.9			2.9		2.9			
C110430726	曾家屋场·喻家台村部	1.101			1.101		1.101			
C111430726	迎驾垭·迎驾垭村部	1.2			1.2		1.2			
C112430726	所珠线K3+500·磨香坪村部	0.6			0.6		0.6			
C114430726	赵家垭·窑坡山村部	1.2			1.2		1.2			
C116430726	大拐头·楠木峪村部	1.5			1.5		1.5			
C117430726	高家台·大湾	1.093			1.093					1.093
C118430726	七里垭·龚家峪	1.2			1.2		1.2			
C119430726	七里垭·月亮坪	5.301			5.301		2.602		2.699	
C121430726	风车口·米汤泉	5.12			5.12		5.12			
C123430726	唐家坪·汪家屋场	3.1			3.1		3.1			
C124430726	宇光商店·木托湾水库	1.587			1.587		1.587			
C125430726	唐家屋场·李家屋场	3.487			3.487		3.487			
C126430726	居委会·万家湾	5.1			5.1		4.1		1	
C127430726	竹文坑·南家湾	5.9			5.9		5.9			
C128430726	北坡·小学	2.7			2.7		2.7			
C129430726	跑马岭·农蛇溪	0.7			0.7		0.7			
C130430726	升子坪·巴堰湾	2.1			2.1				2.1	
C131430726	升子坪商店·长岭	3.398			3.398		1.898		1.5	

续表 1-1-5-2

路线编号	起讫地点	里程	技术等级				路面类型			
			二级	三级	四级	等外	水泥砼	沥青表处	砂石路	无路面
C132430726	甘家坪·聂家岭	1.889			1.889				0.76	1.129
C133430726	岩板·茶园村部	1.501			1.501		1.501			
C134430726	烽火坪·陈家坡	1.499			1.499				1.499	
C135430726	生资站·油池湾	4.4			4.4		4.4			
C136430726	栗垭嘴·苦竹坪村部	0.15			0.15		0.15			
C137430726	栗垭嘴·村小学	3.356			3.356		1.656		1.7	
C138430726	麻田冲口·金山寺村部	3.405			3.405		3.405			
C139430726	土里凸·另家垭	1.198			1.198		1.198			
C140430726	丁家铺·周家冲村部	1.392			1.392		1.392			
C141430726	周家冲·村小学	2.643			2.643		2.643			
C142430726	横廊·月亮垭村部	2.601			2.601		2.601			
C143430726	银家垱·犀牛坪村部	1.2			1.2				1.2	
C144430726	才家湾·向家垭	4.501			4.501		3.301		1.2	
C145430726	天门垭·后台	9.224			9.224		9.224			
C146430726	孟家垭·白果煤矿	0.699			0.699					0.699
C147430726	丝茅塔·张家屋场	5.229			5.229		5.229			
C148430726	窄口·龙桥	5.533			5.533		2.723		2.81	
C149430726	后溪峪口·和平	3.901			3.901		3.901			
C150430726	高家屋场·岩湾河	1.698			1.698				1.698	
C151430726	赵家垭·院子	1.9			1.9				1.9	
C152430726	覃家屋场·阴地洼	0.4			0.4				0.4	
C153430726	一碗水·易家湾村部	2.202			2.202				2.202	
C154430726	张家湾口·双堰堤村部	2.701			2.701		0.401		2.3	

续表 1-1-5-2

路线编号	起讫地点	里程	技术等级				路面类型			
			二级	三级	四级	等外	水泥砼	沥青表处	砂石路	无路面
C155430726	配电房·苏家冲村部	7.299			7.299		7.299			
C156430726	自生堰·周家沟	2.902			2.902		2.902			
C157430726	两河口·陈家屋场	2.702			2.702		2.702			
C158430726	岩垭·罗家垱村部	1.2			1.2				1.2	
C159430726	烽火坪·覃家峪村部	4.59			4.59				4.59	
C160430726	原乡政府·刘家垭	3.493			3.493				3.493	
C161430726	院子组·云盘村部	2.201			2.201				2.201	
C162430726	沙家垭·龙井组	4.124			4.124		4.124			
C163430726	李家垭·梁家嘴	1.526			1.526		1.526			
C164430726	梁家嘴·分水岭	2.443			2.443		2.443			
C165430726	三叉路·热水坑	3.305			3.305		3.305			
C166430726	乐家坪·邓家屋场	4.889			4.889		4.581		0.308	
C168430726	中岗·刘家河	0.898			0.898		0.898			
C169430726	下垭子口·碑垭	1.208			1.208		1.208			
C170430726	中岗·黄莲桥	1.649			1.649		1.649			
C171430726	三叉路·毛儿岭	5.219			5.219		2.699		2.52	
C172430726	卫生院·雷家湾	2.138			2.138		2.138			
C173430726	郑家岭·杨家湾	2.499			2.499		2.499			
C174430726	台堤·杨柳溪村部	2.1			2.1		2.1			
C175430726	柳林坝·唐家屋场	7.601			7.601		7.601			
C176430726	节日坪·毛家	1.776			1.776				1.776	
C177430726	铁锁桥·郭家台	3.394			3.394				3.394	
C179430726	鸡公桥·新屋坪	5.801			5.801		5.801			

续表 1-1-5-2

路线编号	起讫地点	里程	技术等级				路面类型			
			二级	三级	四级	等外	水泥砼	沥青表处	砂石路	无路面
C180430726	大湾沟口·杨家岗	6.101			6.101		6.101			
C181430726	屋桥头·毛坪学校	0.702			0.702		0.702			
C182430726	孙家湾·开竹台	2.049			2.049		2.049			
C183430726	三叉路·太和岭	3.951			3.951		3.951			
C184430726	碾子湾口·柳树坪	1.8			1.8		1.8			
C185430726	老虎桥·南湾	6.058			6.058		6.058			
C186430726	卷桥·排楼	2.92			2.92		2.92			
C187430726	唐家·邵家祠堂	2.305			2.305		2.305			
C188430726	永凤桥·清涧溪	3.902			3.902		3.902			
C189430726	李家枞笼·走马岭	6.251			6.251		6.251			
C190430726	张家河·李家台	2.736			2.736		0.706		2.03	
C191430726	孔雀桥·利民组	2.579			2.579		2.579			
C192430726	七秋田·干沟河	2.1			2.1		2.1			
C193430726	樱桃溪·旱营盘	5.421			5.421		2.721		2.7	
C194430726	岩板铺·保尔山	4.802			4.802		4.802			
C195430726	凡家墩·衬家窝	5.507			5.507		5.507			
C196430726	腰子垱·春风组	0.95			0.95		0.95			
C197430726	张家墩·刘家山	1.361			1.361		1.361			
C198430726	罗坪垭·安福潭	6.971			6.971		6.971			
C200430726	太平组·椿树组	2.278			2.278		2.278			
C202430726	苏市工班·麻池	8.733			8.733		4.45		2.085	2.198
C203430726	得胜桥·院子凸	2.2			2.2		2.2			
C204430726	张家岭·韦家湾村部	0.636			0.636		0.636			

续表 1-1-5-2

路线编号	起讫地点	里程	技术等级				路面类型			
			二级	三级	四级	等外	水泥砼	沥青表处	砂石路	无路面
C206430726	苏家铺·西山垭	6.559			6.559		2.101			4.458
C207430726	皮家河村部·新田湾	2.661			2.661		2.661			
C208430726	琵琶桥·杨家垭	10.298			10.298		5.498		2.7	2.1
C209430726	九罗线 K39+100·凉水井	14.301			14.301		9.902		4.399	
C211430726	向家塌·长岭	1.499			1.499		1.499			
C212430726	水晶庙·高家峪	0.801			0.801					0.801
C215430726	猪雀嘴·喻家边	1.799			1.799					1.799
C216430726	覃家塘·马银溪村部	2.498			2.498		2.299			0.199
C217430726	砖塌河桥·槐树塔村部	4.617			4.617		1.108			3.509
C218430726	九罗线 K32+500·槐树塔村部	2.185			2.185		2.185			
C220430726	辛家台·槐树塔村部	3.16			3.16		3.16			
C222430726	徐家塘·邱家湾村部	1.2			1.2		1.2			
C223430726	石南线 K76+500·唐家坪村部	3			3		3			
C224430726	雁池坪·老桥	2.912			2.912		2.912			
C225430726	九罗线 K24+600·电站	3.681			3.681		1.499			2.182
C226430726	九罗线 K26+700·泥巴溪	0.8			0.8		0.8			
C227430726	白泥村部·冷风垭界	6.599			6.599		6.599			
C230430726	珠易线 K3+700·三门垭	3.302			3.302		3.302			
C231430726	九罗线 K21+200·下组	4.303			4.303		4.303			
C232430726	珠宝街杨家山界·长湾界	3.372			3.372		3.372			
C233430726	迎龙线 K7+600·杨家山界	1.601			1.601		1.601			
C234430726	迎龙线 K9+100·莒蒲峪村部	2.001			2.001		2.001			
C235430726	九罗线 K14+200·老峪村部	3.101			3.101		3.101			

续表 1-1-5-2

路线编号	起讫地点	里程	技术等级				路面类型			
			二级	三级	四级	等外	水泥砼	沥青表处	砂石路	无路面
C236430726	三叉路·香炉岩界	8.14			8.14		5.098			3.042
C237430726	九罗线 K10+300·前进村部	4.064			4.064		3.197			0.867
C238430726	千斤干工挡界·千斤山	1.1			1.1		1.1			
C239430726	重复桥·里山河林场	8.297			8.297		7.296		1.001	
C240430726	重复桥·重复桥村部	2.1			2.1				2.1	
C241430726	官石线 K22+200·尖峰界	8.98			8.98		8.98			
C242430726	官石线 K20+800·尖峰村部	0.3			0.3		0.3			
C243430726	官石线 K19+300·窑峰埡村部	2.1			2.1		2.1			
C244430726	官石线 K18+400·三岔界	3.606			3.606				1.699	1.907
C245430726	官石线 K12+300·九斗峪村部	2.527			2.527		0.227			2.3
C246430726	官石线 K11+300·岩塌村部	0.501			0.501		0.501			
C247430726	官石线 K8+400·洛阳埡村部	3.187			3.187		3.187			
C248430726	官石线 K7+000·田荒峪村部	1.7			1.7		1.7			
C249430726	官石线 K7+700·南岳寺村部	1.002			1.002		1.002			
C250430726	官石线 K6+100·岩板滩村部	1.718			1.718		1.718			
C251430726	官石线 K3+900·黄虎峪村部	1.219			1.219		1.219			
C252430726	王官桥村部·铁炉峪村部	5.116			5.116		1.726			3.39
C253430726	天坪河·椰树界	4.684			4.684		4.684			
C254430726	石南线 K2+900·上王官桥	2.493			2.493		1.1			1.393
C255430726	椰树埡·椰树埡村部	1.202			1.202		1.202			
C256430726	石南线 K72+800·磨市桥	2.742			2.742		1.3		1.442	
C258430726	石南线 K70+400·远竹村部	1.599			1.599		1.599			
C259430726	石南线 K69+000·芭蕉峪村部	0.2			0.2		0.2			

续表 1-1-5-2

路线编号	起讫地点	里程	技术等级				路面类型			
			二级	三级	四级	等外	水泥砼	沥青表处	砂石路	无路面
C261430726	狮子岩村部·峨公岩村部	5.591			5.591		5.591			
C262430726	大拐·大福桥界	3.254			3.254		2.454		0.8	
C263430726	石南线 K62+100·九岗村	2.099			2.099		2.099			
C264430726	叉路口·岩门村	0.799			0.799		0.799			
C265430726	进村路口·长峪湾村部	1.399			1.399		1.399			
C267430726	木鸡线 K9+700·马汉界	1.644			1.644		1.1			0.544
C268430726	木鸡线 K8+400·黄鹤塔村部	2.541			2.541		2.541			
C269430726	木鸡线 K6+500·九伙坪村部	0.3			0.3		0.3			
C271430726	木鸡线 K3+600·三坡村部	2.383			2.383		2.383			
C272430726	株木白岩壁打葛界·湖车线 K3	2.803			2.803		0.499		2.304	
C273430726	麻栗垭村部·九伙坪中学	0.6			0.6		0.6			
C274430726	木瓜村部·砖厂	2.496			2.496		2.496			
C275430726	石南线 K54+500·鸡公滩	3.886			3.886				3.886	
C276430726	金竹坑村部·陈家院	2.399			2.399		2.399			
C277430726	湖车线 K1+200·白岩壁村	5.159			5.159		3.399			1.76
C278430726	湖车线 K2+700·车坊村部	2.585			2.585		2.585			
C279430726	湖车线 K0+800·湖塌村部	1.8			1.8		1.8			
C280430726	石南线 K53+300·湖坪村部	0.8			0.8		0.8			
C283430726	热磨线 K6+700·东庄坪村部	4.734			4.734		0.935			3.799
C284430726	矿场峪桥·阳峰山界	3.501			3.501		3.501			
C285430726	热磨线 K6+000·矿场峪	2.399			2.399		2.399			
C287430726	黄毛尖·鸟儿池	6.86			6.86		6.86			
C288430726	周家草铺·朱家沟	7.401			7.401		6.901	0.5（砼）		

续表 1-1-5-2

路线编号	起讫地点	里程	技术等级				路面类型			
			二级	三级	四级	等外	水泥砼	沥青表处	砂石路	无路面
C289430726	马家嘴·臭树垭	11.929			11.929		8.238		3.691	
C290430726	盛家垭·手巾坡	5.171			5.171		5.171			
C291430726	石磙垭·玉枚井	2.511			2.511		2.511			
C292430726	龚家垭·铁山	4.287			4.287		3.499		0.788	
C293430726	冷风垭·村小学	2.021			2.021		2.021			
C294430726	大樟树·村小学	0.3			0.3		0.3			
C295430726	重阳桥·泽子台	4.18			4.18		4.18			
C296430726	衙门口·烂坝上	1.1			1.1		1.1			
C297430726	云天垭·大垣场	0.759			0.759				0.759	
C298430726	三叉路·杨家凸	3.219			3.219				3.219	
C299430726	大王沟·黄家凸	0.2			0.2				0.2	
C300430726	泪济桥·龙行垭	2.007			2.007		2.007			
C301430726	庙桥·小湾	2.2			2.2		2.2			
C302430726	崔家井·汪家湾	9.64			9.64		8.88		0.76	
C303430726	青岩水制·独儿嘴	0.419			0.419				0.419	
C304430726	土峰垭·盛家屋场	2.871			2.871		2.871			
C305430726	杨家岗·万家坝	3.458			3.458		0.58		1.841	1.037
C306430726	杨家岗·龚家院子	3.599			3.599		0.768		2.831	
C308430726	土墙沟·沙凸上	3.48			3.48		2.46		1.02	
C309430726	排楼峪·柳笼	0.878			0.878				0.878	
C310430726	柳笼河堤·坟山塔	2.098			2.098				0.79	1.308
C311430726	花溪沟·喉包堰	1.09			1.09		1.09			
C312430726	滚水坝·村小学	7.481			7.481		7.481			

续表 1-1-5-2

路线编号	起讫地点	里程	技术等级				路面类型			
			二级	三级	四级	等外	水泥砼	沥青表处	砂石路	无路面
C313430726	牛皮滩·虎儿凸	1.301			1.301		1.301			
C314430726	沿市政府·邱家屋场	1.45			1.45		1.45			
C315430726	瓦厂·新屋岭	0.751			0.751				0.751	
C316430726	老街·八斗丘	7.512			7.512		3.631		3.881	
C317430726	铜锣堰·猪头凸	0.261			0.261				0.261	
C318430726	杨代桥·村小学	0.62			0.62		0.62			
C319430726	渔儿溪·李家屋场	4.381			4.381		3.001		1.38	
C320430726	配电房·村小学	1.751			1.751		1.751			
C321430726	九枝拐·唐家屋场	9.999			9.999		9.999			
C322430726	曾家垭·村部	5.883			5.883		0.802		5.081	
C323430726	樱桃凸·向家台	1.68			1.68		1.68			
C324430726	木儿山·肖家湾	2.369			2.369				2.369	
C325430726	鹰子岗·彭家垭	0.997			0.997				0.997	
C326430726	新堰垭·彭家垭	8.651			8.651		5.949		2.702	
C327430726	白果树·雷公塔	4.578			4.578				3.377	1.201
C328430726	岩板沟·高家湾	3.06			3.06					3.06
C329430726	米家坪·覃亮峪	1.28			1.28		1.28			
C330430726	长岩峪·孙家墩	1.161			1.161		1.161			
C331430726	泰清山·黄溪湾	3.676			3.676				3.676	
C332430726	将军台·两河口	2.325			2.325		1.1		1.225	
C333430726	两河口·大垭	5.74			5.74		2.683		3.057	
C334430726	门楼坪·牛观坡	3.105			3.105				3.105	
C335430726	白鹤屋场·村小学	0.23			0.23		0.23			

续表 1-1-5-2

路线编号	起讫地点	里程	技术等级				路面类型			
			二级	三级	四级	等外	水泥砼	沥青表处	砂石路	无路面
C337430726	屋桥·官庄峪村部	0.1			0.1				0.1	
C338430726	堆子凸·槐湾沟	0.767			0.767		0.767			
C339430726	桃家庙·张习山家	1.45			1.45		0.38		1.07	
C340430726	桃家庙·土地峪	4.209			4.209		1.7		2.509	
C341430726	干溪沟·供销社	4.18			4.18		2.22		1.96	
C342430726	沟口·雷子坡	1.18			1.18				1.18	
C343430726	渣石趴·刘家湾	1.1			1.1				1.1	
C344430726	白鹤岗·郭家峪	2.389			2.389		2.389			
C346430726	三叉路·大堰	0.389			0.389		0.389			
C347430726	岗市桥头·枫树垭	4.57			4.57		4.57			
C348430726	岗市桥头·火烧坡	2.501			2.501		2.501			
C349430726	烈士塔·舒儿拐	1.59			1.59		1.59			
C350430726	黄金塔·文台嘴	1.165			1.165				1.165	
C351430726	陀子岗·白骨井	2.13			2.13		2.13			
C352430726	马家嘴·渣石趴	2.485			2.485				2.485	
C354430726	演武岗·白洋溶村部	0.999			0.999		0.999			
C355430726	演武岗·演武岗村部	0.35			0.35				0.35	
C356430726	村小学·皮家屋场	0.8			0.8		0.8			
C357430726	正堰垭·鲁家岩	6.824			6.824		6.824			
C358430726	大竹垭·皮缝垭	0.951			0.951					0.951
C361430726	桐子垱·象牙坪	3.429			3.429		3.429			
C362430726	马家墩·杨家界	5.012			5.012		2.662		2.35	
C363430726	双台桥·双台组	0.28			0.28		0.28			

续表 1-1-5-2

路线编号	起讫地点	里程	技术等级				路面类型			
			二级	三级	四级	等外	水泥砼	沥青表处	砂石路	无路面
C364430726	王家边·樱桃岗	0.79			0.79		0.79			
C365430726	王家屋场·郭家坪	5.092			5.092		5.092			
C366430726	罗家湾口·城墙岩	5.569			5.569		5.569			
C367430726	罗家湾·艮门关村部	0.2			0.2		0.2			
C368430726	扯竹坡·两沟口	0.24			0.24		0.24			
C369430726	官坪·樟树	1.999			1.999		1.999			
C371430726	接龙桥·庚走山村部	2.937			2.937		2.937			
C372430726	磺厂农贸市场·张家坡	1.3			1.3				1.3	
C373430726	杨家垭·梨树塘	1.502			1.502		1.502			
C374430726	杨家垭·白洋小学	2.9			2.9		2.9			
C375430726	两白沿·温家溪	1.9			1.9		1.9			
C376430726	桐福桥·宋家边	0.901			0.901				0.901	
C377430726	龙王洞·龚家台	1.3			1.3		1.3			
C378430726	张家院 K34+100·熊家湾	1.7			1.7		1.7			
C379430726	望阳中学·聊叶湖 1 队	1.7			1.7		1.7			
C380430726	二号井分岔路·陈家湾	1.2			1.2				1.2	
C381430726	五缝桥·田家湾	0.998			0.998		0.998			
C382430726	陈家嘴·吴家嘴	1.1			1.1		1.1			
C383430726	竹巷口·枚家湾	2.601			2.601				2.601	
C384430726	蔡家园子·竹巷口村 13 组	0.901			0.901		0.901			
C385430726	蔡海园店子·水溪峪村部	1.4			1.4		1.4			
C386430726	赵家溶·板桥峪	0.6			0.6		0.6			
C387430726	水井边·水井垱	8.102			8.102		8.102			

续表 1-1-5-2

路线编号	起讫地点	里程	技术等级				路面类型			
			二级	三级	四级	等外	水泥砼	沥青表处	砂石路	无路面
C388430726	邱家垱·五峰村部	3.7			3.7		1.701		1.999	
C389430726	段家湾·金环村部	0.701			0.701		0.701			
C390430726	干溪沟 K27+700·学校	1			1		1			
C392430726	赵家院子·杨家台	1.099			1.099		1.099			
C393430726	引水渠桥·钟嘴	1.491			1.491		1.491			
C394430726	鸡鸣桥·中心小学	0.926			0.926		0.926			
C395430726	杨家棚·小学	2.901			2.901		2.901			
C396430726	K0+0·龙家岗	1.6			1.6		1.6			
C397430726	老农科站·村小学	1.499			1.499		1.499			
C398430726	廖家拐桥·大队凸	1.701			1.701		1.701			
C400430726	廖家岗·村小学	1.502			1.502		1.502			
C401430726	预制场·余家岭	0.5			0.5		0.5			
C402430726	沙凸·烽家潭	0.837			0.837		0.837			
C403430726	康坪水库坝·牛家坝	1.097			1.097		1.097			
C404430726	新桥·高家碑	1.347			1.347		1.347			
C405430726	苏家祠堂·马路上	1.999			1.999		1.999			
C406430726	交杯堰·村小学	0.302			0.302		0.302			
C408430726	晏家新屋·肖家烽火	0.999			0.999		0.999			
C409430726	冷家屋场·四十八天井	2.149			2.149		2.149			
C410430726	陡门坎·向家垭	3.2			3.2		3.2			
C411430726	张家垭·木马墩	18.559			18.559		12.258		6.301	
C412430726	阳泉街头·吴家塌	6.001			6.001		6.001			
C413430726	邢家桥头·骆家屋场	4.001			4.001		4.001			

续表 1-1-5-2

路线编号	起讫地点	里程	技术等级				路面类型			
			二级	三级	四级	等外	水泥砼	沥青表处	砂石路	无路面
C414430726	中心校·周家老屋	1.1			1.1		1.1			
C415430726	柑橘市场·晏家屋场	3.301			3.301		3.301			
C416430726	稻草铺岔口·肖家河	1.701			1.701		1.701			
C417430726	砖田·皂市园艺场	1.6010			1.601		1.601			
C418430726	栀岗村4组·刘家屋场	1.401			1.401		1.401			
C419430726	三根桩·钵鱼岩	2.743			2.743		2.743			
C420430726	肖家溪·邓家大屋场	1.944			1.944		1.3		0.644	
C421430726	栀岗村1组·林家岗村5组	1.45			1.45		1.101		0.349	
C422430726	江家坝沿·林家岗村5组	0.547			0.547				0.547	
C423430726	K0+000·崔家台	3.881			3.881		3.881			
C424430726	汤家溪沟·李字垭	4.799			4.799		2.4		2.399	
C425430726	黑溪沟·大礼堂	1.16			1.16		1.16			
C426430726	大礼堂·东溪峪学校	5.67			5.67		5.67			
C427430726	彪水洞·办公处	3.584			3.584				3.584	
C428430726	中心学校进口·李家巷	0.7			0.7		0.7			
C429430726	白沙渡村5组·杨贤忠家	0.401			0.401		0.401			
C430430726	刘家棚路口·刘家台	1.1			1.1		1.1			
C431430726	水泥一厂·茅山村部	6.648		0.11	6.538		6.648			
C432430726	姚家铺·大岗上	2.609			2.609		2.609			
C435430726	九同碑·九同碑村部	0.229			0.229		0.229			
C438430726	联合水库·蔡家凸	7.127			7.127		5.14		1.987	
C440430726	碧岩·陈家湾	2.399			2.399		2.399			
C443430726	新堰街·廖家垭	0.351	0.351				0.351			

续表 1-1-5-2

路线编号	起讫地点	里程	技术等级				路面类型			
			二级	三级	四级	等外	水泥砼	沥青表处	砂石路	无路面
C447430726	玉皇庙·涂家溶	1.499			1.499				1.499	
C448430726	涂家溶·刘家嘴	1.1			1.1				1.1	
C449430726	中心桥·小学	0.401			0.401		0.401			
C451430726	郭家桥·白家湾	2.247			2.247		2.247			
C452430726	五桂柞房·廖家峪	4.902			4.902		4.902			
C454430726	铁桥中心·陈家湾	0.5			0.5		0.5			
C455430726	向家坪村 5 组·向家坪村部	0.2			0.2		0.2			
C457430726	檀门口·小学	0.201			0.201				0.201	
C458430726	三江加油站·陈家坪	1.393			1.393		0.1		1.293	
C460430726	保尔加油站·果茶站	3.901			3.901		3.901			
C462430726	石门二中·观山园艺场	2.1			2.1		2.1			
C464430726	寺峪湾·红土坡村 12 组	0.897			0.897		0.897			
C466430726	红土坡居委会·铁道碎石场	3.457			3.457				3.457	
C468430726	红土坡·狮子垴	2.087			2.087		2.087			
C469430726	长石铁路桥·铁路分叉口	1.355			1.355		1.355			
C471430726	新场村 7 组·晒谷茶厂	2.299			2.299		2.299			
C473430726	永固居委会·曹家湾	3.436			3.436		3.436			
C475430726	永固铁路通道·永兴寺	5.554			5.554		5.554			
C477430726	中家溪·长湖	0.999			0.999		0.999			
C479430726	马家堰·中渡口居委会	0.8			0.8		0.8			
C481430726	永昌堰·马家湾	2.8			2.8		2.8			
C482430726	夏家湾·栗木园	4.199			4.199		4.199			
C483430726	电厂铁路桥·老交管站	2.397			2.397		1.597			0.8

续表 1-1-5-2

路线编号	起讫地点	里程	技术等级				路面类型			
			二级	三级	四级	等外	水泥砼	沥青表处	砂石路	无路面
C484430726	黄泥小学·仁家窝	3.182			3.182		3.182			
C486430726	华电超市·宝塔居委会	0.8	0.8				0.8			
C487430726	宝塔居委会·涂家河小区	0.897			0.897		0.897			
C489430726	双土文武学校·收费站	0.932			0.932		0.932			
C490430726	粮库·月亮水库	1.461			1.461		1.461			
C492430726	火车南站·九峰村部	2.4			2.4		2.4			
C494430726	曹市·火车南站生活区	1.34			1.34		1.34			
C495430726	曹市砖厂·老南台村部	2.557			2.557		2.557			
C497430726	兔场·陈氏祠村 8 组	1.697			1.697		1.697			
C499430726	滑龙林铺·喻家峪	0.4			0.4		0.4			
C500430726	工班·奔龙湾	2.088			2.088		2.088			
C501430726	双桥村 1 组·川店铺	2.177			2.177		2.177			
C502430726	廖家屋场·杨家湾	2.202			2.202		2.202			
C503430726	马安铺·张家屋场	2.61			2.61		2.61			
C506430726	高原堤·川店铺村 4 组	0.451			0.451		0.451			
C507430726	唐隶溪·青狮岭村 4 组	2.779			2.779		0.98	1.799		
C508430726	一砖厂·双溪村 1 组	1.915			1.915		1.915			
C509430726	王家垭·吴家岗	2.543			2.543		2.543			
C510430726	咸池峪村 4 组·学校	0.5			0.5		0.5			
C511430726	向家湾·井湾村部	0.61			0.61		0.61			
C512430726	杨二汊居委会 5 组·井湾村 7 组	1.95			1.95		1.95			
C513430726	易市加油站·铁弓堤村部	2.65			2.65		2.65			
C514430726	向家坪·王平 10 队	0.7			0.7		0.7			

续表 1-1-5-2

路线编号	起讫地点	里程	技术等级				路面类型			
			二级	三级	四级	等外	水泥砼	沥青表处	砂石路	无路面
C515430726	高家坪·学校	1.798			1.798		1.798			
C516430726	铁堤村17组·铁弓堤村17组	2.05			2.05		2.05			
C518430726	高家坪村5组·许家山村2组	0.701			0.701		0.701			
C519430726	丁家山村7组·双河村部	1.2			1.2		1.2			
C520430726	丁家山村5组·杨家园	1.802			1.802		1.209		0.593	
C521430726	龚家脚·学校	1.65			1.65		1.65			
C522430726	军垱桥村6组·军垱桥村部	1.102			1.102		1.102			
C523430726	冉家坪村15组·小街口	1.702			1.702		1.702			
C524430726	冉家坪村3组·小学	1.102			1.102		1.102			
C525430726	魏家垭·土里坡	2.903			2.903		2.903			
C526430726	虎爪嘴·仙女洞村部	6.131			6.131		6.131			
C527430726	新铺街上·水泥厂	0.301			0.301					0.301
C528430726	金家土里·姚家凸	0.599			0.599		0.599			
C530430726	岔路口·洛浦寺村部	0.295			0.295		0.295			
C531430726	栗岗村·红庙山村部	0.6			0.6		0.6			
C532430726	桃垭·金竹坑	9.001			9.001		9.001			
C534430726	黄家垭·学校	2.9			2.9		2.9			
C535430726	戴家屋场·千斤塔村部	5.286			5.286		5.286			
C536430726	两条湾·桂家湾	3.539			3.539		3.539			
C537430726	艾家台·杨家湾	1.001			1.001					1.001
C538430726	马家桥·河曲峪村部	0.1			0.1		0.1			
C539430726	药铺房·樟树湾	1.461			1.461					1.461
C541430726	真武庙·凉亭	1.7			1.7		1.7			

续表 1-1-5-2

路线编号	起讫地点	里程	技术等级				路面类型			
			二级	三级	四级	等外	水泥砼	沥青表处	砂石路	无路面
C543430726	苏家边·真武殿村部	0.15			0.15		0.15			
C544430726	中河铺街·学校	0.399			0.399		0.399			
C545430726	两条湾岭·学堂垭	2.699			2.699		2.699			
C546430726	土里垭·澧县国庆村	2.059			2.059		2.059			
C547430726	王家岭·澧县国庆村	3.688			3.688		1.701		1.987	
C548430726	肖家坡·澧县英雄	6.701			6.701		6.701			
C549430726	农科站·郑家塝	5.399			5.399		5.399			
C552430726	虎儿垱·严上垭	4.128			4.128		4.128			
C554430726	大拐·凉井村部	1.7			1.7		1.7			
C555430726	龙凤园艺场一分场场部·三江铁路桥	4.12			4.12		4.12			
C556430726	K0·S304 线 K46+9	1.043			1.043		1.043			
C557430726	场道 K1+400·马义岗	0.601			0.601		0.601			
C558430726	S304 线 K44+700·龙凤园艺场一分场 4 组	1.046			1.046		1.046			
C559430726	三眼桥·石门口	0.847			0.847					0.847
C560430726	车苗线 K1+400·曹家湾	0.6			0.6		0.6			
C562430726	石跳线 K7+750·下胡家	0.8			0.8		0.8			
C564430726	竹园塌村部·石子岭	1.101			1.101		1.101			
C566430726	长湾口·玉皇庙村部	1.3			1.3		1.3			
C567430726	石跳线 K6+150·陈家湾	1.799			1.799		1.799			
C568430726	石跳线 K6+700·王家湾	1.001			1.001					1.001
C569430726	工班 K5+020·竹叶湾	3.198			3.198					3.198
C570430726	花桥村 2 组·李家湾	0.8			0.8					0.8
C571430726	等等桥·水库大坝	1.578			1.578		1.578			

续表 1-1-5-2

路线编号	起讫地点	里程	技术等级				路面类型			
			二级	三级	四级	等外	水泥砼	沥青表处	砂石路	无路面
C572430726	大鼓台·肖家垭	2.548			2.548		2.548			
C573430726	郭家溶·吊楼	0.998			0.998		0.998			
C576430726	石陬线 K7+100·扁担山	1.981			1.981		1.981			
C577430726	石陬线 K7+400·养鸡场	1.999			1.999		1.999			
C578430726	石陬线 K6+950·河堤	1			1		0.4		0.6	
C580430726	村界碑·千台村部	0.5			0.5		0.5			
C583430726	老加油站·汪家山	1.499			1.499		1.499			
C584430726	石陬线 K9+400·渡口	0.899			0.899		0.899			
C585430726	高大线 K0+650·采砂厂	0.5			0.5		0.5			
C586430726	高大线 K1+900·瓦场	0.699			0.699		0.699			
C588430726	肖家屋场·庙地	1.874			1.874		0.6			1.274
C589430726	高桥商店·石陬线 K13+200	3.962			3.962		3.962			
C590430726	夹山街头·刘家湾	5.838			5.838		2.908			2.93
C591430726	沈家嘴·邓烽火	0.8			0.8		0.8			
C592430726	石陬线 K11+100·人户聚	0.701			0.701		0.701			
C593430726	镇政府·千堰角	7.536			7.536		7.536			
C595430726	杨家岗·邵福村部	1.601			1.601		1.601			
C596430726	肖官线 K1+300·草堰村部	5.291			5.291		5.291			
C598430726	董家桥·水浸垭	5.13			5.13		5.13			
C600430726	雷光桃店子·灌坪村部	0.5			0.5		0.5			
C602430726	张家山·灌坪商店	2.435			2.435		1.699		0.736	
C603430726	官渡桥头·藏兵垭	3.601			3.601		2.796		0.805	
C605430726	青玄村部·董家湾	1.098			1.098				1.098	

续表 1-1-5-2

路线编号	起讫地点	里程	技术等级				路面类型			
			二级	三级	四级	等外	水泥砼	沥青表处	砂石路	无路面
C607430726	双龙村10组·广福四井	0.699			0.699					0.699
C611430726	钟家嘴·双堰湾	3.337			3.337		3.337			
C613430726	枣园村3组岔路·枣园村部	0.7			0.7		0.7			
C616430726	谢家岗·下官桥	2.746			2.746				2.746	
C622430726	南门桥·昂头村部	1			1		1			
C624430726	南渡水·南门村部	1.4			1.4		1.4			
C625430726	三板加油站·雨淋村部	3.601			3.601		3.601			
C626430726	三板信用社·冯家嘴	3.528			3.528		3.528			
C627430726	三板石膏板厂·临澧高桥	5.835			5.835		3.736		2.099	
C629430726	炭路岗·四都村部	2.698			2.698		1.7		0.998	
C631430726	狮子岗·浮坪村部	1.6			1.6		1.6			
C632430726	石陬线K31+600·秀坪砖厂	0.901			0.901		0.901			
C634430726	海泡石场·新岗村部	0.9			0.9		0.9			
C636430726	梭金山·刘家山	4.689			4.689		3.1		1.589	
C637430726	野猪溪·高家洞	0.301			0.301		0.301			
C638430726	马塔村部·岩板垱	0.7			0.7		0.7			
C639430726	荷花村部·陈家嘴	0.501			0.501				0.501	
C640430726	木家溪·高家湾	6.002			6.002		4.502		1.5	
C642430726	水制仓库·吴家嘴	1.3			1.3					1.3
C643430726	康家坡·吴家嘴	1.491			1.491		1.199			0.292
C644430726	老三八林场·联合村部	1.999			1.999		1.999			
C646430726	孙家岗·天娥山	2.998			2.998		2.351		0.647	
C648430726	石陬线K30+300·刘家山	1.5			1.5		0.2		1.3	

续表 1-1-5-2

路线编号	起讫地点	里程	技术等级				路面类型			
			二级	三级	四级	等外	水泥砼	沥青表处	砂石路	无路面
C649430726	石陬线 K28+500·四分场场部	0.2			0.2		0.2			
C650430726	合家堰·李家两塄	1.299			1.299				1.299	
C651430726	照屋场·五分场场部	0.7			0.7		0.7			
C652430726	孙家岗·高家湾	4.536			4.536		2.201		2.335	
C653430726	桂花村部·秀坪园艺场	1.672			1.672				1.672	
C656430726	石陬线 K31+400·二分场场部	0.07			0.07		0.07			
C657430726	石陬线 K32+300·一分场	0.5			0.5		0.5			
C658430726	石陬线 K33+200·黑泥巴潭	2.744			2.744		1.245		1.499	
C660430726	窑骆线 K63+700·伍家峪	1.1			1.1		1.1			
C661430726	骆家峪·团结水库	4.581			4.581		4.581			
C662430726	铁家垱·潭家河	0.699			0.699		0.699			
C663430726	窑骆线 K61+200·鸣凤园艺场	1.001			1.001		1.001			
C665430726	窑骆线 K58+400·孟家边	1.565			1.565		1.565			
C667430726	闫家屋边·两合	2.685			2.685		2.685			
C669430726	水制桥·盛家凸园艺场场部	4.001			4.001				4.001	
C671430726	磨岩线 K0+500·岩巴垴村部	2.853			2.853		2.853			
C672430726	岩巴垴·磨岩线 K2+500	1.7			1.7				1.7	
C673430726	园艺场·蒙泉湖	1.702			1.702		1.099		0.603	
C675430726	夏家巷居委会 1 组·中心小学	0.701			0.701		0.701			
C676430726	花三岗村部·水制	3.065			3.065		1.75		1.315	
C678430726	水制村部·张嘴上	1.299			1.299				1.299	
C680430726	窑骆线 K54+350·申家岗	1.1			1.1		0.601		0.499	
C682430726	油厂·琏珠岗村部	1.754			1.754		1.754			

续表 1-1-5-2

路线编号	起讫地点	里程	技术等级				路面类型			
			二级	三级	四级	等外	水泥砼	沥青表处	砂石路	无路面
C684430726	广寿桥·朱家槽门	1			1		1			
C686430726	康林屋旁·尖刀嘴	0.97			0.97		0.97			
C687430726	窑骆线 K51+300·同子湾	2.201			2.201		1.601		0.6	
C688430726	窑骆线 K49+850·于家台	1.299			1.299		1.299			
C689430726	雁基平·潘家嘴	3.807			3.807		2.006		1.2	0.601
C693430726	中心桥·白洋湖村 9 组	0.7			0.7		0.7			
C694430726	水沽团·白洋湖村 8 组	1.25			1.25				1.25	
C695430726	窑骆线 K47+800·白洋湖村 7 组	1.256			1.256		1.256			
C696430726	大同桥·杨家坪	0.699			0.699				0.699	
C697430726	杜家湖·康溪边	0.892			0.892				0.892	
C699430726	窑骆线 K45+400·龙口桥村 5 组	0.59			0.59		0.59			
C701430726	桂堤堰·田家公山	1.397			1.397		1.397			
C703430726	易家嘴·落马坡园艺场	3.213			3.213		1.4			1.813
C705430726	犀牛路口·六峰垭	6.717			6.717		3.768		2.949	
C708430726	双儿堤·易家塝	0.992			0.992		0.992			
C710430726	彭山庙村部·弯丘	1			1		1			
C711430726	浪热口·上七里村部	4.099			4.099		4.099			
C713430726	朱圣强家·董家堰	2.8			2.8		2.8			
C714430726	陈家铺·观国山林场	3.499			3.499					3.499
C716430726	长岭岗·普济庵	1.501			1.501		1.501			
C717430726	莒雅线 K12+050·桥垱	5.875			5.875		5.875			
C720430726	军家桥·长岭岗	1.878			1.878		0.999		0.879	
C722430726	瓦窑边·学校	0.699			0.699		0.699			

续表 1-1-5-2

路线编号	起讫地点	里程	技术等级				路面类型			
			二级	三级	四级	等外	水泥砼	沥青表处	砂石路	无路面
C724430726	红花峪·舒家老屋	0.799			0.799		0.799			
C726430726	鸭公湾·明泉村部	1.401			1.401		1.401			
C728430726	医院·上午通村部	6.93			6.93		4.128			2.802
C730430726	莒雅线 K7+900·邓家坪	8.253			8.253		4.672		3.581	
C731430726	笔岩潭·冯家坪村部	0.7			0.7		0.7			
C733430726	致富桥·连三沟	0.999			0.999				0.999	
C734430726	莒雅线 K9+200·古井村部	1.028			1.028		1.028			
C735430726	胡家槽门·水库管理所	1.013			1.013				0.613	0.4
C736430726	立新桥·花薮坪村园艺场	1.2			1.2		1.2			
C737430726	原花薮乡政府·顺岭岗村部	2.4			2.4		0.6		1.8	
C738430726	彭家嘴·清水潭	3.7			3.7		1.2		2.5	
C740430726	明月桥·临澧文家青龙	4.978			4.978		2.777		2.201	
C742430726	毛根头·福龙庵村部	1.2			1.2		1.2			
C743430726	董家铺·水库边	0.8			0.8				0.8	
C744430726	鸡厂·三干渠	0.5			0.5		0.5			
C746430726	白沙泉村 6 组董家铺·黑峪	3.499			3.499		1.299		2.2	
C748430726	黄旗学校·冉家岗	1.699			1.699		1.3		0.399	
C750430726	蒋家湾·太浮村部	1.18			1.18		1.18			
C751430726	罗家桩·付家峪	2.001			2.001				2.001	
C753430726	石陬线 K48+450·望仙学校	2.381			2.381		0.628		1.753	
C755430726	潘家铺村 2 组桥边·哲山峪	0.615			0.615		0.615			
C757430726	盘石中学·黄鼓桥	5.636			5.636		5.636			
C759430726	凤凰峪村部·黄旗村部	2.681			2.681		2.681			

续表 1-1-5-2

路线编号	起讫地点	里程	技术等级				路面类型			
			二级	三级	四级	等外	水泥砼	沥青表处	砂石路	无路面
C761430726	凤山桥·岩子岗	4.001			4.001		4.001			
C763430726	凤山桥·瑶湾	6.465			6.465		4.731		1.734	
C766430726	潘羊线K4+350·长堰坪	3.978			3.978		3.978			
C767430726	杨学章家·长堰村部	3.657			3.657		3.657			
C769430726	庙儿岗·响水垱	1.201			1.201		1.201			
C772430726	栎山嘴·乌云山	4.56			4.56		0.9		3.66	
C773430726	枫香垱村部·朱家溶	2.359			2.359				2.359	
C774430726	望仙树村部·三树湾	2.699			2.699		1.1			1.599
C775430726	村部线路·竹瓦村部	0.6			0.6		0.6			
C778430726	杨家岩桥·火车南站	1.2			1.2		0.599	0.601		
C783430726	两河口·杨家凸	3.819			3.819				3.819	
C784430726	土墙沟·柳笼河坝	0.576			0.576				0.576	
C786430726	神州台界·石南线	2.151			2.151					2.151
C787430726	汪家湾·龚家院子	4.723			4.723				4.723	
C789430726	苏家铺·朱家老屋	1.199			1.199		1.199			
C790430726	苏家铺·朱家老屋	0.949			0.949		0.949			
C791430726	竹园塌村部·长弯垭	0.999			0.999		0.999			
CT01430726	杨家台园艺场场部·园艺场7组刘家院子	0.827			0.827				0.827	
CT02430726	廖家拐村5组·筑坝桥村7组	1.036			1.036				1.036	
CT03430726	双峪村6组·核桃湾村7组	1.029			1.029				1.029	
CT04430726	三合小学·跑马岗村11组桥	1.4			1.4				1.4	
CT05430726	武装部仓库·观山园艺场	1.074			1.074				1.074	
CT08430726	潘能七家·徐进新家	0.382			0.382				0.382	

续表 1-1-5-2

路线编号	起讫地点	里程	技术等级				路面类型			
			二级	三级	四级	等外	水泥砼	沥青表处	砂石路	无路面
CT12430726	泉水洞村部·千斤塔村部	1.966			1.966				1.966	
CT13430726	岳家棚村部·刘家台	1.978			1.978				1.978	
CT15430726	X013 线·杨家湾	2.529			2.529				2.529	
CT16430726	刘家屋场·皂市园艺场 7 组	0.628			0.628				0.628	
CT17430726	乡界·晏家棚村 10 组	0.372			0.372				0.372	
CZ02430726	懒板凳·锅铲湾	11.272			11.272		11.272			
CZ03430726	石碾子沟·泉坪村部	5			5		5			
CZ05430726	C150 线·松山峪村	1.344			1.344					1.344
CZ06430726	C077 线·枞木山村	1.615			1.615		1.615			
CZ07430726	Y477 线·紫高山村	1.529			1.529		1.529			
CZ08430726	C063 线·岩包村	1.51			1.51		1.51			
CZ09430726	X005 线·蛟蛇溪村	1.265			1.265					1.265
CZ10430726	Y007 线·炉岩村	0.907			0.907					0.907
CZ11430726	CZ03 线·金钣山村	2.741			2.741		2.741			
CZ12430726	Y477 线·白岩门村	2.184			2.184		2.184			
CZ13430726	Y477 线·后山村	2.246			2.246					2.246
CZ14430726	C089 线·青岗峪村	2.081			2.081		2.081			
CZ15430726	C247 线·黄沙溪村	1.033			1.033					1.033
CZ16430726	C552 线·开花寺村	1.21			1.21					1.21
CZ17430726	C411 线·万仞洞村	1.314			1.314					1.314
CZ18430726	C037 线·阳高山村	1.513			1.513					1.513
CZ19430726	C032 线·九岭村	1.107			1.107		1.107			
CZ20430726	C036 线·大岭村	1.299			1.299					1.299

续表 1-1-5-2

路线编号	起讫地点	里程	技术等级				路面类型			
			二级	三级	四级	等外	水泥砼	沥青表处	砂石路	无路面
CZ21430726	Y006 线·秋木村	2.14			2.14		2.14			
CZ22430726	X001 线·三峰村	0.568			0.568					0.568
CZ23430726	C162 线·东流溪村	0.591			0.591		0.591			
CZ24430726	C001 线·白竹山村	2.596			2.596		2.596			
CZ25430726	C032 线·石兰村	1.698			1.698		1.698			
CZ26430726	C032 线·梅家村	0.773			0.773					0.773
CZ27430726	C034 线·龙洞村	0.663			0.663		0.663			
CZ28430726	C038 线·北溪村	2.014			2.014		2.014			
CZ29430726	C060 线·青台村	0.891			0.891		0.891			
CZ30430726	C148 线·芦竹坪村	0.621			0.621		0.621			
CZ31430726	C243 线·邱家堰村	1.325			1.325		1.325			
CZ32430726	X004 线·袁家峪村	1.968			1.968					1.968
澧县		1139.766	5.104		1064.983	69.679	1056.67	1.1	81.996	
C001430723	伍家岗·大桥村部	6.705			6.705		6.705			
C002430723	三叉路口·清源村部	1.7			0.201	1.499	0.201		1.499	
C003430723	苏会计家·利民村部	1.899			1.899		1.899			
C004430723	雷学礼家·关桥村部	1.301			1.301		1.301			
C005430723	园艺厂·青龙村部	1.517				1.517			1.517	
C006430723	永兴岗·一心村部	0.602			0.602		0.602			
C007430723	何会计家·郜家村部	2.262			2.262		2.262			
C008430723	何家坡·金桥村部	1.745			1.745		1.745			
C009430723	城堡支渠·六角堰村部	1.9			1.9		1.9			
C010430723	金合村 3 组·友谊桥	14.143			14.143		14.143			

续表 1-1-5-2

路线编号	起讫地点	里程	技术等级				路面类型			
			二级	三级	四级	等外	水泥砼	沥青表处	砂石路	无路面
C011430723	豹子岭·豹子村界	3.957			3.957		3.957			
C012430723	张家垱·太白村部	3.023			3.023		3.023			
C013430723	地福村5组·宝塔村界	5.245			5.245		5.245			
C014430723	牯牛岗·地福村5组	2.1			2.1		2.1			
C015430723	邮电大楼·白莲村2组	2.989			2.989		2.989			
C016430723	白莲村2组·仙合村部	0.6			0.6		0.6			
C017430723	宜万小学·宜万村部	3.1			3.1		3.1			
C018430723	李仁友家·荷花堰	8.172			7.474	0.698	7.474		0.698	
C019430723	工班·蔡家村部	2.201			2.201		2.201			
C020430723	万福村部·易家村	1.953			1.5	0.453	1.5		0.453	
C021430723	万富界·洪家村部	4.604			4.604		4.604			
C022430723	黄继云家·高桥村部	1.502			1.502		1.502			
C023430723	楼子坪村4组·楼子坪村部	0.5			0.5		0.5			
C024430723	雨观山村3组·雨观山村部	1.851			1.851		1.851			
C025430723	白岩村3组·白岩村部	1.501			1.501		1.501			
C026430723	杨家村部·杨翠林家	4.001			4.001		4.001			
C027430723	鸳鸯与联兴界·鸳鸯村部	3.296			3.296		3.296			
C028430723	花桥村界·兴开村部	4.5			4.5		4.5			
C029430723	癞子铺·卫星村部	1.5			1.5		1.5			
C030430723	朝阳寺商店·朝阳村部	2.797			2.797		2.797			
C031430723	淞澧桥·同心村部	7.602			3.558	4.044	3.558		4.044	
C032430723	界岭桥·花园村部	4.503			4.503		4.503			
C033430723	眼障铺·顺桥村部	1.398			1.398		1.398			

续表 1-1-5-2

路线编号	起讫地点	里程	技术等级				路面类型			
			二级	三级	四级	等外	水泥砼	沥青表处	砂石路	无路面
C034430723	复胜岭·复胜村部	1.5			1.5		1.5			
C035430723	银珍铺·努力村部	2			2		2			
C036430723	三叉路·高家村部	1.502				1.502			1.502	
C037430723	古坟坡·高农村部	1.502			1.502		1.502			
C038430723	刁子铺·新颜村部	2.5			2.5		2.5			
C039430723	联盟村部·唐家铺	0.998			0.998		0.998			
C040430723	兴富桥加油站·香水庵村	7.498			7.498		7.498			
C041430723	袁家坪桥·同福村部	1.499			1.499		1.499			
C042430723	花树湾·玉溪村部	3.498			3.498		3.498			
C043430723	桃园小学·桃园村部	0.301			0.301		0.301			
C044430723	新桥村3组·新桥村部	1.5			1.5		0.4	1.1（砼）		
C045430723	X008线·大公村部	1.495				1.495			1.495	
C046430723	交易所·花园村部	3.007			3.007		3.007			
C047430723	双土里·水库直属村	12.974			12.974		12.974			
C048430723	钓鱼台·黄溪村部	1.002			1.002		1.002			
C049430723	金山村5组·杨木村部	4.8			4.8		4.8			
C050430723	金山村部·三泉村部	3.587			3.587		3.587			
C051430723	边山河·澧松村部	1.999			1.999		1.999			
C052430723	边山河·武松村部	3.476			3.476		3.476			
C053430723	红土坡·香闸村部	3.901			3.901		3.901			
C054430723	团结水库·双溪村部	3.203			3.203		3.203			
C055430723	幸福村2组·幸福村部	0.596			0.596		0.596			
C056430723	强民村5组·利民村部	0.697			0.697		0.697			

续表 1-1-5-2

路线编号	起讫地点	里程	技术等级				路面类型			
			二级	三级	四级	等外	水泥砼	沥青表处	砂石路	无路面
C057430723	强民村部·古南村部	2.047			2.047		2.047			
C058430723	荣华村8组·荣华村部	1.587			1.587		1.587			
C059430723	芦茅村3组·爱国村部	4.594			4.594		4.594			
C060430723	居委会·泉华村部	3.897			3.897		3.897			
C061430723	甘溪村部·顺桥村部	3.481	3.481				3.481			
C062430723	五爱村部·天星村部	2.501			2.501		2.501			
C063430723	马溪桥·马溪村部	3.399			3.399		3.399			
C064430723	马溪桥·河口村部	5.178			5.178		5.178			
C065430723	马溪桥·双峰村部	4.004			4.004		4.004			
C066430723	金家村部·碧溪村界	1.998			1.998		1.998			
C067430723	郑坪村3组·郑坪村部	1.501			1.501		1.501			
C068430723	金家村6组·娘山村部	1.801			1.801		1.801			
C069430723	米子山·游家村部	4.472			4.472		4.472			
C070430723	边河村界·白杨村部	1.808			1.808		1.808			
C071430723	田冲村1组·田冲村部	1.715			1.715		1.715			
C072430723	太青水库·石板村界	4.215			4.215		4.215			
C073430723	丰年村界·太青村部	14.123				14.123			14.123	
C074430723	丰年村3组·太谭村部	5.466			5.466		5.466			
C075430723	竹溪村5组·竹溪村部	2.788			2.788		2.788			
C076430723	南山村5组·南山村部	0.999			0.999		0.999			
C077430723	狮象村5组·谷新	3.57			3.57		3.57			
C078430723	雷打坪村部·群化村部	3.801			3.801		3.801			
C079430723	富裕村8组·富裕村部	1.5			1.5		1.5			

续表 1-1-5-2

路线编号	起讫地点	里程	技术等级				路面类型			
			二级	三级	四级	等外	水泥砼	沥青表处	砂石路	无路面
C080430723	长冲水库·长冲村部	1.499			1.499		1.499			
C081430723	凤凰嘴·濠口村部	3.2			3.2		3.2			
C083430723	赵家村5组·赵家村部	2			2		2			
C084430723	乐府村3组·乐府拐村	1.5			1.5		1.5			
C085430723	新田村2组·新田村部	2.2			2.2		2.2			
C086430723	新发村部·五星村部	2.398			2.398		2.398			
C088430723	官垸码头·三合村部	0.997			0.997		0.997			
C090430723	田家口村·郭家村部	3.231			3.231		3.231			
C091430723	双福村·新华村	1.998			1.998		1.998			
C092430723	虾子垱·虾子村部	1.004			1.004		1.004			
C093430723	学堤村·建武村	2.648			2.648		2.648			
C094430723	清河村部·建武村	3.002			3.002		3.002			
C095430723	新码头·毛家岔	3.801			3.801		3.801			
C096430723	毛兴村5组·东兴村部	6.9			6.9		6.9			
C097430723	余家村3组·保福村部	2.206			2.206		2.206			
C098430723	保福公路·才家村	2.3			2.3		2.3			
C099430723	才家村界·共兴村部	1.25			1.25		1.25			
C100430723	甘家村1组·甘家村部	2.906			2.906		2.906			
C101430723	和平村5组·永福村部	6.6			6.6		6.6			
C102430723	永丰村2组·永丰村部	2.499			2.499		2.499			
C103430723	合兴村5组·合兴村部	1.001			1.001		1.001			
C104430723	团结村2组·团结村部	2.2			2.2		2.2			
C105430723	毕成村2组·集中村部	3.902			3.902		3.902			

续表 1-1-5-2

路线编号	起讫地点	里程	技术等级				路面类型			
			二级	三级	四级	等外	水泥砼	沥青表处	砂石路	无路面
C106430723	红庙·连鱼村部	6.5			6.5		6.5			
C107430723	土地村 7 组·土地村部	2.701			2.701		2.701			
C108430723	董家村 5 组·五公村	4.877			4.877		4.877			
C109430723	董家堰·黄丝村部	4.402			4.402		4.402			
C110430723	曾家村 6 组·红湖村部	4.516			4.516		4.516			
C111430723	曾家村 6 组·中学	2.713			2.713		2.713			
C112430723	沙河村 2 组·沙河村部	1			1		1			
C113430723	杨家村 1 组·杨家村部	0.509				0.509			0.509	
C114430723	恒兴村 5 组·恒兴村部	1.6			1.6		1.6			
C115430723	左家村 7 组·左家村部	1.899				1.899			1.899	
C116430723	建新村部·抬兴村部	4.291			4.291		4.291			
C117430723	建新村部·大围村部	4.722			4.722		4.722			
C118430723	太平村 5 组·太平村部	0.201				0.201			0.201	
C119430723	太平村 3 组·仁和村	3.903				3.903			3.903	
C120430723	王家村 5 组·东堤村 3 组	4.723			4.723		4.723			
C121430723	王家村界·丁堤村部	2.3			2.3		2.3			
C122430723	王家村界·添洪村	2.1			2.1		2.1			
C123430723	王家村界·毛家岔居委会	0.778			0.778		0.778			
C124430723	红星村 2 组·红星村部	0.701				0.701			0.701	
C125430723	工班·三岭村 5 组	8.801			8.801		8.801			
C126430723	三岭村·青龙部村部	8.066			8.066		8.066			
C127430723	新河口·新河口村部	0.8			0.8		0.8			
C128430723	梅家港桥·复兴村界	7.73			7.73		7.73			

续表 1-1-5-2

路线编号	起讫地点	里程	技术等级				路面类型			
			二级	三级	四级	等外	水泥砼	沥青表处	砂石路	无路面
C129430723	永镇河·永镇村部	0.698			0.698		0.698			
C130430723	永镇村6组·牌楼村部	2.3			2.3		2.3			
C131430723	张家湾·张家湾村部	1.01			1.01				1.01	
C132430723	梅家港·昔阳村部	0.5			0.5		0.5			
C133430723	工班·曾家港村部	1.2			1.2		1.2			
C134430723	裕农村5组·裕农村部	0.699			0.699		0.699			
C135430723	裕农村5组·牌南村10组	1.9			1.9		1.9			
C136430723	枫林村11组·枫林村部	0.998			0.998		0.998			
C137430723	居委会·高崇村部	1.003			1.003		1.003			
C138430723	传讯村4组·邱家村部	0.498			0.498		0.498			
C139430723	传讯村9组·邱家村部	2.499			2.499		2.499			
C140430723	传讯村9组·中心村部	3.299			3.299		3.299			
C141430723	中心村4组·长福村部	3.213			0.999	2.214	3.213			
C142430723	新农村4组·新农村部	0.599			0.599		0.599			
C143430723	新农村2组·牌北村部	3.001			3.001		3.001			
C144430723	新农村2组·荆相砖场	1.6			1.6		1.6			
C145430723	广兴村2组·广兴村部	1.2			1.2		1.2			
C146430723	万家村13组·万家村部	1.499			1.499		1.499			
C147430723	建设村1组·建设村部	1.3				1.3			1.3	
C148430723	鲁家村2组·鲁家村部	0.995			0.995		0.995			
C149430723	枫祥村1组·枫祥村部	2.304			2.304		2.304			
C150430723	古塘村5组·古塘村部	2.307			2.307		2.307			
C151430723	古塘村7组·花庙村部	5.181			5.181		5.181			

续表 1-1-5-2

路线编号	起讫地点	里程	技术等级				路面类型			
			二级	三级	四级	等外	水泥砼	沥青表处	砂石路	无路面
C152430723	万胜村9组·万胜村部	1.602			1.602		1.602			
C153430723	顺林居委会·双兴村部	5.802			5.802		5.802			
C154430723	三台村2组·双岗村部	2.966			2.966		2.966			
C155430723	界湖村3组·双台村部	6.198			6.198		6.198			
C156430723	金荷村7组·金荷村部	1.502			1.502		1.502			
C157430723	杉林村5组·杉林村部	1.2			1.2		1.2			
C158430723	陆家村2组·金盆村部	5.883			5.883		5.883			
C159430723	铜鼓村6组·又兴村部	1.698			1.698		1.698			
C160430723	铜鼓村8组·铜鼓村部	1.517			1.517		1.517			
C161430723	双堰村6组·陈岗村部	1.999			1.999		1.999			
C162430723	夏家村6组·夏家村部	1.004			1.004		1.004			
C163430723	居委会·魏家村部	4.811			4.811		4.811			
C164430723	鲁家湾村1组·李家村部	5.002			5.002		5.002			
C165430723	双桥村1组·双桥村部	1.007			1.007		1.007			
C166430723	天河村1组·天河村部	0.5			0.5		0.5			
C167430723	谭家峪村1组·谭家水库	0.701			0.701		0.701			
C168430723	谭家峪村7组·兴垱村部	4.283			4.283		4.283			
C169430723	李家村·澧东公路	3.404			3.404		3.404			
C170430723	梦溪大桥·防汛所	7.298			7.298		7.298			
C171430723	中桥村1组·中桥村部	0.699			0.699		0.699			
C173430723	百胜·梦溪	2.4			2.4		2.4			
C174430723	樊家村部·砖厂	4.568			4.568		4.568			
C175430723	三元村3组·三元村部	1.2			1.2		1.2			

续表 1-1-5-2

路线编号	起讫地点	里程	技术等级				路面类型			
			二级	三级	四级	等外	水泥砼	沥青表处	砂石路	无路面
C176430723	肖河公路·澧阳村部	5.801			5.801		5.801			
C177430723	荷堰村·澧东公路	1.02			1.02		1.02			
C178430723	肖河村部·肖河村 8 组	1.236			1.236		1.236			
C179430723	郭塘村部·永胜村部	1.479			1.479		1.479			
C180430723	团堰村部·郭塘村部	1.895			1.895		1.895			
C181430723	团堰村部·G207 线	0.702			0.702		0.702			
C182430723	八根村 2 组·水库管理所	1.693			1.693		1.693			
C183430723	八根村 5 组·八根村部	1.201			1.201		1.201			
C184430723	宗保村·顺林村	1.5			1.5		1.5			
C185430723	宗保村 2 组·大红村	2.901			2.901		2.901			
C186430723	永祥村 3 组·联合村部	3.599			3.599		3.599			
C187430723	五星村部·三元村 5 组	2.7			2.7		2.7			
C188430723	五福村部·五福村 5 组	1.001			1.001		1.001			
C189430723	三湖·南主渠	1.501			1.501		1.501			
C190430723	双林村 3 组·双林村部	0.501			0.501		0.501			
C191430723	双林村 1 组·新店村部	2.3			2.3		2.3			
C192430723	新店村 2 组·铁尺村部	3.601			2	1.601	2		1.601	
C193430723	占岗村 14 组·占岗村部	2.6			2.6		2.6			
C194430723	占岗村 6 组·团结村部	2.232			2.232		2.232			
C195430723	团结村 6 组·十里村部	3.7			3.7		3.7			
C196430723	三元村 15 组·双合村部	2.2			2.2		2.2			
C197430723	双合村 9 组·班竹村部	2.1			2.1		2.1			
C198430723	十回村 8 组·十回村部	2.8			2.8		2.8			

续表 1-1-5-2

路线编号	起讫地点	里程	技术等级				路面类型			
			二级	三级	四级	等外	水泥砼	沥青表处	砂石路	无路面
C199430723	优周村4组·优周村部	0.5				0.5			0.5	
C200430723	田坪村8组·长庆村部	3.876			3.876		3.876			
C201430723	新渡村10组·新渡村部	1.902			1.902		1.902			
C202430723	澧东村12组·澧东村部	0.5			0.5		0.5			
C203430723	双林村1组·清水村部	2.699			2.699		2.699			
C204430723	清水村9组·永长村部	2			2		2			
C205430723	永长村1组·富裕村部	2.9			2.9		2.9			
C206430723	富裕村·车溪村界	2.299			2.299		2.299			
C207430723	乡政府·羊古村部	0.806			0.806		0.806			
C208430723	羊古村7组·任家巷村部	1.469			1.469		1.469			
C209430723	任家巷村4组·彭家村部	1.999			1.999		1.999			
C210430723	柳家村5组·柳家村部	0.911			0.911		0.911			
C211430723	三贤村6组·蚕桑村部	4.7			4.7		4.7			
C212430723	樟柳村3组·樟柳村部	0.879			0.879		0.879			
C213430723	仁和村1组·永固村部	4.299			4.299		4.299			
C214430723	夹堤村2组·夹堤村部	0.443			0.443		0.443			
C215430723	夹堤村部·拥宪村部	3			3		3			
C216430723	上福村2组·上福村部	1.001			1.001		1.001			
C217430723	三甲村3组·三甲村部	0.935			0.935		0.935			
C218430723	大巷口村2组·大巷口村部	0.695			0.695		0.695			
C219430723	玉皇村6组·蔡津村部	2.899			2.899		2.899			
C220430723	玉皇村7组·东州村部	2.1			2.1		2.1			
C221430723	白羊村7组·白羊村部	1.299			1.299		1.299			

续表 1-1-5-2

路线编号	起讫地点	里程	技术等级				路面类型			
			二级	三级	四级	等外	水泥砼	沥青表处	砂石路	无路面
C222430723	平阳村2组·平阳村部	0.513			0.513		0.513			
C223430723	澹坪村6组·澹坪村	2.975			2.975		2.975			
C224430723	平阳村3组·澄坪村部	3.699			3.699		3.699			
C225430723	石虎村10组·水莲村部	3.1			3.1		3.1			
C226430723	卢家湾村7组·卢家湾村7组	1.008			1.008		1.008			
C227430723	新桥村7组·新桥村部	0.99			0.99		0.99			
C228430723	云龙村10组·云龙村部	1.3			1.3		1.3			
C229430723	马堰闸·马堰村部	2.699			2.699		2.699			
C230430723	群星·护城	2.6			2.6		2.6			
C231430723	澧阳村部·澧浦大道	0.306			0.306		0.306			
C232430723	黄桥村部·黄桥界	1.121			1.121		1.121			
C233430723	白米村部·朱家岗村部	2.461	1.623		0.838		2.461			
C234430723	孟家港村6组·皇山村部	1.218			1.218		1.218			
C235430723	四马村部·四马村2组	0.79			0.79		0.79			
C236430723	孟家港村1组·孟家村	1.278			1.278		1.278			
C237430723	黄桥村6组·黄泥村部	2.699			2.699		2.699			
C238430723	G207线·向阳村部	3.199			3.199		3.199			
C239430723	谭家村4组·谭家村部	0.902			0.902		0.902			
C240430723	谭家村8组·子南村部	8.087			8.087		8.087			
C241430723	伍家村4组·伍家村部	0.508			0.508		0.508			
C242430723	伍家村4组·和平村部	2.5			2.5		2.5			
C243430723	复兴村5组·文家村9组	4.501			4.501		4.501			
C244430723	五一村1组·五一村部	1.163				1.163			1.163	

续表 1-1-5-2

路线编号	起讫地点	里程	技术等级				路面类型			
			二级	三级	四级	等外	水泥砼	沥青表处	砂石路	无路面
C245430723	永长村6组·永长村部	1.571			1.571		1.571			
C246430723	永长村6组·永丰村部	5.43			3.791	1.639	3.791		1.639	
C247430723	庆丰村7组·庆丰村部	1.498			1.498		1.498			
C248430723	上河村10组·上河村部	0.999			0.999		0.999			
C249430723	子东村6组·子东村部	0.5			0.5		0.5			
C250430723	羊耳村部·煤矿医院	0.8			0.8		0.8			
C251430723	管理处·九河湾	1.998			1.998		1.998			
C252430723	代宏兵家·丰报村部	2.37			2.37		2.37			
C253430723	丰报村1组·中学	4.99			3.889	1.101	3.889		1.101	
C254430723	影剧院·老木村部	11.015			11.015		11.015			
C255430723	浑水堰·关冲村部	0.2			0.2		0.2			
C256430723	卑垭·水余村部	1.1			1.1		1.1			
C257430723	中学·七零村部	5			5		5			
C258430723	双堰垭·古城村部	8.429			8.429		8.429			
C259430723	李家屋场·柏樟村部	4.75			4.75		4.75			
C260430723	陈管村2组·陈管村部	1.494			1.494		1.494			
C261430723	陈管村界·关垱村部	2.805			2.805		2.805			
C262430723	关山小学·渔山村部	1.5			1.5		1.5			
C263430723	亘山水进口·亘山村部	1.774			1.774		1.774			
C264430723	加油站·中学	1.499			1.499		1.499			
C265430723	卫生院·石公村部	4.795			4.795		4.795			
C266430723	谭少舫家·双堰村界	3.301			3.301		3.301			
C267430723	谭麻子餐馆·斑竹村部	2			2		2			

续表 1-1-5-2

路线编号	起讫地点	里程	技术等级				路面类型			
			二级	三级	四级	等外	水泥砼	沥青表处	砂石路	无路面
C268430723	乡政府·南田村部	3.701			3.701		3.701			
C269430723	胡诗兵家·同车村部	4.5			4.5		4.5			
C270430723	张丽军家·花岭村部	1.2			1.2		1.2			
C271430723	金花桥·玉卜学校	0.549			0.549		0.549			
C272430723	南竹村 2 组·南竹村部	0.306				0.306			0.306	
C273430723	关堰村 1 组·草堰村界	1.508				1.508			1.508	
C274430723	草堰村 2 组·草堰村部	1.495			1.495		1.495			
C275430723	金星村 4 组·金星村部	2.295			2.295		2.295			
C276430723	黑岩嘴·柳津村部	2.046			2.046		2.046			
C277430723	向多庆家·唐家峪村部	3.199			3.199		3.199			
C278430723	鸡公桥·阳鹊湾村部	3.401			3.401		3.401			
C279430723	鸡公桥·柳津界	9.401			9.401		9.401			
C280430723	沈家山村 4 组·沈家山村界	0.301			0.301		0.301			
C281430723	潘志家·白马村部	3.401			0.5	2.901	0.5		2.901	
C282430723	代小芳家·双庆村部	0.995			0.995		0.995			
C283430723	李家嘴·新堰村界	5.2			5.2		5.2			
C284430723	万红村部·板桥溶村部	4.857			3.358	1.499	3.358		1.499	
C285430723	杨昌平家·四方桥村部	2			2		2			
C286430723	余庭发家·大兴村部	1.587			1.587		1.587			
C287430723	关堰界·江西村部	2.4			2.4		2.4			
C288430723	朱道武家·三星村部	5.995			5.995		5.995			
C290430723	陆家垱·陆家垱村部	1.501			1.501		1.501			
C291430723	张明舫家·龙垱村界	5.511			5.511		5.511			

续表 1-1-5-2

路线编号	起讫地点	里程	技术等级				路面类型			
			二级	三级	四级	等外	水泥砼	沥青表处	砂石路	无路面
C292430723	四支·涔北村部	1.5			1.5		1.5			
C293430723	一支闸·大河村部	0.999			0.999		0.999			
C294430723	一支闸·泉堰村部	2.5			2.5		2.5			
C295430723	道班·新堰村界	1.998			1.998		1.998			
C296430723	五岩桥·千官村部	4.512			4.512		4.512			
C297430723	三岔路·岩头嘴村部	2.504			2.504		2.504			
C298430723	彭启才家·樟树村部	1.744			1.744		1.744			
C299430723	大米厂·金河村界	2.004			2.004		2.004			
C300430723	张氏堰·缸窑村部	3.991			3.991		3.991			
C301430723	岩河路口·岩桥村部	1.494			1.494		1.494			
C302430723	砖厂·和平村部	3.004			3.004		3.004			
C303430723	黑堰角·彭家湾村部	2.004			2.004		2.004			
C304430723	唐里群家·高山村部	2.994			2.994		2.994			
C305430723	渡槽·沙河堰村部	2.042			2.042		2.042			
C306430723	十二支·汉东村部	2.286			2.286		2.286			
C307430723	花卜村1组·花卜村界	0.752			0.752		0.752			
C308430723	宋家十支·宋家村部	1.29			1.29		1.29			
C309430723	荷堰村部·沈家村部	3.3			3.3		3.3			
C310430723	干河八支干·干河村部	1.541			1.541		1.541			
C311430723	塘桥村·七支干	1.816			1.816		1.816			
C312430723	代家六支干·代家六支	1.596			1.596		1.596			
C313430723	四支渠·学校	2			2		2			
C314430723	安合村1组·安合村部	1.533				1.533			1.533	

续表 1-1-5-2

路线编号	起讫地点	里程	技术等级				路面类型			
			二级	三级	四级	等外	水泥砼	沥青表处	砂石路	无路面
C315430723	九堰村5组·九堰村部	0.506			0.506		0.506			
C316430723	九堰界·永付村界	2.3			2.3		2.3			
C317430723	联付村·S302线	0.56			0.56		0.56			
C318430723	彭家溶·水电站	3.952			3.952		3.952			
C319430723	引水渠·玉星村部	0.7				0.7			0.7	
C320430723	联付村·星星村部	4.196			4.196		4.196			
C321430723	涔南村部·水电站	4.912			4.912		4.912			
C322430723	水泗村部·水泗村5组	1.209				1.209			1.209	
C323430723	七支干·孟坪村部	2.699			2.699		2.699			
C324430723	东岳村5组·东岳村界	1			1		1			
C325430723	合兴村2组·合兴村部	1.501			1.501		1.501			
C326430723	玉成村8组·团结村部	1.9			1.9		1.9			
C327430723	玉成村2组·玉成村界	1.266			1.266		1.266			
C328430723	皇堰界·三湖村部	9.099			9.099		9.099			
C329430723	群乐村1组·群乐村界	0.995			0.995		0.995			
C330430723	群乐村7组·白塘村部	3.16			3.16		3.16			
C331430723	群乐村3组·大杨村部	3.64			3.64		3.64			
C332430723	大兴村3组·大兴村部	1.56			1.56		1.56			
C333430723	孙家村2组·汉德村部	6.6			6.6		6.6			
C334430723	北二斗·群力村界	0.6			0.6		0.6			
C335430723	群力村2组·群力村部	1.5			1.5		1.5			
C336430723	九支半·成功村部	1.2			1.2		1.2			
C337430723	牌楼村部·澧阳	3.798			3.798		3.798			

续表 1-1-5-2

路线编号	起讫地点	里程	技术等级				路面类型			
			二级	三级	四级	等外	水泥砼	沥青表处	砂石路	无路面
C338430723	中干渠·向阳村界	2.61			2.61		2.61			
C339430723	二干渠·孟坪界	4.839			4.839		4.839			
C340430723	七支半·陶家村部	0.799			0.799		0.799			
C341430723	六支·唐桥村界	4.214			4.214		4.214			
C342430723	万兴村6组·万兴村部	1.5			1.5		1.5			
C343430723	五支·拓茨村部	1.85			1.85		1.85			
C344430723	万兴界·花园村部	0.7			0.7		0.7			
C345430723	北二斗·大河村界	1.715			1.715		1.715			
C346430723	尹小国家·保宁村部	1.521			1.521		1.521			
C347430723	板车路·九堰村部	1.5			1.5		1.5			
C348430723	四干排·石塘村部	1.1			1.1		1.1			
C349430723	高路铺村3组·高路铺村部	1.199			1.199		1.199			
C350430723	六支半·万家铺村部	0.999			0.999		0.999			
C351430723	兔子口·兔子口村界	0.357			0.357		0.357			
C352430723	青龙村3组·青龙村部	0.341			0.341		0.341			
C353430723	幸福村部·新庙村界	3.258			3.258		3.258			
C354430723	两孔闸·建楼村部	2.402			2.402		2.402			
C355430723	联合村6组·黄河村	2.473			2.473		2.473			
C356430723	五支·新联村部	2.814			1.64	1.174	2.814			
C357430723	二斗·护国村部	0.45			0.45		0.45			
C358430723	七顷转台·七顷村部	0.8			0.8		0.8			
C359430723	白合村部·联合村界	4.38			4.38		4.38			
C360430723	国富村1组·通讯村部	2.2			2.2		2.2			

续表 1-1-5-2

路线编号	起讫地点	里程	技术等级				路面类型			
			二级	三级	四级	等外	水泥砼	沥青表处	砂石路	无路面
C361430723	柳荫村6组·胜利村界	2.849			2.849		2.849			
C362430723	国富村3组·国富村部	0.549			0.549		0.549			
C363430723	艳电·彭山村部	1.999			1.999		1.999			
C364430723	大河门·茶园	5.031			5.031		5.031			
C365430723	乔家河村部·刘尚贵家	2.485			2.485		2.485			
C366430723	卫生院·敬老院	1.5			1.5		1.5			
C367430723	郝家桥·双荷村部	1.264			1.264		1.264			
C368430723	陈尚美家·栗木村部	2.11			2.11		2.11			
C369430723	老岗村1组·老岗村部	1.5			1.5		1.5			
C370430723	中湖村9组·中湖村部	0.9			0.9		0.9			
C371430723	徐湖村部·回龙村部	4.5			4.5		4.5			
C372430723	新河村部·南坪村部	3.001			3.001		3.001			
C373430723	黄金台·邢市村部	1.501			1.501		1.501			
C374430723	大桥头·广福村部	1.333			1.333		1.333			
C375430723	广福村5组·高湖村部	1			1		1			
C376430723	兴隆村1组·丰坪村部	1.5			1.5		1.5			
C377430723	万家商店·万家村	5.011			5.011		5.011			
C378430723	三友山庄·红岩村部	5.97			5.97		5.97			
C379430723	陈兵家·洞市村部	0.5			0.5		0.5			
C380430723	影剧院·云台村部	2.001			2.001		2.001			
C381430723	肖二村部·罗坪村部	4			4		4			
C382430723	高祖纯家·申家村部	1.504			1.504		1.504			
C383430723	五一八煤矿·昌家村部	1.001				1.001			1.001	

续表 1-1-5-2

路线编号	起讫地点	里程	技术等级				路面类型			
			二级	三级	四级	等外	水泥砼	沥青表处	砂石路	无路面
C384430723	陈德章家·陈家村部	0.498			0.498		0.498			
C385430723	中学·白马村部	6.864			4.564	2.3	6.864			
C386430723	大岩居委会·杨板永丰村	1.95			1.95		1.95			
C387430723	易四清家·廖坪村部	3.102			3.102		3.102			
C388430723	三叉路·毛坪村界	4.3			4.3		4.3			
C389430723	学校商店·仙公村部	1.999			1.999		1.999			
C390430723	三叉路·鹿山村部	5.165			5.165		5.165			
C391430723	鹿山村部·虎山村界	4.497			4.497		4.497			
C392430723	冉家台·高堰村	1.499			1.499		1.499			
C393430723	张公商店·新建村部	3			3		3			
C394430723	分水烟花店·分水村部	3.601			3.601		3.601			
C395430723	黄光春家·长木村部	2.101			2.101		2.101			
C396430723	群众岭·新桥村部	2.501			2.501		2.501			
C397430723	圣金本岭·青山村部	2.1			2.1		2.1			
C398430723	汪从耀家·三河村部	1.801			1.801		1.801			
C399430723	庹学吉家·团结村部	1.501			1.501		1.501			
C400430723	张家岭·联丰村部	0.4			0.4		0.4			
C401430723	杨南军家·五坪村部	2.299			2.299		2.299			
C402430723	新街口·五一村部	2.999			2.999		2.999			
C403430723	鸡公嘴·国庆村部	1.499			1.499		1.499			
C404430723	刘峰家·建新村部	0.7			0.7		0.7			
C405430723	中心水库·青田村部	1.496			1.496		1.496			
C406430723	汤应成家·永红村部	1.886			1.886		1.886			

续表 1-1-5-2

路线编号	起讫地点	里程	技术等级				路面类型			
			二级	三级	四级	等外	水泥砼	沥青表处	砂石路	无路面
C407430723	三角堰·高峰村部	8.1			5.601	2.499	8.1			
C408430723	小堰·夏垴村部	1.699			1.699		1.699			
C409430723	竹笼口·桃坡村部	6.8			6.8		6.8			
C410430723	英雄河坝·英雄村部	0.95			0.95		0.95			
C411430723	朱少商店·牛桥村部	1.502			1.502		1.502			
C412430723	胜利水库·刻木村部	2.003			2.003		2.003			
C413430723	牛桥分界·杉木村部	2.002			2.002		2.002			
C414430723	肖少军家·星斗村部	1.69			1.69		1.69			
C415430723	路长丘家·彭家村部	2.002			2.002		2.002			
C416430723	社中·芭王村界	4.092			4.092		4.092			
C417430723	彭仕国家·凤形村界	0.552				0.552			0.552	
C418430723	汪从烟家·桐子村	1.978			1.978		1.978			
C419430723	汪从烟家·三板村	3.407			3.407		3.407			
C420430723	李欲飞家·三观村	3.644			1.144	2.5	1.001		2.643	
C421430723	明星桥·八泉村部	1.001			1.001		1.001			
C422430723	五白商店·五白村部	1.493			1.493		1.493			
C423430723	坡子街·枞阳学校	1.996			1.996		1.996			
C424430723	柳树村2组·柳树村部	1.5			1.5		1.5			
C425430723	古城村2组·岩门村	3.998			3.998		3.998			
C426430723	孙家河·连鱼村界	3.776			2.29	1.486			3.776	
C427430723	镇粮店·贺家村	1.184			1.184		1.184			
C428430723	砖厂·陈河村部	0.802			0.802		0.802			
C429430723	陈本安家·球山村部	0.6			0.6		0.6			

续表 1-1-5-2

路线编号	起讫地点	里程	技术等级				路面类型			
			二级	三级	四级	等外	水泥砼	沥青表处	砂石路	无路面
C430430723	中学·烟家村	0.499			0.499		0.499			
C431430723	烟家村·涂河村部	5.207			5.207		5.207			
C432430723	金泉村部·杨家村	2.359			2.359		2.359			
C433430723	中垸村3组·中垸村部	1.192				1.192			1.192	
C434430723	建武村部·鸟儿洲	1.955			1.955		1.955			
C435430723	关心村部·计算机学校	2.641			2.641		2.641			
CT01430723	白合村·团堰村	0.96			0.96				0.96	
CT02430723	双桥村·鲁家村	1.825			1.825				1.825	
CT07430723	杉林村·梦溪镇宗保村	1.837			1.837				1.837	
CT08430723	古塘村·梦溪镇高兴村	1.765			1.765				1.765	
CT09430723	邱家村·梦溪镇大红村	1.522			1.522				1.522	
CT10430723	鲁家村·中心村	2.118			2.118				2.118	
CT13430723	黄河村·新联村	0.898			0.898				0.898	
CT14430723	建楼村·黄河村	1.944			1.944				1.944	
CT19430723	新桥村·澧东乡十里村	2.065			2.065				2.065	
CT20430723	高庙村·车溪乡新民村	0.773			0.773				0.773	
CT22430723	十回村·双合村	1.354			1.354				1.354	
CZ01430723	九垸·保赋	1.3			1.3		1.3			
CZ02430723	西支·官东村部	2.5				2.5			2.5	
CZ03430723	官风线·珠玑	2.5			2.5		2.5			
CZ04430723	S302线·皇堰村	0.579				0.5796			0.579	
CZ05430723	C086线·五爱村	0.78				0.78			0.78	
CZ06430723	C096线·余家村	0.578				0.578			0.578	

续表 1-1-5-2

路线编号	起讫地点	里程	技术等级				路面类型			
			二级	三级	四级	等外	水泥砼	沥青表处	砂石路	无路面
CZ07430723	CZ02 线·官东村	0.82				0.82			0.82	
津市		161.33	1		160.33		131.522		29.808	
C001430781	城内村 6 组·万头猪场	3.048			3.048		3.048			
C003430781	南溪村部·南溪村 1 组	1			1		1			
C005430781	白龙泉·长岭	2.72			2.72		2.72			
C006430781	长岭·荷花	3.175			3.175		1.699		1.476	
C007430781	草鞋村部·草鞋村 8 组	1.305			1.305		1.305			
C008430781	黄林村 7 组·黄林村部	2.72			2.72		2.72			
C009430781	南湖村部·天子岗	3.9			3.9		3.9			
C011430781	新湖·七星	1.957			1.957		1.957			
C012430781	民主村部·民主村 1 组	0.5			0.5		0.5			
C013430781	新民村 1 组·新民村部	1.403			1.403		1.403			
C014430781	新民·新福	3.999			3.999				3.999	
C015430781	新福村 7 组·新福村部	0.5			0.5		0.5			
C016430781	渡口镇政府·三合	2.2			2.2		2.2			
C018430781	李阳村 10 组·李阳村部	3.8			3.8		3.8			
C019430781	天鹅村 1 组·天鹅村部	2			2		2			
C021430781	双合村 7 组·双合村部	0.599			0.599		0.599			
C022430781	枫树村部·枫树村 1 组	0.801			0.801		0.801			
C024430781	金盆村 9 组·金盆村部	0.2			0.2		0.2			
C026430781	茶场·民主	1.801			1.801		1.801			
C027430781	花桥村 1 组·长寿村部	2.902			2.902		2.902			
C030430781	双合村 2 组·双合村部	1.5			1.5		1.5			

续表 1-1-5-2

路线编号	起讫地点	里程	技术等级				路面类型			
			二级	三级	四级	等外	水泥砼	沥青表处	砂石路	无路面
C031430781	双合村7组·澧赋村部	2.6			2.6		2.6			
C033430781	中南村7组·中南村部	0.87			0.87		0.87			
C034430781	七星·青苗村1组	6.539			6.539		6.539			
C035430781	中心村15组·中心村部	0.341			0.341		0.341			
C037430781	铜盆村3组·铜盆村部	0.6			0.6		0.6			
C038430781	青苗村11组·青苗村部	1.096			1.096		1.096			
C040430781	西湖渔场1组·西湖渔场场部	0.501			0.501		0.501			
C041430781	保河堤·西湖渔场2组	1.978			1.978		1.978			
C042430781	白衣·永兴	4.007			4.007		4.007			
C043430781	蒲山·金泉	1.6			1.6		1.6			
C044430781	柏林·天门	5.665			5.665				5.665	
C046430781	天门·石板滩	3.199			3.199		3.199			
C047430781	金林·石板滩	0.3			0.3		0.3			
C051430781	钟灵村6组·会云	2.999			2.999		2.999			
C053430781	柏林村2组·齐心	2.701			2.701		2.701			
C054430781	柏林村5组·双兴	2.6			2.6		2.6			
C056430781	长安·长安村4组	2.28			2.28		2.28			
C058430781	盐矿·果元	0.9			0.9		0.9			
C060430781	窑坡电影院·荷花村部	0.3			0.3		0.3			
C064430781	双济医院·澹津村部	2			2		2			
C067430781	董家·关山	3.9			3.9		3.9			
C068430781	董家村2组·看守所	1.856			1.856		1.856			
C071430781	烟山村4组·大旗	3.432			3.432		3.432			

续表 1-1-5-2

路线编号	起讫地点	里程	技术等级				路面类型			
			二级	三级	四级	等外	水泥砼	沥青表处	砂石路	无路面
C072430781	戚家村1组·戚家村部	0.699			0.699		0.699			
C073430781	万头猪场·张家滩	4.697			4.697		4.697			
C075430781	同兴村9组·同兴村部	1.299			1.299		1.299			
C076430781	同兴村9组·桃花岗	1.812			1.812				1.812	
C078430781	葵花·杨家村4组	3.551			3.551				3.551	
C079430781	澧县仙公村·葵花	2.601			2.601		2.601			
C080430781	李家·复兴	3			3		3			
C083430781	临东村1组·黄金村部	2			2		2			
C085430781	官堰村1组·双门	3.101			3.101		3.101			
C087430781	双门·礼安村6组	3.734			3.734				3.734	
C088430781	联合·太平	1.602			1.602		1.602			
C090430781	棠华街·凤凰	2.201			2.201		2.201			
C091430781	凤鸣村9组·凤鸣村部	1			1		1			
C092430781	新华村4组·新华村部	0.3			0.3		0.3			
C093430781	棠华·民主	3.9			3.9		3.9			
C094430781	云山村部·粮库	4.3			4.3		4.3			
C095430781	樟树村部·郭家铺	0.97			0.97		0.97			
C097430781	庙基村9组·庙基村部	1.3			1.3		1.3			
C100430781	利兴村7组·三星村部	3			3		3			
C102430781	乡完小·S205线	0.299			0.299		0.299			
C104430781	旭坪村7组·旭坪村部	0.8			0.8		0.8			
C107430781	青乐村8组·古泉	4.799			4.799		4.799			
C110430781	涔澹农场场部·涔澹农场出口	6.5	1		5.5		6.5			

续表 1-1-5-2

路线编号	起讫地点	里程	技术等级				路面类型			
			二级	三级	四级	等外	水泥砼	沥青表处	砂石路	无路面
CT02430781	同兴村部·关桥村部	1.757			1.757				1.757	
CT03430781	复兴村部·庹家水库	2.093			2.093				2.093	
CT04430781	金山村部·李家铺鸡儿庙	2.781			2.781				2.781	
CT05430781	八方坪水库·兴隆村	1.697			1.697				1.697	
CT10430781	保堤村土地庙·澧阳机埠	1.243			1.243				1.243	
安乡县		615.421		2.108	613.313		430.387	2.108	182.926	
C001430721	官垱·S302 线	0.2			0.2		0.2			
C002430721	Y093 线·永安村	2.608			2.608		2.608			
C004430721	穆安村·Y093 线	1			1		1			
C005430721	Y093 线·新建村	0.7			0.7		0.7			
C006430721	团结村·Y093 线	0.996			0.996		0.996			
C008430721	Y093 线·新乐小学	2.301			2.301		2.301			
C009430721	紫金渡村·S302 线	0.301			0.301		0.301			
C010430721	S302 线·胡家村	1.201			1.201		1.201			
C011430721	S302 线·兴隆村	1.822			1.822		1.822			
C013430721	S306 线·人口密集区	1.759			1.759		0.999		0.76	
C014430721	S306 线·合家垸	4.862			4.862		4.862			
C015430721	三多村·Y093 线	0.1			0.1				0.1	
C016430721	Y093 线·长明	0.583			0.583		0.583			
C017430721	春美·Y093 线	1.59			1.59		1.59			
C018430721	驿码头村·天保村	2.383			2.383		2.383			
C019430721	Y093 线·新口村	1.8			1.8		1.8			
C020430721	Y093 线·沙嘴	4.501			4.501		4.501			

续表 1-1-5-2

路线编号	起讫地点	里程	技术等级				路面类型			
			二级	三级	四级	等外	水泥砼	沥青表处	砂石路	无路面
C021430721	Y093 线·致惠	4.5			4.5		4.5			
C022430721	黄金·Y093 线	0.4			0.4		0.4			
C023430721	广福村·X025 线	1.701			1.701		1.701			
C024430721	莲花村 1 组·X025 线	2.299			2.299		2.299			
C025430721	X025 线·蔡家垱村	5.199			5.199		5.199			
C026430721	腰港村·大杨树村	2.4			2.4		2.4			
C027430721	五星村·X025 线	1.899			1.899		1.899			
C028430721	安仁村 2 组·安仁村 4 组	1.23			1.23				1.23	
C029430721	鄢家洲村·X025 线	4.2			4.2		4.2			
C030430721	X025 线·中心村	0.8			0.8				0.8	
C031430721	X025 线·官堰村	2.701			2.701		2.701			
C032430721	X025 线·化兴村	1.812			1.812		1.812			
C033430721	X025 线·X025 线	3.6			3.6				3.6	
C034430721	X025 线·合兴村	1.999			1.999		1.999			
C035430721	黄狮嘴村·X025 线	1.801			1.801		1.801			
C036430721	X025 线·南堤拐边界	6.04			6.04		6.04			
C037430721	大中村·X025 线	0.329			0.329		0.329			
C038430721	X025 线·南堤拐	5.684			5.684		5.684			
C039430721	白粉嘴边界·五福桥	2.673			2.673		2.673			
C040430721	金家垱村·X025 线	4			4		4			
C041430721	X025 线·宝塔村	4.5			4.5		4.5			
C042430721	梅家洲村·X025 线	0.5			0.5		0.5			
C043430721	X025 线·喻家渡	2.075			2.075		2.075			

续表 1-1-5-2

路线编号	起讫地点	里程	技术等级				路面类型			
			二级	三级	四级	等外	水泥砼	沥青表处	砂石路	无路面
C044430721	丁家渡村·S306 线	0.694			0.694		0.694			
C045430721	六合垸村·X025 线	1.206			1.206		1.206			
C046430721	枞杨树村·西李家村	1.966			1.966		1.966			
C047430721	X025 线·同春村	1.881			1.881		1.881			
C048430721	潘田村·和平村	3.993			3.993		3.007		0.986	
C049430721	X025 线·潘田村	5.623			5.623		2		3.623	
C050430721	X025 线·小河口村	6.251			6.251		6.251			
C051430721	宏湖村·X025 线	1.939			1.939				1.939	
C052430721	X025 线·小河口村	2.507			2.507		2.507			
C053430721	X025 线·八百弓村	0.225			0.225				0.225	
C054430721	白家岗村·X026 线	1			1		1			
C055430721	X026 线·马波湖村	6.441			6.441		6.441			
C056430721	虎山村·X026 线	3.299			3.299		3.299			
C058430721	X026 线·X026 线	2.512			2.512		2.512			
C059430721	X026 线·X026 线	1.926			1.926		1.926			
C061430721	X026 线·沙堤村边界	11.81			11.81		11.81			
C063430721	S302 线·木豇村	1.736			1.736		1.736			
C064430721	S302 线·松荫村	2.506			2.506		2.506			
C065430721	S302 线·杨家村	3.183			3.183		3.183			
C066430721	S302 线·成福村人口密集区	1.219			1.219		1.219			
C067430721	S302 线·长福村	1.502			1.502		1.502			
C068430721	潘家溪·S302 线	3			3		3			
C069430721	X026 线·槐树村	4.461			4.461		4.461			

续表 1-1-5-2

路线编号	起讫地点	里程	技术等级				路面类型			
			二级	三级	四级	等外	水泥砼	沥青表处	砂石路	无路面
C070430721	X027 线·至中村	2.049			2.049		2.049			
C071430721	S302 线·两美村人口密集区	2.865			2.865		2.865			
C072430721	S302 线·大堤	4.532			4.532		1.378		3.154	
C073430721	S302 线·恒丰村人口密集区	2.78			2.78		2.78			
C074430721	X027 线·丁家洲	3.622			3.622		3.622			
C076430721	X027 线·至中边界	2.253			2.253		2.253			
C077430721	董家村·Y083 线	0.612			0.612		0.612			
C078430721	Y083 线·西堤村人口密集区	2.001			2.001				2.001	
C079430721	西堤村·Y083 线	1.577			1.577				1.577	
C080430721	Y083 线·八股头村人口密集区	3.7			3.7		3.7			
C081430721	Y083 线·王家村人口密集区	2.301			2.301				2.301	
C082430721	Y083 线·马家渡村	4.45			4.45		4.45			
C083430721	Y083 线·高杨村	3.313			3.313		3.313			
C084430721	X027 线·Y083 线	3.46			3.46		1.019		2.441	
C085430721	新豇口村·岩豇口	6.299			6.299		3.358		2.941	
C086430721	岩豇口村·X027 线	4.362			4.362				4.362	
C087430721	X027 线·车家铺村	1.374			1.374		1.374			
C091430721	X027 线·遵保村人口密集区	2.799			2.799		2.799			
C093430721	X027 线·德兴村	2.104			2.104		2.104			
C094430721	官陵湖村·官陵湖村人口密集区	1.627			1.627		1.627			
C095430721	桃花岭村·Y084 线	1.675			1.675		1.675			
C096430721	S306 线·南豇口	3.599			3.599		3.599			
C097430721	官保村·S306 线	2			2				2	

续表 1-1-5-2

路线编号	起讫地点	里程	技术等级				路面类型			
			二级	三级	四级	等外	水泥砼	沥青表处	砂石路	无路面
C099430721	孟家洲村·子龙庵	2.031			2.031				2.031	
C100430721	蹇家渡村·Y084 线	2.699			2.699		2.699			
C101430721	肖公嘴村·Y084 线	2.908			2.908				2.908	
C102430721	白马庙村·Y084 线	0.8			0.8				0.8	
C103430721	芝子湖村·S306 线	2.8			2.8		2.8			
C104430721	子龙庵村·X027 线	2.801			2.801		2.801			
C105430721	X026 线·安全村	3.199			3.199				3.199	
C106430721	荷花山村·X026 线	2.994			2.994		2.994			
C107430721	X026 线·长乐村人口密集区	4.092			4.092		1.912		2.18	
C108430721	X026 线·长兴村	3.5			3.5		3.5			
C109430721	长兴边界·新码头	1.9			1.9		1.9			
C110430721	张家扬·北堤	9.131			9.131		9.131			
C111430721	岩桥村·东保村	3.339			3.339		3.339			
C112430721	潭子口村·南阳村	6.299			6.299		6.299			
C113430721	潭子口村·中岭边界	7.616			7.616				7.616	
C114430721	花林村·X026 线	2.019			2.019		2.019			
C115430721	X026 线·同福村	1.945			1.945		1.945			
C116430721	X026 线·双合村	2.837			2.837		2.837			
C117430721	夹夹学校·X026 线	1.538			1.538				1.538	
C118430721	大罗村·X026 线	1.6			1.6		1.6			
C120430721	S302 线·中岭村	1.1			1.1		1.1			
C121430721	大湖口村·黄田湖	4.557			4.557		4.557			
C122430721	S302 线·松湖村	3			3		3			

续表 1-1-5-2

路线编号	起讫地点	里程	技术等级				路面类型			
			二级	三级	四级	等外	水泥砼	沥青表处	砂石路	无路面
C123430721	X026 线·亿中村	2			2		2			
C124430721	X026 线·双同	2.39			2.39		2.39			
C125430721	X026 线·自治局村	1.244			1.244		1.244			
C126430721	新豇村·X026 线	1.904			1.904		1.094			
C127430721	重阳庙·Y494 线	1.4			1.4		1.4			
C128430721	天福村·Y494 线	0.499			0.499		0.499			
C129430721	团洲村·Y494 线	1.499			1.499		1.499			
C130430721	Y494 线·保凝湖村	2.412			2.412		2.412			
C131430721	Y494 线·东兴湖渔场	5.487			5.487		2.003		3.484	
C132430721	夹洲村·Y092 线	1.706			1.706		1.706			
C133430721	Y092 线·夹洲村	2.695			2.695		2.695			
C134430721	东堤村·C135 线	1.001			1.001		1.001			
C135430721	Y092 线·新兴堡村	4.043			4.043		4.043			
C136430721	姚家村·Y092 线	0.687			0.687		0.687			
C137430721	东安村·C131 线	1.499			1.499		1.499			
C138430721	X026 线·出口洲小学	7.8			7.8		7.8			
C139430721	西台尾村·X026 线	2			2				2	
C140430721	X026 线·澧阳垸村	0.224			0.224		0.224			
C141430721	X026 线·功成垸	3.9			1.5				2.4	
C142430721	西南洲村·X026 线	0.32			0.32		0.32			
C143430721	S306 线·千弓山小学	3.087			3.087		3.087			
C144430721	S306 线·东南洲村	0.5			0.5				0.5	
C145430721	S306 线·永和垸	4.2			4.2		4.2			

续表 1-1-5-2

路线编号	起讫地点	里程	技术等级				路面类型			
			二级	三级	四级	等外	水泥砼	沥青表处	砂石路	无路面
C146430721	五合瓩村·千弓山	3.495			3.495				3.495	
C147430721	S306 线·X027 线	8.093			8.093		3.002		5.091	
C148430721	S306 线·复兴村	0.5			0.5		0.5			
C149430721	S306 线·高围村	6.299			6.299		6.299			
C151430721	出口洲村·X026 线	1.5			1.5		1.5			
C152430721	X026 线·汇口村	4.799			4.799		4.799			
C154430721	S306 线·双瓩口村	2.017			2.017		2.017			
C155430721	S306 线·双瓩口边界	4.71			4.71		4.71			
C156430721	X026 线·新河口村人口密集区	5.797			5.797		5.797			
C157430721	X026 线·槐圃垸村	2			2		2			
C158430721	X026 线·新安村	5.881			5.881		5.881			
C159430721	X026 线·安庆村	3.8			3.8		3.8			
C160430721	舞阳·舞阳村人口密集区	1.321			1.321				1.321	
C161430721	五一·X026 线	1.133			1.133				1.133	
C162430721	舞阳·同庆村	1.35			1.35				1.35	
C163430721	舞阳村·一分局	1.452			1.452				1.452	
C164430721	一分局·一分局村人口密集区	1.898			1.898				1.898	
C165430721	C166 线·七家村	1.5			1.5		1.5			
C166430721	X027 线·屡丰村	3.71			3.71		3.71			
C167430721	北河口边界·毕家山	1.5			1.5				1.5	
C168430721	育成边界·育成村人口密集区	2.057			2.057		2.057			
C169430721	仙桃嘴·镇安边界	4			4				4	
C170430721	杜家铺·杜家铺村人口密集区	1.999			1.999				1.999	

续表 1-1-5-2

路线编号	起讫地点	里程	技术等级				路面类型			
			二级	三级	四级	等外	水泥砼	沥青表处	砂石路	无路面
C172430721	沙阳·沙阳村人口密集区	1.429			1.429				1.429	
C173430721	X027 线·永德村	1.584			1.584		1.584			
C174430721	X027 线·永德村	1.967			1.967		1.967			
C175430721	X027 线·永德村人口密集区	3.439			3.439		3.439			
C176430721	泥豇口村·大堤	1.96			1.96		1.96			
C179430721	X027 线·安民村	4.597			4.597		2.984		1.613	
C180430721	X027 线·七星村	6.306			6.306		6.306			
C181430721	Y085 线·Y085 线	10.018			10.018		9.046		0.972	
C182430721	Y085 线·安丰边界	3.909			3.909		3.909			
C183430721	Y085 线·保安村人口密集区	1.762			1.762		1.762			
C184430721	虢家洲居委会·Y088 线	1.001			1.001		1.001			
C185430721	安惠·Y088 线	2.233			2.233		2.233			
C186430721	重兴·Y085 线	4.62			4.62		4.62			
C187430721	Y085 线·Y085 线	4.968			4.968		4.968			
C188430721	Y085 线·国兴村	3.101			3.101		3.101			
C189430721	Y088 线·东河	10.61			10.61		8.859		1.751	
C190430721	东河边界·永富村	1.966			1.966				1.966	
C191430721	成功边界·康乐村	8.023			8.023		6.008		2.015	
C193430721	东夹村·C192 线	1.421			1.421				1.421	
C194430721	夹口村·C191 线	1.549			1.549				1.549	
C195430721	仁寿村边界·仁寿村	1.6			1.6				1.6	
C196430721	南山·双喜	3.169			3.169				3.169	
C197430721	三湖村·六角尾电排	5.071		2.108	2.963			2.108	2.963	

续表 1-1-5-2

路线编号	起讫地点	里程	技术等级				路面类型			
			二级	三级	四级	等外	水泥砼	沥青表处	砂石路	无路面
C199430721	连成垸·门板洲	3.569			3.569				3.569	
C200430721	洪山·百福	1.934			1.934				1.934	
C202430721	沙河口·百福边界	11.248			11.248				11.248	
C203430721	连成垸·陈家嘴政府	4.073			4.073				4.073	
C204430721	X040 线·门板洲村	0.1			0.1				0.1	
C205430721	X040 线·朝阳居委会	0.354			0.354		0.354			
C206430721	田家沟村·X040 线	2.435			2.435		2.435			
C208430721	中和村·X040 线	2.514			2.514		2.514			
C209430721	X040 线·竹丰	2.497			2.497		2.497			
C210430721	X040 线·中山村	2.147			2.147		0.787		1.36	
C211430721	X040 线·四分局边界	3.407			3.407				3.407	
C212430721	X040 线·X040 线	12.231			12.231		1.992		10.239	
C213430721	X040 线·西河村	4.52			4.52				4.52	
C214430721	X040 线·麻田岗村	2.69			2.69				2.69	
C215430721	城北·城北居委会	0.997			0.997		0.997			
C216430721	S306 线·园艺场	4			4		2.011		1.989	
C217430721	S306 线·S306 线	2.194			2.194		2.194			
C218430721	S306 线·书院洲居委会	1.5			1.5				1.5	
C219430721	丰凝港·C220 线	4.982			4.982		2.998		1.984	
C220430721	X027 线·西城村	2.573			2.573		2.573			
C221430721	Y083 线·一农场	4.281			4.281				4.281	
C222430721	兴隆村·大堤	5.927			5.927		5.927			
C223430721	C212 线·民阜村	5.971			5.971				5.971	

续表 1-1-5-2

路线编号	起讫地点	里程	技术等级				路面类型			
			二级	三级	四级	等外	水泥砼	沥青表处	砂石路	无路面
CT01430721	偏湖洲·丰凝港	0.273			0.273				0.273	
CT03430721	民埠·田家沟	2.095			2.095				2.095	
CT05430721	大洲·永德	1.316			1.316				1.316	
CT06430721	致惠·新建	2.189			2.189				2.189	
CT08430721	永安·官垱	1.215			1.215				1.215	
CT10430721	重阳庙·自治局	2.444			2.444				2.444	
CT12430721	潘家溪·槐树	1.168			1.168				1.168	
CT13430721	六家渡·桃花岭	2.069			2.069				2.069	
CT14430721	遵保·德兴	1.242			1.242				1.242	
CT15430721	五福桥·宝塔	1.708			1.708				1.708	
CT16430721	五福桥·南堤拐	1.388			1.388				1.388	
CZ01430721	Y082 线·傅家村	0.571			0.571				0.571	
西洞庭管理区		101.863			101.863		19.861		82.002	
C001430704	王毛岭·园艺场	4.177			4.177				4.177	
C002430704	余家山·贵家铺	1.357			1.357				1.357	
C003430704	中洲·S205 线	1.745			1.745				1.745	
C004430704	S205 线·Y338 线	2.912			2.912		2.912			
C005430704	团结·Y338 线	1.787			1.787				1.787	
C006430704	白乐山·S205 线	1.871			1.871				1.871	
C007430704	S205 线·天福	0.6			0.6				0.6	
C008430704	天福·棠叶湖	1.276			1.276				1.276	
C009430704	天福·Y338 线	0.836			0.836				0.836	
C010430704	天福·植保站	1.206			1.206				1.206	

续表 1-1-5-2

路线编号	起讫地点	里程	技术等级				路面类型			
			二级	三级	四级	等外	水泥砼	沥青表处	砂石路	无路面
C011430704	植保站·龙船洲	1.714			1.714				1.714	
C012430704	福宅·东郊	0.81			0.81		0.81			
C013430704	东郊·变电站	1.53			1.53				1.53	
C014430704	变电站·码头山	1.722			1.722		1.722			
C015430704	园艺场·彭家洲	3.1			3.1				3.1	
C016430704	鸡公叉·唐林寺	2.26			2.26		2.26			
C017430704	许家潭·X032 线	1.9			1.9		1.9			
C018430704	鸡公叉·三湘洲	1.834			1.834				1.834	
C019430704	湖东·罗家湖村	2.08			2.08				2.08	
C020430704	罗家湖村·X032 线	0.841			0.841		0.841			
C021430704	白芷湖·Y338 线	2.179			2.179		2.179			
C022430704	王土坪·平交道	1.629			1.629				1.629	
C023430704	望洲·棠叶湖	0.85			0.85		0.85			
C024430704	三码头·棠叶湖	0.819			0.819				0.819	
C025430704	Y338 线·罗公庙	1.852			1.852				1.852	
C026430704	枫树·毡帽湖	1.621			1.621				1.621	
C027430704	掘字窑·民安	0.86			0.86		0.86			
C028430704	民安·八百亩	3.564			3.564				3.564	
C029430704	八百亩·民安	2.435			2.435				2.435	
C030430704	文书·龙泉	1.558			1.558				1.558	
C031430704	八百亩·洪湾嘴	2.981			2.981				2.981	
C032430704	龙泉·四砖厂	1.219			1.219		1.219			
C033430704	龙泉·洪湾嘴	1.796			1.796				1.796	

续表 1-1-5-2

路线编号	起讫地点	里程	技术等级				路面类型			
			二级	三级	四级	等外	水泥砼	沥青表处	砂石路	无路面
C034430704	邬家洲·畜牧队	1.757			1.757				1.757	
C035430704	四校·毡帽湖村部	0.9			0.9		0.9			
C036430704	毡帽湖村部·毡帽湖	1.001			1.001				1.001	
C037430704	涂家湖·高仓	1.449			1.449				1.449	
C038430704	废堰障·引进垱	1.641			1.641				1.641	
C039430704	吴家滩·X031 线	1.712			1.712				1.712	
C040430704	黑桥·金凤山	3.084			3.084				3.084	
C041430704	东义障·S205 线	1.865			1.865				1.865	
C042430704	S205 线·王家湖渔场	1.861			1.861				1.861	
C043430704	S205 线·王家湖村	1.7			1.7		1.7			
C044430704	港口·樟树湾	3.602			3.602				3.602	
C045430704	金凤山·四仓库	0.7			0.7				0.7	
C046430704	毡帽湖·S205 线	2.691			2.691				2.691	
C047430704	龙船洲·科研站	1.279			1.279				1.279	
C048430704	科研站·S205 线	0.594			0.594				0.594	
C049430704	X031 线·仁义村	1.708			1.708		1.708			
C050430704	科研站·官致障	2.23			2.23				2.23	
C051430704	彭家洲·南湖	1.72			1.72				1.72	
C052430704	S205 线·彭家洲	1.715			1.715				1.715	
C053430704	S205 线·谢家埂	1.714			1.714				1.714	
C054430704	黑桥·余家垱	2.249			2.249				2.249	
C055430704	南头湖·刘家湾	1.417			1.417				1.417	
C056430704	S205 线·港口	1.664			1.664				1.664	

续表 1-1-5-2

路线编号	起讫地点	里程	技术等级				路面类型			
			二级	三级	四级	等外	水泥砼	沥青表处	砂石路	无路面
C057430704	南湖·南头湖	0.982			0.982				0.982	
C058430704	南边铺·谢家埂	1.707			1.707				1.707	
西湖管理区		87.23		1.131	86.099		23.097		64.133	
C001430705	月亮洲·养殖场	1.252			1.252		0.752		0.5	
C002430705	K0+000·月亮洲	0.906			0.906				0.906	
C004430705	学校路口·K4.484	4.484		0.394	4.09		1.554		2.93	
C006430705	黄泥湖·凤凰排渠	0.172			0.172				0.172	
C008430705	黑桥·同兴	5.11			5.11		4.333		0.777	
C010430705	裕民村部·二分场	1.287			1.287				1.287	
C011430705	闸口·闸口	1.161			1.161		0.16		1.001	
C012430705	闸口·围湖	2.917			2.917				2.917	
C014430705	闸东·西洲	3.014			3.014		2.674		0.34	
C015430705	观鱼·闸东	1			1		0.5		0.5	
C016430705	双联·闸东	0.536			0.536				0.536	
C017430705	双合·K1.686	1.686			1.686		0.241		1.445	
C019430705	围湖·围湖	0.524			0.524		0.124		0.4	
C020430705	西洲·西洲	0.6			0.6		0.6			
C021430705	十字闸·十字闸	0.812			0.812				0.812	
C022430705	高坪·高坪村部	0.894			0.894		0.093		0.801	
C025430705	大屋场·大屋场	0.389			0.389		0.101		0.288	
C026430705	大屋场·大屋场	0.849			0.849				0.849	
C027430705	庙港河堤·庙港田间	0.901			0.901				0.901	
C028430705	春晓·庙港	1.635			1.635				1.635	

续表 1-1-5-2

路线编号	起讫地点	里程	技术等级				路面类型			
			二级	三级	四级	等外	水泥砼	沥青表处	砂石路	无路面
C029430705	学校·新兴	1.374			1.374				1.374	
C030430705	桥头·清泉	1.071			1.071		0.24		0.831	
C031430705	光富内堤·光富田间	0.906			0.906		0.249		0.657	
C032430705	光富·清泉	1.237			1.237				1.237	
C033430705	青草坪·九狮村部	3.162			3.162				3.162	
C034430705	新北桥·青草坪	1.202			1.202				1.202	
C035430705	学校路口·新港	1.706			1.706				1.706	
C037430705	南港·新港	1.156			1.156				1.156	
C038430705	南港·南港村部	1.518			1.518		0.116		1.402	
C039430705	九狮·南港	1.082			1.082				1.082	
C040430705	新家村部·新家	0.508			0.508		0.508			
C042430705	鼎港内堤·鼎港	0.854			0.854				0.854	
C043430705	鼎港·鼎富	0.841			0.841				0.841	
C044430705	鼎福·知春	2.8			2.8		2.8			
C045430705	新家·新柳	5.23			5.23				5.23	
C046430705	六合障电排·六合障晒场	1.136			1.136				1.136	
C047430705	新园·知春	0.439			0.439				0.439	
C048430705	新园·新园	0.445			0.445		0.445			
C049430705	白沙·白沙村部	0.693			0.693		0.693			
C050430705	新园村部·白沙	0.366			0.366				0.366	
C051430705	三角堤·竹叶沟	1.151			1.151		0.25		0.901	

续表 1-1-5-2

路线编号	起讫地点	里程	技术等级				路面类型			
			二级	三级	四级	等外	水泥砼	沥青表处	砂石路	无路面
C052430705	小桥·三角堤电排	1.677			1.677				1.677	
C055430705	黎园·黎园	1.303			1.303				1.303	
C056430705	黎园十字路·四百弓	0.469			0.469				0.469	
C057430705	兴东·学校	0.8			0.8		0.8			
C058430705	兴农·兴农村部	0.369			0.369		0.369			
C061430705	东洲村部·东洲	0.12			0.12		0.12			
C064430705	浪耙湖晒场·浪耙湖	0.501			0.501		0.321		0.18	
C066430705	六合洲·小桥	1.803			1.803				1.803	
C069430705	养殖场·高实村部	1.36			1.36		1.36			
C070430705	田园·小西湖	2.1			2.1				2.1	
C071430705	新屋村部·新屋田间	0.622			0.622				0.622	
C072430705	南坪村部·南坪示范牌	0.6			0.6				0.6	
C073430705	田园村部·田园田间	0.786			0.786				0.786	
C074430705	高楼·沂河	3.52			3.52		2.7		0.82	
C075430705	高楼·桥头	0.1			0.1				0.1	
C078430705	高楼·永安	1.738			1.738				1.738	
C081430705	加油站·黄珠洲	0.799		0.308	0.491		0.308		0.491	
C082430705	园艺村·机关	0.429		0.429			0.429			
C085430705	五七电排·渔场村部	0.257			0.257		0.257			
C086430705	渔场村部·大西湖	6.019			6.019				6.019	
CZ01430705	新北·裕民	2.852			2.852				2.852	

第二章 桥 梁

常德地处沅、澧两水及洞庭湖湖滨地带,河渠纵横交错,湖泊星罗棋布,公路桥梁甚多。

1987年,常德地区有公路桥梁911座,长26778.21延米。其中特大桥2座,长1974.1延米;大桥38座,长5247.23延米;中桥93座,长3549.01延米;小桥778座,长16007.87延米。

1993年,常德市有公路桥梁795座,长22663.89延米。其中特大桥2座,长1460.1延米;大桥35座,长4495.21延米;中桥159座,长6955.94延米;小桥599座,长9752.64延米。

2001年,第二次全国公路普查认定,常德市有公路桥梁975座,长39407.1延米。其中特大桥7座,长10447延米;大桥44座,长6990延米;中桥160座,长8272.2延米;小桥764座,长13697.9延米。

2010年,常德市有公路桥梁1792座,长68420.64延米(见表1-2-3-1)。其中特大桥7座,长19154.64延米;大桥47座,长11199.59延米;中桥294座,长14694.86延米;小桥1444座,长23371.55延米。公路桥梁不仅表现在量的增加,更重要的是质的提高。全市1792座公路桥梁中,只有7座是半永久性桥梁,长191延米,其余为永久性桥梁 。设计荷载等级均为汽-10级以上,有的达到汽-超20级。

第一节 特大型桥梁

1987年,常德地区有特大型公路桥梁2座,长1974.1延米。

1993年,常德市有特大型公路桥梁2座,长1460.1延米。

2001年,常德市有特大型公路桥梁7座,长10447延米。

2010年,常德市有特大型公路桥梁7座,长19154.64延米。

一、常德沅水大桥

位于常德市区县道岗市至商贸城(X060)线上,跨越沅水,中心桩号K13+206。该桥西通黔、滇,北达鄂、陕,是常德市城区第一座跨越沅水的大桥,也是当时全国最大跨径预应力钢筋混凝土连续梁特大型桥。

建桥前的1985年,常德汽车渡口年渡运量127.01万辆,最大日渡运量4805辆,为当时湖南省渡运量最大的渡口。该处每遇洪水、大风或雾天，渡运不能正常进行。汽车排队过渡长达2公里，有时等渡几小时甚至1天，驾驶员叫苦不迭，流传着“不怕跑路，只怕等渡”的顺口溜，迫切期望能在沅水上架设桥梁。

1981年12月，交通部批准修建常德沅水大桥初步设计是斜拉桥方案。1982年第二阶段设计时，除原报方案外，曾就7个不同的斜拉桥方案作了比较。1983年4月，再次上报3个设计方案。1983年5月，交通部重批初步设计，同意将1981年原批准的斜拉桥方案改主桥为84+3×120+84米的5孔预应力混凝土单箱单室连续梁方案。

该桥由湖南省交通规划勘察设计院设计。主、引桥由省路桥建设公司修建。大桥桥型为预应力钢筋混凝土箱形连续梁桥，共54孔。其孔径自南向北的布置是7×25+84+3×120+84+4×25+35×16+3×13米。5孔主跨为预应力连续梁，两岸引桥分别设7孔25米与4孔25米预应力混凝土简支T梁。北岸在T梁外设35孔16米与3孔13米的引桥，采用先张法预应力混凝土简支空心板，下部构造为双柱式墩。

桥长：1408延米，桥头北端引道长6080米，桥头南端引道长7270米，均不低于2级公路技术标准

桥宽：19米，其中行车道15米，人行道2×2米

桥面纵坡：主桥1.8%，引桥1.4%

设计荷载：汽-20级、挂-100，人群3.5千牛/平方米

地震烈度：7度

通航等级：4级

最高通航水位：39.8米，桥下净空8米

为配合城市景观，在北岸常德市区防洪堤处，桥面拓宽至54米，其中行车道21米，两侧各设置宽16.5米、长31.3米的平台，台面有雕塑2尊。位于主河槽中的4个主墩基础，采用直径16米，高18米的双壁钢围堰沉井施工。1号、2号墩基础为直径13.2米的圆形扩大基础，基底嵌入岩层1.2米~2米。3号、4号墩基础为高桩承台，均以7根直径分别为2.4米与2.5米的桩柱，嵌入岩层分别为15米与11米，承台圆形直径为14米。大桥资金总概算3977.7万元(大桥主体工程2875.8万元)，其中交通部投资1200万元、湖南省财政拨款1000万元、余为省公路养路费支付。全部工程用工130万个，钢材6878吨，水泥2.033万吨，木材3274立方米，沥青480吨。

施工中，广大职工发扬创新精神，首次采用塔高60米，索跨590米，起重50吨的缆索吊装，以代替浮、吊及物资运输，节约运输成本；采用大型(直径16米，高18.8米)双壁钢围堰分节整体对接下沉施工方案，系国内首创；箱梁内模采用悬挂结构，混凝土浇筑用机械泵送等新工艺，均为省内首创。

该桥是湖南省第一个采取“概算承包”办法施工的桥梁建设工程。1982年2月，湖南省省长办公会议决定，由常德行署与省交通厅共同组建“常德沅水大桥工程指挥部”，在严格核

常德沅水大桥

实工程概算的基础上，按概算包干负责完成建桥任务。指挥部下设3个分指挥部：由常德市和常德县各组建一个分指挥部，分别承担北岸和南岸的桥头引道工程及征地拆迁任务，由省公路工程处组成桥梁分指挥部，承担1408延米桥梁的施工任务。3个分指挥部与指挥部签订承包合同，均按概算承包，对工程进度、质量、安全、造价等全面负责。该桥于1983年10月1日开工，1986年10月1日建成正式通车，按计划提前3个月全面完成任务，成为湖南省桥梁建设工程不突破概算，不追加投资，保证质量，缩短工期的一个范例。指挥部在建桥工程一开始就认真抓管理，施工管理除常规的计划管理和技术管理外，有两个重要环节：一是投资控制和劳动报酬的合理分配制度；二是确保工程质量的技术监理制度，指挥部设3级监理机构，由1名副总工程师负责，并配备4名有丰富施工经验的工程师担任专职监理工程师。明确规定，分指挥部每月完成的工程量，必须经监理工程师签字并报指挥部监理小组审核盖章，才能送财务部门核发进度款。监理使用的检测设备先进，经中间验收和预验收，在20项单项工程评分中有19项优良，1项合格，优良率为95%。通过对大桥进行的静载和动载试验，应力和挠度都达到设计标准，经省验收委员会鉴定为具有先进水平的优秀设计，工程质量优良，并推荐参加优质工程评比。1986年被评为全省重点工程第一名，获省优秀工程勘察一等奖和优秀工程设计一等奖；获1987年国家工程建设质量金质奖；获1988年全国优秀工程银奖。

为管理好常德沅水大桥，1986年10月21日成立常德市沅水大桥管理所，主要对常德沅水大桥的桥体及所属建筑物，各种设施、设备、水下工程、基础工程、隐蔽工程进行检查、养护、更换。紧密配合公安、交通等有关部门管理好大桥的交通秩序、治安保卫。1989年10月更名为常德市城市桥梁管理所。

桥梁管理所成立后，为管好沅水大桥，主要做了如下工作：

及时进行大桥桥墩水下基础检测。大桥通车后，1989年7月，湖南省路桥公司潜水员对大桥水下基础部4个桥墩，进行水下检测，发现3号、4号桥墩，不同程度地被洪水冲刷。常德市政府投资5万元，对大桥4个桥墩，抛石400吨保基；1991年，常德市政府投资4万元，抛石500吨保基；1993年2月，抛石500吨保基。经过三次抛石保基，大桥水下基础4个桥墩情况尚好。

提前做好大桥的防冻防滑及安全度汛。大桥管理所每年准备足够多的防冻防滑物资，如草袋、食盐、十字镐、铁铲等工具，对人民路和建设路的“踏步”铺设草袋。在塑像、桥南、土堤间辅撒盐粉催化冰冻，保证大桥安全。常德沅水大桥通车后的30年，从未发生因冰冻引起的各种交通堵塞和交通事故。同时每年汛前做好沅水大桥防汛工作，配合航监部门对沅水上游的排筏、船只、安全隐患及时进行整改、召集水上部门及有关单位协调会，精心布置安排防汛任务，划分责任。沅水水位上涨到37.5米时，及时对大桥航道区挂示封航标志及夜航封航灯，并坚持24小时值班制度。沅水大桥通车后，汛期未发生过事故。

定期搞好大桥各项维护。1992年，常德市政府对沅水大桥桥南土堤投资100余万元进行护坡、绿化、增设栏杆。1995年，市政府投资60多万元，对大桥刀片挡杆进行一次性全部更换。每年对沅水大桥8条伸缩缝进行维护，对大桥铁件部分（四个桥墩铁梯）、桥涵灯、桥栓灯及建设路和人民路的“踏步”栏杆进行除锈刷漆，并经常维护大桥塑像卫生。1996年对大桥塑像进行维护，更换大理石。同时对大桥附近的人民路、建设路进行定期检查，禁止乱贴标语、摆摊设点。加强沅水大桥路灯配电房管理，保证大桥路灯灯率在规定标准内。

2012年至2013年，大桥主桥进行维修加固改造工程。整个改造工程分为三个阶段：主桥箱梁加固。箱梁腹板粘钢加固于2012年4月26日开工，同年8月8日完工；主桥人行道系统改造。于2012年9月10日开工，2013年1月10日完工；桥面系改造。桥面铺装因常德市“三改四化”（三改：路、水、屋的改造升级；四化：美化、亮化、绿化、数字化）工程，经市领导批示暂缓施工。桥面伸缩缝更换项目于2013年12月1日开工，同年12月31日完工。

2014年3月，湖南省交通规划勘察设计院试验检测中心对加固后的主桥进行检测，对全桥桥面系、上部结构和下部结构进行外观检测，对已加固处理的主桥箱梁内外腹板粘贴钢板的密实度和粘贴质量进行专项检测，检测结果表明：

1.大桥主桥经过维修加固，主桥箱梁内腹板裂缝基本封闭，箱梁外腹板加固钢板的有效粘贴面积大于99%，满足《公路桥梁加固施工技术规范》（JTG/TJ23-2008）中第6.7.2节相关要求；

2.桥面已经更换的型钢伸缩缝装置运营良好，护栏等设施齐全；

3.目前桥梁上、下部结构整体技术状况较好，主要病害以桥梁桥面铺装的大量不规则纵横向网状裂缝和坑槽为主；

4.依据《城市桥梁养护技术规范》（CJJ99-2003）相关规定，大桥主桥桥面系技术状况评定为C级，上部结构技术状况评定为B级，下部结构技术状况评定为A级，整体技术状况评定为A级，属于完好状态。尽管该桥整体技术状况评定为A级，但桥面铺装存在较多病害，建议重做桥面铺装，保证行车舒适性。

维修加固改造工程费用财政预算审定金额1278.06万元。因主桥箱梁内腹板粘钢加固设计变更、增加主桥外腹板粘钢加固（设计变更）、栏杆款式更改及亮化（市领导批示）、箱梁内管线保护措施等相关设计变更及领导批示，工程决算金额1386.02万元。

二、石龟山澧水大桥

位于省道南江桥永顺线(S306)的安乡、津市交界处的石龟山,跨越澧水尾闾洪道,中心桩号 K233+833,是湘北防汛保安的一座特大型桥梁。

该桥由湖南省公路设计公司设计,省路桥建设集团总公司和省环达路桥总公司承建,常德市人民政府成立大桥建设指挥部负责协调。该桥主桥为单箱室预应力混凝土连续梁结构,引桥为现浇钢筋混凝土空心板简支 T 梁。大桥有 62 孔,其中主桥 7 孔,桥孔布置为 11×16+21×30+30+55+70+90+80+55+30+22×16 米。桥头两端引道总长 3076 米,其中安乡岸 1592 米,津市岸 1484 米,按平原微丘区二级公路标准建设,路基宽 12 米,路面宽 9 米。

石龟山澧水大桥

桥长:1572.42 延米

桥宽:10 米,行车道 9 米 + 砼防撞栏杆 2×0.5 米

设计荷载:汽 –20 级、挂 –100,人群 3.5 千牛 / 平方米

通航等级:4 级

地震烈度:7 度

设计洪水频率:1/300

该桥于 1994 年 11 月 8 日开工建设,1998 年 6 月完工,10 月 18 日正式通车,投资7238.7 万元。1998 年 7 月,安乡遭遇特大洪水,大垸溃堤,抢险救灾任务非常紧迫。大桥虽未正式通车,也只好提前投入使用,没有及时进行交工验收。

2003 年 5 月 15 日至 16 日,由常德市交通局组织,有大桥设计、建设、施工、监理、质监等单位 28 名代表参加的石龟山澧水大桥交工验收组,并特邀 5 位专家,对大桥工程质量进行全面验收。经验收,认为大桥桥梁上、下部结构主要技术指标不能满足规范要求,评定为不合格工程。存在的主要问题及缺陷:

一是 35 号墩承台上表面和侧面有 7 条裂缝,最大缝宽达 0.35 毫米,表示墩台基础不良。

二是 34 号 ~ 37 号墩原设计空心墩,壁厚 30 厘米,鉴于拼装过程中错位,加载后出现竖向裂缝,同时考虑到船舶的撞击,在原空心墩外包 25 厘米的钢筋砼,检查中发现 34 号墩身有 15 条竖向裂缝,最大缝宽 0.15 毫米;35 号墩身有 9 条竖向裂缝,最大缝宽 0.25 毫米;36 号墩身有 2 条竖向裂缝,最大缝宽 0.15 毫米;37 号墩身有 16 条竖向裂缝,最大缝宽 0.15 毫米。

三是主桥盆式支座安装不符合要求,有脱空现象,个别支座的固定螺栓因安装不当被剪断。次主桥滑板支座已失去滑动功能,剪切角超出容许值,大部分支座已损坏。

四是主桥箱梁下缘线形较差,起伏不平;各合拢段存在竖、横向错位,错位量达 10 厘米 ~ 30 厘米不等;湿接头凹凸不平,砼表面粗糙,蜂窝、麻面较多,多处可见修补痕迹;个别板底露筋,钢筋已经严重锈蚀。

五是箱梁腹板、底板裂缝较多,省交通质量检测中心 4 次检测共发现 668 条裂缝,裂缝宽度多在 0.2 毫米 ~ 0.35 毫米之间,最大缝宽达 1.2 毫米。4 次观测结果表明,箱梁裂缝尚未稳定,其长度、宽度扩展较快。如:11 号 ~ 12 号墩 30 米箱梁跨中附近出现多条裂缝,有 3 条裂缝已贯通全截面,缝宽达 0.50 毫米;29 号 ~ 30 号墩 30 米箱梁跨中出现多条裂缝,其中一条宽度达1.2 毫米,贯通全截面;主桥 36 号 ~ 37 号墩桥跨跨中合拢段出现 3 条横向贯通裂缝,最大缝宽 1 毫米;35 号 ~ 36 号墩桥跨跨中出现 2 条横向贯通裂缝,最大缝宽 0.35 毫米。

六是桥面纵、横线形不顺,纵面起伏较多,通航孔跨中桥面下挠达 20 厘米,伸缩缝有鼓凸、凹陷、松动和损坏现象。

七是监理文件不齐全,缺计量支付文件,监理签署不规范。

八是施工记录不规范,特别是缺少张拉、千斤顶标定记录,张拉记录不符合《公路桥涵施工技术规范》要求,以致无法判断预应力张拉双控数据的准确性。

交工验收组分析认为,产生这些问题的主要原因:

一是建设单位对石龟山澧水大桥的设计、施工缺乏严格管理。主要反映在:对施工图设计文件未组织专家审查;对施工过程中变更设计未严格地执行报、批、评审制度;对于科学研究项目的实施和成果应用,未对成果的可行性和可靠性组织专家论证;在大型工程建设项目中,采用工程指挥部模式进行设计、施工管理是不适宜的,有待总结经验教训。。

二是设计单位在大直径空心桩桩底抛石压浆技术方面做了有益的探索,并在 36 号桥墩等 20 个桩基中应用。但是,由于缺少前期试验研究数据,以致不能给出达到预期效果的施工操作规程和质量检验标准。36 号桥墩在拼装上部结构时发生 4 厘米沉降。由于桩底落于粉砂土和黏土层上,经省交通科学研究院和省交通规划勘察设计院验算,该墩安全系数只有 1.7 ~ 1.8 之间,小于额定安全系数 2.0。因此,该桥墩沉降是否稳定尚难确定。

在主桥上部结构设计中,如 30 号砼的采用、大于 25 米长的预应力钢束单端张拉、A 类构件普通钢筋的配筋率偏低等,设计单位亦应总结反思。

三是施工单位应在石龟山澧水大桥质量缺陷分析中,认真总结经验教训,不断提高职工队伍素质和企业的市场竞争能力。

四是监理单位对规范、规程不熟悉,监理程序不到位,没有严格履行监理的职责。

交工验收组最后对大桥的修复、补救提出要求:

1.针对该桥质量缺陷,尽快采取加固补强措施。

2.加固补强后,重新对全桥进行荷载试验,作出承载能力和使用功能评定。

3.施工单位、监理单位、设计单位仍要积极配合该桥的加固工作。

4.对全桥桥墩的沉降量和上、下部构造的裂缝进行长期观测。

2003年12月23日,湖南省交通厅以湘交计统字〔2003〕837号文下达《关于常德市石龟山大桥上部构造及主桥墩柱加固工程一阶段施工图设计的批复》。此次加固工程内容是引桥30米连续箱梁、主桥410米连续箱梁和主桥墩柱。加固方案是箱梁裂缝宽小于或等于0.1毫米采用环氧砂浆表面封闭,裂缝宽大于0.1毫米采用壁可法灌缝,腹板裂缝粘贴碳纤维布;箱梁施加体外预应力束,更换桥梁伸缩缝;主桥梁墩柱粘贴碳纤维布补强。核批加固工程经费611万元。

2006年12月29日,湖南省交通厅《关于石龟山大桥加固工程修正预算的批复》,对省交通厅2003年所批复的大桥加固经费进行调整,原因是裂缝修复工程量增大,增加了一些维修加固项目及考虑贷款利息,石龟山大桥维修加固经费由611万元调整为1050万元,包括科研等经费180万元。

鉴于石龟山大桥存在安全隐患,2010年9月27日,常德市交通警察支队发出对该桥实行交通管制的通告,只允许客运车辆、小型汽车、摩托车和维修大桥的工程车通过。

2013年7月上旬,石龟山大桥拆除重建项目施工图设计专家评审会议在长沙举行。来自全国各地的5名知名道路桥梁专家、湖南省交通运输厅相关处室的负责人、常德市、县两级政府分管领导和交通主管部门的专业人士、湖南省交通规划勘察设计院的领导和该项目的设计负责人参加了评审会。

石龟山大桥(拆除重建)工程位于原桥位下游290米处,线路总长3200米,其中桥长2022.12延米,两岸接线长1177.88米。该项目按二级公路标准建设,设计时速每小时60公里,桥宽12.5米,两岸接线路基宽12米,路面宽9米,设计汽车荷载等级为公路-Ⅰ级,设计基准期100年,设计安全等级为一级,通航等级为3级,设计最高通航水位39.34米,两岸接线采用沥青混凝土路面。桥跨布置为14×25米T梁+(45米+80米+45米)悬浇连续梁+3×40米T梁+(85米+2×150米+85米)悬浇连续梁+9×40米T梁+(45米+80米+45米)悬浇连续梁+15×25米T梁。该项目概算总金额为27736万元,资金筹措按湖南省交通运输厅相关文件执行,建设工期为3年。该项目于2013年7月启动征地拆迁,2014年4月3日开工兴建,2017年10月17日建成通车。

三、桃源沅水大桥

位于省道陬市桃源线(S226)的桃源县城与国道厦门成都线(G319)的桃源八字路连线上,跨越沅水,中心桩号K24+726。该桥由湖南省公路设计公司设计,省公路机械施工公司施工,桃源县人民政府组建大桥建设指挥部负责完成建设任务。

桥长:1200延米,为18跨连拱桥。其中主桥为2跨105.5米的中承式钢管拱,引桥为16跨59米的上承式箱肋拱,桃源岸为4跨,沅陵岸为12跨。桥头两端引道长494米。

桥宽:中承式钢管拱为 9 米(行车道)+2×0.6 米(防撞墙)+2×1.8 米(拱肋)+2×3 米(人行道、栏杆),全宽 19.8 米;上承式箱肋拱为 9 米(行车道)+2×0.5 米(防撞墙)+2×3 米(人行道、栏杆),全宽 16 米。

桥梁设双向纵坡,坡顶在 9 号墩处,桃源岸纵坡 1.1%,沅陵岸纵坡 1.2%,中承式钢管拱的两跨设置为通航孔。桥面设双向 1%横坡。

设计荷载:汽 –20 级、挂 –100,人群 3.5 千牛 / 平方米

通航等级:4 级

地震烈度:6 度

设计洪水频率:1/100

桃源沅水大桥

1995 年 6 月 23 日,湖南省建委以湘〔1995〕设第 278 号文对该桥初步设计进行批复,批准概算经费为 4953 万元。1999 年 1 月 18 日,湖南省交通厅以交计基字〔1999〕第 35 号文对该桥建设工程的调整概算进行批复,由于建设过程中设计变更、水毁、贷款利息增加、工期延长等原因,使得大桥修建所需经费超出批复的概算经费,经审核调整后的概算总经费为 7830 万元。资金来源:桃源县人民政府自筹 2000 万元、桃源县人民政府贷款 800 万元、国防交通有偿使用资金 1000 万元、省交通厅重点建设资金 2500 万元、省交通厅组织贷款 1530 万元。大桥用工 52 万个、钢材 4400 吨、水泥 1.95 万吨、木材 1400 立方米、石料 5.1 万立方米。大桥于 1995 年 10 月开工,1999 年 4 月 9 日建成通车。

大桥建成后,1999 年 6 月至 2001 年 9 月,经多次观测发现箱肋拱上立柱盖梁(简称小盖梁)142 片大部分在边立柱处存在开裂现象,开裂的占 85.4%。且裂缝不断增加,裂缝长、宽度有所发展,并呈现缝宽较宽、缝长较长,分布有规律,均为受力裂缝等特点。发现拱肋盖梁(简称大盖梁)14 片部分裂缝宽度已超过正常使用极限状态的裂缝宽度要求,大盖梁侧面 45 度斜向裂缝为剪切裂缝,侧面竖向直裂缝为抗弯裂缝。为确保安全,2002 年 10 月 5 日桃源沅水大桥加固工程开工。小盖梁加固方案采用壁可法灌缝。侧面采用粘贴 A3 整体钢板进行补强,钢板厚 6 毫米。顶面裂缝粘贴两层碳纤维布。大盖梁加固方案亦采用壁可法灌缝,大盖梁侧面用壁可法灌注裂缝后,用"植筋法"植入直径 20 毫米的钢筋,在两侧各打 45 厘米的混凝土加固。同时在新加混凝土内张拉预应力束,以平衡恒载产生的弯矩;底面裂缝粘贴两层碳纤维布。整个加固工程由省交通规划勘察设计院设计,省路桥集团桥梁八公司施工,省交通监理公司监理。2003 年 1 月 20 日竣工,投资 861 万元。加固后情况尚好。

四、常德沅水公铁两用桥

位于国道锡林浩特海安线(G207)的常德市德山,系铁路桥和公路桥并行布线,正桥1号~5号墩共基分墩,两桥中线相距12.55米,引桥相互独立。该桥距上游常德沅水大桥6.3公里。桥址北岸为江北城区,南岸为德山开发区,跨越沅水,中心桩号K2308+973。

由于国道207线与国道319线在常德城区接线合流,城市道路与过境公路混在一起,通过能力已不能满足经济发展的需求。为了有效地缓解常德城区交通紧张状况,适应国道207线升级改造,完善交通干线网络,改善投资环境,保障防汛救灾及国防建设需要。1991年,常德市人民政府借石长铁路工程修建之机,将常德沅水公铁两用桥公路桥作为石长铁路打捆项目上报湖南省人民政府和国家计委并获准立项。由常德市人民政府组建大桥指挥部负责完成建设任务。

主桥由铁道部大桥设计院设计。南北接线、马林河桥及匝道由湖南省公路设计公司设计。办公及生活设施由常德市建筑规划设计院设计。配电及照明系统由常德市建筑勘察设计院设计。收费亭由常德工程公司设计院设计。

常德沅水公铁两用桥

主桥由铁道部大桥局三处承建。北引桥0号~86号墩主体结构(不包括桥面铺装)由湖南省公路桥梁建设总公司承建。马林河桥、匝道、北引桥86号~105号墩及南引桥、南引道土路基由常德市公路桥梁建设总公司承建。南引道混凝土路面、北引桥0号~86号墩桥面及主桥桥面铺装由市政建设总公司承建。伸缩缝由江苏常熟橡胶制品厂制作安装,主桥320毫米伸缩缝采用美国万宝牌产品。电器安装由常德市第三建筑公司承建。收费亭由常德市第一建筑公司承建。收费站房由常德市广厦建筑公司承建。

长沙铁道学院监理站与湖南大学监理中心对工程全过程实施监理。

主桥工程于1993年10月28日与铁路桥同时开工建设,1997年3月22日主体合拢。1998年11月28日,有关部门及省内专家对主桥工程进行中间交工验收,质量评定为合格。引桥工程于1997年9月1日正式开工,2000年11月1日建成通车,工程质量经监理验收初步评定为合格。总投资25378万元。

桥长：3122.28 延米，自北向南分为马林河桥 208.2 米、北引桥 1838.5 米、主桥 605 米、南引桥 470.58 米。

桥宽：主桥 18.4 米（15.4 米 +2 × 1.5 米），引桥 18.4 米（17.4 米 +2 × 0.5 米），马林河桥 33 米（32 米 +2 × 0.5 米）

设计荷载：汽 –20 级、挂 –100

曲线半径：18854.1 米

通航等级：4 级

接线公路等级：1 级

设计洪水频率：1/100

最高通航水位：37.46 米

常德沅水公铁两用桥

公路主桥与铁路主桥共基、分墩、分梁并列布置，为 7 跨连续箱梁结构；马林河桥采用 6 跨 32 米后张预应力 T 型梁结构，钻孔灌注桩基础；南、北引桥为高架桥，桩基采用钻孔灌注桩基础（南引桥有些部分采用钢筋混凝土扩大基础）；全桥共钻孔桩 391 根 8055 米，桩长最长达 41 米，直径 1.5 米，沉井 5 个。下部结构采用现浇立柱、盖梁；上部结构有四种形式，即：16 米跨先张预制空心板、16 米跨后张预应力现浇空心板、32 米跨后张预应力现浇箱梁及 32 米跨后张预应力预制 T 型梁。

五、木塘垸沅水大桥

位于长（沙）张（家界）高速公路上的常德市桃源县木塘垸乡至高湾处，跨越沅水，中心桩号 K174+800。是长张高速公路上建设规模最大的一座特大型桥梁。

桥位处附近河段系沅水下游地区，河道弯曲，呈“S”形，水流不畅，洪水水面比降小，一般在 0.07% 左右。该处河床断面呈“U”形，水面宽一般在 500 米 ~ 900 米，洪枯水时水位变幅超过 11 米，两岸均有防洪堤约束水流。水流与桥轴线基本正交，水流平稳，河道相对稳定。沅水两岸的木塘垸乡和高湾均为平原乡村，地势平坦。其中木塘垸为蓄洪垸，布满农田，属典型河湖平原地貌。

根据桥位处自然条件以及水文、地质、通航等方面的技术要求，在考虑满足交通功能的前提下，同时考虑经济效益及环境影响等因素，大桥建设者最后选择了经济指标较好、施工工艺成熟的刚构连续组合梁桥作为主桥的设计桥型方案，两岸引桥则选择中等跨径的 30 米先简支后连续 T 梁。

该桥由湖南省交通规划勘察设计院设计，湖南路桥建设集团公司施工。是湖南省建设的第一座大跨径刚构连续组合梁桥，其连续长度 869.2 米，为当时湖南境内连续长度最长的桥梁,其预应力混凝土变截面刚构——连续组合箱形梁结构亦为湖南首次采用。

桥长:2856 延米(74.6+6×120+74.6)

桥宽:主桥和部分引桥总宽 31.5 米;引桥总宽 28 米(两幅分离式桥组成)

设计荷载:汽–超 20 级、挂–120,人群 3.5 千牛/平方米

通航等级:Ⅳ–(1)级　通航净空:60 米×8 米(宽×高)

地震烈度:7 度

通航水位:H=43.75 米(历史最高洪水位)

木塘垸沅水大桥于 2002 年 12 月开工修建,2005 年 12 月 26 日建成通车。投资 24781.78 万元。

六、夹夹大桥

位于省道紫金渡边山河线(S302)的安乡县与澧县交界处夹夹,跨越松滋西河,中心桩号 K28+592,是湖南省政府洞庭湖区畅通工程子项目。该项目实施对充分发挥已建成的毛家岔大桥、大湖口大桥的经济效益,提高公路网通行能力和洞庭湖区防洪保安能力,促进洞庭湖区经济发展具有十分重要的意义。

2004 年 4 月 29 日,湖南省交通厅以湘交计统字〔2004〕781 号文件批复夹夹大桥初步设计。

2004 年 5 月 31 日,湖南省发改委以湘发改基础〔2004〕382 号文件批复省道 302 线夹夹大桥工程可行性研究报告,并明确由项目公司自行组织招标。

夹夹大桥桥位选在夹夹渡口上游 230 米。接线全长 1839.83 米,其中澧县岸 761.336 米、安乡岸 1078.494 米。全线按二级公路标准设计,路基宽 12 米,路面宽 9 米,设计车速每小时 80 公里。

桥长:1730.94 延米

桥宽:10 米(净宽 9 米、防撞栏杆 2×0.5 米)

设计荷载:公路–Ⅱ级

设计洪水频率:1/100

通航等级:6 级。

桥型方案:16×25 米 T 梁 +19×48.5 米 T 梁 +15×25 米 T 梁

下构:柱式墩、肋式台、桩基础

路面结构:24 厘米水泥混凝土面层 +2.5 厘米 (沥青表处 + 沥青面层)+17 厘米 5%水泥稳定碎石基层 +15 厘米 5%水泥稳定砂砾底基层

业主单位:常德市夹夹松水大桥有限责任公司(由常德市公路管理局组建)

设计单位:湖南省交通勘测设计所

监理单位:湖南金衢交通咨询监理有限公司

大桥施工分三个标段：一标湖南省公路桥梁建设集团公司、二标云南云桥建设有限公司、三标湖南娄底路桥建设有限公司。该项目征地拆迁和路基接线工程分别由澧县、安乡两县政府自筹经费解决。共征永久性公路用地 7.32 万平方米,拆迁建筑物 1063.9 平方米。

大桥于 2005 年 9 月 12 日开工,2007 年 12 月 25 日完工,2008 年 1 月 25 日交工验收通车试运行。2008 年年底完成水泥混凝土路面及附属工程。

湖南省交通厅批复夹夹大桥投资概算为 12142 万元。资金来源是省交通重点建设资金 2550 万元,湖南省公路局组织银行贷款 7800 万元,市、县自筹 1792 万元。

质量是工程建设的灵魂，夹夹松水大桥有限责任公司在施工过程中充分发挥业主的监管作用,狠抓质量管理,建立了四级质量保证体系,编制了“夹夹大桥建设项目工程质量管理实施办法”及配套管理制度。具体做法是严格合同管理;积极主动进行质监管理,加大中间检查力度和试验检测；加强工程建设重点部位和关键环节的监督。项目公路工程质量评分为 94.7 分,工程质量等级为合格。

七、汉寿沅水大桥

位于省道津市武潭线(S205)的汉寿县仓儿总,跨越沅水洪道,中心桩号K81+000。是湖南省政府“洞庭湖区畅通工程”重点建设项目的最后一座特大桥,也是当时省内最长的一座公路桥梁。该桥起于汉寿县罐头嘴乡龙打吉村,与省道 205 线相接,跨过沅水洪道,终点与汉寿县防洪大堤相接,线路全长 9502 米,其中桥长 7265 延米。

2002 年 8 月 19 日,湖南省计划委员会以湘计基础〔2002〕503 号文批复汉寿沅水大桥建设项目同意立项,进行工程可行性研究。2004 年 4 月 26 日,省发展和改革委员会以湘发改基础〔2004〕327 号文批复工程可行性研究,明确项目法人由“常德市仓儿总沅水大桥建设有限公司”担任,项目业主负责该项目的筹资、建设、经营和管理。2005 年 3 月湖南省交通厅以湘交计统字〔2005〕85 号文件批复设计。为使汉寿沅水大桥南岸接线工程建设方案更加科学合理,确保工程质量和围堤湖垸行洪安全,常德市和汉寿县政府专题向省政府报告要求将大桥南岸接线改为高架桥。这一变更设计方案得到批准,在围堤湖南建高架桥较接线路基填土方方案少占耕地 14.8 万平方米。

汉寿沅水大桥

汉寿沅水大桥主桥桥长 2226 延米。桥跨布置:12×20 米先张法简支空心板 +18 米先张法简支空心板 +15×5 米预应力钢筋混凝土简支 T 梁 +58 米 +6×100 米 +58 米预应力钢筋混凝土悬浇连续梁 +5×50 米预应力钢筋混凝土简支 T 梁 +13×20 米先张法简支空心板。

南岸高架桥长:4999.52 米,为 250 孔 20 米先张法简支空心板

桥面净宽:0.5 米(防撞栏杆)+15 米(行车道)+0.5 米(防撞栏杆),全宽 16 米

设计荷载:公路 -Ⅱ级

洪水频率:1/100

通航等级:Ⅲ-(2)级　通航净空>5 米×10 米

地震烈度:8 度

桥头接线:长 2.22 公里,按二级公路标准设计,设计速度每小时 80 公里。路基宽 12 米。

业主单位:常德市仓儿总沅水大桥建设有限公司(由常德市公路管理局为主组建)

设计单位:湖南省交通规划勘察设计院

监理单位:长沙华南交通工程咨询监理公司

施工单位:分五个合同段,分别是湖南环达公路桥梁建设总公司、湖南路桥建设集团公司、衡阳公路桥梁建设有限公司、常德公路桥梁建设有限公司、常德公路工程总公司。

监督单位:湖南省交通建设质量监督试验检测中心。

该项目调整工可后施工图预算为 45394 万元。资金来源是交通部、湖南省交通建设资金 5687 万元、湖南省公路局统贷统还资金 37000 万元、湖南省发展和改革委员会 340 万元、常德市和汉寿县政府自筹资金 2367 万元。竣工决算为 45134 万元。

汉寿沅水大桥主要工程数量。接线路基部分:借挖土方 9.48 万立方米,涵洞 14 道 211 米,通道 1 道 17 米,中桥 1 座 64.88 延米。桥梁部分:桩基 667 根,箱梁 9975 立方米,T 梁 140 片 9943 立方米,空心板 2517 片 4.84 万立方米,桥面 10.97 万平方米。

汉寿沅水大桥于 2005 年 11 月 1 日开工建设,2008 年 12 月 26 日建成通车, 它不仅将省道 205 线南北两段连通,而且通过省道 205 线将国道 319 线、长常高速公路、岳常高速公路、石长铁路与南面的国道 207 线、省道 308 线,北面的省道 302 线、306 线等湘北主干线连为一体,极大地改善了洞庭湖区的交通条件,增强湖区抗洪抢险能力。

第二节　大型桥梁

1987 年,常德地区有大型公路桥梁 38 座,长 5247.23 延米。

1993 年,常德市有大型公路桥梁 35 座,长 4495.21 延米。

2001 年,常德市有大型公路桥梁 44 座,长 6990 延米。

2010 年,常德市有大型公路桥梁 47 座,长 11199.59 延米。

兹摘要记述如下:

一、黄虎港大桥

位于省道石门南北镇线(S303)的黄虎港,距石门县城108公里。1958年,修建石门至清官渡公路时建该桥,是一座主孔跨径60米,边孔跨径16米,总长103延米的石拱桥。1958年7月开工,1959年12月竣工,是当时国内最大跨径的石拱桥。

黄虎港大桥位于深溪峡谷之中,跨越澧水支流黄虎港,两岸悬崖峭壁,山势自然坡度达80度以上,高耸200余米,自古交通不便,东岸山麓有清光绪二年(1876)石碑文载"黄虎港南北要冲地也,峭壁千仞,羊肠一线,结曲崎岖,摧车折轮,较陷入太行之阪。年来加以塌圮,殊难置足,爰集同人,鸠资补助,稍能容步,或可免折骨蹶足之苦,至若修治宽坦,为千百年计,是指望后之君子耳。"但直至1956年3月7日,才建人行铁架木面桥,长60米,耗资1.5万元。

石门黄虎港石拱桥在施工中

1958年湖南省交通厅测量队勘测公路时,曾试另选路线避开这一难关,但比较线要增长线路里程,工程之艰巨不亚于黄虎港,这既对运输不利,且工程费用亦增大许多,故决定选用现行路线建桥。为选择经济合理的桥型方案,按建桥高度150米、60米、20米三个方案进行比较。150米高桥方案基本可避免两岸深切石方工程,但桥太高,桥长超过150米。20米低桥位方案,虽然造价较低,施工方便,但延长路线,增加了接线深挖石方,可能堵塞澧水河道。最后结合当时材料供应和施工水平,决定选用距河底60米高的中桥位方案。因黄虎港两岸都是石灰岩,桥位选择时还充分考虑避开溶洞。该桥桥型选择根据就地取材的原则,确定为石拱桥。最初采用3孔净跨16米的方案,于1958年7月开工备料,后鉴于3孔方案须建两个40余米高的桥墩,后经比较确定,设计主拱为净跨60米,拱矢度为1/3的等截面圆弧空腹拱石拱桥。设计荷载等级为汽-13级、拖-60,桥面净宽8米。拱圈按80号水泥砂浆砌500号粗料石设计,拱圈厚2.3米,后经试压石料强度超过700号。

该桥采用满布式拱架施工,从河底至拱架顶高47.9米,考虑山区河流涨水时流速大,有漂浮物,为确保拱架稳定,采用石砌临时支架支座,砌出常年洪水位后,其上再竖立拱架。石砌支架支座宽4.4米,长13.7米,高10.6米,两支座中距20米。放样时因发现东岸桥台基础部分的岩石有断裂层,西岸有溶洞,故将桥位向下移动8.3米。西岸支座基础砌置在岩层上,

石门黄虎港石拱桥

东岸支座围水时渗水大，开挖至距河底砂砾层尚有 0.8 米～1.2 米左右，不能再挖，采用松排处理。但在 1958 年 6 月一次山洪暴发时，水位猛涨 7 米，流速达每秒 12 米。松排下面的砂砾被冲空，已砌石支座被冲毁 90%，石块冲至 200 米外的渫水中。同年 8 月挖基至岩层后，重建石砌支座。安砌石支座后，拱架高改为 37.43 米，支架采用两个四层框架式，高 22.6 米，框架间以八字撑架加强，其上置拱盔，为减轻拱架荷载，节约木材，拱架荷载按二分之一拱圈重量设计。施工时拱圈分环砌筑，第一环合拢后，再砌下一环。该桥创造了大跨径石拱桥三分砌筑法，即分阶段、分环、分段施工。全拱分四环，顺轴向分 217 排。施工时先砌四环拱脚 6 排拱圈石，再砌完第一环。合拢后又将二、三、四环的拱脚处都砌至 22 排，再分别砌筑各环并分别合拢，每段均分六段对称砌筑，包括间歇期 7 天，19 天(三班)砌完主拱圈。

黄虎港大桥由湖南省交通测量队负责测量、设计，交通部公路设计院派员指导。石清公路修建指挥部成立大桥指挥所(省交通厅派员参加)负责施工。全桥决算 616773 元(包括 4.8 公里的接线工程费用)，用工 260763 个，水泥 269 吨，木材 2300 立方米，钢材(铁件)32.5 吨。

黄虎港大桥的建成，党和国家给予高度评价。《人民日报》发布新闻，公路杂志发表社论祝贺大桥建成通车，交通部于 1959 年 12 月 21 日至 27 日在石门召开全国现场会。交通部在黄虎港大桥现场会的总结报告中指出："大桥的建成创造了我国历史上石拱桥最大跨径的新纪录，大桥建设者们继承和发扬了我国古代人民建筑石拱桥的丰富经验，建成了我国目前跨径最大，桥孔最高的石拱桥，使我国桥梁建筑技术向前跨进了一大步。"

大桥修建工程异常艰难，桥两端石壁悬岩，接线长 4.8 公里，每公里要开凿 6 万立方米的坚石。没有路，数以千计的民工们用百多米长的绳索拴着腰，悬吊在峭壁上，掌钎抡锤，因为脚不踏实，每打一锤，都被甩开岩壁几米远。经过一个多月的苦战，终于在悬岩腰劈开一条小路和施工场地。在打炮眼(井)的过程中，留下了不少感人肺腑的事迹。1959 年 7 月 4 日清晨，爆破队队长、共青团员杨万柱下到一口 32 米深的炮井里，清理渣石准备装炸药，忽然一股硝烟扑来，他感到呼吸困难，立即呼救，接着便昏倒了。在这危急关头，共产党员、二号洞洞长覃事春，不顾自己安危，毫不犹豫地拴上安全带，直下井底，使尽全身力气，迅速将杨万柱扶上绞车，杨万柱得救了，可覃事春已开始昏迷。当绞车第二次放下去时，他迷迷糊糊地坐在绞车上，由于昏迷无力，又掉下井底。这时，共产党员王继美挺身下到井底。将覃事春和自己拴在一起。吊出洞口时，王继美开始昏迷，而覃事春已停止呼吸。人们为覃事春舍己救人的事迹深受感动，齐颂覃事春精神将与黄虎港大桥永存。

二、常德德山大桥（港口大桥）

位于常德市德山开发区，在国道207线与国道319线重复线上，建桥前为港口渡口，跨越沅水支流枉水。

该桥1950年由湖南省公路局进行过测量，桥位选在渡口下游20米处。1954年省交通厅测量队进行钻探，桥位河床自长沙岸以2米到12米的深度倾斜，覆盖层为浮泥。1956年又进行了第二次测量，1959年3月湖南省交通厅将德山大桥列入建设计划，由省交通厅测量队复查并编制设计文件。

该桥为单孔跨径65米的空腹式石拱桥，拱矢度1/6，桥面净宽7米，两侧人行道各1.5米。大桥全长95.6米，桥高16.4米，采用满布式打桩基支架施工，由常德地区交通工程队施工，湖南省交通厅派技术人员参加建桥。德山大桥是湖南省最先采用等截面悬链线的石拱桥，拱圈厚1.7米。拱圈分四环，均系样板料石，砌第一环时每半拱分四段从拱脚起对称砌筑，从第二环起，每半拱分五段从拱脚起对称砌筑，第三、四环未分段，从拱脚至拱顶相对砌筑。施工结束，拱顶下沉5.26厘米，仅为预计值11厘米的47.6%。靠桥台的空腹拱做成三绞拱，拱绞采用平绞，绞缝以低标号的石灰砂浆砌合。这一做法较黄虎港桥的弧面做法简单，效果较好，其后为各地所推广。该桥的拱圈是按分环砌筑，按先期合拢的拱圈可以承担后期施工的拱圈重量这一假定设计的，拱架按拱厚的60%，即1米厚设计的，通过实地观测，这一做法符合实际。

德山大桥

德山大桥竣工前，1960年3月，交通部公路科研所在工地召开13省（区）和有关大专院校代表参加的观摩会议。该桥竣工决算为757284元，其中桥梁工程费695170元，接线路基工程费62114元（接线长0.615公里）。用工15.68万个，水泥377吨，铁件20吨，木材1240立方米。由于砂、石、石灰、木材等运距较远，故材料运输费高达204876元，占全桥总造价的27.32%。

三、津市澧水大桥

位于省道津市武潭线(S205)的津市市区,离洞庭湖口仅3公里,是连接津市北区与南区的纽带,跨越澧水,中心桩号K0+804。该桥由省交通规划勘察设计院设计,铁道部大桥局五处施工,津市市人民政府组建大桥建设指挥部负责完成建设任务。1986年10月开工,1989年12月15日建成通车。

主桥采用88+135+88米的3跨预应力混凝土连续刚构,引桥为连续25米预应力混凝土简支T梁。大桥共20孔,桥孔自南向北的布置是11×25+88+135+88+6×25米。桥头北岸引道长340米,桥头南岸引道长695米。

桥长:752.37延米

桥宽:16米,其中行车道12米,人行道2×2米

设计荷载:汽-20级、挂-100,人群3.5千牛/平方米

通航等级:5级

大桥共用钢材3419吨,水泥1.25万吨,木材1200立方米,总投资2746万元。大桥建成后,经省交通科学研究所和省交通质量检查监督站的检测认定,该桥质量达到国家规定,符合设计要求,精确度高。省土木工程学会的专家学者对该桥评价亦高,认为造型美,技术新,质量好,造价低,是湖南省桥梁建设与城市建设结合程度好的工程。

在施工中,13号墩1987年6月21日开钻基础桩,由于地质复杂、桩孔深,多次出现垮孔塌方,施工无法继续进行,经业主、设计、施工三方代表研究,决定采用牙轮钻机钻透水下混凝土层,避免因其破碎而漏水,采用钢套筒跟进护壁,避免了再次塌孔。

1999年,津市澧水大桥16号、17号桥墩由于桩基周围土方被开挖,根据大桥拓卡工程的状况和省交通规划勘察设计院复核计算的结果,认定大桥桩基承载力减少,已到临界点,难以预计其后果。根据湖南省副省长庞道沐5月28日在津市大桥加固维护工程专题会议上的指示,省计委于5月31日在津市市主持召开大桥加固维护工程现场协调会。会议原则同意采用围幕压浆作为大桥应急加固维护的施工方案。提出大桥应急加固应统筹考虑桥墩加固和拓卡的需要,尽量不影响拓卡工程的效果;为防止洪水对桥墩的进一步冲刷,立即采取

津市澧水大桥

定位抛投钢筋石笼的措施，与压浆工程一并实施；制定大桥限载、限速、限制车辆上桥数量的方案；对17号桥墩上的行人上下桥梯实行拆除，以减轻大桥荷载；湘澧盐矿要抓紧盐矿码头段的拓宽工程，以减少水流对大桥桥墩河段的冲刷。采取上述加固维护措施后，效果尚好。

2006年经长沙理工大学工程试验检测中心检测，津市大桥评定为三类桥，主要病害有：北岸引道路基沉陷；墩台身局部呈现裂缝；箱梁梁体底部及内部混凝土开裂、剥落、露筋；沥青混凝土桥面龟裂；伸缩缝失效、栏杆毁损。2006年12月25日湖南省公路局以湘路养机字〔2006〕638号文，对津市大桥加固方案进行批复，加固方案是：北岸路基采用粉喷桩补强处理，北岸引道290.43米沥青路面改水泥路面，路面厚24厘米，宽2×4米，加人行道2×2.3米。重新铺设排水设施及混凝土预制块人行道。墩、台身裂缝采用环氧树脂胶泥闭合，箱形梁体裂纹使用壁可法修补，露筋部分作除锈、封闭处理。修补沥青混凝土桥面，换装异形钢伸缩缝，重做人行道及栏杆。此次维修加固审定预算经费302万元。经费来源是津市大桥通行费收入列支100万元、津市市政府自筹50万元、省公路局补助152万元。

四、安乡大鲸港大桥

位于省道南江桥永顺线（S306）的安乡县城，跨越松滋河，中心桩号K218+345。它东连安乡县城，西接大鲸港镇，是湘北防汛保安的一座大型桥梁。该桥由湖南省交通规划勘察设计院设计，省路桥公司施工，常德市人民政府组建大桥建设指挥部负责完成建设任务。主桥为双箱单室预应力混凝土连续梁结构，引桥为现浇钢筋混凝土空心板简支T梁，采用预制安装施工工艺。总投资5484.43万元。大桥于1991年4月18日开工，1994年9月18日建成并试通车，12月28日正式通车。

桥长：994延米，共有38孔，其中主桥16孔

桥宽：16.8米，其中行车道13.1米

设计荷载：汽-20级、挂-100，人群3.5千牛/平方米

地震烈度：8度

该桥桥位处于西洞庭湖冲积平原，主桥7号墩基础深达62米，基础施工难度很大。原设计主桥16孔，34根桩，全部为直径2.5米钻孔灌注桩，由于地质复杂、设备陈旧及2号、4号墩出现断桩报废等原因，经设计方同意，将5号、6号、8号、9号、10号、11号墩的桩基改为4根直径为1.5米的桩基，修改后桩基增至51根，在大桥钻孔灌注桩基础施工中，施工单位采取如下措施：加深护筒，保持水头；适当增加冲击钻成孔内的黏土和小片石；冲锤重心力求平衡；采用混水灌入水下混凝土的工艺；加强灌注水下混凝土的施工管理。

大鲸港大桥接线公路长2077米（其中桥头引道325米），土石方近8.5万立方米，浆砌块（片）石挡土墙13448立方米，征地7.48万平方米，拆迁房屋1.8万平方米。

大桥建设中充分发挥技术人员和老工人的聪明才智，先后发明创造了DF3×21直径为

5 锚具、直径 32 精轧螺纹钢多用途使用、双缆吊不对称悬拼箱梁、贝雷扁担大规模横移箱梁、变截面大直径人工湖挖孔桩的实现、大吨位板式支座首次应用、移动式活动支架等九项新工艺,为国家节约大量资金,并创造了当时三个全国第一:一是大桥主桥墩基础之深,最深桩基达 62 米;二是双缆吊不对称悬拼箱梁,是全国首次采用;三是 DF3×21 直径为 5 锚具系全国首次采用。

安乡大鲸港大桥

2002 年 1 月,湖南省交通厅委托湖南省交通建设质量监督中心在全省桥梁普查中,发现大鲸港桥主桥 11 号墩下沉且附近箱梁底板有贯穿裂缝,腹板有多条横向裂缝。湖南省交通厅对此十分重视,立即组织省内有关专家来现场勘察,并对该墩采取了临时支撑的防护措施。经检测大桥主要病害是:

(一)腹板、底板裂缝。50 米跨腹板裂缝出现在边跨梁宽 2 米位置,缝宽多为 0.15 毫米~0.25 毫米,个别裂缝 0.3 毫米~0.35 毫米宽。30 米跨腹板、底板裂缝出现在 11 号墩附近,其中腹板裂缝宽 0.05 毫米~0.6 毫米,底板裂缝宽 0.1 毫米~1.2 毫米。产生原因是 11 号墩下沉 115 毫米所致。沉降对桥梁内力影响非常大,11 号墩附近出现正弯矩断裂裂缝,因此必须对箱梁进行加固。

(二)箱梁顶板裂缝。30 米、50 米跨均有出现,缝宽 0.05 毫米~0.15 毫米,有三处呈放射状裂缝群,有局部破碎,漏水现象严重。

湖南省交通规划勘察设计院对该桥进行维修加固设计。2003 年 1 月 11 日湖南省公路局以湘路养字〔2003〕第 26 号文,批复大鲸港大桥加固工程项目,并委托常德市公路局全权负责该维修加固项目的管理。该项目由湖南省交通建设工程监理有限公司监理,湖南省路桥建设集团第八公司施工。维修加固工程经费 854 万元。

2006 年 9 月 20 日,湖南省公路局以湘路养字〔2006〕566 号文,对大鲸港桥存在病害的加固方案进行批复,内容是:50 米变截面箱梁主跨全长(8×50)米范围增设体外预应力,以增加箱梁整体强度储备;采用完全结合式钢筋混凝土桥面加铺方案对原主跨桥面和部分引桥桥面进行维修,桥面采用高等级防渗混凝土,确保桥面无渗漏;顶板裂缝用环氧胶泥进行封闭,局部粘贴碳纤维布补强;顶板预应力管道补浆;更换全桥所有伸缩缝。审批该桥加固经费 339.37 万元。

五、安乡陆家渡大桥

位于省道南江桥永顺线(S306)的安乡县陆家渡，跨越虎渡河，中心桩号 K209+238，距安乡县城 6.5 公里。1976 年湖南省交通规划设计院支农小分队设计为 3 孔净跨 50 米的双曲拱桥，桥面全宽 9 米，其中行车道宽 7 米，两侧人行道宽各 0.75 米，桥高 16.4 米，全长 189.63 延米。设计荷载等级为汽 –20 级、挂 –100。设计洪水频率为 1/50。桥头路基接线 0.48 公里。

上部构造及施工方法：主拱为等截面悬链线双绞拱，矢跨比为 1/6，采取满布式木拱架施工。拱肋(每大孔 5 根)、拱板、腹拱横墙、少部分腹拱及腹拱板的混凝土均系现浇，全部拱波与大部分腹拱系预制，人工抬运安装。现浇及预制混凝土均采用人工拌和，机械振捣。桥面是现浇混凝土。下部结构及施工方法：施工河床水深 3 米。安乡台为 200 号片石扩大基础，人工明挖至黄色土层，基础上采用预制块空箱墙台身；南县台采用混凝土沉井(井壁厚 0.6 米)人工掏土下沉。桥台为重力式，在沉井下沉时，以混凝土预制块镶面，浆砌片石填厢。两中墩采用围水筑岛，沉井下沉，人工挖土，用双摇头扒杆配合两台 3 吨卷扬机起吊沉井及挖土。中墩也为重力式，在沉井下沉时以混凝土预制块镶面，浆砌片石填心。

基础工程遗留问题。安乡台出现淤泥和流沙未挖至设计高程，台前差 0.4 米，台后差 5 米，两中墩沉井下沉中，由于刃脚开裂，故未下沉到设计高程，分别差 1.47 米和 1.28 米。南县台沉井壁在下沉中有几处断裂，采用环氧树脂水泥砂浆钢板补接后，继续下沉，也没达到设计高程，差 1.03 米，以上均采取了加厚加高混凝土的相应措施。

陆家渡大桥于 1976 年 12 月开工，1978 年 12 月竣工，决算经费 78.8 万元。共用钢材 40.24 吨，水泥 834.4 吨，木材 390 立方米。用工 20 万个，采取民工建勤的方式，折价 24 万元。经费来源是湖南省交通厅投资。

陆家渡大桥由于北岸展河移堤，1981 年 11 月，按原桥型又扩建 1 孔净跨 50 米拱桥，1982 年 8 月竣工，加孔后该桥总长 248 延米。

由于省道 306 线交通量显著增大，陆家渡大桥拱圈以上上部结构损坏严重，故将上部构造全部凿除，换以横梁，加宽桥面，以适应运输需要。由湖南省公路局投资 180 万元改建，1994 年完工。

2010 年，该桥经湖南省交通科学研究院检测评定为五类危桥，已不能满足运营安全，被列为湖南省“十二五”干线公路改造项目。2013 年 2 月 28 日，常德市交通运输局以常交发〔2013〕52 号文对省道 306 线陆家渡大桥危桥改造工程施工图设计进行批复。设计方案是拆除原桥，在原桥址上游约 800 米处建新桥。

新桥上部结构：10 × 30 米 T 梁 +(40+4 × 67+40)米变截面连续箱梁 +9 × 30 米 T 梁，全长 924.88 延米

桥梁宽度：行车道 11.5 米 + 防撞栏杆 2 × 0.5 米

荷载等级:公路-Ⅱ级

设计洪水频率:桥梁、涵洞均为1/100

通航等级:6级

新建陆家渡大桥于2013年5月开工,2015年8月主体工程合拢,2016年12月29日交工验收,通车试运行。审批预算金额为7755.55万元。

六、张公庙大桥

位于国道207线的澧县、临澧两县交界处的张公庙,跨越澧水,中心桩号K2227+525。是常德市通往石门、澧县及湖北的交通要道。大桥建成通车前,张公庙渡口最大日渡运量达2413辆,车辆待渡现象严重,急需改渡为桥。

该桥由湖南省交通规划勘察设计院设计,省公路桥梁建设二公司施工,常德市人民政府组建大桥建设指挥部负责完成建设任务。1987年4月破土动工,1989年4月完成桥墩基础和下部构造,同年7月7日开始吊主桥箱形拱圈,9月9日全部合拢完毕,10月15日吊完上部构造,12月1日开放通车,1990年10月24日正式通车。总投资1964万元。

该桥开放通车后,1989年12月6日,湖南省交通科学研究所受省公路局和张公庙大桥工程建设指挥部的委托,对主桥进行现场加载试验。加载前后,主拱圈各敏感部位均未发现任何裂纹。满载100吨时,实测挠度值仅为相应计算值的61%,结论意见是主桥在设计荷载等级为汽-20级或挂-100的情况下,有足够的安全度,完全能满足正常营运。

桥长894.14延米,为箱形拱桥,其孔径自北向南布置是16×16+5×76+11×16米,共32孔,除5孔76米主跨为箱形拱外,北岸引桥为16孔16米空心板梁,南岸引桥为11孔16米空心板梁。

桥宽12.5米,其中行车道10.5米,人行道2×1米。桥面原设计全宽12.5米,其中行车道12米,两边的安全带各0.25米。当时常德地区行政公署根据大桥所处的地理位置,为确保行人及车辆行驶的安全,要求增设人行道。后经省交通厅批准,桥面全宽12.5米不变,行车道改为10.5米,人行道为2×1米。

桥面纵坡:主桥1.5%,引桥2.5%

设计荷载:汽-20级、挂-100,人群3.5千牛/平方米

张公庙澧水大桥

通航等级:5 级

2005 年 12 月 31 日,湖南省公路局以湘路养护字〔2005〕297 号文,批复张公庙大桥维修加固经费 303.4 万元,用于桥面、伸缩缝、栏杆的维修加固。

由于交通量快速增长和大型货车严重超载,致使张公庙大桥出现很多病害。2010 年湖南省交通建设质量监督试验检测中心对该桥进行检测,评定为四类危桥。存在主要病害及加固方案是:

(一)部分梁板整体下滑,支座和伸缩缝基本失效。重做南北引桥桥面铺装、桥面连续、绞缝及伸缩缝,更换支座。

(二)16 号墩北侧拱圈及主墙存在贯通裂缝,采取对该拱圈浇筑内套拱加固的方案。

(三)主桥腹拱顶部跨中处不同程度存在横向裂缝、拱上立柱局部露筋、混凝土剥落、钢筋锈蚀严重。采取在封闭裂缝的基础上对全桥所有腹拱及拱上立柱涂抹一层 3 厘米的高强砂浆,对靠近墩台的第一、二腹拱粘贴钢板条加固。

(四)桥面铺装层损毁变形严重,普遍渗水。拆除原桥面铺装层及人行道系,拱上填料换填为 C25 混凝土,重做桥面铺装和防撞栏杆。

(五)桥台存在跳车现象。增设桥台搭板。

(六)对引桥空心板进行解体加固复位,更换全桥支座并重新做支座垫石,设置空心板抗滑件。

常德市交通运输局 2012 年 7 月 24 日,以常交发〔2012〕156 号文对张公庙大桥加固改造工程施工图设计进行批复,审定加固改造经费 2248.56 万元。建设工期一年,2012 年 11 月 2 日开工,2013 年 7 月 23 日完成加固改造,恢复通车,工期缩短了 100 天。

七、临澧大桥

位于国道 207 线的临澧县城关镇,跨越澧水支流道水,中心桩号 K2247+137。原桥建于民国 12 年(1923),为 12 孔 6 米 ~ 6.5 米不等跨径的石台木面桥,桥面宽 4.5 米,高 4.5 米,全长 104 延米。下部墩基为沉排浅基,深 1.5 米 ~ 2 米。1934 年,修建常澧公路时,对其加以修整后作为公路桥。1964 年,洪水冲垮 2 孔,由公路部门加设 2 个单排架桥墩修复。1968 年因木料腐朽决定改建, 由湖南省陆运公司与湖南省交通工程九队组成大桥修建指挥部负责施工。改建后的桥位在原桥上游 200 米处。桥长 146.2 延米,宽 8 米。设计荷载等级为汽 -13 级、挂 -60。桥型为 4 孔跨径 30 米的双曲拱桥,桥台为石砌。

该桥是湖南省首次采用钻孔桩基单排桩墩的双曲拱桥。整个桥梁施工为机械化操作,共建有 3 个桥墩,石砌墩台,每墩基底部加打数根长 3 米的活松桩。3 个桥墩有两墩用冲抓机钻孔,一墩用人工推磨钻孔,总共钻孔深度 315 米,从 1968 年 11 月 26 日开始,历时 153 天。每个桥墩建一基脚,深度为22.4 米。当北端一孔钻至 18.5 米深时,进入大面积白高稀泥层,井底全部崩溃,指挥部当即组织望城民兵营第一连100余民兵,由连长陈进之带领突击队下井排渍清淤,抢运卵石,浆砌墩台基脚。他们分成三班轮换作业,连续工作三天三夜,直到井底全部完成下墩任务后才休息。在钻井建墩基的过程中,成天在井里抓泥上岸,重量约150公斤的抓机叶片,曾两次与抓杆钢丝绳脱落,沉入20多米深的砂泥井底。为复活抓机,当即向省告急,请来两名潜水员,他们不顾自身安危,身着百多斤重的防水衣、鞋,带着氧气潜入井底,每次都连续工作几个小时,直到在井里用双手把抓机叶片安装在抓杆上,使抓机复活为止。该桥主体工程于1968年11月开工,1969年10月1日建成通车,造价72万元。

进入20世纪80年代后,随着运输车辆急剧增加,临澧大桥已不适应形势发展需要,经常发生交通堵塞,严重影响车辆和行人通行。1988年,结合张公庙澧水大桥新建和国道207线升级改造,增列了临澧大桥加宽工程并于1989年1月动工。该工程由湖南省交通规划勘察设计院设计,湖南省路桥公司一公司二处施工,大桥仍按原桥结构加宽桥墩(台)、桥面,加宽并延长大桥两端引桥。桥宽由原来的8米加宽至18.7米,引桥加长后,桥全长164延米。加宽工程于1990年年底竣工,1991年1月1日通车。该桥加宽工程投资为403.6万元。

2010年临张公路网改造工程施工期间,对临澧大桥进行加固改造,加固改造后桥宽仍为18.7米,其中行车道14米,人行道2×2.35米。设计荷载等级为汽-20级、挂-100。地震烈度为7度。加固工程于2010年年底完工,投资210万元。

八、石门澧水大桥

石门澧水大桥

位于县道石门陬市线(X021)的石门县城,跨越澧水,中心桩号K0+672。该桥由湖南省交通规划勘察设计院设计为铪箱形拱桥,拱轴为等截面悬链线,矢度1/8。

桥长:444.12延米,桥跨7孔382米(16+5×70+16),河两岸设16米砼板拱,矢度1/8

桥宽:15米(12+2×1.5)

设计荷载:汽-20级、挂-100,人群3.5千牛/平方米

大桥由石门火电厂和石门县政府合资兴建,投资3200万元。1992年5月8日开工,1994年10月16日建成通车。

九、雁池大桥

位于县道九渡河罗坪(X005)线的石门县雁池乡,是古(市)杨(柳)公路的起点,北岸接雁池,南岸接石南公路77.5公里处,跨越澧水,中心桩号K28+490。

桥长:153延米,3孔净跨40米

桥宽:7米

该桥按"石砌板肋拱桥"桥梁新工艺施工,1983年2月开工,1984年5月竣工。

十、泥市大桥

位于乡道狗头井泥沙线(Y007)的石门县泥沙镇(今壶瓶山镇),中心桩号K0+500,跨越澧水。

桥长:108延米,2孔净跨40米

桥宽:10米

该桥由石门县交通局组织测设,泥沙公社动员劳力施工,共用工10.11万个。该桥设计为石砌单波双曲拱桥,拱波用200号小石子浆砌块石,拱上建筑为空腹式。大桥于1979年7月开工,1980年10月竣工。投资16.78万元,其中湖南省公路局投资16万元、县交通局投资0.78万元。

十一、延溪大桥

位于省道陬市桃源线(S226)的桃源县城,跨越沅水支流延溪,中心桩号K19+000。该桥由桃源公路养护段工程师张荣贵和桃源县交通局技术员肖国伟设计,桃源县城郊区组织茅草街和车湖垸两个公社的民工施工。

桥长:118.4延米,为1孔净跨80米的桁架拱桥

桥宽:14米

设计荷载:汽-15级、挂-80

为满足街道需要,又不影响泄洪,桥面设计为1%的双向纵坡,桥轴线在街道中心线的延长线上,与水流中心线的斜交角为74度。结合城镇交通发展的需要,大桥的泄洪面积、孔径、标高均按1969年的特大洪水位设计。该桥于1982年10月15日开工,1984年9月20日建成通车,是当时湖南省最大跨径的公路桁架拱桥。大桥用工9.6万个,水泥1569吨,钢材128吨,木材258立方米,铁件7.7吨,楠竹5491根,石灰17吨,沥青6吨。投资75万元,其中省、地、县投资60万元、茅草街和车湖垸两乡用工折价15万元。

十二、黄花井大桥

位于省道陬市桃源(S226)线的红岩嘴与延溪交会处,跨越延溪,中心桩号 K19+874。该桥由桃源县公路站助理工程师肖国伟设计,为空腹式石砌斜拱桥,常德公路桥梁总公司八分公司承建。

桥长:138 延米,单跨 60 米

桥宽:24 米,行车道宽 15 米,防撞护栏 2×0.5 米,人行道宽 2×4 米

设计荷载:汽 –20 级、挂 –100

省道陬市桃源线在红岩嘴与延溪交会处,其斜交角为 68 度 12 分,给桥梁设计带来一定困难。为了既保证延溪水流顺畅,又使两岸桥台平行于防洪大堤,决定修建一座单跨 60 米的斜拱桥,矢跨比 1/7。大桥于 1996 年 10 月 28 日开工,1997 年 12 月建成通车。大桥建成后,经省交通科研所、湖南大学桥梁研究室、长沙铁道学院土木系等单位审核验算,验收合格。该桥是当时全国最大跨径的公路斜拱桥。

十三、柳叶湖大桥

位于省道南江桥永顺线(S306)的万金障与南坪乡交界处,跨越柳叶湖,中心桩号 K283+640。该桥由湖南省交通规划勘察设计院设计为预应力钢筋混凝土下承式系杆拱连续梁桥,常德路桥建设有限公司承建。

桥长:187.5 延米,桥跨 5 孔 180 米(2×30+60+2×30 米)

桥宽:17 米(14+2×1.5)

设计荷载:汽 –超 20 级、挂 –100

该桥重建前名“泉水桥”,始建于 1959 年修建常德至蒿子港公路时。1966 年 5 月改建成 5 孔石台石拱桥,不等跨,跨径为 1 孔 10 米,3 孔 6.3 米,1 孔 6.5 米,桥全长 44.8 米。桥宽 6.3 米。设计荷载等级为汽 –13、拖 –60。2000 年对该桥进行了维修加固,当年 2 月 25 日湖南省公路局以湘路养路字〔2000〕第 045 号文,批复了泉水桥的维修加固工程的设计预算。加固方案是:在原桥各桥墩下设置钢支架,并在其上放置由两根 25 号工字钢焊接成的工字梁,使钢支架、工字梁及原桥挑梁成为一个整体支撑体系。对原桥断裂脱落的 12 米长桥面板,用 12 块预制的 100×100×5 厘米钢筋混凝土新桥面板搁置在工字梁与拱圈上。然后在上面整体现浇梯形混凝土墩台,在墩台上面每隔 2 米预埋 8 号槽钢,槽钢之间用直径 80 毫米的钢柱连接作为桥栏杆,以上加固措施均按汽 –15 标准确定。加固后桥面长 45 米,桥全宽 6.6 米,行车道宽 5.6 米。审批加固工程经费 24.7 万元,其中湖南省公路局补助 12.3 万元、常德市公路局安排 12.4 万元。

在修建周家店至常德二级公路时，泉水桥进行重建，重建后桥名为“柳叶湖大桥”。柳叶湖桥原设计为长 68 米，宽 12 米的 4 跨 16 米普通钢筋混凝土板梁桥，工程概算为 1200 万元。根据中共常德市委、市政府关于“公路建设、城市规划和旅游开发三位一体规划建设”的要求，柳叶湖大桥适时进行重大设计变更。变更后结构新颖，造型美观，工程量大幅度增加。增加经费 1025 万元，总投资 2225 万元。该桥于 2000 年 10 月开工，2003 年 12 月 28 日建成通车。

十四、毛家岔大桥

位于省道紫金渡边山河线（S302）的澧县与津市交界处的毛家岔，跨越官垸河，起点桩号 K41+500。是湖南省平垸行洪、移民建镇的重点项目，也是洞庭湖区桥梁畅通工程项目之一。该桥由湖南省交通规划勘察设计院设计，省建筑工程集团总公司施工，育才－布朗交通咨询监理公司进行工程监理，省交通建设质量监督常德市分站负责质量监督。

桥长 540.76 延米，桥跨 5×16 米（预应力砼简支空心板）+9×40 米（预应力砼简支 T 梁）+6×16 米（预应力砼简支空心板）。桥梁下部构造为双圆柱 C25 钢筋砼墩，基础采用钻孔灌注摩擦桩。桥头两端引道长 1870 米，按平原微丘区三级公路标准建设。

桥宽:8.5 米　净宽:7.5 米

设计荷载:汽 –20 级、挂 –100

通航等级:VI–（3）级

通航净空:18×6 米

设计水位:41.13 米

地震烈度:7 度

该桥于 2000 年 4 月开工，2004 年 1 月完成大桥主体工程，9 月试通车，12 月正式通车。省交通厅批准该桥初步设计概算 2301 万元，资金组成为省安排行蓄洪安全建设专项资金 800 万元、省农业发展基金 200 万元、地方政府向世界银行贷款 882 万元、省交通厅补助 419 万元。但由于工程变更增加项目较多，原概算不能完成工程施工任务。经报请省交通厅批准，组织专家到工地实地勘察和审核，2005 年 1 月概算调整为 2818 万元，调增 517 万元。调整概算后的资金组成为省安排行蓄洪安全建设专项资金 800 万元、省农业发展基金 200 万元、省交通厅投资 657 万元（含省公路局统贷统还 600 万元）、县筹资 1161 万元（其中世行紧急援助贷款 882 万元、县自筹 279 万元）。

十五、石门三江口公铁两用桥

位于省道张公庙慈利线（S304）的石门三江口，跨越澧水支流渫水，中心桩号 K47+429。该桥由铁路部门建设枝（城）柳（州）铁路时修建，1972 年建成通车，全长 541 延米。桥宽 6.75

米,其中行车道 5 米、安全带 0.25 米、人行道 1.5 米。主桥为 4×80 米钢桁架结构,引桥为 6×32 米鱼腹梁式钢筋混凝土梁桥。设计荷载等级为汽 -13 级、拖-60。桥面双向横坡为 1.5%。

石门三江口公铁两用桥

2003 年对该桥检测时,发现如下病害:桥面铺装大面积损坏,伸缩缝全部损坏失效。引桥鱼腹梁严重开裂。人行道栏杆严重锈蚀,接线路面混凝土大面积沉陷和破碎,隔离网、安全标志损坏。

2003 年 7 月 24 日,湖南省公路局以湘路养护字〔2003〕269 号文对省道 304 线三江口公铁两用桥维修工程进行批复。维修内容是:(一)钢架构油漆。(二)引桥鱼腹梁裂纹处理分两种类型,裂缝宽度小于 0.1 毫米的裂纹采用环氧树脂胶泥封缝的处置方案;裂缝宽度在 0.1 毫米 ~ 1 毫米之间的裂缝采用壁可法注入灌浆处治方案。(三)凿除老桥桥面铺装混凝土,在桥面板上重新铺装 8 厘米钢纤维混凝土,设 1.5%的双向横坡。(四)拆除原栏杆基脚梁,重新立模现浇。(五)凿除原伸缩缝,重新安装钢板伸缩缝。(六)更换隔离网、安全标牌。(七)凿除原有引道部分混凝土路面,重浇 24 厘米厚混凝土路面。(八)增设路基挡土墙。

三江口公铁两用桥维修经费 167.6 万元,其中湖南省公路局补助 83.8 万元、常德市公路局从切块经费中列支 83.8 万元。2003 年,省公路局以湘路养护字〔2003〕第 426 号文对桥面工程变更设计进行批复,变更工程内容为简支板的打整、磨平 633.6 立方米,条形钢板固定 19.708 吨,钢筋笼的制作及焊接 51.413 吨。共调整预算经费 37.9 万元,增加部分由省、市公路局各承担 18.95 万元。

十六、汉寿朝阳大桥

位于省道津市武潭线(S205)的汉寿县株木山,中心桩号 K89+300,距汉寿县城 6 公里,建桥前在鸭东铺设置渡口通车。1974 年至 1975 年,汉寿县治理南湖水利工程,将鸭东铺下游 100 米处的河道堵塞,填筑路堤,在株木山另开新河,修建朝阳桥。该桥由常德公路总段派出技术人员进行现场设计并指导施工,湖南省交通规划设计院派人手工钻探,南湖指挥部施工。1975 年 1 月开工,同年 9 月竣工通车。鸭东铺渡口同时撤销。

朝阳桥跨越人工新开河道,为 3 孔净跨 40 米双曲拱桥,全长 155.2 延米。桥面净宽 7 米,全宽 8 米,桥高 8 米。主拱矢度 1/6。设计荷载等级为汽 -15 级、挂 -80。桥台高 15.3 米,宽11米,基底至天然地面高6米,每台设14个空箱(空箱墙厚0.6米),用混凝土盖板封面。起拱线以下桥台挖空率达67%，起拱线以上设置钢筋混凝土立柱排架与三跨钢筋混凝土连续板、护板亦系空箱结构,比同宽重力式U型台减少圬工40%。桥头基础埋设在人工河床下4米处,与桥台一样先垫砂砾层,再浇混凝土。石砌空箱5个(空箱墙厚0.6米),用少量钢筋混凝土盖板封口,在其上设两排8根直径为1米的钢筋混凝土圆柱,柱顶设1米厚混凝土承台，承台座内布有钢筋，承台起拱线以上设两排钢筋混凝土立柱及拱梁,现浇1跨钢筋混凝土简支梁板。

汉寿朝阳大桥

主拱按两绞拱设计，三绞拱施工（拱顶设混凝土临时绞),以消除施工过程中墩台沉降引起的主拱附加内力。主拱系满布式拱架,拱肋系梯形截面现浇施工。裸拱卸架后浇筑拱上构造,待拱上构造完成后,再将临时绞封闭,双绞拱为300号钢筋混凝土球面绞。拱上构造:拱板为10厘米厚100号混凝土,上部采用每半孔为4跨3米的钢筋混凝土连续梁板结构。

该桥决算造价47.71万元,其中湖南省交通厅补助30万元。用工13.84万个(包括1公里路基接线),水泥1126吨,钢材69.7吨,木材470立方米。

2003年5月25日,湖南省公路局以湘路养字〔2003〕第176号文批复朝阳桥的维修预算。主要问题是桥面、栏杆破损严重,桥的锥面两端护坡严重位移,桥头引道坑槽密布。维修方案是锥面两端护坡位移部分增设石砌护坡;桥面加铺12厘米厚沥青混凝土;栏杆修复;桥头引道挖补旧路面后铺5厘米厚沥青混凝土。审批预算经费50万元,省、市公路局各承担25万元。

2011年12月15日,常德市交通运输局以常交发〔2011〕285号文对省道205线朝阳桥改建工程施工图设计进行批复,决定对朝阳桥拆除重建。新建桥梁设计桥跨布置为4跨35米的预应力T梁桥,桥长148.08延米,桥宽12.5米(净9米+1.5米×2+0.25米×2)。桥墩采用直径160厘米双柱式桥墩,直径180厘米桩基础。设计荷载等级为公路–Ⅱ级,安全等级为2级。审定预算金额为1456.89万元。该桥于2012年7月28日开工,2013年8月23日建成通车。

十七、桃源白洋河桥

位于省道陬市桃源线(S226)的白洋河,跨越白洋河,中心桩号K11+150。该桥桥位在原白洋河汽车渡口下游约150米处,建桥前,渡口车辆运输日益繁忙,来往行人多,而白洋河渡口属人力拉渡,如遇洪水、大风就得停渡。1976年11月4日,常德地区交通局发出常革交工字第128号文件,要求以民办公助的方式,新建白洋河桥,由桃源县政府负责修建。桃源县政府将建桥任务及经费交给城郊区包干负责完成,大桥指挥部设在工地,配备人员27人。组织茅草街、深水港两个公社民兵1200多人进行施工。该桥于1976年12月开工,1979年6月10日建成通车。

白洋河桥设计为6孔净跨30米的空腹式无肋少筋双曲拱桥,主拱圈为等截面悬链线,矢跨比为1/6。桥面全宽12.5米,净宽9米,两边人行道各1.5米。桥全长220.18延米。桥面纵坡为2%的双向坡。桥高15.85米。每大孔空腹小孔6个。设计荷载等级为汽-15级、挂-80。桥头接线陬市岸390米,桃源岸780米。共计1170米,最大纵坡3%,最小平曲线半径150米,路基宽9米~9.5米,路面宽7.5米。

桃源白洋河大桥

桥台原设计为重力U型桥台,放样后考虑基坑开挖土方量过大,还要挖断两岸大堤,后将U型桥台改为双柱式组合桥台,减少挖土方2.5万多立方米,又避免了挖断大堤。双柱式桥台基础改为两个直径5米的厚壁挖孔桩。正桥台厚3.8米,设跨径为1.5米,高2.4米的暗拱,副台基础设在大堤土坡层上,现浇200号混凝土,主拱与副台间留有双层油毛毡沉降缝。主台全部用100号水泥砂浆砌粗料石镶面,100号小石子混凝土红砂岩填厢。全桥5个桥墩均采用扩大基础。

上部构造施工:主拱设计为无肋少筋双曲拱,桥面设有2%的双向纵坡,在安拱盔支架立柱前,即将双向纵坡调整好,然后将预制拱波用人力抬运安装,主拱面宽11.9米,由六块整波及上、下游各半块悬挂波组成,两波之间槽内布少量12毫米的钢筋,各槽内钢筋与拱顶、腹拱脚处都用横向钢筋联系,槽内与拱板均现浇200号混凝土掺25%的小片石,并用震动器捣实。

桥面施工:防水层采用第一层抹黄泥膏,厚5厘米,在黄泥膏层上铺一层1厘米厚的氧化沥青,再在氧化沥青层上抹上一层5厘米厚的黄泥膏,然后用掺20%黄土的石灰渣土做桥面底层,压实后铺渣油沥青路面。

白洋河桥投资67.54万元,用工252308个,水泥1422吨,钢材13.9吨,木材570立方米。接线工程投资10.96万元,用工63156个。桥与接线共投资78.5万元,全部由湖南省公路局拨款。

2010年8月,白洋河桥经湖南省交通科学研究院检测中心评定为四类危桥。2012年10

月 24 日，常德市交通运输局以常交发〔2012〕202 号文对省道 226 线白洋河桥拆除重建工程施工图设计进行批复，同意该桥拆除重建。

新白洋河桥位于原桥位处，桥轴与水流方向交角为 90 度，平面位于 3%的上坡和 –2.6%的下坡上。桥跨布置为 11×20 米预应力混凝土空心板，桥面连续。桥墩采用直径 140 厘米双柱式墩，配直径 160 厘米桩基础，桥台采用三柱式台，配直径 160 厘米桩基础。

桥面铺装采用 15 厘米厚 C40 混凝土现浇层。全桥在 0 号、4 号、7 号、11 号台（墩）处设置直径 100 模数式伸缩缝，采用板式橡胶支座。桥面设置桥梁纵、竖向排水管及桥面泄水管。桥台台后搭板长度为 6 米。桥面内侧采用钢筋混凝土防撞护栏。

新桥技术标准：

桥宽 0.5 米（防撞墙）+15 米（行车道）+0.5 米（防撞墙）=16 米

设计荷载：公路 –Ⅱ级。安全等级：2 级

设计洪水频率：1/100

地震烈度：7 度

审定预算总金额为 1919.26 万元。

新建白洋河桥于 2013 年 12 月 10 日建成通车。

十八、多安桥

位于原省道 1852 线澧县至津市公路上，在澧县城东，中心桩号 K1+017。该桥原名兰江桥。此处于明崇祯十三年（1640）设渡口，清乾隆四十九年（1784）绅士彭宗亮等以水涨渡险，倡修平桥（梁桥），取名“澧江桥”，工成未久，即被水毁。后又在下游重建九石墩，名“绣水桥”，后彭以力竭而停建。嘉庆二十四年（1819），守道多赉、州牧安佩莲继续在旧址续修石拱桥，期年而成，颇为壮观，定名为多安桥。桥头有嵌字格联：“四郊昨‘多’垒，九澧兹‘安’澜”。多安桥 11 孔，孔系桃形，桥墩为分水类型，跨径组合为 5×11+2×9.5+2×10.4+2×10 米，全长 175 延米。桥面呈弧形，上下纵坡为 1%，在最大洪水时，利于泄洪，桥高 8.4 米。基础为松木桩卡块石，拱圈厚 30 厘米。清道光十一年（1831），水毁南岸 5 孔，州牧谢希敏率绅士雷锟、湖湘等补修完善，道光十三年（1833）夏修复。同治元

澧县多安桥

年(1862)多安桥被洪水冲毁北岸3孔,观察何玉芬捐廉倡建。署州牧廷桂、吴嗣中、州牧魏式曾相继督修完固,同治五年(1866)竣工,大桥仍为11孔。

民国23年(1934),湖南省公路局建成澧(县)津(市)公路,利用多安桥为公路桥,为湖南省境内公路利用最长之民桥。

抗日战争时期的1943年,国民抗日军第四十四军撤退时炸毁3孔,长30米~40米。抗日战争胜利后,澧县人民奋战两年,筹集资金和大米万斤以上,于1948年5月修复多安桥。

1950年洪水漫桥,冲毁了桥面及基础,车辆停止通行。根据澧县人民政府对修复多安桥的要求,成立了指挥机构,湖南省公路局副局长成从修为主任委员,由澧县人民政府主持组织修复,临澧公路分段负责工程技术。1950年12月动工,加固整修基础,桥面改为三合土,原冲毁的石栏杆改为可拆卸式的木质栏杆,1951年6月1日全桥修复竣工。修复经费由澧县人民政府拿出大米1.45万公斤。1958年冬,南岸第一墩基础冲空,由县工区(今公路局)清基加固。1964年夏多安桥又遭洪水冲击,部分桥台、墩基础及桥面和木栏杆均被破坏,修复时用混凝土块、片石护基,桥面改为水泥混凝土进行挖补复原,活动木栏杆全部拆除改为铁柱式和铁链条连接。1989年秋,再次对多安桥桥面进行混凝土铺装。至今古老的多安桥,仍保持完好。

多安桥原由公路部门管养,21世纪初由于城市发展,该桥已处于城区内,改由澧县城建部门管养。

十九、佘市桥

位于县道窑坡渡骆家峪线(X015)的临澧县佘市镇,跨越澧水支流道水,中心桩号K42+711。该桥原名道源桥,始建于宋宝庆元年(1225),僧人广海募资雇匠,垒石为址,斫木为梁,建成石台木面桥。咸淳四年(1268)里人增修。岁六,三址毁损。曾任慈利县柿溪州学正刘世英,捐缗钱20万,募取太浮山之石建墩,到元至顺二年(1331),六年时间建成一座两堤八墩九孔的屋桥(连拱石桥)。高二丈六尺(8.6米)、宽二丈七尺(9米)、长25丈余(83.3米)。桥上有屋,计二十六楹,中建四阁,左右为轩,南北为门,镌有石浮屠二范、金犀三琢、石犀四座,建成时由元大史揭曼硕作《道源桥记》。

临澧县佘市桥

清乾隆五十六年(1791)洪水冲毁4墩,桥上建筑荡然无存。乾隆五十九年(1794)桥体按原制补修,并加高至二丈七尺(9米),加宽至3丈(10米),两侧建石栏。同治三年(1864)又水毁,同治六年(1867)蒋明章捐巨资,其子蒋锡瑞督工重建9孔净跨5米~6米不等跨石拱桥,桥面宽6米,桥高8米,全长80延米。

1955年修建临澧至石门车湾公路时,利用余市桥通车。1964年西岸桥台水毁,临澧县交通局进行修复,在西岸增建2孔8米钢筋混凝土门型梁桥,增孔后全桥长103.1延米,宽7米。

2005年11月22日湖南省公路局以湘路养护字〔2005〕492号文,批准余市桥进行加固加宽。加固前该桥存在以下病害:桥面沉陷,拱上侧墙整体倾斜,部分墩台轻微淘空,部分台身残毁,拱圈顶部侧墙错位、崩散。加固方案:加简支梁、悬臂梁加宽桥面2.2米,重新铺装桥面、制作栏杆。加宽后桥宽9.2米。

核批该桥加固加宽经费104.9万元,湖南省公路局补助加固工程经费64.95万元、加宽工程经费31.8万元,余下8.15万元由常德市公路局安排。

二十、边山河桥

边山河桥跨越溇水,是连接湖南省澧县与湖北省松滋县的一座大桥,又称澧松大桥。该桥由湖南省交通厅规划设计院设计,湖南省交通厅工程管理局第九工程队施工。桥的上部结构为钢肋双曲拱,下部为石台墩。

桥长:130延米,全桥4孔,3孔27米,1孔27.5米

桥宽:7.5米,净宽7米

桥高:9.34米。

设计荷载:汽-13级

洪水频率:1/50

该桥于1966年12月开工,1967年6月建成通车。投资21.56万元,用工5.51万个,钢材11.33吨,水泥279吨,木材283.2立方米。台墩基础施工采取明挖式草袋围水挖基。拱肋设计为6根,施工中改为5根,断面尺寸22×50厘米,拱矢度为1/6。拱波系预制块,净跨135厘米,拱矢度1/5,厚8厘米,采用人工拌和,机械振捣,快速脱模,人工抬运安砌。

2000年边山河桥经专家鉴定为危桥,当年湖南省公路局以湘路养路字〔2000〕第172号文对该桥的维修加固设计文件进行批复。维修方案是:卸去加厚的桥面荷载,重新浇筑20厘米厚的钢筋混凝土,凿除桥面水泥混凝土板,拆除拱顶实腹段及空腹段拱腔填料,在跨中心2.5米到桥墩40米范围内浇筑10厘米厚20号混凝土,新浇筑40号混凝土拱座用30号钢筋混凝土加固,用25号钢筋混凝土浇筑拱肋、横隔板和封箱底板,新增拱波与拱肋间的钢板连接,对拱波裂缝进行技术处理,设置防撞栏杆,加固后桥的设计荷载达到汽-20级、挂-100。审定边山河桥维修加固经费为135万元。

二十一、列甲桥(聂家桥)

位于省道南江桥永顺线(S306)的桃源县漆河乡,中心桩号K329+715。始建时为石台木排架木面桥,全长102.9延米,桥高6.5米。1970年该桥列入危桥改造计划,设计为5孔净跨21米的石台墩无筋无肋双曲拱桥,拱矢度为1/6,桥面净宽7米,桥高7.5米,全长128延米。设计荷载等级为汽-10级、拖-60。主拱施工采用轻型满布式木拱盔支架施工,拱波预制,人工抬运安砌。拱板现浇,拱脚拱顶处布少量钢筋网。拱宽由4波及两侧半悬波组成。桥台、墩基础系草袋围水、抽水明挖至岩层上,覆盖层厚1.5米~3米,台墩基础均奠基在岩层上。U型桥台及圆头墩,镶面用水泥砂浆砌块石,填厢用水泥砂浆砌片石。该桥由常德公路总段工程队设计施工,于1970年4月开工,1971年5月建成通车。决算造价为40万元,用工9.7万个,木材220立方米,水泥330吨,钢材6吨。

2005年10月14日,湖南省公路局以湘路养路字〔2005〕445号文批准对列甲桥进行加宽,方案是:(一)拆除原桥面,铺20厘米厚40号钢筋混凝土桥面。(二)增设钢筋混凝土防撞栏杆,完善排水设施。(三)桥头两端各50米用20厘米厚5%水泥稳定碎石基层,1.5厘米厚沥青单层表处和3厘米厚沥青混凝土。加宽后桥宽10米,净宽9米,防撞墙2×0.5米。审定预算经费82.5万元,其中省公路局补助80万元。

二十二、合口澧水大桥

位于临澧县合口镇,跨澧水。2009年4月10日开工,2011年10月10日建成通车。概算投资13939万元。大桥接线长9.411公里,采用二级公路设计标准,设计速度每小时60公里。

桥长:925.72延米

桥宽:12.5米(2×1.75米人行道+9米行车道);两岸接线路基宽度12米(其中行车道宽2×3.5米,硬路肩宽2×1.75米,土路肩宽2×0.75米)

设计荷载等级:公路-Ⅱ级,人群3.45千牛/平方米

通航等级:Ⅴ-(1)级

洪水频率:1/100

地震烈度:8度

接线路基及小桥洪水频率:1/50

桥型结构:主桥桥墩采用单排双柱式桥墩,直径250厘米,桩基础采用直径220厘米~300厘米变截面钻孔灌注桩;引桥T梁桥墩采用单排双柱式桥墩,直径200厘米,桩基础采用直径220厘米钻孔灌注桩;引桥空心板桥墩采用单排双柱式桥墩,直径120厘米,桩基础采用直径150厘米钻孔灌注桩;桥台采用肋板式桥台,直径120厘米钻孔灌注桩。

路面结构：全线采用水泥混凝土路面，路面结构为25 厘米水泥混凝土面层 +1 厘米沥青表处封层 +18 厘米 5%水泥稳定碎石基层 +18 厘米 4%水泥稳定碎石底基层，路面总厚度 62 厘米。

合口澧水大桥

合口大桥由临澧合口大桥建设有限公司建设，湖南公路设计有限公司设计，湖南公路工程咨询监理有限公司监理。工程分为三个合同段，施工单位分别是：湖南公路机械工程有限公司、常德公路工程有限公司、（江西）中际联发交通建设有限公司。

二十三、安乡大湖口大桥

位于省道紫金渡边山河线（S302）的安乡县大湖口，跨越松滋河东支，中心桩号 K22+147，连接安乡的黄山头镇与安福乡。

大桥由湖南省交通规划勘察设计院设计，湖南省金衢交通监理咨询有限公司监理，安乡县人民政府组建大桥建设指挥部负责完成建设任务。2000 年 5 月，中标单位中国航空港建设第十工程总队在完成桥梁桩基础后，由于项目经理、总工程师不能到位被清退出场。2001 年 4 月，经常德市人民政府与省交通厅协商，决定由湖南公路桥梁建设总公司完成剩余工程量（桥梁部分）。

主桥采用预应力混凝土变截面连续箱梁结构。全桥基础采用钻孔灌注摩擦桩，墩台（0 号、26 号桥台）采用肋板式桥台，主桥 15 号、16 号墩柱为 2D280 厘米六边形柱墩，墩顶设置横撑。其余主、引桥墩采用双柱式墩，墩顶设置盖梁；钢筋混凝土桥面，栏杆为 C30 钢筋混凝土防撞墙。桥面设置双向 2%横坡，双向 3.5%纵坡，坡顶在 80 米连续梁的中跨跨中。

桥长：650.72 延米，其中主桥 2 跨，孔径 80 米，长 184 米；引桥长 466.72 米，全桥共 26 孔

桥宽：10 米

设计荷载：汽 –20 级、挂 –100

通航等级：Ⅳ–（3）级

地震烈度：7 度

大桥投资 3914 万元，其中湖南省交通厅投资 1700 万元、湖南省水利厅投资 1000 万元、湖南省发改委投资 500 万元、余为安乡县人民政府自筹。该桥于 2000 年 4 月 29 日开工，2003 年 5 月竣工（未进行交工验收）。

二十四、烽火大桥

位于县道窑坡渡骆家峪线（X015）的临澧县烽火镇观音庵，跨越道水，中心桩号K19+037。

1976年5月，湖南省交通规划勘察设计院按桥坝结合的形式协助选址、设计。根据桥坝结合的要求，大桥设计为6孔净跨24米的石台、墩双曲拱桥。桥面净宽7.25米，人行道宽2×1.4米，桥高9.8米，桥长176延米，拱矢度1/6，主拱轴为悬链线型，设计荷载等级为汽-15级、挂-80，桥面标高48.2米。东岸桥台奠基在碳质页岩上，表层下挖1米，其余各台、墩根据筑坝要求，比东岸桥台低2米奠基在页岩层上，基层均为三层，每层厚0.8米的混凝土。台墩墙身因石料运距太远，用混凝土预制块镶面，现浇混凝土填厢。该桥修建时，烽火公社组织施工单位作重点工程来抓，安排专业民兵进行施工。1976年9月开工，1978年1月竣工通车。决算造价26.2万元，用工13.87万个，钢材52.1吨，木材301立方米，水泥839吨。

2006年，烽火大桥经检测发现如下病害：主拱拱脚及腹拱拱脚处开裂，主拱圈拱波混凝土开裂严重，桥面及栏杆严重损坏。为此，常德市公路局以常路字〔2006〕151号文批复对烽火大桥进行加固改造。加固方案是：主拱圈第一、三、五处肋间进行钢筋混凝土填实。全面更换桥面铺装及伸缩缝。换填刚性拱圈材料。栏杆改为C30防撞栏杆。加固后荷载等级为汽-20级。改造后桥面净宽为10.77米，双向横坡为2%。核批预算经费为161.49万元。

二十五、指防口桥

位于县道石门陬市线(X021)的桃源县陬市镇指防口，中心桩号K75+645。在修建石门至陬市公路时，指防口建有一座4孔的木架木面桥，但由于桥头高填土未填筑，汽车从河中通行。1968年，常德地区交通局派员设计为1孔净跨40米的双曲拱桥，由桃源县交通局组织当地公社负责施工，1968年10月开工，1970年6月建成通车。该桥设计为无筋无肋双曲拱桥，拱矢度为1/6，桥面净宽7米，桥高11.7米，桥长71.4延米。设计荷载等级为汽-13级、拖-60。两岸桥台各设立1孔净跨6米的泄洪孔。陬市岸桥台挖基时，由于挖前未进行钻探，不了解地质情况，将离地面约3米厚的黄土挖去后，发现下面是淤泥。于是在淤泥层上回填一层约2米厚的黄土掺碎、片石并夯实，然后在上面干砌一定厚度的块石层，从块石层上砌筑桥台。石门岸桥台则不将黄土层挖去，直接在上面安砌一定厚度的块石层砌筑桥台。该桥拱肋无筋，采用满布式拱架现浇施工，拱波预制，拱波现浇时在拱脚、拱顶布置钢筋网，按三绞拱施工，二绞拱完成，顶绞封角。1972年6月对该桥调查时，除发现两拱桥部位有不太明显的波顶纵向裂绞及腹拱顶部开裂外，没发现其他问题。指防口桥修建时采用民办公助方式，决算造价为 6.5 万元，用木材 150 立方米，水泥 160 吨，钢材 3.5 吨。

1998 年，湖南省公路局以湘路工程字〔1998〕第 243 号文批准新建指防口大桥（大桥起点在县道 021 线 K67+131.7，终点在 K67+295.9）。新桥上部构造采用 6 孔 20 米预应力混凝土空心板，桥台采用组合式桥台，桥墩为直径 120 厘米的双柱式墩，基础采用直径 150 厘米的桩基。设计荷载等级为汽 -20 级、挂 -100，人群荷载 3.5 千牛/平方米。设计宽度为净宽 12 米 +2×0.5 米（防撞栏杆）。全长 144.2 延米。核准该桥工程经费329.7 万元，其中湖南省交通厅补助 165 万元、常德市公路局出资 164.7 万元。

二十六、新关桥

位于省道石门南镇线（S303）的石门县新关镇，距县城仅 6 公里，跨越澧水，中心桩号 K6+839。该桥始建于 1958 年修建石清公路时，为石台木面桥。

1966 年，新关桥改建为 6 孔不等跨的双曲拱桥，最大跨径为 25.8 米，最小跨径为 11.8 米，桥全长 159.7 延米，桥面宽 6.5 米，设计荷载等级为汽 -13 级、挂 -60。五个桥墩断面尺寸为 9×3 米，墩基断面尺寸为 9.4×3.4 米，墩体由石灰岩块体砌成。下游三江口水电站建成蓄水后，新关桥水深常年在 8 米左右。湖南省交通厅工程九队改建新关桥时，受限于当时的条件，基础没进入岩层，在长期水流冲刷作用下，墩基部分冲空，尤以 1 号、2 号墩和南岸锥坡最为严重，其最大悬空高度 1.2 米，水平进深 1.8 米，严重威胁大桥安全。

1991 年，石门县公路段委托湖南省湘北地质工程公司对新关桥进行维修，对 1 号、2 号墩冲空部分浇水下混凝土，南岸锥坡加深 3 米围护桩 13 根、深 8 米树根桩 5 根，累计完成水下混凝土浇灌 175.65 立方米。加固工程经费为 24.5 万元。

1996 年由常德市公路局设计，石门公路局组织施工，再次对新关桥进行维修加固，施工方案是：双曲拱桥改为箱形拱桥；钢筋混凝土压拱脚；加大横系梁断面尺寸；桥面车行道加宽 0.5 米；加宽人行道至 1.25×2 米；钢筋混凝土栅式栏杆改为钢筋栅式栏杆；柔性桥面改为刚性桥面。新关桥加固后设计荷载等级为汽 -20 级、挂 -100。桥面宽为7+2×1.25米，全宽为 9.5 米。工程投资 100 万元，其中湖南省公路局补助 50 万元、常德市交通局拨款 27.3 万元、市公路局拨款 22.7 万元。维修加固工程于 1996 年 11 月开工，1997 年 6 月完工。

2013 年 3 月，对新关桥存在的病害再次进行加固改造：对主拱圈的拱肋、拱脚、横隔梁进行加固；对拱上柔性填料采用压浆固化，对原桥面系栏杆拆除重建。加固工程于 3 月开工，同年 6 月完工，投资 350 万元。竣工后经湖南城市学院土木工程检测中心检测，桥梁完全达到质量要求。

二十七、韩公渡大桥

位于县道东风桥韩公渡线（X045）的鼎城区韩公渡，跨越冲柳高排区航道，中心桩号

K25+154。

1978 年,常德县交通局建成长 115 延米,全宽 5.5 米,净宽 4.5 米的水泥混凝土连续箱梁桥。

2008 年,常德市交通局按二级公路标准,将韩公渡大桥改建成 5×20 米预应力钢筋混凝土板拱桥,长 105 延米,面宽 8 米,净宽 7 米,两侧人行道各 0.5 米。设计荷载等级为公路-Ⅱ级。地震烈度为 7 度。

大桥由益阳交通设计院设计,湖南省第四建筑工程有限公司施工,常德交通建设监理咨询有限公司监理。2008 年开工修建,2009 年 10 月 1 日建成通车。工程造价 466 万元,其中国家投入160 万元、区级配套投入 306 万元。

二十八、哑河大桥

哑河大桥是省道津市武潭线(S205)路网改造工程中修建的一座大桥,跨越哑河,中心桩号 K39+596。该桥由湖南省公路设计有限公司设计,常德路桥建设有限公司承建,常德交通建设监理咨询有限公司监理。

大桥桥型:上部结构为 2×20 米预应力砼空心板 +18×30 米预应力砼 T 梁 +2×20 米预应力砼空心板。大桥下部结构采用桩柱式桥台(0 号、22 号),为 2 根直径 150 厘米钻孔灌注桩。桥墩采用柱式墩身,2 号 ~13 号和 19 号 ~20 号桥墩为直径 150 厘米圆柱, 基础为直径 180 厘米钻孔灌柱桩。14 号 ~18 号桥墩为直径 150 厘米圆柱,基础为承台加 4 根直径 100 厘米钻孔灌注桩。1 号、21 号桥墩为直径 130 厘米圆柱,基础为直径 150 厘米钻孔灌注桩。

桥长:625.54 延米

桥宽:12.3 米,净宽 11.5 米,防撞栏杆 2×0.4 米

设计荷载:汽 -20 级、挂 -100

设计洪水频率:1/100

地震烈度:7 度

哑河大桥于 2009 年 8 月开工,2010 年 12 月竣工, 因接线工程延后,2011 年 9 月通车。投资 2000 万元。

二十九、大杨树大桥

大杨树大桥位于省道紫金渡边山河线(S302)的安乡县大杨树渡口上游350 米处,跨越虎渡河,中心桩号 K9+512。

2009 年 5 月 4 日, 湖南省发改委以湘发改交能〔2009〕455 号文批复该项目工可报告。2009 年 12 月 16 日,湖南省交通运输厅批复项目初步设计。2010 年 2 月 4 日,湖南省交通运输厅批复项目施工图设计。

大桥由湖南省交通科学研究院设计，湖南省第四建筑工程有限公司施工，湖南省岳阳交通工程咨询监理公司监理。

线路全长 1715.25 米，全线按二级公路标准进行设计，设计速度为每小时 60 公里。其中大杨树大桥全长 967.58 延米，桥头两端引道接线长 747.67 米（东接线长 276.96 米，西接线长470.71 米），另建大桥西桥头匝道接线长 333.55 米。

桥宽：10 米

荷载等级：公路－Ⅱ级

洪水频率：1/100

通航等级：Ⅶ-（2）级　通航净空：B×H=25×6 米

桥梁上部构造为预应力简支 T 型梁，桥跨构成为 11×25 米 +9×48.5 米 +10×25 米。下部为单排双柱式桥墩、肋板式桥台，桩基础为钻孔灌注桩基础。接线道路路基宽 10 米，横向布置为 2×0.75 米土路肩 +2×0.75 米硬化路肩 +2×3.5 米行车道。路面为 24 厘米厚水泥混凝土路面。

大杨树大桥于 2011 年 1 月开工，2014 年 8 月 8 日建成通车，2014 年 12 月 4 日交工验收。评定工程质量为合格。概算投资 6326 万元（省定额补助 3186 万元、地方自筹 3140 万元）。

第三节　中小型桥梁

从 20 世纪 80 年代开始，随着公路的拓宽改造，公路技术等级的相应提高，境内中、小桥梁中的窄、病、危桥大多进行了新改建，同时还新建成许多中、小桥梁。

1987 年，常德地区有中桥 93 座，长 3549.01 延米；小桥 778 座，长 16007.87 延米。

1993 年，常德市有中桥 159 座，长 6955.94 延米；小桥 599 座，长 9752.64 延米。

2001 年第二次全国公路普查认定，常德市有中桥 161 座，长 8379.6 延米；小桥 764 座，长 13680.7 延米。

2010 年，常德市有中桥 294 座，长 14694.86 延米；小桥 1444 座，长 23371.55 延米。

境内宽路窄桥、窄路危桥的状况得到明显改善，有效地提高了车辆通行能力。

兹摘要记述如下：

一、太子庙桥

位于国道 319 线的汉寿县太子庙镇，中心桩号 K1299+951。

原桥于民国 17 年（1928）11 月开工，1930 年竣工，该桥为 4 孔净跨 5.49 米双车道的钢筋混凝土梁桥。1939 年至 1940 年，日军侵入湘境时国民党抗日部队自行炸毁。抗战胜利后，另建木桥通车。1950 年 11 月，由湖南省公路局组织桥工处改建为 3 孔跨径为 10.6 米的混凝土台墩，单车道工字梁木面桥。益阳台为木桩基础，桩径 20 厘米，入土 3 米。常德台及中墩均为明挖石砌基础。按桥面载重150吨设计,桥面工字钢梁每孔4根,木架每孔3组,墩台均按双车道载重20吨标准设计。1951年5月建成通车,决算经费5.88万元。

1967年该桥由常德公路总段工程队,利用原台、墩改造为3孔净跨9.4米的钢筋混凝土曲面薄壳桥。桥全宽7.5米,净宽7米。桥高5.27米。设计荷载等级为汽-13级、拖-60。曲面薄壳由壳体及边肋组成,壳体纵向跨径9.4米,横向跨径6.1米,拱矢度1/7,中心厚为12厘米,边厚为30厘米。边肋宽20厘米,薄壳与边肋配有钢筋,采用无弯矩薄壳理论设计,以横向拱波板为单元分析内力。该桥上部构造圬工计19.83立方米,其圬工数量仅为同等跨径片石坦拱的30%、为无筋无肋双曲拱的33%、为有筋有肋双曲拱的44%,这样有利于减轻基础荷载的要求,为桥梁轻型化创造了条件。该桥改建通车后,在1968年8月检查时,发现3孔边肋均在跨中部分有宽0.1毫米~0.2毫米裂纹,其后裂纹续有发展。1980年检查时,发现常德孔两边肋拱顶裂缝宽约10毫米,壳体顶除中间80厘米距离外,裂纹全部贯通,中孔两边肋拱顶裂纹宽约5毫米,益阳孔两边肋拱顶裂纹宽3毫米,中孔及益阳孔壳体未发现裂纹。

1980年,国道319路基加宽改造时,太子庙桥加宽至与路基同宽,为12米,仍以单独曲面薄壳加宽。同时对原桥裂纹进行处治,边肋裂纹用环氧树脂填充,常德孔再沿边肋全长用环氧树脂粘贴厚5厘米,宽18厘米的钢板。中孔及益阳孔在边肋拱顶3米范围内粘贴钢板,用以加强边肋强度。加固效果较好。

2002年12月23日,湖南省公路局以湘路养路字〔2002〕第315号文对太子庙桥维修加固工程预算进行批复。因太子庙桥主拱圈存在不同程度的纵向裂缝,且裂缝有快速发展的趋势,桥面破损。为确保安全,决定对太子庙桥进行维修加固。考虑到原桥墩和基础状况较好,加固时在老桥桥墩上修筑立墙和台帽,利用原桥面作支撑浇筑上部结构。新桥上部主梁为3跨10.5米普通钢筋连续板,边板悬臂长度0.5米,板高0.5米。两边桥台支撑采用立墙加台帽形式,中间支撑采用基础加立墙。加固后桥梁全长32.58延米,宽13.1米。设计荷载等级为汽-20级、挂-100。核准加固工程预算经费71.6万元,其中省公路局补助35.8万元、市公路局从切块经费中列支35.8万元。

二、西庄坪桥

位于国道319线的鼎城区境,中心桩号K1351+199。

国道319线德山至太平铺公路,民国21年(1932)12月开始修建,1935年9月25日建成通车,为原川湘公路的一段,西庄坪桥就始建于这一时期,当时为5孔全长24.25延米的临时性木桥。1964年全省危桥改造时列为改造项目,是湖南省第一座应用钻孔灌注桩基础的桥梁。该桥改建桥型为2孔净跨15米少筋微弯板组合梁上部构造,下部为钻孔灌注桩基础排架墩梁桥。桥面宽6米,设计荷载等级为汽-13级、拖-60。由湖南省交通规划设计院设计,湖南省交通厅工程管理局第二工程队施工,1964年9月开工,1965年1月16日建成通车。两岸桥台在老桥路基填土上，更换砂砾垫层，设置钢筋混凝土垫梁作桥台。中墩为直径 60 厘米钢筋混凝土双排架墩，基础为 4 根直径 80 厘米的钻孔灌注桩，中距 2 米，桩深 11.4 米 ~ 11.8 米。桩尖支撑在紧密砂砾石层上，基桩上部 9 米配筋，下部为混凝土，基桩上设承台厚 80 厘米，其上再设立排架墩。灌注桩钻孔用河南省的“火箭锥”施工，人力推磨钻进。主梁钢筋骨架和模板及全部微弯板在距桥位 45 公里的严家河桥工地预制，然后由汽车运至西庄坪桥安装。

进入 21 世纪后，由于运输车辆急剧增加，以及过桥行人增多，西庄坪桥经常发生交通堵塞，已无法适应交通量增长，特别是超载重车的通行，致使老桥部分出现严重病害，经检测评定为四类危桥。主要病害是老桥与新桥接缝空隙已达 3 厘米宽，新旧桥面错台也达3 厘米 ~ 4 厘米，老桥 T 梁变形严重，跨中挠度较大，横梁多处裂缝，缝宽大于 0.2 毫米，已影响行车安全。2005 年对该桥进行拓宽改造，拓宽部分为 4.5 米的钢筋混凝土空心板梁桥，加宽后桥全长 34.1 延米，全宽 12.1 米，净宽 11.3 米。设计荷载等级为公路 – Ⅱ级。

2011 年，常德市交通运输局以常交发〔2011〕101 号文批复同意在拆除老桥部分后，在原桥位建新桥。设计为 2 孔 18.26 米钢筋混凝土简支空心板梁桥，设计荷载等级为公路 – Ⅱ级。工程造价 179.9 万元。2011 年 12 月新桥建成通车。

三、太平铺桥

位于国道 319 线桃源县与沅陵县交界处的太平铺，中心桩号 K1428+771。民国 24 年(1935)川湘公路建成通车时，太平铺桥是一座 6 孔净跨 7 米的石台墩木面半永久性桥，台墩为双车道，桥面为单车道，全长 47 延米。

1949 年 7 月常德解放前夕，国民党军队败退时将木面桥浇汽油烧毁。解放后即由解放军配合桃源养路段修复，桥面仍为木面。1966 年湖南省危桥改造时期，太平铺桥列为改造项目，由常德公路总段工程队修建。该桥利用原桥石台墩改建为 3 孔跨径 13.75 米，全长 53.8 延米的双曲拱桥。拱矢度为 1/5，设计荷载等级为汽 –13 级、拖 –60。1966 年 3 月开工，同年 12 月建成通车。决算造价 3.59 万元。改建后的太平铺桥是当时常德地区修建的第一座无筋无肋双曲拱桥。

由于交通量增长，特别是超载重车增多，太平铺桥拱肋表面混凝土破碎严重，常德岸桥台锥坡冲刷严重，影响了国道 319 线的通过能力和行车安全。2004 年公路部门决定对该桥进行加固改造，确定设计方案为：

(一)上游加宽 5.12 米，加宽后桥梁总宽度为 12.5 米，桥长 58.63 延米，加宽部分上部结构采用 3 × 15.29 米预制预应力混凝土空心板结构，横向由 1 块中板和两块边板组成，边板悬臂长度 0.68 米，板高 0.75 米。下部桥墩采用直径 1.2 米独柱配 1.2 米高盖梁，基础采用直径1.5 米的单桩，桥台采用桩式结构承重，后接 U 型桥台挡土。

(二)老桥主拱圈下缘增加 8 厘米厚的锚喷钢筋混凝土加劲板；拆除老桥桥面系拱腔柔

性填料,换填20号小石子混凝土砌片石等刚性填料;行车道采用钢筋混凝土整体板;增高人行道板和人行道杆。

该桥加固改造前,对河床进行了地质钻探,基岩为弱风化砾泥质粉砂岩,密实坚硬,岩体稳定,承载力大于1000千帕,适宜作为桥基持力层。设计荷载等级为汽-20级、挂-100,人群3.5千牛/平方米。桥面净宽9米,人行道2×1.5米,人行道栏杆2×0.25米。地震烈度为6度。设计洪水频率1/100。加固改造工程于2004年7月2日开工,同年12月28日竣工,由桃源公路局承建。工程造价101.85万元。

四、七家桥

位于县道军山铺红卫闸线(X027)的安乡县七家,中心桩号K112+715。

1968年建路时该桥原位置为1孔2.5米的木涵洞。1976年12月,安乡县水利部门为排灌需要,破路废涵,顺南北向人工开河,修建21孔跨径为2米的木架木面桥通车。后因木桥摇摆不稳,停止通车。车辆绕道3.7公里利用上游五号渠道桥通行。1980年12月,安乡县人民政府决定以民工建勤方式修建七家桥,跨越人工河,以避免公路绕道。该桥由常德公路总段派员现场设计,并参与建桥过程的施工指导。七家桥当时是湖南省修建的第二座钢筋混凝土刚架拱桥,单孔跨径40米,全长69延米,桥面净宽7+2×0.25米,桥高8米。设计荷载等级为汽-15级、挂-80。桥轴线与河道中心线斜交55度。刚架拱系现浇施工,微弯板以土模预制,人字扒杆吊装就位,桥台用砖模现浇。该桥于1981年2月开工,1982年3月20日竣工通车。决算造价18.08万元,其中省公路局补助9万元、县财政投资7.3万元、县交通局自筹1.78万元。

七家桥修建时标准较低,桥位地基软弱,通车后桥台发生位移。2003年经检测发现该桥拱顶下沉15厘米,拱脚多处裂缝,桥两端伸缩缝裂开已达10厘米,存在严重安全隐患。经湖南省交通厅同意,决定七家桥拆除重建。2003年12月30日,常德市公路局以常路〔2003〕186号文对七家桥改建工程设计文件进行批复。方案是拆除原桥,在原桥位上新建一座3孔20米钢筋混凝土梁桥。新桥上部构造为预应力空心板,桥台采用双柱墩加U型组合结构,墩台桩基均采用2根直径1.2米钻孔灌注桩。桥全长69.36延米,宽8.6米,设计荷载等级为汽-20级、挂-100,洪水频率1/100,地震烈度为7度。核准七家桥预算经费169.58万元。

五、濠口桥

位于县道白鹤山沙河口线(X042)的鼎城区周家店镇濠口,中心桩号K30+312。

1967年修建常德至蒿子港公路时,濠口桥为3孔全长18延米的砖台木墩木面桥,因地势低洼,内湖积水,桥经常被淹没。1968年该桥由常德地区交通局公路航道处列入改建计划,派员勘测设计,由常德县交通局组织民工施工,1968年10月开工,1969年10月竣工通车。该桥为1孔净跨30米混凝土双曲拱桥，拱矢度为1/6，桥面净宽7米，桥高7.6米，全长44延米。设计荷载等级为汽-13级、拖-60。石砌桥台奠基在河床下约3米的黄土硬层上，较原桥提高2.5米，两端路基相应提高2米~3米，以民工建勤方式组织施工，决算造价6.7万元。1979年公路普查时，发现拱圈有轻微裂纹。

2010年，濠口桥已存在多处病害。主要是桥主拱圈渗水严重；底板存在多条横向贯通裂缝，最宽裂缝达10毫米以上，影响到主拱圈截面，并有继续扩张的趋势；上部承重构造表面风化、脱落严重；侧墙外倾移位，与拱圈之间脱落；桥梁栏杆为装配式，破损严重；墩、台表面风化、砌缝砂浆脱落、基础冲空；桥面沥青表处层已严重老化，龟裂严重。经检测，濠口桥被评为五类危桥。2010年5月6日，常德市公路局以常路〔2010〕62号文对濠口桥重建工程设计文件进行批复，决定重建一座1孔30米简支梁桥，桥宽9米，上部结构为钢筋混凝土T梁，下部结构为重力式桥台，桩基础；桥面为钢筋混凝土结构，并完善排水系统。2010年12月8日，常德市交通运输局以常交发〔2010〕90号文对濠口桥危桥改造工程施工图设计进行批复，核批该桥预算经费425.1万元，决算投资376.6万元。濠口桥于2011年1月开工修建，2011年9月竣工通车。

六、水溪桥

位于国道319线的桃源县桃花源镇，跨越沅水支流水溪河，中心桩号K1381+134。

民国24年（1935）修建川湘公路时为11孔石台木面桥，全长72.05延米，抗日战争时期为阻挡日军，国民党军将其破坏。抗日战争胜利后，1947年仍修复为11孔石台木面桥。1950年2月桥面被土匪烧毁。1965年1月，湖南省交通厅工程管理局工程队在修复严家河、牛路滩两桥之后，将水溪桥改建为4孔跨径13.07+2×19.15+19.51的钢筋混凝土T型梁桥，由5片宽1.4米的T梁组成。桥宽7米，净宽6.6米，桥高11米，全长86.3延米，设计荷载等级为汽-10级、拖-60。1981年发现两桥台台背有裂缝，1982年进行加固，挖除原桥台填厢用的易风化砂岩（标号约30号），换成水泥砂浆砌块片石后，桥台渐趋稳定。该桥台、墩均奠基在砂砾层上，河面宽70米，洪水位时水深7米。此次加固工程投资7.8万元。

2006年3月9日，湖南省公路局以湘路养字〔2006〕11号文批复同意水溪桥进行加固改造。加固方案是：在桥上、下游两侧各增加一片宽1.44米的T梁，加宽后桥宽9.44米，行车道宽9米。墩、台相应加宽，新、老桥结合部分均植入锚固钢筋相连。新、老T梁横向采用横隔板及翼板刚性连接。凿除原桥面铺装层及栏杆，新做12厘米~19厘米的钢筋混凝土桥面铺装。新铺装层与T梁采用锚筋植入T梁梁肋及翼板连接，0号、2号、4号墩、台顶增设桥面连续钢筋网，1号、3号桥墩墩顶设伸缩缝。T梁及T梁横隔板用C40混凝土，防撞栏杆、盖梁、桥台搭板用C30混凝土，墩身、基础加固部分用C20混凝土。加固后设计荷载等级为汽-20级、挂-100。设计桥面横坡1.5%。核批维修加固经费108.46万元。

七、新坡桥

位于常德市武陵区东郊乡与芦山乡的交界处,跨马林河,县道断港头新坡桥线(X044)终点。

该桥前身为新陂古桥,建于明万历年间(1573—1620),石墩架木桥。清康熙六年(1667)知府胡向华重修,里人陈冲儒助修,建小石桥。嘉庆十四年(1809),里人张国顺同仲儒孙其秀、余文献、陈文德捐资重修,更名为五福桥。长十三丈、宽二丈六尺。20世纪50年代,该桥为三孔花岗岩条石人行民桥。1978年新坡桥公路桥修建,由常德县水利局设计,常德地区交通局投资16.4万元,牛鼻滩区公所组建新坡桥修建工程指挥所,组织150人的专业队伍施工,桥头接线路基工程从全区抽调800名民工修建,并铺简易路面。1978年12月开工,1979年7月建成通车。该桥设计为1孔净跨35米的有筋有肋双曲拱桥,桥面宽9.6米,桥长51.5延米。主拱圈采用满布式拱盔支架施工,安装模板、钢筋及现浇混凝土均系人工操作,拱波系预制。通车一年后,由于桥台基础较弱,两岸桥台发生转动,路基与桥台接头有沉陷裂缝,腹拱开裂,决定停止通车。1981年4月,常德县交通局投资1.2万元将孔内两台前加堆片石,防止两台向内继续转动,修整开裂的腹拱。此后通车多年,经观测,桥台已稳定。

2000年,湖南省公路局湘路养字〔2000〕第142号文件中指出,新坡桥经专家鉴定为危桥。2001年4月28日,常德市公路局以常路〔2001〕第62号文对新坡桥维修加固工程设计文件进行批复,决定拆除腹拱拱脚以上结构,将原桥立柱加固为钢筋混凝土横墙,在横墙现浇钢筋混凝土简支板、二跨连续板、三跨连续板,并采用钢筋混凝土加固主拱圈拱顶和拱板,设置防撞栏杆。新坡桥加固维修预算经费为41.19万元。

八、皂市桥

位于省道石门南北镇线(S303)的石门县皂市镇,跨越溇水,中心桩号K16+438。

皂市桥始建于1958年,修建石清公路时为石台木面桥。1971年改建为石拱桥,为4孔12米实腹式石拱桥,桥长64延米,桥宽7米。1988年9月18日桥被洪水冲垮,当年11月20日皂市桥重建工程开工,设计为1孔净跨50米局部变截面悬链线双曲拱桥。净矢高6.25米,拱矢度1/8,桥长74.7延米,桥面净宽10米。设计荷载等级为汽-20级、挂-100。1989年7月1日竣工通车,投资50万元。

2006年,皂市桥检测时定为三类危桥,存在以下病害:悬臂挑梁根部开裂导致桥右侧1/2人行道板呈现贯穿全桥的纵向裂缝,桥面破损。2006年8月7日,湖南省公路局以湘路养字〔2006〕349号文对皂市桥维修加固设计文件进行批复。维修加固方案是:凿除原桥面系及悬臂挑梁,换填拱上填料,铺设防水隔离层,现浇双层钢筋混凝土桥面铺装,增设钢筋混凝土防撞护栏。加固后桥长不变,桥宽9米,荷载等级满足公路-Ⅱ级。核准预算经费58.228万元,其中湖南省公路局投资32万元、常德市公路局切块经费安排26.228万元。此次维修加固于2006年8月开工,同年10月10日竣工。

常德市公路局桥梁明细表

表 1-2-3-1

桥梁名称	中心桩号	路线编码	路线名称	桥梁全长（米）	跨径总长（米）	单孔最大跨径（米）	跨径组合（孔×米）	桥梁全宽（米）	桥面净宽（米）	桥 型	荷载等级	通车时间
桥梁总计：411 座 32465.36 延米												
国道小计：56 座 6143.20 延米												
艳洲渠桥	2218.376	G207	锡海线	33	30	15	2×15	24.5	21	空心板梁	汽车-20 级	1995
澧西二桥	2221.369	G207	锡海线	21.5	8	8	1×8	24.5	22	板拱	汽车-15 级	1974
万家铺桥	2223.502	G207	锡海线	24	5	5	1×5	24.5	21	板拱	汽车-15 级	1994
岔路桥	2225.721	G207	锡海线	12.8	5	5	1×5	24.5	21	板拱	汽车-15 级	1993
张公庙大桥	2227.525	G207	锡海线	894.1	812	76	16×16+5×76+11×16	12	10.5	箱型拱	汽车-20 级	1989
复船桥	2230.455	G207	锡海线	17.8	6.5	6.5	1×6.5	25	15	板拱	汽车-20 级	1996
九龙桥	2236.895	G207	锡海线	11.5	5	5	1×5	25	15	板拱	汽车-20 级	1992
喜鹊桥	2238.065	G207	锡海线	26	6.5	6.5	1×6.5	25	15	板拱	汽车-20 级	1992
聚宝桥	2238.939	G207	锡海线	19.2	6	6	1×6	25	15	板拱	汽车-20 级	1992
新河桥	2292.87	G207	锡海线	40.9	30	30	1×30	36	22.5	双曲拱	公路-II 级	2000
姻缘河桥	2300.054	G207	锡海线	24	16	16	1×16	30	22	空心板梁	公路-II 级	2000
沅水二桥	2308.973	G207	锡海线	3122.28	3108	96	2×96+144×20.25	18.4	17.4	空心板梁	公路-II 级	2000
何家坪桥	2313.035	G207	锡海线	13	6	6	1×6	42	38	双曲拱	汽车-15 级	1960
白云桥	2321.602	G207	锡海线	9.6	6	6	1×6	6.5	6	板拱	汽车-15 级	1960
黄泥港大桥	2331.237	G207	锡海线	11.04	10	10	1×10	12.3	11.5	空心板梁	公路-II 级	1982
冼家桥	2334.016	G207	锡海线	12	5	5	1×5	7.5	7	空心板梁	公路-II 级	1986
海坪桥	2345.235	G207	锡海线	9.8	6.4	6.4	1×6.4	7.5	7	空心板梁	公路-II 级	1972
沧浪坪桥(一)	2347.765	G207	锡海线	24.5	14	7	2×7	7.7	7.2	空心板梁	公路-II 级	1978
沧浪坪桥(二)	2348.673	G207	锡海线	6	5.5	5.5	1×5.5	7.5	7	空心板梁	公路-II 级	1979
王家庙桥	2355.888	G207	锡海线	23	12	12	1×12	7.5	7	空心板梁	公路-II 级	1968
龙潭桥	1283.088	G319	厦成线	7.1	6	6	1×6	12.9	12	板拱	公路-II 级	1980

续表 1-2-3-1

桥梁名称	中心桩号	路线编码	路线名称	桥梁全长（米）	跨径总长（米）	单孔最大跨径（米）	跨径组合（孔×米）	桥梁全宽（米）	桥面净宽（米）	桥型	荷载等级	通车时间
大冲桥	1286.86	G319	厦成线	17.7	10	10	1×10	13.1	12.3	工字梁	公路-II 级	1980
龚家桥	1291.809	G319	厦成线	9.2	7.3	7.3	1×7.3	13.4	12.5	工字梁	公路-II 级	1980
崔家桥	1292.308	G319	厦成线	33.7	18	6	3×6	12.5	11.6	双曲拱	公路-II 级	1958
余家桥	1298.482	G319	厦成线	8.3	5.5	5.5	1×5.5	12.7	11.8	板拱	公路-II 级	1980
太子庙桥	1299.926	G319	厦成线	41.5	28.2	9.4	3×9.4	13.3	12.5	板拱	公路-II 级	1980
马嘶桥	1306.45	G319	厦成线	13	6	6	1×6	12.5	11.7	板拱	汽车-20 级	1980
严家河桥	1309.663	G319	厦成线	89	83.8	16.76	5×16.76	12.6	11.7	空心板梁	汽车-20 级	1965
牛路滩桥	1312.932	G319	厦成线	122.6	117.32	16.76	7×16.76	12.6	11.7	空心板梁	公路-I 级	1965
谢家铺桥	1318.278	G319	厦成线	19	18	9	2×9	12.2	11.2	板拱	汽车-20 级	1963
高家港桥	1324.689	G319	厦成线	21.6	18	9	2×9	11.8	11.2	空心板梁	汽车-20 级	1964
樟木桥接线桥	1328.916	G319	厦成线	574	66.8	16.7	4×16.7	24.4	18.8	简支梁桥	汽车-20 级	2005
檀树坪桥	1329.555	G319	厦成线	38	22	22	1.×22	41	38	双曲拱	汽车-20 级	1960
樟木桥桥	1330.168	G319	厦成线	12.7	6	6	1×6	40	36	空心板梁	汽车-15 级	1960
港口大桥	1335.811	G319	厦成线	95	65	65	1×65	10	7	双曲拱	汽车-10 级	1959
天井硚桥	1336.89	G319	厦成线	29	18	18	1×18	12	11.2	连续箱梁	公路-II 级	1983
西桩坪桥	1351.208	G319	厦成线	39.5	35	17.5	2×17.5	12.1	11.3	空心板梁	公路-II 级	1968
郑家港桥	1369.114	G319	厦成线	8.2	8	8	1×8	13	12	其他桥	公路-I 级	1991
渌溪桥	1372.85	G319	厦成线	27.7	15	15	1×15	12.4	11.6	连续箱梁	公路-II 级	1991
甘潭桥	1375.581	G319	厦成线	51.8	48.5	20	左 2×20　右 6×6.05	12.4	11.6	连续箱梁	公路-I 级	1991
水溪桥	1381.134	G319	厦成线	86.3	70.89	19.52	13.07+2×19.15+19.52	9.46	9	T 梁	公路-I 级	1965
砂港桥	1389.58	G319	厦成线	8	6	6	1×6	13.2	12.2	其他桥	公路-I 级	1967
澄溪桥	1391.631	G319	厦成线	66.83	50.8	12.7	4×12.7	13	11	其他桥	公路-I 级	1967
羯羊铺桥	1402.71	G319	厦成线	24.6	13	13	1×13	13	11	其他桥	公路-I 级	1990
猪耳湖一桥	1404.28	G319	厦成线	23.04	16	16	1×16	11.8	11	其他桥	公路-I 级	2004
猪耳湖二桥	1404.448	G319	厦成线	25.64	16	16	1×16	11.8	11	其他桥	公路-I 级	2004
猪耳湖三桥	1404.448	G319	厦成线	19.72	10	10	1×10	11.8	11	其他桥	公路-I 级	2004

续表 1-2-3-1

桥梁名称	中心桩号	路线编码	路线名称	桥梁全长（米）	跨径总长（米）	单孔最大跨径（米）	跨径组合（孔×米）	桥梁全宽（米）	桥面净宽（米）	桥　型	荷载等级	通车时间
张家沟桥	1405.375	G319	厦成线	8.4	6	6	1×6	9.1	9.1	其他桥	公路-I 级	1975
杨溪桥	1407.628	G319	厦成线	29.5	22.8	22.8	1×22.8	12.5	9	其他桥	公路-I 级	1967
雷家湾一桥	1409.36	G319	厦成线	49.54	40	20	2×20	11.8	11	其他桥	公路-I 级	2004
雷家湾二桥	1410.152	G319	厦成线	17.04	10	10	1×10	11.8	11	T 梁	公路-I 级	2004
胡家冲桥	1412.32	G319	厦成线	7	6	6	1×6	12.7	11.7	其他桥	公路-I 级	1967
茶庵铺桥	1417.874	G319	厦成线	51	20	20	1×20	12.5	9	其他桥	公路-I 级	1970
毛家桥	1422.206	G319	厦成线	22	12	6	2×6	10.3	9.3	其他桥	公路-I 级	1967
毛家溪二桥	1422.951	G319	厦成线	30	20	20	1×20	11.8	11	其他桥	公路-I 级	2005
太平铺桥	1428.771	G319	厦成线	59.97	47.33	16	1×15.33+2×16	12.5	9	其他桥	公路-I 级	1966
省道小计：171 座　20972.67 延米												
津市澧水大桥	0.804	S205	津武线	752.37	367	135	1×135+2×116	16	12	连续箱梁	汽车-20 级	1989
长山桥	5.336	S205	津武线	74	64	16	4×16	16	16	简支梁桥	汽车-20 级	1993
新洲桥	9.233	S205	津武线	52	48	16	3×16	13.2	12	空心板梁	汽车-20 级	1994
肖家湖桥	10.1	S205	津武线	29.5	10	10	1×10	14	12.6	板拱	汽车-20 级	1993
新湖桥	35.57	S205	津武线	11	9	9	1×9	12.8	12	简支梁桥	汽车-20 级	1994
中南桥	32.578	S205	津武线	10.5	8.7	8.7	1×8.7	12.9	12	简支梁桥	汽车-20 级	1994
团结桥	48.718	S205	津武线	30	23.5	10.5	2×6.5+1×10.5	7.5	6.5	整体现浇梁	公路-II 级	1982
八渠桥	57.62	S205	津武线	11	5.5	5.5	1×5.5	12.5	12	空心板梁	公路-II 级	1997
王家湖桥	61.245	S205	津武线	24	10	10	1×10	12.5	12	箱形梁	公路-II 级	1996
牛屎湖桥	61.533	S205	津武线	13.5	6	6	1×6	12.5	12	空心板梁	公路-II 级	1994
袁家坪桥	71.115	S205	津武线	9.2	5	5	1×5	12.8	12	板拱	公路-II 级	1992
仓儿总大桥	81	S205	津武线	7265	5640	227	5×100+2×50+10×50×20×227	16.8	16	连续组合式梁	公路-II 级	2008
五里桥	91.06	S205	津武线	26.4	12.8	6.4	2×6.4	38.4	37.4	整体现浇梁	公路-II 级	1987
关坝桥	91.921	S205	津武线	8	5	5	1×5	15.2	14.7	整体现浇梁	公路-II 级	1986
押东桥	94.035	S205	津武线	13	5.3	5.3	1×5.3	15.8	15	板拱	公路-II 级	1986
沧浪水闸桥	94.518	S205	津武线	13	5	5	1×5	12	9	板拱	公路-II 级	1976

续表 1-2-3-1

桥梁名称	中心桩号	路线编码	路线名称	桥梁全长（米）	跨径总长（米）	单孔最大跨径（米）	跨径组合（孔×米）	桥梁全宽（米）	桥面净宽（米）	桥型	荷载等级	通车时间
朝阳桥	98.263	S205	津武线	153	120	40	3×40	8.4	7	双曲拱	公路-II 级	1975
东风桥	117.238	S205	津武线	12	10	10	1×10	6.5	6	板拱	公路-II 级	1976
发梅桥	119.638	S205	津武线	40.2	30	15	2×15	7.5	7	空心板梁	公路-II 级	1983
丰家铺桥	121.162	S205	津武线	11	7.5	7.5	1×7.5	11.8	7	板拱	公路-II 级	1998
顺里桥	127.006	S205	津武线	7.7	5	5	1×5	12.2	7	板拱	公路-II 级	1997
庄家桥	6.075	S226	陬桃线	16.4	5	5	1×5	7.5	6.9	其他桥	公路-I 级	1964
白洋河桥	10.893	S226	陬桃线	210	180	30	6×30	12	9	双曲拱	公路-I 级	1979
杨耳桥	12.675	S226	陬桃线	24.6	6	6	1×6	6.8	6.1	其他桥	公路-I 级	1964
张家浪桥	17.018	S226	陬桃线	12	5	5	1×5	42	16	其他桥	公路-I 级	1997
新河桥	19.05	S226	陬桃线	82	63	21	3×21	20	16	双曲拱	公路-I 级	1972
黄花井桥	19.874	S226	陬桃线	138	60	60	1×60	24	21	板拱	公路-II 级	1997
桃源沅水大桥	24.9	S226	陬桃线	1200	1164	220	1×220+16×59	16	9	其他桥	公路-II 级	1999
漆河桥	0.47	S227	漆官线	148.8	120	30	4×30	10.5	7	双曲拱	公路-II 级	1979
黄甲铺桥	10.17	S227	漆官线	11.1	5	5	1×5	8.5	7.9	其他桥	公路-II 级	1980
黄甲铺大桥	10.41	S227	漆官线	29	20	10	2×10	8.7	8	其他桥	公路-II 级	1980
猫儿垱桥	11.435	S227	漆官线	14.3	8.4	8.4	1×8.4	9.5	6.5	其他桥	公路-II 级	1964
小河口桥	21.836	S227	漆官线	22	16	16	1×16	8.5	6.5	其他桥	公路-II 级	1980
小溪桥	27.325	S227	漆官线	16	10	10	1×10	8.6	8	其他桥	公路-II 级	1980
王树湾桥	30.472	S227	漆官线	14	8	8	1×8	8.4	7.8	其他桥	公路-II 级	1980
丁家坊桥	31.445	S227	漆官线	15.5	7.7	7.7	1×7.7	9.2	8.6	其他桥	公路-II 级	1978
千工坝桥	34.135	S227	漆官线	48.8	36	12	3×12	8	7.5	其他桥	公路-II 级	1980
龙潭小桥	38.108	S227	漆官线	9.2	5.6	5.6	1×5.6	8.8	8.7	其他桥	公路-II 级	1970
龙潭大桥	38.685	S227	漆官线	53.3	23	11.5	2×11.5	12.5	12	其他桥	公路-II 级	1981
观音寺小桥	45.747	S227	漆官线	9	7	7	1×7	10.9	10.4	其他桥	公路-II 级	1970
观音寺大桥	46.225	S227	漆官线	161	120	40	3×40	9.2	6.5	其他桥	公路-II 级	1978
甘溪桥	51.165	S227	漆官线	13.5	8.5	8.5	1×8.5	9	8.5	其他桥	公路-II 级	1978

续表 1-2-3-1

桥梁名称	中心桩号	路线编码	路线名称	桥梁全长（米）	跨径总长（米）	单孔最大跨径（米）	跨径组合（孔×米）	桥梁全宽（米）	桥面净宽（米）	桥 型	荷载等级	通车时间
杨家溪二桥	52.372	S227	漆官线	16	8	8	1×8	8.8	8.2	其他桥	公路-II 级	1980
杨家溪一桥	53.245	S227	漆官线	13	5	5	1×5	9	8.5	其他桥	公路-II 级	1976
燕家溪桥	54.568	S227	漆官线	43.5	27	27	1×27	8.4	7.7	其他桥	公路-II 级	1979
友谊桥	0.016	S302	紫边线	24.4	9	9	1×9	9	7	T 梁	公路-II 级	1985
沙堤村桥	17.583	S302	紫边线	18	8	8	1×8	11	10	空心板梁	公路-II 级	1997
交通桥	21.208	S302	紫边线	18	8	8	1×8	11	10	空心板梁	公路-II 级	2010
大湖口桥	22.147	S302	紫边线	650.72	184	80	1×52+1×80+1×52	10	9	连续箱形梁	汽车-20 级	2004
夹夹大桥	28.592	S302	紫边线	1730.94	1696.5	48.5	15×25+19×48.5+16×25	10	9	T 梁	公路-I 级	2008
幸福桥	36.34	S302	紫边线	30	30	30	1×30	11	10	连续 T 梁	公路-II 级	2004
毛家岔大桥	41.77	S302	紫边线	540.8	360	40	9×40	8.5	7.5	T 梁	公路-II 级	2005
王家湾桥	43.22	S302	紫边线	25	6	6	1×6	11.1	10.1	T 梁	公路-II 级	1978
建新桥	46.252	S302	紫边线	23.3	12	12	1×12	11.5	10.5	连续箱梁	公路-II 级	1979
柳耳坝桥	48.924	S302	紫边线	15	12	12	1×12	11	10	连续 T 梁	公路-II 级	1979
澹东渠桥	57.286	S302	紫边线	25	12	12	1×12	22	21	空心板梁	公路-II 级	1995
临津澹水桥	57.399	S302	紫边线	104.6	100	20	5×20	19.3	16	T 梁	公路-II 级	1995
澹西渠桥	57.525	S302	紫边线	17.2	6.5	6.5	1×6.5	24.8	23.8	空心板梁	公路-II 级	1995
三夹桥	60.2	S302	紫边线	23.14	12	12	1×12	22.83	21.83	空心板梁	公路-II 级	1995
熊家湾一桥	89.275	S302	紫边线	10	5	5	1×5	45.5	6	连续 T 梁	公路-I 级	1970
熊家湾二桥	89.33	S302	紫边线	13	9	9	1×9	43	6	连续 T 梁	公路-I 级	1973
南干渠桥	90.954	S302	紫边线	23.3	13	13	1×13	7.6	6	连续 T 梁	公路-I 级	1971
打石桥	92.435	S302	紫边线	23	10	10	1×10	8	6	连续 T 梁	公路-I 级	1963
铁路桥	94.907	S302	紫边线	35.3	20	20	1×20	8	6	连续箱梁	公路-I 级	1970
黑岩嘴桥	97.222	S302	紫边线	23.5	13	13	1×13	8.7	6	连续 T 梁	公路-I 级	1975
王家厂桥	101.045	S302	紫边线	93	75	25	3×25	8	6	空心板梁	公路-I 级	1968
鸡公桥	101.59	S302	紫边线	15.6	6	6	1×6	7.2	6	连续 T 梁	公路-I 级	1974
双土岭桥	116.737	S302	紫边线	11	5	5	1×5	8	6	连续 T 梁	公路-I 级	2006

续表 1-2-3-1

桥梁名称	中心桩号	路线编码	路线名称	桥梁全长（米）	跨径总长（米）	单孔最大跨径（米）	跨径组合（孔×米）	桥梁全宽（米）	桥面净宽（米）	桥型	荷载等级	通车时间
九河湾桥	118.117	S302	紫边线	21	10	10	1×10	6.6	5.5	连续T梁	公路-I级	1958
黄溪桥	125.933	S302	紫边线	6.4	5	5	1×5	7.6	6	连续T梁	公路-I级	1962
太青干渠桥	129.967	S302	紫边线	9	8.4	8.4	1×8.4	8.3	7.5	空心板梁	公路-II级	1970
边山河大桥	130.945	S302	紫边线	124	116	29	4×29	7.5	7	连续箱梁	公路-I级	1967
丁家坪桥	0.334	S303	石南线	15.5	7	7	1×7	15.8	15.8	板拱	公路-II级	1985
闫家溶一桥	1.605	S303	石南线	8.7	6.5	6.5	1×6.5	12.2	11.3	板拱	公路-II级	1985
闫家溶二桥	2.345	S303	石南线	10	6	6	1×6	12.2	11.3	板拱	公路-II级	1985
安乐桥	5.311	S303	石南线	12	9	9	1×9	9.5	8.9	板拱	公路-II级	1968
新关桥	6.863	S303	石南线	165.5	150	25	6×25	10.3	9.6	箱形梁	公路-II级	1966
砚子溪桥	12.081	S303	石南线	14	10	10	1×10	7.6	7	板拱	公路-I级	1961
皂市大桥	16.433	S303	石南线	74.4	50	50	1×50	10	9.4	双曲拱	公路-II级	1989
美圣桥	18.661	S303	石南线	20	8.5	8.5	1×8.5	9.3	8.4	板拱	公路-II级	1972
新桥	22.335	S303	石南线	11.5	10	10	1×10	7.5	7	板拱	公路-II级	1972
白云桥	23.62	S303	石南线	21	7	7	1×7	13.6	12.8	板拱	公路-II级	1991
枧桥	25.218	S303	石南线	10	8	8	1×8	6.7	6.3	板拱	公路-II级	1971
南溪桥	25.75	S303	石南线	10	8	8	1×8	8.1	7.5	板拱	公路-II级	1972
竹巷桥	30.345	S303	石南线	8.5	6	6	1×6	6.7	6	板拱	公路-II级	1971
欧家桥	31.173	S303	石南线	9	6	6	1×6	6.5	5.8	板拱	公路-I级	1970
青龙桥	32.474	S303	石南线	11	6	6	1×6	10.7	10	板拱	公路-II级	1970
望羊桥	34.962	S303	石南线	18	9	9	1×9	7.6	7	板拱	公路-I级	1974
同福桥	36.905	S303	石南线	24	11	11	1×11	10.9	10.3	板拱	公路-II级	1971
磺厂桥	38.521	S303	石南线	30	21	21	1×21	9.2	8.4	板拱	公路-I级	1976
青泥溪桥	65.33	S303	石南线	28	13	6.5	2×6.5	7	6.5	板拱	公路-II级	1972
官庄坪桥	70.237	S303	石南线	45	29.1	9.7	3×9.7	7	6.5	板拱	公路-II级	1973
张家湾桥	72.444	S303	石南线	12	8	8	1×8	8.1	7.5	板拱	公路-II级	1961
古市桥	76.046	S303	石南线	57	20	20	1×20	6.6	6	板拱	公路-II级	1970

续表 1-2-3-1

桥梁名称	中心桩号	路线编码	路线名称	桥梁全长（米）	跨径总长（米）	单孔最大跨径（米）	跨径组合（孔×米）	桥梁全宽（米）	桥面净宽（米）	桥 型	荷载等级	通车时间
黑山湾桥	80.323	S303	石南线	10	6	6	1×6	6.4	5.8	板拱	公路-II 级	1961
麻纳口桥	83.367	S303	石南线	34	12	12	1×12	6.6	6	板拱	公路-II 级	1961
砂子溪桥	90.029	S303	石南线	30	10	10	1×10	6.6	6	板拱	公路-II 级	1961
黄虎港东桥	104.718	S303	石南线	20	6	6	1×6	6	5.3	板拱	公路-II 级	1969
黄虎港桥	105.48	S303	石南线	103	75	60	1×60+1×15	8.6	8	板拱	公路-II 级	1961
黄虎港西一桥	105.693	S303	石南线	20	7.5	7.5	1×7.5	6.6	6	板拱	公路-I 级	1961
黄虎港西二桥	105.806	S303	石南线	14	9	9	1×9	6.6	6	板拱	公路-II 级	1961
承志桥	107.159	S303	石南线	31	9.5	9.5	1×9.5	6.6	6	双曲拱	公路-I 级	1964
三道河桥	112.221	S303	石南线	32	17.1	5.7	3×5.7	6.6	6	板拱	公路-II 级	1969
板桥沟桥	121.379	S303	石南线	10	6	6	1×6	6.5	5.7	板拱	公路-II 级	1969
沙青桥	125.05	S303	石南线	23.8	13	13	1×13	8.5	7.5	板拱	公路-II 级	2003
堂皇沟桥	127.335	S303	石南线	22	5	5	1×5	6.8	6	板拱	公路-II 级	1968
何家湾桥	128.247	S303	石南线	15	5.5	5.5	1×5.5	6.6	5.9	板拱	公路-II 级	1968
梅家湾桥	130.95	S303	石南线	8	5	5	1×5	6.6	6	板拱	公路-II 级	1969
向阳桥	138.59	S303	石南线	10	6	6	1×6	6	5.4	板拱	公路-II 级	1977
南镇桥	141.134	S303	石南线	15	6	6	1×6	8	7.5	板拱	公路-I 级	1983
六排沟桥	0.258	S304	张慈线	17.6	13	13	1×13	18	17	空心板梁	公路-II 级	2004
杨家闸桥	1.574	S304	张慈线	20.6	16	16	1×16	18	17	空心板梁	公路-II 级	2004
合群一桥	2.65	S304	张慈线	37.68	23	12	1×11+1×12	18	17	空心板梁	公路-II 级	2004
合群二桥	2.7	S304	张慈线	36.73	22.5	12	1×12+1×10.5	18	17	空心板梁	公路-II 级	2004
龙池桥	6.646	S304	张慈线	42.8	32	16	2×16	18	17	板梁	公路-II 级	2004
白鹤桥	7.333	S304	张慈线	23.8	12	13	1×13	18	17	空心板梁	公路-II 级	2004
九合桥	8.991	S304	张慈线	36.8	26	13	2×13	18	17	空心板梁	公路-II 级	2004
大丰桥	9.936	S304	张慈线	22.7	16	16	1×16	18	17	空心板梁	公路-II 级	2004
甲一新桥	10.042	S304	张慈线	22.7	16	16	1×16	18	17	空心板梁	公路-II 级	2004
芭茅桥	11.24	S304	张慈线	22.7	16	16	1×16	18	17	空心板梁	公路-II 级	2004

续表 1-2-3-1

桥梁名称	中心桩号	路线编码	路线名称	桥梁全长（米）	跨径总长（米）	单孔最大跨径（米）	跨径组合（孔×米）	桥梁全宽（米）	桥面净宽（米）	桥型	荷载等级	通车时间
嘉丰桥	13.904	S304	张慈线	22.7	16	16	1×16	18	17	空心板梁	公路-II级	2004
千渠桥	14.756	S304	张慈线	30.7	26	13	2×13	18	17	空心板梁	公路-II级	2004
高兴桥	15.705	S304	张慈线	39.1	32	16	2×16	18	17	空心板梁	公路-II级	2004
蓝田桥	17.028	S304	张慈线	20.7	16	16	1×16	18	17	空心板梁	公路-II级	2004
新火桥	18.201	S304	张慈线	36.7	32	16	2×16	18	17	空心板梁	公路-II级	2004
蔡家溪大桥	19.408	S304	张慈线	107.4	96	16	6×16	18	17	空心板梁	公路-II级	2004
军垱桥	20.099	S304	张慈线	15	6	6	1×6	15.8	15.2	板拱	公路-II级	1996
千溪沟桥	21.779	S304	张慈线	78.5	56	14	4×14	15.8	15.2	双曲拱	公路-II级	1996
丁家桥	22.954	S304	张慈线	22.5	10.5	10.5	1×10.5	15.3	14.5	板拱	公路-II级	1996
合坪桥	27.952	S304	张慈线	10.4	5.6	5.6	1×5.6	14.4	14	板拱	公路-II级	1996
东方桥	34.003	S304	张慈线	16	12	12	1×12	24.5	24	板拱	公路-II级	1985
保尔桥	36.961	S304	张慈线	9.5	5.8	5.8	1×5.8	9.2	8.5	板拱	公路-II级	1970
双红桥	38.89	S304	张慈线	12.7	7	7	1×7	9.3	8.7	板拱	公路-II级	1986
三眼桥	40.72	S304	张慈线	11.5	6	6	1×6	9.4	8.8	板拱	公路-II级	1978
三江跨线桥	42.155	S304	张慈线	31.01	26	26	1×26	6	5	空心板梁	公路-II级	1972
三江大桥	43.397	S304	张慈线	541	510.2	80	4×80+6×31.7	13.8	13	连续T梁	公路-II级	1971
界溪桥	46.806	S304	张慈线	18.2	11	11	1×11	12.3	11.5	板拱	公路-II级	1986
丁家渡大桥	205.451	S306	南永线	156	144	40	3×40+2×12	9.8	8.8	双曲拱	公路-II级	1978
陆家渡大桥	209.238	S306	南永线	248	240	50	4×50+2×20	9.8	8.8	双曲拱	公路-II级	1978
安乡大桥	218.328	S306	南永线	994	992	50	8×16+8×50+8×30+14×16	16.8	13.1	简支组合式梁	公路-II级	1994
出口洲桥	225.681	S306	南永线	50	46	16	1×16+2×15	12.8	12	空心板梁	公路-II级	1993
珊珀湖桥	228.9	S306	南永线	20	12	4	3×4	13	12	板桥	公路-I级	1993
石龟山大桥	233.87	S306	南永线	1572.42	1334	80	3×80+21×30+11×16+18×16	10	9	连续箱形梁	公路-II级	1998
八角嘴桥	245.893	S306	南永线	46	32	32	1×32	12.5	11.5	板拱	汽车-20级	1994
八宝湖桥	248.783	S306	南永线	58.5	46	46	1×46	12.6	9	双曲拱	汽车-15级	1994
东风渠桥	257.816	S306	南永线	17	13	13	1×13	11.5	11	空心板梁	公路-II级	2002

续表 1-2-3-1

桥梁名称	中心桩号	路线编码	路线名称	桥梁全长（米）	跨径总长（米）	单孔最大跨径（米）	跨径组合（孔×米）	桥梁全宽（米）	桥面净宽（米）	桥 型	荷载等级	通车时间
樊溪桥	258.54	S306	南永线	40.8	36	12	3×12	12	11.2	整体现浇梁	公路-II级	2002
杨家桥	263.612	S306	南永线	13	12	12	1×12	12	11.3	空心板梁	公路-II级	2002
丁家坝桥	265.568	S306	南永线	53.6	48	16	3×16	12	11.2	整体现浇梁	公路-II级	2002
柳叶湖大桥	283.41	S306	南永线	187.5	60	60	1×60	19.8	14	箱形梁	汽车-20级	2003
七里桥	288.356	S306	南永线	9	7	7	1×7	25	15	空心板梁	公路-I级	1995
河洑闸桥	299.715	S306	南永线	59	45	45	1×45	10	8.5	箱形梁	汽车-20级	1959
双善桥	302.314	S306	南永线	40.3	20	20	1×20	8.8	8.1	其他桥	公路-II级	1961
迎宾桥	302.564	S306	南永线	47.8	40	8	5×8	9.5	8.9	其他桥	公路-II级	1971
观音港桥	305.484	S306	南永线	55.8	46.4	11.6	4×11.6	12.5	9	I梁	公路-II级	1990
毛家桥	309.126	S306	南永线	24	9.2	9.2	1×9.2	7.8	7	T梁	公路-II级	1953
张家溶桥	311.487	S306	南永线	18.2	7	7	1×7	12.2	11.6	其他桥	公路-II级	1998
孙家桥	312.271	S306	南永线	23.5	8	8	1×8	11.7	9	其他桥	公路-II级	1990
莫溪桥	323.271	S306	南永线	27.9	13.6	6.8	2×6.8	7.6	7	空心板梁	公路-II级	1970
牛王庙桥	324.579	S306	南永线	19	6.5	6.5	1×6.5	13	12	其他桥	公路-II级	1998
聂家桥	329.713	S306	南永线	130	105	21	5×21	7.8	7.1	双曲拱	公路-II级	1971
黄花桥	332.76	S306	南永线	16	8	8	1×8	12.4	11	其他桥	公路-II级	1990
温泉一桥	349.296	S306	南永线	32.5	28.2	14.1	2×14.1	12	11.2	T梁	公路-II级	2004
温泉二桥	349.97	S306	南永线	52.5	45.3	15.1	3×15.1	12	11.2	T梁	公路-II级	2004
洞口桥	351.371	S306	南永线	10.1	5	5	1×5	12.4	11.8	其他桥	公路-II级	1988
洞湾桥	352.759	S306	南永线	15	11.6	5.8	2×5.8	12.4	11.8	I梁	公路-II级	1985
明月桥	353.035	S306	南永线	18	10	10	1×10	12.4	11.8	板拱	公路-II级	1986
徐家港桥	353.868	S306	南永线	15.6	7.3	7.3	1×7.3	12.4	11.4	其他桥	公路-II级	1988
夏家堉桥	355.433	S306	南永线	21.5	13	13	1×13	12.6	11.2	其他桥	公路-II级	1990
何家坪桥	357.498	S306	南永线	9.2	6.5	6.5	1×6.5	13.2	12	空心板梁	公路-II级	1988
北溪堉桥	358.165	S306	南永线	8.8	6.5	6.5	1×6.5	15.6	14.6	空心板梁	公路-II级	1978

续表 1-2-3-1

桥梁名称	中心桩号	路线编码	路线名称	桥梁全长(米)	跨径总长(米)	单孔最大跨径(米)	跨径组合(孔×米)	桥梁全宽(米)	桥面净宽(米)	桥型	荷载等级	通车时间
县道小计：184 座 5349.49 延米												
泥市桥	0.033	X001	壶大线	19	6	6	1×6	7.6	7	板拱	公路-II 级	1972
木杉溪桥	1.388	X001	壶大线	31	21	21	1×21	7.6	7	板拱	公路-II 级	1972
百步登桥	2.972	X001	壶大线	16	5	5	1×5	7.8	7.3	板拱	公路-II 级	1972
群英桥	3.826	X001	壶大线	18	6	6	1×6	7.8	7.2	板拱	公路-II 级	1972
花台桥	4.131	X001	壶大线	26	15	15	1×15	7.6	7	板拱	公路-II 级	1972
两河口桥	7.257	X001	壶大线	35	20	20	1×20	8	7.4	板拱	公路-II 级	1972
团结桥	8.889	X001	壶大线	20	8	8	1×8	7.8	7.2	板拱	公路-II 级	1972
英雄桥	12.592	X001	壶大线	12	7	7	1×7	9.5	8.7	板拱	公路-II 级	1972
江坪大桥	13.382	X001	壶大线	87	60	60	1×60	7.5	7	板拱	公路-II 级	1972
东溪桥	0.14	X002	火罗线	15	11	11	1×11	6	5.8	圬工拱	公路-I 级	1968
磺厂大桥	0.069	X004	磺太线	21	16.5	16.5	1×16.5	8	7.2	双曲拱	公路-II 级	1967
合山桥	1.022	X004	磺太线	24	16.5	5.5	3×5.5	6	5.4	板拱	公路-II 级	1968
荷花桥	2.37	X004	磺太线	38	30	15	2×15	5.5	5	板拱	公路-II 级	1969
工农桥	6.889	X004	磺太线	36.5	30	15	2×15	6	5.5	板拱	公路-II 级	1973
两河口桥	12.734	X004	磺太线	62	40	20	2×20	7	6.6	板拱	公路-II 级	1975
维新桥	18.241	X004	磺太线	10	6	6	1×6	13.6	13	板拱	公路-II 级	1975
自生桥	34.151	X004	磺太线	17.5	5	5	1×5	7	6.3	板拱	公路-II 级	1976
丰禾小桥	36.689	X004	磺太线	24.8	15	15	1×15	7.6	7	板拱	公路-II 级	1972
丰禾坪桥	36.792	X004	磺太线	32	18	18	1×18	7	6.2	板拱	公路-II 级	1976
松山桥	43.106	X004	磺太线	18	10	10	1×10	8	7.5	板拱	公路-I 级	1996
太平桥	51.526	X004	磺太线	51	30	30	1×30	8	7.4	板拱	公路-II 级	1975
樟木桥	2.302	X007	新甘线	30	15	15	1×15	10.6	7	空心板梁	公路-II 级	2001
磨坊桥	11.563	X007	新甘线	12.28	10	10	1×10	6.7	5.7	圬工拱	公路-II 级	1964
牛桥	14.314	X007	新甘线	12	10	10	1×10	6.6	5.6	圬工拱	公路-II 级	1959
码头铺桥	19.223	X007	新甘线	43	30	10	1×10	6.7	5.5	圬工拱	公路-II 级	1964

续表 1-2-3-1

桥梁名称	中心桩号	路线编码	路线名称	桥梁全长（米）	跨径总长（米）	单孔最大跨径（米）	跨径组合（孔×米）	桥梁全宽（米）	桥面净宽（米）	桥型	荷载等级	通车时间
观斗桥	21.18	X007	新甘线	29	20	10	2×10	7.1	6.1	圬工拱	公路-II 级	1971
牡丹桥	29.179	X007	新甘线	12.5	6.6	6.6	1×6.6	6.8	6	圬工拱	公路-II 级	1970
竭口桥	33.56	X007	新甘线	15.5	6	6	1×6	6.8	6	圬工拱	公路-II 级	1971
金泉桥	33.72	X007	新甘线	22.5	20	20	1×20	10	7	圬工拱	公路-II 级	1964
刘家壑桥	1.535	X008	曾孙线	13.3	10	5	2×5	24	23	圬工拱	公路-I 级	1977
千河八支桥	7.903	X008	曾孙线	17	10	10	1×10	7.5	7	圬工拱	公路-I 级	1973
文革桥	13.696	X008	曾孙线	76	60	20	3×20	8.3	7.5	双曲拱	公路-II 级	1966
关堰公路桥	15.46	X008	曾孙线	15	5	5	1×5	6.5	6	圬工拱	公路-I 级	1973
青龙桥	20.76	X008	曾孙线	18	10	10	1×10	8	7	圬工拱	公路-II 级	1965
幸福桥	22.123	X008	曾孙线	32	23	23	1×23	8.8	7.8	双曲拱	公路-I 级	1968
人民桥	2.896	X009	雷大线	20.7	10	10	1×10	7	6	圬工拱	公路-I 级	1968
民主桥	3.956	X009	雷大线	20.95	10	10	1×10	7	6.1	圬工拱	公路-I 级	1968
万福桥	8.912	X009	雷大线	22.5	10	10	1×10	7	6.1	圬工拱	公路-I 级	1968
朝阳桥	15.044	X009	雷大线	12.4	5	5	1×5	11.1	10.6	圬工拱	公路-I 级	1973
龙阳桥	11.648	X014	石跳线	8	5	5	1×5	6.1	5.4	板拱	公路-II 级	1974
沙井桥	14.62	X015	窑骆线	11.6	6	6	1×6	13	7	板拱	公路-I 级	1996
将军桥	17.879	X015	窑骆线	17	5	5	1×5	8.6	7	板拱	公路-I 级	1980
烽火大桥	19.037	X015	窑骆线	164	120	24	5×24	10.5	7	双曲拱	公路-I 级	1980
马溪桥	23.572	X015	窑骆线	14.7	8	8	1×8	13.3	7	板拱	公路-I 级	1994
柳堤桥	24.086	X015	窑骆线	22	10	10	1×10	12	7	整体现浇梁	公路-II 级	1999
江家桥	38.907	X015	窑骆线	13.5	5	5	1×5	10.4	6	板拱	公路-I 级	1986
东风桥	41.216	X015	窑骆线	22	10	10	1×10	6.8	6	空心板梁	公路-I 级	1962
佘市桥	42.641	X015	窑骆线	98.5	67.5	6.5	3×6.5+8×6	6.8	5.5	板拱	公路-I 级	1982
龙口桥	44.655	X015	窑骆线	30	25	25	1×25	6.4	6	双曲拱	公路-I 级	1986
跃进桥	48.933	X015	窑骆线	12	9	9	1×9	9.8	9.8	板拱	公路-I 级	1965
胜利桥	52.274	X015	窑骆线	8	5	5	1×5	6.8	6.8	板拱	公路-II 级	1970

续表 1-2-3-1

桥梁名称	中心桩号	路线编码	路线名称	桥梁全长（米）	跨径总长（米）	单孔最大跨径（米）	跨径组合（孔×米）	桥梁全宽（米）	桥面净宽（米）	桥型	荷载等级	通车时间
黄金桥	54.318	X015	窑骆线	7.8	5.6	5.6	1×5.6	7	6.6	板拱	公路-II级	1970
蒙泉桥	55.823	X015	窑骆线	62	45	15	3×15	7.6	7	板拱	公路-II级	1972
青玄桥	67.118	X015	窑骆线	11	8.8	8.8	1×8.8	6.5	5.5	整体现浇梁	公路-I级	1974
双龙桥	1.412	X016	赵三线	13	10.7	10.7	1×10.7	7.5	6.5	整体现浇梁	公路-I级	1974
北干桥	8.085	X017	五合线	6.6	6	6	1×6	13.4	6	整体现浇梁	公路-I级	1988
观山桥	28.157	X020	白珠线	7.1	5.2	5.2	1×5.2	10.5	6	板拱	公路-I级	1986
太平桥	29.231	X020	白珠线	10	6	6	1×6	8	6	板拱	公路-I级	1986
石门大桥	0.422	X021	石陬线	444.1	382	70	5×70+2×16	15.4	15	箱形拱	公路-II级	1994
二号桥	3.442	X021	石陬线	15	10	10	1×10	22.6	22	板拱	公路-II级	1995
卫星桥	7.777	X021	石陬线	7.5	5	5	1×5	11.6	11	板拱	公路-II级	1972
河岗桥	17.443	X021	石陬线	9.5	5.5	5.5	1×5.5	13.1	12.6	板拱	公路-I级	1972
杨坪桥	20.4	X021	石陬线	9	5	5	1×5	13.3	12.5	板拱	公路-II级	1972
昂头桥	21.539	X021	石陬线	10	5	5	1×5	13	12	板拱	公路-II级	1998
三板桥	27.286	X021	石陬线	33	20	20	1×20	12.3	11.5	板拱	公路-II级	1972
白洋桥	34.942	X021	石陬线	83	60	30	2×30	12.3	11.5	板拱	公路-II级	1994
反修桥	47.79	X021	石陬线	12	6.9	6.9	1×6.9	9.3	8.7	板拱	公路-II级	1972
软板桥	48.463	X021	石陬线	11	7.9	7.9	1×7.9	10.3	9.7	板拱	公路-II级	1969
团结桥	49.424	X021	石陬线	10	6.7	6.7	1×6.7	10.9	10	板拱	公路-II级	1969
杜家湾桥	57.91	X021	石陬线	13.5	8	8	1×8	12.3	11.4	板拱	公路-II级	1998
盘塘桥	60.65	X021	石陬线	23.3	10	10	1×10	15	14	板拱	公路-II级	1998
架桥	64.325	X021	石陬线	8	5	5	1×5	12	7	板拱	公路-II级	1998
黄溪港一桥	69.596	X021	石陬线	38.5	20	20	1×20	12.4	9	板拱	公路-II级	1998
黄溪港二桥	70.92	X021	石陬线	40.5	20	20	1×20	12.4	9	板拱	公路-II级	1998
大寨河桥	73.889	X021	石陬线	9	8	8	1×8	12	7	其他桥	公路-II级	1997
指防口桥	75.645	X021	石陬线	145	106.8	17.8	6×17.8	12	11.8	其他桥	公路-I级	1997
高家岗桥	76.513	X021	石陬线	21	11.2	5.6	2×5.6	12	11.8	T梁	公路-II级	1999

续表 1-2-3-1

桥梁名称	中心桩号	路线编码	路线名称	桥梁全长（米）	跨径总长（米）	单孔最大跨径（米）	跨径组合（孔×米）	桥梁全宽（米）	桥面净宽（米）	桥 型	荷载等级	通车时间
陈家桥	5.035	X022	段五线	16.5	14	14	1×14	4.8	4.5	整体现浇梁	公路-I级	1988
立新桥	14.921	X024	菖雅线	17	12.6	4.2	3×4.2	6.6	6	板拱	公路-II级	1966
军山铺桥	0.28	X027	军红线	6.2	5	5	1×5	12	7	整体现浇梁	公路-II级	1994
七家坝桥	3.874	X027	军红线	20	16	8	2×8	12.2	7	板梁	公路-II级	1994
蒋家嘴新闸桥	17.296	X027	军红线	59.3	46	11.5	4×11.5	9	6.5	T形梁	公路-II级	1984
蒋家嘴老闸桥	17.49	X027	军红线	8.8	8	8	1×8	8.5	6	板梁	公路-I级	1960
战备桥	78.83	X027	军红线	7.2	5	5	1×5	7.5	6.9	其他桥	公路-II级	1969
反修桥	83.657	X027	军红线	7	5	5	1×5	7.5	6.6	其他桥	公路-II级	1969
东风桥	87.685	X027	军红线	7	5	5	1×5	7.6	6.4	其他桥	公路-II级	1969
沙河口桥	92.947	X027	军红线	8	5.2	5.2	1×5.2	7	6	实心板梁	公路-II级	2009
大洲桥	109.849	X027	军红线	33	20	20	1×20	8.6	8	空心板梁	公路-I级	1968
七家桥	112.681	X027	军红线	69.36	53	20	1×16.5+1×20+1×16.5	8.6	8	空心板梁	公路-I级	1976
永乐桥	117.678	X027	军红线	40.5	28	28	1×28	12.5	12	肋拱	公路-II级	1993
董家垱桥	134.763	X027	军红线	14	12.4	12.4	1×12.4	12	11.5	T形梁	公路-I级	1973
黄土坡桥	2.995	X028	新东线	11.5	6	6	1×6	8	7	板拱	汽车-15级	1978
良家坪桥	8.616	X028	新东线	15.5	6	6	1×6	5.3	4.7	板拱	汽车-15级	1978
立新桥	10.512	X028	新东线	16.6	10	10	1×10	5.2	4.6	板拱	汽车-15级	1978
反修桥	16.468	X028	新东线	16	13	13	1×13	7.5	6.5	板拱	汽车-15级	1978
官堰桥	19.011	X028	新东线	12	7	7	1×7	8.2	7	板拱	汽车-15级	1978
千丘桥	21.282	X028	新东线	11	6	6	1×6	8	7	板拱	汽车-15级	1978
飞跃桥	23.543	X028	新东线	20	10	10	1×10	7.5	6.6	板拱	汽车-15级	1976
奇龙桥	29.935	X028	新东线	8.5	5	5	1×5	8	7	板拱	汽车-15级	1976
岳山桥	31.438	X028	新东线	11	6	6	1×6	8	7.5	板拱	汽车-15级	1976
红阳桥	48.163	X028	新东线	13	6	6	1×6	5.5	5	空心板梁	公路-II级	1968
三杨树桥	21.445	X036	汉发线	15	12	12	1×12	4.5	4.2	T形梁	公路-I级	1965
杨家桥	36.277	X036	汉发线	11	9	9	1×9	5.8	5	板拱	公路-I级	1965

续表 1-2-3-1

桥梁名称	中心桩号	路线编码	路线名称	桥梁全长（米）	跨径总长（米）	单孔最大跨径（米）	跨径组合（孔×米）	桥梁全宽（米）	桥面净宽（米）	桥型	荷载等级	通车时间
濠洲桥	19.832	X038	罐六线	62	60	50	1×50+2×5	7.6	7	空心板梁	公路-II级	1982
软桥	7.011	X041	黄东线	32	18.5	18.5	1×18.5	8.5	7.4	双曲拱	公路-II级	1977
接龙桥	28.484	X042	白沙线	19	7	7	1×7	10	9.6	空心板梁	公路-II级	1983
濠口桥	30.448	X042	白沙线	43	30	30	1×30	7.3	6.9	连续箱梁	公路-II级	1982
清水塘桥	31.629	X042	白沙线	32	21	21	1×21	9.8	8.8	双曲拱	公路-II级	1975
邱家湖桥	40.465	X042	白沙线	9	5	5	1×5	12	11.5	空心板梁	公路-II级	1984
新河钭桥	42.811	X042	白沙线	9	7	7	1×7	12	11.5	空心板梁	公路-II级	1987
蒿子港桥	43.477	X042	白沙线	40	20	20	1×20	15	11.4	连续箱梁	公路-II级	1993
花山大桥	5.356	X043	南灌线	52.5	40	40	1×40	12	11.2	双曲拱	汽车-15级	1978
双胜桥	9.982	X044	断新线	83	48	24	2×24	6.5	4.5	连续箱梁	公路-II级	1970
新风桥	12.89	X044	断新线	10	5	5	1×5	7.3	6.7	空心板梁	公路-II级	1967
永福桥	15.913	X044	断新线	62	60	50	1×50+2×5	7.6	7	桁架拱	公路-II级	1990
三网垱桥	21.738	X044	断新线	31	20	10	2×10	8	7	空心板梁	公路-II级	1984
新坡桥	29.264	X044	断新线	44.6	36	36	1×36	10	9	双曲拱	汽车-20级	1979
黄土店桥	20.411	X049	谢杨线	23	21	7	3×7	7	6.5	空心板梁	公路-II级	1965
港二口大桥	26.759	X049	谢杨线	26	19	9.5	2×9.5	6.5	5.5	空心板梁	公路-II级	1966
官坪桥	54.887	X049	谢杨线	12	7.2	7.2	1×7.2	4.5	4.5	I梁	公路-II级	1971
湖湘坪桥	56.07	X049	谢杨线	25	20	20	1×20	6.2	6	其他桥	公路-II级	1971
胜利桥	57.8	X049	谢杨线	6.7	5.3	5.3	1×5.3	5.2	4.9	双曲拱	公路-II级	1973
西溪桥	60.03	X049	谢杨线	38.5	24.5	24.5	1×24.5	6.25	5.8	双曲拱	公路-II级	1974
沙坪桥	62.385	X049	谢杨线	69.7	54	18	3×18	6.6	6.1	双曲拱	公路-II级	1971
民主桥	63.6	X049	谢杨线	10.1	5	5	1×5	4.7	4.7	T梁	公路-II级	1973
东山桥	8.781	X050	鲤群线	28	20	10	1×10	6.7	6.3	板拱	公路-II级	1966
东山坪桥	0.979	X051	沧猴线	9	7	7	1×7	7.4	7	板拱	公路-II级	1992
金刚河一桥	22.642	X052	陬鄂线	21	12	12	1×12	13	12	空心板梁	公路-II级	1999
金刚河二桥	22.703	X052	陬鄂线	41	24	12	2×12	14	12	空心板梁	公路-II级	1982
赵郭冲桥	2.2	X053	牌南线	13	12	6	2×6	7.2	7	空心板梁	公路-II级	1978

续表 1-2-3-1

桥梁名称	中心桩号	路线编码	路线名称	桥梁全长（米）	跨径总长（米）	单孔最大跨径（米）	跨径组合（孔×米）	桥梁全宽（米）	桥面净宽（米）	桥 型	荷载等级	通车时间
白洋桥	5.105	X054	甘伍线	24	22	11	2×11	9	8	空心板梁	公路-II 级	1967
伍福桥	7.465	X054	甘伍线	8	7	7	1×7	9	8	空心板梁	公路-II 级	1982
麻溪桥	71.676	X055	刘钟线	48.7	29.9	9.5	1×9.5+2×6.7+1×7	7.5	7.1	T 梁	公路-II 级	1996
汉宫庙桥	76.9	X055	刘钟线	20	6	6	1×6	4.8	4.2	其他桥	公路-II 级	1973
九溪桥	83.282	X055	刘钟线	41.3	31	15.5	2×15.5	6.8	6.2	其他桥	公路-II 级	1973
马行桥	84.05	X055	刘钟线	5.2	5	5	1×5	5.2	4.9	其他桥	公路-II 级	1973
盘家港桥	97.286	X055	刘钟线	11.1	7.5	7.5	1×7.5	9.5	8	其他桥	公路-II 级	1973
黄石桥	89.995	X055	刘钟线	13	5	5	1×5	4.5	4.5	其他桥	公路-II 级	1973
会龙桥	6.979	X056	马仙线	11.2	6	6	1×6	8	6	其他桥	公路-II 级	1973
三角州桥	12.317	X057	水芦线	12	8	8	1×8	7.2	6	其他桥	公路-II 级	1971
桐木港桥	0.059	X059	深剪线	52.2	40	20	2×20	6.6	6	其他桥	公路-II 级	1972
划港桥	0.702	X059	深剪线	13	9.7	9.7	1×9.7	4.5	4	其他桥	公路-II 级	1966
谢家桥	7.95	X059	深剪线	50	47	8	3×5+4×8	4.3	4	空心板梁	公路-II 级	1971
马家渡桥	0.206	X061	二千线	62.4	51.2	25.6	2×25.6	7.7	6	双曲拱	公路-II 级	1971
姚公潭桥	1.047	X061	二千线	80.6	52	26	2×26	7.6	7	双曲拱	公路-II 级	1973
鲁家坡桥	8.25	X061	二千线	12	6	6	1×6	8.5	7.9	板拱	公路-II 级	1983
一板桥	9.112	X061	二千线	12.2	6	6	1×6	9.2	7	板拱	公路-II 级	1983
鸦鹊潭桥	10.542	X061	二千线	52	40	20	2×20	9.2	5.2	双曲拱	公路-II 级	1983
三阳桥	15.2	X061	二千线	47.6	36	18	2×18	9.2	6	板拱	公路-II 级	1978
五一桥	15.337	X061	二千线	9.5	8	8	1×8	8.8	7.8	空心板梁	公路-II 级	1977
胜利桥	23.6	X061	二千线	18.8	12	6	2×6	8.8	7.8	其他桥	公路-II 级	1978
英雄桥	23.95	X061	二千线	18	13.6	6.8	2×6.8	5	5	空心板梁	公路-II 级	1967
佘家坪桥	26.573	X061	二千线	7	5.8	5.8	1×5.8	6.7	6	其他桥	公路-II 级	1969
前山桥	29.864	X061	二千线	7	6.5	6.5	1×6.5	6.3	5.5	其他桥	公路-II 级	1969
理公港桥	0.108	X064	理粟线	86.2	66	28	2×28+1×10	7.6	7	其他桥	公路-II 级	1972
丰收桥	0.464	X064	理粟线	8	5.5	5.5	1×5.5	8.4	6	其他桥	公路-II 级	1972
下杨公桥	4.857	X064	理粟线	13.5	6	6	1×6	6.6	4	其他桥	公路-II 级	1965

续表 1-2-3-1

桥梁名称	中心桩号	路线编码	路线名称	桥梁全长（米）	跨径总长（米）	单孔最大跨径（米）	跨径组合（孔×米）	桥梁全宽（米）	桥面净宽（米）	桥型	荷载等级	通车时间
上杨公桥	5.188	X064	理栗线	12.2	5	5	1×5	6.4	6	其他桥	公路-II级	1965
千丈河桥	10.522	X064	理栗线	23.4	20	20	1×20	6.6	6	双曲拱	公路-II级	1967
共青桥	15.863	X064	理栗线	18.5	13	13	1×13	6.1	5.5	双曲拱	公路-II级	1969
跃进桥	17.21.	X064	理栗线	12	8	8	1×8	6.4	5.8	其他桥	公路-II级	1969
青年桥	17.477	X064	理栗线	9	8	8	1×8	6.6	6	其他桥	公路-II级	1970
钟家铺桥	18.064	X064	理栗线	7.4	5	5	1×5	7.6	7	其他桥	公路-II级	1970
胡皮洞桥	19.435	X064	理栗线	9	6	6	1×6	7	6	其他桥	公路-II级	1970
毛家河桥	23.827	X064	理栗线	10.4	9	9	1×9	6.4	6	其他桥	公路-II级	1966
群力桥	2.249	X068	卷澧线	12.2	9	9	1×9	8	7.4	圬工拱	公路-I级	1967
团结桥	6.541	X068	卷澧线	9.2	5	5	1×5	7.4	6.8	圬工拱	公路-I级	1967
樊家桥	10.443	X068	卷澧线	13.5	10	10	1×10	8.6	8	圬工拱	公路-I级	1967
五爱桥	12.806	X068	卷澧线	15.2	14	7	2×7	9.5	8.5	圬工拱	公路-I级	1964
雷公塔桥	13.94	X068	卷澧线	60	35	35	1×35	10	7.5	双曲拱	公路-I级	1982
曾家河桥	16.906	X068	卷澧线	72	50	25	2×25	9.9	9.5	圬工拱	公路-I级	1978
黄桥	26.935	X068	卷澧线	57	48	16	3×16	12.4	9	简支梁桥	公路-I级	1994
临澧大桥	3.665	X069	临岗线	145.8	125	35	1×35+4×22.5	18.6	14	双曲拱	公路-II级	1991
斋阳桥	20.646	X069	临岗线	16.2	8	4	2×4	12	9	板拱	公路-II级	1982
雷公庙桥	26.39	X069	临岗线	10	5	5	1×5	12	11.2	其他桥	公路-II级	1954
解家桥	27.794	X069	临岗线	22.5	10	10	1×10	12	11.2	板拱	公路-II级	1983
岩泽桥	31.145	X069	临岗线	30	16	16	1×16	12	11.2	板拱	公路-II级	1984
石板滩桥	37.145	X069	临岗线	47	35	35	1×35	7.4	6.8	双曲拱	公路-II级	1969
东撇桥	13.952	X070	大新线	20.6	12	6	2×6	18.6	12	整体现浇梁	公路-II级	1982
新合桥	14.968	X070	大新线	13	5	5	1×5	17.6	7	板拱	公路-I级	1994
甲一桥	16.284	X070	大新线	13.1	5	5	1×5	8.4	7	板拱	公路-I级	1984
南撇桥	23.281	X070	大新线	19.6	14	7	2×7	9.2	7	整体现浇梁	公路-I级	1986
新安中桥	23.392	X070	大新线	29	12	12	1×12	7.8	7	板拱	公路-I级	1986
蔡家溪桥	23.513	X070	大新线	50	40	20	2×20	7.8	7	双曲拱	公路-I级	1986

常德市县乡公路桥梁统计表

表 1-2-3-2

桥梁名称	中心桩号	路线编码	路线名称	桥梁全长（米）	跨径总长（米）	单孔最大跨径（米）	跨径组合（孔×米）	桥梁全宽（米）	桥面净宽（米）	桥型	设计荷载	通车时间
桥梁总计：1379 座 31691.28 延米												
安乡县小计：48 座 1048.6 延米												
常福桥	6.624	Y510430721	陈家嘴·西巴垸	14	9	3	3×3	3	3	整体现浇板	公路-II 级	1978
大治桥	33.253	C046430721	枞杨树村·西李家村	22	13	13	1×13	8	7	T 梁	公路-II 级	1993
太平桥	0.67	C050430721	X025 线·小河口村	13.3	8	8	1×8	2.1	2.1	空心板梁	公路-II 级	1994
东湖桥	0.036	C065430721	S302 线·杨家村	18	14	14	1×14	4	4	双曲拱	公路-II 级	1992
官保桥	0.05	C097430721	官保村·S306 线	23.5	21	3.5	6×3.5	4	3.5	双曲拱	公路-II 级	1994
芝子湖桥	0.14	C103430721	芝子湖村·S306 线	9	8	8	1×8	2.2	2.2	板拱	公路-II 级	1993
荷花山桥	1.6	C106430721	荷花山村·X026 线	23.5	20	20	1×20	8.5	8.5	双曲拱	公路-II 级	1993
张家拐二桥	1.03	C110430721	张北线	16	6	6	1×6	5.1	4.7	双曲拱	公路-II 级	1991
张家拐一桥	0	C110430721	张北线	11.5	8.5	8.5	1×8.5	6	6	空心板梁	公路-II 级	1991
连成垸桥	8.088	Y088430721	虢家洲·陈家嘴	9	8	4	2×4	5	5	板拱	公路-II 级	1978
大杨树桥	8.409	X025430721	荆八线	49.8	45	15	3×15	9	8	整体现浇板	公路-II 级	1979
合兴桥	14.856	X025430721	荆八线	44.3	39	13	3×13	9	8	整体现浇板	公路-II 级	1979
黄狮嘴桥	16.395	X025430721	荆八线	25.7	16	16	1×16	9	7	T 梁	公路-II 级	1993
黄田湖桥	2.5	C121430721	大黄线	32.38	17.5	17.5	1×17.5	3.9	3.5	空心板梁	公路-II 级	1979
姚家二桥	0.027	C133430721	Y092 线·夹洲村	20	9.5	9.5	1×9.5	5.2	5.2	空心板梁	公路-II 级	1991
西南洲桥	0	Y515430721	六角尾·下渔口	24.2	17.2	8.6	2×8.6	6	5	整体现浇板	公路-II 级	1990
张家拐桥	0.38	Y086430721	张家拐·焦圻	16	6	6	1×6	5.1	5.1	双曲拱	公路-II 级	1978
新兴堡一桥	2.95	C135430721	Y092 线·新兴堡村	11	6	6	1×6	4.5	4.5	空心板梁	公路-II 级	1988
民阜桥	0	C211430721	X040 线·四分局村	30	24	8	3×8	4.9	4.5	双曲拱	公路-II 级	1987
麻田岗桥	0	C214430721	X040 线·麻田岗村	17.62	16.7	6.7	2×5+1×6.7	4.5	4	其他桥	公路-II 级	1987
金家垱桥	22.749	X025430721	荆八线	25.7	16	16	1×16	9	7	T 梁	公路-II 级	1979
肖公嘴桥	26.916	X025430721	荆八线	21.6	11.5	11.5	1×11.5	8.5	7	T 梁	公路-II 级	1978

续表 1-2-3-2

桥梁名称	中心桩号	路线编码	路线名称	桥梁全长(米)	跨径总长(米)	单孔最大跨径(米)	跨径组合(孔×米)	桥梁全宽(米)	桥面净宽(米)	桥型	设计荷载	通车时间
大治桥	33.147	X025430721	荆八线	22	13	13	1×13	8	7	T梁	公路-II级	1979
太八桥	38.79	X025430721	荆八线	23	14.1	4.7	3×4.7	5.2	3.6	整体现浇板	公路-II级	1978
长征桥	30.29	X026430721	理七线	26	16	8	2×8	6.9	5.5	板拱	公路-II级	1979
大罗桥	32.01	X026430721	理七线	22	8	8	1×8	5.8	5.8	双曲拱	公路-II级	1978
西巴垸桥	9.281	Y510430721	陈家嘴·西巴垸	12	5.6	5.6	1×5.6	4	4	双曲拱	公路-II级	1974
六角尾桥	0.126	Y515430721	六角尾·下渔口	27	16	3.2	5×3.2	3.7	3.7	T梁	公路-II级	1978
夹夹小桥	3	Y488430721	黄田湖·四岔桥	23	6	6	1×6	5	5	空心板梁	公路-II级	1992
沙河口桥	12.517	Y087430721	六角尾·沙河口	8	6	5	1×5+1×1	5	5	其他桥	公路-II级	1987
连成垸桥	7.1	Y087430721	六角尾·沙河口	9	8	8	1×8	6	6	连续箱梁	公路-II级	1978
四化桥	36.369	X026430721	理七线	21	9	9	1×9	5.6	5.6	板拱	公路-II级	1979
大杨树桥	1.9	C026430721	腰大线	16	14	14	1×14	2.5	2.5	整体现浇板	公路-II级	1979
胡家桥	1.799	Y082430721	同兴·沙堤	15	9	9	1×9	5.7	5.7	双曲拱	公路-II级	1978
马家渡桥	4.013	Y083430721	董家垱·一农场	22	9.2	3.2	1×3.2+2×3	8	8	双曲拱	公路-II级	1978
合成桥	1.564	Y498430721	大鲸港·新河口间堤	40.5	31	13	2×9+1×13	7.7	7.4	双曲拱	公路-II级	1975
金董桥	9.213	Y501430721	九姓垸·黄山岗	9	9	9	1×9	4.2	4.2	空心板梁	公路-II级	1973
太平桥	5.58	Y503430721	枞杨树·宏湖	23	14.1	14.1	1×14.1	5.3	3.6	空心板梁	公路-II级	1978
洪山桥	1.403	Y510430721	陈家嘴·西巴垸	43	33	11	3×11	4	4	T梁	公路-II级	1972
槐西桥	0.7	Y497430721	槐树·一分局	18.5	8.5	8.5	1×8.5	5	5	双曲拱	公路-II级	1975
新兴堡二桥	3.025	C135430721	Y092线·新兴堡村	13.5	7.5	7.5	1×7.5	5.4	5	双曲拱	公路-II级	1988
莲花桥	1.1	C024430721	莲莲线	13.6	5	5	1×5	3.3	3.3	空心板梁	公路-II级	1992
小湾桥	0.435	Y089430721	大湾·羌口	28	14.7	4.9	3×4.9	4	2.4	整体现浇板	公路-II级	1991
中河口桥	3	C141430721	X026线·功成垸	19	17	17	1×17	4	4	双曲拱	公路-II级	1992
五合豇桥	1.28	C145430721	S306线·永和垸	17	15	15	1×15	5	5	板拱	公路-II级	1991
安裕二号桥	1.632	Y089430721	大湾·羌口	59	43.5	33.5	1×33.5+2×5	6	5.3	T梁	公路-II级	1977
新开口桥	8.392	Y490430721	子龙庵间堤·新开口	20.4	15	15	1×15	5	5	肋拱	公路-II级	1978
五号桥	0.01	Y497430721	槐树·一分局	20	8	3	2×3+1×2	4.5	4.5	板拱	公路-II级	1975

续表 1-2-3-2

桥梁名称	中心桩号	路线编码	路线名称	桥梁全长（米）	跨径总长（米）	单孔最大跨径（米）	跨径组合（孔×米）	桥梁全宽（米）	桥面净宽（米）	桥 型	设计荷载	通车时间
石门县小计：326 座 7595 延米												
柳树坪桥	1.288	C184430726	碾柳线	22.6	16	16	1×16	5	4.5	其他桥	公路-II 级	2007
洛铺桥	5.358	Y473430726	竹园·道渣台	14.8	6.8	6.8	1×6.8	9.7	9	其他桥	公路-II 级	1998
亩溪峪桥	40.9	X005430726	九罗线	24	12	12	1×12	5	4.5	板拱	汽车-10 级	1974
南坪桥	20.842	Y477430726	大洞坪·南坪河	22.6	9.8	9.8	1×9.8	6.8	6	板拱	公路-II 级	1982
芭蕉峪桥	126.473	X002430723	火罗线	15.8	5.8	5.8	1×5.8	7	6.5	板拱	汽车-10 级	1997
革新桥	0.75	C717430726	菖桥线	14	9.9	9.9	1×9.9	7.2	6.7	其他桥	公路-II 级	1970
田家溪桥	8.4	Y017430726	热水溪·磨市	26	12	12	1×12	8	7.5	板拱	公路-II 级	1985
永安桥	1	C130430726	升巴线	7	5.3	5.3	1×5.3	3.5	3	其他桥	公路-II 级	1979
凤仙桥	2.85	Y046430726	潘家铺·羊毛滩	16.2	9.6	3.2	3×3.2	4.2	4	其他桥	公路-II 级	1970
欧家桥	0.1	C378430726	张熊线	29	17	6.2	1×6.2+2×5.4	5.7	5.2	板拱	公路-II 级	1991
仙女洞桥	0.93	C379430726	望 1 线	8	6	6	1×6	6.5	6	其他桥	公路-II 级	1991
二号井桥	0.185	C380430726	2 陈线	12	9.2	9.2	1×9.2	8	7.5	其他桥	公路-II 级	1979
矮山桥	0.03	C383430726	竹枚线	7.5	5.7	5.7	1×5.7	7.3	5.8	其他桥	公路-II 级	1986
李家坪桥	8	C052430726	狗姚线	15	10	10	1×10	5.1	4.6	其他桥	公路-II 级	1981
护城峪桥	1.2	C179430726	鸡新线	15	8.6	8.6	1×8.6	5.7	5.2	其他桥	公路-II 级	1991
双台桥	0.018	C363430726	双双线	28	24	24	1×24	7	6.5	其他桥	公路-II 级	1996
朱家溶桥	1.7	C326430726	新彭线	10.4	7	7	1×7	6.5	6	其他桥	公路-II 级	1992
河口上桥	2.466	Y023430726	河口·曾家垭	45.9	34.5	34.5	1×34.5	8	7.5	板拱	公路-II 级	1977
丁双桥	0.15	C519430726	丁双线	15.6	10	10	1×10	5.2	4.7	其他桥	公路-II 级	1970
椿树桥	1.849	C174430726	台村线	19	12	12	1×12	6.5	6	其他桥	公路-II 级	1978
自来桥	4.31	C126430726	居万线	11.6	10	10	1×10	5	4.5	其他桥	公路-II 级	1990
杉树桥	1.63	C130430726	升巴线	7.3	6.2	6.2	1×6.2	3	2.5	其他桥	公路-II 级	1997
节日桥	0.377	C175430726	柳唐线	12	8.6	8.6	1×8.6	5.5	5	其他桥	公路-II 级	1990
双台桥	3.8	C175430726	柳唐线	11	7.2	7.2	1×7.2	5.5	5	其他桥	公路-II 级	1996
南充桥	6.4	C175430726	柳唐线	15	8	8	1×8	5.5	5	其他桥	公路-II 级	1987

续表 1-2-3-2

桥梁名称	中心桩号	路线编码	路线名称	桥梁全长（米）	跨径总长（米）	单孔最大跨径（米）	跨径组合（孔×米）	桥梁全宽（米）	桥面净宽（米）	桥型	设计荷载	通车时间
铁锁桥	0.05	C177430726	铁郭线	12.8	8.8	8.8	1×8.8	4.7	4.2	其他桥	公路-II级	1990
大溪沟桥	0.2	C180430726	大煤线	11.5	6.1	6.1	1×6.1	7.3	6.8	其他桥	公路-II级	1986
铜锁岗桥	2.142	C198430726	罗安线	15	9	9	1×9	5	4.5	其他桥	公路-II级	1988
琵琶桥	0.086	C209430726	九凉线	49	24.5	24.5	1×24.5	6.8	6.3	其他桥	公路-II级	1980
樱桃大桥	0.04	C364430726	王樱线	23.6	16	16	1×16	6.5	6	板拱	公路-II级	1985
艾家桥	0.064	C365430726	王郭线	19.3	17	17	1×17	4.8	4.3	其他桥	公路-II级	1988
郭家坪桥	3.9	C365430726	王郭线	20.4	15.8	15.8	1×15.8	3.8	3.3	其他桥	公路-II级	1990
卓家河桥	0.15	C366430726	罗城线	12.2	8.5	8.5	1×8.5	5.5	5	其他桥	公路-II级	1987
朱家沟桥	0.05	C288430726	周盛线	16	8	8	1×8	5.3	4.8	其他桥	公路-II级	1991
金河桥	14.91	C003430726	南红线	22	20	9	1×9+2×5.5	4.7	4.2	其他桥	公路-II级	1980
清官渡桥	0.085	C009430726	清安线	19	14	14	1×14	5.5	5	其他桥	公路-II级	1970
两河口桥	0.295	C034430726	两黄线	35	16	8	2×8	3.5	3	其他桥	公路-II级	1987
龙洞峡桥	3.26	C041430726	江田线	11	10	10	1×10	3.5	3	其他桥	公路-II级	2004
龙江一桥	0.05	C042430726	龙村线	81	66	33	2×33	4.7	4.2	其他桥	公路-II级	1981
下范银桥	0.1	C306430726	杨龚线	19	7	7	1×7	5.5	5	其他桥	公路-II级	1993
向家坪桥	1	C332430726	将两线	15.6	13.2	13.2	1×13.2	5.7	5.2	其他桥	公路-II级	1988
油榨坪一桥	0.55	C333430726	两大线	10.3	7.8	7.8	1×7.8	5.5	5	其他桥	公路-II级	1984
马塔桥	7.05	Y043430726	南门·荷花堰	53	36	18	2×18	6.6	6	板拱	公路-II级	1979
姚家桥	3.7	C689430726	雁潘线	6.4	5	5	1×5	6.2	5.7	板拱	公路-II级	1971
太平桥	0.111	C708430726	双易线	12	8.4	8.4	1×8.4	4.7	4.2	其他桥	公路-II级	1990
龙家桥	0.05	C527430726	新心线	9	7	7	1×7	6.9	6.4	其他桥	公路-II级	1988
井湾泄洪桥	5.035	Y035430726	川店铺·易市	15	8	8	1×8	4	3.5	其他桥	公路-II级	1972
安溪桥	139.2	X002430723	火罗线	22.7	13.5	13.5	1×13.5	6.8	5	板拱	汽车-10级	1981
刘家拱桥	1.5	C577430726	石养线	7.3	5.7	5.7	1×5.7	4.2	3.7	其他桥	公路-II级	1990
凤洲大桥	0.55	C584430726	石渡线	12	7.5	7.5	1×7.5	12	11.5	其他桥	公路-II级	1988
汪家桥	3.005	Y001430726	白垭·清官渡	7	5.5	5.5	1×5.5	7	5.5	其他桥	公路-I级	1968

续表 1-2-3-2

桥梁名称	中心桩号	路线编码	路线名称	桥梁全长（米）	跨径总长（米）	单孔最大跨径（米）	跨径组合（孔×米）	桥梁全宽（米）	桥面净宽（米）	桥　型	设计荷载	通车时间
齿牙桥	2.32	Y048430726	小六合口垭·潘家铺	18	8	8	1×8	6.5	6	其他桥	公路-II 级	1978
连新桥	2.17	Y472430726	蜈蚣寨·东方桥市场	22.6	12.6	12.6	1×12.6	7	6.5	其他桥	公路-II 级	2000
黄溪峪桥	1.52	Y473430726	竹园·道渣台	13.5	6.5	6.5	1×6.5	5.5	5	板拱	公路-II 级	1993
株树嘴桥	1.24	Y027430726	美胜桥·雷公嘴	12	5	5	1×5	5	4.5	其他桥	公路-II 级	1981
五缝桥	0.011	C381430726	五田线	12.4	10.4	10.4	1×10.4	7.5	7	其他桥	公路-II 级	1992
西汉桥	5.45	Y038430726	杨坪·姚家坪	11	5	5	1×5	5	4.5	其他桥	公路-II 级	2000
龙江三桥	5.927	C042430726	龙村线	22	10	10	1×10	4.5	4	其他桥	公路-II 级	2000
剪刀河桥	31.985	X002430723	火罗线	17.3	10	10	1×10	6	5.5	板拱	汽车-10 级	1975
小康桥	0.755	C193430726	樱早线	14.4	10.5	10.5	1×10.5	4.5	4	其他桥	公路-II 级	1980
南门桥	0.09	Y043430726	南门·荷花堰	12	7	7	1×7	6	5.6	其他桥	公路-II 级	1982
花薮桥	0.713	C735430726	胡菖线	12.1	11.5	3.7	3×3.7+1×0.4	4.4	3.9	其他桥	公路-II 级	1985
双红小桥	6.298	X013430726	石新线	18.3	14.5	14.5	1×14.5	6.5	6	板拱	汽车-10 级	1970
老桥	0.9	C671430726	磨村线	35.8	22.4	5.6	4×5.6	4.2	3.7	其他桥	公路-II 级	1978
双岭桥	5.318	Y014430726	麻纳口·麻纳峪	19.6	14.7	14.7	1×14.7	5.9	5.1	其他桥	公路-II 级	1986
阳光桥	6.311	Y014430726	麻纳口·麻纳峪	22.1	18.6	18.6	1×18.6	5	4.5	板拱	公路-II 级	1999
皂市大桥	0.116	Y030430726	皂市大桥·青鱼垴	181.8	155	31	5×31	8	6	其他桥	公路-II 级	1986
三眼桥	7.25	Y030430726	皂市大桥·青鱼垴	19.8	9.1	9.1	1×9.1	7	6.5	连续 T 梁	公路-II 级	1977
小康桥	0.58	Y014430726	麻纳口·麻纳峪	22	13.4	13.4	1×13.4	5.15	4.75	其他桥	公路-II 级	2003
塘市二桥	9.654	X013430726	石新线	15	6.5	6.5	1×6.5	7	6.5	板拱	汽车-10 级	1987
塘市一桥	9.854	X013430726	石新线	20	12.5	8	1×8+1×4.5	5.6	5	板拱	汽车-10 级	1992
泪济桥	3.627	Y018430726	两河口·白泥池	22.4	14.3	14.3	1×14.3	8.2	7.5	其他桥	公路-II 级	1982
庙桥	0.5	C301430726	庙小线	11.4	8	8	1×8	5	4.5	其他桥	汽车-超 20 级	1980
老干溪桥	0.593	C520430726	5 杨线	41	24	13	1×13+1×11	7.5	7	其他桥	公路-II 级	1979
羊子垭桥	0.14	C526430726	虎村线	13	9	9	1×9	4.5	4	其他桥	公路-II 级	1972
苏家铺桥	46.895	X005430726	九罗线	39.2	28	28	1×28	7.8	7.3	板拱	汽车-10 级	1979
花山港二桥	1.99	Y004430726	车湾·苗市	14	10	5	2×5	6	6	其他桥	公路-I 级	2007

续表 1-2-3-2

桥梁名称	中心桩号	路线编码	路线名称	桥梁全长（米）	跨径总长（米）	单孔最大跨径（米）	跨径组合（孔×米）	桥梁全宽（米）	桥面净宽（米）	桥型	设计荷载	通车时间
血坪桥	0.36	C377430726	龙龚线	31	27	27	1×27	5.5	5	其他桥	公路-II级	1988
刘家院子桥	10.305	Y025430726	河口·三圣	22	12	12	1×12	7	6.5	其他桥	公路-II级	1996
三圣庙桥	11.585	Y025430726	河口·三圣	32.6	24	24	1×24	8	7.5	其他桥	公路-II级	1996
金龟桥	1.9	C175430726	柳唐线	14.5	10.6	10.6	1×10.6	6.5	6	其他桥	公路-II级	1985
小河口桥	8.513	Y005430726	江坪·石碾子沟	20	10	10	1×10	6.7	5.5	其他桥	公路-II级	1992
大胜桥	40.017	Y007430726	狗头井·泥沙	11.8	6	6	1×6	8	7.5	板拱	公路-II级	1978
红卫桥	6.666	Y473430726	竹园·道渣台	19.3	10.5	10.5	1×10.5	5.7	5	其他桥	公路-II级	1993
梁家桥	1.5	C161430726	院村线	8	5.6	5.6	1×5.6	3.7	3.2	其他桥	公路-II级	1980
烽火坪桥	1.68	C193430726	樱早线	9.8	6.7	6.7	1×6.7	4.5	4	其他桥	公路-II级	1971
热水溪桥	4.714	Y018430726	两河口·白泥池	12.7	5.9	5.9	1×5.9	5.6	5.2	其他桥	公路-II级	1974
发人溪桥	9.011	Y019430726	木瓜·鸡窝	13.6	5	5	1×5	7	6.5	其他桥	公路-II级	1973
北岔溪一桥	8.367	Y022430726	太青山·河口	17	13	6.5	2×6.5	7	6.5	其他桥	公路-II级	1980
郭家垭桥	6.6	C052430726	狗姚线	17.5	10	10	1×10	5.2	4.7	其他桥	公路-II级	2000
庙河桥	0.113	C056430726	三宋线	8	5	5	1×5	5	4.5	其他桥	公路-II级	1975
孙家河桥	2.93	C056430726	三宋线	16	8	8	1×8	4.5	4	其他桥	公路-II级	1986
大棚拱桥	0.05	C060430726	两青线	30.5	21	21	1×21	4.7	4.2	其他桥	公路-II级	1976
桥头拱桥	11.4	C061430726	三青线	19	13	13	1×13	4.5	4	其他桥	公路-II级	1998
七一桥	11.877	C061430726	三青线	12	10	10	1×10	5	4.5	其他桥	公路-II级	1987
椿树桥	0.55	C165430726	三热线	19	12	12	1×12	6.5	6	其他桥	公路-II级	1988
三门桥	2.8	C165430726	三热线	19	14	14	1×14	5.5	5	其他桥	公路-II级	1995
张家院子桥	0.7	C340430726	桃土线	15.2	14.2	14.2	1×14.2	4.5	4	其他桥	公路-II级	1987
刘家峪桥	1.7	C347430726	岗枫线	19.4	18.4	18.4	1×18.4	6.5	6	其他桥	公路-II级	1985
张家铺桥	0.4	C356430726	村皮线	9.3	6.7	6.7	1×6.7	5.5	5	其他桥	公路-II级	1986
柳树桥	1.7	C184430726	碾柳线	6	5.4	5.4	1×5.4	5	4.5	其他桥	公路-II级	1976
高桥	1.5	C185430726	老南线	20	12	12	1×12	6.5	6	其他桥	公路-II级	1983
卷桥	2.84	C185430726	老南线	6	5.8	5.8	1×5.8	5	4.5	其他桥	公路-II级	1981

续表 1-2-3-2

桥梁名称	中心桩号	路线编码	路线名称	桥梁全长（米）	跨径总长（米）	单孔最大跨径（米）	跨径组合（孔×米）	桥梁全宽（米）	桥面净宽（米）	桥 型	设计荷载	通车时间
望月桥	0.95	C186430726	卷排线	15	13	13	1×13	4.8	4.3	其他桥	公路-II 级	1995
功德桥	0.018	C299430726	大黄线	6.7	5	5	1×5	6	5.5	其他桥	公路-II 级	1980
青山峡桥	47.315	X002430723	火罗线	51	30	15	2×15	6.5	6	板拱	汽车-10 级	1975
龙布堰桥	4.54	C717430726	莒桥线	18.3	15.5	15.5	1×15.5	4.7	4.2	其他桥	公路-II 级	1979
红沙溪桥	0.95	Y002430726	油库·磨市	12	7	7	1×7	7.6	7.6	其他桥	公路-I 级	1982
花山港一桥	0.083	Y004430726	车湾·苗市	14	10	5	2×5	6	6	板拱	公路-I 级	1958
神景寨桥	3.866	Y005430726	江坪·石碾子沟	62	38	22	1×22+1×16	5.4	4	其他桥	公路-II 级	1969
七松桥	3.1	Y041430726	共青水库·狮子垴	9	5	5	1×5	4.6	4	板拱	公路-II 级	1976
中军渡索桥	0.36	C223430726	石村线	170.3	112	112	1×112	1.5	1.5	其他桥	汽车-超 20 级	2007
联合桥	0.036	C438430726	联蔡线	7	5	5	1×5	5.5	5	其他桥	公路-II 级	1979
周家大桥	0.02	C140430726	丁村线	40	31	31	1×31	5.5	5	其他桥	公路-II 级	1990
纸棚沟桥	0.2	C046430726	泥堰线	11	5	5	1×5	6.5	6	其他桥	公路-II 级	1986
悬崖岩桥	0.139	C050430726	狗平线	13	6.3	6.3	1×6.3	4	3.5	其他桥	公路-II 级	1974
白岩湾桥	1.725	C050430726	狗平线	18	12.5	12.5	1×12.5	4.5	4	其他桥	汽车-超 20 级	1975
狮子岩桥	0.334	C261430726	村村线	18	15	15	1×15	4.8	4.3	其他桥	公路-II 级	1990
崎岖河桥	62.775	X002430723	火罗线	31	19	19	1×19	6	5.5	板拱	汽车-10 级	1972
溪水坝桥	65.143	X002430723	火罗线	40	15	3	5×3	7.5	7	板拱	汽车-10 级	1998
穿山桥	70.951	X002430723	火罗线	26	16.5	16.5	1×16.5	5.8	5.3	其他桥	汽车-10 级	1986
风车口桥	80.11	X002430723	火罗线	35	22	22	1×22	7	6.5	板拱	汽车-10 级	1986
张家渡大桥	97.872	X002430723	火罗线	127.2	96	60	1×60+6×6	10	7.6	板拱	汽车-10 级	1986
三门峪桥	114.695	X002430723	火罗线	16	10	10	1×10	5.8	5.3	板拱	汽车-10 级	1996
双河桥	0.1	C157430726	两陈线	10	6.8	6.8	1×6.8	4.3	3.8	其他桥	公路-II 级	1995
枧桥	14.084	Y027430726	美胜桥·雷公嘴	34	28	28	1×28	6	5.5	板拱	公路-II 级	1983
肖家溪桥	0.2	C430430726	刘刘线	6.2	5.1	5.1	1×5.1	4.5	4	其他桥	公路-II 级	1985
后溪桥	3.537	Y012430726	所街·珠宝街	26	11.9	11.9	1×11.9	6.3	5.5	板拱	公路-II 级	1983
引水渠桥	2.007	Y028430726	鸡鸣桥·干溪沟	15	12	6	2×6	5	4	板拱	公路-II 级	1979

续表 1-2-3-2

桥梁名称	中心桩号	路线编码	路线名称	桥梁全长（米）	跨径总长（米）	单孔最大跨径（米）	跨径组合（孔×米）	桥梁全宽（米）	桥面净宽（米）	桥 型	设计荷载	通车时间
王家沟桥	4.819	Y028430726	鸡鸣桥·干溪沟	12	6	6	1×6	4	3.5	其他桥	公路-II 级	1970
官渡桥	7	Y039430726	分水岭·官渡桥	48	35	17.5	2×17.5	12.5	10.5	板拱	公路-II 级	1985
友助桥	1.814	Y034430726	新关镇·三江口	35.5	13.6	13.6	1×13.6	10.7	9	板拱	公路-II 级	1970
鸡公桥	43.136	X002430723	火罗线	19	10.3	10.3	1×10.3	6.7	6.2	板拱	汽车-10 级	1973
土桥	37.46	X013430726	石新线	16	8.5	8.5	1×8.5	4.8	4.3	板拱	汽车-10 级	1967
鹅拱桥	3.361	X014430726	石跳线	17	7	7	1×7	6	5.5	其他桥	汽车-10 级	1978
瓦砖桥	0.8	Y036430726	新街口·杨坪	19	12	12	1×12	7	6.5	板拱	公路-II 级	1980
高桥	1.017	Y037430726	高桥·大兴	32	24	12	2×12	6	5	板拱	公路-II 级	1981
贾家新屋桥	0.32	C394430726	鸡中线	24	20	10	2×10	6.3	5.8	其他桥	公路-II 级	1980
溪口二桥	1.6	C151430726	赵院线	15.8	5.8	5.8	1×5.8	4	3.5	其他桥	公路-II 级	1990
刘家嘴桥	2.1	C193430726	樱早线	12.5	9	9	1×9	3.3	2.8	其他桥	公路-II 级	1987
杜人桥	9.16	Y030430726	皂市大桥·青鱼垱	20.4	12.1	12.1	1×12.1	7	6.5	其他桥	公路-II 级	1998
白善峪桥	8.545	X006430726	官石线	9	7	7	1×7	15.2	14.7	其他桥	汽车-10 级	1970
龙将二桥	1.599	C042430726	龙村线	23	17.5	17.5	1×17.5	4.7	4.2	其他桥	公路-II 级	1990
新铺桥	12.155	X013430726	石新线	20	14	14	1×14	8.4	8	板拱	汽车-10 级	1993
姚家桥	2.5	C209430726	九凉线	20.1	12.1	12.1	1×12.1	5	4.5	其他桥	公路-II 级	1970
连心桥	0.18	C089430726	南村线	15	10.2	10.2	1×10.2	5	4.5	其他桥	公路-II 级	1979
岩塔桥	10.824	X006430726	官石线	15	10	10	1×10	7.5	7	板拱	汽车-10 级	1970
乌龟垱桥	56.85	X013430726	石新线	17	7.6	7.6	1×7.6	6	5.5	其他桥	汽车-10 级	1970
平东小桥	0.137	C051430726	狗村线	23	20	20	1×20	4	3.5	其他桥	公路-II 级	1992
平东桥	0.09	C052430726	狗姚线	20	7	7	1×7	5.5	5	板拱	公路-II 级	1986
三板桥	39.419	X013430726	石新线	12.7	7	7	1×7	6.6	6	板拱	汽车-10 级	1977
张家湾桥	1.593	C052430726	狗姚线	9	7	7	1×7	5.2	4.7	其他桥	公路-II 级	1990
河口下桥	2.011	Y023430726	河口·曾家垭	34.4	20	20	1×20	5.5	5	板拱	公路-II 级	1970
两岔溪桥	0.13	C384430726	蔡 13 线	7.5	6.7	6.7	1×6.7	5	4.5	其他桥	公路-II 级	1983
杉木桥	0.044	C385430726	蔡龙线	9	7	7	1×7	5.5	5	其他桥	公路-II 级	1997

续表 1-2-3-2

桥梁名称	中心桩号	路线编码	路线名称	桥梁全长（米）	跨径总长（米）	单孔最大跨径（米）	跨径组合（孔×米）	桥梁全宽（米）	桥面净宽（米）	桥 型	设计荷载	通车时间
幸福桥	0.47	C426430726	大东线	18	10	10	1×10	6	5.5	其他桥	汽车-超20级	1980
廖家桥	4.1	C426430726	大东线	18	12	12	1×12	7	6.5	其他桥	公路-II级	1988
白场桥	2.323	C081430726	郑村线	9.5	7.7	7.7	1×7.7	4.1	3.6	其他桥	公路-II级	1989
永兴桥	11.768	X013430726	石新线	7.5	5	5	1×5	6.8	6	板拱	汽车-10级	1993
清泥溪桥	1.8	C261430726	村村线	16	13.7	13.7	1×13.7	4.5	4	其他桥	公路-II级	1985
油榨坪二桥	1	C333430726	两大线	8.7	7.2	7.2	1×7.2	6	5.5	其他桥	公路-II级	1985
王家桥	1.5	C333430726	两大线	7	5	5	1×5	5.5	5	其他桥	公路-II级	1989
马嘶坪桥	0.2	C082430726	马洋线	13.5	11.2	11.2	1×11.2	4	3.5	其他桥	公路-II级	1981
桃家庙桥	0.27	C340430726	桃土线	9	8	8	1×8	4.3	3.8	其他桥	公路-II级	1997
风火桥	0.8	C262430726	大大线	37	29	29	1×29	5	4.5	其他桥	公路-II级	1980
矿场峪桥	0.09	C285430726	热矿线	18.6	13.5	13.5	1×13.5	4.6	4.1	其他桥	公路-II级	1978
青龙桥	3.765	Y474430726	黄溪峪·黄家凸	12	6	6	1×6	7	6.5	其他桥	公路-II级	1978
郑溪坪桥	1.01	Y016430726	马子溪·黄莲尖	30	20	20	1×20	5	4.6	其他桥	公路-II级	1988
温家洞桥	1.86	Y016430726	马子溪·黄莲尖	12.5	5.5	5.5	1×5.5	5.4	5	板拱	公路-II级	1989
大方沟桥	1.234	Y017430726	热水溪·磨市	27.6	16	16	1×16	9	8.4	板拱	公路-II级	1983
团结桥	3.178	Y017430726	热水溪·磨市	12.3	8.7	8.7	1×8.7	7.6	7	板拱	公路-II级	1984
枇杷桥	43.093	X005430726	九罗线	19.5	13	13	1×13	6.5	6	板拱	汽车-10级	1975
红旗桥	45.05	X005430726	九罗线	16	9	9	1×9	6.5	6	板拱	汽车-10级	1974
青羊峪桥	45.695	X005430726	九罗线	16	8	8	1×8	4.5	4	板拱	汽车-10级	1974
新花桥	0.063	C590430726	夹刘线	8.3	6.3	6.3	1×6.3	5	4.5	其他桥	公路-II级	1975
董家桥	0.007	C598430726	董水线	8	6	6	1×6	6.5	6	其他桥	公路-II级	1981
桂花桥	1.12	C652430726	孙高线	8.8	5.4	5.4	1×5.4	5	4.5	其他桥	公路-II级	1986
潭家河桥	0.005	C662430726	铁潭线	25	15	15	1×15	4.8	4.3	其他桥	公路-II级	1978
溪口大桥	0.288	C151430726	赵院线	21	14.8	14.8	1×14.8	4	3.5	其他桥	公路-II级	1998
黄溪峪桥	1.52	Y474430726	黄溪峪·黄家凸	13.5	6.5	6.5	1×6.5	5.5	5	板拱	公路-II级	1993
望乡桥	6.436	Y474430726	黄溪峪·黄家凸	14.6	8.6	8.6	1×8.6	5.5	5	板拱	公路-II级	1989

续表 1-2-3-2

桥梁名称	中心桩号	路线编码	路线名称	桥梁全长（米）	跨径总长（米）	单孔最大跨径（米）	跨径组合（孔×米）	桥梁全宽（米）	桥面净宽（米）	桥型	设计荷载	通车时间
侯家河桥	7.298	Y472430726	蜈蚣寨·东方桥市场	18.6	7	7	1×7	4.5	4	板拱	公路-II级	1997
南岔三桥	8.471	Y023430726	河口·曾家垭	37	23	23	1×23	7	6.5	板拱	公路-II级	1975
金岩溪桥	13.587	Y027430726	美胜桥·雷公嘴	9	6	6	1×6	6	5	其他桥	公路-II级	1978
卢家桥	7.015	Y031430726	皂市镇·沿市渡口	20.4	13	13	1×13	6	5.5	其他桥	公路-II级	1974
血流溪桥	0.241	Y033430726	新桥·九同碑	13	5	5	1×5	7	6	其他桥	公路-II级	1978
刘家桥	0.455	Y035430726	川店铺·易市	35	30	10	3×10	7.5	7	板拱	公路-II级	1970
冬竹园桥	18.62	Y477430726	大洞坪·南坪河	30	12	12	1×12	7.5	7	其他桥	公路-II级	1982
红卫桥	6.666	Y474430726	黄溪峪·黄家凸	19.3	10.5	10.5	1×10.5	5.7	5	其他桥	公路-II级	1993
红岩桥	2.228	Y474430726	黄溪峪·黄家凸	31	23	13	1×13+1×10	6	5.5	板拱	公路-II级	1993
娥公桥	4.2	C261430726	村村线	10	8	8	1×8	4.5	4	其他桥	公路-II级	1987
连心桥	2.17	Y477430726	大洞坪·南坪河	22.6	12.6	12.6	1×12.6	7	6.5	其他桥	公路-II级	2000
中心桥	12.6	C061430726	三青线	13.2	10	10	1×10	4.9	4.4	其他桥	公路-II级	1975
二龙桥	4.8	C148430726	窄龙线	10.5	5.8	5.8	1×5.8	4	3.5	其他桥	公路-II级	1979
雁池大桥	28.429	X005430726	九罗线	153	120	40	3×40	13	10.4	肋拱	汽车-10级	1984
竹家湾桥	2.769	Y028430726	鸡鸣桥·干溪沟	10	6	6	1×6	4	3.5	板拱	公路-II级	1970
同福桥	0.892	C697430726	杜康线	16.8	15.8	15.8	1×15.8	5.2	4.7	板拱	公路-II级	1985
胜天桥	22.37	X013430726	石新线	12	9	9	1×9	6	5.5	板拱	汽车-10级	1970
尹家湾桥	0.7	C425430726	黑大线	11	9	9	1×9	6.5	6	其他桥	公路-II级	1985
龙兴桥	48.193	X005430726	九罗线	10	5.5	5.5	1×5.5	5.5	5	板拱	汽车-10级	1980
岩塔桥	62.21	X005430726	九罗线	15	10	10	1×10	6.5	6	板拱	汽车-10级	1980
岗市桥	49.284	X019430723	王维线	38.6	35	7	5×7	7.6	7	板拱	汽车-10级	1983
茅坪大桥	54.601	X019430723	王维线	86.7	75.2	19.6	2×19.6+2×18	5.5	5	其他桥	汽车-10级	1977
白合桥	1.66	C416430726	稻肖线	7.5	6.5	6.5	1×6.5	4.5	4	其他桥	公路-II级	1991
上午通桥	7.845	X024430725	菖雅线	29.6	21	7	3×7	6.5	6	板拱	汽车-10级	1978
野猪溪桥	1	C667430726	闫合线	11	7.8	7.8	1×7.8	5.9	5.4	其他桥	公路-II级	1990
梅家河桥	0.08	C669430726	水场线	21.5	19.5	3.8	5×3.8+1×0.5	4.3	3.8	其他桥	公路-II级	1984

续表 1-2-3-2

桥梁名称	中心桩号	路线编码	路线名称	桥梁全长（米）	跨径总长（米）	单孔最大跨径（米）	跨径组合（孔×米）	桥梁全宽（米）	桥面净宽（米）	桥 型	设计荷载	通车时间
桥儿溪桥	136.695	X002430723	火罗线	31.2	15	15	1×15	7	6.5	板拱	汽车-10 级	1986
双溪桥	4.721	Y003430726	蔡家溪·双溪	42.7	30	6	5×6	6.1	5.6	其他桥	公路-II 级	1970
升子坪大桥	0.14	C130430726	升巴线	40	25	25	1×25	4	3.5	其他桥	公路-II 级	1988
晏家棚大桥	0.22	C409430726	冷四线	40	35	11	3×11+1×2	5	4.5	其他桥	公路-II 级	1990
岩板河桥	3.439	X004430726	磺太线	48	30	30	1×30	9.3	7	板拱	公路-II 级	2007
天坪桥	0.091	C254430726	石上线	10.5	6.8	6.8	1×6.8	4.5	4	其他桥	公路-II 级	1985
八仙桥	2.6	C149430726	后和线	12.5	8	8	1×8	4	3.5	其他桥	公路-II 级	1990
骏马溪桥	87.059	X002430723	火罗线	60	31	31	1×31	9.5	7.5	板拱	汽车-10 级	1986
干沟桥	0.314	C192430726	七干线	17	9	9	1×9	4.5	4	板拱	公路-II 级	1990
樱桃溪桥	0.046	C193430726	樱旱线	48	40	20	2×20	4.5	4	其他桥	公路-II 级	1988
官渡桥	131.856	X002430723	火罗线	14.9	7.5	7.5	1×7.5	7.3	6.8	板拱	汽车-10 级	1986
孙家沟桥	133.984	X002430723	火罗线	38	15	15	1×15	7.5	7	板拱	汽车-10 级	1986
联盟桥	143.628	X002430723	火罗线	13.3	8.7	8.7	1×8.7	6.5	6	板拱	汽车-10 级	1981
和平桥	145.061	X002430723	火罗线	15.6	9.4	9.4	1×9.4	6.4	6	板拱	汽车-10 级	1977
仁义桥	146.49	X002430723	火罗线	16	9	9	1×9	5.7	5.2	板拱	汽车-10 级	1980
龙坪桥	147.231	X002430723	火罗线	52	39	19.5	2×19.5	6.8	6	板拱	汽车-10 级	1980
重溪峪桥	147.513	X002430723	火罗线	28.5	16.5	16.5	1×16.5	6	5.5	板拱	汽车-10 级	1977
罗坪桥	148.151	X002430723	火罗线	50	30	30	1×30	6	4	板拱	汽车-10 级	1979
三岔溪桥	8.28	X005430726	九罗线	25.6	18	18	1×18	6.5	6	板拱	汽车-10 级	1996
杨柳桥	13.669	X005430726	九罗线	7	5.4	5.4	1×5.4	7	6.5	板拱	汽车-10 级	1980
思古溪桥	23.21	X005430726	九罗线	21	11	11	1×11	6	5.5	板拱	汽车-10 级	1978
马家峪桥	33.295	X005430726	九罗线	15.5	6	6	1×6	6.8	6.3	板拱	汽车-10 级	1975
水晶庙桥	38.698	X005430726	九罗线	13	8	8	1×8	6.5	6	板拱	汽车-10 级	1974
接日坪桥	36.378	X002430723	火罗线	14	8.4	8.4	1×8.4	5.5	5	板拱	汽车-10 级	1974
老虎桥	44.218	X002430723	火罗线	26.5	14	14	1×14	7	6.5	板拱	汽车-10 级	1974
廖家拐桥	0.2	C397430726	老村线	7	6	6	1×6	4	3.5	其他桥	公路-II 级	1990

续表 1-2-3-2

桥梁名称	中心桩号	路线编码	路线名称	桥梁全长（米）	跨径总长（米）	单孔最大跨径（米）	跨径组合（孔×米）	桥梁全宽（米）	桥面净宽（米）	桥型	设计荷载	通车时间
玉皇庙桥	0.5	C448430726	涂刘线	12	8	8	1×8	5.7	5.2	其他桥	公路-II级	1988
张家桥	0.3	C494430726	曹火线	10	9.7	4.9	1×4.9+2×2.4	5	4.5	其他桥	公路-II级	1992
何泉峪桥	0.028	C073430726	魏村线	11	7.4	7.4	1×7.4	3.5	3	其他桥	公路-II级	1995
汤家桥	6	C209430726	九凉线	12	6	6	1×6	4.5	4	其他桥	公路-II级	1985
狮子凸桥	7.6	C209430726	九凉线	14	8	8	1×8	6	5.5	其他桥	公路-II级	1991
狗家坪桥	0.3	C218430726	九村线	34	26	26	1×26	4.2	3.7	其他桥	公路-II级	1988
邓家桥	2.1	C415430726	柑晏线	11	9.5	9.5	1×9.5	6	5.5	板拱	公路-II级	1985
五组桥	5.718	Y028430726	鸡鸣桥·干溪沟	7	5	5	1×5	4	3.5	其他桥	公路-II级	1998
洪水滩桥	1.79	Y015430726	安溪·凤垭头	66.5	31.5	31.5	1×31.5	8.2	7.8	其他桥	公路-II级	1984
三元桥	119.979	X002430723	火罗线	11	5.2	5.2	1×5.2	7.5	7	板拱	汽车-10级	1997
黄莲桥	123.218	X002430723	火罗线	14	8.2	8.2	1×8.2	8.8	8.3	板拱	汽车-10级	1997
短棒溪桥	125.819	X002430723	火罗线	17	8	8	1×8	8.7	8.2	板拱	汽车-10级	1997
官坪桥	0.061	C369430726	官樟线	5.8	5.2	5.2	1×5.2	4.7	4.2	其他桥	公路-II级	1987
彭家大屋桥	0.395	C397430726	老村线	6	5	5	1×5	4.2	3.7	其他桥	公路-II级	1985
荣杨河桥	0.039	C078430726	罗村线	28	24.5	24.5	1×24.5	5.1	4.6	其他桥	公路-II级	1993
苏家铺桥	0.05	C401430726	预余线	10	8	8	1×8	5.2	4.7	板拱	公路-II级	1985
马路峪大桥	0.49	C405430726	苏马线	55	49	4	11×4+2×2.5	5.5	5	其他桥	公路-II级	1980
新桥	0.68	C356430726	村皮线	7.8	6.6	6.6	1×6.6	5	4.5	其他桥	公路-II级	1971
连心桥	7.352	Y014430726	麻纳口·麻纳峪	12.5	8.5	8.5	1×8.5	5.2	4.7	板拱	公路-II级	2000
九斗峪桥	12.331	X006430726	官石线	26	15	15	1×15	6	5.5	板拱	汽车-10级	1970
青山桥	1.072	C056430726	三宋线	38.5	36	19	1×19+2×8.5	4.8	4.3	其他桥	公路-II级	1980
平东桥	35.151	Y007430726	狗头井·泥沙	43	27	27	1×27	6.5	6	板拱	公路-II级	1978
溪沟桥	10.138	Y005430726	江坪·石碾子沟	18	6	6	1×6	7	6	其他桥	公路-II级	1992
玉皇庙桥	3.403	X006430726	官石线	9.5	7	7	1×7	6	5.5	板拱	汽车-10级	1970
泥市大桥	41.052	Y007430726	狗头井·泥沙	113	92	46	2×46	10	9	板拱	公路-II级	1978
联谊桥	0.045	Y009430726	联谊桥·高家台	83	62	31	2×31	9.2	6.8	板拱	公路-II级	1975

续表 1-2-3-2

桥梁名称	中心桩号	路线编码	路线名称	桥梁全长（米）	跨径总长（米）	单孔最大跨径（米）	跨径组合（孔×米）	桥梁全宽（米）	桥面净宽（米）	桥 型	设计荷载	通车时间
七里庙桥	1.95	Y009430726	联谊桥·高家台	14.7	5.7	5.7	1×5.7	5	4.5	板拱	公路-II 级	1984
蔡家湾口桥	2.35	Y010430726	罗坪垭·王家湾	15	6	6	1×6	5	4.5	板拱	公路-II 级	1999
王家坪桥	3.65	Y010430726	罗坪垭·王家湾	17	10	10	1×10	6.5	5	其他桥	公路-II 级	1996
覃家桥	4.87	Y010430726	罗坪垭·王家湾	11.6	5	5	1×5	5.5	5	板拱	公路-II 级	1998
所街大桥	0.37	Y012430726	所街·珠宝街	201.1	160	40	3×40+4×10	10	7	肋拱	公路-II 级	1996
官庄峪桥	36.683	X019430723	王维线	12	10.5	10.5	1×10.5	6.5	6	板拱	汽车-10 级	1980
槐树沟桥	37.795	X019430723	王维线	10	7.2	7.2	1×7.2	6.4	6	板拱	汽车-10 级	1980
北流溪桥	44.661	X019430723	王维线	16	10	10	1×10	6.3	5.8	板拱	汽车-10 级	1978
长兴桥	45.352	X019430723	王维线	13	8.8	8.8	1×8.8	7.5	7	板拱	汽车-10 级	1983
吴查桥	13.403	Y006430726	杨家坪·郑垭	17	5	5	1×5	5.4	5	其他桥	公路-II 级	1983
白果桥	12.611	Y007430726	狗头井·泥沙	23.8	10	10	1×10	7	6.6	板拱	公路-II 级	1993
苏英桥	13.772	Y007430726	狗头井·泥沙	32.9	15.5	15.5	1×15.5	8	6.6	板拱	公路-II 级	1993
唐家湾桥	2.34	C193430726	樱旱线	15	9	9	1×9	3.5	3	其他桥	公路-II 级	1991
杨坪桥	0.225	Y038430726	杨坪·姚家坪	18	10	10	1×10	9	7	悬索桥	公路-II 级	2000
姚家桥	5.56	Y039430726	分水岭·官渡桥	20	11	5.5	2×5.5	4	3.5	板拱	公路-II 级	1967
友助桥	1.814	Y003430726	蔡家溪·双溪	35.5	13.6	13.6	1×13.6	10.7	9	板拱	公路-II 级	1970
万世大桥	0.36	C135430726	生油线	37.6	32	16	2×16	5.5	5	其他桥	公路-II 级	1991
苦竹坪大桥	1.021	C137430726	栗村线	40	30	30	1×30	7.5	7	其他桥	公路-II 级	1980
孔雀桥	0.7	C190430726	张李线	16	15	15	1×15	5.5	5	其他桥	公路-II 级	1976
罗家垱桥	1.088	C158430726	岩村线	14	10.8	10.8	1×10.8	4	3.5	其他桥	公路-II 级	1989
毛坪桥	0.054	C181430726	屋毛线	15	9.6	9.6	1×9.6	3.7	3.2	其他桥	公路-II 级	1981
孙家桥	0.015	C182430726	孙升线	10.5	7.5	7.5	1×7.5	3.5	3	其他桥	公路-II 级	1988
杨柳桥	1.4	C236430726	三香线	8	5.7	5.7	1×5.7	5.4	4.9	其他桥	公路-II 级	1981
南岳寺桥	0.114	C249430726	官南线	35	28	28	1×28	4.8	4.3	其他桥	公路-II 级	1978
岩板滩桥	0.084	C250430726	官村线	32	28	28	1×28	9.3	7	其他桥	汽车-超 20 级	2007
两河口桥	0.31	C123430726	唐汪线	15.6	14.5	14.5	1×14.5	4	3.5	其他桥	公路-II 级	1986

续表 1-2-3-2

桥梁名称	中心桩号	路线编码	路线名称	桥梁全长（米）	跨径总长（米）	单孔最大跨径（米）	跨径组合（孔×米）	桥梁全宽（米）	桥面净宽（米）	桥型	设计荷载	通车时间
升子峪大桥	0.044	C427430726	彪办线	24	20	10	2×10	5.5	5	其他桥	公路-Ⅱ级	1986
新桥	3	C427430726	彪办线	18	7.5	7.5	1×7.5	5.3	4.8	其他桥	汽车-超20级	1980
南北桥	16.6	Y007430726	狗头井·泥沙	58.4	31.2	31.2	1×31.2	9.6	7.8	肋拱	公路-Ⅱ级	1994
西山垭桥	53.871	X005430726	九罗线	8	5.5	5.5	1×5.5	5.4	5	板拱	公路-Ⅱ级	1978
侯家河桥	7.298	Y477430726	大洞坪·南坪河	18.6	7	7	1×7	4.5	4	板拱	公路-Ⅱ级	1997
马尾松桥	19.971	Y477430726	大洞坪·南坪河	17.8	10.2	10.2	1×10.2	7.5	7	板拱	公路-Ⅱ级	1982
王官桥	4.25	X006430726	官石线	52	37.5	37.5	1×37.5	6	5.5	板拱	汽车-10级	1970
喻家垱桥	24.647	X013430726	石新线	19.6	10	10	1×10	5.7	5.2	板拱	汽车-10级	1981
国际桥	4.167	Y014430726	麻纳口·麻纳峪	23.9	18	18	1×18	5.1	4.7	其他桥	公路-Ⅱ级	1999
高岩大桥	1.23	C763430726	风瑶线	18.1	11.4	11.4	1×11.4	5	4.47	其他桥	公路-Ⅱ级	1985
天鹅桥	0.9	C209430726	九凉线	40	28	28	1×28	5.8	5.3	其他桥	公路-Ⅱ级	1988
井湾桥	0.34	C512430726	5组·7组	14	6	6	1×6	4.5	4	其他桥	公路-Ⅱ级	1990
地坪大桥	0.6	C289430726	马臭线	63.2	57.6	19.2	3×19.2	9.1	8.6	其他桥	公路-Ⅱ级	1984
重阳桥	0.076	C298430726	三杨线	38	32	16	2×16	5.5	5	其他桥	公路-Ⅱ级	1983
唐家桥	0.117	C383430726	竹枚线	9	8	8	1×8	4.6	4.1	其他桥	公路-Ⅱ级	1990
红桃树桥	0.8	C123430726	唐汪线	19	12.3	12.3	1×12.3	4	3.5	其他桥	公路-Ⅱ级	1992
码头桥	1.02	C126430726	居万线	23	14.3	14.3	1×14.3	4.5	4	其他桥	公路-Ⅱ级	1979
杨坪桥	3.389	C126430726	居万线	10.5	7.8	7.8	1×7.8	5	4.5	其他桥	公路-Ⅱ级	1984
院子桥	2.11	C159430726	烽村线	17	9.3	9.3	1×9.3	3.5	3	其他桥	公路-Ⅱ级	1990
覃家峪桥	4	C159430726	烽村线	9	5.2	5.2	1×5.2	3	2.5	其他桥	公路-Ⅱ级	1978
蔡家桥	5.41	Y027430726	美胜桥·雷公嘴	10	7.5	7.5	1×7.5	5	4.5	板拱	公路-Ⅱ级	1990
刘家桥	7.882	Y027430726	美胜桥·雷公嘴	9	6	6	1×6	3.2	3	板拱	公路-Ⅱ级	1976
六眼泉桥	11.542	Y027430726	美胜桥·雷公嘴	13.5	6	6	1×6	5	4	其他桥	公路-Ⅱ级	1990
蔡家湾桥	2.01	C395430726	杨小线	7	5	5	1×5	4	3.5	其他桥	公路-Ⅱ级	1992
小鸡鸣桥	0.2	C396430726	k2龙线	12	10.5	10.5	1×10.5	9	8.5	其他桥	公路-Ⅱ级	1979
红岩桥	2.228	Y473430726	竹园·道渣台	31	23	13	1×13+1×10	6	5.5	板拱	公路-Ⅱ级	1993

续表 1-2-3-2

桥梁名称	中心桩号	路线编码	路线名称	桥梁全长（米）	跨径总长（米）	单孔最大跨径（米）	跨径组合（孔×米）	桥梁全宽（米）	桥面净宽（米）	桥 型	设计荷载	通车时间
泗潭河桥	0.801	C173430726	郑杨线	91.1	60	30	2×30	9.1	7	其他桥	公路-II 级	2007
神州台桥	0.09	C253430726	商村线	87.2	80	16	5×16	6.6	6	其他桥	公路-II 级	2007
双桥	1.181	C156430726	自周线	14	6	6	1×6	6.6	6	其他桥	公路-II 级	2007
汪家一桥	1.635	Y001430726	白垭·清官渡	7	5.5	5.5	1×5.5	7	7	其他桥	公路-I 级	2007
岩儿凸桥	0.51	C300430726	泪龙线	15.4	8	8	1×8	6.3	5.8	其他桥	公路-II 级	1980
马子溪桥	63.889	X005430726	九罗线	14	10	10	1×10	6.2	5.7	板拱	汽车-10 级	1978
邱家河桥	1.832	C121430726	风米线	12	5.6	5.6	1×5.6	5	4.5	其他桥	公路-II 级	1991
地坪桥	7.608	C289430726	马臭线	54.8	48	16	3×16	6.6	6	其他桥	公路-II 级	2007
北岔溪二桥	8.562	Y022430726	太青山·河口	31	20	20	1×20	7.5	7	板拱	公路-II 级	1980
南岔一桥	5.45	Y023430726	河口·曾家垭	19	18	18	1×18	6.5	6	板拱	公路-II 级	1975
南岔二桥	7.029	Y023430726	河口·曾家垭	29.6	19	19	1×19	6.5	6	板拱	公路-II 级	1975
南岔四桥	9.478	Y023430726	河口·曾家垭	30	18	18	1×18	6	5.5	板拱	公路-II 级	1975
贰家候桥	1.4	C753430726	石望线	8.9	8	4	2×4	4.4	3.9	其他桥	公路-II 级	1982
长征桥	5.3	C763430726	风瑶线	17.1	10	10	1×10	6.5	6	其他桥	公路-II 级	1977
烽火坪桥	0.066	C772430726	栎乌线	8.5	6.8	6.8	1×6.8	6.1	5.6	其他桥	公路-II 级	1971
汉寿县小计：104 座 2254.84 延米												
云长桥	12.473	X034430705	西坡线	65	32	16	2×16	12.4	9	板拱	汽车-15 级	1994
张家桥	7.893	Y378430722	偏山·张家洲	20	5	5	1×5	5	4	空心板梁	汽车-10 级	1979
撇洪河桥	15	Y155430722	阁全口·牛路滩	19	16	8	2×8	8	7	空心板梁	汽车-10 级	2000
龙潭桥	0.257	Y189430722	龙潭桥·崔家桥	15	10	10	1×10	11.5	7	其他桥	汽车-10 级	1988
毓德铺大桥	8.82	Y189430722	龙潭桥·崔家桥	85.5	40	40	1×40	10	8	板拱	汽车-10 级	1988
排形桥	0.513	Y197430722	排形·黄廖	17	13	13	1×13	8.6	5	板拱	汽车-10 级	1981
李家湾桥	6.001	Y197430722	排形·黄廖	9	6	6	1×6	5.5	4.5	其他桥	汽车-10 级	1971
胜利桥	9.713	Y197430722	排形·黄廖	7.5	6	6	1×6	7.5	6	其他桥	汽车-10 级	1971
三合桥	7.5	Y197430722	排形·黄廖	6	6	6	1×6	5.2	4.5	板拱	汽车-10 级	1971
百禄桥	0.015	Y185430722	百禄桥·七家坝	31	20	20	1×20	9.8	7	整体现浇板	汽车-10 级	1983

续表 1-2-3-2

桥梁名称	中心桩号	路线编码	路线名称	桥梁全长（米）	跨径总长（米）	单孔最大跨径（米）	跨径组合（孔×米）	桥梁全宽（米）	桥面净宽（米）	桥型	设计荷载	通车时间
石板滩大桥	0.225	Y363430722	月明潭·彭家湖	43	20	20	1×20	6.5	4.5	板拱	汽车-10级	1979
二工区桥	1.7	Y388430722	瓦窑冲·新堤	33	8	5	1×5+2×1.5	8	7	其他桥	汽车-10级	1987
三工区桥	2.58	Y176430722	金盘岭·张家洲	46	40	8	5×8	5.8	5	整体现浇板	汽车-10级	1979
毛山坝桥	5.506	Y387430722	黄家湾·龙津	12.6	6	6	1×6	5	3.5	连续T梁	汽车-10级	1980
雷家坡桥	1.155	C321430722	雷家坡村部·聂家桥中学	30	9	9	1×9	3.9	3.4	其他桥	汽车-10级	1977
南北桥	4.942	C386430722	宝台·纽口河	11.8	7.7	7.7	1×7.7	4	3.6	其他桥	汽车-10级	1977
么河桥	0.922	C389430722	十字路口·S205线	11	9	9	1×9	5.5	5	空心板梁	汽车-10级	1970
全新桥	1.807	C406430722	全新村部·万坝桥	24	20	5	4×5	4.1	3.7	空心板梁	汽车-10级	1977
白鹭寺桥	0.121	C005430722	白鹭寺·王春生	8.5	8	4	2×4	5	4.5	其他桥	公路-I级	1993
岩坝桥	3.898	C008430722	井边湾·岩坝桥	11	6.3	6.3	1×6.3	4.5	4	其他桥	公路-I级	1976
惠民桥	0.11	C012430722	集镇水泥路·灰库	10	6.6	6.6	1×6.6	6.9	6.4	其他桥	公路-I级	1966
赤港湾桥	5.573	C116430722	上岩桥·新塘	8.5	8.4	8.4	1×8.4	6.1	5.6	其他桥	公路-I级	1988
康家洲桥	0.115	C133430722	康家洲·象山	32	30	7.7	2×7.7+2×7.3	4	3.5	空心板梁	公路-I级	1981
林横桥	0.569	C164430722	老屋洲·村部	7	6.5	6.5	1×6.5	4.6	4.1	空心板梁	公路-I级	1985
硚港桥	5.5	C368430722	东风村部·小港西	29.2	22.4	11.2	2×11.2	7	6.5	空心板梁	汽车-10级	2009
焦家桥	0.239	C331430722	焦家·油铺组	31	30	10	3×10	5	4.5	其他桥	公路-I级	1979
寿南桥	0.796	C276430722	马井桥·鄢家桥	15.8	15	5	3×5	3.5	3.5	其他桥	汽车-10级	2008
岩坝桥	0.3	Y367430722	岩场·大新水库	22	10.5	10.5	1×10.5	7.5	6	其他桥	汽车-10级	1980
菱北大桥	1.865	Y375430722	北拐·金龙	38	14	14	1×14	8.2	6	其他桥	汽车-10级	1997
捕捞大桥	4.1	Y376430722	菱东·万福	20	8	8	1×8	8	7	连续T梁	汽车-10级	1976
翻水口闸桥	35.9	Y155430722	阎金口·牛路滩	21	8	8	1×8	6	5	板拱	汽车-10级	1977
太兴桥	6.8	C405430722	车硚村部·肖家祠	19.6	16	16	1×16	6.5	5.5	板拱	汽车-10级	2009
纸料洲大桥	15.244	X037430722	红阳线	45.5	24	24	1×24	9	7	连续箱梁	汽车-10级	1983
五美桥	30.417	X027430722	军红线	71.04	66	16.5	4×16.5	9	8	整体现浇板	公路-II级	1988
南汉桥	2.143	Y154430722	凤鸣·洲口	35.9	16	16	1×16	7	6	板拱	汽车-10级	1980
西垴桥	4.765	Y154430722	凤鸣·洲口	28.7	10	10	1×10	7.4	6	板拱	公路-I级	1980

续表 1-2-3-2

桥梁名称	中心桩号	路线编码	路线名称	桥梁全长（米）	跨径总长（米）	单孔最大跨径（米）	跨径组合（孔×米）	桥梁全宽（米）	桥面净宽（米）	桥型	设计荷载	通车时间
菱南大桥	5.847	Y376430722	菱东·万福	38	13	13	1×13	7	6	其他桥	汽车-10级	1975
久远坝桥	3.137	Y199430722	朱家铺·沧水河	36.2	36.2	4.5	2×4.5+10×2.72	5.7	5.7	连续T梁	汽车-10级	1981
水库桥	0.865	C151430722	江东·新民	14.5	13.5	13.5	1×13.5	5.5	5	空心板梁	公路-I级	1970
聂家桥	7.549	Y174430722	三合·谢家铺	14.6	6	6	1×6	6	5	其他桥	汽车-10级	1979
金盘岭桥	0.016	Y176430722	金盘·岭张家洲	28	14	14	1×14	5	3.5	连续T梁	汽车-10级	1979
娥公桥	5.55	Y187430722	阳南塘·百禄桥	8	5	5	1×5	8	6	板拱	汽车-10级	1978
西堤桥	16.343	X034430705	西坡线	24.5	20.4	10.2	2×10.2	7	6	板拱	汽车-10级	1980
凤鸣桥	22.521	X034430705	西坡线	37	17	17	1×17	6.6	6	板拱	汽车-10级	1980
茶山桥	2.205	C152430722	新堤界·茶山桥	8.3	8	4	2×4	4.3	3.8	其他桥	公路-I级	1983
西保桥	0.053	C137430722	西保桥·龙虎	30	29	7.3	2×7.3+2×7.2	3	2.6	其他桥	汽车-10级	1977
邵家桥	0.251	C145430722	村部·邵民主	22	16.7	4.5	3×4.5+1×3.2	4	3.7	空心板梁	公路-I级	1972
五福桥	0.045	C019430722	粮站·铁路桥	7	5	5	1×5	4	3.5	其他桥	公路-I级	1977
贺家冲桥	3.827	C049430722	全线·茶亭	14.1	10.6	10.6	1×10.6	4	3.5	连续T梁	公路-I级	1980
双虹桥	1.207	C095430722	红永电排·双红桥	26	22	22	1×22	4	3.5	连续T梁	公路-I级	1983
春农桥	5.9	Y375430722	北拐·金龙	20	11	11	1×11	5.5	4.5	板拱	汽车-10级	1977
张家洲桥	6.582	Y176430722	金盘岭·张家洲	20	9.3	9.3	1×9.3	5.4	3.5	板拱	汽车-10级	1979
张家坝桥	0.364	C646430722	龙虎·曾家坪	11.2	10	5	2×5	4.5	4	空心板梁	汽车-10级	2008
东向湖大桥	3.323	Y378430722	偏山·张家洲	21	5	5	1×5	7.5	4.5	板拱	汽车-10级	1979
北桥	3.355	Y378430722	偏山·张家洲	10	5	5	1×5	7.5	4.5	石拱	汽车-10级	1979
十字港桥	5.835	Y378430722	偏山·张家洲	18	5	5	1×5	7.3	5	空心板梁	汽车-10级	1979
聂家湾桥	1.188	C379430722	村部·九中	24.4	14.4	14.4	1×14.4	5.5	5	其他桥	汽车-10级	1975
南湖桥	2.577	C381430722	场部·南湖桥	18.4	15	6	1×6+2×4.5	8.5	8	其他桥	汽车-10级	1974
创业公路桥	0.523	C385430722	仓儿总·接港	30	6	6	1×6	5.5	5	空心板梁	汽车-10级	1968
顺里桥	0.138	C181430722	村部·丰树组	9	5.4	5.4	1×5.4	3.9	3.4	其他桥	公路-I级	1977
潘桥	0.641	C182430722	村部·王家	14	12	4	3×4	4.5	4	空心板梁	公路-I级	1979
文家桥	0.226	C192430722	文家·幸福桥	13.6	11.5	3	2×3+1×5.5	3.5	3	整体现浇板	汽车-10级	1991

续表 1-2-3-2

桥梁名称	中心桩号	路线编码	路线名称	桥梁全长（米）	跨径总长（米）	单孔最大跨径（米）	跨径组合（孔×米）	桥梁全宽（米）	桥面净宽（米）	桥　型	设计荷载	通车时间
幸福桥	1.991	C192430722	文家·幸福桥	8.4	5.4	5.4	1×5.4	4.5	4	空心板梁	汽车-10级	1983
马家桥	1.808	C193430722	村部·马家	9	8	8	1×8	3.5	3	空心板梁	汽车-10级	1988
三江桥	0.402	C199430722	村部·三江	12	11	5	1×5+2×3	4.5	4	空心板梁	汽车-10级	1976
笑藤桥	3.282	C246430722	红旗·泄洪闸	24.5	10.3	5.2	1×5.2+1×5.1	6.7	6.2	其他桥	汽车-10级	1973
杨树山桥	0.028	C252430722	团和·硆港	27.8	26.8	4.8	4×4.8+2×3.8	3.7	3.2	空心板梁	汽车-10级	1969
雷神庵桥	0.028	C254430722	雷神庵桥·永兴电排	18.6	18	4.5	4×4.5	4.5	3.5	其他桥	汽车-10级	1966
鄢家桥	3.9	C276430722	马井桥·鄢家桥	17.3	16.5	5.5	3×5.5	6.5	6	其他桥	汽车-10级	1968
东风桥	58.135	X027430722	军红线	20	6	6	1×6	7.5	6	空心板梁	汽车-15级	1978
新连桥	59.541	X027430722	军红线	21	6	6	1×6	8	6	连续箱梁	汽车-10级	1978
花马桥	7.65	Y199430722	朱家铺·沧水河	15	8.3	8.3	1×8.3	6.5	6	板拱	汽车-10级	1972
捶鼓仑桥	3.818	C134430722	新堤村部·中心校	13.2	7	7	1×7	6.1	5.7	其他桥	公路-I级	1974
凤凰桥	1.424	C135430722	东风·同兴分社	9.1	9	4.5	2×4.5	3.2	2.7	空心板梁	公路-II级	1977
雷家桥	9	Y199430722	朱家铺·沧水河	8.3	7	7	1×7	4.5	4	板拱	汽车-10级	1972
凤形嘴桥	4.167	Y203430722	东岳庙·荆竹	8	5	5	1×5	3.5	3.5	板拱	汽车-10级	1966
林场桥	4.953	Y205430722	向形·林场	15	10	10	1×10	3.8	3.5	板拱	汽车-10级	1985
枫树桥	0.283	C332430722	枫树·徐家山	31	30	10	3×10	5	4.5	其他桥	汽车-10级	1977
太平桥	1.072	C176430722	村部·太平	10	8	3.8	1×3.8+2×2.1	4.5	4.5	其他桥	公路-I级	1991
金坪桥	0.324	C178430722	村部·金坪坝	8.5	8	4	2×4	3.4	2.9	其他桥	公路-I级	1982
姚湾桥	0.146	C180430722	村部·卫生院	10	8	8	1×8	5	4.5	空心板梁	公路-I级	1975
万坝桥	26.037	X034430705	西坡线	12.8	5	5	1×5	8	7.5	板拱	汽车-10级	1985
向阳桥	18.305	X036430722	汉发线	45.5	32	24	1×24+2×4	7.6	7.1	连续箱梁	汽车-13级	1976
陈军堤桥	1.225	C277430722	王家湾村部·陈军堤	17.3	16.5	5.5	3×5.5	6.5	6	其他桥	汽车-10级	1965
鸭舌桥	0.709	C367430722	村部·鸭舌桥	26	17	17	1×17	7.5	7	其他桥	汽车-10级	1980
和平桥	68.656	X027430722	军红线	64	40	20	2×20	9	8	其他桥	汽车-20级	1985
宝纽桥	0.953	C386430722	宝台·纽口河	18	12	4	3×4	4.1	3.7	其他桥	汽车-10级	1981
棚洲桥	3.744	Y381430722	军山铺·杨林坳	8	5	5	1×5	6.2	5.5	空心板梁	汽车-10级	1962

续表 1-2-3-2

桥梁名称	中心桩号	路线编码	路线名称	桥梁全长（米）	跨径总长（米）	单孔最大跨径（米）	跨径组合（孔×米）	桥梁全宽（米）	桥面净宽（米）	桥型	设计荷载	通车时间
潘家桥	1.269	Y384430722	潘家桥·军山铺	10	5	5	1×5	6.5	5	其他桥	汽车-10级	1987
父子桥	7.153	Y384430722	潘家桥·军山铺	7.5	5	5	1×5	5	4	其他桥	汽车-10级	1975
南台桥	8.911	Y389430722	月天硚·南湖	26	16	6	1×6+2×5	6	4.9	空心板梁	汽车-10级	1997
余家桥	3.745	Y391430722	平瓦厂·白石碑	12.3	10	10	1×10	6	4.9	板拱	汽车-10级	1973
前进桥	15.451	Y379430722	冲天·东风	20	10	10	1×10	6.2	5.5	T梁	汽车-10级	1973
木桥坝桥	6.164	Y187430722	阳南塘·百禄桥	20	5	5	1×5	6	5	板拱	汽车-10级	1980
沙坪桥	5.76	Y206430722	丰家铺·响滩	6	5	5	1×5	4.5	4	其他桥	汽车-10级	1978
雷神庵桥	6.295	Y357430722	岩汪湖·烂泥湖	20	16.9	6.3	1×6.3+2×5.3	4.4	3.5	其他桥	汽车-10级	1988
烂泥湖桥	5.6	Y357430722	岩汪湖·烂泥湖	45	40	10	4×10	6.5	5.5	空心板梁	汽车-10级	1988
和平桥	8.251	Y360430722	白毛湖·邹家坪	25	14	14	1×14	6	4.5	其他桥	汽车-10级	1975
马井桥	4.816	Y360430722	白毛湖·邹家坪	38	21	21	1×21	6	5.5	其他桥	汽车-10级	1970
狮子山桥	3.28	C133430722	康家洲·象山	23.3	17.1	5.7	3×5.7	4.5	4	其他桥	公路-I级	1986
复兴桥	0.025	C168430722	雷家湾·牛其村	8.3	6	6	1×6	4.2	3.7	其他桥	公路-I级	1990
下流桥	0.536	C330430722	朱家·彭家	10.6	9	4.8	1×4.8+1×4.2	5.3	4.8	空心板梁	汽车-10级	1985
中牛桥	4	Y377430722	马井·堤北	25	14.2	5	1×5+2×4.6	3	3	其他桥	汽车-10级	1937
岩汪湖桥	31.44	X027430722	军红线	20.6	16	16	1×16	9	7	空心板梁	汽车-10级	1987
西洞庭管理区：28座 567延米												
纬六渠桥	1.226	C031430704	八洪线	11	5	5	1×5	6	6	其他桥	公路-II级	1975
三号大桥	3.332	X030430704	民杨线	19	6	6	1×6	6	6	双曲拱	公路-II级	1966
南湖桥	0.999	C051430704	彭南线	19	10	10	1×10	6	5	双曲拱	公路-II级	1972
五渠桥	4.003	X032430704	白牛线	20	5	5	1×5	6.5	6.5	整体现浇板	公路-II级	1964
棠叶湖桥	2.159	C021430704	白Y线	17	5	5	1×5	6	6	双曲拱	公路-II级	1974
东湖桥	1.883	C017430704	许X线	20	10	10	1×10	6	6	整体现浇板	公路-II级	1970
植保站桥	1.183	C010430704	天植线	26	22	10	1×6+1×10+1×6	7	6	双曲拱	公路-II级	1976
庆丰桥	0.475	C050430704	科官线	12	5	5	1×5	5	5	双曲拱	汽车-超20级	1978
龙天桥	1.866	C046430704	毡S线	27	21	9	1×6+1×9+1×6	5	5	双曲拱	公路-II级	1970

续表 1-2-3-2

桥梁名称	中心桩号	路线编码	路线名称	桥梁全长（米）	跨径总长（米）	单孔最大跨径（米）	跨径组合（孔×米）	桥梁全宽（米）	桥面净宽（米）	桥型	设计荷载	通车时间
联合桥	7.463	X030430704	民杨线	24	7	7	1×7	6	6	其他桥	公路-II级	1989
九渠桥	11.547	Y337430704	团结桥·港口	18	6	6	1×6	6	6	整体现浇板	公路-II级	1996
江南大桥	2.927	Y336430704	清水塘·崇河	22	9	9	1×9	6	6	双曲拱	公路-II级	1972
泥港口大桥	11.137	Y336430704	清水塘·崇河	29	22	10	1×6+1×10+1×6	6	6	双曲拱	公路-II级	1960
纬八渠桥	2.126	Y341430704	牛屎湖·南湖	29	22	10	1×6+1×10+1×6	6	6	整体现浇板	汽车-超20级	1960
七渠三桥	5.636	X031430704	教南线	26	6	6	1×6	7	7	空心板梁	公路-II级	1969
七渠二桥	4.039	X031430704	教南线	10	7	7	1×7	6	6	空心板梁	公路-II级	1964
六号桥	4.093	Y339430704	罗家湖·彭家洲	14	6	6	1×6	5.5	5.5	双曲拱	公路-II级	1964
径二桥	10.769	Y336430704	清水塘·崇河	29	24	10	1×7+1×10+1×7	6	6	双曲拱	公路-II级	1964
径一桥	3.815	Y336430704	清水塘·崇河	16	7	7	1×7	6	6	双曲拱	公路-II级	1964
友谊桥	14.824	Y337430704	团结桥·港口	29	24	10	1×7+1×10+1×7	6	6	双曲拱	公路-II级	1964
王家湖二桥	2.009	C044430704	港樟线	28	23	9	1×7+1×9+1×7	6	5	双曲拱	公路-II级	1975
纬七渠桥	0.028	C035430704	四村线	14	10	10	1×10	6	5	整体现浇板	公路-II级	1975
紫流桥	2.297	C031430704	八洪线	11	6	6	1×6	6	6	双曲拱	公路-II级	1985
径五线二桥	3.416	Y340430704	民安·十美堂	19	5	5	1×5	6.5	6	其他桥	公路-II级	2003
紫湾桥	4.273	Y340430704	民安·十美堂	14	10	10	1×10	6	5.5	双曲拱	公路-II级	1963
毡帽湖桥	6.047	Y339430704	罗家湖·彭家洲	22	10	10	1×10	6	6	整体现浇板	公路-II级	2007
涂家湖大桥	9.213	X032430704	白牛线	28	25	12	1×6.5+1×12+1×6.5	6	6	其他桥	公路-II级	1979
桥头桥	0.155	C057430704	南南线	14	7	7	1×7	6	6	其他桥	公路-II级	1973
鼎城区小计：201座 4518.1延米												
水田冲桥	4.136	Y265430703	逆江坪·高峰	8	6	6	1×6	6	5.2	板拱	公路-II级	1986
袁家铺桥	1.082	C463430703	村黎线	21	15	15	1×15	5	4	其他桥	公路-II级	1990
邵家港桥	0.277	C177430703	官1线	10	5	5	1×5	5	4	板拱	公路-II级	1979
金峰桥	0.014	C411430703	金尧线	15	11	11	1×11	5	4	其他桥	汽车-超20级	1987
东风河桥	9.619	X048430703	康兰线	29	16	16	1×16	4.5	4.1	板拱	公路-II级	1986
郇家桥	0.631	C236430703	蔡郇线	8	6	6	1×6	4	3	板拱	公路-II级	1977

续表 1-2-3-2

桥梁名称	中心桩号	路线编码	路线名称	桥梁全长（米）	跨径总长（米）	单孔最大跨径（米）	跨径组合（孔×米）	桥梁全宽（米）	桥面净宽（米）	桥 型	设计荷载	通车时间
广成桥	0.389	C354430703	三太线	11.5	9	9	1×9	5	4	板拱	汽车-超20级	1968
唐家桥	0.311	C288430703	三丫线	60	51	17	3×17	4	3	板拱	汽车-超20级	1987
苏家吉闸桥	0.404	Y349430703	苏家吉·新合	108	51	10.2	5×10.2	4	4	其他桥	公路-II级	1954
水月桥	4.37	C157430703	永水线	10	5	5	1×5	4	3	板拱	公路-II级	1981
玉良桥	0.363	Y213430703	周家店·白云山	25.6	8	8	1×8	4.7	4.3	板拱	公路-II级	1987
堂桥	10.006	X043430702	南灌线	13.4	6	6	1×6	7.4	4.5	其他桥	公路-II级	1983
反帝桥	13.019	X043430702	南灌线	50	27.2	27.2	1×27.2	4.7	4.3	其他桥	公路-II级	1975
韩公渡大桥	24.517	X045430703	东韩线	115	100	20	5×20	8	7	板拱	公路-II级	1978
渡槽桥	28.084	X052430725	陬鄂线	20	13.2	3.3	4×3.3	4	3	T梁	公路-II级	1976
一港北桥	2.527	C044430703	南2线	10	5	5	1×5	4	3	其他桥	公路-II级	1975
湖江坪桥	42.891	X049430703	谢杨线	25	19.8	6.6	3×6.6	7.6	6.5	空心板梁	公路-II级	1990
周家嘴大桥	2.798	C265430703	永交线	40	26	13	2×13	4	3	其他桥	公路-II级	1982
花河大桥	0.886	C454430703	5肖线	35	28	5.6	5×5.6	5	4	其他桥	汽车-超20级	1984
电排桥	1.184	Y349430703	苏家吉·新合	15	6	6	1×6	4	4	其他桥	公路-II级	1982
渔场桥	0.001	C863430703	中邓线	11	6	6	1×6	4	3	其他桥	公路-II级	2005
朱家湾桥	1.676	C466430703	砂村线	13	8	8	1×8	5	4	其他桥	公路-II级	1988
杨家桥	7.336	Y228430703	长岭岗·解家桥	12	5	5	1×5	7	5	板拱	公路-II级	1972
高岩塘桥	4.36	Y264430703	逆江坪·超美水库	16	12	4	3×4	4.4	4	其他桥	公路-II级	1995
肖家坪桥	5.045	Y264430703	逆江坪·超美水库	18	13	13	1×13	6	5.2	空心板梁	公路-II级	1996
闹鸡桥	0.509	Y258430703	长茅岭·梳子岗	16	10	10	1×10	4	3.5	其他桥	公路-II级	1978
六斗桥	14.27	Y259430703	尧天坪·花岩溪	10	5.1	5.1	1×5.1	10	7.8	其他桥	公路-II级	1963
汤家嘴桥	7.096	Y260430703	黄合桥·港二口	9	6	6	1×6	4	4	双曲拱	公路-II级	1974
花园桥	0.034	Y229430703	雷公庙·太湖	11.6	5.6	5.6	1×5.6	5.4	4.8	板拱	公路-II级	1978
沈家岗桥	6.952	Y230430703	解家桥·沈家岗	53	39	22	1×22+1×17	7	6.1	其他桥	公路-II级	1997
郭湾桥	0.587	Y237430703	莲花堰·雷家铺	24	9	9	1×9	5.1	3.5	连续箱梁	公路-II级	1969
建新桥	0.134	C238430703	尹沈线	8	5	5	1×5	5	4	板拱	公路-II级	1977

续表 1-2-3-2

桥梁名称	中心桩号	路线编码	路线名称	桥梁全长（米）	跨径总长（米）	单孔最大跨径（米）	跨径组合（孔×米）	桥梁全宽（米）	桥面净宽（米）	桥型	设计荷载	通车时间
新屋桥	0.586	C239430703	袁小线	13	12	4	3×4	4	3	其他桥	公路-II级	1978
杜坪桥	0.178	C241430703	牛李线	8	5	5	1×5	4	3	板拱	公路-II级	1981
反修桥	0.05	C279430703	城黄线	60	35	35	1×35	5	4	板拱	汽车-超20级	1988
东风河桥	0.331	C318430703	G高线	20	13	13	1×13	4	3	板拱	公路-I级	1978
湾堤桥	3.451	C336430703	湾2线	22	8	8	1×8	4	3	板拱	公路-I级	1978
联心桥	0.54	C341430703	八清线	12.3	8	8	1×8	5	4	板拱	汽车-超20级	1991
江家桥	4.387	C092430703	西同线	9	5	5	1×5	4	3	其他桥	公路-II级	1985
安民桥	1.214	C127430703	郑红线	37	30	10	3×10	4	3	其他桥	公路-II级	1984
付家桥	1.277	C213430703	沈老线	12	8	8	1×8	4	3	其他桥	公路-II级	1981
新合上林桥	0.181	C864430703	场牛线	11	6	6	1×6	4	3	其他桥	公路-II级	2005
苏渠桥	0.621	C868430703	刘郑线	11	6	6	1×6	5	4	其他桥	公路-II级	1975
南湾桥	1.939	X045430703	东韩线	16	9.2	9.2	1×9.2	8.4	7.5	空心板梁	公路-II级	1988
中心渠桥	0.037	C855430703	中姚线	11	6	6	1×6	5	4	其他桥	公路-II级	1999
三堰桥	18.354	X042430703	白沙线	8.5	5	5	1×5	6.5	5	连续箱梁	汽车-超20级	1975
石公桥	18.075	X042430703	白沙线	83	63	21	3×21	6	4.7	连续箱梁	汽车-超20级	1975
清合桥	4.529	X042430703	白沙线	9	5	5	1×5	6	5	连续箱梁	汽车-超20级	1972
长征桥	1.878	X055430703	刘钟线	25	15	15	1×15	5	4.7	连续箱梁	公路-II级	1978
同心桥	8.963	Y218430703	王家桥·同心坝	74	36	36	1×36	5	3.5	其他桥	公路-II级	1972
南阳坪桥	9.409	X055430703	刘钟线	9	5.5	5.5	1×5.5	7.6	6.5	板拱	公路-II级	1947
牟家桥	17.754	X055430703	刘钟线	24.8	12	12	1×12	9	8	板拱	公路-II级	1986
高桥	30.494	X055430703	刘钟线	58	30	30	1×30	6.5	4.5	双曲拱	公路-II级	1977
永正桥	6.481	Y244430703	兴旺大坝·麻家巷	43	32	8	4×8	4.6	4	其他桥	公路-II级	1974
草坪桥	8.426	Y247430703	赵家桥·花叶港	48	45	15	3×15	11.2	8.1	板拱	公路-II级	1968
洞庭大桥	8.423	Y212430703	蒿子港·十美堂	70	60	20	3×20	6.8	4.8	其他桥	公路-II级	1976
中学桥	1.135	Y351430703	总场·大洲分场	12.5	12	4	3×4	4	4	其他桥	公路-II级	1982
马龙桥	0.02	Y353430703	马龙桥·法官桥头	24	12	6	2×6	4	4	其他桥	公路-II级	1964

续表 1-2-3-2

桥梁名称	中心桩号	路线编码	路线名称	桥梁全长（米）	跨径总长（米）	单孔最大跨径（米）	跨径组合（孔×米）	桥梁全宽（米）	桥面净宽（米）	桥 型	设计荷载	通车时间
新电排桥	2.149	Y353430703	马龙桥·法官桥头	17	8	4	2×4	4.5	4.5	其他桥	公路-II级	1965
人民桥	4.938	Y208430703	石板滩·罗湾	13	8	4	2×4	4.6	4	其他桥	公路-II级	1969
工农桥	7.655	Y208430703	石板滩·罗湾	47	27	27	1×27	12	11	其他桥	公路-II级	1969
长安桥	0.071	Y210430703	麻河口·柴码	10	6	6	1×6	7	6	双曲拱	公路-II级	1987
全仁一桥	6.842	Y211430703	中河口·蒿子港	20	7	7	1×7	6.2	5	其他桥	公路-II级	1992
太岳桥	2.119	Y212430703	蒿子港·十美堂	8.8	5.8	5.8	1×5.8	5.1	4.6	连续箱梁	公路-II级	1978
民康桥	3.157	Y212430703	蒿子港·十美堂	10	6	6	1×6	5.4	4.8	连续箱梁	公路-II级	1981
德安桥	5.903	C019430703	太1线	10	6.3	6.3	1×6.3	5	4	其他桥	公路-II级	1983
战斗桥	14.142	Y227430703	长岭岗·丁家井	14	5	5	1×32	5.6	5.2	连续箱梁	公路-II级	1969
乐兴大桥	10.298	X038430722	罐六线	160	144	16	9×16	7	6.4	空心板梁	公路-II级	1993
四港桥	2.608	C045430703	沙1线	12	5	5	1×5	4	3	其他桥	公路-II级	1990
余家垱桥	0.487	C063430703	桃1线	10	15	5	3×5	4	3	其他桥	公路-II级	1979
尹家桥	6.448	Y228430703	长岭岗·解家桥	19	10	10	1×10	5.4	3.4	连续T梁	公路-II级	1975
镇德桥	12.142	X042430703	白沙线	28.5	20	20	1×20	6.2	4.8	连续箱梁	汽车-超20级	1976
丁家港桥	10.581	Y248430703	枫林口·丁家港	20	12.6	12.6	1×12.6	5	4.6	板拱	公路-II级	2000
官仓大桥	0.285	Y251430703	官仓·伍福寺	26	20	10	2×10	6	4.8	其他桥	公路-II级	1987
洪湖大桥	0.647	Y256430703	湖堤·回龙	12	6.3	6.3	1×6.3	4.8	4.2	板拱	公路-II级	1972
红岩嘴桥	7.265	Y257430703	青龙井·红岩嘴	36.3	28.6	14.3	2×14.3	7.6	7	空心板梁	公路-II级	1997
永丰桥	2.169	C296430703	向2线	10.7	5	5	1×5	4	3	其他桥	公路-II级	1983
五里桥	12.643	C268430703	铁窑线	66	64	16	4×16	8	7	其他桥	汽车-超20级	1985
孙家垱桥	0.365	C298430703	鹿3线	11	8.4	4.2	2×4.2	5	4	其他桥	公路-II级	1979
施家陂桥	0.916	C315430703	施9线	46.6	16	16	1×16	4	3	其他桥	公路-II级	1979
岳家桥	0.55	C351430703	岳火线	17	8.5	8.5	1×8.5	4	3	其他桥	汽车-超20级	1987
仙池冲桥	4.338	C449430703	花仙线	10	6.2	6.2	1×6.2	4	3	其他桥	公路-II级	1998
白泥桥	1.019	C041430703	月村线	9	5	5	1×5	5	4	板拱	公路-II级	1979
一港桥	7.446	X045430703	东韩线	17	5.9	5.9	1×5.9	7.6	6.5	空心板梁	公路-II级	1993

续表 1-2-3-2

桥梁名称	中心桩号	路线编码	路线名称	桥梁全长（米）	跨径总长（米）	单孔最大跨径（米）	跨径组合（孔×米）	桥梁全宽（米）	桥面净宽（米）	桥型	设计荷载	通车时间
交通桥	8.084	X045430703	东韩线	17	6.8	6.8	1×6.8	7.6	6.5	空心板梁	公路-II级	1993
南阳桥	15.477	X052430725	鄢鄂线	16	8	8	1×8	5.1	4	空心板梁	公路-II级	1988
大洋湖桥	42.013	X052430725	鄢鄂线	10.8	6.8	6.8	1×6.8	7.6	3.8	空心板梁	公路-II级	1981
南岳安桥	43.284	X052430725	鄢鄂线	21	15	15	1×15	5.8	4.8	板拱	公路-II级	1982
杨家桥	0.237	C091430703	李雨线	12	8	8	1×8	4.5	3	其他桥	公路-II级	1985
兴旺大桥	0.334	Y244430703	兴旺大坝·麻家巷	32	20.3	20.3	1×20.3	6	4.4	其他桥	汽车-超20级	1971
永福桥	2.087	C157430703	永水线	10	5	5	1×5	4	3	双曲拱	公路-II级	1978
万元桥	0.724	C344430703	万大线	19.8	12	12	1×12	5	4	其他桥	公路-II级	1982
马龙桥	0.217	C348430703	金村线	13.5	6.4	6.4	1×6.4	5	4	其他桥	汽车-超20级	1993
长征桥	0.066	C295430703	港公线	20	15	5	3×5	4	3	连续箱梁	公路-II级	1984
棉纺厂桥	1.461	C295430703	港公线	10.7	5	5	1×5	4	3	其他桥	公路-II级	1980
项兴桥	3.266	C160430703	上三线	10	8	4	2×4	4	3	板拱	公路-II级	1981
四合湾桥	0.021	C487430703	黄村线	9	6	6	1×6	4	3	其他桥	汽车-超20级	1976
湖海坪桥	0.288	C212430703	伍湖线	9	6	6	1×6	4	3	板拱	公路-II级	1980
花红桥	3.232	C212430703	伍湖线	9	6	6	1×6	4.5	4	板拱	公路-II级	1980
中河一桥	0.798	C004430703	棉交线	16	6	6	1×6	5	4	板拱	公路-II级	1979
中河二桥	1.365	C004430703	棉交线	16	6	6	1×6	4.5	3.5	板拱	公路-II级	1979
灌溪桥	15.364	X043430702	南灌线	51.5	24.5	14.5	1×14.5+2×5	6.4	5	连续箱梁	公路-II级	1965
枞山嘴桥	1.664	Y261430703	八角楼·马鞍头	17	12	12	1×12	6.2	5.6	其他桥	公路-II级	1982
英雄泄洪桥	6.888	Y248430703	枫林口·丁家港	25	16.8	8.4	2×8.4	6.8	6.2	板拱	公路-II级	1987
石门桥铁路桥	9.802	X048430703	康兰线	43	26.5	12.5	1×12.5+2×7	7	4.5	板拱	公路-II级	1999
团洲桥	1.499	C011430703	团1线	16	8	8	1×8	4	3	板拱	公路-II级	1990
团洲二桥	3.261	C011430703	团1线	16	5	5	1×5	4	3	板拱	汽车-超20级	1971
咸庆一桥	1.107	C015430703	咸庆线	10	6	6	1×6	4	3	板拱	公路-II级	1981
咸庆二桥	1.206	C015430703	咸庆线	10	6	6	1×6	5	4	板拱	公路-II级	1981
草堰桥	1.634	C248430703	泉龚线	8	5	5	1×5	4	3	板拱	公路-II级	1979

续表 1-2-3-2

桥梁名称	中心桩号	路线编码	路线名称	桥梁全长（米）	跨径总长（米）	单孔最大跨径（米）	跨径组合（孔×米）	桥梁全宽（米）	桥面净宽（米）	桥 型	设计荷载	通车时间
张家桥	0.143	C252430703	何张线	8	5	5	1×5	4	3	其他桥	公路-II级	1979
老屋桥	0.714	C253430703	尹老线	8	5	5	1×5	5	4	其他桥	公路-II级	1977
樊家桥	0.405	C254430703	陆5线	8	5	5	1×5	5	4	其他桥	公路-II级	1978
杨嘴桥	0.141	C255430703	夏杨线	8	5	5	1×5	5	4	其他桥	公路-II级	1978
周挡桥	0.211	C256430703	周田线	8	5	5	1×5	5	4	其他桥	公路-II级	1982
铁山桥	0.238	C268430703	铁窑线	65	45	15	3×15	8.3	5.9	其他桥	汽车-超20级	1985
熊家溶桥	1.111	C268430703	铁窑线	10	5	5	1×5	4	3	其他桥	汽车-超20级	1985
窑顶桥	2.079	C268430703	铁窑线	6.3	5	5	1×5	4	3	其他桥	汽车-超20级	1985
马鞍山桥	14.082	Y217430703	濠口·马鞍山	95	74	18.5	4×18.5	5.5	3.5	连续箱梁	公路-II级	1969
花叶港桥	9.815	Y247430703	赵家桥·花叶港	19.5	9.8	4.9	2×4.9	7.6	7	板拱	公路-II级	1971
刚跃桥	0.319	Y248430703	枫林口·丁家港	15.5	11	5.5	2×5.5	6	5.6	板拱	公路-II级	2001
邓家湾桥	12.095	X050430703	鲤群线	26	20	10	2×10	6	5	其他桥	公路-II级	1974
七港桥	0.032	C045430703	沙1线	12	6	6	1×6	4	3	空心板梁	汽车-超20级	1988
胡家高桥	2.511	C179430703	南6线	8.5	8	4	2×4	4	3	其他桥	公路-II级	1979
红光桥	0.084	C186430703	廖蒋线	12	8	8	1×8	4	3	板拱	公路-II级	1980
蔡桥	1.566	C246430703	南砖线	10	5	5	1×5	4	3	其他桥	公路-II级	1981
洪道桥	1.384	C247430703	岩黑线	10	5	5	1×5	4	3	板拱	公路-II级	1981
庄屋垱桥	0.185	C224430703	张刘线	8	6	6	1×6	4	3	板拱	公路-II级	1980
杨嘴桥	0.786	C234430703	田高线	20	15	5	3×5	4	3	其他桥	汽车-超20级	1983
联合大桥	4.475	Y237430703	莲花堰·雷家铺	20	12	12	1×12	4.6	3.2	板拱	公路-II级	1969
太阳桥	2.324	Y238430703	郑家河·三拱桥	19	15	15	1×15	10.8	7.5	其他桥	公路-II级	1973
铁山桥	0.564	Y239430703	浦沅·架桥	34	28	7	4×7	7.6	6.2	双曲拱	公路-II级	1989
工农大桥	0.058	Y240430703	岗市·窑顶	60.6	50	10	5×10	5	4.4	空心板梁	公路-II级	1984
冯家桥	2.64	Y240430703	岗市·窑顶	10	6	6	1×6	6	5.4	其他桥	公路-II级	1995
邱家岗桥	5.414	Y242430703	新兴·苏家渡	45	32	22	1×22+1×10	6	3.8	连续箱梁	公路-II级	1977
老渡口桥	0.076	Y243430703	聂家桥·康家吉	32	20	20	1×20	5	4.6	空心板梁	公路-II级	1988

续表 1-2-3-2

桥梁名称	中心桩号	路线编码	路线名称	桥梁全长(米)	跨径总长(米)	单孔最大跨径(米)	跨径组合(孔×米)	桥梁全宽(米)	桥面净宽(米)	桥型	设计荷载	通车时间
聂木桥	0.685	C468430703	村8线	18.5	10	10	1×10	5	4	其他桥	公路-II级	1985
将军桥	1.201	C470430703	清将线	20	16	8	2×8	5	4	其他桥	汽车-超20级	1988
湖坪桥	0.212	C478430703	新湖线	11	6	6	1×6	4	3	其他桥	公路-II级	1990
凉水井一桥	0.069	C479430703	64线	18.8	11	11	1×11	5	4	其他桥	公路-II级	1990
小矛桥	0.016	C026430703	小3线	10	5	5	1×5	4	3	其他桥	公路-II级	1984
菱角桥	2.444	C040430703	移菱线	10	6	6	1×6	4	3	板拱	公路-II级	1979
金仁桥	3.722	C015430703	咸庆线	10	6	6	1×6	4.5	4	板拱	公路-II级	1981
介富一桥	0.044	Y219430703	介富村·牛望嘴	15	12	4	3×4	5.2	4.1	其他桥	公路-II级	2004
介富桥	1.516	Y219430703	介富村·牛望嘴	15	12	4	3×4	5.6	4	其他桥	公路-II级	1981
东洲桥	5.968	Y221430703	秧田·七港	17.5	12.5	12.5	1×12.5	7	6.5	空心板梁	公路-II级	1995
金仁二桥	6.986	Y221430703	秧田·七港	9.2	5.2	5.2	1×5.2	5.5	5	其他桥	公路-II级	1988
立新桥	3.429	Y224430703	韩公渡·牛皇庵	15	8	8	1×8	7.5	3.5	其他桥	公路-II级	1993
姚家垱桥	0.09	Y226430703	六总宫·栏马口	15	9	3	3×3	10	3.5	板拱	公路-II级	1987
大岩桥	0.517	Y227430703	长岭岗·丁家井	16	6	6	1×6	6	5.5	其他桥	公路-II级	1972
大庆桥	8.924	Y227430703	长岭岗·丁家井	43	32	32	1×32	6.8	5	其他桥	公路-II级	1977
黄潭桥	1.179	C218430703	泉黄线	24	17	9	1×9+2×4	6	4	其他桥	公路-II级	1978
张家台桥	0.817	C219430703	黄临线	8	6	6	1×6	4	3	板拱	公路-II级	1977
杉木桥	0.624	C220430703	林祖线	20	18	8	1×10+1×8	4	3	其他桥	公路-II级	1980
吴家坝桥	0.068	C443430703	吴村线	18.5	17	17	1×17	5	4	其他桥	公路-II级	1981
孔家坳桥	0.079	C449430703	花仙线	7	5	5	1×5	4	3	其他桥	汽车-超20级	1986
月亮桥	3.568	C041430703	月村线	12	8	8	1×8	4	3	连续T梁	公路-II级	1977
打鼓桥	2.424	C042430703	南大线	12	5	5	1×5	4	3	其他桥	公路-II级	1977
一港南桥	2.69	C043430703	一打线	12	8	8	1×8	4	3	其他桥	公路-II级	1990
南堤桥	1.018	C044430703	南2线	10	6	6	1×6	4	3	其他桥	公路-II级	1975
同兴桥	0.051	C022430703	同村线	10	12	6	2×6	5	4	板拱	公路-II级	1979
胜利桥	0.03	C023430703	胜村线	10	10	10	1×10	5	4	板拱	公路-II级	1984

续表 1-2-3-2

桥梁名称	中心桩号	路线编码	路线名称	桥梁全长（米）	跨径总长（米）	单孔最大跨径（米）	跨径组合（孔×米）	桥梁全宽（米）	桥面净宽（米）	桥 型	设计荷载	通车时间
王家桥	3.237	C129430703	马机线	12.3	10	10	1×10	4	3	连续T梁	公路-II级	1979
民兵渠桥	0.801	C141430703	大牛线	25	10	5	2×5	5	4	其他桥	公路-II级	1988
民兵渠桥	1.698	C143430703	朱9线	25	12	4	3×4	6	5	板拱	汽车-超20级	1981
株木山桥	1.084	C144430703	株蔑线	10	6	6	1×6	5	4	板拱	公路-II级	1979
英湖桥	0.755	C151430703	永英线	15	8	8	1×8	4	3	板拱	汽车-超20级	1969
肖家湾桥	0.366	C156430703	肖6线	10	5	5	1×5	4	3	板拱	公路-II级	1978
英雄大桥	0.094	C374430703	王村线	20	5	5	1×5	5	4	其他桥	汽车-超20级	1987
丁家一桥	0.601	C374430703	王村线	26	22	5.5	4×5.5	4	3	其他桥	公路-II级	1972
珊瑚岗桥	0.979	C374430703	王村线	19	15	7.5	2×7.5	5	4	其他桥	汽车-超20级	1975
丁家二桥	0.604	C375430703	教1线	28	18	18	1×18	4	3	其他桥	公路-II级	1982
田坪岗桥	0.843	C390430703	田村线	10	6.5	6.5	1×6.5	4	3	其他桥	公路-II级	1984
屋宇桥	0.088	C401430703	47线	9.5	7	7	1×7	4	3	其他桥	公路-II级	1984
尧天桥	0.381	C411430703	金尧线	12	11	11	1×11	4	3	板拱	公路-II级	1977
五溪大桥	3.029	C423430703	青1线	19.2	16	8	2×8	5	4	板拱	公路-II级	1977
肖家桥	0.31	C437430703	打枫线	8.5	5.1	5.1	1×5.1	4	3	板拱	公路-II级	1978
枫林口桥	33.07	X052430725	郾鄂线	23	18.9	6.3	3×6.3	4	3.8	空心板梁	公路-II级	1978
七港桥	11.383	X045430703	东韩线	17	6.8	6.8	1×6.8	7.4	6.5	空心板梁	公路-II级	1993
七港二号桥	12.424	X045430703	东韩线	13	6	6	1×6	8.4	7.5	板拱	公路-II级	1987
唐家嘴桥	6.004	X046430703	丁马线	38	9.5	9.5	1×9.5	5	4.5	空心板梁	公路-II级	1992
拦马口桥	25.311	X046430703	丁马线	38	30	15	2×15	7.5	7	板拱	公路-II级	1993
观音庵桥	6.328	X048430703	康兰线	60	44	22	2×22	8.5	7.5	其他桥	公路-II级	1999
石门桥	9.319	X048430703	康兰线	17	7	7	1×7	5.3	4.7	双曲拱	公路-II级	1986
伍家山桥	11.038	Y265430703	逆江坪·高峰	16	13	13	1×13	5	4.4	板拱	公路-II级	1986
杨家冲桥	12.722	Y265430703	逆江坪·高峰	13	10	10	1×10	5.6	5	双曲拱	公路-II级	1986
李家铺桥	15.404	Y265430703	逆江坪·高峰	9	5.7	5.7	1×5.7	4.2	3.8	板拱	公路-II级	1986
河坝大桥	6.538	Y266430703	岩港口·安家港	48	33	10	2×10+1×7+1×6	3.5	2.5	空心板梁	公路-II级	1972

续表 1-2-3-2

桥梁名称	中心桩号	路线编码	路线名称	桥梁全长（米）	跨径总长（米）	单孔最大跨径（米）	跨径组合（孔×米）	桥梁全宽（米）	桥面净宽（米）	桥型	设计荷载	通车时间
王家桥	0.059	Y218430703	王家桥·同心坝	57	37.2	9.3	4×9.3	4.5	4.1	其他桥	公路-II级	1969
同德桥	0.536	C001430703	同村线	16	6	6	1×6	5	4	板拱	公路-II级	1985
双娄桥	2.055	C001430703	同村线	16	6	6	1×6	5	4	板拱	公路-II级	1985
麻河桥	0.547	C002430703	麻村线	12	8	8	1×8	5	4	其他桥	公路-II级	1979
建新桥	0.804	C065430703	镇园线	10	5	5	1×5	5	4	其他桥	公路-II级	1988
仙人桥	0.806	C067430703	新仙线	100	5	5	1×5	5	4	其他桥	公路-II级	1995
桃树嘴桥	0.983	C085430703	余桃线	15	5	5	1×5	5	4	其他桥	公路-II级	1995
为难桥	2.306	C455430703	村枞线	27.5	20	5	4×5	4	3	其他桥	公路-II级	1990
枞山嘴桥	1.322	C459430703	中6线	11	12	12	1×12	5	4	其他桥	汽车-超20级	1986
逆江坪桥	0.025	Y265430703	逆江坪·高峰	28	16	16	1×16	6	5	双曲拱	公路-II级	1975
黄殿溪桥	2.875	Y265430703	逆江坪·高峰	7	5	5	1×5	5	4.2	板拱	公路-II级	1978
泄洪桥	0.379	C128430703	泄梁线	31.8	28	7	4×7	4	3	其他桥	公路-II级	1979
刘土堰桥	0.838	C218430703	泉黄线	8	6	6	1×6	5	4	板拱	公路-II级	1978
津市小计：9座　147.9延米												
光卫桥	17.149	Y104430781	保河堤·石板滩	8.1	7.5	7.5	1×7.5	7	6.5	板拱	公路-II级	1983
蔡家桥	0.506	C042430781	白永线	16.4	12	12	1×12	6.5	6	空心板梁	公路-II级	1976
雷家桥	7.338	Y101430781	李家·白衣	10.3	6	6	1×6	7	6.5	其他桥	公路-II级	1976
朱木山桥	5.56	Y104430781	保河堤·石板滩	44	20	20	1×20	6.7	6.2	空心板梁	公路-II级	1976
洞口桥	0.192	Y478430781	渡口·下河口	16.5	6	6	1×6	5.1	4.6	其他桥	公路-II级	1975
聂木桥	1.571	Y483430781	李家铺·同乐	10	8	8	1×8	6.6	6	空心板梁	公路-II级	2007
棠华桥	9.677	X029430781	渡棠线	20.6	8	8	1×8	10	9.4	空心板梁	公路-II级	1994
庆文桥	21.166	X033430723	乔新线	12	5	5	1×5	7.5	7	空心板梁	公路-II级	2004
同乐桥	2.095	Y483430781	李家铺·同乐	10	8	8	1×8	6.6	6	其他桥	公路-II级	2005
澧县小计：154座　3609.04延米												
永丰桥	1.409	C102430723	永永线	8	5	5	1×5	4	3.5	其他桥	公路-II级	1991
明星桥	0.069	C421430723	明八线	50	40	8	5×8	4.5	3.5	其他桥	公路-II级	1996

续表 1-2-3-2

桥梁名称	中心桩号	路线编码	路线名称	桥梁全长（米）	跨径总长（米）	单孔最大跨径（米）	跨径组合（孔×米）	桥梁全宽（米）	桥面净宽（米）	桥 型	设计荷载	通车时间
苦李湾桥	2.4	Y073430723	方石坪·码头铺	21	10	10	1×10	7	6	其他桥	公路-II级	1977
新河桥	0.709	C127430723	新新线	12	6	6	1×6	4.5	3.5	其他桥	公路-II级	1996
学堤桥	0.5	C093430723	学建线	20	15	5	3×5	5	4	其他桥	公路-II级	1988
毛兴桥	3.423	C095430723	新毛线	10	5	5	1×5	4	3.5	其他桥	公路-II级	1989
和平桥	0.968	C101430723	和永线	12	8	8	1×8	4	3.5	其他桥	公路-II级	1986
永福一桥	4.59	C101430723	和永线	18	14	7	2×7	4.5	3.5	其他桥	公路-II级	1986
永福二桥	5.326	C101430723	和永线	18	15	7.5	2×7.5	4	3.5	其他桥	公路-II级	1986
永福三桥	6.12	C101430723	和永线	12	8	8	1×8	4	3.5	其他桥	公路-II级	1996
子东桥	0.027	C249430723	子村线	18	13.5	4.5	3×4.5	4.5	3.5	其他桥	公路-II级	1991
涔河桥	0.103	C253430723	丰中线	30	18	18	1×18	4.5	4	其他桥	公路-II级	2004
东港二桥	1.672	C119430723	太仁线	12	8	8	1×8	4.5	3.5	其他桥	公路-II级	1989
仁和桥	2.396	C119430723	太仁线	19	9	9	1×9	4.5	3.5	其他桥	公路-II级	1990
三岭桥	0.372	C126430723	三青线	12	6	6	1×6	4.5	3.5	其他桥	公路-II级	1986
同福桥	2.181	C126430723	三青线	12	6	6	1×6	4.5	3.5	其他桥	公路-II级	1996
永镇桥	0.024	C129430723	永永线	10	5	5	1×5	4.5	3.5	其他桥	公路-II级	1996
曾家港桥	0.028	C133430723	工曾线	10	5	5	1×5	4.5	3.5	其他桥	公路-II级	1978
中心桥	0.977	C140430723	传中线	24	10	10	1×10	4	3.5	其他桥	公路-II级	1976
青龙桥	9.425	X011430723	彭官线	12.5	6	6	1×6	7	6	空心板梁	公路-II级	1974
濠口桥	0.793	C081430723	凤濠线	18	15	3	5×3	4	3.5	其他桥	公路-II级	1975
南阳桥	1.5	C402430723	新五线	40	26	13	2×13	7	6	其他桥	公路-II级	1996
杉林桥	8.621	X012430723	复柳线	9.5	5.3	5.3	1×5.3	8.5	7.5	空心板梁	公路-II级	1976
孙安桥	0.056	C030430723	朝朝线	8	5	5	1×5	5	4	其他桥	公路-II级	1986
丁家湖桥	9.6	Y054430723	云爱·彭家港	30	30	10	3×10	8	7	其他桥	公路-II级	2000
三板桥	10.41	Y056430723	杉林·中桥	11	6	6	1×6	5.5	4.5	板拱	公路-II级	1975
红庙桥	2.695	Y053430723	柳耳坝·甘家湾	28	22	11	2×11	7	6	其他桥	公路-II级	1984
松澧桥	0.028	Y062430723	松澧桥·陈家岭	12.5	10	5	2×5	5	4	其他桥	公路-II级	1970

续表 1-2-3-2

桥梁名称	中心桩号	路线编码	路线名称	桥梁全长（米）	跨径总长（米）	单孔最大跨径（米）	跨径组合（孔×米）	桥梁全宽（米）	桥面净宽（米）	桥型	设计荷载	通车时间
中村桥	0.081	Y077430723	中村河坝·马溪桥	105	100	10	10×10	6	5	板拱	公路-II 级	2009
金家沟桥	2.335	Y077430723	中村河坝·马溪桥	10	5	5	1×5	6	5	连续箱梁	公路-II 级	1992
马溪桥	7	Y077430723	中村河坝·马溪桥	14	7	7	1×7	5	4	其他桥	公路-II 级	1975
跨渠桥	0.9	Y078430723	马溪桥·胡家棚	14	10	10	1×10	6	5	板拱	公路-II 级	1977
万顺桥	1.485	Y079430723	余家铺·陆家	25	15	5	3×15	7	6	其他桥	公路-II 级	1993
长桥	2.68	Y079430723	余家铺·陆家	9	6	6	1×6	6	5	其他桥	公路-II 级	1976
十三支交通桥	9.316	Y049430723	官坑·凤凰嘴	17	8.5	8.5	1×8.5	4.6	3.6	其他桥	公路-II 级	1979
十四支交通桥	10.21	Y049430723	官坑·凤凰嘴	19	8.5	8.5	1×8.5	5.9	4.9	连续箱梁	公路-II 级	1972
甘家小河桥	6.7	Y053430723	柳耳坝·甘家湾	8	5	5	1×5	7	6	其他桥	公路-II 级	1981
雷家垱桥	26.081	X019430723	王维线	19	11.4	11.4	1×11.4	7	6	空心板梁	公路-II 级	1977
董家桥	0.04	C108430723	董五线	15	9	9	1×9	4	3.8	其他桥	公路-II 级	1996
新店桥	0.025	C192430723	新铁线	15	11	11	1×11	4.5	3.5	其他桥	公路-II 级	1988
优周桥	0.018	C199430723	优优线	15	11	11	1×11	4.5	3.5	其他桥	公路-II 级	1989
同心桥	4.006	C031430723	淞同线	8	5	5	1×5	5	4	其他桥	公路-II 级	1996
马家山桥	4.91	X012430723	复柳线	7	5.3	5.3	1×5.3	7.5	6.5	空心板梁	公路-II 级	1996
杨家湾桥	6.6	Y077430723	中村河坝·马溪桥	9	8	8	1×8	8	7	板拱	公路-II 级	1985
新发桥	28.897	X012430723	复柳线	31	14	7	2×7	8.5	7.5	空心板梁	公路-II 级	1975
东风桥	1.165	C110430723	曾红线	12	8.5	8.5	1×8.5	4.5	4	其他桥	公路-II 级	1996
二斗桥	0.048	C111430723	曾中线	15	12	12	1×12	4	3	其他桥	公路-II 级	1986
左家桥	0.048	C115430723	左左线	10	6	6	1×6	5	4.5	空心板梁	公路-II 级	1994
抬兴桥	2.67	C116430723	建抬线	12	8	8	1×8	4	3.5	其他桥	公路-II 级	1986
一屋桥	3.79	C409430723	竹桃线	16	10	10	1×10	4.5	3.5	其他桥	公路-II 级	1993
上河桥	0.025	C248430723	上村线	18	6	6	1×6	4.5	3.5	其他桥	公路-II 级	1991
十八斗桥	0.111	C119430723	太仁线	15	10	10	1×10	4.5	3.5	其他桥	公路-II 级	1989
东港一桥	1.27	C119430723	太仁线	10	8	8	1×8	4.5	3.5	其他桥	公路-II 级	1989
鲁家冲桥	5.007	Y061430723	界岭·高家	28	20	10	2×10	6	5	其他桥	公路-II 级	1975

续表 1-2-3-2

桥梁名称	中心桩号	路线编码	路线名称	桥梁全长（米）	跨径总长（米）	单孔最大跨径（米）	跨径组合（孔×米）	桥梁全宽（米）	桥面净宽（米）	桥 型	设计荷载	通车时间
建新桥	0.117	C116430723	建抬线	15	10	10	1×10	4	3.5	其他桥	公路-II 级	1986
闸口桥	0.227	C254430723	影老线	50	20	20	1×20	4.5	3.5	其他桥	公路-II 级	2002
洪福桥	3.176	C170430723	梦防线	10	5	5	1×5	4.5	3.5	其他桥	公路-II 级	1980
赵家二组桥	11.129	C083430723	5 赵线	18	12	6	2×6	4	3.5	其他桥	公路-II 级	2008
利民桥	0.146	C056430723	强利线	27	13	6.5	2×6.5	5	4	其他桥	公路-II 级	1996
荣华桥	0.494	C058430723	荣荣线	10	5	5	1×5	4	3.5	其他桥	公路-II 级	1976
佑胜桥	2.6	C064430723	马河线	10	6	6	1×6	4	3.5	其他桥	公路-II 级	1979
河口桥	3.817	C064430723	马河线	27	10	5	2×5	4.5	3.5	其他桥	公路-II 级	1986
双峰桥	2.271	C065430723	马双线	8	6	6	1×6	4.5	3.5	其他桥	公路-II 级	1986
百合桥	1.179	C402430723	新五线	40	30	5	6×5	4.5	4	其他桥	公路-II 级	1995
十字闸桥	1.415	Y054430723	云爱·彭家港	32	22	22	1×22	7	6	连续箱梁	公路-II 级	1980
出草坡桥	5.6	Y054430723	云爱·彭家港	30	24	12	2×12	8	7	其他桥	公路-II 级	1991
四眼闸桥	0.013	Y519430723	四永线	8.5	8.5	8.5	1×8.5	4.8	4.8	其他桥	公路-II 级	1970
中武桥	4.15	Y521430723	中同线	62	62	31	2×31	6.2	6	整体现浇板	公路-II 级	1998
木溪桥	1.083	C378430723	三红线	10	5	5	1×5	4.5	3.5	其他桥	公路-II 级	1989
肖二桥	1.363	C381430723	肖罗线	28	20	20	1×20	4.5	3.5	其他桥	公路-II 级	1993
三河桥	0.082	C398430723	汪三线	24	18	6	3×6	6	5	其他桥	公路-II 级	1986
胡儿垱桥	0.686	C398430723	汪三线	48	32	16	2×16	6	5	其他桥	公路-II 级	1990
晏家桥	4.06	C407430723	三高线	10	5	5	1×5	5	4	其他桥	公路-II 级	1996
二屋桥	2.978	C409430723	竹桃线	8	5	5	1×5	4.5	3.5	其他桥	公路-II 级	1986
花竹桥	24.547	X002430723	火罗线	10	7	7	1×7	7	6	空心板梁	公路-II 级	1983
蔡家坡水库桥	6.914	X010430723	戈郑线	26.5	18	9	2×9	9	8	其他桥	公路-II 级	1976
白莲机耕桥	10.074	X010430723	戈郑线	14	7	7	1×7	9	8	空心板梁	公路-II 级	1972
重阳桥	6.557	X019430723	王维线	13	6	6	1×6	8	7	空心板梁	公路-II 级	1978
洞市新桥	23.507	X019430723	王维线	19	12	12	1×12	7	6	空心板梁	公路-II 级	1974
两河口桥	24.478	X019430723	王维线	19	6	6	1×6	5.8	4.8	空心板梁	公路-II 级	1974

续表 1-2-3-2

桥梁名称	中心桩号	路线编码	路线名称	桥梁全长（米）	跨径总长（米）	单孔最大跨径（米）	跨径组合（孔×米）	桥梁全宽（米）	桥面净宽（米）	桥型	设计荷载	通车时间
左家桥	31.045	X012430723	复柳线	27	25	5	5×5	8.5	7.5	空心板梁	公路-II级	1973
陆家桥	27.269	X019430723	王维线	15	7	7	1×7	9	8	空心板梁	公路-II级	1974
熊家湖桥	32.694	X012430723	复柳线	21	12.5	10	1×10+1×2.5	8.5	7.5	空心板梁	公路-II级	2004
长乐桥	0.036	X019430723	王维线	19	9.9	3.3	3×3.3	9	8	空心板梁	公路-II级	1978
王家厂桥	0.681	X019430723	王维线	18	6	6	1×6	7.5	6.5	空心板梁	公路-II级	1996
孙家河桥	15.06	X019430723	王维线	20.4	12	12	1×12	9.3	8.3	空心板梁	公路-II级	1978
五公桥	3.811	C108430723	董五线	14	10	10	1×10	4	3.5	其他桥	公路-II级	1996
五星桥	1.724	C086430723	新五线	15	11	11	1×11	4.5	3.5	其他桥	公路-II级	1995
郭家桥	0.881	C090430723	田郭线	15	10	10	1×10	4.5	4	其他桥	公路-II级	1988
中心桥	6.763	C040430723	兴香线	8	5	5	1×5	4	3.5	其他桥	公路-II级	1985
河北桥	1.907	C246430723	永永线	18	6	6	1×6	4.5	3.5	其他桥	公路-II级	1994
道水大桥	10.398	X033430723	乔新线	105	60	30	2×30	7	6	空心板梁	公路-II级	1976
叉港桥	1.314	Y055430723	澧州·顺林桥	15	6.6	6.6	1×6.6	4	3	其他桥	公路-II级	1973
界岭桥	4.9	Y062430723	淞澧桥·陈家岭	10.5	5.2	5.2	1×5.2	7.5	6.5	板拱	公路-II级	1976
王家岗桥	5.52	Y063430723	黑马垱·向阳桥	15	9.5	9.5	1×9.5	7	6	空心板梁	公路-II级	1974
澧东桥	7.95	Y063430723	黑马垱·向阳桥	36.2	32	16	2×16	6.5	5.5	其他桥	公路-II级	1974
澹水桥	0.506	Y064430723	羊湖口·多安桥	31	14	14	1×14	7	6	其他桥	公路-II级	1968
机耕桥	6.587	Y068430723	干河·东岳	10	8	8	1×8	6	5	其他桥	公路-II级	1980
接制桥	9.015	Y068430723	干河·东岳	27.6	12.5	10	1×10+1×2.5	7	6	连续T梁	公路-II级	1974
贺家桥	0.789	C427430723	镇贺线	130	90	10	9×10	5	4	其他桥	公路-II级	1990
杨家桥	0.173	C026430723	杨杨线	11	5	5	1×5	5	4	其他桥	公路-II级	1976
长堰桥	3.971	C246430723	永永线	12	5	5	1×5	4.5	3.5	其他桥	公路-II级	1995
南木水库桥	0.8	C053430723	红香线	10	6	6	1×6	5	4	其他桥	公路-II级	1988
方码桥	5.05	Y073430723	方石坪·码头铺	33.8	20	20	1×20	6.5	5.5	连续T梁	公路-II级	1977
方石大桥	7.73	Y074430723	黄金垭·方石坪	33	16	16	1×16	6.5	5.5	其他桥	公路-II级	1969
梁山桥	1.225	C068430723	金娘线	10	5	5	1×5	4.5	3.5	其他桥	公路-II级	1984

续表 1-2-3-2

桥梁名称	中心桩号	路线编码	路线名称	桥梁全长（米）	跨径总长（米）	单孔最大跨径（米）	跨径组合（孔×米）	桥梁全宽（米）	桥面净宽（米）	桥 型	设计荷载	通车时间
云龙桥	0.039	C228430723	云云线	52	48	12	4×12	4.5	4	其他桥	公路-II级	1991
沙岭桥	1.643	C105430723	毕集线	18	12	4	3×4	4.5	4	其他桥	公路-II级	1988
土地桥	1.368	C107430723	土土线	12	6	6	1×6	4.5	3.5	其他桥	公路-II级	1977
砂子垭桥	12.795	X002430723	火罗线	18	10	10	1×10	6.5	6	空心板梁	公路-II级	1974
边河桥	14.365	X002430723	火罗线	22	20	20	1×20	6.5	5.5	空心板梁	公路-II级	1974
周家溶桥	2.47	Y069430723	石塘·荣家河桥	17	12	4	3×4	5.5	4.5	其他桥	公路-II级	1975
部家桥	7.749	X011430723	彭官线	12.5	6	6	1×6	6	5	空心板梁	公路-II级	1976
田冲桥	20	X002430723	火罗线	32.5	20	20	1×20	6.5	6	空心板梁	公路-II级	1983
松南桥	11.172	X010430723	戈郑线	36	31	7	4×7+1×3	8	7	空心板梁	公路-II级	1974
努力桥	0.138	C035430723	银努线	12	8	8	1×8	4.5	4	其他桥	公路-II级	1988
新田桥	0.232	C085430723	新新线	18	13	6.5	2×6.5	5	4	其他桥	公路-II级	1985
双颜桥	1.036	C038430723	刁新线	10	7	7	1×7	5	4.5	其他桥	公路-II级	1988
石坝河桥	0.329	C040430723	兴香线	10	5	5	1×5	4.5	4	其他桥	公路-II级	1996
三板桥	0.542	C040430723	兴香线	8	5	5	1×5	5	4	板拱	公路-II级	1986
黄家桥	0.026	C040430723	兴香线	8	5	5	1×5	5	4	其他桥	公路-II级	1986
麻场桥	5.5	C040430723	兴香线	8	5	5	1×5	4.5	4	其他桥	公路-II级	1985
张家滩桥	8.538	Y072430723	张家滩·乔家河	413.54	270	30	9×30	7.5	7	其他桥	公路-II级	1998
官桥友谊桥	15.538	X011430723	彭官线	33	19	9.5	2×9.5	6.5	6	空心板梁	公路-II级	1996
辗屋踏桥	4.217	X012430723	复柳线	14	10	10	1×10	7	6	空心板梁	公路-II级	1973
黄溪桥	0.026	C048430723	钧黄线	38	30	15	2×15	7	6	连续T梁	公路-II级	1996
书房岭桥	0.505	C411430723	朱牛线	8.3	5	5	1×5	4.5	3.5	其他桥	公路-II级	1996
刻木桥	0.6	C412430723	胜刻线	7	5	5	1×5	4.5	3.5	连续T梁	公路-II级	1996
井铺桥	3.1	Y076430723	码头铺·燕子山	20.5	12.5	12.5	1×12.5	7	6	空心板梁	公路-II级	1968
南杨桥	7.35	Y076430723	码头铺·燕子山	38.5	32	8	4×8	5.6	4.6	连续T梁	公路-II级	1980
孙圣桥	3.771	Y080430723	探峪·长冲	16	7	7	1×7	6	5	其他桥	公路-II级	1979
永祥桥	5.78	Y056430723	杉林·中桥	29	13.2	6.6	2×6.6	5.6	4.6	其他桥	公路-II级	1974

续表 1-2-3-2

桥梁名称	中心桩号	路线编码	路线名称	桥梁全长（米）	跨径总长（米）	单孔最大跨径（米）	跨径组合（孔×米）	桥梁全宽（米）	桥面净宽（米）	桥　型	设计荷载	通车时间
上游桥	5.78	Y057430723	梦溪·雷公塔	15	5	5	1×5	5.2	4.2	其他桥	公路-II 级	1973
公路桥	2.52	Y058430723	谭家·盐井	15	7	7	1×7	5	4	板拱	公路-II 级	1975
连新桥	6.922	Y060430723	蔡家坡·栗山坡	9	6.5	6.5	1×6.5	6.5	5.5	板拱	公路-II 级	1976
五定桥	1.39	Y061430723	界岭·高家	10.5	6.5	6.5	1×6.5	6	5	板拱	公路-II 级	1976
顺桥村铁路桥	1.91	Y061430723	界岭·高家	34.5	17.2	17.2	1×17.2	8.7	7.7	空心板梁	公路-II 级	1976
五爱桥	9.906	Y049430723	官垸·凤凰嘴	18	8.5	8.5	1×8.5	6	5	其他桥	公路-II 级	2008
杨家桥	1.64	C071430723	田田线	8	5	5	1×5	4	3.5	其他桥	公路-II 级	1985
马溪桥	2.726	Y078430723	马溪桥·胡家棚	35	20	20	1×20	8	7	连续 T 梁	公路-II 级	1977
双林桥	2.506	Y063430723	黑马垱·向阳桥	32	8	8	1×8	7	6	其他桥	公路-II 级	1974
十字闸桥	4.7	Y072430723	张家滩·乔家河	8.5	5.7	5.7	1×5.7	7.5	6.5	其他桥	公路-II 级	1998
反资桥	5.314	Y055430723	澧州·顺林桥	15	7.2	7.2	1×7.2	5.8	4.8	板拱	公路-II 级	1973
甲龙桥	7.2	Y059430723	盐井·蔡家坡	14	5.5	5.5	1×5.5	7.1	6.6	其他桥	公路-II 级	1975
荷花桥	7.98	Y072430723	张家滩·乔家河	8.5	5.7	5.7	1×5.7	7.5	6.5	其他桥	公路-II 级	1998
驼贝桥	12.256	X012430723	复柳线	6.5	5	5	1×5	8.5	7.5	空心板梁	公路-II 级	2004
五星铁路桥	0.338	C030430723	朝朝线	20	12	12	1×12	7.5	7	其他桥	公路-II 级	1976
高庙桥	1.242	C229430723	马村线	12	6	6	1×6	4.5	3.5	其他桥	公路-II 级	1989
高庙二桥	2.61	C229430723	马村线	20	16	4	4×4	4.5	3.5	其他桥	公路-II 级	1976
群星桥	1.107	C230430723	群护线	32	27	9	3×9	4.5	3.5	其他桥	公路-II 级	1992
白米桥	0.706	C233430723	村朱线	12	8	8	1×8	4.5	4	其他桥	公路-II 级	1992
八斗桥	0.058	C116430723	建抬线	20	13	13	1×13	4	3.5	其他桥	公路-II 级	1986
龙神潭桥	13.526	X019430723	王维线	80.7	60	20	3×20	8	7	T 梁	公路-II 级	1977
车溪桥	1.142	C206430723	富车线	40	30	10	3×10	4.5	3.5	其他桥	公路-II 级	1987
临澧县小计：125 座　2798 延米												
陈湖桥	2.83	Y116430724	三合·大丰	18	11	11	1×11	6.2	6	其他桥	公路-II 级	1996
双龙总干三桥	1.338	C312430724	龙双线	15.5	11	11	1×11	3.9	3.4	其他桥	公路-II 级	1971
原里寺桥	1.417	C341430724	洄天线	18	15	15	1×15	4.9	4.4	其他桥	公路-II 级	1991

续表 1-2-3-2

桥梁名称	中心桩号	路线编码	路线名称	桥梁全长（米）	跨径总长（米）	单孔最大跨径（米）	跨径组合（孔×米）	桥梁全宽（米）	桥面净宽（米）	桥 型	设计荷载	通车时间
枫古大桥	2.38	C152430724	大古线	10.6	6.8	6.8	1×6.8	6.3	5.8	其他桥	公路-II 级	1979
大溪桥	0.61	X020430724	白珠线	43.2	40.2	7.3	7.18+7.32+7.38+7.26+5.79+5.32	9.7	7	空心板梁	公路-II 级	2006
红旗桥	13.529	Y108430724	七重·停弦	20	10	5	2×5	7	4	其他桥	公路-II 级	1978
泉水桥	11.278	X018430724	高九线	22	5	5	1×5	12.8	5	其他桥	公路-II 级	1992
胡家桥	0.237	C101430724	青丰线	13.4	5.6	5.6	1×5.6	4.2	3.7	其他桥	公路-II 级	1972
三义桥	0.152	X018430724	高九线	13	8.4	4.2	2×4.2	15	9	钢架拱	公路-II 级	1972
塞水桥	1.118	X017430724	五合线	14	10	5	2×5	7.5	7	板拱	公路-II 级	1970
红星桥	2.84	Y108430724	七重·停弦	15.5	13.5	4.5	3×4.5	5.6	5	空心板梁	公路-II 级	1975
新河桥	5.787	Y107430724	马路·农机站	21	15	15	1×15	7.5	7	钢架拱	公路-II 级	1990
太平桥	2.8	C491430724	罗太线	9	5	5	1×5	4.7	4.2	其他桥	公路-II 级	2003
泼油岗桥	61.064	X020430724	白珠线	12	6	6	1×6	6	5.5	板拱	公路-II 级	1974
陈二桥	56.215	X020430724	白珠线	26.5	17	17	1×17	7.5	7	其他桥	公路-II 级	1971
陈二跨铁桥	55.034	X020430724	白珠线	36.7	15.1	15.1	1×15.1	7	6.6	空心板梁	公路-II 级	1993
溢洪桥	47.772	X020430724	白珠线	12	9	4.5	2×4.5	7	6.6	其他桥	公路-II 级	1979
金家桥	45.062	X020430724	白珠线	15.5	8	8	1×8	9.2	8.7	其他桥	公路-II 级	1992
郭家桥	42.328	X020430724	白珠线	17	8	8	1×8	7.7	7.2	其他桥	公路-II 级	1995
青山一桥	14.106	X020430724	白珠线	14	7.5	7.5	1×7.5	13	11.2	板拱	公路-II 级	1967
建新桥	10.967	X020430724	白珠线	21	12	12	1×12	13	11	其他桥	公路-II 级	1979
衍嗣庵桥	4.12	X023430724	斋牌线	11.5	6	6	1×6	12	11	板拱	公路-II 级	1985
杨家桥	22.727	X022430724	段五线	23.3	9	9	1×9	7.2	6.7	其他桥	公路-II 级	1993
群英桥	19.204	X022430724	段五线	18.6	11.6	11.6	1×11.6	8	7.3	板拱	公路-II 级	1974
朱伦桥	2.3	C026430724	大两线	34.7	32	16	2×16	5	4.5	空心板梁	公路-II 级	2005
高家人行桥	0.433	C023430724	粟粟线	23.1	18	9	2×9	5	4.5	空心板梁	公路-II 级	2007
谭河桥	0.912	C366430724	谭谭线	22	10	10	1×10	5	4.5	其他桥	公路-II 级	2008
蒋家桥	0.041	C389430724	花团线	10.3	8	4	2×4	4.6	4.1	空心板梁	公路-II 级	1990
罗仙桥	0.65	C491430724	罗太线	8	6.6	6.6	1×6.6	5.1	4.6	其他桥	公路-II 级	1961

续表 1-2-3-2

桥梁名称	中心桩号	路线编码	路线名称	桥梁全长（米）	跨径总长（米）	单孔最大跨径（米）	跨径组合（孔×米）	桥梁全宽（米）	桥面净宽（米）	桥型	设计荷载	通车时间
铜古桥	1.553	C158430724	新三线	17.8	15.6	15.6	1×15.6	4.8	4.3	其他桥	公路-II级	1983
水利桥	1.168	C160430724	周朱线	19.2	17.3	5.2	4.5+2×3.8+ 5.2	4.7	4.2	空心板梁	公路-II级	1986
廖家桥	1.332	C163430724	段双线	10	5.1	5.1	1×5.1	4.9	4.4	其他桥	公路-II级	2000
哗溪新桥	2.787	C194430724	窑六线	22.8	9.8	9.8	1×9.8	4.8	4.3	其他桥	公路-II级	1990
总干六组桥	0.884	C258430724	澹潘线	20	15	15	1×15	5	4.5	其他桥	公路-II级	1975
太铁桥	6.27	Y113430724	胜利·太浮	46.5	34	13	2×10.5+13	7	6	空心板梁	公路-II级	1993
小王化桥	2.27	Y113430724	胜利·太浮	9.4	5	5	1×5	6.4	5.9	板拱	公路-II级	1971
杨桥	0.54	Y111430724	永镇桥·七重堰	8	5.5	5.5	1×5.5	7.3	6.8	其他桥	公路-II级	1984
杨板桥	0.18	Y111430724	永镇桥·七重堰	8.5	7	7	1×7	7	6	其他桥	公路-II级	1964
总干桥	2.252	Y110430724	火车站·新安	33	8	8	1×8	12	11.5	其他桥	公路-II级	1983
群丰村部桥	0.012	C299430724	木群线	18	16	8	2×8	3.6	3.1	空心板梁	公路-II级	1971
文家组桥	0.957	C040430724	白三线	14	5	5	1×5	5	4.5	其他桥	公路-II级	1960
青山二桥	14.203	X020430724	白珠线	17	14	14	1×14	10.3	7.1	板拱	公路-II级	1967
新冯桥	0.605	Y110430724	火车站·新安	16	6	6	1×6	9.8	9.3	其他桥	公路-II级	1983
向阳桥	0.513	Y109430724	车堰·高桥	26	16	8	2×8	6	5	其他桥	公路-II级	1978
醒家桥	0.707	C076430724	火芭线	6.5	5.3	5.3	1×5.3	6.6	6.1	其他桥	公路-II级	1923
永安桥	3.519	C084430724	杨永线	18.4	14	7	2×7	5.3	4.8	其他桥	公路-II级	1982
南闸五组桥	0.523	C265430724	老南线	33	12.5	12.5	1×12.5	3.7	3.2	其他桥	公路-II级	1975
月星桥	4.846	C271430724	电青线	6.7	6	6	1×6	6.5	6	其他桥	公路-II级	1998
白洋桥	4.215	Y129430724	牛六·何岗	7.3	5.6	5.6	1×5.6	7.6	6.8	其他桥	公路-II级	1976
楼房桥	4.5	C131430724	荷中线	7.7	6.3	6.3	1×6.3	5.4	4.9	其他桥	公路-II级	1975
李家桥	4.871	C409430724	熊楼线	11	5	5	1×5	5.5	5	其他桥	公路-II级	1972
竹龙桥	5.871	C349430724	黄洹线	36.4	16	16	1×16	6.9	6.4	其他桥	公路-II级	2008
牯牛天桥	1.975	C137430724	白牯线	58.9	57.6	34.5	11.9+34.5+11.2	4.7	4.2	其他桥	公路-II级	2002
枫树桥	0.665	C150430724	火丰线	8.2	5	5	1×5	3.5	3	其他桥	公路-II级	1962
车堰桥	0.251	C489430724	陈张线	7.5	7	7	1×7	3.5	3	其他桥	公路-II级	1975

续表 1-2-3-2

桥梁名称	中心桩号	路线编码	路线名称	桥梁全长（米）	跨径总长（米）	单孔最大跨径（米）	跨径组合（孔×米）	桥梁全宽（米）	桥面净宽（米）	桥型	设计荷载	通车时间
澧临桥	0.94	C354430724	斋澧线	26	17	17	1×17	4.1	3.6	其他桥	公路-II 级	1985
过马滩桥	1.894	C040430724	白三线	6.5	5	5	1×5	5	4.5	其他桥	公路-II 级	1960
舒家拱桥	1	C051430724	斋周线	12.7	5.4	5.4	1×5.4	4	3.5	其他桥	公路-II 级	1995
岩拱一桥	0.994	C052430724	郭周线	8	6.6	6.6	1×6.6	4.4	3.9	其他桥	公路-II 级	1978
岩拱二桥	2.48	C052430724	郭周线	7	6.6	6.6	1×6.6	4.2	3.7	其他桥	公路-II 级	1978
西引寺桥	6.35	X020430724	白珠线	16.1	5.8	5.8	1×5.8	10.6	9.6	板拱	公路-II 级	2004
江家坡桥	5.139	X020430724	白珠线	17	8	8	1×8	15.4	9	板拱	公路-II 级	1998
小溪桥	0.93	X020430724	白珠线	18.5	12	12	1×12	12	11	其他桥	公路-II 级	1996
水利桥	4.25	Y143430724	分水·杨桥	28	24	8	3×8	4.4	3.9	空心板梁	公路-II 级	1972
金宝滩灌溉渠	1.129	Y140430724	金宝滩·同一	9	6	6	1×6	4	3.8	双曲拱	公路-II 级	1978
金宝滩桥	0.384	Y140430724	金宝滩·同一	36	24	24	1×24	6.3	4.5	双曲拱	公路-II 级	1977
金宝滩大桥	0.205	Y140430724	金宝滩·同一	125	120	12	10×12	6	4.5	空心板梁	公路-II 级	1977
金宝滩老桥	0.006	Y140430724	金宝滩·同一	11	7	7	1×7	4.3	4	空心板梁	公路-II 级	1984
杉板铁路桥	3.312	Y129430724	牛六·何岗	45.8	35.8	15.9	2×9.95+15.95	7	6	空心板梁	公路-II 级	1996
三星桥	0.664	Y127430724	柳三桥·凤兴村部	6	5	5	1×5	5	4	其他桥	公路-II 级	1993
马路桥	0.052	Y126430724	竹马水库·马路村	8.5	6	6	1×6	4.6	4	其他桥	公路-II 级	1975
竹马桥	5.157	Y125430724	九里岗·官亭大坝	16	12	6	2×6	5	4.2	其他桥	公路-II 级	1999
黄家桥	8.549	Y121430724	新河·纸棚沟	25	16	16	1×16	5.8	5	其他桥	公路-II 级	1978
岩龙桥	3.432	Y121430724	新河·纸棚沟	20	16	16	1×16	5	4.5	其他桥	公路-II 级	1992
油榨湾桥	0.05	C114430724	百岗线	12.3	5.5	5.5	1×5.5	4.8	4.3	其他桥	公路-II 级	1972
六垱桥	3.362	C128430724	高永线	9.3	5.6	5.6	1×5.6	7	6.5	其他桥	公路-II 级	1982
兴安桥	2.407	C014430724	陈 2 线	11.5	5	5	1×5	4.5	4	其他桥	公路-II 级	1972
玉公泉桥	6.042	X020430724	白珠线	14	5	5	1×5	7.8	7	其他桥	公路-II 级	2004
总干渠两门闸	1.114	C309430724	龙三线	14	8	4	2×4	4	3.5	其他桥	公路-II 级	1971
永镇桥	4.363	Y134430724	招兵岭·永镇桥	13	6.3	6.3	1×6.3	5.5	5.1	板拱	公路-II 级	1985
施家河桥	1.546	Y127430724	柳三桥·凤兴村部	7	5	5	1×5	5	4	其他桥	公路-II 级	1998

续表 1-2-3-2

桥梁名称	中心桩号	路线编码	路线名称	桥梁全长（米）	跨径总长（米）	单孔最大跨径（米）	跨径组合（孔×米）	桥梁全宽（米）	桥面净宽（米）	桥型	设计荷载	通车时间
大王化桥	1.9	Y113430724	胜利·太浮	11	5	5	1×5	5.1	4.5	板拱	公路-II级	1971
溢洪桥	0.4	C279430724	夏杨线	12	10	10	1×10	3.9	3.4	其他桥	公路-II级	1982
金岗桥	0.016	C314430724	金金线	16	11	11	1×11	4.7	4.2	其他桥	公路-II级	1974
三门闸桥	0.386	C316430724	金金线	18	11	11	1×11	4.3	3.8	其他桥	公路-II级	1971
邱桥二组桥	2	C324430724	楠伏线	16	10.5	10.5	1×10.5	4	3.5	其他桥	公路-II级	1971
青龙桥	0.152	C345430724	青青线	14	12	12	1×12	5	4.5	其他桥	公路-II级	1978
岩桥	0.881	C367430724	伏岩线	16	10.5	10.5	1×10.5	8	7.5	其他桥	公路-II级	1995
爱民桥	0.129	C377430724	打打线	22	9	9	1×9	6.8	6.3	其他桥	公路-II级	2004
史家桥	0.15	C386430724	花史线	24.4	20.2	6	1×6+1×4.5+1×5+1×4.7	4.6	4.1	其他桥	公路-II级	1998
礼貌桥	0.405	C015430724	陈汪线	6.7	5.3	5.3	1×5.3	4.8	4.3	其他桥	公路-II级	1974
新桥	3.868	Y134430724	招兵岭·永镇桥	15.3	6.3	6.3	1×6.3	5.4	4	板拱	公路-II级	1968
万福桥	3.323	C409430724	熊楼线	12.5	6.5	6.5	1×6.5	5.4	4.9	其他桥	公路-II级	1935
黑闸桥	0.037	Y121430724	新河·纸棚沟	70	57	19	3×19	6.2	5	其他桥	公路-II级	1960
漫水桥	0.125	Y118430724	漫水桥·青山	250	156	12	13×12	8	7.4	板拱	公路-II级	1989
沙堤桥	4.293	Y117430724	官亭水库·沙堤桥	28	24	12	2×12	9.2	6.5	其他桥	公路-II级	1959
龙池桥	4	Y115430724	七倾·管渡	13.4	8.5	8.5	1×8.5	4	3.3	其他桥	公路-II级	1965
七倾桥	0.018	Y115430724	七倾·管渡	23	12	12	1×12	8.6	5	其他桥	公路-II级	1996
雅林桥	9.602	Y114430724	文家·雅林	11	7	7	1×7	6	4.5	其他桥	公路-II级	1965
浮山桥	3.245	Y114430724	文家·雅林	9.3	5.7	5.7	1×5.7	6.6	3.8	其他桥	公路-II级	1976
张家桥	3.122	Y114430724	文家·雅林	10.4	8	8	1×8	6.3	4	板拱	公路-II级	1968
八仙桥	0.876	C052430724	郭周线	22	21	3.7	2×3.6+3.4+3.7+3.2+3.5	5	4.5	空心板梁	公路-II级	1990
九姊二号桥	0.492	C002430724	窑狮线	11.3	6.8	6.8	1×6.8	5.1	4.6	其他桥	公路-II级	1999
黄土桥	0.479	C435430724	石黄线	14	5	5	1×5	4.9	4.4	其他桥	公路-II级	1965
石家桥	0.021	C441430724	石鸡线	14	9	9	1×9	5	4.5	其他桥	公路-II级	1987
蔡家天桥	3	C131430724	荷中线	58.9	55.9	34.2	1×9.15+1×34.2+1×12.6	4.7	4.2	其他桥	公路-II级	2002
闸家桥	0.014	C444430724	闸槐线	14	8.7	8.7	1×8.7	4.3	3.8	其他桥	公路-II级	1987

续表 1-2-3-2

桥梁名称	中心桩号	路线编码	路线名称	桥梁全长（米）	跨径总长（米）	单孔最大跨径（米）	跨径组合（孔×米）	桥梁全宽（米）	桥面净宽（米）	桥 型	设计荷载	通车时间
仙人桥	0.008	Y133430724	仙人桥·黄土坡	18	5	5	1×5	8.2	7.2	其他桥	公路-II 级	2000
小溪桥	0.038	Y131430724	小溪桥·重阳垭	12	11	5.5	2×5.5	5.1	4.6	其他桥	公路-II 级	1976
岩板垱桥	1.995	Y130430724	彭家河·青山村	15	6	6	1×6	4	3.5	其他桥	公路-II 级	1968
陈二铁路桥	4.19	Y151430724	两岔河·陈二铺	32.3	9	9	1×9	5.6	4.5	其他桥	公路-II 级	2004
丁家桥	3.71	Y148430724	九里·众丰	12	7.8	7.8	1×7.8	7.2	6.5	其他桥	公路-II 级	1964
柏枝台桥	14.1	Y145430724	烽火·柏枝	34.3	20	20	1×20	6.5	5.7	其他桥	公路-II 级	1966
杨家桥	12.11	Y145430724	烽火·柏枝	14	6.7	6.7	1×6.7	8	7	其他桥	公路-II 级	1975
张家桥	4.097	Y144430724	高家·双九	11	7.5	7.5	1×7.5	4.5	4	其他桥	公路-II 级	1975
子福桥	0.256	C261430724	汽 S 线	33	20	20	1×20	8.7	8.2	其他桥	公路-II 级	1982
顺水桥	0.538	C429430724	七顺线	34	31	15.5	2×15.5	5	4.5	其他桥	公路-II 级	1975
范家桥	0.246	C430430724	范凉线	23	17.4	8.7	2×8.7	4.7	4.2	其他桥	公路-II 级	1973
唐家桥	1.721	C089430724	鸣桂线	24.7	24	24	1×24	6.6	6.1	桁架拱	公路-II 级	1982
临安桥	2.1	C095430724	段临线	34.3	26.3	26.3	1×26.3	5.2	4.7	其他桥	公路-II 级	1979
龙潭道水大桥	2.45	Y139430724	火车站·文家	133.9	121	21	5×21+1×16	10	9	空心板梁	公路-II 级	2003
芭蕉小桥	0.722	Y139430724	火车站·文家	18	8.6	8.6	1×8.6	9	8	其他桥	公路-II 级	2003
段家桥	7.19	Y151430724	两岔河·陈二铺	40	30.4	7.6	4×7.6	5.8	5	双曲拱	公路-II 级	1971
南齐垱桥	9.292	Y151430724	两岔河·陈二铺	12.8	6	6	1×6	6	5	其他桥	公路-II 级	1972
双溪桥	15.918	Y138430724	芭蕉岗·新岗	12	6	6	1×6	4	3	空心板梁	公路-II 级	1975
桃源县小计：364 座 8453.9 延米												
小碗埫桥	1.018	C268430725	桃老线	20	16	16	1×16	5	5	其他桥	公路-II 级	1998
湖南坪桥	0.688	C781430725	电金线	28	20	10	2×10	5	4	其他桥	公路-I 级	1971
马王溪大桥	0.045	C692430725	马马线	25	16.5	5.5	3×5.5	6	5	其他桥	汽车-超 20 级	2000
添家桥	2.251	Y400430725	万寿桥·大里坪	10	6	6	1×6	6	5	其他桥	公路-II 级	1975
爱国桥	3.672	C719430725	羯茶线	9	5	5	1×5	5	4	其他桥	公路-II 级	1971
董家桥	0.425	Y291430725	架桥·基隆	43	30	15	2×15	7	6	T 梁	公路-II 级	1994
太平桥	9.715	X062430725	黄茶线	27	18	18	1×18	7.5	6.5	板拱	公路-II 级	1970

续表 1-2-3-2

桥梁名称	中心桩号	路线编码	路线名称	桥梁全长（米）	跨径总长（米）	单孔最大跨径（米）	跨径组合（孔×米）	桥梁全宽（米）	桥面净宽（米）	桥型	设计荷载	通车时间
九滚垱桥	2.304	C072430725	株郑线	24	13	13	1×13	5	4	其他桥	公路-II级	1969
大拱桥	1.068	Y327430725	杨家桥·龙潭溪	24	14	14	1×14	4.8	3.8	空心板梁	公路-II级	1995
把溪口桥	4.5	Y456430725	太平铺·成功坪	30	13	13	1×13	5.5	4.8	其他桥	公路-II级	2008
猫头桥	6.325	Y418430725	九溪钱家组油路·牌楼寺	82	60	30	2×30	8.5	7.5	其他桥	公路-II级	1995
古岩堉小桥	1.441	C617430725	阙团线	14	6	6	1×6	7.8	6.8	其他桥	汽车-超20级	2000
后坪桥	0.045	C620430725	后古线	10	6	6	1×6	5	4	其他桥	公路-II级	1959
草坪大桥	4.124	C691430725	姆高线	37	21	21	1×21	8	7	其他桥	公路-I级	1974
大河口桥	0.028	Y541430725	姆高线	13	8	8	1×8	4	3	其他桥	公路-II级	1974
彭家桥	4.999	Y420430725	九溪村刀行·郝坪刘坪界	11	5	5	1×5	3.9	2.9	其他桥	公路-II级	1995
谭家铺桥	9.156	Y290430725	漆河·谭家铺	10	5	5	1×5	6.4	5.4	其他桥	公路-II级	1979
周家桥	8.07	Y290430725	漆河·谭家铺	12	8	8	1×8	5	4	其他桥	公路-II级	1975
鄢家溪桥	9.059	Y313430725	龙潭·风断坳	63	40	40	1×40	9.5	8.5	其他桥	公路-II级	1976
吴尔溪桥	6.725	Y313430725	龙潭·风断坳	18	9	9	1×9	5.4	4.4	板拱	公路-II级	1966
洞溪河桥	6.25	Y311430725	牛车河·洞溪河	42.9	23	23	1×23	8	7	板拱	公路-I级	2003
龙潭桥	8.675	Y302430725	株林港·九庄峪	18.2	12	12	1×12	8	7	其他桥	公路-II级	1989
文昌阁桥	0.875	Y302430725	株林港·九庄峪	12	10	10	1×10	5.5	4.5	其他桥	公路-II级	1973
栗林坝桥	16.02	Y298430725	漆河·苏家堆	7	5	5	1×5	5	4	其他桥	公路-II级	1981
无名桥	1.471	C625430725	凉小线	8.5	8	4	2×4	5.5	4.5	其他桥	公路-II级	1999
长潭桥	1.596	C626430725	一高线	48	24	24	1×24	6	5	其他桥	公路-I级	1973
内古潭桥	5.658	C627430725	老当线	26	24	8	3×8	6.5	5.5	其他桥	公路-II级	1973
梭子圩桥	0.431	C636430725	剪湖线	10	6	6	1×6	7	6	其他桥	公路-II级	1975
竹田冲桥	2.641	C636430725	剪湖线	10	8	4	2×4	4.2	3.2	其他桥	公路-II级	1975
上官桥	1.353	C648430725	栗走线	7	5	5	1×5	6	5	其他桥	公路-II级	1978
枫树桥	0.054	C650430725	枫玉线	9	6	6	1×6	5	4	其他桥	公路-II级	1973
金畔桥	0.04	C666430725	金金线	38	29	29	1×29	5	4	其他桥	公路-I级	2003
莫家坪桥	0.533	Y419430725	双溪大公村·九溪青华村	18	10.4	10.4	1×10.4	4	3	其他桥	公路-II级	1994

续表 1-2-3-2

桥梁名称	中心桩号	路线编码	路线名称	桥梁全长（米）	跨径总长（米）	单孔最大跨径（米）	跨径组合（孔×米）	桥梁全宽（米）	桥面净宽（米）	桥 型	设计荷载	通车时间
张家小河桥	3.463	Y418430725	九溪钱家组油路·牌楼寺	38	16	16	1×16	5.2	4.2	其他桥	公路-II级	1990
上高坪桥	0.445	Y455430725	上高坪红岩嘴·西溪水库	7	5	5	1×5	6	5	其他桥	公路-II级	1970
刘家院桥	14.04	Y329430725	杨溪桥·冷家溪	12	8	8	1×8	5	4	其他桥	公路-II级	1959
胜利桥	94.793	X055430703	刘钟线	24.7	20	10	2×10	7	6	空心板梁	公路-II级	1988
青年桥	0.098	C752430725	青长线	15	10	10	1×10	5.5	4.5	其他桥	公路-II级	2001
张家湾桥	0.045	Y412430725	张家湾·剪市	34	5	5	1×5	7	6	板拱	公路-II级	2001
高岩桥	4.799	Y411430725	深水港·高岩林场	58	48	16	3×16	7.2	6.2	其他桥	公路-II级	1978
双岔溪桥	33.9	Y334430725	太平铺·双岔溪	19	8	8	1×8	5.8	4.8	板拱	公路-II级	1979
猫猫岩桥	20.5	Y333430725	沅陵三渡水·湖南坡	23	10	10	1×10	6	5	板拱	公路-II级	1981
岩板桥	21.089	Y333430725	沅陵三渡水·湖南坡	8	6	6	1×6	6	5	板拱	公路-II级	1981
自力桥	18.938	Y333430725	沅陵三渡水·湖南坡	8	6	6	1×6	6	5	板拱	公路-II级	1981
桥塘桥	7.044	Y333430725	沅陵三渡水·湖南坡	43.7	32.4	8.1	4×8.1	6.5	5.5	板拱	公路-II级	1998
兰家湾拱桥	8.501	Y328430725	沙坪·大约坪	30	18.5	18.5	1×18.5	6	5	板拱	公路-II级	1977
小龙潭溪桥	25.05	Y327430725	杨家桥·龙潭溪	9.4	6.7	6.7	1×6.7	7	6	其他桥	公路-II级	1998
小洋溪桥	13.83	Y327430725	杨家桥·龙潭溪	36	18	18	1×18	5.7	4.7	其他桥	公路-II级	1962
大洋溪桥	12.686	Y327430725	杨家桥·龙潭溪	52	32	16	2×16	6	5	其他桥	公路-II级	1995
高明桥	2.27	Y309430725	猫儿垱·牌楼寺	11	6.8	6.8	1×6.8	7	6	板拱	公路-II级	1968
黄家峪桥	27.04	Y308430725	展旗段·佘家坪	15	8	8	1×8	5	4	其他桥	公路-II级	1969
五指潭桥	0.107	C588430725	杜黄线	28	24	12	2×12	5.5	4.5	其他桥	汽车-超20级	1996
六分垱桥	1.069	C416430725	朱张线	9	5	5	1×5	6	5	其他桥	公路-II级	1973
江家桥	0.458	C344430725	黄九线	16	6	6	1×6	5	4	其他桥	公路-II级	2008
盘龙山桥	3.533	C060430725	团龙线	24	13.7	13.7	1×13.7	5.3	4.3	其他桥	汽车-超20级	2000
珠湖桥	0.085	C072430725	株郑线	51	22	5.5	4×5.5	5	4	其他桥	公路-I级	1974
新明桥	1.382	C073430725	罗淹线	9	5	5	1×5	6.3	5.8	其他桥	公路-II级	1974
碌厂桥	2.074	C073430725	罗淹线	14	6.5	6.5	1×6.5	6	5.5	其他桥	公路-II级	1969
向阳桥	0.987	C079430725	马董线	11	7	7	1×7	5	4.5	其他桥	公路-II级	1972

续表 1-2-3-2

桥梁名称	中心桩号	路线编码	路线名称	桥梁全长（米）	跨径总长（米）	单孔最大跨径（米）	跨径组合（孔×米）	桥梁全宽（米）	桥面净宽（米）	桥型	设计荷载	通车时间
白家桥	2.85	C079430725	马董线	10	6	6	1×6	5	4.5	其他桥	公路-II级	1972
幸福岗桥	5.984	C080430725	罗汉山垭·S306线	59	53	26.5	2×26.5	8	7	其他桥	公路-I级	1985
牌楼大桥	0.045	C337430725	牌牌线	80	60	30	2×30	5.5	4.5	其他桥	公路-II级	1972
牛郎桥	1.5	C230430725	白腊线	8.7	6	6	1×6	4.5	4	其他桥	公路-II级	2004
洞溪桥	0.1	Y539430725	太洞线	57	50	10	5×10	4.6	4.1	整体现浇板	公路-II级	2006
烽火岗桥	9.35	Y460430725	马宗岭·烽火桥头	30	26	13	2×13	6.3	5	其他桥	公路-II级	2005
告木岭桥	0.8	C358430725	告桃线	23	11	11	1×11	4.9	4.3	其他桥	公路-II级	2000
官庄桥	0.448	Y471430725	龙虎白栎·农协	54.5	44	22	2×22	5.1	4.3	其他桥	公路-II级	1979
灌车湖桥	1	C123430725	傅家堉村6组·S306线	40	30	10	3×10	5	4.5	其他桥	公路-II级	2005
翰林桥	0.3	C290430725	新董线	30	12	12	1×12	6.5	6	其他桥	公路-II级	2008
金花泉桥	2.2	C346430725	水泉线	13	10	10	1×10	5.5	4.9	其他桥	公路-II级	2005
金坪桥	15.3	Y283430725	热市·九溪	8.8	6	6	1×6	6.3	6	连续T梁	公路-II级	1986
会人溪桥	4.8	Y532430725	毛会线	80	65	13	5×13	6	5.5	空心板梁	公路-II级	2009
三里桥	11.1	Y283430725	热市·九溪	7.5	6	6	1×6	4	3.8	其他桥	公路-II级	1983
下兰溪桥	4.5	C722430725	江下线	130	120	20	6×20	5	4.5	其他桥	公路-II级	2009
野毛坪桥	3.2	Y332430725	苏坊溪·小桃源	52	48	16	3×16	4.7	4.2	其他桥	公路-II级	2008
太平寺桥	0.85	C258430725	徐太线	8.5	5	5	1×5	5.3	4.3	其他桥	公路-II级	1974
谢家榨房桥	2.672	C376430725	赫蒋线	7	5	5	1×5	4.5	3.5	其他桥	公路-II级	1969
岔口潭桥	51.746	X064430725	理栗线	37.3	20	20	1×20	8	7	板拱	公路-II级	1990
岩晃河桥	49.41	X064430725	理栗线	36.3	20	20	1×20	8	7	板拱	公路-II级	1990
真龙桥	47.354	X064430725	理栗线	32.7	16	16	1×16	8	7	板拱	公路-II级	1999
凡寺坪桥	33.083	X064430725	理栗线	11.5	6	6	1×6	8	7	板拱	公路-II级	1972
牛车河桥	27.546	X064430725	理栗线	41.8	35	35	1×35	8	7	板拱	公路-II级	1971
善溪港桥	4.562	Y290430725	漆河·谭家铺	25	21	7	3×7	3.8	2.8	空心板梁	公路-II级	1983
双溪口下桥	7.63	Y288430725	刘炎·双溪口	80	60	20	3×20	4	3	板拱	公路-II级	1979
一字山桥	5.944	Y286430725	羊毛滩·一字山	22	10	10	1×10	7	6	空心板梁	公路-II级	1985

续表 1-2-3-2

桥梁名称	中心桩号	路线编码	路线名称	桥梁全长（米）	跨径总长（米）	单孔最大跨径（米）	跨径组合（孔×米）	桥梁全宽（米）	桥面净宽（米）	桥 型	设计荷载	通车时间
双溪口上桥	3.28	Y286430725	羊毛滩·一字山	40	35	7	5×7	7	6	其他桥	公路-II级	1966
两河口桥	6.54	Y285430725	卓桥·两河猪儿湾	16.6	13.4	13.4	1×13.4	6	5	其他桥	公路-II级	1976
毛溪峪渠道桥	3.309	Y405430725	三阳·青草坪	8	5	5	1×5	4.5	3.5	其他桥	公路-II级	1972
落山桥	1.435	C161430725	谭九线	11	6.5	6.5	1×6.5	6	5	其他桥	公路-II级	1973
十字港桥	1.433	C180430725	仙新线	11	10	10	1×10	5.5	4.5	其他桥	公路-II级	1972
安名桥	3.468	C271430725	热王线	8	5	5	1×5	4.2	3.2	其他桥	公路-II级	1973
新岩桥	0.314	C272430725	岩沙线	9	7.5	7.5	1×7.5	5	5	其他桥	公路-II级	1974
元古桥	0.886	C273430725	张张线	10	7.5	7.5	1×7.5	5	4	其他桥	公路-II级	1974
马口桥	2.061	C274430725	傅板线	13	12	6	2×6	3.5	2.5	其他桥	公路-II级	1974
高路天桥	1.553	C288430725	边上线	32	25	25	1×25	6	5	其他桥	公路-II级	2005
八房坪桥	1.055	C297430725	肖新线	9	8	4	2×4	4.5	3.5	其他桥	汽车-超20级	2000
向家溪口桥	0.209	C755430725	水金线	8	6	6	1×6	6	5	其他桥	公路-II级	1975
岩垭桥	4.811	C755430725	水金线	8	6	6	1×6	5.3	4.3	其他桥	公路-II级	1972
长岗头桥	2.366	C758430725	长长线	27	23	23	1×23	6.5	5.5	其他桥	公路-I级	1975
万家溶桥	1.936	C760430725	河木线	7	5	5	1×5	5.2	4.2	其他桥	公路-II级	1969
正溪二队桥	1.228	C763430725	正沙线	10	6	6	1×6	8	7	其他桥	汽车-超20级	2000
龙洞月桥	0.043	C764430725	龙堰线	11	9	9	1×9	6	5	其他桥	公路-II级	1969
一元桥	25	C768430725	成车线	50	35	35	1×35	5.5	4.5	其他桥	公路-I级	1980
连心桥	0.461	C774430725	桃下线	15	10	10	1×10	5	4	其他桥	公路-I级	1982
西安桥	8.34	C777430725	西国线	17	13	13	1×13	4.7	3.7	其他桥	公路-I级	2004
高家溪桥	29.92	Y334430725	太平铺·双岔溪	10	5	5	1×5	5.5	4.5	其他桥	公路-II级	1980
东安溪桥	30.44	Y334430725	太平铺·双岔溪	10	5.8	5.8	1×5.8	6	5	板拱	公路-II级	1980
龙圬桥	33.616	Y334430725	太平铺·双岔溪	24	13	13	1×13	5.5	4.5	板拱	公路-II级	1978
千斤园桥	34.1	Y334430725	太平铺·双岔溪	19	8	8	1×8	5.5	4.5	板拱	公路-II级	1976
阙家桥	3.2	Y322430725	泥窝潭五马村代家棚水库	8.4	5.4	5.4	1×5.4	7	6	其他桥	公路-II级	1976
安溪桥	6.754	Y321430725	洪鸽峪·马石	23.6	16	8	2×8	5.5	4.5	其他桥	公路-II级	2001

续表 1-2-3-2

桥梁名称	中心桩号	路线编码	路线名称	桥梁全长（米）	跨径总长（米）	单孔最大跨径（米）	跨径组合（孔×米）	桥梁全宽（米）	桥面净宽（米）	桥 型	设计荷载	通车时间
万屋桥	1.832	C744430725	农江线	11	9	9	1×9	6	5	其他桥	公路-II级	1978
楠木洞桥	3.873	C744430725	农江线	7	6	6	1×6	7	6	其他桥	公路-II级	1978
燕子岩桥	1.831	C602430725	莫马线	17	13.5	4.5	3×4.5	5	4	其他桥	公路-I级	1978
座河桥	3.186	C608430725	白汤线	9	5	5	1×5	5	4	其他桥	公路-II级	1972
沅家桥	17.39	Y308430725	展旗段·佘家坪	10	6.5	6.5	1×6.5	6.4	5.4	其他桥	公路-II级	1962
蓝家桥	13.21	Y308430725	展旗段·佘家坪	10	5.5	5.5	1×5.5	6.4	5.4	其他桥	公路-II级	1979
太平桥二桥	5.38	Y308430725	展旗段·佘家坪	13	5.5	5.5	1×5.5	6.4	5.4	其他桥	公路-II级	1985
新河桥	3.418	Y308430725	展旗段·佘家坪	10	5	5	1×5	9.6	8.6	板拱	公路-II级	1972
野鸭坪桥	0.573	Y308430725	展旗段·佘家坪	11	6.1	6.1	1×6.1	7	6	其他桥	公路-II级	1997
新坪桥	4.283	Y402430725	重阳·跑马岭	11	5	5	1×5	5	4	其他桥	公路-II级	1973
井家峪桥	3.518	Y401430725	福善岗·九溪	14	10.7	10.7	1×10.7	6.8	6.8	其他桥	公路-II级	1995
乐家庙桥	13.988	Y466430725	石象桥·泥窝潭五马村	11.2	7.2	7.2	1×7.2	5.3	4.3	其他桥	公路-II级	1998
张家垱桥	6.62	Y464430725	蔡家岗·盘塘	25	16.5	5.5	3×5.5	4.3	3.3	板拱	公路-II级	1971
朱家港新桥	0.12	Y464430725	蔡家岗·盘塘	14	6	6	1×6	7.2	6.2	其他桥	公路-II级	1982
架桥	0.5	Y462430725	架桥集镇·三口堰	28	24	12	2×12	5	4	其他桥	公路-II级	1985
龙昌桥	2.73	Y461430725	黄婆店·镇龙	10.5	6.5	6.5	1×6.5	4.2	3.2	其他桥	公路-II级	1985
红卫洞桥	8.5	Y460430725	马宗岭·烽火桥头	15	10	10	1×10	5	4	其他桥	公路-II级	1966
杉树嘴桥	9.25	Y459430725	一字山·杉树嘴	24	13.7	13.7	1×13.7	4.3	3.3	其他桥	公路-II级	1979
卓桥	2.568	Y459430725	一字山·杉树嘴	10.5	5.5	5.5	1×5.5	5	4.5	其他桥	公路-II级	1966
热水坑桥	7.219	Y458430725	九龙村·热市镇	35	29	29	1×29	7	6	板拱	公路-I级	1979
希望桥	3.222	Y457430725	磨子坪·小水田	27	22	22	1×22	4	3	其他桥	公路-II级	1999
成功坪拱桥	0.524	Y456430725	太平铺·成功坪	50	26	26	1×26	5	4	其他桥	公路-II级	1955
苏坊溪大桥	3.268	Y456430725	太平铺·成功坪	108	78	78	1×78	6	5	双曲拱	公路-II级	1976
卢家湾拱桥	4.653	Y456430725	太平铺·成功坪	14	10	10	1×10	4.5	3.5	其他桥	公路-II级	1965
团结桥	1.623	C089430725	马涌线	10	6	6	1×6	4.5	3.5	其他桥	公路-II级	1969
马鞍桥	0.252	C471430725	马防线	15	12	12	1×12	6.5	5.5	其他桥	公路-II级	1976

续表 1-2-3-2

桥梁名称	中心桩号	路线编码	路线名称	桥梁全长（米）	跨径总长（米）	单孔最大跨径（米）	跨径组合（孔×米）	桥梁全宽（米）	桥面净宽（米）	桥 型	设计荷载	通车时间
夏溶桥	0.822	C745430725	木茶线	16	10	10	1×10	6	5	其他桥	公路-II 级	1975
杨家溪桥	2.53	C745430725	木茶线	10	6.5	6.5	1×6.5	5	4	其他桥	公路-II 级	1975
象皮嘴桥	3.257	C745430725	木茶线	10	6.5	6.5	1×6.5	5	4	其他桥	公路-II 级	1975
平板桥	4.106	C513430725	海茨线	9	8	4	2×4	4.7	3.7	其他桥	公路-II 级	1972
湘阳桥	1.406	C521430725	狮乌线	6	5	5	1×5	5	4	其他桥	公路-II 级	1975
马鞍山桥	0.233	C524430725	安三线	7	5	5	1×5	5	4	其他桥	公路-II 级	1963
回龙桥	2.834	C561430725	录姚线	22	18	18	1×18	5.7	4.7	其他桥	公路-II 级	1972
四发拱桥	3.969	C566430725	麦拱线	10	5	5	1×5	3.5	3.5	其他桥	公路-II 级	1972
桥潭桥	0.5	C245430725	龙胜线	25	21	7	3×7	5	4.5	其他桥	公路-II 级	2007
株木桥	1.768	Y404430725	三阳二桥·金沙寺	8	5	5	1×5	4	3	其他桥	公路-II 级	1948
汪家溶桥	0.056	Y422430725	铁甲村·兰家桥	17.5	13.8	5	1×5+2×4.4	5	4	其他桥	公路-II 级	1972
竹园大桥	57.532	X062430725	黄茶线	111	72	72	1×72	8	7	连续箱梁	公路-I 级	1976
龙潭溪桥	52.045	X062430725	黄茶线	8	5.2	5.2	1×5.2	5	4	板拱	公路-II 级	1996
思乡桥	18.932	Y292430725	肖家坪·马路村	22.8	10	10	1×10	8.2	7.2	其他桥	公路-II 级	1985
双庆桥	0.195	Y292430725	肖家坪·马路村	26.7	18	18	1×18	5.7	4.7	板拱	公路-II 级	1969
让湖桥	4.771	Y291430725	架桥·基隆	12	7	7	1×7	4.5	3.5	其他桥	公路-II 级	1978
马耳桥	1.233	Y291430725	架桥·基隆	12	7	7	1×7	6.1	5.1	其他桥	公路-II 级	1975
三阳二桥	22.369	X062430725	黄茶线	47	36	18	2×18	9.4	8.4	板拱	公路-II 级	1992
桥塘小桥	7.044	Y333430725	沅陵三渡水·湖南坡	7.7	5.4	5.4	1×5.4	6	5	其他桥	公路-II 级	1998
陈甫溪二桥	2.46	Y332430725	苏坊溪·小桃源	17	10	10	1×10	6	5	其他桥	公路-II 级	1965
陈甫溪桥	2.18	Y332430725	苏坊溪·小桃源	13	5	5	1×5	7.5	6.5	其他桥	公路-II 级	1968
上马登桥	2.099	Y331430725	三元潭水泥厂·黎树垭	12	6.8	6.8	1×6.8	9.8	8.8	其他桥	公路-II 级	1975
苍双桥	29.98	Y330430725	董家湾·苍湾村	47	37	37	1×37	7	6	其他桥	公路-II 级	1988
苍湾桥	26.8	Y330430725	董家湾·苍湾村	24	10	10	1×10	5	4	板拱	公路-II 级	1980
小溪桥	26.2	Y330430725	董家湾·苍湾村	22	10	10	1×10	5	4	其他桥	公路-II 级	1980
杨柳桥	0.469	C778430725	明毛线	12	7	7	1×7	6	5	其他桥	汽车-超 20 级	1978

续表 1-2-3-2

桥梁名称	中心桩号	路线编码	路线名称	桥梁全长（米）	跨径总长（米）	单孔最大跨径（米）	跨径组合（孔×米）	桥梁全宽（米）	桥面净宽（米）	桥型	设计荷载	通车时间
枫木山桥	1.537	C778430725	明毛线	25	15	15	1×15	5.5	4.5	其他桥	公路-I 级	1971
罗家桥	0.66	C101430725	显尖线	15	9	9	1×9	5.5	4.5	其他桥	公路-II 级	1972
丰家嘴桥	1.136	C101430725	显尖线	9	8	4	2×4	4.5	3.5	其他桥	公路-II 级	1972
罗家拱桥	1.303	C123430725	傅家埫村6组·S306线	19	8	8	1×8	4.5	3.5	其他桥	公路-II 级	1978
飞跃桥	0.187	Y421430725	黄甲铺·龚家溪	17	9.5	9.5	1×9.5	5.2	4.2	其他桥	公路-II 级	1973
寨潭桥	1	C245430725	龙胜线	35	28	7	4×7	5	4.5	其他桥	公路-II 级	2006
三斗桥	2.251	Y394430725	雷家铺达埡·架桥	10	5	5	1×5	5	4	其他桥	公路-II 级	1973
毛腿桥	2.39	Y393430725	架桥·祠堂岗	14	7	7	1×7	7	6	其他桥	公路-II 级	1983
岔溪桥	15.355	Y335430725	大水田·薛家冲	34	26	26	1×26	6	5	板拱	公路-II 级	1977
傅家湾桥	0.087	C360430725	古桃线	11	7	7	1×7	5	4	其他桥	公路-II 级	1969
下湾口桥	4.092	C376430725	赫蒋线	7	5	5	1×5	5	4	其他桥	公路-II 级	1969
袁家坪桥	3.875	C380430725	街袁线	10	5	5	1×5	6.6	5.6	板拱	公路-II 级	2004
卫星桥	0.068	C612430725	牛卫线	12	7	7	1×7	5	4	其他桥	公路-II 级	1970
猫儿桥	4.425	Y468430725	佘家坪·溪木潭	10	6	6	1×6	7	6	板拱	公路-II 级	1978
新民桥	3.401	C091430725	金新线	47	40	8	5×8	5.7	4.7	其他桥	公路-I 级	1993
土洞溪桥	5.202	C777430725	西国线	32	14	14	1×14	6.5	5.5	其他桥	公路-I 级	1965
丁家坊桥	0.1	Y430430725	丁家坊六合湾·千工坝	11	5.6	5.6	1×5.6	5.8	4.8	板拱	公路-II 级	1972
涌泉小学桥	3.092	C092430725	小王线	14	8.5	8.5	1×8.5	7	6	其他桥	公路-II 级	2002
方家嘴桥	2.172	C100430725	显显线	10	6	6	1×6	5	4	其他桥	公路-II 级	1969
吉安桥	0.764	C324430725	三平线	45	35	35	1×35	6	5	其他桥	公路-II 级	1974
幸福桥	5.875	C325430725	建幸线	9.5	5	5	1×5	4.6	4.6	其他桥	公路-II 级	1979
中洲大桥	11.62	Y450430725	郑河·杨溪桥	57.6	35	35	1×35	5	4	其他桥	公路-II 级	1993
双溪大桥	5.04	Y450430725	郑河·杨溪桥	54	30	30	1×30	6	5	其他桥	公路-II 级	1976
小洋溪桥	0.386	Y449430725	小洋溪·游鹿溪	10.8	6.8	6.8	1×6.8	5	4	其他桥	公路-II 级	1973
高岩桥	0.814	Y446430725	郑家驿·冷水坊	11	6	6	1×6	4	3	其他桥	公路-II 级	1972
官坪桥	9.95	Y445430725	郑家驿·官坪	18	8	8	1×8	7	6	其他桥	公路-II 级	1973

续表 1-2-3-2

桥梁名称	中心桩号	路线编码	路线名称	桥梁全长（米）	跨径总长（米）	单孔最大跨径（米）	跨径组合（孔×米）	桥梁全宽（米）	桥面净宽（米）	桥 型	设计荷载	通车时间
三阳大桥	0.931	Y445430725	郑家驿·官坪	63	55	32	1×32+1×23	7.2	6.2	板拱	公路-II级	1965
兴安桥	0.34	Y445430725	郑家驿·官坪	10	6	6	1×6	5	4	其他桥	公路-II级	1985
合溪口桥	11.764	Y444430725	芦花·老屋棚	36.3	24.5	24.5	1×24.5	6.5	5.5	板拱	公路-II级	1975
桃花桥	0.067	Y443430725	桃花源·茶庄	60	45	15	3×15	5	4	其他桥	公路-II级	1981
刘家坪桥	3.66	Y441430725	刘家坪·马宗岭	26.8	20	20	1×20	7.8	6.8	其他桥	公路-II级	1979
杜坪桥	110.931	X055430703	刘钟线	17	10	10	1×10	7.6	6.6	板拱	公路-II级	1987
新铺桥	5.608	Y427430725	芭茅洲·新铺	26	16	16	1×16	4.5	3.5	其他桥	公路-II级	1996
五方坪桥	4.327	Y426430725	雷峰山·三圣殿	13	5	5	1×5	5.7	4.7	板拱	公路-II级	1978
百花岩桥	0.016	Y426430725	雷峰山·三圣殿	15	6.2	6.2	1×6.2	5	4	其他桥	公路-II级	1987
老码头桥	0.873	Y424430725	九溪·黄甲铺舒家村	102	90	30	3×30	7.7	6.7	其他桥	公路-II级	1980
唐家桥	1.396	Y320430725	向家桥·泥窝潭	8	6	6	1×6	4	3	其他桥	公路-II级	1975
大庄坪桥	2.861	Y311430725	牛车河·洞溪河	28	20	20	1×20	7	6	板拱	公路-I级	2003
乾元桥	5.503	Y310430725	汉宫庙·黄甲铺集镇	45.4	38	19	2×19	5.5	4.5	其他桥	公路-II级	1970
小苏溪大桥	0.257	Y310430725	汉宫庙·黄甲铺集镇	174	120	40	3×40	7.6	6.6	板拱	公路-II级	1970
推磨洲桥	0.006	Y308430725	展旗段·佘家坪	11	5.4	5.4	1×5.4	7	6	其他桥	公路-II级	1997
马映潭桥	2.877	Y423430725	黄甲铺集镇·兰溪	22	16	16	1×16	5.7	4.7	其他桥	公路-II级	1968
马家坪桥	0.106	C676430725	官郑线	40	31	15.5	2×15.5	8.2	7.2	其他桥	公路-I级	1972
三庄大桥	1.239	C679430725	三三线	65	51	25.5	2×25.5	7.8	6.8	其他桥	公路-I级	1996
中心小桥	0.387	C717430725	岩下线	9	5	5	1×5	5	4	其他桥	公路-II级	1979
芦家坪小桥	1.046	C720430725	铁卢线	9	5	5	1×5	5	4	其他桥	公路-II级	1971
沙堤桥	0.223	C721430725	沙检线	42	32	32	1×32	6	5	其他桥	公路-I级	1971
鲜花桥	2.424	C721430725	沙检线	30	22	22	1×22	4.5	3.5	其他桥	公路-II级	1972
红花大桥	0.218	C731430725	七冷线	55	45	15	3×15	5	4	其他桥	公路-I级	1966
青年桥	1.446	C731430725	七冷线	10	8	8	1×8	5	4	其他桥	公路-II级	1966
泥糊桥	2.39	C731430725	七冷线	10	6	6	1×6	6	5	其他桥	公路-II级	1966
友谊桥	4.25	Y436430725	杜坪·千丈河	17.7	13.2	13.2	1×13.2	7	6	其他桥	公路-II级	1976

续表 1-2-3-2

桥梁名称	中心桩号	路线编码	路线名称	桥梁全长（米）	跨径总长（米）	单孔最大跨径（米）	跨径组合（孔×米）	桥梁全宽（米）	桥面净宽（米）	桥型	设计荷载	通车时间
陈家河桥	3.38	Y436430725	杜坪·千丈河	11.2	7.6	7.6	1×7.6	3.9	2.9	其他桥	公路-II级	1976
陈家塔电坝桥	1.7	Y436430725	杜坪·千丈河	17	14	14	1×14	6.4	5.4	板拱	公路-II级	1976
张家山桥	2.35	Y435430725	八斗垭·慈利保安	11.3	7.3	7.3	1×7.3	7.5	6.5	其他桥	公路-II级	1982
两河大桥	2.41	Y430430725	丁家坊六合湾·千工坝	32	18	18	1×18	5	4	其他桥	公路-II级	1975
三八桥	1.953	Y321430725	洪鸽峪·马石	8	5.3	5.3	1×5.3	5	4	其他桥	公路-II级	1976
合雷坪桥	7.765	Y320430725	向家桥·泥窝潭	9	6	6	1×6	6	5	其他桥	公路-II级	1967
富家湾桥	3.663	Y320430725	向家桥·泥窝潭	8	5	5	1×5	4.5	3.5	其他桥	公路-II级	1973
杨柳桥	0.05	C014430725	杨枫线	15	13	6.5	2×6.5	5.5	4.5	其他桥	公路-II级	1976
陈家溪桥	2.505	C358430725	告桃线	11	7	7	1×7	6	5	其他桥	公路-II级	1956
盐石坪桥	34.474	X062430725	黄茶线	7.2	5.3	5.3	1×5.3	5	4	板拱	公路-II级	1958
双岔溪桥	68.543	X062430725	黄茶线	38.1	20	20	1×20	6.7	5.7	板拱	公路-II级	1981
千金坪桥	2.073	C270430725	窝猪线	7	5	5	1×5	6	5	其他桥	公路-II级	1974
大冲桥	3.412	C755430725	水金线	15.5	14	14	1×14	7.5	6.5	其他桥	公路-II级	1978
村部桥	0.04	C082430725	新八线	13.6	10.6	10.6	1×10.6	7	6	其他桥	公路-I级	1993
七里桥	1.46	Y303430725	桃源·尧河	10	5	5	1×5	11	10	其他桥	公路-II级	1986
紫凤一桥	1.957	C330430725	兴白线	7	5	5	1×5	4.5	3.5	其他桥	公路-II级	1973
汪家溶桥	3.462	C140430725	土罗线	17.5	15	5	3×5	4	3	其他桥	公路-II级	1972
叶溪河桥	15.3	Y327430725	杨家桥·龙潭溪	10.3	6.2	6.2	1×6.2	6.3	5.3	其他桥	公路-II级	1962
雪马桥	1.858	Y307430725	浯溪河·老官坪	15	8	8	1×8	6	5	板拱	公路-II级	1968
岩湾桥	25.1	Y334430725	太平铺·双岔溪	9	5	5	1×5	4.8	3.8	其他桥	公路-II级	1979
泥窝潭桥	0.187	X063430725	泥夹线	29.8	20	20	1×20	7.2	6.2	板拱	公路-II级	1975
三元潭大桥	81.215	X062430725	黄茶线	164.5	140	40	2×10+3×40	7.8	6.8	连续箱梁	公路-I级	1976
友谊桥	93.657	X055430703	刘钟线	77.6	46	23	2×23	8.3	7.3	板拱	公路-II级	1961
张拱桥	69.065	X055430703	刘钟线	11.9	7.4	7.4	1×7.4	7.9	6.9	空心板梁	公路-II级	1995
上连珠桥	62.06	X055430703	刘钟线	23	16	16	1×16	8.1	7.1	板拱	公路-II级	1995
炭山桥	1.721	C780430725	磨雷线	15	10	10	1×10	5	4	其他桥	公路-I级	1974

续表 1-2-3-2

桥梁名称	中心桩号	路线编码	路线名称	桥梁全长（米）	跨径总长（米）	单孔最大跨径（米）	跨径组合（孔×米）	桥梁全宽（米）	桥面净宽（米）	桥 型	设计荷载	通车时间
青山口桥	6.674	Y468430725	佘家坪·溪木潭	12	7	7	1×7	6.5	5.5	板拱	公路-II 级	1978
皮匠沟桥	73.713	X062430725	黄茶线	30.5	29.3	29.3	1×29.3	4.4	3.4	空心板梁	公路-II 级	1999
正溪桥	69.368	X062430725	黄茶线	44.7	20	20	1×20	6.9	5.9	肋拱	公路-II 级	1981
罗家湾桥	3	C778430725	明毛线	14	10	10	1×10	7	6	其他桥	公路-I 级	1971
石板溪桥	2.773	C780430725	磨雷线	14	9	9	1×9	5	5	其他桥	公路-I 级	1974
穿石桥	34.375	X058430725	杨凌线	24	11.7	11.7	1×11.7	9	8	其他桥	公路-II 级	1995
马石桥	30.289	X058430725	杨凌线	16	11	11	1×11	11.5	10.5	空心板梁	公路-II 级	1996
三板桥	44.7	X049430703	谢杨线	7.8	6.5	6.5	1×6.5	8	7	空心板梁	公路-II 级	1995
菖蒲大桥	0.064	X024430725	菖雅线	24	20	20	1×20	10.1	9.1	板拱	公路-II 级	1971
菖蒲小桥	0.025	X024430725	菖雅线	8	5	5	1×5	7.1	6.1	板拱	公路-II 级	1962
金竹溪桥	1.933	C781430725	电金线	12	8	8	1×8	5	4	其他桥	公路-I 级	1971
团结溪桥	1.018	C346430725	水泉线	13.5	12	12	1×12	5.9	4.9	其他桥	公路-II 级	2005
四马桥	1.586	C346430725	水泉线	14	8	8	1×8	5.5	4.5	其他桥	公路-II 级	2005
仙岩桥	12.887	Y329430725	杨溪桥·冷家溪	14	9.5	9.5	1×9.5	5.5	4.5	其他桥	公路-II 级	1939
谭家溪桥	11.098	Y329430725	杨溪桥·冷家溪	9.5	5	5	1×5	6.4	5.4	其他桥	公路-II 级	1978
河坝大桥	0.154	Y418430725	九溪钱家组油路·牌楼寺	130	90	30	3×30	7.6	6.6	其他桥	公路-II 级	1978
山河桥	3.648	Y415430725	桃垭村7组菖蒲明月1801线	9	7	7	1×7	6	5	其他桥	公路-II 级	1979
另家桥	3.648	Y415430725	桃垭村7组菖蒲明月1801线	15	9	9	1×9	6	5	其他桥	公路-II 级	1987
泥窝潭大桥	9.5	Y414430725	深水港·泥窝潭	49.8	42.8	21.4	2×21.4	8.4	7.4	板拱	公路-II 级	1976
发旺桥	1.553	Y414430725	深水港·泥窝潭	19	15	15	1×15	5.7	4.7	其他桥	公路-II 级	1970
喜雨桥	4.689	Y413430725	岩板滩渡槽·九龙水库	14	5	5	1×5	7	6	其他桥	公路-II 级	1979
岩板滩桥	0.023	Y413430725	岩板滩渡槽·九龙水库	31.5	14	7	2×7	3.5	2.5	其他桥	公路-II 级	1964
西溪大桥	3.34	Y412430725	张家湾·剪市	18	10	10	1×10	9	8	其他桥	公路-II 级	1995
腊洞溪桥	5.701	C229430725	水付线	11	6	6	1×6	5	4	其他桥	公路-II 级	1989

续表 1-2-3-2

桥梁名称	中心桩号	路线编码	路线名称	桥梁全长（米）	跨径总长（米）	单孔最大跨径（米）	跨径组合（孔×米）	桥梁全宽（米）	桥面净宽（米）	桥型	设计荷载	通车时间
三里溪港桥	2.882	Y406430725	葛家垭·铜矿	37	24	24	1×24	6	5	其他桥	公路-II 级	1979
南花嘴桥	2.606	Y541430725	姆高线	16	13	13	1×13	4	3	其他桥	公路-II 级	1974
象皮嘴桥	4.159	Y541430725	姆高线	11	7.5	7.5	1×7.5	4	3	其他桥	公路-II 级	1974
常青桥	3.296	C407430725	花常线	22	14.5	14.5	1×14.5	6.8	5.8	其他桥	公路-II 级	1973
郑坪桥	0.061	C089430725	马涌线	13	8	8	1×8	4.5	3.5	其他桥	公路-II 级	1969
许家桥	0.029	C459430725	老大线	8	6	6	1×6	6.5	5.5	其他桥	公路-II 级	1972
汤家坝桥	0.512	C667430725	全伏线	30	22.5	4.5	5×4.5	3.2	2.2	其他桥	汽车-超20级	2003
土地坡桥	4.583	Y541430725	姆高线	8	5	5	1×5	4	3	其他桥	公路-II 级	1974
玉坪大桥	3.861	Y536430725	芦玉线	11.2	7.2	7.2	1×7.2	5	4	其他桥	汽车-超20级	2004
陶家冲桥	3.682	Y537430725	向黄线	16	10	10	1×10	4	3	板拱	公路-II 级	2004
猪槽洞桥	1.893	Y537430725	向黄线	14	10	10	1×10	4	3	板拱	公路-II 级	2004
泥家湾桥	0.779	Y537430725	向黄线	16	10	10	1×10	4	3	板拱	公路-II 级	2004
万家塝桥	0.045	C707430725	万铁线	14.5	10	10	1×10	4.5	3.5	其他桥	公路-II 级	1972
粟家桥	1.707	C708430725	中荷线	17	12	12	1×12	5	4	其他桥	公路-II 级	1995
下家溪桥	1.636	C715430725	白澄线	32	20.5	20.5	1×20.5	5.5	4.5	其他桥	公路-I 级	1995
唐家溪桥	3.81	C745430725	木茶线	6	5	5	1×5	5	4	其他桥	公路-II 级	1975
青龙嘴桥	4.497	C745430725	木茶线	7	6	6	1×6	5.5	4.5	其他桥	公路-II 级	1972
农家湾桥	2.513	C747430725	新红线	7	5	5	1×5	6	5	其他桥	公路-II 级	1972
高桥	0.04	Y411430725	深水港·高岩林场	52	40	20	2×20	6.8	5.8	其他桥	公路-II 级	1970
洞湾渡槽大桥	7.33	Y406430725	葛家垭·铜矿	103	86.4	9.6	9×9.6	4.3	3.3	板拱	公路-II 级	1975
白岩寺桥	4.228	Y405430725	三阳·青草坪	16	6	6	1×6	6	5	其他桥	公路-II 级	1972
木旺溪桥	6.9	Y334430725	太平铺·双岔溪	8	6.8	6.8	1×6.8	4.6	3.6	板拱	公路-II 级	1955
六塘桥	8.081	Y334430725	太平铺·双岔溪	28	23.5	23.5	1×23.5	4.6	3.6	板拱	公路-II 级	1978
一甲城桥	46.73	X062430725	黄茶线	7.5	5	5	1×5	8	7	板拱	公路-II 级	1974

续表 1-2-3-2

桥梁名称	中心桩号	路线编码	路线名称	桥梁全长（米）	跨径总长（米）	单孔最大跨径（米）	跨径组合（孔×米）	桥梁全宽（米）	桥面净宽（米）	桥 型	设计荷载	通车时间
象林寺桥	41.023	X062430725	黄茶线	6.4	5.5	5.5	1×5.5	5.3	4.3	板拱	公路-II级	1962
上向家桥	33.868	X062430725	黄茶线	8.8	5.5	5.5	1×5.5	6	5	板拱	公路-II级	1977
向家桥	33.081	X062430725	黄茶线	22.2	15	15	1×15	6.9	5.9	板拱	公路-II级	1977
磨子坪桥	9.254	Y335430725	大水田·薛家冲	35	24	24	1×24	6	5	其他桥	公路-II级	1922
木石溪桥	76.016	X062430725	黄茶线	24.2	12	12	1×12	7	6	连续T梁	公路-II级	1974
田河桥	13.868	Y298430725	漆河·苏家堆	15	8	8	1×8	5.5	4.5	空心板梁	公路-II级	1999
新桥	0.27	C007430725	花大线	65	36	9	4×9	7	6	其他桥	公路-II级	1972
柳树港桥	8.094	Y319430725	洪鸽峪·鄢家溪	44	32	32	1×32	5.5	4.5	双曲拱	公路-II级	1978
龙阳桥	1.005	Y319430725	洪鸽峪·鄢家溪	10	8	8	1×8	6	5	其他桥	公路-II级	1969
风竹岭大桥	2.959	Y467430725	白裴线	18	15	15	1×15	5	4	其他桥	公路-II级	1969
双庆桥	53.094	X055430703	刘钟线	19.3	15	15	1×15	9.1	8.1	板拱	公路-II级	1985
芦花桥	50.969	X049430703	谢杨线	42.8	31	10	3×7+1×10	6.8	5.8	连续T梁	公路-II级	1966
杏花桥	47.3	X049430703	谢杨线	30.6	24	8	3×8	8	7	板拱	公路-II级	1995
加工厂桥	1.3	C008430725	新九线	8	5	5	1×5	6	5	其他桥	公路-II级	1973
李家峪桥	1	C009430725	新寨线	10.5	5.5	5.5	1×5.5	5.5	4.5	其他桥	汽车-超20级	1966
爱心桥	0.5	Y453430725	西坪村·冷家溪村	18	8	8	1×8	5	4	其他桥	公路-II级	1998
十八登桥	0.8	Y452430725	十八登村·冷家溪村	14	6	6	1×6	5	4	其他桥	公路-II级	1984
马龙港桥	8.607	Y298430725	漆河·苏家堆	15	9.8	9.8	1×9.8	4.8	3.8	空心板梁	公路-II级	1980
港口桥	0.272	C124430725	福黄线	7.5	5.5	5.5	1×5.5	4	3	其他桥	汽车-超20级	1974
农协桥	5.396	Y471430725	龙虎白栎·农协	32	24	12	2×12	5	4	其他桥	公路-I级	1972
集云桥	0.013	C674430725	马花线	10	5.5	5.5	1×5.5	5.5	4.5	其他桥	汽车-超20级	1972
农协桥	16	C673430725	农花线	32	24	12	2×12	5.5	4.5	其他桥	公路-I级	1972
革命桥	1.63	Y335430725	大水田·薛家冲	15	10	10	1×10	6	5	其他桥	公路-II级	1965
东风大桥	0.663	Y335430725	大水田·薛家冲	60.5	50	50	1×50	6	5	其他桥	公路-II级	1966

续表 1-2-3-2

桥梁名称	中心桩号	路线编码	路线名称	桥梁全长（米）	跨径总长（米）	单孔最大跨径（米）	跨径组合（孔×米）	桥梁全宽（米）	桥面净宽（米）	桥　型	设计荷载	通车时间
土金洞桥	12.652	Y328430725	沙坪·大约坪	11	6	6	1×6	6	5	其他桥	公路-II级	1976
大树桥	10.23	Y328430725	沙坪·大约坪	16	13	13	1×13	6.5	5.5	其他桥	公路-II级	1976
古来峪桥	10.2	Y319430725	洪鸽峪·鄢家溪	11	5	5	1×5	6.8	5.8	其他桥	公路-II级	1972
狮子桥	0.977	C089430725	马涌线	15	10	10	1×10	5	4	其他桥	汽车-超20级	2000
托家桥	1.1	Y401430725	福善岗·九溪	14	9	9	1×9	4.5	3.5	其他桥	公路-II级	1983
玉儿桥	0.031	C259430725	玉柏线	12.2	8.8	8.8	1×8.8	6.5	5.5	其他桥	公路-II级	1971
铁井湾桥	2.189	C259430725	玉柏线	10	7.3	7.3	1×7.3	5.5	4.5	其他桥	公路-II级	1971
仙人溪桥	48.072	X062430725	黄茶线	65.5	40	20	2×20	8	7	空心板梁	公路-II级	1996
覃家嘴桥	2.867	C184430725	乡田线	15	10	10	1×10	5.5	4.5	其他桥	公路-I级	1973
沙落口桥	0.625	C226430725	水李线	13	5	5	1×5	4.5	4.5	其他桥	公路-II级	1983
牛郎溪桥	1.238	Y531430725	毛曾线	9	7.1	7.1	1×7.1	4	3	其他桥	公路-II级	2004
堂坡落桥	3.585	C231430725	燕高线	26	20	20	1×20	5	4	其他桥	公路-II级	1976
杨家溪电坝桥	0.06	C232430725	杨竹线	26	20	20	1×20	5	4	其他桥	汽车-超20级	1995
马头坡桥	2.694	C236430725	燕高线	8	5	5	1×5	5	4	其他桥	公路-II级	1996
三板溪桥	0.081	C242430725	栗彰线	35	30	15	2×15	5	4	其他桥	公路-I级	1965
杨家桥	4.554	C255430725	老星线	11	6.8	6.8	1×6.8	5.7	4.7	其他桥	公路-II级	1971
连红桥	0.694	C037430725	列建线	7	5	5	1×5	6	5	其他桥	公路-II级	1976
龙五桥	1.094	Y298430725	漆河·苏家堆	25	17.5	17.5	1×17.5	5.1	4.1	板拱	公路-II级	1978
长寿桥	6.3	Y298430725	漆河·苏家堆	10	6.8	6.8	1×6.8	5	4	其他桥	公路-II级	1975
黄花桥	6.3	Y297430725	六田·黄花桥	23	15	5	3×5	6	5	其他桥	公路-II级	1905
洞湾桥	3.8	Y297430725	六田·黄花桥	15	8	8	1×8	7.6	6.6	板拱	公路-II级	1974
冯家桥	0.9	Y297430725	六田·黄花桥	30	16	8	2×8	7	6	板拱	公路-II级	1966
鹤峰桥	0.95	Y296430725	六合垭·马宗岭	10	5	5	1×5	7	6	其他桥	公路-II级	1977
马耳桥	6.204	Y285430725	卓桥·两河猪儿湾	17.6	9.8	9.8	1×9.8	6.1	5.1	其他桥	公路-II级	1977

续表 1-2-3-2

桥梁名称	中心桩号	路线编码	路线名称	桥梁全长（米）	跨径总长（米）	单孔最大跨径（米）	跨径组合（孔×米）	桥梁全宽（米）	桥面净宽（米）	桥型	设计荷载	通车时间
群英桥	13.652	Y316430725	佘家坪·鄢家溪	30	17	17	1×17	5.5	4.5	其他桥	公路-II级	1975
燕家坪桥	3.803	Y315430725	大洑溪·燕家溪	26.3	20	20	1×20	9	8	板拱	公路-II级	1979
孔雀湾小桥	5.706	Y314430725	观音寺·道山头	7	5	5	1×5	6.5	5.5	板拱	公路-II级	1975
跃进大桥	5.636	Y314430725	观音寺·道山头	40	35.8	35.8	1×35.8	7	6	板拱	公路-II级	1974
茅坪电站小桥	1.96	Y314430725	观音寺·道山头	8.6	6.6	6.6	1×6.6	8	7	板拱	公路-II级	1962
鄢家溪大桥	9.759	Y313430725	龙潭·风断垭	52	34	17	2×17	5.5	4.5	板拱	公路-II级	1984
岩头桥	0.182	C129430725	岩松线	7	5	5	1×5	5	4	其他桥	公路-II级	1965
谭家嘴桥	0.033	C158430725	谭太线	9	5	5	1×5	6	5	其他桥	公路-II级	1973
杨家桥	0.045	C262430725	马山线	11	6.8	6.8	1×6.8	4.7	4.7	其他桥	公路-II级	1971
打乱桥	0.056	C255430725	老星线	15	10.5	10.5	1×10.5	5	4	其他桥	公路-I级	1971
廖家溪桥	29.431	X058430725	杨凌线	15	10	10	1×10	7	6	其他桥	公路-II级	1978
紫风二桥	1.839	C330430725	兴白线	8	5	5	1×5	5	4	其他桥	公路-II级	1973
东风桥	27.512	X058430725	杨凌线	13	10	5	2×5	7.4	6.4	空心板梁	公路-II级	2000
董家桥	16.774	X058430725	杨凌线	30	12	12	1×12	10	9	T梁	公路-II级	1995
麻石港桥	12.62	X058430725	杨凌线	13.3	6.7	6.7	1×6.7	7.9	6.9	其他桥	公路-II级	1995
沙溪桥	2.055	C269430725	仙沙线	10	8	4	2×4	5	4	其他桥	公路-II级	1973
金坪小桥	1.183	C270430725	窝猪线	8	6	6	1×6	6	5	其他桥	公路-II级	1974
腾飞一桥	1.873	C271430725	热王线	10	8	8	1×8	5.5	4.5	其他桥	公路-II级	1973
腾飞二桥	2.031	C271430725	热王线	12	8	8	1×8	6.5	5.5	其他桥	公路-II级	1973
伍家坪大桥	0.635	C347430725	洗硫线	32	27	27	1×27	6.4	6.4	其他桥	公路-I级	1974
桃花桥	1.935	C352430725	萝大线	12	7	7	1×7	7.5	6.5	其他桥	公路-II级	1979
蚂蝗堉桥	6	C355430725	蚂张线	12	7	7	1×7	8	7	其他桥	公路-II级	1998
铁家垱桥	2.413	C417430725	张红线	22	15	5	3×5	3.5	3.5	其他桥	公路-II级	1972
张家桥	0.028	C436430725	张上线	32	21	10.5	2×10.5	7	6	其他桥	公路-I级	2004

续表 1-2-3-2

桥梁名称	中心桩号	路线编码	路线名称	桥梁全长（米）	跨径总长（米）	单孔最大跨径（米）	跨径组合（孔×米）	桥梁全宽（米）	桥面净宽（米）	桥 型	设计荷载	通车时间
孙家桥	0.063	C438430725	孙麦线	20	15	15	1×15	6	5	板拱	公路-II级	1973
干渠桥	0.478	C444430725	毛指线	8	6	6	1×6	4.6	3.6	其他桥	公路-II级	1975
高湾桥	1.267	C446430725	水马线	12	10	5	2×5	4	3	其他桥	公路-II级	2002
武陵区小计：15座　592.9延米												
罗家岗桥	1.536	C067430702	台家铺二组·K5.12	27	23	23	1×23	5	4.3	其他桥	公路-II级	1978
檀树坪八组桥	0.454	C196430702	G319线八斗湾村起点	31	30	15	2×15	4	3	其他桥	汽车-超20级	1970
樟河桥	0.095	C226430702	檀河线	38	24	8	3×8	4	3	其他桥	汽车-超20级	1970
新河桥	0.049	C158430702	河护线	20	5	5	1×5	3.5	2.6	其他桥	公路-II级	2003
观音寺桥	1.815	C072430702	大双线	18	15	15	1×15	4.5	3.5	其他桥	公路-II级	1978
靳家湾七组桥	0.031	C027430702	靳东线	20	5	5	1×5	5.5	3	其他桥	公路-II级	1978
和尚桥	0.626	C172430702	K0·K0.896	70	28	14	2×14	4.5	3.9	其他桥	公路-II级	2005
二里岗桥	1.868	C213430702	K0·K2.88	55.7	54	27	2×27	6	5	其他桥	公路-II级	2005
株木山桥	0.95	C201430702	K0·龙潭庵	50	40	20	2×20	3.5	3	其他桥	公路-II级	2005
新合口闸桥	0.28	Y269430702	驮古堤·浮桥	33.2	8	8	1×8	6.6	6	空心板梁	公路-II级	1975
河洑大桥	1.867	Y272430702	三星·马洪堰	56	50	10	5×10	7.1	5.3	其他桥	公路-II级	1991
茅湾大桥	1.128	Y281430702	永丰·斗姆湖	85	60	20	3×20	7	6	连续箱梁	公路-II级	1979
伍家坪渡桥	2.13	C061430702	伍苗线	31	24	8	3×8	3.6	3.6	其他桥	公路-II级	1978
蓼子坪桥	2.364	C077430702	K0·K4.781	28	9	4.5	2×4.5	3.5	2.6	其他桥	公路-II级	1978
台家铺桥	1.914	C065430702	台双线	30	23	23	1×23	3.5	3	其他桥	公路-II级	1978
西湖管理区小计：5座　106延米												
东湖公路桥	1.152	Y344430705	西湖镇·下窖	18	13	5	2×4+1×5	12	10	板拱	汽车-10级	1984
黑桥	0.079	Y342430705	西裕·西洲	37	30	9.7	2×3+1×5.3+1×9.7+1×9	7	6	空心板梁	汽车-10级	1968
建新桥	1.969	C074430705	高沂线	15	12	12	1×12	5.4	4.9	其他桥	汽车-10级	1983
新北桥	75.742	X027430722	军红线	16	6.5	6.5	1×6.5	12	11	板拱	汽车-10级	1992
东风桥	0.182	C074430705	高沂线	20	15	6	2×4.5+1×6	6	5	其他桥	汽车-10级	1969

第三章　渡　隧

第一节　渡　口

1987 年，常德地区有公路渡口 27 处，其中机动渡口 25 处、人力渡口 2 处，是境内渡口最多的年份。

1993 年，常德市有公路渡口 16 处，其中机动渡口 15 处、人力渡口 1 处。渡口有职工 273 人，拖轮 32 艘，3645 千瓦；非机动渡船 30 艘。年渡运量 899144 辆，日均渡运量 2463 辆。全年过渡费收入 342 万元。

2001 年第二次全国公路普查认定，常德市有公路渡口 14 处，全部为机动渡口。渡口有职工 185 人，拖轮 22 艘，959 吨，1071.6 千瓦；机动渡船 10 艘，511 吨，474 千瓦；非机动渡船 13 艘，658 吨。年渡运量 298014 辆，日均渡运量 816 辆，最大日渡运量 1598 辆。全年过渡费收入 231.57 万元。

2010 年，常德市有公路渡口 11 处，全部为机动渡口（见表 1–3–1–1）。渡口有职工 123 人，拖轮 15 艘，1528.8 千瓦；渡船 15 艘，617.3 吨。年渡运量 484525 辆，日均渡运量 1327 辆。全年过渡费收入 162.92 万元。

一、沙河口渡口

沙河口渡口位于县道军山铺红卫闸线（X027）的鼎城区与安乡县交界处的沙河口，跨越澧水洪道，高水位时渡口宽 2700 米，起点桩号 K95+750。

安乡沙河口渡口

1969 年 7 月 1 日通渡，渡口两岸码头为浆砌块石砌筑。洪水期渡运距离达 2700 米，是常德市渡运距离最长的渡口。由于河床逐年淤塞，枯水季节需用挖泥船清挖航道方能航行，稍不注意就会搁浅。

1969 年，渡口有职工 14

人,木质3车渡船和木质58.8千瓦柴油机拖轮各1艘。

1986年,渡口职工增至34人,有木质拖轮1艘、钢质拖轮2艘,242.55千瓦;水泥6车渡船1艘;钢质6车渡船2艘。年渡运量62780辆,日均渡运量172辆,最大日渡运量299辆。

1993年,渡口有职工32人,拖轮3艘,346千瓦;钢质非机动渡船3艘。年渡运量65270辆,日均渡运量179辆,日最大渡运量339辆。全年过渡费收入45万元。

1998年,石龟山澧水大桥建成通车,原省道岳阳常德线(1804)改从安乡经大鲸港、石龟山、保河堤、渡口至周家店,而周家店经蒿子港、沙河口、安康至大鲸港则降为1804辅线。因此,该渡口渡运量锐减。2000年年渡运量25286辆,日均渡运量69辆。

2001年第二次全国公路普查时,该渡口调整到县道军山铺红卫闸线(X027)上。年末有职工27人,拖轮2艘,223千瓦;钢质非机动渡船2艘,186.3吨。年渡运量17732辆,日均渡运量49辆。过渡费收入15.02万元。

石龟山大桥通车后,发现存在安全隐患。2010年9月27日,常德市交通警察支队发出对该桥实行交通管制的通告,只许客运车辆、小型汽车、摩托车和维修工程车通过,其余车辆被要求经沙河口渡口或绕道津市通往安乡县。此后沙河口过渡车辆剧增,为保证运输通畅,公路部门从岳阳租来16车、26车大型渡船各1艘,拖轮2艘,月租金分别为4.5万元、7.5万元,日渡运车辆最高达500辆。

2010年,渡口有职工31人,拖轮2艘,328千瓦;16车渡船2艘。年渡运量10.95万辆,日均渡运量300辆。

二、毛家岔渡口

毛家岔渡口位于省道紫金渡边山河线(S302)的澧县余家台毛兴村,跨越官垸河,高水位时渡口宽250米,起点桩号K41+500。

1977年8月由澧县交通局组织修建,常德地区交通局投资6.5万元,澧县交通局投资1.7万元,其中码头修建费1.95万元、建造2车钢筋水泥渡船1艘1.386万元、购湖南省航道测设队58.8千瓦木质拖轮1艘1.7万元、修建236平方米渡工房1栋。1979年4月1日毛家岔渡口建成通渡,配渡工7人,当年最大日渡运量48辆。两岸码头由余家台公社修建,因未按设计施工,常出现不同程度冲刷、塌陷、引道变形,曾多次整修码头。常德地区交通局于1980年、1981年两次投资2.5万元,修建水泥混凝土引道,洪水过后不再影响通渡。两岸引道长均为140米。

1982年9月湖南省公路局调配52.9千瓦钢质拖轮1艘。1985年10月调入3车钢筋水泥渡船1艘,此后5吨以上重载车和拖挂车始能一次过渡。1985年年渡运量50739辆,最大日渡运量263辆。1985年投资1.3万元,改建540平方米渡工房1栋。

1987年是渡口渡运量最大的一年,为79956辆,日均渡运量219辆,最高日渡运量为

355 辆。

1989 年，渡口有职工 12 人，钢质拖轮 2 艘，168 千瓦；3 车板船 1 艘。

1993 年，渡口有职工 14 人，拖轮 2 艘，140 千瓦；钢质非机动渡船 2 艘。年渡运量47913 辆，日均渡运量 131 辆，最大日渡运量 395 辆。全年过渡费收入 18 万元。

2001 年，渡口有职工 11 人，拖轮 1 艘 89 千瓦；钢质非机动渡船 1 艘 80 吨。年渡运量 3.8 万辆，日均渡运量 104 辆，最大日渡运量 200 辆，全年过渡费收入 25 万元。

2004 年，渡口有拖轮 2 艘，6 车渡船 2 艘。同年 12 月毛家岔大桥建成正式通车，渡口随即被撤销。

三、大湖口渡口

大湖口渡口位于省道紫金渡边山河线（S302）的安乡县安福乡，跨越松滋东河，高水位时渡口宽 300 米，起点桩号 K22+800。

1977 年开始修建渡口码头，1978 年 7 月 1 日建成通渡。渡口两岸码头为浆砌块石砌筑。建渡时有职工 7 人，3 车渡船和木质 58.8 千瓦拖轮各 1 艘。

1986 年，渡口有木质拖轮和钢质拖轮各 1 艘，117.5 千瓦；水泥 2 车渡船 1 艘；钢质 3 车渡船 2 艘，最大日渡运量 130 辆，为建渡时的 3 倍多。

1993 年，渡口有职工 14 人，拖轮 2 艘，118 千瓦；钢质非机动渡船 2 艘。年渡运量 15430 辆，日均渡运量 42 辆，最大日渡运量 69 辆。全年过渡费收入 4 万元。

2001 年，渡口有职工 18 人，拖轮 2 艘，117.6 千瓦；钢质非机动渡船 2 艘，181.3 吨。年渡运量 6793 辆，日均渡运量 19 辆，最大日渡运量 37 辆，全年过渡费收入 5.85 万元。

2003 年，渡口有职工 19 人（其中管理人员 4 人），钢质拖轮 2 艘，钢质 3 车渡船 2 艘。大湖口渡口是常德市省管渡口中渡运量最小的渡口，从建渡至撤渡的 26 年中日均渡运量都在 100 辆以内，渡运量最大的一年是 1988 年，为 32064 辆，日均渡运量为 89 辆。2003 年 5 月，大湖口大桥建成通车，渡口随即被撤销。

四、沿市渡口

沿市渡口位于县道磺厂太平线（X004）的石门县袁公渡，跨越渫水，高水位时渡口宽 230 米，起点桩号 K7+880。

1974 年 10 月建渡，两岸码头均为浆砌大卵石砌筑，是石门县城通往太平的重要渡口。建渡时有渡工 6 人，2 车渡船 1 艘，采用直径 25 毫米的钢缆拉渡。一般洪水则用 14.7 千瓦的机动船顶推渡运，较大洪水时停渡。1980 年 1 月，湖南省公路管理局指示沿市渡口由石门公路段接管，转为省辖渡口。1981 年 4 月由湖南省公路局调入 58.8 千瓦拖轮 1 艘，钢质 2 车板船 1 艘,此后改为机动渡口。

沿市渡口两岸码头用浆砌大卵石修筑。由于河床逐年淤积，枯水季节只能勉强渡运，1980 年投资 1.06 万元加修便道维持通渡。澲水遇暴雨时,河水猛涨。1981 年 4 月 17 日晚因山洪暴发,渡口 1 艘拖轮和 1 艘板船被冲走,经济损失 9000 多元,并造成短暂停渡。

1986 年,渡口职工增至 15 人,有木质拖轮 2 艘,147 千瓦;钢质 2 车、3 车渡船各 1 艘,日均渡运量 64 辆。

1993 年,渡口有职工 15 人,拖轮 2 艘,147 千瓦;钢质非机动渡船 2 艘。年渡运量 25879 辆,日均渡运量 71 辆,最大日渡运量 107 辆。全年过渡费收入 13 万元。

沿市渡口渡运量小，从 1974 年建渡起至 1993 年的 20 年中，除 1985 年日均渡运量为 104 辆外,其余 19 年日均渡运量都小于 100 辆,年渡运量在 4 万辆以下。1995 年至 1997 年渡运量虽有增加,但日均渡运量没超过 150 辆。

2001 年,渡口有职工 21 人,拖轮 2 艘,147 千瓦;钢质 3 车非机动渡船 2 艘,50 吨。年渡运量 33108 辆,日均渡运量 91 辆,最大日渡运量 150 辆,全年过渡费收入 20.1 万元。

2006 年,渡口有钢质拖轮 2 艘,247 千瓦;钢质 2 车、3 车非机动渡船各 1 艘。年渡运量 25185 辆,日均渡运量 69 辆。

2007 年皂市水库蓄水,沿市渡口码头淹没,同年 11 月 22 日渡口被撤销。

五、孔家河渡口

孔家河渡口位于县道陬市鹤子湾线(X052)的桃源县陬市李家洲,跨越沅水,高水位时渡口宽 500 米,起点桩号 K0+678。

1977 年 9 月,常德地区交通局批准建渡并拨款 3 万元。12 月由桃源县三汉港公社组织劳力在两岸修建码头引道,东岸引道长 138.8 米,宽 7 米,纵坡 8%;西岸引道长 209 米,宽 6.5 米,纵坡 9%,均为块石混凝土路。1978 年 10 月竣工,共用工 2.35 万个,投资 3.25 万元,均为县社自筹。地区交通局所拨 3 万元用于购置 1 艘 2 车板船,三汉港水陆运输队配木质机动客船 1 艘用作拖船。1978 年 12 月通渡,由三汉港公社管理,有渡工 11 人。1980 年,地区交通局为其配备 15 千瓦拖轮 1 艘,年渡运量 1445 辆。1982 年 4 月与 1983 年 11 月湖南省公路管理局先后又为其配备 3 车钢质板船与 53 千瓦拖轮各 1 艘,年渡运量 5000 辆。1983 年渡运量 1.4 万辆。1984 年,地区交通局拨款 2 万元整修码头,并决定由桃源县公路管理站接管。1987 年 1 月 22 日,常德行政公署颁发“常署 1 号”文件,确定孔家河汽车渡口为甲类渡口,实行全额收取渡运费,2 月 1 日起开始执行。

1988 年,渡口有职工 11 人。年渡运量 2.04 万辆,日均渡运量 56 辆,最大日渡运量 92 辆。

1993 年,渡口有职工 16 人,拖轮 2 艘,156 千瓦;钢质非机动渡船 2 艘。年渡运量16425 辆,日均渡运量 45 辆,最大日渡运量 47 辆。全年过渡费收入 6 万元。

2001 年,渡口有职工 20 人,拖轮 2 艘,65 吨,156 千瓦;机动渡船 2 艘,81 吨,110 千瓦。年渡运量 2.5 万辆,日均渡运量 68 辆,最大日渡运量 130 辆。全年过渡费收入 15 万元。

2010 年,渡口有职工 10 人,拖轮 2 艘,65 吨,156 千瓦;机动渡船 2 艘 81 吨,110 千瓦。年渡运量 2.5 万辆,日均渡运量 68 辆。

六、兴隆街渡口

兴隆街渡口位于县道黄甲铺茶庵铺线(X062)的桃源县兴隆街,跨越沅水,高水位时渡口宽 400 米,起点桩号 K50+058。

1975 年,桃源县一甲城和兴隆街两公社建成简易渡口码头。常德地区交通局拨给部分材料,新建 1 艘 2 车木质板船,兴隆街公社自筹资金购置 1 艘 15 千瓦拖轮,1976 年 4 月通渡,由兴隆街公社管理,安排渡工 5 人。1978 年,为修建五强溪电站场外工程,水电八局投资 110 万元修建进场公路。同年 4 月,中共桃源县委决定改建兴隆街汽车渡口,以适应竹园电站工程的需要。由桃源县交通局组织勘测设计,陬溪区民工团组织施工。同年 8 月动工,11 月改建竣工,投资 9.4 万元。1980 年年渡运量 3026 辆。1982 年,地区交通局投资更新 3 车钢质板船 1 艘和 53 千瓦拖轮 1 艘。1984 年,桃源县公路管理站接管渡口,拨款 1.5 万元,整修码头和新建工班房。1987 年 2 月,常德地区交通局确定该渡口为乙类汽车渡口,不收省内汽车渡运费,对外省车辆按乙类渡口规定标准收费。

桃源兴隆街渡口

1988 年,渡口有职工 6 人,拖轮 1 艘,52 千瓦;钢质非机动渡船 1 艘。年渡运量 4440 辆,日均渡运量 12 辆,最大日渡运量 48 辆。

1993 年,渡口有职工 7 人,拖轮 1 艘,82 千瓦;钢质非机动渡船 1 艘。年渡运量 10350 辆,日均渡运量 28 辆,最大日渡运量 38 辆。全年过渡费收入 1 万元。

1999 年,桃源县公路管理站将该渡口移交兴隆街乡政府管理。

2001 年,渡口由 4 人承包经营。有拖轮 1 艘,40 吨,45 千瓦;钢质非机动渡船 1 艘,40 吨。年渡运量 3650 辆,日均渡运量 10 辆,最大日渡运量 20 辆。小车过渡每车次 10 元,大车 20 元,全年过渡费收入 4.5 万元。

2009年,由兴隆街乡11位村民联合集资成立"桃源县兴隆轮渡责任有限公司",在兴隆街渡口进行营运,仍属兴隆街乡政府管理。

2010年,桃源县兴隆轮渡责任有限公司有渡工4人,88.2千瓦钢质拖轮1艘,钢质4车渡船1艘,40吨。两岸码头均为水泥混凝土结构,年渡运量3.65万辆,日均渡运量100辆,一般情况夜晚不渡运。

七、张公庙渡口

张公庙渡口位于澧县张公庙镇,跨越澧水,高水位时渡口宽560米,起点桩号K2227。

该渡口是国道207线从湖北省进入湖南省后的第一个机动渡口,始建于民国23年(1934)10月,由湖南省公路局修建常德至澧县公路竣工时渡口建成,是常德市最早建成的三个渡口之一。建渡之始便成立了澧县张公庙渡口管理所,配有大副(驾驶)、大车(轮机)、划工(渡工、水手)共7人,配置拖轮1艘、单车渡船2艘、趸船2艘。1939年因抗日战争公路破坏,船只遣散,渡口停渡。抗战胜利后的1948年调入拖轮1艘、2车渡船1艘,勉强复渡。复渡后仍设渡口所,有所长1人、工人10人,属常德工程段管理。渡口码头与水流正交,常德岸为浆砌块石,澧县岸原在沙滩上修建码头,因涨水时被水冲毁,后又改在沙滩上建临时码头,澧县岸在沙滩上的临时码头纵坡为8%。常德岸引道长102米,纵坡9%,路面部分均为浆砌块石,切土边坡用块石护坡。

澧县张公庙渡口

1949年,张公庙渡口仅有1艘14.7千瓦的木质拖轮和1艘1车木质渡船。1954年调入29.4千瓦汽油机拖轮1艘。由于汽油机不安全易发火灾,1962年改换为44.1千瓦柴油发动机。1963年渡船将三角跳板改为连船跳。木质渡船因年久失修,木质腐朽,1964年调入2车钢质渡船1艘。1970年增加58.8千瓦拖轮1艘、4车木质渡船1艘。1972年从常德渡口调入6车木质渡船1艘(4车渡船调出)。1978年调入钢质8车渡船1艘(原2车渡船调出,6车渡船报废)。下半年又调入88.2千瓦木质拖轮1艘。1981年调入8车钢质渡船1艘、88.2千瓦钢质拖轮1艘。1981年起采用液压起跳装置。

1989年,张公庙渡口有钢质拖轮5艘470.4千瓦、8车钢质渡船4艘。年渡运量55万辆,日均渡运量 1507 辆。

张公庙渡口 1949 年日均渡运量仅 20 辆左右,1970 年日均渡运量 143 辆,1980 年日均渡运量 502 辆。

张公庙渡口从 1934 年 10 月建渡,至 1989 年 12 月 1 日张公庙大桥建成通车后撤销,历时 55 年,是常德市持续时间最长的渡口。

八、石门渡口

石门渡口位于石门县城南郊,高水位时渡口宽 480 米,是澧水河上石门县的一个渡口,它也是新中国成立后湖南省新增的第一个汽车渡口。张公庙至石门澧水河边的公路于 1935 年通车,由于日军入侵湖南,1939 年张石公路奉令彻底破坏,抗日战争胜利后开始修复,直到 1948 年才勉强恢复通车。1950 年 8 月开始筹建石门渡口,8 月 15 日由张公庙渡口用木帆船扯风蓬拖带双车渡船一艘逆水而上到石门渡口,10 月 1 日起正式渡运汽车, 至此张公庙至慈利公路全线通车。

通渡之始,只有 10 名渡工,2 车渡船 1 艘,采用人工摇橹进行渡运,延续近 11 年。1962 年 3 月调入汽油发动机(2 台 33.1 千瓦)拖轮 1 艘,并配驾驶(大副)、司机(轮机)各 1 人,开始机动渡运。同年下半年汽油机拖轮起火烧毁,复为人力渡运。1964 年 9 月,调入 58.8 千瓦柴油机拖轮 1 艘,石门渡口重新恢复机动渡运。1967 年上半年增加 1 艘 3 车渡船,当年 14 名渡工分两班渡运。1969 年枝柳铁路动工后,过渡车辆剧增,渡运难以满足运输车辆的需要。1970 年,公路部门将渡口人员增加到 24 人,分三班日夜渡运,渡运设备有 58.8 千瓦拖轮 2 艘,3 车、4 车渡船各 1 艘。1973 年又增加拖轮 1 艘。1981 年最大日渡运量 600 辆。1985 年最大日渡运量 1015 辆,日均渡运量 698 辆。

石门渡口由于河床变化,石门岸码头上游开始淤积。1962 年 12 月将该码头下移 50 米进行重建,长 22.3 米,宽 7 米,纵坡 8%。慈利岸码头与公路接线处弯急坡陡,行车极不安全,雨天更易发生事故。1963 年 9 月将慈利岸码头往上游移 100 米,码头长 47 米,宽 7 米,纵坡 9%,码头结构为浆砌大卵石。1980 年汛期,由于连降暴雨,山洪暴发,石门渡口曾停渡达 20 天。1985 年慈利岸码头加宽,加宽后最小宽度为 8 米。

1986 年,石门渡口有职工 30 人,拖轮 2 艘 330.75 千瓦,钢质 3 车、6 车渡船各 1 艘。年渡运量 206225 辆,日均渡运量 565 辆。

1993 年, 渡口有职工 29 人, 拖轮 2 艘,353 千瓦; 钢质非机动渡船 2 艘。年渡运量 144633 辆,日均渡运量 396 辆,最大日渡运量 700 辆。全年过渡费收入 61 万元。

1994 年 10 月 16 日,石门澧水大桥建成通车,同年 10 月 22 日渡口被撤销。

九、安乡渡口

安乡渡口位于安乡县大鲸港,跨越松滋河,高水位时渡口宽650米。

安乡至常德公路1969年全线通车后,为贯通县城交通,1973年,常德地区交通局投资3万元动工修建码头,分枯水期和洪水期两个码头。东岸又分南、北两个码头,南码头接西门口,北码头接书院洲。同年7月1日北码头建成,大鲸港与书院洲正式通渡。安乡县城关西门口码头于1976年2月20日动工,4月20日竣工,历时60天,于1976年5月10日正式通渡,从此结束了安乡县城不能进汽车的历史。修建西门口码头时湖南省交通厅投资5万元,县自筹3万元,实际开支8.4万元,用工1.65万个,完成砌石工程1550立方米,土方3200立方米。1978年虎渡河分支堵口,城关与书院洲之间铺筑临时公路,1979年西门口码头废弃。安乡岸码头为浆砌块石建筑,常德岸码头距大堤顶面近百米,涨水时淤积严重。

安乡渡口建成时,配渡工5人。58.8千瓦拖轮1艘,3车渡船1艘。1976年6月,渡口随常德至安乡公路移交给常德地区公路总段,由安乡公路段管理,转为省辖渡口。

1986年,渡口有职工28人,钢质拖轮2艘、木质拖轮1艘,共242.6千瓦;6车钢质渡船2艘。年渡运量140099辆,日均渡运量384辆,最大日渡运量698辆。

渡运量最大的一年是1991年,年渡运量173069辆,日均渡运量477辆,最大日渡运量809辆。

1993年,渡口有职工30人,拖轮3艘,279千瓦;钢质非机动渡船3艘;其他船舶1艘。年渡运量142806辆,日均渡运量391辆,最大日渡运量744辆。全年过渡费收入45万元。

1994年9月18日,安乡大鲸港大桥建成通车,渡口随即被撤销。

十、津市渡口

津市渡口位于津市市区,跨越澧水,高水位时渡口宽390米。津市南北城区被澧水分隔,厂矿集中在南岸,经津澧公路进出的物资,需绕道澧县而行,十分不便。因此,设置津市渡口是津市市及附近地区人民群众的迫切期望。

1975年湖南省交通厅批准修建津市渡口,1978年开始修建码头,检修船只。渡口北岸码头为市中心的新码头,南岸码头与此相对略向西偏,同时在南岸修建一条向西南方向延伸的公路,以便车辆待渡时停放。1978年12月1日津市渡口开始渡运,建渡时设渡口所,配干部2人,渡工22人,由津市市政府负责管理。渡口浮水设备有58.8千瓦柴油机拖轮1艘,3车木质渡船1艘(由白洋河渡口调入),6车水泥渡船1艘。

为加强渡口专业技术指导,1982年10月1日起津市渡口交由湖南省公路管理局直接代管,其行政领导、人事安排仍由当地管理,经费与浮水设备由湖南省公路管理局调拨。此后为适应渡运量增加的需要,湖南省公路管理局对该渡口的浮水设备不断进行充实更新,常德地区公路总段则对船舶、码头维修逐年给予投资，仅 1984 年至 1987 年的四年就安排了船舶大中修 10 项 15.06 万元，码头大中修 5 项 2.954 万元。

1983 年起津市渡口渡运量增加较快，至 1989 年津市大桥通车前，年渡运量都在 20 万辆以上，其中 1985 年年渡运量 282533 辆，日均渡运量 774 辆，最大日渡运量 1160 辆。

1986 年，渡口有职工 29 人，拖轮 2 艘，176.4 千瓦，钢质 6 车渡船 2 艘。年渡运量 228125 辆，日均渡运量 625 辆，最大日渡运量 1125 辆。

1989 年 12 月 15 日津市澧水大桥建成通车，津市渡口同时停渡。1990 年 4 月津市渡口所被撤销。

十一、尧河渡口

尧河渡口距桃源县城 5.4 公里，高水位时渡口宽 600 米，它连接省道 226 线和国道 319 线，是沅水河上的一个机动渡口。1974 年底至 1975 年初，当地政府组织力量修建渡口两岸码头，但因尧河岸码头纵坡很大，陬市岸（左岸）则深切路槽，通车困难。其后湖南省公路管理局投资 1.7 万元，对渡口两岸码头进行改建，于同年 12 月竣工。同时常德地区公路总段调入 58.8 千瓦柴油机拖轮 1 艘，6 车渡船 1 艘，1975 年 12 月尧河渡口正式通渡。通渡后由桃源、慈利等地去怀化、吉首方向的车辆不再绕道常德过沅水，缩短行程 68 公里。

尧河渡口通渡之始，由桃源县交通局代管，并配备 18 名亦工亦农合同工，考虑安全和技术上的要求，桃源公路段将 18 名亦工亦农轮换工分配到道班养路，再从各道班抽调工人（部分曾在渡口工作过）到尧河渡口担任渡工。

1976 年 10 月，湖南省公路管理局将桃源县城至尧河 5.33 公里公路建成沥青路，同时渡口也交由桃源公路段正式接管，转为省辖渡口，并修建 300 平方米的渡工房 1 栋。尧河渡口码头为浆砌块石结构，引道为泥结砾石。随着生产的发展，过渡车辆较建渡之初大幅增加，从 1978 起年渡运量（除 1981 年 99720 辆外）均超过十万辆。最大年渡运量发生于1998 年，年渡运量 367155 辆。为适应渡运量的不断增加，浮水设备也逐年增多。

1993 年，渡口有职工 40 人，拖轮 3 艘，338 千瓦；钢质非机动渡船 3 艘；其他船舶 1 艘。年渡运量 139631 辆，日均渡运量 383 辆，最大日渡运量 1276 辆。全年过渡费收入 86 万元。

1994 年渡口有拖轮 4 艘，8 车渡船 3 艘。年渡运量 202251 辆，日均渡运量 554 辆，最大日渡运量 1184 辆。

1998 年有拖轮 5 艘，8 车渡船 4 艘。年渡运量 367155 辆，日均渡运量 1006 辆，最大日渡运量 2292 辆。

1999 年 4 月 9 日，桃源沅水大桥建成通车，渡口随即被撤销。

十二、官垱渡口

官垱渡口位于紫金渡边山河线(S302)的安乡县官垱镇,跨藕池河西支,东岸是官垱镇,距紫金渡7公里,与湖北省石首市公路相接,西岸是安生乡。高水位时渡口宽150米,起点桩号K6+455。1990年4月开工修建,1991年7月竣工通渡。官垱渡口水面最宽时达150米,枯水时水面很窄,可用渡船作为浮桥渡运车辆。

安乡官垱渡口

1993年,渡口有职工7人,拖轮1艘,59千瓦;钢质非机动渡船1艘。年渡运量19542辆,日均渡运量54辆,最大日渡运量100辆。全年过渡费收入7万元。

2001年,渡口有职工9人,机动渡船1艘,50吨,52千瓦。年渡运量1.08万辆,日均渡运量30辆,最大日渡运量60辆。全年过渡费收入5万元。

2010年,渡口有职工7人,88.2千瓦钢质拖轮1艘,6车渡船1艘。日渡运量150辆,高峰时达400辆~500辆。全年过渡费收入30万元,渡口所收过渡费全额上缴,渡口每年支出费用超过20万元。官垱渡口一般情况下不进行夜渡。

十三、夹夹渡口

夹夹渡口位于省道紫金渡边山河线(S302)的安乡县与澧县交界处的夹夹,跨越松滋河中支,高水位时渡口宽420米。

1979年冬,常德地区交通局拨款2万元,未经测设,就交安乡县安福乡施工,完成部分石砌工程,因涨水停工,到冬季枯水时原砌筑的码头淤泥深达1.5米,由于资金缺乏,没能复工。1982年秋,由安乡县交通局测设,经常德地区交通局批准,并拨款9.9万元由安乡县包干使用,是年冬动工,次年10月竣工。安乡岸由于基础软弱,码头水下部分长8.3米,采用直径10厘米~12厘米、长3.5米~5米的木桩基础,以提高承载力。码头为垂直式,其中下部90米顺水引道用75号小石子水泥砼砌块石路面。澧县岸码头由澧县交通局测设并在施工时进行技术指导,官垸乡组织民工施工,1980年5月竣工。1983年冬至1984年夏,官垸乡又组织民工将码头至防洪大堤(堤外段)长800米路堤加高6米~7米(即低于大堤1米的高度),

并铺砂石路面，码头为顺水式，其结构与安乡岸大体相同。常德地区交通局拨款8.5万元。1984年7月1日正式通渡。

1985年，渡口有渡工14人。年渡运量2.6万辆，日均渡运量71辆，最大日渡运量160辆。

1993年，渡口有职工15人，拖轮2艘，112千瓦；钢质非机动渡船2艘；其他船舶1艘，14.7千瓦。年渡运量28420辆，日均渡运量78辆，最大日渡运量116辆。全年过渡费收入9万元。

2001年，渡口有职工17人，拖轮3艘，156千瓦；钢质非机动渡船3艘，150吨。年渡运量11531辆，日均渡运量32辆，最大日渡运量50辆。全年过渡费收入5.1万元。

2008年1月25日夹夹大桥建成通车，渡口于同年3月被撤销。

十四、大杨树渡口

安乡大杨树渡口

大杨树渡口位于省道紫金渡边山河线（S302）的安乡县大杨树，跨越虎渡河，东岸接安生乡大杨树，西岸与县道027线终点红卫闸相接。高水位时渡口宽500米，起点桩号K9+512。

渡口洪水期最宽水面达500米，枯水期每年11月底至次年5月，因水浅船舶不能渡运，车辆只能从修建的过水式公路通行。1984年9月开工修建，1985年12月竣工通渡。建渡之初由夹夹渡口调入3车水泥渡船1艘，拖轮1艘。

1993年，渡口有职工7人，拖轮2艘，118千瓦；钢质非机动渡船1艘。年渡运量20615辆，日均渡运量56辆，最大日渡运量82辆。全年过渡费收入8万元。

2001年，渡口有职工9人，机动渡船1艘，50吨，52千瓦。年渡运量1.02万辆，日均渡运量28辆，最大日渡运量50辆。全年过渡费收入5万元。

2010年，渡口有职工7人，88.2千瓦拖轮1艘，6车渡船1艘。建渡时交通量每日约20辆～30辆，2010年，日渡运量超过100辆。全年过渡费收入30多万元。

2014年8月，大杨树大桥建成通车，渡口随即被撤销。

十五、张九台渡口

安乡张九台渡口

张九台渡口位于县道理兴垱七家线(X026)的安乡县张九台，跨越松滋河中支,北岸是安凝乡张九台码头,南岸是安丰乡铁路湾村。高水位时渡口宽 693 米，起点桩号 K38+982。1992 年 7 月开工修建,1993 年 11 月竣工通渡。

2001 年，渡口有职工 9 人，机动渡船 1 艘,50 吨,52 千瓦。年渡运量 1.45 万辆,日均渡运量 40 辆,最大日渡运量 70 辆。全年过渡费收入 7 万元。

2010 年,渡口有职工 8 人,88.2 千瓦拖轮 1 艘,6 车渡船 1 艘。年渡运量 1.4 万辆,每日过渡费收入 1000 元以上,全额上交。一般情况夜晚不渡运。

十六、马波湖渡口

马波湖渡口位于县道理兴垱七家线(X026)的安乡县马波湖,跨松滋河东支,西岸接焦圻镇,东岸接安造乡马波湖村。高水位时渡口宽 280 米,起点桩号 K15+141。

1977 年冬,马波湖渡口由安造公社开工修建。1978 年春,安乡县交通局拨款 1.5 万元购 14.7 千瓦机动船 1 艘，借安乡公路局 2 车渡船 1 艘，配渡工 7 人,1978 年 7 月 1 日建成通渡。交通部门补助码头经费 2.5 万元,其中常德地区交通局拨款 2 万元、安乡县交通局拨款 0.5 万元。东岸码头由安造公社修防会测设并组织施工,码头引道为直线顺水式,引道上游为浆砌片石挡土墙,路基为全填式,路面下层为碎石垫层,上层干砌片石。码头部分未做基层处理。东岸码头引道泥沙淤积严重,每年洪水期淤泥深达 2 米,每次清除淤泥约 300 立方米,用工 200 个,严重影响渡口畅通。此外两岸码头不对称,西岸码头在东岸码头上游处 400 米,船舶航程有 700 米。

通渡后由常德地区交通局每年拨经费 1 万元,交安全乡交管站管理,人员及行政仍由安全乡政府负责。

1985 年，渡口有职工 7 人,14.7 千瓦木质拖轮 1 艘,2 车钢筋水泥渡船 1 艘。年渡运量

4600 辆，日均 13 辆，最大日渡运量 64 辆。

1993 年，渡口有职工 7 人，拖轮 1 艘，59 千瓦；钢质非机动渡船 1 艘。年渡运量 9302 辆，日均渡运量 25 辆，最大日渡运量 59 辆。全年过渡费收入 2 万元。

2001 年，因两岸码头高水位时不能通渡，将西岸码头下移 200 米。当年有职工 5 人，机动渡船 1 艘，50 吨，52 千瓦。年渡运量 5200 辆，日均渡运量 14 辆，最大日渡运量 30 辆。全年过渡费收入 2 万元。

2010 年，渡口有职工 8 人，88.2 千瓦拖轮 1 艘，3 车渡船 1 艘。年渡运量 5700 辆。

十七、芦林铺渡口

芦林铺渡口位于县道沙河口安德线（X040）终点，跨越松澧河，东岸接南县厂窖镇肖家湾村，西岸接安乡县安德乡芦林铺码头。高水位时渡口宽 800 米，起点桩号 K14+920。

2006 年 12 月，芦林铺渡口由安乡县人民政府批准设立。2012 年 8 月停渡。停渡时有渡工 8 人，拖轮 1 艘，3 车渡船 1 艘。日均渡运量 100 辆。

十八、富强渡口

富强渡口是由临澧县合口镇富强村修建和管理的一个渡口，跨越澧水，中水位时渡口宽 300 米，北岸与省道张（公庙）慈（利）线相接，南岸是杉板的望夫村可与临澧县城相接。1983 年 11 月，富强村自筹资金 6.26 万元，其中工程费 2.36 万元、设备购置费 3.9 万元，并组织村民投工兴建，于 1984 年建成通渡。

该渡口南岸码头为垂直式，长 126 米，宽 7 米～14 米，最大纵坡 6%，引道长 240 米，宽 7 米～9 米，水下部分为钢筋混凝土路，余为泥结砾石路。北岸码头为顺水式，长 97 米，宽 7.5 米，最大纵坡 7%，引道长 50 米，宽 3.7 米～5 米，水下部分 20 米为水泥砂浆砌卵石路，挡土墙用三合土浆砌卵石，余为泥结砾石路。

1993 年，渡口有渡工 14 人，29.4 千瓦拖轮 1 艘，钢质 2 车渡船 1 艘。过渡汽车不分空载与实载，每辆次收费 3 元～4 元，大型拖拉机每台次收费 4 元，手扶拖拉机每台次收费空车 0.8 元，实载 1.2 元。

临澧县交通局对过渡业务进行技术指导，对渡运安全进行监督检查。

2010 年，渡口由个人承包，有拖轮（编号为临客 002 号）1 艘，2 车板船 1 艘（小汽车可装 4 辆），日渡运量达 300 辆。

十九、刘家河渡口

刘家河渡口位于澧县县城南部,通往道河、灵泉,跨越澧水,高水位时渡口宽 450 米。1975 年 9 月,为实现澧县氮肥厂、机砖厂两厂直达运输,由澧县船厂设计,澧县航运公司筹资制造钢质2 车渡船 1 艘,租用 29.4 千瓦拖轮 1 艘,在乔家河设渡,为两厂渡运汽车。随后又购进 58.8 千瓦拖轮 1 艘。1976 年澧县航运公司将拖轮和渡船迁至刘家河渡运。1981 年刘家河渡口由澧县公路管理站接管。同年常德地区交通局投资 10.5 万元,维修、新建码头和引道;投资 5.7 万元,修建 438 平方米渡工房 1 栋;投资 4.5 万元购进双机拖轮 1 艘,大修后投入渡运。

1989 年,渡口有职工 12 人,钢质 2 车、6 车渡船各 1 艘;钢质 88.2 千瓦、木质 58.8 千瓦拖轮各 1 艘。

1993 年,渡口有职工 14 人,拖轮 2 艘 176 千瓦,钢质非机动渡船 2 艘。年渡运量69298 辆,日均渡运量 190 辆,最大日渡运量 456 辆。全年过渡费收入 30 万元。

1978 年,渡口年渡运量 1.46 万辆,日均渡运量 40 辆,最大日渡运量 92 辆。渡运量最大的一年是 1988 年,为 122480 辆,日均渡运量 336 辆,当年最大日渡运量 467 辆。

2001 年 12 月澧水大桥建成通车,渡口随即被撤销。

二十、坡头渡口

坡头渡口位于县道军山铺红卫闸线(X027)的沅水尾间目平湖湖口处,高水位时渡口宽 2400 米,起点桩号 K32+929,是汉寿县连接西湖片六个乡的交通咽喉。该渡口水面宽,流速急。

1976 年 1 月,湖南省交通勘察设计院协助地方对坡头渡口进行测设,当年冬季,汉寿县交通局组织修建两岸码头引道,1978 年 1 月竣工,完成土方 1.39 万立方米,石方 1900 多立方米。湖南省公路局调入 6 车水泥渡船 1 艘,省、地、县三级交通部门投资,群众投劳,购柴油机拖轮 1 艘,建 130 平方米渡工房 1 栋,耗资 20 万元。1979 年 1 月渡口建成,有渡工 13 人,开始渡运车辆。

汉寿岸码头由于地基软弱,加上基层处理不彻底,路面出现沉陷、软弹。从 1981 年春季起,在水位标高 29.5 米以下时经常陷车。1984 年 5 月,常德地区交通局投资 4.5 万元,将汉寿岸码头进行重建。1981 年购置水泥 2 车渡船 1 艘,由于稳定性不良,不能使用。1985 年 1 月购置望城船厂 6 车钢质渡船 1 艘,原 6 车水泥渡船同时报废。1983 年购置 88.2 千瓦柴油机钢质拖轮 1 艘,取代原购买的拖轮。1984 年 10 月,投资 5.7 万元新建渡工房 1 栋。

1985 年,渡口有职工 16 人,其中干部 1 人。年渡运量 5.25 万辆,日均渡运量 144 辆,最大日渡运量 275 辆。

1993 年，渡口有职工 23 人，拖轮 3 艘 368 千瓦，钢质非机动渡船 3 艘。年渡运量 141640 辆，日均渡运量 388 辆，最大日渡运量 496 辆。全年过渡费收入 65 万元。

1997 年由沙河口渡口调入 110.3 千瓦拖轮 1 艘。2001 年从株洲调入 110.3 千瓦拖轮 1 艘，2002 年从湘阴调入 110.3 千瓦拖轮 1 艘，同年还增加 6 车、8 车渡船各 1 艘。

2008 年仓儿总沅水大桥通车前，日渡运量 300 辆 ~ 400 辆，渡口有职工 33 人。大桥通车后日渡运量在 100 辆 ~ 200 辆，渡口职工减至 20 人。

二十一、仓儿总渡口

仓儿总渡口位于省道津市武潭线（S205）的汉寿县仓儿总，跨越沅水尾闾，起点桩号 K77+367。

仓儿总渡口建于 2000 年 5 月，当年有职工 14 人，拖轮 2 艘，渡船 2 艘。年渡运量 9855 辆，日均渡运量 27 辆，最大日渡运量 185 辆。渡口两岸码头为斜坡式。

2008 年 12 月，仓儿总沅水大桥建成通车，渡口随即被撤销。

二十二、包家渡渡口

包家渡渡口位于乡道木瓜鸡窝线（Y019）的石门县磨市乡，跨越澧水，高水位时渡口宽 74 米，起点桩号 K11+724。

1986 年，渡口始建时配渡船 1 艘，为人力钢缆索拉渡，有渡工 4 人。1988 年常德市公路总段借给包家渡渡口拖轮 1 艘，其后改为机动渡口。年渡运量 1500 辆，日均渡运量 4 辆，最大日渡运量 12 辆。

1993 年，渡口有职工 3 人，非机动渡船 1 艘。年渡运量 720 辆，日均渡运量 2 辆，最大日渡运量 12 辆。全年过渡费收入 1 万元。

2001 年，渡口有职工 4 人，机动渡船 1 艘，20 千瓦。年渡运量 1500 辆，日均渡运量 4 辆，最大日渡运量 12 辆。全年过渡费收入 1 万元。

2007 年，建设皂市水库时建成磨市公路桥，渡口随即被撤销。

二十三、德山街渡口（常德船舶厂）

常德市有德山街渡口（常德船舶厂）、德山街渡口（常德交通机械厂）专用渡口 2 个，位于常德市城东 10 公里的德山街。

德山街渡口（常德船舶厂）位于常德船舶厂与苏家渡之间，跨越沅水，高水位时宽 800 米。

常德船舶厂为减少汽车绕道 18 公里，经常德市城区青年渡口去长沙，于 1974 年在厂区内和对岸苏家渡各修建码头1个,并配渡工6人,钢质117.6千瓦拖轮1艘,钢质2车渡船1艘,负责渡运厂区跨沅水的车辆。附近芦山乡等单位的车辆也由此过渡,如遇洪汛期间,常德城区青年路渡口关闸停渡后,有些城区的车辆也在此过渡。

1985年,渡口配渡工2人,有钢质2车渡船1艘,35.3千瓦;拖轮1艘,年渡运量仅300多辆。

2010年,渡口由常德船舶厂经营管理,主要为该厂车辆服务。渡口有职工6人,钢质拖轮1艘,117.6千瓦;渡船1艘,20吨。年渡运量1825辆,日均渡运量5辆,最大日渡运量80辆。除汛期时厂区被淹无法渡运外,一般很少停渡。

二十四、德山街渡口(常德交通机械厂)

德山街渡口(常德交通机械厂)位于常德交通机械厂与苏家渡之间,跨越沅水,高水位时宽800米。

常德交通机械厂与常德船舶厂相邻,该厂为减少去长沙等地需绕道18公里行程,在厂区内修建码头1个,沅水南岸苏家渡码头则与常德船舶厂共用1个码头,主要担负该厂的车辆渡运,由常德交通机械厂自用自管。1985年配渡工2人,有钢质2车渡船1艘,35.3千瓦拖轮1艘,年渡运量300多辆。

2001年4月9日,常德交通机械厂宣布破产,渡口随即被撤销。

2010年常德市公路渡口表

表1-3-1-1

渡口名称	路线编码	起点桩号	渡口宽(米)	职工(人)	拖轮		渡船		渡运量(辆)	
					艘	功率(千瓦)	艘	吨位	全年	日均
官垱	S302	K6+455	150	7	1	88.2	1	50	54750	150
大杨树	S302	K9+512	500	7	1	88.2	1	50	36500	100
马波湖	X026	K15+421	280	8	1	88.2	1	30	5700	16
张九台	X026	K28+795	693	8	1	88.2	1	50	14000	38
沙河口	X027	K95+750	2700	31	2	328	2	186.3	109500	300
坡头	X027	K35+507	2400	20	3	368	3	60	54750	150
孔家河	X052	K0+678	500	10	2	156	2	81	25000	68
兴隆街	X062	K50+058	400	4	1	88.2	1	40	36500	100
芦林铺	X040	K14+920	800	8	1	88.2	1	30	36500	100
富强			300	14	1	29.4	1	20	109500	300
德山街(船舶厂)			800	6	1	117.6	1	20	1825	5

第二节 隧 道

1987 年,常德地区有隧道 11 处,长 1794.1 延米。

1993 年,常德市有三峰寨、毛竹河(南坪)隧道 2 处,长 338 延米。

2001 年,常德市有三峰寨、毛竹河(南坪)、李坪、江坪隧道 4 处,长 508 延米。

2010 年,常德市有三峰寨、毛竹河(南坪)、李坪、江坪、易家坡、石坪(鹰嘴岩)、关口垭隧道 7 处,长 3080 延米。

2014 年,常德市有三峰寨、毛竹河(南坪)、李坪、江坪、易家坡、石坪(鹰嘴岩)、关口垭、白庙垭、月亮湾、太阳山隧道 10 处,长 5447 延米。

一、三峰寨隧道

三峰寨隧道位于县道磺厂太平(X004)线的石门县丰禾乡与太平乡的交界处,是石门县城通往太平乡的必经之路,此地山高坡陡,地形复杂,民间运输和群众来往极为困难。为方便群众,发展农业生产,石门县政府决定修通维新至太平的公路,经过几个方案反复比较,确定修建三峰寨隧道,这样可缩短公路里程 4 公里。隧道由石门县交通局设计,石门县太平区组织丰禾公社 180 人的民工专业队施工。1975 年 6 月 8 日开工,同年 12 月打通上导坑。1976 年 6 月 26 日隧道全线打通,9 月 20 日通车。隧道长 305 延米,净宽 4.5 米,高 5 米,纵坡 3%,浆砌块片石翼墙式洞门,施工时进口洞身衬砌 13 米,出口洞身衬砌 10 米,拱厚 0.3 米,边墙厚 0.6 米,围岩为风化严重的板岩。洞内设有 5 个长 2 米、宽 1 米、高 2.5 米的避车洞,以确保行人安全。隧道内拱顶至山顶高差为 144 米。

石门三峰寨隧道

隧道通车后,来往车辆逐渐增多。而洞内围岩系风化石,没有衬砌,为确保车辆、行人安全,1976 年底湖南省公路局补助经费 5 万元,由当地政府组织民工施工,对隧道用粗料石进行衬砌。侧墙厚 40 厘米,拱厚 25 厘米,洞口两端设有 20×20 厘米盲沟,洞内水沟 40×40 厘米。隧道衬砌工程于 1977 年下半年竣工。

三峰寨隧道用人工施工,施工初期无电力照明设备,雨天点灯,晴天用大镜屏向洞内反射阳光,用自制木风车通风,人力挑运。隧道施工共完成土石方1.85万立方米,其中石方1.2万立方米。决算造价9万元,其中省公路局补助5万元、太平区自筹4万元。用工56964个,木材12立方米,钢材12吨。施工中采取多打眼、打深眼、少装炸药的办法,节约炸药,提高工效。为节约坑木,整个隧道除两端及中部断层地段30米以坑木支撑外,其余地段未设坑木。

三峰寨隧道由石门公路局管养。

二、毛竹河(南坪)隧道

毛竹河隧道位于石门壶瓶山至南坪河公路上的毛竹河(又名猴子崖),中心桩号K19+200。该处悬崖万仞,下临深涧,旧有壁径,堪称天险。1976年,石门县交通局在测设泥(沙)南(坪河)公路时,在K19+200的地方要通过一凸出的岩山嘴,此地岩层质量好。如开挖深路堑,则费时费力;如打隧道通过,则施工方便,省材省工,又能缩短工期。经比较后决定打隧道通过。工程于1977年5月开工,同年12月竣工通车,耗资0.9万元,比挖深路堑少挖石方1749立方米,少用工1277个。隧道长33延米,净高4.5米,净宽3.5米,洞口形式为无翼墙正交洞口,洞内岩层无水渗出,故未设避人洞和照明设施。

毛竹河隧道由石门县公路管理处管养。

三、李坪隧道

李坪隧道位于石门县龙洞村至黄连棚村公路(YG54)上,中心桩号K0+884。1995年开工修建,同年12月建成通车。隧道长120延米,净宽4.5米,净高4.5米,洞口形式为无翼墙正交洞口。

李坪隧道由壶瓶山镇李坪村建设,石门县公路管理处管养。

四、江坪隧道

江坪隧道位于石门县江坪河村至泉坪村公路(Y005)上,中心桩号K0+727。1997年开工修建,同年12月建成通车。隧道长50延米,净宽4.5米,净高4.5米,洞口形式为无翼墙正交洞口。

江坪隧道由壶瓶山镇江坪村建设,石门县公路管理处管养。

五、关口垭隧道

关口垭隧道位于常张高速公路上的桃源县菖蒲村肖家湾与姜家湾之间,中心桩号左洞为K224+616,右洞为K224+726。隧道由湖南省交通规划勘察设计院设计,中铁隧道集团有限公司、湖南路桥建设集团公司施工。2003 年 11 月 7 日开工修建,2005 年 12 月 26 日建成通车 。

关口垭隧道

关口垭隧道为分离式隧道,左洞长 895 延米,右洞长 715 延米，两洞之间设计一车行横洞和一人行横洞。净宽 11 米,净高 7.1 米,纵坡 2.2%,行车道(含路缘带)宽 8.5 米,检修道宽 0.75 米。设计行车速度每小时 100 公里。隧道进口为月牙式翼墙洞门,出口为小立柱式洞门,配以不同层面点缀,与常张高速公路旅游特色相呼应。

该隧道所处地层包含页质岩、构造角砾岩、压碎岩。2004 年 5 月,当地连续暴雨,右洞 YK73+936 ~ YK73+945 段由于隧道埋深浅、围岩条件差,拱顶渗漏水导致大面积塌方,部分发展到地表。建设单位通过采用超前小导管预注浆法加固、及时喷混凝土封闭掌子面并及时作临时支护等措施,确保了隧道工程质量及施工安全。

关口垭隧道由常张高速公路管理处管养。

六、易家坡、石坪(鹰嘴岩)隧道

2007 年石门皂市水库蓄水,磺厂至维新公路被淹。交通部门重建皂市至维新(北线)的公路中有隧道两处。

一处是易家坡隧道,中心桩号 K25+111,隧道长 495 延米,洞宽 9 米,净宽 7.5 米,净高 4.5 米,两侧设置宽 0.75 米人行道,人行道下设 0.5 × 0.5 米排水沟(石盖板),进口洞身衬砌 20 米,出口洞身衬砌 60 米。

易家坡隧道

一处是石坪（鹰嘴岩)隧道,中心桩号 K27+843,隧道长 467 延米,洞宽 9 米,净宽 7.5 米,净高 4.5 米,两侧设置宽 0.75 米人行道，人行道下设 0.5 × 0.5 米排水沟（石盖板)，进口洞身衬砌 20 米,出

石坪隧道

口洞身衬砌 100 米。两座隧道洞口形式均为翼墙式正交洞口,洞身均有渗水。

上述两处隧道由皂市水库的建设单位“澧水公司”出资修建,武警水电公司施工,2008 年开工修建,同年 12 月建成通车。易家坡、石坪(鹰嘴岩)隧道由石门县公路管理处管养。

七、白庙垭隧道

白庙垭隧道位于澧县甘溪至通道坪坦公路(S241)上,中心桩号 K67+362。2011 年 5 月 1 日开工建设,2013 年 12 月建成通车。隧道长 984 延米,净宽 11 米,净高 5 米,洞口形式为翼墙式正交洞口,断面形式为直墙式钢筋混凝土单心圆拱。

白庙垭隧道由中南大学设计院设计,石门县石陬线曹何段公路工程建设开发有限公司建设,湖南飞鹰建设集团施工,石门公路管理局管养。

八、太阳山、月亮湾隧道

太阳山、月亮湾隧道位于杭(州)瑞(丽)高速公路常德北绕城线白鹤山乡的太阳山、月亮湾,东接东常高速公路,西连常张高速公路。两处隧道由华杰工程咨询有限公司设计,湖南省公路机械工程有限公司施工。

太阳山隧道左洞长 363 延米,右洞长 380 延米;

月亮湾隧道左洞长 321 延米,右洞长 319 延米;

两处隧道行车道净宽 9 米,行车道净高 5 米。

两处隧道于 2009 年 8 月 8 日开工修建,2014 年 5 月 1 日建成通车。总投资 8727 万元。

太阳山、月亮湾隧道由东常高速公路建设管理公司管养。

第二篇《

水　　路

第二章

给　水

第二篇　水　路

常德境内河湖密布，港汊纵横。沅、澧两水由西向东横贯全境，长江水系松滋、虎渡、藕池三水自北向南纵穿安澧，汇入洞庭。通航历史悠久。

第一章　航　道

1979年常德地区第一次全国内河航道普查认定：常德地区有航道总里程2171公里（包括慈利县180公里）。

1988年，常德市有航道总里程1856公里。

1990年常德市航道普查认定：全市有航道总里程1756公里。按通航情况分有：常年航道936公里，季节性航道820公里；按管养范围分有：省直管航道474公里，市管航道1282公里。

1997年全国航道定级认定：常德市有航道总里程1837公里。按技术等级分有：3级航道87公里，4级航道295公里，5级航道71公里，6级航道213公里，7级航道242公里，8级航道574公里，9级航道355公里；按管养范围分有：省直管航道476公里（常德航道局189公里，津市航道局270公里，益阳航道局17公里），市管航道1361公里。

2003年常德市第二次全国内河航道普查认定：常德市有航道91条，总里程1753.33公里（省交通厅统计数据为1774.33公里，与实际里程稍有出入）。按管养范围分有：省直管航道437.24公里（常德航道局194.54公里，津市航道局235.7公里，益阳航道局7公里），市管航道1316.09公里（含新增28.27公里）；按水系分有：沅水系321.56公里（含新增15.27公里），澧水系371.4公里（含新增13公里），洞庭湖区1060.37公里；按技术等级分有：4级航道173公里，5级航道162公里，6级航道72公里，7级航道79公里，等外级航道1267公里。

2010年常德市有航道总里程1789.33公里（省交通厅统计数据为1774.33公里，与实际里程稍有出入）。按管养范围分有：省直管航道473.24公里，市管航道1316.09公里；按水系分有：沅水系341.42公里，澧水系348.02公里，洞庭湖区1099.89公里；按技术等级分有：3级航道79.15公里，4级航道165.39公里，5级航道117公里，6级航道213.64公里，7级航道290.39公里，等外级航道923.76公里（见表2-1-3-1、表2-1-3-2）。

第一节　沅水系航道

沅水源远流长,为长江水系七大支流之一,湖南第二大河流。沅水在桃源与沅陵交界处的毛里湾(界首)入境,于德山注入洞庭湖。常德境内全长 122.39 公里。沿途纳大洑溪、夷望溪、白洋河、新渐河、枉水等河流,流域面积 5609.92 平方公里。

1988 年,沅水系常德市境内有航道里程 281 公里。

1990 年,常德市航道普查认定:沅水系常德境内有航道里程 280 公里,其中常年航道 186 公里、季节性航道 94 公里。

1997 年沅水系常德境内定级航道里程 403 公里,其中省直管航道 196 公里、市管航道 207 公里。

2003 年第二次全国内河航道普查认定:常德境内沅水系有航道里程 321.56 公里,其中省直管航道 122.39 公里、市管航道 199.17 公里(包括新增库区航道 15.27 公里)。

2010 年,常德境内沅水系有航道里程 341.42 公里,其中省直管航道 122.39 公里、市管航道 219.03 公里。

一、干流航道

1988 年,沅水干流航道常德境内为德山至毛里湾,全长 118 公里,技术等级为 5 级。

1990 年,常德市航道普查认定,沅水干流航道境内为德山至毛里湾,全长 116 公里,技术等级为 5 级。

2003 年,第二次全国内河航道普查认定,沅水干流航道境内为德山至毛里湾,全长 122.39 公里,由常德航道管理局维护管理。其中德山公铁两用桥至常德沅水大桥段长 6.4 公里,技术等级为 4 级。航道参数为:枯水深 1.6 米,水深保证率 95%,最窄航宽 80 米,最小弯曲半径大于 340 米,可通航 500 吨级船舶。有盐关和德山老码头 2 个港区,桥梁 2 座,所有跨河、临河建筑物均不碍航。常德沅水大桥至毛里湾段长 115.99 公里,技术等级为 4 级。航道参数为:枯水深 1.6 米,水深保证率 95%,最窄航宽 50 米,最小弯曲半径 330 米,可通航 300 吨级船舶。凌津滩枢纽位于沅水干流航道上的桃源县凌津滩,枢纽竣工后,大坝下游因淤积严重成为主要滩险,枯水最浅水深只有 0.8 米,航宽仅 15 米。大坝至毛里湾段为库区航道,回水已达到五强溪船闸下引航道,水深条件优良,属 4 级航道。由于凌津滩水电站为五强溪水电站的反调节电站,水位日变化很大,导致部分滩险在低水位时依然碍航。且凌津滩库区尾水航道 10 公里,在电站为防洪而腾库容时,完全恢复天然航道状态,技术等级仅为 6 级,加之 1998 年后的逐渐淤积,导致碍航严重。

2010 年,沅水干流航道常德境内德山至毛里湾 122.39 公里,技术等级为 4 级。

二、支流航道

1965年，常德境内沅水有支流航道12条，长463公里，为沅水支流通航的鼎盛时期。20世纪70年代开始，航道里程锐减。

1988年，常德境内沅水支流航道有8条，通航里程163公里。

1990年，常德市航道普查认定，常德境内沅水支流有航道里程164公里。

1997年全国航道定级时，常德境内沅水支流评定为8级、9级航道的总里程207公里。

2003年第二次全国内河航道普查认定，沅水支流航道总里程199.17公里。

2010年，沅水支流主要有枉水、新渐河、白洋河、夷望溪、大洑溪等，航道总里程199.17公里。

枉水 该支流有东西两个源头：西源出自鼎城区与安化县交界的九龙山西北的罗家溪，东源出自九龙山东北的唐家溪，两个源头于两汉港汇合后经陡山、草坪、茅湾至德山港口注入沅水，全长80公里，流域面积484平方公里，原可通航57公里。1958年在上游修建超美、五溪、跃进、沧山、五八等中型水库5座，同时将枉水下游陡山至茅湾段围垦改道。1968年开挖南阳河，西起许家桥，至南阳排入沅水，长5.1公里。1977年又开挖自合井坝起，至二里岗排入枉水的撇洪渠13公里。1990年常德市航道普查认定，只有港口至茅湾6公里航道常年可通航60吨级船舶，年货运量在10万吨以上。2003年第二次全国内河航道普查时将港口至茅湾6公里航道，定为8级，可通航50吨级船舶。2010年，该航道技术等级为8级。

该段航道条件良好，虽有过河、临河建筑物，但不碍航。腹地砖瓦、沙卵等建材均通过枉水运出，年货运量1.2万吨。

花岩溪水库 又名五溪水库，水域面积266万平方米，库容量3000万立方米，坝顶高程126.3米，坝高36.3米，正常蓄水位123米。2003年，库区已开通五溪水库主航道和东支航道2条旅游航线，其中主航道为大坝经渡口、黄冲至栖凤山6.05公里；东支航道为渡口至三样树村1公里。这两条航道长7.05公里，最浅水深8米，最窄航宽60米，最小弯曲半径300米，定为8级航道，航行条件良好。2010年，这两条航道技术等级为8级。该水库已成为花岩溪旅游区的一部分，库区的旅游客运量每年达10万人次。

龙凤水库 又名超美水库，水域面积176万平方米，库容量2100万立方米，坝顶高程129.5米，坝高38.5米，正常蓄水位124.5米。2003年，库区已开通三条旅游航线：龙凤水库西支航道为岔口至伍家山2.25公里；龙凤水库主航道为大坝至仙池山3.65公里；龙凤水库东支航道为大坝至麻家溪2.32公里。这三条航道长8.22公里，最浅水深6米，最窄航宽60米，最小弯曲半径250米，定为8级航道，航行条件良好。2010年，这三条航道技术等级为8级。该水库和花岩溪水库同为花岩溪旅游区的一部分，库区的旅游客运量每年达10万人次。

新渐河 该河系1963年为排涝灌溉而开挖的人工渠道。该河底宽100米，河面宽130

米。2003年第二次全国内河航道普查时将河洑节制闸至高桥19.8公里航道,定为9级。有节制闸、漫水坝等碍航建筑物2座,过河桥梁16座,架空电线33根,排水闸等临河设施10处。每年3月至10月可通航20吨级船舶,枯水期时灌溪以下断流。由于受河洑节制闸控制,船只不能出入沅水,只能季节性区间通航。2010年,该航道技术等级为9级。

白洋河、黄石水库 白洋河源出慈利县云潮山,向东南流至慈利县龙潭河进入黄石水库,再经九溪、漆河至延泉注入沅水。全长121公里,平均坡降0.838‰,是沅水在常德境内最大的一条支流。

1958年至1968年,白洋河上游建成黄石水库,坝顶高程94.5米,坝高40.5米。库容量6.12亿立方米。因大坝无通航设施,造成坝上、坝下分段通航。2003年坝上有4条库区航道,长32.6公里,均为8级。按行政区域划分,一条为桃源县内航道,即:黄石水库南源航道,大坝至新铺12.6公里;三条为跨市航道,即:黄石水库东源航道,大坝至潘仕岭3.6公里;黄石水库主源航道,大坝至飞马9.4公里;黄石水库北源航道,大坝至包家台7公里。2010年,上述4条库区航道技术等级为8级,航行条件良好,可常年通航。

1970年至1976年,桃源县水利部门先后在白洋河黄石大坝至延泉坝航段修建小陬溪、重阳、九溪、栗林、延泉5座枢纽。这些枢纽虽都建有船闸,但由于坝级间水位不衔接,加之船闸年久失修,1982年后基本处于封闭状况,全线不能与沅水直接相通,只能分段通航。2003年第二次全国内河航道普查时,将白洋河黄石大坝至延泉坝58.26公里航道,定为8级。2010年,该航道技术等级为8级。

夷望溪 源出桃源县西安镇老虎尖,经太平铺、茶庵铺、李梓溪、竹园至兴隆街水心寺(夷望溪口)注入沅水,全长93公里,平均坡降2.01‰。1971年至1976年,竹园修建了53米高的大坝拦河发电,但未建通航设施,故大坝上下只能分段通航。夷望溪口原建有水利枢纽,因沅水干流上的凌津滩水利枢纽回水顶托,1999年已拆除。新林建有水利枢纽,但无通航设施,属碍航枢纽。2003年第二次全国内河航道普查时将夷望溪口至三元潭42.24公里航道,定为8级,其中夷望溪口至新林航段为沅水凌津滩枢纽的回水区;新林至竹园航段为新林枢纽的回水区;竹园至三元潭航段为竹园枢纽的回水区。竹园大坝至李梓溪10公里已渠化为库区航道,李梓溪至三元潭18.49公里,每年4月至10月可通航30吨级船舶。2010年,该航道技术等级为8级。

夷望溪流域盛产楠竹、木材和矿产品,由于竹园和新林枢纽碍航,导致不能与沅水贯通而使货物弃水走陆。

夷望溪两岸山水秀美,景色宜人。两岸青山如屏,翠竹成荫。夷望溪水清澈透明,如同碧玉,有“沅江小桂林”的美称。主要景点有水心岩、夷望峡、象鼻山、南海怒潮、千年古樟等。从注入口沅水中央的水心寺至上游三元潭都已作为水上分段观光的旅游线路,是一个极具潜力的旅游区。

大洑溪 大洑溪源出慈利县五里垭,向东南流经桃源县牛车河、观音寺、燕家坪至大洑溪口注入沅水，全长 83 公里。系山溪性支流，平均坡降 2.98‰，河宽 40 米～100 米，河床陡，比降大，水流急，滩险多。因水位暴涨暴落，故枯水期水深只有 0.3 米～0.6 米。

大洑溪流域盛产木材、山货和石灰。该航道历史上为桃源县的水上石灰运输线。1971 年至 1979 年在航道上分别修建茅坪和大洑溪水轮泵枢纽，虽建有船闸，但未能按设计要求完工，通航困难。2001 年，河口的大洑溪枢纽虽被拆除，却又在距河口上游 7.4 公里处新修杨家溪枢纽，仍未建通航设施，造成上下分段通航。

2003 年第二次全国内河航道普查时，将大洑溪口至会人溪 25 公里航道，定为 8 级。沅水凌津滩电站的回水已达大洑溪，杨家溪、茅坪两枢纽的回水也分别在 3 公里以上，故水深条件较前大为改善。水上过河建筑物有桥梁 2 座，架空电线 8 根，均不碍航。2010 年，该航道技术等级为 8 级。

第二节 澧水系航道

澧水源出桑植县北，流经市境内石门、临澧、澧县、津市至小渡口注入洞庭湖。自杉木界至小渡口船厂全长 388 公里（市境内界溪至小渡口船厂 77 公里），沿途纳溇水、渫水、道水、涔水、澹水，流域面积 18496 平方公里，是湖南四大河流中最短的一条。

1988 年，澧水系常德市境内有航道里程 334 公里。

1990 年，常德市航道普查认定：澧水系常德市境内有航道里程 334 公里，其中常年航道 113 公里、季节性航道 221 公里。

1997 年，澧水系常德市境内定级航道里程 375 公里，其中省直管航道 43 公里、市管航道 332 公里。

2003 年第二次全国内河航道普查认定：境内澧水系有航道里程 371.4 公里，其中省直管航道 43 公里、市管航道 328.4 公里（包括新增库区航道 13 公里）。

2010 年，澧水系常德市境内有航道里程 348.02 公里，其中省直管航道 43 公里、市管航道 305.02 公里。

一、干流航道

1988 年，澧水干流航道常德境内为小渡口船厂至界溪，全长 76 公里。

1990 年，常德市航道普查认定：澧水干流航道境内小渡口船厂至界溪全长 76 公里，技术等级为 6 级。

1997 年全国航道定级时，将津市小渡口船厂至三江口 71 公里定为 5 级，三江口至界溪 6 公里定为 6 级。

2003 年第二次全国内河航道普查认定：澧水干流航道常德市境内起讫点为津市小渡口

船厂至石门界溪,长 77 公里。津市小渡口船厂至津市澧水大桥 3 公里,技术等级为 5 级;津市澧水大桥至石门界溪 74 公里,技术等级为 7 级。其中:津市小渡口船厂至青山 43 公里,由津市航道管理局维护管理,2009 年后由常德航道管理局维护管理; 青山至石门界溪 34 公里,由常德市航道管理处维护管理,2009 年后由常德市地方海事局维护管理。

2010 年,澧水干流航道境内津市小渡口船厂至石门界溪全长 77 公里,小渡口船厂至津市澧水大桥 3 公里,技术等级为 5 级,津市澧水大桥至石门界溪 74 公里,技术等级为 7 级。

津市小渡口船厂至澧县城关 长 15 公里,河宽 300 米 ~ 350 米,平均坡降 0.084‰,该航段受洞庭湖水顶托,水流平缓,航行条件好,可常年通航 300 吨级船舶。

澧县城关至石门城关 长 48 公里,河宽 200 米 ~ 250 米,平均坡降 0.4‰,该航段水面宽阔,边滩低平,水流分散,有滩险多处,水浅碍航。1976 年至 1994 年澧县建成艳洲水利枢纽,同步建成年单向通过能力为 150 万吨的船闸。1965 年至 1968 年临澧建成青山水轮泵站,建有年通过能力为 120 万吨的船闸。21 世纪初,中外合资中加公司在原青山主坝上加装发电机组,虽不碍航,但因发电用水量太大而造成石门城关段水位变幅过大,不利船舶航行。

石门城关至界溪 长 14 公里,河宽 150 米 ~ 200 米,平均坡降 0.62‰。1984 年建成三江口枢纽,至 2010 年亦未按计划完成通航设施,致使澧水中上游的船舶不能直达洞庭湖,其支流渫水也只有少量船舶航行。三江口大坝极大地影响了通航。

青山大坝处有一洲汊航道,即澧水干流汊道航道。2003 年第二次全国内河航道普查时,将汇合口至新安 3.9 公里航道,定为 8 级,可全年通航。2010 年,该航道技术等级为 8 级。

二、支流航道

1965 年,澧水常德境内有支流航道 14 条,长 646 公里。

1987 年,常德地区境内有澧水支流航道 10 条,长 400.5 公里。

1988 年,常德市境内有澧水支流航道 7 条,长 295 公里。

1990 年常德市航道普查认定,澧水支流常德境内有航道里程 255 公里。

1997 年全国航道定级时,澧水支流常德境内评定为 8 级、9 级航道的总里程 298 公里。

2003 年第二次全国内河航道普查认定,常德境内澧水支流航道总里程 290.5 公里。

2010 年,澧水支流常德境内主要有涔水、澹水、道水、渫水,航道总里程 271.02 公里。

涔水 涔水源出石门县黑天坑,于津市小渡口注入澧水。该航段水流平缓,河面宽阔,曾是津市至梦溪镇的主要航线。历来担负着澧县城关、涔南、梦溪等地粮、棉、生猪的运出和百货、建材的运进。因 1965 年伍公嘴建闸、1973 年小渡口建闸,且两闸坝均碍航,1973 年后已成一条封闭式水道,无船航行。2003 年第二次全国内河航道普查时,将小渡口排水闸至曾家河 41.3 公里航道(原为 56 公里,因北民湖改道而减少里程 14.7 公里),定为 9 级。航道上有小渡口排水闸、伍公嘴节制闸 2 座,均碍航。有跨河桥梁 2 座,架空电线 11 根,临河设施

13处，均不碍航。有浅滩6处。2010年，该航道技术等级为8级。

其上游羊古庄于1960年建成王家厂水库。2003年，库区有航线3条，长23.45公里。

王家厂水库主坝至方石坪镇龙神潭8.65公里，定为9级航道；

王家厂水库主坝至闸口10.8公里，定为9级航道；

王家厂水库主坝至枞杨4公里，定为9级航道。

2010年，上述3条库区航道技术等级为9级，有少量客运船舶航行。

澹水 澹水源出石门县女儿垭，东南分岔为两支。2003年第二次全国内河航道普查时，将东支的改道线，即伍公嘴至澧县县城临津澹水桥21.3公里航道，定为9级，亦为涔水支流。航道上有跨河桥梁3座，架空电线10根，临河设施5处。2010年，该航道技术等级为9级，河段已成为渔场，除有零星捕鱼船外，无其他船舶通行。

道水 道水源出慈利县五雷山的东、西泉。经蒙泉、东泉等水库，至南河口汇合后，始成较大河流。然后经白洋湖、佘市桥、临澧县城、沔泗洼、大岩场至道河口注入澧水，全长101公里。有沙溪河、梅家河等支流。

航道起讫点为澧县道河口至石门蒙泉大桥（白洋湖），原为75公里，1979年，因金宝滩水轮泵站建成致使上游改道，缩短5公里。2003年第二次全国内河航道普查时，将道河口至蒙泉大桥70公里航道，定为8级。航道上有烽火、清水堰、金宝滩水轮泵站3座枢纽，均建有船闸，但设施不配套，加之年久失修，运转困难。有跨河桥梁9座，渡槽1座，架空电线21根，临河设施8处。2010年，该航道技术等级为8级，只有少量挖砂、运砂船舶航行。道水支流沙溪河航道，自邹家河以下5公里，为8级航道。在烽火枢纽回水区内，航道尺度好，无碍航建筑，有少量船舶航行。

道水上游蒙泉水库原无航道。1999年蒙泉湖成为旅游区后，库区内有旅游船10艘，旅游航线4条，长13公里，2003年第二次全国内河航道普查时定为8级。即：大坝至冯家坪3公里，大坝至老湾3公里，大坝至将军山5公里，大坝至溢洪道2公里。2010年，上述4条库区航道技术等级为8级，库区的旅游客运量每年达2万人次。

渫水 渫水有北、中、南三源。北源出自湖北省五峰县的白溪河；中源出自石门县的泉坪河；南源出自石门县的金家河。三源在龙门洞西北汇合，流经壶瓶山镇、两河口、所市、磨市、皂市至三江口注入澧水，全长165公里，平均坡降1.48‰，有11条小溪支流。该河雨量充沛，年降雨量2192毫米，水位暴涨暴落，变幅达7.64米。

2003年第二次全国内河航道普查时，将三江口至壶瓶山镇116.45公里航道，定为7级。该航道有皂市、芷洪滩、张家渡3座水电站，3座枢纽均未建通航设施，造成渫水航道只能分段通航，全线有跨河桥梁7座，架空电线29根，临河设施10处，浅滩19处。

三江口至皂市枢纽，长16.65公里，平均坡降1.14‰，此段航行条件较好，三江口电站的回水可达新关，全年能通航50吨级船舶。

皂市枢纽至芷洪滩枢纽，长57公里。其中皂市至磨市47公里为峡谷河段，平均坡降

1.12‰,皂市电站坝顶高程 146 米,坝高 82 米,该段为库区航道,航道尺度好,通航条件优。磨市至芷洪滩 10 公里,平均坡降 1‰~1.4‰,可季节性通航。

芷洪滩枢纽至张家渡枢纽 32.2 公里,张家渡枢纽至壶瓶山镇 10.6 公里,两岸峡谷峭壁,平均坡降 1.8‰。1986 年前航行条件极差,现芷洪滩、张家渡两枢纽的回水有效地改善了航行条件,有利坝上区间通航。若能解决包括澧水三江口在内的各枢纽通航设施,则整条航道就能彻底畅通。

2007 年,皂市水利枢纽蓄水后,形成 60 公里库区航道(大坝至维新、磨市),有几条通往乡镇的客运航线。石门县已成立旅游运输公司开发库区旅游航线并建造了一些客运设施;皂市水利枢纽下游 5 公里建成白沙渡水电站。

渫水流域矿产极为丰富,雄黄居全国第一位,磷居全省第一位。石门是柑橘之乡,新关是水泥等建材的重要产地,壶瓶山则是有"大氧吧"之称的生态旅游区。且渫水上游又是高山无公害反季节蔬菜的重要产区,每年有 7000 万公斤的白菜、萝卜、马铃薯等蔬菜需运往广州、长沙、常德等地。2010 年,该航道技术等级为 7 级。除壶瓶山有旅游漂流船舶外,几乎无其他船舶航行,客货已弃水走陆。

第三节　洞庭湖区航道

1988 年,洞庭湖区常德境内有航道里程 1170 公里。

1990 年,常德市航道普查认定:洞庭湖区境内有航道里程 1142 公里,其中常年航道 637 公里、季节性航道 505 公里。

1997 年,洞庭湖区常德境内定级航道里程有 1059 公里。

2003 年第二次全国内河航道普查认定:常德境内洞庭湖区航道主要有沅水洪道、沅南大垸、汉寿西湖垸、沅澧大垸、澧水洪道、长江支流等大小河流、湖汊 64 条(段),其航道总里程 1088.37 公里(含益阳境内午口子至窑湾 2 公里、午口子至白蚌口 26 公里)。

2010 年,常德境内洞庭湖区航道总里程为 1099.89 公里,其中省直管航道 307.85 公里、市管航道 792.04 公里。

一、沅水洪道

沅水洪道即沅水尾闾与洞庭湖相接的航道,此洪道有以下 8 段:

窑嘴至德山　长 79.15 公里,为沅水洪道的主干航道,水量充沛,水面宽广。1996 年至 1999 年该段整治工程完成,航宽 80 米,弯曲半径大于或等于 340 米,水深 1.6 米,水深保证率 95%,航行条件好,可常年通航 500 吨级船舶。2001 年 12 月 28 日,常德至鲇鱼口航运建设工程正式开工,此段按 3 级航道标准进行整治。2003 年第二次全国内河航道普查时,将该段长 79.15 公里航道，定为 4 级。2005 年 12 月 30 日常鲇航运建设工程完工，该段航道定为 3 级。2010 年，窑嘴至德山 79.15 公里航道为 3 级，是常德境内级别最高的航道。

蒋家嘴至游巡塘 是半边湖西面沿洋淘湖垸堤的一条航道。由于游巡塘至麻濠口段处于沅水洪道回水窝流地带，航道逐年淤积，船舶大都走沅水干流经虾公窖、入麻濠口至蒋家嘴镇。2003 年第二次全国内河航道普查时，将该段长 7.75 公里航道，定为 6 级。2010 年，该航道技术等级为 6 级。

大堤塘至麻濠口 东连目平湖东线南嘴镇的大堤塘，西接澧松主航道接线处的麻濠口，属沅水洪道目平湖东线航道。是沅、澧二水及常德港至津市、安乡两港的火轮故道，捷径航线。由于长江三口（松滋、虎渡、藕池）来水和沅澧二水相遇，连年在目平湖淤积，人们沿湖多处围湖造田，致使该航道平时只能通航 50 吨级船舶，在中洪水期可通航 100 吨级以上的船舶。2003 年第二次全国内河航道普查时，将该段长 25.51 公里航道，定为 7 级。2010 年，该航道技术等级为 7 级。

竹林湾至小港 该航道从目平湖西线南嘴镇的竹林湾起，经八凤窖河、白莲、牛角尖、南堤、坡头至小港，属沅水洪道目平湖西线航道。是围汉寿西湖大垸时，填筑江堤取土挖成的深水航道，航道靠大堤边沿而行，可通航 50 吨级船舶。但航道两岸线不规则，无航标，弯曲多，船舶航行尤需注意安全，谨慎驾驶。2003 年第二次全国内河航道普查时，将该段长 34.7 公里航道，定为 7 级。2010 年，该航道技术等级为 7 级。

烟包山至蒋家嘴镇 20 世纪 60 年代烟包山堵口（常益合堵），围湖造田，堵成两节航段，该段属沅水洪道孔家湖航道。大坝内筑成许多鱼池，网箱养鱼、养珍珠。堵口后只能通航 10 吨级的小船。2003 年第二次全国内河航道普查时，将该段长 20 公里航道，定为 9 级。2010 年，该航道技术等级为 9 级。

烟包山至百禄桥镇 系 20 世纪 60 年代烟包山堵口形成的另一节航段，即烟包山至百禄桥航道。由于烟包山堵口未建通航设施，堵口后只能在航道内区间通航。2003 年第二次全国内河航道普查时，将该段长 9 公里航道，定为 9 级。2010 年，该航道技术等级为 9 级。

周文庙至汉寿城关 属沅水洪道七荆障航道。原从周文庙经马家铺至汉寿城关 10 公里，可通航 100 吨级船舶，汉寿县城关港原是通轮船的良港。由于 20 世纪 60 年代至 70 年代在北拐和接港堵口，围垦围堤湖为解决山区水库移民问题，将良港堵成内港，进出物资均需在马家铺翻堤接驳。汉寿县人民政府曾在 70 年代至 80 年代，多次请求在接港修建通航设施，终因经费不落实而未建。2003 年第二次全国内河航道普查时，考虑到内港航道仅 4 公里，航程太短，已成渔场，加之城关又无大宗物资运输，解决通航设施既无必要，亦不可能。因此，只保留外江周文庙至马家铺 6 公里 6 级航道通航。现城关进出货物均在马家铺中转。2003 年第二次全国内河航道普查时，将该段长 10 公里航道，定为 6 级。2010 年，该航道技术等级为 6 级。

安彭港至新兴嘴 属金石河航道。1969 年，沅水出现每秒 2.9 万立方米的洪峰流量，位于尾间中的金石垸、小凡洲溃决,后经省水利厅批准废弃。为加大沅水入湖泄量,1971 年冬,常德地区组织常德、汉寿两县民工 6 万余人,将大、小凡洲从中劈开,人工开挖出一条长 6200 米的引河,分沅水向东流,至安彭港对岸复合沅水。因河两端开挖未达到设计标准,每到汛期,不仅泄水甚少,反而有所淤积。因此,又于 1979 年和 1980 年冬,连续两次组织两县民工进行疏浚。整个工程由国家投资 93.4 万元。引河航道底宽 60 米,进出口宽 120 米,河床比降0.03‰,河底高程 28 米,枯水最浅水深 1 米,航线较直。主航道有 2 条:一是原来弯曲的牛鼻滩深水线;二是引河航道,此航道在中洪水期航行比牛鼻滩深水线近 3 公里。因新开河段不是很宽,深度也不够,平时只能通航 30 吨级船舶。在中洪水期 100 吨级以上的船舶多从这里下行。2003 年第二次全国内河航道普查时,将该段长 9.74 公里航道,定为 8 级。2010 年,该航道技术等级为 8 级。

二、沅南大垸

沅南大垸航道系内湖航道,此航道有以下 2 段:

蒋家嘴至牛路滩 该航道为汉寿南湖垸主干航道,因多年失养,运输船舶大减。崔家桥、三和等地的块石和黄砂,20 世纪 70 年代前全赖水运,后弃水走陆,均用汽车直运到目的地。南湖运输均受蒋家嘴船闸控制,过闸船舶在 90 年代前还比较繁忙,年通过货运量有 10 多万吨,90 年代后过闸年货运量不到万吨。2010 年,有 2 艘 20 座位的小客船航行在蒋家嘴至朝阳桥航道上。

2003 年第二次全国内河航道普查时,将该段长 46.69 公里航道,定为 6 级,可通航 100 吨级船舶。2010 年,该航道技术等级为 6 级。

在此航线上还有湖汊支线航道 5 条,即:蒋家嘴至砖墙湾 4 公里,为 8 级航道;蒋家嘴至纸料洲 4 公里,为 9 级航道;安乐湖尾的关门洲至月明潭乡 3 公里,为 8 级航道;袁家湖的甘长窝至泥湾 7.7 公里,其中甘长窝至毓德铺 4.7 公里能正常通航。毓德铺至泥湾 3 公里航道淤塞,毓德铺桥净空很低,20 世纪 90 年代初已无船通过。小塘至太子庙镇 5.2 公里,是 70 年代整治南湖时人工开辟的一条大排水渠,太子庙一带的粮食及农副产品曾经全靠此河运出。以上 5 条湖汊支线航道属汉寿南湖垸内高排区, 由蒋家嘴 6 级航道上的船闸沟通高排区 23.9 公里航道。

南湖垸低排区有 3 条航道,即:翻水口船闸通往沧、浪二水的故道。翻水口至沧港镇 15.6 公里,为 9 级航道;南堤撇洪河至鸭东铺 3.2 公里, 为 8 级航道;下鸡公嘴至毛家滩 7.2 公里,为 9 级航道。3 条低排区航道共计 26 公里,受翻水口 7 级航道上的船闸控制。翻水口船闸管理所属汉寿县水利局管辖,由于船闸多年失修,20 世纪 80 年代已无船过往,枯水期仅作排水闸使用。

岩汪湖电排至方嘴 属南湖垸洋淘湖内港航道。2003 年第二次全国内河航道普查时，将该段长 8.19 公里航道，定为 8 级。2010 年，该航道技术等级为 8 级。

沅南大垸有主干航道 46.69 公里，高低排区航道 49.9 公里，洋淘湖内港航道 8.19 公里，共计 104.78 公里。除洋淘湖内港航道 8.19 公里外，其他均由蒋家嘴船闸与外江沟通。

三、汉寿西湖垸

汉寿西湖垸内有通航河流 11 条(段)，长 115.16 公里。这些河段在 20 世纪 50 年代治理西洞庭湖时开始堵塞，已封闭半个多世纪。当地政府曾多次请求在柳林嘴建通航设施，未果。

垸内航道条件良好，曾为通航轮船的故道。在分段通航多年后，由于航程较短且与外江不能沟通，迫使绝大部分船舶到外江营运。2010 年，只有 20 座位的客船 1 艘在高排区航行，该客船要穿过 8 座人行浮桥，而且在层层渔网间游弋，航行艰难。

垸内航道分为高排区和低排区。2003 年第二次全国内河航道普查认定：高排区航道 83.64 公里，低排区航道 31.52 公里。

高排区主干航道柳林嘴堵口至罗家铺水闸 31.31 公里，为 8 级航道。还有 7 条支汊航道，即：赵家河电排至酉港镇 5.7 公里，为 8 级航道；庙嘴至牛角尖电排 17.33 公里，为 9 级航道；凤鸣至白莲 6.82 公里，为 9 级航道；汀头至文蔚堵口 10.33 公里，为 8 级航道；落水口至东风坝 6.2 公里，为 8 级航道；六官口至罐头嘴 3.1 公里，为 8 级航道；新港水闸至西湖镇 2.85 公里，为 8 级航道。

低排区有 3 条航道，即：偏坡至小港堵口 19.1 公里，为 8 级航道；坡头至白杨 6 公里，为 8 级航道；东风坝堵口至龙打吉堵口 6.42 公里，为 9 级航道。汉寿西湖垸这些航道在农村公路未修通前，曾经是当地粮食及农副产品运输的主通道。

2010 年，上述航道技术等级未变。

四、沅澧大垸

沅澧大垸航道亦属内湖航道，主干航道有：

马家吉船闸至罗家台　又称马林(凌)航线(注：地名录为林家滩，交通部门历来称凌家滩)，为垸内主干航道，为沟通沅水和澧水的捷径航道。1985 年由交通部和湖南省政府对等投资，成立"常德地区马林航线复航工程指挥部"，为解决湖南严重闸坝碍航的一处重点工程。计划修建 4 座船闸、改造 8 座桥梁、整治 8 处滩险。1985 年至 1991 年，6 年间已建成马家吉、唐家嘴 2 座船闸，疏浚 40 公里航槽，耗资 1600 万元。由于湖区钉螺尚未灭尽，血吸虫病防治、资金及防洪等问题不好解决，迫使该工程停工。2003 年第二次全国内河航道普查时，将该段长 74.29 公里航道，定为 6 级。该航道分为两段，马家吉至新民闸 54.34 公里属常德内湖，新民闸至罗家台 19.95 公里属津市西湖、毛里湖。2010 年，该航道马家吉船闸至新民闸

54.34 公里定为 6 级,新民闸至罗家台 19.95 公里为等外级。

常德内湖由马家吉船闸沟通沅水,串通冲天湖、柳叶湖、沾天湖等湖泊。马家吉至唐家嘴船闸 38.18 公里属低排区, 低排区内包括马家吉至唐家嘴主航道和 5 条冲柳低排区支汊航道,即:新河口水闸至廖板滩 23.96 公里、红岩嘴至郑家河 3.42 公里、花山岩场至杨桥 5.9 公里,均为 8 级航道;建设桥至泉水桥 8.45 公里、三港子至镇德桥 2.4 公里,均为 9 级航道。低排区共有航道里程 82.31 公里,由南碚水闸自泄和电排控制。

唐家嘴至新民闸 16.16 公里属垸内高排区,有 2 条主要支汊航道,即:苏家吉水闸至芭茅滩 44.29 公里,为 8 级航道;八宝湖铁甲嘴至大砖桥 8.76 公里,为 9 级航道。高排区共有航道里程 69.21 公里,由苏家吉水闸自泄和电排控制。

马家吉、唐家嘴 2 座船闸虽沟通航道 171.47 公里,但沿河村民段段设网,渔业与航运争水域的问题多年未能解决,航道状况在逐年恶化。运输船舶稍有不慎,挂到渔网就要扯皮赔钱。加之罗湾、新河口人行浮桥对船舶航行造成很大的不便,2010 年很少有运输船舶进入该航道。

2003 年第二次全国内河航道普查认定,常德内湖航道除冲柳高低排区航道 171.47 公里外,还有 2 条独立排水系统的航道。一是沅澧大垸西洞庭农场排水区航道,由罗家铺水闸至泥港口水闸,长 6.72 公里,为 9 级航道;二是沅澧大垸沙河口排水区航道,由沙潮村至沙河口电排,长 13.85 公里,为 8 级航道。1974 年沙河口修建电排站后,水既可从沙河口大型电排排出,又可从罗家铺水闸自泄。20 世纪 80 年代后只有渔船航行。

津市西湖、毛里湖航道,其起点为新民闸,是控制该湖泊的排泄水闸,全湖为自蓄渍水区。冬季枯水时由新民闸自泄经冲柳高排区进苏家吉水闸注入沅水。2003 年第二次全国内河航道普查认定,该湖有支汊航道 6 条,即:沅澧大垸毛里湖、楼凤台至保河堤 4.2 公里、楼凤台至白衣 10.41 公里、王家嘴至石板滩 10.35 公里、叶家嘴至胡家桥 6.7 公里、西湖口至辛家台 6.8 公里,均为 9 级航道;马林河故道,八角嘴至七星坝 5.2 公里,为 8 级航道。2010 年,此航道总长 43.66 公里,均归津市西湖渔场管辖。该场有 20 吨位的钢质船舶 6 艘,临时可安装挂桨机,作喂鱼饲料和捕捞用。有 3 吨以下的小木划 10 多艘,另有渔场公安派出所的公安快艇 4 艘,无其他营运船舶航行。

2010 年,上述航道技术等级未变。

五、澧水洪道

澧水洪道即澧水尾闾与洞庭湖相接的航道,此航道有 4 段:

澧资航道 澧资航线是连接澧水、资水的一组航道的总称。澧资航道起于澧水入湖口津市小渡口船厂,经茅草街、沅江,至甘溪港分两支,一支由甘溪港到益阳,一支沿资水洪道至毛角口出临资口接湘水洪道,全长 209 公里,是洞庭湖区主要水运干线。2003 年第二次全国内河航道普查时,将午口子至津市小渡口船厂长 85 公里航道,定为 5 级。航道分为 3 段,即:午口子至窑湾 2 公里;窑湾至石龟山大桥 48 公里;石龟山大桥至津市小渡口船厂 35 公里。2010 年,该航道有石龟山特大桥 1 座,架空电线 6 根,临河设施 15 处,主要浅滩 15 处。澧资航道常德境内为窑湾至津市小渡口船厂,长 83 公里。该段航道航行条件良好,能通航 500 吨级船舶。罗家湾至蒿子港航段内有沙丘移动,船舶航行尤需注意河床变化,沿航标航行。2010 年,该航道技术等级为 5 级。

松澧连线 即澧水与松滋 3 支横向汇合的联结河道,起点为松滋东河的小望角,止于澧水马颈口。2003 年第二次全国内河航道普查时,将该段长 28 公里航道,定为 6 级。2010 年,该航道技术等级为 6 级,有架空电线 6 根,临河设施 1 处,弯道较多,船舶航行尤需注意安全,谨慎驾驶。马颈口至张家滩段已确定为澧资航道联结官垸河 3 级航道的联结线。

汉辅河 该航道起点为汉河道三不管与松澧线的合流处,止于津市小渡口。2003 年第二次全国内河航道普查时,将该段长 15.33 公里航道,定为 8 级。2010 年,该航道技术等级为 8 级,属季节性航道,在中洪水期可通航 100 吨级船舶。又是津市至安乡的捷径航道,比走主干线的马颈口进入松澧航道至安乡要近 20 公里。比走午口子至安乡要近 68 公里。该航道属七里湖水域,时冲时淤严重,航槽很不稳定。

七里湖 即七里湖农场围堤与安乡交界的一条河汊,该航道起自油榨坡,终至汇口,长 8.41 公里。2003 年第二次全国内河航道普查时,定为 9 级航道。普查后该航道已淤浅,无船舶航行。2010 年,该航道技术等级为 9 级。

六、长江支流

长江支流为长江水溃决南岸而成。境内主要有 8 条航道:

藕池西河 航道起自南县与安乡县交界处的麻河口,终至安乡县与湖北省公安县交界处的彭邱岭,长 44.75 公里。2003 年第二次全国内河航道普查时,定为 9 级航道,为藕池西河中游段。2010 年,该航道技术等级为 9 级。常德境内由于省道南永线(S306)跨越藕池西河的丁家渡桥净空不够,加之上游湖北藕池口枯水期断流,只能季节性通航。该航道在中洪水期航宽达 80 米,可以分段通航 30 吨级船舶。

虎渡河 航道起讫点为小河口至黄山头镇,长 46.2 公里。2003 年第二次全国内河航道普查时,定为 7 级航道,可通航 50 吨级船舶。从小河口至陆家渡桥 14 公里,通航保证率 50%,原属津市航道管理局管辖,2009 年后由常德航道管理局管辖。从陆家渡桥至黄山头镇 32.2 公里,原由常德市航道管理处管辖,2009 年后由常德市地方海事局管辖。该航道由陆家渡公路桥控制,航深、航宽等通航条件较好。枯水季节大杨树汽车渡口两岸有固定低坝车道,中间通航孔由汽渡板船可临时摆开通航。2010 年,该航道技术等级为 7 级。

2014 年,大杨树建公路桥,渡口已拆除,无河道低坝碍航。

松虎航道 航道起讫点为午口子至黄金堤,长 91.7 公里。2003 年第二次全国内河航道普查时,该航道分为5段,即:午口子至梁箭口8公里、梁箭口至小河口19.5公里、小河口至安乡大鲸港大桥15.5公里,均为4级航道,通航保证率95%;安乡大鲸港大桥至新渡口31公里,为5级航道,通航保证率90%;新渡口至湖北黄金堤17.7公里,为6级航道,通航保证率70%。此外,还有芦林铺至六角尾分汊辅航段,长10公里,为6级航道,通航保证率50%。2010年,该航道技术等级为6级,有安乡大鲸港大桥1座,架空电线12根,水下电缆1根,临河设施10处,主要浅滩8处。此航道通航条件良好,有客货船舶航行。

松滋西河 航道起讫点为松澧航道上的汇流点张九台至湘鄂分界点的杨家垱。2003年第二次全国内河航道普查时,将该段长39.16公里航道,定为6级。2010年,该航道技术等级为6级,有跨河电缆3根,航道条件良好,可通航100吨级船舶。

官垸河 是松滋河中支在青龙窖的分支河段,为与地名相符改为官垸河。余家台乡的官垸上段称西洲垸,1998年溃垸。为确保安澧其他大垸的安全,该垸已移民建镇,平垸行洪,成为蓄洪区。航道起讫点为松澧联线航道的汇流点彭家港,经官垸镇至松滋西河分流点青龙窖。2003年第二次全国内河航道普查时,将该段长27.53公里航道,定为7级。2010年,该航道技术等级为7级,属季节性航道。有毛家岔大桥1座,跨河电缆7处,枯水期有浅滩5处。中洪水期可通航100吨级船舶。

2015年,官垸河已被确定作为湖南省配套津市至长江3级航道整治项目。

瓦窑河口至黄金堤 系松滋东、西两河的上段联结河,名瓦窑河。2003年第二次全国内河航道普查时,将该段长7.3公里航道,定为8级。2010年,该航道技术等级为8级,瓦窑河虽与两主河联结,但河道非常弯曲,航道条件差,两河水流较平缓,很容易淤浅。在中洪水期船舶才能航行。

东坝口至西坝口 系松滋东、西两河联结段瓦窑河下的又一连线河段,名曰坝口。该河段是20世纪60年代至70年代为松澧分流工程所致,时挖时堵。两端已堵成大江堤,堤内已改造成鱼池和良田,不能通航。2003年第二次全国内河航道普查时,将该段长2.1公里航道,定为8级。2010年,该航道技术等级为8级。

罗家湾至梁箭口 系澧水洪道与松虎河的捷径航道,长2公里,2003年第二次全国内河航道普查时,定为8级航道。2010年,该航道技术等级为8级。

此外,松滋西河上游段有个江心洲,名裴黄垸。垸西岸有条汊河,由于将马公湖堵在松澧大垸内,马公湖已断航。只有该段汊道与官垸河平行,在中洪水期船舶可以航行。航道起讫点为挖断岗至马公湖,长3.35公里,2003年第二次全国内河航道普查时,定为9级航道。2010年,该航道技术等级为9级。

七、安澧内湖

安澧内湖航道属内湖航道,有航道2条:

安乡珊珀湖 又名大鲸湖、山背湖。该湖长 9.5 公里,平均宽 2.73 公里,面积 26 平方公里,平均水深 1.5 米,湖底淤泥最深达 7 米,蓄水量 0.39 亿立方米。安乡县渔场闸口原为大鲸港至珊珀湖航线的入湖口,大鲸港在 20 世纪 80 年代末已断航。2003 年,第二次全国内河航道普查时认定,珊珀湖有 4 条航线。即:西线湖口闸至刭港 5.55 公里、南线湖口闸至黄家台 3.5 公里、北线湖口闸至白螺湾 6 公里、东北角线湖口闸至岩刭口 4 公里,均为 8 级航道。2010 年,上述航道技术等级为 8 级。

珊珀湖由安乡珊珀湖渔场管理,渔场有 20 吨位的钢质驳船 3 艘、公安快艇 2 艘、10 多艘 3 吨以下的小木划在湖内航行。湖内航道总长 19.05 公里。

澧县观音港内港航道 此河历史上是津市港通往湖北省荆州和宜昌港的轮船故道。20 世纪 50 年代末,将观音港和添洪两端堵死,围成澧松大垸,内湖分段通航多年。此航道在 1974 年园田化之前还能分段通航,园田化后,河槽逐年淤塞,水草丛生,从那时起垸内船舶连年减少。加之红庙修建公路桥碍航,80 年代后已无船舶航行。2003 年第二次全国内河航道普查时,将观音港集中村经红庙至添洪长 17 公里航道,定为 8 级。2010 年,该航道技术等级为 8 级。

2010 年常德市干线航道等级表

表 2-1-3-1

序号	航道名称	河流名称	起讫地点	里程(公里)	等级	备注
1	常鲇航道	沅水洪道	窑嘴—德山	79.15	Ⅲ	常德境内
2	沅水航道	沅水	德山—毛里湾	122.39	Ⅳ	常德境内
3	澧湘航线航道	澧水洪道	窑湾—小渡口	83	Ⅴ	常德境内
4	澧水航道	澧水	小渡口—津市大桥	3	Ⅴ	津市境内
5	澧水航道	澧水	津市大桥—青山	40	Ⅶ	津市境内
6	松虎航道	澧水洪道	午口子—安乡大桥	43	Ⅳ	安乡境内
7	松虎航道	澧水洪道	安乡大桥—新渡口	31	Ⅴ	安乡境内
8	松虎航道	澧水洪道	新渡口—湖北黄金堤	17.7	Ⅵ	安乡境内
9	松澧连线航道	澧水洪道	小望角—马颈口	28	Ⅵ	津市境内
10	松虎河汊辅航道	澧水洪道	六角尾—芦林铺	10	Ⅵ	安乡境内
11	虎渡河航道	澧水洪道	小河口—陆家渡	14	Ⅶ	安乡境内
12	松滋河汊道航道	澧水洪道	梁箭口—罗家湾	2	Ⅷ	安乡境内
合计				473.24		

2010年常德市地方航道等级表

表2-1-3-2

序号	航道名称	河流名称	起讫地点	里程(公里)	等级	备注
1	松西河航道	松滋西河	张九台—望家垴	39.16	Ⅵ	安乡县境内
2	虎渡河航道	虎渡河	陆家渡大桥—黄山头镇	32.2	Ⅶ	安乡县境内
3	藕池西河航道	藕池河支流	麻河口—彭邱岭	44.75	Ⅸ	安乡县境内
4	澧水航道	澧水	青山—界溪	34	Ⅶ	石门、临澧境内
5	黄石水库东源航道	黄石水库	大坝—潘仕岭	3.6	Ⅷ	桃源县境内
6	黄石水库主源航道	黄石水库	大坝—飞马	9.4	Ⅷ	桃源县境内
7	黄石水库北源航道	黄石水库	大坝—包家台	7	Ⅷ	桃源县境内
8	沅澧大垸马林航道	沅澧大垸马林河	马家吉船闸—罗家台	74.29	Ⅵ	武陵区境内
9	新渐河航道	渐水	河洑镇排水闸—高桥	19.8	Ⅸ	鼎城区境内
10	涔水航道	涔水	小渡口排水闸—曾家河	41.3	Ⅸ	澧县、津市境内
11	道水航道	道水	澧县道水口—石门蒙泉大桥	70	Ⅷ	临澧澧县石门
12	沅澧大垸冲柳低排区航道Ⅰ	沅澧大垸	新河口水闸—廖板滩	23.96	Ⅷ	柳叶湖区境内
13	沅澧大垸冲柳低排区航道Ⅱ	沅澧大垸	红岩嘴—郑家河	3.42	Ⅷ	柳叶湖区境内
14	沅澧大垸冲柳低排区航道Ⅲ	沅澧大垸	花山岩场—杨桥	5.9	Ⅷ	柳叶湖区境内
15	沅澧大垸冲柳低排区航道Ⅳ	沅澧大垸	建设桥—泉水桥	8.45	Ⅸ	柳叶湖区境内
16	沅澧大垸冲柳低排区航道Ⅴ	沅澧大垸	三港子—镇德桥	2.4	Ⅸ	鼎城区境内
17	枉水航道	枉水	港口—茅湾	6	Ⅷ	德山区境内
18	沅澧大垸冲柳高排区航道Ⅰ	沅澧大垸	苏家吉水闸—芭茅滩	44.29	Ⅷ	鼎城区境内
19	沅澧大垸冲柳高排区航道Ⅱ	沅澧大垸	铁甲嘴—大砖桥	8.76	Ⅸ	鼎城区境内
20	沅澧大垸沙河口排水区航道	沅澧大垸	沙湖村—沙河口电排	13.85	Ⅷ	鼎城区境内
21	沅澧大垸西洞庭农场排水区航道	沅澧大垸	罗家铺水闸—泥港口水闸	6.72	Ⅸ	西洞庭境内
22	五溪水库主航道	五溪水库	大坝—栖凤山	6.05	Ⅷ	鼎城区境内
23	五溪水库东支航道	五溪水库	渡口—三样树村	1	Ⅷ	鼎城区境内
24	龙凤水库主航道	龙凤水库	大坝—仙池山	3.65	Ⅷ	鼎城区境内
25	龙凤水库东支航道	龙凤水库	大坝—麻家溪	2.32	Ⅷ	鼎城区境内
26	龙凤水库西支航道	龙凤水库	岔口—伍家山	2.25	Ⅷ	鼎城区境内
27	安乡内湖珊珀湖航道Ⅰ	安乡内湖	湖口闸—岩到口	4	Ⅷ	安乡县境内

续表 2-1-3-2

序号	航道名称	河流名称	起讫地点	里程（公里）	等级	备注
28	安乡内湖珊珀湖航道Ⅱ	安乡内湖	湖口闸—黄家台	3.5	Ⅷ	安乡县境内
29	安乡内湖珊珀湖航道Ⅲ	安乡内湖	湖口闸—到港	5.55	Ⅷ	安乡县境内
30	安乡内湖珊珀湖航道Ⅳ	安乡内湖	湖口闸—白螺湾	6	Ⅷ	安乡县境内
31	松滋东河分支瓦窑河航道	松滋东河分支	瓦窑河—黄金堤	7.3	Ⅷ	安乡县境内
32	松滋东、西两河捷径坝口航道	松滋东西两河捷径	东坝口—西坝口	2.1	Ⅷ	安乡县境内
33	松滋西河裴黄垸西汉航道	松滋西河汉道	挖断岗—马公湖	3.35	Ⅸ	安乡县境内
34	沅水洪道半边湖航道	沅水洪道	蒋家嘴—游巡塘	7.75	Ⅵ	汉寿县境内
35	沅水洪道目平湖东线航道	沅水洪道	南嘴大堤塘—麻濠口	25.51	Ⅶ	汉寿县境内
36	沅水洪道目平湖西线航道	沅水洪道	竹林湾—小港	34.7	Ⅶ	汉寿县境内
37	沅水洪道孔家湖航道	沅水洪道	烟包山—蒋家嘴镇	20	Ⅸ	汉寿县境内
38	百禄桥河航道	沅水洪道	烟包山堵口—百禄桥镇	9	Ⅸ	汉寿县境内
39	沅水洪道七荆障航道	沅水洪道	周文庙—汉寿城关	10	Ⅵ	汉寿县境内
40	金石河航道	金石河	安彭港—新兴嘴	9.74	Ⅷ	汉寿县境内
41	汉寿南湖垸主干航道	汉寿南湖垸	蒋家嘴船闸—牛路滩	46.69	Ⅵ	汉寿县境内
42	汉寿南湖垸安乐湖航道Ⅰ	汉寿南湖垸	关门洲—月明潭	3	Ⅷ	汉寿县境内
43	汉寿南湖垸安乐湖航道Ⅱ	汉寿南湖垸	蒋家嘴—砖墙湾	4	Ⅷ	汉寿县境内
44	汉寿南湖垸安乐湖航道Ⅲ	汉寿南湖垸	蒋家嘴—纸料洲	4	Ⅸ	汉寿县境内
45	袁家湖航道	汉寿南湖垸	甘长窝—泥湾	7.7	Ⅷ	汉寿县境内
46	汉寿南湖垸太子庙河航道	汉寿南湖垸	小塘—太子庙镇	5.2	Ⅸ	汉寿县境内
47	汉寿南湖垸低排区航道Ⅰ	汉寿南湖垸	翻水口船闸—沧港镇	15.6	Ⅸ	汉寿县境内
48	汉寿南湖垸低排区航道Ⅱ	汉寿南湖垸	南堤撇洪河—鸭东铺	3.2	Ⅷ	汉寿县境内
49	汉寿南湖垸低排区航道Ⅲ	汉寿南湖垸	鸡公嘴—毛家滩	7.2	Ⅸ	汉寿县境内
50	洋淘湖内港航道	汉寿南湖垸	岩汪湖电排—方嘴	8.19	Ⅷ	汉寿县境内
51	汉寿西湖垸主干航道	汉寿西湖垸	柳林嘴堵口—罗家铺	31.31	Ⅷ	汉寿县境内
52	汉寿西湖垸高排区航道Ⅰ	汉寿西湖垸	赵家河电排—酉港镇	5.7	Ⅷ	汉寿县境内
53	汉寿西湖垸高排区航道Ⅱ	汉寿西湖垸	庙嘴—牛角尖电排	17.33	Ⅸ	汉寿县境内
54	汉寿西湖垸高排区航道Ⅲ	汉寿西湖垸	凤鸣—白莲	6.82	Ⅸ	汉寿县境内
55	汉寿西湖垸高排区航道Ⅳ	汉寿西湖垸	汀头—文蔚堵口	10.33	Ⅷ	汉寿县境内
56	汉寿西湖垸高排区航道Ⅴ	汉寿西湖垸	落水口—东风坝	6.2	Ⅷ	汉寿县境内

续表 2-1-3-2

序号	航道名称	河流名称	起讫地点	里程（公里）	等级	备注
57	汉寿西湖垸高排区航道Ⅵ	汉寿西湖垸	六官口—罐头嘴	3.1	Ⅷ	汉寿县境内
58	汉寿西湖垸高排区航道Ⅶ	汉寿西湖垸	新港水闸—西湖镇	2.85	Ⅷ	汉寿县境内
59	汉寿西湖垸低排区航道Ⅰ	汉寿西湖垸	偏坡—小港堵口	19.1	Ⅷ	汉寿县境内
60	汉寿西湖垸低排区航道Ⅱ	汉寿西湖垸	坡头—白杨	6	Ⅷ	汉寿县境内
61	汉寿西湖垸洲口哑河航道	汉寿西湖垸	东风坝堵口—龙打吉堵口	6.42	Ⅸ	汉寿县境内
62	官垸河航道	松滋西河分支	彭家港—青龙窖	27.53	Ⅶ	澧县、津市境内
63	澹水航道	澹水	伍公嘴—澧县县城临津澹水桥	21.3	Ⅸ	澧县境内
64	王家厂水库航道Ⅰ	王家厂水库	王家厂水库主坝—方石坪镇	8.65	Ⅸ	澧县境内
65	王家厂水库航道Ⅱ	王家厂水库	王家厂水库主坝—闸口	10.8	Ⅸ	澧县境内
66	王家厂水库航道Ⅲ	王家厂水库	王家厂水库主坝—枞杨	4	Ⅸ	澧县境内
67	观音港内港航道	观音港	澧县集中—澧县添洪	17	Ⅷ	澧县境内
68	澧水洪道七里湖航道	澧水洪道	油炸坡—汇口	8.41	Ⅸ	澧县境内
69	澧干汊道航道	澧干汊河	汇合口—新安	3.9	Ⅷ	临澧境内
70	沙溪河航道	道支沙溪河	沙溪河—邹家河	5	Ⅷ	临澧县境内
71	夷望溪航道	夷望溪	夷望溪口—三元潭	42.24	Ⅷ	桃源县境内
72	大洑溪航道	大洑溪	大洑溪口—会人溪	25	Ⅷ	桃源县境内
73	黄石水库南源航道	黄石水库	大坝—新铺	12.6	Ⅷ	桃源县境内
74	白洋河航道	白洋河	延泉坝—黄石坝	58.26	Ⅷ	桃源县境内
75	渫水航道	渫　水	三江口—壶瓶山镇	116.45	Ⅶ	石门县境内
76	蒙泉水库航道Ⅰ	蒙泉水库	大坝—冯家坪	3	Ⅷ	石门县境内
77	蒙泉水库航道Ⅱ	蒙泉水库	大坝—老湾	3	Ⅷ	石门县境内
78	蒙泉水库航道Ⅲ	蒙泉水库	大坝—将军山	5	Ⅷ	石门县境内
79	蒙泉水库航道Ⅳ	蒙泉水库	大坝—溢洪道	2	Ⅷ	石门县境内
80	沅澧大垸马林河故道航道	沅澧大垸	八角嘴—七星坝	5.2	Ⅷ	津市境内
81	沅澧大垸毛里湖航道Ⅰ	沅澧大垸	楼凤台—保河堤	4.2	Ⅸ	津市境内
82	沅澧大垸毛里湖航道Ⅱ	沅澧大垸	楼凤台—白衣	10.41	Ⅸ	津市境内
83	沅澧大垸毛里湖航道Ⅲ	沅澧大垸	王家嘴—石板滩	10.35	Ⅸ	津市境内
84	沅澧大垸毛里湖航道Ⅳ	沅澧大垸	叶家嘴—胡家桥	6.7	Ⅸ	津市境内
85	沅澧大垸津市西湖航道	沅澧大垸	西湖口—辛家台	6.8	Ⅸ	津市境内
86	澧水洪道汊辅河航道	澧水洪道	三不管—小渡口	15.33	Ⅷ	津市境内
合		计		1316.09		

第二章 航道整治

常德境内航道整治以疏浚、治滩、整流护岸为主要内容。20世纪70年代后，由于沅、澧两水因修建凌津滩、三江口、艳洲水电站，造成上下游不能贯通，全线整治已失效用。而湖区围垸造田形成“后遗症”，淤积年重一年，根治甚难，只限于治标性的施治。

第一节 沅水航道整治

国家对沅水航道大规模的整治工程，从1955年开始，于1973年结束。先后经过3次大规模的整治，航道条件有所改善，航行安全有所保障。1971年至1973年，双体客轮和大型轮船丰水季节可从常德直航洪江，桃源至毛里湾航段可常年通航150吨级船舶，且可以夜航。

1974年至1992年，国家暂停对沅水航道整治工程的投资。

1993年至1999年国家对茅草街至凌津滩202公里航道进行整治，投资1768万元（其中交通部补助600万元、湖南省拨款1168万元），按4级航道标准整治。境内重点整治龙打吉滩、煤炭嘴滩、安彭港滩、龙头垴滩、跑马滩等滩险。常德至茅草街119公里按4级（500吨级）航道标准建设，标准为1.8米（水深）×80米（宽度）×340米（弯曲半径），其设计代表船型为一顶四艘（双排双列）500吨级船队。项目实际总投资为1833万元，其中交通部补助750万元、省拨款213万元、省交通厅自筹720万元、桥区专项补偿150万元。

该项工程于1996年1月开工，1999年10月竣工。共整治浅滩16处，其中单滩13处，滩群1处；按河床地质分类，整治卵石浅滩6处，卵石及岩石混合浅滩2处，黏土及沙质浅滩各4处。全线河段基建疏浚挖槽16处，挖槽总长10.878公里，土方62.67万立方米；维护挖泥4处，挖泥土方9.69万立方米；筑丁、顺坝9座，总长1747米；维护老坝5座，总长288米；筑坝石方2.45万立方米；拆除老坝3座，总长973米，石方7900立方米；炸礁2处，炸礁石方4700立方米。并实施配套航标工程：新建航道站房4处，建筑面积2300平方米；配备航标机艇4艘，总功率147千瓦；新建助航标志187座，其中岸标70座、浮鼓标100座、单船标7座、灯塔式示位标10座。

整治后，常德至凌津滩的航道水深1.6米，水深保证率95%，航宽50米，弯曲半径大于或等于330米，可常年通航500吨级船舶，达到4级航道标准。

2000年12月，凌津滩电站枢纽竣工，同步建有船闸。凌津滩至毛里湾航道，已成为库区航道，平时水深条件优良。但库区尾水航道10公里在电站为防洪而腾库容时，即恢复为6级天然航道，导致部分滩险在低水位时碍航。

凌津滩水利枢纽工程修建时,由于缺乏对滩险航道的全面勘测,导致凌津滩航段航行条件恶化。1998 年洪水过后,凌津滩产生严重淤积。凌津滩水电工程建设公司虽曾投资进行疏浚,但收效甚微。总是淤了清,清了淤,无法从根本上解决淤积碍航的问题。枯水季节,该段航槽水深仅 0.8 米,航宽 15 米,流速每秒 2.5 米。2010 年依然碍航,严重制约沅水航运业的发展。

桃源水电站位于沅水干流航道上的桃源县漳江镇双洲,电站上游距凌津滩水电站 38 公里,下游距常德市城区 31 公里,是以发电为主,兼顾航运、旅游、防洪等综合利用的省、市重点工程。枢纽工程主要由泄洪闸、土石副坝、电站厂房、船闸等建筑物组成。2010 年,桃源水电站开工建设。2012 年 10 月 2 日,水电站二期工程顺利截流。2012 年 11 月,船闸试运行。2013 年 12 月第一台机组开始发电。

第二节　澧水航道整治

1956 年,国家开始对澧水航道进行整治。经过 20 世纪 50 年代、60 年代、70 年代 3 次大规模的整治工程,于 1979 年结束。

1977 年,湖南省交通厅为使艳洲至津市 20 公里航道与艳洲船闸通过能力相协调,决定按 5 级航道标准整治。省航道处经过查勘于是年 9 月编制《澧水津市至艳洲河段航道疏浚整治工程初步设计》,设计标准为:通航保证率 95%,近期水深 1.2 米,远期 1.5 米,航槽宽 35 米,弯曲半径 200 米,断面平均流速每秒 1.5 米。主要技术措施是:施以大规模基建性挖槽,降低河床坡度;建锁坝,塞支强干,以丁顺坝调整河床边界,稳定航槽。计划工程量:疏浚 37.5 万立方米,作导流坝 2.3 万立方米,护岸砌石 2.7 万立方米,总概算为 156 万元。由于工程量大,省航道处决定分两期进行,1978 年开始进行第一期工程,主要是挖泥疏浚和筑坝,重点整治揭家滩、襄阳滩、二圣滩 3 处滩险,翌年 5 月底竣工。共计挖泥疏卵 18.717 万立方米,筑导流坝 7013 立方米,耗资 37.212 万元。竣工后河段比降由 0.87‰下降至 0.36‰,水位落差由 1.615 米调低到 0.71 米,最大流速由每秒 1.97 米下降至每秒 1.52 米。整治后的滩险航槽稳定,水流平缓,船只上滩不需拉纤,航道枯水深 1.2 米 ~ 1.5 米,能常年通航 100 吨级船舶。1979 年艳洲枢纽停建,第一期整治工程告一段落。

1998 年,投资 13.3 万元,对澧水航道津市至青山航段进行整治,重点整治二圣滩、木泽滩,疏浚砂卵 1.6 万立方米。

1999 年,投资 30 万元,对澧水航道津市至石门航段进行整治,重点整治二圣滩、黄岩头滩、尼姑滩,疏浚砂卵 1.8 万立方米。

2010 年,澧水 3 级航道整治已从小渡口船厂到澧县,澧县到石门已纳入"十三五"澧水二期 3 级航道整治项目中,要贯通澧水须在三江口水电枢纽工程补建过船设施。整治后的澧水航道津市小渡口船厂至津市澧水大桥为 5 级航道,津市澧水大桥至石门界溪为 7 级航道。

津市小渡口船厂至澧县城关可常年通航 300 吨级船舶，澧县城关至石门可常年通航 100 吨级船舶。

第三节　洞庭湖区航道整治

澧资航道　澧资航道常德境内为窑湾至津市小渡口船厂，长 83 公里，5 级航道。其中罗家湾至沙河口 19 公里河道系 1954 年为排泄澧水洪水流量开挖的人工渠道，航宽仅 20 米，流速达每秒 3 米 ~ 4 米。此段槽窄流急，水流紊乱，舟航极艰，且只能单向行船，津市水运由此梗阻。1983 年，为解决调入湖南的北煤运输，经交通部和省人民政府批准，对该航道按 5 级航道标准和通航顶推船队要求，进行全面开发整治。1984 年至 1988 年，万家坡至张板渡 3 公里、罗家湾至沙河口 19 公里，共计 22 公里经基建性挖槽、拓宽、导流、排沙后，实现航道双向通航，达到 5 级航道标准，可常年通航 300 吨级船舶。1990 年，航道整治工程竣工。2001 年，省投资 12 万元对津市保河堤段航道进行疏浚，同年完工。2012 年 11 月，湖南省常德航道管理局委托湖南省航务勘察设计研究院编制完成《澧资航线航道铁板洲应急抢通工程施工图设计》。12 月 1 日至 20 日，湖南省常德航道管理局对澧资航线航道铁板洲滩进行应急抢通施工，完成疏浚工程量 2.3 万立方米，投资 61.755 万元。

马林(凌)航道　马林航道位于西洞庭湖中部，起于常德市下游 5 公里处的马家吉，讫于津市下游 36 公里的林家滩(罗家台)，全长 74 公里。马林航线由沅水洪道支流马家吉河与澧水洪道支流林家滩河连贯而成，此线原是连接常德、津市两市，沟通沅、澧水尾闾的捷径航道。1954 年冬整治西洞庭湖围堤并垸，在马家吉、林家滩等 11 处堵口，使垸内航道封闭达 30 年，由于堵口碍航，常德至津市航线需绕道茅草街，增加航程 97 公里，境内物资需翻堤转驳。因此，中转环节增多，运费、油耗增加，货损货差增大。实践证明，当时堵口并垸等一系列农田水利工程，对增强防洪排涝能力，发展农业生产，保障垸内人民生命财产的安全是非常必要的。但由于当时财力、物力的限制及其他原因，未能在堵口时综合规划，兴建通航建筑物，以致长期未能复航。客货纷纷弃水走陆，水运量逐渐下降，影响水运事业的发展，给国民经济造成一定的损失。

1983 年，胡耀邦总书记对湖南交通建设提出了“北水南路”的方针；1984 年，赵紫阳总理又特别强调湖南要充分利用四水(湘、资、沅、澧)和洞庭湖的水资源，发展水运事业。交通部、水电部及省、地有关部门的领导对马林航线的复航非常重视，曾多次实地考察。湖南省人民政府为解决调入湖南的北煤运输，决定综合开发澧资航线，北煤经枝柳铁路在临澧新安下河转澧水运到全省各地，年运量 300 万吨 ~400 万吨。1984 年国家计委复函湖南省人民政府，赞成综合开发澧资航线。为发挥洞庭湖区的水运优势，改变不经济的绕道航行运输路线；并为澧资航线津(市)茅(草街)段枯水期货运分流，疏运至常德、桃源、汉寿等地的煤炭，恢复断航 30 年的马林航线是必要的。

作为省内碍航闸坝的复航工程,由常德地区交通局、水电局于1983年4月完成《马林航线复航可行性研究报告》,经常德地区行政公署上报省。1983年8月完成《马林航线复航工程计划任务书》,后由湖南省计委于1984年5月15日批复同意建设。

计划任务书和可行性研究报告提出:马林航线复航工程按统筹兼顾,综合利用方针,航运线路选择不打乱现有水利设施又要便于干支沟通;设计标准:近期按6级航道建设,通航100吨级拖带船队,远期提高为5级航道,通航300吨级顶推船队。船闸按5级航道标准建设;工程项目包括:船闸4座、航道疏浚、航标与公路桥改造;全部工程拟由常德行署按设计概算包干负责组织施工。

根据计划任务书要求,湖南省交通规划勘察设计院于1983年10月开始进行勘测,完成测区面积14.14平方公里。船闸和桥位的地质勘探共完成钻孔112个,总进尺1699.92米,土工试验17组。1984年7月完成马林航线复航工程初步设计。

建设标准:航道近期为6级,远期提高为5级;航宽25米~30米,水深1.2米~1.5米,弯曲半径130米;疏滩浅段8处;设置三等航标74公里。

设计马家吉、唐家嘴、新民闸、罗家台4座船闸,通过能力为300吨顶推船队;船闸有效尺寸(长×宽×门槛水深):100×12×2(米);年通过能力:近期130万吨~210万吨,远期380万吨。

设计桥梁通航净宽40米,净空高度6.5米,根据碍航情况,为减少近期投资,桥梁分两期改建。按近期6级航道标准,大山嘴、八角嘴、濠口3座桥均碍航,列为第一期工程(近期)改建。珠茅山、仙人、新坡3座桥可满足近期通航要求,列为第二期(远期)工程。

总概算投资2793.38万元。关于内河大堤护坡问题,1984年7月30日经常德行署专员办公会议研究,同意内河堤防护坡工程不列入该项目概算,由行署通过其他途径酌情解决。

计划施工期限为3年。船闸及航道疏浚等主体工程分散在常德、澧县两县境内,施工组织分县管理,边建边通。为充分利用水运节省运费、方便施工等因素考虑,施工顺序是:先两端后中间,疏浚工程则先人工后机械开挖。

1985年12月,常德地区马林航线复航工程指挥部成立,马林航线复航工程正式开工。1986年,马林航线复航工程列入湖南省重点工程项目。5月16日,交通部批复同意总投资2800万元,用于该复航工程,由交通部补助1/2,包干使用。

1985年至1991年,6年间马林航线复航工程已建成马家吉、唐家嘴2座船闸,完成航道疏浚40公里,总投资1600万元。马家吉船闸于1986年8月20日破土动工,1988年6月竣工,12月1日正式通航,投资777万元;唐家嘴船闸于1989年3月开工,1991年10月竣工通航,投资450万元。其他工程因血吸虫危害、防洪及资金等问题,湖南省计委于1988年决定停建,该复航工程被搁置。

松虎航道 是长江的分流洪道,由松滋河东支的一部分与虎渡河一部分组成。1996年,湖南省投资14.7万元,对午口子至安乡43公里航段进行整治,重点整治七星堆滩,疏浚砂石 1.28 万立方米；复投资 21.81 万元，筑坝 1 座 2532 立方米。1998 年湖南省投资 14.6 万元，整治七星堆滩，疏浚砂石 2.7 万立方米。1999 年湖南省投资 10.5 万元，整治七星堆滩，疏浚砂石 1.5 万立方米。2001 年湖南省投资 14 万元，整治七星堆滩，疏浚砂石 1.68 万立方米。整治后的松虎航道午口子至安乡航段为 4 级航道，通航保证率 95%，可常年通航 300 吨级船舶。

常鲇航道　位于洞庭湖中心地带，自常德起经德山、周文庙、坡头、白沙、茅草街、草尾与湘江洪道交汇，长 192 公里。它自西向东横向穿过洞庭湖，是湖南水运主干线，也是洞庭湖区水路运输的黄金水道。常德境内为窑嘴至常德沅水大桥，长 85.55 公里。1980 年至 1995 年，在原有整治的基础上，进一步对安彭港、罗家洲、煤炭嘴等浅滩进行整治，使航道水深常年保持在 1.5 米以上，航宽 40 米以上，可常年通航 300 吨级船舶。1996 年至 1999 年，该航道又列为茅草街至凌津滩 4 级航道整治项目。境内重点整治龙打吉滩、煤炭嘴滩、安彭港滩等滩险。

鉴于洞庭湖区是湖南省经济较发达地区，水运在湖区运输中具有重要的地位和作用。建设常德至鲇鱼口航运工程项目，有利于充分发挥洞庭湖区的水运资源优势，改善湖区航运条件，完善水运网络；有利于改善投资环境，扩大湖南对外贸易，促进地区经济发展。2001 年 5 月 9 日，国家计委批复该项目的工程可行性研究报告。5 月底，省交通厅委托省航务勘察设计研究院编制完成《洞庭湖区常德至鲇鱼口航运建设工程初步设计》，并组织有关专家对该初步设计文件进行预审和论证。根据专家预审意见，设计单位对原初步设计文件进行优化调整。专家们认为修改优化后的初步设计文件符合《内河航运建设工程初步设计编制办法》及有关技术规范的要求。

常德至鲇鱼口航运建设工程是“十五”期间国家内河航运基础设施建设中第一个新开工的大型项目，并列入湖南省重点建设项目。工程包括航道整治、港口建设及其配套设施等。

航道工程：以疏浚与整治相结合，将主线常德经汉寿、沅江、茅草街至鲇鱼口 192 公里航道由 4 级提高到 3 级（常德境内窑嘴至常德沅水大桥 85.55 公里为 3 级航道、常德沅水大桥至界首 115.99 公里为 4 级航道）。支线安乡经武圣宫、肖家湾至茅草街 53 公里航道由 5 级提高到 4 级。

港口建设（常德市）：配套建设常德港千吨级散货泊位和件杂货（兼顾集装箱作业）泊位各 1 个。

其建设标准是：

主线常德至鲇鱼口 192 公里，航道由 4 级提高到 3 级，航道水深 2 米，航道宽度 90 米，弯曲半径 500 米，设计最低通航水位保证率 98%，可通航 1000 吨级船队。

支线安乡至茅草街 53 公里，航道由 5 级提高到 4 级，航道水深 1.8 米，航道宽度 80 米，弯曲半径 340 米，设计最低通航水位保证率 98%，可通航 500 吨级船队。

常德港千吨级散货泊位 1 个，设计年吞吐能力 74 万吨；常德港千吨级件杂货兼集装箱泊位 1 个，设计年吞吐能力 25 万吨。

该项目概算总投资 29971.35 万元。

该项目建设资金筹措方案:由交通部从内河航运建设专项基金中安排 10570 万元,湖南省自筹 19401.35 万元。省自筹分别从交通客运附加费中安排 15000 万元、从大源渡枢纽发电收入中安排 3898.35 万元、常德、益阳两市自筹(征地拆迁)503 万元。

常鲇航运建设工程于 2001 年 12 月 28 日正式开工,2005 年 12 月 30 日完工,施工时间为 48 个月。共耗资 27900 万元。

完成的主要工程量:

航道整治:共整治浅滩 43 处,基建疏浚挖槽 104 处,挖槽总长 69.62 公里,土方 788.5 万立方米,筑丁、顺坝 17 座,总长 1966 米,筑坝石方 20696 立方米;护岸 6 段,总长 1126 米,护岸石方 11796 立方米;拆除老坝 10 座,石方 7561 立方米;填潭护底 1 处,袋装卵石 1.98 万立方米;清除乱石等障碍物 1.62 万立方米,打捞沉船 14 艘。使常德至鲇鱼口航道由 4 级提升为 3 级,可通航一顶四艘 1000 吨级船队;茅草街至安乡航道由 5 级提升为 4 级,可通航一顶四艘 500 吨级船队。

配套航标工程:新建航道站房 5 处,建筑面积 4641 平方米,维修改建老站房 4 处,面积 2004 平方米;配备航标机艇 8 艘,其中 88.2 千瓦机艇 3 艘、44.1 千瓦机艇 5 艘;新建助航标志 447 座,其中岸标 139 座、浮鼓标 129 座、单航标 155 座、灯塔式示位标 7 座、标志牌 17 座。

常鲇、茅安两条航道的建设,使洞庭湖区的主要干线航道和支线航道的通航标准提高了等级,通航条件和通过能力大幅提高,社会经济效益十分显著。常鲇航道 2007 年货运通过量达2281 万吨,较工程建设前的 1998 年分别提高了 36.5%。船舶大型化步伐加快,干支直达运输条件和运输方式的改善,使船舶运输效率提高,能耗下降。据常德市通过常鲇航道的运输船舶 2005 年至 2007 年燃油消耗资料统计, 平均每千小时油耗由 178.06 升下降到 141.17 升,平均每千吨公里油耗由 6.74 升下降到 4.28 升,年平均下降率分别为 16.81%和 20.29%,节能减排效果十分显著。

第三章 航道设施

第一节 航 标

航标是引导船舶航行、定位和标示碍航物的主要设施，设于通航水域或其近处，以标示航道、锚地、滩险及其他碍航物的位置。对航行于弯、窄、浅、险航道的船舶起着重大的安全导航作用。

常德境内航标从插杆为标、墩桩悬帜、宝塔航标等发展到灯塔、灯船、灯浮，从人工布设发展到自动启闭，再到卫星导航，见证了航标设施不断发展的历史进程。

20 世纪 80 年代，随着国家经济实力的增强、科学技术的进步和航运事业的发展，航标建设逐步向电气化、机艇化、计算机化、太阳能化转变。2000 年以前常德境内原有的竹质、钢质、玻璃钢质的煤油灯、电气灯、霓虹灯航标，由于受原件和制作工艺条件的制约，存在受温度影响大、船舶碰撞易损坏、耗电量大、霓虹灯管衰老快等固有缺陷，造成航标故障率高，影响船舶航行安全。

2001 年 8 月，境内航标逐步更换为单片计算机控制的发光二极管航标。该航标电池采用 4.2 伏锌空气干电池，型号为 3QR40-2，大大增强航标的可视性，可视距离由 500 米增加到 2000 米，提高了航标的使用功能。

2002 年 12 月，航道部门将境内原有的钢质侧面浮标逐步更换为 PE 塑料航标。塑料航标具有经济耐用、能减轻劳动强度等优点，受到广大航道职工的喜爱。

PE 材料浮标

2003 年，津市航道管理局在安乡至午口子航道上开始使用太阳能分体式航标灯。

2007 年，境内开始使用 MWHB90 型 LED 太阳能一体化航标灯。

LED-90 型节能航标灯器采用密封式设计，防水防潮；其控制系统采用微控制技术单片机替代半导体，具有电路结构紧凑、低耗、性能稳定可靠的优点；发光器材采用新型超高亮度发光二极管（LED）。

LED-90型节能航标灯器具有寿命长、光色醒目、能耗小等优点,降低维护成本和能源消耗。经测算,LED-90型节能航标灯器在同等灯光射程条件下,较霓虹灯器节约电池约50%以上,在常德境内航道上应用,一年在电池方面节约维护成本5万元~8万元;同时航标灯器的使用寿命由原来的1年提高到4年,每年减少航标维护直接成本3万元~5万元;航标艇的巡检次数由原来的每周不少于7次降低到4次,节约船舶燃油43%;一个航标站的所需人员也减少一半。

1979年全国第一次航道普查认定:常德地区境内航道设标里程749公里,其中一等标航道396.15公里、三等标航道352.85公里。配布航标749座,其中常年设标274座、季节性设标475座。

1988年,常德市境内设标里程894公里,其中常德航道管理局322公里、津市航道管理局508公里、常德市航道管理处64公里。配布航标1069座,其中常德航道管理局327座、津市航道管理局690座、常德市航道管理处52座。

1990年,常德市境内航道设标里程744公里,其中沅水系设标150公里、澧水系设标168公里、洞庭湖区设标426公里。

1992年,常德市境内航道设标里程574.39公里,其中沅水系设标149.39公里、澧水系设标40公里、洞庭湖区设标385公里。

2003年,常德市境内航道设标里程662.14公里。配布航标616座,其中一类航标378座、二类航标76座、三类航标153座、重点标9座。

2010年,常德境内航道设标里程928.45公里(不含益阳航道局管辖的7公里)。配布航标752座,其中一类航标367座、三类航标385座。

各水系航标设置情况如下:

沅水干流航道界首至牛鼻滩 长155.65公里,配布航标208座,其中一类航标76座、三类航标132座,该段航标由湖南省常德航道管理局维护管理。

界首至剪市 配布三类航标38座,该段航标由湖南省常德航道管理局凌津滩航道管理处维护管理。

剪市至王排港 配布三类航标53座,该段航标由湖南省常德航道管理局桃源航道管理处维护管理。

王排港至常德桃花源大桥 配布三类航标41座,该段航标由湖南省常德航道管理局陬市航道管理处维护管理。

常德桃花源大桥至牛鼻滩 配布一类航标76座,该段航标由湖南省常德航道管理局常德航道管理处维护管理。

湖区航道牛鼻滩至虾公窖 长45.89公里,配布一类航标91座,其中牛鼻滩至煤炭嘴配布一类航标43座,该段航标由湖南省常德航道管理局汉寿航道管理处维护管理;煤炭嘴至虾公窖配布一类航标 48 座，该段航标由湖南省常德航道管理局坡头航道管理处维护管理。

白洋河航道延泉坝至黄石坝　长 58.26 公里，配布三类航标 10 座，该段航标由常德市地方海事局维护管理。

新渐河航道河洑节制闸至石板滩　长 10 公里，配布三类航标 8 座，该段航标由常德市地方海事局维护管理。

枉水航道港口至茅湾　长 6 公里，配布三类航标 12 座，该段航标由常德市地方海事局维护管理。

澧水航道界溪至青山　长 34 公里，配布三类航标 38 座，该段航标由常德市地方海事局维护管理。

澧水航道青山至津市澧水大桥　长 40 公里，配布三类航标 33 座，该段航标由湖南省常德航道管理局澧县航道管理处维护管理。

澧水航道津市澧水大桥至小渡口　长 3 公里，配布一类航标 51 座，该段航标由湖南省常德航道管理局津市航道管理处维护管理。

渫水航道三江口至壶瓶山镇　长 116.45 公里，配布三类航标 32 座，该段航标由常德市地方海事局维护管理。

涔水航道小渡口排水闸至曾家河　长 41.3 公里，配布三类航标 8 座，该段航标由常德市地方海事局维护管理。

道水航道澧县道河口至石门蒙泉大桥　长 70 公里，配布三类航标 20 座，该段航标由常德市地方海事局维护管理。

马林航道马家吉至唐家嘴　长 38.18 公里，配布三类航标 20 座，该段航标由常德市地方海事局维护管理。

松滋西河航道张九台至望家垴　长 39.16 公里，配布三类航标 4 座，该段航标由常德市地方海事局维护管理。

虎渡河航道陆家渡大桥至黄山头镇　长 32.2 公里，配布三类航标 4 座，该段航标由常德市地方海事局维护管理。

藕池西河航道麻河口至彭邱岭　长 44.75 公里，配布三类航标 4 座，该段航标由常德市地方海事局维护管理。

汉寿南湖垸航道蒋家嘴船闸至牛路滩、砖墙湾、纸料洲　长 54.88 公里，配布三类航标 4 座，该段航标由常德市地方海事局维护管理。

沅澧大垸冲柳低排区航道新河口船闸至廖板滩　长 23.96 公里，配布三类航标 8 座，该段航标由常德市地方海事局维护管理。

澧资航道小渡口至午口子　长 85 公里，配布一类航标 149 座、三类航标 32 座，该段航标由湖南省常德航道管理局维护管理。

小渡口至马井口 配布三类航标32座,该段航标由湖南省常德航道管理局津市航道管理处维护管理。

马井口至铁板洲 配布一类航标51座,该段航标由湖南省常德航道管理局保河堤航道管理处维护管理。

铁板洲至罗家湾 配布一类航标38座,该段航标由湖南省常德航道管理局蒿子港航道管理处维护管理。

罗家湾至午口子 配布一类航标60座,该段航标由湖南省常德航道管理局武圣宫航道管理处维护管理。

松滋河汊辅航道罗家湾至梁箭口 松虎河汊辅航道芦林铺至六角尾 长12公里,配布三类航标14座,该段航标由湖南省常德航道管理局武圣宫航道管理处维护管理。

虎渡河航道小河口至陆家渡大桥 长14公里,配布三类航标6座,该段航标由湖南省常德航道管理局安乡航道管理处维护管理。

第二节 船 闸

船闸是航道通航的主要建筑物。

1988年,常德市有青山、金宝滩、清水堰、烽火、左家滩、伍公嘴、湖口、新河、蒋家嘴、翻水口、马家吉共11座船闸(不包括已封闭的九溪、小敞溪、重阳、栗林、延泉5座船闸)。

2003年,第二次全国内河航道普查认定:常德境内有青山、艳洲、金宝滩、清水堰、烽火、马家吉、唐家嘴、蒋家嘴、翻水口、凌津滩共10座船闸(不包括已封闭的九溪、小敞溪、重阳、栗林、延泉5座船闸)。

2010年,市境内有青山、艳洲、金宝滩、清水堰、烽火、马家吉、唐家嘴、蒋家嘴、翻水口、凌津滩共10座船闸(不包括已封闭的九溪、小敞溪、重阳、栗林、延泉5座船闸)(见表2-3-2-1)。

兹记述1988年后修建的5座船闸。

艳洲电站船闸 位于澧水下游澧县城关镇西7公里,是艳洲枢纽工程之一。大坝设计最大工作水头9.3米,有电站、公路桥、船闸、拦河坝等建筑。艳洲水电站是澧水干流最末一级电站,兼有发电、防洪、交通、灌溉等功能,总装机容量3.1万千瓦,设计年发电量1.49亿千瓦时,坝址控制流域面积15515平方公里。该项工程于1976年10月开工,是边勘查、边设计、边施工的"三边"工程。大坝开机挖开后,发现坝址处于隐伏大断层边缘。经再次勘探论证,报请湖南省水电厅批准,将电站坝址、船闸位置下移2700米以避开断层,报废土石方开挖量300多万立方米,经费损失百余万元。1980年因国民经济调整停工缓建。停工前已建成主厂房,安装2500千瓦机组1台(未运行)。1982年该工程续建,船闸由湖南省航道管理处测设大队设计，澧县白衣民工团永丰乡水电站山门水库工程队承建。船闸按5级航道标准修建，结构形式为每架长3.2厢；船闸闸室长130米，宽12米，闸槛水深2.5米，闸首口门宽12米；设计水级9米；年设计单向通过能力150万吨，可通航300吨级船舶。该船闸于1977年9月开工，1994年7月竣工，总投资1329万元。

马家吉船闸 位于沅澧大垸南面的武陵区马家吉，是湖南省碍航闸坝复航的重点工程之一。船闸结构形式为钢质一字闸门。船闸闸室长80米，宽8.5米，闸槛水深1.5米，闸首口门宽8.5米；上游引航道长75米，下游引航道长80米；上游设计最高通航水位39米，最低通航水位29.5米；下游设计最高通航水位34.5米，最低通航水位29.5米；设计水级9.5米；年设计单向通过能力120万吨，可通航100吨级船舶。另建有管理站房、桥梁等配套工程。该船闸于1985年12月开工，1988年6月竣工，12月1日正式通航，总投资777万元。

唐家嘴船闸 位于沅澧大垸马林航线上的鼎城区唐家嘴，是湖南省碍航闸坝复航的重点工程之一。船闸结构形式为钢质一字闸门。船闸闸室长80米，宽8.5米，闸槛水深1.5米，闸首口门宽8.5米；上游引航道长10米，下游引航道长23米；上游设计最高通航水位36.5米，最低通航水位29.5米；下游设计最高通航水位34.5米，最低通航水位29.5米；设计水级7米；年设计单向通过能力120万吨，可通航100吨级船舶。另建有管理站房、桥梁等配套工程。该船闸于1989年3月开工，1991年10月18日竣工通航，总投资450万元。

凌津滩电站船闸 位于沅水干流航道上的桃源县凌津滩。凌津滩电站为五强溪电站的反调节站，即将五强溪电站由于调峰引起的日非均匀流进行反调节，以确保下游航运与工农业用水需要。电站总装机容量27万千瓦，年发电量12.33亿千瓦时。该电站位于五强溪电站下游47公里处，此电站通航建筑物为500吨级船闸，船闸上游河段最高通航水位51米（即正常挡水位），下游河段最低通航水位38.1米，工作水头12.9米。船闸结构形式为重力式，全长938米，船闸闸室长120米，宽12米，高8米，闸首口门宽12米，门槛水深2.5米。设计水级13米，年设计通过能力250万吨（上行50万吨，下行200万吨），最大可通过500吨级船舶2艘。船闸由国家水电八局承建，1994年10月开工，2000年12月28日竣工通航。1998年12月1号机组发电，2000年所有机组并网发电。工程动态总投资30.79亿元，其中船闸投资2亿元。

桃源水电站船闸 位于桃源县漳江镇双洲，为凌津滩电站的反调节站，是以发电为主，兼顾航运、防洪、旅游于一体的中型水电站，总投资27.5亿元。2010年11月动工建设，正常蓄水位39.5米，相应库容1.28亿立方米，年均发电量7.93亿千瓦时，装机容量18万千瓦，修建1000吨级永久性船闸，船闸闸室长120米，宽18米，门槛水深3米，船闸于2012年11月试运行。

2010 年常德市通航船闸表

表 2-3-2-1

河流名称	枢纽名称	船闸地点	开竣工时间	结构形式	水级（米）	年单向设计通过能力（万吨）	闸室尺度（米）长宽水深—口门宽
澧　水	艳洲船闸	澧　县	1976—1994	3.2 厢/架长	9	150	130×12×2.5—12
马林航线	马家吉船闸	鼎城区	1985—1988	钢一字	9.5	120	80×8.5×1.5—8.5
马林航线	唐家嘴船闸	鼎城区	1989—1991	钢一字	7	120	80×8.5×1.5—8.5
沅　水	凌津滩船闸	桃源县	1994—2000	重力式	13	125	120×12×2.5—12
澧　水	青山船闸	临澧县	1965—1968	砼人字	8.5	120	80×11.6×1.5—7
道　水	金宝滩船闸	临澧县	1975—1979	砼三角	4.9	12	25.4×7.5×1.0—4.5
道　水	清水堰船闸	临澧县	1968	砼人字	3.8	12	28×8×1.0—4.5
道　水	烽火船闸	临澧县	1976—1979	砼三角	6	15	30×8.4×1.0—5.8
洞庭湖	蒋家嘴船闸	汉寿县	1975—1976	钢人字	7.4	100	75×10.7×1.5—8
洞庭湖	翻水口船闸	汉寿县	1974—1975	钢单扇	5.6	20	42×8×1.0—6

第三篇《

港　站

第三章

第三篇　港　站

常德境内港埠众多,常德、津市更为湖南省内大港,航路四达。20 世纪 80 年代后,由于多种原因,水运萎缩,港口减少,客货吞吐量下降。进入 21 世纪,港口建设得到加强,前 10 年货物吞吐量缓慢回升,2010 年后高速增长。汽车站场建设标准渐高,客货发送量迅速提升,公路运输优势日强,发展迅速。

第一章　港　口

20 世纪 70 年代至 80 年代,常德地区通过整治疏浚航道,更新改造码头,对港口实行正规化管理,并逐步实现港口装卸搬运半机械化、机械化,港口数量及旅客、货物吞吐量均达历史最高水平。80 年代后,支流航道多数梗塞,水运萎缩。而公路运输迅速发展,致使物资弃水走陆,港口数量及旅客、货物吞吐量逐年下降。进入 21 世纪,随着改革开放的深入发展,港口建设乘势而上,不断加大投资力度,积极完善经营机制,推进经济增长方式转换,增强港口竞争能力,港口的通过能力、辐射范围以及物流服务功能均得到大幅提升。

1986 年,第一次全国港口普查认定:1985 年,常德地区有年吞吐量万吨以上港口 36 个,其中沅水系 8 个、澧水系 7 个、洞庭湖区 21 个。年货物吞吐量 200 万吨以上的港口 1 个,100 万吨~200 万吨港口 1 个,50 万吨~100 万吨港口 1 个,20 万吨~50 万吨港口 9 个,10 万吨~20 万吨港口 4 个,1 万吨~10 万吨港口 20 个。港区岸线总长 115595 米,有生产用码头 266 个,泊位 384 个,最大靠泊能力 300 吨级,库场总面积 259806 平方米,各类装卸机械 501 台(套),最大起重能力 15 吨。是年港口货物吞吐量 778.45 万吨,港口旅客吞吐量 247.72 万人次。

1997 年 9 月至 1998 年 10 月,第二次全国港口普查认定:1996 年,常德市有年吞吐量万吨以上的港口 14 个,其中沅水系 4 个、澧水系 4 个、洞庭湖区 6 个。年货物吞吐量 100 万吨以上的港口 2 个,50 万吨~100 万吨港口 1 个,20 万吨~50 万吨港口 5 个,10 万吨~20 万吨港口 3 个,1 万吨~10 万吨港口 3 个。港区岸线总长 24756 米,有生产用码头泊位 183 个,码头总长 6709 延米,最大靠泊能力 500 吨级,年综合通过能力 1615 万吨、109 万人次。库场总面积 74943.5 平方米,各类装卸机械 292 台(套),最大起重能力 16 吨。是年港口货物吞吐量 565.87 万吨,其中进港 401.55 万吨、出港 164.32 万吨;旅客吞吐量 66.42 万人次,其中进港 32 万人次、出港 34.42 万人次。

2002 年,全市有年吞吐量万吨以上港口 13 个,其中沅水系 3 个,澧水系 4 个,洞庭湖区 6 个。年货物吞吐量 100 万吨以上的港口 2 个;20 万吨 ~ 50 万吨港口 3 个,10 万吨 ~ 20 万吨港口 3 个,1 万吨 ~ 10 万吨港口 5 个。有生产用码头泊位 158 个,码头总长 5771.3 延米,最大靠泊能力 800 吨级,年综合通过能力 1413 万吨,86.2 万人次。是年港口货物吞吐量 450.56 万吨,其中进港 270.5 万吨、出港 180.06 万吨;旅客吞吐量 15.96 万人次,其中进港 7.17 万人次、出港 8.79 万人次。

2008 年 5 月至 2009 年 5 月,第三次全国港口普查认定:2007 年,常德市有港口 8 个,港区 29 个,岸线总长 20444 米,有生产用码头泊位 130 个,码头总长 6626 延米。是年港口货物吞吐量 734.94 万吨,其中进港 199.28 万吨、出港 535.66 万吨;集装箱(TEU)2414 标箱,8.42 万吨,货重 4.82 万吨;旅客吞吐量 22 万人次,其中进港 8.71 万人次、出港 13.29 万人次。

常德市港口数量由 14 个整合为 8 个,具体情况见表 3-1-1。

常德港口名称调整情况表

表 3-1-1

原有港口名称	调整后港口名称
常德港、蒿子港港、牛鼻滩港、斗姆湖港	常德港
津市港	津市港
安乡港	安乡港
合口港	临澧港
桃源港、陬市港	桃源港
汉寿港、蒋家嘴港、柳林嘴港	汉寿港
石门港	石门港
澧县港	澧县港

2010 年,常德市有港口 8 个,港区 29 个,岸线总长 20444 米。年货物吞吐量 100 万吨以上的港口 2 个,50 万吨 ~ 100 万吨以上的港口 2 个,10 万吨 ~ 50 万吨的港口 2 个,1 万吨 ~ 10 万吨的港口 2 个。有生产用泊位码头 130 个,码头总长 6626 延米。是年港口货物吞吐量 1302.76 万吨,其中进港 901.59 万吨、出港 401.17 万吨,港口货物吞吐量首次突破千万吨大关;集装箱(TEU)1209 标箱,4.84 万吨,货重 2.42 万吨;旅客吞吐量 18.84 万人次,其中进港 8.79 万人次、出港 10.05 万人次。进出港物资主要有砂石、金属矿石、成品油、煤炭及制品、化肥、粮食等。

1989—2010 年常德市历年港口吞吐量统计表

表 3-1-2

年份	货物吞吐量（万吨）			集装箱			旅客吞吐量（万人次）		
	小计	进港	出港	箱数（TEU）	重量（万吨）	货重（万吨）	小计	进港	出港
1989	656.84	302.29	354.55				410.21	127.13	283.08
1990	508.00	262.50	245.50				134.90	58.30	76.60
1994	424.40	216.24	208.16				84.10	41.02	43.08
1995	558.70	352.20	206.50				76.60	63.80	12.80
1996	565.87	401.55	164.32				66.42	32.00	34.42
1998	503.06	332.64	170.42				33.50	17.00	16.50
1999	456.45	320.88	135.57				30.77	15.38	15.39
2000	480.01	279.37	200.64				18.73	8.25	10.48
2001	385.10	209.33	175.77				23.38	12.03	11.35
2002	450.56	270.50	180.06				15.96	7.17	8.79
2003	454.25	212.91	241.34				18.42	9.66	8.76
2004	477.10	262.63	214.47				32.83	18.20	14.63
2005	479.34	259.55	219.79				22.86	11.70	11.16
2006	566.66	266.32	300.34	580	9.75	6.05	20.03	9.39	10.64
2007	734.94	199.28	535.66	2414	8.42	4.82	22.00	8.71	13.29
2008	829.18	309.89	519.29	2314	3.58	3.05			
2009	653.63	354.19	299.44	543	1.08	0.84	18.84	8.79	10.05
2010	1302.76	901.59	401.17	1209	4.84	2.42	18.84	8.79	10.05

第一节　常德港

德山高泊位码头

常德港位于沅水尾闾的常德市。溯流西上经桃源、沅陵、泸溪、怀化、芷江后入黔；顺流东下洞庭与长江沟通。港口与公路、铁路、机场相连，古今皆为湖南省内大港之一，是常德市的最大港口。

1986 年，常德沅水大桥建成后，两岸联体，港口格局完全改观，港区跨沅水两岸呈扁圆形。1987 年，全港拥有港口机械 218 台，其中起重机械42台、装卸运输机械152台、输送机械24台,长448米。是年港口货物吞吐量188.6万吨,其中进港168.4万吨、出港20.2万吨;旅客吞吐量41.9万人次,其中进港15.9万人次、出港26万人次。进出港物资主要有水泥、钢材、成品油、化肥、农药、煤炭、粮食、棉花等。

1996年,常德港上自夹街寺,下迄德山常德船舶厂下游500米,港区岸线长4920米。进出港航道全长15.28公里,总面积1076.28万平方米,其中水域面积991.25万平方米、陆域面积85.03万平方米。全港分为夹街寺、落路口、大西门、中心区、南站、打鼓巷、盐关、德山8个作业区,共有生产用码头泊位56个,码头总长2183延米,最大靠泊能力500吨级,年综合通过能力785.5万吨,25.9万人次。港区有职工2304人,其中装卸工人及司机253人。有仓库面积4812.5平方米,堆场面积39624平方米,客运站5个,1580平方米。港口作业拖轮2艘,洗舱船1艘,港航监督轮和水上消防轮共3艘。各码头共配置装卸运输机械90台(套),最大起重能力16吨。港口生产单位属交通部门的有常德市港航管理处、常德轮船运输总公司、常德市水运公司、常德市第四、第五运输公司共5家;非交通部门的有湖南省石油总公司常德市公司、常德市造纸厂、丹洲砂石厂、落路口砂石厂等12家。是年港口货物吞吐量176.29万吨,其中进港168.63万吨、出港7.66万吨;旅客吞吐量17.1万人次,其中进港8.05万人次、出港9.05万人次。进出港物资主要有矿物性建筑材料、石油天然气及制品、化肥及农药、粮食、煤炭及制品、钢铁、水泥、木材等。

蒿子港一码头

2002年,常德港有生产用码头泊位38个,码头总长1524.8延米,最大靠泊能力500吨级,年综合通过能力577.5万吨,20万人次。是年港口货物吞吐量145.53万吨,其中进港119.73万吨、出港25.8万吨,进出港物资主要有砂石、石油天然气及制品、煤炭、水泥、粮食、钢材、铝锭、纸浆、农药及化肥等。

2007年,常德港有盐关港区、德山港区、夹街港区、河洑港区、斗姆湖港区、牛鼻滩港区、蒿子港港区7个,有生产用码头泊位33个,码头总长1824延米,最大靠泊能力1000吨级。是年港口货物吞吐量328.3万吨,其中进港171.17万吨、出港157.13万吨;集装箱(TEU)2414标箱,重量8.42万吨,货重4.82万吨。进出港物资主要有砂石、煤炭及制品、农药、化肥、石油天然气及制品、水泥等。

2010年,常德港有盐关港区、德山港区、夹街港区、河洑港区、斗姆湖港区、牛鼻滩港区、蒿子港港区 7 个，有生产用码头泊位 33 个，码头总长 1824 延米，最大靠泊能力 1000 吨级。是年港口货物吞吐量 630.15 万吨，其中进港 570.85 万吨、出港 59.3 万吨；集装箱(TEU)1209 标箱，重量 4.84 万吨，货重 2.42 万吨。进出港物资主要有砂石、石油天然气及制品、农药、化肥、粮食、木材、成品油、金属矿石、煤炭及制品等。

1988—2010 年常德港客货吞吐量表

表 3-1-1-1

年份	货物吞吐量（万吨）			集装箱			旅客吞吐量（万人次）		
	小计	进港	出港	箱数（TEU）	重量（万吨）	货重（万吨）	小计	进港	出港
1988	162.30	146.00	16.30				13.60	7.00	6.60
1989	125.10	97.80	27.30				58.20	34.40	23.80
1990	105.00	95.60	9.40				34.20	16.30	17.90
1991	103.50	97.30	6.20				29.70	10.90	18.80
1992	106.20	94.20	12.00				25.00	9.20	15.80
1993	108.10	92.50	15.60				14.80	10.50	4.30
1994	107.40	94.90	12.50				12.60	4.20	8.40
1995	108.50	101.30	7.20				9.60	3.80	5.80
1996	176.29	168.63	7.66				17.10	8.05	9.05
1997	136.50	133.40	3.10				10.50	6.00	4.50
1998	170.68	162.98	7.70				8.50	5.00	3.50
1999	153.00	150.15	2.85				3.57	1.78	1.79
2000	149.60	132.50	17.10				0.85	0.41	0.44
2001	111.86	93.00	18.86						
2002	145.53	119.73	25.80						
2003	183.39	97.00	86.39						
2004	186.36	159.68	26.68						
2005	174.49	140.51	33.98						
2006	228.33	133.02	95.31	580	9.75	6.05			
2007	328.30	171.17	157.13	2414	8.42	4.82			
2008	387.44	157.41	230.03	2314	3.58	3.05			
2009	245.21	159.09	86.12	543	1.08	0.84			
2010	630.15	570.85	59.30	1209	4.84	2.42			

常德盐关铁水联运港区　常德盐关铁水联运港区位于沅水北岸的常德城区东南角。上距常德沅水大桥 2.3 公里，下临常德沅水公铁两用桥 4.1 公里；东靠常德火车东站，西与桥南大市场隔水相望；沅安路和岩潭路与盐关港直接相通。码头前沿水域条件良好，堤内为宽敞平原地带，后方疏运通道便捷，是良港的理想地域。

1996 年湖南省交通工作会议上确定的“九五”期间全省内河航运建设重点是“二河四港”，这“四港”中就包括常德盐关铁水联运港的建设。沅水 4 级航道整治工程于 1999 年竣工。常德至鲇鱼口 3 级航运建设工程于 2001 年 12 月 28 日正式开工，2005 年 12 月 30 日完工。常鲇工程竣工后，500 吨级船舶溯沅水可至泸溪浦市镇；1000 吨级船队可由盐关港经开湖航线，通江达海。港口建成后，能为船舶运输及靠泊提供良好的条件。该港有充足稳定的货源,主要货物有煤炭、钢铁、水泥、成品油、磷矿石、铝矾土、油菜籽、烤烟、粮食、棉花、化肥、盐及砂石等。城市规划部门已将盐关地带规划为联运港区,有铁路和公路接入,为港口建设提供了较好的外部条件。

盐关联运港区码头前沿设计高水位38.76米,低水位27.22米,码头前沿高程为39米。码头前沿设计水深:近期为500吨级泊位,远期为1000吨级泊位,为不影响千吨级船舶的进港作业,港址水深均按1000吨级泊位设计。

该港口航道为沅水主航道,可常年通航500吨级船队,船舶可由主航道直接驶入港池。港地河底高程为24.9米,码头前沿所需水域总宽度为145米。

港前水域宽度380米,根据地形,码头前沿需局部浚深至24.9米,盐关矶头须截除。该河段枯水期水面宽450米,有足够的水域可供港区使用。

港区下游对岸,田家桥滩地可作为该港区锚地。

盐关铁水联运港区建设分三期进行。2005年前建设2个500吨级泊位及1个300吨级砂石泊位,完成防洪大堤、港区征地及后方生产和辅助生产设施;2010年前,建设2个1000吨级泊位及后方设施和进港铁路;2020年前建设1个1000吨级泊位,2个500吨级泊位及后方设施。

盐关铁水联运港区工程概算总投资1.2亿元。一期工程投资3055.85万元,采用三方筹资方式,即:国家投资1055.85万元、湖南省发改委安排资金1000万元、常德市自筹资金1000万元。

常德盐关铁水联运港区第一期工程于1999年4月启动,2001年9月竣工。完成投资2106万元,建成300吨级砂石泊位1个,500吨级件杂货、散货泊位各1个。主要装卸机械设备已投产。因工程资金难于筹措,一期工程未完成的部分项目,已列入二期工程建设。二期工程于2002年开工,2005年12月竣工,一、二期工程已累计完成投资8629.6万元。2014年3月,盐关码头升级二类水运口岸改造工程开工,11月竣工。主要完成口岸联检大楼改造、海关监管区改造、信息系统和监控系统建设、海关和检验检疫查验设备采购四大工程项目。投资2300万元。因多种原因第三期工程未开工。

蒿子港港区 位于澧水洪道的鼎城区蒿子港镇,溯流而上抵津市,顺流而下达岳阳。随着国民经济建设的发展,蒿子港镇兴办轻工、建材、农副产品加工等企业。近邻的西洞庭农场建有纸厂、糖厂。这些工业产品及农副产品均经蒿子港转运。加上安乡县的安康、安武、安城、安德等乡的部分产品也由蒿子港转运至津市、沅江、常德、长沙等地,腹地进出旅客亦由此中转,港口吞吐量较大。

1987年,港口堆场面积3950平方米,有生产用码头泊位11个,码头总长286延米,最大靠泊能力300吨级。港口拥有装卸机械6台,其中3吨起重机2台、2吨缆车4台。有装卸搬运人员109人。是年货物吞吐量26万吨,其中进口18万吨、出口8万吨;旅客吞吐量3.8万人次。

1996年,蒿子港港口岸线长746米,有生产用码头泊位6个,码头总长355延米,最大靠泊能力300吨级，年综合通过能力40.5万吨。港口有职工152人，其中装卸工人及司机129人。仓库面积300平方米，堆场面积1662平方米，有装卸机械13台，最大起重能力5吨。港口生产单位属交通部门的有鼎城区港航管理所，非交通部门的有国营西洞庭农场、蒿子港镇水利电力管理委员会。是年货物吞吐量23.2万吨，其中进港18.5万吨、出港4.7万吨。

2002年，蒿子港港口有生产用码头泊位6个，码头总长355延米，最大靠泊能力300吨级，年综合通过能力40.5万吨。是年港口货物吞吐量11.56万吨，其中进港11.22万吨、出港0.34万吨，进出港物资主要有矿建材料、水泥、化肥、农药、粮食、食糖、纸及化工原料等。

第三次全国港口普查时，将蒿子港港并入常德港，成为常德港的一个港区。

牛鼻滩港区　位于沅水洪道的鼎城区牛鼻滩镇，溯流而上抵常德，顺流而下达岳阳。

1985年，港口岸线长1000米，有生产用码头泊位6个，最大靠泊能力300吨级。有客运站房1栋，120平方米。是年港口货物吞吐量12万吨，其中进港9.9万吨、出港2.1万吨；旅客吞吐量21.2万人次。

1987年，港口货物吞吐量13万吨，其中进港10万吨、出港3万吨；旅客吞吐量16.43万人次，其中进港8.7万人次、出港7.73万人次。

1996年，港口岸线长610米，有生产用码头泊位1个，长100延米，最大靠泊能力300吨级，年综合通过能力8万吨。港口生产单位仅常德市第五运输公司，有职工390人，机械设备2台。是年港口货物吞吐量6万吨，其中进港5万吨、出港1万吨。

2002年，牛鼻滩港有生产用码头泊位3个，码头总长160延米，最大靠泊能力300吨级，年综合通过能力38万吨。是年港口货物吞吐量2.23万吨，其中进港2.06万吨、出港0.17万吨。进出港物资主要有粮食、化肥、矿建材料等。

第三次全国港口普查时，将牛鼻滩港并入常德港，成为常德港的一个港区。

第二节　津市港

津市港位于澧水下游的津市市，溯澧水而上经澧县、合口抵达石门港，顺澧水下行至洞庭湖注入长江，是湘西北和鄂西南物资集散、中转的重要港口。公路四通八达，北行12公里上207国道，经澧县通湖北荆州、宜昌；南行经湘北干线通常德、益阳、长沙；西行通临澧、石门与长石铁路相接。津市港素有“九澧门户”之称，为常德境内第二大港口，是湖南省内大港之一。

1985年津市港辖区范围：澧水北岸上自津市蚊香厂以上200米，下至小渡口；南岸上自道河口，下迄窑坡渡大米厂。港区总面积400.1万平方米，其中陆域面积13.1万平方米、水域面积387万平方米。有生产用码头泊位37个，其中货运码头泊位35个、客运码头泊位2个。最大靠泊能力300吨级，港区内有仓库面积4300平方米，堆场面积2.41万平方米，有装卸运输机械52台，最大起重能力15吨。是年港口货物吞吐量131.2万吨，其中进港79.2万吨、出港52万吨；旅客吞吐量60.5万人次，其中进港22.7万人次、出港37.8万人次，创历史最高水平。进出港物资主要有矿物性建筑材料、煤炭及制品、盐、粮食、农药、化肥、石油天然气及制品、钢材、水泥、木材等。1989 年津市澧水大桥建成通车后,津市港南北两岸连成一体,港区码头泊位运行效率进一步提高。

1996 年,津市港由市中心港区、新洲港区、保河堤港区组成。辖区范围:澧水北岸上自羊湖口蚊香二分厂上首 200 米,下迄小渡口排洪闸,长 6 公里;南岸上自灵泉道河拦洪渠,下至保河堤林家滩,长 48 公里。港区总面积 438 万平方米,其中陆域面积 18 万平方米、水域面积 420 万平方米。港区岸线总长 3530 米,有生产用码头泊位 43 个,码头总长 780.6 延米,最大靠泊能力 300 吨级,年综合通过能力 270 万吨,58.2 万人次。港区有职工 2615 人,其中装卸工人及司机 211 人。有仓库面积 5000 平方米,堆场面积 4416 平方米,客运站房 4657 平方米。有各类装卸机械 96 台(套),最大起重能力 15 吨。港口生产单位属交通部门的有津市轮船总公司、津市航运公司、津市港航管理处、津市运输公司 4 家;非交通部门的有湘澧盐矿、津市造纸厂、湖南省石油总公司津市市公司、湖南六九〇五、津市市石龟山粮油公司 5 家。是年港口货物吞吐量 111.65 万吨,其中进港 53.44 万吨、出港 58.21 万吨;旅客吞吐量 32.15 万人次,其中进港 15.47 万人次、出港 16.68 万人次。进出港物资主要有矿物性建筑材料、盐、煤炭及制品、农药、化肥、水泥、粮食等。

2002 年,津市港有生产用码头泊位 42 个,码头总长 794.8 延米,最大靠泊能力 800 吨级,年综合通过能力 303 万吨,38.2 万人次。是年港口货物吞吐量 104.54 万吨,其中进港 62.49 万吨、出港 42.05 万吨,进出港物资主要有盐、煤炭及制品、矿建材料、化肥、粮食、化工原料等。

2007 年,津市港有中心港区、窑坡渡港区、新洲镇港区、保河堤港区 4 个,有生产用码头泊位 33 个,码头总长 1566 延米,是年港口货物吞吐量 308.5 万吨,其中进港 75.7 万吨、出港 232.8 万吨;旅客吞吐量 21.5 万人次,其中进港 8.2 万人次、出港 13.3 万人次。进出港物资主要有金属矿石、煤炭及制品、粮食、盐、农药、化肥、石油天然气及制品等。

2010 年,津市港有中心港区、窑坡渡港区、新洲镇港区、保河堤港区 4 个,有生产用码头泊位 33 个,码头总长 1566 延米。是年港口货物吞吐量 318 万吨,其中进港 153 万吨、出港 165 万吨。进出港物资主要有砂石、金属矿石、石油天然气及制品、水泥、化肥及农药等。

津市港小渡口船厂码头

1988—2010年津市港客货吞吐量表

表3-1-2-1

年　份	货物吞吐量（万吨）			旅客吞吐量（万人次）		
	小 计	进 港	出 港	小 计	进 港	出 港
1988	137.8	90.2	47.6	10.00	0.30	9.70
1989	137.4	64.1	73.3	20.10	10.00	10.10
1990	120.6	53.7	66.9	11.20	5.10	6.10
1991	120.8	67.0	53.8	8.50	4.80	3.70
1992	106.0	50.7	55.3	6.30	2.80	3.50
1993	104.1	38.0	66.1	8.50	4.20	4.30
1994	103.0	50.0	53.0	5.00	2.50	2.50
1995	104.0	60.1	43.9	6.20	2.90	3.30
1996	111.65	53.44	58.21	32.15	15.47	16.68
1997	101.00	57.70	43.30	14.70	6.50	8.20
1998	105.56	54.94	50.62	13.35	7.92	5.43
1999	102.05	46.23	55.82	13.20	6.60	6.60
2000	107.75	48.42	59.33	7.89	3.85	4.04
2001	101.36	48.86	52.50			
2002	104.54	62.49	42.05			
2003	109.44	51.53	57.91			
2004	106.78	52.25	54.53			
2005	102.06	50.66	51.4			
2006	140.43	68.67	71.76			
2007	308.50	75.70	232.80	21.50	8.20	13.30
2008	143.24	24.70	118.54			
2009	155.58	53.35	102.23			
2010	318.00	153.00	165.00			

第三节　其他港

一、安乡港

位于安乡县城关，为湖区要港之一。由该港下行，经茅草街入洞庭湖；由港上行，经虎渡河出太平口，入长江通沙市、宜昌、武汉诸港；经张九台与澧水相接，通津市、澧县、合口、石门。

中共十一届三中全会后，安乡港新建饲料码头、棉麻码头、砂石码头、煤码头、新客运码头等12个，并配有一定的装卸起重机械。1985年，全港有生产用码头22个，31个泊位，港岸有仓库3个、货棚1个、堆场7处，水上有仓库2个，年货物吞吐量57.13万吨，旅客吞吐量42.09万人次。

1987年，安乡港包括东岸城关港和西岸大鲸港。港区东岸上自安乡县饲料厂，下迄长岭煤坪；西岸上自大鲸港煤栈，下迄七家砖厂。港区总面积 83.21 万平方米，其中水域面积 73.54 万平方米、陆域面积 9.67 万平方米。有生产用码头 22 个，长 1292 延米，泊位 31 个，最大靠泊能力 200 吨级。有仓库面积 4110 平方米，堆场面积 856 平方米。有客运站 2 个，站房面积 396 平方米，其中候船室 338 平方米。港口有装卸工人和司机 250 人，趸船 10 艘，装卸运输机械 23 台。是年港口客运量增加到 90.9 万人次，货物吞吐量达 64.1 万吨，其中进港 53.2 万吨、出港 10.9 万吨。进港物资大部分是矿建材料，其次为煤。安乡县为全国商品粮基地县之一，出港货物以粮食为主。

安乡青龙宫码头

1996 年，安乡港区岸线总长 1880 米，有生产用码头 6 个，总长 930 延米，泊位 13 个，最大靠泊能力 300 吨级，年综合通过能力 64 万吨，20 万人次。有职工 866 人，其中装卸工人及司机 340 人。仓库面积 1860 平方米，堆场面积 1500 平方米，机械设备 2 台，最大起重能力 5 吨，客运站面积 345.6 平方米，其中候船室 172.8 平方米。码头中有青龙宫斜坡码头、驿门口重力式码头、大鲸港混凝土方块码头等，有泊位 7 个，前沿水深 1.5 米，最大靠泊能力 200 吨级；安乡县城建委员会所建斜坡式码头，主要用于矿建材料的装卸作业，有泊位 1 个，前沿水深 2.5 米，最大靠泊能力 300 吨级；生资仓库混凝土方块码头，主要用于装卸化肥，有泊位 4 个，前沿水深 2 米，最大靠泊能力 300 吨级；拾比佰公司浮坞式码头为客运专用码头，有泊位 1 个，前沿水深 1.5 米，最大靠泊能力 300 吨级。港口生产单位属交通部门的有安乡县运输公司、拾比佰航运公司 2 家；非交通部门的有安乡水陆联运公司、安乡县农业生产资料总公司、安乡县城关镇水利修防管理委员会 3 家。是年港口货物吞吐量 74.5 万吨，其中进港 46.5 万吨、出港 28 万吨；旅客吞吐量 14.37 万人次，其中进港 7.18 万人次、出港 7.19 万人次。

2002 年，安乡港有生产用码头泊位 12 个，码头总长 778.7 延米，最大靠泊能力 300 吨级，年综合通过能力 58 万吨，28 万人次。是年港口货物吞吐量 55.17 万吨，其中进港 48.31 万吨、出港 6.86 万吨；旅客吞吐量 15.96 万人次，其中进港 7.17 万人次、出港 8.79 万人次。进出港物资主要有成品油、煤炭、水泥、粮食、化肥、农药、钢铁、建材等。

2007 年，安乡港有城关港区、大鲸港港区 2 个，有生产用码头泊位 13 个，码头总长 573 延米。是年港口货物吞吐量 27.18 万吨，旅客吞吐量 22 万人次。

2010 年，安乡港有城关港区、大鲸港港区 2 个，有生产用码头泊位 13 个，码头总长 573

延米，最大靠泊能力300吨级。是年港口货物吞吐量61.42万吨，其中进港53.49万吨、出港7.93万吨；旅客吞吐量18.84万人次，其中进港10.05万人次、出港8.79万人次。进出港物资主要有金属矿石、粮食、煤炭及制品、砂石等。

二、汉寿港

位于汉寿县城关镇，在沅水洪道与洞庭湖交汇处，溯流而上54公里抵常德，经开湖航线顺流而下174公里抵岳阳。

1976年因灭杀钉螺，围垦围堤湖，汉寿城关港口从此闭塞。此后，汉寿县城的水运物资需运至仓儿总、马家铺2个新码头转驳。由于码头距县城8公里，装卸搬运困难，大部分客货弃水走陆。

1987年，汉寿港新港区由仓儿总、马家铺两个作业区组成。仓儿总作业区上自轮运码头以西200米，下迄砖瓦码头；马家铺作业区范围为马家铺上100米，下200米。港区总面积23.6万平方米，其中水域面积14万平方米、陆域面积9.6万平方米。港口有作业人员72人，其中直立式码头2个、浮式码头及斜坡码头各1个。有生产用码头4个，总长350延米，有泊位5个，其中300吨级2个、100吨级3个，最大靠泊能力300吨级。港口有装卸机械19台。是年港口货物吞吐量23.5万吨，其中进港12万吨、出港11.5万吨。

汉寿坡头港埠码头

1996年，汉寿港区岸线长164米，有生产用码头泊位5个，码头总长140延米，最大靠泊能力200吨级，年综合通过能力33万吨，有仓库面积1600平方米，堆场面积600平方米。有机械设备4台，最大起重能力3吨。港口生产单位属交通部门的有汉寿县交通局，非交通部门的有汉寿县氮肥厂。是年港口货物吞吐量5.6万吨，其中进港5.1万吨、出港0.5万吨。

2002年，汉寿港区有生产用码头泊位2个，码头总长45延米，最大靠泊能力200吨级，年综合通过能力13万吨。是年港口货物吞吐量15.8万吨，其中进港7.2万吨、出港8.6万吨。进出港物资主要有矿建材料、粮食、化肥、水泥、煤炭等。

2007年，汉寿港有仓儿总港区、坡头港区、蒋家嘴港区、柳林嘴港区4个，有生产用码头泊位12个，码头总长695延米。是年港口货物吞吐量47.9万吨。

2010年,汉寿港有仓儿总港区、坡头港区、蒋家嘴港区、柳林嘴港区4个,有生产用码头泊位12个,码头总长695延米,最大靠泊能力300吨级。是年港口货物吞吐量68.29万吨,其中进港27.29万吨、出港41万吨。进出港物资主要有砂石、煤炭及制品、成品油、粮食、化肥、水泥等。

柳林嘴港区 位于澧水洪道西岸,西南距汉寿西港镇3公里,西离西湖农场总部11公里。

1954年,治理西洞庭湖时新辟柳林嘴港,该港口外临澧水洪道,内靠西港河,水运极为便利。建港初期,西湖农场在此设转运站、仓库及煤场,同时组建一支搬运队,负责进出农场货物的装卸,是年港口货物吞吐量4万吨。1989年,港口货物吞吐量4.6万吨,其中进港3.1万吨、出港1.5万吨。

汉寿柳林嘴码头

1996年,柳林嘴港岸线长1000米,有生产用码头泊位1个,长35延米,最大靠泊能力300吨级,年综合通过能力18万吨。港口生产单位仅西湖航运公司1家,有职工81人,其中装卸工人及司机16人。仓库面积504平方米,堆场面积1000平方米。有6.5吨与3吨固定式起重机各1台。是年港口货物吞吐量11.05万吨,其中进港9.5万吨、出港1.55万吨。

2002年,柳林嘴港有生产用码头泊位1个,长35延米,最大靠泊能力300吨级,年综合通过能力18万吨。是年港口货物吞吐量7万吨,其中进港3万吨、出港4万吨。进出港物资主要有煤炭、矿建材料、水泥、粮食、化肥等。

第三次全国港口普查时,将柳林嘴港并入汉寿港,成为汉寿港的一个港区。

蒋家嘴港区 位于汉寿县蒋家嘴镇。1987年,蒋家嘴港区由外河码头、内河码头和青山湖砖厂作业码头组成。外河码头上自煤栈码头以西500米,下迄麻纺厂码头;内河码头上自棉纺厂码头,下迄老闸口码头;青山湖码头上自芦苇洲尖嘴,下迄东码头。港区总面积6.54万平方米,其中水域面积4.94万平方米、陆域面积1.6万平方米。港口有从业人员125人,生产用码头18个(多为斜坡式码头),泊位25个,总长1200延米,其中300吨级8个、100吨级15个、30吨级2个,最大靠泊能力300吨级,有装卸搬运机械29台。是年完成旅客发送量24.6万人次;货物吞吐量31.8万吨,其中进港19万吨、出港12.8万吨。出港物资以粮食为主,通过水路运往长沙、株洲、上海、广州,部分大米销往国外。

1996年,蒋家嘴港区岸线长216米,有生产用码头泊位2个,码头总长60延米,最大靠泊能力200吨级,年综合通过能力9万吨,堆场面积1500平方米。港口生产单位有汉寿县造纸厂。是年港口货物吞吐量14万吨,其中进港10.22万吨、出港3.78万吨。

2002年,蒋家嘴港区有生产用码头泊位5个,码头总长155延米,最大靠泊能力200吨级,年综合通过能力29万吨。是年港口货物吞吐量3.8万吨,其中进港2万吨、出港1.8万吨。进出港物资主要有粮食、化肥、水泥、煤炭、化工原料等。

第三次全国港口普查时,将蒋家嘴港并入汉寿港,成为汉寿港的一个港区。

三、桃源港

位于沅水下游的桃源县城,溯沅水上通沅陵,顺沅水下联常德,为湘西、黔东水运物资出口必经之地,亦是该县水运货物集散中心。

1985年桃源港口货物吞吐量25.75万吨,其中进港18.22万吨、出港7.53万吨;旅客吞吐量45253人次。

1987年,桃源港区包括南北两岸,南岸长6公里,北岸长7.5公里,港区总面积20.84万平方米,其中陆域面积2.23万平方米、水域面积18.61万平方米。有生产用码头13个,总长663延米;泊位22个,最大靠泊能力200吨级。港区有仓库1个,面积200平方米;堆场7处,面积1200平方米。有装卸运输机械57台。是年港口货物吞吐量35.5万吨,其中进港23.3万吨、出港12.2万吨;旅客吞吐量10万人次。

1996年,桃源港区岸线长3370米,有生产用码头9个,总长1010延米,泊位21个,最大靠泊能力300吨级,年综合通过能力210万吨。有职工279人,其中装卸工人及司机199人。仓库面积640平方米,堆场面积3000平方米,机械设备77台,最大起重能力5吨,港口生产单位属交通部门的有桃源县运输公司、桃源县港航管理所;非交通部门的有桃源化工总厂、桃源纺织印染厂。是年港口货物吞吐量38.28万吨,其中进港34.91万吨、出港3.37万吨。

2002年,桃源港区有生产用码头泊位13个,码头总长630延米,最大靠泊能力300吨级,年综合通过能力136万吨,是年港口货物吞吐量1.8万吨,其中进港0.8万吨、出港1万吨。进出港物

桃源港大码头

资主要有木材、粮食、化肥、水泥等。

2007年,桃源港有陬市港区、漳江港区、剪市港区、凌津滩港区4个,有生产用码头泊位15个,码头总长820延米,港口货物吞吐量55.5万吨。

2010年,桃源港有陬市港区、漳江港区、剪市港区、凌津滩港区4个,有生产用码头泊位15个,码头总长820延米,最大靠泊能力500吨级。是年港口货物吞吐量159.3万吨,其中进港69.9万吨、出港89.4万吨,进出港物资主要有砂石、金属矿石、煤炭及制品、成品油等。

陬市港区 位于沅水下游的桃源县陬市镇。上接桃源县城,下联常德河洑,历史上为沅水竹木集散地之一。自20世纪50年代初至80年代初,该港进出口竹木运量占全港总吞吐量的70%~80%,平均年运量80万立方米。1983年起,由于各产材地重视保护森林资源,航区闸坝亦不利排筏流放,物资流向改变,陬市港竹木运量锐减,每年集散的竹木仅3万~5万立方米。但其他货物如粮食、水泥、棉花、百杂货、矿产品、轻工业产品等却逐渐增多。

陬市官码头

1987年,陬市港总面积114.1万平方米,其中陆域面积2万平方米、水域面积112.1万平方米。港口有生产用码头14个,总长720延米,泊位29个,最大靠泊能力200吨级。仓库面积962平方米,堆场面积8602平方米;有装卸工人及司机125人,装卸运输机械52台。是年港口货物吞吐量38万吨,其中进港15.9万吨、出港22.1万吨;旅客吞吐量15万人次。

20世纪90年代起,陬市港吞吐量急剧减少。1996年,陬市港岸线长2000米,有生产用码头泊位1个,长40延米,最大靠泊能力300吨级,年综合通过能力20万吨。有职工8人,其中装卸工人及司机6人。堆场面积800平方米。是年港口货物吞吐量10.6万吨,其中进港6.15万吨、出港4.45万吨。

2001年,陬市港货物吞吐量29.5万吨,其中进港16万吨、出港13.5万吨。进出港物资主要有砂石、成品油、煤炭、粮食、化肥、木材、水泥等。

第三次全国港口普查时,将陬市港并入桃源港,成为桃源港的一个港区。

四、澧县港

位于澧水下游北岸的澧县县城，溯流上行20公里至临澧县合口港，顺流而下12公里抵津市港。

1973年，随澧水整治重开澧县港，相继修建兰江、黄沙湾2个码头，总长290延米，设泊位13个，最大靠泊能力100吨级。航道整治与港口建设并举，水运优势得到发挥。

1987年，澧县港区上自澧县汽车运输公司，下讫澧县煤炭公司。港域面积746.05万平方米，其中陆域面积502.3万平方米、水域面积243.75万平方米。港口堆场面积14663平方米，有生产用码头2个，泊位13个，总长290延米，最大靠泊能力100吨级。有职工154人，其中装卸工人及司机141人。有装卸运输机械10台，其中3吨起重机1台、0.8吨翻斗车4辆、2.5吨载重汽车5辆。是年港口货物吞吐量30.82万吨，其中进港23.12万吨、出港7.7万吨。进港物资以矿建材料为大宗，出港物资以粮、棉、煤、石灰为主，经水路运往省内常德、长沙、岳阳、株洲、湘潭及长江流域的宜昌、沙市、武汉、南通、上海等港口。

澧县黄沙湾五号码头

1996年，澧县港区岸线长820米，有生产用码头2个，总长500延米，泊位16个，最大靠泊能力200吨级，年综合通过能力36万吨，5万人次。港口生产单位属交通部门的有澧县运输公司、澧县港航管理所；非交通部门的有澧县澧澹水陆装卸运输公司。全港有职工192人，仓库面积1125平方米，堆场面积1200平方米。1996年后虽因铁路、公路运输发展，澧水中下游不十分畅通，但港口货物吞吐量仍保持在1985年的水平，计24.8万吨，其中进港3.6万吨、出港21.2万吨；旅客吞吐量2.8万人次，其中进港1.3万人次、出港1.5万人次。

进入新的世纪，澧县港一枝独秀，货物吞吐量明显复苏。2002年，澧县港区码头总长448延米，泊位13个，最大靠泊能力300吨级，年综合通过能力41万吨。是年港口货物吞吐量55.78万吨，其中进港9.88万吨、出港45.9万吨。进出港物资主要有煤炭、水泥、粮食、化肥、成品油等。

2007年，澧县港有羊湖口港区、黄沙湾港区、乔家河港区、小渡口港区4个，有生产用码头泊位 16 个,码头总长 830 延米,最大靠泊能力 300 吨级。是年港口货物吞吐量 56.58 万吨。

2010 年,澧县港有羊湖口港区、黄沙湾港区、乔家河港区、小渡口港区 4 个,有生产用码头泊位 16 个,码头总长 830 延米,最大靠泊能力 300 吨级。是年港口货物吞吐量 53 万吨,其中进港 21.25 万吨、出港 31.75 万吨。进出港物资主要有金属矿石、砂石、煤炭及制品、水泥、化肥、粮食等。

五、临澧港

原名合口港,第三次全国港口普查时调整为临澧港。该港位于澧水下游的临澧县合口镇。溯流上行,经青山船闸达石门港;顺流而下,经张公庙、澧县、津市入洞庭湖。省道大坪慈利线(S304)从港区北侧通过,并接焦柳铁路新安火车站,港口便成为湘西北水、铁、公联合运输的枢纽之一。

1987 年,合口港含南北两岸,港区北岸上自芭茅渡,下迄合口油脂厂;南岸上自杉板砖厂,下迄合口船厂。港区总面积 23.91 万平方米,其中水域面积 14.17 万平方米、陆域面积 9.74 万平方米。港口有生产用码头 12 个,码头总长 415 延米。泊位 20 个,其中 100 吨级 16 个、60 吨级 4 个。堆场面积 11988 平方米,仓库面积 260 平方米,港作拖轮 1 艘,港口专用汽车 7 辆。港口有职工 166 人,其中装卸工人及司机 130 人。是年港口货物吞吐量 49.1 万吨,其中出港 33.7 万吨、进港 15.4 万吨。

1996 年,因澧水合口上下游航道淤积,公路、铁路运输发展,港口货物吞吐量大减。港区岸线长 4000 米,有生产用码头 5 个,泊位 12 个,总长 375 延米,最大靠泊能力 150 吨级,年综合通过能力 66 万吨。有堆场面积 1300 平方米,机械设备 6 台,最大起重能力 3 吨。港口生产单位属交通部门的有临澧县航运公司;非交通部门的有新安综合物资转运站、合口镇水陆联合运输公司。是年港口货物吞吐量 25.9 万吨,全部为出港。

临澧合口港码头

2002 年,合口港有生产用码头 5 个,泊位 12 个,码头总长 375 延米,最大靠泊能力 150 吨级,年综合通过能力 66 万吨。是年港口货物吞吐量 10 万吨,全部为出港。出港物资主要有煤炭、水泥、非金属矿石、粮食、化肥等。

2007 年,临澧港有新合港区 1 个,有生产用码头泊位 4 个,码头总长 158 延米,最大靠泊能力 100 吨级。是年港口货物吞吐量 3 万吨。

2010 年，临澧港有新合港区 1 个，有生产用码头泊位 4 个，码头总长 158 延米，最大靠泊能力 100 吨级。是年港口货物吞吐量 1.8 万吨，全部为出港。出港物资主要有水泥、煤炭及制品等。

六、石门港

位于澧水中游的石门县城。溯流西行 4 公里为三江口水电站，顺流东下至澧县、津市。焦(作)柳(州)、长(沙)石(门)铁路在此相接，公路成网，为湘西北水陆联运港口。

1987 年，石门港含南北两岸，北岸上自磷肥厂沿江大道坡底，下迄石门县航运公司办公楼；南岸上自常德市化工厂中转站，下迄新高公路北侧水沟。港区总面积 58.59 万平方米，其中陆域面积 15.99 万平方米、水域面积 42.6 万平方米。有堆场 2 处、7000 平方米，生产用码头 8 个，泊位 13 个，码头总长 498 延米，最大靠泊能力 80 吨级。专业装卸企业有石门县运输公司和石门县港务管理站装卸组，装卸作业工人 52 名。是年港口货物吞吐量 22.63 万吨，其中进港 14.6 万吨、出港 8.03 万吨。出港物资以煤炭、水泥、磷肥、矽砂为大宗。

20 世纪 90 年代初起，因澧水石门上下游航道多处淤积梗阻，闸坝碍航，而铁路、公路运输日益发达，港口货物吞吐量锐减。1996 年，石门港区岸线长 1500 米，有生产用码头 1 个，泊位 2 个，总长 80 延米，最大靠泊能力 100 吨级，年综合通过能力 5 万吨。港口生产单位仅石门易家渡水陆联运装卸公司 1 家，有职工 20 人，堆场面积 1000 平方米。是年港口货物吞吐量 4 万吨，全部为出港。出港物资主要有水泥、煤炭及制品。

2002 年，石门港区有生产用码头泊位 4 个，码头总长 130 延米，最大靠泊能力 100 吨级，年综合通过能力 15 万吨。是年港口货物吞吐量 5 万吨，全部为出港。出港物资主要有水泥、化肥、煤炭等。

2007 年，石门港有易家渡港区、闫家坝港区、新街口港区 3 个，有生产用码头泊位 4 个，码头总长 160 延米，最大靠泊能力 100 吨级。是年港口货物吞吐量 3.8 万吨。

2010 年，石门港有易家渡港区、闫家坝港区、新街口港区 3 个，有生产用码头泊位 4 个，码头总长 160 延米，最大靠泊能力 100 吨级。是年港口货物吞吐量 10.8 万吨，其中进港5.8 万吨、出港 5 万吨。进出港物资主要有砂石。

1985 年常德地区港口概况表(第一次全国港口普查汇编资料)

表 3-1-3-1

县市	港口名称	所在河流	货物吞吐量 小计(吨)	货物吞吐量 进港(吨)	货物吞吐量 出港(吨)	客运量(人次)	港区岸线(公里)	码头数(座)	泊位数(个)	机械设备(台)	机械设备 最大起重量(吨)	库场面积(平方米) 小计	库场面积(平方米) 仓库	库场面积(平方米) 堆场	最大靠泊能力(吨级)
	合计		7784515	7949483	2805032	2477159	115.595	266	384	501	15	259806	16779	243027	300
常德市	常德港	沅水	2308996	1882346	426650	519443	30.5	50	68	218	15	38202	8161	28924	300
常德县	河洑港	沅水	277234	172634	104600		2.3	8	16	7	1	41750		22500	300
	蒿子港港	洞庭湖	235600	170900	64700	38000	2	11	11	6	3	4620		4620	300
	裴家码头	沅水	108000	50000	58000	72000	1	7	7	2		4610		4610	300
	牛鼻滩港	洞庭湖	120000	99000	21000	212000	1	5	6						300
	岩码头港	沅水	35000	25000	10000		1	3	3						300
	康家吉港	洞庭湖	28850	225000	6350		1	1	1						300
	贺家山港	洞庭湖	32000	20000	12000		0.5	2	2						100
桃源县	桃源港	沅水	257500	182150	75350	92930	6.185	13	22	57	5	1400	200	1200	100
	陬市港	沅水	314400	64300	249700	15674	7	14	29	52	2	12950	1480	11470	300
	兴隆街港	沅水	34134	21916	12128	33000	1	6	9						120
	水溪港	沅水	15569	3000	12569	3600	1	4	4						60
澧县	澧县港	澧水	241231	200246	40985		3	2	13	10	3	14663		14663	100
	乔家河港	澧水	47000	31646	15360		1.2	2	2						100
临澧县	合口港	澧水	354000		35400		3.5	12	20	7		100750		4620	100
石门县	石门港	澧水	212300	74300	138000		2.17	8	13			7500		7500	60

续表 3-1-3-1

县市	港口名称	所在河流	货物吞吐量			客运量	港区岸线	码头数	泊位数	机械设备		库场面积（平方米）			最大靠泊能力
			小计（吨）	进港（吨）	出港（吨）	（人次）	（公里）	（座）	（个）	（台）	最大起重量（吨）	小计	仓库	堆场	（吨级）
汉寿县	汉寿港	洞庭湖	214765	202135	12630		1.1	4	5	19	2				300
	蒋家嘴港	洞庭湖	290172	167228	122944	120582	3.2	17	25	29	3				300
	坡头港	洞庭湖	16500			39985	1.1	7	8	17	1				
	柳林嘴港	洞庭湖	105000			10200	1.5	5	5	2					
	周文庙港	洞庭湖	22000	15000	7000	13000	1.0	4	4						300
	新兴港	洞庭湖	12220	7605	4615	37000	0.3	2	3						300
	小港港	洞庭湖	15250	4950	10300		1.0	1	1						300
津市市	津市港	澧　水	1312600	792332	520268	605349	21	25	40	52	15	28341	4281	2500	300
	保河堤港	洞庭湖	32100	12800	19300	11907	0.5	1	1						50
	新洲港	洞庭湖	41000	33500	7500	3976	1.0	1	2						50
慈利县	东阳渡港	澧　水	11000		11000		0.5	1	5						30
	慈利港	澧　水	20000	1000	19000		1.4	1	8						30
安乡县	安县港	洞庭湖	571250	462450	108800	420913	11.59	22	31	23	3	5020	910	4110	300
	夹夹港	洞庭湖	80000	24000	56000		0.5	1	2						30
	黄山头港	洞庭湖	16856	5651	11205		0.75	1	2						30
	六角尾港	洞庭湖	75400	23700	51700	12000	0.8	2	2						300
	杨家河港	洞庭湖	19000	5000	14000		0.5	1	1						300
	虢家洲港	洞庭湖	61200	33900	27300	70000	1.0	3	4						300
	虎山港	洞庭湖	84388	1500	82888	10800	1.5	7	7						30
	复兴港	洞庭湖	13500	3800	9700	80000	1.0	2	2						300

1996年常德市港口概况表（第二次全国港口普查汇编资料）

表 3-1-3-2

港口名称	所在河流	货物吞吐量			旅客吞吐量		港区岸线	码头总长	泊位数	最大靠泊能力	年综合通过能力	
		小计	进港	出港	小计	出港						
		（万吨）	（万吨）	（万吨）	（万人次）	（万人次）	（米）	（延米）	（个）	（吨级）	（万吨）	（万人次）
合	计	565.87	401.35	164.32	66.42	34.42	24756	6709	183	500	1615	109.11
常德港	沅 水	176.29	168.43	7.66	17.1	9.05	4920	2183	56	500	785.5	25.9
津市港	澧 水	111.65	53.44	58.21	32.15	16.68	3530	780.6	43	300	270	58.2
安乡港	洞庭湖	74.5	46.5	28	14.37	7.19	1880	930	13	300	64	20
汉寿港	洞庭湖	5.6	5.1	0.5			164	140	5	200	33	
合口港	澧 水	25.9		25.9			4000	375	12	150	66	
蒋家嘴港	洞庭湖	14	10.22	3.78			216	60	2	200	9	
澧县港	澧 水	24.8	3.6	21.2	2.8	1.5	820	500	16	200	36	5
牛鼻滩港	洞庭湖	6	5	1			610	100	1	300	8	
凌津滩港	沅 水	40	40					120	4	200	50	
柳林嘴港	洞庭湖	11.05	9.5	1.55			1000	35	1	300	18	
石门港	澧 水	4		4			1500	80	2	100	5	
桃源港	沅 水	38.28	34.91	3.37			3370	1010	21	300	210	
蒿子港港	洞庭湖	23.2	18.5	4.7			746	355	6	300	40.5	
陬市港	沅 水	10.6	6.15	4.45			2000	40	1	300	20	

续表 3-1-3-2

港口名称	库场总面积			仓库容量	堆场容量	机械设备		客运设施		职工人数	
	小计	仓库	堆场			台数	最大起重量	房屋	其中：	年末	其中：装卸
	（平方米）	（平方米）	（平方米）	（吨）	（吨）	（台）	（吨）	（平方米）	（平方米）	（人）	（人）
合计	74943.5	15841.5	59102	20249	47935	292	16	7476.6	4828.8	7808	1242
常德港	44436.5	4812.5	39624	4947.2	35275	90	16	2474	1580	2304	253
津市港	9416	5000	4416	12672.6	3000	96	15	4657	30.76	2615	211
安乡港	3360	1860	1500	420	1000	2	5	345.6	172.8	866	340
汉寿港	2200	1600	600		600	4	3				
合口港	1300		1300		1200	6	3				
蒋家嘴港	1500		1500								
澧县港	2325	1125	1200	1292	1000					192	94
牛鼻滩港						2				390	
凌津滩港	1500		1500							36	24
柳林嘴港	1504	504	1000	317	1060	2	5			81	16
石门港	1000		1000		800					20	
桃源港	3640	640	3000	600	2000	77	5			279	199
蒿子港港	1962	300	1662		1000	13	5			152	129
陬市港	800		800		1000					8	6

2003年常德市港口概况表

表3-1-3-3

港口名称	所在河流	货物吞吐量			旅客吞吐量		港区岸线	码头总长	泊位数	最大靠泊能力	年综合通过能力	
		小计	进港	出港	小计	出港						
		（万吨）	（万吨）	（万吨）	（万人次）	（万人次）	（米）	（延米）	（个）	（吨级）	（万吨）	（万人次）
合	计	450.56	270.50	180.06	15.96	7.17	8.79	5771.3	158	800	1413	86.2
常德港	沅水	145.53	119.73	25.8				1524.8	38	500	577.5	20
津市港	澧水	104.54	62.53	42.01				794.8	42	800	303	38.2
安乡港	洞庭湖	55.17	48.31	6.86	15.96	7.17	8.79	778.7	12	300	58	28
汉寿港	洞庭湖	15.8	7.2	8.6				45	2	200	13	
合口港	澧水	10		10				375	12	150	66	
蒋家嘴港	洞庭湖	3.8	2	1.8				155	5	200	29	
澧县港	澧水	55.78	9.88	45.9				448	13	300	41	
牛鼻滩港	洞庭湖	2.23	2.06	0.17				160	3	300	38	
柳林嘴港	洞庭湖	7	3	4				35	1	300	18	
石门港	澧水	5		5				130	4	100	15	
桃源港	沅水	1.8	0.8	1				630	13	300	136	
蒿子港港	洞庭湖	11.56	11.22	0.34				355	6	300	40.5	
陬市港	沅水	32.3	3.8	28.5				340	7	300	78	

2007年常德市港口概况表（第三次全国港口普查汇编资料）

表 3-1-3-4

港口名称	所在河流	货物吞吐量			旅客吞吐量		港区岸线	码头总长	泊位数	最大靠泊能力	年综合通过能力	
		小计	进港	出港	小计	出港						
		（万吨）	（万吨）	（万吨）	（万人次）	（万人次）	（米）	（延米）	（个）	（吨级）	（万吨）	（万人次）
合　计		734.94	199.28	535.66	22	8.71	13.29	6626	130	1000	1375	30
常德港	沅　水	328.3	171.17	157.13				1824	33	1000	545	
津市港	澧　水	212.68						1566	33	800	345	
安乡港	洞庭湖	27.18			22	8.71	13.29	573	13	300	50	30
临澧港	澧　水	3						158	4	100	6	
桃源港	沅　水	55.5						820	15	500	121	
汉寿港	洞庭湖	47.9						695	12	300	85	
石门港	澧　水	3.8						160	4	100	4	
澧县港	澧　水	56.58						830	16	300	219	

第二章　车　站

第一节　客运站

1928年建成的常德站(即现在的常德汽车北站),是常德境内最早的汽车站。

1949年,常德有汽车站16个,售票所5个。

1980年,常德地区有车站54个,代办站149个。

1987年,常德地区有车站50个(其中县级站10个、区乡站40个),代办站187个,停靠点584个。

1990年,常德市有车站56个(其中地县级车站22个、区乡站34个),代办站128个。年开行38万班次,发送客运量3486万人次,旅客周转量129959万人公里。

1995年,常德市有客运站44个(包括客货兼营站5个),其中一级站2个、二级站9个、三级站9个、乡镇站24个,代办站30个。年开行33万班次,发送客运量1059万人次,旅客周转量70882万人公里。

2001年,常德市有客运站54个,其中一级站1个、二级站14个、三级站9个、四级站7个、简易站23个。有客运站务人员911人,年均日发客班3044次,年均日发送客运量48977人次。

2005年,常德市有客运站33个,其中一级站1个、二级站12个、三级站9个、四级站6个、简易站5个。有客运站务人员825人,年均日发客班6475次,年均日发送客运量78616人次。

2010年,常德市有等级客运站98个,其中一级站5个、二级站7个、三级站7个、四级站7个、五级站72个,简易站及招呼站184个。有客运站务人员958人,年均日发客班8669次,年均日发送客运量101420人次。

常德汽车北站(简称北站)　建于民国17年(1928),时名常德站,地址在常德市大西门外莫公桥(人民西路与朝阳路交会处,人民西路2288号),是常德境内最早的汽车站。

1950年至2000年,经过50年的努力,北站已发展为常德境内最大的汽车站。1980年有湘运61、67两个车队,共146辆汽车,61车队为客车队,有客车90辆、货车6辆。67车队为货车队,有货车50辆。1987年,车站占地面积24807.3平方米,建筑面积13381.8平方米,有职工566人,拥有湘运182、188两个车队,共135辆汽车。182车队为客车队,有客车94辆,4266客位,其中日本三菱牌豪华客车4辆,152客位。日发客班362次,接送旅客2万人次。年客运量767.3万人次,旅客周转量2377.3万人公里。188车队为货车队,有货车41辆,

2094 吨，年货运量 5.2 万吨，货物周转量 940.9 万吨公里。

常德汽车北站

1980 年以来，北站在“学南站、赶南站”的活动中成效显著。1984 年、1985 年两次被湖南省交通厅授予“文明车站”称号；1985 年被湖南省交通厅评为“优质运输先进集体”；1985 年被湖南省人民政府授予“文明车站”称号；1986 年被交通部授予“优质运输先进集体”称号；1993 年被交通部授予“文明车站”称号；1996 年被交通部授予 1993—1995 年度“文明客运汽车站”称号。同时，该站还培育出湖南省劳动模范、湖南省交通系统安全标兵孔德新；交通部劳动模范、优秀服务员张红专；湖南省劳动模范、优秀客车驾驶员曾友贵等一批先进人物。2000 年，北站所辖的湖南常德欣运集团旅游出租分公司被交通部授予 1998—1999 年全国道路运输系统“客运文明企业”称号。

该站 1997 年被定为一级站。2001 年，车站占地面积 21807 平方米，停车坪 8000 平方米，站房面积 1686 平方米，客车库 562.5 平方米。有职工 538 人，拥有 1 个客车队，有客车 113 辆，3614 客位，日发客班 105 次，日旅客发送量 1.2 万人次，旅客最高聚集人数为 1.8 万人次。但由于该站地处繁华闹市区，车辆进出站很不方便。2001 年 9 月，常德汽车总站竣工营运。北站的长途客运班线转移到常德汽车总站。只保留 2 条地际线路、25 条县际线路、9 条县内线路。主要开往夹山寺、桃花源、花岩溪等旅游度假区及五强溪、慈利、张家界等地。

2010 年，车站占地面积 13196.2 平方米，被定为二级站。该站有员工 50 人。日发客班 520 次，年旅客发送量 253 万人次。营运线路 14 条，其中跨区线路 6 条：桑植、张家界、武陵源、五强溪、慈利、龙潭河；跨县线路 8 条：汉寿、桃源、漆河、黄石、聂家桥、郝坪、牛车河、官桥坪。

为优化城市环境，缓解城市中心交通压力，经市人民政府同意，历时 88 年的常德汽车北站于 2016 年 3 月 15 日 17 时关闭，站址迁往市城区竹叶路与桃花源路交汇处（桃花源大桥北引桥东侧），3 月 16 日 6 时正式启用，原北站经营班线及车辆一并调整至新站经营。市城区 7 路、19 路公交车进入常德汽车北站新址（终点站）上下旅客，市城区 3 路、42 路公交车辆途经车站外公交站点上下旅客。

常南汽车总站（简称南站） 建于民国 23 年（1934），地址在武陵镇长常公路终点处。1971 年 11 月 25 日至 30 日，湖南省陆运公司在南站召开全省客运工作会议，推广他们为旅客服务“十有”(旅客进站有接待,购票有秩序,候车有安排,上车有指引,车上有宣传,发车有先后,站内有广播,室内有图表,疑难有解答,老弱有照顾)的经验,对全省汽车运输系统改善服务态度,提高服务质量,搞好客运工作是一个有力地推动。1969年至1979年,南站创造了连续11年收发行包161.5453万件无事故的全国最高纪录。南站从实践中总结出的“收运对口、配装对件、装(卸)车对号、装(卸)车定位、清仓定期、经办签名”的经验,在全国、全省汽车运输系统进行推广。1980年,南站有客货混合车队1个,汽车102辆,其中客车58辆、货车44辆。1984年、1985年两次被交通部、湖南省人民政府、省交通厅评为“优质运输先进集体”。1987年,车站占地面积29813平方米,建筑面积14440平方米,有职工382人,拥有客货混合车队1个,汽车78辆(其中客车50辆,2205客位;货车28辆,151吨),每天发行客班186次,接送旅客8000人次。年客运量327.9万人次,旅客周转量11147.5万人公里;货运量2.5万吨,货物周转量511.2万吨公里。

1987年,南站181车队获湖南省企业现代化管理二等奖。同时,该站还培育出安全行车178万公里的全国五一劳动奖章获得者、湖南省劳动模范、优秀客车驾驶员丁敬哉;湖南省劳动模范、优秀客车驾驶员廖再鸣;湖南省交通系统安全标兵罗教雨等一批先进人物。

1996年常德沅水大桥建成通车后,车辆进出南站及旅客购票乘车极为不便,于1997年改为桥南副食城。暂时将南站移址桥南大圆盘旁的金麟停车场作为临时车站。金麟停车场占地面积1.4万平方米,建筑面积9000平方米,停车坪面积4500平方米,日旅客发送量4500人次。营运线路69条,其中省际线路20条、地际线路35条、县际线路12条、县内线路2条。1997年被定为二级站。

2007年12月23日,常德汽车南站从金麟车站搬迁至武陵镇金霞大道768号,更名为常南汽车总站。

2010年,该站被定为一级站。车站占地面积36925平方米,站房面积8230平方米,有员工93人。日发客班1091次,年旅客发送量410万人次。营运线路176条,其中省际班线38条:北京、石家庄、宁波、嘉兴、柯桥、温州、温岭、凭祥、启东、合肥、昆明、贵阳、铜仁、兰州、重庆、济南、乌鲁木齐、石狮、番禺、河源、阳江、珠海、陆丰、普宁、广州、深圳银湖、东莞黄江、武

常南汽车总站

汉、来凤、石首、宜都、监利、天门、仙桃、潜江、公安、沙市、黄石；市际班线44条：长沙、湘潭、株洲、益阳、郴州、永州、炎陵、醴陵、湘阴、汨罗、平江、宁乡、娄底、沅江、张家界、永顺、花垣、五强溪、慈利、江垭、凤凰、吉首、怀化、洪江、辰溪、沅陵、官庄、邵东、武冈、绥宁、湘乡、马迹塘、桃江、梅城、新化、冷水江、涟源、溆浦、江南、安化、南县、华容、茅草街、衡阳；县际县内班线共94条。

常德汽车总站　1997年开工兴建，历时4年，于2001年9月15日正式竣工营运。该站坐落在207国道常德绕城线与武陵大道交会处西北，东靠常德火车站，西邻公交公司，南与火车站大市场隔街相望，交通极为便利。占地面积47453平方米，设计总建筑面积2.8万平方米，停车坪2.4万平方米，站前广场1.1万平方米，绿化率达30%。车站由主站房、动力机房、停车坪、站前广场及场区绿化5大单项工程组成，总投资5400万元。

汽车总站候车大厅

建筑面积达6890平方米的主站房，设计独特，造型别致新颖，一改过去留给人们印象中的候车方式。它集候车、休闲、商务于一体。有候车大厅1500平方米，售票大厅540平方米，售票窗口12个，停车库700平方米，商业及娱乐用房470平方米，餐厅160平方米，可供1200人候车、餐饮，可同时发出14个长途客班车。站内中央空调系统、办公、售票均实施计算机管理。广播、音像、报警联动、售票、停车，实行24小时电子监控，自动报警。喷淋系统可确保安全，危险品实行X线测控。候车采用茶桌服务方式；楼层设有购物、娱乐中心；大厅设有餐厅，旅客可就近餐饮。站内建有大型彩色喷泉、庭院等。

2001年6月6日在常德召开的湖南省道路运输客货站场研讨会上，省交通厅副厅长邹和平称赞常德汽车总站是全省规划好，起点高，美观实用，功能齐全，最具现代化气息的一个一级客运站。

2002年，该站有员工83人，其中管理人员14人、站务人员69人。日发客班426次，日旅客发送量10028人次。营运线路58条，其中省际线路37条、地际线路20条、县际线路1条。主要开往上海、西安、广州、深圳、珠海、武汉等地。全年营业收入3000万元。

2010年，该站有员工73人，其中管理人员6人、站务人员67人。日发客班550次，日旅客发送量12192人次。营运线路62条，其中省际线路47条、市际线路15条。线路东到上海，西至兰州，南抵海口，北往天津，覆盖全国20多省(市、自治区)。

常德汽车总站2010年主要班次表

表3-2-1-1

讫站	班次	时间	讫站	班次	时间
永州	1	6:30	路桥	1	11:00
宜昌	5	7:30～15:30	赣州	1	13:15
沙市	10	7:00～16:40	郑州	1	10:30
株洲	9	7:15～17:40	松滋	2	13:30　16:30
娄底	2	7:15　14:50	湘乡	1	13:45
邵阳	2	7:45　9:15	南昌	1	15:00
汉口	6	7:45～16:30	隆回	2	10:15　14:15
珠海	2	10:45　12:00	公安	1	6:30
浏阳	2	8:40　13:45	襄樊	1	7:30
湘潭	7	8:10～15:30	监利	1	7:00
衡阳	2	8:15　8:45	天门	1	7:15
西安	1	9:15	石首	1	7:15
海安	1	9:45	江门	2	7:45　10:00
汕头	1	9:30	钟祥	1	8:40
荆州	2	9:30　9:30	洪湖	1	8:10
长沙	73	6:30～18:40	上虞	1	10:00
温州	1	10:15	徐闻	1	9:00
石狮	1	10:00	南宁	1	9:00
上海	1	10:00	三水	1	11:00
惠州	3	10:30　10:30　16:30	揭西	1	11:30
武昌	1	11:00	潮州	1	12:30
洛阳	1	11:00	台州	1	12:45
桂林	1	12:30	乐清	1	13:00
桃江	1	11:15	深圳	1	11:00
熬江	1	12:00	益阳	41	7:30～17:30
南京	1	13:00	汉寿	45	6:30～18:00

常德汽车东站　1996年建，位于常德市甘露寺蔬菜批发大市场。1999年被定为三级站。2001年，车站占地面积6600平方米，站房面积100平方米，候车室100平方米。有职工26人，年均日发客班300次，年均日旅客发送量5000人次。营运线路有甘露寺至罐头嘴、牛鼻滩、韩公渡、贺家山等地。

2008年，车站占地面积1800平方米，停车坪面积1300平方米，站房面积150平方米，有站务人员4人，年均日发客班58次，年均日旅客发送量1390人次。

2009年，车站从甘露寺蔬菜批发大市场迁往东江街道新坡桥社区，车站定为四级站，占地面积5800平方米，停车坪面积3460平方米，站房面积480平方米，有站务人员8人，年均日发客班58次，年均日旅客发送量950人次。

2010年,车站占地面积5994平方米,停车坪面积3040平方米,站房面积1084平方米,有站务人员15人,年均日发客班58次,年均日旅客发送量3000人次。

柳叶湖汽车站 丹阳路社会客运站建于1997年，位于常德市丹阳路金桥市场旁。1999年被定为二级站。2001年,车站占地面积2.16万平方米,站房面积3000平方米。有职工48人,年均日发客班540次,年均日旅客发送量7000人次。有营运线路39条,其中省际线路2条、地际线路10条,县际、县内线路27条。主要开往岳阳、南县、钱粮湖、安乡、津市、周家店、蒿子港、西湖、伍同庵、大龙站、镇德桥、石公桥、冲天湖等地。

柳叶湖车站

2008年，车站占地面积14870平方米，停车坪面积1万平方米,站房面积790平方米,有站务人员45人,年均日发客班744次,年均日旅客发送量8325人次。有营运线路39条,其中省际线路2条、地际线路10条、县际、县内线路27条。主要开往岳阳、南县、钱粮湖、安乡、津市、周家店、蒿子港、西湖、伍同庵、大龙站、镇德桥、石公桥、冲天湖等地。

丹阳路社会客运站由于地处市中心,为优化城市环境,缓解城市中心交通压力,经常德市人民政府同意,于2009年9月19日停止营业。9月20日,丹阳路社会客运站从丹阳路金桥市场旁搬迁至常德市柳叶湖度假区七里桥社区紫缘路,更名为柳叶湖汽车站。

柳叶湖汽车站是按国家交通行业标准(JT/T2000-2004)要求建设的一级车站。注册资金1000万元,车站占地面积37970平方米,候车大厅面积5783平方米,停车坪面积14031平方米。投资1.26亿元,从业人员70人。2009年10月至12月发送旅客16.66万人次。

柳叶湖汽车站担负常德市北线各类客运车辆的配客、始发、停靠、安检、车辆维修等任务。

2010年,车站占地面积37970平方米,停车坪面积16088平方米,站房面积3854平方米,有站务人员65人,年均日发客班630次,年均日旅客发送量7500人次。完成营收2738万元。

柳叶湖汽车站开业营运以来,坚持高起点管理,高标准服务,收到了良好的社会效益与经济效益。2011年通过湖南省公路运输管理局质量信誉AAA级车站考评,被评为一级甲等汽车站。2011年5月被中国交通运输协会评为“全国交通运输客运行业优质服务示范站”。

汉寿汽车站 1985年建,位于汉寿城关的汉寿至太子庙公路旁。1997年被定为二级站。

2001年,车站占地面积2.1万平方米,建筑面积3000平方米。年均日旅客发送量3000人次,有营运线路33条,其中省际线路7条、地际线路10条、县际线路2条、县内线路14

条。主要开往广州、长沙、常德及县内各乡镇。

2008年定为一级站,车站占地面积33350平方米,停车坪面积1.1万平方米,站房面积5450平方米,有站务人员41人,年均日发客班437次,年均日旅客发送量7000人次。

2010年,车站占地面积33350平方米,停车坪面积1.1万平方米,站房面积5450平方米,有站务人员47人,年均日发客班330次,年均日旅客发送量2500人次,有营运线路33条,全年营业收入913万元。

石门楚江汽车站

石门汽车站 1968年建,位于石门楚江镇澧阳西路。1997年被定为二级站。

2001年,车站占地面积1.8万平方米,建筑面积1140平方米,停车坪面积800平方米。年均日旅客发送量3500人次,有营运线路25条,其中省际线路17条、地际线路8条。主要开往武汉、沙市、宜昌、长沙、常德等地。

2010年,车站占地面积8260平方米,停车坪面积5000平方米,站房面积1500平方米,有站务人员40人,年均日发客班233次,年均日旅客发送量3500人次,有营运线路82条,全年营业收入1533万元,

安乡汽车站 1986年建,位于安乡城关南圆盘口的省道南永线(S306)旁。1997年被定为二级站。

2001年,车站占地面积1.7万平方米,建筑面积1670平方米,停车坪面积1.27万平方米。年均日旅客发送量4400人次,有营运线路21条,其中省际9条、地际8条、县际4条,主要开往广州、武汉、长沙、常德、津市、澧县、石门等地。

2010年,车站占地面积1万平方米,停车坪面积5600平方米,站房面积800平方米,有站务人员52人,年均日发客班420次,年均日旅客发送量2400人次,有营运线路68条,全年营业收入1051万元。

津市汽车站 1991年建,位于津市市北大西路。1997年被定为二级站。

2001年,车站占地面积8550平方米,建筑面积4050平方米,停车坪面积4500平方米。年均日旅客发送量3180人次,有营运线路19条,其中省际线路9条、地际线路10条。主要开往广州、武汉、沙市、长沙、常德等地。

2010年,车站占地面积17342平方米,停车坪面积1万平方米,站房面积3500平方米,有站务人员53人,年均日发客班330次,年均日旅客发送量3000人次,有营运线路37条,

主要开往广州、武汉、沙市、长沙、常德等地。

桃源黄花井汽车站 2005年建，被定为二级站。车站占地面积43290平方米，停车坪面积26640平方米，站房面积1.5万平方米，有站务人员53人，年均日发客班735次，年均日旅客发送量1.2万人次。

2007年被定为一级站。车站占地面积40626平方米，停车坪面积23997平方米，站房面积3861平方米，有站务人员53人，年均日发客班961次，年均日旅客发送量10077人次，全年营业收入2295万元。

2010年，车站占地面积12377平方米，停车坪面积7000平方米，站房面积4000平方米，有站务人员59人，年均日发客班778次，年均日旅客发送量7012人次，有营运线路60条，全年营业收入2559万元。

临澧汽车站 1970年建，位于临澧城关迎宾路国道207线旁。1997年被定为二级站。

2001年，车站占地面积1.25万平方米，建筑面积7800平方米，停车坪面积8000平方米。年均日旅客发送量5000人次，有营运线路24条，其中省际线路5条、地际线路5条、县际线路7条、县内线路7条。主要开往广州、武汉、沙市、长沙、常德等地。

2007年，车站占地面积11608平方米，停车坪面积7000平方米，站房面积2400平方米，有站务人员25人，年均日发客班369次，年均日旅客发送量3256人次，全年营业收入1084万元。

2010年，车站占地面积11608平方米，停车坪面积7000平方米，站房面积2400平方米，有站务人员25人，年均日发客班463次，年均日旅客发送量6048人次，有营运线路56条，全年营业收入2649万元。

澧县汽车站 1976年建，位于澧县城关的国道207线旁。1997年被定为二级站。1998年，澧县汽车站被交通部授予1996—1997年“文明客运汽车站”称号。

2001年，车站占地面积53333平方米，建筑面积8200平方米，停车坪面积9000平方米。年均日旅客发送量6000人次，有营运线路48条，其中省际线路18条、地际线路12条、县际线路11条、县内线路7条。主要开往武汉、沙市、宜昌、长沙、常德等地。

2010年，车站占地面积28422平方米，停车坪面积1万平方米，站房面积3715平方米，有站务人员72人，年均日发客班460次，年均日旅客发送量6100人次，有营运线路52条，全年营业收入2672万元。

2001 年常德市汽车客运站概况表

表 3-2-1-2

车站名称	所属地	站级	规模（平方米）			竣工日期	日发送量（人次）	站址
			占地	建筑	停车坪			
常德汽车北站	武陵	1	21807	4300	8000	1970	12000	人民西路与朝阳路交会处
丹阳路社会客运站	武陵	2	21600	3800	8000	1997	7000	丹阳路金桥市场旁
常德汽车东站	武陵	3	6600	320	6600	1996	5000	甘露寺蔬菜批发大市场
一运社会客运站	武陵		2500	800	2000		2000	朝阳路与建设路交会处
桥南汽车站	鼎城		13000	8000	5000		4560	桥南市场内
五运汽车站	鼎城		11000	9000	3800		1820	桥南市场圆盘旁
金麟停车场	鼎城		14000	9000	4500		4500	桥南市场圆盘旁
市航道局停车场	鼎城		8000	6000	2500		1200	桥南市场圆盘旁
德山汽车站	武陵	4	1968	1598	500	1977		德山莲花池原长常公路旁
黄土店汽车站	鼎城	4	1097	797	800	1958	300	黄土店镇 207 线旁
汉寿汽车站	汉寿	2	21000	3000	5000	1985	3000	城关西门
太子庙站	汉寿	4	1600	200	750	1991	600	太子庙 319 国道旁
汉寿汽运车站	汉寿		2800	4600	4000		4500	城关西门
汉寿交通社会车站	汉寿		6566	1083	1500		3300	城关西门
汉寿东门社会车站	汉寿		3370	100	1500		2700	城关东门
汉寿杨旗嘴车站	汉寿		2000	160	1000		900	城关北门
临澧汽车站	临澧	2	12500	7800	8000	1970	5000	城关迎宾路
临澧社会停车场	临澧	3	7000	2000	5000	1999	4000	城关迎宾路
新安汽车站	临澧	4	5462	1100	3000	1996	304	新安镇 1836 线旁
临澧出租车停车场	临澧	4	5000		3000	1993	3000	城关朝阳西街
津市汽车站	津市	2	8550	4050	4500	1991	3180	北大西路 29 号
澧县汽车站	澧县	2	53333	8200	9000	1976	6000	澧阳镇 207 线旁
澧县社会客运服务中心	澧县	3	9000	800	8000	1994	6000	澧阳镇
王家厂客运站	澧县	4	1300	1030	600	1980	580	王家厂镇 1868 线旁
大堰垱客运站	澧县	4	2130	980	1500	1980	450	大堰垱镇 1868 线旁
桃源汽车站	桃源	2	8740	2980	8500	1986	4200	漳江镇大市场
桃源汽车南站	桃源	3	10000	498	11000	1998	5700	漳江镇南
桃源汽车西站	桃源	3	10000	380	9000	1998	5250	漳江镇西
桃源汽车北站	桃源	3	13000	1500	12000	1999	5500	漳江镇北
漆河停车场	桃源	4	8000	400	3000	1996	4450	漆河镇 1801 线旁

续表 3-2-1-2

车 站 名 称	所属地	站级	规 模（平方米）			竣工日期	日发送量（人次）	站 址
			占地	建筑	停车坪			
漆河汽车站	桃 源	4	3321	1821	800	1969	250	漆河镇 1801 线旁
陬市停车场	桃 源	3	7500	880	6800	2000	2400	陬市镇
茶庵铺汽车站	桃 源	4	4047	1047	1200	1971	150	茶庵铺 319 线旁
安乡汽车站	安 乡	2	17000	1670	12700	1986	4400	城关南圆盘口
安乡县公用汽车站	安 乡	2	6100	1480	4400	1994	4200	城关一环中路
黄山头汽车站	安 乡	4	1097	797	850	1982	300	黄山头安黄线旁
石门汽车站	石 门	2	18000	1140	800	1968	3500	楚江镇澧阳西路
泥市汽车站	石 门	4	7928	2970	1500	1966	242	泥市镇 1829 线旁

2010 年常德市一、二级汽车客运站概况表

表 3-2-1-3

车站名称	站 级	占地面积（平方米）	站房面积（平方米）	职工人数（人）	日发客班（次）	年旅客发送量（万人次）	营运线路（条）
常德汽车总站	一级甲等	47453	6863	73	550	445	62
常德汽车北站	二级甲等	13196	5288	50	520	253	14
常南汽车总站	一级甲等	36925	8230	93	1091	410	176
汉寿汽车站	一级乙等	33350	5450	47	330	305	33
桃源黄花井车站	一级甲等	12377	4000	59	778	351	60
临澧安福汽车站	二级甲等	11608	2400	25	463	430	56
石门汽车站	二级乙等	8260	1500	40	233	491	82
澧县汽车站	二 级	28422	3715	78	460	161	52
津市汽车站	二级乙等	17342	3500	53	330	166	37
安乡子龙汽车站	无	18000	300	42	665	321	68
柳叶湖汽车站	一级	37970	3854	65	630	274	39

第二节 货运站

1990 年，常德市有货运站 1 个，客货兼营站 4 个。

1995 年，常德市有货运站 1 个，客货兼营站 5 个。年货运量 15 万吨，货物周转量1516 万吨公里。

2001 年,常德市有货运站 6 个,其中三级站 1 个、四级站 5 个。年均日换算货物吞吐量 300 吨。

2005 年,常德市有货运站 3 个,其中二级站 1 个、四级站 1 个、未定级 1 个。年均日换算货物吞吐量 160 吨。年货运量 68 万吨,货物周转量 3138 万吨公里。

2010 年,常德市有四级货运站 1 个。

常北货运站 1980 年建,位于常北客运站旁。货运站占地面积 3000 平方米,建筑面积 1400 平方米,车坪面积 1500 平方米,库房 900 平方米,车库 250 平方米,年货运量 2.5 万吨。有 1 个货车队(67 车队),货车 50 辆。

1987 年有 1 个货车队(188 车队),货车 41 辆,2094 吨,年货运量 5.2 万吨,货物周转量 940.9 万吨公里。

1998 年,该站被交通部授予 1996—1997 年"文明货运汽车站"称号。

1999 年, 该站拥有 1 个货车队, 有货车 15 辆,76 吨, 年货运量 9600 吨, 货物周转量 308.1 万吨公里。

2001 年,该站有 1 个零担车队,有零担车 7 辆,37 吨,年货运量 5500 吨,货物周转量 195.4 万吨公里。

常南货运零担站 1997 年建,位于武陵镇鼎城路桥南副食城旁。2001 年,货运站占地面积 1732 平方米,站房面积 150 平方米,仓库面积 160 平方米,停车坪面积 500 平方米。有货运快巴车 3 辆,年货运量 2.48 万吨。

一运货运站 1997 年建,位于洞庭大道西段的长生大市场。2001 年,货运站占地面积 4575 平方米,建筑面积 1000 平方米,车坪面积 1000 平方米。有货车 10 辆,50 吨,年货运量 2.48 万吨。

汉寿西门货运停车场 1998 年建,位于汉寿城关转盘路旁。2001 年,停车场占地面积 2.64 万平方米,建筑面积 4500 平方米,车坪面积 2 万平方米。年货运量 5.48 万吨。

临澧县货运停车场 1998 年建,位于临澧城关安福大道。2001 年,停车场占地面积 5336 平方米,建筑面积 1950 平方米,车坪面积 1450 平方米,年货运量 4 万吨。

湘北公铁水货运配载中心 1997 年建, 位于澧县澧阳镇西的国道 207 线旁。2001 年, 配载中心有从业人员 25 人, 占地面积 6993 平方米, 建筑面积 700 平方米, 车坪面积 5000 平方米,仓储面积 200 平方米,驾驶员休息室 100 平方米,洗车坪 250 平方米,年货运量 5.48 万吨。2000 年,该货配中心被交通部授予 1998—1999 年全国道路运输系统"货运文明单位"称号。

第四篇《

运　　输

第四篇　运　输

1980 年以前，常德境内客货运输基本上依赖水运，大批量长距离的物资运输，主要靠轮帆船担任。20 世纪 80 年代后，汽车运输随着公路条件的改善，客货运量迅速增长，铁路运输异军突起，民用航空相应发展，管道运输依时演进。至 2010 年，常德已成为五种交通运输方式齐备的地区，而以公路运输为主。

第一章　公路运输

常德境内公路运输，始于民国 17 年（1928）7 月，系湖南省公路局统一经营。中华人民共和国成立后，公路客货运输由国营汽车运输公司独家经营。1959 年后，粮食、林业、商业、供销、外贸 5 个专业货运车队相继成立，以自货自运为主，在国营汽车运输企业运力不足、任务紧张时参运其他货物；唯客运则由国营汽车运输企业专营长达 35 年。

1984 年 1 月 1 日，中共中央发布 1 号文件，鼓励农村发展集体、个体运输业。同年 2 月 27 日，国务院行文“允许农民个人或联户购买机动车船”，个体运输户应运而生。此后，运输市场全面放开，企事业单位和个体户参运的客货车辆迅猛增加，汽车运输高速发展。运输市场逐步形成以国营交通运输企业为主导，集体、个体及联户为补充的公路运输体系。进入 20 世纪 90 年代，常德境内公路建设飞速发展，尤其是高速、高等级公路的建设，给汽车运输提供了前所未有的发展机遇。汽车运输以其投入少，回报多、见效快的优势被人们所青睐。非公有制汽车运输业蓬勃发展，并以其机动、灵活的经营手段和方式迅速扩大其客、货运输市场的份额。曾一度主导运输市场的国有交通运输企业和行业车队在此种形势下，有的改制解体，有的渐渐破产。90 年代中期起，公路运输市场几经治理整顿，趋于有序。到 2010 年，一个多形式、多层次、多种经济成分相互协调、相互竞争、相互补充的公路运输格局形成。人便于行，货畅其流，得以实现。

第一节 客 运

一、班线客运

常德的汽车旅客运输始于民国17年(1928)7月,湖南省第二汽车路局在常德设常桃段管理处,有汽车8辆,经营常德至桃源班线。至1978年,境内汽车客运为湖南省常德汽车运输公司独家经营。当年该公司有客车153辆,年客运量1120万人次,旅客周转量31628万人公里。

1978年中共十一届三中全会后,城乡经济活跃,旅客流量剧增。客运市场发生变化,各县市汽运公司、搬运企业和企事业单位纷纷购置客车参运。常德汽车运输公司开始感到竞争的压力,便把工作重点由货运转向客运,由城市转向农村。采取增设站点,增加线路,增大运力,增开班次的办法,尽力稳住以往的客运班线。1980年,该公司有车站54个,代办站149个;客车247辆,10232客位;年客运量2646.2万人次,旅客周转量54659.98万人公里。各县市客车队则依仗地方力量,采取拦车、堵车、抢线路、早开班等办法,阻遏"湘运"客班车的正常运行,客运市场一度混乱。

1981年5月20日,湖南省省长办公会议决定全省公路客运必须统一经营。接着周政副省长在湘潭主持召开全省地、市、州和部分县的交通局长会议进行贯彻。随即省交通厅厅长马壮昆率省交通厅、省汽运局、常德地区经委、地区交通局等单位负责人组成的试点工作组,于6月4日至17日分赴常德地区各县(除慈利、常德两县外)实地调查,对分散经营的公路客运企业,进行并转经营的工作试点。此次试点,全区有6个县7个客运单位的64辆客车(其中安乡县9辆、桃源县12辆、澧县18辆、石门县2辆、汉寿县19辆、临澧县4辆),32辆货车(其中安乡县3辆、桃源县4辆、临澧县3辆、○一三系统22辆),客货车辆总值338.5万元,其他固定资产和流动资金290万元,共计628.5万元,干部职工490人。自6月17日起,通过行政手段,并转到常德汽车运输公司,常德地区境内公路客运又暂时回归到统营体制。

1983年3月7日至13日,交通部在北京召开全国交通工作会议,李清部长在会上作了题为《解放思想,努力改革,为开创交通运输新局面而奋斗》的报告,会议明确提出"有河大家走船,有路大家走车"。会后,常德地区开始有了个体运输户。

1984年1月1日,中共中央1号文件对农村经济改革作出若干规定,鼓励农村发展集体、个体运输业。同年2月27日,国务院行文允许农民个人或联户购买机动车、船从事运输。运输市场全面开放,个体与联户的客货车辆迅猛发展。1985年,常德地区有客车2558辆,比1984年增加822辆。面临激烈的市场竞争,常德汽车运输公司及时转变经营机制,一方面增加大型高档客车,开辟跨省、跨区长途班线。1985年11月,常德汽车运输公司根据不同层次的旅客需求，购进 4 辆日本三菱牌高档豪华客车，每辆车价 27 万元，38 客位。此车外形美观大方，内部装饰新颖豪华，前面有整块宽大的挡风玻璃，车内乘客视野开阔。有可以自行调节的航空椅，乘坐舒适。车内装有立体声收放机及冷暖空调，行李架设计合理适用。三菱客车操作轻便，行车快速安全。行驶在常德至长沙的线路上，只需4 小时。开班后旅客争相搭乘，经常供不应求。另一方面，增加运力，开行农村短途班车。1985 年，夜宿农村班车达 112 辆，大大方便农民早进城，晚归家，较好地稳住农村客运市场。

1987 年，常德地区有客车 3570 辆，55650 客位，营运里程 4969 公里，营运线路 321 条（其中跨省线路 11 条、跨区线路 27.5 条、跨县线路 57.5 条、短途线路 164 条、公共车线路 61 条）。全区 295 个乡镇，已有 290 个通客班车，占 99.6%。

1987 年后，随着客车的持续大量增加，争夺客源的现象日益突出，导致客运经营业主只注重单位或个人的经济效益，不讲求社会效益，争跑效益好的班线，丢甩效益差的班线。为缓和矛盾，常德汽车运输公司根据主管部门的安排，从 1989 年开始，逐步让出县内短途客运班线，积极拓展客运市场，增加跨省、跨区长途班线。1991 年 11 月 1 日，常德至广州客班车开通，接着又开通桃源至惠州，常南至义乌，常德至上海、海口、郑州、西安等客班。这样既活跃城乡经济，基本上解决了人民群众乘车难的问题，又较好地解决了国营、集体专业运输企业和个体、联户争抢线路，争开班次的矛盾。

1993 年，境内客车增加到 8326 辆，比 1987 年多 4756 辆，年均增加 793 辆。为控制客运运力过快增长，常德市交通运输管理处于 10 月 16 日发出《关于加强道路运输业户开、停业审批程序管理的通知》，明确规定“经营户持有准购证后方可按准购证批准的车型予以购车”。非公有制营运客车增长过猛的势头得到一定程度的控制。

1998 年 8 月 18 日，常德汽车运输总公司改制为湖南常德欣运集团股份有限公司。接着便迅速更新客运车辆，加快车型调整，优化运力结构。以 450 万元参股湖南高速运输股份有限公司（湘高速），占 13.8%的股份。10 月购置 4 辆安徽凯斯鲍尔大型高档豪华客车，每辆车价 270 万元，53 客位。此车外形美观庄重，内部装饰豪华，视野开阔，有可以自行调节的航空椅，装有 2 台电视机，内置淋浴式冷暖空调、冰柜及卫生间，乘坐非常舒适方便。该车为空气悬挂，减震器为双横臂导向独立空气悬挂，稳定杆为纵向平衡导向空气悬挂。制动系统为前盘、后毂双管路气制动，辅助制动为发动机排气和液压缓速器。驾驶员操作轻便，行车快速平稳，安全可靠，行驶在常德至长沙的高速公路上，只需 2 小时。11 月 28 日，湖南高速运输股份有限公司的安徽凯斯鲍尔高档豪华客车开通常德至长沙、常德至株洲班线，深受旅客欢迎。

为了更好地满足旅客乘车方便、快速、安全、舒适的需求，常德欣运集团股份有限公司先后两次购置 72 辆（第一次购 14 辆、第二次购 58 辆）11 客位的小解放空调客车，1999 年 3 月 1 日正式开通常德至澧县直达快巴，常德始有快巴客运。快巴开通后，旅客争相乘坐。既给欣运集团带来较好的经济效益，又创造了很好的社会效益。该公司接着又开通常德至桃源、临澧、津市、石门、汉寿、漆河等地的快巴客班。石门、桃源等地许多单位或个人也纷纷效仿，开行快巴客班。面对快巴竞争形势,欣运集团又3次购置74辆(第一次6辆、第二次59辆、第三次9辆)17客位的全顺牌空调客车,参与直达快巴客运。至2001年9月,该公司开通常德至安乡直达快巴,常德城区至市境各县市均有直达快巴开通。2002年8月28日,欣运集团股份有限公司在新购进的64辆(其中全顺牌60辆、其他车型4辆)客车上安装了“麦科特LC2000型机动车行车记录仪”。该记录仪采用当今微电子领域的高新技术,运用高性能的CPU处理器、大容量的存储器、高可靠性的容错通信协议、智能化的处理软件、友好的Windows平台用户界面。它具有身份核查功能、行政管理功能、监督提醒功能、超速记录功能、事故分析功能。记录仪通过不断采集机动车的各项工作参数,并随时详细记录机动车在行驶过程中的各种状态和数据,车辆管理部门可根据所记录的行驶数据,对车队、车辆进行预控管理,监督驾驶员的超速驾驶、疲劳驾驶等行为,有效降低和防止事故的发生。当发生交通事故时,又可为有关部门提供可靠、真实的行车数据,作为事故判断的依据。当晚,湖南电视台都市频道对此进行报道,称其为“湖南省第一个安装机动车行车记录仪的汽车运输公司”。

2001年,全市有客车20615辆,其中营运客车6922辆,95356客位。营运车辆中有大型客车478辆,20433客位;中型客车2963辆,51892客位;小型客车3481辆,23031客位。年客运量8083万人次,旅客周转量353646万人公里。客运车辆由20世纪80年代的大、中普通型,发展为大、中、小并举,高、中、普匹配,能适应和满足各种线路与各层次旅客的需求。是年,全市有营运线路933条,营运里程23.68万公里。其中跨省线路166条,16.2325万公里;客班东抵上海、南京、温州、泉州;西达永顺、吉首、黔江、酉阳;南通深圳、珠海、广州、海口;北至西安、郑州、洛阳、襄樊等地。跨地(市)线路147条,37951公里;市内线路620条(其中县内线路332条),36524公里。全市213个乡镇已全部通客班车,3889个行政村已有3099个村通客班车,通班车率79.69%。

2005年,全市有营运载客汽车4579辆,79654客位。其中有大型客车469辆,17043客位;中型客车1568辆,31672客位;小型客车1545辆,26023客位;旅游客车17辆,576客位;出租客车980辆,4340客位。全市有营运线路1052条,其中跨省线路184条、跨地(市)线路193条、跨县线路323条、县内线路352条。全市4043个行政村已有3316个通客班车,通班车率82.02%。

2010年,全市有营运载客汽车3623辆,79359客位。其中有大型客车571辆,21939客位;中型客车2711辆,51862客位;小型客车294辆,3895客位;旅游客车47辆,1663客位。全市有营运线路1058条,其中跨省线路187条、跨地(市)线路183条、跨县线路220条、县内线路468条。全市3813个行政村已有3290个通客班车,通班车率86.28%。

从客班运行的布局来看,各有侧重。跨省市的长途线路以欣运集团股份有限公司和其他运输企业的大型空调卧铺客车为主,市内农村短途客运以个体和联户的中小型客车为主,运输秩序井然。全市已形成以常德汽车总站、常南汽车总站、柳叶湖汽车站和各县、市汽车站为中心的四通八达的公路客运网络。

常德市 1980—2010 年公路客运情况表

表 4-1-1-1

年度	客车（辆）	客运量（万人次）	旅客周转量（万人公里）	年度	客车（辆）	客运量（万人次）	旅客周转量（万人公里）
1980	247	2957.02	65674	1996	13159	5099	272202
1981	998	4250.55	85875	1997	15476	5899	292329
1982	1165	5020.12	101000	1998	16661	5553	310466
1983	1410	5307.78	110880	1999	16343	8609	324085
1984	1736	5227	121174	2000	17904	7753	340611
1985	2558	5164.36	137625	2001	20615	8046	346539
1986	2902	4949.61	149792	2002	23308	9244	390463
1987	3570	5892.7	205813.7	2003	26193	10009	405435
1988	4218	7110.7	226759.8	2004	27083	12410	551723
1989	4278	10684	353206	2005	32466	14621	580691
1990	4701	8838	325432	2006	35771	14637	596817
1991	5464	4263.26	177643.6	2007	43387	14680	605417
1992	6884	3296.04	192535	2008	58186	8870	431135
1993	8326	2162.04	172766	2009	76856	11168	539041
1994	10398	5326	229616	2010	101009	12621	595335
1995	12576	5350	257110				

二、公共客运

1960 年 2 月，津市渡务管理所以一辆改装的客车，在津市南区襄阳街至窑坡渡一线运行，是为常德地区公共汽车营运之始。

1968 年 5 月，常德市轮渡公司始办市城区公共汽车业务，经营红旗路至三岔路的乘客运输业务。

2005 年 4 月，公共客运业务由交通部门划归市城建部门管辖。

2009 年，常德市有公共汽（电）车 865 辆，运营线路总长 733 公里，公交专用车道长 7 公里。年客运量 15200 万人次，公交 IC 卡售卡量 13.5 万张。

2010 年 4 月，公共交通、出租客运业务由住建部门移交到交通部门管辖，成立常德市城区公共交通客运管理处。

是年，常德市有公共汽（电）车经营户 14 户，从业人员 3558 人，运营车 901 辆，运营线路总长 1172 公里，运营里程 11069 公里，年客运量 16736 万人次，公交 IC 卡售卡量 10.5 万张。

常德市公共交通有限责任公司 1988年,常德市公共汽车公司有营运车50辆(其中铰接车23辆),营运线路10条(市内线、陬市线、蔡家岗线、罗湾线、花山线、桃源线、老码头线、武陵镇线、丹洲线、津市线)。

1989年年初,常德市公共汽车公司有营运车58辆(其中铰接车28辆),营运线路10条。是年3月,由于汽油紧张等原因,市公交公司停止服务部经营的4条线路,只经营6条线路。是年,市公交公司对市区3条营运线(三岔路至有线电厂、文化宫至老码头、北站至县公安局)票价作适当调整,各线路起站票价为1角,德山线全程票价由原全程票价0.5元下降至0.4元,武陵镇线票价下降14.3%,由全程票价0.4元,下降至0.35元。北站至红旗路(沿建设路)由于客流量少,加之汽油不足和亏损,曾"三开三停"。

1989年,由于燃材料价格上涨、道路翻修等特定历史环境,加之司乘人员贪污票款行为严重,公司上半年亏损44.7万元,这给公司内部承包带来了重重困难。为此,公司先后4次开展经济形势分析会,围绕增收节支、组织内部挖潜、积极寻求上级支持、请求补贴的同时,企业内部很快落实了经济承包责任制。围绕"增收节支、扭亏保平"八字方针,公司采取了一系列措施:7月1日,开辟了丹洲线路;千方百计增收,实行财务计划收支,加强成本控制;组建稽查科,开展打击贪污票款的不法行为。

是年,公司将通道车线路(市内线)合并,重新组建一分公司,场地设东门车队;将单车线路(郊外线)合并,重新组建二分公司,场地设公司院内。公司对两个分公司实行成本核算,确定基数,实行上缴利润包干。但由于各方面因素影响,经济责任制没有责任到人,半途而废,企业亏损较严重,事故频繁。

1990年,为满足社会需求,市公交公司在企业亏损情况下,投资50多万元,购新车8辆,增开红旗路至教育学院(2路)、文化宫至洞庭制药厂(8路)、三岔路至省柴油机厂(9路)3条营运线路。年底,市公交公司开辟华南厂专线,至此,市公交公司营运线路总长158公里,线路网长91公里,站点114个,有营运车74辆。是年,根据省物价局有关精神,市公交公司部分线路票价进行调整。三岔路至红旗路线由原来的分段计价改为1角起价,实行一角票价制。文化宫至老码头、北站至鼎城区公安局实行2角起价,1角进制,分段相加,郊区5条线路,全程票价不动。

是年,公司对车队制定了《责任承包》和《车队管理人员责任目标考核方案》。对车队实行有效的"双百挂钩",按百分营运收入和百元营运公里考核提取工资、奖金和行车津贴;对车队管理人员实行了按收入、公里、服务、车况、安全、出勤等指标考核提取岗位津贴的办法。工时工资承包责任制的有力推行,使公司社会效益和经济效益均有所好转,当年营运收入429万元,比1989年(297万元)增加132万元,实现利税20万元,比1989年上升42.2%,营运里程280万公里,比1989年上升30%。

是年,新组建的领导班子,强化企业内部管理,完善各种管理制度,突出工作重点环节;针对公司职工贪污票款的行为,狠抓票务管理,抑制了贪污票款行为的蔓延;公司吸取1989

年的事故教训，全面进行安全整顿，强化安全管理，行车事故起数、死亡和经济损失三个指数均有下降。当年，发生安全行车事故 30 起，比 1989 年（事故 44 起）下降了 34.8%；死亡人数 3 人，比 1989 年（死亡 8 人）下降 66.7%；事故经济损失 6.11 万元，比 1989 年（损失 11.5 万元）下降了52.7%。

1991 年，为解决德山片职工夜班上下班乘车难问题，市公交公司增开市区至德山的夜班专线车，并增开纺机新线。至此，市公交公司共有 10 条营运线，线路总长 157 公里，线路网长 98 公里，站点 132 个。是年，市公交公司购新车 10 辆，其中铰接车 4 辆、单机 3 辆、中巴 3 辆，价值 44 万元。为方便运价管理，郊区 3 条线（陬市、蔡家岗、丹洲）票价进行调整，与湘运同线路票价同步。为方便市民出行，市公交公司还适当增线增班，逐步缓解市民乘车难的矛盾。是年 6 月，蔡家岗、陬市、丹洲 3 条郊外线由二班改为一班制。

是年，公司以效益为中心，狠抓内部管理，全面落实各车队、厂、科室经济责任目标承包。责任指标办法是：对车队采取营运收入与奖金挂钩，营运公里与行车津贴挂钩的形式；对保修厂采取计件工资形式；对科室后勤部门采取责任目标与奖金挂钩的形式。在营运生产工作中，合理地调整营运线路、车辆及班次。营运生产重点由郊外的低收益线路向城区的高效益线路转移，将主要力量投入城区重点线路，城区市内线、武陵镇线、德山线收入直线上升。

是年，为控制常德县（即鼎城区）公共汽车公司在常德市公共汽车公司营运线路上的竞争，3 月，公司购买了常德县公共汽车公司 4 辆通道车，常德县公共汽车公司撤销，减轻了公司在德山及武陵镇线上的竞争压力。同时，在上年度增开洞庭制药厂线路和省柴线路后，当年又增开了德山夜班和纺机线路。针对当年出现的社会车辆在该公司营运线路主要停靠点上停靠及拉客现象，公司请示上级及有关部门给予公交优先权，并进行站台秩序整顿，增强了公交的营运竞争力。全年总行驶里程 406 万公里，比上年增加 45%，营运收入 550 万元，比上年上升 28.2%，是年，公司积极组织全体职工参加“全国公交系统优质服务竞赛”，促进了企业经济效益、社会效益、环境效益的提高。

1992 年 7 月，市公交公司开通武陵镇南站至常德北站 2 路中巴专线车，同时增开三岔路至常德市第一人民医院 1 路专线车，自此拉开城区客运市场竞争的序幕。是年，社会单位客运车辆投入市公交公司全部营运线路上载客，影响市公交公司营运收入，市公交公司为此对部分线路进行票价调整。是年，市公交公司共有车辆 84 辆，其中营运车 75 辆，职工总数 601 人。

是年，由于大量社会车辆参与公共客运，公司面临激烈的市场竞争。为此，公司改革超产收入提成办法：驾驶员工资分配办法、管理人员奖励办法、安全奖励办法、小型客车承包办法等，增强了干部职工的效益意识，减少了贪污票款行为，提高了竞争意识，营运收入达到 658 万元，比 1991 年上升 19.3%；实现利税 15.3 万元，年客运量 1821 万人次，比 1991 年上升 1.7%；安全事故 17 起，比 1991 年下降 103%。由于物价的冲击，尤其是汽油、钢材等涨幅较大,企业包袱日趋沉重,公司车辆更新缓慢,加上管理不善,企业收入受到严重影响。

是年,公司积极开展优质服务竞赛,促进整体服务水平的提高。当年公司被评为“湖南省公交系统优质服务竞赛优胜企业”。

1993年,为迎接经技贸洽谈会暨桃花源游园会召开,市公交公司购置5辆新车,专设下南门至机电大厦公共汽车线路。市公交公司共有营运客车94辆,其中中巴车14辆,分别投入蔡家岗线、津市线、石门线、谢家铺线、陬市线使用。市内线实行学生月票,方便学生上学乘车。由于社会车辆挤占营运线路和公交站台,公交公司车辆无法正常营运,市公交公司调整经营决策,将陬市、蔡家岗2条营运线全部改用中巴车参运,增开市公交公司至德山新马路线路,加强市区线路的竞争。是年11月,常德市公共汽车公司更名为常德市公共交通总公司(以下简称市公交总公司)。

是年,公司放弃旧的收入定额提成办法承包模式,大胆采用了新的承包机制。首先在中巴车上推行了单车承包,但由于多种原因,承包不到一周便宣告失败。7月,公司全面推行单车承包、租赁承包和线路集体承包,但由于以包代管及指标基数太低,加之燃材料价格成倍增长,企业管理不善,客运市场竞争加剧,全年亏损470万元,企业各种劳保福利取消,工资不能按时发放,企业濒临破产危机。

11月,新的领导班子组建后,狠抓了稳定和承包管理,催缴承包款,恢复了二个车队。与此同时,为维持企业生存,公司领导班子千方百计自谋出路。是年年底,公司与长沙环卫机械厂达成组建出租汽车公司协议,长沙市环卫机械厂投资150万元购车,市公交总公司以场地、房屋投资100万元,开始了出租汽车公司的组建工作。

1994年下半年陬市线停开,市公交总公司年末经营线路9条,线路总长164公里,站点125个,线路网长92公里。是年,市公交公司调整部分营运车辆线路及票价,1路车终点站由三岔路延长到银线宾馆,线路由7公里延长到9公里,票价由原0.4元调为0.5元,其他线路起价0.4元改为0.5元,沿途各站增加0.1元。

是年,公司领导班子首先收回承包款和承包车,采取分公司和公司两级核算方式进行统一经营管理;接着采取“负债经营”方式:3月份与长沙市环卫机械厂签订合同,由对方出资购买20辆天津大发车,开办了常德市公共交通总公司“双发出租公司”,贷款15万元修复了60辆承包车,改善了车况;采取先提车、再付款办法,到长沙客车厂购买了20辆东方牌大客车,充实了1路、7路线营运能力,提高了营运收入,使公司日均收入由原来的1.8万元增加到2.5万元。

是年,公司实行公司与各分公司两级核算。三个分公司与公司签订了经济目标责任合同,责、权、利都下到各分公司,对每个分公司采取定人、定车、定任务的方法,由各分公司具体实施,对分公司实行经理百分制考核。各分公司经理目标明确后,工作积极性大有提高。为了摸索一条好的改革之路,公司还对三分公司进行了单车核算试点,通过几个月尝试,发现单车核算有利于提高职工工作积极性,减少管理漏洞。

1995年,市公交总公司投资240万元,购进江苏常州大客车20辆,并恢复陬市线路,增开明胶厂线路和商贸城线路,更换20辆天津大发车,购买21辆奥拓车投放市场。至此,市公交总公司线路总长193.5公里,线路网长91.3公里,站点163个。

是年,公司确定了强化管理出效益的务实战略,实施了一系列改革和管理新举措。公司在总结以往承包经验与教训的基础上,实行经济指标集体承包,明确责、权、利并存,实施奖罚并联。在落实承包责任制过程中,注重调动两方面的积极性:一是调动二层机构主动抓管理的积极性,坚持责、权、利并联,人、财、物统管,二是工资待遇向一线倾斜,调动一线工人积极性。与此同时,公司推行单车核算,加大了收入及成本两项指标的管理力度。公交发生了历史性转变,全年有营运车140辆,营运收入1029万元,圆满完成了当年提出的营运收入上千万元,营运车辆上百辆,营运线路上十条的"千百十"工程。

1996年,市公交总公司自筹资金300万元购置20辆无人售票车投入市内1路车专线运行,原有在1路线运行的16辆铰接车除部分改型外其余全部报废。同时耗资150万元修建24个高标准候车棚,经过半年时间检验,无人售票车举措获成功,收到了显著的社会效益和经济效益,得到社会各界高度肯定,日均收入增长了40%~50%。是年年底,市公交总公司共有车辆162辆,其中营运车154辆,非营运车8辆。营运线路13条,线路总长168公里,线路网长115公里,站点179个。是年,市公交总公司恢复2路线(精神病院至红旗路),停开商贸城线。在迎接湖南省"八运会"在常德举办期间,临时开通下南门至柳叶湖专线。10月7日,双发出租车公司开通市委至花山小公共汽车专线。

在强化生产经营管理上,公司狠抓了优质服务工作,大力开展了"春花奖""百日安全优质服务竞赛"活动,开展"树形象,迎八运"活动,企业声誉提高。是年,公司被市建委评为先进单位。

这一年,公司继续深化承包责任制,认真总结以往承包经验,进一步完善承包经营责任制,深化总公司领导下的分公司集体承包制,简政放权,考核一体,控制成本,增产节约,激活企业。是年,公司加大力度发展出租车和小公共汽车,扩展公司的第三产业。购进10辆小公共汽车实行租赁承包,并在此基础上,进一步拓展了对外汽车维修业务和汽车业务,成功创办了"双发搏雅广告公司",有力促进了公司第三产业蓬勃发展。

1997年,市公交总公司改变经营策略,从抓内部管理入手,提出了内抓管理、外树形象、争创全省一流的战略目标,各部门都按各自的责任范围与总公司签订了目标管理责任书。为严格责任目标考核,把考核落到实处,抓出成效,公司于4月成立企管办。公司率先实行内退制度,全年共内退近30人,由于考核严格,公司内部管理逐渐趋于系统化、科学化、层次化,企业获得了较好的经济效益和社会效益。公司全年增开紫桥至下南门、下南门至五岔、甘露寺至南站、下南门至高专4条营运线路。是年公司共有车辆169辆,其中营运车150辆,线路14条,线路总长188公里,线路网长115公里,站点179个。年客运量1484.74万人次,旅客周转量17671万人公里,固定资产原价值1995万元,营运收入 1408 万元。

1998 年,市公交总公司投资 1000 多万元,购新车 87 辆,其中 30 辆无人售票大巴投入三岔路至武陵镇 7 路线营运。5 月,公交公司增开甘露寺大市场至丹阳路停车场小巴专线。8 月,市公交总公司恢复上南门至武陵开发区 2 路车、文化宫至交警培训中心 13 路车、上南门至罗湾 18 路车营运线路。10 月 1 日,火车站建成通车,公交总公司相继开通 17 路(武陵阁广场至火车站)、19 路(三岔路至火车站)无人售票车专线;城区 1 路线 7 辆豪华空调大巴投入营运。10 月 15 日,常德城区取缔"慢慢游",市公交公司增开 21 路(武陵镇渡口至商贸城线)、22 路(德山区内环线)、23 路(七一机械厂至纺机线),共投入 15 辆无人售票中型巴士车。与此同时,市公交总公司适时灵活地调整部分线路,延长首末班营运时间,推行规范化承诺服务,7 路线终点站延伸至鼎城区朗州小学,16 路线(丹阳路至桥南小圆盘)终点延伸至鼎城区第一中学。

是年,公司围绕常德市创建文明卫生城市这个中心目标,抓住城区人力、机动慢慢游被取缔、客运市场空白需要填补的机遇,加快扩大优化公交网络的步伐,公司先后购置新车 90 辆,开辟新线路 9 条。同时,公司灵活转变经营机制,打破传统的吃大锅饭体制,在全公司范围内实行了单车核算和租赁经营方式,为企业改革找到了突破口。公司对内部机构和管理人员进行大幅度的改革和调整,公司职能科室由原来的 19 个调整为 16 个。8 月,公司将原双发出租汽车公司和三分公司合并,组建了双发分公司,实行租赁经营管理,由租赁者投资购车,开辟新线路,从而盘活了资金,为公司找到了解决亏损的办法。是年,公司围绕"内抓管理,外树形象"的目标,抓住迎检机遇,积极开展优质服务活动,公司窗口形象不断完善。是年,公司有 3 条线路车组被评为省优质服务示范车组,1 路线成为省级青年文明号线路,公司 1 路、6 路、7 路三线相继成为城区三道亮丽的风景线。

1999 年,市公交总公司采取租赁经营方式,利用社会资金,购置新车,增开火车站至甘露寺、落路口至文化宫等 5 条新线路,是年,市公交总公司共有营运线路 25 条、营运车 280 辆。

是年,市政府采取将城区客运市场放开,线路实行有偿使用的政策,加之欣运集团对城区公交线的参与,公司发展环境极为不利。为了稳定公司内部局面,公司加快改革、改组力度,在全司范围内实行资产重组,即将公司所有车辆以分年折旧改为提前一次性折旧,承包责任人对车辆实行全额投资,总公司提供线路牌和车辆,收取核定的产款,一定年限后,公司收回牌照和线路经营权,车辆属承包个人,公司再实行下一轮资产重组。8 月,三分公司中巴车率先实行改革,11 月底 12 条中巴线、100 辆车顺利完成资产重组,收款近 200 万元。

是年,公司充分利用新投入使用的办公大楼场地相继发展酒店、宾馆项目,并从公司主业中分离出来,投入市场,成为具有竞争机制的独立经济实体。至此,公司"以副补主"的经营模式初步形成。

2000年，市公交总公司与岳阳佳木斯公司联营，由对方出资购车20辆，增开13路（北站至万金障农场），33路（常德文理学院东西两院）2条线路。

是年，市城区客运市场放开，行业管理部门意见不统一，执法力度不强，城区客运市场陷入无序竞争、管理混乱的状态。加之油价不断飙升、公交优先政策得不到体现，公司债务沉重。为搞活公司经营机制，增强职工参与市场竞争的积极性，公司在总结资产重组经验的基础上，继续加大改革力度。6月，对二分公司近70辆车实行全额买断。10月，改变一分公司传统目标管理模式，对公司最后“吃大锅饭”的1路线实行单车核算管理。

2001年年初，根据常德市城管和常德市交警等部门联合对城区客运线路运行调整的总体要求，市公交总公司调整17条公交营运线路。8月，市公交总公司筹资250多万元新购20辆大巴车投入到9路车营运线路，原在9路车线路运行的破旧车辆全部报废。

2001年3月，以刘凡荣为总经理、姚梅初为党委书记的新领导班子组成。新组建的领导班子强化企业内部管理、建立健全公司各种管理制度：对分公司实行利润上交包干、利润分成、亏损押金补贴的经营承包制，与分公司及车队负责人签订承包合同；制定《优质服务目标管理考核细则》《安全生产管理责任制》《过失追究制》《安全奖惩制》。6月，在城区1路线部分站台首次推行站台小姐服务，首次发售中小学生月票。是年，公司设立消费者投诉站，开通乘客投诉电话，聘请22位市人大代表、市政协委员作为公司优质服务形象监督员。配合市城管、市交警、市公用局等部门对城区公交站台秩序开展清理整顿活动，投资20万元在人民中路修建10多个豪华型公交站台、新增站牌110多块，并对城区600多个公交站牌按国际标准予以规范更新。

2002年8月，根据常德市人民政府“成立大公交”的规划思路，经市人民政府和相关部门批准，市公交总公司筹资近500万元收购美景公司47路、48路、49路3条公交线路和个体经营的13路、51路，收回28路、30路、31路、32路共4条线路的管理经营权，公交客运市场占有率由原来的61%扩大到83%。全年新开通4路（皇木关至宏宇山庄）、24路鼎城环线，新购8辆大巴车开通2条金健米业专线；先后将14路起点和终点分别延伸至青年路和农产品大市场，将19路起点站延伸至武陵开发区。根据中共常德市委、常德市人民政府专题会议关于“优先发展大巴，限期淘汰中巴”的指示精神，配合常德市创建全国文明卫生城市工作和服务竞赛活动，市公交总公司筹资2000多万元，购入85辆低底板的现代化豪华新车。是年，市公交公司有营运线路30条，营运车332辆，线路总长度342公里。

是年，公司成立优质服务管理办和违章处罚办，以“管理促效益、服务创品牌”为工作重点，不断深化经营机制改革，全面加强车辆管理。自筹资金在公交车上安装电子显示屏、电脑报站器、电子显示器、VCD；休闲豪华公交站台近40个，建成规格灯箱式站牌15座。公司制定《管理制度》《车辆归场制度》《过点车辆处罚金制度》《车保管理制度》《工作服管理制度》《车内设施管理制度》《严禁车辆转让的规定》《车辆管理办法》。

2003 年,市公交总公司紧跟城市发展步伐,投资 1000 多万元,更新营运车 51 辆,增开排云阁至万金障(13 路)、文化宫至苏家渡(35 路)等 5 条公交线路,收购社会线路猴子巷线(13B)。是年,有营运线路 35 条,营运车 451辆。市公交总公司在城区客运市场的占有率由 2002 年的 83%提高到 86%。

是年,常德市国企体制改革如火如荼,城区客运市场管理不规范,竞争日益激烈。公司成立纪检监察部门,建立纪检监察制度。紧紧围绕"管理科学化、服务人性化、投资多元化、营运一体化、发展规模化"的经营目标,对科室管理,实行计划工作制;对公司上下实行连带责任追究制;将车辆经营形式由原来的买断经营模式改为租赁承包模式;将平均分配档案工资结构改为岗位绩效动态工资分配制。

2004 年,市公交总公司根据运力和运量平衡的原则及市民出行的实际需要,对公交线路网进行优化:1 月, 投资 700 万元购进 22 辆高标准豪华无人售票车投入 1 路线营运,并将该线延伸至高职院。6 月,6 路线更换空调大巴 30 辆。对德山片 6 路、9 路、10 路、26 路、35 路线和湘北汽车运输公司的 52 路、53 路线采取撤销、合并的方式进行重新整合,票价由原来的一元一票制调整为分段计价的方式,全程票价为 1.5 元,相关线路起止点进行延伸和改变。8 月,2 路线中巴车全部报废更换为 11 辆空调大巴。是年,市公交总公司有营运线路 29 条,营运车 460 辆。

是年,根据市人民政府指示,公司将德山片区线路车辆与湘北汽车运输公司 52 路、53 路车辆合并,与该公司合资组建柳城巴士有限公司,注册资本 2001 万元,公司占股 48.5%。新成立的柳城巴士有限公司主要经营 6 路、9 路、10 路、26 路、35 路等城区至德山及德山区域内的公交线路。通过物价部门与交通部门召开听证会,票价由原来的一元票制调整为分段计价的方式,全程票价 1.5 元。6 月,公司采取招投标的方式,投资 30 多万元在公司院内修建容量为 100 吨的储油库。8 月,成立车辆旅游出租管理办公室,配置大巴车 7 辆,中巴车 1 辆。9 月,公司物业部门从总公司剥离,实行自主经营、自负盈亏。公交总站、部分职工宿舍实行物业化管理。当年公司在城区公共客运市场中的占有率由 2003 年的 86%增加到 92%以上。

2005 年,为落实市人民政府的"市民满意创建活动",市公交总公司根据车辆到期年限,筹资 600 万元分期分批对 15 路、18 路、21 路、30 路、31 路、32 路 6 条线路陈旧中巴车进行更新。并将 7 路线延伸至兴隆装饰城、32 路线延伸至文理学院艺术大楼、30 路线延伸至六中、18 路线调整经和平西路,开通丹洲乡至市公路局的 11 路公交线路。

是年,国际国内油价不断飙升,经营成本急剧上涨,公司经营环境异常艰难,为了实现公司的平稳过渡,公司在主线实行无人售票单车核算的基础上,其他线路推行租赁经营模式,通过包死承包车组上缴利润基数的方式,加大对车辆调控力度和管理权限,实现融资与效益双赢的目的。是年,公司成立出租办和驾驶员培训学校。

2005 年 4 月,公共客运业务由交通部门划归市城建部门管辖。

2006 年，市公交总公司融资 900 多万元购入营运客车 75 辆，分别投入 7 路、11 路、12 路、17 路、35 路线运营。随着桥南市场大火后的恢复开业，市公交总公司先后将 8 路、16 路、21 路、47 路、48 路 5 条线路进行合理调整。将 13 路、16 路延伸至柳叶湖；开通 17 路德山环线和文化宫开往新世纪汽车城的 101 路公交线路。9 月，市公交总公司空调车比例位居全省第一。

是年 8 月，公司采取合作的方式与欣运集团组建谊城公交有限公司，公司占注册资本的 60%。年底，公司开通 101 路(文化宫至新世纪汽车城)公交线路，并入新组建的谊城公交有限公司管理。9 月，公司在 6 条线路 104 辆公交车安装 GPS 中英文电子报站器，利用卫星定位技术自动报站，成为全省公交企业中率先安装使用 GPS 中英文电子公交报站器的公司。是年，公司组建公交旅游运输公司，购置 3 辆 49 客位、1 辆 33 客位旅游大巴车。

2007 年，常德市公交总公司参与“中国首届城市公共交通周及无车日”活动。为了配合活动的开展，提高公司司乘人员为民服务的意识，公司以“公共交通周及无车日”活动为契机，开展首届“十佳驾驶员”“十佳乘务员”评选活动。7 月，评选活动正式启动，通过市民海选、市民及公交形象监督员投票、终审委员会投票等环节，历时 2 个多月，评选出 20 名十佳驾驶员和 19 名十佳乘务员。市人大、市政府、市政协等领导在商业步行街举行的“中国首届城市公共交通周及无车日”活动启动仪式上为 39 名获奖者颁奖，公司为“公共交通周及无车日”活动制作的 200 块宣传盾牌也在启动仪式上进行展出。6 月，由公交总公司控股的谊城公交有限公司收购 38 路线；10 月，收购 40 路线，并投资 300 万元更换 40 路、48 路公交车。是年，公交总公司组建车辆保洁公司，在德山、火车站、农资大市场等 5 处公交车辆集中站点建立洗车点。

2008 年，武陵镇常南汽车总站建成，市公交总公司及时投入 4 辆新中巴开通桥南市场至常南汽车总站的 102 路桥南区间环线；将 47 路延伸至武陵镇常南汽车总站。

2009 年年初，市公交总公司将 2008 年购置的 28 辆油(气)双燃料公交车正式投放到 20 路、33 路营运线路，开通绿色环保公交线路。4 月，配合常德市文明城市创建活动，市公交总公司筹资 160 万元购买 2 辆豪华双层巴士开通城区观光线路。出资 64 万元收购新国线集团公司的花山客运线路后，开通排云阁至太阳山旅游专线及常德汽车总站至白石村的 22 路、常德汽车总站至太阳村的 23 路公交线路。8 月，市公交总公司将 22 路、23 路公交车辆全部更换为天然气公交车，共计更换天然气车 37 辆。9 月，丹阳路社会客运站搬迁至常德市柳叶湖度假区七里桥社区紫缘路，同时更名为柳叶湖汽车站。市公交总公司将 11 路、15 路、51 路始发站均改为柳叶湖车站。是年，1 路、6 路、7 路晚班运行时间延长至 23 时，6 路线终点站延伸至市二中。

是年，费改税政策推行，燃油价格不断上涨，为了减轻营运成本，公司自筹资金 600 多万元购买28辆油(气)双燃料公交车投放在20路、33路运营,公司正式启动营运车辆“油改气”项目。全年公司共计更新天然气车37辆。为吸取成都发生公交车燃烧事故的教训,是年公司将所有公交车上配备的灭火器增加至两个,张贴应急开关标志,并在玻璃全封闭的1路线上配备了安全锤。公司先进司乘人员实行悬挂先进标识牌上岗。

是年,公司根据市国资委要求,实施公司法人结构治理及组织结构调整,正式将常德市公共交通总公司更名为常德市公共交通有限责任公司(以下简称市公交公司),以陈昌忠为公司董事长的新领导班子正式组成,公司党委书记由陈昌忠兼任。

2010年,市公交公司投入2500万元更新清洁燃料豪华大巴车101辆。当年公司清洁燃料车达135辆,占公交车辆总数的27.6%。3月,开通德山洞庭制药厂至晒谷岭的27路德山区间线,全年调整、延伸线路共10条。10月,配合常德市全国无障碍城市创建工作,在市政府支持下,市公交公司设置太阳能语音智能盲文站牌40块。

2010年,市公交公司有职工2609人,营运客车537辆,营运线路总长670公里,年客运量11654万人次,营运里程7185万公里,公交IC卡售卡量10.5万张。

津市市公共汽车公司 1960年2月,津市市渡务管理所拼装客车1辆投入津市南区襄阳街至窑坡渡一线运行,是为常德地区公共汽车营运之始。次年,改装客车1辆投入营运。当年日均开行30车次,日均运客2000人次。1966年,增开新洲镇线,沿途停靠2个站点。1968年,购客车1辆,次年增开渡口镇线,沿途停靠新洲、白衣、石板滩、棠华4个站点。1972年,市渡务管理所更名为城市交通服务公司,购进客车3辆。翌年建汽车修理车间,其维修能力为车辆中修和底盘三级保养。1975年,客车增至10辆,开辟市区至保河堤镇线,沿途停靠新洲、李家铺、庙矶、何石岗4个站点。1977年3月,增开北岸市区线(大巷口至小渡口),停靠6个站点;市区至涔澹农场线,停靠7个站点;市区至澧县黄沙湾线,停靠7个站点。1980年,公共汽车分南、北车队,有客车23辆,营运线路7条,营运里程129公里,年客运量405万人次。

1988年,市城市交通服务公司更名为市公共汽车公司。1990年,有客车43辆,其中大客车38辆、小客车5辆。营运线路8条,营运里程403公里。1995至1997年,先后购进轻型客车47辆,投入资金329万元,完成老旧车辆更新改造。至1999年底,市公共汽车公司有客车48辆,其中轻型客车47辆、大客车1辆。总站停车坪面积600平方米。经营窑坡渡工区、环城、古大同森林公园、新洲、保河堤、渡口、杨家垱、石门、常德9条线路,年营运里程200万公里。

2010年,津市公交公司有从业人员221人,公共汽车94辆,运营线路8条,总长104公里,营运里程1024万公里,年客运量1372万人次。

三、旅游客运

1997年，由桃花源风景名胜区管理处控股，个人投资入股，组建桃花源旅游汽车运输有限责任公司，注册资金50万元，是为常德市旅游客运之始。当年12月正式挂牌营运，县运管所对其提供政策指导，该公司的规费征收按专业运输公司给予政策倾斜和优惠，减免部分建设费用。1998年公司资产由组建之初的200万元上升至300万元。有豪华卧铺车5辆，豪华空调中巴车4辆，其他客车10辆。有湖南省运管局核发的专业旅游线路牌4块，其中至广东台山班线牌3块，每月运送省内外游客近万人。同年投资90万元，购置2辆豪华金龙客车，率先在常德市开通桃花源至长沙世界之窗的旅游专线。“98桃花节”由公司与长沙世界之窗、深圳锦绣中华联合举办。该公司共派出大小旅游客车15辆，在桃花节的一周时间里往返长沙、深圳等地接送游客、嘉宾近3000人次，其热情周到的服务赢得广大游客的一致好评。2003年公司并入北京新国线集团公司，为国家一级民营企业。

常德欣运集团股份有限公司1999年成立常北旅游汽车运输公司。公司拥有新款旅行车78辆，主要经营线路：一是为旅行包车出租，至花岩溪、桃花源、夹山寺、壶瓶山、张家界、黄山、庐山、桂林等风景旅游区可专车直达；二是城市公交客运线路11条，即：8路（常东至常南）、38路（北引桥至柳叶湖）、40路（常北至火车站）、42路（华南厂至火车站大市场）、46路（常北至芦山）、47路（火车站至财校）、52路（火车站至老码头）、58路（常北至汤家坪）、59路（北引桥至新河口）、109路（常北至陬市）及城市观光线路。

2000年8月18日，城市旅游观光巴士开通仪式在芙蓉大厦门前举行。常德欣运集团股份有限公司投放10辆高档豪华型观光巴士运营，成为湖南省第一家由道路运输向城市公交运输拓展的企业。

2000年8月30日，常德欣运集团股份有限公司的常德北站正式开通至石门夹山、桃花源、花岩溪一日游班车。他们把市公交车客运与旅游运输结合起来，受到广大游客的欢迎。

1998年，常德市有旅游车14辆，350客位。

1999年，常德市有旅游车14辆，350客位。

2000年，常德市有旅游车4辆，88客位。

2001年，常德市有旅游车18辆，616客位。

2002年，常德市有旅游车20辆，640客位。

2003年，常德市有旅游车71辆，1593客位。

2004年，常德市有旅游车86辆，2159客位。

2005年，常德市有旅游车17辆，576客位。

2006年，常德市有旅游车33辆，1076客位。

2007年，常德市有旅游车49辆，1717客位。

2008 年,常德市有旅游车 48 辆,1694 客位。

2009 年,常德市有旅游车 47 辆,1643 客位。

2010 年,常德市有旅游车 47 辆,1663 客位。

四、出租客运

1984 年,常德市第一运输公司成立常德市出租汽车公司,是为常德地区出租客运之始。该公司当年购置 6 辆大客车开行常德至长沙客运班线,同时还购置 2 辆旧的日本产左盘“雅马哈”(柴油发动机)小轿车,车身为红色,专为喜庆婚嫁租用,开始时生意十分火爆。但由于车辆过于陈旧,配件又不易配制,故而在运行两三个月后就停运了。

1991 年常德市有 6 辆出租车,主要是机关、部队、企事业单位退役的北京 212 吉普车等车型的出租车。

1992 年,常德市制定鼓励和支持出租车客运发展的政策措施,出租车业务开始发展。

1993 年 1 月,常德德海集团成立常德市富豪出租汽车服务公司,当时投入全新的天津产夏利轿车 19 辆和天津大发面包车 8 辆从事客运出租业务。个体业户及企业也开始办理出租车客运业务。市城区 550 辆人力三轮车(慢慢游),也办理营运证投入出租客运。市城区出租车车辆情况见表 4-1-1-2。

1993 年常德市城区出租车辆表

表 4-1-1-2

单位	车型	车辆数	单位	车型	车辆数
富豪出租汽车公司	夏利	19	常德汽车修造厂	上海	1
	大发	8	市食杂果品公司	苏制拉达	1
新型建材总厂	罗马吉普	1	个体	北京吉普	20
湘林运输服务公司	上海	1	个体	机动三轮	25
武陵区人民政府	上海	1			

说明:1.除富豪出租汽车公司外,其他单位为个体挂靠车;

2.人力三轮车(已办营运证牌)550 辆未统计在此表内

1994 年 2 月,常德市奥拓出租汽车公司挂牌成立,当年投入全新的江南奥拓小车 20 辆,并在出租车上安装计价器,率先在常德市城区出租汽车行业实行流动揽客、招手即停、打表计程、按章收费的经营模式,昼夜行驶在城区的各个街道、巷口,深受群众欢迎。尔后,常德市出租汽车行业得到蓬勃发展,先后成立了三湘、康达(后更名为达佳)、双发、钻石(后更名为物资)等十来家出租汽车公司,城区出租汽车发展到 975 辆,车型主要有夏利、奥托、云雀、昌达、桑塔纳、捷达等。

1996 年,常德市有出租客车 1287 辆,5192 客位。

1997年11月,常德市政府为推进文明城市进程,提高城市品牌,发布《关于禁止人力三轮车营运的通告》。根据通告精神,常德市运管处成立取缔城区人力三轮车营运工作领导小组,抽调80多人,组成专门队伍。经过宣传发动,组织实施和巩固提高三个阶段近半年的工作,1998年5月成功取缔人力“慢慢游”550辆人力三轮车。接着常德市政府于1998年9月发布《关于禁止机动三轮车营运的通告》。常德市运管处根据通告精神,成立取缔城区机动三轮车营运工作领导小组。集中全处力量,经过一个月的努力,1998年10月底,又成功取缔机动“慢慢游”150辆机动三轮车。

在取缔人力、机动三轮车的同时,以出租客运的“客的”、出租货运的“货的”则应运而生。1998年,常德市城区有客的452辆。因“客的”“货的”机动灵活,可穿越大街小巷,给人们出行、搬家及数量小、运距短的货物搬运带来方便,所以发展极快。1999年,常德市城区有出租客车991辆。

1997年,常德市有出租客车1512辆,6527客位。年末,城区内38辆“面的”全部被淘汰,退出出租客运市场。同时,对城区出租汽车的营运价格进行调整。所有车型出租汽车的起程(租)价是每2公里4元,每公里运行价为1.2元。

1998年前,城区出租汽车无人管理,无规章可循,车辆大多数无计价器,价格也是“各弹各的调”,宰客、拒载或无视交通规则者比比皆是。最让乘客头痛的是无论几公里或是几步,上车不打表,下车10块钱。市交通主管部门依照国家有关政策、法规制定《常德市客运出租车驾驶员守则》《常德市城区出租汽车管理暂行办法》等一系列行政管理规章。依照法规,市交通运输管理处对出租车行业进行大刀阔斧的整顿。根据城市和人口状况,严格审查业户资格,对不合格的车、不合格的司机,一律不许从业,使出租车数量与城市人口用车量趋于合理。运管处对出租车实行“七统一”,即:统一车顶灯、计价器、待租标志、车门标志、明码标价、安全防护网、出租车专用客票。同时积极引导出租车组建公司,提高行业的集约化程度,充分发挥企业管理的优势。1998年,市城区有19家出租公司,891辆出租车,近2000名从业人员。城区各出租汽车公司情况见表4-1-1-3。

1998年,常德市有出租客车1540辆、6938客位。

1999年2月10日,常德市人民政府委托市金翼拍卖行在市体育馆拍卖出租汽车经营权(的牌)100块,最后拍卖的价格是每块5.38万元。其中:出租汽车公司竞得50块,另50块由个体经营户获得。由于这次拍卖,城区出租汽车行业又增加3家新的出租汽车公司,即:鼎城旅游出租汽车公司、常德市出租汽车公司(1984年成立,但一直没有出租车)、常德市鸿运交通服务中心。是年,常德市城区共有出租汽车(的牌)991辆(块)。

1999年,常德市有出租客车2317辆,10439客位。年末,奥拓型出租汽车被淘汰,全部退出常德市城区出租汽车客运市场。常德市城区出租汽车车型主要以桑塔纳(含2000型)、富康、夏利为主。

1998 年常德市城区出租汽车公司情况表

表 4-1-1-3

单位	原有经营权（辆）	经营权及车辆所有权变更情况		
		车辆所属公司(辆)	牌属公司车属个人(辆)	车、牌全属个人(辆)
托普公司	25		25	
隆华公司	16	7	7	2
政德公司	5		5	
宏达公司	15		10	5
青舟公司	20		20	
武陵公司	10		10	
五星公司	15	2	13	
德宇公司	45		25	20
迎宾公司	15	13		2
万昌公司	28	22	6	
湘运公司	41		16	25
物资公司	20		20	
金海大厦	1	1		
三湘公司	53		39	14
奥拓公司	20			20
达佳公司	20	13	7	
永隆公司	20	11	4	5
公交公司	21		21	
风神公司	2		2	
公安局治安处	2		2	
阳光福利院	5		5	
富豪公司	25			25
宏发远征公司	15			15
合计	439	69	237	133

说明:经营权和车辆属个人所有的有 452 辆(块)

至 2000 年年初,常德市城区出租汽车公司变化较大,有新增者,亦有停业者,具体情况见表 4-1-1-4。

2000 年,常德市有出租客车 2414 辆,11254 客位。

2001 年,常德市有出租客车 2467 辆,11706 客位。其中市城区有 998 辆,4990 客位。有货的 185 辆,车型以桑塔纳、富康、夏利为主。

2002 年,常德市有出租客车 2023 辆,9566 客位。

2000年常德市城区出租汽车公司情况表

表 4-1-1-4

单 位	原有经营权（辆）	经营权及车辆所有权变更情况			备 注
		车辆所属公司（辆）	牌属公司车属个人（辆）	车牌全属个人（辆）	
托普公司					公司停业，车、牌全部卖给个人
隆华公司					公司停业，车、牌全部卖给个人
政德公司					公司停业，车、牌全部卖给个人
宏达公司					公司停业，车、牌全部卖给个人
青舟公司	20		20		公司停业，车、牌全部卖给个人
武陵公司	10		10		
五星公司	15	2	13		
德宇公司					公司停业，车、牌全部卖给个人
迎宾公司	15	13		2	2001年车、牌全部卖给个人
万昌公司	28	22	6		
湘运公司	41		16	25	更名为欣运集团出租分公司
物资公司	20		20		
金海大厦					卖给个人
三湘公司	53		39	14	2001年车、牌全部卖给个人
奥拓公司					公司停业，车、牌全部卖给个人
达佳公司	20	13	7		
永隆公司	20	11	4	5	
公交公司	21		21		
风神公司					卖给个人
公安局治安处					委托其他公司管理
阳光福利院					公司停业，车、牌全部卖给个人
鼎城旅游公司	20	20			
市出租汽车公司	10		10		
市鸿运中心	10		10		
粮运出租公司	无				个体挂靠38辆出租车
和声出租汽车公司	无				个体挂靠38辆出租车
合 计	439	69	237	133	

2003年，常德市有出租客车2242辆，9782客位。常德市城区出租客车经过一次拍卖经营权、招投标后，出租客车发展到1116辆。

2004年，常德市有出租客车2359辆，9879客位。

2005年4月，出租客运业务由交通部门划归市城建部门管辖，常德市城区有出租车980辆，4340客位。

2008年，市城区出租汽车公司进行一次整合，整合后有17家公司，有出租车1116辆。

2009年，常德市有出租车2408辆，年客运量14951万人次。

2010年4月,出租客运业务重归交通部门管辖。是年,常德市有出租车2408辆(市城区1126辆、安乡县151辆、汉寿县170辆、澧县200辆、临澧县120辆、桃源县220辆、石门县221辆、津市市200辆),年客运量14627万人次。

常德的出租车司机和全国的出租车司机一样,在自己平凡的岗位上创造了不凡的业绩。比较突出的有诚实守信、尽职尽责的出租车司机夏明涛(具体先进事迹见附录)。

第二节 货 运

常德的汽车货物运输始于民国17年(1928)。1949年至1959年,常德地区的公路货运由湖南省常德汽车运输公司独家经营。随着国民经济的发展,1959年后境内相继成立粮食、林业、商业、供销、外贸5个专业货运车队。它们以自货自运为主,必要时统一安排参运社会物资或防汛、抢险、救灾等物资运输。

1980年以前,公路货运的主要矛盾是运量大于运力,运力满足不了运量的需求。地、县交通主管部门便采取"保重点、保支农",坚持计划运输,开展"运输大会战"及组织社会车辆和拖拉机参运,疏通待运物资。1950年至1980年的30年里,湖南省常德汽车运输公司在新疆石油运输、石门磷矿石运输及抢险救灾、支农、援外及国家重点建设工程运输等方面,做出过重要贡献。

中共十一届三中全会后,汽车货物运输呈现出国营、集体、个体竞争的局面。1979年,常德地区有货车3650辆,年货运量143.51万吨,货物周转量7024.96万吨公里。1980年,常德地区地、县各级交通主管部门贯彻"开放运输市场,提倡多家经营,鼓励竞争"的方针,促使汽车运输企业由生产型转变为生产经营型,变"等货上门"为"服务上门",开展合同运输、零担运输、代购代运、代运代销业务,广辟货源。从改革内部经营管理体制,完善经济承包责任制入手,不断提高货运质量,改进服务态度,增强竞争能力。是年,常德地区有货车4205辆,年货运量432.64万吨,货物周转量45783万吨公里。1984年后,货运市场全部敞开。农民与联户也纷纷购置货车参运。1987年,常德地区有货车10855辆,38628吨,年货运量1643.8万吨,货物周转量83797.8万吨公里,比1980年分别增长14.9倍与14.7倍。

进入20世纪90年代,境内专业运输企业的货运严重滑坡,全面出现亏损,车型老旧,车辆技术状况急剧下降。货运汽车进行单车承包后出现大量死账、呆账和烂账,生产经营出现危机。1990年,常德汽车运输公司货车下降到122辆,611吨,年货运量19.3万吨,货物周转量22246.4万吨公里;2001年,该公司仅有货车7辆,37吨,年货运量0.55万吨,货物周转量195.4万吨公里。常德境内的粮食、林业、商业、供销、外贸专业货运车队及各县市运输公司,由于承运的货物流通渠道改变,货源不足,亏损严重,有的改体改制,有的资不抵债,破产后退出货运市场。在专业货运车队走向衰落之际,正是个体货运蓬勃发展之时。1991年,常德市仅有个体货运汽车1276辆,年货运量1089.8万吨,货物周转量47339万吨公里，占全市汽车货运量与周转量的45.09%与20.46%；2002年，全市有营运货车12060辆、38026吨，其中个体户有8759辆、28084吨，占全市营运货车车辆数与载重量的72.63%与73.85%；年货运量1825.17万吨，货物周转量218039.78万吨公里，其中个体户年货运量1249.46万吨，货物周转量151697.71万吨公里，占全市汽车货运量与货物周转量的68.46 %与69.57%。

2002年，常德欣运集团积极发展零担运输，该公司有零担货车8辆，40吨，有零担货运站点5个，零担库房面积1200平方米，开行零担货运线路21条，其中跨省线路4条、跨区线路12条、区内线路5条；零担线路里程4603公里，其中跨省里程1336公里、跨区里程2903公里、区内里程364公里；年零担货运量（不含整车运输量）132吨，货物周转量43164吨公里。

2010年，常德有货运汽车37575辆，100568吨。其中营运载货汽车25402辆，89986吨。年货运量7474.5万吨，货物周转量697069万吨公里。

常德市1980—2010年公路货运情况表

表4-1-2-1

年度	货车（辆）	货运量（万吨）	货物周转量（万吨公里）	年度	货车（辆）	货运量（万吨）	货物周转量（万吨公里）
1980	4205	432.64	45783	1996	13547	2623	163708
1981	4848	386.78	47709	1997	14123	2364	140708
1982	5975	432.84	57807	1998	14433	2245	191076
1983	6435	438.21	68613	1999	13242	2157	216548
1984	6636	386.33	69649	2000	14346	2343	226439
1985	7903	490.03	85678	2001	18450	2985	261326
1986	10402	1427.32	86519	2002	19623	3166	245608
1987	10855	1643.8	83797.8	2003	19853	4040	339575
1988	10176	2068	99104.3	2004	19199	4447	437511
1989	9940	2007	119945	2005	20190	5255	452576
1990	10298	1655	111558	2006	19926	6110	487762
1991	10298	2417	231400	2007	20776	6769	508954
1992	10206	2512	267333	2008	23538	5540	530415
1993	11867	2618	160183	2009	27171	6676	605822
1994	13732	2514	145617	2010	37575	7475	697069
1995	16193	2645	166920				

第三节　企　业

为培育道路旅客运输市场的良性发展,维护道路旅客运输市场的正常秩序。2001年,常德市交通局根据交通部颁发的《道路旅客运输企业经营资质管理规定》,成立市道路旅客运输企业经营资质评审领导小组及评审委员会,进行客运企业经营资质评定工作,评审委员会下设办公室,由市交通运输管理处负责企业资质评审的实施。7月,评审并报交通部审批通过常德欣运集团股份有限公司为常德市首家二级客运企业。12月,评审并报省交通厅审批通过湘北汽车运输有限公司为三级客运企业。2002年7月,评审通过常德市桃源县翔宇汽车运输公司、常德市振湘汽车运输有限公司、湖南省万昌交通实业有限公司、鼎城区兴通运输有限责任公司、临澧县安福汽车出租有限责任公司、临澧县顺达汽车运输有限公司、西湖汽车运输公司、澧县通达有限责任公司、常德市鼎城商贸汽车运输有限公司、鼎城安达汽车运输有限公司共10家公司为四级客运企业。

2001年,全市有道路旅客运输经营业户4481户,其中汽车运输4472户、客货运输兼营业及其他9户。

2002年,全市有道路旅客运输经营业户4303户,其中汽车运输4270户、客货运输兼营业及其他33户。

2005年,全市有道路旅客运输经营业户1020户,其中汽车运输950户、客货运输兼营业及其他70户。

2006年,全市有道路旅客运输经营业户278户,其中班车客运260户、出租客运10户、旅游客运2户、其他6户。

2009年,全市有道路旅客运输经营业户299户,其中客运企业33户、个体运输266户。

2010年,全市有道路旅客运输经营业户284户,其中客运企业33户、个体运输251户。

下面摘要记述几家运输企业:

湖南常德欣运集团股份有限公司　该公司的前身是1950年1月1日成立的湖南省公路管理局运输公司常德分公司(以下简称公司),是年,有职工205人,汽车39辆,车站15个,救济站1个,营业所1个。该公司是常德地区最大的一个国营专业汽车运输企业。其后名称变更频繁。

1980年名为湖南省汽车运输管理局常德公司,有职工2336人,拥有5个汽车保养厂,6个车队,54个车站,149个代办站。有客车247辆,10232客位;货车232辆,936吨;年客运量2646.2万人次,旅客周转量54658.98万人公里;货运量90.86万吨,货物周转量4946.04万吨公里,实现利润366.7万元。

1981年6月4日,根据湖南省省长办公会议“关于公路客运实行集中经营管理的决定”,省交通厅、省汽运局、常德地区经委、交通局等单位组成试点工作组,对常德地区各县

(市)社会客运车辆进行并转工作。公司共接收各县(市)客车64辆,货车32辆,总值338.5万元。

1982年,公司被列为全省三十个重点整顿企业之一。

1983年,公司贯彻落实党中央"改革要坚定,经济要抓紧"的方针,充分发挥单位和个人的社会主义积极性,从1983年4月起实行三级(公司、支公司、厂队站)经营承包责任制。经营承包制是以提高经济效益为目的,以利润为主要目标,按计划进行严格考核。坚持国家多得,企业多留,个人实行超利分成 或超定额劳动奖,坚持贯彻奖勤罚懒的原则。是年创利润663.1万元。

1984年5月, 公司经湖南省交通厅批准为全省交通系统首批企业整顿验收合格单位。是年,公司下辖支公司14个,管理站2个,站队3个,建制车队14个(其中客车队6个、货车队4个、混合车队4个),县级车站11个,区社站15个,代办站172个,保修(养)厂和车间10个。同年7月,公司列为全省企业领导体制改革试点单位,根据《中华人民共和国全民所有制工业企业法》(草稿),在省交通厅企业整顿领导小组的帮助下,推行经理负责制。理顺党委、经理、职代会三者之间的关系,经理任期4年,可以连任。

1985年,公司实行经营承包责任制。所属县市公司、汽车修理厂、物资供应站、保修厂为一级承包单位,向公司承包,指标层层分解,落实到人。实行包利润、包产量、包质量、包费用的承包形式。

1987年,湖南省汽车运输公司常德分公司下放常德地区,更名为湖南常德汽车运输公司。是年,公司实行生产经营责任制,进行目标管理。其指导思想是:以坚持社会主义经营方向为前提,努力挖掘企业内部潜力为重点,不断提高企业经济效益为目的,实行责、权、利相结合,分级管理,按责考核。计分计奖的办法是将利润作为厂队站共保指标,直接考核到各县市公司、管理站。是年,有职工3770人,拥有汽车732辆,其中货车198辆,1003吨,年货运量38.6万吨,货物周转量4012.9万吨公里;客车534辆,23701客位,客运量4222万人次,旅客周转量125300万人公里。有县级车站10个,区乡站40个,代办站187个。有客运线路263.5条,其中跨省11条、跨区27.5条、区内225条。

1991年11月1日10时30分,常北至广州首发班车满载旅客正点发车,公司领导、机关干部职工前往常德汽车北站祝贺送行,并为每位旅客赠送纪念品。常北至广州全程1035公里,票价53.5元。一车配两名驾驶员日夜兼程,只需20小时可达终点。常北至广州班线的开通,是常德打开南大门,沟通内地到沿海,实行横向联营的开端。

1993年1月1日,常德汽车运输公司更名为常德汽车运输总公司。8月,总公司实行机制转换:一是实施车辆产权转移,对营运车辆全额抵押承包。将车辆的收入、税费以资金抵押承包的方式落实到单车和个人,将油、胎、料、行车杂费等可控成本交由承包人自负,由企业和司机分担经营收益与风险;二是对二级单位实行租赁经营,走国有民营的新路子;三是总公司机关撤科设处,精减分流机关管理人员。

1994 年,公司作出转换机制、调整结构、开拓经营、强化管理的四大决策,通过资本重组,盘活存量资产,搞活运输主业,带动第三产业经营。公司第三产业当年实现利润 7.8 万元。

1997 年开始,公司再度改制。按照《中华人民共和国公司法》,公司除土地外的国有净资产作为国有股,法人股和职工股以现金认购,并于 1998 年 4 月全部到位。1998 年 8 月 18 日,经湖南省人民政府批准,改名为“湖南常德欣运集团股份有限公司”,成为全省第二批建立现代企业制度的试点企业之一。

集团股份有限公司为国有控股企业。股本总额为 4265 万元,其中:国有股 2155 万元,占股本总额的 49.6%;法人股 350 万元,占股本总额的 8.2%;职工股 1800 万元,占股本总额的 42.2%。公司紧密层企业有常北、常南、石门、澧县、津市、安乡、临澧、桃源、汉寿 9 个县市分公司。市城区有常德星宇大酒店有限责任公司、常德鑫龙实业开发有限责任公司、常德兴泰物资开发有限责任公司、常德新祥经营开发有限责任公司及常德南坪汽车客运中心有限责任公司 5 个子公司,以及常北、常南、石门、澧县、津市、安乡、临澧、桃源和汉寿 9 个县市分公司。协作层企业有常北实业开发公司等 9 家法人单位。另外,公司开办一所职工培训学校,一家合资企业为落户西藏山南地区的雅欣客运有限责任公司,同时为湖南高速运输股份有限公司(湘高速)的股东单位。

1998 年,公司有职工 3409 人,客车 653 辆,20871 客位,年客运量 920.5 万人次,旅客周转量 120899.8 万人公里;货车 44 辆,221 吨,年货运量 3.7 万吨,货物周转量 449.9 万吨公里,实现利润 276 万元。

2001 年,公司有职工 3276 人。开行的客班辐射全国 17 个省、市、自治区,辐射半径 1658 公里。开行客班线路 430 条,其中跨省 140 条、跨区 138 条、跨县 81 条、县内 71 条。有客车 721 辆,18623 客位,出租车 66 辆,年客运量 989.6 万人次,旅客周转量 129752.3 万人公里;货车 7 辆,37 吨,货运量 0.55 万吨,货物周转量 195.4 万吨公里。实现利润 146 万元,资产总额为 25073 万元。是年,公司已成为一个跨行业,跨区域;一业为主,多种经营;一地为主,多地开发;集运、工、贸、服务为一体的集团股份公司。

2007 年,公司有职工 1001 人,客车 741 辆,18758 客位,年客运量 958 万人次,旅客周转量 224697 万人公里,利润首次突破千万元大关,为 1149.01 万元,创历史最好水平。

2010 年,公司有职工 1117 人,客车 899 辆,24031 客位,年客运量 1372 万人次,旅客周转量 266290 万人公里,实现利润 233.27 万元。

2012 年公司被交通运输部、商务部评为“企业信用评价 A 级信用企业”。2013 年,公司所属的桃源黄花井汽车站被湖南省交通运输厅、省交通运输工会评为“群众满意汽车站”;常南汽车总站被中国道路运输协会评为“全国道路运输百强诚信站场”,站长胡祥华被中国道路运输协会授予“优秀站长”称号。

湖南常德欣运集团股份有限公司 1988—2010 年完成客货利润表

表 4-1-3-1

年份	客车（辆）	客位	货车（辆）	吨位	客运量（万人次）	旅客周转量（万人公里）	货运量（万吨）	货物周转量（万吨公里）	利润（万元）
1988	534	23966	167	849	3821.9	122662.3	31.9	2937.2	0.85
1989	447	20445	124	618	2616.9	101046.6	22.3	2715.3	-38
1990	444	20257	122	611	2650.7	107547.8	19.3	2246.4	-177.5
1991	504	23114	124	625	2331.9	112680.9	21.8	2441.5	54.7
1992	501	23086	106	535	1652.8	111384.5	19.3	2370	68.6
1993	474	21573	99	496	959.9	85472.4	16.5	2197.8	-680
1994	577	21360	75	385	731.5	88947.8	13.7	1558.1	7.8
1995	453	17468	75	379	923.5	89087.6	10.58	1269.2	26.2
1996	487	17752	67	338	1108.2	130711.7	7.31	1057.3	37.3
1997	451	15030	55	273	1002.3	120266.8	4.87	755.2	47
1998	653	20871	44	221	920.5	120899.8	3.7	449.9	276
1999	683	19878	15	76	936.4	116988.8	0.96	308.1	281
2000	728	19334	12	60	1091.3	122982.5	0.94	294.4	287
2001	721	18623	7	37	989.6	129752.3	0.55	195.4	146
2002	709	15823	7	36	796.2	118299	0.64	229.5	84.7
2003	928	22258	12	60	642.8	114291.6	0.6	287.3	0.00
2004	733	17362			767	165571			-271.93
2005	736	17715			897	196519			76.09
2006	726	18179			1013	224128			147.40
2007	741	18758			958	224697			1149.01
2008	850	21906			1074	232246			975.66
2009	897	23665			1290	248928			979.06
2010	899	24031			1372	266290			233.27

湖南省龙运交通运输集团有限公司 1993 年 3 月 7 日，常德市德航商贸公司在武陵区东郊乡农机站成立。1994 年 6 月，更名为常德市万昌交通实业有限公司，公司地址在常德市洞庭大道东段 58 号。1998 年 2 月，增资更名为湖南省万昌交通实业有限公司，注册资金 2810 万元，经营场地 4000 平方米。拥有万昌办公大楼、万昌律师楼及临街汽车销售展厅、仓库、汽车维修厂等建筑面积 3000 平方米。经营范围：汽车客运、出租客运、普通货运、危险货物运输、汽车租赁、汽车销售、汽车维修、汽车配件、汽车装饰、林业开发和法律服务等。1998 年，公司管理出租汽车 431 辆，占常德市城区出租汽车总量的近 1/2，是湘西北最大的出租汽车经营管理公司。2000 年，有管理人员 30 人，实现利润 25.6 万元。

进入新世纪，公司根据交通部文件精神和自身的经营管理与资金优势，经常德市运管处批准经营道路旅客运输及货物运输，公司相继建立湖南万昌（鼎城）运输有限公司等 5 个运输子公司和澧县、津市分公司。2003 年，企业有管理人员 52 人（其中具有大专以上学历和专业技术职称的 30 人,占 57.7%)。管理出租车 403 辆,有客车 290 辆,5403 客位,年客运量 740.54 万人次,旅客周转量 14115.6 万人公里,客运营收 2259 万元;货车 92 辆,380.54 吨,货运量 13.7 万吨,货物周转量 1084.6 万吨公里,货运营收 448 万元。完成税收 42.8 万元,实现利润 129.8 万元,拥有固定资产 3515.6 万元。营运线路 34 条,以农村短途为主,向城市四周辐射,已发展成以运输为主体,多种经营的集团化企业。

2003 年,公司以"向顾客提供优质服务、拓宽营运市场、为企业增创效益、为社会多做贡献"为宗旨,依据 ISO 9001:2000《质量管理体系要求》,结合公司的实际情况,编制质量管理体系文件。2003 年 6 月 27 日开始贯彻实施,2004 年 2 月 9 日正式通过北京中安质环认证中心认证,是常德市当年唯一通过国际标准 ISO 9001 认证的道路运输企业。

2004 年,公司下辖湖南万昌(鼎城)运输有限公司、湖南万昌物流有限公司、湖南万昌汽车销售维修有限公司、湖南万昌桃源运输有限公司、常德市万冠联合运输有限公司、常德市裕元运输有限公司、常德市桃花源运输有限公司共 7 个全资独立法人子公司和澧县、津市分公司及湖南万昌律师事务所。

2008 年 6 月,湖南省万昌交通实业有限公司根据自身事业的发展,经湖南省公路运输管理局行政许可,增资后更名为"湖南龙运交通运输集团有限公司"(以下简称龙运集团),集省际、市际、县际、县内道路班车客运、旅游客运、包车客运、出租客运、城区公共客运、校车经营服务和旅行社、汽车销售、汽车维修、律师事务所为一体的道路客运企业。是年,龙运集团有客车 395 辆,7505 客位,年客运量 1008.67 万人,旅客周转量 25216.75 万人公里;货车 96 辆,460 吨,货运量 6.9 万吨,货物周转量 2070 万吨公里,上缴税费 165.26 万元,实现利润 176.3 万元。

2010 年, 龙运集团有客车 432 辆,8208 客位, 年客运量 1103.15 万人, 旅客周转量 27578.75 万人公里;货车 80 辆,380 吨,货运量 5.7 万吨,货物周转量 1710 万吨公里,上缴税费 170.66 万元,实现利润 183.2 万元。

龙运集团是一家非公有制道路客运企业,自创立以来,把"诚信经营"作为企业生存和发展的基石。升级为集团有限公司后,把"诚信经营、和谐奋进"确定为企业发展的核心理念。

1999 年公司被中国道路运输协会评为"出租汽车客运经营管理优胜企业",2001 年被交通部评为"出租汽车客运文明企业"。 2008 年至 2010 年被湖南省、常德市工商行政管理局评为"守合同重信誉"单位。

新国线集团常德运输有限公司 2000 年 9 月 18 日,湖南省常德市万路达运输有限公司成立,地址在常德市火车站大市场 A 区 36 号。有员工 89 人,其中管理人员 18 人。有出租车 10 辆,54 客位;货车 71 辆,56 吨。年货运量 8 万吨,货物周转量 1600 万吨公里,完成营收 750 万元,实现利润 8 万元。

新国线运输集团有限公司成立于 2001 年 4 月 20 日, 是全国首家由交通部直接批准成立的跨省市、跨区域的新型高速公路快运企业,新国线以建立"面向全国的综合道路运输网络”为目标,以“打造中国道路运输业第一品牌”为追求。注册资本1.1亿元,业务涉及长途客运、城市公交、旅游、集装箱运输、物流服务、货运代办、汽车维修、汽车租赁服务等。2001年以来,公司通过资产重组、投资加盟、增资扩股、收购兼并、外引内联等方式,适时吸纳企业加盟,设立分支机构,使公司在两年时间内实现跨越式发展,先后在全国十多个省、直辖市和地区建立30余家控股子公司和14个新国线驿站,初步形成一个遍布中国东部的客运服务网络。

2003年,公司拥有营运汽车330辆,省际、省内客运线路500多条,同时还拥有多条华东旅游专线和天津、深圳等城市40多条公交线路。经交通行业专家委员会评审,交通部公告,新国线集团取得国家道路旅客运输企业一级经营资质,成为全国13家一级客运企业集团之一。

2003年5月13日,经湖南省公路运输管理局批准,湖南省常德市万路达运输有限公司与新国线集团合并,成立新国线集团常德运输有限公司。注册资金6000万元,注册地址:常德市柳叶湖旅游度假区七里桥社区紫缘路。系国家一级资质等级的客运企业。

公司经营范围:道路旅客运输(含班车、旅游、包车、出租车运输)、汽车租赁、公交、道路货物运输(含危险货物、大件、集装箱、零担、厢式货车运输)、汽车维修、国产汽车(不含小轿车)及零配件销售、货物联运、货物中转、货运代理、信息配载、物流服务、客货站场服务。

2003年,公司分别在长沙、汉寿、桃源、澧县、安乡、临澧、西湖、鼎城、武陵、德山等市、县、区设有13个分公司、2个汽车修理厂、3个客运站。在常德、长沙、武汉等地设有货物托运站。有客车350辆,8023客位,其中高一级以上客车75辆,2500客位。开通跨省的客运班线有常德、桃源、汉寿、澧县、临澧、安乡、西湖至广东省的广州、深圳、惠东、珠海、江门、东莞、新会、顺德、南海、陆丰、虎门、布吉和湖北省的武汉、沙市、公安等23条省际和76条省内班线。有旅游车25辆,800客位,一次可接纳承运800人的旅游团体。有出租、租赁轿车30辆。可为本地、外地到常德办事和旅游需用小汽车的客人提供便捷、优质的服务。年客运量250万人次,旅客周转量38801万人公里。有货车165辆,660吨,其中零担厢式货车20辆,150吨。货运实行门对门服务,极大地方便了广大货主,年货运量45万吨,货物周转量4750万吨公里。

公司货运配载中心,是北京全国货运信息中心服务网成员单位,集经济策划、货运信息服务、货物中转分流、零担配载、公路、铁路运输代理等多功能于一体。该中心利用全国货运信息网的优势,为广大货主、承运人,为货找车,为车找货提供了安全、便捷、可靠的货物配载运输代理服务。该中心采用网员制管理,凡有合法资格的货运代理、货主及承运人均可申请入网。成为中心网员后,凭中心发放的网员卡和专用寻呼机,可在全国范围内享受全国货运信息服务网地方网络中心提供的各项服务。真可谓“一卡一机,走遍神州”。为货主、中心及时提供可靠、运价合理的车辆;为货物承运人,提供真实、充裕的货源。

货运配载中心已开通常德至长沙、株洲、武汉、张家界、安化,安乡至长沙,石门至长沙的零担专线,采用卧铺厢式货车,受理双向的零担货物,每日定点定时发车,其便捷、周到的服务为广大商家进货及货物中转提供极大的方便。公司率先推出的微型厢式“货物快运车”(即货的),并配随车搬运工,是替代板车、人力三轮车的理想运输工具。它以规范的管理、合理的价格、周到的服务,使市民、商家门到门的短途运输得以实现,受到用户赞赏。

2003年,公司有员工1568人,其中管理人员108人,有专业技术职称的占59%。设有覆盖全市的安全管理网络机构,实行电脑办公,已与深圳兆通公司和北京新国线集团网站联网。

新国线集团作为中国道路运输结构调整的产物,它以创新中国道路运输经营模式,推动中国道路运输事业发展为己任。2005年公司实施结点接驳运输的新型营运模式,已被交通部列为试点项目,并进一步总结扩展。

公司成立伊始,便以"坚持诚信,渴望创新,科学管理,注重业绩"为宗旨。倡导全体员工"我办公司、我爱公司、我为公司;公司兴我荣、公司衰我耻"的新国线人精神,广大员工把公司当作家,自己是公司的主人,事事处处维护公司的形象,为公司的科学化、系统化运作提供保证。

湖南福泰物流有限公司 位于临澧县经济开发区福泰物流园,成立于2010年9月,注册资金1000万元,是集运输、仓储、汽贸、信息、国际货代于一体的现代物流企业,是中国仓储协会会员单位。2012年、2014年两次被评为"全国先进物流企业"。

公司经过几年拼搏发展,已形成初具规模的四大产业:

运输产业 包括普货、危货运输。普货运输主要是服务临澧经济开发区内企业的货物运输,并进行国际货运代理。运输物流业务覆盖国际国内280多个地区。2013年10月,为满足全县烟花鞭炮运输的需要,成立了临澧福泰运输有限公司,购置和整合社会车辆140辆,承接全县30多家烟花生产企业的运输业务,货物运达湖北、河南、重庆、贵州、山东、福建、辽宁、内蒙古、黑龙江等十多个省市。公司危货运输实现了安全零事故,客户满意度98%,并取得了较好的经济效益。

2015年,公司有货车186辆,5350吨,其中自有货车35辆、挂靠货车151辆。年货运量32.08万吨,货物周转量30196万吨公里。营业收入9895万元,净利润895万元,缴纳税金293万元,年末总资产11175万元。

仓储产业 2015年,公司有库房面积2万多平方米,仓容5万多吨。为中储棉社会存储库,也是全国棉花交易市场指定交割库,可从事棉花质押、撮合、期货业务。

汽贸产业 公司是中国二汽定点销售单位,主营东风系列各种货车,也可销售其他品牌大小货车。代办车辆按揭、上牌、保险等一条龙的售后服务,并可为新车提供全国范围内的普、危货运输业务。

信息产业 公司信息平台与全国多家物流信息平台形成了物流信息对接和共享,是物流企业供应链管理的中枢系统;动态视频监控车辆安全运行,为客户货物安全到达目的地保驾护航。

公司秉承"安全、快捷、诚信、高效"的服务宗旨,以全心全意为客户服务为己任,按照公司"开拓创新,做大做强"的发展战略,积极与业内朋友精诚合作,达到互惠共赢的目的。

常德桥南隆腾物流园 位于鼎城区两大交通主干道桃花源路、江南大道的交会处，319国道贯穿而过。东邻五金市场，西滨柳城沅江，南联桃花源机场，北接铁路枢纽，地理位置得天独厚，交通十分便利。桥南隆腾物流园是湘西北最大、最具规模的现代化物流中心。

桥南隆腾物流园项目由湖南省发改委立项批准，是常德市“十二五”规划重点项目，湖南省重大产业项目。桥南隆腾物流园建设项目总规划投资8亿元人民币，规划用地面积51万平方米，分三期逐步开发。一期为物流仓储，占地15万平方米；二期为建材市场，占地14万平方米；三期为冷链物流，占地22万平方米。

常德桥南隆腾物流园项目的投入建设，主要是针对桥南“十大”专业市场和城市创建，满足城市发展功能要素的需要，改变常德原先物流站零散、面积小、功能差、设施落后、信息不灵、规划布局不合理的现象，打造湘西北地区具有现代化功能、绿色环保的现代物流服务体系，构建连通全国的物流大格局。物流园的主要发展目标：一是运用现代发展新观念，打造覆盖常德市及周边地区的进出口企业配送中心，解决常德市国家级经济开发区无出海口、国际物流不通、成本偏高等问题；二是依托和服务桥南大市场，以市场输出为主要服务对象，成为集货运、配载、仓储、转运、信息服务为一体的现代化物流货运枢纽；三是以常德市工业园机械制造、轻纺、建材、化工、烟草和粮食、棉花、水果、肉类等农副产品深加工为服务对象，打造集约化、专业化、信息化的物流服务外包平台。

常德桥南隆腾物流园有限公司是浙江温岭全方投资有限公司的全资子公司，成立于2011年，注册资本人民币5000万元，公司经营范围为：搬运装卸、仓储理货、货运代理、存车服务、零担配载、货运站（场）综合经营、货运配载信息服务（一级甲等）。公司成立后，即投入常德桥南隆腾物流园的建设，经过两年的筹备建设，已累计投入资金1.7亿元，一期工程在2013年10月建成并投入试运营。

公司拥有一批专业的管理人员和专业的运输队伍，股东成员大都具有多年经营物流管理和企业管理的经验。公司内部管理机制健全，机构内设：客户服务部、财务部、配送部、市场部、信息部等。各职能部门分工明确，相互协作。为适应现代物流企业管理的要求，公司实行分级管理与分口管理相结合的考核细则，明确了各个岗位上工作人员的权、责和实际工作指标。公司的发展依托于强大的快运配送网络，充分利用丰富的仓储、运输资源，以客户满意为中心，将产品由运输扩展到仓储、加工、配送，提供以仓储管理、流通加工和配送管理为核心的管理服务及个性化、人性化的物流解决方案。

公司秉承“诚信、品质、创新、双赢”的经营理念，“务实、忠诚、勤奋、高效”的企业精神，“统筹协调、通畅快速、快捷有序、及时可靠、保障有力”的服务宗旨，诚挚地为广大客户服务。

第二章 水路运输

1980 年前,水运在境内综合运输体系中处于主导地位。20 世纪 80 年代中期起,由于沅、澧两水上下游不能贯通,湖区围垸,航路萎缩。其后,公路运输兴起,客货弃水走陆,水运呈衰落之势。进入 21 世纪,水路货运又呈现出复苏迹象。水运企业逐步做大做强,实现公司化经营。运输船舶迅速增加,载重量千吨以上船舶从无到有,货运量与货物周转量大幅回升。

第一节 客 运

中华人民共和国成立后,随着社会经济的发展,通航条件的改善,新型客轮的营运,水路客运量直线上升。1952 年,常德地区水路年客运量 6.33 万人次,旅客周转量 469.04 万人公里。

1981 年年客运量 340 万人次,旅客周转量 11390 万人公里,创常德地区水路客运量的历史最高纪录。1984 年后,水陆运输市场开放,陆路客运兴盛,水路客运萎缩。1985 年经过调整,常德境内有航线 12 条,其里程、班次见表 4-2-1-1:

1985 年常德内河轮船客运班线表

表 4-2-1-1

航线	里程(公里)	班次	开船时间	
			起港	讫港
津市—长沙	272	每日一班	24:00	4:00
津市快班—长沙	272	隔日一班	15:00	17:00
常德—长沙	260	隔日一班	16:30	16:30
安乡—长沙	276	每日一班	23:30	5:00
常德—安乡	175	每日一班	5:00	4:30
常德—牛鼻滩	27	每日二班	9:30 15:30	13:30 19:30
常德—麻伊伏	118	每日一班	5:10	7:00
汉寿—接港	10	每日二班	7:00 12:00	8:30 13:30
常德—岳阳	234	隔日一班	4:00	6:30
津市—安乡	55	每日一班	13:00	21:30
安乡—沙市	137	每日一班	4:00	5:00
安乡—芦林铺	33	每日一班	14:30	18:00

1987 年常德地区有客船 95 艘,9989 客位,3200 千瓦,年客运量 142.8 万人次,旅客周转量 7096.4 万人公里。20 世纪 80 年代后,由于公路、铁路、民航客运业务飞速发展。而水运管

理体制存在诸多弊端，水运企业的经营机制不够灵活，水路客运遂渐次衰落。1994 年跌入低谷，全市水路客运量仅为 16 万人次，旅客周转量 1915 万人公里。尔后国营、集体专业水运企业的客运业务进一步萎缩，近似停业。常德境内 2 家最大的水运企业：常德轮船运输公司 2000 年仅有 1 艘客轮营运，开行常德至岳阳 1 条班线；津市轮船总公司 1995 年后已无客轮营运。市属各县（区、市）航（水）运公司也无水路客运业务。而中外合资企业和个体客运业户却逐年兴旺。1985 年至 1995 年的 10 年间，市境公路拓宽改造，新型客车大量涌现，其优势非水运所能及。常（德）长（沙）、常（德）益（阳）线的客源，几乎全由公路直达；常德至牛鼻滩、桃源等短途航线的旅客均改乘汽车；加之水运企业经营管理粗放，资金不足，客轮更新改造滞后，站务、乘务设施陈旧，轮运站已无人问津。1993 年，拾比佰公司在安乡至长沙航线上投入“长安 1 号”“长安 2 号”2 艘豪华快班客轮参运，深受旅客欢迎。1996 年，全市长途水路客运航线有安乡至长沙、津市至长沙、常德至岳阳 3 条。1996 年后，水路客运开始普遍提速。津市神龙客运有限公司与长沙港务局客运总公司共同投资 245 万元，购进俄罗斯“神龙”1 号水翼飞艇投入津市至长沙航线。社会和个体亦纷纷融资购买高速客轮参运。安乡航运公司引入社会资金打造“明星”“明珠”豪华客轮 2 艘，投入安乡至长沙航线。

1996 年常德内河轮船客运班线表

表4-2-1-2

经营企业或个体户名称	船　　名	客船种类	客位	航　　线	发航时间	票　价（元）
安乡拾比佰公司	长安 1～5 号	普　客	1050	安乡—长沙	17:00	35～100
	湘航 306	普　客	140	安乡—加班长沙		35～100
	湘航 311	普　客	140	安乡—加班长沙		35～100
长沙环湘公司	环湘 1 号	普　客	110	津市—长沙	17:00	30～80
大哥大公司	大哥大 1 号	高速客船	54	津市—长沙	13:00	110～120
胡跃湘	祥云号	高速客船	54	津市—长沙		110～120
安乡拾比佰公司	飞翔号	高速客船	160	安乡—长沙	13:00	110～120
胡跃湘	飞舟号	高速客船		安乡—长沙	13:00	110～120
常德俊鸣船务公司	桃花源 209	普　客		常德—岳阳	对开 17:00	

2001 年，全市拥有客船 27 艘，2924 客位，3045 千瓦，年客运量37.1 万人次，旅客周转量 7106.53 万人公里。全市水路长途客运航线仅剩安乡至长沙 1 条，由拾比佰公司与长沙港务局客运总公司联合经营。安乡至长沙航线客运量 23.38 万人次，旅客周转量 5385.88 万人公里。

2005 年春运过后，安乡至长沙客运航线完全停止营运。

2010 年，全市拥有客船 10 艘，360 客位，376 千瓦，年客运量13.38 万人次，旅客周转量 281.03 万人公里。

2012年,全市有客船15艘,440客位,922.5千瓦,年客运量13.9万人次,旅客周转量295.82万人公里。市境仅有安乡松虎客运有限责任公司经营县内的几条短途客运航线和花岩溪水库、龙凤水库、蒙泉水库、黄石水库、王家厂水库、皂市水库等几条库区短途客运航线。

第二节　货　运

中华人民共和国成立后,随着国民经济的发展,船舶逐步更新,各航线货运全面恢复,水路货运量直线上升。1952年,常德地区年货运量10.55万吨,货物周转量3542.35万吨公里。中共十一届三中全会后,实行改革开放,海江河运输相互联结,货运市场拓展繁荣,顶推轮投产营运,水路货运发展。1980年,常德地区拥有货船1337艘,41039吨,年货运量341.94万吨,货物周转量40827.05万吨公里。随着改革的深入与商品经济的发展,长江航线全面开放,常德、津市两港轮船直接进入长江。

1984年,运输市场全面开放后,常、津两港的轮船除到达长江干线上的武汉、南京、南通、上海等港口外,还深入到江西、安徽、江苏省的内河、内湖与运河。1985年至1986年,苏北和苏南航线相继开通,常、津两港机动驳开始直接行驶外江。运输工具、通信设备逐步更新,航区日广,货运量所占比重越来越大。

1987年,常德、津市两轮运公司相继成立长江运输船队,货物出口大多为粮食、矿石、煤炭、建材等,进口则为化肥、小麦、百杂货、机械设备、原材料等。是年,常德地区拥有货船2483艘,93610吨,25543千瓦;拖船78艘,3663吨,9253千瓦;其他船舶1579艘,32335吨,9773千瓦。年货运量366万吨,货物周转量96973万吨公里,其中外江货运量的比重达41.2%。

1987年,湖南省航运公司常德分公司、湖南省航运公司津市分公司2家省属骨干水运企业下放。由于管理体制、经营机制不够完善,加之公路、铁路货运发展迅速,而内河因围湖造田,拦河筑坝,大办水电,致使航道上下不能贯通。水路货运困难重重,企业亏损,货船难以更新,船舶数量与货运量骤减。1994年,常德市拥有货船1126艘,61713吨,其中个体及联户有货船378艘,21942吨。年货运量213.3万吨,货物周转量98400万吨公里。此后,水路货运一直低迷萎缩,水运企业亏损加剧。2000年7月,津市轮船总公司依法破产。2001年12月,常德轮船运输总公司依法破产。市辖各县(区、市)航(水)运公司也全部解体重组。在专业水运企业不景气的情况下,个体及联户却发展迅速,水路货运又呈逐年上升趋势。2001年,全市拥有货船779艘,65711吨,22558千瓦。其中个体及联户有货船692艘,47361吨,21420千瓦。占全市水路货运船舶数、载重量与功率的88.83%、72.07%与94.96%。全市年货运量401.58万吨,货物周转量101048.93万吨公里,其中个体及联户年货运量359.78万吨,货物周转量84494.83万吨公里,占全市水路货运量与货物周转量的89.59%与83.62%。

2001年后,国家全面推进内河船型标准化工作,相继出台《全国内河船型标准化发展纲要》《研究开发内河标准船型指导意见》《内河标准船型船舶技术管理指导意见》等文件，淘汰水泥船和挂桨机船，公布标准船型主尺度系列和4大类26种标准船型。常德市根据上述文件精神，加速推进船舶运力“四化”（即现代化、标准化、大型化、系列化）的发展进程，全市营运船舶运力结构优化进一步向好，“小船让”“大船上” 已成为境内水路运输市场运力的发展主流。

2010年，全市拥有货船762艘，36.22万吨，146166千瓦，年货运量1975.06万吨，货物周转量744436.34万吨公里。

1988—2010年常德市营运船舶完成客货运输量、周转量统计表

表4-2-2-1

年份	货运量（万吨）	货物周转量（亿吨公里）	客运量（万人次）	旅客周转量（万人公里）
1988	336	10.21	123	7767.9
1989	298	11.03	96	7344
1990	278	9.17	65	5828
1991	257	8.38	54.62	3336
1992	268.71	9.93	39.65	3068
1993	240.99	10.65	17.78	2170
1994	213.30	9.84	16.32	1915
1995	239	8.5	14	1202
1996	252	7.66	13	527
1997	202	7.39	23	2795
1998	178.65	6.24	30	4718
1999	95.84	3.79	23	4567
2000	68.47	2.58	22	5137
2001	402	10.1	23	5386
2002	543.08	13.11	8.01	1802.49
2003	559.50	14.81	6.40	
2004	806.27	22.11	4	969
2005	802.48	25.01		
2006	820.80	27.78		
2007	869.99	36.42		
2008	1430	48.46		
2009	1134.04	38.33	13	195.47
2010	1975.06	74.44	14	281.03

常德市载货量千吨以上货运船舶名录

表 4-2-2-2

2010 年

序号	船舶经营人	船名	船舶类型	航区	总长（米）	型宽（米）	吃水（米）	总吨（吨）	载货量（吨）	功率（千瓦）	建造年份（年）
1	湖南湘达水运有限公司	银河 168	散货船	A 级	72.5	13.4	3.8	1524	2080	440	2002
2	桃源县桃花源水运有限公司	湘桃源货 9988	运砂船	B 级	86	14.2	2.9	1641	2200	475	2009
3	桃源县昌文船务有限责任公司	湘桃源货 9898	运砂船	B 级	85.8	14.2	3.2	1498	1850	550	2010
4	桃源县桃花源水运有限公司	湘桃源货 9888	自卸砂船	B 级	88.8	14.2	2.7	1592	1800	852	2009
5	桃源县三湘物流船务有限公司	湘桃源货 8888	自卸砂船	B 级	81.8	13.5	3.2	1358	1800	706	2009
6	桃源县昌文船务有限责任公司	湘桃源货 6789	运砂船	B 级	81.8	13.5	2.7	1266	1700	660	2009
7	桃源县三湘物流船务有限公司	湘桃源货 6688	自卸砂船	B 级	83.3	14.2	3.1	1517	2200	516	2010
8	桃源县三湘物流船务有限公司	湘桃源货 6666	自卸砂船	B 级	85.8	14.2	2.9	1503	1850	516	2009
9	湖南远利船务有限公司	湘桃源货 5888	自卸砂船	B 级	83.8	14.2	2.85	1336	2000	600	2010
10	桃源县永胜船务有限责任公司	湘桃源货 1688	运砂船	B 级	83.8	14.2	2.9	1336	1900	600	2010
11	桃源县桃花源水运有限公司	湘桃源货 1598	自卸砂船	B 级	85.8	14.2	3.1	1488	1850	794	2010
12	桃源县昌文船务有限责任公司	湘桃源货 0989	自卸砂船	B 级	83.3	14.2	3.1	1517	2200	794	2009
13	桃源县桃花源水运有限公司	湘桃源货 0938	甲板货船	B 级	81.8	13.5	3.1	1333	1800	360	2009
14	桃源县三湘物流船务有限公司	湘桃源货 0898	甲板货船	A 级	75.8	12.8	2.6	1167	1600	360	2009
15	桃源县桃花源水运有限公司	湘桃源货 0888	运砂船	B 级	80.8	13.5	3	1118	1700	404	2007

续表 4-2-2-2

序号	船舶经营人	船名	船舶类型	航区	总长（米）	型宽（米）	吃水（米）	总吨（吨）	载货量（吨）	功率（千瓦）	建造年份（年）
16	桃源县昌文船务有限责任公司	湘桃源货 0777	自卸砂船	B 级	85.6	14.8	3.25	1785	2500	550	2010
17	桃源县桃花源水运有限公司	湘桃源货 0698	自卸砂船	B 级	83.8	14.28	3	1518	2370	340	2009
18	桃源县昌文船务有限责任公司	湘桃源货 0333	自卸砂船	B 级	85.8	14.2	2.9	1358	1900	550	2010
19	桃源县三湘物流船务有限公司	湘桃源货 0308	运砂船	B 级	76	12.8	2.63	1313	1490	368	2006
20	陈强	湘临澧货 0321	货船	A 级	90	17.9	3.11	1697	2200	1056	2009
21	津市民生运输有限公司	湘澧县货 1688	散货船	A 级	81.8	14.56	3.32	1708	2570	600	2005
22	津市民生运输有限公司	湘澧县货 0888	半舱货船	A 级	81.8	14.5	3.14	1595	2300	440	2010
23	津市宏达航运有限公司	湘澧县货 0309	甲板货船	A 级	86.8	16.4	3.6	2858	3500	764	2005
24	孙学富（澧县澧阳镇）	湘澧县货 0093	一般干货船	A 级	79.2	13.8	4	1439	2000	660	2004
25	津市德顺航运有限公司	湘津市货 0408	散货船	A 级	112	17	7.3	4385	9000	1764	2007
26	津市宏达航运有限公司	湘津市货 0336	甲板货船	A 级	74	13.8	2.6	1262	1262	660	2010
27	安乡县潺陵船舶水运有限公司	湘津市货 0008	自卸砂船	B 级	111.8	13.5	2.5	1226	1500	486	2010
28	汉寿县华兴航运有限责任公司	湘华兴危 08	化学品液货船	A 级	85.88	14	3.5	1597	2257	770	2007
29	湖南远洋运输公司	湘汉寿集神龙 1 号	集装箱船	A 级	74.9	13	2.95	2252	1800	510	1997
30	汉寿县城关航运有限责任公司	湘汉寿机 9988	自卸砂船	B 级	122.2	13.8	2.692	1492	1800	770	2009
31	桃源县永胜船务有限责任公司	湘汉寿货 9888	自卸砂船	B 级	123.1	13.8	2.8	1620	1900	770	2009
32	汉寿县城关航运有限责任公司	湘汉寿货 1998	一般干货船	A 级	90	15	4	2178	2900	600	2001
33	汉寿县华兴航运有限责任公司	湘汉寿货 1918	运砂船	A 级	101	15.8	4	3312	4000	1440	2010

续表 4-2-2-2

序号	船舶经营人	船名	船舶类型	航区	总长（米）	型宽（米）	吃水（米）	总吨（吨）	载货量（吨）	功率（千瓦）	建造年份（年）
34	汉寿县龙阳镇沿江东路25号（王福保）	湘汉寿货1698	自卸砂船	B级	111.6	12.7	2.116	1053	1170	352	2010
35	汉寿县城关航运有限责任公司	湘汉寿货1666	自卸砂船	B级	112.8	13	2.2	1192	1245	552	2009
36	汉寿县城关航运有限责任公司	湘汉寿货1168	自卸砂船	B级	82.8	13.5	2.7	1288	1800	590	2009
37	汉寿县华兴航运有限责任公司	湘汉寿货0999	散货船	B级	122.6	14.5	2.7	1650	2200	794	2009
38	汉寿县城关航运有限责任公司	湘汉寿货0599	半舱货驳	A级	72.6	13.6	3.45	1467	2300		2003
39	汉寿县城关航运有限责任公司	湘汉寿货0589	半舱货驳	A级	72.6	13.6	3.45	1467	2300		2003
40	汉寿县城关航运有限责任公司	湘汉寿货0587	半舱货驳	A级	72.6	13.6	3.45	1467	2300		2003
41	汉寿县城关航运有限责任公司	湘汉寿货0586	半舱货驳	A级	72.6	13.6	3.45	1467	2300		2003
42	汉寿县城关航运有限责任公司	湘汉寿货0555	自卸砂船	B级	116.6	13	2.4	1159	1400	516	2009
43	汉寿县城关航运有限责任公司	湘汉寿货0511	半舱货驳	A级	72.6	13.6	3.45	1467	2300		2003
44	汉寿县城关航运有限责任公司	湘汉寿货0510	半舱货驳	A级	72.6	13.6	3.45	1467	2300		2003
45	汉寿县华兴航运有限责任公司	湘汉寿货0199	自卸砂船	A级	101	15.8	4.1	2881	3900	1440	2010
46	岳阳申阳航运有限公司	湘汉寿货0177	自卸砂船	B级	78	13.6	3	1314	1700	440	2006
47	汉寿县城关航运有限责任公司	湘汉寿货0081	运砂船	B级	81.8	13.5	2.9	1356	2150	620	2010
48	常德万众船务有限公司	湘常防壹号	自卸砂船	B级	78.8	14	2.8	1478	1850	660	2010
49	常德万众船务有限公司	湘常德机1018	自卸砂船	B级	120.48	14	2.8	1577	2090	794	2010
50	常德市恒力船务有限责任公司	湘常德货兴达	自卸砂船	B级	78	13.3	2.5	1243	1650	360	2009
51	桃源县昌文船务有限责任公司	湘常德货2988	自卸砂船	B级	81.8	13.8	2.6	1228	1800	550	2010

续表 4-2-2-2

序号	船舶经营人	船名	船舶类型	航区	总长（米）	型宽（米）	吃水（米）	总吨（吨）	载货量（吨）	功率（千瓦）	建造年份（年）
52	桃源县昌文船务有限责任公司	湘常德货 2788	自卸砂船	B 级	84.8	14.2	2.9	1368	2000	550	2010
53	桃源县昌文船务有限责任公司	湘常德货 2738	自卸砂船	B 级	83.8	14	2.9	1346	1900	550	2010
54	常德市安凯物流船务有限责任公司	湘常德货 2699	散货船	A 级	82	14	3.25	1319	2000	360	2009
55	徐能安	湘常德货 2698	运砂船	A 级	90.6	14.1	3.6	1498	1600	440	2006
56	常德市恒达船务有限责任公司	湘常德货 2588	自卸砂船	B 级	84.8	13	3.3	1488	2200	678	1995
57	岳阳华胜水运有限公司	湘常德货 2578	运砂船	A 级	90	15	3.5	1923	2650	700	2002
58	桃源县昌文船务有限责任公司	湘常德货 2568	自卸砂船	B 级	112.6	13	2.5	1294	1600	510	2009
59	常德市恩国船务有限责任公司	湘常德货 2369	自卸砂船	B 级	81.8	13.9	2.58	1266	1700	498	2010
60	桃源县昌文船务有限责任公司	湘常德货 2333	自卸砂船	B 级	85.8	14.8	3.25	1944	2480	852	2010
61	桃源县昌文船务有限责任公司	湘常德货 2289	自卸砂船	B 级	83.8	14.2	2.9	1336	1900	748	2009
62	桃源县三湘物流船务有限公司	湘常德货 2258	运砂船	B 级	74.8	12.8	2.55	1220	1390	346	2006
63	胡昌忠	湘常德货 2208	运砂船	B 级	104.8	12.8	2.5	1091	1000	300	2006
64	桃源县昌文船务有限责任公司	湘常德货 2138	自卸砂船	B 级	82.8	13.6	2.9	1326	1800	442	2009
65	常德市金广源船务有限公司	湘常德货 2118	散货船	A 级	82	14	3.3	1352	1600	440	2009
66	常德市恒达船务有限责任公司	湘常德货 2117	散货船	A 级	72.8	13	3	1099	1500	360	2009
67	常德利通海运有限公司	湘常德货 2030	自卸砂船	A 级	66	13.3	3	1212	1482	852	2010
68	常德万众船务有限公司	湘常德货 2013	自卸砂船	B 级	123.6	13.8	3	1660	2300	764	2009
69	吴焕林　皮远雁	湘常德货 1698	自卸砂船	B 级	82	14	2.8	1270	1800	360	2009

续表 4-2-2-2

序号	船舶经营人	船名	船舶类型	航区	总长（米）	型宽（米）	吃水（米）	总吨（吨）	载货量（吨）	功率（千瓦）	建造年份（年）
70	常德市恒达船务有限责任公司	湘常德货 1568	散货船	A 级	81.8	14.5	3.2	1588	2400	440	2010
71	湖南常德湘航港务有限责任公司	湘常德货 1125	自卸砂船	B 级	85.8	14.5	2.7	1488	2050	550	2010
72	桃源县桃花源水运有限公司	湘常德货 1058	自卸砂船	B 级	122.6	13.8	2.5	1483	1600	660	2009
73	桃源县桃花源水运有限公司	湘常德货 0958	自卸砂船	B 级	110.8	13.6	2.408	1268	1500	516	2009
74	桃源县昌文船务有限责任公司	湘常德货 0368	自卸砂船	B 级	105.6	12.8	2.4	1093	1280	440	2010
75	桃源县桃花源水运有限公司	湘常德货 0189	自卸砂船	B 级	98	12.8	2.1	1110	1042	480	2010
76	桃源县桃花源水运有限公司	湘常德货 0186	自卸砂船	B 级	112	12.5	2.55	1120	1200	440	2004
77	常德市恒力船务有限责任公司	湘常德恒力 12 号	自卸砂船	B 级	116	13.5	2.5	1358	1700	404	2009
78	安乡县澧陵船舶水运有限公司	湘安乡货 6168	多用途船	A 级	73.8	13.2	3.1	1260	1837	520	2005
79	湖南湘达水运有限公司	湘安乡货 5189	自卸砂船	B 级	123.8	15.8	3.8	2968	3500	1440	2010
80	湖南湘达水运有限公司	湘安乡货 5188	自卸砂船	B 级	125	15.18	3.5	2348	3300	1396	2010
81	安乡县宏达水陆联运贸易有限公司	湘安乡货 5168	自卸砂船	B 级	82.8	13.8	2.7	1328	1756	794	2009
82	湖南湘达水运有限公司	湘安乡货 3998	自卸砂船	B 级	78	13.5	2.7	1215	1100	660	2009
83	湖南湘达水运有限公司	湘安乡货 3988	自卸砂船	B 级	78	13.5	2.7	1215	1800	404	2009
84	湖南湘达水运有限公司	湘安乡货 3388	自卸砂船	B 级	106.6	12.6	2.3	1063	1100	470	2009
85	安乡县宏达水陆联运贸易有限公司	湘安乡货 2288	自卸砂船	B 级	116.8	13.5	2.5	1358	1700	600	2009
86	安乡县澧陵船舶水运有限公司	湘安乡货 1168	自卸砂船	B 级	119.8	14	2.9	1594	2000	600	2008
87	安乡县澧陵船舶水运有限公司	湘安乡货 0688	自卸砂船	B 级	96.8	13.6	2.652	1355	1700	600	2009

续表 4-2-2-2

序号	船舶经营人	船名	船舶类型	航区	总长（米）	型宽（米）	吃水（米）	总吨（吨）	载货量（吨）	功率（千瓦）	建造年份（年）
88	安乡县宏达水陆联运贸易有限公司	湘安乡货0399	自卸砂船	B级	106.6	12.6	2.3	1055	1100	360	2009
89	安乡县宏达水陆联运贸易有限公司	湘安乡货0397	一般干货船	A级	86.8	16	3	2012	2400	1202	2009
90	安乡县潺陵船舶水运有限公司	湘安乡货0396	自卸砂船	B级	121	13.5	2.5	1304	1700	404	2009
91	安乡县宏达水陆联运贸易有限公司	湘安乡货0387	自卸砂船	B级	79.8	13.8	3	1360	2070	706	2009
92	安乡县宏达水陆联运贸易有限公司	湘安乡货0168	自卸砂船	B级	105.6	12.8	2.5	1200	1000	328	2006
93	常德万众船务有限公司	万众5号	运砂船	B级	81.8	14	2.85	1495	1800	520	2010
94	常德万众船务有限公司	万众58号	自卸砂船	B级	76.8	13.5	2.5	1192	1550	516	2010
95	常德万众船务有限公司	万众38号	散货船	B级	122.8	13.5	2.5	1300	1600	600	2008
96	常德万众船务有限公司	万众158号	自卸砂船	B级	72	12.4	2.4	1050	1360	480	2009
97	桃源县三湘物流船务有限公司	三湘贰号	多用途船	A级	74.33	13.2	3	1332	1850	600	2004
98	桃源县三湘物流船务有限公司	三湘捌号	自卸砂船	B级	85.6	14.45	3.17	1781	2540	794	2009
99	常德市金广源船务有限公司	金广源7号	半舱货船	A级	81.8	14.5	3.2	1595	2300	486	2010
100	吴虎	鸿运18号	甲板货驳	A级	122.3	30.5	3.5	2885	7305		2009
101	桃源县昌文船务有限责任公司	昌文8838	半舱货船	A级	68	12.8	2.55	1052	1280	272	2009
102	常德市安凯物流船务有限责任公司	安凯9号	散货船	A级	82	14	3.2	1477	2600	440	2010
103	常德市安凯物流船务有限责任公司	安凯18号	甲板货船	A级	75	13.5	3.05	1235	1800	368	2010
104	常德市安凯物流船务有限责任公司	安凯13号	半舱货船	A级	76	13.25	2.9	1156	1900	706	2010

第三节 企 业

20世纪80年代,境内水运企业主要有省属企业2家及10家县(市)航运公司。80年代后,这些企业虽然采取了改制下放、经营承包、横向联合、多业开发等多种办法,但由于种种原因,境内水运企业仍和全省、全国许多地方的水运企业一样,纷纷破产、改制、重组。1998年澧县航运公司、2000年津市轮船总公司分别成为全省最早实施改制的集体、国有水运企业。2003年,常德率先成为省内水运企业全部完成改制的市。2010年,全市有水运企业28家,其中普货18家、危货6家、客渡1家、客运2家、沿海1家(见表4-2-3-1)。

境内水运企业在改革开放的大潮中,在市场经济规律的作用下,几经沉浮,经受了巨大的考验。它们有的通过艰苦博弈并发展壮大,有的瞄准改革商机,因势利导,在开放中兴起;有的不能顺应市场经济规律,在改革的阵痛中无法走出困境被淘汰出局。无论存在与否,它们都有着辉煌的过去,都曾为全市经济发展做出了不可磨灭的贡献。

常德轮船运输总公司 常德轮船运输总公司的前身是1950年2月成立的湖南省航业公司联运处常德总站,该公司是常德境内最大的一家水运企业,也是全省骨干水运企业之一。其后名称变更频繁。

1985年政企分离,更名为湖南省航运公司常德分公司。1987年9月常德分公司下放常德地区,组成湖南省常德轮船运输公司,有职工1857人,拥有拖轮21艘,4078.52千瓦;客轮9艘,1802客位;机动驳15艘,1425吨,461.58千瓦;钢质驳船94艘,18060吨;其他驳船14艘,1411吨。航线遍布湖南内河和长江中下游及苏、浙、皖、赣、鄂的部分水系。年客运量76万人次,旅客周转量4812.7万人公里;货运量63万吨,货物周转量27059.6万吨公里。自有装卸码头19座,固定资产3000余万元。公司成立后,实行经理承包经营责任制,营运中收支尚能稳定持平,后因外江水运市场竞争加剧,港口与船舶技术改造滞后,运量、收入相应减少。但公司在精神文明建设上不懈努力,营业信誉颇佳。1990年该公司客运站被交通部命名为“全国水路文明客运站”。1991年公司被评为省级优质运输先进集体。该公司7211轮船长赵春阳,累计安全航行34万公里无事故,1991年获第二届全国内河安全明星船长金杯奖。

1994年6月,公司更名为湖南省常德轮船运输总公司。1996年,该公司有职工1654人。拥有拖轮38艘,3190吨,4218千瓦;驳轮70艘,1.72万吨。年客运量5.4万人次,旅客周转量119.93万人公里;货运量46.62万吨,货物周转量20759.18万吨公里。固定资产3825.7万元。运输收入1168.2万元,亏损410.6万元。随着长(沙)石(门)铁路和长常高速公路的建成,客货纷纷弃水改陆,公司陷入困境。2000年,该公司有职工1343人,拥有客轮1艘、拖轮7艘、分节驳13艘、槽盖驳15艘、机动驳6艘、货驳9艘。

常德轮船运输总公司是以水路运输和港口装卸业务为主的国有中一型企业。2001年,有职工2277人,其中离退休人员907人、在职人员1370人。企业连续严重亏损,其主要原

因是:

水运市场萎缩　由于铁路、公路运输的迅速发展,水运市场逐渐萎缩。加之常德港又没有大宗货源,货运量明显下降,货物周转量由 1993 年的 3 亿吨公里下降到 2000 年的 1.3 亿吨公里。

水运价格下滑　进入 20 世纪 90 年代以来，随着水运市场的放开，个体运输业迅猛增加,社会运力成倍增长,运力大大超过运量,造成水运市场混乱,水运价格直线下滑,在国家规定基价每吨公里 0.15 元的基础上,下跌到实际运价只有每吨公里 0.05 元。个体船舶人员少、负担轻、开支小,能靠超载、托门子、开票子等不正当手段进行竞争,在水运市场上占据优势,国有企业无法与个体抗衡。

生产成本增加　由于市场价格的影响，各项生产成本都有上升。特别是柴油价格,由 1995 年每吨 1800 元,上涨到最高价格为每吨 3450 元,每吨上涨 1650 元,涨价率达 91.7%,企业难以支撑。

生产设备老化　设备老化,企业后劲严重不足。公司的营运船舶长年失修,技术状况较差,因而带来油耗大,航速慢,成本高,效益低,安全生产隐患多等一系列问题。公司拥有的 11 艘拖轮,其中 8 艘是超期服役,属于交通部禁止使用、强行报废的船舶。

固定费用高，历史包袱沉重　常德轮船运输总公司从 20 世纪 50 年代初起就是湖南水运行业中的国有骨干企业,其特点是生产线长、面广、点多,流动分散,机构庞大,离退休人员多,医药费、抚恤费、管理费、劳动保险费等固定费用居高不下。

防洪工程和市政建设压缩了企业的生产场所　从 1991 年起,市城区防洪工程改建和市临江诗墙公园建设,陆续拆除常轮总公司江北、江南两岸的房屋、仓库、车间、货场、码头等,直接、间接经济损失达 1800 万元,这对举步维艰的企业来说,无疑是雪上加霜。

自然灾害及水利政策的影响　1996 年至 1999 年,常德遭受百年不遇的洪水袭击,公司部分生产设备、货场、货物毁损,生产遭受严重影响。加之“二号病”侵扰,致使沅水封航,停产 600 多天。市水利局按政策又禁止常德轮船运输总公司在河段采挖卵石。

经营观念保守,基础管理薄弱　多年来,常德轮船运输总公司一直沿袭老的经营管理方法,没有按现代企业制度进行科学管理。严重存在企业吃国家大锅饭,职工吃企业大锅饭的现象。同时企业管理松懈,基础管理薄弱,也是造成企业严重亏损的原因之一。

总之,由于存在主、客观方面原因,造成企业亏损严重,企业已到了无法维系的地步。

2001 年,该公司资产总计为 2184.33 万元,经评估确认负债 3443.55 万元。是年 12 月 19 日,湖南省常德市中级人民法院以湖南省常德轮船运输总公司“水运市场萎缩,生产设备老化,经营管理不善,已致资不抵债,无力清偿到期债务,依法宣告其破产还债”。

湖南省常德轮船运输总公司破产后,2003 年 12 月，由法人代表刘杰组建为民营企业,名称是:湖南常德湘航港务有限责任公司。

2010 年,该公司有职工 32 人,其中生产工人 12 人。有顶推轮 1 艘,270 千瓦;集装箱船 1 艘,1100 吨,368 千瓦。年货运量 9 万吨,货物周转量 4000 万吨公里,运输或营业收入 383

万元。主要经营长江干线省际普通货船运输、长江集装箱外贸内支线运输。

津市轮船总公司 前身是1951年7月成立的湖南省航业公司津市办事处。该公司是常德境内第二大水运企业,也是全省骨干水运企业之一。其后名称变更频繁。

1985年,办事处更名为湖南省航运公司津市分公司。该公司强化运输组织与服务工作,提高运输质量,发展外江运输,年货运量38.15万吨,货物周转量15850万吨公里;客运量87万人次,旅客周转量5150万人公里。1987年,津市分公司下放常德地区,组成湖南省津市轮船运输公司。有职工1365人,拖轮14艘,2081.52千瓦;客轮4艘,1000客位;机动驳9艘,890吨,282.24千瓦;各类驳船102艘,18120吨。年客运量31.3万人次,旅客周转量1719.1万人公里;货运量42万吨,货物周转量23500万吨公里。固定资产总值2000余万元,属国有中一型水上骨干企业。

1994年,公司更名为湖南省津市轮船总公司。然受体制、资金、设施等限制,始终无法扭转亏损局面。在公路运输迅速发展,水上个体与联户兴起,运输市场竞争激烈的情况下,经营决策未能远谋,运务日蹙,运量逐年下降。

是年年客运量仅1万人次,货运量31万吨,货物周转量27809万吨公里。公司主要靠外江的石油运输维系。其后,石油公司自办运输,船用燃料价格又大幅上扬,津市轮船总公司进退失据,而恶性海损事故连续发生2起,亏损便年甚一年。

1996年,该公司有职工1434人,拥有拖轮19艘,400吨,2414千瓦;驳轮97艘,18090吨,固定资产3109万元。年货运量20.44万吨,货物周转量18498.8万吨公里,运输收入771万元,亏损493.8万元。

2000年,该公司资产总计为1857.92万元,经评估确认负债3176.3万元。是年7月6日,湖南省常德市中级人民法院以津市轮船总公司"管理不善,企业严重亏损,资不抵债,已无力清偿到期债务,依法宣告其破产还债"。

湖南省津市轮船总公司破产后,职工安置大体分三个部分:一是733名离退休人员、离政策退休尚差5年的292名职工提前退休,全部进入社会保障系统,企业原来欠社保260万元养老金由政府负责解决;二是544名在职职工根据本人自愿,按照工龄每年959.5元的标准,实行一次性补偿买断、给钱走人,彻底解决国有企业职工的身份关系;三是剩余的职工以置换身份的资金入股,作为股东进入重组的津市湘航港务有限公司。

2001年7月,新组建的津市湘航港务有限公司召开首次股东大会,选举产生了以陈锐为董事长的五人董事会,成为湖南省第一家国有水运企业破产后新建的股份制企业。常德市政府为津市轮船总公司的破产、安置,采用政府兜底的资金政策,为此共付出改革成本6800万元。企业原有资产清算评估后为450万元,全部量化到职工,转入新的股份公司。由法人代表陈锐组建为民营企业,名称是:津市湘航港务有限公司。

2010年,该公司有职工199人。有普货船4艘,1319吨,648千瓦。年货运量0.7万吨,货物周转量804万吨公里。主要经营长江中下游及支流省际普通货船运输兼服务业。

湖南拾比佰航运有限公司　20 世纪 90 年代起，公路、铁路和民用航空的客运业务飞速发展，条件大为改善，而水上客轮大多陈旧，运量因之急剧下滑。为发挥水运优势，求生存，图发展。1993 年 5 月 28 日，安乡县航运总公司（集体所有制）与香港拾比佰集团有限公司达成合营协议，成立湖南拾比佰航运有限公司（以下简称拾比佰公司），以经营客运为主。

拾比佰公司从成立到 2001 年，由经营客运发展到客货兼营，取得长足的进步。其发展经历 3 个阶段：1993 年至 1997 年为第一阶段，即开创式经营阶段。1993 年 8 月 9 日，拾比佰公司当时注册资金是 100 万美元（折合人民币 580 万元），安乡县航运总公司出资 295.8 万元人民币，用固定资产投入，占总资本的 51%；香港拾比佰集团有限公司出资 284.2 万元人民币，以现金投入，占总资本的 49%。以此资金购置和改造豪华客轮两艘，命名为“长安 1 号”“长安 2 号”，共计 360 客位，812 千瓦，开通安乡至长沙的水上豪华客轮运输。在当时客船设施条件差，航行速度慢的情况下，拾比佰公司豪华客船的出现，对水上客运市场触动很大。由于客船性能好，服务质量优，夕发晨至，“一夜飞过洞庭湖”，适应广大旅客的出行需求，企业经营相当红火，年营业收入 600 万元，利润达百多万元。

1995 年 3 月，拾比佰公司新添“长安 3 号”客船 1 艘，250 客位，198.44 千瓦。1996 年，该公司在改造码头的基础上，投资 240 万元购进 160 客位，736 千瓦，时速达 100 多公里的俄罗斯水翼船“飞翔号”1 艘，并在长沙设立客运办事处。1997 年，该公司又购进“长安 4 号”“长安 5 号”两艘豪华客轮，共计 500 客位，396.88 千瓦。至此，拾比佰公司红火的客运成为湖南水上客运的新亮点。该公司通过 4 年的开创式经营，固定资产翻一番，增加到 1045.4 万元。

1998 年至 2000 年为第二阶段，即完善合资、稳定发展阶段。1997 年底，安乡县航运总公司由原来一个公司两种管理经营模式，改为由香港拾比佰集团有限公司对安乡县航运总公司以债务承担式的方式实行整体兼并，因受政策限制，未能获得经营许可证书。到 2000 年复改为安乡县航运总公司和香港拾比佰集团有限公司全面整体合资。该公司率先开通了省内豪华客轮营运之先河，他们以良好的设施、优质的服务使企业获得了良好的经济效益和显著的社会效益。2000 年，拾比佰公司有员工 450 人。拥有 6 艘豪华客轮，1170 客位（其中卧铺 678 个、散席客位 492 个），2143.32 千瓦，年客运量 17.94 万人次，旅客周转量4144.13 万人公里，运输收入 817.97 万元。1998 年，该公司“长安 2 号”客轮被交通部授予部级文明客船称号；并成为 6 个“湖南省交通系统文明服务示范窗口”之一。

2000 年后为第三阶段，即扩大经营范围阶段。为了进一步开辟多元化、多层次的经营格局，2001 年 2 月，经合资双方协商同意，决定扩大经营范围。5 月，经交通部和省航务管理局批准，拾比佰公司调整股比并增加内河普通货船运输经营范围。企业在原注册 580 万元的基础上再增加 420 万元，调整后注册资本为 1000 万元人民币，安乡县航运总公司投入530 万元，占总资本的 53%，香港拾比佰集团有限公司投入 470 万元，占总资本的 47%。在国内购置 12 艘普通货船，2700 吨。原客运运力规模不变。经营范围扩大为主营水上客货运输、船舶制造维修，兼营砂石、建材销售。

2001年，拾比佰公司有员工548人，有豪华客轮5艘，1110客位，1407.32千瓦；货船2艘，1200吨。年客运量23.38万人次，旅客周转量5385.88万人公里。运输收入675.48万元，固定资产增加到3007万元。

2001年后，因拾比佰公司与长沙港务公司签订的《联合经营合同》被毁，导致安乡至长沙航线部分停航，拾比佰公司不能正常营运。港资方自动放弃经营管理，由安乡县航运总公司接管。客运量连年递减，只有"长安1号""长安2号"全天候营运，"长安3号"只在"五一""十一"黄金周和春运期间参与营运，其他客船基本处于停开状况，长安航线的1100个客位平均实载率仅为核定载客运量的30%。

2003年，拾比佰公司有员工414人，有豪华客轮5艘，1110客位，1860千瓦。年客运量6万人次，旅客周转量1434万人公里。运输收入81万元，利润负26万元。

2004年，拾比佰公司由于受政策、市场等复杂因素的影响，企业亏损严重，资不抵债(债务总额1333.25万元，企业实有资产及应收款共计269.66万元，资金缺口1063.59万元)，于2004年6月破产。年客运量4万人次，旅客周转量970万人公里。运输收入81万元，利润负48万元。

桃源县昌文船务有限责任公司 桃源县三汉港水运公司（系乡镇企业）职工旷昌文，自1996年外出打工9年，2004年返乡后筹资购买一艘200吨机动驳，从事砂卵石运输。2005年又添置800吨机动驳1艘。2006年，他为了谋求更大的发展，开始筹划成立专业水运公司，并邀两名致力发展水运事业的有志者加盟入股，集资再购置2000吨自卸驳1艘。2008年成立桃源县昌文船务有限责任公司，公司成立后，由旷昌文任董事长，股东李忠文任总经理，11名管理人员均有多年从事水路运输业务的经验。2009年，运输船舶发展到16艘，其中自卸驳14艘、甲板驳2艘，总运力达1.8万吨。同年取得长航局批准的"长江中下游及其支流省际普货运输"资格。

该公司同时还进一步拓展相关的产业链条：先后投资200万元收购了三汉港造船厂(三级Ⅱ类造船企业)；投资1400万元购置3艘挖卵船，并在陬市、常德各办一个砂卵销售场；投资1000万元建起了碎石场(主要粉碎大卵石)。该公司以运输砂卵为主，从常德境内运卵石到长沙、株洲、岳阳及湖北的石首、洪湖、武汉等地，返程由岳阳运黄砂到常德境内，年货运量达300万吨。还有少量的社会物资运输，主要为煤炭、矿石、碎石等，货运量有5万吨左右。

桃源县昌文船务有限责任公司经过短短几年的跨越式发展，2010年已成为常德最大的民营专业水运企业，总资产上亿元，由于其信誉度好，已被银行授信为1800万元额度的企业。

2010年，该公司有职工88人，其中生产工人84人。有普货船15艘，25410吨，7132千瓦。年货运量7万吨，货物周转量3260万吨公里，运输或营业收入231.65万元。主要经营长江中下游干线及支流省际普通货船运输。

常德利通海运有限公司 常德利通海运有限公司的投资人为2004年开业的武汉利通船务有限公司(以下简称武汉利通)。武汉利通属民营企业，董事长为陆晓明，其主要经营范围是在长江中下游及国内沿海地区从事大型物件、设备水上运输，为大型桥梁建设、沿海码头建设及航道建设服务，曾参与过上海东海大桥、浙江杭州湾跨海大桥、宁波象山大桥、舟山跨海大桥、厦门集美大桥、福州泉州湾大桥等建设工程的大型构件、设备运输。该公司有运输船舶40多艘，主要船型为甲板驳，最大载重量为8000吨，一般为2000吨～3000吨。

2007年，武汉利通通过对常德港的考察，对常德港航管理部门的服务理念、办事效率、投资环境较为满意，决定在常德筹建分公司。经过一年多的筹备，投资1170万元，购置"利通30号""利通31号""利通32号"3艘1000吨级普通甲板沿海货船，于2008年10月经交通运输部批准正式开业，是常德市唯一具有国内沿海、长江中下游省际普货运输资质的水运企业。

常德利通海运有限公司开业后，其主要运输航线仍在长江中下游和沿海地区，货源主要是大件运输和散货运输，发展速度较快。

2010年，该公司有职工106人，其中生产工人96人。有普货船16艘，15570吨，3476千瓦，实现运输或营业收入1543万元。主要经营国内沿海、长江中下游及支流省际普通货船运输。

汉寿县航运公司 1997年，汉寿县航运公司解体，分为4个独立公司，即：汉寿县航运公司、汉寿县城关航运有限公司、汉寿县坡头航运有限公司、汉寿县蒋家嘴航运有限公司。2000年，县政府派出工作组，对以上4个公司进行破产、改制，变卖资产，安置职工。职工买断分流后，先后成立了金帆船货代理有限公司、汉寿县华兴航运有限责任公司、汉寿县城关航运有限责任分公司。

汉寿县蒋家嘴航运有限公司改制后在县交通局领导下组建港调中心。2009年成立金帆船货代理有限公司，实行政企分开，时有员工15人，主要从事液碱、碳铵、苎麻、块石、芦苇、黄砂、卵石等港口货物的代理，年货物代理量在5万吨以上。

汉寿县坡头航运有限公司改制后进行了重组。2004年成立汉寿县华兴航运有限责任公司，主要从事长江中下游及其支流化学品、油品、普货运输。2006年12月，该公司董事长童成华被推选为湖南省船东协会副会长、常务理事长、危货运输专业委员会主任。通过采取参股、合作、挂靠等方式，该公司迅速发展，2006年华兴航运有限责任公司被省交通企业协会评为"湖南水运运力十强企业"。2009年有化学品、油品运输船舶17艘，11150吨，3909千瓦。

2010年，该公司有职工122人。拥有化学品、油品、普货运输船舶23艘，16680吨，5975千瓦。年货运量26万吨，货物周转量22004万吨公里。主要经营长江中下游及支流省际普货、油船、长江干线散装化学品船运输兼船舶管理服务。

汉寿县城关航运有限公司于2000年改制重组后，成立汉寿县城关航运有限责任公司，购买600吨和700吨油船各一艘，主要从事油品运输。2004年发展到6艘，2400吨。

2010年，该公司有职工34人，其中生产工人30人。拥有船舶5艘，5250吨，1708千瓦；其中油船3艘、普货1艘、集装箱船1艘(神龙号，1800吨，132标箱)。年货运量13.82万吨，货物周转量887000万吨公里,实现运输或营业收入880万元。主要经营长江中下游及支流省际普货、油船运输。

常德万众船务有限公司 2001年至2003年,国营西洞庭农场运输队因经营体制不顺,不能适应水运市场的变化,经营日渐式微,濒临破产。时任运输队队长的刘万清,率先卸任下海,邀集5名股东,先后筹资120万元,购买80吨和150吨液碱运输机动驳各一艘,从事省内化学品(液碱)运输。有一定基础后,刘万清开始对西洞庭农场运输队进行改制,组建常德万众船务有限公司。2003年11月,经省航务局批准开业。2004年,经长航局核准,取得经营"长江中下游干流及支流省际普货船、散装化学品船运输"资格,业务范围进一步扩大,由省内拓展到长江流域,主要从事宜昌往湖北、湖南、江西等纸厂的液碱、硫酸、盐酸等化学品运输。由于该公司已具备一套完善的管理体系和良好的信誉,根据市场需求,不断开拓水路运输服务业务。2008年经常德港航管理处审定,为其颁发了"水路运输服务(船舶管理)许可证",聚集在其旗下委托管理的船舶有10艘,1.7万吨,5900千瓦,年货运量达300万吨。

2010年,该公司有职工101人。拥有机动船舶20艘,5623吨,5386千瓦。年货运量8.48万吨,货物周转量3653.3万吨公里,运输或营业收入212万元,实现利润35.8万元。主要经营长江中下游干线及支流省际普通货船、散装化学品船运输兼船舶管理服务。

津市德顺航运有限公司 法人代表邢光平,原是津市航运公司(集体企业)职工。20世纪90年代后期,所在企业经营日渐衰落,邢光平便自己经营一艘80吨散装化学品运输机动驳,为纸厂运送液碱。

2002年,交通部规定危险品运输必须公司化管理经营。邢光平遂与几个运输个体户(共4艘船,320吨,固定资产45万元)挂靠在津市雪丽造纸有限公司组成津市雪丽危险品运输有限公司。当时其经营范围仅在湖南省内,将常德天盛电化厂生产的液碱运往省内纸厂。

邢光平从事航运工作多年,又具有三等船长驾照,经验丰富,业务熟悉,在经营中具有明显竞争优势。通过收购、兼并、入股等方式,实力逐步壮大。2008年,将实际已是其独资的雪丽运输公司变更为津市德顺航运有限公司(以下简称德顺公司),注册资本100万元。

是年,在国家对小型造纸企业"关、停、并、转"政策影响下,造纸行业重新布局,德顺公司原有的经营航线严重制约了业务拓展。为此,该公司及时调整企业发展思路,经多方努力,于2009年5月取得"长江中下游及其支流省际化学品运输和普货运输"资格。企业的经营范围复又逐步延伸,船舶更新加快,企业规模迅速扩大。同年,德顺公司拥有化学品运输船舶11艘,5150吨,2209千瓦。

2010年,该公司有职工68人,其中生产工人52人。拥有船舶16艘,其中普货5艘、危货11艘,5950吨,2208.8千瓦。1座液碱专用装卸码头(包括640米运送管道),年输能力达10万吨,公司固定资产800万元,主要经营长江中下游及支流省际普货、油船、散装化学品船运输。其液碱运输从省内发展到武汉、九江、南通及上海,年货运量6万吨,货物周转量1200万吨公里,实现运输或营业收入144万元。

安乡澧陵船舶代理公司 改革开放后，常德地区各县(市)个体(联户)水运业发展迅速，尤以安乡最为突出。该县在1979年个体运力还是空白，1990年发展到5012吨，超过当地专业运力664吨。县工商部门为规范管理，引导零散个体，逐步发展成为有组织、有规模、有资质的私营运输企业，在全区率先成立了“安乡水上个体协会”，当时还属全省“首开先河”之举。参加协会的有40余艘船，主要是木质、水泥机动驳，最大载重量120吨，大多为60吨左右。协会内部实行“三统”(即统一调度、统一运价、统一开单)。

随着市场经济的进一步发展，国家对私营经济政策的开放，这种松散型的协会形式已不适应市场。1993年，民营性质的安乡澧陵水运公司成立，公司建立了领导班子和管理部门，对船舶实行公司化管理。澧陵公司是一种联营的形式，“产权私有，公司化经营”。各船主管理自己的船舶和人员，按每吨(按核定载重吨)每月1元向公司缴纳管理费。公司除继续执行协会期间的“三统”外，还取得了货运代理权，具备了统一组织货源的优势。

公司刚成立时，有80多艘船加盟，其中最大的载重量400吨。由于安乡是粮食、棉麻生产大县，又是水乡，货源充足，航运条件优越，加之澧陵公司灵活的机制，在与国有、集体企业竞争中占有优势，发展速度很快，2001年，运力已达1.6万多吨。

此后，随着安乡境内数座公路桥相继建成通车，公路运输日益发达，加上粮食、棉麻系统体制改革，水运大宗货源丧失殆尽，特别是澧水航道条件没有根本改善，与船主更新后的大吨位船舶不适应，众多船主逐步转出安乡到外地(包括长江中下游)经营。

2004年，澧陵公司因只剩几名管理人员而被迫专门从事船舶代理业务，由水路运输为主的企业转为水运服务企业，公司也随之更名为安乡澧陵船舶代理公司。

2005年，公司货物代理量1.7万吨，实现代理收入8.5万元。

2010年，公司货物代理量0.9万吨，实现代理收入8.8万元。

常德市水运企业名录表

表 4-2-3-1　　2010 年

序号	单位名称	法人代表	资金（万元）	开业时间	经营范围	职工（人）	普货（艘）	客船（艘）	危货（艘）	吨位	千瓦	备注
1	津市德顺航运有限公司	邢光平	100	2002	长江中下游及支流省际普通货船、散装化学品船运输	68	5		11	5950	2208.8	
2	津市湘航港务有限公司	陈　锐	510	2001	长江中下游及支流省际普通货船运输	160	4			1300	595.6	兼服务业
3	常德市恒力船务有限责任公司	袁益世	180	2008	长江中下游及支流省际普通货船运输	16	1			1280	520.2	
4	桃源县桃花源水运有限公司	童大权	50	2004	长江中下游及支流省际普通货船运输	20	4			5352	1811	
5	澧县民生运输有限责任公司	胡忠平	71.9	2003	长江中下游及支流省际普通货船运输	15	2			450	220.9	
6	常德万众船务有限公司	刘万清	120	2003	长江中下游及支流省际普通货船、散装化学品船运输	59	1		8	4330	1684.8	兼船舶管理服务
7	汉寿县城关航运有限责任公司	史顺华	238	1997	长江中下游及支流省际普货、油船运输	34	1	集 1	3	4623	1708	
8	汉寿县华兴航运有限责任公司	童成华	181	2004	长江中下游及支流省际普货、油船、长江干线散装化学品船运输	122			17	11150	3909	兼船舶管理服务
9	常德利通海运有限公司	陆晓明	100	2008	国内沿海、长江中下游及支流省际普通货船运输	106	16			15570	3476	
10	桃源县昌文船务有限责任公司	旷昌文	50	2009	长江中下游及支流省际普通货船运输	88	14			24550	6780	
11	安乡县宏达水陆联运贸易有限公司	高　建	200	2009	长江中下游及支流省际普通货船运输	22	3			4456	1722	兼服务业
12	桃源县三湘物流船务有限公司	杨连云	100	2009	长江中下游及支流省际普通货船运输	20	4			6567	2220	兼服务业
13	桃源县永胜船务有限责任公司	朱永胜	100	2010	长江中下游及支流省际普通货船运输	14	1			1900	600	
14	常德德缘船务有限责任公司	熊基德	100	2008	长江中下游及支流省际散装化学品船运输	4			1	450	166	

续表 4-2-3-1

序号	单位名称	法人代表	资金（万元）	开业时间	经营范围	职工（人）	普货（艘）	客船（艘）	危货（艘）	吨位	千瓦	备注
15	湖南常德湘航港务有限责任公司	刘杰	570	2003	长江干线省际普通货船运输、长江集装箱外贸内支线班轮运输	32	1	集1		1100	368	
16	常德市西湖联兴运输有限责任公司	何维让	60	2005	长江中下游及支流省际普货、散装化学品船运输	38			7	1270	643	
17	常德市安凯物流船务有限责任公司	谢兴安	200	2002	长江中下游及支流省际普通货船运输	35	5			6800	1988	兼服务业
18	常德市金广源船务有限公司	宋元平	30	2002	长江中下游及支流省际普通货船运输	21	3			3400	1206	兼服务业
19	常德市恒达船务有限责任公司	毛先利	50	2004	长江中下游及支流省际普通货船运输	14	2			3800	14600	兼服务业
20	桃源县三汊港航运公司	周勇军	54.6	1989	客渡	20		4		600客位	88.2	
21	常德市恩国船务有限责任公司	何翠仙	20	2010	长江中下游及支流省际普通货船运输	8	1			1700	550	
22	安乡松虎客运有限责任公司	陈三喜	50	2006	安乡县境内水上旅客运输（短途客运）	29		10		370客位	387.8	
23	汉寿县湿地客运有限公司	周勇	1000	2007	西洞庭湖区水上旅游客运	16		2		65客位	191.2	
24	湖南湘达水运有限公司	钟凌	200	2009	长江中下游及支流省际普通货船运输	10	1			1700	404	
25	津市宏达航运有限公司	姚国栋	500	2010	长江中下游及支流省际普通货船运输	20	3			2800	1331	
26	津市民生运输有限公司	卢基富	100	2010	长江中下游及支流省际普通货船运输	30	5			3258	1462	
27	津市万彤物流有限公司	屠泽清	200	2010	长江中下游及支流省际普通货船运输	60	3		6	1636	777. 4	
28	安乡县澧陵船舶水运有限公司	周学斌	80	2004	长江中下游及支流省际普通货船运输、安乡境内船舶代理服务	9	8			8700	3311	

第四节　抗　洪

常德市是沅、澧两水流经地,又是滨湖平原地区。每到洪水季节,常德人民的生命财产受到巨大威胁。尽管各级政府投入巨大人力物力,加高加厚堤坝,修建城区防洪墙,清理洪道,扫除行洪障碍,同时在上游新建大型水电站对洪水进行调控,但因整体流域生态环境差,堤愈高淤积愈甚,洪水依然不断袭扰。

1996年与1998年,常德市出现超历史洪水,尤其是1998年更是百年不遇。加上整个长江流域都处于高洪状态,洪峰接连不断,汛期长达2个多月。由于大堤长期浸泡,险情不断发生。防汛抢险已成为全市人民的头等大事。交通系统广大干部职工一方面参与防洪大堤加高加固、巡逻守护,同时组织运输工具集结待命,选派最好的船舶、车辆,抢运防汛物资。

1996年6月下旬至7月下旬,由于连降暴雨,公路航道水毁惨重,一度导致国道319线桃源段、省道慈(利)张(公庙)线石门段、常(德)永(顺)线鼎城段等28条重要公路干线和部分支线交通中断,沅澧水主航道被迫封航。全市交通系统广大职工不怕苦,不怕累,舍小家,为大家,日夜奋战在抗洪第一线。共计用工37万个,投入抢险资金2386万元,出动和调度车船6130辆(艘)次,转移和救助受灾群众6.263万人,运送和转移物资83万吨,守护防洪大堤4358米,加固堤段2649米,排除大小险情39处,抢修水毁公路、航道600多公里,使一度中断的水陆交通迅速恢复通车通航,为全市防汛抢险和抗灾救灾做出巨大贡献,受到部、省、市领导的高度赞扬。

是年7月中旬,沅水、澧水暴涨之际,常德、汉寿、安乡、桃源等地相继进入防汛警戒水位。全市港航、港监、运管部门义不容辞地肩负起车船调度指挥重任。7月15日一夜之间,全市迅速集结船舶200多艘、汽车300多辆,为迎战高洪提供坚实的后勤保障。沅水、澧水水位居高不下,各处堤垸险情不断,汉寿围堤湖、桃源木塘垸等顶不住长期高洪巨压,终于漫溃。无数灾民爬上树梢,困在屋顶,处境十分危险。7月17日凌晨3点,刚从陬市镇抢险归来的桃源县港航所女所长刘斌枝接到木塘垸被冲垮,需紧急救援的命令后,来不及喘一口气,迅速集结20艘钢质船和30多艘小木船驶往木塘垸。看到沦为泽国的木塘垸,看到树枝上、屋顶上呼天哭地的受灾群众,刘斌枝的心碎了。她全然不顾自己是一个不会游泳的40岁的女性,首先跳上木划子,带领所里的同志向洪浪深处冲去。他们把被洪水围困的男女老幼从树丫上抱下来,从屋顶上携下来,从洪水中拉上来……全部转移到安全地带。在一处浊浪翻滚的楼房旁,刘斌枝冒着生命危险将困在楼顶上的张大妈一家五口从激流中一个一个背出来;在一棵树上,一位中年妇女被蚊虫叮咬得遍体鳞伤,已奄奄一息,刘斌枝把她抱到船上,迅速送到医务所,使她得到及时的救助。就这样,一趟接一趟,一船跟一船,一直干到晚上8点半钟,处在洪水围困中的1万多名群众全被转移到安全地带。此时,刘斌枝和她的同事们还没喝上一口水,没吃上一口饭。

抗洪抢险期间，在沅澧水及洞庭湖水域，在各公路干线随处可见常德交通人忙碌的身影，他们用车船转移和救助受灾群众，运送和转移抢险物资，在各灾区之间筑起了一条条洪水冲不垮的生命通道。

连续的暴雨高洪使常德市公路交通水毁惨重。常德公路总共损坏781公里，有10条干支线被洪水淹没89.4公里，20条线路局部中断交通。水毁金额达8315万元。常德市公路管理局党委组织开展了抢修水毁路的竞赛，从4月4日起全局停止休假，实行领导、人力、机械、资金“四集中”，重点突击，日夜抢修。共投入资金878万元，砂石1万立方米，沥青163.4吨，劳力1700人，雇请社会劳力4324个工日，全局职工加班加点，节假日不休息累计达34173个工日。到7月底，10条国省道全部恢复畅通，全局雨季综合好路率达78.21%，超湖南省公路管理局计划8.62个百分点。保证灾区人员及时疏散和抢险救灾物资的及时运送，受到湖南省交通厅和常德市政府领导的表扬。澧县、汉寿、桃源公路管理局获湖南省公路管理局“雨杯”竞赛优胜奖。

7月18日沅水高洪将319国道桃源段淹没，交通中断。桃源、鼎城境内的逆(江坪)芦(花潭)公路就成了常德至湘西、怀化的唯一通道。一时间，这条四级县道公路车流如织，如老牛负重，超负荷运行。因水浸泡时间长，车流密度大，不到一天时间，造成90%的涵管压裂，路面积水，坑槽遍地，路阻严重。为保住这条至关重要的防汛通道，鼎城公路所立即调运涵管300延米，组织400多名养路工人和民工昼夜冒雨抢修。公路所所长何国凡七天七夜没下工地，日日夜夜和民工们奋战在一起，确保逆芦路畅通无阻。7月19日11时，国道319线与207线樟木桥重复路段路基被洪水侵蚀，淘出一个直径2米多的暗河，导致长近100米、宽2米多的水泥混凝土路肩突然塌方，路基下沉10多米。而随着水位的持续上涨，路基承受的压力越来越大，长达40多米的路面面临崩溃，交通随时可能中断，情况万分危急。险情发生仅20分钟，市交通局局长张家界、副局长马承斌立即赶赴现场指挥抢修，局纪检组长郑德贵，身先士卒，带领市局40多名突击抢险队员与公路养护人员一起钉木桩，搬石头，个个手上磨起了血泡，全身沾满了泥浆。经过300人连续三天两夜的苦战，一道长80多米、高20多米的挡阻墙托住不断下滑的公路，确保了这两条经济大动脉的畅通。

特大洪水在沅水、澧水航道以不可阻挡之势狂泄而下，常德市境内的5座公路大桥和在建的3座大桥受到前所未有的挑战。为确保大桥安全度汛，汛前市交通局与常德港监处等责任单位签订了保安度汛责任状，各责任单位实行24小时值班制度，密切注视水情动向。7月15日，洪峰即将来临，常德港监处及下属单位全体出动，冒着滂沱大雨，在沅、澧水通报汛情，组织封航，并对港区船舶逐一进行全面检查。7月16日4时，一艘20吨位的江苏驳子船横在常德沅水公铁两用桥6号桥墩的工作船上，给大桥泄洪和施工带来危险。常德港监处主动出击，用180吨的机动驳从侧面顶推，及时排除了险情。7月19日，沅水以每秒2万立方米的流速，咆哮冲至常德，停泊在江边的趸船、油船的缆绳和锚链不时发出嘶嘶声响。12点，市轮渡公司下南门码头一艘趸船所系钢绳被洪水冲断，开始走锚。此趸船左右停靠着7艘大型船舶,受其影响发生移位,沅水大桥危在旦夕。市交通局领导闻讯后立即赶赴现场制定施救方案,并请来被誉为“水上专家”的常德轮船运输总公司朱开发老师傅和总经理,他们冒着生命危险乘小划子在波高浪急的洪水中现场查勘,于20日5时,用一只252公斤的新锚牢牢地拖住趸船,避免了一场特大撞桥事故。常德港监处、常德港航处、常德轮船运输总公司团结协作,先后19次排除威胁大桥安全的险情,确保大桥安全度汛。抗洪抢险过后,全系统又迅速掀起“向灾区献爱心活动”,捐款15万元,捐衣物4755件,充分展现了交通职工的觉悟和情怀。

1998年7月,沅水、澧水及松滋河三水同时暴涨,高洪长期运行,水位居高不下,全市交通基础设施和沿江(河)交通企事业单位也遭受有史以来最为惨重的损失。全市县乡公路毁坏路基240多公里,路面250多公里,桥梁10座102延米,以及挡土墙、涵洞等附属设施,水毁损失达3000多万元。国省道损失4500多万元。全市交通系统2万多名干部职工以大局为重,共出动汽车5380辆次,船舶1652艘次,转移和救助受灾群众16万人,运送物资103万吨,守护大堤4759米,排除大小险情32处,抢修水毁公路300多公里。8月,中共湖南省委、省人民政府授予常德市交通局“抗洪救灾先进集体”称号。

7月24日,常德市交通局按照市防汛指挥部要求,调集40多辆客车,50多辆货车,30多艘船舶赶赴津市、安乡、澧县等防汛抢险第一线,转移物资1万多吨,抢救灾民3000多人。

7月下旬,因沅、澧两水暴涨,相继有20多艘船舶走锚,其中津市港一趸船沉没,1人失踪。失锚的船舶在湍急的洪水中如脱缰的野马,对沅、澧两水上的几座大桥形成巨大的威胁。面对严峻形势,港监部门紧急出动,先后调动7艘大型拖轮赶赴现场进行拦截。至7月24日,所有失锚船舶先后被阻截靠岸,各大桥安全度汛。7月24日10时,市港航处值班室紧急来电:沅水一桥下游南岸有3艘20米长、8米宽的趸船无人管理,有下沉或漂流迹象,直接危及沅水公铁两用桥安全。常德市交通局接到这一情况后,迅即组织港监、港航负责人赴现场察看,并就地研究处理方案,决定在确保安全的情况下,用拖轮将趸船顶拖到安全地点,如失败,立即灌水沉船。市局调集常轮3艘拖轮,2艘公务船共622.2千瓦,经过6个多小时的奋战,于下午4点30分,将3艘漂流在滔滔洪水中的趸船转移到安全地点。

7月24日22时40分,安乡县安造大垸溃决,造成45个村742个组91461人受灾,淹没耕地7534万平方米。安乡公路局渡口所3艘汽渡轮船当即调赴决口处,承担抢救受困群众和护送抢险军民的艰巨任务。他们勇敢搏击汹涌澎湃的洪流,冒着被急流漩涡颠覆的危险,连续4个昼夜渡运领导及武警官兵、新闻记者和防汛物资60多航次,救助被洪水围困的群众2000多人。

在安乡防汛抢险战斗中,常德市交通局郑德贵副局长带队,有征稽、港监、港航、运管等单位20多人参加的交通抢险突击队。他们精干善战,表现神勇,于7月25日携船赶赴安乡后,立即投入战斗。配合军队转移救助被洪水围困的受灾群众5000多人,渡运抢险车辆3000多辆次,组织运送抢险物资4000多吨。

7月25日零时，常德市防指紧急命令：调30艘船立即赶赴安乡大湖口执行紧急任务。3时，20艘机动驳集结常德港，津市及安乡港10艘船舶已先期到位。5点，经过充分准备后，郑德贵副局长率机关突击队，分驻各船，准时启航。下午5点，30艘船先后抵达大湖口，立即投入战斗。至25日晚10点，抢险船队已运送抢险人员2000多人，转移救助受灾群众4000多人。

作为一条至关重要的防汛通道，湘北干线及石龟山大桥刚建成（还未进行竣工验收）就在防汛抢险中发挥作用。尤其是石龟山大桥，在尚未正式通车运行、接线连遭水毁的情况下，通过广大交通职工的维护抢修，经受住百年一遇的洪汛考验。至7月26日10时，已有2万多军民顺利通过石龟山大桥，赶赴安乡防汛抢险。

1998年7月中旬以来，澧水流域暴雨如注。面对肆虐的洪水，津市港监处紧急行动，奋起抗洪。22日一上班，监巡艇便开始紧张工作，在港区内不停穿梭，通知各船户做好防汛转移准备，不便移泊的趸船加缆加锚加人值班。调度港口空船，抢运盐矿堆放的上万吨盐，把航道内小功率的砂船逐条逐条拖至安全水域锚泊……

7月22日，澧县进入全面防汛紧急状态，全县人民投入抗大洪救大灾的战斗中。7月23日3时，县防汛指挥部接到紧急报告：澧南一艘挖泥船在高洪冲击下走锚，向津市方向漂去，直接威胁津市大桥的安全，情势十分危急。正在防汛指挥部坐镇指挥的澧县交通局局长韩先贵闻讯后，火速赶到刘家河渡口，调动一艘拖轮，亲自上船与救险队员开始搜索。一直到津市大桥处，未见挖泥船踪影。于是马上调头逆水搜索，在湍急的洪水中，艰难搜寻1个多小时后，终于在澧澹蚕桑村堤段处发现了在洪水中漂流的挖泥船。几经周折，终于将其拦截在河床北岸水流平缓处，化险为夷。

7月23日2时许，常德市防汛指挥部紧急通知：一艘澧县工程船走锚失控，从黄沙湾向下游漂来，必须立即阻截。港监员杨祖元主动请战："我去！"他义无反顾地登上湘航8201保安船，亲自操舵。凭着他在水上30多年的丰富驾驶经验，经过近3个小时的殊死搏斗，终于将这艘走锚工程船成功拦截在河道口内，避免了一起桥毁船沉的恶性事故。

7月23日3时，澧水流量每秒达1.47万立方米，津市水位升至43.85米，超警戒水位4.35米，险情频频出现。3时半，津市轮船总公司的3艘客运趸船和津市航运公司的1艘油驳突然脱锚，4艘船舶借洪水之势直向进口趸船猛扑过来，随着几声巨响，脱锚趸船将进口趸船上首的浮吊船及几艘跳船的锚链、钢丝绳撞断，10多艘船舶全横卧在进口趸船上。一旦进口趸船失去控制，距该船几十米处的起吊码头及仓库将被夷为平地，津市防洪大堤将受到严重威胁，整个船队也将遭受灭顶之灾。情况万分紧急，屈益亮船长临危不乱，沉着指挥，命令轮机员发车，同时拉响紧急求救汽笛，然后打开高频电话与总调联系，寻求救助。这时船舶左右避头都是相当危险的，屈益亮首先想到的是整个大堤的安全和人民生命财产的安全。他谨慎操舵，慢慢地将整个船队向航道中心牵引，用尽一切办法将整个船队引向主流，流向下游安全水域，然后带领全体船员冒着倾盆大雨编队、打锚，直到9时多才安顿停泊好走锚的船舶。23日10时许，屈益亮又接到常德市防汛指挥部的命令："市水运公司停靠在观音港的一艘趸船走锚,直接威胁石龟山大桥的安全,必须马上救援。”全体船员顾不上片刻休息,马上进入岗位,经过7小时的奋战,于17时将该船转移到小渡口安全停泊。屈益亮带领全体船员连续奋战四天三夜,衣服湿了干,干了湿,声音嘶哑,连话都讲不出来,直到26日上午洪水下降至危险水位以下后,才带领整个脱锚船队安全回港。

7月23日4时05分,一声巨响,津市湘航客运趸船突然断缆。在巨大洪流冲击下,该船迅猛地向下游其他趸船撞去,在不到2分钟的时间里,港内共有8艘趸船相继被撞断链缆。其中,湘航8105轮翻沉,船上1名值班船员当即被洪水吞没。与此同时,港监趸船也遭灭顶之灾,基本全损。面对这突然变故,全体港监人员在处长张雪昌的指挥下,处变不惊,临险不乱,冒着生命危险,沉着迎战。首先用高频通知在大桥上游防汛保安的环湘1号、湘航8204轮、8301轮迅速向失控的趸船靠拢,开足马力顶着,尽量延缓趸船的下移速度,防止碰撞石龟山大桥;同时迅速向常德市防总汇报情况。紧接着,又联系在港区待航的长生501号、嘉渔机201号协助抢险。6时50分,所有未沉没的趸船,均被阻截在小渡口水流平缓处。据统计,抗洪期间津市港监处共排除险情25次,帮助船员转移船舶18艘,转移救助落水群众13人。

7月23日14时45分,澧县澧南垸大堤漫溃,2万多名灾民被围困在洪水中。澧县交通局局长韩先贵立即组织调动船舶进垸救人,溃垸处水流湍急,浊浪排空,航监艇进入倒口时,由于垸内外水位差很大,船头直插入水中,后面甲板上的水已齐腰深,人要抓住铁栏杆才能稳住,情况非常危险。韩先贵早已将个人安危置之度外,他心里只想着救人,从当天下午4时左右开始,他在垸中连续作战近30个小时,救出灾民300余人。澧南灾民全部安全转移后,他来不及歇一口气,又匆匆赶往毛家岔指挥抢险。

7月23日15时左右,临澧县新安镇洞坪垸漫水桥和杨家茶堤段两处溃决,洪水以锐不可当之势向垸内冲去。顷刻间,洞坪垸即成一片汪洋,数千群众陷入洪水围困之中。危急关头,家住新安镇下坪村28组、正在家中休假的临澧公路局金坑道班班长向才福焦急万分,垸中群众的安危紧紧揪住他的心。向才福来不及多想,也顾不得自家被淹,划着他休假时自己用来打鱼的小木船加入到救人的行列。他首先想起的是汇合嘴姓赵的一家,那儿最低,又是平房,男人已去抢险,一家老小不知怎样。他一边想,一边拼命往前划,小船象箭一样即刻到达赵家。只见赵家老小5口抱成一团躲在屋顶上。赵家的屋是空心墙,随时都有倒塌的危险。向才福以最快的速度将他们接到船上。船离开不到2分钟,房子便轰然一声陷入水里。23日晚,向才福在水里搜索一通夜,到天亮时已筋疲力尽,声音也喊哑了。一天多未进食的向才福接过群众为他泡好的一碗方便面,还未吃一半,便听到有人喊“救命”!向才福丢下碗,驾船向喊声方向划去。原来是老苏家年仅16岁的独生儿子,可能是一天未吃东西,想泅水过来找吃的,但游到中间就游不动了,眼看就要沉下去。向才福一面用嘶哑的声音喊“挺住”!一面拼尽全力向他划去,待把小孩从水中提起来时,向才福已眼冒金星,差点也栽下水去。直到24日17时,待垸内群众转移完为止,他才扑倒在大堤上睡着。整整一天一夜,向才福划着他的小木船往返近百次,救助的群众涉及6个组达500多人。养路工向才福洪水中只身驾船救出

500多人的事迹在乡里广为传颂。

1998年，由于澧水、沅水流域连遭暴雨袭击，使市直交通企业损失严重。津市轮船总公司200多户家庭被淹，常德轮船运输总公司的吊杆、电机等机械设备及仓库全部被淹，部分倒塌流失。受洪水影响，沅、澧水断航，部分客班停运。造成市直交通企业直接经济损失882万元，间接经济损失480万元。

常德市水运公司是一个有职工980人（已下岗200人）的特困企业。20世纪90年代，因业务不景气，加之运输市场竞争激烈，公司效益连年下滑，已难以为继。在抗洪抢险战斗中，他们却以无私的奉献精神，充分展示出水运职工的风采。自7月18日开始，他们无条件服从抗洪抢险船舶调度，共抽调运输船13艘（其中安乡6艘、岳阳6艘、汉寿1艘，共970吨位），自带钱、粮，支援重灾区。其中一艘120吨，29.4千瓦的船舶在安乡堵口过程中沉没，损失30多万元。船员顾来安不怕牺牲，连续三天三夜没合眼，救助难民50多人。据统计，该公司累计救助受灾群众6000多人，转移救灾物资2.5万多吨。

7月31日3时，湖南省交通厅紧急来电：根据省防指命令，速调5000吨船舶支援岳阳抢险。3时30分，常德市交通局局长张家界召开有港航、港监、公路部门负责人参加的紧急会议，部署调船事宜。会后，各部门迅速行动，巡查运力调遣船舶。港航处的同志沿河搜寻50多公里，将外地滞港船舶调集常德港，公路处调令刚刚结束抢险任务的3艘拖轮迅速赶赴岳阳。6时30分，仅仅3个小时，在大部分船舶调往安乡抢险，常德港基本无船可调的情况下，千方百计地调集了18艘4000多吨船舶，在市局安全科科长唐秋庭的带领下，分头赶赴岳阳，及时参加岳阳72小时堵口战斗。

第三章 装卸搬运联运

境内装卸搬运历史悠久。1953 年后,经过民主改革,装卸与搬运分管作业,码头装卸归属港航企业,搬运则另组运输公司。20 世纪 80 年代起,装卸搬运又有合二为一者。

境内联运往昔与装卸搬运相连,即把水陆运输与装卸搬运联成一个整体,一票到底,货不落地。后因财务结算纠缠多而废,联运形成公铁、公水、铁公水联运形式,21 世纪初期主要从事物流的组织。

第一节 装卸搬运

1980 年 1 月,湖南省人民政府颁布《湖南省运输市场管理试行办法》,明确规定搬运装卸必须由交通主管部门实行“三统”管理。即统一管理货源,统一安排运力,统一票证和计费标准。凡属“三统”管理范围的任何单位和个人不得擅自揽客、货运输和搬运装卸业务。同时还规定:对农村社队运输车船和搬运装卸需要参加社会流通过程物资运输时,也要纳入“三统”管理;对城镇、街道和厂矿企业单位组织的居民、家属搬运装卸队,也必须经工商和交通主管部门批准,纳入“三统”管理,主要担负城镇和本单位短途零担物资的搬运装卸业务。

1980 年 5 月,常德市人民政府制定《常德市运输市场管理试行办法》,其中规定:凡参加社会运输的,应到市运输市场管理办公室登记备案,街道、市郊农村社队装卸搬运队须经市运输市场管理办审查同意,由市工商部门签发营业执照后方可参运。外地搬运装卸人员,须持县(市)交通部门证明,经本市交通和工商管理部门同意方可参运。任何单位和个人不得擅自在市内设立运输组织,开辟网点和经营运输业务。

1988 年,常德市从事装卸搬运业务的有常德市第一、二、三、四运输公司、津市运输公司、汉寿县运输公司、桃源县运输公司、常德县运输公司、临澧县装卸运输公司、石门县运输公司、安乡县运输公司、澧县运输公司共 12 家企业及遍布全市城乡集镇、港口、码头、车站的专业装卸搬运队和社会搬运组 186 个。当时,农村富余劳动力及城市待业人员纷纷挤入装卸搬运市场,与专业企业争场地、抢货源,专业装卸搬运企业受到严重冲击。面临搬运市场竞争激烈的局面,大部分专业装卸搬运企业任务不足,成本增加,亏损严重,难以维持生计。此时装卸搬运企业开始购置机动板车、手扶拖拉机、小四轮轻型货车从事短途搬运。一则能提高经济效益,二则可减轻搬运工人的劳动强度 。接着又购买汽车,逐步转入从事汽车客货运输。在各搬运企业逐步转体后,境内的装卸搬运市场逐步被各企业的劳动服务公司和农村搬运队占领。

1991 年，常德市运管处为适度放开装卸搬运市场，巩固和发展县（市、区）装卸搬运行业阵地，在 1990 年清理登记装卸搬运组织和人员的基础上，重点抓建队定员，发证发牌，理顺票据管理关系，正确执行运价政策；对境内各县（区、市）280 多个装卸搬运组织，5800 多名搬运从业人员进行清理登记，批准建队 102 个，对 1780 辆非机动车发放牌证；还与市物价、工商、劳动、税务等 9 个部门联合发出《关于对常德市搬运装卸市场清理整顿的通知》，理顺搬运装卸市场秩序。

1996 年，常德市运管处对大、中型企业内部货物搬运装卸实施管理，并为企业组织专业搬运装卸队。当年全市有搬运装卸户 72 户，其中交通部门 8 户、非交通部门 64 户，有搬运装卸从业人员 3571 人，其中交通部门 1202 人、非交通部门 2369 人。

2001 年，全市年装卸量 474.5 万吨。2002 年，除常德市第二运输公司赢利 1000 元外，常德市第一、三、五运输公司、澧县运输公司、安乡县运输公司均严重亏损。2003 年后，各县市装卸运输公司均相继破产，改制重组。

鸿运港务有限责任公司　2001 年 2 月，根据湖南省交通厅和常德市人民政府 1999 年第四次市长办公会议纪要意见，经市体改委批准，为了解决城市中心港区拆除后水运货物装卸运输和资金筹措的需要，由常德市交通局负责组建成立湖南省常德盐关铁水联运港务有限责任公司。该公司为国有控股的股份制企业，由市交通局代表国有控股股东，其他参股单位由市城区砂石场搬迁单位和与之相关单位组成，分别是常德轮船运输总公司、常德市港航管理处、常德市水运公司、常德市金太阳混凝土公司、武陵区东郊乡皇经阁村、常德市起重运输公司、常德市第三汽车运输公司。公司所在地设在常德市武陵区东郊乡皇经阁村，其业务范围为从事港口装卸、货物运输、船货代理、铁公水联运、仓储、水下工程等。后因以上部分参股企业破产改制退出，常德市交通局决定将港口营运机构定名为常德鸿运港务有限责任公司，为国有企业。先期主要为砂卵石及散货装卸，2005 年常德盐关铁水联运港第二期工程完工后，开始有集装箱装卸。

2007 年 1 月，市国资委向市政府建议将常德盐关铁水港区资产 8600 多万元中的 1469 万元（包括所有机电设备、运输车辆和仓库）作为资本，重组鸿运港务有限责任公司，将其中的部分资本拍卖引资，以偿还部分债务，把鸿运公司由国有独资企业改组为合资公司经营。2 月25 日，常德市政府市长办公会议批准了该方案，并决定由常务副市长陈文浩牵头，市国资委、市交通局、市财政局等单位联合负责实施。4 月 11 日，经过招标拍卖，市国资委与常德安凯物流船务公司签订了《产权转让合同》，以 720 万元向安凯公司转让鸿运公司拍卖资产中的 49%的股权，国有股权占 51%。重组后的常德鸿运港务有限责任公司（以下简称鸿运公司）注册资本金为 1469 万元，港口的其他资产（包括码头、堆场、办公用房、土地等）共计 7153.6 万元属国有资产，由鸿运公司使用（免交 12 年国有资产使用费），12 年内每年向常德市港航管理处缴纳管理费 10 万元。总经理由安凯公司推荐人担任。7 月 1 日，盐关港港口正式移交。8 月 7 日，常德市国资委授权常德市交通局对铁水联运港的国有资产实施有效经营并对常德鸿运公司的经营实施监管,同时负责对盐关铁水联运港的建设负债进行清偿。

常德盐关铁水联运港在边建设边营运的过程中,经历了三个阶段:

2000年9月至2002年12月为常德盐关铁水联运港务有限责任公司试营运阶段,其间吞吐量为86万吨,其中进港85万吨、出港1万吨。

2003年1月至2007年8月为鸿运公司正式营运阶段,其间吞吐量为160万吨,其中进港130万吨(集装箱1200标箱,3.4万吨)、出港30万吨。

2007年9月至2009年12月为安凯船务公司投资入股合资经营阶段,其间吞吐量为193万吨,其中进港183万吨(集装箱930标箱,2.03万吨)、出港10万吨(集装箱2890标箱,4.28万吨)。

常德市恒力船务有限责任公司 2003年,原常德市第四运输公司(集体企业)破产、改制后,由长期从事运输经营的个体业主袁益世收购其资产,并于2004年3月,向交通、工商管理部门申请成立常德市恒力港务装卸运输有限公司,注册资本金150万元,当时公司的码头岸线长96米,有150吨级泊位2个,简易3吨吊3台,年吞吐量不足10万吨。

公司成立之初,接受安置了原市第四运输公司20多名职工,充实了技术力量,并投入50万元对码头进行改造加固和起重设备更新,使当年货物吞吐量和收入同比均增长30%。随着公司的业务范围不断拓宽,码头装卸运输物资由原来单一的砂卵石,扩展到其他社会物资,在市场上所占份额越来越大,恒力公司还按规范建立了海关监管码头,德山经济开发区内经水路进口的物资、设备都经过其码头装卸运输,如恒安纸业公司年进口纸浆就有30万吨以上。

公司效益逐年递增,每年的收益基本上都投到扩大经营规模,提高设备档次,使企业朝着做大做强的目标快速发展。

2007年11月,以港口装卸为主的常德市恒力港务装卸运输有限公司更名为常德市恒力船务有限责任公司,成为集港口装卸运输、水路运输、公路运输、重型汽车运输于一体的综合企业,注册资本180万元,总资产已达3000万元,各类注册船员68人,管理人员12人。公司拥有岸线长241米的千吨级现代机械化码头,起重机9台,最大起重能力8吨;500吨级泊位4个,300吨级泊位1个;安装全回转变幅8吨岸吊8台,5吨吊1台,并配备5吨装载机1辆,货运汽车8辆,100吨平板车4辆,200吨平板车2辆;堆场面积2万多平方米。是德山经济开发区货物进出港的主要码头。年吞吐量达80万吨(其中砂卵50万吨、社会物资30万吨),占德山经济开发区吞吐量的60%左右。同时,公司还拥有6艘大型多功能货船,8300吨,年运输能力为40万吨。

2008年5月28日,交通部长江航务管理局同意该公司普通货船1艘,载重量1280吨,有长江干线及支流省际普通货船运输的经营资格。

2010年,常德市恒力船务有限责任公司年货运量5.2万吨,货物周转量6692.4万吨公里,运输或营业收入1322.6万元。已成为常德市规模最大的港埠、航运综合服务的民营企业。

第二节　联　运

一、旅客联运

1970年，湖南省革命委员会生产指挥组在长沙开展旅客联运试点，并制定《湖南省铁路、公路、航运旅客联运工作试行办法》。1970年5月7日，常德地区从汽运、轮运、帆运、搬运、银行等部门抽调干部60多人，组成“常德联合运输中心服务组”（以下简称联运组），在常德航运办事处办公。凡需通过火车、汽车、轮船等多种交通工具衔接运输的旅客，均可一次购票到达。售票地点开始设在常德大饭店，后迁往上南门轮船客运站。联运范围可达齐齐哈尔、乌鲁木齐、北京、上海、广州、武汉、长沙、衡阳、株洲、沅陵、大庸、永顺、津市等地。售票方法：由始发站每天按各联运线点双方商定的预留车票数，预售3天，不售当天票。退票也只退预售票，不退当天票。如果票卖不完，最迟在先天下午3点用电话通知车（轮运）站，以便让车（轮运）站及时出售。联运组不发售联运票，旅客一次购票，可同时购买汽车票、火车票、轮船票，并不收手续费。产量及营业收入，每天做日报，每旬做旬报，每月做月报，由铁、公、航、帆、搬按系统集中办理，分别结算。由于旅客联合运输遍及全国，范围广，统筹管理难度大，财务结算纠缠，所收营业款项不能按时科学分解分配，不利于发挥各运输企业的积极性。到1972年8月，常德联合运输中心服务组解散。

1985年4月，常德轮船运输公司客运站（原湘航常德客运站）开行常德至岳阳旅游航线，进行试营运。1986年5月1日，常岳线正式通航。每日下午5时从常德开船，次日上午6时左右到达岳阳。6月，与武汉实行水水联运，由岳阳转江轮可到九江等地。1987年5月20日，与城陵矶轮运站开展水水联运，代售岳阳至南京、岳阳至重庆的江轮卧铺票。6月，与张家界旅行社开展水公联运。年底，与岳阳火车站开展水铁联运，在湘航常德客运站每天可代售岳阳至北京的火车票6张，其中卧铺票2张、硬座票4张；岳阳至广州的火车卧铺票3张。据统计，代售的火车票1988年为828张，1989年为900张。1990年，因铁路、公路运输迅速发展，旅客大多弃水走陆，此项联运终止。

1986年6月16日，常德市汽车出租公司（即常德市第一运输公司）与长沙火车站实行公铁旅客联运。联营营业所设在常德市大西门。联运范围可达北京、广州、长沙等地。售票方法是“各售各票，分别结算”。在一个窗口发售车票，旅客可同时购买火车票和汽车票，既可预售3天，也可购买当日票。手续费的收取为：出售一张火车硬座票收0.9元，一张卧铺票收1.5元。手续费由火车站与出租公司平均分配。联营服务部还办理行包快件托运业务。从开业到1987年的一年半时间里，共发售车票3.77万张，运送行包快件1.8万件，为常德人民减少购票周转时间3.7万天，节约中转费用31万元，深受旅客欢迎。联运既创造出较好的社会效益,又提高了参运企业的经济效益。联运后的 1987 年,常德市汽车出租公司常(德)长(沙)线的实载率为 93%, 比联运前上升 4.15%。从 1986 年 6 月 16 日至 1998 年 12 月的 12 年 6 个月中,联营处共发售火车座、卧铺票 47.78 万张,发送行包快件 14.31 万件,累计为旅客节约中转时间 29.23 万天,节约中转费用 1162.46 万元,取得较好的社会效益和经济效益。1999 年 1 月 1 日,因长(沙)石(门)铁路通车,常德市汽车出租公司与长沙火车站联营关系终止。

二、货物联运

1986 年 7 月 26 日,常德市第一运输公司与长沙火车北站开展货物联运,联营营业所设在公司大门处(罗马甸)。首先,他们发函 300 多份给常德地、县(市)各物资单位,宣传联运的好处。联运前有些单位的产品发出后,要 60 多天才能收到货款,而且托运手续烦琐,周转环节多,货损货差大。如从常德到长沙办托运手续,最快的需一个月,慢的要三个月才能从长沙启运。开展联运后,从常德到长沙办托运手续只要 7 天时间,货物可直接进长沙火车北站的月台仓库,不需在其他仓库周转。货物发得快,到得也快,减少了物资积压。只要货物一起运,货主便可凭铁路大票立即向对方托收货款,原来要 60 多天才能收到的货款,联运后只要 20 天左右就能收到。仅这一项,每年可为常德境内各厂矿企业减少资金占用 200 多万元。货物联运为货主提供方便,减少物资积压,加速资金周转,提高企业信誉,促进产品销售,同时也提高了常德市第一运输公司的经济效益。联运前, 常德市第一运输公司的货车实载率只有 54%,联运后的 1987 年达 72%,1988 年又上升到 75.7%;联运后比联运前的油耗,汽油降低 13%,柴油降低 26%。营业所主要经营从常德通过铁路发往全国各地的批量、零散物资,并从长沙北站接送从全国各地发往常德的批量、零散物资。想货主之所想,急货主之所急。他们积极开展代托、代提、代送、代垫的“四代”服务,深受货主好评。

1988 年 12 月,常德市城区生活用盐出现紧张局面。常德市盐业公司从湘澧盐矿组织食盐 1500 吨,但在运输方面遇到困难。各运输公司由于运价低和运力的问题,不愿承运。常德市联运公司在此种情况下,充分发挥联运的协调、组织作用,积极组织双方对流货源,组织社会车辆 35 辆,仅用 4 天时间,运回食盐 1200 吨。

1989 年 3 月,常德武陵酒厂从东北调运至慈利火车站中转的高粱 1467 吨,以前需要 7 天才能出站运回常德。通过常德市联运公司做工作,这批高粱在 24 小时内就疏运完毕,使车站、货主、公司三满意。常德机械厂 1 台机器只有 30 多公斤,急需发运哈尔滨,若汽车专运,需运费 1500 元。联运公司接手后,经过合理的运输组织,只用运杂费 20 多元,就将货物运达目的地。常德皮鞋厂有 33 件旅游鞋急运上海,多方考证后交由联运公司组织运输,由水路按时运达,保证厂家及时参加上海展销会。

1990 年 6 月下旬,河北省临城化工厂发往常德西湖振兴商场的碳铵,有 45 个车皮共计 2680 吨,由慈利中转至常德。由于合同变故,销路不落实,使货物不能及时运送,常德市联运公司得知这一消息后，主动给货主找仓库，在鼎城区肉食公司、东郊乡唐家溶村等5处落实仓库和场地5000平方米，并主动为货主找销路，找运输工具。在4天内将2680吨碳铵从火车站运到常德，并为货主销售碳铵1860吨。

1993年11月，常德卷烟厂一批技改工程所需设备要从昆明昆船集团公司发运来厂。昆船集团申请车皮困难，无法及时发运。长沙火车北站主管站长得知这一信息后，立即与成都铁路局电话联系，调派20个车皮给昆明火车站。同时常德市第一运输公司派人火速赶赴昆明，协助昆船集团公司发运设备。由于这批技改设备安全及时运到烟厂，保证烟丝生产技改工程按期完成，联营体的优质服务获得了昆船集团公司和常德卷烟厂的高度赞扬。

从1986年7月26日至1998年12月的12年5个月里，营业所为520个货主申报安排车皮9541个，办理2.56万批货物托运，发出接送货物42.92万吨，为货主节约中转时间9.48万天，节约中转费用476.17万元。加速资金回笼，平均提前10～15天。部分大中型企业因为有货物公铁联运的服务，而撤销驻长沙的办事处或工作组。1999年1月1日，因长(沙)石(门)铁路通车，常德市第一运输公司与长沙火车北站联营关系终止。

三、企　业

常德市联运公司　1987年5月，常德市联运公司成立。该公司系独立核算、自负盈亏的全民所有制企业，隶属于常德市交通局领导，业务上归口常德市交通运输管理处统一管理。

1988年4月6日，常德市联运公司办理营业执照，组建公司领导班子，从局属运输企业调入人员，开始试运营。1988年10月在慈利火车站设立联运办事处，12月与慈利火车站装卸公司签订联营协议。11月与长沙铁路分局进行业务洽谈。同年与常德市第一运输公司、第二运输公司、第三运输公司、第四运输公司达成联营协议。

1988年11月，常德市联运公司正式对外营业。由于有港口作依托，且与常德市第一运输公司原有铁公联营业务挂钩，业务迅速发展。业务范围包括：港口货物的发送、到达；给各地的运输车辆提供回程配载；慈利、长沙两火车站的铁路货运物资的发送与到达接转；大宗物资的运输组织。至1988年年底，联运量(包括发送、到达接转、公路水路配载等)共计3万吨，联运收入2.4万元。

1988年12月16日，常德市联运工作会议召开。会议认为：联运公司要以港口为依托，主要做好铁、公、水等运输企业及产、供、销等各个部门的横向联系。港航、运管部门要把扶持、发展联运列入议事日程。联运业务归口联运公司统一调度、统一制票及办理费用的代收代付手续。

1989年，常德市联运公司的业务全面拓展，包括铁路、公路、水路联运、货运信息服务以及各种物资的代购代销业务。营业网点扩展到6个，签订运输合同近200家，并与10多家外地联运企业签订了互办中转合同。

代购代销是联运公司业务拓展的另一个方面。通过市场调查,他们了解到常德地区小煤窑多,煤质差(热量在4000大卡内),省内销路不好,于是派出工作人员去外省找销路。1989年3月至5月共发往江苏、江西等地煤炭1200多吨、矿产品(石膏等)4000多吨,共计完成销售收入30多万元。

1988年4月常德撤区建市后,港口调度职能上收常德市交通局管理。常德市联运公司隶属于武陵区交通局,原以港口为依托的联运,难以得到港航部门的直接支持,联运业务发生变化。1990年,港口联运业务同比下降80%。同时,联运公司因进人过多,人员混岗,业务素质低等问题,加之以往业务上所发生的经济纠纷开始暴露,常德市联运公司处于困难局面。此时,公司领导统一思想,转变业务方向,将以港口为依托转变为以铁路为依托。经过多方面的联络、协商,1990年7月上旬,正式与怀化铁路分局大庸车务段联合成立常德联运联合办事处。办事处把铁路业务人员引入常德,在常德直接办理铁路运输业务和铁公联运业务。此时,常德市煤炭公司急需火车车皮往广东方向销售煤炭,而南下的车皮非常紧张。联运公司得知这一消息后,立即派出1名副经理南下广州,西上怀化,争取到车皮计划,及时解决了常德市煤炭南运的问题。

1991年7月,省交通运输指挥部公布全省第一批具备提报整车计划资格的联运企业名单,常德市联运公司亦在其中。但是,常德市联运公司在联运业务和物资代购代销方面,由于手续不清、责任不明、监管不严造成后患,遇到一系列的经济纠纷,带来很大的经济损失。

1988年12月,常德市联运公司委派1名副经理负责多种经营工作。当时,煤炭供应较紧张,尤其是长江下游省份。湖南省煤炭公司同意部分劣质煤销往省外。联运公司抓住时机,发往江西、江苏等地煤炭3000多吨,其中尤以江西省九江市庐山区煤炭供应站为多。联运公司以收取的水运运费垫付煤炭款18万余元。1989年6月以后,庐山区煤炭供应站以煤炭质量低劣和煤炭数量不够为由,拒付联运公司煤炭款11万元。同时仍与联运公司继续签订6000吨煤炭的购销合同,并对煤炭质量提出明确要求。在其后的交往中,联运公司继续往九江方面发煤,而煤炭供应站仍以煤炭质量低劣为由拒收煤炭,拒付货款。双方遂于1990年初分别向各自所在的法院起诉对方。此案经全国最高人民法院裁定,由九江市庐山区法院管辖审理,并于1992年9月判定常德市联运公司败诉,应付庐山区煤炭供应站合同违约金7.2万元。

1989年6月14日,常德市新源印刷厂在慈利火车站的一批价值67047.75元的50件90K铜版纸,由常德市联运公司驻慈利办事处交给慈利县火车站装卸运输公司装卸运输。当天下着零星小雨,由于联运公司驻慈办人员没有讲清所运纸的包装性能,把关不严,装卸公司没有盖好油布及时启运,延至6月15日下午才运抵印刷厂南坪仓库。卸货时,发现每件纸的下部被水浸湿10毫米~30毫米,部分包装严重磨损。事故发生后,三方互相推脱责任。1990年2月,三方对簿公堂,并于1990年3月3日将被浸湿的铜版纸变卖后,计算出损失金额为2.99万元。经常德市中级人民法院达成调解协议:联运公司与装卸公司没有严格遵守作业规程苫盖严密，使铜版纸浸湿又不及时处理，在此事故中应负主要责任，联运公司负责赔偿其中的1.5万元。

1993年4月27日，常德市联运公司贸易商行（挂靠联运公司）与河南省信阳检察院劳动服务公司签订价值10.0067万元的汗布购销合同。货物运回常德后未完全付清货款，欠下4.72万元。此案由信阳检察院1997年9月16日向法院起诉，经法院调解遂于1997年11月26日达成调解协议，由常德市联运公司贸易商行赔付信阳检察院货款4.72万元，利息2.34万元，共计7.06万元。

截至1992年10月底，联运公司累计亏损46.2万元。1992年3月17日至5月5日，武陵区交通局对联运公司进行全面审计和领导任期审计。1992年12月3日，联运公司向武陵区经委提交了关于申请破产的报告，1993年宣告破产。

临澧县鑫达联运装卸有限责任公司　1986年9月24日，临澧县联运公司在新安火车站成立。公司主要承担铁路、公路、水路货物联运业务，以临澧县新安镇火车站为主，为货主接送火车货物，运输车皮计划，变更火车到达站点。为铁路方集散进出站货物，提高火车货物周转能力。业务辐射周边各省、市、县200家，年货运量30万吨。公司人员从临澧县第二、第三装卸公司、县航运公司、新安火车站4个单位抽调，营业利润由4家分成（后来实际只有铁路方分成，其余3家应分利润作为企业发展基金留成未分。1988年铁路方人员调回）。公司组建初期，有职工25人，无办公地点，在新安火车站借用县农业银行新安火车站分理处房屋办公。1990年年初，该公司在新安火车站南侧300米处（新火公路旁）征购土地3200平方米。10月，建成三层综合办公楼12间，1273平方米，仓库400平方米，职工宿舍（平房）320平方米。从1995年起，公司效益快速增长，经济实力逐步增强。1997年随着石（门）长（沙）铁路建设速度加快，该公司为拓展业务，捷足先登，迅速抢占临澧火车站装卸市场。首先投资15万元购买佘市总庙村部，尔后征购土地4246.67平方米，修建540平方米仓库一栋及一栋二层3200平方米的综合楼。迅速组建以佘市总庙村民为主体的120人装卸队伍，开展临澧火车站货场的装卸业务，并成立公司下属的澧南公司。1998年4月20日，临澧县联运公司更名为临澧县联运装卸公司，同时拥有临澧县铁路货运线和临澧县新安镇火车站铁路货运线的委外装卸作业业务，年货运量50万吨。2000年12月15日，县交通局针对新安火车站货物装卸、联运业务交叉且雷同，日常业务矛盾多等问题，从理顺关系，促进企业发展的目的出发，将联运装卸公司、第三装卸运输公司合并为临澧县联运装卸公司。是年，有职工185人，固定资产净值333万元，年装卸量300万吨，主营业务收入516万元，其中运输收入105万元，实现利润9万元。根据临澧县企业改革有关政策规定，2001年8月起，该公司进行股份制改革方案的拟定、申报工作。12月15日，县企业改革领导小组下达《关于临澧县联运装卸公司股份制改造方案的批复》，经过半个月运作，企业股份制改造完毕。是年，新购入货车8辆，年货运量10万吨，装卸量80万吨。从2002年1月起，新成立的“临澧县鑫达联运装卸有限责任公司”正式开始运作，公司地址仍在新安火车站。公司分澧北片（新安火车站)、澧南片(临澧火车站)两处经营。

2003年,公司有职工406人,其中农民轮换工230名,原固定工176名,公司年收入770多万元,固定资产680万元。公司在枝柳铁路新安站年联运装卸货运量70万吨,其中发出50万吨、到达20万吨。发出货物主要是石膏、铁矿、粮食、水泥、柑橘及农副产品;到达货物主要是煤炭、石油、钢材等。货物流向大部分是广东、广西、上海、湖北、河南、四川、贵州、重庆等地。石长铁路临澧站年联运装卸货运量151.6万吨,货运量居石长铁路沿线各站之首,其中发出150.3万吨、到达1.3万吨。发出货物主要是石膏、粮食、柑橘;到达货物主要是钢材及生活物资,货物流向大部分是广东、上海等地。

2010年,公司有职工386人,年货运量11.15万吨,联运量341.31万吨,装卸货运量242.1万吨,年收入1271.47万元,上缴税金37.68万元,资产总额797.86万元。12月,公司将临澧分公司进行分离,分流人员110人。临澧县火车站另成立新的装卸公司。

常德市鼎城大桥南联托运有限公司 1992年6月,由鼎城区交通局与常德市第五运输公司共投入30.6万元组建成常德市桥南联运公司,是年有职工18人,仓库面积630平方米,货场800平方米。隶属鼎城区交通局领导,系全民所有制联运企业,公司设在武陵镇圆盘路市五运公司院内。1993年4月,公司以桥南市场停车场为纽带,开展客票代售业务。同年10月,开通货物托运和公铁水联运业务,当年收入38万元,创纯利4万元。经过两年时间的开拓经营,该公司的托运线路从3条发展到常德至广东的广州、顺德、流沙、揭阳,常德至福建的晋江、石狮,常德至浙江的温岭、温州,常德至江苏的常熟和省内的株洲等10条线路。公铁联运单位从开始的3家发展到常德二纺机、常纺机、常德钢板厂、摩擦材料厂、武陵液压件厂等10家大中型企业。代售桥南至津市、桃源、安乡、汉寿、石门、临澧等县(市)和桥南至邵东、株洲、长沙、武汉、温州、义乌等地的客票。

1995年年底,常德市桥南联运公司与常德市第五运输公司合并,两块牌子,一套班子,仍隶属于鼎城区交通局领导。

1996年,桥南联运公司有职工30人,拥有仓库2200平方米,固定资产总值15万元,年联运量7200吨,收入39.73万元,上缴利税5.67万元。随着桥南市场的日益繁荣,经济的迅速发展,许多部门受经济利益驱动,单位及个人纷纷进入桥南货物联运市场,市场一度混乱,严重干扰了桥南市场的经营活动。

2000年,中共鼎城区委、区人民政府经多次调研后决定,撤销五运公司开办的桥南联运公司、桥南大市场开办的联运公司、鼎城区交通局的货运配载站,成立常德市大桥南联托运有限公司,规范经营管理桥南联运市场。

2001年2月,常德市大桥南联托运有限公司正式成立,地址在武陵镇玉霞大道中段。下设办公室、财务部、行业部、站场部,下辖60家托运站。

2002年,该公司有职工32人,管理桥南(联、托、搬、装、配)货运市场,占地面积4926平方米,仓库面积1080平方米,注册资金148万元,固定资产414万元,年联运量24万吨,营收 110 万元，上缴税利 30 万元。

2010 年，该公司有职工 38 人，占地面积 5333 平方米，仓库面积 3000 平方米，固定资产 390 万元，年联运量 200 万吨，营收 200 万元。

津市市联运公司　津市市联运公司成立于 1990 年 4 月，属全民所有制企业。该公司从开展货运配载业务开始，逐步发展公铁联运等多种服务。1990 年年底，公司购买津市市燃气公司全部房地产，占地面积 3993 平方米，建筑面积 2124 平方米，其中仓库面积 1117 平方米。同时购置“东风”牌汽车 4 辆，挂车 3 辆。

为开拓业务，该公司大力发展联运企业之间的横向联系，互办中转、代办业务。1991 年 5 月，与长沙市联运公司签订《联运企业互办业务协议》，成立“长津货物联营处”，互派业务人员开展业务，津市货物通过长沙市联运公司中转到全国各地，外地发往津市的物资通过长沙市联运公司到达津市。通过联营协作，在津市的工商企业基本能做到“人在家中坐，收发全国货”。为扩大联运服务的辐射面，发挥联运网络优势，该公司先后与临澧、石门、常德、长沙黑石铺、湖北沙市等地联运公司开展互办中转联运业务，与 218 家企业建立常年业务关系，较好地沟通南来北往的运输渠道。

1996 年，该公司有职工 26 人，经营场地 4050 平方米，房屋建筑面积 2400 平方米，其中仓库面积 1300 平方米，汽车 7 辆，挂车 4 辆，固定资产 158.78 万元。年联运量6.19 万吨，收入 113.32 万元。

2002 年，该公司有职工 26 人，经营场地 4050 平方米，仓库面积 1200 平方米，年联运量 5 万吨。有固定资产 27 万元，负债 87 万元。

2003 年 7 月，津市市人民法院以津市联运公司“经营管理不善以致资不抵债，无力清偿到期债务”，依法宣告其破产还债。

湖南石门通达联运有限责任公司　1990 年 6 月，石门县联运公司成立，系全民所有制企业，有职工 5 人。1991 年，公司修建 30 吨地磅房一座，在县城设有零担货物受托处，与长沙、常德、津市、大庸等地联运企业开展互办零担货物交付协作。1996 年 10 月，为增强联运实力，促进地方经济发展，石门县人民政府决定将县运输公司并入联运公司，同时将公司更名为“石门县联运总公司”。总公司下设装卸搬运分公司、联运承办分公司、货物运输分公司、汽车大修厂，成为为铁、公、水、空综合运输服务的代理企业。

1996 年，总公司有职工 386 人，仓库面积 3000 平方米，货场面积 1500 平方米，汽车 31 辆、185 吨，固定资产 626 万元。年联运量 20.54 万吨，营收 826 万元。

1999 年 10 月，石门县联运总公司改为股份制企业，名称为湖南石门通达联运有限责任公司。

2001 年，公司有职工 196 人，仓库面积 800 平方米，货场面积 1600 平方米，出租客车 10 辆，货车 3 辆、24 吨，8 吨吊车 1 台，固定资产 288.1 万元。年联运量 2.25 万吨，营收 316.4 万元，上缴税费 11.5 万元。

2004年,公司有职工169人,仓库面积800平方米,货场面积1600平方米,出租客车23辆,中巴车34辆、646客位,货车3辆、24吨,8吨吊车1台,固定资产285.3万元。年联运量2.57万吨,营收245.4万元,上缴税费10.6万元。

1999年至2004年,该单位的装卸搬运分公司连续6年被怀化铁路总公司评为委外装卸“标准化达标”先进单位。

2010年,公司有职工283人,仓库面积950平方米,货场面积3500平方米,吊车、客货车106辆,固定资产536.51万元。年联运量150.67万吨,营收1217.74万元,上缴税费52.92万元。

安乡县宏达水陆联运贸易有限公司 1993年,安乡民营船舶快速发展,安乡宏达航运公司应运而生。成立时有船舶8艘,1600吨。之后,随着个体船户逐步加入,该公司的船舶增至35艘,运力达6000多吨。自2001年起,安乡水运货源锐减,加盟船舶纷纷转地经营。2005年由高建任法人代表后,调整经营范围,将主营业务改为砂卵销售运输和公路货运代理业务为主,公司亦更名为“安乡县宏达水陆联运贸易有限公司”。

2010年,该公司有职工22人,其中生产工人18人。有普货船舶3艘,4456吨,1722千瓦。年货运量8.8万吨,货物周转量46780万吨公里,运输或营业收入96万元。主要经营长江中下游干线及支流省际普通货船运输兼服务业。

第五篇《

工 业 科 技

第五篇　工业科技

第一章　工　业

第一节　汽车修造

一、维　修

进入20世纪80年代，国家实行改革开放，车辆剧增，常德地区的汽车维修业得到长足发展。1984年后，汽车维修行业发展迅速，形成国营、集体、个体相互竞争的局面，同时维修市场也出现一些混乱现象。如维修管理标准不一致、个体维修户利用不正当手段招揽业务、维修质量低劣、损公肥私、乱收费、乱开票等等。1986年12月，常德地区交通部门开始对汽车维修进行行业管理。在工商、税务、物价、财政、公安等部门的配合下，发布《常德地区汽车维修市场管理办法》。同时在各县、市共成立10个汽车维修行业管理办公室，对全区汽车维修市场进行整顿。核定维修厂家的作业范围，统一票证和价格，不定期地进行质量监督、检查评比和技术服务。

1987年7月，辖区经营汽车维修的业户有574户，其中国有企业34户、集体企业150户、个体维修户390户，从事汽车维修的人员有6395人，拥有汽车维修设备4700台(套)，其中通用设备3100台(套)、专用设备1600台(套)，年大修能力1500辆次。维修的主要厂家有：常德汽车修造厂、常德汽车运输公司所属的11个汽车保养厂(车间)、湖南柴油重型汽车修配厂、各县(市)汽车修理(配)厂等。另外，各大、中型厂矿企业的汽车运输队都设有维修厂或车间，如浦沅工程机械厂、常德纺织机械厂、湘澧盐矿、湖南汽车车桥厂及常德地区粮食、林业、供销、商业、外贸5个运输车队均有汽车大修能力。一般的个体维修户与集体维修企业只能进行三级保养、二级保养与小修作业。

1989年10月，常德市汽车维修管理办公室成立后，进一步建立健全行业管理的各项规章制度，规范汽车维修业户的经营行为，按照汽车维修的开业条件，对维修市场进行宏观调控，统一收费价格，开展从业人员的技术培训、考试、发证和维修业户的年度审验工作。

1988年9月28日，常德市第二汽车修配厂建立“中国二汽常德技术服务站”。1989年，东风汽车公司授权该厂承担东风汽车的质量保修业务。该厂凭借东风汽车公司的先进技术、优质配件和良好服务,赢得广大东风车用户的好评。配件销售量和维修业务量大增,年修理东风汽车4000余辆。1990年,该厂技术服务、质量保修、维修服务、配件和整车销售“四位一体”功能全面形成。业务范围逐渐扩大,新老客户不断增多,不仅牢牢占领了常德市所辖六县、二区、一市的东风汽车维修市场,而且还辐射到湘西北及云、贵、川等省。1993年,交通部授予该厂“用户信得过汽车维修业户”称号。1994年,在省、市汽车维修竞技比赛中,该厂以“管理规范、文明生产、操作熟练、质量过硬”分别获第三名和第一名。1996年,湖南省交通厅、省汽车运输管理局授予该厂“双优企业”称号。1990年至1998年,该厂技术服务站连续9年被东风汽车公司授予“红旗站”“先进站”称号。1997年实现总收入921万元,上缴国家税费50余万元。

1995年,常德市有汽车维修业户900户,其中一类机动车维修30户、二类机动车维修225户、三类机动车维修513户、摩托车修理132户,有从业人员7066人。

1996年9月,境内有常德市第二汽车修配厂、广源汽车维修厂、花城进口汽车维修站、市粮油供应公司修理厂、上海大众常德特约维修站共5户获湖南省汽车维修行业“双优企业”称号。

1998年,常德市有汽车维修业户905户,其中一类机动车维修21户、二类机动车维修213户、三类机动车维修460户、摩托车修理211户。场区占地面积38.74万平方米,厂房面积14.76万平方米。有从业人员5491人,其中管理人员861人、技术人员701人。

2001年,常德市有汽车维修业户1261户,其中一类机动车维修30户、二类机动车维修217户、三类机动车维修760户、摩托车修理254户。年维修量36.88万辆次,其中整车大修267辆次、总成大修17566辆次、二级维护57935辆次、专项修理29.3万辆次。

2005年,常德市有汽车维修业户934户,其中一类机动车维修21户、二类机动车维修168户、三类机动车维修518户、摩托车修理227户。年维修量167.14万辆次,其中整车大修2268辆次、总成大修9053辆次、二级维护96767辆次、专项修理156.33万辆次。

2010年,常德市有汽车维修业户677户,其中一类机动车维修36户(含危险货物运输车维修2户)、二类机动车维修186户、三类机动车维修317户、摩托车修理138户。年维修量85.58万辆次,其中整车大修4371辆次、总成大修11376辆次、二级维护81291辆次、专项修理75.71万辆次、维修救援1596辆次。

2010年,常德境内已具备维修各种国产、进口车的能力,逐渐形成以城市为依托,沿公路向外辐射、服务及时方便的汽车维修网络。

二、制 造

20世纪80年代，境内汽车改装制造发展迅速，生产企业不断增多，呈现出国营、联营、集体一齐上的局面。先后有常德汽车修配厂、浦沅工程机械厂、湖南汽车车桥厂、常德汽车改装厂和一些县、市汽车修配企业从事汽车改装制造。生产出的主要品种有JT661型、JT661A型、JT662型中型客车和CD681型、CD682型大客车、“东风”HN940十吨半挂车、EQ131三吨载货汽车及多种农用运输车、小旅行车等。

1985年，常德汽车改装厂采用CS130型底盘改装生产“武陵”牌WL130型双排座轻型货车30辆。1986年7月，常德汽车改装厂被定为湖南省改装汽车定点生产厂，试制出“武陵”牌WL630型旅行车。1986年至1987年，常德汽车改装厂投资500万元扩建改造，形成年产改装车600辆的能力。

1986年至1988年，常德汽车改装厂生产“武陵”牌旅行车210辆，生产CD-130-1型多用途洒水车、WL2020型越野车、WL6450小型客车共150辆。

1987年，常德汽车修理厂已具备年改装200辆JT662型客车的能力，成为常德地区客车改装的骨干企业。

1988年，常德境内汽车改装制造企业有10余家，能生产5类14种汽车产品，年产半挂车467辆，中型客车70辆，旅行车350辆，农用运输车380辆。生产出的各类汽车既为常德交通运输业提供部分运力，而且产品还销售到外省、市。

1988年，湖南汽车车桥厂投资2100万元，进行扩建与技术改造，形成年产半挂车1000辆及后桥总成1万套的能力，当年生产半挂车467辆。是年，该厂有职工2269人，固定资产3460万元，各种生产设备1000余台。1984年至1988年，湖南汽车车桥厂生产十吨半挂汽车1897辆，该车型被评为湖南省优质产品。1988年，湖南汽车车桥厂跻身中国最大500家交通运输设备制造企业的前200家之内，是湖南省百强企业之一。在全国汽车工业系统116家企业中，年产量名列第30位，经济效益综合指数位居第24位。

该厂通过产品结构调整及技术改造，企业经营规模与效益实现了持续、稳定、快速发展。1999年，该厂占地面积40万平方米，有职工2671人，其中各类专业技术人员440人，资产总值4亿元，各种设备1239台(套)，拥有年产三吨轻型汽车前后桥总成6万套、高档轻型客车前后桥总成1万套的能力。形成以车桥为主体的5大系列50个品种。主要产品有EQ1060、EQ1061和HNQ6800三吨载货汽车前后桥总成；EQ6690、EQ6620、HNQ6690、EQ660、HNQ6780系列轻型客车底盘；HNQ106P轻型载货汽车、HNQ660、HNQ6700系列客车；HNQ9170“东风”牌系列十吨半挂车、HNQ3130型自卸车及汽车配件等。

2000年，湖南汽车车桥厂实行企业改制，由社会法人参股和企业持股，组建成中联重科湖南车桥股份有限公司。

2003年,中联重科湖南车桥股份有限公司拥有总资产6.4亿元,完成工业总产值6.4亿元,实现销售收入(含税)8亿元,利税4300万元,生产汽车前后桥20万具,客车底盘5600台套(HNQ6730、HNQ6790型),邦乐客车540辆。整车生产居全国第28位,改装制造汽车的数量大、成系列、质量高,具有较强的竞争力。

2009年,湖南津市邦乐客车有限公司是隶属中联重科湖南车桥有限公司和东风汽车集团旗舰下的投资控股公司,位于湖南省津市孟姜女大道,占地3.33万平方米。注册资本300万元,总资产1800万元。有员工200人,其中工程技术人员50人。有设备齐全的冲压车间、焊装车间、涂装车间、总装车间和新型综合测试检测线,并具有完善的客车焊装、油漆、总装生产线和先进的综合测试检测系统,具备年产各类客车3000辆的能力。

公司"邦乐牌"系列客车及客车底盘秉承先进的设计理念,广泛吸收国内外客车设计与生产之精华潜心打造而成。邦乐客车采用东风系列湖桥客车专用底盘,整体客车具有设计合理、结实耐用、驾驶轻便灵活和乘坐舒适等特点。邦乐牌客车有高、中及普通档三大系列各类轻型客车;同时有空调客车和城市公交客车两大系列产品,是集城市公交、客运、旅游于一体,全新打造客车的新概念,是各类运输企业、旅游观光和个体运输业者的较好选择。

2010年,公司有HNQ6600系列、HNQ6605E/E1系列、HNQ6660GE系列、HNQ6750E系列高、中、普通档等三大系列各类轻型客车、空调客车及HNQ6720GE、HNQ6740GE两大系列城市公交客车,供广大客户选择使用。

第二节　配件制造

境内汽车配件制造始于20世纪60年代末,当时处于试制和小批量生产阶段。主要产品有汽车活塞销、转向节销等。70年代,汽车配件制造有较大发展,已能生产汽车钢板弹簧、车架总成、汽车减速齿轮、后半轴等几十种产品。

1979年至2010年,常德汽车修理厂、常德县汽车配件厂、常德市第一运输公司汽车修配厂、桃源县汽车液压泵厂、陬市橡胶厂、桃源县汽车拨叉厂、津市汽车锻压件厂、临澧县气门厂(湖南省芙蓉气门厂)、石门连杆厂、湖南汽车车桥厂、澧县洞庭缸套厂、湖南飞桥汽车板簧有限公司、嘉达摩擦材料有限公司等企业制造前后桥、底盘、液压泵、气门、连杆、汽缸套、后半轴、活塞、制动毂、时规齿轮、风扇带、拨叉、消声器、雨刮器、刹车片等汽车配件。兹重点记述境内几家产量高,质量优,品种多,成系列,颇具市场竞争力的汽车钢板弹簧、连杆、气门、刹车片、十字轴等主要汽车配件的生产情况。

钢板弹簧　1979年,常德汽车修理厂制造的CA-10B前簧总成在全国汽车配件生产行业检查中,台架平均疲劳寿命99.7万次,评为湖南省优质产品。是年,该厂生产的CA-10B前簧总成与NY-130后簧总成被交通部评为优质产品。

经过3次技术改造,常德汽车修理厂于1984年建成湖南省第一条具有国内先进水平的汽车钢板弹簧热处理生产线。年产汽车钢板弹簧能力4000吨,生产国内外40种车型71个规格的汽车钢板弹簧,是湖南省汽车钢板弹簧生产品种最多、产量最大的厂家。1983年至1994年,该厂连续12年年均创利税在120万元以上,多次被省交通厅评为“双文明建设先进单位”;连续8年被常德市工商局授予“重合同、守信用单位”;多次被常德市交通局评为“目标管理先进单位”;被常德市工商银行评为“AAA最高信用度企业”;生产的汽车板簧产品有8个品种先后14次获交通部、湖南省优质产品称号。

1994年后,常德汽车修造厂由于观念陈旧,机制滞后,竞争力弱等多种因素制约,该厂生产经营逐步滑坡。1997年,企业已举步维艰,生产停顿,亏损严重,资金短缺,债务沉重。企业虽采取多种办法,力图使生产经营能走出困境,但都没有取得实质性的进展。到1999年底,常德汽车修造厂已严重资不抵债,全面停产,扭亏无望,债务已无力偿还。2000年4月29日,由常德市中级人民法院宣告,常德汽车修造厂进行破产还债。

企业破产后分别重组为湖南飞桥汽车板簧有限公司与嘉达摩擦材料有限公司。

湖南飞桥汽车板簧有限公司是2001年10月成立的股份制企业。企业位于湖南省常德市德山北路,占地面积1万余平方米,建筑面积5万多平方米。主要生产汽车钢板弹簧。年生产能力3000吨。2002年,产量达2600吨,产值达1100多万元,产品主要销往全省各县、市。

2001年至2003年,奠定基础。在原国企常德汽车修造厂的基础上,实行企业改制。经过艰苦的创业探索、技术改造、强化管理等强有力的措施,依托原国企的技术和人才优势,以优质的产品质量赢得市场的认可,初步奠定了“飞桥”这个钢板弹簧行业的品牌基础。

2003年至2005年,初具规模。随着国家经济的飞速发展,汽配行业迎来了大的发展机遇。公司注册资本从最初的300万元扩展到800万元,生产和销售从每年3000吨增加到每年7000吨规模,钢板品种从30多个系列200多个品种增加到90多个系列700多个品种。2003年3月,公司通过了ISO 9001:2000认证。2005年“飞桥”汽车板簧被评为湖南省名牌产品,公司名称由“常德汽车板簧有限公司”改为“湖南飞桥汽车板簧有限公司”。

2005年至2010年,跨越发展。2005年5月,公司由市区三岔路搬迁到德山常德经济技术开发区,重新进行整体布局。同时,进行大规模的技术改造和技术升级。改造的主要目标一是上规模扩产量;二是保质量上等级;三是节能源降消耗;四是促安全净环境。具体为生产规模由原来的一条热处理生产线扩展为三条,产能由每年1.2万吨扩展为每年3.5万吨;关键设备采用行业内先进的装备以确保产品质量。通过这些项目的实施,产能、产品质量及生产成本的竞争优势已逐步显现。2009年1月通过法国贝尔公司TSO/TS 16949:2000认证,使管理水平上了一个新的台阶。

2009年,公司有员工200多人,其中具有中级以上职称的工程技术人员30人。工艺设备先进,检测手段完善,具有先进完整的产品开发、试验、检测体系和完善的产、供、销管理体系。是年,公司生产钢板弹簧1.55万吨,销售1.6万吨。主要配套客户包括中国一拖集团、陕西重型汽车厂、湖南汽车车桥厂、广东何氏协力等。外贸方面也取得新进展,2008年先后两次给伊拉克经销商提供OEM近100吨。

刹车片 湖南常德嘉达摩擦材料有限公司的前身是湖南嘉达刹车片制造有限公司,创建于1992年,2001年改制为股份制民营企业, 坐落在常德市区临江路35号, 毗邻常桃公路,交通便捷。公司占地10867平方米,建筑面积1.2万平方米。

公司具有良好的自主研发能力,不仅有适应各种车型的无石棉低金属配方技术和产品,而且还有充足的技术储备能不断研发新产品、新材料及新技术的能力。多年来,公司不断健全完善质量管理保证体系,2001年,一次性通过SGS公司(瑞士)的ISO/TS 16949质量体系认证,并通过WCS公司(英国)的ISO 14001环境管理体系认证和OHSAS 18001职业健康安全管理体系认证,享有自营进出口权。2007年公司及产品分别被湖南省授予"高新技术企业"和"高新技术产品"称号,成为中国汽车刹车片行业的知名企业,被纳入常德市人民政府重点扶持的企业之一。

公司对其产品均采用先进工艺进行热处理、磨削、喷涂等,并全部运用一次热压成型工艺,使产品各项质量技术指标符合欧洲、德国、美国和中国等相关技术标准要求,达到国内先进水平。其轿车刹车片陆续为中国一汽、上汽通用五菱、TRW-LVLB、奇瑞汽车、吉利汽车、上海华普、长安汽车、重庆力帆、武汉万向等逾20家中国骨干汽车整车厂及其制动器主机厂配套。卡车刹车片质量优良可信,在国内市场上享有良好信誉。

2009年,该公司有员工80余人,其中各类专业技术人员逾20人。拥有从欧洲引进年产100万套产品专用生产线及检测设备60台(套),具备年产各型轿车、卡车等机动车无石棉盘式刹车片300万套、毂式刹车片8000吨的生产能力。

连杆 1984年,湖南动力机厂将H2105柴油机连杆生产线设备调给石门县农机一厂。该厂生产的连杆品种扩大到4个系列6种机型,年产H2105连杆6万套,生产的6105柴油机连杆被评为湖南省优质产品。是年,该厂更名为湖南省石门连杆厂。1985年,该厂生产连杆7万套,实现利润40万元。1986年,石门连杆厂投资278万元进行技术改造,新增设备155台,建成X105、X165、X175柴油机3条连杆自动生产线。年产柴油机连杆能力扩大到20万套,产品增加到8个系列13种机型,其中6105系列连杆是为中国第二汽车制造厂生产的"东风"牌141型5吨柴油车配套。1987年,该厂生产连杆9.05万套,实现产值335万元,利润54.8万元。1984年至1987年,该厂共生产柴油机连杆43万套,其中6105柴油机系列连杆17万套、165F柴油机连杆16.87万套。产品畅销湖南、湖北、河南、广西、江西、上海等13个省、市、自治区。1989年,该厂有职工434人,其中工程技术人员22人,拥有固定资产319.92万元,生产连杆15.04万套,完成工业总产值437.39万元,实现利润55.56万元。1988年至1999年,生产各类连杆272万套。

1998年2月, 湖南石门连杆厂改制为民营企业——湖南石门宝川连杆制造有限公司,是湖南省定点生产内燃机连杆总成的专业厂家。公司能独立进行锻造工艺设计、模具设计、模具加工及较复杂的机械零件锻造和热处理, 有雄厚的生产制造能力。公司严格按JB/T

51047-99 标准和工艺进行测试和生产，认真贯彻 TS 16949 质量管理标准，坚持实行管理、技术、生产、销售各个环节，员工都须严格培训，持证上岗的管理制度，逐步完善了企业质量管理体系。2007 年通过 TS 16949 国际质量体系认证，“宝川”牌商标被省工商行政管理局认定为湖南省著名商标。

2009 年，公司是国家南方四大连杆制造商之一，具有较强的技术优势和经济实力，公司抓住汽车工业发展的良好机遇，充分利用自身优势，严格按照国家产业政策及节能、环保要求，投资 1.44 亿元，对连杆毛坯锻造生产线进行扩能技术改造，重点是对加工设备更新，满足工序能力平衡，对关键项目工序采用数控机电一体化组合机床，达到年产 300 万支连杆毛坯及 200 万支连杆加工能力，做大做强连杆产业。

2009 年，公司有员工 330 人，其中各类专业技术人员 50 多人。占地 2 万平方米，建筑面积 1.15 万平方米。注册资本 50 万元，固定资产 3000 万元。有高精度数控加工中心等生产设备及高精检测仪器 30 多台(套)，年生产能力 83 万支连杆，年产值 7500 万元，上缴税金 428 万元。

气门　1981 年，临澧县农业机械厂自筹资金 40 万元，建成一条年产气门 80 万只的流水生产线，当年产气门 20 万只。该厂在生产气门中不断探索，采用新材料、新工艺，保证产品质量，降低生产成本。1983 年，该厂从哈尔滨焊接研究所引进摩擦焊接新工艺和设备，将生产气门的材料由价格昂贵的耐热钢改为价格便宜的碳钢与耐热钢对焊，既保证产品质量，又使每只气门成本降低 40%。1984 年 5 月，临澧县政府为发展气门生产，将气门生产从临澧县农业机械厂分出，另建湖南省芙蓉气门厂，专业化生产气门。1985 年 1 月，该厂从上海内燃机研究所引进 SIVS-1 号材料生产气门座，气门座质量达到国内先进水平。该厂还采用电墩机快速加热，摩擦压力机高压一次成型工艺，将零件由反射炉淬火改为盐浴炉淬火，不仅保证气门硬度均匀，而且提高工效 4 倍，降低钢材消耗和能耗，每百只气门生产成本由 120 元下降到 81 元。1986 年，该厂投资 156 万元，进行扩建改造，年产气门能力由 80 万只扩大到 140 万只。1987 年，该厂通过挖潜改造，年产气门能力扩大到 200 万只。1970 年至 1987 年，该厂共生产气门 548.79 万只、气门座 49.88 万只，产品销往全国各地。1985 年至 1987 年，该厂实现利润 114.28 万元。1988 年至 1999 年，湖南省芙蓉气门厂共生产气门 3820 万只，其中最高年产量的1994 年达 550 万只。

2001 年，湖南省芙蓉气门厂改制为湖南安福气门股份有限公司。公司占地面积 14 万平方米，净资产 2110 万元，有员工 800 余人，其中工程技术人员 89 人。2002 年完成工业产值 5472 万元，销售收入 4528 万元，实现利税 535 万元(其中利润 80 万元)，员工年收入过万元。公司两个主导产品“安福”牌气门与气门座，其型号规格均达 100 多种。该公司在气门的生产上主要采用 40Cr、4Cr9Si2、21-4N、23-8N 等特殊材料，广泛运用等离子堆焊、摩擦焊接、表面强化镀铬、表面氮化等 10 多种特殊工艺，产品质量迅速提高。该公司用自行研制的 SIVS-1、HQ4、HQ6 粉末冶金生产气门座，其性能优于全国同行业水平。产品主要与玉林柴油机厂、东风汽车公司、中国第一拖拉机厂、云南内燃机厂、成都内燃机厂、江淮动力机厂、扬州柴油机厂、无锡柴油机厂、朝阳柴油机厂、大连柴油机厂、南昌柴油机厂等全国50多家主机厂配套。同时还与全国600多家私营业主建立起长期的营销关系。产品已销往美国、巴基斯坦等国家和中国香港地区。综合实力居全国同行业第5位。该公司已成为省优秀企业、省"小巨人"企业、省质量管理先进企业、全国气门行业理事单位、全国气门座行业副组长厂、全国质量服务消费者满意企业、ISO 9000标准认证企业。"安福"牌产品是省名牌产品,"安福"牌商标系省著名商标,其产品被中国产品推广评价中心评为"全国质量信得过产品"。

公司生产的气门与气门座两个产品均属发动机配气结构中的重要配件,要求耐高温、耐腐蚀、耐冲击。为确保性能要求,提高使用寿命,公司不断在材料应用、生产工艺上进行研究和创新,先后采用了锥面喷焊、表层镀铬、小端淬火等特殊工艺,确保质量不断提高,产品深得用户青睐。2004年企业通过了瑞士SGS公司ISO/TS 16494国际质量体系认证,2007年又通过了德国TUV公司ISO/TS 16494国际质量体系认证。公司拥有自主经营进出口权,产品除与一汽、二汽、广西玉柴、潍柴动力扬州公司、中国一拖、昆明云内、东风朝柴、安徽全柴等主机厂配套外,还出口美国、德国、日本、波兰、意大利、伊朗等国家。

2009年,公司有员工830人,拥有固定资产1.65亿元,各类加工设备、检测装备650台套。公司厂区占地面积10万平方米,建筑面积4.5万平方米。年产气门750万支,气门座700万支,完成工业总产值1.16亿元,实现产品销售1.15亿元,员工人均收入1.8万元,上缴税收750万元。

2010年12月,湖南安福气门股份有限公司总经理李家喜荣获中共常德市委、常德市人民政府授予的第三届"常德市优秀中国特色社会主义事业建设者"称号。

十字轴 2001年4月13日,汉寿顺达汽车零部件厂成立,坐落在洞庭湖畔的汉寿经济开发区,紧邻长常高速、319国道、石常铁路,距常德桃花源机场60公里,交通十分便捷。

2002年4月通过ISO 9001:2000质量体系认证,2004年获湖南省质量技术监督局"产品质量信得过"称号,2006年获中联重科湖南车桥公司"优秀供应商"称号,2007年获中南传动机械厂"优秀供应商"称号。

2009年,该厂有员工65人,其中高级工程师2人、工程师6人,工厂占地9000多平方米,厂房3000多平方米。具有独立生产汽车轴类、齿轮的能力,拥有各类机械加工设备50多台套,专业热处理设备6套。专业生产汽车差速器行星齿轮轴(十字轴)、前桥主销,拥有十字轴生产线2条,主销生产线1条,热处理生产线1条,年生产能力:十字轴20万件,前桥主销10万件,汽车类十字轴有1吨~13吨东风全系列20个品种。主要配套企业有:一汽解放汽车有限公司、中联重科湖南车桥有限公司、湖北车桥有限公司、航空工业中南传动机械厂、湖北三环车桥有限公司等。

第三节　船舶修造

一、维　修

1987年,常德地区各县、市木帆船修理厂具备承担省内外木质船的大、中、小修能力。各船厂拥有金属切削机床、电力机械设备、木工机械设备、起重设备等755台(件),年大修木质船的能力达800余艘。20世纪80年代末,随着钢质船的迅速发展,木质运输船舶随之消失。

钢质船的船体寿命长,修理间隔时间也长。小修为3年,中修为5年,大修一般需8年以上。20世纪60年代中期,常德船舶厂、津市船舶厂由修理木质船逐步转向修理钢质船舶,并相应增添锻压设备、铸造设备、自动焊接切割设备、工业电热设备、仪表检测等现代化设备,修理钢质船的能力大为提高。随着钢质船的迅速增加,常德地区各县、市船厂也转向修理钢质船舶。1987年,常德地区钢质船舶的年大修能力达143艘,不仅能满足当地水运企业的需要,而且还开展了部分对外修理业务。

20世纪90年代,随着水运市场的萎缩,境内船舶厂也随之减少,有的破产,有的改制。2001年,全市只有常德船舶厂、常德市水运公司、津市航运总公司3家企业经营钢质船舶的维修业务。年修理船舶38艘,收入86万元。其中常德船舶厂2艘,收入57万元;常德市水运公司31艘,收入20万元;津市航运总公司5艘,收入9万元。

2010年,全市有津市船舶厂、常德市鼎城海鹰船舶修造厂、桃源德威造船有限责任公司等13家民营企业经营钢质船舶的维修业务,全年修理船舶53艘。

二、制　造

20世纪50年代末,常德地区由制造非机动船开始转向制造机动船。60年代中期,由制造木质船开始转向制造钢质船,推进动力由蒸汽机更换为内燃机。

70年代,各县市航运公司船厂在省民运局的指导下,大造钢驳船,以60吨机动甲板驳为代表的一批适航A、B级航区的机动驳应运而生。当时在沅、澧两水及洞庭湖区航行的船只几乎全部都是60吨以上的钢板驳船,基本告别了摇橹扯帆、拉纤穿滩的原始方式,换成以柴油机作动力的机动驳。特别是党的十一届三中全会后,随着改革开放的深入推进,常德水运工业很快形成了"国营、集体、个体一起上"的格局,大小船厂发展到23家。

1987年,常德船舶厂有职工592人,其中工程师8人。有切削机床22台,锻压设备6

台,铸造设备 42 台,焊接和切割设备 112 台,电力机械设备 60 台,起重设备 21 台,仪表、衡器等检测设备 36 台(套)。到 1987 年,该厂共建造各种船舶 2357 艘,7.46 万吨。产品除在省内销售外,还销往川、鄂、苏、皖等省。

1987 年,常德地区造船厂有职工 234 人,其中工程师 2 人。有各种金属切削机床、锻压设备、船体加工机械、测试检验等设备、仪表 198 台(套),年产船舶能力 3400 吨。生产 80 吨、120 吨、150 吨钢质机动甲板驳等船舶,产品在省内各地、市销售。

1987 年,津市轮船运输公司船舶厂(湘航津市船舶厂)有职工 288 人,其中工程技术人员 8 名。有各种机械设备 131 台,固定资产原值 219.2 万元。到 1987 年,该厂共建造各类船舶 204 艘,2.4 万吨;修理船舶 3468 艘,18.06 万吨。

1987 年,常德地区 9 县(市)的造船企业均能生产 60 吨 ~ 120 吨钢质机动船,其中常德市水运公司造船厂、桃源县造船厂和澧县造船厂皆能生产 120 吨钢质机动船。1987 年与 1978 年相比,常德地区造船企业制造的木质驳船比重由 62%下降到 14%,木质机动船比重由 38%下降到 26.5%,钢质机动船比重由 29.6%上升到 79.6%,船舶制造生产周期由 35 天缩短到 25 天(以 100 吨钢质机动甲板驳为标准)。

1987 年,常德地区有船舶厂 13 家,职工 1925 人,机具设备 755 台(件),年制造钢质船 72 艘、9624 吨。能制造工作艇、公务船、渡口拖轮、浅水拖轮、顶推轮、甲板驳、半舱口机动驳、油驳、水泵工作船、浮吊船、水泥船、护苇船、机动渡船、对江渡轮、长途客轮、短途客轮等 40 多种船舶。最大的客轮达 500 客位,货船达 400 吨。

20 世纪 90 年代后,由于内河航运不景气,所需船舶急剧减少,加上各造船企业经营管理不善,大多数县、市船舶厂因亏损严重而倒闭。1992 年 9 月,湖南省首次实行“船舶修造企业生产技术条件认可证”,当时常德申请评审的有 17 家,获得“认可证”的有 16 家,其中国有企业 3 家(常德船舶厂为一类,常德造船厂、津市船舶厂为二类)、各县市集体企业 9 家及乡镇企业 4 家(均为三类)。

1994 年,常德船舶厂为全市造船龙头企业,产品吨位大、技术性能好,代表产品有 397.2 千瓦推顶轮,40 米 ~122 米工作趸船、40 吨起重船等。常德造船厂以生产 60 吨 ~250 吨机动驳为主,曾创下年产 40 艘 60 吨机动驳的记录。同时开发了江海直达集装箱船舶。常德水运公司船厂自制的每小时 140 立方米挖砂船居全市挖砂船效益之首。桃源县航运公司船厂自行研制的小型挖金船,适用于在沅水河床采挖黄金和金刚石,得到了普遍推广。安乡县航运公司船厂研制的客渡系列产品,产品性能配套,通过了省级鉴定。澧县航运公司船厂自行研制节能型多用途机动驳。其他航运公司船厂也积极研制新产品,但产品规模不大,未形成市场效应。

全市各造船企业坚持以市场导向,大力开发新产品,当时创造了一系列之“最”:如最大的货驳为 1500 吨甲板驳;最大的拖推轮为 397.2 千瓦顶轮;最大的采金船为 100HL 采金船;

最大的客轮为600客位川江客轮；最大的机动驳为250吨机动驳；最大的工作趸船为122米华能趸船；最大的挖砂船为每小时140立方米挖砂船。

2000年6月至2001年4月，常德船舶厂、津市船舶厂和常德造船厂先后进行“破产、改制、买断”，继而各县、市造船集体企业和乡镇企业也纷纷依法申请破产。至此，常德市水运工业已全部实行民营性质的公司化经营。

2001年，境内仅有2家企业制造民用钢质船14艘，2464吨，5253千瓦，销售收入3616万元。其中常德达门船舶有限公司制造民用钢质船5艘，378吨，3825千瓦，销售收入2275万元；常德船舶厂制造民用钢质船9艘，2086吨，1428千瓦，销售收入1341万元。

2010年，全市有船舶修造企业14家，其中外商独资1家、民营13家(见表5-1-3-1)。共建造各类钢质船舶98艘，5.58万吨，修理船舶53艘，实现工业总产值46800万元。

常德达门船舶有限公司 常德船舶厂根据国家洪涝灾害频发的实际情况，积极开发水利施工船舶。1994年1月，经省政府批准，湖南船舶制造业第一家中外合资企业——常德达门船舶有限公司成立，其注册资金180万美元，达门集团占股50%，常德船舶厂以现有部分厂房、设备和土地使用权折价入股，占股47.2%，省国际经济技术合作公司占股2.8%。为建造标准船舶，达到国外先进工艺技术水平，常德达门公司投资600多万元建成一座长60米、宽28米、高18米的现代化造船工棚，配备有遥控操作行车3台(20吨×1台，10吨×2台)。并从国外购进数控仿形切割机、自动保护焊机、液压弯管机、多功能木工机床等一大批工装设备和激光测温仪、激光吊线、湿度露点检测仪等先进的检测、制图、绘图仪器及电脑软件。通过计算机互联网，可直接从荷兰输送图纸到常德。

1996年5月12日，国务院副总理邹家华在省长杨正午、副省长周伯华的陪同下，到常德达门船舶有限公司考察时作出“充分利用荷兰的造船技术，采取引进、消化、吸收的办法，先生产一大一小两艘挖泥船作为试验船，逐步实现国产化”的指示，并题词“开发先进疏浚技术，治理江河，造福人民”。1997年，国家经贸委、国家计委、交通部本着“择优扶强、增量盘活存量”的精神，将常德船舶厂列入“1997年第一批重大技术装备技术改造项目”，承担每小时1450立方米绞吸式挖泥船研制任务，并予以立项。为进入国家“百船计划”，抢先占领挖泥船市场，达门公司决定先造1艘样板挖泥船。1997年4月，作为样板船的CZ500S绞吸式挖泥船开工建造，1998年2月完工，3月29日试挖成功。邹家华副总理亲自为该船题写了“常德1号挖泥船”的船名。

该船是在荷兰达门CZ500标准船型的基础上，结合中国内河湖泊及近海水域的实际情况改进设计的。经码头试验和挖泥试验，证明该船的建造质量完全符合设计要求。该船船体采用整体建造，机舱宽敞明亮，便于操作和维修；增加抛锚系统，省去抛锚船的频繁作业；增加必要的生活设施和设备，改善了操作人员的工作环境；增加自动倒桩装置，便于船舶通过闸口和桥梁，提高了适应多种环境的运输能力。整船质量达到国际同类产品的先进水平，造价仅为进口价格的72.76%,具有广阔的市场前景。该船的制造,不仅填补了我国高效挖泥船的空白,同时也标志着该公司成为全国第一家生产进口替代型高效挖泥船的厂家。至2001年,该公司共生产CZ500、CZ450、CZ400三种型号的绞吸式挖泥船5艘,其中1艘CZ450型销往国外。

CZ500S绞吸式挖泥船的主要技术参数如下:

绞刀桥架呈水平状态时的总长度:40米

平底船长:31.5米

型宽:7.75米

型深:2.45米

燃油舱满载时吃水:1.5米

拖航时最浅吃水:1.2米

最大挖深:12米

排距1000米时的最大挖掘量:750立方米/小时

排距4000米时的最大挖掘量:350立方米/小时

吸泥管内径:550毫米

排泥管内径:550毫米

泥泵轴功率:915千瓦

主机功率:1600转/分时的持续功率955千瓦

副机功率:1800转/分时的持续功率358千瓦

绞刀轴功率:187千瓦

绞车桥架、横移绞车最大拉力:100千牛

定位桩长度:16.8米

定位桩直径:610毫米

两侧摆角各35度时开挖宽度在最小挖深时:44米

两侧摆角各35度时开挖宽度在最大挖深时:38米

甲板吊起重能力:40千牛

在合资企业经营的8年间,由于全球造船市场持续下滑,国有企业与合资公司因制度束缚和中西文化、管理理念的差异等方面的因素,企业发展艰难。常德船舶厂在内河航运市场不断萎缩和激烈竞争的冲击下,加之企业机制僵化,产品单一,债务沉重,资不抵债。2002年1月14日,湖南省常德市中级人民法院依法宣告常德船舶厂破产还债。经过长达三个月的信息传递和书面交流,多回合反复协商,4月,荷兰达门集团最终同意以75万美元的价格整体收购常德船舶厂,并草签意向协议书。7月22日,双方正式签订"收购协议书"及附件。

2002年9月,常德达门船舶有限公司正式由合资企业变更为外商独资企业。变更后的一年多时间里，常德达门船舶有限公司斥资1200多万元，进行船台和滑道的升级改造，将横移船台的承载能力提高到600吨，新建了省内第一条承载600吨的轨道式机械下水滑道，成为湖南省拥有最大起重能力船台和滑道的造船企业。

2002年，常德达门船舶有限公司又研制生产出国内第一艘WSD400M刀轮式挖泥船，制造水平跨入世界先进行列。常德至鲇鱼口航道的拓宽和加深，遇到几大段坚实的黏土层，用一般绞吸式挖泥船效率低，甚至无能为力。而刀轮式挖泥船采用水下刀轮与水下泥泵相配合，可达到极高的挖掘、吸入性能，在挖掘坚硬土质时更显示出它的优越性。

2003年，该公司年生产总值2500万美元，已生产各类出口船舶30多艘，为国家创汇200多万美元，成为常德市的出口创汇大户。管理上，公司建立新型的现代化企业管理理念，办公系统实行网络自动化和数字化信息处理。生产技术方面，工人经过培训，均获得国际认证的LR（英国劳氏船社）、BV（法国船级社）、CCS（中国船级社）颁发的从业许可证书，所制造的产品已达到这些船级社要求的质量标准。

2003年10月，常德达门船舶有限公司试制1艘全回转拖轮2411成功，该船长24.55米，型宽10.7米，侧深（半长）4.6米，艉部吃水4.9米，排水量（空载时）380吨，270总吨位，航速12.8节，系柱拉力68.2千牛，价值200万美元。它可以360度旋转，不需调头，其制造技术在国内处于领先地位，此船已销往澳大利亚。

常德达门船舶有限公司生产的拖轮、挖泥船等，不仅供应国内市场，还出口东南亚和东欧一些国家。2004年，该公司有正式员工190人，其中，安置原常德船舶厂置换身份职工116人，在招聘新的生产工人方面，常德达门船舶有限公司积极响应政府号召，从下岗失业人员中招聘合适的员工，解决他们的就业困难，并且公司还为他们缴纳“三金一费”（职工养老金、医疗保险金、失业保险金、安置费），购买人身意外伤害保险。

2005年至2009年，公司再次投资近3600万元，进行第二次扩能技术改造。按欧式标准新建一座国内一流的全封闭式多功能船舶总装车间，改造延长4跨船体车间，新建1座2200平方米的数控下料车间及1座3780平方米、高24米的船体车间，改造了泊船码头。设备方面，全面更新车间起重行吊，增添等离子数控切割机、新型焊接设备等。通过两次技术改造，企业规模进一步扩大，公司占地12万平方米，使用岸线620米，主要建筑设施有船体建造工棚8座，全封闭安装车间2座，数控下料车间1座和机加工车间1座，承载600吨的横移船台、有轨机械滑道各1座，300米有效使用码头1座，保税仓库4000平方米。主要设备有数控下料机、数控弯管机、滚板机、剪板机、折弯机、铝合金焊机及起重设备600多台（套）。生产规模进一步扩大，生产能力和技术水平也得到进一步提升。

2009年，公司有员工383人，其中各类专业技术人员51人。完成总投资550万美元，注册资本433万美元。拥有省内最大的船台滑道，600吨级浮船坞等机器设备391台（套），厂房设施面积3.07万平方米，总资产达7682万元。船舶产品涉及3大系列10多个品种，生产规模达年产6艘ASD全回转拖轮和12艘标准拖轮的能力。

公司通过多年努力,已具备设计、建造新型ASD全回转拖轮、CZ绞吸式挖泥船、WSD刀轮式挖泥船、挖泥船辅助船和Stan Tug标准拖轮的能力。2010年,已完成6.3米钓鱼船、StanTug1605、StanTug1606三个系列常规拖轮、CZ450绞吸式、CZ500绞吸式和WSD400M刀轮式三个系列挖泥船及ASD2310、ASD2411、ASD2509、ASD2810、ASD3111五个系列全回转拖轮共11个系列产品的设计生产能力,并使之标准化。

公司建立了自己的船舶设计团队,坚持引进、消化、吸收、创新的技术发展思路,广泛应用AutoCAD、Cadmatic、Nupas、3Dmax等专业软件进行船舶设计,在与国外公司合作的过程中,使公司研发设计能力不仅满足自身的需要,而且从2007年开始承接国外船舶设计生产业务。

公司产品遍布亚、非、欧、南北美、大洋洲等世界各大洲,销售收入迅速增长。2007年销售收入突破亿元大关。2008年实现销售收入1.5亿元。2009年,公司建造销售各类船舶64艘,实现产值2.5亿元,销售收入2亿元,出口创汇3000万美元,成为常德市出口创汇大户,是国家加工贸易出口重点企业。

常德鼎城海鹰船舶修造厂　其前身是原常德市航运公司船厂(集体企业),1997年由潘友德承包经营,任厂长。2004年,企业改制后为潘友德独资经营,工商注册为常德鼎城友德船舶修造厂,2008年更名为常德鼎城海鹰船舶修造厂(以下简称海鹰船厂)。

该厂位于沅水与马林航线交汇处的马家吉,与著名的德山孤峰塔隔江相望。厂区水深6米以上,使用岸线350米。

2004年船厂改制前,固定资产只有几十万元,以修为主,产品比较单一,年均造出船舶综合吨不足1万吨,总产值1000多万元。

企业改制后重组的海鹰船厂充分利用机制灵活的优势,广纳人才,聘请2名具有多年船厂管理经验者担任副厂长,并从社会上招聘船舶高级工程师1名,工程师4名,项目技术经理2名,技术工人84名,大部分为原船厂和常德船舶厂、常德造船厂的技术熟练工。该厂灵活的用人方式,为企业提供了强有力的技术支持。

在引进技术人才的基础上,海鹰船厂着力创新管理与技术,企业规模逐渐扩大,生产能力不断提升,经省国防科技工业局审定认可为具备二级Ⅱ类船舶修造资质的企业,并成为湖南省定点拆船、改船生产厂家之一。

通过几年的发展,海鹰船厂已拥有完整的修造焊接设备、船舶起坡行河起重设备以及大型折边机、剪板机等多种造船设备60多台(套),有工棚2跨600多平方米和露天修造船台1.5万平方米,固定资产200多万元。特别是该厂继承和弘扬原海鹰船舶厂先进的造船经验,以科学的工艺流程、严格的质量标准及“至诚至信,追求最好”的经营理念服务社会,先后承担了载重4300吨的甲板驳、88标箱集装箱船、千吨级一级油驳、2800吨自卸驳以及常德、怀化、吉首海事艇、航标艇等各种公务船建造,出厂的产品均获得各地方海事、船检部门及用户的一致好评。在修造船市场激烈竞争中，该厂站稳了脚跟，经济效益逐年增长，2008 年其工业总产值达 4045 万元，出厂船舶综合吨 2.27 万吨。

桃源德威造船有限责任公司　德威公司位于桃源县陬市镇，其前身是桃源沅江船厂，系镇办集体企业。20 世纪 90 年代初，该厂由原厂长陈建中租赁承包经营。当时厂里有 60 多名职工，设备简陋，以修船为主，总资产不足 50 万元。

2001 年，陬市镇政府决定对这个生产效益低、亏损严重的企业实行破产改制。陈建中筹资买下该厂，几经努力，于 2003 年 12 月注册成立桃源德威造船有限责任公司。

这个集体小厂改制为股份制民营企业后，有多年船舶修造经验的陈建中，在新的体制中充分发挥自己的聪明才智，根据现代企业规范管理的要求，建立健全了质量、安全、计量、技术、生产工艺五个方面一整套管理体系。使昔日小厂发展为以造为主，并经省国防科技工业局审定认可为具备二级Ⅱ类船舶修造资质的企业。生产的船舶质量越来越好，品种越来越多，吨位越来越大。2006 年，德威公司承造的 180TEU 集装箱船“湘远 10 号”顺利投产，该船为第四代超大型、高效集装箱船，亦为全省内河迄今为止最大的集装箱船。到 2010 年，德威公司成立 7 年来，先后建造的船舶有 4000 吨沿海自卸驳船、180 标箱集装箱船、270 标箱集装箱船、4000 吨自吸自卸采砂船、4000 吨甲板驳、500 吨一级油驳等各种类型的船舶。2008 年，工业总产值达 4500 万元，创公司最好水平。

2010 年，德威公司有高级工程师 1 名，工程师 6 名，技术工人 120 人，固定资产 500 万元，注册资金增加到 1000 万元。厂区使用岸线 500 米，厂房面积 1.2 万平方米。拥有露天船台 5 座，并率先在全市造船行业中引进先进的气囊技术替代船舶下水滑道。配置 20 吨卷扬机 2 台，25 吨汽车吊 1 台和液压卷板机、液压折边机、自动埋弧焊机、二氧化碳保护焊机、超声波测厚仪、X 光探伤仪等设备 120 多台(套)，已成为颇具规模，有较强市场竞争力的民营企业。

常德市船舶修造企业名录表

表 5-1-3-1

2010 年

序号	单位名称	地址	法人代表	注册资金（万元）	开业时间	修造资质类别	从业人数（人）	工业总产值（万元）	主要产品产量		固定资产		厂房面积（平方米）	备注
									修造（艘、吨）	修理（艘）	原值（万元）	净值（万元）		
1	常德达门船舶有限公司	常德市德山街	刘湘平	10000	1994	一级二类	500	20000	15/6000		5000	4000	20000	产品出口外商独资
2	津市船舶厂	津市羊湖口	宋刚炎	1000	2000	二级二类	120	2600	8/5000	2	120	150	12000	民营
3	常德鼎城海鹰船舶修造厂	常德市德山街	潘友德	1000	2003	二级二类	200	2600	8/8000	4	200	150	10000	民营
4	桃源德威造船有限责任公司	桃源陬市	陈建中	1000	2001	二级二类	200	4000	10/12000	3	500	160	12000	民营
5	常德三湘船舶有限公司	常德市德山街	姚林茂	1000	2000	二级二类	100	1800	3/3000	8	200	150	10000	民营
6	澧县民生船舶修造厂	津市小渡口	石瑞立	500	2000	二级三类	120	7600	8/5000	2	120	80	10000	民营
7	常德德富船厂	桃源陬市	崔海春	500	2009	三级一类	80	1500	4/3500	3	100	55	8000	民营
8	汉寿县周文庙龙宏造船厂	汉寿县周文庙乡	胥德龙	500	2009	三级一类	75	1500	8/6000	5	120	80	10000	民营
9	桃源达隆船厂	桃源陬市	孔亚平	500	2004	三级一类	80	1000	2/1800	4	100	60	8000	民营
10	津市海宏船舶厂	津市小渡口	赵斌海	500	2010	三级一类	80	800	2/1200	4	100	60	6000	民营
11	桃源县船舶修造厂	桃源陬市	庄爱宏	200	2000	三级二类	60	1000	2/1500	6	100	60	5000	民营
12	桃源县三汉港船厂	桃源陬市	李忠文	200	2004	三级二类	50	800	2/1200	6	100	60	6000	民营
13	桃源恒升船厂	桃源陬市	蒯同芳	200	2009	三级二类	80	1200	6/2000	3	100	60	8000	民营
14	安乡银发船厂	安乡城关	刘厚银	100	2004	三级三类	60	400	20/600	3	60	35	4000	客渡船为主、民营

第二章　科　技

1978年3月全国科学大会召开后，常德交通系统认真贯彻“科学技术是第一生产力”和“经济建设必须依靠科学技术，科学技术工作必须面向经济建设”的精神，紧密联系交通基础设施建设、运输、工业的生产实际开展学术交流、咨询服务、科学普及、人才培训、科技成果的推广应用等活动，促进了常德交通事业的发展。

第一节　科技管理

1980年4月，常德地区交通局设科技科，市直企业及各县（市）交通局设科技股（科），全区共配备科技管理人员60人，专门负责境内交通科技的组织管理、协调服务、立项定向、攻关研究、成果检验等工作。1983年9月，科技科被撤销，其业务并入安全科。1986年6月恢复科技科。1995年并入安全科技科。2001年局机关机构改革时，更名为运输安全科技科。

1981年6月20日，常德地区交通学会成立。学会下设公路工程学组、汽车管理（修造）学组、水运工程学组、水运管理学组、船舶修造学组共5个专业学组。各学组围绕各自专业中的热点、难点，经常开展学术讨论，撰写学术论文，组织技术攻关。至1991年，学会编辑出版的书籍和刊物有《常德交通科技》（不定期）、《联合运输》《汽车维修技工教材》《汽车维修检验员教材》《内河小型钢质船舶建造讲义》《交通工业企业标准化工作基础知识》《一九八六——一九八七年论文集》《一九八八年度论文集》《一九八九年度论文集》。学会会员在省级以上刊物发表论文63篇，获省、市（厅）科技成果奖9项。交通学会因成绩显著，于1983年、1987年、1988年、1990年四次被评为地区（市）先进学会。1991年，市交通学会共有会员246人，团体会员138个。它作为全市交通科学技术工作者的学术性群众团体，对促进交通科技的发展起到积极作用。

1991年至1995年，市交通系统组织各类技术业务培训80期，培训各类技术工人、管理人员4626人次，送培在职科技人员110人到大专院校学习深造。交通学会会员撰写论文89篇，其中被评为省级优秀论文4篇、市级优秀论文18篇，完成交通建设、新产品开发等咨询服务项目15项，提出可行性研究报告7项，介绍新产品开发信息70项。5年中，市交通系统共完成科研成果10项，新产品开发17项，推广应用新技术、新成果、新工艺、新材料37项。共发表QC成果83个，其中国家级优秀QC成果1个、部级优秀QC成果4个、省级优秀QC成果19个、市级优秀QC成果13个，为企业增收节支664万元。1994年，市交通系统有各类工程技术人员520人，其中高级技术人员17人、中级技术人员230人、初级技术人员273

人。一个人才荟萃,专业齐全,结构比较合理的科技队伍基本形成。1996 年 12 月,市交通局被省交通厅评为“八五”期湖南省交通科技工作先进单位,范迪斌、田俊强、李平获“湖南省交通系统优秀科技工作者”称号。

1996 年至 2000 年,交通学会会员撰写论文 31 篇,其中在省级刊物发表的有 10 篇,被评为省级优秀论文的有 2 篇,市级优秀论文的有 5 篇,完成交通建设、新技术推广 10 项。2001 年,交通学会咨询服务部获常德市第三届技术市场金桥奖集体奖。唐秋庭、万黎妮获常德市第三届技术市场金桥奖先进个人奖。5 年中,全市交通系统共发表 QC 成果 38 个,其中国家级优秀 QC 成果 1 个、部级优秀 QC 成果 2 个、省级优秀 QC 成果 22 个、省级优秀 QC 小组 2 个、省级优秀 QC 小组长 1 名。常德市交通运输管理处被省交通厅评为“九五”期交通科教工作先进单位,万黎妮、谢大明、王建民被评为先进个人。2000 年,市直交通系统有各类专业技术人员 1479 人,其中高级技术人员 22 人、中级技术人员 398 人、初级技术人员 1059 人。

2003 年,湖南省交通建设质量监督常德市分站站长、高级工程师谢大明被中共常德市委、市人民政府先后授予“优秀专业技术人员”“常德科技之星”称号。

第二节　科技成果

新型客车底盘　1985 年起,湖南汽车车桥厂黄费智、唐万年等开始试制新型客车底盘。他们采用双管路真空助力油压制动系统及双向助势的车轮制动器,使底盘制动系统右靠,行驶安全。同时,他们采用冲压焊接桥壳和单螺母轴承锁紧机构,从而减轻了非悬挂重量,提高了重量利用系数和前后桥的疲劳寿命。用这种底盘,可改装各种中型面包车、邮政运输车、医疗救护车等,功率大,重量轻,结构合理。1988 年 2 月该新型客车底盘获国家专利权(专利号 88 2 12097·2)。

“爱滴”燃油添加剂　1985 年 11 月,常德湘西北农贸中心宁恕涛从香港金兆贸易公司引进日本东京深泽化工研究所研制的无毒多效生化石油醇素助燃剂——爱滴添加剂。地区交通局组织常德汽车运输公司、常德市水运公司等单位进行路试、航试,其节油率分别达 6%~6.25%。1986 年 2 月,常德地区交通局建议行署在全区推广使用。3 月,中共常德地委批复同意列为当年全区 15 个工业科技成果推广项目之一。由地区交通局科技科科长范迪斌主持,地区科委易炳炎、常德汽车运输公司冯祖钊、湘西北农贸中心宁恕涛等参与,先后组织地区交通局所属 12 个车船单位进行试验。添加剂按 1/ 万 ~ 1.3/ 万的比例掺进燃油内,不需搅拌即可使用。用于汽车平均节油率为 6.07%,且起动容易,使用方便。1986 年至 1987 年全区推广 2000 瓶,节油约 1000 吨,直接和间接经济效益达 300 万元。后相继被江西、湖北、山西、贵州、河南、北京等省市引用。1988 年 12 月,该项成果获市科技进步三等奖。

粉煤灰混合料和水泥稳定粉性土　为解决湖区缺砂石地段修建油路的困难,1986 年在安乡县大鲸港至七家桥段用粉煤灰混合料和水泥稳定粉性土做过 3 公里油路基层补强试验。前者利用煤灰渣、沙质土、黏土加上石灰，经过筛、拌和、铺装、碾压，弯沉测量表明基层强度理想，造价较原设计降低30%左右；后者用二级石灰和粉性土先拌和，整平后再进行矿渣（矽酸盐）水泥拌和、整平、压实，两者价廉且水稳性和强度均好。两项成果，前者1987年通过省级技术鉴定，后者1988年7月通过地级技术鉴定。

预应力砼箱型连续梁桥　1983年，由湖南省交通规划勘测设计院设计、省公路桥梁公司施工、省交通科研所及常德地区沅水大桥工程指挥部参与施工监测和科学试验的常德沅水大桥。

常德沅水大桥全长1408延米，由不同跨径的简支梁和连续梁组成。主桥为84+3×120+84米预应力砼连续梁，梁体为变截面箱型，设三向预应力。该桥首次采用宽翼缘的单箱室断面、大吨位张拉的钢绞线和新型的XM锚具等新技术，还采用输送泵运送砼、万能杆件桁架式挂篮分段悬浇箱梁（箱梁为悬吊式结构）。施工中，国内20多个省（市）派出工程技术人员来参观，有关高等院校亦有十多批师生前来实习。该桥为当时省内第一座特殊独立大桥，结构新颖、技术先进、大方美观、安全适用；且工期短、造价省、质量好。大桥验收委员会鉴定认为是具有国内先进水平的优秀设计，工程质量优良，并推荐参加优质工程评比。1986年被评为全省重点工程第一名，获省优秀工程勘察一等奖和优秀工程设计一等奖；获1987年国家工程建设质量金质奖；获1988年全国优秀工程银奖。

水泥石灰综合稳定土做路面基层　由地区公路总段陈文龙、胡宋权、杨美清、黄平研究的“水泥石灰综合稳定土做路面基层”，1989年1月获市科技进步二等奖。

汽车渡船自动挂脱钩装置　由田汉民、钟惠深、杨慈君、黄光麟研究的“汽车渡船自动挂脱钩装置”，1989年11月获省交通厅科技进步二等奖。

常德市交通发展规划　1984年至1985年，由地区交通局范迪斌、管烽、熊厚生、欧阳志斌、童英俊、万黎妮编制的《常德市交通发展规划》，1990年获市科技进步二等奖。

前置补偿导管消涡器　1990年8月，津市轮船运输公司总工室与武汉水运工程学院流体力学教研室合作，在803客轮上安装前置补偿导管消涡器。经实航测试节油8%～10%，航速提高3%以上。

597千瓦近海拖轮　1992年8月至1993年6月，由常德船舶厂郭明、聂胜保、张家栋、刘华初、张多振研制的597千瓦近海拖轮，该船经武汉机械设备进出口公司中介，为香港客户建造，航行于香港水域，是湖南省首批出口的船舶产品。该船油耗低、拖力大、操纵灵活、回转性能优越。船舶总长23.8米，型宽6.82米，型深3.63米，吃水2.7米，排水量193吨，主机功率597千瓦，航速11.4节，持续拖力107千牛。该项成果获1995年市科技进步三等奖。

常德市公路网规划（1991—2020）　1992年至1996年，由邹镇华、宋文魁、史连甲、余友成、王友利等编制的《常德市公路网规划（1991—2020）》，1996年获省交通厅一等奖。1997年4月获市科技进步三等奖。

水泥混凝土路面裂缝处治材料的研究　由市公路管理局刘清华、杨美清等人组织研究的“水泥混凝土路面裂缝处治材料的研究”,该项成果获1998年市科技进步三等奖。

200千瓦全液压多用途工作船 2000年10月至2001年8月,由常德船舶厂和省航务船舶设计研究所宋道溪、尹云开、张家栋、李新平、聂胜保、邵建胜研制的200千瓦全液压多用途工作船。该船是国内建造的第一艘能承担多种作业的全液压挖泥船辅助工作船,具有船型小、技术起点高、多用途、高效率的特点。2002年4月29日,经省交通厅科技成果鉴定委员会鉴定,其技术性能处于国内领先水平。船舶总长18米,吃水1.25米,水线长17.5米,排水量110.5吨,型深2.1米,航区A级,主机功率2×100千瓦,绞车拉力150千牛,系柱拖力40千牛,满载航速每小时12公里,吊机能力每米130千牛,续航力80小时。其主要功能:挖泥船及其他疏浚设备的顶推及拖带;驳船的推、拖航及装卸;输泥管的安装及拆卸;向疏浚工地输送燃油及饮用水;绞刀、泥管及其他钢结构件的修理;挖泥船的抛锚、起锚、移锚作业;重物的吊装和运输;船员交通和其他后勤服务;还可以进行航道水深测量和地形勘测。该船造型美、功能多且设备先进、性能可靠,加之甲板作业面积大,深受用户好评。国家水利投资公司“百船办”将该船作为挖泥船辅助船的优秀船型推广。该项成果获2002年市科技进步二等奖。

WSD400M刀轮式挖泥船 2001年7月至2002年5月,由常德达门船舶有限公司刘湘平、郭明、熊伟、张上兵、梅运文、陈孟军研制的WSD400M刀轮式挖泥船,该船总长42.5米(刀架呈水平状态时),型宽7.8米,吸泥管直径450毫米,最大挖深12米,浮箱总长度33.5米,最大设计吃水1.5米,排泥管直径400毫米,最大排距2500米,是一艘性能优越、特别能挖掘高硬度黏土的高效率的刀轮挖泥船。刀轮式挖泥船是挖泥技术的最新发展,在国内是首创,目前世界上也为数不多。2003年5月,湖南省交通厅在长沙主持召开“刀轮式挖泥船”产品鉴定会。鉴定委员会认定:产品具有国内先进水平,填补了国内该型船舶空白,并使建造技术步入国际先进水平。该项成果获2003年市科技进步二等奖。

ASD2411全回转拖轮 2002年2月至2004年5月,由常德达门船舶有限公司刘湘平、梅运文、游少兰、陈孟军、郭明、熊伟、文俊研制的ASD2411全回转拖轮,该船总长24.55米,型宽10.7米,侧深(半长)4.6米,艉部吃水4.9米,排水量(空载时)380吨,270总吨位,航速12.8节,系柱拉力68.2千牛。该船船型小,拖力大,稳性好,操纵灵活;自动化程度高,实现了无人值班机舱和操纵、导航自动化;报警系统完备,设有机舱和舵机室控制器报警、推进装置报警、舱底水报警、居住舱内报警及总报警;配备有GPS(全球定位系统)、回声测深仪、雷达和VHF(甚高频)。此船可在艏部进行推、拉作业。用于港作拖轮作业时,利用在艏部的拖曳点与艉部舵桨装置之间尽可能长的距离来保证良好的操纵性。由于操纵灵活,拖力大,适用于港口、沿海大型船舶的停泊操作和近海拖曳。该项成果获2004年市科技进步二等奖。

常鲇航运建设工程 常鲇航运建设工程的设计和施工中依靠科技进步,在洞庭湖区航道整治工程中取得了多项科技新成果,航道滩险整治首次采用GPS卫星定位测控技术进行电子成图、施工放样、交工验收,大大提高了工程设计、施工测控精度,提高了工程质量。

针对河床地质状况，购置引进新型刀轮式挖泥船（型号为 WSD400M）疏浚航道，攻克了开湖航道高硬度黏土水下施工难题。

采用新型 PE 材料，设计、试制成功能适应湖区航道环境的防撞助航标志，并大量配布采用。

新技术、新材料、新型机具设备的采用，为整治工程降低了成本，提高了工程建设质量，被交通部评为 2005 年“全国交通建设十佳优质管理项目”。航道整治关键技术研究项目获 2007 年湖南省科技进步二等奖。内河单船标研制与新型 PE 材料防撞浮标研制分别获得中国航海学会科技进步二等奖与三等奖。

常（德）张（家界）高速公路在三年的建设中，进行了多项科研课题研究，应用了多种新技术和新工艺。下面是路基填筑、桥梁施工、边坡生态防护等方面的科研成果和新技术应用。

国家西部交通建设科技项目（项目编号 2002,31800015）——在常张路膨胀土路堤设计、试验与施工　通过对常张路膨胀土路堤试验路段的设计、试验与施工技术研究，总结了中至弱膨胀土通过必要的工程处治措施是可以作为高速公路路基填料添筑的，既节约资源、节省土地、降低工程造价，又保护自然环境。贯彻了人与自然和谐理念，在常张路的试验段直接为常张高速公路建设减少用地 48.67 万平方米，节省工程造价 1792 万元。取得了良好的资源效益、经济效益、环境效益和社会效益。

《湖南省膨胀土地区公路路基处治技术研究》获 2006 年度中国公路学会科学技术一等奖。

高速公路土石混填路基冲击压实技术在常张路的应用　针对常张高速公路采用冲击压实技术压实土石混填路基的问题，选取试验段进行不同松铺厚度路基的施工工艺及质量控制等试验研究，提出了松铺厚度、冲压遍数、溃压沉降率（单级沉降量）、填料最大粒径等施工控制参数。其中不同松铺厚度填料有相应的最佳碾压遍数，并从技术经济的角度提出了最佳的松铺厚度及其碾压遍数，并建议施工控制以沉降率为主。

对于粗料含量在 40%～70%之间的土石混合填筑料，通过试验段冲击压实现场试验研究得出以下结论：

（一）施工控制以沉降率为主，建议采用沉降率为 10%～12%，分级沉降量小于或等于子力学 10 毫米。

（二）松铺厚度为 80 厘米时，最佳冲压遍数为 30 遍；松铺厚度为 100 厘米，最佳冲压遍数为 40 遍。采用 25 千焦的冲击压实机压实土石混合填料，填筑厚度以不超过 100 厘米为宜。

（三）采用冲击压实技术压实土石混合填料路基的平均费用比传统方法低，而且大大缩短施工工期。

《高速公路土石混填路基冲击压实技术》已于 2006 年通过湖南省科技鉴定。

真空灌浆新技术在常张路木塘垸沅水大桥中的成功应用　真空辅助灌浆是针对后张预应力砼结构传统压浆工艺缺陷而衍生的一项新技术。它较好地改善了普通压浆法存在的压浆不密实、不饱满、容易产生离析、干硬收缩、产生孔隙从而导致预应力筋受到锈蚀的缺陷,与普通压浆相比,真空灌浆可以消除普通压浆产生的气泡,使孔道内残留的水珠在接近真空的状况下气化,混在浆体中的气泡随同空气一起被抽出,增强了浆体的密实度,避免有害水聚集在预应力筋附近,防止预应力筋的腐蚀。

在工程施工中通过应用先进的施工工艺、使用先进的灌浆设备、加厚塑料波纹管、灌入合理配比的优质水泥浆,消除了管道孔隙、保证孔道灌浆的均匀性,使之形成一个密实、不透水的保护层,大大增强了预应力筋的防腐,并加快了施工进度。灌浆完成后对梁体进行了局部抽检,浆体密实合格率达100%。事实证明,真空灌浆技术是确保后张法预应力构件质量的一个强有力的保证。在木塘垸沅水大桥中的真空灌浆优化运用得到圆满成功。

厚层基材喷射植被护坡在路基生态防护中的应用 厚层基材喷射植被护坡是采用砼喷射机把基材与植被种子的混合物按设计厚度均匀喷射到需防护的工程坡面的绿色护坡技术。该技术具有施工速度快、造价相对低,而且可以在公路两侧营造植物群落,有效恢复并保证环境的可持续发展。而山区高速公路建设中,深切路堑不断增加,采用传统的防护方式对生态系统造成的不可逆的破坏越来越明显,如何在做好公路边坡防护的同时更好的兼顾对生态环境的恢复,进而实现公路边坡的可持续发展,厚层基材喷射植被护坡技术很好地解决了这个问题。

厚层基材喷射植被护坡技术在常张高速公路多个边坡的工程实践中取得了良好的工程效果。

湖南省交通厅科技进步与创新计划项目“弱面夹层岩石边坡锚注加固技术研究”(项目编号2005,200541)——在常张高速公路边坡的应用 弱面夹层岩石边坡深部滑移采用锚索加固。在锚固工程设计中一直使用经验数据对锚索结构设计,不考虑锚固对岩土体的锚固响应效果。该项目在试验、监测和理论分析基础上,首次提示了单锚锚墩预应力在岩土体中呈椭球体分布规律;据此建立了预应力锚索浅层锚固应力墙理论,在国内外第一次提出了“锚固效应设计法”。该设计技术不仅从目前的经验设计法过渡到量化设计,而且把锚固设计的对象从锚索结构设计扩充到锚固效应设计。

弱面夹层边坡的浅层滑坡通常采用锚杆和泄水管联合加固,但是没有锚固注浆联合加固效果好。由于浅层注浆不能留压盖层防止跑浆,也不能采用高压注浆扩大注浆范围。该项目研制预应力锚管和配制悬浮型浆液、开发注浆调控工艺构成了一种新型的浅层无覆盖无止浆塞的孔内循环浅层注浆技术,与泄水管配合,有效解决了弱面夹层水蚀管涌边坡浅层滑坡难题。

岩石陡边坡流行喷混植生,但是碱性土壤和覆土厚度影响了植生效果。该项目试验的“格梁植生袋绿化技术”从水土保持、生物选种、植生工艺方面改进植生方法,实现高覆盖率绿化,解决了岩石陡边坡坡面绿化难存活的防护难题。

该项目成果在湖南省常张高速公路已经成功推广应用,解决了弱面夹层岩石边坡深部加固、浅层加固和坡面绿化防护的难题，取得了较好的经济效益。该项成果可用于水利、公路、铁路、露天矿山、建筑深基坑的弱面夹层边坡加固。该项目已经申请国内实用型专利，有关技术论文受到国内外同行多次引用和多家检索。

技术发明型：弱面岩层预应力锚管循环浅层注浆法专利号为200810030928.9

技术发明型专利：预应力锚索锚固效应设计技术专利号为200810030928.10

常德至张家界高速公路——热市服务区综合楼　热市服务区是省境第一座横跨主线而建的服务区。其中，综合楼项目用地面积1791平方米，总建筑面积5480平方米，基底面积3005平方米，建筑高度22.964米。于2004年9月至12月完成设计，2005年12月投入使用。工程设计概算916.57万元，竣工决算864.72万元。

项目设计特点：

（一）建筑造型突出湖南风雨桥建筑特色，地域建筑特征浓厚；在设计中能巧妙突破地形地貌的局限，在满足功能的前提下力求避免对环境过度改造，体现了资源节约的理念，为山区高速公路服务区的建设起到了示范作用。

（二）综合楼跨主线最大柱跨距22米，为减少梁的高度，同时保证位于主线上空部分的顶板平整美观，结构设计大胆采用蜂巢空腹现浇楼盖新工艺，节约了土建投资。

（三）在设计中注重新材料、新工艺、新技术的应用，主要有：环保型内外墙涂料、HRB400新型钢筋、PPR给水管、UPVC排水管、GPT变频调速供水设备、地埋区污水处理器、低噪音环保型室外箱式变压器和柴油发电机。

（四）内部墙体采用珍珠岩混凝土空心轻质隔墙板，即减轻了结构自重，又增加有效使用面积，有利于隔墙的保温隔热。

常张高速公路投资概算68.74亿元。该项目获2006年湖南省优秀工程设计一等奖、2008年第二届国家环境友好工程奖和全国优秀工程设计金质奖。

项目勘察设计特点及创新技术：

（一）提出了“地质选线、生态环保选线”的新理念。

（二）省境高速公路第一次采用“分离式”路基即半幅桥半幅路的设计方案。

（三）首次使用工程物探—钻探相结合的方法对“覆盖型”软弱土进行勘察。

（四）首次应用三维直流电阻率法，实现了三维空间任意剖面的地质解释。

（五）在全国首创装配式盖板涵的设计。

依托该项目取得的主要成果：

《熔岩地区公路修筑成套技术研究》成果获2007年中国公路学会科学技术特等奖、2008年国家科学技术进步二等奖。

《南方山区特殊土公路路基处治关键技术研究》获2006年国家科学技术进步二等奖。

《公路桥梁通用图设计成套技术研究》获2008年中国公路学会科学技术进步一

等奖。

《沥青路面柔性基层半刚性底基层结构设计及施工工艺研究》获2008年湖南省科学技术进步一等奖。

为把常吉高速公路建成一条高质量、高水平的“精品路”、“科技路”,推动公路建设技术登上新的台阶,常吉高速公路建设开发有限公司结合工程实际,坚持科技创新,积极推行新技术、新工艺,不断提高工程建设的科技含量。

《水平层状围岩隧道结构力学行为分析与施工控制技术研究》被评为2007年湖南省科学技术进步三等奖,其所产生的直接经济效益达1473.85万元。

《山区公路隧道开挖灾害预防与控制技术研究》被评为2007年湖南省科学技术进步二等奖,由于科研课题的研究指导与应用,全线36座隧道施工进展非常顺利,没有发生任何事故。

《山区公路隧道渗流理论与控制技术研究》(已申请国家专利)该课题使隧道的渗漏等排水综合治理费用由每延米4823元下降到1943元,即每延米隧道的防排水综合治理费用将直接节约成本2880元,该技术试验成功后,通过在常吉路推广使用达5322延米,直接节约资金1532.73万元。隧道的渗漏得到了彻底治理,其运营期间的长期经济和社会效益更为可观。

《高速公路新型美观防侧翻砼护栏的开发研究》(已申请国家专利),该课题使过去单一、呆板的砼护栏外形更加流畅、美观,且结合了护栏设置地的自然与人文景观特点,做到因地制宜、和谐统一。另外,加强了护栏最基本的功能——防护能力,使现行规范中要求的高速公路桥梁景观护栏最大防护能力由2300千焦提高到5200千焦,使高路堤路段景观护栏的最大防护能力由2300千焦提高到4000千焦,从而能够更加有效地防止车辆发生坠桥、坠崖事故,最大限度地降低交通事故伤亡率。

《公路建设信息化、集成化综合管理系统》该系统的开发与应用大大缩短了常吉路项目的时空距离,减轻了业内人员的劳动强度,增强了数据的计算可靠性,提高了管理效率。

《山区高速公路斜坡桥基稳定分析及设计方法研究》《山区斜坡地基高填方路堤特性及施工技术研究》的应用分别为工程建设节约经费970万元与2100万元。

项目勘察设计特点及创新技术:

(一)首次对长大纵坡进行了专题研究,并首次在湖南省高速公路上设置了避险车道。

(二)省内首次使用设置于隧道入口的彩色减速涂料。

(三)结合该项目在国内首次编制了《山区高速公路水土保持设计指南》和《山区高速公路水土保持措施通用图》。

该项目获2003年全国优秀工程咨询一等奖及2005年全国优秀测绘工程银奖。

第六篇《

交通管理

第六篇　交通管理

第一章　行政机构

第一节　常德市交通运输局

一、机构沿革

1979 年 8 月 20 日，常德地区行政公署将常德地区革命委员会交通局改名为常德地区交通局。内设 5 科 1 室，即：运输科、工程科、民间运输管理科、安全科、政工科、办公室。1980 年 4 月增设科技科。

1983 年 9 月 12 日，常德地区交通局更名为常德行政公署交通处，内设 3 科 1 室，即：运输科、安全科、人事教育科、办公室。

1984 年 2 月 10 日，常德地区行政公署为加强机构建设，统一机构名称，改交通处为常德地区交通局。至 1986 年 6 月，常德地区交通局设 6 科 1 室，即：运输科、审计科、计财科、安全科、科技科、政工科、办公室。

1988 年，常德地区撤区建市，实行市管县新体制。7 月 26 日，常德地区交通局亦随之更名为常德市交通局。

1995 年，根据市委、市政府关于机构改革工作的指示精神，市交通局设 7 个职能科室，即：办公室、计划基建科、财务审计科、运输工业科、安全科技科、人事教育科、监察室（与纪检组合署办公）。核定市交通局行政编制 27 人，事业编制 5 人。

1997 年 12 月 12 日，常德市交通局机关从青年南路搬迁至洞庭大道西段 74 号。

2001 年，根据中共常德市委、市人民政府《关于市政府机构设置的通知》和《关于常德市市直党政群机关机构改革方案实施意见》，市交通局设 6 个职能科室，即：办公室（加挂法制科牌子）、计划基建科、财务会计科、运输安全科技科、人事教育科、监察室（与纪检组合署办公）。核定市交通局编制 29 人，实际定编 28 人。同时管理具有行政职能的事业单位 5 个，即：常德市交通战备办公室、常德市县乡公路管理处、常德市航道管理处、常德市交通局建设工程造价管理站、湖南省交通建设质量监督常德市分站。

2008 年 8 月 6 日，常德市交通局机关从洞庭大道西段 74 号搬迁至柳叶大道 2999 号。

2010年3月4日,常德市交通局更名为常德市交通运输局。10月19日,常德市人民政府办公室关于印发《常德市交通运输局主要职责内设机构和人员编制规定》的通知,设立常德市交通运输局(简称市交通运输局),正处级,为市人民政府工作部门。

市交通运输局内设8个职能科室,即:办公室、人事科、财务科、法制科、计划统计科、基建养护科、运输管理科、安全科技科。

市交通运输局机关行政编制27名,其中:局长1名、副局长4名、工会主席1名、总工程师1名、总会计师1名、正科级领导职数10名(含机关党委专职副书记1名,正科级党风廉政建设联络员1名)、副科级领导职数2名、其他工作人员7名。

机关后勤服务全额拨款事业编制3名。

同时管理市公路管理局、市县乡公路管理处、市道路运输管理处、市城区公共客运管理处、市地方海事局、市交通建设质量安全监督管理处、市交通运输局应急管理中心、市交通运输局信息中心、市临岗公路管理站。

二、职责任务

1983年,常德地区交通处为适应新的形势,加快全区交通事业的发展进程,较详细、具体地制定交通管理的职责和任务,即:地区交通处是地区行署指挥、协调、管理、开发交通事业的职能部门,也是省交通厅的派出机构,对常德地区内的所有交通企、事业单位和有关交通方面的主要业务,都有归口管理的职责和权力。交通管理的任务是:根据国家、省、地区有关交通工作的方针、政策和任务,负责调查研究,检查督促,贯彻落实;管理全区运输市场,维护正常的运输秩序;组织安排全区交通运输、交通工业生产;加强交通建设,搞好地方公路、航道、桥梁、渡口的养护管理和新建工程的勘察、设计、施工;贯彻执行交通法规,加强水、陆交通安全的宣传教育和监督工作,组织经常性和阶段性的安全检查;对全区交通运输事业的经营管理,经济改革进行指导检查和监督;兴办交通科教,组织培训车、船驾驶人员和交通管理、企业管理人员,提高交通工作人员的技术业务素质。具体的职权为:负责运输生产任务计划的安排和实施,搞好车、船运输生产的综合平衡,管理运价,组织合理运输;与工商、税务等部门配合,对运输市场进行检查和监督,根据运输需要,审查核定运输工具和人员,严格控制副业车、船的发展。对违章违法从事运输者,有权予以取缔;对全区交通进行整体规划,全面安排。管好、养好现有公路、航道、桥梁、渡口,搞好新建交通工程方案的审定、重点工程的设计和各县市交通工程设计的审批;负责部署、督促检查全区交通安全工作,研究、审批社会船舶的修造、改建、变卖与报废。参加或组织调查、处理重大交通事故,并有权进行通报批评;帮助企事业改进服务、经营方面的问题,加强企业管理,提高经济效益。对经营好、管理先进、经济效益显著的企业,有权给予精神和物质奖励。

1986年,常德地区交通局根据实际情况,又明确制定交通管理工作的职责、任务:负责对水路、道路交通运输生产和运输市场、交通安全的管理工作；检查督促交通规章的执行，负责交通运输的横向联系、联营、联运工作；负责交通审计、财务管理工作，抓好养路费、养河费、车辆购置附加费和各种规费的征收及代征税费工作；管理全区的交通工业生产；负责组织和领导全地区公路、桥梁、港口、航道的建设、养护工作；负责省、地属交通单位思想政治工作，抓好各县、市交通系统的职业道德教育。

2001 年，根据中共常德市委、常德市人民政府《关于市政府机构设置的通知》和《关于常德市市直党政群机关机构改革方案实施意见》，市交通局是主管全市公路和水路交通行业的市人民政府工作部门。按照政企分开，不再直接管理交通企业的原则，其主要职责是：

（一）贯彻执行国家、省有关交通的方针、政策、法规，拟定全市公路、水路交通行业规范性文件；负责交通执法检查和监督。

（二）拟定全市公路、水路交通行业发展的中长期规划和年度计划并监督实施；负责交通行业统计和信息引导工作。

（三）组织实施重点物资运输和紧急客货运输；组织实施国家、省、市重点和大中型公路、水路交通工程建设；负责公路、水路交通建设工程造价控制和质量的监督管理；负责交通重点工程建设资金的筹集、局管交通资金的拨付和监管；负责收费公路、桥梁、渡口的行业管理；指导交通战备工作。

（四）指导交通行业体制改革；对公路、水路交通运输市场和建设市场实施监督管理，维护公路、水路交通行业的平等竞争秩序；引导交通运输行业优化结构、协调发展。

（五）组织公路及其设施建设、维护、规费征稽；负责公路路政、运政管理；负责公路运输、营运性客货运站（场）、汽车维修、汽车综合性能检测、搬运装卸、公路运输服务、汽车（含摩托车）驾驶学校和驾驶员培训的行业管理。

（六）负责港口及港航设施建设、港航监督、船舶检验、使用岸线布局的行业管理；指导水上安全管理工作。

（七）制订地方性交通行业科技发展规划，指导和监督实施交通行业技术标准；指导本系统成人教育和职业技术教育等工作。

（八）负责局机关和直属单位的机构编制、干部人事、劳动工资、离退休人员管理服务等工作；按规定管理直属单位的领导干部；负责局机关及直属单位党务、纪检、监察、群团工作；指导交通行业精神文明建设和职工队伍建设。

（九）指导交通行业开展国际交流合作和交通外经、外贸工作。

（十）承办市委、市人民政府交办的其他事项。

2010 年 10 月 19 日，常德市人民政府办公室关于印发《常德市交通运输局主要职责内设机构和人员编制规定》的通知。

职责调整：

（一）将原市交通局的职责、市城市管理行政执法局承担的指导城市客运的职责，整合划入市交通运输局。

(二)取消已由市人民政府公布取消的行政审批事项。

(三)取消公路养路费、航道养护费、公路运输管理费、公路客货附加费、水路运输管理费、水运客货运附加费等六项交通规费的管理职责。

(四)加强综合运输体系的规划协调职责,优化交通运输布局,促进各种运输方式相互衔接,加快形成便捷、通畅、高效、安全的综合运输体系。

(五)加强统筹区域和城乡交通运输协调发展职责,优先发展公共交通,大力发展农村交通,加快推进区域和城乡交通运输一体化。

主要职责:

(一)承担涉及综合运输体系的规划协调工作,会同有关部门组织编制全市综合运输体系规划,指导交通运输枢纽规划和管理。

(二)负责贯彻执行国家、省有关交通运输行业的法律、法规和政策。负责交通运输执法检查和监督。参与拟订物流业发展战略和规划,拟订有关政策并监督实施。指导全市公路、水路行业有关体制改革工作。

(三)承担道路、水路运输市场监管责任。组织制定全市道路、水路运输有关政策、技术标准和运营规范并监督实施。指导全市城乡客运及有关设施规划和管理工作,指导出租车行业管理工作。

(四)承担水上交通安全监管责任。负责指导全市水上交通安全监管工作。负责组织市级管理水域水上交通安全事故、船舶及相关水上设施污染事故的应急处置,依法组织或参与事故调查处理工作。

(五)负责提出全市公路、水路固定资产投资规模和方向、市级财政性资金安排建议,按规定权限审批、核准全市规划内和年度计划规模内固定资产投资项目。负责公路、桥梁、渡口的行业管理。

(六)承担公路、水路建设市场监管责任。拟订全市公路、水路工程建设相关政策、制度和技术标准并监督实施。组织实施国家、省、市重点和大型公路、水路交通工程建设,负责公路、水路交通建设工程造价控制和工程质量、安全生产的监督管理。指导交通运输基础设施管理和维护,承担有关重要设施的管理和维护。

(七)指导全市公路、水路行业安全生产和应急管理工作。按规定组织协调全市重点物资和紧急客货运输,负责重点干线路网运行监测和协调,指导交通战备工作。

(八)制定地方性交通运输行业科技政策、规划和规范并监督实施。指导全市交通运输信息化建设,监测分析运行情况,开展相关统计工作,发布有关信息。指导公路、水路行业环境保护和节能减排工作。

(九)承办市委、市政府交办的其他事项。

常德市交通运输局历届领导班子成员表（1988—2015）

表 6-1-1-1

机构名称	领导人	
	姓名	职务
市交通局（1988）	朱练成　李述炽	局长
	管烽　彭伏保	副局长
	田其乐	纪检组长
市交通局（1989）	李述炽	局长
	管烽　彭伏保	副局长
	田其乐	纪检组长
市交通局（1990）	李述炽	局长
	管烽　彭伏保　刘国华　曾昭贵	副局长
	田其乐	纪检组长
市交通局（1991）	邹如章	党组书记
	李述炽	局长
	管烽　彭伏保　刘国华　曾昭贵	副局长
	田其乐	纪检组长
市交通局（1992）	张家界	党组书记
	李述炽	局长
	刘国华　马承斌　彭伏保　曾昭贵　邱桂艳	副局长
	田其乐	纪检组长
市交通局（1993）	张家界	局长
	马承斌　彭伏保　曾昭贵　田其乐　张前河　邱桂艳　刘国华	副局长
	徐祥顺	纪检组长
市交通局（1994）	张家界	局长
	刘国华　马承斌　彭伏保　张前河　田其乐　曾昭贵	副局长
	徐祥顺	纪检组长
市交通局（1995—1997）	张家界	局长
	刘国华　马承斌　彭伏保　张前河　田其乐　曾昭贵	副局长
	郑德贵	纪检组长
市交通局（1998）	张家界	局长
	刘国华　马承斌　张前河　田其乐　彭伏保	副局长
	郑德贵	纪检组长
市交通局（1999）	张家界	局长
	刘国华　马承斌　张前河　田其乐	副局长
	郑德贵	纪检组长
市交通局（2000）	张家界	顾问
	张家界　马承斌	局长

续表 6-1-1-1

机构名称	领导人	
	姓名	职务
市交通局（2000）	刘国华　张前河　牟明德　田其乐　郑德贵	副局长
	李梅清	纪检组长
市交通局（2001）	张家界	顾问
	马承斌	局长
	陈柏枝　覃力　牟明德　田其乐　郑德贵　陈伟俊　张前河	副局长
	李梅清	纪检组长
	何克明	总会计师
市交通局（2002）	张家界	顾问
	马承斌	局长
	陈柏枝　覃力　牟明德　田其乐　郑德贵　陈伟俊	副局长
	李梅清	纪检组长
	何克明	总会计师
市交通局（2003）	张家界	顾问
	马承斌	局长
	陈柏枝　覃力　牟明德　田其乐　郑德贵　陈伟俊　李祥万	副局长
	李梅清	纪检组长
	何克明	总会计师
	肖异	总工程师
	李建国	工会主席
	田其乐	调研员
	黄浩　罗海宇	助理调研员
市交通局（2004）	马承斌	局长
	陈柏枝　覃力　牟明德　郑德贵　陈伟俊　李祥万	副局长
	李梅清	纪检组长
	何克明	总会计师
	肖异	总工程师
	李建国	工会主席
	田其乐	调研员
	黄浩　罗海宇	助理调研员
市交通局（2005）	马承斌	局长
	陈柏枝　覃力　牟明德　郑德贵　陈伟俊　李祥万　曾昭贵	副局长
	李梅清	纪检组长
	何克明	总会计师
	肖异	总工程师
	李建国	工会主席
	田其乐	调研员
	黄浩　罗海宇	副调研员

续表 6-1-1-1

机构名称	领导人	
	姓名	职务
市交通局（2006）	马承斌	局长
	陈柏枝　覃力　牟明德　郑德贵　陈伟俊　李祥万　曾昭贵　谢朝君	副局长
	李梅清	纪检组长
	何克明	总会计师
	肖昇	总工程师
	李建国	工会主席
	田其乐　罗湘成	调研员
	黄浩　罗海宇	副调研员
市交通局（2007）	马承斌	局长
	陈柏枝　覃力　牟明德　郑德贵　李祥万　谢朝君　陈伟俊　曾昭贵	副局长
	李梅清	纪检组长
	何克明	总会计师
	肖昇	总工程师
	李建国	工会主席
	马承斌　田其乐　罗湘成　曾昭贵　李建国	调研员
	黄浩　罗海宇　杨丽华	副调研员
市交通局（2008）	车德斌	局长
	陈柏枝　覃力　牟明德　郑德贵　李祥万　谢朝君　姜湘霞　杨成英	副局长
	李梅清	纪检组长
	何克明	总会计师
	肖昇	总工程师
	彭德友	工会主席
	马承斌　田其乐　罗湘成　曾昭贵　李建国	调研员
	黄浩　杨丽华	副调研员
市交通局（2009）	车德斌	局长
	陈柏枝　覃力　牟明德　郑德贵　李祥万　谢朝君　姜湘霞　杨成英	副局长
	李梅清	纪检组长
	杨丽华	总会计师
	肖昇	总工程师
	彭德友	工会主席
	马承斌　田其乐　罗湘成　曾昭贵　李建国	调研员
	黄浩　李智勇　杨丽华	副调研员
市交通运输局（2010）	车德斌	局长
	陈柏枝　覃力　牟明德　郑德贵　李祥万　谢朝君　姜湘霞　杨成英	副局长
	李梅清　罗海宇	党组成员
	杨丽华	总会计师
	肖昇	总工程师

续表 6-1-1-1

机构名称	领导人 姓名	领导人 职务
市交通运输局(2010)	彭德友	工会主席
	马承斌 罗湘成 夏进钰 鲁周杨 曾昭贵 李建国	调研员
	黄浩 李智勇	副调研员
市交通运输局(2011)	车德斌	局长
	陈柏枝 覃力 李祥万 姜湘霞 杨成英 徐世明	副局长
	李梅清 罗海宇	党组成员
	杨丽华	总会计师
	肖异	总工程师
	彭德友	工会主席
	马承斌 夏进钰 鲁周杨 曾昭贵 李建国	调研员
	黄浩 李智勇 杜自力	副调研员
市交通运输局(2012)	车德斌	局长
	陈柏枝 覃力 李祥万 姜湘霞 陈清 袁大斌 徐世明	副局长
	李梅清 罗海宇	党组成员
	杨丽华	总会计师
	肖异	总工程师
	彭德友	工会主席
	夏进钰 鲁周杨	调研员
	黄浩 杜自力 蔡光武	副调研员
市交通运输局(2013)	车德斌	局长
	陈柏枝 覃力 李祥万 徐世明 姜湘霞 袁大斌 陈清	副局长
	李梅清 罗海宇	党组成员
	杨丽华	总会计师
	肖异	总工程师
	彭德友	工会主席
	夏进钰 鲁周杨	调研员
	黄浩 杜自力	副调研员
	郑德贵	正处级干部
市交通运输局(2014)	车德斌	局长
	陈柏枝 覃力 李祥万 徐世明 姜湘霞 袁大斌 陈清	副局长
	李梅清 罗海宇	党组成员
	杨丽华	总会计师
	肖异	总工程师
	彭德友	工会主席

续表 6-1-1-1

机构名称	领导人	
	姓名	职务
市交通运输局（2014）	夏进钰　鲁周杨	调研员
	黄浩　杜自力	副调研员
	郑德贵	正处级干部
市交通运输局（2015）	向美华	局长
	陈柏枝　徐世明　姜湘霞　岳克己　袁大斌　陈清	副局长
	林毅	纪检组长
	罗海宇	党组成员
	杨丽华	总会计师
	肖异	总工程师
	彭德友	工会主席
	李祥万　曾珊山　陈大波	调研员
	杜自力　符绍东	副调研员

第二节　县(区、市)交通运输局

一、机构沿革

1980 年,常德地区有 10 个县(市)交通局,即:常德、汉寿、桃源、临澧、澧县、安乡、石门、慈利 8 县及常德市、津市市交通局。

1988 年 1 月,国务院批准撤销常德地区,建省辖常德市,实行市领导县新体制。6 月,原常德市改为武陵区(县级),原常德县改为鼎城区(县级)。12 月,慈利县划归大庸市(今张家界市),慈利县交通局亦随之划归大庸市交通局管辖。

1988 年年底,全市设汉寿、桃源、临澧、澧县、石门、安乡 6 县及武陵区、鼎城区、津市市共 9 个县(区、市)交通局,至 2010 年保持不变。

二、职责任务

1988 年至 2010 年,境内各县(区、市)交通局其主要职责、任务是:贯彻执行国家和上级交通主管部门有关交通事业的方针、政策、法规、指示,结合本地实际情况,研究制订相应的实施办法和措施,及时反馈执行情况;研究制订公路、水路交通长远建设规划和年度计划,并组织实施;修建养护县、乡公路和航道;指导交通行业体制改革,加快技术改造步伐,提高社会效益和企业经济效益;根据分级管理权限,审批公路、水路客货运输、装卸搬运、车船维修和运输服务业的开业、停业申请,核发经营许可证和营运证。统筹安排所属范围内公路、水路客运线路。搞好客运定线路、班次、停靠点的“三定”管理,负责运输市场管理,维护客货运输秩序;对所属范围内各种运输业的商务活动、经营范围、营运证照、服务质量、票证运价、运输纪律等进行监督检查,查处违法行为,调解运输纠纷;组织协调重点物资、大宗物资和港、站物资集散的运输工作,保证完成战备、救灾、抢险等指令性运输任务;负责交通安全管理,执行国家安全法规,负责安全监督,组织技术培训,检验运输工具,协调处理交通事故;负责自收、上缴各种交通规费(养路费、养河费、运管费、车辆购置附加费等);负责交通行业的统计工作,为当地和上级制定行业发展规划和综合平衡工作提供依据;负责交通系统干部、职工、专业技术人员的考核、培训、调配、晋升、任免及思想政治工作。

2010年后,各县(区、市)交通运输局的职责任务是:

(一)职责转变

1.行政审批事项方面,取消、下放、调整、增加由县(区、市)人民政府公布予以变动的行政审批事项。

2.将县(区、市)公路管理局、港航管理处、道路运输管理处、县乡公路管理处承担的行政职能划入县(区、市)交通运输局。

(二)主要职责

1.负责贯彻执行国家、省、市有关交通运输的方针政策和法律、法规。承担涉及全县(区、市)综合交通运输体系的规划协调工作,会同有关部门组织编制综合交通运输体系规划,指导交通运输枢纽规划和管理。

2.负责组织拟订全县(区、市)公路、水路、城市公共交通等行业发展规划、政策监督实施;参与拟订物流业发展战略和规划,拟订有关政策并监督实施。指导境内公路、水路行业有关体制改革工作。

3.承担全县(区、市)道路、水路运输市场监管责任。组织制定道路、水路运输有关政策和运营规范监督实施。负责交通运输执法监督检查;指导城乡客运及有关设施规划和管理工作;管理城市客运;负责汽车维修市场、汽车驾驶员培训市场的行业管理。指导出租车行业管理工作;实施汽车综合性能检测行业管理、道路运输行业从业人员培训等工作。

4.承担水上交通安全监管责任。负责指导全县(区、市)水上交通安全监管工作。负责组织境内管理水域水上交通安全事故、船舶及相关水上设施污染事故的应急处置,依法组织或参与事故调查处理工作。

5.负责提出全县(区、市)公路、水路固定资产投资规模和方向、财政性资金安排建议,按规定权限审批、核准规划内和年度计划规模内固定资产投资项目。负责公路、桥梁、渡口、隧道的行业管理。

6.承担公路、水路建设市场监管责任。拟订全县(区、市)公路、水路工程建设和维护相关政策、制度和技术标准监督实施。组织实施国家、省、市重点和大型公路、水路交通工程建设，负责公路、水路交通建设工程造价控制和工程质量、安全生产的监督管理。指导交通运输基础设施管理和维护，承担有关重要设施的管理和维护。

7.组织实施治理公路、水路“三乱”和交通运输超限超载稽查工作；负责公路路政管理，依法维护路产路权。

8.指导全县(区、市)公路、水路、城市公共交通行业安全生产和应急管理工作。按规定组织协调国家重点物资和紧急客货运输；负责境内国省道路网运行监测和协调，指导交通战备工作。

9.制定地方性交通运输行业科技政策、规划和规范并监督实施。指导全县(区、市)交通运输信息化建设，监测分析运行情况，开展相关统计工作，发布有关信息。指导交通运输行业环境保护和节能减排工作。

10.联系协调铁路、民航、邮政、高速公路管理涉及地方的相关工作。

11.承办县(区、市)委、政府交办的其他事项。

各县(区、市)交通运输局是当地人民政府的一个工作部门，是地方管理交通的行政机构。虽各交通管理机构的体制、名称屡经变更，但其日趋明确的交通运输、交通建设、交通管理、交通安全的四大基本任务正在不断完善。

第三节 乡(镇)交通运输管理站

1980年起，各县(市)的区、乡交通管理站(以下简称交管站)，代收的运管费全部上缴各县交通局。是年，全地区共建立218个交管站，有交管人员450人。

1986年后，常德地区从完善交通行业管理体制入手，把区、乡交管站列为健全交通各级行政管理层次的关键，采取多种有效措施，从各方面予以扶持。境内县(区、市)级政府把区、乡交管站列为县(区、市)交通局的基层组织和政府的职能机构来对待，与政府其他部门一样，做到工作任务同样下达、工作要求同样部署、工作检查同样进行，进一步加强交通管理站的建设。

1988年7月，全地区有交管站234个，625名交管人员。

1995年9月，根据中共湖南省委、省政府6号文件精神，常德开始撤区并乡工作，区交管站随之撤销。

2001年，境内有乡(镇)交管站71个，交管人员810人。全市已形成基层行业管理网络，建设一支有较高文化知识和一定管理能力的基层交通管理队伍。

2005年，境内有乡(镇)交管站48个，交管人员665人。

2010年，境内有乡(镇)交管站31个，交管人员238人。

乡(镇)交通运输管理站，作为全市交通行业管理最基层的职能管理机构，各项交通管理工作都要由它具体落实。交管站的职责和任务主要是：运输市场管理、水陆交通安全管理、交通法规的实施、稽征交通规费、交通基础设施建设。

第二章　公路管理

第一节　机　构

境内公路按高速公路、国省道与县乡村道分别设立管理机构,管理公路建设、养护和路政。湖南省高速公路管理局负责高速公路的管理，常德市公路管理局主要负责国省道的管理,常德市县乡公路管理处主要负责县乡村道的管理。

常德市公路管理局　1980 年,常德地区公路总段有职工 2728 人,养护国、省道和部分县、乡道共 2113 公里,其中三级公路 117 公里、四级公路 860 公里、等外公路 1136 公里。有机械设备 299 台(套)。绿化里程 1290.61 公里,绿化率为 61%,绿化投资 9.2 万元。1981 年 3 月,湖南省公路管理局将各地区公路总段和县(市)养路段收回直接领导。同年 10 月,常德市公路段撤销。1985 年 1 月,常德地区公路总段下放到常德行署管理。

1987 年,常德地区公路总段有职工 2492 人,所辖基层养护单位有汉寿、常德、桃源、慈利、石门、澧县、临澧、安乡 8 个县公路段。下辖生产单位有机械厂、工程机械队和氧化沥青厂。

常德市公路管理局

1988 年,常德地区撤区建市,实行市管县新体制。7 月,常德地区公路总段更名为常德市公路总段。12 月，慈利县划归大庸市(今张家界市),慈利县公路段随之属大庸市公路总段管辖。

1996 年 9 月，常德市公路总段更名为常德市公路管理局（以下简称市公路局)。有职工 2468 人,养护里程 1759.59 公里,其中一级公路 41.69 公里、二级公路 75.78 公里、三级公路 236.55 公里、四级公路 636.69 公里、等外公路 168.88 公里。有机械设备 333 台(套)。绿化里程933.81 公里,绿化率为 53.07%,绿化投资 15 万元。

2001 年,根据职责任务,市公路局设置 12 个职能科室,即:办公室(加挂法制科牌子)、组织人事科、总工程师办公室、路政科(加挂保卫科牌子)、养路工程科、计划统计科、机务安全科、车辆通行费与过渡费征收办公室、财务科、审计科、科技质检科、监察室(与纪委合署办公)。市公路局下辖汉寿、武陵、鼎城、桃源、石门、澧县、临澧、安乡、津市共9个公路管理局及机械厂、沥青厂、路桥公司、基础公司、樟木桥收费站、张公庙大桥收费站、大鲸港大桥收费站。有职工2734人,机械设备294台(套),养护里程1885.584公里。按行政等级分有:国道327.36公里、省道617.644公里、县道906.28公里、乡道34.3公里。按技术等级分有:一级公路91.258公里、二级公路391.506公里、三级公路368.119公里、四级公路532.846公里、等外公路501.855公里。绿化里程1162.996公里,绿化率为61.68%,绿化投资27.25万元。

2010年,市公路局由常德市武陵区三岔路汽修巷1号搬迁至常德市武陵区朗州路2008号。隶属中共常德市委、常德市人民政府管理具有行政职能的正处级事业单位。业务上受湖南省公路管理局指导,归口常德市交通运输局管理。常德市公路管理局机关设纪委、工会、共青团3个部门;组织人事科、监察室、办公室、计划统计科、公路工程科、养护科、机务安全科、两费办、科技质检科、总工程师办公室、行政许可办公室、财务科、审计科、离退休人员管理科共14个科室。下辖武陵、鼎城(管理正科级单位"常德市319国道樟木桥超限超载检测站")、汉寿(管理副科级单位"汉寿沅水大桥管理所")、桃源、安乡、津市、澧县、临澧(管理正科级单位"常德市207国道白虎山超限超载检测站")、石门共9个县(区、市)公路管理局;常德公路路政支队、公路物资供应站、后勤服务中心、试验中心、常德路桥建设有限公司、公路机械维修站、公路沥青站、公路基础设施工程处8个直属事业单位和1个业务归口管理单位(西洞庭公路管理站)。共有干部职工3349人(其中离、退休职工1152人)。

常德市公路管理局的主要工作职责:

(一)贯彻执行国家、省有关公路管理的法律法规、方针、政策;编制全市公路的中长期发展规划和年度计划,并组织实施。

(二)负责全市公路路政管理工作,依法做好公路保护工作;负责审核在国、省道公路用地范围内设置公路标志以外的其他标志;负责核准公路试车、超限运输车辆通行以及有损公路的车辆、机具上国、省道行驶;负责审核国、省道设置公路平面交叉道口,会同有关部门审核工程建设需占用、挖掘国、省道公路或使公路改线,在国、省道两侧建筑控制区内埋设管线、电缆等设施;跨越、穿越国、省道公路修建桥梁、渡槽或者架设、埋设管线等设施以及在公路用地范围内架设、埋设管线、电缆等设备。

(三)负责拟订全市公路资金使用计划,测算、调整县(区、市)使用基数;负责全市公路资金筹措、请拨;监督检查直属单位公路资金的使用情况。

(四)负责公路小修保养、公路养护质量监督检查与路况评定、公路灾害抢修与保通、公路绿化、公路新技术、新材料、新工艺的研究与推广应用。

(五)负责公路建设的规划及公路桥梁的勘察、测设、改建、扩建、公路大中修及其他与公路相关工程的建设。

(六)负责公路(渡口)收费站点设置、公路通行费征收与收费权转让管理以及收费公路养护与运营服务。

(七)负责全市公路行业统计,公路行业普查;负责交通流量调查,公路数据库建设与维护。

(八)承办市委、市人民政府和市交通运输局交办的其他事项。

常德市公路管理局主要承担2条国道(G319、G207)、7条省道(S205、S226、S227、S302、S303、S304、S306)、40条县道的建设、养护、管理工作,公路总里程为1958.891公里。按行政等级分有:国道326.195公里、省道662.662公里、县道970.034公里。按技术等级分有:一级公路188.081公里、二级公路541.057公里、三级公路292.704公里、四级公路838.631公里、等外公路98.418公里。按路面类型分有:沥青混凝土路面131.805公里、水泥混凝土路面1364.724公里、沥青双层表处路面387.907公里、砂石路面74.455公里。管理、养护公路桥梁411座,计35430.99延米。

常德市县乡公路管理处 1980年,常德专署地方公路航道管理处下辖10个县地方公路养护队。1981年5月,各县公路养护队并入各县公路段。原由区、乡交通管理站负责养护的县、乡公路,改由常德地区公路航道管理处和各县交通局的公路管理站负责管理。1985年2月,常德地区公路航道管理处分设为常德地区公路管理处和常德地区航道管理处。1987年,常德地区公路管理处下辖县公路管理站9个,有固定职工146人,养护里程5262.95公里。

1988年,常德地区撤区建市,实行市管县新体制。慈利县划归大庸市(今张家界市),慈利县公路管理站随之属大庸市公路管理处管辖。7月,常德地区公路管理处更名为常德市公路管理处,下设安乡、汉寿、澧县、石门、临澧、桃源、津市、武陵区、鼎城区9个县(区、市)公路管理站(所)。

1997年1月,常德市公路管理处更名为常德市县乡公路管理处。是年有职工1902人,公路养护机具237台(套),养护里程3894.43公里。常德境内212个农村乡(镇),全部通客班车。4189个行政村,有3783个村通公路,占90.31%。绿化里程2019.91公里,绿化率为57.12%。

2001年,常德市县乡公路管理处下辖县(区、市)级公路管理机构12个,即:安乡、汉寿、澧县、石门、临澧、桃源、津市、武陵区、鼎城区、西洞庭、西湖、贺家山。182个养护工区(站、道班),有职工2161人,公路养护机具302台(套),养护里程3943.261公里。按行政等级分有:省道49.397公里、县道1289.75公里、乡道2600.237公里、专用公路3.877公里。按技术等级分有:二级公路25.285公里、三级公路145.014公里、四级公路1129.649公里、等外公路2643.313公里。绿化里程1508.979公里,绿化率为56.24%,绿化投资3.1万元。

2007年8月22日,常德市县乡公路管理处升格为具有行政职能的副处级事业单位,隶属常德市交通局管理。核定全额拨款事业编制25名。

2010年,常德市县乡公路管理处内设综合科、养护工程科、路政安全科3个副科级科室。有工作人员32名。养护里程17651.529公里。按行政等级分有:县道2086.103公里、乡道6208.424公里、村道9357.002公里。按技术等级分有:二级公路65.565公里、三级公路137.748公里、四级公路15072.651公里、等外公路2375.565公里。按路面类型分有:水泥混凝土7811.247公里、沥青混凝土0.654公里、砂石路9839.628公里。绿化里程12644.461公里,绿化率为71.63%。

常德市县乡公路管理处的主要工作职责:

(一)负责贯彻执行国家和省市有关农村公路建设、管理和养护的法律、法规、方针、政策,拟订全市农村公路建设、管理、养护的具体办法,经批准后组织实施。

(二)负责执行全市农村公路建设的中长期规划,并按照年度计划和目标任务组织实施。

(三)负责提出全市农村公路建设资金的拨付计划,并对资金的使用进行监督。

(四)负责全市农村公路路政管理及农村公路、桥梁、渡口和安全保护工程的监督管理,维护农村公路的路产路权,保障农村公路的安全畅通。

(五)负责全市农村公路科技工作;负责农村公路管理和养护工作人员的培训。

(六)负责承办市委、市政府和市交通运输局交办的其他工作任务。

第二节　路政管理

1980年,随着改革开放的深入,城乡经济空前活跃。公路沿线的广大村民、集镇居民在公路旁任意摆摊设点、建房搭棚、堆放物品、集市贸易、修建砖瓦窑、石灰窑、设立洗车加水点等,阻碍公路畅通。造成公路养护困难,致使交通事故频频发生,给人民生命财产带来巨大损失,路政管理的任务越来越繁重。

1981年,为加强路政管理,省交通厅同意常德公路总段设立路政安全科,专事路政管理。1981年5月,省人民政府印发《湖南省公路路政管理办法(试行)》(以下简称《办法》),路政人员按照《办法》进行路政管理。

1983年7月9日,国务院颁发《关于加强路政管理保证公路安全畅通的通知》(以下简称《通知》),境内各级政府认真贯彻执行。并结合《通知》要求和各县的实际,各级交通管理部门和公路管理单位把《通知》精神宣传到有关单位及公路沿线集镇、群众,使之家喻户晓,人人明白。

1985年9月4日,湖南省人民政府下达关于同意组建全省公路公安机构的批复,根据1986年10月29日省交通厅、公安厅《关于常德地区交通公安机构的设置和干警定编的批复》文件精神,常德地区公路总段成立公安科,下设8个县公路段公安派出所,公安科(所)行政上隶属于公路总(县)段,业务归口公安部门,专司路政管理事宜。公路公安人员的主要职责是路政安全工作,坚持巡路检查路政安全,发现问题及时制止和处理。

1987年10月13日,《中华人民共和国公路管理条例》发布,1988年6月28日,交通部发布《中华人民共和国公路管理条例实施细则》。1989 年 8 月 25 日,省交通厅、财政厅、物价局联合下发《关于破损公路、公路设施、赔偿费收费标准的通知》,路政管理工作进一步摆到突出位置,使路政管理步入法制轨道。

1990 年 9 月 24 日,交通部发布《公路路政管理规定(试行)》。9 月 26 日,省交通厅印发《湖南省公路管理案件办案程序规定》(以下简称《规定》)的通知。11 月 22 日,省政府发出传真电报《关于严格清理整顿国道、省道公路两侧违章建筑的通知》(以下简称《通知》),在广泛宣传《规定》《通知》的同时,对境内公路沿线存在的老大难问题,由公安科会同有关部门集中力量打歼灭战,逐一解决。

1996 年 4 月 10 日,全市县乡公路工作会议在桃源召开,会议提出"加强养护管理,确保公路畅通,稳步建设改造,不断提高公路等级"的工作方针。

1997 年 3 月,市公路局根据市政府《关于加强全市公路路政管理工作的会议纪要》,增设路政科,下设县(区、市)路政管理大队。7 月 3 日,《中华人民共和国公路法》(以下简称《公路法》)诞生,这是中华人民共和国成立后的第一部公路法规。它规范公路使用者、管理者、投资者以及相关部门的权利和义务,是一部社会公益性事业很强的法规。11 月 20 日,为搞好《公路法》的学习宣传工作,市交通局举办为期 2 天的《公路法》学习研讨班。参加人员有各县(区、市)交通局长、公路局长、站长、局有关科室负责人。

1998 年,市公路局大力宣传《公路法》,全局动用广播宣传车上路、上街巡回宣传《公路法》和路政管理规定 260 辆次,在公路两侧书写路政宣传标语 300 多条,悬挂横幅 30 多条,编印《公路法》小册子 1200 多本,发放到沿线村民手中,制作《公路法》宣传牌 80 多块,使《公路法》家喻户晓,人人皆知,全民爱路意识大为增强。在各级政府的大力支持下,在公安、工商、国土等部门的密切配合下,全局集中开展大规模清障扫障行动 2 次。共清除路障12465 处,拆除违章棚点 2229 处,拆除违章建筑 202 处,搬迁马路市场 15 处,挽回路损费 60 多万元。同时,还将路政管理与文明路建设紧密结合起来,1998 年建成文明路 160 公里,书记局长样板路、道班班长示范路 245 公里,树立常德公路的良好形象。

1999 年,市公路局根据省政府《关于改革并撤销企事业单位公安机构的决定》,撤销常德市公路管理局公安科和所辖县(区、市)公路局公安派出所。是年,全局动用广播宣传车上路巡回宣传《公路法》和路政管理规定 320 辆次,在公路两侧书写宣传标语 500 多条,悬挂横幅 60 多条,制作公路宣传牌 80 块。全民爱路意识大为增强,扫障由部门行为转化为政府行为。市政府还专门下发《严禁在公路两边堆放和焚烧火土灰的通知》,凡已堆放的火土灰由各县政府组织力量,并于 9 月 30 日前彻底清除干净。全市共开展大规模清障扫障行动 4 次,清除路障 18924 处,拆除违章建筑 778 处,搬迁马路市场 22 处,拆除违章建筑 20189 处,拆除公路用地范围内砖、瓦窑 13 座,禁止在公路旁开山放炮 22 处,清除公路摊贩 11294 处,拆除违章牌 5775 块,制止违章建筑 175 处,下违章整顿通知书 3500 份,挽回经济损失 30 万元。尤其是鼎城局和汉寿局成效明显,国道 319 线上无打场晒粮,无障碍物,真正成为文明样板路。

2000年,共搬迁公路圩场33处,拆除违章建筑1005处,拆除违章砖、瓦窑37座,拆除违章凉棚、摊点2.6万处,拆除违章牌6100块,查处超限运输车720辆次。市境国道319、省道306两条主干线基本制止“打场晒粮”现象。在全国干线公路检查中被誉为“绿色通道”和“文明样板路”。

2001年,市公路局对全局公路的路产路权进行一次全面清理。依法开展3次大规模的路政整治行动,共搬迁公路圩场15处,拆除违章建筑47处,制止违章建房45处,拆除违章棚点3054处,拆除违章牌1259块,拆除跨路龙门架88座。实现路政工作重拆轻止的观念,即在违章建筑刚刚萌芽的时候制止,不让它发展。路政人员经常上路、熟悉情况,防微杜渐,具有较强的路政执法意识和执法水平。全市319线和207线两条国道所经过的汉寿、鼎城、武陵、临澧和澧县的各级领导重视,基本实现“宅路分家”,提高公路排水抗灾的能力。清理马路市场,防止马路市场反弹取得成效。路政内业管理日趋完善,实行执法公示,对路政案件的处理结果定期在公路网上予以发布。

2002年,市政府颁布《关于加强公路路政管理的通告》。市公路局加大路政管理的宣传力度,与公路沿线的群众签订保护公路的乡规民约9000余份;投入6万多元,刷新300块路政宣传牌,在重点路段新设100多块永久性路政宣传牌;发放《公路法》和交通部2号令小册子2500余册,尤其是大张旗鼓地对《湖南省实施〈公路法〉办法》(以下简称《办法》)进行宣传,对如何实施《办法》进行专门培训,参训人员达120人次,收到良好效果。对有安全隐患的地段进行全面摸底并进行整治,尤其是对横跨公路的龙门架,除能够确保安全并已签订安全协议的,其余已全部强制性拆除。对几个老大难问题进行重点整治,重点解决太子庙、国道207绕城线、桃花源、张公庙、石门桥等28处老大难遗留问题。加强路政联合执法,争取当地政府支持,由当地政府组织交通、交警、水电、工商等部门开展联合扫障行动,确保卡脖子路段的安全畅通。

2002年,常德市公路管理局被湖南省公路管理局评为“路政目标管理”第二名。

2003年4月23日湖南省公路管理局(湘路路字〔2003〕第128号)文件《关于新建公路和经营性收费公路路政管理有关问题的通知》:为了加强对新建公路和经营性公路的路政管理,确保公路完好、安全和畅通,根据《湖南省实施〈中华人民共和国公路法〉办法》和交通部《路政管理规定》的精神,新建公路的路政管理人员原则上按每公里0.08~0.12人配备、经营性收费公路的路政管理人员按每公里0.15人配备,但一条公路或独立收费大桥不得少于2人。

2003年11月止,常德市路政管理共开展5次大的整治行动,共拆除违章建筑87处,清除非公路标牌1500余块,清除路障1万余处,查处路损案件197起,结案187起,收取路损费48万元。

2003年12月3日,常德市政府副秘书长张运华受副市长宋冬春委托,召集市监察局、市优化办、市政府法制办、市公路局、市交通局、市财政局、市物价局等单位负责人,专题研究常德市超限运输车辆行驶公路的治理工作。会议认为,超限运输车辆行驶使市境公路、桥梁损坏严重,缩短了公路的使用周期,给国家造成了较大的损失,必须根据国家有关法规和政策,尽快进行治理。

会议议定了以下事项:

(一)同意常德市公路局《治理超限运输车辆行驶公路的实施方案》。在国道319樟木桥地段和国道207临澧范家地段各设立超限运输车辆申报点一个,昼夜受理超限运输车辆申报,在沅水、澧水片各设立超限运输车辆稽查队一个。

(二)治理超限运输工作由市公路局统一负责,从2004年1月1日起实施。

(三)超限车辆的界定标准以交通部(〔2000〕2号令)规定为依据,即:总高4米(集装箱车4.2米),总长18米,总宽2.5米,总重40吨(集装箱车46吨),轴重单轴车为10吨,双联轴车为18吨。

(四)治理超限运输所收取的赔补费必须实行收支两条线管理,专款专用。费用标准严格按照省物价局、省财政厅(湘价费〔2002〕44号)文件执行。

(五)建立完善的监督制约机制,公布举报电话,公示收费依据和标准。要严格依法办事,文明执法,防止公路"三乱"现象发生。

2004年7月2日中共常德市机构编制委员会办公室(常编办〔2004〕43号)文件《关于市公路管理局路政科加挂市公路路政支队的批复》:经研究,同意常德市公路管理局路政科加挂市公路路政支队牌子,承担有关公路执法工作。其机构级别、人员编制等均维持不变。8月2日常德市公路管理局路政科加挂市公路路政支队牌子。与此同时,各县(区、市)公路局路政股相应加挂××县(区、市)公路路政大队牌子。

2004年7月23日湖南省人民政府办公厅(湘政办函〔2004〕107号)《湖南省人民政府办公厅关于设置车辆超限超载检测站(点)的批复》:樟木桥检测站,位于国道319线K1332+100处,常德市鼎城区,控制益阳至怀化方向车辆;白虎山检测站,位于国道207线K2233+700处,常德市临澧县,控制湖北至湖南方向车辆。

2004年常德市路政管理采取"上门服务、送法到家"的宣传方式,共发放宣传资料7000多份,签订乡规民约3015份,将路政管理工作由部门行为向政府行为和社会行为转变。按规定设置检测点3个,培训治超执法人员105人,全年查处超限车3万余辆次,卸载货物30万吨,超限运输车辆较整治前下降40%。

2004年,常德市路政管理共查处路损案件68起,办理行政许可申请47件,拆除违章建筑88处,查处超限车3万余辆次,卸载货物30万吨,挽回经济损失460多万元。投入68万元,对急弯、陡坡、视线不良等行车危险路段进行了重点整治,共添置防护桩1.25万根,增设安全警示标牌160多块,购置安全椎形标1100多个。

2005年1月19日湖南省车辆超限超载治理工作领导小组办公室(湘治超办〔2005〕1号)文件《关于设置车辆超限超载临时检测点(第一批)的通知》:窑坡检测站,位于省道205

线 K5+000 处，常德市津市市，控制石门、澧县、临澧的水泥外运岳阳、湖北；陬市检测站，位于省道 306 线 K306+850 处，常德市桃源县，控制慈利往常德的超限车辆；三江检测站，位于省道 304 线 K42+900 处，常德市石门县，控制石门水泥运张家界、湖北等超限车辆。

2005 年 5 月 24 日湖南省车辆超限超载治理工作领导小组办公室（湘治超办〔2005〕2 号）文件《关于重申治超工作中有关规定的紧急通知》：近一段时间来，各地在治超工作中采取了一些行之有效的措施，取得了一定的成效，但也出现了一些执法不规范行为，如只收费罚款、不卸载纠章等，严重地影响了治超工作形象，违背了治超工作的初衷。为了进一点加强治超工作，规范执法工作，现就有关规定重申如下：

（一）对超限超载车辆的认定、卸载和处罚工作，都要在省人民政府批准的固定超限超载检测站或省人民政府授权省治超办批准的临时检测点内开展。

（二）要坚持以卸载为主，不实施卸载，未消除违法状态，一律不得放行，更不能罚款放行。

（三）凡是参与治超工作的人员必须通过正规培训，掌握一定的治超专业知识方可上岗工作；凡是没有执法资格的人员，不准上路执法。

对于违反上述规定，我行我素，有令不行，有禁不止的，一经发现，必须严肃处理。请各市州治超办、交通局、公路局严格履行职责，认真督促检查，切实加强监管，预防和杜绝新的“三乱”行为的发生。

2005 年 9 月 26 日中共常德市委机构编制委员会办公室（常编办〔2005〕146 号）文件《关于设立樟木桥、白虎山两个车辆超限超载检测站的批复》：经研究，同意设立常德市车辆超限超载 319 国道樟木桥检测站、常德市车辆超限超载 207 国道白虎山检测站，均为常德市公路局管理的正科级事业单位。其主要职责是：宣传贯彻治理车辆超限超载运输的法律法规和政策，负责对超限超载运输车辆进行指挥引导和检测，配合路政执法机构依法查处车辆超限超载运输行为。核定常德市车辆超限超载 319 国道樟木桥检测站差额拨款事业编制 45 名，其中站长 1 名、副站长 2 名、其他工作人员 42 名。核定常德市车辆超限超载 207 国道白虎山检测站差额拨款事业编制 35 名，其中站长 1 名、副站长 2 名、其他工作人员 32 员。以上编制均从市公路局所属事业单位划转。

2005 年常德市路政管理共办理行政许可申请 135 件，查处路损案件 183 起，结案 178 起，查处超限车 6 万余辆次，卸载货物 40 万吨。

2006 年常德市路政管理全年检测车 14 万辆次，查处超限车 5.29 万辆次，转运货物 30 万吨，挽回经济损失 1000 多万元。整治常吉高速修建造成国道受损案件，挽回直接经济损失 300 万元。全年投入 480 多万元设置安全标牌 282 块；设立防撞墙 32 处；设立减速带 10 处；公路标线 48 公里；新栽示警桩 3680 根；设立防护墩 8960 个。

2007 年 7 月 5 日常德市公路管理局（常路〔2007〕65 号）文件《关于下发〈治超人员管理规定〉的通知》下发，共二十六条。自 2007 年 7 月 1 日起实施。原《治超队伍纪律规定》（常路〔2006〕120 号）同时废止。

2007 年 8 月 13 日湖南省车辆超限超载治理工作领导小组办公室(湘治超办字〔2007〕1 号)文件《关于榔梨等治超站移址的批复》:常德市津市窑坡治超检测站(S205 线 K5+000 处)迁至常德市津市新洲(S205 线 K8+800 处),并更名为新洲检测站。

2007 年,常德市路政管理共办理行政许可申请 350 件;清除路障 2500 余处;清除非公路标牌 2400 多块;共发生路损案件 241 起,查处 238 起,结案 217 起,结案率为 94%,挽回经济损失 195 万元;10 月底止共检测车 15 万余辆次,查处超限车 5.32 万辆次,转运卸载货物 35 万吨。

2007 年,常德市公路管理局被湖南省公路管理局评为"路政目标管理"第二名,鼎城公路管理局路政大队被评为"先进路政大队"。

2008 年,常德市路政管理共办理行政许可申请 149 件,清除路障 6000 余处,清除非公路标牌 1000 余块,查处路损案件 144 起,结案 140 起,结案率 97%,查处超限车33716 辆次,收取路损费 100.96 万元,较上年增长 200%。未发生一起公路"三乱"行为,近 300 人的路政执法队伍没有出现一例严重违纪违规人员。

2008 年,常德市公路管理局被湖南省公路管理局评为"路政目标管理"三等奖,鼎城公路管理局路政大队被评为"先进路政大队"。

2009 年,常德市公路管理局被湖南省公路管理局评为"路政目标管理"三等奖,汉寿公路管理局路政大队被评为"先进路政大队"。

2010 年 5 月 28 日,中共常德市委机构编制委员会办公室(常编办〔2010〕104 号)文件《关于市公路管理局有关机构编制事项的批复》:

(一)同意设立行政许可办公室,为内设机构,机构级别为正科级,其主要职责是:负责 2009 年市政府第 3 号令规定由你局实施的行政许可事项的统一受理、审核或审批和送达;组织协调公路行政许可事项的调研论证;负责行政许可事项办理资料归档和信息统计工作;负责与市政务服务中心的协调联络,接受市政务服务中心的监督指导。核定行政许可办公室全额拨款事业编制 5 名,其中主任 1 名、副主任 1 名、其他工作人员 3 名。其人员编制来源从路政科连人带编划转 5 名。

(二)同意设立市公路路政支队,为正科级行政执法机构,其主要职责是:负责宣传贯彻执行公路路政管理的法律、法规和规章;负责实施路政巡查,维护路产路权,依法查处各类路政违法行为;负责路政执法队伍建设;参与公路工程交工、竣工验收的有关工作。核定市公路路政支队全额拨款事业编制 11 名,其中支队长 1 名、副支队长 2 名、工作人员 8 名。其人员编制来源从原路政科连人带编划转 3 名,从武陵区、津市、汉寿、临澧公路管理局机关连人带编各划转 1 名,从鼎城区、桃源公路管理局机关连人带编各划转 2 名。

(三)同意撤销路政科,其承担的路政案件复议及诉讼工作、综合治理及安全保卫工作职能交由局机关办公室负责,原承担的路政行政许可、路政执法等职能相应划入行政许可办公室、市公路路政支队。

根据《事业单位登记管理暂行条例》(国务院令第411号)的规定,市公路路政支队在进行事业单位法人登记后方告成立。

2010年,常德市路政管理共办理行政许可申请650件;清除非公路标牌2260块,查处路损案件29855起,结案29855起,结案率100%。执法人员由原来的195人增至513人。1月至11月共检测车15万辆次,查处超限车近3万辆次,印发公路法律法规1200多份,悬挂横幅60多条,制作宣传牌90多块。

2010年,常德市公路管理局被湖南省公路管理局评为“路政目标管理”三等奖。

第三节　养护管理

1984年8月省交通厅发出《关于改革交通管理体制若干问题的通知》,决定国省道的统筹和重点工程的归口建设仍由省负责外,其管理和养护委托专(州)市负责,县乡道和专用公路分别由有关单位负责;原由省管理的各地公路总段的人、财、物成建制下放专(州)市管理。至此,市境公路养护体制遂走上正轨,形成国家养护与地方养护统一领导、分级管理的养护体制。

1996年8月以前境内的养护管理体制为:地区公路总段—县(市)公路段—道班。是年9月,市公路总段更名为市公路管理局,县(区、市)公路段更名为县(区、市)公路局。国养公路的主要经费来源为汽车养路费,实行全额上缴、切块包干的办法。长沙至常德高速公路常德段54.702公里,由省高速公路管理局管养。1997年1月前为市(地区)公路管理处—县公路站(所)—工班,1月后为市县乡公路管理处—县公路站(所)—养护工区、站、道班。地方养护的公路为少量省道、县道和主要乡道,一般乡道由乡镇负责管养。地方养护公路的经费来源,以拖拉机、摩托车等小型车辆养路费为主,上级公路部门安排少量资金补助,县(区、市)财政补贴和乡镇人民政府自筹资金,专用线和通村公路则由修建单位自建自养。公路养护措施普遍采取路段承包经济责任制,以班为单位集体承包,以人定段,按公路年末好路率兑现报酬及奖惩。按季开展公路养护大检查,及时检查指导公路养护工作。各工班根据辖区不同路面与不同季节采取不同的养护方法,一般都以铲、补、挖、扫、清等方法,铲除路肩杂草杂物、补坑填槽、开挖边沟,清扫杂物、精心培管公路,清整林木,使公路养护逐步科学化、规范化。

1998年,根据省交通厅关于三年完成改制任务的总体要求,全市公路系统加大公路养护管理体制改革力度,积极探索适应市场经济的公路养护运行机制,取得明显成效。桃源、临澧、安乡、津市等县(市)公路局本着“精简、统一、效能”的原则,对公路管理机构、人事用工制度、分配制度实施改革,相继组建养护公司,实行定路段、定人员编制、定经费、定好路率的养护生产内部招投标制,极大地调动了养路职工的积极性,开创出管养工作新局面,全市公路养护成本显著下降,路容路貌明显改观。桃源局在往年经济承包责任制的基础上,扩大招投标范围,实行全员招投标;工人与中标者实行双向选择,承包者有权对不服从安排的人员进行处罚,情节特别严重的责令其待岗。同时实行重奖重罚,对道班的最高奖额定为年奖1万元,激发了养护工人争先创优的积极性。如承包者在承包期内,不服从管理,计划不能按时完成,可随时取消承包资格,同时责令待岗。1998年在全市县乡公路工作会议上,市县乡公路管理处作出决定,对从事公路养护工作有突出贡献的马世清等14名养路代表工给予养老保险的奖励。奖励分为3种:一是市县乡公路处全额保险,二是市、县两级分担养老保险,三是市、县、个人分担养老保险。这一举措对于激励广大养路代表工积极投身县乡公路事业,解决养路代表工的后顾之忧,进一步稳定养路工队伍具有十分重要的作用。各级公路部门在实施体制改革的同时,更加重视雨季、汛期公路养护和路政管理,确保公路常年畅通。1998年5月至6月,全市大面积降雨,加之超期服役公路多,造成全市公路严重损毁。进入7月以后,又遭受百年未遇的洪涝灾害,全市40多条干支线公路相继中断交通,5座桥梁被毁,1000多公里公路不同程度损毁。面对这一严峻形势,公路部门的各级领导与广大职工一道,奋战在抢修水毁公路第一线,冒酷暑,斗洪魔,日夜组织抢修,尤其是对重要防汛通道和水毁严重地段实行领导、人员、设备、资金四集中的办法,发扬愚公移山精神,开山取石,洪水运砂,肩挑手搬,填坑补槽,夺取了公路水毁抢修攻坚战的全面胜利,使水毁公路在短时间内全部恢复通车,为全市防汛抢险工作的顺利进行提供了坚强有力的交通保障。是年,全市完成油路大中修71.8公里,建成文明路160公里,书记局长样板路、班长(站长)示范路245公里;全市干支线综合好路率达75.8%,超计划9个百分点,评为全省养护质量第二名;县乡道综合好路率80.7%,超计划17个百分点。

2000年,公路部门针对管养机制滞后的现状,在管理与养护分离、用工与分配制度、养护工程内部招投标等方面进行一些有益的探索。各区、县、市公路局大力推行公路养护内部招投标制,截至2000年,所有县局均组建"独立自主,独立核算,自负盈亏,自我发展"的公路养护公司,建立新型的业主与承包商的关系,普遍降低养护成本,提高养护质量。有的县局走专业化养护路子,实行小修与保养分离,效果十分明显。如澧县公路局实行修养分离,成立专门负责路面维修的工程施工队,并实行计量工资制,既保证质量,又搞活用工机制。通过以副促养来消化富余人员,解决养护资金不足的问题。全市60%以上的道班、工班都种植蔬菜,喂养家畜,有的还兴办实业。改革中,养护工作得到加强,公路部门加大对公路大中修的投入,加大水毁抢修力度,加强新技术、新材料、新工艺的推广应用,促进养护水平的提高。2000年,全市共投入1900万元完成公路大中修工程66公里,其中砂改油33公里,油改水泥路18公里。抢修水毁公路870公里,重点抢修国道207线南段、省道303线等干线公路,修复水毁油面40多万平方米、翻浆砂路30多万平方米。

2002年,在公路养护管理上,创新思路,积极探索有利于公路管养的新路子、新办法,养护质量和管理水平稳步提高,取得明显成效。澧县交通局对管养的省道、县道,通过公开招标进行养护管理,提高公路路况质量。临澧县把2002年定为全县"乡村公路建设年",在全县广泛开展公路整修竞赛,进行为期一个月的公路整修大会战,全县80公里乡村主干道都得到高标准的改造。由于这些新的举措,全市公路养护状况较2001年同期明显改善。公路主管部门还加强水毁抢修。2002年,由于连续的阴雨天气,市境管养的干支线和县乡公路遭受严重损毁,尤其是国道207线、省道306线、省道304线、省道302线、津保线、军蒋线、理七线、火新线等干支线公路油面严重破损,县乡公路砂石路面损毁严重,个别地段出现冲毁路基边坡及桥梁施工场地。全市干支线和县乡公路水毁里程达1000公里,损失达2500多万元。在建工程损毁也很严重,其中临岗公路水毁损失达2000万元;国道207线澧县北段水毁损失达1400万元。面对水毁严重的形势,公路养护职工全力以赴,日夜奋战,减轻水毁损失,确保公路畅通。

砂石路面的养护主要做到"一掌握、二及时、三严、四勤",一掌握:掌握路况、季节和气候变化情况进行养护。春季排水、维修,夏秋保养,冬季备料、提高。晴天扫砂、回砂,雨天排水,雨后修补,铲刮波浪、高路肩、补坑槽,雪天扫雪防滑。二及时:及时消灭坑洞,及时处理水害苗头,防止小害变大害。三严:严格材料配比,严格操作规程,严格材料规格质量,砂石坚持过筛。四勤:勤铲刮、勤修补、勤排水、松散保护层勤加砂、扫砂、回砂。

双层表处沥青路面的养护方法是:"一看、二注意、三克服、四勤、五把关、六不补"。

一看:就是看天气、季节和路况决定工作内容。如夏秋高温少雨,是油路养护的黄金季节,集中力量消灭油路病害;雨季主要做好防水排水,路基防护和加固等工作;冬季主要是扫雪、防滑及备料。

二注意:注意初期养护,注意安全生产。

三克服:克服底层偏薄强度不够,克服油面偏厚,克服用油偏多。

四勤:勤检查、勤排水、勤清扫、勤处理病害。

五把关:把住底层铺装关、材料质量关、熬油温度关、油石比例关、碾压密实关。

六不补:底层不干燥不补,底层不干净不补,底层不平整不补,底层不密实不补,强度达不到设计要求不补,材料不符合质量规格不补。

2008年至2010年期间,常德市公路管理局在沥青混凝土路面养护中做到开挖到位,成型方正,垂壁净底,基层补强一律用水泥稳定结构材料,集中拌和,统一修补不过夜,2008年挖补路面26.5万平方米,罩面1.2万平方米,公路养护质量获全省第二名,公路养护技术比武获全省第一名,2010年公路养护质量获全省第一名。

水泥混凝土路面养护分为预防性养护与换板两类。2010年,常德市公路管理局管养的路段中水泥混凝土路面达1364.724公里。

预防性养护:水泥混凝土路面清灌缝与板底灌注是水泥混凝土路面预防性养护的重点。根据不同的季节及时清灌缝,保持接缝平顺,防止地面水渗入,使水泥混凝土路面的使用年限得以延长。

水泥混凝土路面清灌缝的周期一般为2年一次,采用"切、刷、吹、钩、灌、补"的施工程序,即使用裂缝跟踪锯,切除老缝填料,用清缝机干刷切缝两壁,用鼓风机吹尽缝中余渣,未吹尽的余渣用铁钩钩出,再用灌缝机把水泥混凝土路面填缝专用胶注入缝中,一次没有灌到位的把它补平,防止砂粒落入缝中挤碎板边,影响水泥板的正常伸缩。常德的干支线水泥混凝土路面灌缝多数使用沥青、橡胶粉、聚氯乙烯、滑石粉配制成的嵌缝料,同时也采用新工艺材料聚氨酯灌缝,国道207线用聚氨酯灌缝23.9公里,省道205线、省道302线、省道304线、省道306线累计用聚氨酯灌缝122.5公里。

对于裂缝的处理,根据不同的程度采用不同的方法处理。轻度裂缝用环氧树脂护缝即可;中度的裂缝,采用扩缝开槽机扩缝,缝宽为8毫米~15毫米之间,深度为15毫米~20毫米之间,再用填缝专用胶注入填平;对于底板脱空、唧泥、局部下沉的水泥混凝土路面板块,使用乳化沥青或水泥浆灌注。乳化沥青的灌注方法是在水泥板接缝处开十字孔,用带漏嘴和开关的计量桶盛装乳化沥青,将漏嘴对准灌注孔,靠乳化沥青的自重均匀灌入,充填空洞部位,稳定水泥混凝土板块。临澧公路管理局2004年至2010年期间在207国道累计灌注6万平方米,耗用乳化沥青50吨。桃源公路管理局分别在国道319线、省道226线、省道227线进行板底灌注,耗用乳化沥青17吨。鼎城公路管理局在省道306线王家桥段板底灌注1000平方米,耗用乳化沥青20吨。

用水泥浆压注处治板底脱空的方法是在水泥混凝土板的四个角和中心钻孔,用压缩空气机将孔中碎渣、杂物清除干净,保持干燥,然后用灌浆机将水泥浆压入板底,一般先边角孔,后中心孔,然后用水泥浆堵孔。石门公路管理局在省道304线用水泥浆灌注了200平方米。

对于错台、水泥混凝土面板断角,桥头跳车,则采用沥青砂调平,错台高出板面部分则用铣刨机刨平。桥头严重跳车如属接缝板的问题,则应更换接缝板。

对于路面坑洞,应先进行清理,然后用环氧树脂胶混凝土直接修补。

对于水泥混凝土面板拱起,需先切开拱起端,将板恢复原位,然后清理接缝,灌入填缝料。如果是因胀缝传力杆施工中设置不当,使板受热时不能自由伸张而发生拱起,则应重新设置胀缝。20世纪90年代国道319线军山铺地段出现一处水泥混凝土面板拱起,进行了换板处治。

换板维修:水泥混凝土路面出现较大面积的破碎板、严重裂缝、错台和脱空等病害时应进行整板翻修。2000年至2010年期间,常德境内国省道水泥混凝土路面都不同程度地进行了换板维修。换板维修的施工工艺是使用开凿机破碎水泥混凝土板,清除碎块,同时将基层挖至18厘米~20厘米深,用冲击夯将土基夯实,然后用15号水泥混凝土铺筑基层进行补强并夯实,在基层上面铺设聚氯乙烯薄膜或油毛毡隔水,再在上面浇筑水泥混凝土板面,然后洒水养生。2009年10月,常德市公路管理局在省道304线临澧新安召开了水泥路破碎板处治现场会,对水泥混凝土路面板维修进行现场示范,对提高职工操作水平、规范施工工艺、保证工程质量起到了重要作用。

第三章　道路运输管理

改革开放前，道路运输为“三统”（统一安排货源、统一安排运力、统一计费标准）管理；改革开放后，运输市场放开。道路运输管理部门的主要职责是管理好运输市场的准入条件，建立统一、开放、平等、竞争有序的市场机制，加强运力宏观调控，促进客货运输的稳步健康发展。市境道路运输管理主要包括客货运输管理，运价管理、车辆维修管理、驾驶员培训管理。

第一节　机　构

1988 年 10 月 19 日，常德市交通运输管理处（以下简称市运管处）成立，常德始有交通运输行业的专门管理机构。运管处主要负责常德市所辖的武陵区、鼎城区、桃源县、安乡县、汉寿县、临澧县、石门县、慈利县、澧县、津市市 10 个县（区、市）和西湖、西洞庭、贺家山、东山峰 4 个农场的道路运输行业管理中的指导、统筹、协调、服务、监督工作。12 月，慈利县划入大庸市（今张家界市），其道路运输行业管理职能亦随之移交给大庸市交通运输管理处。常德市运管处的行业管理区域为 2 个区、6 个县、1 个市、4 个农场。

1989 年，常德市所辖各县（区、市）的交通运输管理站改为交通运输管理所，隶属各县（区、市）交通局管理，业务上接受市运管处的指导和监督。西湖、西洞庭、贺家山、东山峰 4 个农场在 1989 年也组建了交通运输管理所，行政隶属各农场管委会领导，业务上接受市运管处的指导和监督。

1994 年 6 月，常德市交通局为理顺常德市城区运管体制，决定将常德市城区交通运输管理所并入常德市运管处，在常德市城区由运管处一个机构统一行使道路运输行业管理职能；实行人员统一安排，工作统一部署，经费统一使用，合署办公。办公地点设在常德市城区交通运输管理所院内，内设“一室、四科、一所”，即：办公室、财务征收科、运政运务科、稽查科（出租汽车管理办公室一门两牌）、汽车维修技术管理科、直属运管所。

1995 年 5 月 8 日，常德市直属运管所撤销。分别组建成武陵交通运输管理所和德山交通运输管理所，隶属常德市交通局领导，业务工作由市运管处直接管理。9 月 14 日，根据中共常德市委、市政府的决定，将原鼎城区的河洑乡、丹洲乡、南坪乡、芦山乡、河洑镇划入武陵区，这“4 乡 1 镇”的交管站亦随之成建制上收市运管处管理，接收在职交管员 26 名，退休职工 4 名。12 月 17 日，依据市编委常编发〔1995〕77 号文件《关于调整市交通运输管理处机构规格的通知》，市运管处升格为副县级事业单位，隶属常德市交通局领导。

1996 年 3 月 9 日，市编委以常编办直〔1996〕21 号文件《关于常德市交通运输管理处机构编制有关事宜的批复》,明确界定市运管处是常德市交通局领导下的负责全市道路交通运输行业管理的职能机构;具有负责全市道路客货运输、车辆维修、搬运装卸、运输服务市场及全市机动车驾驶学校和驾驶员培训工作的管理职能。内设6个正科级职能科室,即:办公室、计划财务科、运政管理科(对外加挂常德市运政稽查大队牌子)、运务管理科、车辆维修技术管理科(对外加挂常德市汽车维修行业管理办公室牌子)、驾驶员培训管理科(对外加挂常德市机动车驾驶员培训行业管理办公室牌子)。

1997年1月,市编委以常编办〔1997〕28号文件批复,调整常德市交通运输管理处内设机构,将常德市武陵交通运输管理所、常德市德山交通运输管理所分别更名为常德市交通运输管理处直属一所、直属二所,由市运管处直接领导。

1999年6月,常德市机动车驾驶员培训行业管理办公室更名为常德市交通局机动车驾驶员培训管理办公室。

2001年12月,国家行政机关和事业单位机构改革,市运管处的内设机构调整为7个副科级职能科室,即:办公室(加挂法制科牌子)、组织人事科(监察室与其合署办公)、计划财务科、客货运输科、出租车行业管理科(加挂常德市出租汽车行业管理办公室牌子)、车辆维修技术管理科(加挂常德市汽车维修行业管理办公室牌子)、驾驶员培训管理科(加挂常德市交通局机动车驾驶员培训管理办公室牌子)。有管理人员49人。

是年全市运管机构共有1263人,其中管理人员1257人、其他人员6人。下辖武陵、鼎城、桃源、安乡、汉寿、临澧、石门、澧县、津市、西湖、西洞庭、贺家山、东山峰13个交通运输管理所,有管理人员398人;71个交通运输管理站,有管理人员810人。

2005年,全市运管机构共有1357人,其中管理人员1353人。下辖武陵、鼎城、桃源、安乡、汉寿、临澧、石门、澧县、津市、西湖、西洞庭、贺家山、东山峰13个交通运输管理所,有管理人员607人;48个交通运输管理站,有管理人员665人。

2010年,全市运管机构共有941人,其中管理人员930人。下辖武陵、鼎城、桃源、安乡、汉寿、临澧、石门、澧县、津市、西湖、西洞庭、贺家山、东山峰13个交通运输管理所,有管理人员635人;31个交通运输管理站,有管理人员238人。

2014年,全市运管机构共有920人,其中管理人员897人。下辖武陵、鼎城、桃源、安乡、汉寿、临澧、石门、澧县、津市、西湖、西洞庭、贺家山、东山峰13个交通运输管理所,有管理人员507人;39个交通运输管理站,有管理人员301人。

第二节　客货运输管理

1980年1月,根据省人民政府颁发的〔1980〕24号文件《湖南省运输市场管理试行办法》,成立"常德地区运输指挥部"及各县市运输指挥部。境内汽车运输市场由交通主管部门统一管理货源、统一安排运力、统一计费标准,简称"三统办"。为加强运输市场的管理,"三统办”规定所有参运的机动车辆,凭“三统办”开出的“统一调配凭单”“运输路单”运行。当年境内纳入“三统办”管理的有汽车 778 辆,拖拉机、简易柴油车 207 辆,共 3690.8 吨(不包括当时省管的湘运车辆)。

1983 年 5 月,国家允许私人或联户购置机动车,经营运输业务。城乡集体、个体联户从事机动车辆营业性运输者日渐增多,以国营为主经营公路运输业的局面始有突破,运输市场亦随之发生抬价、滥价、抢运、勒索等不良现象。1983 年 5 月 25 日,省交通厅与省工商行政管理局颁发《关于个体运输户登记发照和从事客运有关规定》的联合通知,运输市场形成多元竞争的新格局。

1984 年,汽车运输市场全面放开,汽车客、货运输开始繁荣。1987 年 2 月 20 日,省交通厅颁发《关于对全省营运车辆核发营运证的通知》(以下简称《通知》)。根据《通知》规定,市交通局对全市营业性客货运输车辆核发营运证。1988 年,根据省公路运输管理局在全省开展营运证年审工作的精神,市交通局成立年审工作领导小组,全市于 1988 年 12 月 1 日至 1989 年 1 月 20 日,对营业性客货运输车辆进行年度审验工作。全市受检单位和个体联户 18996 个,其中国营单位 1102 个、集体单位 1702 个、个体联户 16192 个。应审验车辆 23676 辆,已审车辆 21488 辆,占应审的 90.76%。其中货车 7834 辆,审验 7139 辆,审验率 91.13%;客车 1242 辆,审验 1163 辆,审验率 93.64%;小四轮 1273 辆,审验 1264 辆,审验率 99.29%。补缴税费 283399.84 元,其中运管费 74534 元、客附费 25497 元、养路费 26191.5 元、税金 126780.34 元。1988 年 11 月 1 日起,跨省、地(州、市)的营运客车全部核发悬挂省运管局统一制作的“经营线路标志牌”。12 月 1 日起,跨县和县内的营运客车核发和悬挂省运管局统一制作的“经营线路标志牌”。

1989 年,按照核准的客货营运车辆,逐户进行审验换发“经营许可证”的工作。通过审验与换证,纠正运输行业的不正之风,打击滥价、私吞票款、违章、违纪营运行为,加强客、货运输市场的管理。

1990 年,常德市政府常务会议决定:用 3 年左右的时间,积极稳妥、深入有效地抓好全市运输市场的治理整顿工作。1 月 16 日至 17 日,召开全市道路、水路运输市场治理整顿工作会议,强调客运市场的整顿,要以“三定两挂”(定班次、定线路、定站点,悬挂班线牌、悬挂里程价格表)为重点,首先解决县以上城镇的客车“车进站、人归点”和严格按审定线路经营的问题;货运市场的重点放在治理整顿港口秩序混乱和货源管理失控的问题上。

1991 年 10 月 26 日,针对群众反映的“个体客车秩序乱,乘车没有安全感”的情况,市政府召开全市道路客运市场治理整顿工作会议,颁发《关于整顿道路客运市场的若干具体意见》《关于加强道路客运管理重点整顿个体客运的通知》,明确提出对社会个体客车进行全面清理审验,强制年检、保险,对新增(更新)客车实行计划额度管理和购置前审批制度 。新增(更新)客车,凭市运管处的“准购证”,交警部门才可给客车登记上户发牌照。这样有效地控制社会个体客车迅猛增长的势头,促进常德客运市场的根本好转。货运市场在常德、津市两个重点港站实行“重点港站货物准运证”制度。1992 年,为加强客运市场的管理,成立常德市运管处客运稽查所,办公地点设在常德汽车北站。

1993 年,全面放开公路货运市场,下放审批权,取消运力额度管理。各地积极组建货运配载中心,为货主和运输经营者提供方便。鼎城区运管所在桥南市场建立货运配载信息服务站,石门县运管所在火车站建立货运配载站。客运市场的管理实行国营、集体、个体一齐上的方针,对客运线路、班次的安排实行计划管理。跨省、跨区长途客运以国营、集体运输企业为主经营,个体经营者以经营短途客运为主。一年内,全市新增营运客车 516 辆,10036 客位。开通客运线路 613 条,其中长途客运线路 259 条,区、县内短途客运线路 354 条。

1994 年,市运管处对全市客运市场分区域、分线路,对运力的投放、旅客的流量流向进行全面调查,完善客运市场管理工作中的“二账一档”,即运力台账、线路台账、经营户档案。同时改革客运线路的审批制度,由原来的分散管理、领导个人说了算改为集体审批制度;由原来的经营户找关系上门办理改为以县所为单位集体办理;由原来天天审批改为每周末集体审批。在货运市场管理方面,成立全市货运配载信息服务中心,编印下发《公路货运行业管理手册》,实行规范化管理。

1995 年,客运市场以站场为依托,营运客车实行统一排班、统一售票、统一价格、统一结算、定时发车,深入开展源泉管理。5 月底基本完成全市客运车辆换发班线牌和颁发权属证的工作。9 月 28 日,市运管处与省地质四一三队共同投资 50 多万元,在洞庭大道入口处,占地 1.3 万平方米的“武陵货运交易中心”开业。11 月 15 日,在石门南园宾馆召开全市 1995 年审验工作会议,接着用两天时间举办运管所运政专干、审验骨干培训班,讲解年审换证的内容、方法、步骤及“经营许可证”“道路运输证”“九五”版式台账的填写等业务知识。

1996 年,依据省人大发布的《湖南省道路运输条例》,市运管处及时颁发《常德市货运市场交易规则》。

11 月的一天,南县开往常德的一辆客班车上旅客被抢劫,安乡县运管所的任厚鑫、杨和平、刘玉兰奋不顾身追击车匪,协助公安人员,仅一个小时将 3 名车匪抓获,并追回金器 1 件、现金 4000 多元,受到乘客的高度赞扬。

1997 年,为合理调整长短途客运线路比例,积极引导乡村、边远山区发展客运,扶持跨省超长线路,市运管处颁发《关于进一步加强道路客运管理几个问题的通知》,冻结常(德)安(乡)、常(德)桃(源)客运线路的审批;严格控制常(德)汉(口)、常(德)石(门)等 6 条线路的新增运力;积极发展常德至上海、常德至温州、石狮等 38 条 40 个班次的跨省线路和常德至东山峰等边远线路及乡村短途客运线路 19 条 26 个班次。临澧至新安的 33 辆大客车,全部换成中巴车。10 月,市运管处对全市道路客货运输市场进行整顿。通过整顿,客运市场达到“车进站、人归点”,货运市场达到“货入市、车进场”的目的。按照省运管局的统一布置,市运管处组织开展长(沙)—益(阳)—常(德)客运文明班线示范活动。通过湖南省运管局的检查、评比,常德市有 6 辆营运客车被评为湖南省红旗车。

1998 年，客运市场管理实行“审批附卡制”，清理换发营运客车班线牌。货运管理除健全各种管理资料、台账、卡册外，还编制下发《关于加强货运管理工作的通知》《常德市货运出租车管理暂行办法》《常德市货物运单管理制度》《货运管理法规政策手册》。10 月，石(门)长(沙)铁路通车，常德至广州等地公路客运市场发生重大变化。

1999 年，客运市场的管理坚持走运力向东扩、往西走的方针。新增上海、常熟、温州、厦门、昆明、黔江等跨省线路 15 条，跨区线路 8 条，新增边远山区线路 3 条 7 个班次。开通常德至长沙、澧县、临澧、津市、桃源、汉寿等跨区、跨县直达快班。全市投入空调小巴车 50 辆，新增空调、卧铺高档客车 83 辆。

2000 年，全市所辖乡镇已全部通客班车，行政村的通车率达 57%，拥有豪华大巴、中巴、快巴等各种客车 17904 辆；大件货物、平板、集装箱等各种货车 14346 辆。按照交通部、省交通厅、市交通局的布置，全市开展以“加强管理、规范行为、健全机制、确保有序”为主题的道路运输市场管理年活动，参加活动的对象是各级交通行政主管部门及道路运输管理机构和道路运输经营户。在客运市场宏观调控上改变过去封闭式的线路审批制度，采用听证会的形式对新增线路进行审批。在不增加运力的情况下，对部分线路、班次、站点停靠等进行适当的调整。对部分本属一线多点始发的线路实行延伸合并试运行，共调整甘露寺至牛鼻滩、贺家山；火车站至蔡家岗、雷公庙；丹阳路至蒿子港、十美堂、黑山嘴、黄珠洲及西湖共 9 条线路。将原 3 条线、9 个始发点调整为 3 个始发点，这样使行驶线路更趋合理，排班更趋实际，站点停靠有序。采用听证会的方式，能优化班线结构，减少管理上的矛盾，得到广大经营业户和乘客的欢迎。运管处还协助支持欣运集团成立专业旅游运输分公司，开辟常德至夹山寺、桃花源、花岩溪一日游专线客班及市内观光巴士。在货运市场管理上，组织召开常德市第一次货运市场管理研讨会，制定城区货运市场管理的规范性文件。

2001 年，按照“安全无小事、责任重于泰山”的要求，全市客运市场开展清理整顿工作。全市共清理营运客车 4946 辆，清理率为 100%；清理出解体报废客车 182 辆，占客车总数的 3.68%；下发整改通知书 900 份。通过清理整顿，消除一些事故隐患，确保客车的安全运行。

2004 年，省运管局对湖南省汽车客运站级和服务等级进行了复核评定，常德市共评定汽车站 33 个，其中一级站 1 个、二级站 12 个、三级站 9 个、四级站 6 个、简易站 5 个，并核发了新版站级牌。市运管处认真贯彻执行省运管局关于《湖南省公路运输力量动员预案》和《湖南省突发公共事件道路运输保障应急预案》，为道路运输积极应对可能出现的局部战争和突发事件，做好了应急准备。

2005 年，常德市各级运管机关强化客运市场管理。一是开展农村客运网络化建设工作。从 3 月起，市运管处组织对全市所有乡、镇、行政村进行农村客运情况的专题调研。掌握到第一手资料后，处领导又分片包干对农村客运发展情况进行跟踪调研和督导，采取实地调查、走访等方式，召开座谈会议 100 余次，对首次调查的数据、资料和方案进行核实，对影响农村客运网络发展的原因进行分析。9 月，又组织相关人员前往山西省平遥县就发展农村客运网络化进行学习考察,通过取长补短,借鉴他们好的做法,结合常德市实际,编制“常德市农村客运网络及客运站场‘十一五’发展规划”,并起草“常德市农村客运管理办法”;二是认真贯彻落实道路旅客运输线路经营期限管理的规定，通过清理客运班线，核定车辆经营使用期限,建立基础台账和档案,做好客运班线经营期限工作的各项基础工作。全市2495辆县际、县内班车全部与市运管处和运管所签订“常德市道路客运线路经营权使用合同”,对89辆违章客车进行累计扣分。通过建立道路旅客运输激励和约束机制，加强道路旅客运输市场监管,服务质量明显提高;三是制定行政许可工作规范和新增县际客运运力公示制度,确保行政许可公平、公正、公开,较好地化解客运市场矛盾,维护交通秩序稳定;四是安全、及时、优质、有序地完成了春运工作和“五一”“十一”黄金周运输组织工作,保障常德市道路运输的安全畅通。

道路运输安全监管工作继续坚持“安全第一,预防为主”的方针,组织全市运管机构开展“反违章驾驶”安全竞赛活动和全市道路运输行业安全生产月活动。开展道路危险化学品运输安全专项整治工作。通过整治,6家危货运输企业全部达到A级标准。对全市33家客运企业、17家客运站场进行安全生产状况评估考核工作,4家客运企业、1家站场通过整改,提高安全意识,实现安全生产状况的根本好转。2005年全市道路运输行业取得无重特大事故、死人、伤人、直接经济损失三大指标比上一年大幅度下降的可喜成绩,年终市运管处被评为常德市量化目标管理先进单位。

2008年,通过调整运输结构,初步实现道路客运向规模化、网络化迈进,道路货运向重型化、厢式化发展。是年,常德市道路旅客周转量60.6亿人公里、货物周转量57亿吨公里,道路运输在综合运输体系中发挥主导作用,基本满足社会不同层次、不同形式的运输需求。

行业管理进一步加强。市运管处在客货管理方面强化管理手段,认真组织开展2008年度客货运输企业质量信誉考核工作。常德市参与考核的客运企业30家,经考核评为优良的17家,合格的12家,基本合格的1家。结合考核工作的开展,市运管处组织开展安全与质量信誉先进单位评选活动,各客货企业和站场踊跃参与,推出一系列优质服务举措,促进行业文明建设,提高了服务水平。积极协调和处理客运市场矛盾,受理群众来信(电)、来访和投诉共551件(次),完成上级交办事项23件,维护客货运输市场稳定。逐步规范旅游客运,对常德市旅游客运市场基本情况进行调查摸底,并抽调专人负责旅游客运服务中心的组建工作。加强客运班线信息调查和信息报送工作，建立常德市道路客运班线信息发送基础数据资料库,为合理投放客运运力提供依据。积极规范和发展物流业,在城区组建全达物流有限公司等3家物流公司,为常德市物流业的发展奠定基础。在站场建设和管理方面,全市建成乡镇三级客运站2个、农村五级客运站30个、在建农村五级客运站12个、乡村客运停靠点50个。为规范和加强站场管理,市运管处按照部颁标准,对常南汽车总站、汉寿汽车客运站、津市汽车客运站和贺家山农村客运站的站级和服务等级进行考核评定。在常德市二级以上客运站都设立驻站办,并对驻站管理办公室的基础设施、工作制度、票据管理、着装仪容等进行规范。创建市处稽查支队驻常德汽车总站、鼎城运管处驻常南汽车总站等驻站管理示范单位,并组织常德市运管所(处)负责人及驻站管理人员到示范点观摩学习。9月,湖南省公路运输管理局组织的驻站办达标验收中,常德市二级以上汽车站驻站办全部达标。

2008年,农村客运"村村通"稳步推进。常德市新增农村村级客运班线30条。为推进农村客运"村村通",市运管处将临澧、汉寿、鼎城、桃源、石门确定为发展农村客运班线的试点县,要求5个县分别在年内建立1至2条(个)农村客运试点线路(片区)。这5个县都积极向当地党委、政府及交通主管部门进行汇报,并拿出试点工作方案。特别是临澧县成立以县长挂帅任组长,交通局长及相关单位负责人和乡镇长为副组长,全体运管人员为成员的试点工作领导小组,采取片区经营、冷热线捆绑、滚动发班、电话预约、门对门服务、长短线站场无缝对接等经营模式,积极改造、发展农村客运,使农村客运在原来仅开通一条线路,只有8辆小农巴车的基础上发展为2008年的拥有10条线路,32辆崭新的"庐山牌"客车营运,极大地方便群众出行。

2009年,常德市道路运输行业广大干部职工大力推进行业发展,道路运输生产能力持续增长。是年,常德市从事道路运输及相关业务的经营业户2.31万户,从业人员5.29万人,分别比上年增长2.6%与6%。经过更新与淘汰,有营运客货车2.5万余辆,比上年增长10%,且车辆档次更高,结构更合理,经营效益更高,如欣运集团2009年招揽收入2.7亿多元,比上年增长3.2%;常德汽车总站5600万元,比上年增长3%;常南汽车总站3880万元,比上年增长9.3%。年旅客周转量61.1亿人公里,货物周转量58亿吨公里,分别比上年增长0.9%与1.6%。汽车客运站服务功能更全,常德市拥有三级以上客运站17个,其中一级站5个、二级站7个、三级站5个。

2009年起运管费被取消以后,市县两级运管机构将运管工作重点由收费转向管理。

客运市场管理方面重点是组织完成常德市跨省、市、县客运班线票价编辑审核工作,共审核确定跨省、市、县际670条客运班线的票价,制作不干胶上车梯形价格表1700多张,新的客运票价已于2009年6月22日在全市各客运站公示执行。认真开展质量信誉考核工作,常德市30家客运企业考核等级为优良的17家,合格的12家,基本合格的1家。47家货运企业考核等级为优良的21家,合格的10家,基本合格的16家。对24辆累计扣分30分以上的营运客车进行停运整改。对403辆营运车违规违章情况进行通报和网上公示。继续推进农村客运网络化建设,常德市新增和延伸农村客运班线51条,新建农村客运站11个。至2009年底,开通县至乡农村客运班线358条、有客车1735辆;乡至行政村客运班线132条、有客车315辆。4009个符合通车条件的行政村已有3114个开通客运班线,通车率达77.7%。常德市建成农村客运站76个、侯车亭和招呼站961个。为进一步加快常德市农村客运发展,市运管处在反复调研的基础上,起草"关于进一步加快我市农村道路客运发展的意见"(讨论稿)。

货运市场管理重点是培育规范物流市场。市城区已成立常德市烟草配送中心、常德市邮政物流、万昌物流、桃特物流、芙蓉物流等5家综合物流企业。对207国道沿线的货运信息配载部和货运停车场进行的合法化、规范化、规模化改造初见成效,部分已进入行政许可程序。占地4万平方米,建筑面积23047平方米,总投资5958万元的常德物流中心已完成全部主体工程。

2010年,进一步加强客货市场管理。认真组织开展质量信誉考核工作,并将考核结果在常德运管网上进行公示,促进客运服务质量的提高。积极化解客运矛盾,有重点、有针对性地开展客运矛盾排查工作,并召开客运线路矛盾协调会18次,有效杜绝大规模群体上访事件的发生。进一步加强客运站场建设与管理,验收和核定二级站1个、三级站2个、五级站(农村客运站)5个;对客运站行政许可工作程序进行规范,建立三级以上客运站档案;督促欣运集团、安乡、石门、临澧汽车站按规定配备安检设备;妥善解决柳叶湖汽车站站、运双方的矛盾,使该站建立起正常的经营秩序;在《中国交通报》举办的“首届旅客最满意汽车客运站”评选活动中,常德汽车总站获全国十佳站场服务品牌建设奖,常德汽车总站站长汪雪娟被评为全国优秀汽车客运站站长。

道路客货运输单位认真落实安全责任制,层层签订安全生产责任状;进一步落实承运人责任险,常德市客运车辆、危货车辆承运人责任险投保率达100%;继续督促客运、危货车辆安装GPS卫星定位系统,常德市已安装GPS的客运、危货车达2200余辆;加强上海世博会、广州亚运会期间进沪入粤客运、危货车辆的安全监管。通过积极协调,实现了常德市GPS监控平台与湖南省公路运输管理局监控平台的全面对接; “元旦”“春节”“五一” 等节假日期间,共开展安全督查30余次,检查企业44家,排查安全隐患76处;对常德市4家隐患企业进行限期整改,已全部验收合格;积极开展客运、危货运输等高危行业标准化建设、规范化管理达标活动,欣运安乡分公司等11家企业已通过达标验收;开展道路运输安全生产“打非治违”专项整治活动,组织执法行动120余次,出动执法人员600余人次,检查道路运输企业56家,查处非法经营4起、违章超速车80余辆,排查企业安全隐患54处;继续深入开展“公路客运交通安全教育整治”“安全生产月”等活动,确保安全生产形势稳定。市运管处年终被常德市委、市政府评为市直单位量化目标管理先进单位。

2010年,全市有营运车3.5万余辆,比“十五”期末增长40%;开通客运班线1012条,比2005年增加115条,辐射范围也由2005年的15个省(市、区)增加到22个省(市、区);道路运输结构与资源配置不断优化,特别是客运车辆舒适性、安全性日益提高,中高档客车比例由2005年的30%上升到70%;2010年全市年客运量1.26亿人次, 旅客周转量59.5亿人公里;货运量0.75亿吨,货物周转量69.67亿吨公里。农村客运网络化建设稳步推进,2010年,常德市4009个符合通车条件的行政村已有3216个开通客运班线,通车率达80.2%,建成农村客运站80个、候车亭和招呼站961个。

第三节　运价管理

一、客运运价

客运运价包括客车等级分类、基本运价、客票种类、跨省票价、全票、半票、包车运价、行李包裹和其他计费标准等。

1982年，省交通厅根据交通部1980年11月颁发的《公路汽车旅客运输规则》，修订《湖南省公路汽车旅客运输规则实施细则》。有关客运的运、杂费率修订见表6-3-3-1。

1982年湖南公路客运杂费率表

表6-3-3-1

<table>
<tr><th colspan="2">费　别</th><th>计算单位</th><th colspan="2">费　率（元）</th></tr>
<tr><td rowspan="5">客班车票价</td><td>普通客票</td><td>每人公里</td><td>0.025</td><td rowspan="6">另加保险费百分之一</td></tr>
<tr><td>直达客票</td><td>每人公里</td><td>按车型及运行方式另订</td></tr>
<tr><td>公共车客票</td><td>每人公里</td><td>0.020</td></tr>
<tr><td>残废军人票</td><td>每人公里</td><td rowspan="2">按全票价50%计算</td></tr>
<tr><td>儿童票</td><td>每人公里</td></tr>
<tr><td rowspan="6">包车运杂费</td><td>计程包车</td><td>每座每公里</td><td>按包用车辆的客票价计算</td></tr>
<tr><td>计时包车</td><td>每座每小时</td><td colspan="2">0.50</td></tr>
<tr><td>市区会议包车</td><td>每座每天</td><td colspan="2">3.00</td></tr>
<tr><td>空驶损失费</td><td>每座每公里</td><td colspan="2">按包用车辆的客票费率计算</td></tr>
<tr><td>停歇延滞费</td><td>每座每小时</td><td colspan="2">0.25</td></tr>
<tr><td>供车延误费</td><td>每座每小时</td><td colspan="2">0.25</td></tr>
<tr><td rowspan="2">班车退票费</td><td>开车前</td><td>每张客票</td><td colspan="2">0.10</td></tr>
<tr><td>开车后两小时</td><td>每张客票</td><td colspan="2">0.30</td></tr>
<tr><td rowspan="2">包车退票费</td><td>用车先天</td><td>每一座位</td><td colspan="2">0.10</td></tr>
<tr><td>用车当天</td><td>每一座位</td><td colspan="2">0.30</td></tr>
<tr><td rowspan="6">行包运杂费</td><td>行李运价</td><td>每公斤公里</td><td colspan="2">0.00025</td></tr>
<tr><td>包裹运价</td><td>每公斤公里</td><td colspan="2">0.00040</td></tr>
<tr><td>行包装、卸费</td><td>每件一装一卸</td><td colspan="2">各0.50</td></tr>
<tr><td>行包中转搬运费</td><td>每件每次</td><td colspan="2">0.30</td></tr>
<tr><td>行包保管费</td><td>每件每日</td><td colspan="2">0.10</td></tr>
<tr><td>行包退票费</td><td>每票每次</td><td colspan="2">0.10</td></tr>
<tr><td rowspan="2">邮运</td><td>信函、报纸、</td><td>每公斤公里</td><td colspan="2">0.00025</td></tr>
<tr><td>杂志、印刷品、邮政包裹</td><td>每公斤公里</td><td colspan="2">0.00040</td></tr>
<tr><td colspan="2">小件物品寄存费</td><td>每件每次</td><td colspan="2">0.10</td></tr>
<tr><td colspan="2">客票补充手续费</td><td>每票次</td><td colspan="2">0.30</td></tr>
</table>

1985年12月，省交通厅根据交通部1984年颁布的《汽车运价规则》，调整运价见表6-3-3-2。

1985年湖南公路客运杂费率表

表6-3-3-2

费别		计算单位	费率（元）
普通客票		每人公里	0.025
公共客票		每人公里	0.020
宽座客票		每人公里	0.032
			0.050
小车旅行票	10个座位以下	每人公里	0.050
	11～15个座位	每人公里	0.045
	16～25个座位	每人公里	0.040
残废军人票		每张	按全票的50%计算
儿童票		每张	
小轿车		每车公里	0.50
吉普车		每车公里	0.45
计程包车		每座每公里	按包用车辆的客票费率计算
普通客车计时包车		每座每公里	每小时20公里基本运价计算
其它车型计时包车		每座每小时	每小时30公里车型价计算
行李		每公斤公里	0.00025
包裹		每公斤公里	0.00040
信、函、报纸杂志、印刷品		每公斤公里	0.00025
邮政包裹		每公斤公里	0.00040

1989年，省物价局、省交通厅联合通知自1989年12月1日起，汽车客运票价，平均提高41.7%，其中一级路面提高37.3%，二级路面提高46.3%，三级路面提高52.9%。并制订汽车客运运价见表6-3-3-3。

1989年湖南公路客运运价表

表6-3-3-3

费别		计算单位	费率（元）		
			一级路线	二级路线	三级路线
运价	普通客车	每人公里	0.035	0.043	0.052
	宽座客票（无空调中级型）	每人公里	0.042	0.049	0.058
	宽座客票（全空调高级型）	每人公里	0.08	0.08	0.08
	中型客车（16～30座）	每人公里	0.042	0.049	0.058
	小型客车（15座以下）	每人公里	0.05	0.055	0.06
	残废军人票	每张	按所乘车型全票价的50%计算		
	儿童票	每张			
	计程包车	每座每公里	按客车核定的载客量(超过的按实际人数量）和包用车型及运价计算，省外按二级运价线路等级价		

续表 6-3-3-3

<table>
<tr><th colspan="3" rowspan="2">费　　别</th><th rowspan="2">计算单位</th><th colspan="3">费　　率（元）</th></tr>
<tr><th>一级路线</th><th>二级路线</th><th>三级路线</th></tr>
<tr><td rowspan="8">运
价</td><td rowspan="8">计
时
包
车</td><td>普通客车</td><td>每座每小时</td><td colspan="3">0.9</td></tr>
<tr><td>宽座客车（无空调中级型）</td><td>每座每小时</td><td colspan="3">1.1</td></tr>
<tr><td>宽座客车（全空调高级型）</td><td>每座每小时</td><td colspan="3">2.1</td></tr>
<tr><td>中型客车</td><td>每座每小时</td><td colspan="3">1.1</td></tr>
<tr><td>小型客车</td><td>每座每小时</td><td colspan="3">1.3</td></tr>
<tr><td>普通客车</td><td>每座每日</td><td colspan="3">7.40</td></tr>
<tr><td>宽座客车（无空调）</td><td>每座每日</td><td colspan="3">9.00</td></tr>
<tr><td>宽座客车（全空调）</td><td>每座每日</td><td colspan="3">16.60</td></tr>
</table>

行包运价及杂费调整见表 6-3-3-4。

1989 年湖南公路行包运价杂费表

表 6-3-3-4

<table>
<tr><th colspan="2">费率
费目</th><th>计算单位</th><th>费　率
（元）</th><th>备　　　注</th></tr>
<tr><td colspan="2">行　包</td><td>千克/公里</td><td>0.0006</td><td></td></tr>
<tr><td colspan="2" rowspan="3">行包装卸</td><td rowspan="3">件(30 千克)</td><td rowspan="3">各 0.30</td><td>每 30 千克及以下收 0.30 元</td></tr>
<tr><td>不足 30 千克按 30 千克收费</td></tr>
<tr><td>超过 30 千克加倍收取</td></tr>
<tr><td colspan="2">行包保管</td><td>每件/每天</td><td>0.30</td><td>1.二天内不收费。
2.从第三天起每天每件收费 0.30 元，从第六日起加倍计收</td></tr>
<tr><td colspan="2">行包标签</td><td>每个</td><td>0.05</td><td></td></tr>
<tr><td colspan="2">小件寄存</td><td>每件/每天</td><td>0.30</td><td>连续寄存第二日起加倍计收寄存保管费</td></tr>
<tr><td rowspan="4">手
续
费</td><td>退票费</td><td>张</td><td></td><td>1.在当次班车开车时间二小时前办理退票，按票面金额的 10%计收退票费，不足三角按三角收取。
2.开车前二小时内办理退票，按票面金额的 20%计收退票费，不足五角按五角收取。
3.开车后一小时内办理退票，按票面金额的 50%计收退票费，不足一元按一元收取，开车一小时后，不办理退票。
4.全空调高级型客车开车二十四小时前办理退票按票面金额的 10%计收退票费，不足一元按一元收取，开车前二十四小时内，按 50%计收退票费，开车后不办理退票</td></tr>
<tr><td>退行包票
手续费</td><td>每票</td><td>0.40</td><td></td></tr>
<tr><td>送票费</td><td>张</td><td>0.50</td><td>指城市区内送票</td></tr>
<tr><td>补票费</td><td>张</td><td>0.50</td><td></td></tr>
</table>

1992年,省物价局、省交通厅联合下发〔1992〕湘价字第237号文件,成立湖南省公路运输行业价格监督检查总站。常德也相应成立公路运输行业价格监督检查站,业务上受同级物价部门指导。公路运输价格监督检查站的成立,对加强客、货运输市场价格管理,保稳定、促发展起到积极作用。

1995年,因受市场经济等因素的影响,运输价格出现不同程度的乱价。常德市交通部门与物价部门一道对全市客运市场进行检查、整顿。及时纠正不按规定标价、擅自抬高票价、站场乱收费等现象。

1996年1月,省物价局、省交通厅联合颁发《关于整顿公路汽车运价的通知》,自1996年1月30日起执行。对客运价格调整规定如下:

改变运价管理形式。“除旅客包车运输价格实行市场调节价由双方协商议定外,其他类别旅客运输价格由省、地(市)两级实行指导价格管理。其中省会至地、州、市所在地干线公路(包括干线公路上地区之间的线路)旅客运价,由省物价局会商交通厅制订,其他线路的旅客运价委托各地、州、市物价、交通部门管理。跨省、跨地、市线路旅客运输仍实行对等计价原则”。

适当提高运价水平。汽车普通客运,省会到地、州、市所在地线路每人公里中准价7分,其他车型中准价格见附表。允许经营者在中准价基础上上浮最高不超过20%;在当日20点以后始发,次日5点以前到达的夜班车,可在中准价基础上上浮不超过40%。上述浮动幅度,不论平时或春运期间,均须严格执行,不得突破。

除客、货运附加费和车辆通行费外,现行价外加收的各种费用一律取消。

客运车辆收取旅客的车辆通行费标准为:高等级公路收费站(含执行高等级公路收费标准的桥、渡收费站)每处0.6元,非高等级公路收费站每处0.3元。

客运价格已含2%和新增的1厘保险费。

1996年省管干线公路客运中准价格表

表6-3-3-5　　单位:元/人·公里

<table>
<tr><th>车　型</th><th>调整标准</th><th>与基本运价比价(%)</th><th>备　注</th></tr>
<tr><td>普通客车</td><td>0.07</td><td>100</td><td rowspan="7">1.票价尾数以角为单位,角以下四舍五入。
2.运价费率均含2%和新增1厘的保险费。
3.宽座全空调高级车以及高级空调卧铺车均含5%空调费。
4.旅客起码票价为1元。
5.儿童、残废军人票价,按所乘车型全票的50%计算</td></tr>
<tr><td>宽座客车(无空调中级车)</td><td>0.084</td><td>120</td></tr>
<tr><td>宽座客车(全空调高级车)</td><td>0.16</td><td>228</td></tr>
<tr><td>中型客车(16~30座)</td><td>0.084</td><td>120</td></tr>
<tr><td>小型客车(15座以下)</td><td>0.10</td><td>143</td></tr>
<tr><td>普通卧铺车</td><td>0.135</td><td>193</td></tr>
<tr><td>高级卧铺车(空调车)</td><td>0.257</td><td>367</td></tr>
</table>

说明:关于价格。根据燃油价格上涨、客运附加费增加、过桥收费等原因,报物价部门批准,客运票价相应调整。春运期间票价上涨25%

1997 年 12 月 9 日颁布的《中华人民共和国价格法》第三十三条规定:“县级以上各级人民政府价格主管部门,依法对价格活动进行监督检查,依照本法的规定对价格违法行为实行行政处罚。”因此,1992 年成立的常德市公路运输价格监督检查站随之被撤销。

1998 年 8 月 17 日,交通部、国家发展计划委员会印发《汽车运价规则》,对公路客、货运输价格实行全面调整。空调客车票价为每人每公里 0.212 元、卧铺客车票价为每人每公里 0.182 元,普通客车票价为每人每公里 0.1208 元。11 月 12 日,省物价局、省交通厅印发《关于制定湖南省高等级客车公路运价的通知》。高等级客车是指符合交通部 JT/T325—1997《营运客车类型划分等级评定》行业标准的客运车辆,具体分成三类七档,即大型高一级、高二级、高三级;中型高一级、高二级;小型高一级、高二级。

1998 年湖南省高级客车运价费率表

表 6-3-3-6

<table>
<tr><th colspan="2">客车等级</th><th>运价费率(元/人·公里)</th><th>说明</th></tr>
<tr><td rowspan="3">大型</td><td>高三</td><td>0.34</td><td rowspan="7">1.运价费率中不含通行费和 0.02 元/人·公里的客运附加费
2.每通过一次高速公路收费站,车主代缴的通行费,按客车座位数的 60%计算向旅客均摊收取。通过其它收费站,仍按省物价局〔1996〕湘价字第 9 号文件规定收费标准向旅客收取通行费
3.旅客所携带的行李重量在 20 千克或体积 0.05 立方米以内的,免收行李费,超过的收取 10 元行李费
4.高级客车运价除夜班车外,不再执行〔1996〕湘价重字第 9 号文件浮动价格的规定
5.在当日 18 点以后始发并在次日上午 8 点以前到达的夜班车,可在运价费率标准基础上上浮不超过 20%</td></tr>
<tr><td>高二</td><td>0.29</td></tr>
<tr><td>高一</td><td>0.25</td></tr>
<tr><td rowspan="2">中型</td><td>高二</td><td>0.29</td></tr>
<tr><td>高一</td><td>0.25</td></tr>
<tr><td rowspan="2">小型</td><td>高二</td><td>0.29</td></tr>
<tr><td>高一</td><td>0.25</td></tr>
</table>

1999 年,省物价局、省交通厅就统一道路旅客运输票据代收通行费有关事项作出新的规定:凡经省人民政府批准设置的公路、桥梁、渡口、隧道收费站,运输经营者可按规定向旅客代收通行费。凡通过高速公路(含实行封闭式收费的公路)收费站,运输经营者向旅客代收车辆通行费,高一级以上客车按客车座位数的 60%,其他客车按客车座位数的 70%计算向旅客均摊收取。凡通过非高速公路(不含实行封闭式收费的公路)收费站,运输经营者向旅客代收的车辆通行费标准为:高等级公路收费站(含执行高等级公路标准的桥、渡、隧道收费站)以及按省人民政府湘办函〔1998〕74 号文件调整收费标准的 107 国道收费站,车辆不分等级,每站次 0.6 元;其他收费站,每站次 0.3 元,向旅客出售的客票价格由人公里运价、客运附加费和代收的车辆通行费三部分组成。

1999 年湖南公路汽车客运票价调整表

表 6-3-3-7

费率 路级 费别	一级线路票价（元/人·公里）	二级线路票价（元/人·公里）	三级线路票价（元/人·公里）	备注
普通客车	0.035	0.043	0.052	票价均含 2% 的保险费
宽座客车（无空调）	0.042	0.049	0.058	
宽座客车（全空调）	0.08	0.08	0.08	
小型客车（16～30 座）	0.042	0.049	0.058	
小型客车（15 座以下）	0.045	0.050	0.050	

同年，省交通厅、物价局对山区长途汽车、拖拉机运价也作了调整（见表 6-3-3-8）。

1999 年湖南山区汽车客货运价调整表

表 6-3-3-8

费率 路级 费别			一级线路	二级线路	三级线路	备注
客运（元/人·公里）	普通客票（无空调）		0.0255	0.0294	0.034	1.票价均含保险费 2.汽车客货运输的其它运价费率按现行规定不变
	宽座客票（无空调）		0.032	0.032	0.034	
	宽座客票（有空调）		0.05	0.05	0.05	
货运（元/吨·公里）	长途整车	普通货物	0.19	0.22	0.26	
		特种货物	0.26	0.26	0.26	
	零担货物		0.26	0.26	0.26	

针对每年春节期间，道路旅客运量陡增，运力吃紧，为了调动道路运输部门在春运期间的积极性，及时疏导城乡客流，经湖南省人民政府批准，从 1994 年 1 月 26 日起至 3 月 6 日止（共40 天），公路客运票价在 1990 年的旅客票价基础上浮 20%。为保护运输经营者与旅客的合法利益，防止乱价、宰客，1996 年 12 月 18 日，省物价局、交通厅就春运期间公路客运价格管理问题发出通知，重申了省会至市州城市干线公路（包括干线公路上地区之间的线路）旅客运输的最高限价（不含客附费、通行费）。

2002 年 1 月 7 日，省物价局、省交通厅就 2002 年春节运输公路客运价格管理发出通知，除上述票价维持不动外，对高级客车运价费率（不含客运附加费、通行费）规定如下：大型高三、高二、高一分别为每人每公里 0.34 元、0.29 元、0.25 元；中型高二、高一分别为每人每公里 0.29 元、0.25 元；小型高二、高一分别为每人每公里 0.29 元、0.25 元。

2003 年 12 月，省交通厅、省物价局出台了《湖南省汽车旅客运价实施细则》，实行政府指导价，在春运、“五一”“十一”旅游黄金周期间的客运运价，以票价为基础加价不超过20%。

1999 年湖南春运旅客运输最高限价表

表 6-3-3-9　　　　单位：元/人·公里

车　　型	白班限价	夜班限价
普通客车	0.084	0.098
宽座无空调中级客车	0.1008	0.1176
宽座全空调高级客车	0.192	0.224
16～30 座中型客车	0.1008	0.1176
15 座以下小型客车	0.12	0.14
普通卧铺客车	0.162	0.189
高级空调卧铺客车	0.3084	0.3598

二、 货运运价

1982 年 2 月，省交通厅在 1973 年修订的基础上稍作修改，货运基价仍为每吨公里 0.2 元，货物不分等级，修改后的货运运杂费率见表 6-3-3-10。

1982 年湖南公路货运运杂费率表

表 6-3-3-10

费　　别		计算单位	费　率（元）		附　　注
			一般货物	支农物资	
整　批　货　物		每吨公里	0.20	0.16	
整批短途另加费	1～19 公里	每吨每次	0.40	0.32	起码按 5 公里计费
	20 公里	每吨每次	0.20	0.16	
零　　担		每公斤每公里	0.00025	0.0002	
特　种　车		每吨每公里	0.25	0.20	如系短途应加短途另加费
计时包车		每车吨每小时	3.00		
特种车空驶损失费		每车吨每公里	0.20		
吊车调车归建费		每车吨每公里	0.20		按吊车标记吨位计算
吊车作业费		每车吨每小时	4.50		货物重量在 7 吨以内按货物受载车辆标记吨位计费超过 7 吨按吊车吨位计费

1985 年 12 月，省交通厅根据交通部 1984 年颁发的《汽车运价规则》，制定《汽车运价实施细则》。货运按货物等级，分路线计价。普通货物分为三等，路线分为两级，特种货物不分等级和路线。普通一等货物一级路线运价为每吨每公里 0.18 元，特种货物运价为每吨每公里

0.25 元，零担货物运输不分路线、货物，运价为每吨每公里 0.25 元。

1987 年 8 月 18 日，省交通厅、省物价局“关于汽车零担货物运价补充规定的通知”中指出，汽车零担货物运输分省内、省际运输，省内普通零担货物运价为每吨每公里 0.25 元，特种零担货物运价为每吨每公里 0.32 元。省际普通零担货物运价为每吨每公里 0.26 元，特种零担货物运价为每吨每公里 0.35 元。

1990 年 7 月 27 日，省交通厅“关于执行省际汽车零担货物运价的通知”中规定，一、二级线路普通货物运价最多不得超过每吨每公里 0.28 元，其他线路普通货物运价不得超过每吨每公里 0.35 元。11 月，省交通厅根据交通部 1988 年颁发的《汽车货物运输规则》，制定湖南省《公路汽车货物运输规则实施细则》。实施细则从 1991 年 1 月 1 日起实行，1973 年 9 月颁发的湖南省《公路货物运输规则实施细则》同时废止。

实施细则对汽车货运价格、费率规定见表 6-3-3-11、表 6-3-3-12。

1990 年湖南省汽车货运价格费率表

表 6-3-3-11

		费别		计算单位	费率（元）一级线路	费率（元）二级线路	备注
长途运输	整车	普通货物		每吨公里	0.28	0.35	不分路级
		特种货物		每吨公里	0.35		
		2 吨以下小型货车（不含 2 吨）		每吨公里	0.45		
		3 吨以下小型货车（不含 3 吨）		每吨公里	0.42		
		铁（铝）制厢封闭式中型货车		每吨公里	0.35		
		冷藏车		每吨公里	0.45		
		特种运价			件重 15 吨以上（不含 15 吨）长度 10 米以上（不含 10 米）的货物和需 15 吨及以上车辆运输的，由承托双方协商作价		
		计时包车		每车吨每小时	普通车按 20 公里和线路等级运价及货类计算吨位小时运价。小型货车，铁（铝）制封闭厢式中型货车按 25 公里车型运价计算。特种车型货车由承托双方协商作价办理		
		零担	普通货物	每千克公里	省内 0.00035	省际 0.00038	不分路级
			特种货物	每千克公里	省内 0.00040	省际 0.00050	
短途整车每吨次附加费		5 公里	6～10 公里	11～15 公里	16～20 公里	21～25 公里	
		1.50	1.20	0.90	0.60	0.30	

1990年湖南省汽车货物运输杂费费率表

表 6-3-3-12

费　　别	计算单位	费　率（元）	说　　明
调车费、车辆空驶损失补贴费	每吨公里		往返空驶里程，以车型、核定载重吨位和线路运价的50%计算。车辆空驶损失补贴费，按空驶里程、车辆核定载重吨位、货物基本运价50%计算
延滞（误）费	每吨每小时		运输车辆按计时运价的50%计算，吊车每吨小时按6元计收
吊车作业费	每吨（车次） 每车吨每小时	3.50 6.00 9.00 6.00	件重在4吨以下（不含4吨） 4～8吨（含8吨） 8～15吨 因货物原因，需计时作业时
铲车作业费	每吨（次） 每车吨每小时	0.50 20.00	铲车作业费按货物重量计收 因客观原因影响正常工作，按每车吨每小时计收
叉车作业费	每吨（次） 每吨（次） 每吨每小时	3.50 6.00 6.00	件重在3吨以内（含3吨） 件重在3吨以上5吨以内
吊铲叉车调归建费	吨公里	0.30	按车辆实际行驶里程和车辆标记吨位计算

1995年，省交通厅对汽车货运价格进行修改，主要是对普通货物、特种货物整车长途运输吨公里费率由原来的0.35元分别调到0.46元和0.6元，不分路级。

1996年1月，省物价局、省交通厅联合颁发《关于整顿公路汽车运价的通知》。自1月30日起执行，对货运价格调整规定如下：

军运、抢险救灾，以及化肥、煤炭、磷矿石、食盐、粮食等重点物资普通整车运价，继续由省物价局商交通厅管理。其他的货物运输实行市场调节价，由承托双方协商议定。

煤炭、磷矿石、食盐、粮食等重点物资普通整车运输中准价每吨公里调整为0.5元，浮动幅度最高不超过50%。军运、抢险救灾、化肥整车运输按上述中准价格标准执行，只许下浮，不得上浮。25公里及以内的短途整车运输吨次附加费统一按2元计收。省际零担运价按国家统一规定执行。

1998年8月17日，交通部、国家发展计划和改革委员会印发《汽车运价规则》，对公路客、货运价进行统一调整。随后由于市场逐步放开，竞争使价格在国家政策规定范围内浮动，除客运价格基本保持不变外，货运价格则已随行就市，视其运距长短、路况等级、货物种类和有无回头货等情况，由货主、车主双方自行议价。

三、装卸搬运运价

1980年2月26日,常德地区物价委员会、常德地区交通局发出《关于颁发〈常德地区装卸搬运及农村短途运输价格管理规则〉的联合通知》,将1966年的运价总幅度提高8%,从1980年3月10日起执行。1986年12月9日,常德地区物价局、交通局发出《关于颁发〈常德地区城镇装卸搬运及农村短途运输价格管理试行规则〉的联合通知》,从1987年1月1日起在全区执行。

兹将其上、下码头(即港口装、卸)、平地基价和运价计算标准见表6-3-3-13。

1980年常德地区装卸搬运运价表

表6-3-3-13

项 目	运距(米)	分类吨价(元)				附注
		一等	二等	三等	特等	
上、下码头基价	100	0.90	1.00	1.10	1.20	
平地基价	无	0.55	0.65	0.75	0.85	包括机动板车
板 车	50	0.045	0.05	0.055	0.06	
人 力	50	0.13	0.14	0.15	0.16	
独轮车	50	0.08	0.09	0.10	0.11	

(一)上、下码头应减除100米运距(包括船上20米),运行单价每50米为一个递加段,不足50米按50米计算,50米以上不足100米按100米计算。

(二)板车在搬运过程中,如因条件限制,从起点到终点不能一次到达(包括不能进仓),需要人力转运,其人力运行部分在20米以内(含20米),不分等级每吨加收0.3元;如转运超过20至30米则按转堆仓计价;30米以上按平地价计费。

(三)港口装卸有下列情况之一者,按两步作业计价:

1.装卸客班轮,货物先集中后装船或先卸船后转运的。

2.货物通过航运、港务部门仓库、货场临时存放的。

3.一个运输核算单位进行港口装、卸,另一个运输核算单位进行接运的。

4.因码头条件有限,车辆不能直接靠近船边装、卸,需要人力肩挑背负上船或用人肩挑背负从船上上车的(板车、机动车),其人力运距超过30米的。

5.为加速船只周转,已划定港区的,按划定港区为界;未划分港区的,运距在1000米以上的(包括上、下码头基距)。

(四)上、下码头作业,物资单位的货物进承运单位仓库后再装船,或船上先起进承运单位仓库后再转运的,每吨加收0.3元。

(五)凡使用物资方机械进行装卸搬运作业的,其使用部分按70%计算。

（六）城镇装卸搬运途中加坡标准：坡比在5%至10%者按实际坡长加150%；10.1%至20%者按实际坡长加250%；20.1%以上者按实际坡长加350%。

（七）上、下码头人力肩挑背负、人拉板车应按内外加坡标准计算运距后，再减除100米基距（包括船上20米）；吊车、滑板、溜斗、栈桥码头与板车或人力衔接处以内一律算100米基距。在一个码头不论用几种操作方式，运距必须统一，不得计算出两种运距。

（八）凡装卸搬运爆炸品、有毒品、腐蚀品、易碎品、易燃品、污染品以及石灰、水泥、农药、碳铵等物资，按全程运费附加10%的劳动保护费。

（九）装卸搬运轻泡物资。该规则订有换算标准的一律按换算标准计重；无换算标准的按船舶、车辆定载标准计算；重量超过定载标准的按实际重量计算。

（十）港口装卸300吨以上（含300吨）的船舶，在现行价的基础上每吨加收0.3元；400吨以上的船舶每吨加收0.4元；600吨以上的船舶每吨加收0.6元。

（十一）城镇装卸搬运与农村短途运输的划分，运距在2500米以内按城镇装卸搬运标准计价，超过者按农村短途运价标准计价。但在本城镇范围内不论运距长短，均按城镇装卸搬运标准计价（城镇装卸搬运范围的划分，由各县、市交通局、物价局确定）。

（十二）城镇装卸搬运与农村短途运输价格，均以分为计算单位，尾数不足的四舍五入。

1989年，常德市物价局、交通局对1987年1月1日起执行的城镇装卸搬运价格管理规则进行修改，装卸搬运价格提高。修改后的管理规则从1989年4月1日起执行。

1991年11月10日，常德市物价局、交通局对1989年颁布的管理规则进行修改。修改后的收费标准为最高控制标准，修改后的管理规则从1992年1月1日起执行（见表6-3-3-14）。

1991年常德市装卸搬运价格表

表6-3-3-14　　单位：元

类　别	机动车运行（公里）			人力板车运行100米			上下码头基价100米
	大型货车	1～2.5吨货车	一吨以下货车	装卸基价	板车运行	人力运行	
包装货物	0.70	0.80	0.90	1.10	0.14	0.50	1.70
散装货物	0.70	0.80	0.90	1.20	0.14	0.50	1.80
木材类	0.70	0.80	0.90	1.25	0.14	0.50	0.90
轻泡货物	0.70	0.80	0.90	1.10	0.14	0.50	1.70
贵重货物	0.95	1.10	1.30	1.30	0.20	0.70	1.90
危险货物	0.95	1.10	1.30	1.60	0.20	0.70	2.20

1997年6月26日，常德市物价局、交通局鉴于货运价格已经放开，因此又重新调整修订管理规则。调整修订后的管理规则从1997年7月15日起执行（见表6-3-3-15）。

随后由于运输市场放开，竞争激烈，装卸搬运价格实际执行情况一般低于管理规则规定水平。

1997年常德市装卸搬运价格表

表6-3-3-15　　单位:元

类别	机动车运行(公里)	人力板车运行100米			上下码头基价100米
		装卸基价	板车运行	人力运行	
包装货物	1.20	2.00	0.50	1.00	3.50
散装货物	1.20	2.00	0.50	1.00	3.60
木材类	1.20	2.00	0.50	1.00	3.70
轻泡货物	1.20	2.00	0.50	1.00	3.50
贵重货物	1.50	2.80	0.60	1.20	3.70
危险货物	1.50	3.00	0.60	1.20	4.00

第四节　车辆维修管理

1980年,常德地区随着运输市场的开放,车辆剧增,汽车维修行业也得到长足发展,汽车维修厂大批应运而生,出现国营、联营、集体、个体一齐上的局面。到1987年,已形成一个遍布全区的汽车维修网络,长期以来存在的车辆维修难的问题基本解决。1987年7月,全区经营汽车维修的厂家有574户,从事汽车维修的人员有6395人,拥有汽车维修设备4700台(套),年大修能力1500辆次,初步具备担负常德地区车辆维修的能力。

1987年5月,常德地区开始实行统一维修技术标准、统一建档立卡、统一工时定额和收费标准、统一发票、统一综合维修指标考核的"五统一"工作。加强对汽车维修企业的管理,规范汽车维修市场,保证车辆的维修质量。随着改革开放的步伐加快,个体经济迅猛发展,维修厂、点发展甚快。交通部门为加强公路运输行业管理,保护合法经营,维护汽车维修市场秩序。1988年,省公路运输管理局"关于印发《湖南省汽车维修质量管理暂行规定》的通知",对从事汽车维修、质量保证和管理、技术力量配备、工艺管理等作出具体规定。

1989年9月,常德市以政府办名义印发《常德市汽车维修行业管理办法》。10月,常德市汽车维修管理办公室成立。

1993年按照交通部、国家工商行政管理局发布的《汽车维修合同实施细则》和合同示范文本,全市开始统一实行合同维修。

1994年4月,湖南省公路运输管理局组织全省维修企业进行二级维护技术竞赛,常德市运输管理处在临澧县组织全市各县(区、市)维修企业进行选拔赛,东风汽车公司常德技术服务站夺得第一名,并在全省技术竞赛中获第三名。

1995年6月,为推广汽车维修新技术,提高从业人员素质打下坚实基础,常德市各运管所维修办开始对营运车辆建立一车一档的技术档案。

1997年1月,常德市以政府办名义印发《常德市汽车维修行业管理办法》。5月,市运管处邀请长沙交通学院的教授到常德讲授汽车维修新技术。

1998年5月，市运管处组织全市二类以上维修企业进行二级维护技术比武，东风汽车公司常德技术服务站获第一名，石门县东风汽车大修厂获第二名，湘运澧县汽车大修厂、临澧县湘北汽修厂获并列第三名。10月，全市维修企业按照交通部统一规定式样，悬挂了修理级别标志牌。

1999年6月，按照《湖南省汽车维修上岗证件管理办法》和核发新证的通知，全市维修技工、质量检验员、总检验员培训后，统一换发了新证。8月，邀请长沙交通学院的教授到常德讲授汽车维修新技术。

常德市汽车维修管理办公室在1996—1997年度、1998—1999年度两次被评为湖南省道路运输管理系统"双文明"建设先进集体。

2001年7月，按照行业和国家标准开始对全市营运客车进行划类定级。

2002年1月，全市营运车辆开始统一实行二级维护竣工检测制度。5月又邀请国内汽车维修知名专家朱军教授到常德讲学。全市共有维修经营业户1349户，其中一类机动车维修20户、二类机动车维修202户、三类机动车维修883户、摩托车修理244户。从业人员6023人，年维修产值1亿元。

2005年，全市共有维修经营业户934户，其中一类机动车维修21户、二类机动车维修168户、三类机动车维修518户、摩托车修理227户。年维修量167.14万辆次，其中整车大修2268辆次、总成大修9053辆次、二级维护96767辆次、专项修理156.33万辆次。

2010年，全市共有维修经营业户677户，其中一类机动车维修36户（含危险货物运输车维修2户）、二类机动车维修186户、三类机动车维修317户、摩托车修理138户。年维修量85.58万辆次，其中整车大修4371辆次、总成大修11376辆次、二级维护81291辆次、专项修理75.71万辆次、维修救援1596辆次。

是年，境内已逐步形成以城市为依托，以一类企业为骨干，二类企业为基础，三类业户为补充，沿公路向外辐射、服务及时方便的汽车维修网络，具备承修各种国产、进口车型的能力。

第五节　驾驶员培训管理

1980年，常德市机动车驾驶员主要有：汽车、拖拉机、摩托车三类。按驾驶技术状况划分，有学习驾驶员、实习驾驶员、正式驾驶员三类。对报考驾驶机动车辆者，必须从政治、年龄、文化、身体健康状况几个方面进行资格审查。审查合格者，方准报考。学习驾驶技术，须持有学习驾驶证，学习期为6个月以上。学习期满进行交通规则、机械常识、桩考、路考，考试合格后，转入实习驾驶阶段，一般为6至12个月。实习期满，经监理部门考核合格后，由监理部门颁发机动车正式驾驶证，方可驾驶车辆。手扶拖拉机、摩托车、简易机动车等，一般是采取1至4个月的短期驾驶培训，合格后领取驾驶证便可驾驶。1980年后，拖拉机驾驶员报考权下放，由各县、市监理部门负责报名、考试、发证等事宜。

1983 年 1 月，省交通厅公布《湖南省机动车驾驶员考试办法》，对新任驾驶员的培训及考试作出严格的规定。

1985 年 9 月，常德地区交通监理总所创办“常德地区机动车驾驶员培训中心”，成为机动车辆驾驶员的培训基地。

1987 年以前，常德地区培训驾驶员的具体办法有两种：一是跟车培训。采取师傅带徒弟的办法，即“一车一师一徒”培训制；二是集中培训。即到省、地办的机动车驾驶员培训班集中培训。

为加强行业管理，理顺汽车驾驶员培训管理体制，国阅〔1993〕204 号文件对交通、公安部门具体职责作出明确分工，规定交通部门负责汽车驾驶学校和驾驶员培训的行业管理工作；公安部门负责对驾驶员的考核、发证工作。

1995 年 3 月，交通部印发《汽车驾驶员培训行业管理办法》第三条明确规定：各级交通行政主管部门是汽车驾驶员培训行业管理的主管部门；各级道路运输管理部门具体负责机动车驾驶员培训行业管理工作，坚持“规划、协调、监督、服务”的指导方针，保护平等竞争，提高培训质量，维护汽车驾驶员培训的正常秩序，保证汽车驾驶员培训行业的健康发展。同年，省人民政府办公厅发出《关于加强汽车驾驶员学校和驾驶员培训管理工作的通知》，明确由省交通行政主管部门负责全省汽车驾驶学校、驾驶员培训中心、培训班和驾驶员培训工作的行业管理。

1995 年，常德市交通局根据交通部〔1994〕441 号文件精神，为尽快开展汽车驾驶员学校和驾驶员培训行业的管理工作，对全市汽车驾驶员培训学校(班)进行调查摸底。

1996 年 1 月 1 日起，全市汽车驾驶员学校和驾驶员培训行业管理工作由市公安部门移交给市交通局。3 月 9 日，常德市交通运输管理处驾驶员培训管理科正式成立，对外加挂常德市机动车驾驶员培训行业管理办公室牌子。

1998 年底，全市驾驶员学校由市交通运输管理处核发“机动车驾驶员培训许可证”。学校共 4 所，有从业人员 134 人(其中理论教员 15 人、操作教员 45 人)，教练车 46 辆，教学设备 33 台(套)，训练场地 2000 平方米。年培训能力达 5000 人，1998 年实际培训 1500 人。另外，公安交警系统开办的驾培班，没有纳入全市行业管理，而是以白鹤山教考中心为龙头，在各县自设招生报名点，自训汽车驾驶员。

1999 年 6 月，常德市交通运输管理处驾驶员培训管理科原加挂的常德市机动车驾驶员培训行业管理办公室，更名为“常德市交通局机动车驾驶员培训管理办公室”。为尽快落实行业管理工作，驾培办积极培训、整顿市场，驾培工作逐步走向规范化，行业管理逐步到位，驾校基础设施明显改善。

2003 年，全市共有驾校 14 所(其中二类 3 所、三类 11 所)，教练车 285 辆，从业人员 400 人(其中理论教员 37 人、操作教员 293 人、管理人员 70 人)，教学设备 294 台(套)，训练场地 5.6 万平方米，年培训能力 1 万人，实际培训 6000 人。

2010年，全市有机动车驾驶员培训学校32所，其中一类1所、二类10所、三类21所。有教练员861人，教练车803辆，培训56380人，培训合格人员55380人。

由于各驾校不断改善基础设施，提高专业管理人员和技术人员的水平，常德市的驾驶员培训条件和能力，能适应交通运输事业发展的需要。兹将部分机动车驾驶员培训学校记述如下：

常德市政德驾驶员培训学校　该校于1994年8月成立，地址在市政协办公一楼，学校设有招生办、培训办、后勤科。

2003年，该校地址在常德市育才路。有员工101人，其中总教练1人，理论教员12人，教练员60人，管理人员28人。固定资产1000万元。学校占地面积2.8万平方米，建筑面积1.28万平方米。训练场地2.6万平方米，有教室6间、860平方米。教练车58辆，其中大客3辆、大货28辆、小车27辆。汽车驾驶模拟车2辆。有电脑板驾驶模拟机、透明汽车模型、整车挂图幻灯片、录像带、透明模拟总成、挂图、电脑、简易驾驶练习器、操作教具等教学设备121台。至2003年，共培训汽车驾驶员1.4万人，一次性考试合格率达90%。实现总收入3320万元，创利润579.6万元。2003年获“湖南省机动车驾驶员培训协会常务理事单位”。2000年至2003年被常德市个体私营协会授予“诚信守法私营企业”称号。2004年8月被评为一类驾校，是当时全市唯一的一所一类驾校。年培训规模达2000人。

2010年，该校有各类教练车辆一百多辆。车型有标准皮卡、手动挡轿车、自动挡轿车、带空调东风卡车、中巴车、大客车。可培训普通小车(C1)、自动挡轿车(C2)、带空调东风卡车(B2)、城市公交车(A3)、增驾中巴车(B1)、大客车(A1)驾驶员。拥有汽车模拟驾驶教学室、汽车结构模型教学室、电脑教学室、大型投影电化教室等一批现代化教学设备设施。除拥有指定的训练道路外，该校自备两个大型训练基地，面积达6.67万平方米，项目设置齐全，标志、标线全部按国家标准。学校总部至各训练基地学校有大型空调旅游班车接送学员。拥有教练员100余名，全部为经省公路运输管理部门考试合格的专职教练员，还配备了汽车原理构造专职理论教员。

该校有一栋七层8000平方米的综合服务大楼，两栋办公大楼，可为学员办理咨询、报名、体检、培训、考试、颁证、训后服务等所有事务。自有宾馆式招待所为外地学员提供免费住宿。现代化的学员餐厅为学员提供价廉物美、卫生营养的用餐。为方便有特殊需要的学员，还开设一人一车一教练服务。学校严厉推行“四条禁令”：严禁对学员索、拿、卡、要；严禁打、骂、侮辱学员；严禁教学中饮酒；严禁接受学员请吃请喝、送烟送礼。违反者轻者教育处分，重者辞退开除。学校的校训是“没有学员的不对，只有我们的不足”。指导思想是“对社会负责，对学员负责，对学员家庭负责”。

常德欣运集团汽车驾驶培训学校有限责任公司　该校创办于1958年8月，原名为湘运驾校，是常德地区第一所驾校。1959年培训出常德第一批女汽车驾驶员。20世纪60年代的援越抗美时期，受外交部委托担任过越南汽车驾驶员和汽车维修技工的培训任务。1967年停办，1979年恢复。其后名称变更频繁，2004年6月改现名称，地址在常德市人民西路三岔路口，学校设有校长室、教务科、总教室、器材室。

2003年,该校有员工30人,其中总教练1人、理论教员4人、教练员22人、管理人员3人。固定资产200万元。学校占地面积1.5万平方米,建筑面积500平方米。训练场地8000平方米,有教室3间、200平方米。教练车23辆,其中大客1辆、大货10辆、小车12辆。汽车驾驶模拟车1辆。有电脑、简易驾驶练习器、操作教具等教学设备38台。2001年,被评为二类驾校。教学设施齐全,师资力量雄厚,年培训规模达2000人。2003年获"湖南省机动车驾驶员培训协会理事单位"。学校的校训是"努力、求精、严格、安全"。指导思想是"以人为本、重德重教、教学质量第一"。

常德市白鹤山汽车驾驶员培训学校 该校于2000年6月成立,位于常德市北郊白鹤山,2002年8月,驾校地址迁移到市体育中心。

2003年,该校有员工38人,其中总教练1人、理论教员3人、教练员30人、管理人员4人。固定资产130万元。学校占地面积4500平方米,建筑面积400平方米。训练场地2500平方米,有教室4间、200平方米。教练车25辆,其中大货8辆、小车17辆。汽车驾驶模拟车1辆。有电脑、驾驶练习器、操作教具等教学设备128台。2002年5月被评为三类驾校,年培训规模达1050人。至2003年共培训汽车驾驶员2315人,一次性考试合格率达80%。实现总收入460万元,创利润92万元。2003年获"湖南省劳动和社会保障厅再就业培训定点单位"。该校并成为"湖南省机动车驾驶员培训协会理事单位""常德市机动车驾驶员培训协会常务理事单位"。

2010年,该校拥有大小教练车80余辆,教职员工90余人,学校开展了B2、C1、C2、C5等汽车驾驶员培训业务。拥有与常德市机动车驾驶员考场几乎完全一致的训练场,训练场内设置了全部训练科目。为贯彻落实中残联、工业和信息化部、公安部等七部门《关于切实做好残疾人驾驶员驾驶汽车相关工作的通知》指示精神,经常德市交通驾培办推荐,省运管局考核认定,常德市人民政府残疾人工作委员会批准,常德市白鹤山驾校为常德市残疾人驾驶员C5培训项目定点驾校。白鹤山驾校被省劳动和社会保障厅定为"湖南省再就业培训定点单位"和常德市"国家职业技能鉴定汽车驾驶员鉴定点",是常德市"营业性运输汽车驾驶员从业资格"培训单位。学校的校训是"没有愚蠢的学员,只有愚蠢的教练"。指导思想是"热情服务,严谨治学,科学管理,开拓进取"。

常德职业技术学院机动车驾驶员培训学校 该校于2003年12月成立,地址在城西南湖坪(常德职业技术学院内)。

2004年,该校有员工27人,其中总教练1人、理论教员4人、教练员17人、管理人员5人,固定资产185万元。学校占地面积1.8万平方米,建筑面积1.7万平方米。训练场地1.6万平方米,有教室15间、800平方米。教练车20辆,其中大货5辆、小车15辆。汽车驾驶模拟车1辆。有电脑、简易驾驶练习器、操作教具等教学设备60台。2003年12月被评为二类驾校,年培训规模达1500人。

2010年,该校有员工93人,其中总教练1人、理论教练员4人、教练员80人、管理人员8人,固定资产385万元,学校占地面积1.8万平方米,建筑面积1.7万平方米,训练场地1.6

万平方米，有教室15间、800平方米。教练车辆20辆，其中C1小车17辆、C2小车3辆。汽车驾驶模拟车5辆，有电脑、简易驾驶练习器、操作教具等教学设备60台。学校的校训是“优秀驾驶员的摇篮”。

常德市东风汽车驾驶员培训学校　该校于2001年7月成立，地址在鼎城区武陵镇善卷路。

2003年，该校有员工31人，其中总教练1人、理论教员3人、教练员18人、管理人员9人。固定资产150万元。学校占地面积2.5万平方米，建筑面积1000平方米。训练场地1.5万平方米，有教室2间、100平方米。教练车32辆，其中大客1辆、大货16辆、小车15辆。汽车驾驶模拟车1辆。有电脑、简易驾驶练习器、操作教具等教学设备35台。2002年5月被评为三类驾校，年培训规模达2000人。至2003年，共培训汽车驾驶员2800人，一次性考试合格率达80%。实现总收入400万元，创利润28万元。

2010年，该校有教职员工150名，其中大专以上学历人员25名，行政管理及办公人员20名，教练员130名，拥有各类教练车130辆，正规训练基地5处，2001年至2010年已培养出10万名的合格驾驶员。

学校校本部主要从事报名、缴费、档案管理、发放驾驶员执照，同时也进行理论教学、模拟理论考试、模拟驾驶操作及科目二训练。

斗姆湖基地创建于2006年，位于319国道斗姆湖镇，占地面积4万平方米，可容纳40多辆大小教练车辆进行C1、C2、C3、B1、B2类的驾驶培训。

谢家铺基地创建于2010年，位于319国道谢家铺镇，占地面积26667平方米，可容纳30多辆大小车的培训，主要方便谢家铺周边地区的学员。

该校始终立足于“开拓进取、求真务实、严格管理、按纲施教”的办学方针，以“诚信、和谐、安全、高效”的办学宗旨，在多媒体教学室、模拟驾驶室、科目二模拟电子监控考场、科目三模拟考试车、科目二训练大棚、按国标一类驾校建成的大型训练场等方面走在全市的前列。

同时，在培训方式上推出新招，如开办普通班、老年班、VIP班、一对一预约计时班等，满足不同职业及不同消费人群。在生活服务方面，驾校设立了学员空调休息室、学员电视室、学员图书室等。2010年被常德市交通运输管理处授予“人民满意驾校”。学校的校训是“信誉第一、质量第一”，指导思想是“正规教学、规范培训、培养更多合格的驾驶员”。

石门县跃云汽车驾驶员培训学校　该校于2001年2月成立，前身为石门县汽车驾驶员培训学校，地址在石门县宝峰开发区。2002年3月，更名为石门县跃云汽车驾驶员培训学校。

2003年，该校有员工24人，其中总教练2人、理论教员2人、教练员12人、管理人员8人。固定资产180万元。学校占地面积1.4万平方米，建筑面积900平方米。训练场地1.3万平方米，有教室2间、140平方米。教练车11辆，其中大货5辆、小车6辆。有电脑、简易驾驶练习器、操作教具等教学设备7台。2002年3月被评为三类驾校，年培训规模达1000人。至2003年，共培训汽车驾驶员1300人，一次性考试合格率达76%。实现总收入400万元，创利润60万元。

2003 年 10 月,被石门县工商局、石门县个体劳动者私营企业协会评为“诚信守法经营企业”。

2010 年,该校招生报名处设在县城澧阳中路大桥头(老一中斜对面),位于双溪桥村的道路场地综合训练场,占地 4 万平方米,严格按考场要求设有 AB 桥、侧方移车位、连续障碍(铁饼)路段、限宽门、“S”蛇形、“Z”形路段、“8”字形场地、上坡起步坡道、百米加减挡路段、定点停车位等多处,硬化道路 8 公里,为学员提供全封闭式的专业培训。该校有教职员工 30 余人、其中理论教员 3 人、实际操作教练员 30 余人。固定资产达 500 余万元。学校有教练车 30 余辆,学员接送专车 3 辆,汽车驾驶模拟器 2 台,电脑 10 台,配有实验室、电教板、发动机及整车模型等设备设施。

学校秉承“以人为本,创学员满意驾校”的服务宗旨,学校管理规范,机构设置齐全,分工明确。内设四部一室,即人事行政部、财务部、业务部、培训部、办公室。学校树立“诚信为本,信誉至上”的驾培风尚,更好地服务于石门县有志于汽车驾驶的学员,学校实行公开承诺的原则,与报名学员签订《培训协议》,设立廉政施教意见箱及投诉电话,广纳良谏并及时处理学员投诉。学校的校训是“严格要求”。指导思想是“为社会培养合格的汽车驾驶员”。

澧县诚顺汽车驾驶员培训学校 该校于 2003 年 11 月成立,地址在澧县澧阳镇澧阳路。

2003 年,该校有员工 23 人,其中总教练 2 人、理论教员 3 人、教练员 13 人、管理人员 5 人。固定资产 150 万元。学校占地面积 6600 平方米,建筑面积 700 平方米。训练场地 4000 平方米,有教室 3 间、114 平方米。教练车 15 辆,其中大货 10 辆、小车 5 辆。汽车驾驶模拟车 1 辆。有电脑、简易驾驶练习器、操作教具等教学设备 18 台。2003 年被评为三类驾校,年培训规模达 800 人,当年共培训汽车驾驶员 600 人,一次性考试合格率达 90%。实现总收入 150 万元,创利润 10 万元。

2010 年,该校有各类型教练车 60 多辆,专业教练员 70 多名;驾校培训车型有 C1、C2,有培训场地 2 个(澧县张公庙镇荣家河居委会 0138 号、澧县大堰垱镇星星村),总面积 24642 平方米,单车道长度 2400 米。

该校配置有多媒体电化教学设备、汽车模型等教学设备,并扩大训练场规模,公安部 91 号令规定的九个考试科目全部设置齐全,提高了教学能力和培训质量。在年度的考试合格率评比中,该校取得了连续四年全市第一的好成绩。

该校以“文明经营、诚信服务”作为经营理念,2003 年,该校被澧县人民政府定为“下岗职工再就业基地”。2005 年 10 月被市、县阳光工程办公室确立为阳光工程培训基地,共培训合格学员千余人。2004 年至 2005 年被澧县人民政府授予“守合同,重信用单位”称号,2005 年被湖南省交通厅授予“文明经营、诚信服务先进单位”称号。2008 年被澧县民政局指定为“澧县退役士兵驾驶员培训基地”。学校的校训是“创办现代化的驾校是我们的指导思想,正规教学、规范培训是我们的办学方针,培养合格的驾驶员是我们的共同目标”。

第四章　水路管理

第一节　航道管理

一、机　构

从20世纪80年代起，境内航道按航道等级分别设立航道管理机构，湖南省常德航道管理局和湖南省津市航道管理局主要负责干流航道的管理，常德市航道管理处主要负责地方航道的管理。

湖南省常德航道管理局　1980年为沅水航道管理段，实行省地双重领导，其党政关系属所在地区，业务、人事隶省航道管理处。1981年改为由省直接管辖。1985年1月1日，更名为湖南常德航道区。1985年有职工106人，机艇7艘102.97千瓦，主要管养牛鼻滩至浦市322公里航道。其中一等标航道27公里、三等标航道295公里，设标376座。1989年4月，更名为湖南省常德航道分局。1998年10月，更名为湖南省常德航道管理局，局办公地址在常德市武陵镇鼎城路6号。2002年，有职工220人，主要担负沅水干流虾公窖至浦市375公里的航道养护、航道管理、航养费征收工作。辖区范围包括常德市、湘西土家族苗族自治州、怀化市。常德境内虾公窖至毛里湾195公里，辖区范围包括汉寿县、鼎城区、武陵区、桃源县。分别由坡头、汉寿、常德、陬市、桃源、凌津滩6个航道站维护管理。有桃源、常德、汉寿3个航养费征稽所。

湖南省常德航道管理局

湖南省津市航道管理局　1980年为滨湖航道管理段，实行省地双重领导，其党政关系属所在地区，业务、人事隶省航道管理处。1981年改为由省直接管辖。1985年1月1日，更名为湖南津市航道区，区部设津市窑坡渡。1985年有职工166人，辖合口、澧县、嘉山、保河堤、沙河口、罗家湾、武圣宫、茅草街、黄茅洲、鹿湖共10个航道站及维修站、船队各1个。负责澧水东段；松滋河、虎渡河、藕池河南段；开湖航线至鲇鱼口段航道的维护管理。1989年4

月,更名为湖南省津市航道分局。有职工 167 人,航道站 10 个及维修站、工程队、船队各 1 个,航标船 26 艘,管养航道 507 公里。其中:四级航道 73 公里、五级航道 434 公里;维护一等标航道276 公里、三等标航道 231 公里。1998 年 10 月,更名为湖南省津市航道管理局,局办公地址在津市七一路口处。2002 年,有职工 126 人,管养航道 275 公里。其中一类航道 131 公里,三类航道 144 公里。津市航道局下辖武圣宫、柳林嘴、蒿子港、保河堤、嘉山 5 个一类航标维护站,澧县 1 个三类航标维护站,安乡、津市、澧县、临澧 4 个航养费征稽所,1 个“五一”维修站,1 个港航工程公司。

湖南省津市航道管理局

2006 年 7 月 19 日,省交通厅发出湘交人事字〔2006〕392 号文《关于成立常德、津市航道管理局合并工作组的通知》。7 月 24 日,省地方海事局局长陈健强来常德主持召开大会,宣布两局合并,成立两局合并工作组,工作组主持合并过渡期的日常工作。两局合并期间,局设办公室、航道科、征稽科、航政科、财务科、党群办、工会共 7 个科室;下设沅陵中心航道管理站及泸溪、五强溪、凌津滩、桃源、陬市、常德、汉寿、坡头、澧县、津市、保河堤、蒿子港、安乡、武圣宫 14 个航道管理站;沅陵、桃源、常德、汉寿、澧县、津市、安乡 7 个航养费征稽所;港航工程公司、后勤服务中心。两局合并后航道维护里程为 651 公里。年末在职职工 302 人。

2008 年 8 月 22 日,省机构编制委员会办公室在对省交通厅湘交人事字〔2008〕658 号文的复函中称:“同意湖南省常德航道管理局与湖南省津市航道管理局合并,组建新的湖南省常德航道管理局,为湖南省航务管理局管理的事业单位,并核定事业编制366 名(原湖南省常德航道管理局事业编制 234 名和湖南省津市航道管理局事业编制 132 名之和),所需人员经费仍从水路规费收入中列支。其主要负责人可享受副处级干部待遇。”

2009 年 3 月 5 日,由于费改税,省地方海事局发出湘海事人字〔2009〕29 号文,同意常德航道管理局撤销局征稽科和 7 个航养费征稽所,成立沅水航道行政执法大队、澧水航道行政执法大队。

2009 年 8 月 19 日,经省地方海事局批准,新成立的湖南省常德航道管理局设办公室、航道养护科、航政科、财务科、党群办 5 个科室。下设沅陵中心航道站、泸溪航道站、五强溪航道站、凌津滩航道站、桃源航道站、陬市航道站、常德航道站、沅水执法大队、汉寿航道站、坡头航道站、津市中心航道站、澧县航道站、津市航道站、澧水执法大队、保河堤航道站、蒿子港航道站、安乡航道站、武圣宫航道站，局后勤服务中心共 19 个基层单位。局长唐云岩、书记彭兴元。局办公地址在常德市柳叶大道 2077 号，新组建的常德航道管理局负责沅水、澧水两大水系及洞庭湖区 650.7 公里干流航道的维护管理工作，辖区涉及湘西土家族苗族自治州、怀化、常德、益阳 4 个市州的泸溪、沅陵、桃源、武陵、鼎城、汉寿、石门、临澧、澧县、津市、安乡、南县共 12 个县（区、市）。主要职责是对辖区航道及航道设施管理、养护和建设；依法协助审批 与通航有关的拦河、跨河、临时建筑物的通航标准和技术要求，负责管理保护航道及航道设施；依法制止、处罚偷盗、破坏航道设施、侵占和损坏航道的行为；参与辖区水域内的采砂、淘金及其他水上工程作业的审批与管理，为水路运输提供安全、畅通的水上通道。

2010 年，机关增设工会办。

局下设 15 个航道管理处（澧县、津市、保河堤、蒿子港、安乡、武圣宫、泸溪、沅陵、五强溪、凌津滩、桃源、陬市、常德、汉寿、坡头）和 1 个航道安全监控分中心，各航道处与航政执法大队合署办公，一门两牌。

机关设置 7 个职能科室，即：办公室、党群办、养护工程科、航政管理科（加挂执法监察大队）、财务科、安全设备科、工会办。全局在册人员 485 人。

主要职责：

（一）宣传、贯彻和执行国家及湖南省有关航道的法律法规、规章和技术标准；对辖区航道及航道设施实施管理、养护和建设。

（二）编制辖区航道发展规划；负责航道科技创新，技术改造和先进技术交流工作；组织科技先进成果的推广应用。

（三）编制辖区航道养护工作计划并组织实施；负责本行业信息统计工作；参与协调水资源综合利用中与通航有关的事宜。

（四）负责辖区航道行政管理工作；依法制止和处理偷盗、破坏航道设施、侵占和损坏航道的行为。

（五）依照法律法规和有关技术标准，预审与通航有关的拦河、临河、跨河建筑物等设施的通航技术方案。

（六）负责监督辖区拦河、临河、跨河等涉航建筑物和维护助航标志；负责对与通航有关设施的施工作业进行监督检查；参与辖区水域内采砂、淘金及其他水上工程作业的审批和管理。

（七）根据干部管理权限，负责干部、职工队伍建设和管理；负责本单位党建、职工教育和精神文明建设工作。

（八）承办上级交办的其他事项。

常德市航道管理处　1980 年为常德地区公路航道管理处。1985 年 2 月，分设为常德地区公路管理处与常德地区航道管理处，常德地区航道管理处有管理人员 10 人。管理处下辖澧水航道段和湖区航道段,有职工 57 人,管养地方航道 1612 公里,人员经费从养河费列支。

1988 年地改市后随之更名为常德市航道管理处,有职工 108 人,管理处下辖澧水航道段和湖区航道管理所,管养地方航道 1382.26 公里。

2002 年,有职工 119 人,工程船 9 艘,308.91 千瓦。管理处下辖澧水航道段和湖区航道管理所,管养地方航道 1288.29 公里,其中洞庭湖区 788.87 公里、沅水系 183.95 公里,澧水系 315.47 公里。

2009 年 11 月 27 日,常德市航道管理处并入湖南省常德市地方海事局。

2010 年,湖南省常德市地方海事局管养地方航道 1316.09 公里。

二、管　理

航道管理的主要任务是保证航道畅通,为经济建设服务。其主要内容是对辖区航道和航运设施的规划建设、维护、管理、保护及其他与航道通航条件有关的活动。

1986 年 12 月,省人民政府发布《关于保护航道设施的布告》,明确规定:通航河流沿途的岸标、浮标、航标灯、水尺柱、测量标志、石坝、护岸块石等航道设施,必须严加保护,不得损坏和移动。未经航道主管部门批准,不得在航道上和航道设施附近挖砂取石或设筌捕鱼。在通航河流修建闸坝、桥梁、渡槽、抽水站及其他引水工程,埋设过河电缆,铺设管道等设施,必须取得当地航道主管部门同意。

1987 年 8 月 22 日,国务院发布《中华人民共和国航道管理条例》。1990 年 12 月,建设部发布《内河通航标准》。1991 年 8 月 29 日,交通部发布《航道管理条例实施细则》。这些条例、标准及实施细则的颁布,标志着航道法规逐步建立,航道管理有章可循,使航道管理工作不断步入法制化轨道。随着依法治国方略的深入,常德航道部门把依法治航作为一件带全局性的大事来抓,通过法律手段整治涉航建筑物,取缔无证开采,制止滥采乱挖以及向航道倾倒废弃物等工作。

1993 年 12 月,市政府出台《关于加强航道管理保护航道设施的通知》。

“九五”期间(1996—2000),常德航道管理部门按照“安全、畅通”的要求,重点采取了3 条有效措施:一是组织疏浚清淤保畅通。自筹资金,疏浚马林航道中的多处浅滩,并多次为重点工程五强溪和凌津滩电站建设进行水下炸礁和清淤,保证了航道的畅通,满足了电站建设中施工和航运的需要。同时还对沅水中游丁家港滩的石坝进行了挖掘清除。5 年中共疏浚浅滩泥土和礁石 20.83 万立方米。二是坚持检修设备保畅通。辖区航道中直管船闸有 2 座,其中一座已运行 12 年,另一座也运行了近 10 年。由于时间较长,所以问题时有发生,如不及时检修好设备,彻底排除故障,势必影响通航。为此,一方面加强检查,对小故障做到及时发现及时排除,并定期进行维修保养,特别是对液压、电气、机械等系统的附件进行定期的维护保养。另一方面搞好大修。如针对唐家嘴船闸钢质件锈蚀的情况,向上级进行专题汇报,提出大修的建议,在省航运局的支持下,筹资近10万元对全部钢质件进行除锈防腐处理,保持设备完好,保证了正常的开闸通航。三是加强航政管理保畅通。航道行政管理,是航道管理部门的又一项重要职责。当时虽然没有专职机构和专业队伍,但是在航政管理上仍做到了有人分管,有人经办,并派人参加了省里举办的航政管理培训班,从“软件”和“硬件”上为加强航政管理奠定了基础。此外,还针对航道中出现的问题,采取大力宣传航道法规,增强人们的航道意识、法制观念;拔掉“钉子”,拆除一些临时设置的碍航建筑物;对沉船沉物等碍航行为依照法规责令当事人进行打捞;对乱抛乱建滥挖等毁坏航道的违章行为进行宣传教育和制止。

2000年,湖南省人大常委会发布《湖南省水路交通管理条例》,3月1日起施行。

2001年,常德航道管理局自筹资金率先在全省完成一类航标灯器的更新换代,114座航标灯全部换成多功能单片机航标灯,视距由原来的0.5公里提高到2公里,为确保航道安全通航提供技术支撑。2001年共征收航养费185.18万元。依据航道维护类别的不同,重新制定了查航周期:一次全程,三类标5天,二类标4天,一类标3天,特别季节适当增加查航次数。按照《湖南省干线航道航标维护管理考核办法》的要求,多次抽调人员到各站进行检查,发现问题及时解决,并将实际情况迅速向省航道管理处书面报告。全年共完成航标维护工作量109694座天,航道扫床15次,扫床里程116公里,确保航道内没有水下障碍物。将所有钢质侧面浮标刷油漆两遍、岸标一遍,确保标位正确、颜色鲜明、灯具设置规范,为船舶航行安全提供良好的保障。因此,当年航道养护工作在全省年度评比中获第一名。

2002年,常德航道管理局认真贯彻全省征稽工作会议精神,对准目标,找准差距,上下齐心,拒讲情面。在征稽收费过程中,经常会碰到“钉子船”“关系船”。针对这种现象,从分管领导到每一位征稽员,认真履行职责,严格按制度办事,做到铁面无私,杜绝以往拉关系而造成的航养费流失现象。同时进行工资浮动,奖惩兑现。浮动的依据为各航道站的航道维护工作质量和各所航养费征收进度的完成情况及领导定期、不定期对征稽人员突击检查得分的高低,超收部分按一定比例提成。这些措施的制定,极大地调动了征稽人员的积极性,出现“你追我赶争当先进”的新气象。当年共征收航养费360.81万元,比2001年多征收70.84万元。

2010年,常德市地方海事局对全市86条1316.09公里地方航道,马家吉、唐家嘴两座船闸以及98座航标进行管理。主要抓了澧水航道、道水航道、马林航道等378公里航道的养护,加大航道巡查力度,对3处浅滩进行清淤,确保重点航道畅通。加强航标的设置和维护,所设98座航标都有专人值班管理,实现了航道维护保障有力。

第二节　港航管理

一、机　　构

1975年3月6日,常德市革命委员会港务管理处成立。

1979年8月,更名为常德市港务管理处。

1986年,常德市港务管理处有职工40人。内设办公室、财务股、建管股、调运股和落路口、南站、盐关、德山4个港务管理站。

1989年3月,为适应撤区建市,实行市管县新体制,重新组建常德市港务管理处,机构升格为副处级,归口市交通局领导,编制人员45名,人员经费从港口管理规费中列支。

1990年2月,更名为常德市港航管理处(以下简称市港航处)。

市港航处主要职能是负责全市航运、港口和港口规划建设的归口管理。当时全市大多数县(区、市)一无专职的港航管理机构,二无得力的港航管理人员,三无办公场所,四无管理法规,五无管理手段,全市的港航管理工作比较被动,整个水路运输市场处于比较混乱的状态。经过一年多的努力,在市交通局和各县(区、市)交通部门的大力支持下,原来的“五无”局面发生了根本变化。全市9个县(区、市)和主要港口,都成立了专职的港航管理机构,配备了管理人员。实行“一城一港”新的行业管理体制后,常德市人民政府根据国家有关规定,于1990年4月28日正式颁发了《常德港港章》,为全市各县(区、市)制定和完善港口管理法规,提供了依据。截至1991年年底,全市9个县级港口全都由当地县(区、市)人民政府颁发了港口管理章程。当年全市已有专职的港航管理所、站19个,有专、兼职港航管理人员160多名,其中专职人员120名,多数县(区、市)调剂、购置或建造新的办公场所,汉寿、澧县还添置稽查船。已初步形成一套上下对口,市、县、乡(镇)三级管理比较完整的行业管理体系。

1992年12月25日,常德市港航管理处与西湖农场和汉寿县交通局协商一致,并经常德市交通局以常交字〔1992〕146号文批复,同意成立常德市港航管理处柳林嘴港航管理所,负责对港口码头运输的统一管理。

1995年11月,常德市人民政府批准同意将武陵区河洑镇、丹洲乡、芦山乡区域内的港口码头纳入常德港行政管理范围,由市港航管理处按照国家有关规定和《常德港港章》实施水路行业统一管理和监督。至此,全市水路交通行业管理已实现了境内全覆盖的网络体系,并对各级管理机构的职能、责任范围进行调整,实现人员、工作、经费和职能“四统”,初步显示出较强的生机和活力。

全市港航管理机构认真贯彻执行国家颁布的交通法规,理顺纵横关系,加强与相关的行政管理部门的联系与合作。协同工商管理部门,管好开业审查,加强宏观控制,发挥行业管理的作用;协同税务部门,搞好水路监督与服务,港口、砂石运输票证管理和市场整顿,充分发挥征收税费、执行运价、信息服务、行业统计、运输服务与港口商务事故处理等多种功能；协同公安、航监、船检等部门组织水上联合检查，共同维护水上交通秩序，确保水路行业管理有章可循，对促进水上交通运输的发展和搞好交通行业监督管理与服务发挥积极作用。

2001年11月，常德市人民政府印发关于《常德市港航管理处职能配置、内设机构和人员编制规定》的通知，市港航处主管全市水路交通行业管理和水路交通规费征缴，为市交通局管辖的具有行政职能的副处级事业单位，内设办公室、财务审计科、航政管理科、港政管理科4个职能科（室），科室级别为副科级。市港航处全额拨款事业编制17名。下设一个直属管理所，直接对沅水常德港实施港政、航政管理，机构级别为正科级，是具有行政管理职能的事业单位，核定全额拨款事业编制27人。市港航处还对津市市港航管理处和鼎城、桃源、石门、临澧、澧县、汉寿、安乡共7个港航管理所实行行业管理。

2009年11月27日，常德市港航管理处并入湖南省常德市地方海事局。

二、管　理

改革开放后，常德市的港口、水路运输管理逐步走向行业化、系统化、规范化管理。

1985年，常德市人民政府颁发《常德港港口管理暂行规定》。常德市港务管理处根据市政府文件，履行职责，对港区建设、码头装卸作业、港口调度、船舶受载指泊、港务费征收、港务监督等工作实行统一政令，统一规划建设，统一管理。2月，在港区内设置落路口、南站、盐关、德山4个港务管理站，有现场管理人员14人，配备港务艇一艘。在港区16座重点装卸码头进行安全知识及安全航行的宣传教育。每年3次对港区内进行全面检查：查船舶有无证照、有无名牌（灯）、有无船号。船舶航行期、安全设备、人员配备是否符合规定。驾驶员、轮机员、驾长证书是否齐全；船舶是否按规定办理进出口签证、偷关航行、偷漏上缴国家规定的各项规费税收；各类危险货物的装卸和运输是否按有关规定办理手续；是否经航政部门批准非客船载客、船舶超载、超高、超宽、超航区航行和机动船超拖；渔船无证捕鱼，是否按规定显示信号或在主航道上张网捕鱼，妨碍船舶安全航行；违反港口管理规定，不遵守码头锚泊地停泊规定，抢档挤泊，扰乱港口秩序；未经港口管理机构批准，擅自进行水上、水下施工作业，打捞和转移非本单位物资，以及在港口、航道捞沙、作业码头抛弃石块、垃圾、废油等物；查船舶所有人员是否持有公安局水上户口和临时外出证明等。

1987年，国务院发布《中华人民共和国水路运输管理条例》。交通部发布《水路运输管理条例实施细则》。

1989年，省人民政府颁发《湖南省港口管理办法》，将港口纳入行业管理。明确县级以上人民政府交通行政主管部门负责本行政区域内的港口管理工作。是年，湖南省航运局亦发出《关于加强对新增船舶和营运船舶管理的通知》。

1990年，常德市港航管理处认真开展治理整顿，深化体制改革，强化行业管理，开展优质服务。4月,市港航处制定《常德市水路运输市场治理整顿实施意见》。经过2次运政大检查、3次港口装卸搬运市场整顿,全年货运量545万吨,货物周转量91733.67万吨公里,旅客周转量5828.26万人公里,规费征收75.74万元。全年没有发生一起交通事故,确保水上一方平安。全市57户港埠企业,有16户不合格被取消经营资格,实际颁发“经营许可证”41户。2005艘、110256吨营运船舶中,经审验合格换发“经营许可证”和“营业运输证”的有1905艘、106390吨。在水路运政大检查中,查船1219艘,违章船舶有644艘,补收运管费1.27万元,有力地打击违法经营者和无证经营者。

砂石是常德市基本建设的主要原材料,又是水运企业的基础货源,特别是随着改革开放的深入和国家经济建设的发展,市内港埠企业不断增多,港口砂石经营相当活跃,到1991年销售量已超过200万吨。但是,由于全市港口砂石市场无统一的管理机制、管理法规、销售票据,致使出现无证经营、偷漏税费、运输秩序混乱等严重问题。为了整顿砂石市场,规范经营行为,市政府、市交通局领导高度重视这一工作。1991年,市政府责成常德市港航管理处以交通局名义起草《港口砂石市场管理办法》。是年12月会同市工商局、市物价局、市税务局三个单位共同行文,发出《关于对全市港埠企业经营砂石实行统一管理的联合通知》,明确规定全市砂石经营市场由常德市港航管理处统一管理,各县(区、市)港航管理部门负责本地的港埠企业场地安排及砂石经营市场管理具体工作。与此同时,在全市砂石管理办法未出台前,如津市港航处为了加强港口砂石运销市场管理,他们与工商、物价、税务部门密切配合,对本港砂石经营的情况做了大量调查工作,并将调查情况和加强港口砂石运销市场管理问题,向当地政府和主管局进行了专题汇报。尔后津市市政府颁发《津市市港口砂石运销管理暂行办法》。这些地方性法规文件的出台及实施,对全市砂石运销市场管理和维护市场秩序,促进行业管理和港口运输生产发展,提高水运企业经济效益,起到了积极作用。

1994年,为加强水路运力管理,严格“水路运输许可证”和“船舶营业运输证”的核发,湖南省航运局发出45号文《关于加强水运运力管理的通知》。

1994年前后,由于木质船舶维修费用高,一些个体船户纷纷从江浙一带购进老旧水泥船以取代木质船从事港区短途砂卵运输。这些船舶超载严重,无证参运,发证又不符合“规范”要求,不发证又不行,管理难度很大。为此,常德港航监督处首先选常德港航管理站辖区作为整顿试点水域。通过调查摸底共有该类船舶140余艘,并根据“规范”要求,结合实际情况,制定了《常德地区短途砂砾船舶检验发证暂行办法》,报省船检处批准后,与县交通局、港监所和县水上派出所等单位组织17人、动用航监稽查船2艘流动设卡4个月,检验船舶125艘,征收规费7万元。继而以点带面,在全市范围内推广,对砂石运输船舶进行清理整顿。

1994年,常德港航管理处在“双文明”创建活动中,重点抓了职工队伍建设。为了提高干部职工的业务素质,处办公室将省航运局对运管人员统一布置的72个行业管理业务知识复习题目翻印下发,人手一册,并采取自学与培训相结合的方法,集中办班,分散复习,尔后统一参加省局在常德组织的结业考试,大多都取得了较好的成绩,合格率达97%。是年在全省港航管理系统开展“十佳”运管员评选竞赛活动中，处属安乡港航所吴孝岩和汉寿港航所吴代华被省局评为全省“十佳”运管工作者。

1995年，交通部发布《水路货物运输管理规则》。10月22日，市政府颁布《常德市水路运输服务业管理暂行办法》《常德港代理业务管理几个问题的暂行规定》。

1996年，市港航处进一步加强水运市场管理，严格依法行政，热忱为企业服务。在年审工作中，用6艘稽查船和4辆车到港站进行流动宣传和检查，完成全市54家水运企业的年检和1502艘船舶营运证的审验，年审率达100%。同时对审验不合格的81艘短途砂石运输船舶，依法限期补办证照的有58艘，取缔不合格的经营户23户。有120个砂石户在审验中补缴规费5万元。查处各类船舶2100艘，补征水上规费20万元。对35个长期抗缴规费的“地头蛇”“钉子户”进行查处，按照执法程序申请当地人民法院强制执行的有21户，征缴各种规费11万元，全年共解缴规费49.8万元。

1996年至1997年，常德各级港航管理部门坚持以“依法行政、办事公开，创双文明窗口单位”为宗旨，一方面进一步深化法纪教育和职业道德教育，完善内部管理。层层落实治“三乱”、正行风责任制，并纳入年度工作目标考核。在全系统开展行风评议活动，采取集中宣传发动，分头组织学习、自查自纠、互查互纠、函调走访、座谈征求意见等方式提高思想认识，规范执法行为，查找违纪问题，实行自我销号。另一方面，统一着装上岗、持证检查、亮证收费、规范用票，强化内部监督和群众监督，推行“两公开一监督”制度，加强内部权力约束机制，对重要行业管理科室实行轮换和轮训上岗制度，促进了党风和行风的好转。

1997年，国务院修改发布《中华人民共和国水路运输管理条例》。

1998年，交通部修改发布《水路运输管理条例实施细则》。为维护水路客运市场秩序，加强管理，湖南省航务局制定《湖南省水路客运航线管理暂行规定》。5月4日，湖南省人民政府“关于修改《湖南省港口管理办法》的决定”指出，港口管理的主要职责是：港口规划、建设管理；港口装卸搬运市场、港埠企业管理；港口安全生产管理。是年，常德市有常德、津市、安乡、澧县、凌津滩、蒿子港6个主要港口，管理制度健全，水运秩序良好。6个港区岸线长24756米，泊位183个，最大靠泊能力500吨级，年货运量502.14万吨，客运量33.5万人次。有仓库面积15841平方米，堆场面积59102平方米，有装卸机械292台，最大起重能力16吨。

2000年1月15日，省人大常委会颁布《湖南省水路交通管理条例》。

根据上述一系列政策、法规，市港航处通过会议、文件、公告、广播电视、标语等多种形式的宣传发动，多次开展“水路运政大检查”“水路运输安全管理年”“水路运输秩序管理年”等专项整治活动。同时，加强年检年审核发证、照工作。通过上述活动，使水路运输市场管理逐步走向规范化。

2002年，常德港航管理处在“双文明”创建活动中，狠抓了机关和基层的规范化建设。针对港航的实际和现状，先后制定、完善和建立健全了办公、管理、财务、征收、执法、廉政、党务、政工等50多个系列的规章制度和责任状,并编印成册,使全处上下逐步形成了用制度管人、管事的良好局面。同时研究提出了"遵纪守法、诚信为人、爱岗敬业、开拓创新、廉洁奉公、与时俱进、港航荣辱、系己终身"的32字"常德港航精神",为提高大家的自信心、荣誉感和责任感起到了自我勉励和自我约束作用,受到了省、市主管部门的高度赞扬和充分肯定。是年9月,省交通厅、省航务局在常德召开的全省航务系统创建文明行业现场经验交流会上,推广了常德港航管理处的经验。

2002年,市港航处坚持抓行业管理与征收工作,抓规范化建设与创建活动。狠抓了依法征费和稽查。各县(区、市)通力协作,全年充分利用沅、澧两个水上检查站,先后稽查逃缴规费和"三无"(无船名船号、无船籍港、无船舶证书)船舶200多艘,补缴规费20多万元。在征费工作中坚持上门服务。针对外港货运形势比较好、本港船舶长期不回港的现象,临澧、澧县、安乡、鼎城、汉寿等单位分别派出得力人员到岳阳、湖北等地上门服务,不但顺利完成年审工作,绝大部分船主还一次缴清全年规费;桃源港航所为培植费源,增加运力,拿出3000多元无偿为船主订报,并送到船主手中,让船主及时掌握市场信息。2001年长江禁挖砂砾的命令一下,就立即组织30多位船主召开座谈会,迅速组织运力参与砾石外销运输,使运力由2001年的4000多吨猛增到1万多吨;澧县港航所转变工作作风,努力为企业服务。筹集资金11万元对黄沙湾港区、羊湖口码头进行泊位修建和道路疏通、整修;动员该港118户个体船舶挂靠在船代公司营运,走集约化经营的道路,形成整体竞争优势。津市、安乡、汉寿、临澧等港航部门想企业之所想,急企业之所急,主动为企业引进社会物资,引进专业人才从事船货代理,扎扎实实为企业服务,培植费源,创造规费征收的良好环境。2002年规费征收创历史新高,全市规费征收389.4万元,为年计划的126.5%,比2001年增长25.6个百分点。其中运管费182.8万元,为年计划的132%;货港费206.6万元,为年计划的121.9%。

狠抓运输市场整顿,积极筹建企业,以适应市场和管理的需求。2002年,共筹建10家企业。其中旅客运输企业1家、液货危险品运输企业6家、普货运输企业3家。认真组织开展了年度水路运输经营业户的审验工作。根据交通部和省航务局的部署,严格按照省航务局《关于开展2002年度水路运输年审工作的通知》要求,结合常德市的实际情况,制定年审工作方案。分层次、分步骤地对4家旅客、液货危险品运输企业、4家普通货物运输企业、8家水路运输服务企业和690家个体经营户进行年审,年审率达98%以上。2002年,市港航处和澧县港航管理所被评为湖南省交通系统"双文明建设先进单位",市港航处和澧县、直属港航管理所被省航务局评为"双文明建设先进单位",市港航处被省航务局评为目标管理、规费征收先进单位。

"十五"期间(2001—2005),常德港航管理处"双文明"创建工作成效显著,五年中全市港航系统被评为全省航务系统先进单位1个(市港航处)、先进集体6个(澧县港航所、市处直属所、鼎城港航所、桃源港航处、汉寿港航所、津市市港航处);被评为全省交通系统先进单位1个(市港航处);先进集体3个(澧县港航所、鼎城港航所、桃源港航处);被市委、市政府评为文明建设先进单位1个（澧县港航所）；市港航处在2003年、2005年两次被评为湖南省“交通杯”劳动竞赛先进单位，连续四年被省航务局评为目标管理、规费征收或行业管理先进单位；澧县港航所2003年、2005年分别被省文明委和交通部授予“文明示范窗口单位”称号。

2010年，市地方海事局按照省地方海事局要求对辖区开展了营运船舶专项整顿工作，成立专项整顿领导小组，每月定期召开专项整顿例会，加强现场执法检查力度，对辖区船舶进行了拉网式的检查，并进行集中检验发证。是年，检查船舶827艘，下发合格证471份，对356艘存在问题的船舶，督促整改。规范运力审批程序，对无“船舶营业运输证”的营运船舶和不按政策规定经营的行为，海事部门不予办理签证手续，港埠企业不得进行装卸作业，服务代理企业不得提供水路运输服务业务。通过整顿，促使228艘证书不齐的船舶达到了“三证”齐全，所有在厂建造的运输船舶都按照“先审批后购造”的原则办理了新增运力审批手续。常德市营运船舶的“三证”持有率从上年的43%上升到90.8%。

第三节 港航监督

一、机 构

1979年6月20日，经常德行署编制委员会批准，成立常德港航监督，归口地区交通局领导，机关定编16人，实有11人，办公地点设地区交通局机关院内。各县、市设航管站，有航监人员74人。1981年3月，常德港航监督系统的人、财、物管理权上收省交通厅管辖。1984年下半年，根据体制改革精神，省交通厅决定将交通监理、港航监督（船舶检验）管理机构成建制下放到各地、州、市管理，其技术、业务、人员编制仍由省交通厅统管。

1985年8月1日，更名为常德港航监督所、常德船舶检验所。各县、市航管站更名为港航监督站，有航监人员90人。1987年1月常德港航监督所由常德市青年路迁至常德市大河街办公，地址为常德市沅安路70号。

1995年3月28日，为支持凌津滩电站工程建设，维护大坝水域交通秩序，确保大坝和航行船舶的安全，经省港航监督局批准，同意设立“湖南省常德港航监督处凌津滩分处”，该分处隶属常德港航监督处领导，人员由常德处内部调整和采取聘任制解决，其经费、办公用房及设施等，由凌津滩工程建设单位列入建设费内统筹解决，并要求于1995年4月20日前正式挂牌办公。

1995年5月5日，更名为常德港航监督处、常德船舶检验处。一门两牌，为差额拨款的正科级事业单位。下属各分所、站分别更名为分处、所。

1995年8月，根据省交通厅湘交人劳教字〔1995〕第75号文件的有关精神，常德市编委决定将常德港航监督处、常德船舶检验处分别更名为湖南省常德港航监督处和湖南省常德船舶检验处；津市港航监督分所、津市船舶检验分所分别更名为湖南省津市港航监督分处、湖南省津市船舶检验分处;鼎城区和桃源、临澧、石门、澧县、安乡、汉寿等县的港航监督站、船舶检验站分别更名为:湖南省常德市××港航监督所、湖南省常德市××船舶检验所。

2001年3月30日,省港航监督局、船舶检验局对常德港航监督处、船舶检验处《关于合并直属所与鼎城所成立新机构的请示》作出批复:按照交通部海事局"一港一监"的机构设置原则,同意上述两所合并后成立新机构,其名称为:湖南省常德港航监督所、湖南省常德船舶检验所,为一门两牌机构。新机构在原两所的行政区域内履行其工作职能。

2002年,常德港航监督处有干部职工92人,设1室5科,即:办公室、人事教育科、财务审计科、安全监督科、船员管理科、船舶检验科。下辖2个港监分处、7个港监所,2个监督站,即:津市分处、凌津滩分处;汉寿所、临澧所、桃源所、安乡所、澧县所、石门所、直属所;澧县艳洲船闸监督站、常德沅水木塘垸大桥监督站。拥有固定资产600万元,其中站房及宿舍面积9800平方米,监督车6辆,航监艇10艘。

2006年7月,更名为湖南省常德市地方海事局、湖南省常德市船舶检验局,一门两牌,为副处级事业单位。同年年底,办公地点迁至常德市盐关码头海事大楼。是年,市海事局机关设1室5科,即:办公室、人事教育科、财务审计科、安全监督科、船员管理科、船舶检验科。下辖9个海事处、2个监督站,即:津市处、凌津滩处、汉寿处、临澧处、桃源处、安乡处、澧县处、石门处、盐关处、艳洲船闸监督站、木塘垸大桥监督站。拥有固定资产600多万元。其中办公房及宿舍面积9800平方米,监督车9辆,航监艇10艘。管辖沅、澧两水和西洞庭湖水域1756公里通航里程、530处渡口、16座大型水库、10余座桥梁及船闸的安全。管理在册船舶1449艘,14131客位,91623吨,67433千瓦。管理轮、驾船员3333人,其中二等船员53人、三等船员1536人、四等船员1144人、五等船员600人。

湖南省常德市地方海事局

2009年11月27日,根据国务院和省政府交通费税改革文件精神,经中共常德市委研究,并报省编委办批准,同意将湖南省常德市地方海事局、常德市港航管理处、常德市航道管理处合并,组建成新的湖南省常德市地方海事局。湖南省常德市船舶检验局、常德市航务管理局与其一个机构、三块牌子,为市交通局管辖的具有行政职能的副处级事业单位。

是年12月25日,常德市交通局拟定了市地方海事局"三定"方案,并明确其主要职责共11条。即:

（一）宣传、贯彻和执行国家及省、市有关法律、法规、规章和政策；依据法律法规和授权拟定、实施地方性水路交通管理办法；负责水路交通安全行政执法和监督检查。

（二）负责编制全市水路交通发展规划，参与水资源综合开发利用规划与治理；制定辖区港口、码头和航道的新建、改建、养护项目计划，并组织实施和监督管理。

（三）负责水上交通安全监督和防止船舶污染水域；对船舶所有人安全生产条件和水运企业安全管理体系实施监督管理；管理水上交通通航秩序和通航环境，划定并管理航路、禁航区、交通管理区、港外锚地和安全作业区等；对水上水下施工作业碍航性审核和监督检查；组织和指导水上搜寻求助和沉船沉物打捞；管理和发布航行通（警）告；管理船员、引航员适任资格；本地船舶登记和进出港签证；水路危险货物运输的监督管理；调查、处理水上船舶交通事故，港口生产、设备事故和船舶污染事故；辖区渡口、渡船、游船的安全监督。

（四）负责船舶、水上设施的法定检验和船舶适航管理；按规定权限负责船用产品的检验和认可；按规定权限审查船舶设计图纸。

（五）负责对船舶驾驶、轮机人员的考试、发证；船舶焊工人员的考试、发证。

（六）对全市水路运输及运输服务业市场、港口装卸搬运市场、船舶交易市场实施行业管理；全市水路运输和港口行政管理；审查港口建设项目，依法审核港区岸线、水域使用权，办理港口经营审批；组织和协调水路战备运输和防汛工作。

（七）负责对港口企业的国有资产实施监督，保护港口设施，维护港口经营秩序及交通秩序，检查、制止和处理侵占港区、破坏港口设施、违反管理办法的行为。

（八）负责辖区规定航道的行政管理和航道养护，设置维护航标和助航标志；航道及航道设施的保护；审查与通航有关的拦河、跨河、临河建筑物的通航标准和技术要求。

（九）负责水路交通规费征稽。

（十）负责全市各县（市）港航管理机构的业务指导和综合协调。

（十一）承办上级交办的其他事项。

市海事局机关内设 10 个职能科（室），即：办公室（加挂政策法规科牌子）、财务计划基建科（加挂规费征稽科牌子）、安全监督科、运输管理科、船舶船员科、船舶检验科、港口管理科、航道管理科、人事教育科（监察室与其合署办公）、行政许可科。下属事业单位 3 个，即常德市地方海事局直属分局（加挂常德市船舶检验局直属分局、常德市航务管理局直属分局）、常德市海事局行政执法支队、常德市水上应急救援管理中心，均为正科级事业单位。原凌津滩海事处、汉寿县海事处、桃源县海事处、石门县海事处、临澧县海事处、澧县海事处、津市市海事处、安乡县海事处管理体制和职责不变。

上述“三定”方案，已于当年 12 月 30 日经市编委批准实施。

2012 年，常德市地方海事局辖区通航里程 1753 公里（其中千吨级航道 100 公里），496 处渡口、36 个港口码头（其中千吨级以上泊位 3 个），大型水库 16 座、10 余座桥梁及船闸；辖区各类在册营运船舶 902 艘、总载重量 28 万吨，渡口渡船 526 艘（载客量 9795 人），有各等级船员2535名(其中三、四等船员1756人、五等船员469人、非机动船员310人)。

常德市地方海事局有干部职工183人,机关内设办公室(加挂法制科牌子)、财务基建科(加挂规费征收科牌子)、人事教育科(纪检监察室与其合署办公)、安全监督科、船舶船员科、船舶检验科、港口管理科、运输管理科、航道管理科、行政许可办公室共10个职能科室。下设直属分局、水上交通救援中心、行政执法支队、湖区航道管理所和津市、凌津滩、汉寿、桃源、安乡、澧县、临澧、石门8个县(市)海事处,共12个二级独立核算单位。

常德市地方海事局主要行使水上交通安全监管、水路运输、港口行政管理、地方航道管理、船舶检验五大职能,具体职责如下:

(一)负责贯彻执行中央、省关于水上交通管理的方针、政策、法律、法规,并组织实施。

(二)负责拟订全市水路交通发展规划。

(三)承担水上交通安全监督管理责任,负责水路交通安全行政执法及监督检查。

(四)负责管理船员、引航员适任资格及其培训机构的资质认可,负责船舶登记和签证。

(五)按规定权限,负责对船舶及水上设施进行法定检验;负责对船用产品进行法定检验;负责对船舶设计图纸的审查。

(六)负责对全市水路运输及运输服务业市场、港口装卸搬运市场、船舶修造市场实施行业管理。

(七)负责全市地方航道行政管理工作,负责航道通航技术标准审查,参与协调水资源综合利用。

(八)负责组织和指导水上搜寻救助;管理沉船沉物打捞。

船舶检验机构是各级交通部门设置的依法对船舶性能、技术状况进行检验的技术监督机构。其主要任务是按照国家、船舶检验机关发布的条例、规范等要求,对船舶性能、技术状况进行各种类的检验,对符合要求的船舶发放船舶检验证书,使其取得合法航行的资格。船舶检验分审图、初次(制造)检验、营运检验。

1983年9月3日,常德船舶检验所成立,各县、市设船舶检验站。

1990年,全市17家船舶修造企业,经省市两级船舶检验机构鉴定,有7家获得“生产技术条件认可证”,占全省首批发证总数12家的58.33%。1990年,常德船舶厂经交通部认定,为湖南省第一家具备2000吨级船舶生产能力的船厂。

1993年2月,国务院颁发《中华人民共和国船舶和海上设施检验条例》。10月15日,中华人民共和国船舶检验局颁布《内河营运船舶检验规程》。是年,常德船舶检验所及所属分所和各县(区、市)船舶检验站所有20人从事船舶检验工作(其中:船舶检验工程师5人,助理工程师4人)。负责一类船厂1个(常德船舶厂),二类船厂2个(常德市造船厂、津市羊湖口船厂),三类船厂11个的船舶检验业务。

1995年5月5日,更名为常德船舶检验处,下属各分所、站分别更名为分处、所。常德船舶检验处直接领导分处和所属各县(区、市)船舶检验所的工作。

1995 年，常德船舶检验处坚持两个文明建设一起抓，为了按“四化”标准培养船检人才，在经费紧张的情况下，先后选送 5 人脱产到武汉交通科技大学进修船检业务一年；12 人参加省船检人员岗位培训；10 人参加国家船检局武汉培训中心学习。在船检人员职称套改中，有 2 人评为二级高级验船师、2 人评为三级高级验船师；9 人评为一级验船师、12 人评为二级验船师、4 人评为助级验船师、4 人评为验船员。年船舶建造检验 33 艘，6177 吨，3033 千瓦；营运船舶检验 2200 艘，8.9 万吨，3.13 万千瓦，分别为省计划的 115%、104%、102%；船检费 49 万元，为省计划的 100%。

1999 年按照省船检局的统一部署，常德船舶检验处完成换发 1999 版船舶证书工作。

2001 年，常德船舶检验处年营运船舶检验 1350 艘，8.15 万吨，32108 千瓦；船舶建造检验 8 艘，2121 吨，511 千瓦；船检费 106.4 万元，为年计划的 132%。

2002 年，常德船舶检验处验船人员参加中国海事局验船师考试，有 37 人取得资格证书，其中高级验船师 1 人、中级验船师 8 人、初级验船师 28 人。共撰写论文 7 篇，其中获省航海学会三等奖 3 篇。

2003 年，常德船舶检验处和所属津市分处、安乡、澧县、石门、汉寿、桃源船舶检验所被国家海事局认可为验船机构。各验船机构，船舶信息实行微机化管理，查阅、检索与统计更加便利科学。建造、营运检验配备现代化的检验设备，常德船舶检验处通过不断增强船舶检验工作手段，提高船舶检验质量，从而使全市船舶检验工作不断走向标准化、规范化、法制化的轨道。至 2003 年，累计培训船舶焊工 300 人，经考试获得三类证书的有 256 人，二类证书的有 44 人。

2008 年，根据交通部海事局《关于开展注册验船师（船舶和海上设施类）资格认定考试的通知》，常德有 27 名验船人员参加了注册验船师考试，22 人考试合格，其中 B 类人员 5 名、C 类人员 17 名。

1988—2010年常德船舶检验数量统计表

表6-4-3-1

年　度	船舶总数量（艘）	功率（千瓦）	总吨位	载重（吨）	客　位
1988	7582	98556	137093	116827	31078
1989	3912	50856	160392	136920	35208
1990	3787	49213	170415	132450	34083
1991	3503	44299	125391	109104	29664
1992	3223	48536	122139	105473	26830
1993	2829	37276	112888	99154	26762
1994	2728	36478	112055	97872	26137
1995	2604	38960	118796	104127	25466
1996	2507	41155	120914	103193	23631
1997	2416	40087	117467	95735	23135
1998	2097	35841.3	109771	88479	21727
1999	1924	34447.12	94134	66670	20076
2000	1882	36710	102068	71758	19344
2001	1624	36849	97659	69578	17098
2002	1449	43744	91623	67433	14131
2003	1372	43744	93450	72084	9052
2004	980	40031	79657	72367	9167
2005	1180	59472	106156	109014	9604
2006	1153	60446	110500	113866	9951
2007	1168	65833	123952	131497	11078
2008	1321	88892	184930	187595	10782
2009	1467	130389	281023	264615	10387
2010	1582	177018	385888	399809	11037

二、管　理

1980年，常德港航监督作为水上交通安全管理的主管机关，其主要职能是：贯彻执行国家和地方有关水上安全生产方针政策、法律、法规和规定，研究水上交通安全新情况、新问题，提出治理措施，向各县（区、市）政府通报乡镇船舶和渡口的安全管理情况及隐患，提出整改意见；负责船舶驾驶、轮机等持证人员的初级培训、考试、发证管理；负责船舶所有权、国籍及其变更情况的法定登记管理；负责全市水上水下施工作业审批和安全维护；负责全市水上交通管制和航行指挥，调查处理水上交通事故，处罚水上交通违法行为；负责办理船舶进出港口签证；负责船舶防污染和危险品运输管理；负责船舶新造、改建及营运等法定技术检验，并核发检验证书；负责船舶制造的生产条件认可和发证；负责收取船舶港务费、检验费。

1984年，常德港航监督按照国家新的安全管理条例、规章，坚持“预防为主，安全第一”的工作方针，积极开展宣传教育和安全检查，强化现场监督，紧密依靠各级政府，开展专项治理整顿，消除事故隐患，确保水上运输安全。5月，组织沅、澧水流动安全检查组，并设汉寿、津市、安乡3个检查站，检查各类船舶，宣传水上法规、安全常识、反违章、防事故，除隐患，保安全，整顿客货、渡运秩序。

1987年，常德港航监督紧密依靠各级政府和交通行政主管部门，开展综合治理。认真贯彻落实交通部等八部委关于切实加强乡镇船舶安全管理的通知（〔1987〕交水监字156号文）精神，进行乡镇船舶整顿，从领导到船舶检验人员全力配合，检丈船舶，培训船员，核发船舶、船员证书，建立安全管理机构，完善规章制度，层层签订安全责任书。

1992年，常德市港航监督系统根据交通部南宁会议精神，集中力量对辖区乡镇船舶进行整顿。通过召开一年一度的船管员会议，与各乡船管员签订了安全责任状，明确工作职责，并针对其业务技术素质普遍较差、管理工作跟不上等问题，组织他们参加业务技术培训。据统计，全市已建立乡镇船舶管理小组178个，举办乡船管员学习班10期，参培人员共218人次，对全市2051艘乡镇船舶进行了年检年审，检审率达100%；协助和督促有关乡镇更新和改造渡船15艘，调换年老体弱的渡工28名，在船舶技术状况和人员技术素质上加强管理，为安全生产提供保证。是年，还加强了现场安全监督，各所、站出动航监艇巡航设卡检查1268艘，共查各类船舶24469艘，整改违章728艘，培训船员31228人，对违章船员办学习班315次，参学人员682人。

1995年，交通部关于清理、取缔“三无”船舶和开展船舶登记工作指示下达后，常德港航监督共清理出“三无”船舶741艘。办齐证书511艘，刷船号148艘，82艘被停航整改。办理船舶登记1008艘。在这次行动中，常德港航监督出动航监艇2594航次，检查各类船舶19704艘，发违章通知书98份。津市分处，直属所打破常规上班时间，坚持一线巡查，防止逃避监督、故意违章行为发生。是年还协助省港航监督局举办轮机长培训班一期，培训80人。

培训五等船员 341 人。配合长江干线实施水上交通安全应急工程,举办《长江下游分道航行规则》学习班,培训 1320 人。各港监分处、港监所运用电视、广播宣传省、市整顿水上交通秩序的文件精神,张贴宣传标语 541 份,横幅 7 条。通过整顿,船舶技术标准达到规范要求,船员的安全责任感增强。桃源、鼎城两所及津市分处,由于整顿效果明显,被市交通局评为先进单位。

是年,还加大基础设施建设的投入,共筹资百万元,购置监督车 4 辆,新造监督艇 3 艘和 486 微机 1 台等。

1996 年 1 月 1 日,《湖南省水上交通安全管理办法》(以下简称《办法》)正式颁布实施。常德交通系统开始对《办法》进行多种形式的宣传,并在常德日报开辟《交通天地》专栏,开展水上交通安全宣传,不断消除事故隐患。常德港航监督进行现场签证检查,通过船舶签证和现场把关监控,把各类事故苗头消灭在萌芽阶段;组织巡航检查,重点对航行于区、乡之间的短途运输船舶进行拉网式排查监控;重点航段设卡,检查过往长途运输船舶安全航行状况。有效地维护水上交通秩序,遏制境内危险航段事故的发生。

1995 年至 2000 年,常德港航监督处、常德船舶检验处先后下发《关于砂砾船舶实施整顿的通知》《关于开展采挖淘金及短途砂卵运输船舶登记检验整顿的通知》等文件,继续对砂石运输船舶进行了重点整顿。在整顿过程中,全市各级港监部门认真贯彻执行国务院和交通部有关文件精神,全面实施清理、取缔"三无"船舶的整顿工作,着力抓好安全源头管理,使全市船舶管理进一步规范化、科学化,为促进水运安全、文明生产夯实基础。每年都把砂石运输船舶整顿作为重点纳入了水上交通秩序治理整顿大行动。6 年间处、所、站共出动航监艇、稽查船设卡检查 7608 艘,共查各类船舶 146814 艘,整改违章 4368 艘,培训船员 187368 人,对违章船员办学习班 1890 余次,参学人员 4092 人。同时,"三费"(航养费、船港费、船检费)征收年年超额完成年计划。

2001 年,常德港监根据省、市主管局部署,认真开展水上运输安全管理年活动。春运期间,加强对客船、客渡船及渡口安全检查,检查渡口 395 处、客渡船 455 艘,纠正各类违章 350 艘,下发整改通知书 40 份。在安全管理年活动中,通过设点或巡港检查,检查各类船舶 1250 艘,渡口 300 余处,查处违章船 410 艘,督促船舶、船员办证 100 余人(艘),取缔私渡 1 处。3 月,市安委、市交通局将安乡新码头客渡船非法渡车、芦林铺渡口船超载、石门袁公渡汽渡证照过期和客渡渡车、柳叶湖旅游船无证无照等问题列为全市水上重点事故隐患。港监处及相关所上门联系,主动服务,跟踪督办,及时向上级汇报。市政府为此专门下发《关于加强客运渡口安全管理的通告》,当年,上述问题圆满解决。是年,港监处还配合省局举办 3 期油船、危险品船船员和一期危险品船管员、一期危险品申报员培训班,共培训船员 216 人。开展安全年知识培训考核,共培训 2150 名持证船员。争取省局在常德举办船长、轮机长培训班各一期,培训船员 120 人。港监处和各分处(所)共培训五等船员 73 人,四等驾长59 人。通过整顿、检审和培训,提高船员的安全意识和技术水平。2000 年至 2002 年被交通部评为水上安全管理年活动先进单位，2001年至2002年被省交通厅评为“交通杯”劳动竞赛先进集体。

2001年至2005年，常德港航监督处按照交通部和省、市交通主管部门的统一部署，先后开展了“水上运输安全管理年”“水上‘三乱’专项治理年”“船舶船员专项整顿”“四客一危”船舶（客船、客渡船、旅游船、渡车船、危险品船）专项安全整顿、“水上治超专项治理”“水上交通安全生产百日督查专项行动”等一系列集中整治以及水上交通安全宣传活动，将预防与整治相结合，实现了水上交通安全“四个明显一个确保”（安全生产意识明显增强、安全生产规章制度明显完善、安全管理责任明显加强、安全管理水平明显提高，确保水上交通安全形势稳定，避免重特大恶性责任事故发生）的工作目标。

2005年5月下旬至11月30日，常德市交通局、市畜牧水产局、市安全生产监督管理局联合在全市开展低质量船舶专项治理活动。在宣传发动、调查摸底、全面治理、总结深化四个阶段，各部门相互联动，多管齐下，综合整治，将存在严重质量安全隐患、建造不合格的船舶清除出航运市场或停止其渔业生产，制止违规造船，打击非法造船，规范造船管理，堵塞低质量船舶生产源头，使全市的水上交通秩序步入正轨。

2005年，按照交通部、国家安监总局《关于印发渡口渡船专项整治实施方案的通知》及省交通厅关于《湖南省乡镇渡船更新改造实施方案》，决定2005年至2006年为专项整治年。从2006年起，开展为期3年的乡镇渡船更新改造工作，重点是将木质渡船改造为钢质渡船。

9月27日至30日，常德市地方海事局与市安全生产监督管理局联合在全市范围内开展了为期两年的渡口渡船安全管理专项整治，成立了专门的组织机构，下发了相关文件，并开展多次安全督查，从规范管理、改善渡运秩序方面取得了阶段性的成果。是时全市共有渡口526处、渡船797艘，其中60%以上属于安全隐患较大的木质船舶。由于部分乡镇政府对乡镇渡口的直接安全管理责任不落实，致使境内一些乡镇客运渡口特别是内河渡口存在的无证无照、乱停乱靠、非法载客以及渡船安全技术条件低下等安全隐患难以整改到位。通过整治有了明显好转，3年间全市渡船更新改造556艘，总投资3316.08万元，其中省级补助460.25万元。

2007年，常德市地方海事局坚持综合整治，突出监管重点，创新管理机制，水上安全监督水平全面提升。特别是强化了重点船舶、重点水域以及重点时段的监督检查。“春运”“五一”“十一”两个黄金周、“安全生产月”期间全市共出动海事监督车（艇）300辆（艘）次，行程约1.5万多公里，派出检查人员760余人，检查渡口630处，共检查客渡船、客船和旅游船等1000余艘，下发整改通知书47份；责令停航整改6艘，取缔非法渡口1处并向一区四个乡政府发出了安全管理责任书。深化专项整治，确保水上安全。在“两防”（防船舶碰撞、防泄漏）的检查中，对辖区通航河流内14座大桥、6座船闸、13座危险货物装卸作业码头进行了隐患排查，检查各类船舶200余艘。同时完善应急预案，针对辖区管理工作实际，积极协助地方政府实施水上搜救、事故应急处理和预防灾害性天气工作程序预案。健全重大险情报告制度，探索和建立快速、高效的水上搜救应急反应机制。此外，加强源头管理，规范验船行为，从低质量船的源头管理开始，推进船舶附加检验，配合焊工考委会组织船舶焊工考试培训5期，参培人员30人，合格率达100%；督促各区、县开展渡船更新改造工作，到2007年底，全市已落实80艘渡船改造任务，完成船舶图纸审查11套，船舶建造检验19艘、14735吨，营运船舶检验922艘、104577吨。

是年，市地方海事局被湖南省交通厅评为“文明建设先进单位”；盐关海事处被湖南省交通厅评为湖南省交通系统“十佳文明执法窗口”；汉寿处被湖南省海事局评为“文明建设先进集体”；曾珊山被湖南省交通厅授予全省“精神文明建设先进个人”称号。

2008年2月，交通部授予市地方海事局局长曾珊山“全国交通行业文明职工标兵”称号。

2009年，常德市交通局向全市航运系统推介了桃源县水上安全管理经验。该县交通局自2008年以来，积极探索并推行水上交通安全管理“县管、乡包、村落实”社会化管理模式，有效地解决了水上安全“管理机制难理顺、一线监管难到位、经费投入难解决、安全隐患难治理”的问题，使全县水上安全管理工作呈现出崭新的局面。

加大对重点水域、重点船舶、重点时段和重点环节的安全监管，确保船舶适航、船员适任、安全畅通；加大客渡船管理力度，依靠当地政府，按照“政府统一领导、部门依法监管、企业全面负责、群众参与监督、社会广泛支持”的要求，全面推广桃源县乡镇船舶管理“县管乡包村落实”先进经验，加大对乡镇渡口安全基础设施建设资金投入，建立健全水上安全管理责任制，加强督促检查。2009年全市共出动车(艇)950辆(艘)，行程1.5万公里，派出检查人员2850人，检查各类渡口420处，船舶3785艘，下发海事执法文书189份，并责成整改；强制拖离船舶16艘；暂扣船舶5艘；取缔非法渡口1处。

三、船员培训

1979年，交通部颁发《中华人民共和国轮船船员考试章程及办法》。同年9月，湖南省交通厅根据这一办法，对湖南内河轮船考试发证工作作了补充。1980年4月，由常德地区交通局、常德港航监督及部分县、市航管站与有关航运部门等单位的负责人、专业技术人员共17人组成的“常德地区轮船船员考试委员会”正式成立，负责领导全区的船员考试发证工作。1981年3月，湖南省航监对船员考试工作又作出若干具体规定。其中船员考试科目如下：

小轮以上驾驶员定为7科(实用驾驶、船舶避碰、船艺、河运法规、引航航道、现场操作、游泳)。

小轮以上轮机员定为7科(船舶主机、船舶辅机、机舱管理、职务规则、绘图与度量仪表、现场操作、游泳)

机船驾驶定为6科，除免考引航航道外，其余均与小轮以上驾驶员考试科目相同。

机船司机定为6科，除免考绘图与度量仪表外，其余均与小轮轮机员考试科目相同。

船员录取标准，按百分制六十分为及格，现场操作亦同。常德港航监督举办的初级升级船员的培训考试，游泳一项未曾进行考试。

1993年起船员的初级、升职、升等、定职、延伸航线考试及考核，是按照1992年中华人民共和国交通部第34号令发布的《内河船舶船员考试发证规则》执行的。规则指出：凡年龄18周岁以上60周岁(女性55周岁)以下的船员，具备相应的文化程度和水上服务资历，经体格检查合格，可申请船员考试。船员考试包括初级考试、升职考试、升等考试、定职考试、延伸航线考试及考核。考试采取笔试形式，考试发证机关结合实际情况可进行口试。各科考试成绩以100分为满分。《避碰与信号》一科的及格分数为80分，其他各科的及格分数为60分。规则用语的含义是："升职考试"是指持证船员申请参加与原"职务适任证书"所载职务相同，而船舶等级高一级的考试(包括五等驾驶、司机报考四等大副、大管轮)。"初级考试"是指船员申请参加各等级船舶最低一级职务的考试。"定职考试"是指高等、中等水运院校毕业生，军事船舶和渔船船员按规定申请参加确定其相应等级、职务的考试。"延伸航线考试"是指驾驶专业持证船员申请参加延伸或扩大所持"职务适任证书"的航线签注范围的考试。"考核"是指船员考试发证机关根据申请者所在单位的人事技术管理部门所做的技术鉴定，对该申请者能否适任其所申请的职务进行的审核。

1996年7月15日，湖南省港航监督局〔1996〕省港监字第028号文关于印发《湖南省内河船舶持证船员年检年审暂行规定》的通知，其船员审验内容有：船员证书是否合格；规定体检的船员，身体状况是否合格；遵章守纪情况、技术状况及违章、安全事故情况；是否参加专业技术培训；发生事故尚未处理结案的船员暂停审验，等处理结束后酌情处理。

2002年，常德市共有船员4232人，其中二等船员53人、三等船员1536人、四等船员1144人、五等船员1499人。常德港航监督处自1981年以来，每年进行船员培训考试，至2002年年底，共开办培训班85期，培训8307人，核发(含换发)船员适任证书7525份。

2009年，常德市共有船员2539人。其中三等船员1385人、四等船员512人、五等船员642人(二等以上船员属省管)。2003年至2009年共开办船员培训班13期，培训2544人，录取船员2244人。

从2010年开始，常德市地方海事局不直接培训船员，船员的职业培训由培训学校举办，湖南省地方海事局负责考试，实行考(试)培(训)分离。

1988—2009年常德船员培训情况表

表 6-4-3-2

年度	培训班期数	参培人数	录取人数	年度	培训班期数	参培人数	录取人数
1988	2	474	444	1999	3	400	400
1989	3	158	158	2000	6	220	220
1990	4	359	345	2001	2	120	120
1991	2	687	672	2002	6	500	500
1992	3	201	201	2003	2	265	239
1993	3	486	482	2004	2	319	281
1994	3	369	351	2005	2	471	416
1995	3	341	341	2006	2	612	535
1996	3	361	361	2007	2	315	286
1997	3	115	115	2008	2	245	218
1998	2	180	180	2009	1	317	269

四、海事处理

根据1986年12月16日国发109号文《中华人民共和国内河交通安全管理条例》及国家海事处理的有关规定,所有海损事故应由当地的港航监督机关为主处理。鉴此,境内所发生的海事,港航监督机关均派人员到现场调查处理,本着对事故“三不放过”(事故原因不查清不放过、事故责任人员未受到教育不放过、事故防范措施不落实不放过)的原则和严肃、认真、求实、及时的精神,作出调查报告和鉴定书。调查报告书有事发时间、地点、详细经过及船舶技术状况的详细记载;有当事人和证明人的材料及物证;有过失责任人的查询记录;有勘查事发航段的设备与标志情况及气候情况等。鉴定书说明经过,分析原因,查定损失程度与后果,判明过失人和责任人所应承担的责任,善后处理与防范措施等。据1988年至2010年的资料记载,境内共发生各类海事79起,死60人,沉船2艘,直接经济损失359.15万元。

1988—2010年常德海损事故统计表

表 6-4-3-3

年度	海事次数	死亡人数	沉船（艘数）	直接经济损失（万元）	年度	海事次数	死亡人数	沉船（艘数）	直接经济损失（万元）
1988	8	12		9.86	2000	3	6		43.5
1989	15	2		9.46	2001	1	1		3.5
1991	4	1		4.03	2002	4	2		6.7
1992	3	3		3.98	2003	1			9
1993	3	2		2.93	2004	3	2		20
1994	2	3		5.1	2005	1			2
1995	5	8		17.56	2006	2	2		5
1996	2	1		7.4	2007	2	6		40
1997	8	4		98	2008	1			2
1998	3	1		33.6	2009	1			3
1999	2	2		2.53	2010	5	2	2	30

说明：渔船、人力划子、生产性等事故不属统计范围

典型海事案例

改革开放以来,党和政府十分关心水上交通安全问题,采取一系列安全防范措施,有效地控制与减少海事的发生。但是,由于部分船员的安全意识不强,违章操作,加之自然灾害的影响,导致海损事故发生,造成严重损失,留下深刻教训。兹将境内1988年至2010年的重(特)大海损事故择载如下:

1988年9月29日4时,津市轮船运输公司80104机动驳装载109吨短纤维从上海开往长沙,在航行至安庆吉阳矶处因水流异常,操作失误导致倾斜翻沉。造成船上7人落水、2人死亡1人失踪的重大事故,直接经济损失130万元。

1988年12月25日5时,武陵区德山乡和平村王某生用无证农划船违章载客横渡沅江,因超载翻沉,造成9人落水、死4人的重大事故。

1989年5月29日,汉寿县周文庙乡政府组织民工134人,乘坐该乡芦苇场的一艘木质机动船去七荆障清扫洪障。10点15分,船离开码头20米后,因严重超载,舵手惊慌,渡船倾覆,造成死55人的特大事故。该乡指挥清扫洪障的副乡长与当班驾驶分别被追究刑事责任。

1992年2月8日11时,临澧县柏枝乡群英水库紫岭渡口,有春节拜年的群众15人乘坐一艘限载4人的小木划,由一名62岁的老年妇女划桨,因严重超载沉没,造成死8人的重大事故,船主被追究刑事责任。

1994年2月23日,当天有6~7级北风。安乡县安丰乡岩剅口村所属湘常安0205客渡船载客29人(核定载客为15人),从石灰山开往岩剅口;湘常安0210客渡船载客20人从岩剅口开往石灰山,离石灰山码头约350米水域发生擦碰,造成湘常安0205客渡船翻沉,死3人的重大事故。

1994年6月5日10时,临澧县航运公司4艘钢质货船和2艘个体木质货船在艳洲大坝泄洪闸翻沉,造成4人落水、死1人,直接经济损失51.95万元的重大事故。

1995年1月30日14点30分,汉寿县洋淘湖农场吕某辉驾驶限载1吨的农用木划子(无证无照),载20人过河,到对岸猪头山祭坟。船行至离岸30米处翻沉,造成死8人的重大事故。

1995年2月23日18时30分,湖南省益阳轮船公司所属湘航6207轮顶推5艘分节驳从益阳开往桃源县陬市港。在沅水洪道汉寿大洲尾航段,与同向行驶的汉寿小港渡口一客渡船(船上装有甘蔗及货主6人)发生追尾事故,造成客渡船沉没,死6人,直接经济损失11.13万元的重大事故。

1995年4月15日3时20分,津市轮船公司8302轮顶推5艘分节驳装载1500吨钢材从上海返湘途中,在江苏高港水域,碰撞锚泊过夜的溧水64号机驳,致其沉没,造成1人死亡1人失踪,直接经济损失75万元。

1995 年 6 月 4 日，湖南省津市轮船总公司 8201 轮顶推 4 艘分节驳由津市发往岳阳。11 时 30 分通过石龟山大桥时，将正在建造的 35 号桥墩平台撞塌，造成直接经济损失 50 多万元的重大事故。

1997 年 5 月 23 日 9 时 30 分，由无证人员驾驶无证无照的西湖水利会 10 号钢质货船（载重量 80 吨），载砾石 100 吨由汉寿新兴嘴下驶至大洲尾航段时，因严重超载、操作不当翻沉，造成死 3 人，直接经济损失 10 万元的重大事故。

1997 年 6 月 8 日，汉寿县航运公司湘常汉 47 号、52 号两船从岳阳鲇鱼口装黄砂 180 吨运往凌津滩水电站施工工地。因锚泊措施不力，无人值班而走锚。2 时 30 分，船已打横进入急流，来不及采取措施，造成两船失控碰撞 5 号泄洪孔墩翻沉，船上 13 人全部落水、死 8 人，直接经济损失 60 万元的重大事故。

1997 年 7 月 19 日 16 时，常德轮船运输公司“江海四号”机动驳从常德装卵石运往安乡，行至安乡马泗航段时，因严重超载、操作不当造成船舶翻沉，大副刘某金夫妇 2 人死亡的重大事故。

1997 年 11 月 17 日 8 时，津市轮船公司 8301 轮顶推 11 艘槽盖分节驳装运大米，在南通待卸。因江面刮 8 级大风，缆绳断裂，工人极力抢救无效，造成 4 艘分节驳沉没，经济损失 16.16 万元。

1998 年 1 月 23 日，安乡县下渔口镇康乐村六组一渡工驾驶“湘安渡 124 号”载客 10 人（核定载客 7 人），由武圣宫渔业码头开出。5 时，行至安乡六角尾高汉河水域，因艉舱满水翻沉，造成死 7 人的重大事故。

2000 年 3 月 16 日，湘常德机 2040 号 120 吨的个体机动货驳，从津市港湘澧盐矿码头装载 300 吨工业用盐。因严重超载，于 23 时 30 分在澧水津市阳由乡澧阳村航段翻沉，造成死 4 人，直接经济损失 22.8 万元的重大事故。

2006 年 11 月 15 日 19 时 30 分，澧县如东乡船主张某驾驶“三无”船舶在该乡屯旗山渡口违法渡运一辆农用汽车过河。靠岸时，因操作不当导致农用车坠入河中，造成死 2 人的重大事故。

2007 年 9 月 14 日零时 20 分，南县机 0216 号船在牛鼻滩航段主航道与汉寿县新兴乡邱某、樊某的“三无”水泥吸砂船相撞，造成吸砂船沉没，死 2 人的重大事故。

第五章　规费征稽

第一节　公路诸费征收

一、养路费征收

中华人民共和国成立后,养路费的征管机构有过多次变化。

1985年2月7日,国家计委、交通部、财政部联合下达《关于加强公路养路费管理的通知》,重申养路费由公路管理部门征收,其他任何部门不得征收。同年4月,交通部〔1985〕交公字776号、省交通厅〔1985〕湘交养征字222号文件,作出关于养路费征收工作交公路管理部门办理的决定。常德地区交通局根据上述文件精神,决定养路费由地区公路总段负责征收。至1993年,全市养路费征收工作由市公路总段养路费征收办公室负责征收。

1993年2月23日,湖南省人民政府批复同意省交通厅关于交通体制改革的意见。11月27日,省交通规费征稽局成立。12月25日,常德市交通规费征稽处(以下简称市征稽处)成立。同时保留常德市车辆购置附加费征收管理办公室牌子,实行两块牌子、一套人马。主要负责养路费、客货运输附加费、车辆购置附加费(税)、交通设施建设基金、新车交通建设费的征收。

根据常编办发〔1994〕4号文件精神,市征稽处为市交通局管辖的具有行政职能的副处级事业单位。内设1室4科,即办公室、征收管理一科、征收管理二科、计划财务科、审计稽查科。编制人员174人。市征稽处下辖直属所、鼎城所、汉寿所、桃源所、临澧所、石门所、澧县所、津市所、安乡所,上述9个交通规费征稽所均为副科级单位。

1996年5月16日,市征稽处增设人事教育科。

1997年1月22日,市机构编制委员会将市征稽处下辖的交通规费征稽所由副科级单位升格为正科级单位。

1998年7月10日,市机构编制委员会根据省编委办湘编办〔1997〕12号文件精神,市征稽处机构新增事业编制26名。

2001年11月27日,常德市人民政府办公室关于《常德市交通规费征稽处职能配置、内设机构和人员编制规定》的通知,编制人员200人,市征稽处设6个职能科室(均为副科级),即办公室、人事教育科(与监察室合署办公)、财务审计科、征收管理一科、征收管理二科、稽查科。处机关编制为32名。下辖9个征稽所为正科级单位,在册人员168人,分别是:直属所22人、鼎城所22人、汉寿所16人、桃源所21人、临澧所17人、石门所20人、澧县所20人、津市所15人、安乡所15人。

2007 年 12 月 3 日，市机构编制委员会下发《关于设立市交通规费征稽处稽查大队的批复》（常编办〔2007〕172 号），同意设立市交通规费征稽处稽查大队，为正科级行政执法机构；并将处稽查科更名为法规科。

2009 年 11 月 27 日，常德市人民政府下发《关于实施成品油税费改革完善交通体制和做好涉改人员安置工作的意见》（常政发〔2009〕20 号），决定撤销市交通规费征稽处，征稽处撤销时有在册人员 185 人。

养路费的征收管理办法，变更亦较为频繁。

1979 年，国家计委、财政部、交通部、中国人民银行联合发布《公路养路费征收和使用的规定》。1987 年 2 月，国家计委、国家经委、交通部、财政部联合发布《公路养路费使用管理规定》。1991 年，交通部、国家计委、财政部、国家物价局联合发布《公路养路费征收管理规定》。1994 年 6 月，湖南省人民政府发布《湖南省公路养路费征收管理办法》（以下简称《管理办法》），即 31 号令。1998 年 4 月，湖南省人民政府对《管理办法》修改后，以 117 号令重新发布。

省政府《管理办法》规定：凡湖南境内有机动车辆的单位和个人，必须按照规定，向交通部门缴纳养路费，车辆上路必须具有征稽机构核发的交通规费专用标志，携带养路费有效缴（免）讫凭证，并接受征稽机构的检查。车属单位或个人不得拒绝或者阻挠。养路费的征收办法分为按费率计征和按费额计征两种。

省交通厅、物价局、财政厅先后于 1989 年 9 月、1992 年 12 月、1995 年 6 月三次下发通知，调整养路费征收标准。按照 1995 年调标通知，从 7 月 1 日起，按费额计征养路费的货车（含专用车、特种车、正三轮摩托车）由每月每吨 160 元调整到 180 元；客车由每月每吨 180 元调整到 200 元；各种拖拉机比照货车标准计征，每月每吨 180 元；两轮摩托每月每辆 8 元调整到 10 元，一次交清全年的每辆 100 元；侧三轮摩托车每月每辆 10 元调整到 15 元，一次交清全年的每辆 150 元。

常德市养路费征费标准汇总表

表 6-5-1-1

时间 征收标准		1985 年至 1989 年10月	1989 年11月 至 1992 年11月	1992 年 12 月 至 1995 年 6 月	1995 年 7 月 至 2009 年
费率%		13	15		
月吨费额 （元）	汽车	104	150	160	180
	货客		130	180	200

1997 年 1 月 24 日，湖南省八届人大常务委员会第 26 次会议通过的《湖南省交通规费征收管理条例》是湖南省首部规范交通规费的地方法规，是湖南省交通规费管理步入法制化轨道的重要标志。1997 年 7 月 3 日，全国人大常委会第 26 次会议通过《中华人民共和国公

路法》改养路费为燃油税。

2009年11月27日,常德市人民政府下发《关于实施成品油税费改革完善交通体制和做好涉改人员安置工作的意见》(常政发〔2009〕20号),决定撤销市交通规费征稽处,养路费停止征收,改为燃油税。

二、客运附加费征收

公路客运附加费(以下简称客附费)是用于公路客运服务站房建设,拓宽公路配套建设以及港口码头建设的专项事业费。1987年2月,省人民政府办公厅下发《关于征收客运附加费的通知》,决定从1987年7月1日起开征公路、水路客运附加费。同年6月,省交通厅、财政厅、物价局、工商银行联合下发的《湖南省公路、水路客运附加费征收实施办法》规定,凡在湖南省境内的国营、集体、个体、联户承包以及其他单位各种营运客车均须代征客运附加费,乘坐这些客车的旅客均为缴纳人。城市公共汽车、出租车在市区内(不含市辖县)、企业上下班专车免征客运附加费。征收标准为在原客运票价基础上,公路客运每人公里加3厘。

1991年7月,省人民政府《关于解决公路重点建设资金有关问题的通知》,决定从9月1日起提高客运附加费征收标准,由每人公里加3厘提高到1分,新增加的7厘专项用于重点建设项目。

1993年2月,省交通厅、财政厅、物价局联合下发《关于公路客运附加费计收、解缴有关问题的通知》,为简化客运附加费计收方式,决定将原按收入和按人公里以及按计费座位计收客运附加费的,统一为按座位计收,计收标准为每座每月80元~120元。具体由各地征稽机构根据具体情况核定,报当地交通、财政、物价部门批准后执行。4月,省人民政府《关于提高客运附加费征收标准有关问题的通知》,决定客运附加费征收标准由原来每人公里加1分提高到2分,除在城市固定线路上行驶的城市大型公共汽车(不含中、小型公共汽车和各种出租车)客运附加费征收办法比照养路费征收范围执行外,其他一切从事客运的车辆,均须按该标准代征缴纳客运附加费。凡与长途车辆在同一线路上行驶的大型公共汽车,因过去全额未征或未征足客运附加费造成票价矛盾大的,一律按全额开征客运附加费。

1995年8月1日,省物价局、省交通厅、省财政厅为加强公路客运附加费的征收管理,按照便于操作、合理计征的原则,决定对不同营运线路、车辆分等计征公路客运附加费。联合下发《关于统一公路客运附加费计征标准等有关问题的通知》,通知从1995年9月1日起执行。

(一)计征标准

1.跨省线路:100公里及以上线路客车,统一按每月每座120元计征;100公里以下线路客车,统一按每月每座110元计征。

2.跨地、州、市线路:经济干线(指通往行署、州、市政府所在城市的主干线)31座(包括司、乘座位，下同）及以上的客车，按每月每座100元计征；30座及以下的客车，按每月每座110元计征；其他线路，按经济干线计征标准每月每座分别下浮10元。

3.跨县（市）内线路：经济干线（指通往各县、市政府所在城镇的干线）31座及以上的客车，按每月每座90元计征；30座及以下的客车，按每月每座100元计征；其他线路，按经济干线计征标准分别下浮10元。

4.县（市）内线路：按每月每座80元的标准计征。

5.个别省际间线路、地市间交界处跨地区的非国道、省道上的短途客车以及贫困山区支线、简易公路、断头路从事营运的客车，需降低征费标准的，由相邻地、州、市物价、财政、交通部门按照不低于60元的标准核定，并报省物价局、交通厅备查。

6.在城市内从事营运的客车，征收范围按省人民政府湘政发〔1993〕7号文件规定执行。计征标准为：长沙市、衡阳市、株洲市、湘潭市、岳阳市、郴州市、常德市每月每座90元；其他城市（含县级）每月每座80元。

地、州、市所在地5座以下的出租车，统一按每月每车480元计征，其他县（市）按每月每车400元计征。

7.载客营运的二轮、正三轮摩托车，按每月每座80元计征。

8.违章载客经营公路客运的各类农用车（包括拖拉机），发现后按其经营线路相应的客车计征标准追缴当年应缴费款。

9.载客营运的非机动车（指人力车和畜力车）客运附加费计征标准，由各地、州、市物价、交通、财政部门核定。

（二）计费座位的核定办法

1.客车和小型载客货车按实际载客座位数或按底盘标记载重吨位折合座位数核定。底盘标记载重吨位为4吨以内的，每吨位折合10个座位，超过4吨的部分，每吨位折合5座。底盘标记吨位不足半吨的，按5个座位核定。

2.无座位和吨位标记的车辆，按发动机每2匹马力折合1个座位核定，尾数不足2马力的按四舍五入处理。

3.客货两用汽车按载重吨位每吨折合10个座位与实际座位数合并计算核定。

4.二轮摩托车按一个座位核定。

5.正三轮摩托车，因车型及各地情况不同，由各地物价、财政、交通部门按实际核定座位数。

上述车辆（不包括二轮摩托车）的计费座位核定，应根据车辆大小扣减司机、乘务人员座位，即核定的座位数每车为10个及以上的，扣减2个座位；9个座位及以下的，每车扣减1个座位。

（三）包干计征办法

当年购置的新车不予包干，自第二年起可实行包干计征客运附加费。凡实行包干计征的车辆,按车辆新旧程度不同,具体缴纳客运附加费的月数为:购车后的第2年为11个月;第3、4年为10个月;第5、6年为9个月;第7年及以上的为8个月。

未实行包干的营运客车,按实际营运时间逐月足额计征客运附加费。凡车辆报停后未办理复驶手续从事客运的,发现后按全年12个月征足客运附加费。

三、货运附加费征收

1992年12月,湖南省物价局、财政厅、交通厅联合下发《关于开征公路货运附加费的通知》,决定从1993年1月1日起开征公路货运(车)附加费。该费作为全省公路重点建设的专项资金,规定凡车籍在湖南的公路运输企业(车队)、个体(联户)车主,自货自运的车属单位和调驻湖南省的各类货车、挂车、专用特种车及参加运输的拖拉机,除暂定免征的以外,均应向交通部门缴纳货运附加费。货运(车)附加费实行价外征收,按每月每吨30元包干缴纳。

四、车辆购置附加费征收

车辆购置附加费(以下简称车购费)是国家规定征收的公路建设专项资金。1985年4月,为了使公路建设有长期稳定的资金来源,国务院发布《车辆购置附加费征收办法》,决定从当年5月1日起,对所有购置车辆的单位和个人,包括国家机关和军队,一律征收车辆购置附加费。车辆的购买和使用者为义务缴费人,车辆购置附加费在全国范围内征收,每辆车只收一次。国内生产组装的车辆,其车辆购置附加费由生产或组装厂代征,以车辆的实际销售价格为征费依据,费率为百分之十。进口车辆由海关代征,以计算增值税后的计费组合价格为计费依据,费率为百分之十五。常德地区交通局设车辆购置附加费征收管理办公室,负责境内车辆购置附加费的征收管理。

1993年11月,国务院批复交通部、财政部《关于改变车辆购置附加费征收环节,统一征费标准问题的请示》,同意车辆购置附加费由原车辆生产(组装)厂和海关代征改为车辆落籍地交通征管部门直接向义务缴纳人征收;费率由原国产车10%、进口车15%,统一为10%。

1994年12月,交通部发布《车辆购置附加费征收业务规定》,要求各省厅局应设置相对独立、名称统一的车辆购置费征收管理办公室。各地(州、市)县可根据需要,由省、市交通厅局决定设置相应的车辆购置费办公室。常德市保留了车辆购置附加费征收管理办公室,与交通规费征稽处,一门两牌,合署办公。

2000年10月,国务院发布《中华人民共和国车辆购置暂行条例》,从2001年1月起开征车辆购置税。2000年12月,国家税务总局、交通部《关于做好车辆购置税工作有关问题的通知》,通知规定:在车辆购置费征稽机关未移交前,车辆购置税由交通部门所属车辆购置费征稽机构负责代征。

2005 年 1 月 1 日，根据国税发〔2004〕144 号文件《关于做好车辆购置税费改革人员财产业务划转移交工作的通知》精神，车辆购置税由交通部门征稽机构负责代征移交国家税务机构征收。

五、运管费征收

1953 年，为解决国营汽运企业的运力不足，组织机关、企业自备汽车参加社会运输时，由省财政经济委员会规定，参运车辆按全省统一运价计算运费，由省运输局扣收 3%的服务费。

1962 年 5 月，省交通厅对汽车运输市场实行管理，规定机关、厂矿汽车参加社会客货运输时，客运按运费的 1.5%，货运按运费的 3%付给手续费。

1984 年，汽车运输市场全面开放，全民、集体、个体（联户）共同参加社会营运。为加强运输市场行业管理，1986 年交通部、财政部〔1986〕交公路字 633 号文件规定，对从事营业性公路客、货运输、搬运装卸、运输服务的单位和个人以营业收入的 1%计征运管费。1987 年 4 月 24 日，省人民政府发布《湖南省公路运输管理办法》（以下简称《办法》）。《办法》第四十条规定：从事营业性公路运输的单位和个人，以及部队车辆参加地方营业性运输的，均须缴纳公路运输管理费。其征收标准由交通厅、财政厅另行规定。1987 年，省财政厅、交通厅联合通知规定："凡从事营业性公路客、货运输的机动车辆、搬运装卸、汽车修理、运输服务的单位和个人，以及部队参加地方营业性运输的车辆，均须缴纳运管费。运管费按经营者营业收入的 1%计征，允许在成本中列支"。此标准一直执行到 1994 年。随后国家为减轻农民负担，确定运管费征收标准由 1%降为 0.8%，省物价局〔1994〕湘价费字第 85 号文件，明确规定"对营业客户难以计算的，按月定额征收，其标准按〔1992〕湘交运工字第 485 号文件规定的标准征收"。规定运管费实行统收统支，收支两条线的政策。运管费收入全面实行"全额上解，按规定比例下拨"的办法。

省物价局、财政厅〔1998〕湘价费字第 67 号《关于贯彻〈落实国家计委、财政部关于第一批降低 22 项收费标准的通知〉的通知》等文件为征费依据，运管费为公路运输行业管理的专项事业费。其收费标准分别为：按经营者（从事营业性公路客货运输、搬运装卸、运输服务、汽车维修的单位和个人）的营业收入 1%计征。1998 年 4 月，由 1%降为 0.8%计征；对营业收入难以确定的单位和个体（联户），均按定额征收标准计征。

运管费的使用，限于机构设置、职工工资及按规定提取的福利基金；业务和管理费用的开支；固定资产的购置和基建投资；智力开发和人才培训；奖励资金、工会经费以及离退休人员的开支等。

湖南省公路运输管理费定额征收标准表

表 6-5-1-2

类别 \ 计征标准（元/月） \ 经营线路	跨省线路	跨地区线路	跨县线路	县内线路	省地（州）市内线路
一、客车					
1. 6座以下（含6座）	12~15 不分线路				
2. 15座以下（含15座）	7~9	6~8	5~6	4	6~8
3. 16~30座	6~8	5~7	4~5	3	5~7
4. 31座以上	5~7	4~6	3~4	3	
5. 无空调中级型	4~6，不分线路				
6. 全空调高级型	6~8，不分线路				

类别	计征标准	类别	计征标准
二、货车		三、搬运装卸	
1. 货车	17~20元/月·吨	1. 脚踏三轮车	120元/年·台
2. 小三轮	10~13元/月·台	2. 人（畜力车）	50~80元/年·台
3. 大中型拖拉机	12~14元/月·台	3. 人力	30~60元/年·人
4. 手扶拖拉机	7~9元/月·台		
5. 挂车	7~9元/月·台		
6. 盘式手扶拖拉机	8~10元/月·台		

类别	计征标准
四、汽车维修	
1. 进口汽车维修	20~25元/月·人
国产汽车维修	15~20元/月·人
2. 摩托车维修	20~25元/月·人
3. 充气补胎	10~12元/月·人
4. 空调维修、车蓬座垫、挡风玻璃	15~20元/月·人
5. 水箱、蓄电池、油泵、油嘴、汽车电器以及其维修	13~16元/月·人
6. 冷作电焊、氧焊	18~20元/月·人

六、交通设施建设基金征收

交通设施建设基金，是湖南省交通重点工程建设的专用基金。湖南省人民政府《关于征收交通设施和通信设施建设基金的通知》规定，从 1993 年 7 月 1 日起开征交通设施建设基金，凡省境内国家建设和城镇建设用地(包括征地、划拨、出让)，按每亩 1500 元征收(规定免征的除外)，由当地国土部门统一代征，然后于次月全额划拨同级交通征稽部门，全额用于省交通重点工程建设，专款专用。开征期间，常德市交通规费征稽处共征收交通设施建设基金 230.11 万元。1999 年 12 月 15 日，湖南省发布《关于再次取消、降低和规范一批收费(基金)的通知》决定，2000 年 1 月 1 日起停征交通设施建设基金。

七、新车交通建设费征收

该费由市交通规费征稽处依据省物价局、财政厅、交通厅〔1995〕湘价费字第 68 号文件、湖南省人民政府《关于新车交通建设费征收标准及有关事项的通知》规定，从 1995 年 4 月 1 日起开征新车交通建设费，以车辆购买者或使用者为义务缴费人，实行国产车按车辆生产(组装)厂或经销部门的实际销售价格计算；进口车按进口环节各项税后的组合价格分等级套档(0.08 万元～2 万元)定额一次性征收；各类走私、罚没处理的进口车比照同类车辆计征。

收费标准为：车价 50 万元以上每辆 2 万元；40 万元～50 万元的每辆 1.5 万元；30 万元～40 万元的每辆 1 万元；20 万元～30 万元的每辆 0.8 万元；10 万元～20 万元的每辆 0.6 万元；5 万元～10 万元的每辆 0.4 万元；5 万元以下的每辆 0.2 万元。

新车交通建设费作为全省交通重点建设资金按预算外资金管理。其征收工作由省交通厅统一领导，省交通规费征稽局组织实施，各级征稽机构负责征收。所缴费用必须及时存入征稽部门在银行开设的“新车交通建设费专户”，并按规定全额上解省交通规费征稽局，由省征稽局实行财政专户储存。除按 3%核拨征稽管理费外，其余全部用于交通重点建设。开征期间，常德市交通规费征稽处共征收新车交通建设费 5730.58 万元。1999 年 12 月 15 日，湖南省人民政府通知从 2000 年 1 月 1 日起停征新车交通建设费。

常德市公路交通规费征收统计表

表 6-5-1-3　　　　单位：万元

项目 年份	养路费	客运附加费	货运附加费	车辆购置费	公路运管费	交通设施建设基金	新车交通建设费	小六轮收入
1994	7927.69	3596.51	1100.77	3605.66		55.37		
1995	9837.21	3929.19	1284.5	4177.66		58.40	960.51	
1996	10854.48	4199.49	1321.8	3770.18	1912.7	70.38	1300.38	212.46
1997	9943.25	5194.60	1205.75	4202.01	2011	20.91	1329.07	190.75
1998	10435	5926.38	1181.5	4036.08	2086.59	25.05	1171.5	215.78
1999	8235.42	4875.58	880.78	2610.95	2124.52		969.12	202.08
2000	9057.74	5433.56	947.05	2937.86	1924.93			185.44
2001	8523.69	5604.59	865.31	3316.53	2035.2			207.25
2002	9167.01	5667.49	912.91	4963.96	2018.55			
2003	10345.17	5163.12	998.16	6696.46	2024.97			
2004	12351.21	5078.10	952.15	7535.87				946.17
2005	12276.70	4953.12	1043.05	8721.05				930.75
2006	14100.63	4578.91	1258.51					1527.79
2007	17430.11	3662.47	1504.88					1941.90
2008	19300.39	3016.12	1560.77					1926.11
合　计	169785.7	70879.23	17017.89	56574.27	16138.46	230.11	5730.58	8486.48

说明：1.养路费含交通重点建设基金、公路建设基金；

2.车辆购置费从 2001 年起改为车辆购置税；

3.2002 年、2003 年小六轮收入已并入养路费

八、车辆通行费征收

常德的车辆通行费征收，始于1990年3月。遵照"贷款修路、收费还贷"的政策，所收取的公路、桥梁通行费，主要用于解决常德境内公路、桥梁的新建、改建工程的资金不足问题，为常德公路交通事业的发展提供保障。

1984年12月，国务院出台"贷款修路，收费还贷"的政策。1990年3月1日，根据湘交公路〔1989〕第399号文件设站收费的精神，湖南省第一批、常德市第一个车辆通行费收费站——张公庙大桥收费站成立。收费站位于207国道澧县境内K2227+500处。收费标准按核定自重吨位计征，每吨1.5元。收取的通行费用于偿还原张公庙澧水渡口改渡为桥的贷款。1993年1月根据湘价重〔1993〕9号文件，张公庙大桥收费站提高收费标准。增加的收入用于偿还临澧、澧县207国道改建工程的贷款、集资和利息。

1993年常德市车辆通行费收费标准表

表6-5-1-4

序号	车　辆　分　类	收费标准（元/车次）
1	摩托车、机动三轮车、手扶拖拉机、简易机动车	1.00
2	大中型拖拉机、2.5吨及以下货车、19座以下的各类小车（包括小轿车、吉普车、旅行车）	5.00
3	2.5吨以上（不含2.5吨）至5吨的各类货车，20座至49座的客车	10.00
4	5吨以上（不含5吨）至8吨的货车，50座及以上的客车	15.00
5	8吨以上（不含8吨）至16吨的各类车辆	20.00
6	16吨以上（不含16吨）的各类车辆	30.00

设立路桥通行费收费站，开始部分车主、司机对此不理解，甚至有抵触情绪。为改善收费环境，市车辆通行费征收管理部门通过电视、电台、报纸等新闻媒体，向社会广泛宣传通行费征收政策，争取人民群众和车主的理解。由于地方政府对通行费征收工作给予大力支持，纪检、监察、公安等部门积极配合，协助交通部门对冲关逃费车辆进行严肃处理，有效地改善了征费环境。为加强对通行费的征收管理工作，在湖南省公路管理局通行费征收处的指导下，依据《中华人民共和国公路法》及《湖南省实施〈中华人民共和国公路法〉办法》等有关规定，依法行使收费管理职责。各收费站均将收费批准机关、主管部门、收费单位、收费标准、收费年限、收费用途、监督电话、监督信箱等用专栏公布在站亭外，接受社会监督和审计部门的审计。同时，根据收费站各个工作岗位的实际情况，不断充实完善收费管理制度，特别是财务、票证、稽查管理制度。1999年开始，在各收费站推行末位淘汰制，极大地激励了收费人员的积极性，使常德市通行费征收管理工作取得较大的成绩。

1990年3月，津市澧水大桥收费站开征。2003年8月更名为S205窑坡收费站。

1992年12月,常德沅水大桥收费站成立。

1993年7月28日,郭家铺收费站成立,收取怀化往常德方向的机动车辆通行费。1996年6月21日,郭家铺收费站移至樟木桥,收取从长沙往常德方向的机动车辆通行费。

1994年10月6日,安乡大鲸港大桥收费站成立。

1994年11月,石门澧水大桥收费站成立。1997年设立石门狮子堖收费站,与澧水大桥收费站实行一站两点收费。

1996年5月13日,临澧县矮架山收费站成立。1998年,207国道常德矮架山收费站被湖南省交通厅、共青团湖南省委命名为省首批"青年文明号"通行费收费站。

1996年9月13日,汉寿崔家桥收费站成立。

1997年1月9日,澧县雷公塔收费站成立。

1997年10月28日,桃花源收费站成立。

1998年7月,常德市周家店收费站成立。2002年,常德市周家店收费站转至常德市泉水桥附近,更名为常德市柳叶湖收费站。

1998年7月9日,湘北干线石龟山大桥收费站成立。

1999年7月26日,桃源沅水大桥收费站成立。

2000年9月12日,常桃公路陬市收费站成立。

2000年11月,德山收费站成立。

2000年12月,常德市五里桥收费站成立。

2003年12月19日,临岗一级公路建成通车后,实行一站两点,双向收取过往机动车辆通行费。两点分别设在临澧(G207K2242+600~K2243+177)处和鼎城区岗市汤家坪村(临岗路K44+650~K45+100)处。

2004年1月8日,澧县至东岳庙公路涔水河大桥南设立新裕收费站。

1999年3月1日湖南省公路管理局(湘路通费字〔1999〕第031号)文件《关于一九九八年度车辆通行费、过渡费征收管理目标考核情况的通报》,常德市公路管理局获车辆通行费、过渡费征收管理第二名;崔家桥、桃源、矮架山、沅水大桥收费站被评为"优秀收费站";樟木桥、安乡大桥、津市澧水大桥、雷公塔、尧河渡口被评为"良好收费站";石门、张公庙大桥收费站被评为"合格收费站"。

2003年8月根据湘价重〔2003〕106号文件,张公庙大桥收费站再次调整收费标准,新增的通行费收入,5年内由省集中掌握,专项用于县际及县到乡镇公路建设。到2003年止,张公庙大桥收费站共征收通行费9415.8万元,通行费收入含利息全额上缴湖南省公路局规费办,由省按照有关部门要求分期偿还贷款本息。职工人数由开征时的37人增至2003年的63人。建站14年来,张公庙大桥收费站以收费为中心,狠抓职工队伍建设和征费管理,先后获得省市文明建设先进单位和十佳收费站、优秀收费站及五星级收费站等荣誉称号。

经湖南省人民政府批准,从2003年8月1日起,对全省320国道资江桥等57个普通公路收费站的车辆通行费收费标准进行调整(见表 6-5-1-5)。此次调整标准新增的通行费收入,5 年内由省集中掌握,专项用于县际及县到乡镇公路建设。部分普通公路收费站收费标准调整后,应进一步加强年票月票审批和管理,解决变相免票和降低收费标准的弊端。从 8 月 1 日起,全省普通公路收费站年票月票收费标准由省制定。

常德境内调整收费标准的收费站名单:石门狮子垴(一站两点)、省道 306 柳叶湖(原周家店)、桃源沅水大桥、汉寿五里桥、张公庙大桥、安乡大鲸港大桥、窑坡(原津市大桥)、临澧矮架山、国道 319 桃源桃花源、石龟山大桥。

2003 年常德路桥通行费调整后收费标准表

表 6-5-1-5

序号	车　辆　分　类	收费标准（元/车次）
1	摩托车、机动三轮车、手扶拖拉机、简易机动车	2.00
2	大中型拖拉机、2.5 吨及以下货车、19 座及以下的客车（包括小轿车、吉普车、旅行车）	10.00
3	2.5 吨以上（不含 2.5 吨）至 5 吨的货车，20 座至 49 座的客车	15.00
4	5 吨以上（不含 5 吨）至 8 吨的货车，50 座及以上的客车	20.00
5	8 吨以上（不含 8 吨）至 16 吨的各类车辆	25.00
6	16 吨以上（不含 16 吨）的各类车辆	35.00

2003 年,全市共设有路桥通行费收费站 16 个(不包括高速公路收费站)。以省、市公路局为主贷款建设的公路项目设立的收费站有 10 个,由市公路局组建和管理;以市政府为主贷款建设的公路项目设立的收费站有 6 个,由市交通局组建和管理。

2004 年 9 月 20 日,湖南省人民政府办公厅(湘政办函〔2004〕176 号)《湖南省人民政府办公厅关于公布全省通行费收费站(点)基本情况的通知》:“根据《国务院办公厅关于治理向机动车辆乱收费和整顿道路站点有关问题的通知》(国办发〔2002〕31 号)精神,现对全省截至2003 年 12 月 31 日止经省人民政府批准设立的道路、桥梁、隧道通行费收费站(点)基本情况予以公布,请你们认真监督、检查,确保贷款修路(桥),收费还贷和治理公路‘三乱’工作的正常进行。”

2004 年,全市新增新裕、临岗 2 个收费站,境内共有矮架山、雷公塔、张公庙、桃花源、崔家桥、樟木桥、五里桥、窑坡、桃源陬市、桃源沅水大桥、狮子垴、柳叶湖、大鲸港、石龟山、德山、常德沅水大桥收费站 18 个(不包括高速公路收费站)。

2009 年 4 月 28 日,湖南省人民政府(湘政函〔2009〕88 号)《湖南省人民政府关于取消全省政府还贷二级公路收费的通告》:为贯彻落实国务院《关于实施成品油价格和税费改革的通知》(国发〔2008〕37 号)精神,促进全省交通事业持续健康发展,省人民政府决定取消全省政府还贷二级公路收费。

2009 年 4 月,全市有路桥通行收费站 13 个。

从2009年5月1日零时起，取消全省政府还贷二级公路收费，全省141个政府还贷二级公路收费站全部撤销。相关单位要及时拆除收费站点收费设施，确保车辆无障碍通行。

常德境内撤销市公路局下属的樟木桥、崔家桥、大鲸港、石龟山、新洲、矮架山、雷公塔、张公庙、桃花源、陬市10个收费站；撤销市交通局下属的柳叶湖、汉寿五里桥2个收费站。

全省所有的高速公路，常德临岗、岳阳麻塘2个一级公路收费站，长沙和株洲城市路桥通行费，长沙长湘公路等23个依法设置的站点收费政策不变。

2011年12月，临岗公路收费站岗市点被撤销。

2013年1月，临岗公路收费站临澧点被撤销。

1990年至2009年常德境内共征收车辆通行费141322.8589万元(见表6-5-1-7)。

常德市路桥收费站收费起止时间表

表6-5-1-6

站　名	收费批准文号	收费起止年限
张公庙大桥收费站	湘交公路〔1989〕399号	1990.03.01—2008.12.30
樟木桥收费站	湘政办函〔1993〕181号　湘交财字〔1999〕613号 湘政办函〔2003〕249号	1993.09.05—2008.12.31
安乡大桥收费站	湘政办函〔1994〕233号　湘交财字〔2000〕379号	1994.10.01—2006.10.01
津市大桥收费站	湘政办函〔1995〕164号　湘交财字〔2000〕379号	1990.03—2009.04.30
矮架山收费站	湘政办函〔1996〕145号　湘交财字〔1999〕613号 湘政办函〔2004〕173号	1996.07.08—2009.05.01
桃花源收费站	湘政办〔1997〕300号　湘政办函〔2002〕168号	1997.11.18—2009.05.01
崔家桥收费站	湘政办函〔1996〕258号　湘交财字〔1999〕613号 湘政办函〔2003〕249号	1996.12.18—2009.05.01
雷公塔收费站	湘政办函〔1997〕10号　湘交财字〔2002〕45号 湘价重〔2002〕155号	1997.04.08—2009.04.30
石龟山大桥收费站	湘政办函〔1998〕158号	1998.10.20—2009.05.01
陬市收费站	湘政办函〔2000〕138号	2000.09.02—2009.05.01
常德沅水大桥收费站	湘政办函〔1992〕282号　湘政办函〔2000〕162号	1992.12—2009.5
德山收费站	湘政办函〔2000〕162号　湘政办函〔2001〕130号	2000.11—2006.07
柳叶湖收费站	湘政办函〔1998〕147号	2002—2009.04.30
五里桥收费站	湘政办函〔2000〕168号	2000.12—2009.05.01
石门狮子垴收费站 (一站两点)	湘政办函〔1997〕63号	1994.11—2009.05.01
桃源沅水大桥收费站	湘政办函〔1999〕79号	1999.07—2007.05
临岗收费站 (一站两点)	湘政办函〔2004〕173号	2004.09—2013.01
新裕收费站	湘政办函〔2004〕7号	2004.01.10—2032.01.09

常德市车辆通行费征收情况表

表 6–5–1–7

单位：万元

年份 收费站	1993 (含以前)	1994	1995	1996	1997	1998	1999	2000	2001	2002	2003	2004	2005	2006	2007	2008	2009 (1-4月)	合　计
崔家桥				27.45	858.80	1010.50	1036.00	492.00	563.04	669.72	620.67	442.68	398.49	296.45	322.29	267.51	0.41	7006.01
樟木桥	45.34	308.01	432.39	651.17	904.50	1072.10	1154.20	618.00	662.05	845.71	812.86	673.31	592.04	520.70	538.62	492.66	0.88	10324.54
桃花源					35.75	380.90	330.57	353.00	388.30	398.63	562.24	663.03	656.81	705.51	795.70	617.50	71.92	5959.86
陬市									217.91	727.52	824.21	811.08	843.61	583.73	631.10	640.86	133.51	5413.53
矮架山				294.40	547.30	620.10	660.80	711.00	757.64	906.00	1049.82	707.80						6254.86
张公庙	1051.46	789.23	715.07	567.87	550.55	705.82	765.66	837.88	818.61	877.74	1230.08	1149.83	1375.90	1501.03	1609.19	1810.37		16356.29
雷公塔					358.60	495.10	573.10	611.00	651.33	732.52	926.20	211.49	220.82	238.16	259.79	281.82	60.41	5620.34
新洲（窑坡）			52.00	200.40	207.90	202.80	246.00	287.00	341.12	377.67	596.70	657.49	524.42	535.33	709.01	566.15	128.21	5632.20
石龟山大桥						40.16	188.10	229.00	268.37	303.05	479.12	556.66	532.63	630.94	695.92	657.00	161.75	4742.70
大鲸港大桥			93.20	150.00	172.20	228.70	258.80	300.00	324.99	357.65	536.19	609.31	547.84	304.11				3882.99
常德沅水大桥					1702.757		2572.372	2467.063	2138.176	2078.07	2254.192	2114.401	1933.6061	1801.8486	1977.723	2026.234	657.1011	23723.5438
德山								121.0966	1414.003	1748.591	2112.9804	2538.195	2476.577	1097.1598				11508.6028
柳叶湖							348.7744	330.4854	329.8676	535.3574	920.8552	1272.078	1108.4581	1326.4189	1566.684	1512.7536	259.7801	9511.5127
临岗												508.6233	2940.4081	3123.4103	3747.111	672.5421		10992.0948
澧县新裕												688.3454	922.5525	1130.1535	1456.978			4198.0294
桃源沅水大桥							66.7886	148.5028	154.1331	149.004	250.8482	397.8281	398.175	383.0302	41.2043			1989.5143
五里桥									260.7717	287.9788	362.9842	428.5722	443.9373	495.5268	537.2418	518.8037	84.7406	3420.5571
狮子垴						171.1051		411.6405	422.4521	506.1803	599.112	635.2258	511.6445	486.621	448.6354	426.8409	166.2264	4785.684
合　计	1096.80	1097.24	1292.66	1891.29	5338.357	4927.2851	8201.165	7917.6683	9712.7635	11501.3915	14139.062	15065.9488	16427.9186	15160.1291	15337.1975	10491.0443	1724.9382	141322.8589

九、车辆过渡费征收

为筹集渡改桥资金，加快公路桥梁建设步伐,1986年4月9日，湖南省人民政府发布《湖南省公路渡口征收车辆过渡费暂行办法》(以下简称《暂行办法》),决定从5月1日起,对全省20个甲等渡(常德7处:常德、沙河口、安乡、尧河、张公庙、坡头、孔家河);54个乙等渡(常德16处:石门、江垭、东洋渡、沿市、津市、大湖口、茶市、兴隆街、蒋家坪、岩泊渡、野牛铺、冷水、刘家河、毛家岔、马波湖、夹夹);30个丙等渡(常德1处:所市)共104个公路渡口按吨次征收车辆过渡费。

湖南省境内国、省、县、乡道公路渡口过渡费征收标准:小型汽车、10座及1吨以下小四轮及机械车,通过甲类渡,每车每渡征收1元,通过乙、丙类渡,各征收0.5元;11座至20座车、1吨至2吨(含2吨)货车及其他机械车,通过甲类渡每车每渡征收3元,通过乙类渡每车每渡征收2元,丙类渡每车每渡征收1元;21座至30座客车、2吨至3吨货车、其他机械车,通过甲类渡每车每渡征收4.5元,通过乙类渡每车每渡征收4元,通过丙类渡每车每渡征收2元;4吨至20吨的重型车,均按核定载重吨位每吨每渡征收:甲类渡每吨计征1.5元,乙类渡1元,丙类渡0.5元;二轮、侧三轮摩托和牛马、板车,每车(匹)每渡征收:甲类渡1元,乙、丙类渡各0.5元。

《暂行办法》实施以后,各地反映县乡公路渡口收费困难较多,难度较大。省人民政府于同年9月2日印发《湖南省公路渡口征收车辆过渡费修订办法》(以下简称《修订办法》),对征收范围、征收和免征对象等相关事宜作出必要的调整,重新制订统一的规定。《修订办法》规定,开征车辆过渡费只限于全省境内各公路总段管养的40处公路渡口,其中甲等渡15处(常德5处:常德、沙河口、安乡、尧河、张公庙);乙等渡25处(常德6处:石门、江垭、东洋渡、沿市、津市、大湖口)。县乡公路渡口不征收过渡费,但在1986年5月1日以前已经实行以渡养渡的境内桃源孔家河、澧县刘家河渡口,其收费标准和票证,按省统一规定办理。

自10月1日起按新定过渡费标准实施征收:车辆过渡公路渡口,除摩托、牛马板车按次征收外,应征过渡费的车辆概按核定载重吨位计征:通过甲类渡每吨每渡征收1.5元,乙类渡每吨每渡1元,不足1吨者按1吨计征;二轮、侧三轮摩托车和牛马、板车,每车(匹)每渡:甲类渡征收1元,乙类渡征收0.5元。凡本省县级以上党政机关、省内驻军机关自用小汽车,15座以下旅行车、外国使(领)馆车辆,公、检、法、司的消防车、警车、囚车,设有固定装置的工程车、邮政车,民政部门福利工厂、荣军院、敬老院、孤儿院、盲哑学校及麻风病院的车辆暂免征过渡费外,其他车辆过渡公路渡口,一律按规定征收过渡费。

湖南省公路渡口过渡费征收标准表

表 6-5-1-8

序号	车　辆　种　类	征收标准（元）	
		甲等渡	乙等渡
1	小卧车、小吉普、10 座以下的小客车、救护车、后三轮汽车、简易运输车、机械车	1.5	1.0
2	11～20 座的客车、1 吨以上 2 吨以下（含 2 吨）的货车及其它的机动车（包括客货两用车）	3.0	2.0
3	21～30 座的客车、2 吨以上 3 吨以下（含 3 吨）的机动车	4.5	3.0
4	31 座以上的客车按同类型货车核定吨位计征，3 吨以上，4 吨以下（含 4 吨）	6.0	4.0
5	4 吨以上的客货车、特种车及 20 吨以下的重型车，均按核定载重吨位征收	1.5	1.0
6	二轮、侧三轮摩托车及牛、马板车	1.0	0.5

说明：1. 大中型拖拉机按拖斗核定载重吨位计征；

2. 20 吨以上的大型平板拖车，需要单船渡运时，按当班渡船载运总吨位计征

征收的过渡费是改渡建桥的专项基金，免交能源交通重点建设基金和其它税、费。各渡口征收的过渡费，必须逐月上缴，专款存储，专款专用。除省按征费总额提取 5%的管理费用于渡口征收业务开支外，其他部门和单位不得截留、坐支和挪用。车属单位不得以过渡费抵缴养路费，各公路渡口的正常维护费仍由养路费开支。每年年终时，由审计部门进行审计。

1987 年常德地区有坡头、孔家河、兴隆街、刘家河、毛家岔、夹夹、马波湖、大杨树、蒋家坪、岩泊渡、冷水、脚迹岩、所市、德山街（常德船舶厂与常德地区造船厂 2 处）、东洋渡、富强、茶林河、尧河、石门、袁公、大湖口、安乡、沙河口、张公庙、津市、江垭共 27 处渡口。

1990 年，常德市有公路渡口 15 处，其中机动渡口 14 处、人力渡口 1 处。

由于油料、原材料价格及工资费用上升，过渡费成本增加，渡口经费难以维持。1992 年 6 月 20 日，省物价局下发《关于调整公路渡口车辆过渡费征收标准的通知》（以下简称《通知》）。决定从 1992 年 7 月 1 日起，省管公路渡口过渡费按调整后标准分类分档征收（见表 6-5-1-9）。

《通知》还规定，除日平均往返过渡三次以上的车辆经批准减半计征外，取消距离渡口五公里以内单位的车辆和农村短途客班过渡费减半计征的优惠。

1992 年调整后过渡费征收标准表

表 6-5-1-9

序号	车辆种类	征收标准（元）	
		甲等渡	乙等渡
1	摩托车、机动三轮车、手扶拖拉机、简易机动车	3	2
2	大中型拖拉机、2.5 吨及以下货车、19 座及以下的各类小车（包括小轿车、吉普车、旅行车）	6	4
3	2.5 吨以上（不含 2.5 吨）至 5 吨的各类货车，20 座至 49 座的客车	12	8
4	5 吨以上（不含 5 吨）至 8 吨的各类货车，50 座及以上客车	18	12
5	8 吨以上（不含 8 吨）至 16 吨的各类车辆	24	20
6	16 吨以上（不含 16 吨）的各类车辆	30	28

说明：省人民政府同意收费的孔家河等 5 个县乡渡口，收费标准按乙等渡标准执行

1993 年，常德市有公路渡口 16 处，其中机动渡口 15 处、人力渡口 1 处。全年过渡费收入 342 万元。

2001 年第二次全国公路普查认定，常德市有公路渡口 14 处，全部为机动渡口。全年过渡费收入 231.57 万元。

2010 年，常德市有沙河口、孔家河、兴隆街、官垱、大杨树、马波湖、张九台、富强、坡头、芦林铺、常德船舶厂共 11 处公路渡口，全部为机动渡口。全年过渡费收入 162.92 万元。

1990 年至 2010 年，常德市共征收车辆过渡费 2978.13 万元(见表 6-5-1-10)。

1990—2010 年常德市车辆过渡费征收统计表

表 6-5-1-10

年度	过渡费（万元）	年度	过渡费（万元）
1990	212.99	2001	231.57
1991	141.33	2002	130.15
1992	212.97	2003	72.95
1993	342	2004	70.31
1994	149.16	2005	59.94
1995	151.82	2006	69.38
1996	152.27	2007	68.85
1997	206.42	2008	76.52
1998	180.21	2009	42.02
1999	168.12	2010	162.92
2000	76.23	合计	2978.13

第二节　水路诸费征收

一、航道养护费征收

常德地区航道养护费(以下简称养河费、航养费)是从1959年开始征收的。1979年2月16日,省交通局、财政局、中国人民银行湖南省分行联合颁发《湖南省航道养护费征收和使用办法》,自3月1日起执行。征收标准为"全民所有制客运(包括集体所有制企业)按总收入的3%计征,全民所有制货运按总收入的6%计征。浮运和拖运竹木排筏按每吨公里1厘计征,木材每立方米为1吨,楠竹40根为1吨,篙竹60根为1吨。机动船一律按每马力每月2元计征,非机动船按每检丈吨位每吨每月0.5元计征,农副业船(包括渔业船)一律按社会船舶征收标准的三分之一计征"。

1981年11月12日,省交通厅、财政厅、中国人民银行湖南省分行联合通知规定,农、副业船舶、渔船改为按月计征养河费,除参运时每吨公里2厘由物资方负担外,机动船每马力每月2元,非机动船每吨位每月0.5元,费用由船属单位负担。1985年8月7日,湖南省交通厅印发湘交航务字〔1985〕第404号文《关于必须加强养河费征收管理工作》的通知和1987年、1992年、1993年省政府办公厅、交通厅、财政厅、物价局等单位先后发出通知,对养河费的征收标准进行调整。

2002年2月,省物价局、省财政厅湘价费〔2002〕44号文《关于重新发布全省交通系统行政事业性收费项目和标准的通知》规定。营业性运输船舶按营运总收入的5%计征,难以准确反映营业收入的运输船舶,按每吨每月6元或每千瓦每月13元,并择大者计征;非营业性运输船舶按每吨每月2元或每千瓦每月8.5元计征,但从事营业性运输时,按营业性船舶加征不足部分养河费;竹木排筏和浮运物体按每立方米(吨)公里4厘计征。

常德市养河费征收工作,1994年年底前由港航监督征收,1995年3月1日起改由航道机构负责征收。均按交通、物价等主管部门的规定办理,使用省航务管理局统一印制的票据。其具体实施办法在办理船舶进出港签证和安全检查中进行,每月征收的费额汇总以后,连同当月使用的票据统一缴省航务管理局审核后,再按收支两条线的管理办法分成使用。2009年停止征收。1988年至2008年,境内共征收养河费10325.87万元。

二、水路运管费征收

常德市水路运输管理费(以下简称运管费)是从1988年1月1日开始征收的。根据水运管理有关法规规定,水运管理费征收标准按省财政厅、交通厅1987年《关于征收水路运输管理费若干规定的通知》规定的标准,运管费由各级交通水运管理部门按经营者月营业额总收入征收。费率为:湖南省从事水路运输的单位和个人按1%征收;外省参运的船舶按3%征收。

1990年,省交通厅、财政厅、物价局关于《湖南省水路运输管理费征收和使用实施办法》的通知。征收标准为:对从事水路营业性客、货运输(服务)业和港埠业务的企业、单位和个人,均按营运(营业)收入总额的2%计征;对从事船舶修造业的企业,按营业收入总额的1%计征;对难以准确反映月营业收入的运输单位和个人,按其营运船舶的下列标准计征:拖轮、推轮:按主机额定功率每千瓦每月2元计征;客轮、客货轮、货轮、渡轮、机动驳、驳船、帆船、挖砂船按每定额载重吨(或每3个定额客位)每月1元计征;浮运或拖带的竹、木排筏按每立方米公里5厘计征。

2002年4月1日起执行的湖南省物价局、财政厅湘价费〔2002〕44号文《关于重新发布全省交通系统行政事业性收费项目和标准的通知》,对水路运输管理费作如下规定:水路运输、运输服务和港埠业务的企业按营业收入的1.6%计征;浮运或竹木排筏按每立方米公里5厘计征;船舶修造按营业收入的1%计征。对难以准确反映运费收入和营业收入的船舶按每总吨(座)月定额2元计征。征收办法为:凡按船舶定额载重吨(客位或千瓦)缴纳运管费的水路运输单位和个人,全年年初一次性缴纳的,按9个月包干计征。统一使用《湖南省水路运输管理费专用收款收据》开票。2009年停止征收。1988年至2008年,境内共征收运管费1854.4万元。

三、港口规费征收

常德市港口规费(以下简称货港费)是从1989年1月1日开始征收的。港口规费包括货物港务费、岸线(水域、滩地)使用费、船舶停泊费等,均按1988年省交通厅、物价局颁发的《湖南省港口费收规则》的通知征收。货物港务费由港务管理部门按进、出港货物向托运人、收货人分别按每吨次0.6元征收。岸线(水域、滩地)使用费标准:单位自建的码头、泵房每米每月1元,设置的水泵船和其他工作船每艘每月15元;竹木排每米每月1元(宽度以10米折算);港区内滩地堆放货物每吨每日0.1元。船舶停泊费,按每净吨(千瓦)每日0.1元计征。

为加强港口费收管理,合理有效地使用该项资金,根据国家和省人民政府有关文件精神,省交通厅、财政厅于1989年发布《湖南省港口费收使用管理办法》,货港费使用范围有:港货工程费,包括码头锚地、港区道路、通信、安全等设施的维护和港地挖泥等项费用;港务事业费,经核定编制的港务管理机构所发生的事业费。包括工作人员工资、补助工资、福利费、奖金、离退休人员工资费用、设施购置费、修理费、业务费及其他费用。货港费在支付代征手续费(代征手续费率可在征收额的3%以内确定)后,实行全额上缴,逐级返回。按35%返给码头所有者,35%返回给当地港务管理部门,30%由省港务管理部门集中管理,调剂使用。

1990年,交通部、国家物价局发布《港口费收规则》,对货港费计费标准进行调整。即按货物进港或出港分别计征货港费各一次,以重量"W"计费的货物,每计费吨0.5元;以体积

“M”计费的货物，每计费吨 0.25 元。至 1993 年，省物价局、财政厅、交通厅联合发布《关于调整湖南省港口货物港务费的通知》，再次调整为每吨次 0.6 元（长江干线港口每吨次 0.8 元）。

1999 年湘交财字〔1999〕第 025 号通知，对十年前的分成比例进行调整。实行综合分成比例。总额的 25%由省航务管理局集中管理，调剂使用。其余返回给地（州、市）、县港航管理部门。

2002 年 4 月 1 日起执行的湖南省物价局、财政厅湘价费〔2002〕44 号文《关于重新发布全省交通系统行政事业性收费项目和标准的通知》，对港口规费征收没有作出变更。以上规费均统一使用《湖南省货物港务费、停泊费、岸线使用费专用收款收据》开票征收。此外，还有证照工本费等，经市收费局批准，市财政统一印制的定额现场执收票据。1989 年至 2010 年，境内共征收货港费 3599.39 万元。

四、船舶港务费征收

常德市船舶港务费（以下简称船港费）是从 1988 年 1 月 1 日开始征收的。船舶港务费主要用于进港航道及其灯标的维护和港口航行监督、水上安全秩序的管理维护；还可用于港航监督部门的管理经费。

1987 年，省交通厅、财政厅、物价局联合发布《关于征收船舶港务费的通知》，决定自 1988 年 1 月 1 日起开征船港费。凡进出湖南港口的本省、外省（市）、中央部属各类船舶、排筏应缴纳船港费。费额由船、排所有者负担。费率标准为：本省船舶每进港或出港一次（不论空船、载船），分别计征进口或出口船港费每净吨（马力）0.12 元，外省的所有船舶均按每净吨 0.25 元计征。客轮（含旅游船）、客货轮、港口作业船、短途运输船（80 公里内）、个体船和县市水运专业企业船舶等，按每净吨 0.06 元收取。拖运的个体排筏每立方米按 0.03 元计征，其拖轮每马力按 0.12 元计征。

1990 年，交通部、国家物价局颁布《港口费收规则》，上调收费标准：船舶每进港或出港一次，分别计征进口或出口船舶港务费每净吨（马力）0.35 元；客轮、客货轮、从事 100 公里以内短途运输的船舶以及集体所有制水运企业船舶，按上述费率减半征收；在途中港停靠的船舶，按实际出港旅客人数（每 5 人折合 1 吨）和进出港货物吨数，按上述费率减半征收。

省物价局〔1994〕湘价费 85 号和〔2002〕44 号文重申上述标准不变。

1988 年至 2010 年，境内共征收船港费 2428.27 万元。

五、船舶检验费征收

国家船检局于 1976 年制订《外轮检验计费办法（1976）》，1979 年又制订《船舶检验计费临时办法（1979）》。1980 年国家船检局《关于公布实施船舶和船用产品检验计费规定的通知》(“81”费规),公布新的船舶检验费(以下简称船检费)计费规定,自1981年1月1日起施行,原计费办法同时废止。新规定检验费计算公式中的K值为:在国内地区检验的国际航行船舶和船用产品为1.0,国内沿海航行船舶为0.5,内河航行船舶为0.4。而对地方所属船舶,则按上述K值乘以75%。此规定在1983年由《全国地方船舶检验计费规定》(“83”费规)所取代。

1993年,国家物价局以〔1993〕价费字119号文发布《关于调整船舶和船用产品检验收费标准的通知》(“93”费规),省物价局、财政厅转发至各地州市、县物价局、财政局,规定自1993年5月1日起,湖南省在执行《船舶检验计费规定》计算公式中K值取1.0。

1998年,国家计委以计价费〔1998〕800号《关于发布船舶及船用产品的检验计费标准通知》(“98”费规),对原收费标准进行修订。省物价局据此以〔1998〕湘价费字第220号通知,明确规定自1998年6月1日起,湖南省收费时K值为0.63。

1988年至2010年,境内共征收船检费3073.20万元。

1988—2010年常德市水路交通规费征收统计表

表6-5-2-1　　单位:万元

年度	航道养护费	水路运管费	货物港务费	船舶港务费	船舶检验费
1988	203.00	4.80		11.20	10.67
1989	233.38	6.00	4.00	40.12	13.97
1990	232.00	7.20	4.80	50.20	18.80
1991	219.85	9.00	6.00	41.87	13.08
1992	211.22	10.80	7.20	28.70	14.74
1993	240.81	16.20	10.80	55.58	28.93
1994	257.00	33.00	26.50	60.80	51.70
1995	343.00	49.50	43.00	62.80	52.40
1996	397.53	79.20	70.80	71.70	64.44
1997	398.24	103.00	88.60	72.60	66.00
1998	466.32	125.00	130.25	80.40	69.60
1999	409.00	125.00	140.21	75.98	69.57
2000	409.38	158.00	190.47	75.00	83.67
2001	486.00	158.00	190.47	75.09	83.67
2002	647.00	186.47	210.09	89.60	110.15
2003	682.50	192.23	211.61	110.52	111.54
2004	708.20	187.87	234.43	162.49	134.20
2005	726.44	192.01	258.77	136.84	213.81
2006	860.47	211.49	339.73	172.11	294.93
2007	1142.63	212.15	305.39	216.17	473.51
2008	1051.90	264.18	388.80	308.03	497.86
2009			406.24	162.11	263.74
2010			592.93	268.36	332.22
合计	10325.87	1854.40	3599.39	2428.27	3073.20

人　　物

1949 年中华人民共和国成立至 2010 年，常德地区（市）交通系统广大干部职工为国家做出了突出贡献，涌现出一大批先进模范人物。据统计，有全国劳动模范杨祥福、陈碧云 2 人，省部级劳动模范 58 人和许多先进人物。

一、人物传略

（一）全国劳动模范

杨祥福（1902—1985）　男，汉族，湖南省辰溪县岩塘坪乡人。1950 年 2 月参加革命工作，1955 年 6 月加入中国共产党。历任常德航运办事处（常德轮船运输总公司）轮船驾驶员、船长、党支部书记等职。

他在几十年的工作中，大胆革新，积极探索，为开发沅水航线，发展航运事业做出了突出贡献。

1954 年 5 月 1 日，他担负开辟从常德到辰溪航线的试航任务。为揭开沅水航行的秘密，杨祥福在航行中沿河勘察航道暗礁和险滩，摸清险滩特点和水位变化的规律。通过听水响，看浪花，确定上下游水位的涨落情况，进行灵活引航。先后 3 次趁枯水季节，背着行李跋山涉水，徒步实地考察沅水河床，绘制沅水上游航线图。驾驶“湖光”轮安全通过沅水“三垴九洞十八滩，处处都是鬼门关”的险恶航道，首航辰溪，打响试航第一炮。由于沅水滩多水急，许多险滩还得靠人力拉纤，不仅费力花时间，而且很危险。根据他长期观察，发现险滩航道中，有急流也有缓流，他想如果把拖缆放长，只让一艘船处在急流中，阻力就会大大减少。据此，他创造出隔滩拖带法，革掉人工拉纤的命，使航程由 15 天缩短到 12 天。接着又创造推广“隔滩串连拖带法”“一列式顶推法”等先进经验，使常德至辰溪上水每航次由原来 15 天压缩到 5 天，沅水通航时间由过去 3 个月延长到 6 个月，航次由 4 次增加到 14 次，上水运量由 750 吨提高到 1200 吨，下水运量由 1300 吨提高到 3800 吨。并且还首创船排混合拖带法和沅水的夜间航行等先进经验，船员们称他是“活愚公”“沅水通”。1962 年 6 月，因沅水上游水位迅速下落，“湖申”轮的 15 艘载船被关在泸溪、辰溪和沅陵等地。杨祥福根据经验判断，沅水近期必发大水，经领导同意，马上抢装货物，两天后果然水位上涨，15 艘船满载 865 吨货物安全抵达常德，为企业增加收入 1 万多元。

1965年1月,杨祥福参加全省交通系统“五好”推先(推广先进经验)代表团,先后到49个县市作报告,行程5000多公里。他在邵阳河岸徒步勘察河道情况,根据自己的经验,帮助解决了根治河道险滩的难题,受到当地整治河道工程领导和职工的赞扬。

杨祥福为开发沅水倾注全部心血,做出毕生贡献,直到75岁才退休。他先后44次获得国家、省、省厅、地区、局、港口的表彰和奖励。1956年、1958年、1959年三次出席湖南省先进生产者代表大会,被评为省级劳动模范。1959年10月,又光荣地出席全国工业、基建、交通、财贸群英会,受到刘少奇、周恩来等国家领导人的接见,被授予全国先进生产者称号,成为全国劳模。1964年12月,杨祥福出席全省工交系统“五好”代表大会,被授予全省工交系统五好职工标兵光荣称号。12月23日,《湖南日报》还在“争五好、创五好、掀起工业生产新高潮”的社论中指出:杨祥福同志不断革命,不断前进的斗争精神,值得全省职工学习。

1985年12月22日,杨祥福因患脑溢血在辰溪病逝,终年82岁。因念念不忘沅水的整治开发。病故前,他领着老伴,来到沅水河畔的一座山坡上说:“我死后,就葬在这里,我要看到沅水的进一步整治,看到沅水能常年通行轮船。”今天,他的遗愿已经实现,沅水常年昼夜通行轮船的梦想也已成真。

(二)省部级劳动模范

王　定(1902—1967)　原名冯君清,女,湖南省桃源县人,常德汽车渡口大副。

王定年幼时父母双亡。第一次国内革命战争时期,她参加妇女协会做宣传工作。“马日事变”后,被迫躲避在长沙、常德一带亲友家中。她改名换姓为王定,并利用说话、行动举止与男人相似的特点,女扮男装考入湖南省第二汽车路局学驾驶技术。1935年她到常(德)澧(县)公路张公庙渡口当大副。

1949年上半年,中国人民解放军渡江南下,国民党军队仓皇撤退,张公庙渡口成为必经之道。王定为了不让国民党军渡河逃窜,借口机器抛锚有故障,拖延渡运时间,并不顾生命危险,想方设法保护汽船不被国民党军队破坏。当解放军到达张公庙渡口时,她不顾敌机轰炸扫射,白天黑夜连续渡运解放军汽车2000多辆,转运枪弹、粮食数万吨,有力地支援刘、邓大军向大西南进军。

1949年7月29日常德解放后,王定由张公庙调到常德渡口当大副,并向组织上诉说她女扮男装的缘由和经历,得到党组织的支持和赞赏。从此,才以女主人身份出现在人们面前。

常德渡口河面宽,来往的船只、木排多,遇到雾天,便不能保障航行安全。王定便自己设计改变汽船“倒车”,使汽船前后左右转向更加灵活。接着又改脚踏离合器为手拉,使行船更加便利。她一人顶两个人用,一个大车操纵两艘汽船,并做到随到随渡。还利用业余时间,耐心教划工学习开车技术,使划工也学会了开汽船。她贡献突出,1951年出席全省第一届工业劳模大会,成为湖南省首届劳动模范。

1953年,湖南省公路局调她到长沙轮渡渡口工作。退休后,被选任长沙市荣湾镇五居委会主任多年,直到晚年仍过着单身清贫的生活,1967年病逝。

宋孝友(1921—1983) 男,汉族,湖南省双峰县人,中共党员。1952参加工作,历任津市航运办事处(津市轮船运输总公司)轮船司炉、加油、副司机、司机、轮机长等职。

他工作积极,踏实肯干,任劳任怨,勤奋好学,爱船如家,对机器做到勤修保养,被群众誉为优秀的"主机保姆"。1955年7月,津市航运办事处开展社会主义劳动竞赛,他和船员们一道,日夜奋战,提前完成船舶维修保养任务。1956年湖南省人民政府授予他"二等劳动模范"称号。1955年至1958年连续四年出席湖南省、省交通厅、省内河航运管理局、津市市的先进生产(工作)者大会。

刘寿云(1923—1987) 男,湖南省宁乡县人,中共党员。1948年10月参加养路工作,新中国成立后担任澧县公路段城关道班班长。

他担任班长期间,工作认真负责,自己带头苦干,积极革新养路工具,减轻养路工人劳动强度,提高养路工效。由于成绩突出,1951年湖南省人民政府授予他"先进生产者"称号。1958年湖南省人民政府授予他"劳动模范"称号。

廖再鸣(1936—1988) 男,汉族,湖北省鄂城县人,中共党员。1956年3月参加工作,常德汽车南站客车驾驶员。

廖再鸣革命劲头足,任务观念强,吃苦耐劳,经常起早贪黑,勇创高产。1972年至1978年,他任货车驾驶员时,连续七年超额完成货运量和货物周转量,实绩为计划的138.8%和129.6%;完好车率比计划提高5.2%;车日行程平均为235.9公里;节约汽油1.11万升,节约柴油1.8万升,节约小修用料9196元,节约轮胎6.53套,以上四项节约折合人民币计6.34万元。仅1975年7月至1979年,个车创利润8.5万元、实现46万公里无大修的记录。1981年至1988年,节油1.07万升,节料1万元,实现利润7.8万元。开车32年,累计安全行车147.8万公里。1978年获交通部安全优质百日赛奖章,1979年湖南省人民政府授予他"劳动模范"称号。

陈　彬(1923—1989) 男,湖南省桃源县人。1948年1月毕业于沅陵省立第九职业学校,中专文化,工程师,历任衡阳市公路总段技术科副科长,湖南省公路管理局计统科副科长,常德县公路段副段长。1956年出席湖南省第二次先进生产者代表大会,省人民政府授予他"先进生产者"称号,1996年获"湖南公路之星"称号。

陈彬先后在湘西、怀化、常德、益阳、零陵、衡阳等7个地州市参加公路测量、设计、施工、新改建公路达2000多公里,以他为主负责测设、施工的新建和危桥改造150座。1952年新建永顺至大庸公路90多公里,他负责的15公里测设施工,提前3个月完成任务,节约大米1万多公斤(米作工资)。在负责慈利毛坪一段路的新建施工时,节约开支1万多元。他小改小革取得了十几项革新成果。开山修路时,他发明溜槽滑土,比人工挑土提高工效50%。石头上打眼放炮,他加长钢钎为冲钎,提高工效一倍。1964年在零陵地区从事危桥改造时,原设

计每座桥改建时要先修便道,每个便道多的要花千多元,少的也要几百元,他从实际出发,采取半边施工,半边通车,一年中改造大小危桥近百座,共1400延米,节约开支2万多元。

左应龙(1932—1990) 男,汉族,湖南省长沙市人,中共党员。常德港1330轮轮机长。

从入党的那一天起,左应龙就决心一生交给党安排。服从组织调动,两上两下,毫无怨言。他先后任1310轮党支部书记、1330轮轮机长。对自己高标准,严要求。他家离长沙市仅60多公里,船又经常停靠长沙,探亲机会多,但很少回家。1979年9月,家里有事,爱人要他回去,当时正是全国质量月活动,他看机舱人员少,不请假也不休假,坚守工作岗位,积极带领全船员工夺得了质量月的胜利。

参加工作后,工种变换几次,他干一行,爱一行,学一行,钻一行。虚心学习,刻苦钻研,仅用一年时间就考上内燃机轮机长。1973年推广优选法时,他带领全船职工认真学习,在实践中反复优选喷油角度和车叶螺距,配合技术人员做了大量工作,使1310轮成为常德港推广应用优选法的先进集体。干革命有股子拼命精神,1976年大战红五月,他连续四天打"摆子",人已到失水程度,医生也开出病休证明,但他仍没有掉一个班,有时还一人顶两个班。连续几年共上义务班5000多小时,为发展航运事业做出了显著贡献。

他以铁人王进喜为榜样,全心全意跟党走,一心一意干革命。年年被评为工业学大庆先进生产者,树为常德航运办事处先进个人标兵。1978年全国交通战线工业学大庆会议授予他湖南省先进生产者称号,1980年省人民政府授予他"劳动模范"称号。

孔德新(1922—1992) 男,汉族,河南省商丘市人,中共党员。1948年参加工作,中共党员,常德汽车北站客车驾驶员。

孔德新坚持好字当头,好中求快,好中求多,好中求省的精神,他把消灭事故比作同敌人打仗一样,事先必须做好充分的思想准备、操作准备和物资准备工作。在行车途中,他集中精力,认真贯彻执行有关安全规章制度和驾驶操作规程,胆大心细,坚持中速行车,根据车况、路况、气候、风向和车马行人动态,适当运用车速,当快则快,当慢则慢,当停则停,当行则行。他安全行驶129.4万公里,年年超额完成国家计划。

自1953年起,他一直保持着先进生产者、安全生产标兵、五好职工、劳动模范等光荣称号。1959年被评为省级劳动模范。1978年获交通部颁发的"安全优质百日赛"奖章,1980年获省人民政府颁发的"交通安全生产工作者"奖章。

张菊秋(1913—1992) 男,湖南省长沙县人。1952年参加工作,历任津市航运办事处(津市轮船运输总公司)轮船副驾驶、驾驶、船长等职。

他工作积极肯干,任劳任怨,自觉遵守劳动纪律,刻苦钻研驾驶技术,在实践中摸索总结出一套安全生产的经验。1952年1月,停泊在甘溪港的粮船有110艘,每天共需延期费1400元。当时正值枯水季节,他所在的轮船停泊在水位仅1.1米的曹家渡附近,该轮吃水深度为1.2米。他提出将本船能移动的东西搬到其他船上去,减少本船吃水深度,采取这一办法后,使船顺利地开进甘溪港,并及时将粮船拖到目的地。他曾于1952年、1954年两次出席省航

运系统“先代会”。1956 年他领导的轮队班组采用先进顶推运输法，月月超额完成运输生产任务，甩掉“后进帽子”，跃入先进行列。1956 年他出席湖南省先进生产者代表大会，省人民政府授予他“先进生产者”称号；1958 年出席常德地区“先代会”；1961 年、1962 年两次出席港口先代会；10 次获得上级领导的嘉奖。

汤海鑫（1920—1997） 男，汉族，湖南省长沙人，中共党员。历任常德专区公路运输局 12 车队汽车驾驶员、湖南省交通厅公路运输管理局常德运输局 17 车队队长、湖南省交通运输公司常德地区公司机关党支部书记。

汤海鑫任汽车驾驶员时是一位好司机。他虚心好学，刻苦钻研，严守操作规程，精心保养车辆，对技术精益求精，牢固树立安全第一的思想，热情为货主、旅客服务。他破除迷信，解放思想，吃苦耐劳，埋头苦干，发扬“一不怕苦，二不怕死”的革命精神，勇创高产，年年超额完成生产任务。1956 年出席湖南省公路运输局第四届劳动模范代表大会。1957 年出席湖南省公路厅先进生产者代表大会。1958 年出席湖南省第三次先进生产者代表大会，省人民政府授予他“先进生产者”称号。

1959 年，汤海鑫任湖南省交通厅公路运输管理局常德运输局 17 车队队长时是一位好队长。他革命事业心强，热爱本职工作，处处以身作则，事事身先士卒，关心群众疾苦，尽力为驾驶员排忧解难，助人为乐，团结同志，全队上下心往一处想，劲往一处使，车队年年超额完成国家计划，把 17 车队建设成常德运输局的标杆车队。

1972 年，汤海鑫任湖南省交通运输公司常德地区公司机关党支部书记时是一位好书记。他清正廉洁，不以权谋私，处处起模范带头作用。针对机关年轻人多的特点，对年轻人他政治上予以关怀，工作上予以帮助，生活上予以体贴，让年轻人紧密团结在党支部周围，把机关建设成能抵御各种风浪的战斗堡垒。

许细生（1921—1998） 男，江西省景德镇人，中共党员。1954 年由公私合营过渡到津市轮船运输公司工作，历任轮船蒸汽机副司机、司机、内燃机加油工、副司机、司机等职。

他发扬“主人翁”精神，在工作中埋头苦干，任劳任怨；在技术上刻苦钻研，精益求精，多次受到企业党政领导的好评。1954 年湖南湘、资、沅、澧四水并涨，汉寿县岩汪湖大堤溃决。此时他所在轮队正在岩汪湖待航，便和船员们主动参与救灾，连续六次冒着生命危险冲向倒口，与其他船队紧密配合，从堤边、树上、屋顶、水中救出灾民千余人，受到汉寿县委表彰。1958 年在技术革命、技术革新运动中，他配合轮机长对轮船锅炉和主机部位进行技术改造，使车速明显加快，拖量由过去的 100 吨增加到 370 吨，每马力月产量平均 20 万吨公里。在港口召开的技术革新现场会上，他和另两名工人作了技术表演和经验介绍。在他的“榜样作用”影响下，“双革”运动掀起新的高潮。半年时间全港共收到技术革新方案 577 个，被采用的有 135 个。为确保国家和人民生命财产的安全，他开动脑筋，发明了锅炉自动防险警报器，经过反复试验获得成功。接着他又大胆设想，勇于实践，连续取得了“车轴带动风扇”“单人测煤箱”等一系列革新成果。在单位召开的第一届二次职工代表暨 1959 年度先进代表大会上，突

出宣扬了他的先进事迹,并印发他的个人材料。1958 年省人民政府授予他“先进工作者”称号。此后,由于他勤奋好学,敢想敢干,工作积极,认真负责,曾多次出席省、地及单位的先进生产(工作)者代表大会,10 次获地级以上嘉奖。

刘秋庭(1925—1998) 男,湖南省常德人,中共党员。1956 年由公私合营过渡到津市轮船运输公司工作,历任水手、舵工、驾长、队长等职。

他热爱本职工作,革命事业心强,吃苦耐劳,踏实肯干,曾于 1956 年、1957 年二次出席省航运管理局第一次职工代表大会和省航运系统工会积极分子代表大会。1958 年他担任 21432 帆船驾长和 62 船队分队长后,大胆提出“一人顶三人”的设想,经过试验获得成功,使船队由26 人减少到 9 人,为全港开展“一船当两船,生产翻一番”提供了“示范经验”。在运输生产上,为提高船舶利载率,他采取“船外加载”(即船头艄楼)的办法,并加强沿途联系,自组货源,减少船舶空驶。一次,船行至甘溪港时,因水浅流速较快受阻。按常规,需提驳过载,为节省费用开支,加快船舶周转,他想出一个办法:把棕缆绳沉入河底,带领全队职工上下来回拖拉,借助水的流速将拉活的泥沙冲走。经 4 个多小时的紧张战斗,终于疏通了河底淤泥,使满载货物的驳船顺利通过,并为兄弟船队扫清了前进道路上的障碍,被人们誉为勇敢的“开路先锋”。由于他领导有方、措施得力,结果 62 船队 6 个月完成了 9 个月的生产任务,成为全港的“标兵班组”。是年,他出席湖南省第三次先进生产者代表大会,被省人民政府授予“先进生产者”称号。1956 年至 1964 年,他年年被评为单位先进生产(工作)者。

田映云(1919—2001) 男,汉族,湖南省益阳人。常德汽车大修厂钳工。

20 世纪 50 年代,福特车盆齿和解放牌汽缸盖缺货,有赖于自己制造,任务艰巨。作为汽车大修厂钳工的他,利用老式普通铣床,试制需要的工具。在盆齿试制过程中,经过十多天的日夜苦战,第一只自制盆齿终于诞生。在此基础上,旧盆齿修复问题也得到圆满解决,从手工操作进入机械加工,从局部修复进入全部翻新。试制解放牌汽缸盖、飞轮、制动毂等 39 种获得成功。用钢材自制的成品有离合器、方向机摇臂等 25 种。他改进电动台钻划线法,提高工效 25 倍。自制成功电动光制动毂机,使失圆的制动毂得到修复。他为车辆保修、技术革新做出了突出贡献。

1956 年他出席交通部先进生产者表彰会,获部级劳模称号。同年出席湖南省第二次先进生产者代表会议,获省级劳动模范称号。

周立志(1916—2001) 男,汉族,湖南省湘潭人,中共党员。常德汽车大修厂钳工。

周立志在轰轰烈烈的技术革新和技术革命活动中,敢想敢做,前后革新技术和改进机具达 30 余件,如卷扬机、装卸机、六角螺丝车床、自动金属锯床、木工机具、保修机具等。每年节约劳动力 70 余个,创造产值达 20 余万元。

由于他技术好、革新多、效果佳,全厂职工都叫他“土工程师”。年年被评为先进生产者,1956 年获省级劳动模范称号。1961 年,当交通部和吉林工业大学保修机具配套研究小组在厂开展工作时,周立志根据自己的经验,提出不少合理化建议。对这些建议,研究小组给予很

高评价并全部采纳。1962年在全省交通系统第五次先代会上被评为标兵。

侯著祥(1924—2002)　男,汉族,湖北省建始县人,中共党员。1949年7月参加工作,常德汽车大修厂副厂长。

侯著祥在党的教育下,逐步成长为一个大公无私、意志坚强、苦干实干、不计报酬,忠实地维护党和人民利益的优秀党员。他从1954年至1958年11月,苦战的工时达5062小时(合632天),不要报酬达1506元。1958年9月,他领导的小组提出全部取消加班费的倡议后,获得了全车间职工的响应,100%的职工参加义务劳动。9月至11月义务加班9133小时,节约开支3062元。他处处关心集体,时时关心群众,被群众赞不绝口。20世纪50年代末,在钢铁运输会战中,为提高车辆周转效率,他和同志们做到车不出库、人不下班。曾经三次为抢修车辆,每次连续工作30小时以上,使车辆提前出厂。在工作中他积极钻研技术,大胆创造,是个技术革新能手。1957年汽车配件很缺乏,便千方百计地修复旧料代替,修复汽车配件达100多个,有效地解决了材料供应不足的困难。

侯著祥因工作成绩突出被评为出席湖南省第三次和第四次先进生产者代表大会的代表;1958年、1959年两次获省级劳动模范称号。

龙中初(1932—2003)　男,湖南省涟源县人。1954年参加工作,历任津市航运办事处(津市轮船运输总公司)轮船水手、副驾驶、驾驶等职。

他事业心强,热爱本职工作,踏实肯干,任劳任怨。发扬"主人翁"精神,对船上的工具和低值易耗品坚持"日收捡、周清点、月翻晒",做到了无丢失、无损坏、无霉变,被群众誉为尽职尽责的"红管家",受到领导和有关部门嘉奖。1956年被省人委授予"三等劳动模范"称号。1956年以后,他主动担任"义务血防粪管员",20多年来,他从水手到驾驶,从甲船到乙船,工作单位变了,义务血防粪管员的责任不变;工作职务变了,义务血防粪管员的本色不变,一直是湖南省内河航运系统血防工作的一面旗帜。他"一颗红心为革命,搞好粪管送'瘟神'"的先进事迹,在全省广为传播,多次受到有关部门的表扬。

刘庚普(1930—2003)　男,湖南省益阳县人,中共党员。1956年由公私合营过渡到津市轮船运输公司工作,历任载船水手驾长、队长、中队长、指导员、党支部书记、站长、老干办协理员等职。

他热爱航运事业,责任心强,工作踏实肯干,吃苦耐劳,被任命为红旗船队队长。1959年在以增产节约为主要内容的社会主义劳动竞赛中,他带领全队职工加强联系,自组货源,"平放到点",协助搬运,合理配载,多装快跑,使载船单位产量达到556吨公里,比上年同期增长66%,超过省航运局下达的生产指标。省航运管理局在津市召开的"一船当两船"现场交流会上,他代表红旗船队作了经验介绍。是年,他出席湖南省第四次先进生产者代表大会,省人民政府授予他"先进生产者"称号。1961年他担任船舶自修组党支部书记后,针对在"大跃进"期间强化使用运输工具,致使船舶失修失养严重的情况,发动职工加班加点,日夜抢修,仅两个月共大、中修载船68艘,小修载船66艘,经机务、航监部门验收全部合格。1965年单位组织100名职工参加修建鄗桂公路,他担任中队长兼指导员。一次工间休息时,发现坡上严重开裂,便立即指挥大家抢在塌方前撤离现场,避免了一起特大恶性事故的发生。1972年他担任船舶维修保养站党支部书记后,在"缺劳力、缺材料、缺资金"的困难条件下,发动全站职工坚持"勤俭节约"的方针,在用料上精打细算,修旧利废,寸木寸用,长材不短用,宽材不窄用,旧材新用,水泥麻板代木用,全年共节约木材76立方米,自己加工各种钉锔、螺丝3000公斤,缓解了材料不足的矛盾。1960年至1988年曾10次参加省、地、市政府和交通系统先进生产(工作)者代表大会,多次受到上级领导的表彰和奖励。

鲁炳云(1952—2007) 男,汉族,湖南省石门县易家渡镇冉家坪村人,中共党员。1976年12月参加工作,任石门县搬运公司火车站装卸队队长。

他一生为人正直,敢说敢干,无论在部队或地方工作都有一股子蛮劲。在工作中他身先士卒,带领200名装卸工人以"一不怕苦、二不怕死"的拼搏精神,热情为货主服好务,从1984年至1988年四年中装卸收入年年翻番,为企业发展作出较大贡献,同时也为铁路运输作出显著成绩,得到铁路货主的好评。1988年2月,他被评为铁道部委外文明装卸标兵,1989年被湖南省人民政府授予"劳动模范"称号。

朱汉雄(1921—2010) 男,汉族,河南省荥阳县人。1949年8月参加工作,曾先后在益阳汽车渡口、常德汽车渡口从事轮船驾驶工作。

1949年8月,他在益阳渡口当轮机驾驶员时,国民党驻益阳的一个师企图阻止解放军南下,下令要将益阳渡口的船舶开至娘娘庙炸毁,并把渡口工人关押在机舱里,他对此进行了抵制,并找益阳公路段段长潘倜一起到专署辩理,使国民党部队的命令暂缓执行。事发的第二天解放军从常德抵达益阳渡口,益阳的伪兵全部溃逃,他不仅保护了渡口的船舶和财产,而且使解放军第47军和另外两个师在益阳渡口安全迅速过河去了湘阴。他不顾个人安危,日夜渡运,在渡运一辆红十字汽车过渡时,国民党军飞机把一颗燃烧弹扔到轮船的甲板上,并且用机枪进行扫射。为了保证军车安全、保住轮船,他从驾驶室跑出来,扑灭了火焰,把车安全送到南岸。他整整干了一个多月,把解放军的全部人马装备安全渡过河。

1956年,组织上安排他在益阳渡口当班长,他积极想办法,把2条小板船合并在一起,把拖船改推船,原来一个航次只能渡2辆汽车,改装后一次渡5辆汽车,提高工效两倍半。

1951年4月他出席湖南省首届工业劳动模范大会,获"湖南省劳动模范"称号;1956年出席湖南省第二次先进生产者代表大会,获"先进生产者"称号。1996年获"湖南公路之星"称号。

刘世林(1954—2015) 男,湖南省临澧县人,中共党员。1971年参加工作,历任津市轮船总公司水手、舵工、二副、大副、船长等职。

他参加工作后,坚持边学文化,边学技术,在航行中,每到一个新航段,都要用撩水篙探明河床地质情况,并记在自己的"航行备忘录"上。由于他勤奋学习,刻苦钻研,很快成为全公司驾驶技术过硬的年轻船长之一。在运输生产中,他始终把安全放在心坎上,每个航次除

当好自己的班之外，还坚持值协助班，每逢遇到恶劣天气和在复杂危险的航道航行时，他都昼夜坚守在驾驶台上。自1982年担任驾驶员后，一直未发生过安全责任事故，共安全航行21万公里。为完成和超额完成运输生产任务，他带领轮队船员不分日夜地拼命干，创造一个又一个先进航次。1989年7月8日，他所领导的8301轮顶推7艘煤船(1680吨)，由津市发往江阴，他和船员们团结战斗，日夜兼程，于12日抵达江阴，两天内卸空返航，以42小时30分的优异成绩刷新了湘航船队外江停时最短的纪录。接着该轮又顶着长江第三次洪峰逆水而上，于23日安全抵达津市港，圆满完成津市至江阴往返行程2900公里的运输生产任务，并以15天的时间创造了湘航船队外江航次周转最快的纪录。一次，在津市发往上海的往返航次中，他连续13个昼夜没睡好觉，和同志们一起创造了272千瓦顶推轮下水顶推1950吨、上水顶推1200吨，20天往返航行3300公里无事故的新纪录，创同类船舶优质高产的最好水平。1990年，他所在的轮队共完成船舶生产量3100万吨公里，营运收入93万元，创历年最高纪录，为同类型船舶之冠。他参加工作20年来，有14个春节没有在家吃过“团年饭”。他未休完的公休假累计有475天，全部上了“奉献班”，年年被评为公司先进(生产)工作者。

在他的模范作用影响下，他所在轮队的职工先进面不断扩大，全轮队23人中，1990年评为公司劳动模范的有2名，优秀党员2名，优秀团员2名，优秀团干部1名。1988年他担任船长以来，他所领导的轮队连续2年评为公司先进集体，1990年经公司党委、行政研究决定该轮由团委授旗命名为“青年号”。1989年、1990年、1991年三次被评为公司劳动模范和常德市直工委优秀党员。1991年在由中国河运报、中国河运杂志社联合举办的第二届全国内河安全明星船长“金帆奖”评选活动中，他获“金帆奖”，并获全国“五一”劳动奖章、全国优秀生产能手和省劳动模范称号，省总工会给他记特等功一次。

陈正科(1925—2016) 男，汉族，湖南省株洲人。1956年6月，他被分配到常德船舶厂当学徒。学徒三年未满，他看到轮船上缺少技术力量和年轻人员，便主动要求上船，一干就是4年。在船上的4年里，没和家人吃过一次团年饭。他苦练内功，反复摸索各种技术难题，每次都以优异的成绩顺利通过轮机驾驶的资格考试。1963年他参加全国社教工作，在3年社教工作中和群众打成一片，为农民兄弟解决一个又一个难题，把党的政策与温暖带给每个农民兄弟，为社教工作立下了汗马功劳。社教结束后，他又被调往最艰苦的进口仓库任收货员兼班长。1970年调往机关工作，任现场调度。

在进口仓库任职期间经常有熟人和朋友要求帮忙搞点进口货物，他总是坚持原则，依章办事，管理的仓库从未出过任何差错，多次被评为先进仓库和先进生产者。他干一行，爱一行，行行都干得出色。在三十多年工作中，他总把别人的冷暖放在自己心上，单位同事有困难，他总是千方百计为他们分忧解愁，常常从自己微薄的工资中抽出一点帮助他人。

他自1956年参加工作以来，连年被单位评为先进生产(工作)者。1958年被湖南省人民政府授予“劳动模范”称号。

(三)先进人物

肖新福(1950—1994) 男,汉族,湖南省汉寿县人。1968年参加工作,1992年调入常德沅水大桥收费站,1994年10月因公殉职。

1994年10月4日5时55分,常德沅水大桥北引桥路灯通明,规费征稽站岗亭内,五班班长肖新福和5个值班员正在招呼收费车辆缴纳过桥费。突然,两部大客车为故意逃缴10元过桥费,相继从左侧逆向车道以每小时70公里的速度呼啸而来。当值班长肖新福发现时,第一辆客车冲关已上沅水大桥。肖新福一个箭步冲出岗亭,只见第二辆没有牌照的客车临近收费亭(后经查证,司机已将车牌藏起),也以同样的速度冲过来。肖新福大声呼喊:"停车交费!停车交费!"司机见肖新福拦车,畏惧地踩一下刹车。肖新福即跑向车辆左侧,令司机购票。司机为逃避值勤人员的稽查,驾驶车辆凶猛地撞向肖新福的左股,肖新福一头栽倒在水泥隔离墩上,一股殷红的鲜血从脑部喷泻而出,染红了头上的国徽和鲜红的领章。

1985年夏天,有个叫娜娜的女孩在沅江游泳。当时,3艘汽艇卷起的巨大浪花,把娜娜的救生圈打翻了,她一下被卷进水底,与娜娜同泳的姐姐吓得大哭起来。正当轮机员的肖新福见此情景急得连鞋也没脱,一下跳进漩涡中,把娜娜托出水面。此时,已患乙肝的肖新福筋疲力尽,差点沉进水底,幸亏同伴们救了他。打那以后,娜娜的爸爸叫女儿认肖新福为干爸爸。一位和肖新福共事的征稽员说,这条沅水河,肖新福一共救起了七八条人命。

肖新福的家境虽然清贫,但他始终不被铜臭腐蚀。在沅水大桥收费,很多司机为了赶路,总是把五元或十元钱往征稽员手里一塞,不要通行费票就把车开走,但肖新福每次都把开走的车号记在通行费票的后面,连钱和通行费票一同交给单位财务。当人们清理他的遗物时,发现抽屉里有几本交钱未拿走票的存根记录,总计有6005元。

1994年1月10日,桃源的一位司机错把两张50元的当作一张交钱买票。开始老肖没发现,当找完零钱时,发现其中还夹着一张50元的。老肖连忙安排其他人接班,自己花钱打的,追至南站把钱交还司机。

1994年5月24日,一位来自宁乡的司机在车上被歹徒抢走2万多元现金,到收费亭来求援。老肖马上在值班室跟派出所打电话,又领他们到派出所报案,最终将罪犯抓获。

1994年9月的一个凌晨,一辆湖北的车在收费亭前问路,车门打开时,掉下一个包。等车开走后,老肖才发现包里有几千元现金。有人开玩笑说:"捡的不算偷,拿起给你父母治病吧!"老肖却一本正经地说:"收费亭是我们常德的窗口,我不能做这种缺德的事。"后来,他经过多方查找,最后使包"完璧归赵"。丢失钱包的司机十分感慨地说:"我上过千万次桥,发现

常德人最文明。”

有年冬天，一辆湖北来的客车上有几个歹徒敲诈旅客。在收费时，肖新福发现这一情况，即令司机把车开到桥头，解救群众，几个歹徒围上来威胁说：“你又不是公安，管么得闲事，不然，老子一刀捅死你。”老肖对着亮晃晃的匕首勇敢地把衣服解开，说：“捅死我还不容易，你看你过得了大桥啵？”然后，他又紧逼一句：“你们只有赶快下车，我才会放过你们！”歹徒无奈，只好灰溜溜地逃跑了。

肖新福就是这样踏踏实实地走过青春，走进中年。当步入第 44 个春秋时，把宝贵的生命献给他所热爱的交通事业。

唐声琮（1913—1998）　男，湖南省湘潭人。1933 年湖南楚怡工业学校土木科毕业。解放前在湖南、四川、湖北公路局、交通部西南公路局、甘川公路工程处、川滇西路、二区公路局西南芷江分局任工程师。1949 年 8 月参加解放军四野工兵团抢修战地公路桥梁。复员后，先后到湖南、河南公路局、中南公路设计院、交通部公路勘察设计院二分院、湖南常德公路总段从事公路勘测、设计、施工、养护工作，任工程师、测量队长、主任工程师。1982 年国务院科学技术干部局任命他为高级工程师，1996 年 4 月获“湖南省公路之星”称号。

1954 年在中南交通局发明测量曲线加桩表、横断面器械，加快了测量进度，他被评为乙等劳动模范。1956 年他在《公路》月刊第 5 期发表了《公路路基土石方调配计算法》，由此计算法创制的土石方体积曲线图，简化计算程序，土石得到合理利用。交通部设计院将土石方体积曲线图这一成果在全国推广，中南土建学院也作为教材。1956 年他在《公路》月刊第 11 期发表了《风化石铺装路面磨耗层与保护层》。以上三项均得到推广应用。1962 年任常德公路养护总段主任工程师，主持技术工作。在危桥改造中，均自己设计、指导施工。1965 年改建汉寿余家桥，创新前倾式轻型桥台，减轻自重，增加抗力。1967 年新设计安乡大洲桥为无筋波纹薄型拱桥，适应湖区软质地基。

梁正明（1931—2004）　男，湖南省湘潭人，中共党员。1952 年 7 月，由公私合营新湘公司过渡到国营航业公司，1963 年从常德港调往津市轮船运输公司，历任副驾驶、大副、船长等职。

他事业心强，自过渡到国营水运企业后，坚持边学文化、边学技术，很快成为一名技术娴熟的轮船驾驶员。在 1964 年任船长后，他更是如饥似渴地学理论、钻业务，在多年的实践中，总结出一套安全航行经验。1982 年 3 月，他作为湖南省近万名船员的唯一代表，出席中国航海学会在武汉召开的内河船舶驾驶学术交流会，在会上介绍自已的驾驶经验，受到与会航海专家、学者的重视，并按照航海学会布置的课题，根据实践经验，拟写出《弯曲狭窄航道拖簰操纵》学术论文。在不断提高自身技术素质的同时，他十分注意培养航运事业的接班人。1980 年，他被抽调到省局担任驾驶员培训班主考老师，共授课 120 多场，现场指导 200 多次，学员达 920 多人。他在运输生产中，抓两头抢中间，坚持走经济航道，创造了一个又一个优质高产的新纪录。1982 年，他带领 1314 轮迎难而进，团结战斗，超额完成年度生产计划，并节约柴

油 19.5 吨,全年创利 7 万元,被省航运管理局评为先进班组。是年,常德市人民政府授予他劳动模范称号。

曾国清(1935—2013) 男,湖南益阳市人,中共党员。1956 年参加工作,历任津市轮船运输公司水手、副驾驶、正驾驶、二副、大副、船长等职。

长期以来,他克服夫妻两地分居的困难,经常忍受严重风湿性关节炎、肺结核等病痛,数年如一日地忘我工作,从不计较个人得失。他事业心强,爱船如家,工作踏实肯干,吃苦耐劳,被人们誉为任劳任怨的“老黄牛”。1982 年,他发扬“敢为天下先”的精神,率先在湖南内河采用分节驳顶推运输方式, 创造出以 184 千瓦拖轮顶推 2100 吨重载分节驳由津市发上海、安全航行 1600 公里的新纪录,这一首开先河的创举曾在《工人日报》和湖南人民广播电台作过报道。1983 年,他担任 8203 轮船长后,一心扑在航运事业上,6 年中未休完的公休假累计达 219 天,全部上了“奉献班”。此间,他率领全船职工顾大局,讲风格,团结战斗,创造出一个又一个优质高产的先进航次,安全航行达 22 万多公里,连年超额完成年度生产计划,所在班组多次被公司评为先进集体。1986 年被中共常德市直工委评为优秀共产党员,1988 年获全国内河安全明星船长“金帆奖”。

蒋景星(1933—2017) 男,汉族,广西壮族自治区灌阳人。1960 年毕业于湖南大学土木系,曾先后在常德专署交通局、交通工程测量队、中国人民解放军 3261 部队工程科、湖南省陆运公司工程办、常德地区交通局、常德市交通局公路处从事公路测设养护、路桥施工技术及管理工作。曾任常德市交通局公路处路桥高级工程师、常德市交通工程学会常务理事。先后主持与参加过新安至昌家峪、高桥至彭家溶、赵家岗至桑植、瓦儿岗至王家坪、新洲至东山、水南渡至穿山河等线路的测量设计施工及和平桥、荷花桥、三拱桥、溪江桥、高桥、佘市桥等大小桥梁工程测量设计施工。还曾参与枝柳铁路测量施工、常德市公路网规划的修订及三号线施工验收、四号、五号线验收。

1971 年、1972 年、1975 年三次被常德地区交通局评为先进工作者,1986 年、1987 年两次被常德地区行政公署记功二次。1992 年被湖南省交通厅评为地方道路先进工作者。在常德地区他首次使用钢筋混凝土薄壁箱型桥台、首建乱石拱简易支架无侧模施工,首推建坦肋拱,第一次用乱石砌孔三十五米双曲拱、第一次用屈膝式薄壁轻台建刚架拱桥等,并积极推行养路机械化。1996 年获“湖南公路之星”称号。

二、国、省部级劳动模范（先进生产者）名录表（1951—2010）

姓名	性别	工作单位	奖励名称	授予时间(年)
杨祥福	男	省航运局常德港湖申轮	全国劳模	1959
		省航运厅1309轮	省级劳模	1956
		省航运局常德办事处湖沪轮	省级劳模	1958
		省航运局常德港湖申轮	省级劳模	1959
陈碧云	女	桃源公路管理局	全国劳模	2005
		桃源公路局	省级劳模	2000
朱汉雄	男	省公路局益阳渡口	省级劳模	1951
		省公路厅益阳渡口	省级劳模	1956
王　定	女	常德汽车渡口	省级劳模	1951
谢炳文	男	省公路局常德工务总段	省级劳模	1951
贺佐才	男	省公路局常德工务总段	省级劳模	1951
黄瑞生	男	省轮船运输公司津市分公司	省级劳模	1951
钟星舫	男	省轮船运输公司常德分公司	省级劳模	1951
陈祖伯	男	常德市武陵区交通局	省级劳模	1951
田映云	男	省公路运输局沅陵总站	部级劳模	1956
		省公路运输局沅陵总站	省级劳模	1956
周立志	男	省公路运输局沅陵总站	省级劳模	1956
王宏喜	男	省航运厅津市办事处	省级劳模	1956
钱三元	男	省航运厅常德办事处	省级劳模	1956
龙中初	男	省航运厅津市办事处	省级劳模	1956
陈　彬	男	公路总段常德工区	省级劳模	1956
宋孝友	男	津市轮船运输公司	省级劳模	1956
张菊秋	男	津市轮船运输公司	省级劳模	1956
汤海鑫	男	常德专区公路运输局12车队	省级劳模	1958
刘寿云	男	常德专区公路运输局澧县工区	省级劳模	1958
侯著祥	男	常德专区公路运输局保修车间	省级劳模	1958
		常德专区公路运输局保修车间	省级劳模	1959
林其生	男	常德帆船厂	省级劳模	1958
彭梅生	男	津市航运办肖家湾航标站	省级劳模	1958
许细生	男	省航运局津市办事处湘津轮	省级劳模	1958
陈世泽	男	省航运局常德办事处	省级劳模	1958
陈正科	男	省航运局常德办事处	省级劳模	1958
谭　杰	男	省航运局常德办事处修山轮	省级劳模	1958

续表 1

姓 名	性别	工 作 单 位	奖励名称	授予时间(年)
阙恩迪	男	省航运局常德办事处4563轮	省级劳模	1958
秦谷成	男	省航运局常德办事处湘通轮	省级劳模	1958
杨林海	男	津市船舶厂	省级劳模	1958
刘秋庭	男	省航运局津市办事处	省级劳模	1958
刘绍云	男	常德专区公路运输局16车队	省级劳模	1959
孔德新	男	常德专区公路运输局17车队	省级劳模	1959
周淑君	男	省航运局湘邵轮	省级劳模	1959
刘运洪	男	常德船厂	省级劳模	1959
刘庚普	男	省航运局津市办事处	省级劳模	1959
刘先甫	男	省航运局常德办事处	省级劳模	1959
陈国华	女	常德汽车运输公司	省级劳模	1959
杨洁秋	男	汉寿县工业交通干校	省级劳模	1960
左应龙	男	常德港1310轮	部级劳模	1978
		常德港1330轮	部级劳模	1980
廖再鸣	男	常德汽车南站	省级劳模	1979
丁竞哉	男	常德汽车南站	省级劳模	1987
张红专	女	常德汽车北站	部级劳模	1989
刘树生	男	澧县公路管理局	省级劳模	1989
郑玉政	男	汉寿县航运公司	省级劳模	1989
陈焰升	男	安乡县汽配厂	省级劳模	1989
鲁炳云	男	石门县运输公司	省级劳模	1989
何祖雨	男	安乡县安造交管站	部级劳模	1990
刘世林	男	津市轮船运输公司	省级劳模	1991
周怀山	男	津市轮船运输公司	省级劳模	1992
文会烈	男	桃源县运输公司	省级劳模	1995
曾友贵	男	常德汽车北站	省级劳模	1995
黄冬枝	女	常德市公共交通总公司	省级劳模	1995
莫金秀	女	桃源县公路管理站	部级劳模	1998
苏前礼	男	临澧公路管理局	省级劳模	1998
丁时满	女	常德达门船舶有限公司	省级劳模	2000
马承斌	男	常德市交通局	部级劳模	2001
杨宗保	男	汉寿县交通局	省级劳模	2001
高子华	男	武陵公路管理局	省级劳模	2009
史美华	男	常德市公路局	省先进工作者	2010
马明浩	男	常德市公路局	省先进工作者	2010

附　录

五二九遇难同胞纪念碑

1989年5月29日10时15分，汉寿县周文庙乡55名同胞水上遇难。编者在记述此次事故时，发现许多疑点和矛盾。为弄清事实真相，还原本来面目，在搜集资料的过程中，经多方询问，打听到周文庙有个什么碑，便对这块碑产生了浓厚兴趣。2013年6月7日一上班，编者便打电话给正在汉寿修建省道的常德市原航道管理处主任童英俊，请求实地勘察。童英俊接到"命令"后，立刻出发，顶风冒雨，驱车疾驰12公里，于上午9时到达周文庙乡沿河大堤。后又几经周折，费尽心思，才在大堤下左拐弯约150米处的河边上找到这块碑。

碑的正面(北)有时任中共汉寿县委书记左连生题的"五二九遇难同胞纪念碑"十个大字。

碑的背面(南)有周文庙乡人民政府记述此次事故的82字碑文。全文如下：

己巳五月二十九日小龙湖赫神庙龙凤龙王四村壹百三十二位村民过渡去七荆障清扫洪障水恶旋急人乱超载舵手惊慌渡船倾覆五十五位同胞遇难于煤炭嘴痛定思痛镌石不忘悼念难友以告后人

周文庙乡人民政府庚午岁清明立

五二九遇难同胞纪念碑

童英俊发现这块碑后，十分高兴，当即打电话给编者。在编者请求下，他用卷尺对碑进行了认真细致的丈量，测得结果如下：

纪念碑外高260厘米，外宽140厘米，内高200厘米，内宽80厘米，基座高50厘米，基座宽143厘米。碑外框厚47厘米，内厚30厘米。纪念碑材料为砖砌体，外框及基座外粉水刷石，镌字碑身为外贴花岗岩石板。

童英俊在整理好摄像资料、文字资料后，于6月18日上午亲自送到市交通运输局，这些珍贵的资料才得以在志书上体现。"众手成志"，名不虚传。

文献补遗

视察滨湖航业报告书

交通部长江区航政局常德办事处主任　徐协华

民国三十四年一月

长沙三次会战，均告大捷，使倭寇望风披靡，湘省航业得以苟延残喘。惟自三十三年春敌寇发动攻势以后，长衡沦陷，零陵、祁阳相继失守，致湘江全部船只损失殆尽。滨湖航业经三十二年冬常桃会战一役，沅江航轮被其毁坏，船员受其残害。幸我军苦战，光复常城，损失船只业已渐次修复。此次长衡失利以后，湘西大受威胁，各轮多由南安疏散至兴隆街，敌人对我滨湖一带不再妄图染指。残余航业，得免荼毒，苏浙皖赣逃亡轮船，亦均集中于常桃一带，航业微有起色。本处自三十二年冬由常迁沅，为调查此次航业损失及目前滨湖航业情况，本人于三十三年十二月九日由沅启程，在桃源、常德、津市勾留数日，沿途慰劳航商船员，垂询航情，商讨维持航业办法，结果尚称圆满。各航商均愿一致合作，为政府维持交通、担负军运，惟咸以航业为军事而受严重损失，未获国家分文补助，不无困难之处。谨将情形管见胪陈于次。

滨湖航业现况　滨湖航行河道以沅澧为主干，航线可分为津市至澧县线、津市至毓德铺线、津市至桃源线、常德至桃源线、桃源至沅陵线及沅陵至辰溪或洪江线；现行营运之航业单位计有：川湘联运处、民众、宏安、长津、大新各公司和津澧商轮局、苏浙皖流亡船舶联合办事处及尚待组织之流亡轮船等。

川湘联运处原有显信、显光、志远三轮行驶沅辰线，早因水浅停航。显和、显源二轮，原行驶桃沅线，现亦因水浅停航，改以显源行驶常桃线，又租用华德，行驶桃源陬溪间，近已停雇。此外尚有群行、群正等汽船。该处前以湘局转变，曾经拟具迁建第三厂，拆运在湘船只十一艘，旧船十五艘，至涪陵改配船壳，航行川江，曾经核准，已拆运显顺、显义、招商一二四五号六轮，并已派大员去常洽购大同、沅陵、花源、华阳、庆泰、泰安、长和等轮。

民众公司在湘西仅有民康、民利二轮，原租与川湘处行驶常桃班，现民利已收回，行驶桃津线，民康现仍在分监部听差。

宏安轮船局现有汉湘、汉沅二轮，汉湘与川湘联运处合开常桃班，汉沅行驶桃津线。该二轮曾在常桃会战时遭受重大损失，至三十三年七月始行修竣。近因物价高涨，常城尚未开放，营业不佳，故该轮局上年度结算亏债已达九十余万元。

长津公司船只均已损失，现新安泰业已打捞，正在修理，准备复航。此外尚有新裕、丰通和双胜三轮被沉在临资口、乔口间，业已派人看管，计划修理。

大新轮船局仅有大运浅水轮一艘，行驶沅辰线及安江洪江间，资本太小，不易发展。该公司拟造浅水轮一只，机件锅炉已备，只缺船壳。查川湘处原在沅辰线行驶船只甚多，近以水浅停航，但大运轮照常行驶，该公司计划另造小浅水轮与大运轮两轮行驶桃源辰溪间，如能实现，对于桃辰交通便利匪浅。

津澧商轮局系由鑫盛、江永、馥记二号三轮之所有人及代表人联合组织而成，尚未办理呈报手续。原有一轮行驶津澧线（目前水浅停航），并开辟津市至毓德铺新航线，计一百五十公里，经过津市、安乡、白蚌口、武圣宫、西港、阳湖至毓德铺，距离益阳桃花江五十华里，汉寿三十华里，沦陷区物资均可输入。

苏浙皖流亡船舶联合办事处仅有培风油轮一艘，于民国三十四年一月五日开始行驶常德津市间，尚未办理手续，如营业较佳，常桃间流亡轮船均有加入之可能。

其他流亡轮船，计有新保源、庆泰、大吉、和安等轮，多系差轮，现可自由行驶于津桃间，近因津市至常德航线冬涸水浅，不能直达，已互相联络，分段提驳。

滨湖航线除常桃线有定期班轮外，余均为不定期航行。常桃间现已水浅，只能至龙头垴，离桃源约有七市里，须搭木划，规定每人三十元。津澧线因水浅停航，津市到常德间亦因水浅，直达甚难，中有摇摆渡、汇口、安乡、梁津、微堤湖五处，吃水稍深船只不易渡过，故需分段接驳。桃沅线现因水浅，无船行驶。大运轮曾于浅水期内试航一次，但恐赔累，离撤行驶。辰沅间仅大运轮行驶，因水浅不能直达洪江。

常桃、桃沅、沅辰间票价，均系由川湘联运处拟订，常桃票价每人为150元，桃沅票价上水三千元，下水二千元，沅辰票价照公路票价计算。其他各公司多比照川湘联运处票价办理。常德至津市票价，每人八百元，至于货运，常桃间每担货作客票一张计算。常津货运；一等货每担800元，二等货600元，三等货400元，主要货运为棉花及油类等。常津一带煤价每吨约在八千至一万元之谱，航运成本甚高，且乘客多不购票，军差又频繁，故航业界颇感不易支持也。

航业联合谈话会纪要　本处于民国三十三年十二月三十一日在津市召集长津、富利、民众、群益、长湘、宏安、津澧、鼎湖等公司开联合谈话会，其要点如次：

·湖南轮驳损失由各公司克日赶报，共计损失轮驳在百艘以上，先由本处呈报，再由各公司代表具文申请救济。

·各轮失业员工在常津桃一带约一千二三百人，拟请政府从速拨款救济，并由各公司、轮方详加调查。

·已沉轮船与待修理船只甚多，各公司多无力修复，但为维持交通及协助军运起见，亟待恢复工作，拟请政府拨款补助，计有新安、泰新、保和、豫丰、新永丰、通和、双胜、新平、民利、双记、汉沅等轮，每艘估计修理费用为七十万元。

·湖南内河航业联合办事处亟待恢复工作，在未恢复以前，关于办理救济轮船及失业船员事宜,暂用湖南航业代表名义。

·航业合作以船只为单位，自旧历年月初开始决定业务时进行之。合作单位为长津、宏安、民众、津澧,航线为津澧、常津、津毓、常桃四线。至于运价、班期,均由业务开始时会商决定后,报请核转。

·各公司、轮局复业问题,以现行驶船只有组织者为固定复业之一。

·供应军差,须按照重庆新订差轮给养及租金条例规定之原则,以吨位计算之。至于供差情况,以国需重要为限。

·检查船只,须请求手续简单,及减少中途次数为善。

滨湖航业损失 三十二年冬月二十三日晨,敌机飞临桃源上空,是时,桃源、华利、汉沅、民康、华康、监利六艘拖轮,运我方增援部队渡河,尚未完毕,民康、华康两轮供差他驶,仅留桃源、华利二轮停泊待命,被敌机发现,即轮流投弹,致船员死伤十余人;复投以烧夷弹,两轮尽成灰烬。富利趸船泊驻码头,亦同时中弹被焚。查常桃班原有两轮,桃源于四月间被毁,而花源又遭焚毁,富利公司因而停航。同月二十五日敌犯常德,河下有汉湘、民康、新宝源、华阳、华德五轮,为七十四军五十七师控制,准备渡河之用,不料敌由四面环攻轮船,被阻河下,无法逃避,至十二月十三日夜,余师长程万乘趸船过河,为敌人扫射,趸船因之毁坏。敌人攻占常城,河下五轮,尽为所得,船员全部被俘,惨遭荼毒。此次损失轮船及被害船员曾经本处呈请转呈救济在案。三十三年春,计划修理之船有富利之桃源轮、流亡之新宝源轮,借用七十四军部款项开始打捞修理。正值工作紧张之际,敌寇再犯滨湖,工作停顿,致每轮损失达二十余万元,现汉沅、汉湘及民乐、民利等轮均已勉强修复,维持航运。桃源轮正在准备打捞,借款修理。其他无款修理之残轮,多已转卖,故滨湖现有行驶轮只不多,且均待修理。若不设法救济,拨款补助,各轮均有被拆卖与破坏之可能。

长衡航业损失 三十三年六月间,我军为诱敌深入计,放弃长沙,退守衡阳,湘河船舶均被军事机关征用,损失甚大,计在长、潭等处炸沉通和、长安等轮。嗣后,倭寇围攻衡阳达四十余日,终被放弃,所余船只,只得逃往祁阳、零陵一带,再上无法行驶。但敌旋又抵达零、祁一带,各轮载运军品,至此无法逃避,均加毁灭。计炸沉重庆、新顺等轮。各公司负责人员大多随船逃难,至此,不仅牺牲船舶,尚须筹款遣散员工,并派人看管已沉船只。嗣后,各船员纷纷逃难,转道安江、洪江、经沅陵至常德、津市等处,颠沛流离,又值冬令,衣食堪虞,状殊可怜,亟待政府速予救济,以资抚慰。查此次损失轮船,计长津公司十三艘,长衡八艘,群益八艘,民众六艘,长湘四艘,民权四艘,极力二艘,长九二艘,开济二艘,宏兴二艘,顺丰二艘,复兴二艘,长宁三艘,川盐一艘,川湘二艘,福记一艘,又长津损失拖驳二十一艘,民众十艘,长湘六艘,群益一艘,川盐二艘,共计达百余艘。各公司中之损失,以长津、富利公司最巨,长衡、群益、民众次之,长津公司在长沙存煤四千吨,未能抢救运出,损失诚属浩大;各公司经理及员工不仅饱尝逃难之痛苦,且因办理航业,处处受气,无法申述,此次经过常桃津市一带,各航商以航业太无保障,均表示十分颓丧,拟将余存船只卖出。当经本人多方劝慰、嘉勉,并说明此番任务，即在调查航业损失，报请政府酌予救济，将来长衡收复，交通需要迫切，国家对于航业自当加以特别之扶助。

长衡轮驳悉数损失，失业船员技工等，当在二千人以上，现在失业员工逃避至常桃津市一带约千余人，各公司自顾不暇，亦无力救济，现此项失业员工多在常津一带随船作小本经营，其无法生活者，多逃回沦陷区，如不速予制止，恐被敌利用，贻害匪浅。

建议　长衡航业遭此空前浩劫，损失十之九以上，滨湖航业已属残余，且又迫近敌区，值兹戎马仓惶之际，军差交迫，维持倍感困难，故目前滨湖航业不重在斤斤于限价与严格之管制，而重在如何保障与扶助，以冀此残余之船只得继续保存，担负军运，维持交通，兹择其最重大者条陈数项如下：

（一）救济失业员工　查航业关系军事交通，各公司虽非政府营业机关，但均系为军事而遭损失，故须请政府从速设法统筹救济。救济可分为普通救济与特殊救济，对于一般普通员工给予一次救济，至于正式海员，似应速予控制，长期给养，以免为敌所用。关于员工及海员之调查，在拨款决定以前，当可由本处与各公司及海员工会会同调查，办理登记，以期准确。

（二）补助船只修理　滨湖现有行驶轮船如民利12号、13号轮，在常桃会战时均被炸沉，嗣由航商借款自行修理，勉强行驶，但大部分均将大修，各航商因无力再修，如不早为筹划，现驶各轮终将破坏或卖出，影响交通及军事至为重大。新保和被沉在津，船壳已露出水面，无款修理，桃源河下炸沉之桃源号，临资口、乔口间炸沉之新裕丰、通和、双腾、新平、普益五轮及益阳百禄桥之裕丰及待修之新安、泰芳轮，如不抢救修理，恐亦将资敌或被破坏，请速拨巨款救济各公司作为补助船只修理费，以冀早日打捞修竣，而增强军事与运输力量。

（三）组织统一运输管理机构　现值军运频繁，各军事机关强征船只，对于征船租费均不一致，多则一二万元，少则二三千元，不敷航业成本过巨，航商痛苦难言；且船不用时，亦多扣留不放，甚至被征以后，即永无收回自用之希望，其中弊端甚多，若不速行整顿，所有船舶，终必全部摧残，不仅有害交通，且恐贻误军运，似应从速在湘设运输管理机构，统筹管理并按照重庆船舶管理所之征船办法，以吨位计价，以维持船上员工伙食、小修费用及船租为原则。

（四）航业合作　现滨湖各航商自有船只者，多则二艘，少则一艘，力量薄弱，且单位甚多，加之航线有限，河道水浅，不能直达，故目前航业合作，实属迫切。现湖南航商已定于本年三月间实行航业合作，关于航线与船只之分配，运价之划一，拟由各公司自行商定，呈报本处，转呈备案。惟流亡船只因人事关系，尚未能统一组织，加入合作。

（五）恢复航联办事处　湖南内河航业联合办事处系呈准交通部设立，并系由本局与湘省建设厅等机关及各航商组织之，而由本局长沙办事处主任为主任委员，现以长处撤退，委员分散，仅有常委数人在津常一带，为便利管制航业及调查失业船员与航业损失详情起见，拟即督促设法恢复，暂由常处代为主持，并将委员酌就现有各有关机关及航商加以补充，以利工作。

（六）严格取缔无票乘客　滨湖各公司优待军人，均售半票，惟普通乘客有省数军人不购票者甚多,各公司本身无力执行,且以煤炭价格过高,致收入不敷成本。为维持航业计,似应请政府转饬各地军政机关加以协助,严格取缔无票乘客。

(七)整理码头 滨湖河道码头均须改进,应补充设备,并将各码头加以整理,以便上下乘客分别出入,而利管理。各货物在船未到以前,均须停靠码头,办理一切手续。

(八)简化检查 各轮进出口时,均须经过检查,现滨湖检查机关计有军警督察处、海关、水警局查缉所、统税局等机关,自桃源至津市间之检查处所,计有桃源、陬市、常德、牛鼻滩、西港、白蚌口、安乡、汇口、津市九处,且每经一处,所有乘客均须检查一次,耽搁航行时间,对于航船及旅客诸多不便。今后,似应于轮船起讫处所总检查一次,中途乘客货物仅在码头检查,以求简捷而利商民。

(九)改善桃沅交通 桃源至沅陵河道,现因水浅停航,该段公路已破坏,桃源至官庄一段,现仅官庄至沅陵每逢九日各开一次。目前交通仅赖木划及轿。木划下水四天,上水七天;乘轿四天,故行旅至感不便,似应速加改善。

(十)筹划湘省航业复员 湘省航业损失过重,一旦长衡收回,恢复匪易。故目前即须先行筹划,似须组设湖南航业复员委员会,由湘省府及各有关机关与航商组织之,以期策划,而利交通。

津市航运办事处的货源组织和支农运输

（节录）

津市航运办事处的经济调查工作始于 1953 年。安乡一带是经济调查的重点，也是新货源的开辟地，在 1954 年和 1955 年的年度总结中，都有详细记载。大意是：1954 年澧水流域遭受水灾严重，粮食与农作物失收减产；物资调拨起了新的变化，运输计划也被打乱，刚跨入新的一年就出现“淡季”。为了开辟新的货源，扩大业务，对安沙线进行了细致的摸底和系统的经济调查。

在货源组织工作中，津市航运办事处曾大造舆论，兴师动众。1958 年，先后召开过几次货源组织誓师大会，党政领导下“关键命令书”，会上提出“兵分四路（澧水、道水、涔水、湖区）、三包到户（包产量、包时间、包集运）、进攻三层（县级、地区、省级有关单位）”的响亮口号。

1960 年，津市航运办事处成立了货源组织办公室，从上半年起抽调 18 名干部分路出击，形成以津市为中心的货源组织网。货源组织采取“三定”（定区、定人、定货）、“三包”（包任务、包质量、包时间）、“三抓”（抓平衡、抓集运与联运、抓对流）的工作方法。在运力安排上，确保钢、粮元帅和出口物资，兼顾一般工农业生产物资和社会物资的运输，同时实行“组织、核对、平衡、集运”四并举的方针；在组织方面，派专人深入腹地，进行经济调查，着重组织长途货，与上游各县建立货源和预报制度，并抓死计内货源，使长途货源能满足 6 轮 8 队循环周转的需要；在核对方面，分两片核对货源，主要核对流向、运量，安排交运时间；在平衡方面，坚持贯彻省局平衡方案，但同一品种县与县、单位与单位可以适当调剂。

1963 年 3 月，召开货源组织工作会议，领导与干部聚集一室，共商开源之计。在总结经验的同时，批判了“等货上门”和“现在是淡季，再搞是空的”消极情绪，以及只抓船舶工作量，忽视港口发送量的片面观点，决定从改进服务态度入手，扩大轮帆联运，做好车船衔接，派出得力干部分赴上游和腹地，分兵把关，做到“五定”（定位、定时间、定货类、定流量、定数量）、“五包”（包组织、包集运、包劳力、包质量、包经济效果）、“四勤”（勤想、勤讲、勤跑、勤打听）、“十有数”（产量、收购、库存、调拨、集运、运价、包装、水位、装卸能力、运输能力）。是年，商务部门多次召开货主会议，并派出工作组登门拜访，征求物资部门意见。经过调查研究，分别不同对象，采取了四种受托方式：一是对经常性和季节性的大宗物资分站受托；二是对本市区“老主顾”单位登门受托；三是对农业物资和短途零担物资，随时受托；四是对外埠货主采取书信和电报受托。

签订运输合同，使承托双方互相制约，这是保证计划运输的有效措施。津市航运办事处从办理承托业务起，就实行了合同运输。在联合运输合同中，有江河、公路、铁路联合运输合同，有轮帆货三边运输合同。承托合同有按一批货物签订一次合同，有与大宗物资的货主签订长期合同。办事处主要以承托合同和轮帆货三边合同为主。1963年《津市港水运中转工作汇报》中写道："扩大联运是加速物资周转，节约物资流转费用的重要手段。几年来，我们建立了四种合同制：一、与上游大庸、桑植等五个县签订长期轮帆联运合同，过去是社一级办理，从1960年后把联运范围扩大到二级队点；二、与厂矿企业的常年大宗物资，建立长期运输合同，物资中转由我们包干：三、零星或有季节性的货物代收、代加工、代转；四、与货主、运输社签订三边合同。以1963年为例，共签订57次，计50个单位属合同范围……"

支农运输，始于津市航运办事处创建之日，在五十年代初，每逢农忙季节，港口均要抽调大批人员深入各港站、码头，督促支农物资"随到随运，快装快卸"。在农业合作化高潮中，支农运输任务日益加重，仅石灰运输一项，1956年比1955年增长两倍。为此，办事处遵照专署指示，成立了澧水系支农运输委员会，负责指挥全水系石灰、种子的运输。

在"大跃进"和"人民公社化"运动中，由于工业战线以超越客观经济规律的速度发展，致使津市港曾一度"偏向"，单纯追求"批量大、运距远"的货源，对大港干流、大厂矿货源抓得多，对支流小点和面广的农村货源抓得少。这样，支农运输便出现被动局面，影响农业生产。

在三年调整时期，津市航运办事处根据"以农业为基础，以工业为主导"发展国民经济的总方针，对各种物资运输的比例作了调整，并提出"困难留己，方便让人，农事未动，运输先行，全力以赴，支农为荣"的口号。在支农运输中，采取了七项措施：

一是根据农业四季特点，春夏组织石灰和防汛石运专业船队，秋冬组织粮运和整修堤垸器材专业船队。要求专业船队达到"三好"(船质好、工具好、劳力好)，在运输上做到"三优先"(装卸、起运、供应优先)；非专业支农船队，均实行优先承运，一次直达，务求保证时效。

二是凡调装农用物资的船舶事先必须经过技术鉴定，质量不合格不装，工具不齐配齐，劳力不足配足。坚持"航次会议、航中值班"，实行"谁收、谁交、谁保管，责任到人，一竿子到底"的责任制度。

三是凡运往湖区的支农物资、从上游和公社运出来的粮食，事先主动与有关部门联系，采取"河中过载，减少中转费用，近点受载，缩短距离，转点卸载，减少起坡，边收边运，一次上船，减少集运"的方法。

四是增辟运输站点。如1963年，根据湖区点多、分散和物资批量小的特点，为面向农村，方便农民，恢复了停航6年的津安航线。

五是开展捎脚运输。货不分零整，路不分短长，尽力方便农民。以前凡不满30吨的零星货物，要先进仓后装船，现改为先天纳入计划，固定装卸工人轮流值班，调配单船沿河码头登门取货。

六是简化手续，热情服务，为了给外地货主解决具体问题，商务部门主动帮助他们代办手续、代找劳力、代理包装、代找仓容。

七是组织人力和物力，积极参加防洪抢险战斗。每年洞庭四水猛涨，山洪暴发时，办事处都及时抽调船舶，组织人力，投入抗洪抢险，均受到当地党和政府的表扬。

常德港轮帆海江河一条龙协作合同

（一九六〇年三月）

常德港几年来轮帆联运和海江河联运工作，在党的正确领导下，以及各有关部门的大力协作，对工农业产品的交流，推动生产的发展，取得良好效果。为巩固过来在联运工作上取得的成绩，进一步扩大协作范围，充实协作内容，更有利于工农业生产起见，特制订本协作合同。

一、港站搬、产、运、销“一条龙”

要使海江河“一条龙”大协作更加活泼生动，首先应解决常德港口协作问题。在一九五九年十二月常德港搬产运销协作调度会议的基础上，进一步成立港口管理统一机构，采取统分结合的办法：

1.统一作业计划，原则上根据各个运输部门的昼夜到发船计划，按进港先后次序，统一安排劳力，并做到先河下后坡上，先装卸后运行，先重点后一般。

2.统一使用港口机械设备和搬运工具，充分发挥机械操作利用率。但由于各个部门有其独立的经济核算制度，应偿付一定的折旧费用和其他费用。

3.各个运输部门和主要物资部门的储运人员，应在统一机构内合署办公，以简化手续，加强联系，合署办公人员的工资福利仍由原单位开支，其工作、生活、学习则统一安排。

4.各个运输部门对船员（社员）的管理教育，以及对船舶的燃油物料供应，仍由各单位自行负责处理。

5.统一机构的办公费用开支，由参加联合办公的有关单位合理分摊。

6.各个部门的仓库应本着协作精神，互相调剂使用，但应由使用单位担负一定的仓租费用。

二、轮帆海、江、河联运“一条龙”

1.由川贵两省运湘西下运物资，应在湘西各起运港一次办好联运手续，由海江上运以上地区物资，亦由海江各起运港一次办好联运手续，从而减少物资部门办理中转手续。

2.物资在常德换装时，原则上应做到有船过载，无船起仓，如因仓库不够时，应本协作精神，由物资单位和运输部门共同积极设法解决，中转时间不宜过长。

3.物资在汉口港换装时，同样要求汉口港务局和湘航汉口办事处，做到有船过载，无船进仓，由于湘航汉口办事处无仓库设备，本身又未掌握搬运工具，因此，要求汉口港务局主动设法解决,中转时间一般不超过四十八小时。

4.联运货物的月、旬度计划,要求物资部门按规定向起运港提送,由起运港根据运输时间,分别转告各有关换装港口,每批发送时,应报发详细电告知有关港口。

5.木排搭货是一项综合利用水上运输能力的先进方法,要求长江航运局大力支持,在汉口换装时,应比照使用船舶装运的联运货物同样看待,按规定时间换装或起仓。

6.湘、贵、鄂三省经常德港外调武汉及长江下游木材,过来物资部门要在常德、汉口两地分别向我港及汉口港托运。同时木排运输时间较长,物资部门经常为了了解木排下运时间以便赴汉口托运,往返奔走,且手续繁复,殊感不便。为了贯彻运输部门为生产服务的方针,今后凡常德下运木排,要比照其他装船货物运输一样,一次办好联运手续,以减少货主麻烦。

7.长江下放内河吃水较深轮船,在一、四季度枯水时期无法行驶内河,为了合理使用船舶,一、四季度下达南京、镇江木材,由常德直拖南京、镇江,并要求长航适当配拖回湘物资,以减少船舶空驶浪费,同时对搭运货物,亦由常德办理直达,随班直运目的地。

8.为减少汉口港装卸压力,今后江海河联运物资,应考虑在城陵矶装一部分。

9.洪水时期,海江河联运物资,可由湘航、长航组织部分直达船队在城陵矶或汉口分别由湘航、长航采取换拖不换驳办法,以减少货物一次中转的损耗。

省陆运公司在常南汽车管理站召开客运工作、运输计划会议纪要（节录）

（1971 年 11 月 30 日通过）

在当前国内外一派大好形势下，省陆运公司于一九七一年十一月二十五日至三十日在常南汽车管理站召开了全省客运工作、运输计划会议。参加这次会议的有各地区公司、益阳、醴浏铁路管理处、韶山汽车管理站副主任或生产组长和抓客运、计划工作的同志，地区公司所在地客站负责人以及一些典型车站、服务员、驾驶员代表共 67 人。

参加会议的同志，听取了常南汽车管理站、郴州 26 站队、韶山汽车一连九班和郴州客站服务员于培英同志等典型发言，并到常南、常北两站现场参观学习。

大家认为，这次会议开得好，对今后的工作有一定的推动作用。

改善服务态度，提高服务质量。这是搞好客运工作的重要环节，是我们应尽的责任，要做到想工农兵之所想，急工农兵之所急，做工农兵之所需。

一、车站是旅客来往集中的地方，是旅客之家。车站服务工作的首要任务是热情经常地宣传毛泽东思想，用毛泽东思想发动群众，武装群众，让无产阶级思想永远占领社会主义阵地。服务人员要做到：以实际行动当好毛泽东思想的宣传员，阶级斗争的战斗员，红色政权的保卫员，为人民服务的勤务员。

车站要做到处处方便旅客，像常德南站那样："旅客进站有接待，购票有秩序，候车有安排，上车有指引，车上有宣传，发车有先后"。

售票要做到面向工农兵，保证重点，照顾一般。行包工作要遵照毛主席"我们的责任，是向人民负责"的教导，做到把每件行包和报纸、邮件及时运送和中转，不损坏，不积压，不丢失。旅客上下车时，要热情接待，坚持查票制度，避免差错，发现无票乘车等漏洞时，立即按规定处理。车站要经常把站容、车容、仪容工作做好。

积极做好联运工作，不断改进和提高。车站设立联运售票窗口，并办理签证转乘手续。

二、认真做好行车服务工作。要求行车同志，遵照毛主席"对工作的极端的负责任，对同志对人民的极端的热忱"的教导，以对执行毛主席革命路线的态度，以对工农兵深厚的无产阶级感情，以高度的政治热情，为革命开好车，切实保证安全，做到不死人，不伤人，这是行车服务工作的头等重要的任务。坚决反对无政府主义、个人主义和违章犯规的行为。车辆要经常保持技术状况良好，保修要做到随报随修，保证质量。行车人员要当好人民的驾驶员，行车的安全员，旅客的服务员，车站的好参谋。

三、各单位应从有利于工作和团结出发，做到互相之间加强联系，互相支持，互相谅解，发扬共产主义风格，提倡顾全大局，不闹本位主义，把困难留给自己，把方便让给别人，共同搞好服务工作。

加强站务管理。车站是运输企业的基层单位,是巩固无产阶级专政的重要阵地。因此,要从政治上、思想上、组织上、经济上加以整顿。坚定正确的政治方向,坚决执行党的方针政策和上级指示及各项运输规章制度。负责组织所有宿站行车人员的政治学习。加强调查研究,组织合理运输,提高运输效率。关心职工生活,搞好食堂和公铺。

加强党的领导。各地区公司、铁路管理处要把客运工作列入议事日程,分工抓生产的领导同志要亲自抓,深入重点,了解情况,解决问题,总结经验,指导全面,克服怕字,敢抓敢管。配备专人抓客运工作,当好领导的参谋。各单位应尊重当地领导,主动汇报请示工作,以取得当地领导的支持。

湖南内河闸坝断航碍航情况调查报告书

（节录）

我省水力资源丰富，用水设施良多，对农田灌溉和缓解电力不足的困难，起着积极作用，但也派生了断航碍航问题。此次现场实况调查表明，众多的闸坝，已成为我省航运发展严重的制约因素，航运企业船无路、货改道，生产日渐萎缩，经济每况愈下，九万多职工家属的生活艰苦。

据 1989 年统计年报，全省通航里程 10092 公里，电站、库坝、排灌站等永久性碍航建筑物 329 座，碍航闸坝就有 215 座，平均每 30 公里航段有一座碍航物。其中湘水及其支流通航里程为 2822.5 公里，永久性闸坝 68 座，平均每 42 公里有一座碍航物。资水及其支流通航里程为 1049 公里，永久性闸坝 42 座，平均每 25 公里有一座碍航物。沅水及其支流通航里程为 2114.8 公里，永久性闸坝 70 座，平均每 30 公里有一座碍航物。澧水及其支流通航里程为 882.5 公里，永久性闸坝 25 座，平均每 35 公里有一座碍航物。

今湘水主流从苹岛至濠河，省境 604 公里，因湘江电站水坝断航，只剩下 511 公里航道；资水主航道从双江口至甘溪港 452 公里，因柘溪、马迹塘电站水坝断（碍）航，只剩下桃江以下 34 公里航道；沅水主航道从黔城至常德 499 公里，仅剩下五强溪以下 114 公里；澧水主航道从桑植至津市 283 公里，因三江口、青山等电站排灌站断航，仅剩下澧县以下 14 公里航道。

四水中下游及主要通航支流，现已基本上被各种水利水电工程截流断航。有的站（电站）上有站，坝（水坝）上有坝。据 1987 年资料，已开发 5 千瓦左右小水电站 40 座、单机 500 瓦以上小电站 110 座、中型电力排灌站 45 座（湖区大型排灌站在外）、大中型水轮泵站 40 座，合计 235 座。

大型水电站如东江、柘溪、凤滩、五强溪，其库区航道条件确有很大改善，由四、五级航道变为一级航道，相对提高了水上运输的竞争能力。但柘溪、凤滩所建的升船机，很难过船，不少船只上不去，下不来；加之每年要蓄水、检修、枯水季节不能全部机组发电，下游流量不足，水急滩更险，船只空载也难行；而洪水期水坝开闸泄洪，电站很少及时通知航运部门，导致船舶交通事故经常发生。如柘溪电站 1996 年 4 月 23 日突然泄洪，安化航运公司在坝上的一艘 22 吨船只，被急流卷入闸口，摔在坝下，船毁人亡，损失 2 万余元；1997 年 5 月 4 日，四艘重载船停在坝下引航道内准备过闸，也因突然泄洪，船货全毁，损失 10 万元；1984 年 7 月 2 日，柘溪突然关闸，下游水位剧降，一艘 80 吨船舶搁浅折断，损失 8.1 万余元。据五强溪航段 1989 年 3 月 15 日至 1990 年 4 月 19 日统计，通过五强溪坝区航段共发生海事 48 次，其中沉船事故 25 次，死 3 人，伤 2 人，经济损失 66 万余元。1989 年 6 月 8 日，一艘载重 60 吨磷肥的船舶，突遭巨浪，船翻沉，死 1 人，损失 4.5 万元。除上述海事损失外，因过闸待航等因素所造成的经济损失也颇惊人。如:船舶通过船闸或临时船闸,一般只能单线通行,依次排队,过一次船一般要4小时,最少也要45分钟,从而影响周转。五强溪第二期工程,船舶在8米多宽的泄洪临时船室单线过坝,平均每天过船60艘、3600吨,待航4小时,按租赁费计算,第二期工程约42个月,航运企业因待航损失325万余元。此外,船舶过闸,要支付过闸坝的费用。洋塘过闸每吨次1.4元,年开支5万元,占该航区运输收入4%。白渔潭收过闸费、加班费每吨次0.6元。双牌水库过闸费每吨次0.2元,五强溪绞滩费每艘(平均60吨)收60元,凤滩木材过坝每立方米收1.2元。以58家航运企业、8.8万吨船每年过坝132万吨次,每吨次平均按0.4元计算,要支付53万多元。

据调查资料测算,四水干支流闸坝碍航给航运企业造成的经济损失,每年共计约9000万元。

1989年统计,全省航运企业97家,有营运船舶39.7万吨,从业人数10.03万人(含退休职工3.76万人)。其中四水中上游及支流受闸坝碍航影响的企业有58家,营运船8.8万吨,从业职工33402人(含退休),亏损总额达521万元(含支付贷款利息)。

闸坝断航碍航的影响是严重的,应当引起重视,我们应当研究帮助水运企业走出困境。

根据1984年6月2日水利水电部水电财字47号文《关于处理柘溪、凤滩等四座水电站库区移民遗留问题的协议通知》,为解决柘溪、凤滩、沙田、白渔潭四座水电站库区移民遗留问题,水电部副部长赵庆夫和湖南省长刘正于五月二十七日签订协议,每年按电厂送电量每度电提取一厘,解决四座电站库区维护、移民安置、碍航补助、库区交通恢复等遗留问题,暂定前后14年,至1994年止,凤滩1980年至1994年可提取2800万元,1980年至1984年已提取870万元,而补偿自治州五县航运企业损失仅52万元,每家企业不足4万元,而退休职工多,负担重,实难转产自救。

根据中华人民共和国航道管理条例第十四、十五条的规定:“中断或恶化航道条件的由建设单位或个人赔偿损失。”我们建议:对受水坝断航严重,水资源枯竭的25家航运企业,进行一次性补偿2800万元,作为这些企业转产自救的启动资金,其余作为11905名退休人员的生活补助费,按季补发,其经费来源,按目前省、中央水电装机容量每度电提取1~5厘钱,补偿期限10年。对于水运资源尚未完全枯竭的33家航运企业,拟请石油公司允准十年内给予船用燃油优惠政策,计划供油量不少于实耗量的70%,为这些企业的生存发展创造一个比较宽松的外部环境。

湖南省航运管理局闸坝碍航调查组
陈平山　杜立本
一九九一年一月四日

津市轮船总公司亏损原因分析

——津市轮船总公司总经理熊燕青在常德市中级人民法院主持的债权人会上的发言

审判长、审判员、各位债权人代表：

首先，请允许我以原津市轮船总公司的名义，对主持和参加本次债权人大会的各位法官、各位债权人表示衷心的感谢和崇高的敬意。

各位债权人，在过去的几十年里，津市轮船总公司曾得到过你们在生产经营工作上的热情支持与配合，曾得到过你们在资金融通上的忠诚帮助与济借。今天，津市轮船总公司依法破产，又给大家带来麻烦与损伤，我作为原津市轮船总公司的法人代表，深感对不起大家，对不起同志们、朋友们对我的信任、支持、关照。在这里我要向各位债权人，向同志们、朋友们表示深深的歉意，我给大家深深地鞠上一躬。

各位债权人，津轮始建于1951年，在50年的经历中，她由小变大，由弱变强，也曾经给社会创造财富，做过贡献。进入市场经济年代，企业体制、机制、管理等方面的弊端日益显露，生产经营越来越艰难，经济效益愈来愈差。自1991年以来，企业连续十年亏损，亏损金额高达2700多万元。企业债台高筑，已经严重资不抵债，不得不依法破产还债。津轮走到今天这一步，究其原因是多方面的，但我们认为主要有以下几点：

一、市场变化，水运萎缩

20世纪80年代以前，湖南交通运输业中，水运比较兴旺。当时“湘航”的牌子是很响的。从80年代开始，铁路、公路进入高速发展时期，枝柳铁路的建成、长石铁路的通车，四通八达公路网络的形成和公路质量的提高，特别是近十年来公路事业的蓬勃发展，使交通运输结构发生了根本性的变化，大量物资弃水走陆，水运日益萎缩，国有水运企业普遍出现危机，我司也不例外。过去的津市港是澧水上游十多个县的物资集散中转港口，水运一派繁忙景象，如今却是一片萧条，港口吞吐量成倍下降，生产经营状况一年不如一年。再加上“有水大家走船”的开放政策，个体、集体等其他经济成分在水上的长足发展，水运内部的竞争十分激烈，僧多粥少，你争我夺，给我司本来有限的市场和生存空间带来严重威胁，加剧了我司的生存危机。

二、成本剧增，入不敷出

由于市场的变化和激烈竞争。水运运量逐年减少，运价一直低迷，企业收入大幅度下降。

90年代初,我司年度营业总收入有过2000万元以上的纪录。以后逐年减少,至1999年年度总营业收入还不到800万元,而各项成本不断地大幅度攀升。仅举两项为例,我司主要生产资料——柴油消耗每年平均在1500吨左右,在计划经济年代柴油每吨价格只有100多元,每年油料消耗成本只有一二十万元。进入90年代后柴油价格从吨价200多元一直上升到今天的吨价3000多元,最近达到每吨4000元以上,每年致使我司油料消耗成本增长200万元~300万元。再如工资,十年前我司员工的年平均工资只有1000多元,到1999年底增加到年均5000多元,与十年前比,年度工资成本净增300万元以上。除以上两项成本的大幅度增长外,其他如材料费、设备修理费、管理费和各种名目繁多的费、税、基金等都在不断上涨,形成了我司严重入不敷出的状况。这是造成我司高额亏损的主要原因。

三、恶性事故,损失巨大

近十年来,造成企业亏损的原因中,事故损失,特别是重大事故造成的损失是很重要的原因之一。水上运输受自然条件影响较大,安全工作中不确定因素很多,加上技术设备的老化和管理上的疏忽,每年都有不同程度的事故损失,一般情况下都在一二十万元左右。1995年上半年连续两起重大恶性事故,给我司带来了巨大创伤。1995年4月,我司8302轮在江苏高港水域撞沉江苏溧阳个体船户1600吨机驳1艘,死亡2人,直接损失赔偿支付近100万元。1995年6月我司8202轮在株洲昭陵滩拖发电船搁浅触礁,使大型发电船沉没,赔偿直接损失达40多万元。这两起事故给我司直接损失加间接损失高达200万元以上,伤了企业元气,加快了企业衰落。

四、自然灾害,影响严重

水运行业和农业一样,有一半要靠天。自然条件的好坏,直接影响到生产经营的好坏。大家知道近几年来灾害不断,每年11月底到次年3月是澧水枯水期,每年的6月、7月、8月是洪水期,在这两段时间里,都会给津轮的生产经营带来很大影响。其影响时间之长,损害之大,都是历史上少有的。1998年的特大洪灾,津轮全面停产达两个月。1999年一季度和2000年1至4月的连续两年的罕见枯水造成澧水断航,生产经营长时间不能运作。只讲近三年来洪水和枯水灾害给津轮造成的经济损失就有500万元以上,真是雪上加霜,无法承受。

五、管理滞后,机制不适

津轮走到破产这一步,除上述四点原因之外,不能否认企业管理上的滞后和存在的问题,不可否认企业领导集体,特别是我原法人代表的责任。一个经营了几十年的国有水运企业，在进入市场经济环境以后，企业管理还基本上保持着传统的模式，虽然年年喊改革喊加强，但没有从根本上解决产权不明、责任不清的问题。“大锅饭”“铁饭碗”抱着不放，管理制度执行不严，责任追究显得乏力，人、财、物的浪费流失不同程度的存在。这些问题的存在不仅反映出企业体制、机制上的严重不适应，同时也反映了企业领导集体特别是我本人的思想观念、决策能力、管理水平、整体素质的严重不适应。

各位债权人，我在津轮工作了近四十年，回首过去的几十年，特别是在领导岗位的十来年，有眷恋，有遗憾，也有内疚；有过成功的喜悦，也有过失利的心伤；做过一些好事，也留下不少积怨；我自认为大的过错还没有，但小的失误还是不少的。在这里，我向组织、向法庭、向各位债权人表示，我将诚恳地接受法庭和组织的审查，我将虚心地接受各位债权人的批评帮助，甚至指责怪罪。

我再一次向大家表示歉意！表示感谢。

二〇〇〇年七月四日

诚实守信　尽职尽责的出租车司机夏明涛

2005 年 12 月 30 日,常德市迎宾出租汽车有限公司的驾驶员夏明涛,驾驶着湘 JX1183 出租车,像往常一样在城区转悠。晚上 9 时 30 分,他送客在常德华天大酒店下车后,正好有一男一女从酒店走出,上了他的车,要求去常德桃花源机场赶常德至深圳的飞机。到达机场后,他(她)们匆忙下了车,夏明涛调头便回城继续跑晚班。1 个多小时后,又有两名乘客上了他的车,在后排坐下后告诉夏明涛:“师傅,这里有个包!”夏明涛回头一看,后座靠近门的底座下方果真躺着一个黑色背包。他大吃一惊,马上想到是赶飞机的乘客遗忘的,因为在送他(她)们到达机场后,尽管也跑了几趟生意,但乘客都是一个人,并坐在副驾驶位子上。晚 11 时许,夏明涛把背包拿回家,同妻子廖兰一道拉开包的拉链,一沓一沓的现金赫然出现在眼前。妻子廖兰一惊:“这么多钱!”因为事关重大,两人把已经熟睡的夏妈妈喊了起来。听说儿子出车捡到 14 万元,夏妈妈简直不敢相信这是真的。3 人把背包里的东西又仔细地查看一遍,除现金之外,还有车钥匙、银行卡、驾驶证等物品。怎么办?14 万元巨款,对于每月只有千元左右收入的夏明涛来说,即使全家不吃不喝,也需积攒 10 多年。夏明涛首先表达了归还失主的观点,“这钱不是自己挣来的,应该交,自己挣来的钱才用得踏实。”夏妈妈也说了句:“平常自己掉百把块钱都急得跟什么似的,现在失主肯定很着急,交还失主才对。”可他(她)们翻遍了整个背包,只是从失主的驾驶证上得知他叫钱成林,对其联系方式一无所知,于是他(她)们决定交由客管部门处理。将巨款完璧归赵的决定得到家人支持后,夏明涛连夜赶到市城区公共客运管理处。到了这里他才知道,失主发现巨款遗失后焦急不安,已经来到客管部门寻求帮助。客管处对此十分重视,立刻想办法到收费站调出车辆到飞机场的监控录像,正一一联系当晚去过机场的 10 多辆出租车司机。这时夏明涛已急忙赶到了客管处,并说明自己拾到巨款的经过。当即和失主核对了包内的钞票数额和物品,在客管处工作人员的见证下,夏明涛确定无误后,将背包送还给了失主。此时失主激动得不知如何是好,当即拿出一大沓现金酬谢夏明涛,可夏明涛谢绝了。此事很快传遍了全市,同时也引起了各大新闻媒体的广泛关注,当很多记者辗转联络上夏明涛采访他时,这个有点腼腆的年轻的哥连声说自己做的实在是微不足道。尽管妻子没工作,女儿才 1 岁,家境不是很好,但不是自己挣的钱,一分也不能要。在所有采访过程中,他重复得最多的就是一句话:“只有自己劳动所得来的钱才用得踏实些!”

中共常德市委、市人民政府对夏明涛拾金不昧的事迹进行了大力表彰,授予他常德市首位“文明诚信市民”荣誉称号,并号召全市人民向他学习。湖南省文明办也以“尽职尽责的出租车司机”为题撰文,高度赞扬夏明涛在平凡的岗位上塑造了不平凡的敬业精神。出租车司机夏明涛的事迹在中央电视台中文国际频道播出后,受到全国广大电视观众的点赞。

践行雷锋精神　点亮道德灯塔

常德汽车总站有这样一个班组——“小白鸽”特色服务班。在工作中以一颗热忱、执着的心，做到一心一意为旅客服务，一言一行对旅客负责，一点一滴为旅客着想，一举一动让旅客满意，努力打造“明星服务窗口”。自2010年年初服务班成立以来，班组9个姑娘在总站候车厅重复上演着感人的故事，这些故事没有彩排，每天都是现场直播，她们践行雷锋精神，点亮道德灯塔。

每每看见步履蹒跚的老人，她们便会主动迎上前：“老人家，我帮您提行李，您去哪？买票了么？我送您上车吧，路上要小心随身携带的贵重物品。”

遇到带小孩的妇女，她们会迎上前：“我帮您提行李，你照顾好小孩，您去哪？买票了么？我送您上车吧。”

当残疾旅客进站时，她们会说：“您请稍等，我们站备有残疾人车，我送您上车。”

见到单独一人的小朋友，她们会拉着他们的小手问：“小朋友，你一个人坐车么？家里大人是不是去买票了啊？”小白鸽们在平凡的岗位上做着平凡的小事，谱写着爱的诗篇。

“很感谢汽车总站小白鸽热情、周到的服务，我走遍了全国许多城市，像这样贴心的服务我还是第一次见到。”

“感谢汽车总站的小白鸽，让我可以开心、快乐地回家。”

“汽车总站环境好，人更美…”

这些都是旅客对小白鸽服务班的留言表扬，一句句真诚的话语无不彰显着旅客与小白鸽们之间的温情。

“小白鸽”班成立以来不仅践行着建班初期的八项便民服务，还相继推出电话订票、送票、“邮寄儿童”等服务。一次，进入暑假的第一天，一个约十一二岁的小男孩来到总服务台说他要找穿红衣服的“小白鸽”阿姨，因为爸爸、妈妈在广州上班，放假了，他要去父母那里玩，他的爷爷通过报纸知道，总站有“邮寄儿童”的服务，就要他到汽车总站找“小白鸽”。听了小孩的话，“小白鸽”感受到一种信任和自豪，也感受到了一份沉甸甸的责任。“小白鸽”苏君艾亲切地安排他到候车厅休息，帮他购了票，按照提供的电话号码与家长取得了联系，办理了“邮寄儿童”的相应手续，买来牛奶面包将孩子送上了16时10分去广州的客车上，上车后反复嘱托司乘人员一定要把孩子照顾好，安全地送到家长手中。第二天中午，小白鸽就接到孩子父亲打来的感谢电话：“感谢总站，感谢小白鸽对我们农民工子女的关爱！”

2011年12月9日，在湖南省“交通杯”道路客运站站务人员服务技能竞赛中，“小白鸽”特色服务班取得“第二名”的好成绩。同时还获得了“湖南省道路运输客运站明星服务班”“湖南省青年文明号”的荣誉称号。小白鸽成员陈亚彬在此次个人比赛中也获得“最佳语言规范奖”，被授予“湖南省青年岗位能手”称号。

正　讹

一、1992年8月湖南出版社出版发行的《常德地区志·交通志》第319面(七),原文:1958年1月16日,湘航"芷江"轮从长沙载客开出,17日18时40分抵安乡,然后载客78人由安乡开往津市。18日凌晨,船至王家湾时,当班水手邹海斌误以船走偏航道,大叫:"船快触岸了"。当班大副王忠龙听到后惊慌失措,猛压左舵,由于"芷江"轮稳性不良,随舵势甩力倾覆。船上97人,淹死47人,(其中船员5人)。事后中国人民保险公司发给每名死者保险赔偿费1500元,忧恤费每个小孩400元。事故责任者船长许寿琪、大副王忠龙、水手邹海斌,经常德地区中级人民法院分别判处有期徒刑三年、死缓、有期徒刑十五年。

应更正为:1958年1月16日,湘航"芷江"轮从长沙载客开出,17日18时40分抵安乡,然后由安乡开往津市,共载客78人。(不含免票小孩8人)。18日凌晨,船行至王家湾时,当班水手邹海斌误以为船走偏航道,大叫"船快触岸了",当班大副王忠龙听到后惊慌失措,由于违反航行规章,船离了航道,并在快车急行下使用两左舵将船打翻,船上97人淹死52人(其中旅客47人、船员5人)。事发后,副省长张孟旭、省交通厅副厅长孙国治赴现场处理善后,打捞尸体,妥为安葬,抚恤其亲属,赔偿其财物损失。中国人民保险公司发给每名死者保险赔偿费1500元,抚恤费每个小孩400元。经湖南省高级人民法院终审判决如下:事故责任者船长许寿琪有期徒刑三年、缓刑三年;大副王忠龙死缓;水手邹海斌有期徒刑十五年。

二、1992年8月湖南出版社出版发行的《常德地区志·交通志》第14面倒数第3行,原文:"加之1966年芷洪滩水轮泵站的修建,", 应更正为:"加之1986年芷洪滩水轮泵站的修建,"。

索 引

说明：

1.本索引的标目内容分为两类，一是志书中一个或几个自然段内容的概括，一般为目或子目的标题，个别专指度较高的章节标题也在选取之列；二是主题要素，包括志书所涉及的人物、机构、事件、著作、文件、刊物等。

2.标引词后面的阿拉伯数字表示内容所在页面。

3.为方便检索，书中机构按习惯称谓标引，如常德市交通运输管理处，直接标为市运管处。

4.本索引采用汉语拼音字母顺序排列，第一字相同，按第二字音序排列，依次类推。

A

B

C

J

K

L

后　　记

《常德市交通志(1988—2010)》是上届《常德地区志·交通志》的继续。整个编纂工作,从2014年4月开始,历时三年,于2017年3月完成初稿。

在全市范围来说,《常德市交通志(1988—2010)》属于第二批编纂,起步较晚。整个工作大体分为4个阶段:一是资料搜集阶段。从2014年4月至2015年年底,开始学习修志的有关行文规则,拟订篇目,为修志作准备。接着进行广征博采,搜集资料,基本完成全志所需资料的搜集任务。二是资料整理阶段。2016年年初即转入资料整理,将搜集到的资料整理成篇,同时全面完成所需资料的补充搜集,共计3个月时间。三是志稿初编阶段。从2016年4月起进入初编工作,完成全志(评审稿),共计1年时间,于2017年3月完成。四是评审修改阶段。2017年召开志稿评审会,听取专家、群众和领导建议,征集市交通系统各县(区、市)、各部门意见,对评审稿进行修改、补充、完善。2019年送市方志办终审定稿。

《常德市交通志(1988—2010)》在编纂过程中,得到省、市交通系统及市有关部门的鼎力支持,特别是彭德友、钟惠深、童英俊、谢大明、刘湘山、童雪清、李艳、周莉、蒋静萍、何清波、王奇志、周华君、杨寅生、张素萍、陈丽云等同志,为志书提供大量珍贵的资料,在此谨致谢意!

由于编者水平有限,志稿缺点和错误在所难免,敬请有关专家、同仁和广大读者赐教。

编　　者

2019年3月